Anonymus

Johanniter Ordensblatt

Amtliche Monatschrift der Balley Brandenburg

Anonymus

Johanniter Ordensblatt
Amtliche Monatschrift der Balley Brandenburg

ISBN/EAN: 9783742809025

Hergestellt in Europa, USA, Kanada, Australien, Japan

Cover: Foto ©Andreas Hilbeck / pixelio.de

Manufactured and distributed by brebook publishing software
(www.brebook.com)

Anonymus

Johanniter Ordensblatt

Wochenblatt

der

Johanniter-Ordens-Balley Brandenburg.

Einunddreißigster Jahrgang.

1890.

Nr. 1 bis 53.

Berlin, 1890.

Carl Heymanns Verlag.

Inhalts-Verzeichniß.

I. Mittheilungen rc., den Johanniter-Orden betreffend.

II. Aufsätze und Mittheilungen verschiedenen Inhalts.

Wochenblatt

der

Johanniter-Ordens-Balley Brandenburg.

Im Auftrage der Balley Brandenburg verantwortlich redigirt von C. Herrlich in Berlin.

Jahrg. 31. Berlin, den 1. Januar 1890. Nr. 1.

Der Durchlauchtigste Herrenmeister des Johanniter-Ordens, Prinz Albrecht von Preußen, Königliche Hoheit, wird am Freitag, den 24. dieses Monats, Vormittags 11 Uhr, ein Capitel des Johanniter-Ordens in Höchstseinem Palais hierselbst abhalten.

Statistisches, den Johanniter-Orden betreffend.

Mit der gegenwärtigen Nummer beginnt der 31. Jahrgang dieses Blattes. 37 Jahre sind vergangen seit der Wiederaufrichtung der Balley Brandenburg des Johanniter-Ordens, und da bringen wir, zumal so eben eine neue Liste der gesammten Mitglieder derselben abgeschlossen worden ist, die sich im Druck befindet, die statistischen Nachrichten, die alljährlich in einer der ersten Nummern des Wochenblattes veröffentlicht werden, in etwas erweiterter Form. Es sind zwar nur todte Zahlen, aber sie erhalten für denjenigen Leben, der sie vergleicht und gruppirt und — der diese Jahre mit durchlebt hat.

1. Bei der Wiederaufrichtung der Balley Brandenburg im Jahre 1852 betrug die Zahl der damals vorhandenen Ritter des „Königlich Preußischen Johanniter-Ordens“ 1280.
2. Von 1853 bis Ende 1889 sind neu ernannt worden zusammen 3248 Ehrenritter und zwar:

1853	1	Ehrenritter
1854	69	„
1855	116	„
1856	102	„
1857	47	„
1858	130	„
1859	101	„
1860	84	„
1861	77	„
1862	76	„
1863	89	„
1864	75	„
1865	107	„
1866	94	„
1867	68	„
1868	75	„
1869	98	Ehrenritter
1870	106	„
1871	65	„
1872	107	„
1873	93	„
1874	96	„
1875	82	„
1876	81	„
1877	71	„
1878	73	„
1879	77	„
1880	74	„
1881	93	„
1882	101	„
1883	73	„
1884	123	„
1885	92	„
1886	82	„
1887	109	„
1888	115	„
1889	138	„
	wie oben 3248	Ehrenritter.

3. Aus der Zahl der unter Nr. 1 aufgeführten 1280 und der unter Nr. 2 nachgewiesenen . . 3248 Ehrenritter, zusammen . . . . 4528 sind in die Zahl der Rechtsritter aufgenommen worden 1168, nämlich:

Am	17.	Mai	1853	14
„	25.	Juni	1854	51
„	24.	„	1856	43
„	24.	„	1857	37
„	24.	„	1858	38
„	24.	„	1859	16
„	25.	„	1860	23
„	24.	„	1862	27
„	21.	März	1863	1
„	24.	Juni	1864	36
„	25.	„	1867	137
„	24.	„	1869	96
„	24.	„	1872	141
„	24.	„	1874	48

Am 24.	Juni	1876	55
„ 25.	„	1878	57
„ 24.	„	1880	64
„ 26.	„	1883	70
„ 24.	„	1884	17
„ 26.	„	1886	73
„ 25.	August	1888	103
			wie oben 1158.

4. Von diesen 1158 Rechtsrittern wurden ernannt:
   a) zu Commendatoren 42.
   b) zu Ehren-Commendatoren 12.

5. Am 30. December 1889 betrug die Gesammtzahl aller Mitglieder der Balley Brandenburg zusammen 2281, nämlich:

a) der Durchlauchtigste Herrenmeister	1
b) Commendatoren: Graf zu Dohna-Schlobitten, Graf v. Krassow, Graf Otto zu Stolberg-Wernigerode, Freiherr von Zedlitz, Graf von Taubenheim, Prinz Hugo von Schoenburg-Waldenburg, Graf von Bismarck-Bohlen, Graf von Brockdorff-Ahlefeldt, Freiherr von Dungl, Freiherr von Unruhe-Bomst, Freiherr von Wittenberg-Weyhem, Graf Friedrich zu Solms-Laubach, Graf von Rothkirch und Trach, Graf von Bodelschwingh-Plettenberg, von Kröcher, Freiherr von Maltzahn Graf von Wesdehlen, Graf von dem Bussche-Ippenburg genannt von Kessel, Fürst Hermann zu Hohenlohe-Langenburg, zusammen	18
c) Ehren-Commendatoren: Fürst von Bismarck, Graf von Zieten-Schwerin, Seine Königliche Hoheit der Großherzog von Mecklenburg-Schwerin, Graf von Moltke	4
d) Ordens-Hauptmann von Tresckow	1
e) Rechtsritter	620
f) Ehrenmitglieder: Ihre Hoheiten die Herzöge von Sachsen-Altenburg und von Anhalt und Ihre Durchlauchten die Fürsten zu Schwarzburg-Rudolstadt und zu Schwarzburg-Sondershausen	4
g) Ehrenritter	1633
zusammen:	2281

Ende 1888 waren vorhanden 2221 Mitglieder und zur Zeit der Wiederaufrichtung der Balley Brandenburg 1853: 1280; mithin Zunahme im verflossenen Jahre 60, seit 1853 1001.

6. Da die Zahl aller Mitglieder der Balley Brandenburg vom Jahre 1853 ab bis Ende 1889 nach Nr. 3 betragen hat . . 4528, gegenwärtig aber nur vorhanden sind . 2281, so ergiebt dies, daß in diesen 37 Jahren 2247 Mitglieder verstorben sind, der Orden in seinen Mitgliedern sich demnach fast völlig erneut hat. —

7. Die Zahl der Todesfälle während des Jahres 1889, so weit dies bisher bekannt geworden ist, beträgt 27 Rechtsritter und 50 Ehrenritter, zusammen 77. — 1888 sind gestorben: 29 Rechtsritter und 47 Ehrenritter, zusammen 76; demnach 1889 mehr 1. —

8. Von den vorhandenen 2281 Mitgliedern, welche der Balley Brandenburg am Schlusse des Jahres 1889 angehörten, haben sich angeschlossen:

a) direct der Balley Brandenburg:
67 Rechtsritter, 354 Ehrenritter; zusammen 421 (1888: 419).

b) der Preußischen Provinzial-Genossenschaft:
1 Commendator, 65 Rechtsritter und 93 Ehrenritter; zusammen 159 (1888: 151).

c) der Brandenburgischen Provinzial-Genossenschaft.
1 Commendator, 2 Ehren-Commendatoren, 1 Ordens-Hauptmann, 107 Rechtsritter und 133 Ehrenritter; zusammen 244 (1888: 236).

d) der Pommerschen Provinzial-Genossenschaft:
2 Commendatoren, 1 Ehren-Commendator, 50 Rechtsritter, 168 Ehrenritter; zusammen 221. (1888: 211.)

e) der Posenschen Provinzial-Genossenschaft:
1 Commendator, 24 Rechtsritter, 48 Ehrenritter; zusammen 73. (1888: 68.)

f) der Schlesischen Provinzial-Genossenschaft:
1 Commendator, 1 Ehren-Commendator, 93 Rechtsritter, 190 Ehrenritter; zusammen 285. (1888: 284.)

g) der Sächsischen Provinzial-Genossenschaft:
2 Commendatoren, 61 Rechtsritter, 129 Ehrenritter; zusammen 192. (1888: 180.)

h) der Schleswig-Holsteinischen Provinzial-Genossenschaft:
1 Commendator, 14 Rechtsritter, 35 Ehrenritter; zusammen 50. (1888: 50.)

i) der Hannoverschen Provinzial-Genossenschaft:
1 Commendator, 20 Rechtsritter, 61 Ehrenritter; zusammen 82. (1888: 72.)

k) der Westfälischen Provinzial-Genossenschaft:
1 Commendator, 21 Rechtsritter, 43 Ehrenritter; zusammen 65. (1888: 69.)

l) der Rheinischen Provinzial-Genossenschaft:
1 Commendator, 18 Rechtsritter, 65 Ehrenritter; zusammen 84. (1888: 83.)

m) der Genossenschaft im Königreich Württemberg:
2 Commendatoren, 14 Rechtsritter, 57 Ehrenritter; zusammen 73. (1888: 68.)

n) der Genossenschaft in den Großherzogthümern Mecklenburg:
2 Commendatoren, 1 Ehren-Commendator, 20 Rechtsritter, 62 Ehrenritter; zusammen 85. (1888: 82.)

o) der Genossenschaft in Hessen:
1 Commendator, 8 Rechtsritter, 14 Ehrenritter; zusammen 23. (1888: 44.)

p) der Genossenschaft im Königreich Sachsen:
1 Commendator, 18 Rechtsritter, 70 Ehrenritter; zusammen 89. (1888: 86.)

q) dem Vereine im Königreich Bayern:
3 Rechtsritter und 33 Ehrenritter; zusammen 36. (1888: 34.)

Da ein Ehren-Commendator sich zwei Genossenschaften (Brandenburg und Pommern) angeschlossen hat, so ergeben die unter a bis q aufgeführten Zahlen, welche 2220 Herren umfassen, unter Zurechnung des Durchlauchtigsten Herrenmeisters und der vier fürstlichen Ehrenmitglieder, daß von den gegenwärtig der Balley Brandenburg des Johanniter-Ordens angehörenden 2281 Mitgliedern 2224 sich an den Zwecken des Ordens betheiligt haben, während 57, sämmtlich vor der Wiederaufrichtung der Balley Brandenburg mit dem Johanniter-Orden „beliehene" Ehrenritter, der Neugestaltung nicht beigetreten sind.

Da die Balley mit denselben in keiner Verbindung steht, so dürfte sich diese Zahl in der Wirklichkeit, durch nicht zur diesseitigen Kenntniß gelangte Todesfälle, wesentlich verringern.

Der Kanzler Hans Georg von dem Borne.

Eine der denkmal- und erinnerungsreichsten Kirchen des Landes Brandenburg ist die zu Berneuchen zwischen Fürstenfelde und Soldin, obwohl auch sie in dem Bergau'schen Inventar mit keinem Worte erwähnt ist. Seit den Jahren 1648 und 1653 sind beide Rittergüter, in welche das alte Soldiner Stifts-Bernow oder Bernow durch Kriegsunfälle sich aufgelöst hat, im Besitze der Herren von dem Borne, und, der Zier des Epheus vergleichbar, schmückt eine Fülle von Denkmälern die Wandungen des Kirchleins.

Das wichtigste derselben ist einem der edelsten Patrioten des 17. Jahrhunderts gesetzt, der es vollauf verdient, daß man in einer Zeit wie die unsrige seiner auch außerhalb seines engeren Vaterlandes gedenke. Es ist der neumärkische Kanzler Johann George von dem Borne, welchem zu Lob und Ehren die nachfolgenden Zeilen geschrieben sind.

Seine Leichenpredigt „von der Gerechten Tode", welche der Frankfurter Professor Georg Konrad Bergius, ein reformirter Theolog, ihm am 30. August 1656 in der lutherischen St. Marien-Kirche zu Cüstrin gehalten hat, nennt als Elternpaar Hans George's Herrn Wulf von dem Borne, auf Dolgen, Bore und Britten erbsessen, und dessen Gemahlin Anna von Zozenow aus dem Hause Schlage in Pommern.

Nach der sehr gründliche „Familiengeschichte derer von dem Borne", verfaßt von Pastor Dr. Georg Schmidt, weiß von diesem Paare nichts Charakteristisches anzugeben; es ist demnach wohl ein schlichtes, landjunkerliches Haus gewesen, in welchem Hans Georg Mittwoch vor Lätare 1589 das Licht der Welt erblickt hat, — in welchem er dann auch aufgewachsen ist.

Noch hatte damals das Haus derer von dem Borne, dessen Anfänge sehr dunkle sind, keinen bedeutenden Mann, keinen Krieger, keinen Gelehrten von Ruf hervorgebracht. Die von dem Borne in der Neumark hatten sich „verliegen", höchstens, daß dann und wann Einer nach der Marienburg geritten war, um des Hochmeisters „Knecht" zu werden, oder ein Anderer Kaufleute, welche vom Königsberger Markt heimkehrten, überfallen und „geschändet" hatte. Aus dem Knaben Hans Georg aber sollte etwas werden! Es wurden praeceptores nach dem kleinen Herrenhause zu Dolgen im Dramburgischen verschrieben, und „der Knabe begriff die alten Sprachen und seinen Cursum philosophiae so wohl, daß er im April 1605, da er „nunmehr" das 17. Jahr erreichet gehabt, auf die Hochschule Frankfurt an der Oder gesendet werden konnte."

Der Jüngling nahm bei einer Frau Doctor Lindner Wohnung; bei dem Professor der Logik Caleb Trygophorus hatte er seinen Tisch. Er war ein überaus fleißiger Student; des Vaters Mittel scheinen indessen nicht ausgereicht zu haben, um ihn länger als bis in den Winter 1607 auf der Hochschule zu erhalten. Am 12. December dieses Jahres verließ Hans Georg die Universität und kehrte auf die väterlichen Güter zurück.

Erst im Monat März 1609, als der Schnee in den Wäldern und Gründen um Dolgen schmolz, fand sich endlich auch für Hans Georg eine Gelegenheit, zu reisen. Er war, — wir wissen nicht, durch wen —, an den Grafen Wolf Ernst von Isenburg und Büdingen und an den Wild- und Rheingrafen Philipp Otto, den Gouverneur von Metz und Nancy, empfohlen worden. Ueber Frankfurt, Mainz, Worms, Speier und Straßburg ging Hans Georg mit dem Isenburger zuerst nach Metz. Das markgräfliche Schloß Baden und die berühmten heißen Quellen des dortigen Bades boten eine willkommene Gelegenheit zu einem Abstecher. Dann wurde Nancy besucht. Hans Georg hatte nicht übel Lust, auf einige Zeit des Wild- und Rheingrafen Dienste zu erkiesen, um in der kaiserlichen Stadt Nancy das Französische völlig zu erlernen; allein er zog dann doch weiter, um zu Orleans, der bei dem deutschen Adel so beliebten französischen Universität, eine Zeit lang zu verweilen. Von dort wurden Ausflüge in das Berry, die Bretagne, das Anjou und Poitou unternommen. Ueber Paris ging es dann nach Calais, Dover und London und durch die „siebenzehn Provinzen" und Westfalen über Bremen nach Magdeburg und Leipzig zurück.

In letztgenannter Stadt empfing Hans Georg von dem Borne einen Wechsel seines Vaters, welcher es ihm ermöglichte, auch Italien zu besuchen. Im Monate Majo 1610 fuhr Hans Georg mit der Post von Leipzig ab, — die alten Pfade des Römerzuges nach der ewigen Stadt und nach Neapel! Gern hätte der junge Edelmann auch noch Sicilien und Malta besucht; doch seine Mittel reichten wiederum nicht. Er ging nach Siena zurück. Hier wurde seine Baarschaft gänzlich erschöpft; es blieb ihm nichts übrig, als Kriegsdienste zu nehmen. Er trat bei der Leibwache des Dogen von Genua ein und wurde später dem Regimente eines deutschen Obristen, des Geschlechts von Eltinghausen, zugetheilt.

Im Dienste der Republik hat Hans Georg von dem Borne nicht allein gegen die Barbaresken gekreuzt; nein, er hat Kriegsdienste gethan auch im Lande der Vendetta, — auf Korsika. Oft aber richtete sich seine Seele sehnend nach den grünen Wäldern und blauen Seen des Dramburger Kreises. Wie aber nach Hause kommen? Da fügte es sich, daß der deutsche Söldner in Genua einen Niederländer traf, welcher sein Schiff nach Spanien verkauft hatte und nach Friesland zurückkehren wollte. „Ziehet mit mir", sprach der Holländer; „ich werde Euch, da ich selbst der Sprache unkundig bin, gern bis nach Speier ‚verlegen'!" — Hans Jürgen that's; durch die Schweiz führte er den Fremden zum Rheinstrom; in Speier fand sich zu seiner hohen Freude ein Nürnberger Wechsel vor: der junge Edelmann konnte demnach seine Schuld begleichen und kehrte in die Heimat zurück.

Eine dritte Reise galt im Jahre 1612 den deutschen Küstenlanden und Holland. Stettin, Greifswald, Wismar, Rostock, Lübeck, Lüneburg, Braunschweig, Kassel, Marburg und Köln wurden „besehen". Nach Holland war sonach nur eine kleine Strecke noch; Hans Georg ging daher nach dem Grafenhaag und trat auf Veranlassung eines seiner Freunde, eines Hans von Richthofen, — die Leichenpredigt hat thatsächlich „Riechoffen", — in die Leibwache des Prinzen Moritz von Oranien ein.

Im Jahre 1613 starb sein Vater. Hans Georg mußte deshalb den Plan einer Pilgerfahrt nach dem gelobten Lande aufgeben; er hatte sich der Sorge für den überschuldeten Lehnsbesitz des Vaters und die Erziehung seiner zahlreichen Geschwister zu widmen. Es vergingen über 10 Jahre, ehe er Ordnung geschafft hatte. Da erst nahm er ein Weib. Seine Wahl fiel auf Anna Maria von Birkholtz aus dem Hause Schilde, und er hat sie nicht zu bereuen gehabt. Seine Ehe wurde mit 13 Kindern gesegnet. Unter seinen Schwiegersöhnen treffen wir Herren von Burgsdorf, von Schöneberg und von der Marwitz an.

(Schluß folgt.)

Deutsche Adelssagen.

70. Der Graf von Bentheim und der Bauer.

Unfern von Schüttorf in der oberen Grafschaft Bentheim, etwa eine Meile von der thurmreichen Burg Bentheim selbst, liegt der „Wissinghof", einst ein sehr reicher bäuerlicher Besitz. Von dem Wissingbauern und einem Grafen von Bentheim aber weiß die Sage das Folgende zu berichten.

Erstmals, — es war grad' eine schlimme Zeit und im Lande herrschte die Hungersnoth; — kam der stolze und übermüthige Wissingbauer nach dem Schlosse Bentheim, um dem Grafen seine Pacht zu entrichten. Erstaunt blickte dieser auf die glänzenden, wohlgenährten vier Rappen, mit welchen der Wagen des Bauern bespannt war. „Die Rosse dort scheinen nicht Noth zu haben!" sprach freundlich der Graf. „Dafür sind es auch Wissings Pferde!", erwiderte selbstgefällig der bauernstolze Landmann.

Der Graf schwieg und lud den Bauern zu seiner Tafel ein, bei welcher aller Glanz des alten, von König Arnulf von Deutschland abstammenden Herrengeschlechtes Bentheim entfaltet wurde. Aber wie viel auch der Prunkgeschirre aufgetragen wurden, — der Wissingbauer blieb bei seinem stolzen „Nil admirari." Das verdroß den Grafen doch ein wenig, und er konnte sich nicht enthalten, den Bauern zu fragen wie ihm denn all' diese Pracht gefiele. „Flitterstaat!" meinte der Landmann. „Für Einen, der von Anderen leben muß, — grade gut genug!" Da biß der Graf sich auf die Lippen und sprach: „Ich möchte gern einmal auch deine Wirthschaft sehen! Hast du wohl Stühle, daß man sich setzen kann, und etwas Brei zu essen?" — Uebermüthig lächelnd erwiderte der Bauer: „Herr Graf, seiet ohne Sorge und kommet! Die Schüssel mit dem Brei, der Tisch und die Stühle, — das Alles soll kostbarer sein, als ich's hier sehe!" Da lud der Graf mit seinem Hause und dem Kanzler sich zu dem stolzen Wissingbauern ein.

An dem bestimmten Tage erschien er auch auf dem Wissinghofe. Auf diesem letzteren tummelten sich acht herrliche Pferde umher; — wohl 50 schöne, weißbunte Kühe sah man auf demselben, dazu noch eine Menge von Schafen und schier unzähliges Geflügel. In der Stube aber des Bauern, welcher selbst nur ein einfaches, ledernes Wamms trug, war ein Mahl für zwanzig Tischgäste gerüstet.

Doch woraus bestand der Tisch? — Aus mehr als 200 Stücken der feinsten Leinwand! — Woraus die Stühle? — Aus weißleinenen Säcken, deren jeder mit einem Malter besten Roggens gefüllt war! Auf dem Tische standen wohl zwanzig wohl zubereitete Gerichte; — das Merkwürdigste aber war die Schüssel in der Mitten, in welcher der Brei sich befand; denn sie bestand aus einem silbernen Brustharnische.

Der Graf runzelte die Stirn. „Es ist nicht passend", sprach er, „sich auf Dinge zu setzen, welche zur Nahrung der Menschen bestimmt sind." — „Nein, gnäd'ger Herr", erwiderte der Bauer; „der Roggen ist auch nur für's Vieh!" — „Und dieser Harnisch mit meinem gräflichen Wappen?" fragte der Edelherr. — „Er wurde mir von einem Bauer für 20 Malter Roggen einst verkauft, als auf Burg Bentheim Noth und Hunger herrschte." —

Da rief der Graf nach den Rossen; der reiche Wissingbauer mochte sein Mahl selbst verzehren! Hochmuth aber kommt vor dem Falle: der Edelherr nahm gerechte Rache für den Schimpf, welchen ihm der Wissingbauer zugefügt hatte. Er ließ den Uebermüthigen gefangen setzen, sein Haus abbrechen und den „Wissinghof" in fünf Theile zerlegen. Auf der Stelle des früheren Wohnhauses wurde ein Schafstall errichtet. Um nun nicht wiederum einen so strafbaren Hochmuth aufkommen zu lassen, ergriff der Graf ein Mittel, ganz nach dem Geiste der alten, — in symbolischen Dingen so beredt zu uns sprechenden Zeit. Die nunmehrigen fünf Wissingbauern wurden „mit dem Dünger der Schafe" aus jenem Stalle belehnt. Noch jetzt warnt der Bauer aus der oberen Grafschaft Bentheim, welcher mit einem Knabe über den nun verödeten Wissinghof geht, derselbe vor so sündlichem Uebermuthe und erzählt ihm die Geschichte von dem Wissingbauern und dem Grafen von Bentheim. —

Die deutsche Volkssage enthält auch in dieser „nachdrücklichen" Mär' all jenen sittlichen Ernst, welchen sie, — einst die Lehrerin des gemeinen Mannes, — in so reicher Fülle in sich trägt. Die Wendung in dieser alten Volkserzählung ist überraschend, — ja, sie ist geradezu meisterhaft; sie würde einem großen Dichter Ehre machen. Berechtigtes Selbstgefühl und frevelhafter Uebermuth sind eben grundverschiedene Dinge. Vergessen wir es bei dieser seltsamen Schlußwendung auch nicht, daß der in Rede stehende Vorgang sich von dem düstern Grunde einer Hungersnoth abhebt. —

Wie wir diese Mär' erfahren, mußten wir unwillkürlich einer pommerschen Mär' Geschichte gedenken. In ähnlicher Weise bewirthete einst ein Bauer den Herzog Bogislaw X. von Stettin; allein der wackere Pommer that das nicht aus Stolz oder gar etwa, um seinen Herrn zu beschämen; er hatte vielmehr nur die Absicht, dem oft mit sich selbst und mit der Zeit unzufriedenen Fürsten zu zeigen, wie gesegnet seine Regierung im Großen und Ganzen doch gewesen wäre. Das vollkommenste Gegenstück zu der Bentheimer Geschichte aber geben die preußischen Chroniken; indem sie das Folgende erzählen:

„Als im Jahre 1400 etliche fremde Gäst' und Herren den damaligen Hochmeister Konrad von Jungingen besuchten und ihn bei dem Trinken insonderheit darum glücklich priesen, daß sie unterwegs auch bei den Bauern einen guten Wohlstand verspürt, da hat der „Treßler" (Schatzmeister) von der Marienburg gesagt, sie sollten sich darüber nicht wundern; denn der Herr Meister habe einen Bauern zu Nickelswalde, welcher 11 Tonnen Goldes besitze. Um dieses zu beweisen, wurden die Gäste dorthin bestellt und dem Bauern angesagt, daß der Meister mit den Fremden am nächsten Tage bei ihm Mahlzeit halten wolle; da denn der Schatzmeister ihm anbefahl, daß er die Tonnen mit Golde nach dem Tisch setzen, Bretter darauf legen und zu Sitzbänken machen solle. Nach beendigter Mahlzeit mußte der Bauer den Schatz vorzeigen; er wußte wohl, daß verborgenes Gut dem Herrn gehörte, und deshalb zeigte er auch

Alles redlich an. Die Gäste verwunderten sich; dem Hochmeister aber gefiel es also wohl, daß er sogleich den Befehl gab, man solle dem Bauer auch die zwölfte Tonne, welche bereits zur Hälfte gefüllt war, mit Gold aus seinem eigenen Schatze vollständig füllen, damit er sagen könne, er habe einen Bauern, welcher über eine Last Goldes vermöge. Die Tonnen sind sämmtlich nur noch grad' so groß gewesen, wie die heutigen, d. h. 1688er Salztonnen. Jener reiche Bauer zu Nickelswalde aber ist deswegen stets gewesen, daß, wenn er zu Biere gangen ist, er kein Geld, sondern etliche Stöße mit sich genommen und damit den Wirth bezahlet hat. — Hat auch stets das Sprüchwort im Munde geführet, daß man groß Geld mit kleinen Fingern anrühren müsse. Gleichwohl wurde er nach dem Absterben des gedachten Hochmeisters von dessen Nachfolgern, insonderheit von dem von Plauen, dermaßen mitgenommen, daß er zuletzt an den Bettelstab gerathen ist."

Unter solchen Umständen dürfen wir uns in der That nicht wundern, wenn unser Landvolk seinen Besitz an baarem Gelde zuletzt sogar verscharren gelernt hat.

Eine großartige Waisenhausstiftung in Tirol.

Der Fremde, der im vergangenen Sommer auf dem Eisenbahn-Viaduct dem Innsbrucker Bahnhofe sich näherte, erblickte zur Rechten inmitten eines Villenviertels ein der Vollendung nahes großartiges Gebäude. Die Aufschrift belehrt uns, daß es ein Waisenhaus ist. Dasselbe steht in einem 12000 Quadratmeter großen, ein regelmäßiges Viereck bildenden Garten, welcher von vier breiten, mit Alleen besetzten Straßen umgeben ist. Der Bau wurde nach den Grundrissen des Stifters, die schöne Renaissance-Façade nach dem Entwurfe des Wiener Architekten Eugen Sehnal ausgeführt und macht durch seine großen und edeln Verhältnisse einen wahrhaft monumentalen Eindruck.

Die Kirche, welche den Mitteltrakt der südseitigen Fronte bildet, hat eine ebenso schöne als reiche Façade, deren vornehmste Zierde die meisterhaft ausgeführte Giebelgruppe, ein Werk des Tiroler Bildhauers Franz Baumgartner, ist, von dem auch die Nischengruppen und die sonstigen Sculpturen der Kapellen-Façade ausgeführt wurden.

Ein prächtiges Marmorportal und ein kunstvoll in getriebener Arbeit ausgeführtes schmiedeeisernes Thor vollenden den äußeren Schmuck des Gotteshauses, zu dem von außen zehn Stufen hinanführen. Im Innern der Kirche sind die von einer Glaskuppel überwölbte Apsis, das figurale Glasfenster und das Altarbild bemerkenswerth.

Die Räume des Waisenhauses, obwohl einen einheitlichen, geschlossenen Bau bildend, sind in zwei Theile geschieden, und zwar in das Knaben- und Mädchenhaus. Jedes Geschlecht hat seinen eigenen Hauseingang und seine eigene Treppe. Im Kellergeschoß befinden sich die Wohnräume der Knechte und Mägde, die Vorrathskammern, die Bäckerei, sowie die Holz-, Kohlen- und sonstigen Keller. Damit in Verbindung stehen die (unter der Terrasse) eingebauten Bäder und die große Waschküche. In der Krypta unter der Kirche ist die Gruft des Stifters. Im Erdgeschoß, und zwar im Knabenhause, befinden sich die Wohnungen des Pfarrers und Kaplans, sowie der Speise-, Arbeits- und Turnsaal der Knaben; im Mädchenhause sind die Wohnungen der barmherzigen

Schwestern, der Mädchen-Speisesaal sowie Küche, Speise-, Mehl- und Abspülkammer untergebracht. Vom nördlichen Erdgeschoß aus betritt man die geräumige Terrasse, von deren Plattform man eine herrliche Aussicht auf die Kalkalpen und Thalabschlüsse des Unterinnthals genießt. Im ersten Stock befinden sich die Lehr-, Musik-, Zeichen- und Unterhaltungssäle sowie die abgesonderten Krankenzimmer, ferner acht Lehrsäle für eine seinerzeit zu eröffnende Volksschule, welche auswärtige Kinder besuchen können. Im zweiten Stock liegen die großen Schlafsäle mit den Waschkammern, Aufsichtszellen und Garderoben.

Der edle Stifter dieses großartigen Institutes ist ein in Wien lebender, mit Glücksgütern reich gesegneter Tiroler, J. von Sieberer. Er wurde im Jahre 1830 in einem Dorfe des Unterinnthales als der Sohn unbemittelter Eltern geboren, kam 1841 als Zögling in das erzbischöfliche Kapellhaus in Salzburg, wo er die Gymnasialstudien begann, die er in Hall in Tirol fortsetzte und in Wien vollendete. Hierauf studirte er die Rechte und trat im Jahre 1856 als Hofofficial in das Oberhofmeisteramt des Erzherzogs Albrecht, verließ im Jahre 1860 als Secretär den erzherzoglichen Dienst, um als Generalinspector in die damals eben gegründete Versicherungsgesellschaft Oesterreichischer Phönix einzutreten, in welcher Eigenschaft er als Vertreter des österreichischen Hochadels, dessen Vertrauen er besitzt, noch heute fortwirkt. Der Stifter hat außer dem Bau und der vollständigen Einrichtung des Stiftungshauses, deren Kosten sich nahezu auf 500 000 fl. belaufen, auch einen Erhaltungsfonds für die Waisenkinder im Betrage von 450 000 fl. der Gemeinde Innsbruck sichergestellt.

Das Institut wurde am 1. October mit großer Feierlichkeit unter Theilnahme des Erzherzogs Carl Ludwig, des Ministerpräsidenten Grafen Taaffe, zweier Bischöfe und der Spitzen der Behörden eingeweiht.

Die Stadt Innsbruck hat durch das prachtvolle Gebäude, das an einem der schönsten landschaftlichen Punkte seiner Umgebung steht, einen neuen Schmuck erhalten.

Leipz. Illustr. Zeitg.

Das Wappen Ihrer Majestät der Deutschen Kaiserin und Königin von Preußen Auguste Victoria, Prinzessin zu Schleswig-Holstein.

Unter diesem Titel ist soeben mit Allerhöchster und Höchster Genehmigung bei dem Hoflieferanten C. A. Starke in Görlitz ein Werk des Oberhofmeisters Ihrer Majestät der Kaiserin, Freiherrn von Mirbach, erschienen, welches nicht nur von allgemeinem heraldischen und historischen Interesse, sondern namentlich auch für alle Behörden und Kunstgewerbe von Werth ist. Dasselbe enthält in 10 von dem Hofgraveur Otto in Berlin gezeichneten Tafeln in vorzüglicher Farbendruck-Ausführung mit erläuterndem Text die verschiedenen Wappen Ihrer Majestät als Kaiserin und Königin, sowie das Wappen des Kaisers, soweit es beim Allianz-Wappen in Betracht kommt. Bei denselben haben in den letzten Jahren wesentliche Veränderungen stattgefunden, welche in Bezug auf das Kaiserliche Wappen theilweise bereits von Seiner Majestät dem Kaiser Friedrich angeregt worden waren. Diese Aenderungen beziehen sich namentlich auf den Reichsadler, die Kaiser-, Kaiserin- und Königs-Krone, Standarte der Kaiserin und Standarte der Königin.

Ganz neu ist das Familien-Wappen Ihrer Majestät als Prinzessin zu Schleswig-Holstein. Dem Brauche aller souveräner Häuser entsprechend, hat die Herzoglich Holstein'sche Familie, deren Chef der Herzog Ernst Günther, geb. 1863, Bruder Ihrer Majestät der Kaiserin, ist, sich dahin entschieden, ein kleines, mittleres und großes Wappen zu führen. Von größerem Werthe ist die Annahme des kleinen Wappens, in welchem nur die Stammländer Oldenburg und Schleswig-Holstein vereinigt sind. Dieses — eigentlich das Hausfamilien- und Stamm-Wappen — wurde genau in seiner jetzigen Form von dem Stammvater der sämmtlichen noch blühenden Linien (Augustenburg, Glücksburg, in Dänemark, Griechenland und Rußland, Haus Wasa und Oldenburg) geführt, dem Herzoge Christian VIII. von Oldenburg (regierte 1440 bis 1481), welcher 1448 als Christian I. König von Dänemark, später König von Norwegen und Schweden wurde und von seiner Mutter Hedwig, Gräfin von Holstein, die Länder Schleswig und Holstein erbte.

Das mittlere Wappen, aus neuester Zeit, enthält Norwegen, wegen des Titels „Erbe zu Norwegen", welchen die Herzöge führen, Schleswig und Holstein, sowie Oldenburg als Herzschild. Das größere Wappen aus dem 17. Jahrhundert enthält Norwegen, Schleswig, Holstein, Stormarn und Dithmarschen, sowie Oldenburg und Delmenhorst als Herzschild.

Bei allen Wappen erscheint das alte Stammwappen Oldenburg (goldener Schild mit zwei rothen Balken und Helm mit goldenen Büffelhörnern mit je zwei rothen Spangen) an erster Stelle. Besonders verdient noch hervorgehoben zu werden, daß die Herzogliche Familie das berühmte alte Wappenzeichen, das sogenannte „Nesselblatt" wieder in seiner alten schönen einfachen Form angenommen hat. An der Hand von Originalsiegeln wird bewiesen, wie diese Wappenfigur von Alters her bis zum Erlöschen der Grafen von Holstein in Schleswig-Holstein niemals anders als in der einfachen alten Form geführt worden ist, und wie es auch so von den Grafen von Oldenburg, als sie durch Erbschaft in Besitz der Herzogthümer kamen, übernommen wurde. Erst im 17. Jahrhundert — mit dem vollständigen Verfall der Heraldik — traten in der Form des alten „Nesselblattes" die mannigfachsten und verschiedenartigsten Veränderungen ein, durch welche es schließlich in sechs einzelne Theile mit einem Schildchen in der Mitte zerlegt wurde, aus denen die alte Form nicht mehr zu erkennen und zurückzubilden gewesen wäre, wenn sich nicht in den Archiven Tausende von schön erhaltenen alten Siegeln und Münzen befänden.

Dank des Aufschwunges, welchen die Heraldik im Anschluß an das Kunstgewerbe in den letzten zwanzig Jahren genommen hat, haben bereits viele alte Geschlechter ihre schönen, ehrwürdigen Wappenzeichen wieder zu Ehren gebracht, von denen der weitaus größte Theil seit Ende des 16. Jahrhunderts bis in die neueste Zeit verunstaltet worden war. Für die Geschichte des Holstein'schen Wappens sei hier nur noch an die werthvollen Werke von Weißenbach und das im vorigen Jahre Ihrer Majestät gewidmete Werk von M. Gritzner erinnert.

Carl Heymanns Verlag in Berlin W., Mauerstraße 63–65.

Gedruckt bei Julius Sittenfeld in Berlin.

Alle Zuschriften und Einsendungen in Angelegenheiten dieses Blattes wolle man an den Redacteur befördern: Geh. Hofrath Hesekiel W. Potsdamer Straße Nr. 134 c. zu Berlin richten.

Wochenblatt der Johanniter-Ordens-Balley Brandenburg.

Im Auftrage der Balley Brandenburg verantwortlich redigirt von C. Herrlich in Berlin.

Jahrg. 31. Berlin, den 8. Januar 1890. Nr. 2.

1. Moritz Constantin von Altrock, Oberstlieutenant a. D., Ehrenritter seit 1868, † zu Charlottenburg 25. December 1889.
2. Ferdinand Friedrich Wilhelm Alexander von Uechtritz und Steinkirch, Rittergutsbesitzer, auf Niewitz-Kauffung bei Schönau in Schlesien, Ehrenritter seit 1864, † zu Niewitz-Kauffung 27. December 1889.

Der Kanzler Hans Georg von dem Borne.

(Schluß.)

In schwerer Zeit, im Jahre 1628, trat er dann bei Herrn George Wilhelm von Brandenburg in Dienst. Verlockendes besaß die Stellung eines Neumärkischen Regierungs-Rathes und Assessors beim Kammergerichte dermalen gewiß nicht; — Gehälter wurden ja schon lange nicht mehr gezahlt; — dennoch nahm sie Hans George an. Es wurden ihm beschwerliche Commissionen zu Theil: zweimal z. B. hatte er mit dem erbarmungslosen kaiserlichen Obristen Torquato Conti im Lager zu Garz zu verhandeln. Aber er wankte in seiner Ausdauer nicht. Nachdem dann der neumärkische Kanzler Joachim von Köckeritz im Jahre 1636 Todes verblichen war, wurde Hans Georg von dem Borne sein Nachfolger; Graf Adam von Schwarzenberg und Levin von dem Knesebeck führten ihn im Cüstriner Schlosse in sein Amt ein.

Was er in demselben für Erfahrungen gemacht hat, das hat der wackere Patriot in einer berühmten Schrift der Nachwelt verzeichnet. Im Jahre 1641 erschien zu Frankfurt an der Oder bei Michael Koch eine „Consultatio politico-theologica über den gegenwärtigen betrübten und kümmerlichen Zustand der Chur und Mark Brandenburg, aus einem rechten patriotischen Wohlmeynen gestellet durch Hansen Georgen von dem Borne".

Nach einer sehr ernst gehaltenen Einleitung beginnt der Verfasser damit, daß er die Ursachen all' des Unglücks feststellt, von welchem die Mark betroffen worden war. Mit Recht verficht er die Ansicht:

„Wir hätten auch dem Kriegsunheile widerstehen können, wenn wir nur anders geartet gewesen wären, wir Brandenburger all' in Stadt und Land." Dann folgen eingehende Untersuchungen und wohlbegründete Anklagen gegen Hoch und Niedrig. Ohne Scheu spricht es der Kanzler aus:

„Von oben herab ist dem Volke das schlechteste Beispiel gegeben worden. Wohl hat der Hof seine Hofprediger, welche das Wort der Wahrheit verkündigen und Gottesfurcht in die Herzen der Menschen zu pflanzen bestrebt sind. Mit was für Frucht und Nutzen aber, das bezeugt die Experienz genugsam; sintemalen die Mehrzahl der Kurtisanen continuiret, ein wüstes und wildes, heidnisches Wohlleben zu führen im Fressen, Saufen, Wollust und Spielen sammt anderer Ueppigkeit, und werden die meisten Sonn- und Festtage bei Hofe mit Banquetten, Turniren, Ringelrennen, Masqueraden, Balletten und anderen weltlichen Lüsten zugebracht, so daß der Gottseligkeit dabei ganz vergessen wird." —

„In den Städten aber", fährt der Verfasser fort, „hat man es für einen großen Gottesdienst gehalten und hält es noch dafür, wenn man an den Sonn- und Festtagen sich stattlich aufputzet und der Gewohnheit nach zweimal und öfter ohne einige Andacht in die Kirche gegangen ist. Nach beendigter Predigt hat man alsbald angefahren, alle Sünden, welche man auf den Werktag nicht hat thun mögen, am Sonntage mit freudigem Muthe zu verüben. Da hat es müssen gefressen, gesoffen, gespielet, banquettiret und bahtiret sein; da hat man alle Gasthöfe, Schänken, Wein- und Bierkeller voller Gesellschaft gesehen, die sich toll und voll gesoffen und bis in die Nacht geschwärmet, sich auch mit Trommeln, Pfeifen, Geigen u. s. w. aufwarten lassen. Da hat man müssen nach der Scheiben und dem Vogel schießen und öfters hat man Comödianten in den Kirchen, auch Fechtmeister, Springer, Linien-Flieher (Seiltänzer), Tanzmeister, Bären-, Affen- und anderer ungewöhnlicher, wilder Thiere Leiber agiren und durch dieselbigen dem Volke ein Spectacul und Kurzweil machen lassen, welchem auch der Magistrat und selbst die Geistlichen mit sonderbarer Ergötzlichkeit beigewohnt haben." —

Wir können das Büchlein des Herrn von dem Borne hier nicht ausschreiben; einiges muß aber doch noch angeführt werden, weil es beweist, wie ernst dieser Edelmann die Lage des Vaterlandes auffaßte, und wie ihm das Herz schlug für seines Volkes Wohl.

„Die Gottlosigkeit hat die Gewissen ruinirt"; also klagt der Herr von dem Borne, und darin liegt ihm der letzte Grund alles Uebels. „Es ist ein grober Atheismus eingerissen; die Blasphemia, die Gotteslästerung, das Fluchen und Schwören sind stark im Schwange. Die kirchlichen Zustände, welche der Verfasser schildert, sind freilich überaus trübe; Sonntagsruhe scheint im ganzen Lande Brandenburg nicht mehr vorhanden gewesen zu sein: „Tanzen, Comödien-Agiren, Karten-, Würfel-, Bretspiele, Pikkrutafeln (?), Schießen, Kegeln, Banquettiren und Courtoisiren, das seind die Sonntagsbeschäftigungen in denen Städten." Und fast noch schlimmer scheint es um die Heiligung des Feiertages auf dem Lande bestellt gewesen zu sein. „Nach gehaltener Predigt ist der Pfarr zu dem Schulzen oder dem Patrone eingeladen worden; die Bauern aber sind mit den Frauen und Kindern in den Krug gegangen und haben sich daselbst toll und voll gesoffen, haben die ganze Nacht durchschwärmet und sind nach der Sackpfeifen herumgesprungen, wozu sich dann auch wohl der Geistliche mitunter mitgebrauchen lassen." — Auf die „Fress- und Saufseste der Gewerke in den Städten, wo man „Lauf und Fraß in Ueppigkeit gehalten", verzichtet der Verfasser näher einzugehen.

Leider war auch das Fluchen trotz der hohen, in den Polizeiordnungen des Landes festgesetzten Strafen nach den Schilderungen des Herrn von dem Borne gar sehr gemein geworden. „Man kann", so berichtet er, „nicht über die Gasse gehen, daß man nicht hohe, schwere und grausame Lästerungen wider Gott, seine heiligen Sacramenta, Marter, Wunden und Elementa, sowie erschreckliche Flüche wider den Nächsten hören müsse, und meinen einige, es bestehe eine sonderliche Grandezza, Autorität und Geschicklichkeit darin, wenn Einer alle Creutz' bei den Sternen fluchen könnt', sodaß sogar die kleinen Kinder von 7 oder 8 Jahren sich des Fluchens meisterlich zu gebrauchen wissen. Daneben aber bestehet ein abscheulicher und grausamer Aberglaube, und der Satan gebrauchet besonders die Zauberei und die Divination, um den Seelen Fallstricke zu legen." In großer Ausführlichkeit behandelt der Verfasser sodann „die Divination durch den Psalter, das Sieb und den Erbschlüssel, auch durch beschriebene Käse, „dazu sich auch die Pfarrer und Küster auf denen Dörfern gebrauchen lassen."

Sehr ernst steht der edle Patriot ferner der sittlichen Leichtfertigkeit seiner Zeit gegenüber. Nicht minder hart verurtheilt der wackere Patriot aber auch die Frauenwelt jener Tage.

„Alle vorgenannten Excesse", heißt es dann weiter, „überwiegt aber die Trunkenheit, welche heutigen Tages so gemein geworden, daß sie vor irremediabel gehalten werden muß. Man invitirt, so lange in's Gelag hinein zu trinken, bis man sich endlich ganz blind und toll und voll gesoffen. Da müssen dann die großen Pocale herumgehen, und hat derjenige eine dapffere That begangen, der den meisten Wein ausgesoffen. Ja, man spielet wohl auch mit Würfeln darumb, wie viel ein Jeder trinken soll. Wieviel des Unglücks hat doch das Saufen schon herfürbracht!" —

„Soviel indessen auch in der Mark zu beklagen ist", so schließt Hans Georg von dem Borne endlich seine Darlegungen; — „wir dürfen gleichwohl nicht verzagen! Das hilft uns nichts, daß wir die Hände in den Schoß legen und sagen, nun sei Alles dahin." Mit „dapfferem Muthe gilt es, sich aufzuraffen und sich eines gottseligen Wandels zu befleißigen." Dann wird Gott seine Verheißungen auch an dem Volke der Mark wahrmachen; er wird den lieben Frieden wiederbringen, die Wunden und Brüche des Landes heilen und einem Jeden sein Stücklein Brot unter seinem Weinstock und Feigenbaum legen. Am Schlusse seiner sittengeschichtlich so wichtigen Schrift führt Hans Georg von dem Borne dann noch jenen „letzten Willen" an, welchen Ludwig der Heilige von Frankreich einst für seinen Sohn Philipp den Kühnen aufgesetzt haben soll. Man sieht es, — der patriotische Schriftsteller hat einen bestimmten Zweck vor Augen; er wendet sich an das edle, junge Blut, den Kurfürsten Friedrich Wilhelm, und mahnt ihn, auch in sittlicher Beziehung seinem Volke ein Helfer und Erretter zu werden.

Erledigen wir hier sofort die gesammte schriftstellerische Thätigkeit des Herrn von dem Borne. Die „Leichpredigt" sagt uns:

„Wie er nicht anders des Molinaei französischen Tractatum vom Abendmahl in's Teutsche gar zierlich vertiret, so ist auch annoch ein Tractatus posthumus de praxi modernae militiae sub prelio von ihme vorhanden, daraus gleichfalls seine Erfahrenheit, gute Erudition, Aufrichtigkeit und Liebe der Wahrheit zu verspüren."

Diese Schriften sind dem Schreiber dieser Zeilen leider unerreichbar geblieben. Der Tractatus über die Mark, diese gewaltige und doch so gütig mahnende Strafpredigt über die Gebrechen der Zeit, hatte den Edelmann mit dem feingebildeten Gemüthe indessen bereits genügend an Friedrich Wilhelm den Großen empfohlen. Wir finden Hans Georg von dem Borne deshalb auch diplomatisch thätig und zwar in den allerwichtigsten Angelegenheiten des Landes. Uebereinstimmend mit dem durch Professor Erdmannsdörffer erschlossenen Quellenmaterial sagt die „Leichpredigt":

„Kurfürstliche Durchlaucht haben ihn anno 1642 nacher Stralsund verschicket, mit der Cron'

Schweden ein Armistitium zu schließen, bei welcher Legation er aller Dexterität und großen Fleißes gebrauchet, also, daß im Junio verwichenen 1642sten Jahres er zu Sr. Kurf. Durchl. gnädigstem Gefallen das Armistitium erhalten und die Kurfürstlichen Lande dadurch in gute Ruhe gesetzet worden. Anno 1650 aber haben K. D. ihn abermalen nacher Stettin abgeschicket, mit der Cron' Schweden die Pommerschen Grenz-Tractaten in guten Stand zu bringen, auch ihme das Directorium aufgetragen, welcher Stelle er sonder Verbruch und Neid so vorgestanden, daß S. K. D. daran ein gnädigstes Gefallen getragen."

Hans Georg von dem Borne war gewiß ein thätiger Mann; allein die Beamten, welche die furchtbare Noth des großen Krieges hatten tragen müssen, alterten schnell, und der junge, große Kurfürst erzog sich ein neues Geschlecht. In seinen letzten Jahren erblicken wir den Kanzler weniger im Staatsdienste als vielmehr in der Regelung der Verhältnisse seines Hauses thätig. Das wichtigste seiner Geschäfte war die Erwerbung der Bernеuchener Begüterung von dem, dem Untergange sich zuneigenden, ritterlich tapfern Geschlechte derer von der Marwitz, 1653. Auch das nahe, große Gut Wuthenow wurde im Jahre 1656 von denen von Schönebeck erkauft.

Schon aber nahte der Tod. Hans Jürgen von dem Borne glaubte zwar, „er werde noch viele Jahre erreichen, „sintemalen er nicht öfte krank gewesen". Zu Ende August 1656 aber fand sich ein „Tertianfieber" bei ihm ein, und leider gesellte sich demselben ein „Catarrhus Suffocativus" zu. „Bei guter Vernunft und ohne einige Ungeberde" entschlief der wackere Kanzler.

Es ist wundersam, wie eine wahrhaft eingehende Forschung uns mit den Persönlichkeiten der Vergangenheit befreundet. An der pietätsvollen Erinnerung der Nachwelt spinnt sich der Faden ihres Lebens gewissermaßen noch einmal ab. Lernen wir gar ihre äußere Gestalt, wie die des Kanzlers Hans Georg von dem Borne und seiner Gemahlin Anna Maria von Birckholtz, so wird unser Verhältniß zu den Edlen der Vorzeit ein um so innigeres. D'rum ist's uns, wenn wir den Worten des Verfassers der „Consultatio politico-theologica" lauschen, als stände er lebendig vor uns, — als führe er, ein öffentlicher Ankläger, die Sache des Vaterlandes mit dem heiligen Zorneseifer eines Demosthenes. Und: wer will es leugnen, daß Männer wie Hans George von dem Borne dem deutschen Volke heut' grade ebenso unentbehrlich sind wie vor zweihundertfünfzig Jahren?" —

Oskar Schwebel.

Deutsche Adelssagen.

71. Die Raugrafen.

Das Geschlecht der alten, kaiserlichen Grafen des Nahegaues spaltete sich bereits im 11. Jahrhundert in mehrere Zweige, welche sämmtlich dynastische Rechte in Anspruch nahmen und keine andern Herren über sich anerkannten als Gott und den Kaiser. Auf diese Weise entstanden die Häuser der Wild- und Rheingrafen, der Grafen von Veldenz, von Sponheim und der Raugrafen. All' diese hochedlen Geschlechter werden von der Sage gefeiert. „Ein Wild- und Rheingraf" ist bekanntlich als wilder Jäger an die Stelle des Gottes Odin-Wuotan getreten; im Hause der Veldenzer findet sich die Sage von der Verwandlung von Lebensmitteln in Rosen, welche wir kurz als die „St. Elisabethen-Sage" bezeichnen möchten, und die Sponheimer erklärten einst ihren Namen durch eine Legende. Ein Graf von Flandern, so ward erzählt, erschlug einst im 11. Jahrhunderte einen Blutsverwandten einer Gräfin Hedwig, welche reiches Gut und starke Burgen im Nahegau besaß; indessen verzieh diese dem Flanderer unter der Bedingung, daß er nach dem heiligen Lande wallfahrte und ihr irgend ein Heiligthum zurückbrächte, „auch wenn es nur ein Span sei". Der Graf vollbrachte die heilige Fahrt und erkaufte im Morgenlande von einem Juden in der That „einen Span" von dem wahren Kreuze des Herrn. Er ließ für diese Reliquie sodann einen goldenen Behälter anfertigen, welchem er die Inschrift „Hedwigi" zu geben befahl, weil jenes Heiligthum der Gräfin des Nahegaues das Wahrzeichen der wirklich vollbrachten Wallfahrt sein sollte. Auf der Heimkehr aber erlitt der Flanderer Schiffbruch; er vermochte nur sein Leben, nicht aber die kostbare Reliquie zu retten. Zagend trat er daher vor die Gräfin: er hatte kein Zeugniß für sein frommes Werk und konnte kaum hoffen, daß sie ihm die Blutschuld verzeihen werde. Hedwig jedoch empfing ihn gütig und ließ sich das verlorene Reliquiarium beschreiben; sodann erzählte sie ihm, es sei am Morgen nach eben jener Nacht, in welcher das Schiff des Grafen gescheitert wäre, ein schöner Jüngling auf die Burg gekommen und habe ihr eben jenes kostbare Kästchen mit der Aufschrift „Hedwigi" übergeben. Sie reichte dem Flanderer ihre Hand, und, reich von Gott gesegnet, gründeten die Gatten Burg und Haus von Sponheim. —

Besonders reich aber ist unter den oben genannten Grafenhäusern von der Sage das Geschlecht der Raugrafen bedacht, welche vom 12. bis zum 15. Jahrhunderte in den Linien Alten- und Neuenbaumberg, Stolzenburg, Hanstein, Rufenhausen und Imsweiler verheißungsvoll aufblühte und dann mit überraschender Schnelligkeit erlosch. Auch diesem Hause eignet die Wellensage, welche wir nunmehr mit voller Bestimmtheit als eine gemeinsame Tradition, ja, als einen Glaubenssatz des deutschen Uradels zu bezeichnen vermögen, und welche nichts anderes besagt, als daß die edelsten Geschlechter Deutschlands einst einen göttlichen Ursprung für sich in Anspruch nahmen.

Die Volkspoesie der Pfalz weiß ferner von einem Altenbaumberger Raugrafen zu erzählen, welcher das Kreuz nahm und in die Ferne zog, ein wunderschönes junges Weib daheim zurücklassend. Mit argem Sinne nahten Versucher der Gräfin; allein sie erwies sich fest und bewahrte ihre frauenhafte Reinheit. Als endlich der Raugraf heimkehrend der schönen Pfalz wiederum nahte, da aber sendeten die Feinde seiner Gemahlin ihm Boten entgegen, welche die holde und tugendhafte Frau auf's Aergste verleumdeten. Wie ergrimmte da der Raugraf! Eines milden Sommerabends erschien er, als Pilger bis zur Unkenntlichkeit verhüllt, dann auf der alten Baumburg; er verlangte die Gräfin zu sprechen. Da grade trat ein Edelknabe aus deren Gemach. In höchster Wuth erstach der Graf den Knappen und dann auch seine Gemahlin; zornig entdeckte er sich darauf der Dienerschaft und hieß sie, die Leichen im Schloßhofe in ungeweihter Erde zu bestatten. Am nächsten Morgen aber war dem Grabe der Beiden durch ein Wunder eine schneeweiße Lilie mit zweien Blüthen entsproßt. — Also auch hier der tiefsinnige Glaube von dem „Fortleben der Seelen in Blüthengestalt." — ein Rest uralten, poesievollen Heidenthums! Ergrimmt riß der Graf die Lilien heraus; immer aber erblühten sie von Neuem. Endlich erkannte er an diesem Zeichen die Unschuld seines Weibes. Von nun ab führte er das strengste Büßerleben; er verlor die Sprache und glich einem Stummen; aber unaufhörlich betete er bei den beiden Lilien. Nach langen, langen Jahren aber waren die Lilien eines Morgens verdorrt. Da erhielt der Raugraf die Sprache wieder. „Mir ist vergeben!" rief er gläubig aus; zugleich aber brach er entseelt zusammen. —

Es ist kein Zweifel, daß uns hier die Trümmer einer alten Volksdichtung vorliegen, welche durch fahrende Sänger einst in der fröhlichen Pfalz von Burg zu Burg getragen worden sein mag. Wie reich war unser Volk einstmals an Poesie; wie wenig dieses goldenen Hortes ist geblieben! —

Das oberrheinische Diakonissenhaus in Sobernheim.

Der rheinisch-westfälische Provinzialausschuß für innere Mission hatte im November 1886 eine seiner Wanderversammlungen nach Kreuznach ausgeschrieben, um über die Frage zu berathen, wie der Segen des Diakonissenwerks mehr als bisher auch den ländlichen Gemeinden besonders am Oberrhein zu gute kommen könne. Das kurz zuvor in Kaiserswerth gefeierte 50jährige Jubiläum der evangelischen Diakonissensache hatte die nächste Veranlassung zur Wahl dieses Gegenstandes gegeben. Daß derselbe überhaupt zeitgemäß sei, unterlag ja keiner Frage, besonders im Blick auf die Anstrengungen, welche die römische Kirche machte und macht, um durch barmherzige Schwestern Stadt und Land zu beleben und sich den Anschein zu geben, als ob sie allein im Stande sei, christliche Barmherzigkeit in ausgiebiger Weise zu üben. Der Herausgeber dieser Blätter durfte damals über die Entwicklung und Ausdehnung des Diakonissenwerks in der evangelischen Kirche Bericht erstatten. Von anderer Seite wurde hervorgehoben, daß die ländlichen Gemeinden noch viel zu wenig des Dienstes der Diakonissen sich erfreuen können, welcher doch gerade ihnen doch wichtig sei. Es wurde aber auch erkannt, daß das eine rheinische Mutterhaus in Kaiserswerth, welches zugleich noch für einen Theil Westfalens und für weit entfernte Gebiete seine Schwestern hergeben muß, unmöglich im Stande sei, Stadt und Land in den südlichen Theilen der Rheinprovinz in dem Maße mit Diakonissen zu versorgen, wie es das lebhaft erwachte und erkannte Bedürfniß der dortigen Gemeinden erfordert. So tauchte auf jener Versammlung der Gedanke auf und wurde sogleich unter allseitiger Beistimmung zum Beschluß erhoben, daß ein zweites rheinisches Mutterhaus gegründet werden solle mit der besonderen Aufgabe, die vorwiegend ländlichen Gemeinden im Regierungsbezirk Coblenz und Trier mit Diakonissen zu besetzen, welche sich der Armen, Kranken und Kinder anzunehmen hätten. Der Provinzialausschuß in Verbindung mit einem Ausschuß der evangelischen Synoden an der Nahe und Saar ging sofort ans Werk. Das Königliche Oberpräsidium bewilligte eine Haus- und Kirchencollecte, deren Ertrag hauptsächlich diesem Zwecke dienen sollte. Das Kaiserswerther Mutterhaus versprach eine geeignete Vorsteherin als Hausmutter für die neue Anstalt herzugeben, und in Sobernheim, welches als der passendste Ort erkannt worden war, kam die evangelische Gemeinde mit ihrem Pfarrer diesem Plane mit Opferwilligkeit entgegen; mancherlei Schwierigkeiten wurden mit Hülfe der hohen und höchsten kirchlichen Behörden überwunden, und so war es endlich nach dreijähriger Vorbereitung möglich, am 17. October d. J. das neue Diakonissenhaus feierlich zu eröffnen bei Gelegenheit einer abermals vom Provinzialausschuß nach Sobernheim berufenen Wanderversammlung. In Gegenwart des Regierungspräsidenten von Puttkamer, der Landräthe der Kreise Kreuznach und Meisenheim, sowie des stellvertretenden Präses der Provinzialsynode, Superintendent Kirchhöfer und zahlreicher Festgäste vom Ober- und Niederrhein hielt Generalsuperintendent Dr. Baur im Anschluß an Ps. 100 die Weiherede. Das Wort: „Dienet dem Herrn mit Freuden" rief er im Blick auf das neue Werk den Pfarrern wie den Gemeinden zu, sonderlich der Gemeinde Sobernheim als ihr Recht und ihre Pflicht, nicht weniger aber den Eltern, welche ihre Töchter zum Dienst der Kirche hergeben sollten, und den Jungfrauen, welche in diesen Dienst berufen würden. Dieses Wort solle auch der Leitstern sein für die vorstehende Schwester Elise, welche mit drei bereits eingekleideten Probeschwestern vor dem Altare stand, und für den Seelsorger und Inspektor des neuen Hauses, Pastor Reich, welcher unmittelbar vorher, zugleich als zweiter Pfarrer der Gemeinde Sobernheim, in sein neues Amt eingeführt worden war. Derselbe hielt sodann über das Wort: „Dienet einander" (1. Petri 4, 10) seine Antrittspredigt, indem er die Predigt des göttlichen Wortes als einen Dienst, das Amt der Diakonie als eine Predigt darstellte und zeigte, Predigt und Diakonie, ein Dienst sei an den armen, sündigen Menschen, aber auch unser Dienst dem ewigen Gott.

Nach dieser kirchlichen Feier begab sich die Festgemeinde zu dem zweiten Pfarrhause, welches fürs erste das Heim für die junge Schwesterschaft und für ihre Pfleglinge sein soll, bis, will's Gott, im nächsten Jahre ein neues zweckmäßiges Gebäude errichtet ist.

Vor der verschlossenen Pforte des bisherigen Pfarrhauses gedachte Pfarrer Krüger-Velthusen des trefflichen Mannes, der es von 1837 bis 1865 bewohnt hat, des einstigen Superintendenten Oertel (bekannt als Volksschriftsteller unter dem Namen W. O. v. Horn) und übergab im Auftrage des Presbyteriums den Schlüssel dem Vorsitzenden des oberrheinischen Diakonissenvereins, Superintendenten Umbeck. Dieser reichte ihn weiter an Inspektor Reich mit der Aufforderung einzutreten im Aufblick zu Dem, der gesprochen hat: „Ich bin die Thür" und zu Dem, der gesagt: „Fürchte dich nicht, ich bin mit dir, weiche nicht, ich bin dein Gott." Herr Inspektor Reich schloß auf mit den Worten: Liebes Haus! ich öffne dich im Namen Gottes des Vaters und des Sohnes und des heiligen Geistes! Darauf ward in den obern Räumen im engern Kreis angestimmt: „Jesu geh' voran auf der Lebensbahn." Pastor Dr. Disselhoff sprach dann über die Schlußworte des epistolischen Abschnittes der Woche: 2. Kor. 8, 8—9. Wie der Apostel Paulus bei dem Eifer Anderer die Liebe der Korinther, so prüft der Herr selbst bei dem Eifer unserer katholischen Glaubensgenossen auf diesem Gebiete unsere Liebe, ob sie rechter Art sei, prüft die Liebe unserer ganzen Kirche, die Liebe der evangelischen Frauenwelt, die Liebe der evangelischen Hirten und Gemeinden dieser Gegend. Rechte Liebe erwächst nur aus der rechten Wurzel, der wahrhaftigen Erfahrung von der Gnade Jesu Christi. Der Herr prüft auch Deine Liebe, Schwester Elise, die Du durch Deine bisherige Lebensführung in besonderer Weise vorbereitet, hier nicht bloß als Diakonissin, sondern als Mutter eines selbständigen Hauses und dabei allezeit als Tochter unseres Hauses zu wirken berufen bist. Nimm aus der reichen Fülle Deines Herrn Gnade um Gnade, dann wirst Du selbst arm, viele reich machen. In dieser Zuversicht übergebe ich im Namen unseres Mutterhauses Dich diesem Hause und Schwesternkreise, Dir zum Heil, diesem Hause zum Segen. — Dann sprach Inspektor Reich den Dank gegen Gott den Herrn aus und gegen alle, die geholfen haben, die Anstalt einzurichten.

Durch Stillesein und Hoffen werdet ihr stark sein, heißt es bei Jesaias. Stille wollen wir sein und nicht viel Aufhebens machen von der Uebung der Barmherzigkeit. Aber stille sein heißt nicht stumm sein. Wir wollen Gott loben und beten ohne Unterlaß. Stille sein heißt auch nicht gefühllos sein, sondern hoffen auf den Sieg in allen Nöthen und Kämpfen. Dies Haus möge eine Segensstätte werden, da die stillen Wasser Siloahs fließen.

Nachdem Schwester Elise als Vorsteherin und die Probeschwestern durch Handschlag verpflichtet waren, erklang das Lied: „Die wir uns allhier beisammen finden."

Bei dem darauf folgenden Festmahl wurde Ihrer Majestät der Kaiserin die Eröffnung des zweiten rheinischen Diakonissenhauses telegraphisch angezeigt, worauf Allerhöchst Dieselbe innige Segenswünsche erwiedern ließ. Ein gemeinsamer Gang nach dem „Hüttenberg" folgte, wo vor 200 Jahren die Bürger der von den Franzosen zerstörten Stadt ihre Hütten aufgeschlagen, und wo nun im nächsten Jahre, will's Gott, das neu zu errichtende Anstaltsgebäude erstehen soll. „Hier ist's gut sein, hier laßt uns Hütten bauen!" rief darum Superintendent Umbeck der Festgemeinde in der am Abend abgehaltenen christlichen Volksversammlung zu. In derselben wurden von Superintendent Kirchstein, Pastor Dr. Disselhoff, Superintendent Oertel und andern zum Theil in der Form volksthümlicher, aus dem Leben gegriffener Erfahrungen ermahnende und ermunternde Worte in Bezug auf die Liebesarbeit im allgemeinen und das begonnene Werk im besondern geredet.

Auch die Conferenz des Provinzial-Ausschusses für innere Mission, welche am Morgen des 18. October stattfand, beschäftigte sich zunächst mit der Diakonissensache; indem der neu eingeführte Hausgeistliche, Pastor Reich die Frage behandelte: „Was können Pfarrer und Presbyterien, was kann die freie Liebesthätigkeit der inneren Mission thun, um die so nöthigen neuen Kräfte für den Diakonissendienst in unserer rheinischen Kirche heranzuziehen?" In der daran anknüpfenden Besprechung mußte der Vorsteher unseres Kaiserswerther Hauses die alte Klage wiederholen, daß es gerade unserer rheinischen Kirche an der Willigkeit fehle, ihre Töchter in die Reihen der Diakonissen eintreten zu lassen. 257 Kaiserswerther Diakonissen arbeiten in den Gemeinden der Rheinprovinz außerhalb Kaiserswerth, während kaum halb soviel rheinische Jungfrauen in dasselbe eingetreten sind. Im Jahre 1888 wurden 25 Diakonissen in Kaiserswerth eingesegnet, darunter nur eine Rheinländerin; in diesem Jahre waren unter 24 neu Eingesegneten auch nur 4 aus unserer Provinz. Diese Thatsache muß als eine feurige Kohle auf den Gewissen der Evangelischen Rheinlands brennen und, da es auch hier nicht an Zureden der Männer und Treiben, sondern allein an Gottes Erbarmen liegt, sie anfeuern, mit immer neuem Eifer an das Gebet zu gehen. „Bittet den Herrn der Ernte, daß er Arbeiter in seine Ernte sende."

Gottes Segen walte über dem zweiten rheinischen Diakonissen-Mutterhause! („Armen- und Krankenfreund.")

Die erste Haushaltungsschule für die Provinz Sachsen zu Nebra a. d. Unstrut.

Damit die Landwirthschaft die für die heutigen Zeitverhältnisse erforderliche Rentabilität ergiebt, ist es nothwendig, daß alle Zweige derselben den höchstmöglichen Reinertrag liefern. Nicht nur die unter Leitung des Mannes stehende Außenwirthschaft, sondern auch die Zweige des Betriebes, welche, wie Molkerei, Kleinviehhaltung, Gartenbau u. s. w., der Obhut der Frau anvertraut sind, müssen dieser Forderung genügen. Die einfache, empirische Ausbildung reicht nicht mehr für diesen Zweck aus. Es muß nicht allein das „wie", sondern auch das „warum" erkannt und gewürdigt werden. Der Mann ist im Stande, die Befähigung hierzu auf den verschiedenen, seinen Verhältnissen angepaßten landwirthschaftlichen Lehranstalten zu erlangen. Für die Frau des Landmannes, die im Gegensatze zur städtischen Hausfrau nicht nur ordnen, sparen und zusammenhalten, sondern auch miterwerben soll, für die also eine derartige Ausbildung ebenfalls wünschenswerth erscheint, ist bisher nur spärlich durch geeignete Anstalten in dieser Beziehung Sorge getragen. Wo Haushaltungsschulen errichtet sind, wie z. B. in Baden, in Württemberg, im Königreich Sachsen u. s. w., haben sie sich meist trefflich bewährt und schon viel Segen gestiftet.

Der Landwirthschaftliche Centralverein der Provinz Sachsen hat sich zur Errichtung einer ländlichen Haushaltungsschule entschlossen. Die Anstalt hat ihren Sitz in Nebra a. d. Unstrut, einer Station der neu eröffneten Bahnstrecke Naumburg-Artern, und beginnt den ersten Lehrgang Anfangs Januar 1890. Der Provinzial-Ausschuß, sowie die herzoglich anhaltische Regierung haben zur Einrichtung namhafte Summen beigesteuert.

Aufgenommen werden junge Mädchen, welche körperlich und geistig dazu befähigt erscheinen und das Alter von 16 Jahren überschritten haben. Die Schülerinnen bilden mit dem Anstaltspersonale — Hausmutter, Handarbeitslehrerin — eine Familie dar, deren Zusammenleben das Material zu den Uebungsarbeiten liefert.

Neben den beiden genannten Lehrkräften wirken natürlich auch geeignete Lehrer mit.

Der eigentliche Unterricht zerfällt naturgemäß in einen praktischen und einen theoretischen Theil, von denen einer den andern selbstverständlich ergänzt und ergänzen muß.

Der theoretische Unterricht wird in folgenden Fächern ertheilt:

in der Lehre über

1. die menschliche Ernährung;
2. die Bedeutung und den Nährwerth der einzelnen Nahrungs- und Genußmittel, sowie deren geeignetste Zubereitung und Aufbewahrung;
3. die Gewinnung von Milch und deren zweckmäßigste Behandlung, die Bereitung von Butter und Käse;
4. die Zucht und Haltung von Federvieh;
5. die Pflege des Gartens;
6. die Beheizung und Beleuchtung;
7. die Gesundheits- und Krankenpflege;
8. die deutsche Sprache (insbesondere Aufsätze und Briefe);
9. das Kopfrechnen nebst der Haushaltungsbuchführung.

Die praktische Unterweisung erstreckt sich auf die Anleitung:

1. im Kochen, mit Rücksicht auf die Bedürfnisse des ländlichen Tisches, Tischdecken, Serviren rc.;
2. in Zubereitung und Aufbewahrung der Speisen, wie das Einsalzen und Räuchern des Fleisches, das Wurstmachen, das Brotbacken, das Einmachen von Gemüsen und Früchten, die Milchbehandlung, das Buttern und Käsen rc.;
3. in der Federviehpflege und Gartenwirthschaft;
4. im Waschen und Bügeln;
5. in den weiblichen Handarbeiten (Flicken, Stricken, Häkeln, Nähen mit oder ohne Maschine, der Anfertigung von Hemden, Beinkleidern und Kleidungsstücken);
6. in der Ausübung der nothwendigsten Verrichtungen auf dem Gebiete der häuslichen Gesundheit, sowie der Krankenpflege.

Die praktischen Uebungen und der wissenschaftliche Unterricht finden ergänzende Unterstützung durch eine strenge, dem Lebensalter und Bildungsgrade der Schülerinnen angepaßte Hausordnung, welche dieselben auch an Pünktlichkeit, Ordnung und Sparsamkeit gewöhnt.

Außerdem werden die Abendstunden durch passende Lectüre, sowie religiös-patriotische Betrachtungen und Vorträge ausgefüllt. Ueberhaupt soll in der Anstalt dahin gewirkt werden, daß nicht allein der Verstand, sondern auch Herz und Gemüth zu ihrem vollen Rechte kommen.

Die Satzungen sowie alle sonstigen Aufschlüsse in Betreff der Aufnahme rc. sind von der Geschäftsstelle des Landwirthschaftlichen Centralvereins der Provinz Sachsen in Halle zu erhalten. Auch werden dort Anmeldungen für die Aufnahme entgegengenommen; es sind schon verschiedene aus allen Theilen der Provinz eingegangen.

So ist zu hoffen, daß diese neue Schöpfung des Landwirthschaftlichen Centralvereins die Hoffnungen erfülle, welche auf sie gesetzt werden; allerdings muß sie, soll dies geschehen, auch die entsprechende Unterstützung aus den Kreisen der Landwirthe finden, indem dieselben ihre Töchter dem Institute anvertrauen.

(Deutscher Frauen-Verband.)

Carl Heymanns Verlag in Berlin W., Mauerstraße 63–65. Gedruckt bei Julius Sittenfeld in Berlin.

Alle Zuschriften und Einsendungen in Angelegenheiten dieses Blattes wolle man an den Redakteur desselben: Geh. Hofrath Herrlich W. Potsdamer Straße Nr. 134 c. zu Berlin richten.

Wochenblatt

der

Johanniter-Ordens-Balley Brandenburg.

Im Auftrage der Balley Brandenburg verantwortlich redigirt von C. Herrlich in Berlin.

Jahrg. 31. | Berlin, den 15. Januar 1890. | Nr. 3.

†

Wiederum ist unser Volk durch den am 7. d. Mts. nach Gottes Rathschlusse erfolgten Tod

Ihrer Majestät der Kaiserin und Königin

Augusta

in tiefste Trauer versetzt worden. —

Mit Seiner Majestät unserem Kaiser und Könige und Seinem Hause, empfinden alle Glieder des Volkes diesen so schmerzlichen Verlust, der eine unausfüllbare Lücke hervorgerufen hat, nicht nur im Kreise unseres geliebten Herrscherhauses, sondern auch, da die hohe Heimgegangene allezeit und trotz langer, schwerer körperlicher Leiden, stets eine wahre, treue Landesmutter gewesen ist, auf dem großen, weiten Gebiete christlicher Barmherzigkeit für Arme, Kranke, Mühselige und Beladene, auf dem Sie in hingebendster Weise gewaltet und segensreiche Einrichtungen geschaffen hat, die für immer mit Ihrem Namen verbunden sein werden!

Wie das Gedächtniß unseres Heldenkaisers Wilhelm I., so wird auch das Gedächtniß der hohen Gemahlin Desselben in dankbarster Verehrung fortleben für alle Zeiten!

1. Hermann von Bockum genannt von Dolffs, Großherzogl. Mecklenburg-Schwerinscher Geheimer Domainenrath, Rechtsritter seit 1888, † zu Schwerin 4. Januar 1890.
2. Emil von Reibnitz, Hauptmann a. D. und Mitglied des Herrenhauses, auf Zankendorf bei Christburg in Ostpreußen, Rechtsritter seit 1872, † zu Zankendorf 8. Januar 1890.
3. Hermann Carl von Hennigs, Premier-Lieutenant a. D. und Rittergutsbesitzer, auf Techlin bei Tribsees in Pommern, Rechtsritter seit 1883, † zu Techlin 6. Januar 1890.
4. Conrad von Sydow, Hauptmann a. D., auf Westhusen bei Dortmund, Ehrenritter seit 1884, † zu Westhusen 2. Januar 1890.
5. Conrad Ernst Alexander Freiherr von Girsewald, Herzoglich Braunschweigischer Generallieutenant z. D. und Oberstallmeister a. D., Ehrenritter seit 1849, † zu Zürich 6. Januar 1890.

Genossenschaft des Johanniter-Ordens im Königreich Sachsen.

Am 2. Januar d. J. fand der statutenmäßige alljährliche Rittertag der Genossenschaft des Johanniter-Ordens im Königreich Sachsen zu Dresden statt, welcher sehr zahlreich besucht war. Gemäß der Tagesordnung fand die Einführung neuer Mitglieder der Genossenschaft statt, auch wurden allgemeine Mittheilungen, den Orden betreffend, gemacht und über das Krankenhaus zu Riesa berichtet. Der Schatzmeister erstattete seinen Rechenschaftsbericht für 1889, worauf eine Berathung über die Abänderung des § 11 der Genossenschafts-Statuten in Rücksicht darauf, daß der darin vorgeschriebene 2. Januar jeden Jahres, an dem ein regelmäßiger Rittertag abgehalten werden muß, als ein zu zeitiger Termin, mehrfache Inconvenienzen mit sich bringt. Es wurde beschlossen, dem in Rede stehenden Paragraphen folgende Fassung zu geben:

„Die Rittertage finden in Dresden statt und wird alljährlich ein regelmäßiger Rittertag abgehalten. Zu allen Rittertagen wird jedes Mitglied der Genossenschaft schriftlich eingeladen, was mindestens vierzehn Tage vor dem bestimmten Versammlungstage zu geschehen hat."

Der Schatzmeister der Genossenschaft, Rechtsritter Kammerherr Freiherr von Finck, hielt sodann einen Vortrag über Malta, welches er im vorigen Jahre besucht hat, und seine Ordens-Erinnerungen.

Zum Schluß erfolgte die Neuwahl zweier Conventsmitglieder an Stelle des statutenmäßig ausscheidenden Kammerherrn Freiherrn von Finck und des freiwillig ausscheidenden Generalmajors von Minckwitz. Kammerherr Freiherr von Finck ward wiedergewählt und an Stelle des Generalmajors von Minckwitz der Oberst und Chef des Königlich Sächsischen Generalstabes von Treitschke gewählt.

Graf Adolph IV. von Schaumburg.

Zu den verdientesten Fürstengeschlechtern des deutschen Nordens gehört das westfälische Haus der Grafen von Schaumburg oder Schauenburg, welches durch viele Geschlechtsfolgen hindurch des Vornamens „Adolf" mit besonderer Liebe sich bedient hat. Im Jahre 1106, als Herzog Lothar von Sachsen dem Grafen Adolf I. von Schaumburg auch die transalbingischen Herrschaften Holstein und Stormarn übertrug, wurde der edle Stamm von der rothen Erde an die Gestade der Nordsee verpflanzt; gerade hier aber sollten die schaumburgischen Adolfinger die reichsten Lorbeeren ernten, auf blutiger Wahlstatt sowohl, wie auf dem Felde friedlicher Thätigkeit.

Als Graf Adolf I. sein Amt in Holstein antrat, war die Saat, welche die Kirche an den Mündungen der Elbe ausgestreut hatte, von den Gewitterstürmen des Slavenkampfes fast völlig vernichtet. Adolf I. erbaute einen neuen Dom zu Hamburg über den Trümmern des alten; er rief Colonisten aus den Niederlanden herbei und siedelte dieselben als freie Bauern am Ufer der Elbe an. Als der Graf im Jahre 1130 verstarb, schrieb ein Hamburger Priester: „Wir haben den zweiten Gründer und den getreuesten Wohlthäter unserer Stadt verloren." Graf Adolf II. aber wies siegreich den Angriff des Wenden Pribislaw auf die Schöpfungen seines Vaters zurück, fiel jedoch im Jahre 1164 in den Kämpfen vor Demmin. Der Sachsenherzog Heinrich der Löwe ließ die Leiche des Freundes nach dessen westfälischer Heimat hinführen und im Mindener Dome bestatten. Graf Adolf III. erwirkte am 7. Mai 1189 vom Kaiser Friedrich Rothbart jenen berühmten Gnadenbrief, auf welchem die gesammte Entwickelung der Stadt Hamburg beruht; er begleitete den großen Staufen im Jahre 1189 auch nach Palästina. Daher die selbstverständlich ganz abzuweisende Sage, die drei Nägel zwischen den Schaumburger Nesselblättern seien drei Nägel vom Kreuze Christi, welche der Graf im heiligen Lande erkämpft habe; die Zeichnung des holsteinischen Schildes ist lediglich aus einem silbernen Schildbeschlage entstanden. Am Weihnachtsabende des Jahres 1201 in die Gefangenschaft der Dänen gerathen, konnte Adolf III. seine Freiheit indessen nur durch den Verzicht auf die holsteinischen Lande erlangen; er ging nach Westfalen zurück, um auf der Schaumburg sein Leben zu beschließen.

„Kehre zurück, Graf Alf! Mache uns frei vom Joche der Dänen!" So flehten den Grafen die Boten seiner ehemaligen Unterthanen zu wiederholten Malen an. Vergebens! Die Chronisten berichten, die Holsteiner hätten zuletzt die edle Frau von Dersi, die Herrin von Kellingdorf bei Wilster, mit dem gleichen Anliegen an Adolf abgesendet. „So beredt sie aber auch des Landes Bitten vortrug: der Graf war nicht zur Rückkehr zu bewegen. Wohl aber wurde der Sohn des Schauenburgers, wie sein Vater „Adolf" geheißen, von den Worten der Edelfrau, welche das Unglück des Landes schilderte, so tief bewegt, daß er den Vater bat, ihn nach Holstein ziehen zu lassen, damit er sich dort auf seine Pflicht, das Joch der Dänen einstmals abzuwerfen, mit Sorgfalt vorbereite. Adolf III. gewährte dem Knaben, der damals 12 bis 14 Jahre zählen mochte, diese Bitte, und so lebte der junge Graf verborgen vor den Dänen, bei der Frau von Dreß auf Kellingdorf. Die Holsteiner aber wußten von seinem Aufenthalte, und die Edelsten des Landes erzogen ihn zu ritterlichen und fürstlichen Tugenden.

Das ist das Erste, was wir von dem großen Grafen Adolf IV., welchem die nachfolgenden Zeilen gewidmet sind, aus, wie es scheint, volksthümlicher Ueberlieferung vernehmen.

Es war dem heranwachsenden Jüngling indessen nicht verstattet, die Lorbeeren eines Befreiers von Holstein zu pflücken. Graf Heinrich von Schwerin, welcher sowohl den König Waldemar II. von Dänemark wie auch dessen Statthalter, den Grafen Albrecht von Orlamünde, gefangen nahm, erwarb sich den Ruhm, die Macht der Dänen an der Ost- und Nordsee zuerst erschüttert zu haben. Adolf IV. selbst tritt erst im Jahre 1225 nach der Schlacht von Mölln, welche dem Orlamünder Grafen seine Freiheit kostete, geschichtlich hervor. Hamburg selbst war genommen; in den Vesten am Eichholz und bei Fischbek lagen indessen dänische Kriegsleute noch immer. Graf Adolf war's, der diese Burgen erstieg und sie schleifen ließ. Dann forderte er die Hamburger auf, ihm ihre Thore zu öffnen.

Es geschah dies im Jahre 1225. Das Bürgerthum in dem deutschen Norden war damals bereits derartig erstarkt, daß es die Absicht hegen konnte, sich von der fürstlichen Gewalt völlig frei zu machen. In fast epischer Weise wird uns nunmehr der Verlauf der Verhandlungen zwischen dem Grafen und den Bürgern geschildert, bis Adolf endlich großmüthig erklärte:

„Nun wohl; — ich will nicht herrschen über euch: ihr sollt eine freie Stadt sein und bleiben."

Vor der historischen Kritik vermögen so hochherzige Verzichte gewöhnlich nicht zu bestehen. Auch Graf Adolf IV. war anfänglich gewiß sehr wenig geneigt, die Hamburger auf Kosten seiner Rechte reichsfrei werden zu lassen; allein er vermochte sich die Thore der Stadt nur dadurch zu öffnen, daß er nicht allein das Privilegium des Kaisers Friedrich I. bestätigte, sondern den Bürgern auch Zollfreiheit durch ganz Holstein gewährte. Erst nachdem dies geschehen, nahmen die Hamburger den Grafen als ihren Schirmherrn auf.

Sie hatten es auch nicht zu bereuen. Waldemar der Sieger, nur gegen die schwersten und härtesten Bedingungen seiner Haft entlassen, griff die deutschen Nordlande schon im Jahre 1226 von Neuem an.

„Da zahlte Hamburg dem Grafen Adolf an 20 000 Mk. Silbers zur Beschützung seiner Freiheit; daneben stellte sich aber freiwillig noch eine große Anzahl junger Bürger zum Dänenkampfe. Auch Herzog Albert von Sachsen zog dem Grafen Adolf oderfüllt zu Hülfe. Dennoch war sein Heer klein im Vergleiche mit Dänemarks Uebermacht."

Wieder haben wir ein Stück episch gefärbter Historie zu geben. „Auf der weiten Ebene an der alten Grenze zwischen dem eigentlichen Holstein und Wagrien, unweit der Landstraße nach Neumünster", so berichten die Hamburger Geschichtsquellen, „da, wo ein kleiner Bach als Born entspringt und sich bald darauf in die Schwentine ergießt, liegen einige Höfe, welche das Dorf „Bornhöved" bilden. Hier kam es am Tage der heiligen Marie Magdalene, den 22. Juli 1227, zur Entscheidungsschlacht. Auf dänischer Seite führte der König Waldemar selbst das Mitteltreffen an. Rechts von ihm stand der Welf Otto von Lüneburg, zubenannt „das Kind", links Herzog Abel von Schleswig, König Waldemars jüngerer Sohn. In der Mitte des deutschen Heeres befehligte Graf Adolf IV. von Schauenburg. Hier stand unter dem Banner des deutschen Reiches auch jene Mannschaft, welche Kaiser Friedrich II. abgesandt hatte, um die Freiheit des deutschen Nordens gegen den Ansturm der Dänen zu vertheidigen: ganze 300 Mann! Dem Herzoge Abel gegenüber flatterte das Feldzeichen des Grafen Friedrich von Schwerin und das große Banner von Lübeck, welches gleich dem von Mailand auf einem Roß- und Streitwagen in die Schlacht geführt wurde. Der Bannerführer Albert von Sachsen hatte sich, den Ueberlieferungen seines Hauses gemäß, dem Welfen Otto gegenübergestellt; der Erzbischof Gerhard von Bremen und Borwin, der Herr der Wenden, bildeten eine Nachhut, — für den Nothfall ein zweites Treffen. In gleicher Weise standen hinter den Dänen die Dithmarschen."

Es ist nicht unsere Absicht, den Gang der Schlacht von Bornhöved, der oftgeschilderten, hier noch einmal darzustellen; nur Graf Adolfs IV. Antheil an der ruhmreichen Waffenthat sei hier erwähnt. Offenbar hatten es die Deutschen mit ihrer Aufstellung versehen: sie hatten die Sonne vor sich, und unnachsichtig schoß das Gestirn seine glutheißen Pfeile ihnen in die Augen. Graf Adolf sah, wie die Seinen wichen; das Schlimmste war zu befürchten. Da kniete er im Angesichte des ganzen Heeres nieder; er pflanzte sein Schwert als Abbild des Kreuzes vor sich auf und betete — nicht Worte, welche Hülfe erst erflehen sollten, sondern bereits ein Dankgebet für den errungenen Sieg. Der niedersächsischen Ueberlieferung zu Folge sollen seine Worte also gelautet haben:

„Hilliger Got! Ik spêr in mi Dine almechtige Hülpe, wo ik wil nich undankbar erfunden warden. Wenn Du mi de Fiende overwinnen helpest, will ik tom Denkmal Diner Gnade by dem Bekennen to Diner Ehren und tom Angedenken disser Victoria

Zeiten entsagen und will mit aller menschlichen Dinge vergessen um in ein Kloster gehn!"

Das war in heißer Kampfesnoth gewiß ein Gebet aus Herzensgrunde; die Erfüllung sollte ihm nicht fehlen. Die Sage berichtet, die Deutschen hätten im dem Augenblicke der höchsten Gefahr die heilige Maria Magdalena am Himmel erblickt; strahlend stand sie am wolkenlosen Firmamente da. Sie segnete die deutschen Krieger; dann aber erhob sie ihren Mantel, sodaß er die Sonne verdeckte und deren Strahlen gleich einem spiegelnden Schilde auf die Dänen zurückwarf. Mit neuem Muthe konnten die Deutschen den Kampf wieder aufnehmen; entschieden wurde er aber erst durch die Tapferkeit und Umsicht des Grafen Adolf und des Lübecker Hauptmanns Alexander von Soltwedel, sowie durch das nicht eben sehr rühmliche geradezu verrätherische Eingreifen der Dithmarschen zum Nachtheil der Dänen.

König Woldemar II., der überwundene „Sieger", aber war ein Mann und wollte nicht weichen; er unternahm noch einen Vorstoß. Allein das Schicksal des Tages war entschieden. Schwerverwundet — ein Lanzenstich hatte ihn eines Auges beraubt, — hielt er zuletzt auf einem Hügel, welchen man später den „Rößnaberg" nannte. Von hier aus versuchte er es, seine Völker zum dritten Mal vorzuführen. Es bewährte bereits. Kein Wunder, daß der König keinen Erfolg mehr hatte! Sein Roß brach endlich zusammen; hilflos lag der Gewaltige unter den Todten. Allein er raffte sich auf. Wo aber sollte er sich hinwenden? Verzweifelnd irrte er auf der Wahlstatt umher. Endlich erkannte ihn ein dänischer Reitersmann; er verhalf ihm zu einem Rosse und geleitete ihn nach Kiel.

Anders aber weiß es die Sage. Sie behauptet, der König Woldemar sei auf dem Schlachtfelde mit einem, durch den heruntergeschlagenen Helmsturz unkenntlich gemachten Ritter zusammengetroffen, welchen er gebeten habe, ihn nach Kiel in Sicherheit zu bringen. Der Ritter, heißt es sodann, nahm den König zu sich auf's Roß und führte ihn in die Stadt, ohne ein Wort mit ihm zu wechseln. Erst als sie in den Schloßhof zu Kiel einritten und die Diener mit Fackeln erschienen, schlug der Ritter das Visir zurück; mit Staunen erkannte der König, daß es der edle Graf Adolf IV. von Schaumburg selbst gewesen war, der ihn gerettet hatte. Graf Alf hob sich in den Bügeln. „Nicht wollt' ich Dein Blut, König Woldemar! Nur meiner Unterthanen Freiheit mußt' ich schützen!" So rief der Graf dem Dänen zu; dann flog sein Renner wie Sturmeseile zum Schloßthore hinaus.

„Nach allen diesen Dingen", so fahren die Hamburgischen und lübischen Chronisten fort, „hielt Graf Adolf, der fromme Sieger, einen feierlichen Einzug in Hamburg. Wie er aber seine Gelübde vom Bornhöveder überdachte, da sahe er wohl, daß er zwar eins wohl zu lösen vermöchte, — das nämlich, Kirchen und Klöster zu bauen; — selbst aber in seinen noch so jungen Jahren schon ein ‚begebener Mann' zu werden und sich in's Kloster zurückzuziehen, das hieß soviel, als sein Land und seine jungen Söhne dem Verderben preisgeben." Er beschloß daher, seinen Eintritt in's Kloster noch aufzuschieben und dafür drei geistliche Stiftungen in Hamburg zu errichten.

Zunächst gründete er zu Ehren seiner himmlischen Helferin das St. Maria-Magdalenen-Kloster. „Noch hängt, von alter Meisterhand gemalt, sein Bildniß im großen Saale dieses Stiftes; dasselbe stellt ihn als gebietenden Herrn im Fürstenmantel und mit Ritterspornen, mit Schwert und Wappenschilde dar." Die „Oberalten" ließen dem Gemälde um's Jahr 1818 eine rühmende Inschrift hinzufügen. In den nächsten Jahren stiftete Graf Alf das St. Johanniskloster; im Jahre 1233 errichtete er endlich noch einen Convent für zwanzig Beguinen, welche man in Hamburg „blaue Süstern" zu nennen pflegte. Er schenkte diesem Convente ein Grundstück mit einem Hause in der Steinstraße zu Hamburg und wies ihm die Ländereien vor dem Steinthore bis nach Horn an.

In weltlichen Dingen aber hatte Graf Adolf IV. noch gar vieles zu schaffen — mit Feinden und mit Freunden! Bei den verwickelten Verhältnissen des deutschen und skandinavischen Nordens geschah es auch gar nicht so selten, daß Freunde über Nacht zu Feinden sich umwandelten, und daß alte Feindschaften zu Bundesgenossenschaften umschlugen. „Jungen Herren" — Adolf war ja noch jung; — „ist oft das Blut heiß und der Muth groß;" so schreiben die lübischen Chronisten und erzählen uns dann, wie Graf Alf im Sommer 1234 in Gemeinschaft mit König Woldemar dem Sieger die Stadt Lübeck und seinen alten Waffenfreund, den Lübecker Bürgermeister Alexander von Soltwedel, angegriffen hat. Es kam zu einer langwierigen Belagerung und zu einem sehr erbitterten Kampfe. Woldemar kam mit einem großen Heere zu Wasser und zu Lande herangezogen; er legte bei Schwartau an und baute dort eine Burg, deren Trümmer noch lange „die dänische Burg" genannt wurden. Graf Adolf aber lagerte sich als Feind der Stadt dem Könige gegenüber an der Mündung der Trave. Dann zog man zwischen den beiden Lagerplätzen starke eiserne Ketten durch den Fluß und rammte dicke Pfähle in denselben ein. Alexander von Soltwedel aber verzagte nicht, obwohl den Lübischen anscheinend die Ausfahrt und die Einfahrt abgeschnitten war. Er sendete auf ganz geheimen Wegen — vermuthlich durch ein Fischerboot — Kunde auf die See hinaus, und als die Schiffe von Melbingen (Elbing) und die livländische Flotte aus Preußen ankamen, befahl er ihnen, bei starkem Winde zwischen den Feinden hindurchzufahren. Da rissen die Ketten und die Palissaden der Dänen sowie der Holsteiner mitten entzwei.

Die weiteren Einzelheiten dieses Kampfes, in welchem die Stadt Lübeck im „Rostocker Tief" ihren ersten Sieg erfocht, berühren die Lebensgeschichte des Grafen Adolf nicht. Um's Jahr 1238 waren des wackern Helden Söhne, die Grafen Johann I. und Gerhard I., soweit herangewachsen, daß er ihnen die Sorge für Land und Leute überlassen konnte. Adolf beschloß daher, in dem genannten Jahre zunächst noch einen ritterlichen Kreuzzug zu thun, — nicht aber nach den Felsenhöhen des gelobten Landes, sondern nach den Ufern der Düna, um den Schwertrittern gegen ihre Dränger beizustehen. Das geschah. Wie er nun aber zurückkehrte, da nahm er Abschied von irdischer Pracht und Herrlichkeit, von Fürstenthum und Ritterehre, von Weib und Kind, von Haus und Hof. Am 13. August 1238 trat er mit zwei ihm sehr nahestehenden Holsteiner Rittern, zwei Herren von Schilow, in das St. Marien-Magdalenen-Kloster zu Hamburg ein und zwar als „dienender Bruder" der armen Minoriten. Das Kloster St. Johannis, in welchem die Predigermönche wohnten, war dem ritterlichen und doch so tiefdemüthigen Manne sicherlich noch zu vornehm.

So ist denn der Sieger von Bornhövde, der Schützer der deutschen Freiheit vor der Herrschsucht Waldemars des Siegers, tagtäglich vor die Häuser der Hamburger gegangen, um milde Gaben an Geld und Lebensmitteln seinem Stifte zu erbitten. „Als er einstmals auf solchem Wege vom Millernthore am heutigen Grasköller über den Mönkedamm heimgehen wollte, begegnete er seinen Söhnen, welche in voller fürstlicher Herrlichkeit, begleitet von einem Zuge glänzender Ritter, unter dem Schmettern der Trompeten in die Stadt einritten und, wie leicht denkbar, des armen Klosterbruders gar nicht acht hatten, der doch ihr Vater war. Da soll es den großen Grafen doch wie ein Gefühl der Scham und Schwäche angewandelt sein; er verbarg die Kanne mit Milch, welche er trug, unter seinem Mönchsgewande, so gut es gehen wollte, und wartete, bis daß der ritterliche Zug vorüber war. Dann aber erwachte sein frommer Eifer von Neuem, und, unwillig über seine Schwäche, goß er vor aller Augen die Milch über sein Haupt und sein Gewand aus, indem er sprach:

„Schämst du dich, um Christi willen eine Kanne Milch zu tragen? — Wohlan, — so beweise denn dein ganzer Leib, wessen du dich geschämt hast." —

„So hat er sein Gelübde getreulich erfüllt; schreibt Dr. Otto Beneke in seinen „Hamburger Geschichten"; „so hat er Almosen erbeten, um Klöster und Kirchen zu erbauen; denn zu verschenken hatte er ja nichts mehr! Auch das St. Marienkloster zu Kiel ist von ihm gegründet worden; es wird zu Kiel dieselbe Mär' vom Mönche Adolf erzählt wie zu Hamburg. Auch die Siegeskapelle auf der Wahlstatt von Bornhövde scheint seinen Anregungen ihren Ursprung zu verdanken. Seine Gemahlin Heilwig, eine geborene Edle von der Lippe, folgte seinem Vorbilde nach; sie gründete das Kloster Herwardeshude (Harvestehude) bei'm alten Hamburg, welches auch die brandenburgischen Markgrafen Johann I. und Otto III. reich begabten, und trat dann in dasselbe ein.

Im Jahre 1244 kam es über den immer noch in der Vollkraft des Lebens stehenden, fürstlichen Mönch wie eine tiefe Sehnsucht nach den Gräbern der Apostelfürsten Petrus und Paulus. Er wallfahrtete daher zu Fuß nach Rom. Nach seiner Rückkehr ließ er sich endlich dazu bewegen, die Priesterweihe anzunehmen. In jener Siegeskapelle auf der Bornhöveder Walstatt, welche wir soeben erwähnt haben, las Graf Adolf seine erste Messe. Dann ging er nach Hamburg zurück. Der edle Held trat vor den Altar und begann das heilige Amt. Wie sie ihn da erblickten, den Sieger von Bornhövde, den mächtigen Bekämpfer ihrer freien Selbständigkeitsbestrebungen, da wurden die Hamburger Bürger, wie ein alter Bericht sagt, „bis zu Thränen gerührt." —

Bruder Adolf, einst Graf zu Schauenburg, verstarb im Marienkloster zu Kiel am 8. Juli 1261 und wurde dort vor dem Altare bestattet. Von seinen Denkmälern erwähnen wir zunächst ein „altes, oft in Kupfer gestochenes Bild" von anscheinend mönchischer Hand. Dasselbe stellt den Sieger von Bornhöveden als Leiche dar. Im härenen Mönchsgewande ruht er im offenen Sarge; Engel umschweben ihn; — auf seine frühere weltliche Größe, auf seine ritterlichen Thaten deuten nur Helm und Schild der schauenburger Grafen zurück.

Hamburg insonderheit war verpflichtet, das Andenken des wackeren Adolfinger zu ehren. Die „freie und Hansastadt" hat dieser Pflicht auch nicht vergessen. Auf der „Trostbrücke" ist dem getreuen, peinlich gewissenhaft an seinem Worte festhaltenden Grafen Adolf III. im Jahre 1882 ein Standbild errichtet worden, — ein meisterhaftes Werk des Bildhauers Engelbert Peiffer. Dem Grafen Adolf IV. wurde schon früher, und zwar in Folge eines gemeinsamen Beschlusses des Rathes und der Oberalten vom 9. October 1820, „im Namen der dankbaren Republik" vor dem St. Marien-Magdalenen-Kloster ein Denkmal gesetzt. Wohl mußte das alte Stift später der neuen Börse weichen; am Glockengießer-Walle aber wurde dem ehrwürdigen Convente, welcher als milde Anstalt, wenn auch in gänzlich veränderter Gestalt noch immer fortbesteht, eine neue Heimat geschaffen. „Nach dieser Stätte wurde auch das Denkmal Adolfs IV. versetzt. Umringt von Blumen und Büschen, von frommer Hand zuweilen mit einem Kranze geschmückt, wird es hier hoffentlich noch Jahrhunderte stehen, — mahnend zu jedweder männlichen und christlichen Tugend. Denn — so lautet die Inschrift der dritten Erztafel:

„Wer über seine Zeit hinaus kommenden Geschlechtern fühlend vorsorgt, den vergessen diese nicht, wenngleich Jahrhunderte vergangen." —

Das ruhmreiche Geschlecht der Schauenburger Grafen erlosch am 4. December 1459, an welchem Tage Graf Adolf VIII. die Augen schloß, in gerader und männlicher Linie. Adolfs VIII. Neffe aber war

Graf Christian von Oldenburg, der bereits im Jahre zuvor nach dem Hintritte des letzten Sprößlings der Ulfinger zum Könige von Dänemark erkoren worden war. Im Jahre 1460 wurde König Christian I. auch zum Herzoge von Schleswig und Grafen von Holstein erwählt. Seine Nachkommen tragen die dänische Königskrone noch heute, gleichwie sie in vielfach verästelten Seitenzweigen den Titel von Herzögen zu Schleswig-Holstein geführt haben und noch führen.

Das Blut der edlen Schaumburger oder Schauenburger hat sich demnach durch edle Frauen aus dem Hause Schleswig-Holstein in unseren Tagen auch mit dem der Hohenzollern mehrfach vereinigt, und das deutsche Gemüth hat sich an dieser Thatsache innig erfreut. Darum glaubten wir, auch auf den großen Grafen Adolf IV. von Schaumburg als auf einen Ahnherren unserer Kaiserin und der Prinzessin Friedrich Leopold hinweisen zu dürfen. Der Sieger von Bornhövde hat ein Recht darauf, von den Edlen des deutschen Volkes nicht vergessen zu werden, und wenn seine Frömmigkeit auch nur die herkömmlichen, mönchisch-asketischen Züge aufweist: sie war doch eine tief von Herzen kommende, wie sie es stets zu sein pflegt, wenn sie mit ritterlichem Muthe verbunden ist.

D. G.

Deutsche Adelssagen.

72. Die Sagen derer von Montfort.

Es hat in der Pfalz, am linken Rheinufer, einst ein Rittergeschlecht der Montforter geblüht, dessen Name noch heute in einem „Montforter Hofe" fortlebt. Die Geschichte dieser Familie ist eine ziemlich räthselhafte; — wir wissen nicht, wie dieses Geschlecht mit dem wälschen Namen mitten unter den kerndeutschen Adel des rheinfränkischen Landes gerathen ist, noch wie dasselbe schließlich geendet hat. Mit dem rhätischen Grafengeschlechte derer von Montfort und Tettnang hat diese pfälzische Familie nichts gemein.

So farblos die geschichtlichen Nachrichten über die Montforter aber auch sind, so blühend und farbenprächtig ist die eine, — so düster und ernst die andere der Volkssagen, welche dieses Geschlecht betreffen. Da wirbt ein Montforter um die Tochter des Rheingrafen vom Stein; allein er wird abgewiesen: das Edelfräulein ist bereits einem Vetter, dem Rheingrafen von Grehweiler, zugesagt. Schon ist der Hochzeitstag angesetzt; da findet der Adel der Landschaft sich zur Feier des ersten Maientages kurz vorher noch einmal zusammen. Die Rheingräfin kommt auch mit ihrem Vater und dem Verlobten, aber zugleich auch der Montforter und sein „guter Freund", der Böckelnheimer. Und der war ein gar listenreicher Herr und beschloß, dem Montforter zu helfen. Das Roß der jungen Rheingräfin erkrankte plötzlich; der Böckelnheimer hatte dem frommen Thiere heimlich ein Pulver in's Futter geschüttet. „Wer schafft ein ander' sanftes Roß für meine Tochter?", fragte der Rheingraf. „Herr", erwiderte da der Böckelnheimer, „nehmt dies gute Pferd hier! Es ist das Leibpferd meiner Schwester: — es ist ein edles Thier zugleich und sanft und folgsam!" — Die Rheingräfin stieg auf; allein es war das Roß des Montforters, der selbst ein ander' Thier genommen hatte. Der Rittersmann brauchte nun nur den Renner zu spornen und von der Festesstätte nach der heimischen Burg zu sprengen; sein Leibroß folgte ihm schon auf's Eiligste nach und ließ sich durch kein Hinderniß zurückhalten. Das Thor des Montforter Hofes that sich auf und schloß sich wieder: die Rheingräfin war gefangen! Vergeblich forderte der überlistete Vater seine Tochter zurück. Schon wollte er zum Sturme des nur schwachen Thurmes schreiten; da that sich noch einmal die enge Pforte der Burg auf, und diesmal erschien die Rheingräfin selbst. „Stürme, Vater", so sprach sie, „wenn es sein muß; aber du zerstörst dann das Haus deines Eidams; mein Gemahl aber ficht gegen den Vater seiner Gattin nicht!" Da mußte sich der alte Rheingraf wohl in das Unabänderliche fügen!

Während aus dieser Sage der Frohsinn des pfälzer Volkes vornehmlich zu uns redet, spricht aus einer zweiten bitterer Ernst und jene sittliche Strenge, welche die deutsche Sage im Grunde genommen nie verleugnet. Der letzte Montforter war nach der Volksüberlieferung einer der ärgsten Herren „aus dem Stegreife". So überfiel er einst eine Procession, welche unter Gesang und Gebet durch die blühenden Felder zog und raubte eine Monstranz, welche der nahen Abtei Sponheim angehörte. Selbstverständlich klagte der Abt bei seinem Oberhirten, dem Bischofe von Speier, und dieser ließ den Montforter vorfordern. Nun aber hatte der „Landesschädiger" jenen Ueberfall in einer ihn unkenntlich machenden Vermummung ausgeführt; er unterstand sich daher, auf die geweihte Hostie jenen furchtbaren Meineid zu schwören, daß er die Monstranz nicht geraubt und daß das Kleinod nicht in seinem Besitze sei. Allein sofort verdorrten ihm die Schwurfinger, und, von Gewissensbissen unablässig gequält, ging er endlich in ein Kloster in der Nähe von Trier. Seine Burg zerfiel; er selbst verzehrte sich in Bußungen, bis der Tod ihn antrat. Ohne Segen grub man ihn ein; nicht einmal kein Weihwasser warf man ihm nach; — kein:

„Montfort heute noch und nun nicht mehr!"

ertönte. Doch auch im Tode fand der Schuldige die heißersehnte Ruhe nicht. Der Meineid gilt dem deutschen Volke stets für die schwerste aller Sünden. Auf dem Montforter Hofe aber vernimmt man noch oft ein grauenerregendes Wehklagen; der letzte Montforter bejammert seine Schuld und seine nimmer endende Strafe.

Carl Heymanns Verlag in Berlin W., Mauerstraße 63–65.

Gedruckt bei Julius Sittenfeld in Berlin.

Alle Zuschriften und Einsendungen in Angelegenheiten dieses Blattes wolle man an den Redakteur desselben: Geh. Hofrath Herrlich W. Potsdamer Straße Nr. 134 c. zu Berlin richten.

[illegible]

Wochenblatt

der

Johanniter-Ordens-Balley Brandenburg.

[illegible]

Im Auftrage der Balley Brandenburg verantwortlich redigirt von C. Herrlich in Berlin.

Jahrg. 31. Berlin, den 22. Januar 1890. Nr. 4.

Uebersicht der in den Kranken- und Siechenhäusern des Johanniter-Ordens am 1. Januar 1890 befindlich gewesenen Kranken und Siechen.

Nr.	Namen der Orte, wo sich die Häuser befinden.	[illegible]	Zusammen [illegible]	[illegible]	[illegible]
1.	Sonnenburg:				
	Bestand am 1. December 1889	43			
	Zugang pro . .	27			
		70			
	Abgang . . .	24			
	Bleibt Bestand	46	46	1 142	80
2.	[illegible]:				
	Bestand am 1. December 1889	46			
	Zugang pro . .	27			
		73			
	Abgang . . .	30			
	Bleibt Bestand	43	43	1 442	90
3.	Groß-Lichterfelde (illegible)				
	Bestand am 1. December 1889	65			
	Zugang pro .	1			
		[illegible]			
	Abgang . .				
	Bleibt Bestand	[illegible]	[illegible]	2 050	130
4.	[illegible]:				
	Bestand am 1. December 1889	33			
	Zugang pro . .	17			
		[illegible]			
	Abgang . . .	14			
	Bleibt Bestand	36	36	1 050	58
5.	Gerdauen:				
	Bestand am 1. December 1889	[illegible]			
	Zugang pro	26			
		[illegible]			
	Abgang . .	7			
	Bleibt Bestand	62	62	1 [illegible]	54
6.	[illegible]:				
	Bestand am 1. December 1889	[illegible]			
	Zugang pro . .	15			
		35			
	Abgang . .	16			
	Bleibt Bestand	19	19	673	[illegible]
7.	[illegible]:				
	Bestand am 1. December 1889	25			
	Zugang pro .	18			
		33			
	Abgang . .	16			
	Bleibt Bestand	[illegible]	19	615	45
	zu übertragen		271	6 500	475
	Uebertrag		274	6 500	475
8.	[illegible]:				
	Bestand am 1. December 1889	23			
	Zugang pro . .	9			
		32			
	Abgang . .	13			
	Bleibt Bestand	19	19	[illegible]	50
9.	[illegible]:				
	Bestand am 1. December 1889	41			
	Zugang pro . .	19			
		63			
	Abgang . .	17			
	Bleibt Bestand	41	41	1 433	61
10.	Jüterbog:				
	Bestand am 1. December 1889	20			
	Zugang pro . .	10			
		30			
	Abgang . . .	13			
	Bleibt Bestand	17	17	580	32
11.	Neu-Ruppin:				
	Bestand am 1. December 1889	46			
	Zugang pro . .	21			
		73			
	Abgang . . .	29			
	Bleibt Bestand	44	44	1 781	40
12.	[illegible]:				
	Bestand am 1. December 1889	39			
	Zugang pro . .	[illegible]			
		79			
	Abgang . .	37			
	Bleibt Bestand	42	42	1 367	60
13.	[illegible]:				
	Bestand am 1. December 1889	27			
	Zugang pro . .	16			
		43			
	Abgang . .	11			
	Bleibt Bestand	32	32	730	15
14.	[illegible]				
	Bestand am 1. December 1889	19			
	Zugang pro	17			
		36			
	Abgang	17			
	Bleibt Bestand	19	19	646	60
	zu übertragen		493	15 356	804

№	Namen der Orte, wo sich die Schüler befinden.	[illegible]	Summa [illegible]	[illegible]	[illegible]
	Uebertrag		679	15 386	804
15.	[illegible]:				
	Bestand am 1. December 1889	65			
	Zugang pro	50			
		115			
	Abgang	46			
	Bleibt Bestand	69	69	1 847	96
16.	[illegible]:				
	Bestand am 1. December 1889	15			
	Zugang pro	11			
		26			
	Abgang	8			
	Bleibt Bestand	18	18	530	60
17.	[illegible]:				
	Bestand am 1. December 1889	32			
	Zugang pro	16			
		48			
	Abgang	11			
	Bleibt Bestand	37	37	1 150	80
18.	[illegible]:				
	Bestand am 1. December 1889	16			
	Zugang pro	11			
		27			
	Abgang	13			
	Bleibt Bestand	14	14	196	66
19.	[illegible]:				
	Bestand am 1. December 1889	25			
	Zugang pro	13			
		38			
	Abgang	11			
	Bleibt Bestand	27	27	796	60
20.	[illegible] a. d. O.:				
	Bestand am 1. December 1889	27			
	Zugang pro	16			
		43			
	Abgang	15			
	Bleibt Bestand	28	28	731	41
21.	[illegible]:				
	Bestand am 1. December 1889	27			
	Zugang pro	31			
		58			
	Abgang	27			
	Bleibt Bestand	31	31	1 029	62
22.	[illegible]:				
	Bestand am 1. December 1889	17			
	Zugang pro	15			
		32			
	Abgang	16			
	Bleibt Bestand	16	16	390	36
23.	[illegible] ([illegible]):				
	Bestand am 1. December 1889	9			
	Zugang pro	1			
		10			
	Abgang	—			
	Bleibt Bestand	10	10	310	18
24.	[illegible]:				
	Bestand am 1. December 1889	4			
	Zugang pro	7			
		11			
	Abgang	2			
	Bleibt Bestand	9	9	257	19
	zu übertragen		747	23 010	1 877

№	Namen der Orte, wo sich die Schüler befinden.	[illegible]	Summa [illegible]	[illegible]	[illegible]
	Uebertrag		747	23 010	1 877
25.	[illegible]:				
	Bestand am 1. December 1889	13			
	Zugang pro	9			
		22			
	Abgang	5			
	Bleibt Bestand	18	18	509	90
26.	[illegible]:				
	Bestand am 1. December 1889	61			
	Zugang pro	35			
		96			
	Abgang	23			
	Bleibt Bestand	73	73	863	70
27.	[illegible]:				
	Bestand am 1. December 1889	1			
	Zugang pro	1			
		2			
	Abgang	—			
	Bleibt Bestand	2	2	36	10
28.	[illegible]:				
	Bestand am 1. December 1889	10			
	Zugang pro	6			
		16			
	Abgang	9			
	Bleibt Bestand	7	7	273	15
29.	[illegible] ([illegible]):				
	Bestand am 1. December 1889	31			
	Zugang pro	—			
		31			
	Abgang	—			
	Bleibt Bestand	31	31	341	33
30.	[illegible]:				
	Bestand am 1. December 1889	22			
	Zugang pro	16			
		38			
	Abgang	13			
	Bleibt Bestand	25	25	719	30
31.	[illegible]:				
	Bestand am 1. December 1889	4			
	Zugang pro	6			
		10			
	Abgang	5			
	Bleibt Bestand	5	5	115	29
32.	[illegible]:				
	Bestand am 1. December 1889	21			
	Zugang pro	23			
		44			
	Abgang	15			
	Bleibt Bestand	29	29	279	37
33.	[illegible]:				
	Bestand am 1. December 1889	33			
	Zugang pro	9			
		42			
	Abgang	11			
	Bleibt Bestand	31	31	1 160	50
34.	[illegible]:*)				
	Bestand am 1. December 1889	—			
	Zugang pro	—			
		—			
	Abgang	—			
	Bleibt Bestand	—	—	—	65
	zu übertragen		919	26 187	1 909

*) [illegible]

	Namen der Orte, wo sich die Kliniken befinden.	[illegible]	Summe: [illegible]	[illegible]	[illegible]
	Uebertrag		913	20 167	1 606
35.	[illegible][1]:				
	Bestand am 1. December 1889	—			
	Zugang pro " "	—			
		—			
	Abgang " "	—			
	Bleibt Bestand	—	—	—	41
36.	[illegible]:				
	Bestand am 1. December 1889	12			
	Zugang pro " "	9			
		21			
	Abgang " "	6			
	Bleibt Bestand	15	15	396	30
37.	[illegible] in Württemberg:				
	Bestand am 1. December 1889	4			
	Zugang pro " "	5			
		9			
	Abgang " "	4			
	Bleibt Bestand	5	5	109	34
38.	[illegible] in Mecklenburg:				
	Bestand am 1. December 1889	35			
	Zugang pro " "	36			
		71			
	Abgang " "	32			
	Bleibt Bestand	39	35	1 180	34
39.	[illegible]:				
	Bestand am 1. December 1889	13			
	Zugang pro " "	11			
		24			
	Abgang " "	16			
	Bleibt Bestand	8	8	797	35
40.	[illegible] in [illegible]:				
	Bestand am 1. December 1889	19			
	Zugang pro " "	9			
		28			
	Abgang " "	6			
	Bleibt Bestand	27	27	631	20
	Zusammen		1 028	21 070	1 709

Der gesammte Abgang an Kranken pro December a. p. beträgt 538, davon sind gestorben 58

ungeheilt oder nur gebessert entlassen . . 17

geheilt 438

wie vor 538.

41. Das Krankenhaus zu Beirut in Syrien mit 63 Betten:

Bestand am 1. November 1889 . . . . 58 Kranke.

Zugang pro November 1889 . . . . 35 "

73 Kranke.

Davon sind

gestorben . . . . —

ungeheilt oder nur gebessert entlassen 10

geheilt 27

37 "

Bleibt Bestand am 1. December 1889: . . . 36 Kranke.

Unter den Aufgenommenen befanden sich 1 Europäer, 13 orientalische Christen, 13 Muhamedaner und 1 Druse.

Die Zahl der Kranken-Verpflegungstage pro November 1889 beträgt 1183.

Poliklinisch wurden 729 Personen behandelt.

[1] [illegible]

1. Hans Louis Albert von Beneckendorff und von Hindenburg, Kammerherr, auf Langenau bei Freistadt in Westpreußen. Rechtsritter seit 1867, † zu Langenau 14. Januar 1890.

2. Friedrich Alfred Alexander von Vogel, Hauptmann a. D., Ehrenritter seit 1871, † zu Biebrich 15. December 1889.

Rheinische Genossenschaft.

In dem vor Kurzem ausgegebenen Mitglieder-Verzeichnisse der Genossenschaft für 1890 ist unter 45 der Ehrenritter Dr. Karl Clemens Hugo von Straßund Torney als „Verwaltungsgerichts-Director“ aufgeführt.

Diese Angabe beruht auf einem Irrthume.

Der genannte Herr Ehrenritter war bis zum 26. Mai 1898 Verwaltungsgerichts-Director in Merseburg und wurde dann zum Ober-Regierungs-Rath und Stellvertreter des Regierungs-Präsidenten in Breslau befördert, in welcher Stellung er sich noch jetzt befindet, und wie das Mitglieder-Verzeichniß für 1889 richtig angegeben hat.

Der Commendator:

Freiherr von Plettenberg-Lenhausen.

Der neapolitanische Adel.

Es ist in diesen Blättern wiederholt dem römischen Adel eine eingehendere Behandlung geschenkt worden, nicht minder Aufmerksamkeit dürfte der neapolitanische verdienen, um so mehr, als gar wenig über ihn bekannt ist und selbst Pompeo Litta ihn in seinem großen Epoche machenden Werk· Famiglie celebri d'Italia fast ganz unberücksichtigt gelassen hat; denn mit Ausnahme der Acquaviva von Atri u. Conversano, den Caracciolo und der Pignatelli aus Calabrien, und zweier fremden Familien, den Gonzaga von Sabbioneta und den [illegible] von Salerno, finden wir keines der großen Geschlechter, die von den Normannenzeiten an eine so zahlreiche wie mächtige Aristokratie bildeten, darin vertreten. Und doch ist die Geschichte der großen Familien für jene des Staates König Manfreds und für die Kenntniß der Ereignisse unter der ersten und namentlich unter der zweiten Johanna von nicht zu unterschätzender Wichtigkeit. Die Geschichte König Ferrantes ist großentheils eine Geschichte der Barone und die Rolle, die der Adel unter Carl V. gespielt hat in den Kämpfen um das Reich, wie im Widerstande gegen die spanische Inquisition, unter Philipp IV. in dem langwierigen blutigen Aufstande, den man nach seinem ersten Urheber Masaniello benannt hat, darf geradezu als entscheidend für das fernere Schicksal des Landes bezeichnet werden. Im Folgenden wird nun die historische Entwickelung dieser Aristokratie seit der normannischen Herrschaft bis zu Ende des vorigen Jahrhunderts gegeben mit besonderer Berücksichtigung der lehnrechtlichen Verhältnisse und der höchst eigenthümlichen municipalen Verfassung des Reichs, die trotz aller Stürme der Zeiten sich seit den Tagen der Anjous bis zum Jahre 1799 erhalten hat.

I.

„Am 16. Mai des Jahres 1495, einem Sonntage", so berichtet ein neapolitanischer Chronist (Cronaca di Notar Giacomo), „befahl der König Karl VIII von Frankreich, daß der Treu- und Huldigungseid geleistet werden solle. Als nun Diejenigen, welche bei Sr. Majestät waren, nach dem Volke und den Bürgern von Neapel fragten und gewisse Edelleute ihnen erwiderten, sie wären Volk, Bürger und Adel der Stadt, alle Uebrigen aber Fremde aus verschiedenen Ortschaften und nicht Neapolitaner, wunderte sich Se. Majestät sehr, daß eine solche Stadt keine Bürger habe, es seien denn Edelleute. Einige Tage darauf kam Messer Carlo Mormile, ein Edelmann von Portanova, an San Lorenzo vorüber, als Batista Pirozzo, ein einheimischer Gewürzkrämer und Bürger, ihn mit der Frage anrief: er möge ihm sagen, was Se. allerchristlichste Majestät hinsichtlich der Stadtordnung und Kapitel befohlen habe? Worauf ihm die Antwort ward: Was habt ihr euch zu kümmern um diese Stadt? Wir sind Edelleute und Bürger von Neapel, und ihr habt euch in nichts einzulassen, ihr stinkendes Handwerkervolk! Gedachter Batista ging zu allen angesehenen Bürgern und Handelsleuten der Stadt und hinterbrachte ihnen diese Worte. Am Morgen darauf bei guter Zeit zogen etwa 600 Männer paarweise nach dem Castell Capuano. Als sie nun in dem Hof standen und warteten, bis sie den König sprechen könnten, trat dieser ans Fenster und fragte, die Männer sehend, wer sie wären? Da erwiderte man ihm, sie wären die Bürger des Volkes von Neapel. Die gedachte Majestät wandte sich hierauf an Carlo Mormile und Lancellotto Agnese und andere Räthe, welche gesagt hatten, es gäbe keinen Bürger in Neapel, und nun das Gegentheil offenbar war, nicht wußten was sie antworten sollten. Der König ließ sodann 8 der 600 zu sich ins Gemach kommen, während die Andern draußen warteten, und von diesen vernahm er, die Zahl der Bürger sei weit größer als die der Edelleute, und was ihnen sonst zu berichten am Herzen lag".

Wenn in den letzten Zeiten des aragonesischen Hauses die Verhältnisse zwischen Adel und Bürgerstand in Neapel von der Art waren, wie sie in dieser schmucklosen aber anschaulichen Erzählung erscheinen, so waren im Laufe der Zeiten wesentliche Umänderungen in denselben vorgegangen. Wenn die Verfassung des Königreichs Neapel von vornherein an dem innern Uebelstande krankte, daß ungleichartige Bestandtheile zu einem blos äußerlichen Ganzen verbunden waren, ohne daß eine organische Entwicklung stattgefunden, daß ein wahres und eigenthümliches Leben den Körper belebt hätte, so traten diese Mängel mehr und mehr im fünfzehnten Jahrhundert hervor, als der Streit zwischen zwei Dynastien und zwei großen politischen Parteien, welche das Land spalteten, die Rechte der Schwächeren erst gefährdete, dann sozusagen vernichtete.

Unteritalien machte nicht den Proceß durch, welcher der Geschichte der municipalen Institutionen in der Lombardei und Romagna wie in Toscana ein so vorwiegendes Interesse verleiht. Als noch griechische und langobardische Elemente miteinander kämpften, kam ein neues, das normannische hinzu, und aus einem Agglomerat kleiner Staaten, die zum Theil kein anderes Band untereinander hatten, als daß sie Herren von demselben Volksstamme gehorchten, entstand jene Monarchie König Rogers, die ihrem Ursprunge nach feudaler Natur, sich namentlich bestrebte, das verwilderte Feudalwesen mit den Anforderungen der obersten Gewalt in Einklang zu bringen.

Mit der Monarchie kamen die Parlamente auf, in denen Clerus und Feudaladel vor dem Landesherrn erschienen, wobei die gemeinsamen wie einseitigen Angelegenheiten und Interessen besprochen, die Gesetze oder Kapitel veröffentlicht wurden. In dieser Hinsicht ist sowohl die erste Versammlung der Barone, welche Roger schon vor der Erlangung der Königswürde in Melfi hielt, wie das im Jahre 1140 zu Ariano gehaltene allgemeine Parlament von größter Bedeutung. Auf beiden rang die Souveränität mit dem Feudalismus, welcher, so kurz sein Bestehen, doch schon tiefe Wurzeln geschlagen hatte — ein Beweis wie der Boden aufgelockert, wie die alten Zustände morsch geworden waren. Den Fehden der Lehnsträger unter einander wurde durch einen allgemeinen Frieden ein Ziel gesetzt, Aufnahme und Schutz von Räubern, welche die Ländereien des Landesherrn oder Privatbesitz beunruhigten, ward durch ein Gesetz untersagt, die schlechte Münze der griechischen Zeit abgeschafft und der neuen, dem Ducatus, allgemeine Geltung gegeben. Im ganzen Reiche wurde gleichmäßige Gerichtsordnung und Finanzverwaltung eingeführt, unabhängig von den Feudatarien. Zehn Justiziare sprachen Recht in den Ländern diesseits des Faro, deren Eintheilung wesentlich dieselbe war, wie noch heutigen Tages — Terra di Lavoro, beide Principate, Molise, Abruzzo Basilicata, Capitanata, Terra d'Otranto, Terra di Bari, Val Grati und Terra di Giordano (Calabria ulteriore), Calabria. Für Sicilien, ultra flumen salsum, war ein besonderer Justiziar. Wie die Gedachten für das Gerichtswesen, waren die Maestri Camerarii für die Finanzen bestellt, jeder in einer der Provinzen. In Städten und Ortschaften sprachen die unteren Richter, die Bajuli oder Defensores, Recht. Die gleichzeitigen Chronisten, namentlich Romualdus Salernitanus, bezeugen den günstigen Erfolg dieser Einrichtungen des ersten Königs, welcher durch Kräftigung der souveränen Macht, die zum Zerfallen geneigten Theile wie-

einander verband und der Willkür oder dem persönlichen Recht des Einzelnen Schranken setzte König Wilhelm I. bemühte sich sodann durch eine besondere Constitution die Unterthanen der Feudalherren, mochten diese Prälaten, Barone oder Ritter sein, vor willkürlichen Lasten zu schützen: er that es, indem er nicht nur die Fälle bestimmte, in welchen Abgaben erhoben werden durften, sondern auch das Maß derselben vorschrieb. Die Einsetzung des obersten Gerichtshofes in Sicilien legte den Uebergriffen der Einzelgewalt neue Hindernisse in den Weg.

So fanden die Hohenstaufen ein vollständig eingerichtetes Feudalsystem, gezügelt durch eine königliche Gewalt, die nur in der jüngsten Zeit durch die Unsicherheit der Thronfolge einigermaßen geschwächt worden war. Sie fuhren fort in demselben Sinne wie ihre Vorgänger zu handeln. Friedrich II. war es vor Allem, welcher nach den Unordnungen seiner Minderjährigkeit, den öffentlichen Dingen eine feste Form gab. Auf seinem ersten zu Capua im Jahre 1220 gehaltenen Parlament oder Assisen, über dessen Zusammensetzung nichts aufbewahrt ist, verordnete er unter anderen die Zerstörung aller neuerdings vom Adel errichteten Burgen. Bei den späteren großen Parlamenten, die bald in der einen, bald in der andern Stadt des Reichs gehalten wurden, ist ausdrücklich angemerkt, daß jede Stadt oder Ortschaft Deputirte dazu sandte, „zwei der Besten zum Nutzen des Reichs und allgemeinen Wohl“.

Auf solche Weise finden wir bei den Versammlungen die drei Stände vertreten, Clerus, Adel und Bürger. Die Gesetze (Constitutionen) Kaiser Friedrich's beschränkten übrigens auf alle Weise die Feudalgewalt zu Gunsten der Macht der Krone und des Kronguts, während sie zugleich die bürgerliche Freiheit der Unterthanen kräftig wahrten und für diese, mochten sie von einem Lehnsmann abhängen oder aber unmittelbar unter der Krone stehen, den Schutz und Garantie des Souveräns ausdrücklich bedingten.

Unter dem ersten Herrscher des Stammes der Anjou ging in der Verfassung des Königreichs die große Umwandlung vor sich, welche für die nachfolgenden Jahrhunderte die Norm gab. Carl I. war ein kräftiger Regent, aber er regierte in einem eroberten Lande. Er fand Einrichtungen, von denen manche ihm schon deshalb verhaßt waren, weil sie von der vorangegangenen, durch seinen Arm besiegten Dynastie stammten. Er hatte den Adel, der ihm gefolgt war, wie den, der ihn begünstigt, zu belohnen, die Gegner zu strafen. Er brauchte viel Geld zur Befestigung seines Ansehens wie für weitstrebende Pläne. Zugleich aber war er auf Sicherung und Concentrirung seiner Heeresmacht nothwendig bedacht. Alle diese Umstände erklären das System, das er einführte und das dem Lande eine nach damaligen Verhältnissen schwere Last auflegte, eine Last, welche durch die Willkür der gebietenden Fremdlinge noch drückender, die Insel Sicilien zu jenem blutigen Aufstande trieb, der sie auf zwei Jahrhunderte von Neapel losriß. Eine Menge bis dahin von der Krone abhängiger Städte und Ortschaften wurden zu Lehen gegeben, die noch vorhandenen Register bringen deren Zahl auf etwa 100, und man verglich dieses Königs Freigebigkeit mit jener Alexanders des Großen. Der Adel machte sich die Umstände zunutz und nahm viel Orte unrechtmäßigerweise in Besitz und zwar in solchem Maße, daß eine königliche Verordnung die Rückgabe der usurpirten Lehen und Regalien verkünden und die Kronbeamten zur Abweisung unbegründeter Ansprüche ermächtigen mußte. Solche einzelne Maßregeln vermochten indeß dem Fortschritt des Uebels keinen dauernden Einhalt zu thun, wie es denn in Carl's letzten Jahren sich dermaßen steigerte, daß Papst Honorius IV. sich veranlaßt fand, als Schiedsrichter zwischen König, Adel und Communen treten zu müssen. Letztere klagten namentlich, daß sie bei ihren Streitigkeiten mit den Baronen mit ihren Beschwerden nicht bis zum Könige durchzudringen vermochten, und der Papst sah sich genöthigt, in seiner Eigenschaft als Oberlehnsherr des Reichs das Maß der Abgaben auf das Herkommen zu beschränken, dem Könige aber Abstellung sonstiger Beschwerden zu empfehlen.

Außer diesen allgemeinen Verhältnissen kommen hier aber namentlich die der Parlamente in Betracht. Der Hof der Normannen und Hohenstaufen war ein wandernder gewesen, Carl von Anjou machte Neapel zur eigentlichen Hauptstadt und Residenz. Mit dem Hofe waren auch die Parlamente von Stadt zu Stadt gezogen. Es waren vorzugsweise die Städte Apuliens, welche so, für kurze Zeit wenigstens, den Mittelpunkt des politischen Lebens bildeten; doch mußten sie diese Ehre auch anderen Orten und Provinzen gönnen. König Roger hielt allgemeine Versammlungen zu Ariano und Capua, Tancred zu Termoli, Heinrich VI. zu Bari, Friedrich II. zu Capua, Foggia, Barletta, Tarent, Manfred zu Foggia und Barletta. Nun aber ward es anders. Der König bewohnte das Castel Capuano und das Castelnuovo in Neapel; er schuf eine Centralverwaltung in dieser Stadt; der mit Städten und Ländereien reich beschenkte französische Adel, welcher das Land überschwemmte, sammelte sich großentheils um den angestammten Herrscher. Da wurden gleichfalls die Parlamente in Neapel gehalten nur und ausnahmsweise kommen Erscheinungen vor wie jene berühmte Versammlung in der Ebene von San Martino im diesseitigen Calabrien, wo Prinz Carl von Salerno, Regent des Reichs, in der Abwesenheit des alten Königs, am 30. März 1283 die Prälaten, Barone und Vertreter der Städte zusammenrief und ihnen jene später von ihm als König bestätigte Constitution ertheilte, welche die Kronrechte wesentlich schmälerte und die Feudalität ausdehnte und befestigte.

(Fortsetzung folgt.)

Die Heil- und Pflege-Anstalt für Schwachsinnige zu Mariaberg in Württemberg

macht in ihrem im October v. Js. veröffentlichten 12. Jahresberichte den Kreis der Gönner und Freunde mit den Ergebnissen ihres Wirkens seit dem 1. Juli 1888 bekannt, welches zwar aus dem Rahmen, wie er so oft an dieser Stelle geschildert worden, nicht heraustritt, immer von Neuem aber durch den Segen, der auf ihm ruht, es verdient, daß die Aufmerksamkeit und Theilnahme aller Derer auf dasselbe gelenkt werde, denen das Gedeihen und die Förderung dieser Samariterarbeit am Herzen liegt.

Wie nothwendig das Bestehen, aber auch zugleich wie unzureichend die räumliche Ausdehnung der Mehrzahl solcher Anstalten ist, zeigt das Verhältniß der in dem Zeitraum vom 1. Juli 1888 bis dahin 1889 in Mariaberg Aufnahme Begehrenden zu der Zahl der wirklich Aufgenommenen: von 75 Angemeldeten konnten nur 6 berücksichtigt werden. Da ist es denn mit Freuden zu begrüßen, daß die württembergische Regierung auf die Bitte des Vorstandes sich veranlaßt gesehen hat, der Anstalt zu einem beabsichtigten Neubau einen Staatsbeitrag von 7000 Mark zuzuwenden, eine Vorlage, welche die Billigung der Abgeordnetenkammer gefunden.

Die Gesammtzahl der Schützlinge in der Mariaberger Anstalt betrug zu Anfang des Berichtsjahres 113, welche sich durch die oben erwähnten 6 Aufgenommenen auf 119 erhöhte, dagegen verließen dieselbe 5, während 3 starben, so daß am 1. Juli v. Js. im Ganzen 111 anwesend waren.

Auf die 3 Abtheilungen, nach welchen die Schwachsinnigen klassifizirt werden, vertheilten sich dieselben in der Weise, daß als schulfähige Zöglinge angesehen werden konnten 17 männliche und 13 weibliche Personen. Erziehung und Unterricht sind vor allem diejenigen Mittel, durch welche am meisten auf die Entwickelung des geistigen Lebens der Schwachsinnigen eingewirkt werden kann, weshalb in jeder derartigen Anstalt der Schulunterricht eine hervorragende Stelle einnehmen wird. Dieser Unterricht weicht auf seiner niedrigsten Stufe von demjenigen der Volksschule dadurch ab, daß der Lehrer bei seinen Schülern das erst wecken und beleben muß, was bei dem geistig gesunden, mit der Freiheit des Willens begabten Kinde schon vorhanden ist. Es müssen auf dieser ersten Vorbereitungsstufe alle diejenigen Uebungen reichlich Platz finden, welche zur Erweckung und Entfaltung einer geordneten Sinnenthätigkeit beitragen. Die zweite Stufe sucht dann den Kreis der bis jetzt gewonnenen Vorstellungen und Begriffe schrittweise zu erweitern und dieselben zugleich durch die hörbare Bezeichnung im Wort in der Seele des Kindes festzuhalten. Daneben gehen Hand in Hand die Uebungen im Erkennen der Gegenstände im Bilde; Farbe und Form der Dinge werden berücksichtigt, und das allmählige Herausbilden der verschiedenen Unterrichtsfächer aus dem Gesammtstoffe des Anschauungsunterrichts zeigt sich immer deutlicher. Hieran schließt als dritte die Mittelstufe, der Beginn des eigentlichen Elementarunterrichts, welche die Anfänge im biblischen Anschauungsunterricht, im Schreiben, Zeichnen, Lesen, Zählen, Singen und Turnen umfaßt, während die vierte, die Oberstufe, die möglichste Erreichung der Ziele des Unterrichts der Volksschule in sämmtlichen Fächern sich zur Aufgabe stellt.

Doch nur der kleinere Theil Derer, denen die Anstalt Aufnahme gewährt, nimmt an diesem Schulunterrichte Theil. 32 männliche und 13 weibliche Zöglinge gehörten im Berichtsjahre der Arbeiter-Abtheilung an, welche aus denjenigen sich zusammensetzt, die, der Schule nicht mehr oder doch nur noch ein Mal in der Woche angehörend, entweder mit einem oder dem anderen Industriezweige sich beschäftigen, oder den ganzen Tag über theilweise Haus- und Gartengeschäfte verrichten, theils auf der Oekonomie in irgend einer Weise arbeiten, sei es im Stall und der Scheune oder auf Wiesen und Feldern, je nachdem dies die Jahreszeit erfordert. 8 dieser Zöglinge sind dauernd derartig beschäftigt und können als wirkliche Oekonomiearbeiter gelten. Die Mädchen lernen nähen, stricken und werden in die täglichen Haushaltungsgeschäfte eingeleitet.

Diese beiden Hauptabtheilungen — die Schul- und die Arbeiter-Abtheilung — bilden zusammen die Heilanstalt Mariabergs.

Ihr tritt scharf abgegrenzt als 3. Abtheilung die Bewahr- und Pflegeanstalt gegenüber, in welcher diejenigen Zöglinge — zur Zeit des Berichtsabschlusses 31 — eine Aufnahme gefunden haben, bei denen die Bildungsversuche in der Heilanstalt erfolglos geblieben sind, oder welche schon bei der Aufnahme sich als nicht bildungsfähig erwiesen haben. Es sind dies die Schwachsinnigen höheren Grades, die Blöden und Stumpfen, Aufgeregten und Verwirrten, welche, zu keiner ordentlichen Thätigkeit fähig, doch immer noch einer sorgfältigen Behandlung und liebevollen Pflege zugänglich bleiben. Diese Zöglinge gehören in die Pflege- oder Bewahranstalt, doch wird wohl keine Anstalt für Schwachsinnige auf die Dauer sich darauf beschränken können, nur Schulunterrichtsfähige aufzunehmen, denn trotz Fragebogen und Zeugnisse kann es geschehen, daß ein Kind als bildungsfähig aufgenommen wird, sich aber nur als pflegefähig darstellt, und umgekehrt kann ein nur als pflegefähig geschildertes Kind sich noch bessern und in der Bildungsanstalt am Platze sein.

Wiederum dürfte es für das Personal einer Pflegeanstalt von Werth sein, neben derselben noch eine Anstalt für Bildungsfähige zu haben, da es doch etwas Niederdrückendes für den Menschen ist, Jahr aus Jahr ein nur mit den Tiefstehenden seinesgleichen umgehen zu können; dann aber kann auch leicht ein Wechsel von hinüber und herüber stattfinden, und das Dienstpersonal kann sich mit der Wartung und Beaufsichtigung beider Theile vertraut machen, was für die Anstalt nur vortheilhaft sein kann. So wurde es auch für Mariaberg zur Nothwendigkeit, neben der Heilanstalt noch eine Pflege- oder Bewahranstalt zu gründen, für welche, nachdem dieselbe im Jahr 1862 zunächst in dem unteren Stocke des ehemaligen Klostergebäudes eingerichtet war, dann 1878 ein eigenes Wohnhaus gebaut wurde, das bis jetzt etwa 30—31 Zöglinge beiderlei Geschlechts beherbergt. Es soll nun, wie oben erwähnt, noch ein zweites Gebäude für bildungsunfähige Pfleglinge errichtet werden, so daß künftig eine Anstalt für männliche und eine solche für weibliche Personen bestehen wird.

Carl Heymanns Verlag in Berlin W., Mauerstraße 63—65. Gedruckt bei Julius Sittenfeld in Berlin.

Alle Zuschriften und Einsendungen in Angelegenheiten dieses Blattes wolle man an den Redakteur desselben: Geh. Hofrath Herrlich W. Potsdamer Straße Nr. 134 c. zu Berlin richten.

Wochenblatt der Johanniter-Ordens-Balley Brandenburg.

Im Auftrage der Balley Brandenburg verantwortlich redigirt von C. Herrlich in Berlin.

Jahrg. 31. Berlin, den 29. Januar 1890. Nr. 5.

Georg Fürst zu Schwarzburg-Rudolstadt, Durchlaucht, Ehrenmitglied des Johanniter-Ordens seit 1881, † zu Rudolstadt 19. Januar 1890.

Adalbert von Karger, Oberstlieutenant z. D., Rechtsritter seit 1883, † zu Naumburg a. d. S., 16. Januar 1890.

Der Durchlauchtigste Herrenmeister des Johanniter-Ordens, Prinz Albrecht von Preußen, Königliche Hoheit, hat

den Rechtsritter: Minister des Königlichen Hauses und Kammerherrn, Mitglied des Herrenhauses Wilhelm von Wedell, zu Berlin,

nach Anhörung und erfolgter Zustimmung des Ordens-Capitels, zum Ehren-Commendator mit Sitz und Stimme im Capitel, und gleichzeitig zum Schatzmeister des Johanniter-Ordens, an Stelle des verstorbenen Wirklichen Geheimen Ober-Regierungs-Raths und Unterstaatssecretairs im Ministerium des Innern von Zastrow, ernannt.

Statistisches, die Kranken- und Siechenanstalten des Johanniter-Ordens betreffend.

Im Jahre 1889 sind in den 41 Kranken- und Siechenanstalten des Johanniter-Ordens im Ganzen 9 343 Personen (1887: 7 997, 1888: 8 369) an 385 920 Tagen (1887: 342 117, 1888: 344 023) ärztlich behandelt und verpflegt worden; davon 5 919 Männer, 2 549 Frauen und 875 Kinder.

Als geheilt wurden von diesen 9 343 Personen entlassen 6 799, ungeheilt oder nur gebessert 870, während 623 gestorben und Ende 1889 in der Behandlung verblieben sind 1 051.

Das Hospiz und Asyl für unbemittelte Badegäste zu Lippspringe wurde Ende Mai 1889 vom Orden übernommen und es stieg dadurch die Zahl der Anstalten desselben von 40 auf 41.

Die Zahl der vorhandenen Krankenbetten in diesen 41 Anstalten betrug Ende 1889: 1 850, (1888: 1781).

Ausführlichere Angaben hierüber enthält eine summarische Uebersicht, die in einer der nächsten Nummern dieses Blattes veröffentlicht werden wird.

Der neapolitanische Adel.

(Fortsetzung.)

II.

Mit der Verlegung der Parlamente nach der Hauptstadt hing aber eine Modification des Characters derselben zusammen, welche auf die Verfassung des ganzen Landes einwirkte, auf das Wesen der städtischen Institutionen Neapels andererseits bestimmenden Einfluß geübt hat. Die Repräsentation Neapels als Stadt erlangte nämlich durch die neue Einrichtung eine das gesammte Königreich umfassende Thätigkeit und Bedeutung, welche durch deren ursprünglichen Character keineswegs bedingt noch angegeben erscheint. Die Wichtigkeit der Parlamente schwindet mehr und mehr, während die der Sedilen oder Seggi in gleichem Maße steigt. Ueber den Ursprung und die älteste Gestaltung dieser Sedilen oder Genossenschaften des Adels und des Volkes ist viel geschrieben worden; was davon eigentliche Wichtigkeit für die Verfassungsgeschichte hat, läßt sich auf Weniges reduciren, während das Uebrige in das archäologische Gebiet gehört. Man hat die Sedilen aus den Zeiten der griechischen Republik Neapel hergeleitet und mit den athenischen Fratrien in Verbindung gebracht, die man hinwiederum an die lastenartigen Erscheinungen des Orients anknüpft. Es läßt sich nicht leugnen, daß zwischen den einen und den andern Aehnlichkeit bestand, wenn sich gleich die strengere Gliederung der Fratren mit ihren Verwandtschaftsverhältnissen und Pflichten gegen einander an den Sedilen nicht nachweisen läßt, über welche es überhaupt vor ihrer definitiven Constituirung mit be-

sammten staatsbürgerlichen Berechtigungen an zuverlässigen Nachrichten mangelt. Die Zahl der alten Sedilen wird auf 23 angegeben, welche entweder nach bedeutenden Familien oder nach ihrer Localität benannt wurden, letztere gewöhnlich in der Nähe einer Kirche oder eines Thores. Es waren Familienverbände, oder sie gingen aus nachbarlichen Verhältnissen hervor, was gewöhnlich zusammentraf, indem die Individuen desselben Geschlechtes lange Zeit hindurch in denselben Stadtgegenden und Häusergruppen vereint wohnen zu bleiben pflegten, wie es in vielen italienischen Municipien bis ins vierzehnte Jahrhundert hinein der Fall und, von andern natürlichen Anlässen abgesehen, schon durch das Bedürfniß der Vertheidigung in den Zeiten bürgerlicher Unruhen bedingt war. Die Männer kamen dann im gemeinsamen Local zusammen, städtische oder persönliche Angelegenheiten zu besprechen. Die Locale hatten mehrere Namen: man findet sie als Portico, Torre, Seggio und Sedile bezeichnet. Es ist übrigens unnöthig zum alten Athen hinaufzusteigen. Die Institution erklärt sich leicht und sieht man sich im übrigen Italien um, so findet man Parallelen, in Florenz z. B., wo die Consorterien der angesehenen Familien einen gemischten Charakter, einen verwandtschaftlichen wie politischen an sich trugen, und wo die Loggien bestanden, welche gewöhnlich den Häusern des Adels angebaut waren, wie man heute noch an manchen mehr oder minder erhaltenen wie an den Ueberresten anderer sieht, an denen der Cerchi, Peruzzi, Rucellai, Alberti, Buondelmonti u. m. a. Manche dieser Loggien sind in der Geschichte jener Republik nicht ohne Bedeutung geblieben, konnten auch die Consorterien, als eine Einrichtung vorzugsweise aristokratischer Natur, bei der mächtigen Entwickelung des Zunftwesens und dessen absorbirenden Einfluß nicht die Bedeutung gewinnen, die den neapolitanischen Sedilen in einem monarchisch-feudalen Staate im Laufe der Zeit zu Theil ward. Der ursprüngliche Zweck aber war bei den einen wie bei den andern derselbe. Auch in Florenz stand jedem adligen Geschlechte das Vorrecht zu, eine Loggia oder einen Porticus zu haben, um Familienangelegenheiten abzumachen, öffentliche Dinge zu besprechen, durch Uebungen und Spiele sich die Zeit zu vertreiben, wie denn Leon Batista Alberti bemerkt, die Loggien seien nicht nur eine Zierde von Marktplatz und Straße, sondern auch der Jugend nützlich, welche dort sich nicht so ausgelassen benehme in Gegenwart der älteren Patrizier. Auch in Florenz nahmen die adeligen Geschlechter gewisse Vorrechte, so das Asilrecht, für ihre Loggien in Anspruch, was ihnen scharf verwiesen und mit Geldstrafe belegt ward, als der Bürgerstand zur Herrschaft gelangte und den alten Adel auf jede Weise zu demüthigen suchte. Die bedeutenderen Städte des Königreichs hatten gleichfalls ihre Sedilen, mit dem großen Unterschiede jedoch, daß diesen letzteren keine der wichtigen politischen Befugnisse jener der Hauptstadt inwohnten und sie mehr das waren, was allmälig alle italienischen Adelsgenossenschaften geworden sind, Casinos für geselligen Zwecke.

Nach der begründetsten Annahme war die Stadt Neapel in den ältesten Zeiten in vier Hauptregionen getheilt, Capuano, Forcella, Montagna und Nido. Die Zusammenkunftsorte der Sedilen dieser Viertel, welche man gewöhnlich Piazze nannte, woher der Ausdruck far piazza für das Einberufen der Sedilen kam, hatten andere kleinere unter sich, welche, wie man nach ihren Namen schließen möchte, mehr den Charakter von Familienverbindungen an sich gehabt zu haben scheinen. Zwei neue größere Abtheilungen, Porto und Portanova, kamen durch Erweiterung der Stadt hinzu, während Forcella und Montagna verbunden ward. Allmälig nahmen die größeren Sedilen die kleinern in sich auf; wann es geschehen, ist ungewiß, aber der Zeitpunkt hängt wahrscheinlich mit der Reform unter Carl I. zusammen, und nach den letzten Zeiten König Roberts kommen die Familien-Sedilen nicht mehr vor, während jene 5 ausgedehnte politische Rechte und Repräsentation gewinnen. Alle waren Adelsverbindungen. Wie indessen das volksthümliche Element nicht ausgeschlossen bleiben konnte, so betheiligte sich der Bürgerstand durch den sechsten Sedile an den öffentlichen Angelegenheiten. Man darf dies volksthümliche Element in Neapels älterer Geschichte nicht übersehen. Die Ansichten über die Form sind getheilt. Manche ältere Schriftsteller nehmen eine vollständige Uebereinstimmung der Form der Volksverfassung mit jener des Adelsregiments an, indem sie der Stadt wie 29 Adelssedilen auch 29 Volksvereine geben, welche durch Decurionen vertreten wurden. Das Dasein der letzteren ist unbezweifelt, und während unter König Tancred im Jahre 1191 das Volk im Magistrate der Stadt zahlreich repräsentirt war, finden wir es gewissermaßen gleichberechtigt mit dem Adel bei der Huldigung, welche Neapel nach Conrad's von Hohenstaufen Tode Innocenz IV. leistete, wobei der Podestà der Stadt: Riccardo Filangier cum deputatis Nobilium et popularium civitatis dem Papste den Fuß küßte.

König Carl I. verlegte wie gesagt den Sitz der Parlamente nach Neapel, wohin er auch den größern Theil des Lehnadels zog. Indem dieser Adel sich zu den Sedilen hielt oder, wenn dies ja der richtige Ausdruck ist, in die Sedilen sich aufnehmen ließ, überwog das Feudalelement in denselben über das städtische, während zur selben Zeit die Concentrirung der einst auf den Wanderparlamenten verhandelten Angelegenheiten in der Hauptstadt erfolgte. Denn indem das Feudalwesen überhaupt an Intensivität gewann, war der wichtigste Bestandtheil jener Parlamente dort am vollständigsten vertreten. Während so die Sedilen die städtische Verwaltung in Händen hatten, repräsentirten die adeligen Theile derselben bei den gewöhnlichen geschäftlichen Anlässen den Adel des gesammten Königreichs, wie der Bürgerstand oder Popolo von Neapel es seinerseits in Betreff der übrigen Städte und Provinzen gleichfalls that oder beanspruchte. Wenn für ersteren Fall sich insofern eine Rechtfertigung finden ließ, als die Barone mehr oder minder mit der Hauptstadt zusammenhingen, so hatte das letztere etwas geradezu Monströses, und diesem unnatürlichen Dualismus, der sowohl in dem Verhältniß des Adels und des Bürgerstandes zu einander, wie in dem Verhältniß beider zum ganzen Königreich lag, ist die mangelhafte Entwicklung der gesammten Verfassung auf alle Zeiten zuzuschreiben. Die wirkliche politische Bedeutung der Sedilen beginnt also, wie gesagt, mit Carl I., und so erklärt sich die viel verbreitete Annahme, daß dieser König deren eigentlicher Stifter gewesen sei. Aber nach und nach erst bildeten diese Institutionen sich in bestimmteren Formen aus. Erst lange nachher wurde unter andern festgesetzt, daß die Theilnahme einer Familie an den Ehren und Lasten einer Sedile nicht mit dem Wohnungswechsel z. B. wechseln sollte. Die wichtigen Veränderungen, welche seit dem Sturze des Hohenstaufischen Hauses in der Entwicklung des italienischen Städtewesens vor sich gingen, konnten auf Neapel bei allem Festhalten an dem Feudalismus nicht ohne Einwirkung bleiben. Es war die Zeit, in welcher in Toscana, dem für die spätere Epoche der städtischen Verfassungsgeschichte wichtigsten Lande, die Zünfte eine feste Gestaltung gewannen (1266), mittelst ihrer Prioren die Regierung ganz in die Hand nahmen (1282), den Adel als solchen von der Theilnahme an derselben ausschlossen (1293), die Zeit endlich, in deren Verfolg das Volk von einer zur andern Maßregel im demokratischen Sinne überging, bis es im Jahre 1343 den eigentlichen Adel politisch vernichtete, während es ihm seine Burgwohnungen über dem Kopf anzündete. Durch die Beziehungen seiner Herrscher, namentlich Carl's I. und Robert's, als Häupter der guelfischen Liga zu Florenz, hing Neapel zu sehr mit Toscana zusammen, um nicht die Rückwirkung zu verspüren. Nicht etwa, als wäre es hier um einen Kampf mit dem Adel abgesehen gewesen: dazu war dieser viel zu fest gewurzelt. Aber nachdem im Innern der Aristokratie selbst eine Spannung eingetreten war, so daß die Sedilen von Capuano und Nido gleichsam den Lehnadel (il Baronaggio) repräsentirten, die drei andern, Montagna, Porto und Portanova, den übrigen Adel (il Nobili), ging unter den Popolanen eine große Bewegung vor. Eine Menge Familien waren emporgekommen, sie konnten nicht in den Kreis der Adeligen eindringen, sie wollten nicht mehr zur Masse des Volkes gerechnet werden. Sie versuchten so einen dritten Stand zu bilden, den man Mitti mediani nannte, und verwirklichten auf diese Weise gewissermaßen die Einrichtungen der altrömischen Republik. König Robert, unter dessen langer Regierung dieser neue Adel sich bildete, erkannte dessen legale Existenz an, unbeschadet der Rechte des alten Adels. Nach vielen und zum Theil blutigen Unruhen jedoch wurde im letzten Regierungsjahre der Königin Johanna, 1380, der neue Adel als Stand unterdrückt. Manche zu demselben gehörigen Geschlechter scheinen später in die Sedilen Aufnahme gefunden zu haben, denn während zum Eintritt in die Genossenschaften von Capuano und Nido strenge Proben gehörten, standen die übrigen auch Familien des neuen Adels offen, solchen selbst, die ursprünglich dem Kaufmannsstande angehörten. Letztere Bestimmung, die in den Statuten des Seggio von Montagna vorkommt, legt allein schon an den Tag, welcher radicale Unterschied zwischen neapolitanischen, und z. B. florentinischen Zuständen bestand, da in Florenz der neue Adel fast ganz aus dem Handelsstande hervorging. Eine Menge anderer Familien blieben jedoch von den Sedilen ausgeschlossen und folglich ohne Theilnahme an der Repräsentation. Dies war freilich auch der Fall bei einer Reihe Geschlechter des ältesten Adels, die zu keinem Sedile gehörten, wovon bald ferner die Rede sein wird.

Der Seggio popolare aber darf keineswegs als Repräsentant des niedern Volks gedacht werden. Eine Verordnung König Robert's vom Jahre 1338 spricht es deutlich aus, daß man unter denen, welche zu ihm gehören, den Popolo grasso, den höheren Bürgerstand zu verstehen hat, welcher in den demokratischen Republiken um jene Zeit die Oberhand gewann und sehr verschieden war von den Popolo minuto oder den Handwerkern, welche von den politischen Rechten und Lasten (honoribus et oneribus) ausdrücklich ausgeschlossen waren. Nach späteren Begriffen theilte man den Popolo grasso in zwei Klassen, den Richter- und Beamtenstand und den Handelsstand, zu welchem letztern man auch die höhern Gewerbe zu rechnen pflegte. Es ist, wenn gleich in unvollkommener Form, dieselbe Ansicht, welcher der Eintheilung der Florentiner Arti des dreizehnten Jahrhunderts zu Grunde lag und sieben große Zünfte schuf, welche die Richter, Wollentuchhändler, Wechsler, Tuch- und Seidenfabrikanten, Aerzte und Pelzwerkhändler, umfaßten, denen sie ausgedehntere politische Rechte gab, als den niedern Gewerken. Wenn der Popolo grasso in Neapel nicht zu der Bedeutung gelangte, wie an manchen andern Orten, so lag dies in den schon angedeuteten Verhältnissen. Der eigentlich neapolitanische Adel, mit dem Feudaladel des ganzen Reichs verbunden, mochte wohl seinen Stand genügend repräsentiren! Der Bürgerstand, welcher doch nur Bürgerstand Neapels war, mußte selbstredend zurückstehen. Darin lag das radicale Gebrechen der ganzen, auch für die Folgezeit maßgebenden Verfassung Anjous. Aber das Volk wollte sein Recht nicht ohne Kampf aufgeben. Es verlangte gleiche Betheiligung mit dem Adel, ohne Rücksicht auf die

Verschiedenheit seiner Stellung und auf den ungleichartigen Ursprung der Berechtigungen. Die Erklärung der vielen durch innere Ursachen veranlaßten Unruhen ist in diesem Mißverhältniß zu suchen, ein Mißverhältniß, welches sich, um nur Eines Umstands zu erwähnen, z. B. darin kund gab, daß zur spanischen Zeit, obgleich die Stadt Neapel von der Leistung bei den gewöhnlichen Donationen befreit war, der Volksdeputirte dennoch zu den Berathungen über dieselben herzugezogen ward. Noch im Jahre 1602 machten die Barone bemerklich, dies sei ungehörig, indem wohl der neapolitanische Adel als Repräsentant des Gesammtadels, nicht aber das neapolitanische Volk hier in Betracht komme. Aber man hielt es nicht für thunlich, das damals schon alte Herkommen zu ändern, um so weniger, als die Regierung, wie man bald sehen wird, mehr auf die Gefügigkeit des Seggio popolare zählen konnte, als auf die der Adelsgenossenschaften.

Bis zur Regierung König Alfons I. von Aragon theilten sich, was die städtische Verwaltung betrifft, Adel und Volk — ordo et populus. Das Volk hatte seine eigenthümliche Verfassung, deren Grundlage noch aus den normannisch-hohenstaufischen Zeiten stammte. Wie unter den fünf Adelssedilen 29 kleinere Genossenschaften standen, so war, worauf schon oben hingedeutet wurde, der Seggio popolare der Mittelpunkt von 29 Unterabtheilungen, die man Ottinen nannte. Das Volk einer oder mehrerer Straßen bildete eine Ottina, welche ihren Capitano hatte, der aus einem von der Gesammtheit aufgestellten Wahlcollegium von 8 Bürgern (woher der Name Ottina), also mittelst doppelter Wahlhandlung, hervorging. Diese Capitani bildeten die eigentliche städtische Polizei, soweit die Munizipal-Befugnisse in Betracht kamen. Von ihnen wurde der Vorsteher oder Deputirte des Volkes gewählt, welcher unter verschiedenen Benennungen, bald als Eletto (Electus), bald als Procurator, bald als Syndicus universitatis popularium Neapolis vorkommt. Die Eletti der 5 Adelsgenossenschaften vereint mit dem des Volkes, folglich 6 Männer, bildeten so die städtische Repräsentation, in welcher nach der gewöhnlichen Praxis die des ganzen Reiches aufging.

III.

Es war im Jahre 1456 als eine Veränderung in diesen Verhältnissen eintrat, welche nicht minder als die bei dem Baronalkriege den Boden untergrub, auf welchem die Macht des aragonesischen Hauses gegründet stand. Auf dem Platze della Sellaria, einst nach den toscanischen Kaufleuten geheißen, stand das Versammlungshaus des Popolo, welches man wegen seiner schönen Malereien Pittato zu nennen pflegte. König Alfons I. ließ es in jenem Jahre zerstören. Die Beweggründe werden verschieden angegeben: das Geheimniß liegt aber darin, daß Alfons seinem natürlichen Sohne Ferrante die Nachfolge in Neapel zu sichern wünschte, daß er den Adel als seine vornehmste Stütze bei diesem Vorhaben betrachtete und den Adel zu gewinnen hoffte, wenn er die denselben lästigen Privilegien des Bürgerstandes vernichtete. Die Folge war, daß eine Empörung der untern Klassen ausbrach, der König mit leichter Mühe sie unterdrückte und das Volk als solches seiner politischen Rechte beraubte. So nahm jene Entfremdung der Massen ihren Anfang, welche Ferrante wohl erkannte und zu überwinden wünschte, als er den gefahrvollen Kampf mit den Baronen bestand, für die er aber dennoch keine Abhülfe fand, indem die Besorgnisse vor dem Ueberwiegen des populären Elements ihn an jener Consequenz der Maßregeln hinderte, welche sonst in seinem Charakter lag und allein das Gleichgewicht wieder herzustellen im Stande gewesen wäre. So mußte Alfons II., welcher mit eigenen Sünden schon genug zu schaffen hatte, für die Sünden des Großvaters und Vaters einstehen, von denen der Eine das Volk, der Andere den Adel sich verfeindet hatte; zwiefache Feindschaft die über dem Haupte des Dritten zusammenschlug, welcher dem Einen an edleren Eigenschaften nachstand, wie dem Andern an politischem Scharfsinn. So kam es, daß die Vornehmen Neapels vierzig Jahre darauf dem Eroberer sagen konnten, sie wären Volk, Bürger und Adel der Stadt.

Und nun erhob sich während der kurzen französischen Herrschaft dies lange unterdrückte populare Element wieder so mächtig, daß es wie in einem Nu nicht nur die alten Rechte wiederverlangte, sondern auch neue in Anspruch nahm. Nachdem die Abgeordneten, wie zu Anfang dieses Aufsatzes berichtet worden, dem französischen Könige auseinandergesetzt hatten, wie es ehemals mit der städtischen Verwaltung gehalten und wie sie der Theilnahme an derselben beraubt worden seien, ermächtigte er sie, sich zu versammeln und ihr Interesse zu besprechen. Seit vierzig Jahren war ihr Sedile dem Boden gleich gemacht; so wählten sie den Kapitelsaal des Augustinerklosters, welches in der Nähe des eigentlichen Volksquartiers, des Pendino, gelegen ist. Der Saal, im Spitzbogenstil gebaut, ist durch seine in der Mitte convergirende, von zwei schlanken Marmorsäulen getragene Decke bemerklich; hier kamen im Jahre 1496 die Deputirten des Volkes zusammen, hier tagten sie bis zum Aufhören der alten Stadtverfassung Neapels im vorigen Jahrhundert. Giovan Carlo Tramontano ward in dieser Sitzung zum Syndicus ernannt, zwölf Räthe wurden ihm zur Neuordnung der Volkssache beigegeben. Die Huldigung des Landes hatte stattgefunden, ohne daß das Volk dabei vertreten gewesen wäre. Nun protestirten die Volksdeputirten, diese Huldigung sei für sie nicht verbindlich; sie wollten sie indeß leisten, und wenn es nicht geschehen, so komme es daher, weil man sie nicht gefragt. Die Deputirten legten die Hände nicht in den Schooß.

das Mißvergnügen des Adels stieg aber in solchem Maaße, daß es am 16. Juni beinahe zum Blutvergießen gekommen wäre. Es entstand plötzlich der Verdacht, die Edelleute wollten im Verein mit den französischen Truppen das Volk entwaffnen und die Stadt plündern. Alles griff zu den Waffen. Von Gebäude zu Gebäude zogen die Schaaren der Popolanen unter dem Ruf: Frankreich und Volk! Aber keiner trat hervor, sich mit ihnen zu messen. Mochten auch der König und seine Rathgeber unentschlossen sein, so blieb doch der Moment Niemandem günstig. Schon am nächsten Tage kam ein Vertrag zwischen den beiden Ständen zu Stande, welcher am folgenden Morgen, dem Frohnleichnamsfeste, feierlich mit Trompetenschall verkündet ward.

Die Bedingungen waren folgende: Bei Bewilligung der öffentlichen Gelder sollte das Volk durch seine eigenen Deputirten abgeschätzt werden. Die nämlichen Deputirten sollten in Kriegszeit für die Stadt, oder für den König, oder wer an seiner Stelle gebiete, Mannschaft stellen. Die Huldigung sollte von Seiten des Volks durch einen Abgeordneten geleistet werden. Zu Zeiten von ansteckenden Krankheiten und Pest sollten die Angelegenheiten des Volks ohne irgend eine Einmischung des Adels den Popolanen selbst anheimgestellt bleiben. Zu der Gabella del buon denaro, worunter die öffentlichen Gelder zur Instandhaltung der Stadt, der Ausbesserung der Mauern, Straßen, Kirchen und sonstigen Gebäude wie zu andern gemeinnützigen Zwecken zu verstehen, sollte das Volk ein Fünftel, der Adel den Rest beitragen und der Schatzmeister vom Volke sein, jedoch vom Adel unter sechs vom Volke aufgestellten Candidaten gewählt werden. Keine Auflage dürfe ohne Zustimmung der Volksdeputirten gemacht, kein Parlament ohne sein Beisein gehalten, das städtische Proviantamt solle gemeinsam verwaltet werden; die Burgvögte, zwei Popolanen neben den Adeligen, sollten jeden Monat zu zwei und zwei wechseln; handelten die Adeligen den Interessen des Volks zuwider, so dürfe man sie ihres Amtes entheben und ohne sie verwalten. So waren diese Kapitel, welche von beiden Seiten mit Vorbehalt ihrer Privilegien angenommen und beschworen wurden.

(Fortsetzung folgt.)

Können die kirchlichen Nothstände Berlins durch Kirchensteuer beseitigt werden?

Den Bitten des Evangelisch-Kirchlichen Hilfsvereins, für die kirchlichen Nothstände der großen Städte und sonderlich Berlins Sammlungen in den Provinzen zu veranstalten, begegnet häufig der Einwand, die Steuerkraft der evangelischen Bevölkerung Berlins werde nicht ausreichend in Anspruch genommen. Der Thatsache, daß Berlin einen jährlichen Zuwachs von mehr als 50 000 Menschen erleidet, welche kirchlich neu zu versorgen sind, wird die andere Thatsache gegenübergestellt, daß die zuziehende Bevölkerung auch eine stetige Vermehrung des Besitzes und des Erwerbes in sich schließe. Zugleich wird darauf hingewiesen, daß die Steuerlasten für kirchliche Zwecke, welche den Berliner Gemeinden auferlegt werden, in gar keinem Verhältniß ständen zu den Leistungen, welche zahlreiche Kirchengemeinden im Westen und Osten des Landes ihren Gliedern zumuthen und von denselben willig übernommen werden.

Solche weit verbreitete und für die Unkundigen sehr einleuchtende Einwendungen machen es nothwendig, auf die gesetzlich fest gezogenen Grenzen aufmerksam zu machen, welche für die Erhebung von Kirchensteuern in Berlin bestehen. Die Ungleichheit zwischen dem Vermögensbestand der alten Gemeinden, welche sämmtlich den Aufwand für ihre Bedürfnisse bestreiten können und theilweise erheblicher Ueberschüsse sich erfreuen, und der Gemeinden in den neuen Stadttheilen, welche auch der nothwendigsten Mittel für ihren Ausbau entbehren, macht wohl ein Abgeben von Ueberschüssen an unbemittelte Gemeinden erwünscht. Auch ist dies wiederholt angeregt und in nicht wenigen Fällen gewährt worden. Aber über das Maß freiwilliger Spenden hinaus die reicher ausgestatteten Gemeinden zum Abgeben zu zwingen, fehlt die rechtliche Möglichkeit. Mittelbar werden dieselben dadurch zur Hilfeleistung herangezogen, daß ihre Gemeindeglieder nach dem Maß ihrer erheblichen Steuerkraft zu den gemeinsamen Lasten beitragen, ohne für ihre eigenen Bedürfnisse aus den Erträgen der Kirchensteuer Beihilfen zu erhalten. Denn die Kirchensteuer wird für sämmtliche Berliner Kirchengemeinden gemeinsam erhoben. Eine Erhebung von Kirchensteuern in den einzelnen Gemeinden zur Befriedigung ihrer besonderen Bedürfnisse ist in Berlin nicht ausführbar. Bei dem viermal jährlich in großem Umfang stattfindenden Wohnungswechsel wäre sowohl die Aufstellung der Hebelisten, wie die Einziehung der Beiträge für die einzelnen Gemeinden mit unverhältnißmäßigen Kosten, ja unüberwindlichen Schwierigkeiten verbunden. Auch würde die Steuer in denjenigen Gemeinden, welche der Hilfe am meisten bedürfen, am wenigsten eintragen. Deshalb ist in den vereinigten Kreissynoden vor etwa zehn Jahren eine durch das Staatsgesetz vom 3. Juni 1876 vorgesehene Instanz geschaffen worden, welche nach ihrer Zusammensetzung und Geschäftsordnung der Stufe der Kreissynoden angehört, nach ihren Aufgaben aber eine Gesammtvertretung der Berliner Gemeinden darstellt. Trotz der unvermeidlichen Parteikämpfe ist diese Einrichtung unter thatkräftiger und besonnener Leitung besonders des General-Superintendenten von Berlin in stetiger, erfreulicher Entwicklung begriffen.

Aus den von der Stadtsynode ausgeschriebenen Umlagen wird zunächst Entschädigung für die bei einfachen Handlungen aufgehobenen Stolgebühren von Taufen und Trauungen geleistet, eine Einrichtung, welche die Versäumniß der heiligen Handlungen wesentlich gemindert hat. Ferner werden die auf Berlin fallenden Beiträge für die Kosten der Provinzialsynode und der Generalsynode, sowie für den landeskirchlichen Pensionsfonds und Reliktenfonds aus denselben bestritten. Für diese Zwecke, einschließlich der Erhebungs- und Verwaltungskosten, werden 4 pCt. der staatlichen Klassen- und Einkommensteuer, unter Befreiung der sechs unteren Stufen der Klassensteuer, in Anspruch genommen. Im Uebrigen werden aus dem Ertrag der Kirchensteuer für Erbauung neuer Kirchen, für Reparaturen an Kirchen und Pfarrhäusern, für Besoldungszuschüsse an Geistliche und Kirchenbeamte und Begründung neuer geistlicher Stellen an unbemittelte Gemeinden namhafte Beihilfen geleistet. Nun beschränkt aber das Staatsgesetz vom 3. Juni 1876 die Höhe der Umlagen zu Beihilfen an leistungsunfähige Kirchenkassen auf 3 pCt. der staatlichen Klassensteuer bezw. Einkommensteuer. Eine Erhöhung dieses Satzes ist an die Genehmigung des Staatsministeriums gebunden. Für das Etatsjahr 1889/90 haben die vereinigten Kreissynoden bereits den höchsten gesetzlich möglichen Betrag der Kirchensteuer von im Ganzen 7 pCt. beschlossen und gleichzeitig bei dem Staatsministerium beantragt, den zulässigen Satz für Beihilfen an Berliner Kirchengemeinden von 3 pCt. auf 6 pCt. zu erhöhen. Wird dieser Antrag genehmigt, so solle schon in den nächsten Etat eine Steuer von 10 pCt. eingestellt werden, welche für die Nothstände der ärmeren Gemeinden jährlich etwa 450 000 Mk. flüssig machen würde.

Aus Vorstehendem erhellt, daß die Steuerkraft der evangelischen Bevölkerung Berlins, soweit es die bestehenden Gesetze irgend gestatten, vollauf in Anspruch genommen wird. Ist dieser Weg der Hilfe auch noch weiteren Ausbaues fähig, so ist doch bisher nichts versäumt worden, ihn auszunutzen und zu erweitern. Aber selbst wenn das Doppelte und Dreifache durch Steuern aufgebracht werden könnte, so sind doch durch die Versäumnisse mehrerer Jahrzehnte und durch das gegenwärtig jährlich 50 000 Seelen betragende Anwachsen der Bevölkerung Zustände herbeigeführt, welche für unabsehbare Zeit die Aufbietung freiwilliger Kräfte und außerordentlicher Mittel unentbehrlich machen. Es bleibt für den Evangelisch-Kirchlichen Hilfsverein eine Fülle von Aufgaben, welche nur auf dem Wege freier Vereinsthätigkeit gelöst werden können und auf die nachhaltige Unterstützung aus allen Provinzen angewiesen sind. Augenblicklich ist von den zuständigen Behörden der Bau von zwölf neuen Kirchen theils in Angriff, theils in feste Aussicht genommen. Mit dieser Arbeit, deren Vollendung Jahre erfordert, werden nicht einmal die in den letzten Jahrzehnten entstandenen Lücken ausgefüllt. Stadtmission in mannigfacher Form, insonderheit Gemeindepflege und Krankenpflege durch Diakonissen, thun dringend Noth, auch abgesehen von dem langsam fortschreitenden Ausbau der offiziellen kirchlichen Einrichtungen. Den kirchlichen Nothständen Berlins kann zur Zeit und auf eine Reihe von Jahren nicht durch Kirchensteuer allein abgeholfen werden.

Enthaltsamkeit in Norwegen.

Die Bewegung für gänzliche Enthaltung von berauschenden Getränken, von der man gewöhnlich nur aus England und den Vereinigten Staaten hört, ist in Norwegen seit einigen Jahren zu einer überraschenden Ausdehnung gelangt. Man zählt in dem Lande, das kaum 2 Millionen Einwohner hat, bereits 130,000 Totalisten, wie man sie dort zu nennen pflegt, und es giebt Propheten, welche behaupten, Norwegen werde das erste europäische Land sein, welches den Handel mit berauschenden Getränken verbieten werde.

Der stärkste Enthaltungsverein ist in Norwegen die Totalafholdselskab. Bei ihrer kürzlich in Gjövik abgehaltenen Jahresversammlung wurde festgestellt, daß die Gesellschaft zu Beginn dieses Jahres rund 95,000 Mitglieder zählte, unter diesen 30,000 Frauen und 4000 Kinder. Sie hielt im Jahre 1888 nicht weniger als 5891 Versammlungen ab, feierte 411 Feste und veranstaltete 47 Bazare. Zu ihr gehören u. a. 63 Frauen- und 49 Gesangvereine. Ihre Jahreseinnahme betrug 55,124 Kronen.

Der Guttemplerorden, dessen Mitglieder bekanntlich sich zur gemeinsamen Enthaltung von geistigen Getränken und zur gegenseitigen Unterstützung in Krankheit und Noth verbunden haben, sind in Norwegen in zwei Lager gespalten. Diejenigen, welche zum internationalen, von Amerika aus geleiteten Verbande gehören, zählen 6742 Mitglieder in 158 Logen; der nationale „Nordische Guttemplerorden“ zählt 48 Logen mit 1211 Mitgliedern.

Der Enthaltsamkeitsverein vom Blauen Bande hat etwa 3000 Mitglieder.

Ein norwegischer Frauen-Enthaltsamkeitsverein ist kürzlich von Miß Charlotte Gray ins Leben gerufen und hat Fräulein Agnete Carlsen in Christiania zur Vorsteherin. Er hat sich dem besonders in den Vereinigten Staaten blühenden Internationalen Mäßigkeitsverein christlicher Frauen angeschlossen.

Unter den sonstigen norwegischen Vereinen dieser Art nennen wir noch die Verbotsvereine, deren Mitglieder nicht alle Totalisten sind, aber alle das gesetzliche Verbot der Erzeugung von und des Handels mit alkoholischen Getränken anstreben. Nicht hierher gehört die Nordische Enthaltsamkeitsvereinigung, die nur gegen den Branntwein arbeitet. Früher zählte sie die besten Männer des Landes zu ihren Anhängern, jetzt schwindet sie dahin, wie die ähnlichen deutschen Vereine.

Es giebt in Norwegen drei Fachblätter für die Enthaltsamkeitsbewegung. Das älteste ist der „Menneskevennen“ (Menschenfreund), welches einmal wöchentlich erscheint und Organ der Totalafholdsselskab ist. Zweimal wöchentlich kommt die „Reform“ heraus, die sich besonders den Guttemplern widmet. Ein Monatsblatt ist das neubegründete „[illegible]“. Die Bücher-Literatur über den Gegenstand kommt meist aus England.

(Fl. Bl. d. Rauhen Hauses.)

Carl Heymanns Verlag in Berlin W., Mauerstraße 63—65.

Gedruckt bei Julius Sittenfeld in Berlin.

Alle Zuschriften und Sendungen in Angelegenheiten dieses Blattes wolle man an den Redakteur desselben: Geh. Hofrath Herrlich W. Potsdamer Straße Nr. 134c. zu Berlin richten.

Wochenblatt der Johanniter-Ordens-Balley Brandenburg.

Im Auftrage der Balley Brandenburg verantwortlich redigirt von C. Herrlich in Berlin.

Jahrg. 31. Berlin, den 5. Februar 1890. Nr. 6.

1. Carl Freiherr von Gienanth, Königlich Bayerischer Kämmerer, zu Hochstein bei Winnweiler in Rheinbayern, Rechtsritter seit 1872, † zu Hochstein 22. Januar 1890.
2. Friedrich Benedict Albert Freiherr von Heyking, Kaiserlich Russischer Garde-Rittmeister a. D., Ehrenritter seit 1858, † zu Grosno im Kaukasus 2. Januar 1890.
3. Werner von Borcke, Major a. D., auf Kankelfitz bei Rahnow in Pommern, Ehrenritter seit 1875, † zu Leffenthin 23. Januar 1890.
4. Julius von Köppen, Kriegsgerichts-Rath a. D., Ehrenritter seit 1884, † zu Köslin 23. Januar 1890.

Pommersche Genossenschaft.

Der Herr Commendator der Pommerschen Genossenschaft des Johanniter-Ordens hat folgende Mittheilungen an die Ritter dieser Genossenschaft versendet, die auch für weitere Kreise der Herren Ordensmitglieder von Interesse sein dürften:

„Carlsburg-Züssow, December 1889.

„Den Herren Vorsitzenden der Johanniter-Vereine erlaube ich mir meinen Jahresbericht mit der Bitte zu übersenden, den Herren Rittern ihn gütigst mittheilen zu wollen. Mehr Exemplare stehen zur Verfügung. Ein neues Verzeichniß der Herren Ihres Vereines bitte ich mir freundlichst zukommen zu lassen, nachdem die neu aufgenommenen Herren zum Beitritt aufgefordert sind. —

Unser Rittertag vom 19. Juni d. J. fand in dem Johanniter-Krankenhause in Züllchow statt und war recht zahlreich besucht. Für den verstorbenen Grafen Schwerin-Putzar ward der Staatsminister von Puttkamer von 51 Herren in den Convent gewählt. Leider haben wir seitdem von neuem den Tod eines Conventsmitgliedes, des Landschaftsrathes v. Blankenburg-Strippow, zu beklagen; außerdem sind abberufen worden: Rittmeister a. D. v. d. Osten-Lübzow und Major a. D. v. Buggenhagen auf Buggenhagen und Züssow.

Der Personenstand der Genossenschaft hat sich danach folgendermaßen verändert: zu uns übergetreten aus anderen Genossenschaften sind: Regierungspräsident v. Sommerfeld in Stettin, Generallieutenant a. D. v. Kameke-Cardsow, Hauptmann v. Brockhausen vom 125. Inf.-Reg., Hauptmann a. D. v. Schönenbach-Stralsund; in andere Genossenschaften von uns übergetreten: Regierungspräsident v. Puttkamer-Coblenz, v. Zelewski-Bandemin, Oberregierungsrath v. Pawels-Münster; neu eingetreten in Folge Ernennung: Frhr. v. Eickstedt-Tantow, Graf Werder-Gralow, Oberst Cardinal v. Widdern-Stolp, Graf Bismarck-Bohlen, Rittmeister und Esk.-Chef im Brand. Dragoner-Regt. Nr. 2, v. Gojenthin, Hauptmann und Compagnie-Chef im Inf.-Regt. Nr. 14, v. Braunschweig, Major a. D., Lübzow, v. Zitzewitz-Dumrose, v. Puttkamer, Landrath in Chlau, v. Wenden, Hauptmann und Compagnie-Chef im Inf.-Regt. Nr. 75, v. Braunschweig, l. Gesandter a. D., Berlin, v. Braunschweig, Rittmeister a. D., Maltow, v. Borcke-Kienow, Kreisdeputirter, v. Holtzendorff-Falkenberg, v. Dewitz gen. v. Krebs, Rittmeister und Eskadrons-Chef im Ulanen-Regt. Nr. 9, v. Dassel, Hauptmann und Compagnie-Chef im Garde-Schützen-Bat.

Eine neue Liste sämmtlicher Johanniter wird in der Balley bearbeitet und ist gegen Einsendung von 4 M. 50 Pf. zu beziehen. — Im nächsten Jahre ist ein Ritterschlag zu erwarten.

Die Johanniter des Regierungsbezirks Stralsund haben von dem Frauen-Zweig-Verein in Greifswald ein schönes neues Kranken- und Siechenhaus, das Marienstift daselbst, unter Zustimmung des Rittertages angekauft, der auf Grund der Corporationsrechte das Haus für die pommersche Genossenschaft erworben hat, während die Erhaltung der Anstalt von den Neu-Vorpommerschen Rittern ausgeht. Das Marienstift

(Fortsetzung auf Seite 33.)

Summarische Uebersicht der in den Kranken- und Siechenhäusern des Johanniter-Ordens im Jahre 1880 befindlich gewesenen Kranken und Siechen.

No.	Namen der Kranken- und Siechenhäuser	Zahl der Kranken und Siechen: Männer	Frauen	Kinder	Summa	Davon sind gestorben: Männer	Frauen	Kinder	Summa	geheilt: Männer	Frauen	Kinder	Summa	ungeheilt oder nur gebessert: Männer	Frauen	Kinder	Summa	ult. 1880 in d. Behandl. verblieben: Männer	Frauen	Kinder	Summa
1.	Sonnenburg	204	125	67	396	14	9	10	33	157	85	48	290	15	14	2	31	30	19	7	[illegible]
2.	[illegible]	264	175	70	509	8	5	2	15	219	152	55	441	5	8	2	10	22	10	11	[illegible]
3.	[illegible]	137	—	68	205	8	—	—	8	42	—	66	139	—	—	—	—	67	—	8	[illegible]
4.	[illegible]	173	59	16	248	14	3	3	20	116	37	8	161	21	3	2	26	22	7	3	[illegible]
5.	[illegible]	144	71	30	[illegible]	9	3	4	16	107	54	23	184	8	2	2	[illegible]	20	10	2	[illegible]
6.	[illegible]	160	66	35	261	10	4	3	17	117	34	32	183	4	5	—	9	14	5	—	19
7.	[illegible]	141	77	17	235	13	7	3	23	101	47	11	159	18	17	1	36	11	6	2	19
8.	[illegible]	118	61	18	197	5	8	—	[illegible]	100	48	11	159	11	1	—	12	10	6	1	17
9.	[illegible]	128	72	34	234	6	10	1	17	108	45	16	170	3	3	1	6	23	17	6	46
10.	[illegible]	145	85	81	[illegible]	9	3	4	16	114	30	13	157	8	3	—	11	14	1	2	17
11.	[illegible]	263	93	6	[illegible]	21	4	4	[illegible]	185	74	1	[illegible]	8	4	6	[illegible]	51	20	3	[illegible]
12.	[illegible]	329	105	16	450	26	4	1	31	263	[illegible]	11	[illegible]	13	14	4	31	27	6	—	[illegible]
13.	[illegible]	216	47	6	269	14	1	1	16	162	40	1	[illegible]	11	8	—	[illegible]	28	3	1	[illegible]
14.	[illegible]	137	108	[illegible]	[illegible]	10	5	1	16	99	[illegible]	18	[illegible]	10	25	7	[illegible]	9	9	[illegible]	[illegible]
15.	[illegible]	443	[illegible]	11	[illegible]	43	18	6	[illegible]	337	65	5	407	13	5	—	[illegible]	50	15	4	[illegible]
16.	[illegible]	127	66	10	[illegible]	14	10	—	[illegible]	99	41	8	148	3	10	—	13	10	5	2	[illegible]
17.	[illegible]	118	95	26	[illegible]	7	3	1	11	94	63	22	179	4	7	6	[illegible]	13	[illegible]	2	[illegible]
18.	[illegible]	168	94	11	[illegible]	16	11	—	27	103	67	9	179	14	14	4	32	[illegible]	2	1	[illegible]
19.	[illegible]	127	37	1	165	[illegible]	5	—	15	87	[illegible]	—	[illegible]	9	7	1	17	21	6	—	[illegible]
20.	[illegible]	105	60	8	173	6	5	1	[illegible]	98	[illegible]	4	131	5	[illegible]	—	7	[illegible]	5	3	[illegible]
21.	[illegible]	[illegible]	73	9	[illegible]	13	5	3	21	215	[illegible]	6	[illegible]	2	1	—	[illegible]	24	7	—	[illegible]
22.	[illegible]	132	51	35	[illegible]	7	1	3	11	108	46	[illegible]	[illegible]	6	1	—	7	11	1	4	16
23.	[illegible]	[illegible]	11	—	[illegible]	1	2	—	3	—	—	—	—	—	1	—	1	2	8	—	[illegible]
24.	[illegible]	82	28	4	[illegible]	4	1	—	[illegible]	61	[illegible]	4	[illegible]	7	4	—	11	8	1	—	9
25.	[illegible]	59	36	18	113	4	5	—	9	34	16	14	64	11	7	[illegible]	21	10	6	3	19
26.	[illegible]	191	73	5	269	10	7	—	17	153	51	5	209	27	8	—	[illegible]	16	7	—	[illegible]
27.	[illegible]	[illegible]	10	[illegible]	[illegible]	[illegible]	1	—	[illegible]	9	8	1	18	1	—	—	1	—	1	1	[illegible]
28.	[illegible]	35	[illegible]	—	[illegible]	4	1	—	[illegible]	[illegible]	6	—	[illegible]	—	1	—	1	[illegible]	—	—	[illegible]
29.	[illegible]	[illegible]	12	—	[illegible]	4	—	—	[illegible]	—	—	—	—	—	—	—	—	19	12	—	31
30.	[illegible]	142	44	7	[illegible]	7	9	—	16	[illegible]	44	3	[illegible]	27	6	3	[illegible]	12	3	1	[illegible]
31.	[illegible]	13	[illegible]	36	[illegible]	1	2	3	6	10	[illegible]	[illegible]	[illegible]	—	2	[illegible]	6	[illegible]	[illegible]	1	[illegible]
32.	[illegible]	165	106	41	[illegible]	6	6	6	[illegible]	[illegible]	76	32	[illegible]	[illegible]	5	1	[illegible]	15	15	[illegible]	[illegible]
33.	[illegible]	95	36	13	[illegible]	1	4	2	7	70	[illegible]	10	[illegible]	—	—	—	—	20	10	1	31
34.	[illegible]	155	128	39	[illegible]	—	—	—	—	118	89	30	[illegible]	41	39	9	[illegible]	—	—	—	—
35.	[illegible]	[illegible]	59	5	137	—	—	—	—	—	—	—	—	[illegible]	59	5	137	—	—	—	—
36.	[illegible]	[illegible]	37	16	[illegible]	14	6	2	[illegible]	48	[illegible]	5	[illegible]	9	[illegible]	4	[illegible]	[illegible]	1	3	[illegible]
37.	[illegible]	51	22	—	73	—	—	—	—	47	21	—	[illegible]	—	—	—	—	4	1	—	[illegible]
38.	[illegible]	335	—	28	363	20	—	2	22	297	—	20	317	5	—	—	5	[illegible]	—	6	[illegible]
39.	[illegible]	85	42	14	141	[illegible]	—	2	10	67	[illegible]	[illegible]	[illegible]	5	2	—	7	[illegible]	4	1	[illegible]
40.	[illegible]	54	33	16	[illegible]	2	[illegible]	1	5	41	18	8	67	5	[illegible]	3	9	[illegible]	[illegible]	5	[illegible]
41.	[illegible]	[illegible]	160	99	[illegible]	10	6	[illegible]	18	166	90	66	[illegible]	[illegible]	50	[illegible]	[illegible]	16	16	11	[illegible]
	Summa	[illegible]	2549	[illegible]	[illegible]	[illegible]	168	[illegible]	[illegible]	4379	[illegible]	[illegible]	[illegible]	477	320	73	[illegible]	[illegible]	[illegible]	[illegible]	[illegible]

No.	Gesammtzahl der Kranken-Verpflegungstage und zwar pro: Januar	Februar	März	April	Mai	Juni	Juli	August	September	October	November	December	Summa	Der tägliche Durchschnitt der verpflegten Kranken und Siechen	Die Zahl der Tage, die im Durchschnitt jeder Kranke verpflegt wurde	Zahl der vorhandenen Kranken- und Siechenbetten
1.	1629	1376	1599	1675	1940	1317	1396	1418	1397	1336	1836	1663	18365	50	66	80
2.	1467	1388	1553	1648	[illegible]	3366	[illegible]	1785	1371	1076	1325	1449	[illegible]	61	43	80
3.	2066	1948	2107	2190	[illegible]	2271	[illegible]	3131	2323	2076	1968	2039	[illegible]	[illegible]	141	100
4.	[illegible]	881	1098	887	852	629	857	663	690	698	946	1080	10194	[illegible]	61	50
5.	1149	1064	1108	1136	1006	951	1015	1135	1060	1001	1089	1088	[illegible]	35	53	[illegible]
6.	946	710	668	668	739	587	591	569	572	485	566	679	[illegible]	91	32	[illegible]
7.	831	931	1046	834	897	848	896	811	727	771	719	619	[illegible]	37	42	[illegible]
8.	794	655	730	653	676	455	569	709	756	649	706	659	[illegible]	[illegible]	49	[illegible]
9.	1450	1579	1397	1301	1360	1305	1287	1272	1221	1304	1336	1638	[illegible]	65	64	[illegible]
10.	824	703	853	664	503	563	539	631	599	596	478	580	[illegible]	19	[illegible]	[illegible]
11.	961	1050	1253	1144	1261	1164	1087	1030	1077	1011	1055	1292	[illegible]	37	[illegible]	[illegible]
12.	1165	1318	1477	1092	1131	971	1023	1398	1135	1213	1181	1367	[illegible]	35	31	[illegible]
13.	1136	1019	1001	795	684	654	694	560	591	594	642	936	[illegible]	[illegible]	33	[illegible]
14.	582	570	580	407	619	[illegible]	616	568	583	478	545	646	[illegible]	17	37	[illegible]
15.	2091	[illegible]	2186	2149	2080	2131	2374	2137	1986	1956	1863	1947	20455	67	[illegible]	[illegible]
16.	699	860	728	725	706	733	811	633	584	597	656	580	[illegible]	[illegible]	60	[illegible]
17.	1266	1188	1366	1199	1327	1519	1563	1479	1343	1169	966	1150	15670	65	66	[illegible]
18.	764	566	664	606	561	664	570	546	678	681	567	658	[illegible]	18	[illegible]	[illegible]
19.	581	665	506	507	444	590	617	644	527	534	565	796	[illegible]	17	34	[illegible]
20.	474	486	515	535	491	430	377	617	317	347	502	231	[illegible]	16	[illegible]	41
21.	654	887	553	491	587	502	1066	734	682	911	734	1075	8716	[illegible]	[illegible]	47
22.	4671	603	700	488	480	363	466	366	424	544	369	390	5672	16	47	[illegible]
23.	334	308	300	300	310	300	163	148	161	316	140	310	[illegible]	16	[illegible]	18
24.	457	336	414	374	418	447	467	380	311	[illegible]	172	337	[illegible]	11	33	10
25.	375	319	354	390	368	375	368	361	411	400	[illegible]	369	[illegible]	12	41	[illegible]
26.	543	528	633	517	383	506	608	423	481	438	444	563	[illegible]	15	[illegible]	[illegible]
27.	117	98	122	65	5	41	96	110	57	115	64	36	[illegible]	3	[illegible]	10
28.	134	105	135	115	93	65	143	134	108	140	130	173	[illegible]	3	46	16
29.	962	867	960	917	961	930	967	935	958	968	930	961	[illegible]	31	[illegible]	[illegible]
30.	775	675	785	584	480	565	684	530	567	385	560	789	[illegible]	15	32	[illegible]
31.	400	314	194	111	92	105	155	174	310	164	88	114	[illegible]	[illegible]	[illegible]	[illegible]
32.	419	491	751	653	768	691	637	601	516	472	666	774	[illegible]	[illegible]	34	37
33.	836	830	676	865	771	755	980	914	1094	580	927	1189	[illegible]	[illegible]	[illegible]	50
34.	—	—	—	—	938	2464	2550	2548	1110	—	—	—	[illegible]	[illegible]	[illegible]	[illegible]
35.	—	—	—	—	—	1505	1221	1313	704	36	—	—	[illegible]	31	35	[illegible]
36.	608	507	658	700	667	631	547	662	319	737	617	546	[illegible]	17	45	41
37.	127	109	125	151	139	100	101	141	198	98	96	109	1495	4	[illegible]	[illegible]
38.	1445	1105	1183	990	990	957	973	867	857	985	931	1100	[illegible]	32	3	[illegible]
39.	323	360	456	491	356	349	357	306	378	338	430	497	[illegible]	13	[illegible]	[illegible]
40.	438	461	479	433	539	677	595	581	486	446	819	431	[illegible]	17	[illegible]	[illegible]
41.	1073	904	1276	1188	1522	1083	1638	1890	961	1186	1143	1313	[illegible]	39	[illegible]	[illegible]
Summa	[illegible]	30744	33716	[illegible]	32697	35304	[illegible]	[illegible]	33630	[illegible]	[illegible]	33313	[illegible]	[illegible]	61	[illegible]

[illegible]

Anmerkung: [illegible]

ist vor drei Jahren vom Frauen-Verein erbaut, dem ein Johanniter-Kapital von 30 000 Mk. aus einem Legat der Baronin v. Schmidt-Altherrnbern, geb. v. Thun, für vorpommersche Siechen bestimmt, dazu geflossen war; da der Frauen-Verein keine Corporationsrechte erlangen kann, so war es dessen dringender Wunsch, das Stift dem Orden zu verleihen, für den schon eine Siechenstation dort bestand und der der Haupt-gläubiger war.

Der Frauen-Verein wohnt künftig zur Miethe bei uns, unterhält nach wie vor das Marienstift und dessen Siechenstation von 23 Betten und hat einen Johanniter mit im Vorstand, zu dem ich gewählt worden bin.

Die dienenden Schwestern im Orden mehren sich in erfreulicher Weise. Anfang dieses Jahres belief sich die Gesammtzahl der Anmeldungen auf 280; davon sind 10 Diakonissen und 156 dienende Schwestern des Ordens geworden; zurückgetreten oder ausgeschieden sind ca 100; bei uns in Pommern haben wir bis heute 53 Anmeldungen, davon sind 5 in Diakonissenhäuser übergetreten, 32 sind dienende Schwestern der Genossenschaft; 2 sind zu anderen Genossenschaften übergetreten; 3 sind in der Ausbildung begriffen, 1 ist gestorben und 10 sind zurückgetreten. Unsere 32 dienenden Schwestern sind ziemlich ungleich über die Provinz vertheilt; für ca. Nothfälle erlaube ich mir diejenigen Ritter anzuführen, denen sie zur Obhut überwiesen sind; ihre freiwillige Hülfe in der Familie wie in der Gemeinde kann man sich ja von ihnen erbitten.

Im Johanniter-Kreis-Verein

Greifswald 1 dienende Schwester, Gr. Bismarck-Bohlen-Carlsburg.

Anklam 5 dienende Schwestern, Gr. Schwerin-Schwerinsburg.

Cammin-Naugard 6 dienende Schwestern, v. d. Osten-Plathe.

Naugard 2 dienende Schwestern, v. Bismarck-Külz.

Pyritz-Saatzig 5 dienende Schwestern, v. Wedel-Pie-Kl.-Silber.

Regenwalde 1 dienende Schwester, Gr. Borcke-Stargordt.

Neustettin 3 dienende Schwestern, v. Bonin-Wulfflatzke.

Belgard 5 dienende Schwestern, v. Kleist-Retzow-Kieckow.

Stolp 3 dienende Schwestern, v. Puttkamer-Glowitz.

Lauenburg 1 dienende Schwester, v. Zitzewitz-Bornzin; 2 dienende Schwestern, v. d. Osten-Gr.-Jannewitz.

Das Depot des Greifswalder Johanniter-Kreis-Vereins in Gützkow für Krankengeräthe, die gegen eine geringe Miethe — wöchentlich 20 Pf. — verabfolgt werden, fährt fort, gute Dienste zu leisten und erhielt sich nach dem Bericht des Begründers Herrn v. Bohlen-Karlsminde nicht nur, sondern hatte am Jahresabschluß noch einen Ueberschuß von 12 Mk. 80 Pf. Nach den gemachten Erfahrungen können die Einrichtungskosten wesentlich verringert werden, weil weniger Geräthe gebraucht werden, als dort anfangs angeschafft wurden; mit 75 Mk. läßt sich dasjenige beschaffen, was zu Gützkow in 2½ Jahren gebraucht wurde; dies waren namentlich Eisbeutel (111), Irrigatoren (15), Bettbecken (25), Klistierspritzen, Maximalthermometer, Verbandzeug, Inhalatoren, Gummiunterlagen, Luftkissen, Inhalationsapparate; 81 Verleihungen fanden in 1 Jahre statt; die Reparaturen beliefen sich auf 14 Mk. 70 Pf. Die Einrichtung solcher Depots in sämmtlichen Johanniter-Kreisen empfiehlt sich sehr und wird dazu beitragen, die Zwecke des Ordens zu fördern. Zu näherer Auskunft ist Kammerherr v. Bohlen-Wolfsrade und der Unterzeichnete gern bereit.

Den hochgeehrten Herren Vorsitzenden der Johanniter-Vereine möchte ich ans Herz legen, den Eintritt neu ernannter Ritter in die Vereine möglichst zu veranlassen und überhaupt auf den Besuch derselben hinzuwirken; unsere Kreisvereine sind das Mittel, um uns in Ordenssachen zu orientiren und unsere Johanniteraufgaben uns klar zu machen und in Thaten umzusetzen, sonst sinken wir herab auf die Stufe eines gewöhnlichen Wohlthätigkeits-Vereins, der jährlich seinen Beitrag einfordert und quittirt, nachdem er oft widerwillig gegeben ward. Vergegenwärtigen wir uns doch auf Grund des schönen Gelübdes unserer Rechtsritter die Ordensaufgaben, die uns mitten hinein in alle socialen Fragen der Gegenwart versetzen; wie viel Stoff zum Austausch der Ansichten, der Mittel und Wege, um als Johanniter, als christlicher Ritterorden seine Pflichten zu erfüllen.

Die Kassenverhältnisse der Genossenschaft haben sich trotz der geringeren Krankenzahl in der ersten Hälfte des Jahres günstig gestaltet, so daß wir mit einem Bestande von 3648 Mk. abschlossen und die größere Zahl der Kranken während der letzten Monate einen günstigen Jahresabschluß erwarten lassen. Für freie Verpflegung gewährt die Balley wiederum den sehr dankenswerthen Zuschuß von 900 Mk., wovon 600 Mk. auf das Züllchower und 300 Mk. auf das Lauenburger Krankenhaus kamen, dem auch wiederum ein Jahresbeitrag von 1500 Mk. für das laufende Jahr seitens des Rittertages bewilligt wurde.

Die für den Kriegsfall zur Verfügung des Königl. Commissarius für die freiwillige Krankenpflege bezeichneten Ritter der Genossenschaft sind dieselben geblieben.

Schließlich bemerke ich noch ergebenst, daß auf eine weitere Hülfe der vermögenden Herren Ritter auch über die laufenden Jahresbeiträge hinaus nicht verzichtet werden darf, und namentlich möchte ich wieder an testamentarische Zuwendung erinnern, die wenig empfunden werden, damit wir wenigstens unsere Schulden bald los werden, die noch immer 20500 M. betragen, und damit wir einigermaßen den anderen Provinzial-Genossenschaften gleichkommen, die keine Schulden, vielmehr zum Theil große Kapitalien haben. Die anliegenden Zahlennotizen, im letzten Kapitel vorgetragen, überreiche ich ergebenst zur Orientirung.

Indem ich noch besonders unsere Ordensanstalten den hochverehrten Johanniter-Damen empfehle, die immer so gütig auch der Speisekammern in Züllchow und Lauenburg gedacht haben, bitte ich alle Zuwendungen auch an wirthschaftlichen Gegenständen an den Inspector Lange des Johanniter-Krankenhauses in Züllchow bei Stettin und für Lauenburg an die leitende Schwester des dortigen Johanniter-Krankenhauses gütigst gelangen zu lassen.

Meine hochverehrten Herren der Pommerschen Genossenschaft! lassen Sie uns als echte Johanniter Barmherzigkeit üben um der Barmherzigkeit willen, die uns widerfahren ist und die uns noch täglich widerfährt.

Der Commendator:
Graf Bismarck-Bohlen."

Der neapolitanische Adel.

(Fortsetzung.)

Die französische Herrschaft ging nicht lange darauf zu Ende. Sie hatte den Adel gedemüthigt, das Volk nicht gewonnen. Letzteres schlug sich sogleich auf Seiten der zurückkehrenden aragonesischen Fürsten; es mochte glauben, diese seien durch Erfahrung belehrt worden, welche Gefahr in der Unterdrückung des popularen Elements liege, in einem Staate namentlich, dessen erster Stand durch traditionelle Spaltung geschwächt ist. Ferrandino suchte sich zwischen beiden Parteien zu halten; auf die Dauer wäre es ihm schwerlich gelungen. Gegen das Ende seiner kurzen Regierung machte das Volk immer größere Ansprüche. Je weniger die Landesangelegenheiten gesichert waren, um so schwankender wurde die Stellung der Aristokratie, welche mehr und mehr von ihren zum Theil vor wenigen Jahrzehnten usurpirten Rechten jenem Volke abtreten mußte, dessen politische Existenz sie eben erst geleugnet hatten. Eine große Umwandlung war vor sich gegangen, und es gab sich auf's neue eine sociale Gliederung kund, die kurz vorher noch zu Gunsten eines einzelnen Standes vernichtet erschien. Im April 1496 verordnete das Volk einseitig die Ausweisung der Juden. Die Edelleute widersetzten sich, weil sie die Hausmiethe nicht verlieren wollten. Aber es ward mit Plünderung und Mord gedroht, wenn sie nicht abzögen, und sie zogen ab. Kurz darauf, beim Frohnleichnamsfeste, entstand Zwist, weil der Volksdeputirte eine der Stangen des Baldachins tragen wollte; er trug sie und ließ einen Notariatsakt darüber aufnehmen, während 200 Bewaffnete ihn begleiteten. Die Edelleute waren aber deswegen ergrimmt, daß keiner seine Stelle einnehmen wollte, als die Reihe des Abgehens an ihn kam. Die Gleichberechtigung des Volksdeputirten beim Tragen des Baldachins wurde nachmals durch ein besonderes Abkommen anerkannt. Das Dazwischentreten König Federigo's, welcher mehr als irgend ein anderer Herrscher seines Stammes sich dem Volke günstig erwies und dessen Rechte erweiterte, war mehr denn einmal nöthig, wenigstens äußerliche Eintracht zwischen den beiden Ständen herzustellen.

Mit allen diesen in so kurzer Zeit erlangten Vortheilen war das Volk dennoch nicht zufriedenzustellen. In der ersten Periode der spanischen Herrschaft, im Jahre 1507, forderte es vollkommene Gleichstellung mit dem Adel. „Nun supplicirten sie, was ihnen mehrmals von verschiedenen Königen des erlauchten Aragonesischen Hauses versprochen worden sei, daß in allen Vorkommnissen, Vorrechten, Ehren und Preeminenzen gedachter Stadt Neapel ihnen, den Supplicanten, dieselbe Stimmenzahl zustehen möge, wie den Edelleuten, und obgleich dies ein bloßer Akt der Gerechtigkeit sei, würden sie es doch als besondere Gunst erkennen, welche für den Staat und die Anhänglichkeit an Seine katholische Majestät und den Eifer für deren Dienst sehr förderlich sein würde." Die abschlägige Antwort lautete: „Sua Majestas providebit, taliter quod cognoscent benevolum animum quem habet erga eos et honorem eorum." Die übrigen Bewilligungen betrafen die Befugniß Vorkehrungen für das städtische Regiment zu treffen, ohne durch Andere darin gehindert zu werden, die Ernennung und Attribute der Zunftvorsteher (Consoli delle Arti), die Wahl des Volksdeputirten, die Ausfuhr von Getreide und Salz, die Bewahrung der Schlüssel der Stadtthore (worüber sich der König den Entschluß vorbehält) und Maßregeln gegen Wiederverkäufer und Wucherer. Was Ferdinand der Katholische im Jahre 1507 dem neapolitanischen Volke bewilligte, bestätigte zehn Jahre darauf seine Tochter Johanna und 1522 Kaiser Carl V. mit mancherlei Erweiterungen zur Zeit der Verwaltung Charles de Lannoi's (1522—27).

Mit solchen Formen ging die Municipalverwaltung Neapels auf die Zeit der Vicekönige über. Der Organismus derselben war, in der Kürze geschildert, folgender. In den fünf Adelssedilen wählten die Mitglieder der eingeschriebenen Familien den Eletto oder Deputirten. Im Volkssedile bestand ein besonderer Wahlmodus. Jede Ottina wählte zwei Procuratoren, welche, also 58, an einem bestimmten Tage in S. Agostino zusammen kamen und vier aus ihrer Mitte sammt einem Secretär zum Stimmensammeln durchs Loos bezeichneten. Jeder schrieb einen Namen auf und bei jedem Namen ward eine Abstimmung vorgenommen. Von denen, welche die meisten Stimmen

gewählt, wurden sechs durch das Loos gezogen und aus diesen sechs nach der alten Sitte Einer herausgeloost, welcher Deputirter war. Unter der spanischen Herrschaft aber stand dem Vicekönige das Recht der Ernennung der Deputirten des Volkes aus jener Sechszahl zu. Er war indessen nicht einmal daran gebunden, selbst dann nicht, nachdem der Collateralrath schon die Wahl getroffen hatte, wie der Herzog von Ossuna einmal in solchem Falle that, indem er eine Neuwahl befahl. So war derjenige, in dessen Hand die Interessen des Volkes gegeben waren, in der Regel nur die Marionette des Vicekönigs, und es ist nur zu oft vorgekommen, daß dieser Eletto del Popolo bei Streitigkeiten der Sedilen untereinander oder sonstigen Anlässen sich gerade durch den ärgsten Servilismus bemerklich machte, wie es während der Inquisitionsstreits*) es unter Don Pedro de Toledo 1532 — 1553 mit Domenico Terracina, im Masaniellosaufstande**) mit Andrea Naclerio und andern geschah. Die Bestätigung des Eletto fand am Frohnleichnamsfeste statt; er nahm im Augustinerkloster von seinem Amte Besitz und es wurden ihm die Kapitel und Privilegien, die Stadtschlüssel u. s. w. eingehändigt. Bei den Abstimmungen über allgemeine Angelegenheiten hatte der Volksdeputirte ein Votum gleich jedem der Adelsabgeordneten und stimmte zuletzt. Seine Autorität war übrigens groß; er ernannte die Vorsteher der Zünfte, sprach Recht in Polizeisachen, bestellte die Notare der Stadt, vertrat das Volk bei allen geschäftlichen wie ceremoniellen Anlässen. Manche dieser Befugnisse wurden indeß im Laufe der Zeit geschmälert oder völlig aufgehoben.

Die sechs Eletti oder Deputirten vertraten nun Adel und Volk. Sie hatten ihr Tribunal im Kloster San Lorenzo, welches somit Sitz der Municipalität war. Die Sedilen ernannten aber noch einen Syndicus, dessen Amt von Jahr zu Jahr und von einer Genossenschaft zur andern wechselte und welcher Repräsentant des gesammten Adels im Reiche war, in welcher Eigenschaft er jedem Rang, jeder Würde, jedem Amt voranging, ein Name ohne wirkliche Macht und hauptsächlich für das Ceremoniell und festliche Anlässe berechnet. Die Befugnisse, welche den Sedilen zustanden, waren vielfach und ausgedehnt, und zur Ausführung derselben und Besorgung der Geschäfte pflegten sie verschiedene Deputationen oder Aemter zu bestellen, welche für die einzelnen Zweige der Stadtverwaltung berechnet waren. Die Eletti der allergetreuesten Stadt Neapel gingen sämmtlich aus dieser Behörde aus. Die Privilegien der Stadt, unter denen die des Königs Ferdinand des Katholischen und Kaiser Carls V. für die wichtigsten galten und welche von jedem Monarchen bei seinem Regierungsantritt bestätigt zu werden pflegten, waren der Obhut des Magistrats der Sedilen anvertraut.

Je mehr den spanischen Herrschern daran gelegen war, die höhere politische Macht des Adels zu schwächen, um so mehr Befugnisse räumten sie demselben in der Municipalverwaltung der Hauptstadt ein. Jemehr ihnen darauf ankam, zwischen Adel und Volk die Scheidewand zu verstärken, den Adel beim Volke verhaßt zu machen und ihm wirklichen Einfluß zu nehmen, um so mehr waren sie darauf bedacht, in der Stadtverwaltung dem feudalen Element Spielraum zu verschaffen. Sie wälzten einen großen Theil des Odiums von sich ab, schoben den Adel vor, wenn es die Errichtung von Maßregeln galt, die entweder den Interessen oder den Wünschen des Volkes zuwiderliefen, vereitelten den Widerstand des Adels, wenn sie je darauf stießen, durch Beförderung von Entzweiung und Widerspruch in dessen eigenem Schooße und sahen hinter den Coulissen ruhig zu, wie Edelleute und Volk gegen einander standen oder die Edelleute untereinander sich anfeindeten, gewiß, daß in dem einen wie im andern Falle der Vortheil auf ihrer Seite sein würde. Darin hat zwei Jahrhunderte hindurch die spanische Staatskunst bestanden. Auf solche Weise haben sie zwei Jahrhunderte lang das Königreich Neapel zu bloß spanischen Zwecken benutzt und eine Revolution nach der andern unschädlich gemacht, ja eine nach der andern zur Vermehrung ihrer Macht benutzt. Die eben geschilderte fehlerhafte Constitution des Landes und der durch dieselbe zwischen Adel und Volk stets lebendig erhaltene Zwiespalt kamen ihnen dabei sehr zu statten. Denn die Sedilen waren, wie gesagt, nicht bloße Municipalbehörde. Die dem Anschein nach ausgedehnteste und wichtigste Befugniß, welche ihnen zustand, war gerade der Punkt, welchen die Regierung am geschicktesten zu eigenen Zwecken zu brauchen verstand; für die gewöhnlichen Fälle war die Steuerbewilligung in ihre Hände gegeben.

(Fortsetzung folgt.)

*) Als der Vicekönig Toledo 1547 die Inquisition einführen wollte, entstand ein heftiger Aufruhr, da das Volk sehr richtig witterte, daß diese Einrichtung mehr eine politische Waffe war, indem die lutherisch-calvinistischen Meinungen in Neapel nur sehr geringen Anhang hatten.

**) Im Jahre 1647 brach gegen den Vicekönig Herzog von Arcos (1646 — 48) eine Revolution aus, da die immer gesteigerten Auflagen auf die Lebensmittel das Volk zur Verzweiflung trieben. Tommaso Aniello, einem Manne aus dem niedersten Stande, gelang es, auf kurze Zeit die Gewalt an sich zu reißen, und er bedrohte mit ernsten Gefahren die spanische Herrschaft. Obgleich sein Regiment nur neun Tage währte, so gelang es doch erst nach neun Monaten, die Empörung durch Beseitigung der lästigen Steuern zu stillen. Der Treue des Adels allein hatte das Haus Habsburg die Erhaltung seiner Herrschaft zu danken. Die Verleitung zum Abfall war um so größer, als Rom und Frankreich sich einzumischen nicht verfehlten. Die Intriguen des Herzogs von Guise, eines Enkels des Balafré, der die Gelegenheit benutzen wollte, sich in Neapel eine selbständige Herrschaft zu gründen, fällt in diese Zeit.

Der Weg zum Herzen der Arbeiter.

Aus „Neues Deutsches Organ des Oel- und Fettwaarenhandels“, Dresden.

Gegenüber dem Streikfieber unserer Tage hat sich die Frage, wie ein Arbeitgeber sich einen tüchtigen und zufriedenen Arbeiterstamm erhält, zu besonderer Bedeutung erhoben und in jüngster Zeit auch der Regierung Anlaß zur Erwägung gegeben. Zum Theil auf Veranlassung und mit Unterstützung des preußischen Cultusministeriums hat Professor Jul. Post die Beantwortung derselben auf mancherlei diesem Zwecke gewidmeten Reisen zum Ausgangspunkt seiner Beobachtungen gemacht, die nunmehr in dem soeben erschienenen Bande seines hierüber verfaßten Buches „Musterstätten persönlicher Fürsorge von Arbeitgebern für ihre Geschäftsangehörigen“ zum Ausdruck gelangen. Wir wollen denselben an der Hand der „N. R. N.“ in Kürze folgen.

Es besteht vielfach das Vorurtheil, die Schaffung eines guten Einvernehmens zwischen Arbeitgeber und Arbeitnehmer sei eine Geldfrage; mancher Fabrikherr ist sogar in dem Wahne, er könne durch eine Stiftung von 10,000 oder 100,000 Mk. sich die Liebe seiner Leute erwerben. Aber Geld thut's nicht, wenigstens nicht allein. In einer der größten gewerblichen Anlagen, die Post besuchte, deren Wohlfahrtseinrichtungen durch ihre Großartigkeit bekannt sind, sollen sich sieben Zehntel der Belegschaft in ständigem Wechsel befinden und alle Arbeiter Sozialdemokraten sein. Auch moralische Einwirkung hat oft wenig Erfolg. Ein Herr schenkte seinen Arbeitern zu Weihnachten Sparkassenbücher mit je 50 Mk.; noch vor Neujahr berichtete sein Kassirer, daß sämmtliche Leute das Geld bereits abgehoben hätten. Ein rheinischer Fabrikant kaufte nach dem Erscheinen von Dr. C. A. Meinert's vortrefflicher Schrift „Wie nährt man sich gut und billig?“ sofort einige Hundert Exemplare an und vertheilte sie unter seine Arbeiter. Das Einzige, was ihm darauf zu Ohren kam, war die Aeußerung: „Will man uns auch noch vorschreiben, was wir kochen sollen?“ Mit gleichem Mißtrauen stehen die Arbeiter, an denen die Unfriedenstifter ja länger und eifriger arbeiten als die Friedensstifter, anfänglich allen Wohlfahrtseinrichtungen gegenüber. Sie sehen in den Bestrebungen für Sparsamkeit, Mäßigkeit, hauswirthschaftliche Erziehungen sorgen zu wollen, nur die Absicht, eine Herabdrückung der Löhne zu ermöglichen.

Gegen ein solches tief eingewurzeltes Mißtrauen hilft nur ein Mittel: auf die Dauer bewiesene, in Glück und Unglück sich bewährende, mit Strenge und Vorsicht gepaarte Herzensgüte des einzelnen Arbeitgebers. Der Unternehmer muß vor allen Dingen den Arbeiter als seinesgleichen anerkennen und ehren und sich seines eigenen bescheidenen Ursprungs erinnern, wie Geheimer Kommerzienrath Bock, der in seinem Fabrikmuseum die allerunscheinbarsten Erzeugnisse aufhebt, mit denen sein Urgroßvater, Former in einer Eisengießerei, das Geschäft begründete, oder Herr Weiß in Schönenwerth, der in seinem „Allerheiligsten“ hinter einem schweren Vorhang den Tragkorb stehen hat, mit welchem sein Ahnherr hausiren ging. Diese Werthschätzung jeder ehrlichen Arbeit wird den Eindruck auf die Arbeiter, die sich gar zu leicht als verachtete Proletarier fühlen, nicht verfehlen. Herr Bolle, der Besitzer der großen Meierei in Moabit, ließ anläßlich des Todes eines Arbeiters den Vater desselben aus dem fernen Osten zur Beerdigung kommen. „Nicht einen Pfennig durfte er ausgeben (so erzählt einer der Arbeiter), nicht eine Minute durfte er zu Fuß gehen und die Bestattung war die von einem General.“ Kein Wunder, daß Herrn Bolle in den letzten fünf Jahren bloß kein einziger seiner Leute verlassen hat. Gerade bei Todesfällen ist das Arbeiterherz leicht erreichbar. So begleitet Herr von Marken in Delft jeden heimgegangenen Arbeiter selbst zur letzten Ruhestätte, widmet ihm auch an der Spitze seiner Fabrikzeitung den gebührenden Nachruf. Ein anderer Fabrikvater, der in der Strenge so weit geht, daß er die Heirathserlaubniß unter Umständen für sich in Anspruch nimmt, hat dennoch seine Leute für sich, weil er durch die That bewiesen, daß er auch den letzten Fabrikjungen mit Gefahr des eigenen Lebens aus dem brennenden Hause retten würde. Dergleichen weiß jeder Arbeiter zu schätzen. Aus der Fabrik von Ferdinand Heye in Gerresheim wanderte eine Glasmacherfamilie nach Italien aus. Bald kam sie wieder aus Sehnsucht zum — Fabrikherrn. Zwar der Verdienst war in Italien besser gewesen, aber „unser Herr ist es nicht!“

Die Ehre des Arbeiters, seine Menschen- und Mannesehre muß der Arbeitgeber achten und von seinen Beamten hochhalten lassen; das ist der Anfang zur Freundschaft zwischen beiden Theilen. Wer mit Geschenken und Stiftungen beginnt, fängt nicht vorn an.

Litteratur.

Der Deutsche Herold. Berlin, December 1889. Nr. 12.

Inhalt: Berichte über die Sitzungen vom 15. October und 2. November 1889. — Ritter Conrad Grünenberg. — Geschlecht Hoffmann von Hoffe. — Der österreichische Zweig der v. d. Trenck. — Bücherschau. — Vermischtes. — Zur Kunstbeilage (Lichtdruck des Stammbaums des fürstlichen Hauses Bismarck und des gräflichen Hauses Bismarck-Bohlen. In Leder geschnitten von G. Hulbe). — u. s. w.

Carl Heymanns Verlag in Berlin W., Mauerstraße 63—65.

Gedruckt bei Julius Sittenfeld in Berlin.

Alle Zuschriften und Einsendungen in Angelegenheiten dieses Blattes wolle man an den Bearbeiter desselben: Geh. Hofrath Herrlich W. Potsdamer Straße Nr. 134 c. zu Berlin richten.

Wochenblatt der Johanniter-Ordens-Balley Brandenburg.

Im Auftrage der Balley Brandenburg verantwortlich redigirt von C. Herrlich in Berlin.

Jahrg. 31. Berlin, den 12. Februar 1890. Nr. 7.

1. Ferdinand Freiherr von Nolde, Majoratsbesitzer, auf Kalleten bei Grobin in Curland, Ehrenritter seit 1870, † zu Berlin 2[illegible]. Januar 1890.
2. Ottocar von Witzendorff, Kammerherr, auf Groß-Zecher bei Seedorf in Schleswig-Holstein, Ehrenritter seit 1884, † zu Groß-Zecher 1. Februar 1890.

Rheinische Genossenschaft.

Nachdem Seine Majestät der König allergnädigst geruht haben, den Oberpräsidenten der Rheinprovinz, Herrn Rechtsritter Freiherrn von Berlepsch zum Minister für Handel und Gewerbe zu ernennen, hat derselbe — unter gleichzeitigem Austritt aus dem Convent — sein Amt als Schatzmeister der Genossenschaft niedergelegt, und hat Unterzeichneter dieses — bis zu der durch den nächsten Rittertag vorzunehmenden Ersatzwahl — dem Ehrenritter und Werkmeister Herrn Verwaltungsgerichtsdirektor von Rosenberg-Gruszczynski zu Coblenz interimistisch übertragen.

Die Herren Ritter der Genossenschaft werden deshalb ergebenst ersucht, bis auf weiteres alle Beiträge an letztgenannten Herrn einzahlen zu wollen.

Mehrum, 3. Februar 1890.

Der Commendator:
Freiherr von Plettenberg-Mehrum.

Der neapolitanische Adel.

(Fortsetzung.)

IV.

Es ist schon gesagt worden, daß die Sedilen mehr und mehr an die Stelle der allgemeinen Parlamente traten. Denn die Vicekönige pflegten im Durchschnitt die Parlamente nur dann zu berufen, wenn sie mittelst der Sedilen ihre Absicht nicht durchsetzen konnten. Auch dann ward es ihnen nicht immer leicht, den Widerstand der Barone zu besiegen, welche entweder durch Zurückhalten ihrer Vollmachten das Zustandekommen der großen Versammlungen verhinderten oder mindestens verzögerten, oder in diesen Versammlungen selbst die Anträge der Regierung zu vereiteln suchten. Einst waren die Parlamente über die Staatsangelegenheiten im Allgemeinen, namentlich in legislativer Beziehung vernommen worden; unter der spanischen Herrschaft war ihre einzige Aufgabe, Geld zu schaffen. Nur dazu wurden sie berufen, nur darum wurden sie befragt. Sie mochten sich sträuben, wie sie wollten — am Ende mußten sie sich doch in das Unvermeidliche ergeben, und sie hatten nur untereinander auszumachen, auf welche Weise sie das Geld aufbringen würden. Die Form der großen Parlamente war schon seit Alfons I. von Aragon Zeiten her verändert. In der ersten Versammlung, welche er nach Eroberung Neapels hielt, erschienen nur die Barone und die Syndici der königlichen Städte; die Bischöfe und Aebte hatten, man weiß nicht aus welchem Grunde, das Privilegium verloren. Je mehr die unter dem Namen Donative bekannten Geldbewilligungen aus einer außerordentlichen, eine gewöhnliche Maßregel wurden, umsomehr wurden die Parlamente eine bloße Förmlichkeit. Wie wenig eigentliche Bedeutung dieselben noch hatten, ergiebt sich unter Anderem aus dem Umstande, daß die Barone, wenn sie am Erscheinen verhindert waren oder keine Lust dazu hatten, sich durch Stellvertreter repräsentiren zu lassen und zwar meist durch Rechtsgelehrte, die im Interesse der Vicekönige waren und Alles thaten, was diese wollten, wobei sie dann nicht selten die von den Mandataren erhaltenen Befugnisse überschritten, alles, um sich den Regierenden angenehm zu machen und Stellen oder Geld zu erlangen. Da dem Syndicus der fünf Adelssedilen die Untersuchung der Vollmachten zustand, so konnte dieser, wenn er seine Pflicht that, Mißbrauch verhüten. War aber auch er vom Vicekönig gewonnen oder ängstlich und unständig, so war es schwer, dem Trug und der Willkür zu steuern, und gewöhnlich fruchtete die Opposition einzelner Edelleute oder Gebildeten auf die Dauer wenig oder gar nichts.

Wie es bei den Parlamenten zuging, ersieht man aus einem Bericht des toscanischen Agenten über die im Jahre 1639 unter dem Herzog von Medina*) gehaltene Versammlung. Am Donnerstag, meldet er, begab sich der Herr Vicekönig nach San Lorenzo und es fehlte dort keiner der Signoren, mit Ausnahme des Fürsten von Bisignano San Severino, welcher ausblieb, weil der Fürst Don Tiberio Carafa den ersten Platz hatte. Seine Excellenz hielt eine schöne Rede, welche vielen Eindruck machte, und überreichte dann das königliche Schreiben, welches vom Reichssecretär Herzog von Caivano (Barile) verlesen wird. Der Syndicus, welcher auf einen Sessel Anspruch machte, ging währenddessen hinaus und wartete in einem Nebenzimmer. Am Freitag kamen alle in San Lorenzo zusammen, und der Sitte gemäß setzte sich der Syndicus nieder. Der erste, welcher sprach, war der Marchese di Fuscaldo (Spinelli) als Groß-Justiziar; er handelte von den Bedürfnissen der Krone und rieth, diesen abzuhelfen. Nach ihm erhob sich der Groß-Seneschall Herzog von Bovino (Guevara), welcher sich gegen die verlangte Bewilligung einer Million (Ducaten) aussprach. Das Land vermöge die Last nicht mehr zu tragen. Der Fürst von San Severino sandte sein Votum ein: man möge das Thunliche thun, aber der Noth gedenken. Der Vicekönig schlug vor, die Barone sollten ein Procent vom Werthe ihrer Lehen zahlen, und erbot sich für seine Besitzungen, für die Güter nämlich, die er mit seiner Gemahlin Anna Carafa erhalten, zu einer Beisteuer von 40 000 Ducaten. Der gesammte Adel erhob sich gegen diesen Vorschlag, so daß davon nicht mehr die Rede sein konnte. Es wurde sodann vorgeschlagen, von jedem Fuoco oder Feuerstelle im Reiche eine Jahressteuer von 6 Carlin zu erheben statt der gegenwärtigen von 16 Grani, worauf erwidert wurde, die Zahlung dieser neuen Steuer würde wohl erfolgen, aber die übrigen Leistungen ausbleiben. Von einer neuen Salzsteuer war nicht ernstlich die Rede, wohl aber von der Abgabe eines Carlin von jedem Tomolo (Scheffel) Getreide, was eine Summe von 1 800 000 Ducaten bringen würde. Manche andere Vorschläge wurden gemacht: Don Pietro Orsini, Fürst von Conca, wollte, die Barone sollten auf vier Jahre ein Viertel ihres Einkommens geben; nur 130 kleinere Edelleute stimmten ihm bei und gaben sich so als wahre Freunde des Volkes zu erkennen. Der Marchese Fuscaldo setzte hingegen seinen Antrag einer die Gesammtheit betreffenden Auflage durch; viele Barone und die meisten Abgeordneten der Städte unterstützten den Vorschlag. Das Ende war, daß man einen Carlin Steuer auf den Scheffel Mehl legte und bestimmte, daß jede Haushaltung einen Scheffel Salz zu 12 Carlin nehmen müsse; wer mehr brauche, könne es von denen kaufen, die Ueberfluß hätten. Die bisherige Abgabe von den Feuerstellen sollte dagegen unterbleiben. Nie ist ein Parlament gehalten worden, welches den Interessen des gesammten Volkes so zuwider gewesen wäre, wie dieses, indem die Barone sich jeder besonderen Leistung zu entziehen gewußt hatten. Die Stadt Neapel selbst blieb dabei von speciellen Abgaben frei, weshalb sie auch gegen die Bewilligung der Salzsteuer, wobei ihr Handel einbüßen mußte, keinen Widerspruch erhob. War der Donativ bewilligt, war als Beweis der Dankbarkeit für diese Bewilligung Seitens der Krone eine längere oder kürzere Liste von „Gnaden“ erbeten worden (unter diesen „Gnaden“ vergaßen die Vicekönige nicht, Gesuche um Fortdauer ihrer Verwaltung und gelegentlich um Nadelgeld für ihre Frauen, so im genannten Jahre 1639 die Kleinigkeit von 50 000 Ducaten für die schon colossal reiche Herzogin von Medina, Seitens des Parlaments einfließen zu lassen), so ging das Parlament mit dem Bewußtsein der Pflichterfüllung nach Hause.

In dem Franziskaner-Conventualen-Kloster bei San Lorenzo sieht man den Saal, in welchem seit den Tagen der Anjou bis zum Aufhören der alten Verfassung Neapels die Parlamente gehalten wurden. Die Localität war von Alters her in der städtischen Geschichte ausgezeichnet und bedeutungsvoll. Hierher verlegen die Alterthumsforscher das Forum mit der Augusteischen Basilica und dem Dioscurentempel. König Carl I. ließ die San Lorenzo-Kirche beginnen; der Ort aber behielt immer den Namen des alten Marktes, und in dem Kloster versammelten sich die Abgeordneten der Stadt wie die des Landes. Letzteren diente der Kapitelsaal, dessen Fenster sich nach den Arcaden des Klostergartens zu öffnen und dessen Decke gothischer Bauart, gleich den Wänden mit verschmierten Arabesken und Mönchsbildern, von zwei Granitsäulen getragen wird. Hier ließ König Alfons von Aragon seinen natürlichen Sohn Ferrante als Thronfolger anerkennen. Das Refectorium war der Ort, wo die Abgeordneten zusammentraten, um dem Könige die Donative zu überreichen. Der Graf von Olivares*) ließ die 12 Provinzen des Reichs in Fresco an den Wänden malen, und eine Inschrift bezeichnet den älteren Grafen de Lemos**) im Jahre 1600 als Erneuerer des „Forum ad publica Regni negotia a Carolo I. constructum temporis iniuria prope collapsum“. Wo jetzt die Notariatskammer ist, in einem Local, welches der Municipal-Verwaltung einer großen und herrschenden Stadt niemals würdig

*) D. Ramiro Felipe de Guzman, Herzog von Medina las Torres, 1637—44.

*) D. Enrique de Guzman Graf v. Olivares, 1595—99.

**) D. Fernando Ruiz de Castro, Graf von Lemos, 1599 bis 1601.

sein konnte, befand sich das Tribunal von San Lorenzo, nämlich das Versammlungs- und Gerichtshaus der Deputirten der Sedilen, oder nach unserer Terminologie das städtische Rathhaus. Ueber demselben erhebt sich der aus gewaltigen Peperinquadern erbaute Thurm, in neueren Zeiten mit der Marmorbildsäule des heiligen Laurentius geschmückt und Glockenthurm der Kirche, ursprünglich jedoch der Gemeindethurm, unter dem ersten Anjou begonnen, unter Ferrante von Aragon beendigt. Hier stand das städtische Geschütz unter der Obhut der Sedilen, hier wurden die Privilegien der Stadt bewahrt, hier rief die Glocke die Bürgermiliz zu den Waffen, hier ward in mancher Empörung der allergetreuesten Bürger die Menge zu Berathung und Sturm zusammengeläutet. Nicht diese Bedeutung nur als Sitz der obersten Stadtbehörde, auch die vortheilhafte Lage im höhern Theile der Stadt machte Kloster und Thurm von San Lorenzo zu einem der wichtigsten Punkte Neapels, und so nehmen auch heute noch beide das historische Interesse in Anspruch, mehr als die den Platz bei der Kirche schmückende Statue des heiligen Cajetan von Tiene, welche der Vicekönig Don Pietro d'Aragona*) zum Andenken an die große Pest errichten ließ, während die Theatiner Kirche San Paolo ihre ehedem ragende Façade mit den beiden einzigen Marmorsäulen schmückte, welche von dem vormaligen Porticus des Castor- und Polluxtempels seit dem Erdbeben des Jahres 1688 geblieben sind.

So war es mit den Parlamenten, ihrer Berufung und ihrem Geschäftsgange beschaffen. Oefter aber vertraten die Sedilen deren Stelle. Nur war es schwer, sie zur Eintracht zu bringen, und es gelang zu Zeiten erst nach heftigen Kämpfen. Die meiste Unabhängigkeit der Gesinnung, den Vicekönigen gegenüber, zeigten jederzeit die Sedilen von Nido und Capuana, welche, wie schon bemerkt ward, den vornehmsten Adel repräsentirten. Während die Stimmen bei den anderen Sedilen oft käuflich waren, blieben jene unzugänglich. Es gelang dann freilich den Vicekönigen, sie unschädlich zu machen: denn wenn sie die Zustimmung der übrigen drei erlangten, so war die Opposition von zweien vergeblich, indem zwei Drittel der Stimmen den Ausschlag gaben. So geschah es unter dem Herzog von Medina im Jahre 1643, wo bei der Bewilligung eines Donativs, welches mittelst einer neuen Mehlsteuer aufgebracht werden sollte, das Stimmenkaufen so großartig betrieben ward, daß Portanova, Porto, Popolo und zuletzt, nach vielen Anstrengungen, Montagna gewonnen ward. Die Ritter von Nido und Capuana erließen eine Nichtigkeitserklärung wider den Beschluß und gingen damit um, einen Abgeordneten nach Madrid zu schicken, um die Steuerfreiheit wie ihre Rechte zu retten, was indeß der Vicekönig zu hintertreiben wußte. Besonders war der Widerstand so heftig, daß es selbst einem Manne von so herrischem Wesen, wie der Herzog von Ossuna**) war, nicht gelang, ihn zu besiegen. Die Menge war daher den Rittern der genannten beiden Sedilen am meisten zugethan, was sich auch während der Empörung der Jahre 1647—48 bethätigte. Wenn die Sedilen von den Vicekönigen zu gedachten Zwecken aufgerufen wurden, so wählten sie ihre Abgeordneten, je vier an der Zahl, die dann in San Lorenzo zusammentraten. Von diesen ging auch die Ernennung der Gesandten an den König aus, wenn es sich um Dank oder Bitten handelte — Missionen, welche die Vicekönige entweder zu eigenen Zwecken zu benutzen wußten, indem sie selbst die Person des Ambasciadore in Vorschlag brachten oder aber zu hintertreiben sich bemühten. Außer den Parlamenten und den Zusammenkünften der Abgeordneten der Sedilen gab es endlich noch eine Art von Vorparlament, wie sie zweimal unter Carl V. zusammengekommen und wie im September 1641 der Herzog von Medina ein nur aus Baronen bestehendes in der Kirche von Monteoliveto berief. Neapel war damals von einer französischen Flotte bedroht — die Regierung brauchte Geld und der Vicekönig wollte die Berufung der großen Reichsversammlung ihrer Förmlichkeiten wegen für den Augenblick vermeiden. Die Barone geriethen aber bald so heftig aneinander, daß die Versammlung aufgelöst werden mußte, ohne irgend ein Resultat erreicht zu haben.

Die Behandlung, welche die Vicekönige den Baronen vom höchsten Adel nicht ersparten, wenn sie deren Opposition nicht zu besiegen vermochten, legt deutlich an den Tag, in welchem Lichte die spanische Gewaltherrschaft das Scheinbild von Constitution betrachtet, welches für sie im Allgemeinen nur dazu da war, bei vorkommender Gelegenheit des Volkes Haß von sich abzuwälzen. Selbst das Amt eines Eletto schützte nicht vor Verhaftung: unter der Verwaltung Medinas kamen die Sedilen um solches Vorrecht als Gnade ein. Wenn die Häscher nicht in die Sedilen oder das Tribunal von San Lorenzo selbst drangen, so ergriffen sie die Deputirten beim Heraustreten. Der Marchese von Mondejar***) ließ dieselben zu siebenjähriger Verbannung nach Capri verurtheilen, weil sie ohne sein Vorwissen einen Boten an den Hof gesandt hatten. Der Graf von Olivares ließ zwei der vornehmsten Herren greifen, Caserta (Caetani) und Vietri (Sangro). Der Graf von Lemos verbot den Sedilen, sich ohne seine specielle Erlaubniß zu versammeln. Der Graf von Benavente****) hatte einst, um das Volk zu gewinnen,

*) D. Pedro Antonio d'Aragona 1666—71.

**) D. Pedro Giron, Herzog von Ossuna, 1616—1620.

***) D. Iñigo Lopez Hurtado de Mendoza, Marquis von Mondejar, 1575—79.

****) D. Juan Alonso Pimentel d'Herrera, Graf von Benavente, 1603—10.

den Brodpreis so niedrig gestellt, daß der Municipalität von Neapel, welche das Getreide liefern mußte, Schulden auf Schulden machte, indem sie täglich 2000 Ducaten einbüßte. Als der Fürst von Noja, Cesare Pignatelli, welcher als Redner einer an den Vicekönig gesandten Deputation das Wort hatte, äußerte: Wäre es nicht wegen der Freude über die Geburt des Infanten, so würden wir in Trauerkleidern erschienen sein; so antwortete der Vicekönig, er wisse nicht, wer ihn hindere, ihn zum Fenster hinauszuschmeißen zu lassen, gab ihm Hausarrest und befahl dem Gebile, einen anderen Deputirten zu wählen. Da drohte freilich die Stadt, sie werde es dem Könige melden, und der Graf entschuldigte sich, er habe nicht die Gemeinde zu beleidigen gedacht, sondern nur die Frechheit des Einzelnen strafen wollen. Wie wenig die Regierung auf Adel und Constitution achtete, zeigt endlich der Umstand, daß im Jahre 1625 der Herzog von Alba*) plötzlich eine außerordentliche Steuer von zwei Carlin vom Feuer einforderte, und ohne das Parlament oder die Sedilen auch nur um ihre Zustimmung gefragt zu haben.

(Fortsetzung folgt.)

Die Heilanstalten im preußischen Staate.

Das soeben erschienene Heft 90 des amtlichen Quellenwerks „Preußische Statistik“ bringt ausführliche Nachrichten über die Heilanstalten im preußischen Staate während der Jahre 1880 bis 1885. Seit dem Jahre 1877, in welchem die erste Morbiditätsstatistik in den Heilanstalten veranstaltet wurde, hat die Betheiligung an der Berichterstattung, unter Berücksichtigung der Errichtung neuer und der Auflösung bestehender Anstalten, folgenden Umfang für den Staat erreicht. Es lieferten Ausweise

in den Jahren	allgemeine Heil-anstalten	Irren- und Idioten-anstalten	Augen-Heil-anstalten	Ent-bindungs-anstalten	zusammen
1877	808	157	92	88	1145
1880	990	133	40	107	1270
1881	1022	136	43	124	1325
1882	1046	140	48	137	1371
1883	1100	140	40	138	1418
1884	1161	140	46	133	1480
1885	1208	151	41	127	1527

Die vorstehenden Angaben beziehen sich ausschließlich auf ganze Anstalten, im Gegensatze zu den im selben Hefte gegebenen Nachrichten über die Morbidität, welche auch Abtheilungen für körperlich Kranke in Irren- und Entbindungsanstalten vorschriftsmäßig als selbständige Anstalten in dieser Beziehung berücksichtigen.

Was die Bedeutung der einzelnen Arten der Heilanstalten betrifft, so nehmen die allgemeinen Krankenhäuser wegen ihrer großen Zahl und ihres Umfangs das öffentliche Interesse ganz besonders in Anspruch. Dabei fällt namentlich noch der Umstand ins Gewicht, daß die Errichtung wie die Unterhaltung jener Anstalten vorwiegend aus öffentlichen Mitteln bestritten wird. So besitzen die städtischen Gemeinden und die Kreisverbände, d. h. diejenigen politischen Verbände, welchen die Unterbringung von körperlich Kranken gesetzlich obliegt, 50 % der allgemeinen Heilanstalten. Erleichtert wird den politischen Gemeinden diese Aufgabe allerdings durch milde Stiftungen, wie durch die Bestrebungen der Religionsgemeinden, der geistlichen Orden und Genossenschaften, denen außerdem 14,11 bezw. 10 % der Krankenhäuser gehören. Ferner unterhalten der Vaterländische und andere Frauenvereine 1,6 % dieser Anstalten. Die größeren politischen Verbände, die Regierungsbezirke, Provinzen und der Staat haben für besondere Zwecke ebenfalls Heilanstalten für körperlich Kranke errichtet; dieselben machen ungefähr 9 % sämmtlicher allgemeinen Krankenhäuser aus. Als im Besitz von Krankenkassen, der Knappschaftsvereine und dergleichen, sowie von Privatunternehmern befindlich wurden ungefähr je 8 % der allgemeinen Heilanstalten ermittelt. Doch muß hierbei bemerkt werden, daß über die kleinen Anstalten letztgedachter Art, welche weniger als 10 Betten haben, die für die Krankenhausstatistik erforderlichen Nachrichten dem Königlichen Statistischen Bureau nicht vollständig zugehen. Im Allgemeinen macht sich bei den Besitzverhältnissen in neuerer Zeit die Änderung bemerkbar, daß durch milde Stiftungen wie durch Privatunternehmer mehr Krankenhäuser als früher errichtet werden. Aber auch die Verwaltungen der Städte, namentlich der größeren, lassen eine lebhaftere Betheiligung auf dem Gebiete der Fürsorge für Kranke durch Erweiterungen oder Neubauten von Krankenhäusern erkennen. So ist die Anzahl der Betten, welche zur Aufnahme körperlich Kranker bereit stehen, von 45 499 im Jahre 1880 auf 56 459 in 1885 gestiegen, d. h. es standen in den genannten Jahren für 10 000 Einwohner rund 16 bezw. 20 Betten zur Verfügung. Noch anschaulicher wird dies Verhältniß durch den Nachweis, daß 1880 von 10 000 Einwohnern 104, 1885 aber bereits 119 körperlich Kranke in den allgemeinen Heilanstalten des Staats verpflegt wurden. Die Vermehrung der Betten veranlaßt allerdings nicht überall eine Steigerung der Zahl der Verpflegten. Von bedeutendem Einflusse ist bei dieser Frage die Zeit, wie lange ein Bett von einem Kranken benutzt wird.

Die durchschnittliche Verpflegungsdauer der Kranken stellte sich 1885 auf 33,26, 1884 auf 33,46, 1883 auf 32,33, 1882 auf 31,40, 1881 auf 31,26, 1880 auf 31,08 und 1879 auf 31,61 Tage. Hiernach hat sich in den letzten Jahren die durchschnittliche Aufenthaltsdauer eines Kranken in den Heilanstalten verlängert. Diese Erscheinung im Allgemeinen zu er-

*) D. Antonio Alvarez y Toledo, Herzog von Alba. 1622 bis 1629.

dauern, ist äußerst schwierig, weil dieselbe von verschiedenartigen Einflüssen abhängt. Als wichtigste Umstände in dieser Beziehung sind die Art und die Entwicklungsstufe der Krankheit anzusehen, welche den Patienten ins Krankenhaus geführt haben. Sodann ist das Alter und der Kräftezustand des Aufgenommenen in Betracht zu ziehen. Außerdem sind neben anderen, weniger hervortretenden Momenten für die längere oder kürzere Verpflegungszeit eines Kranken mitbestimmend die Raumverhältnisse, die Anzahl der vorhandenen Kranken, das Procentverhältniß der verschiedenen Krankheiten, der acuten und chronischen Krankheitsfälle im Krankenhause, sowie der Zweck der Anstalt u. s. w. Diese Andeutungen werden zur Kennzeichnung der Schwierigkeiten, welche der Auffindung der Ursachen einer längeren oder kürzeren Aufenthaltsdauer der in den Heilanstalten Verpflegten entgegenstehen, schon genügen. Der Einfluß der bezeichneten Factoren wird aber noch deutlicher, wenn man die Besitzverhältnisse der Krankenhäuser ins Auge faßt. In dieser Hinsicht haben die Erhebungen für 1885, welchen zur Ermöglichung der Vergleichung die Zahlen für das Jahr 1882 in Klammern beigefügt sind, Folgendes ergeben. Es wurden verpflegt:

1. in Staatsanstalten, und zwar a) in den Unterrichtsanstalten zur Ausbildung der Aerzte 32 719 (32 564) Kranke mit einer durchschnittlichen Verpflegungsdauer von 30 (29) Tagen, b) in den Lazarethen der Gefangenen- und Strafanstalten im Ressort des Ministeriums des Innern 17 451 (14 348) Kranke mit 26 (22) Tagen Verpflegungsdauer, c) in den Lazarethen der Gefängnisse, welche dem Justiz-Ministerium unterstellt sind, 3161 (3414) Kranke mit 19 (16) Tagen;
2. in den Krankenhäusern der Provinzial- und Bezirksverbände 7570 (6450) Kranke mit 46 (40) Tagen;
3. in den Krankenhäusern der Kreisverbände 12 617 (11 409) Kranke mit 29 (28) Tagen;
4. in den Krankenhäusern der städtischen und ländlichen Gemeinden 125 795 (120 080) Kranke mit 32 (31) Tagen;
5. in den Krankenhäusern von Religionsgemeinden 26 149 (26 483) Kranke mit 42 (41) Tagen und zwar a) in den Krankenhäusern evangelischer Gemeinden 4729 (7319) Kranke mit 44 (54) Tagen, b) in denen katholischer Gemeinden 19 867 (17 443) Kranke mit 43 (44) Tagen, c) in solchen jüdischer Gemeinden 1553 (1721) Kranke mit 26 (34) Tagen;
6. in den Krankenhäusern religiöser Orden und Genossenschaften, nämlich a) in evangelischen Krankenhäusern 25 286 (19 691) Kranke mit 36 (38) Tagen, b) in katholischen 27 774 (21 144) Kranke mit 31 (30) Tagen;
7. in den Krankenhäusern des „Vaterländischen Frauenvereins" und anderer Frauenvereine 4500 (5258) Kranke mit 38 (39) Tagen;
8. in den Heilanstalten milder Stiftungen 31 075 (19 355) Kranke mit 44 (48) Tagen;
9. in den Anstalten gewerblicher Genossenschaften 21 085 (18 348) Kranke mit 21 (21) Tagen, darunter in den Lazarethen des Oberschlesischen Knappschaftsvereins allein 12 346 (10 363) Kranke mit 20 (21) Tagen;
10. in den Heilanstalten von Privatunternehmern 5338 (2586) Kranke mit 29 (36) Tagen Verpflegungsdauer.

Außerdem wurden im Jahre 1885 (1882) Seitens der Armee in den Lazarethen 112 188 (113 317) Mann mit einer durchschnittlichen Krankheitsdauer von 22,3 (22,7) Tagen verpflegt.

(Reichs- u. Staatsanz.)

Kirchenbauten in Berlin unter dem Protectorate Ihrer Majestät der Kaiserin und Königin.

Im vorigen Jahre wurde wiederholt von Mitgliedern des Evangelisch-Kirchlichen Hülfsvereins die Frage angeregt, ob nicht der Verein die dringendste kirchliche Noth der ärmeren Massengemeinden Berlins durch den Bau einiger Kirchen verringern könnte. Bei den enormen Mitteln, welche dies erfordert, erwies sich indessen der Plan als unausführbar, wenn nicht der Verein seine eigentliche Aufgabe hätte aufgeben wollen, gerade da einzutreten, wo in den Massengemeinden und großen Fabrikcentren kirchliche Kräfte und Pflege fehlen oder nicht ausreichend sind.

Um aber die gegebene Anregung nicht ganz fallen zu lassen, überreichte der Rheinische Zweigverein Ihrer Majestät der Kaiserin als besondere Gabe für einen eventuellen Kirchbau in einer der ärmsten Berliner Vorstadt-Gemeinden 20000 Mark, welchen Ihre Majestät dieselbe Summe sofort hinzufügte. Durch Gaben einzelner Fürstlichkeiten, sowie mehrerer Edelleute aus den Provinzen und angesehener Bürger, namentlich auch in Berlin, war bald eine ansehnliche Summe zusammen, welche auch durch Spenden der reicheren Berliner Kirchen-Gemeinden, wobei sich Matthäus allein mit 100000 Mark betheiligte, beträchtlich vermehrt wurde. So konnte schon nach kurzer Zeit mit Rücksicht auf die aus Staatsfonds erbetene Hülfe der Bau einer zweiten Kirche in Aussicht genommen werden.

Die eine Kirche kommt nach Rummelsburg in eine überaus arme, kirchlich ganz unversorgte Arbeiter-Bevölkerung. In freigebigster Weise hat dort der Magistrat für Kirche, Pfarrhaus und den eventuellen Bau einer Kinderbewahranstalt vier Morgen Land geschenkt. Als Muster für diese Kirche hat Ihre

Majestät bei ihrer Anwesenheit im vorigen Herbste in Hannover die dortige Apostelkirche bestimmt, einen schlichten, schönen, gothischen Bau. Der Erbauer derselben, der berühmte Gothiker Professor Hase, hat Ihrer Majestät die Pläne für die zu erbauende Rummelsburger Kirche angefertigt, und ist die Ausführung mit Pfarrhaus dem Königlichen Baurath Spitta übertragen worden.

Die zweite Kirche wird in der Elisabeth-Gemeinde errichtet, welche ihrerseits 100000 Mark zu dem Bau gegeben hat. Auch hier ist der Magistrat Berlins in zuvorkommender Weise wegen Ueberlassung eines Terrains thätig. Der Bau dieser Kirche ist von den Majestäten dem als Kirchenbaumeister bekannten Baurath Orth nach seinen an Allerhöchster Stelle vorgelegten Plänen übertragen. Sie wird in ähnlichem Stile wie die ebenfalls von Orth ausgeführte Dankeskirche erbaut.

Die Begründung einer dritten Kirche ist von Seiner Majestät selbst ausgegangen. Am 12. Januar, kurz vor dem ersten Gedächtniß-Gottesdienste für die hochselige Kaiserin Augusta, überwies Seine Majestät Allerhöchstseiner Gemahlin 100 000 Mark mit der Bestimmung, diese Summe zum Bau einer Gedächtniß-kirche für Ihre Majestät die Kaiserin und Königin Augusta zu verwenden. Ihre Majestät die Kaiserin, die Frau Großherzogin von Baden, der Großherzog von Weimar, die Königlichen Prinzen betheiligten sich sofort mit größeren Summen, und auch schon in anderen Kreisen hat dieser schöne Gedanke freudigen und dankbaren Wiederhall gefunden. Für den Bau dieser Kirche haben Ihre Majestäten den Invaliden-Park bestimmt. Abgesehen davon, daß die dortige arme Gemeinde überhaupt noch keine Kirche besitzt und somit hier einem dringenden Nothstande abgeholfen wird, ist wohl kein Platz in Berlin zu dem Bau einer Gedächtniß-Kirche für die Kaiserin Augusta geeigneter. Der Invaliden-Park ist mit großen, ruhmreichen Kriegs- und Friedens-Erinnerungen jeder Art umgeben, in ihm liegt die größte Schöpfung und Lieblingsstätte der erhabenen heimgegangenen Kaiserin, das von ihr und ihrem glorreichen Gemahl errichtete Augusta-Hospital, in der Nähe steht die zur Erinnerung an die gnädige Errettung des großen Kaisers erbaute Dankeskirche, und schließlich war dort bereits schon einmal und zwar von dem greisen Heldenkaiser selbst nach dem Kriege 1870 der Bau einer Friedens- und Dankes-Kirche geplant.

Ihre Majestät hat die Ausführung der Kirchbau-Angelegenheiten dem Engeren Ausschuß des Evangelisch-Kirchlichen Hilfsvereins unter dem Vorsitz des Landesdirectors von Levetzow als besondere Arbeit übergeben, unter ausdrücklichem Hinweis, daß die im Vergleich zur Größe seiner eigentlichen Aufgabe noch geringen Mittel des Vereins dafür nicht herangezogen werden sollen.

So wird mit Gottes Hilfe noch im kommenden Frühjahre der Bau von drei Kirchen in armen Massengemeinden beginnen. Möchten sich die neuen Gemeinden um die Baustätten in Gottesfurcht und Nächstenliebe sammeln, und ihre Kirchen Mittelpunkte des Friedens und Segens werden!

Die Victoria-National-Invaliden-Stiftung,

welche z. Z. unter dem Protectorat des jungen Kronprinzen und in dessen Vertretung unter dem des Prinzen Heinrich steht, hielt am 20. v. Mts. im Reichstagsgebäude unter Vorsitz des Generals z. D. v. Sachlinski ihre 22. Jahresversammlung ab.

Die Stiftung, welche bestimmt ist, die Wunden zu lindern, die das Jahr 1866 geschlagen und die bisher bereits 1 097 898 Mk. zur Unterstützung verausgabt hat, konnte auch im letzten Jahre eine segensvolle Wohlthätigkeit entfalten. Insgesammt sind 1327 Unterstützungsgesuche eingegangen, von denen 309 als nicht zuständig, 184 wegen mangelnder Hilfsbedürftigkeit zurückgewiesen, 70 an die Zweigvereine abgegeben und 764 berücksichtigt wurden. Diese 764 Gesuche betrafen 1041 Personen bezw. Familien, 72 weniger, als im Jahre vorher. 625 Personen erhielten laufende Unterstützungen mit 60 062 Mk., 391 Personen einmalige mit 16 285 Mk., 19 Invaliden Kur- und Badebeihilfen mit 1655 Mk. und 5 Invaliden neue künstliche Glieder für 776 Mk. Insgesammt sind somit 78 770 Mk. für Unterstützungen ausgegeben, 11 164 Mk. weniger wie im Vorjahre. Unter Hinzurechnung von 29 557 Mk. Zuschüsse an Zweigvereine ergiebt sich eine Gesammtsumme der Aufwendungen von 108 327 Mk., 114 861 Mk. weniger wie im Verwaltungsjahre 1876—77, in welchem die Ausgaben die größte Höhe erreichten.

Die Gesammteinnahmen beliefen sich auf 60 899 Mark, darunter 1500 Mk. von der Kaiserin Friedrich. Das Vermögen verringerte sich von 1 224 614 Mk. auf 1 162 260 Mk.

Die 103 Zweigvereine unterstützten im letzten Jahre 579 Invaliden und 492 Hinterbliebene, zusammen 1071 Personen mit 50 175 Mk., gegen das Vorjahr der Zahl nach 106 Personen mehr, dagegen dem Betrage nach mit 1731 Mk. weniger. An Vermögen besitzen die Zweigvereine 640 264 Mk.

(Berl. Lokal-Anz.)

Carl Heymanns Verlag in Berlin W., Mauerstraße 63—65.

Gedruckt bei Julius Sittenfeld in Berlin.

Alle Zuschriften und Einsendungen in Angelegenheiten dieses Blattes wolle man an den Redacteur desselben: Geh. Hofrath Herrlich W. Potsdamer Straße Nr. 134 c. zu Berlin richten.

[illegible]

Wochenblatt

der

Johanniter-Ordens-Balley Brandenburg.

[illegible]

Im Auftrage der Balley Brandenburg verantwortlich redigirt von C. Herrlich in Berlin.

Jahrg. 31. Berlin, den 19. Februar 1890. Nr. [illegible]

Uebersicht der in den Kranken- und Siechenhäusern des Johanniter-Ordens am 1. Februar 1890 befindlich gewesenen Kranken und Siechen.

Nr.	Namen der Orte, wo sich die Häuser befinden.	[illegible]	Summa [illegible]	[illegible]	[illegible]
1	[illegible]:				
	Bestand am 1. Januar 1890	44			
	Zugang pro	50			
		94			
	Abgang	11			
	Bleibt Bestand	[illegible]	55	1 655	[illegible]
2	[illegible]:				
	Bestand am 1. Januar 1890	43			
	Zugang pro	24			
		67			
	Abgang	[illegible]			
	Bleibt Bestand	[illegible]	11	1 3[illegible]	[illegible]
3	Groß-Lichterfelde (Kinder- und [illegible]):				
	Bestand am 1. Januar 1890	[illegible]			
	Zugang pro	[illegible]			
		[illegible]			
	Abgang				
	Bleibt Bestand	[illegible]	[illegible]	2 119	100
4	Preußisch-Holland:				
	Bestand am 1. Januar 1890	[illegible]			
	Zugang pro	[illegible]			
		69			
	Abgang	29			
	Bleibt Bestand	40	[illegible]	1 707	58
5	[illegible]:				
	Bestand am 1. Januar 1890	42			
	Zugang pro	27			
		69			
	Abgang	21			
	Bleibt Bestand	48	[illegible]	1 361	[illegible]
6	[illegible]:				
	Bestand am 1. Januar 1890	19			
	Zugang pro	25			
		44			
	Abgang	[illegible]			
	Bleibt Bestand	[illegible]	[illegible]	[illegible]50	[illegible]
7	[illegible]:				
	Bestand am 1. Januar 1890	19			
	Zugang pro	23			
		42			
	Abgang	16			
	Bleibt Bestand	26	[illegible]	4[illegible]	43
	zu übertragen		300	9 671	415
	Uebertrag		300	9 671	415
8	[illegible]:				
	Bestand am 1. Januar 1890	19			
	Zugang pro	15			
		34			
	Abgang	17			
	Bleibt Bestand	17	17	599	30
9	[illegible]:				
	Bestand am 1. Januar 1890	46			
	Zugang pro	17			
		63			
	Abgang	16			
	Bleibt Bestand	47	47	1 476	[illegible]
10	[illegible]:				
	Bestand am 1. Januar 1890	17			
	Zugang pro	32			
		49			
	Abgang	24			
	Bleibt Bestand	25	25	715	[illegible]
11	[illegible]:				
	Bestand am 1. Januar 1890	44			
	Zugang pro	35			
		79			
	Abgang	41			
	Bleibt Bestand	38	38	1 [illegible]	[illegible]
12	[illegible]:				
	Bestand am 1. Januar 1890	42			
	Zugang pro	62			
		104			
	Abgang	55			
	Bleibt Bestand	49	49	1 72[illegible]	[illegible]
13	[illegible]:				
	Bestand am 1. Januar 1890	[illegible]			
	Zugang pro	[illegible]			
		[illegible]			
	Abgang	[illegible]			
	Bleibt Bestand	[illegible]	31	1 074	[illegible]
14	[illegible]:				
	Bestand am 1. Januar 1890	[illegible]			
	Zugang pro	16			
		[illegible]			
	Abgang	[illegible]			
	Bleibt Bestand	[illegible]	[illegible]	[illegible]	[illegible]
	zu übertragen		[illegible]	[illegible]	[illegible]

№	Namen der Orte, wo sich die Häuser befinden.	[illegible]	Summa: [illegible]	[illegible]	[illegible]
	Übertrag		576	16 507	814
15.	[illegible]:				
	Bestand am 1. Januar 1880 .	49			
	Zugang pro " "	86			
		135			
	Abgang " " "	55			
	Bleibt Bestand	80	80	2 156	96
16.	[illegible]:				
	Bestand am 1. Januar 1880 .	14			
	Zugang pro " "	17			
		31			
	Abgang " " "	14			
	Bleibt Bestand	17	17	509	40
17.	[illegible]:				
	Bestand am 1. Januar 1880 .	36			
	Zugang pro " "	22			
		58			
	Abgang " " "	21			
	Bleibt Bestand	37	37	1 955	[illegible]
18.	[illegible]:				
	Bestand am 1. Januar 1880 .	14			
	Zugang pro " "	19			
		33			
	Abgang " " "	13			
	Bleibt Bestand	20	20	546	16
19.	[illegible]:				
	Bestand am 1. Januar 1880 .	27			
	Zugang pro " "	23			
		50			
	Abgang " " "	30			
	Bleibt Bestand	20	20	915	40
20.	[illegible] a. d. O.:				
	Bestand am 1. Januar 1880 .	23			
	Zugang pro " "	18			
		41			
	Abgang " " "	21			
	Bleibt Bestand	20	20	707	11
21.	[illegible]:				
	Bestand am 1. Januar 1880 .	31			
	Zugang pro " "	29			
		60			
	Abgang " " "	32			
	Bleibt Bestand	28	28	1 015	42
22.	[illegible]:				
	Bestand am 1. Januar 1880 .	16			
	Zugang pro " "	47			
		63			
	Abgang " " "	43			
	Bleibt Bestand	20	20	471	36
23.	[illegible] ([illegible]):				
	Bestand am 1. Januar 1880 .	10			
	Zugang pro " "	—			
		10			
	Abgang " " "	—			
	Bleibt Bestand	10	10	310	18
24.	[illegible]:				
	Bestand am 1. Januar 1880 .	9			
	Zugang pro " "	7			
		16			
	Abgang " " "	11			
	Bleibt Bestand	5	5	230	19
	zu übertragen		783	73 183	1 977

№	Namen der Orte, wo sich die Häuser befinden	[illegible]	Summa: [illegible]	[illegible]	[illegible]
	Übertrag		783	73 183	1 977
25.	[illegible]:				
	Bestand am 1. Januar 1880	20			
	Zugang pro " "	7			
		27			
	Abgang " " "	8			
	Bleibt Bestand	19	19	595	[illegible]
26.	[illegible]:				
	Bestand am 1. Januar 1880 .	[illegible]			
	Zugang pro " "	40			
		63			
	Abgang " " "	44			
	Bleibt Bestand	19	19	698	[illegible]
27.	[illegible]:				
	Bestand am 1. Januar 1880 .	2			
	Zugang pro " "	5			
		7			
	Abgang " " "	4			
	Bleibt Bestand	3	3	131	[illegible]
28.	[illegible]:				
	Bestand am 1. Januar 1880 .	7			
	Zugang pro " "	3			
		10			
	Abgang " " "	3			
	Bleibt Bestand	7	7	194	15
29.	[illegible] ([illegible]):				
	Bestand am 1. Januar 1880 .	31			
	Zugang pro " "	—			
		31			
	Abgang " " "	—			
	Bleibt Bestand	31	31	961	31
30.	[illegible]:				
	Bestand am 1. Januar 1880 .	25			
	Zugang pro " "	15			
		40			
	Abgang " " "	18			
	Bleibt Bestand	22	22	739	[illegible]
31.	[illegible]:				
	Bestand am 1. Januar 1880 .	6			
	Zugang pro " "	1			
		7			
	Abgang " " "	5			
	Bleibt Bestand	2	2	61	12
32.	[illegible]:				
	Bestand am 1. Januar 1880 .	29			
	Zugang pro " "	32			
		61			
	Abgang " " "	38			
	Bleibt Bestand	23	23	310	[illegible]
33.	[illegible]:				
	Bestand am 1. Januar 1880 .	31			
	Zugang pro " "	10			
		41			
	Abgang " " "	13			
	Bleibt Bestand	28	28	346	[illegible]
34.	[illegible]:*)				
	Bestand am 1. Januar 1880 .	—			
	Zugang pro " "				
		—			
	Abgang " " "	—			
	Bleibt Bestand	—	—	—	[illegible]
	zu übertragen		963	20 410	1 60[illegible]

*) [illegible]

Nr.	Namen der Orte, wo sich die Häuser befinden.	[illegible]	Summa: [illegible]	[illegible]	[illegible]
	Uebertrag		943	31418	1 606
35.	[illegible] *):				
	Bestand am 1. Januar 1880	—			
	Zugang pro " "	—			
		—			
	Abgang " " "	.			
	Bleibt Bestand	—	—	—	41
36.	[illegible]:				
	Bestand am 1. Januar 1880	15			
	Zugang pro " "	7			
		22			
	Abgang " " "	6			
	Bleibt Bestand	16	16	520	90
37.	[illegible] in [illegible]:				
	Bestand am 1. Januar 1880	5			
	Zugang pro " "	10			
		15			
	Abgang " " "	9			
	Bleibt Bestand	6	6	185	58
38.	[illegible] in Mecklenburg:				
	Bestand am 1. Januar 1880	10			
	Zugang pro " "	70			
		80			
	Abgang " " "	45			
	Bleibt Bestand	35	35	1 563	58
39.	[illegible]:				
	Bestand am 1. Januar 1880	6			
	Zugang pro " "	20			
		26			
	Abgang " " "	10			
	Bleibt Bestand	16	16	640	78
40.	[illegible] in Hessen:				
	Bestand am 1. Januar 1880	22			
	Zugang pro " "	4			
		26			
	Abgang " " "	9			
	Bleibt Bestand	17	17	556	80
	Zusammen		1 033	33 490	1 769

Der gesammte Abgang an Kranken pro Januar c. beträgt 795. Davon sind gestorben 67

ungeheilt oder nur gebessert entlassen . . . 38

geheilt 690

wie vor 795.

41. Das Krankenhaus zu Beirut in Syrien mit 65 Betten:

Bestand am 1. December 1879 . . . . 36 Kranke.

Zugang pro December 1879 . . . . 30 "

66 Kranke.

Davon sind

gestorben . . . .

ungeheilt oder nur gebessert entlassen 5

geheilt 18

23 "

Bleibt Bestand am 1. Januar 1880: . . . 43 Kranke.

Unter den Aufgenommenen befanden sich 1 Europäer, 19 orientalische Christen, 8 Muhamedaner, 1 Druse und 1 Jude.

Die Zahl der Kranken-Verpflegungstage pro December 1879 beträgt 1316.

Poliklinisch wurden 687 Personen behandelt.

*) In Folge Beendigung der Arbeiten [illegible] [illegible] [illegible] [illegible] [illegible] erreicht.

Der neapolitanische Adel.

(Fortsetzung.)

V.

So lange die spanische Herrschaft währte, blieb das feudale Element in der gesammten Landesverfassung vorherrschend, so wenig auch diese Herrschaft dem Princip des Feudalismus geneigt war, mit welchem sie ungerne die Gewalt theilte. Von den ersten Zeiten des Aragonesischen Hauses an war das Bestreben offenbar, die Macht des hohen Adels zu zügeln und herabzudrücken, ein Bestreben, welches unter Ferrante I. wie unter Carl V. den Ruin der größten Familien herbeiführte. Während aber die Orsini von Tarent und die San Severini von Salern eine Macht einbüßten, welche sie mehr denn einmal zu Nebenbuhlern der königlichen Gewalt gemacht hatte, während die Tendenz, die Befreiung der Städte und Orte von dem Feudalismus zu befördern, in zahlreichen Maßregeln und Verordnungen sich aussprach, während die Eifersucht der Vicekönige auf den Adel jede Gelegenheit benutzte, dessen Autorität zu schwächen, mehrte sich die Zahl der Lehen und Lehnsträger zusehens und auf wahrhaft erschreckende Weise. Der Widerspruch löst sich auf, wenn man die finanziellen Verhältnisse in Betracht zieht. Die Regierung betrachtete das Lehenswesen als eine Finanzsache und suchte aus Verkauf und Loskauf so viel Geld als möglich zu ziehen. Den finanziellen Zwecken gegenüber konnte kein politisches Princip sich halten, und wenn diese Principien stets wieder verletzt wurden, so bauten die Vicekönige einzig und allein auf die Aussicht, daß irgend eine gewaltsame Umwälzung ihnen Mittel an die Hand geben würde, die scheinbar aufgegebenen Befugnisse wieder zu erlangen. Sie setzten damit nur das Werk der unächten Linie von Aragon fort. Von den früheren Dynastien war es nur die Hohenstaufen'sche gewesen, welche den Feudalismus wahrhaft in Schranken zu halten versucht hatte. Die Anjous stellten zwar auch den Städten Privilegien aus, deren Buchstabe sie vor dem Verkauf an Barone sichern sollte; aber inmitten der Umwälzungen, welche das Königreich unter der französischen Dynastie betrafen, wurden diese Privilegien meist wenig beachtet. Ferrante I., der schlimmste Gegner des Adels, nahm demselben zwar viele seiner Lehen, theils aber machte er diese selbst schon an Familien seines Anhangs wieder vergeben, theils kehrten sie unter seinem Nachfolger zum alten Zustand zurück.

Unter der Verwaltung des Grafen von Miranda*) wurde im Jahre 1586 eine Zählung der Communen vorgenommen. Von den 1973 Communen, die man damals im Königreich Neapel berechnete (unter Carl V. nahm man 1563 an, im Jahre 1570: 1619, was im Vergleich mit obiger Zahl zu gering erscheint), waren

*) D. Juan de Zuniga, Graf v. Miranda 1586 — 1595.

neunundsechzig königliche Orte, alle übrigen, das heißt neunzehnhundert und vier, Lehen! In der Terra di Lavoro belief sich die Zahl der königlichen (Domanial-) Orte auf 9, die der feudalen auf 197. Im Principato Citra jene 13, diese 261. Im Principato Ultra Ein königlicher Ort, 13 dem Hospiz der Annunziata in Neapel gehörende, 159 im Lehnsverbande. In Basilicata 5 königliche, 104 feudale. In Calabria Citra und Ultra 5 und 9 der ersteren, 150 und 183 der letzteren. In Terra d'Otranto 7 von jenen, 169 von diesen; in Terra di Bari 8 auf 51. In beiden Abruzzen 11 Domanialorte, 440 feudale; in Molise 1 auf 104. Endlich in Capitanata war das Verhältniß wie 5 zu 76. Man bedenke, daß es sich hier nur um wirkliche Communen, nämlich um Städte und Orte mit selbständiger Verwaltung handelte, nicht etwa um die zahlreichen von denselben abhängenden Ortschaften oder Casale, von denen 44 in einem Umkreise von 12 Millien zur bloßen Hauptstadt gehörten. Auch nach der gewaltsamen Vernichtung oder friedlichen Einverleibung der großen Lehen, zu denen z. B. das Herzogthum Bari, welches nach dem Tode der Königin Bona von Polen an Philipp II. zurückfiel, das Orsinische Fürstenthum Tarent und das Sanseverinische Fürstenthum Salern gehörten, gab es noch ganze Baronalstaaten, wie jene des Grafen von Tagliacozzo und Alba, wo am Fucinersee in den Abruzzen die Colonna 44 Ortschaften in der Gegend beherrschten, welche Conradin von Schwaben unterliegen sah, jene der Grafen von Celano mit 34 Orten, der Grafen von Matera mit 26, anderer wie der großen Besitzungen der Acquaviva, Caracciolo von Avellino u. s. w. nicht zu gedenken.

Als Kaiser Carl V. in Neapel weilte, konnte die Thatsache der Schwächung der Souveränität durch solche Ausdehnung des Lehenwesens ihm nicht entgehen. Eine der Maßregeln, welche er dagegen traf, war die Ertheilung des Vorrechtes an die Communen, sich im gegebenen Falle vom Lehnsverbande loszukaufen und so unter unmittelbare Aufsicht der Krone zu kommen. Man nannte dies die Proclamirung des königlichen Domaniums, oder auch wohl der Freiheit. Eine Menge Communen beeilten sich, von diesem Vorrechte Gebrauch zu machen, so daß bald Adel und Rechtsgelehrte ihnen dasselbe zu verkümmern suchten. Man ging so weit, zu behaupten: der einmal verkaufte Knecht könne sich nicht wieder auslösen. Unter dem Grafen von Miranda wurde als Termin für eine solche Operation die Frist eines Jahres bestimmt, was die Folge hatte, daß Feudalen und Communen sich gegenseitig überboten und zu Grunde richteten, während nur der Fiscus dabei gewann. So zahlte Amalfi im Jahre 1580 für seine sogenannte Freiheit 216,100 Ducaten, Somma, ein Örtchen am Vesuv, 112000 und andere in demselben Verhältniß, oder richtiger Mißverhältniß. Die Communen waren so begierig, sich von dem Lehnsverhältniß zu lösen, daß sie bisweilen gar nicht auf die Schuld achteten, mit welcher sie sich belasteten. Um sie abzutragen, verkauften sie dann wohl ihre Gabellen,*) oder ihre Gemeindegüter, oder die wohlhabenderen Einwohner hypothecirten ihren Grundbesitz, oder aber die Stadtgemeinden gaben die von ihnen abhängenden Dorfschaften wieder zu Lehen. Nicht selten war dann die Folge, daß die Vermögensumstände der Communen durch solchen Loskauf dermaßen in Unordnung geriethen, daß ihnen nichts anderes übrig blieb, als sich aufs neue zu verkaufen. Sie baten dann wohl, daß man sie wenigstens an einen gütigen und christlichen Herrn verkaufen möge, damit sie nicht ganz zu Grunde gerichtet würden!

Es kam aber auch vor, daß die Regierung aus eigenem Antriebe die Wiederveräußerung von Communen beschloß, die sich losgekauft hatten. Diese Mißbräuche fielen namentlich im siebzehnten Jahrhundert vor, wo die Geldverlegenheit sich so gesteigert hatte, daß zu verschiedenen Malen die Vicekönige beinahe Alles öffentlich den Meistbietenden zuschlugen, was noch von königlichen Städten und Ortschaften geblieben war. „Der Hof hat eine neue Goldmacherkunst entdeckt, schrieb im Jahre 1606 der venezianische Agent,**) er verkauft alle Domänen, mit Ausnahme der Festungen und der verdächtigen Orte. Der Fürst von Conca wollte Sorrento kaufen; die Sorrentiner aber wehrten sich tapfer und wiesen ihre Privilegien vor, gemäß denen die Aragonesischen Könige ihre Stadt nicht einmal ihren jüngeren Söhnen zum Lehen geben konnten. Vielleicht hätten sie ihr gutes Recht nicht geltend gemacht, obgleich alle 5 Adelssedilen sich zu ihren Gunsten erklärten und sie den ersten Rechtsgelehrten Neapels zum Advocaten hatten, wäre nicht der Hof durch ein Geschenk von zehntausend Ducaten gewonnen worden. Hier abgewiesen, erwarb der Fürst von Conca Salerno, kaum aber wurde es ruchbar, so standen die Salernitaner auf und sammelten Geld, um sich wieder loszukaufen. Somit gelangte der Hof auf eine oder die andere Weise zu seinem Zweck, Geld zu machen. Eine ähnliche Operation, nur noch großartiger, machte um das Jahr 1630, durch den Hof um immer neue Geldsendungen gedrängt, der zweite Herzog von Alcalà,***) mit offenbarster Rechtsverletzung, indem mehrere der verkauften Orte entweder ausdrückliche Privilegien aufzuweisen hatten, oder ihr Loskauf vom Lehnsverbande mit eigenem Gelde bewirkt worden war. Die obersten Gerichtsbehörden drückten so oft ein Auge dabei zu, daß die Communen sich durch ausdrückliche Stipulationen die Befugniß der Rebellion im Namen des Königs vorbehielten, um eine Garantie gegen die Raubsucht des Fiscus zu haben.

*) Verzehrsteuern.

**) Gabriele [illegible]

***) D. Fernando Afan de Rivera Herzog von Alcalà 1629—31.

Solche Verhältnisse sind zu eigenartig, als daß sie nicht in einzelnen Fällen betrachtet zu werden verdienten. Zwei dieser Fälle mögen das Verfahren erläutern; Amalfi und Amantea bieten die Beispiele. Antonio Todeschini Piccolomini, Papst Pius II. Schwestersohn, war 1461 aus Dankbarkeit gegen den Papst und in Anerkennung eigener Dienste von Ferrante I. mit Amalfi belehnt worden, eine Belehnung, welche die naheliegenden Orte Ravello, Minori und Tramonti einschloß. Die Hand einer natürlichen Tochter des Königs, Donna Maria d'Aragona, wurde diesem Stifter der Piccolomini d'Aragona, Herzoge von Amalfi, zu gleicher Zeit zu Theil. Als im Jahre 1584 der Heimfall des Lehens durch den Tod des Erben stattfand, wollte dessen Mutter Maria d'Avalos Amalfi an den nahe verwandten Marcantonio del Carretto, dann an die Carafa von Stigliano verkaufen. Jedoch die Commune machte ihr Vorkaufsrecht geltend und löste sich, wie gesagt, mit der Summe von 216160 Ducaten. Die Zahlung schien bedeutend, aber der Verkauf einzelner Lehnsrechte an Privatleute trug das Vierfache und mehr ein. So blieb es bis zum Jahre 1642, da verlieh König Philipp IV. Amalfi mit allen königlichen Rechten und Einkünften als Lehen dem Marschall Ottavio Piccolomini „in Anerkennung der vielen und großen Verdienste desselben um die Königliche Krone und um das Haus Oesterreich in Italien, Flandern und Deutschland". Die Deputirten von Amalfi legten beim Collateralrath Protest ein und wußten ihre Sache so gut zu betreiben, daß die Belehnung widerrufen ward, obgleich sie bereits durch ein an den Vicekönig Herzog von Medina gerichtetes königl. Schreiben erfolgt war.

Die Stadt Amantea in Calabrien machte ihr Wort gut. Sie liegt in starker Lage auf einem Felsenvorsprunge der Küste am Mittelmeer, fast wie auf einer Insel. Ob diese Lage ihren Bürgern das Gefühl der Sicherheit gab, ob der calabresische Charakter, stets zur Auflehnung gegen wirklichen oder vermeintlichen Zwang geneigt, gerade bei ihnen schroffer hervortrat; in älterer wie neuerer Zeit hat Amantea eigenthümliches Geschick gehabt. Ursprünglich zur Partei der Anjou gehörend, pflanzte die Stadt bei dem allgemeinen Abfall nach Carl's VIII. Ankunft Ferrandino's Banner auf, als der französische König sie an Monseigneur de Persi, einen seiner Begleiter, verlieh. Als nun der Herzog von Alcala sie im Jahre 1630 dem Fürsten von Belmonte verkaufte, unterwarf sie sich dem ungerechten Beschlusse nicht, sondern vertheidigte ihr gutes Recht mit den Waffen und erlangte eine Revision. Und dieselbe Stadt bethätigte im Jahre 1806 ihre Loyalität, als Joseph Bonaparte das Reich den Bourbonen nahm. Von einer Handvoll Parteigänger vertheidigt, drei schlechte Kanonen als ganze Artillerie, hielt sie sich vierzig Tage lang gegen die Angriffe der Franzosen und hätte sich länger noch behauptet, wäre sie nicht durch Mangel an Lebensmitteln zu ehrenvoller Capitulation genöthigt worden.

Das Verhältniß der Barone zu ihren Vasallen ergiebt sich am deutlichsten aus den Verordnungen, welche Kaiser Carl V. zum Schutz der Unterthanen erließ. Schon der Eingang der Pragmatica bezeichnet den Zustand des Landes. Seit er die Grenze seines sicilischen Reichs diesseits des Faro überschritten, sagt der Monarch, seien die Klagen seiner Völker über die Härte der Lehnsträger stets in sein Ohr gedrungen, und es erscheine hart, daß solche, die er vor äußeren Feinden durch Waffen geschützt, von den eigenen Landsleuten unterdrückt würden. Alle angeblichen Rechte, die nicht in früheren Bewilligungen ausdrücklich enthalten, sollten für allezeit aufgehoben sein und keine Verjährung zu Gunsten derselben gelten. Die Gemeindehutungen und Waldungen sollten wieder an die Gesammtheit kommen, nicht aber ein Eigenthum des Lehnsherrn bilden. Anlegung neuer Waldungen und Umzäunungen sollte verboten sein. Den Unterthanen solle der freie Verkauf ihrer Producte freistehen, ohne Recht des Vorkaufs durch die Barone oder des Vorverkaufs der Erzeugnisse von den Ländereien; sie sollten ungehindert Mehl mahlen, Brod backen, Schenken halten und Wanderungen unternehmen können, ohne an andere persönliche Dienste und Leistungen als die im ursprünglichen Lehnsact ausgedrückten gebunden zu sein. Zugleich setzte der Kaiser unterm 29. März 1536 eine Commission zur Untersuchung der Beschwerden und Abstellung derselben ein, gegen deren Beschlüsse keine Appellation stattfinden solle. Wie wenig diese Maßregeln dem Uebel steuerten, zeigt der Umstand, daß die Communen des Königreichs bei der von Joachim Murat eingesetzten Feudal-Commission dieselben Beschwerden vorbrachten und ihr dieselben Papiere vorlegten, die sie einst bei den Delegaten Carl's V. vorgebracht hatten. Wie fein die Feudalität Alles ausgeklügelt, mit welchen Harpyenkrallen die furchtbar quälerische Kläger wie Beklagte aussaugende Jurisprudenz jener Tage an allen Beziehungen zwischen Feudalen und Vasall sich festgeklammert hatte, ersieht man aus dem durch die gedachte Feudalcommission aufgestellten Verzeichniß der Rechte, Lasten und Gravamina des Lehnswesens, wie sie großentheils in einer oder anderer Form, als wirklicher Dienst oder Geldleistung bis zur Bourbonischen Herrschaft sich erhalten hatten.

(Fortsetzung folgt.)

Aufruf.

Unter dem Protectorat Ihrer Majestät der Kaiserin und Königin will der Evangelisch-Kirchliche Hülfsverein die religiös-sittlichen Nothstände in den großen Städten bekämpfen. Der unterzeichnete Vorstand des Berliner Localvereins hat unter den für unsere Stadt in Betracht kommenden Aufgaben zunächst ein Doppeltes in das Auge gefaßt.

Eine schwer empfundene Lücke macht neben den zahlreichen kirchlichen und humanen Liebeswerken in unserer Mitte sich geltend für häusliche Krankenpflege in den Familien der Armen, wie der weniger Bemittelten überhaupt. Die Ueberführung ins Krankenhaus ist oft unthunlich; bezahlte Pflegekräfte sind nicht zu ermöglichen; die vorhandenen Gemeindediaconissen können höchstens vorübergehend in einzelnen Fällen Nachtwachen, aber selbst am Tage nicht ständige Pflege in einem Hause übernehmen; indem der Kranke verkommt, verwahrlost zugleich das Familienleben. Armenärzte, Armenpfleger, Geistliche — Alle beklagen gleichmäßig einen brennenden Nothstand.

Wir beabsichtigen daher, in den verschiedenen Stadttheilen Berlins Stationen ins Leben zu rufen, in welchen für längere unentgeltliche häusliche Krankenpflege in armen und weniger bemittelten Familien evangelische Diaconissen bereitgestellt werden. Von mehreren Diaconissenhäusern haben wir bereits theils für den sofortigen Beginn des Werkes, theils für das nächste Jahr und die weitere Zukunft Zusagen von Pflegerinnen erhalten. Wir werden uns nicht scheuen, im Kleinen zu beginnen, aber wir werden nicht rasten, bis für die ganze Stadt die erforderliche Anzahl von Stationen eingerichtet ist.

Hierzu bedarf es aber großer Mittel. Die Errichtung von nur 16 Stationen mit je 8 Schwestern würde einen jährlichen Aufwand von etwa 100 000 Mk. erfordern, und doch bleibt jene Zahl noch weit hinter dem wirklichen Bedürfniß zurück. Wenn wir auch hoffen, daß die geordnete Armenpflege sich an diesen Kosten nach Maßgabe ihres regelmäßigen Aufwandes für die Kranken betheiligen wird, wird doch der größte Theil durch die Opferwilligkeit der Mitbürger gedeckt werden müssen. Werden wir vergeblich bitten?

Eine zweite Aufgabe ist kirchlicher Natur. Wir wünschen dem Generalsuperintendenten in Berlin die Mittel zur Anstellung von geistlichen Hülfskräften zur Verfügung zu stellen, welche in den großen, unübersehbaren Parochien der neuen Stadttheile den mit Konfirmanden-Unterricht und Amtshandlungen überlasteten Geistlichen an die Seite gegeben werden sollen. Dieselben werden unter Leitung des Pfarrers und im Einvernehmen mit dem Gemeinde-Kirchenrath einen Theil des Unterrichts übernehmen, die persönlich jetzt fast ganz unmöglich gemachte Verbindung des Pastors mit der Familie seiner Konfirmanden durch Besuche vermitteln, bei der kirchlichen Berathung auch der Unbemittelten, bei Kindergottesdiensten und Krankenbesuchen helfend eintreten und so überhaupt die Arbeit des Pfarrers in der häuslichen Seelsorge vervielfachen. Sie werden hierdurch, wie eventuell durch Predigt in geeigneten Localen der von der Kirche entfernt gelegenen Theile der Parochie, die Bildung neuer Gemeinden vorbereiten helfen. Der Versuch wird jedesmal als gelungen betrachtet werden müssen, wenn die von uns vermittelte Thätigkeit zur dauernden Fundirung einer geistlichen Stelle durch die geordneten Organe der Berliner Kreissynoden führen würde.

Auch hierzu bedarf es beträchtlicher Mittel und nicht nur einmaliger größerer Zuwendungen, sondern fortlaufender Beiträge. Im vorigen Jahre haben wir uns darauf beschränkt, aus den uns zugewandten Summen bewährte Anstalten und Vereine, die ähnliche Ziele verfolgten, wie das Paul-Gerhardt-Stift, der Oberlin-Verein, die Stadtmission, das Magdalenen-Asyl u. A., zu unterstützen. Nunmehr bitten wir, um uns zunächst die Ausführung der beiden genannten, sorgfältig erwogenen Pläne zu ermöglichen, um feste Jahresbeiträge oder einmalige größere Zuwendungen. Wir hoffen zuversichtlich, daß unsere Arbeit, wie sie sich der huldvollen und lebhaften Theilnahme unseres hohen Protectoris erfreut, auch von der bewährten Freigebigkeit unserer Mitbürger getragen sein wird.

Gaben nehmen außer dem mitunterzeichneten Schatzmeister, Bankpräsidenten von Dechend und den verschiedenen Filialen der Deutschen Bank sämmtliche Vorstandsmitglieder gern entgegen. Auch sind wir bereit, zugesicherte Beiträge abzuholen.

Der Vorstand des Berliner Localvereins des Evangelisch-Kirchlichen Hülfsvereins.

Vorsitzender: D. Brückner, General-Superintendent und Probst, C., Probststraße 7. Stellvertreter: Braun, General-Superintendent, W., Matthäikirchstraße 22. Schriftführer: Dr. Koch, Vicepräsident der Reichsbank, W., Stülerstraße 8. Schatzmeister: v. Dechend, Wirkl. Geh. Rath und Reichsbank-Präsident, C., Oberwallstraße 10. Dr. Aegidi, Kaiserl. Geh. Legationsrath und Professor, SW., Hafenplatz 6. v. Bülow, Generalmajor z. D., W., Kurfürstenstraße 118. Dryander, Consistorialrath und Pfarrer, W., Kanonierstraße 4. Gilka, Kommerzienrath, W., Thiergartenstraße 34. D. Freiherr von der Goltz, Probst, Professor und Ober-Consistorialrath, C., Brüderstraße 10. v. Hardt, Richard, Kaufmann, W., Thiergartenstraße 35. Holtz, J. F., Fabrikdirector, Westend, Ahornallee 18—22. Koch, R., Director der Deutschen Bank, W., Behrenstraße 9/10. Frhr. v. Mirbach, Königlicher Kammerherr und Ober-Hofmeister Ihrer Majestät der Kaiserin und Königin, Potsdam.

Carl Heymanns Verlag in Berlin W., Mauerstraße 63—65.

Gedruckt bei Julius Sittenfeld in Berlin.

Alle Zuschriften und Einsendungen in Angelegenheiten dieses Blattes wolle man an den Redacteur desselben: Geh. Hofrath Herrlich W. Potsdamer Straße Nr. 134 c. zu Berlin richten.

Wochenblatt

der

Johanniter-Ordens-Balley Brandenburg.

Im Auftrage der Balley Brandenburg verantwortlich redigirt von C. Herrlich in Berlin.

Jahrg. 31. Berlin, den 26. Februar 1890. Nr. 9.

Felix von Bonck, Großherzoglich Mecklenburg-Strelitzscher Kammerherr, auf Möllenbeck bei Clendorf in Mecklenburg, Rechtsritter seit 1883, † zu Neustrelitz 15. Februar 1890.

Das Hospiz des Johanniter-Ordens in Jerusalem

ist im Jahre 1889, nach der hierher gelangten Mittheilung des Vorsitzenden des Curatoriums desselben, Consuls Dr. von Tischendorf, von 131 Gästen benutzt worden. Hiervon waren Gäste I. Klasse 81, meist deutsche Touristen. Unter ihnen auch die drei Johanniter-Ritter: Hauptmann a. D. von Heyden, auf Damitzow, Kammerherr von Roß, auf Schloß Oberwitz und Graf Hermann von Wedel, aus Oldenburg.

Gäste II. Klasse hatte das Hospiz 50 meist deutsche Handwerker, welche zusammen 627 Tage (durchschnittlich demnach jeder 10½ Tag) unentgeltlich Wohnung und Verpflegung in demselben genossen haben.

Die Gesammtkosten für die Unterhaltung dieses Hospizes im Jahre 1889 haben, einschließlich eines Betrages von 500 Piaster für eine bauliche Verbesserung, betragen 32 110 Piaster 25 Para. Davon wurden gedeckt durch gezahlte Verpflegungsgelder der Gäste I. Klasse 19 856 Piaster 15 Para, durch Verwerthung eines kleinen Ladens im Hospize 109 Piaster, zusammen 19 965 Piaster 15 Para, so daß aus den Mitteln des Johanniter-Ordens zugeschossen worden sind 12 145 Piaster 10 Para, circa 810 Mark. —

Ihre Königlichen Hoheiten der Prinz und die Frau Prinzessin Heinrich von Preußen geruhten, bei Höchstihrer Anwesenheit in Jerusalem vom 21. bis 25. Januar dieses Jahres, auch dies Hospiz zu besuchen.

Der neapolitanische Adel.

(Fortsetzung.)

VI.

Nicht aber für die Communen allein war das System, welches seit dem Regierungsantritt Philipps II. mehr und mehr sich ausbildete, im höchsten Grade verderblich. Die wohlverstandenen Interessen des Adels selbst litten darunter auf mehrfache Weise. Je häufiger die Belehnungen wurden, um so eifriger drängten sich Solche, welche durch Aemter, Vollmachtungen, Handel oder auf irgend welche Weise zu Reichthum gelangt waren, zu denselben hin. In der ersten Hälfte des siebzehnten Jahrhunderts fand dies in einem nie erhörten Grade statt; nie wurden so viele Orte verkauft, nie so viele Titel verliehen. Alles wollte Principe und Duca oder zum Mindesten Marchese und Conte sein. Auf Geburt wurde dabei gar nicht mehr gesehen und das Grundprincip aller wirklichen Aristokratie zerstört. Die auf solche Weise Emporgekommenen waren großentheils die härtesten, unbarmherzigsten Gebieter, und so kam es, daß die Revolution des Jahres 1647 beinahe alle diese neuen Reichen und Betitelten aufs Korn nahm, während sie von den alten Adelsfamilien manche gar nicht berührte, wenn man die Excesse der Pöbelmasse in der Hauptstadt ausnimmt, welche von dem Aufstande der Lehnsleute in den Provinzen in mehr denn einer Hinsicht verschieden sind. Während die Lehnsländer meist unter sehr drückenden Bedingungen standen, da die Regierung bei denselben nur das momentane Interesse des Fiscus im Auge hatte und oft ein Ertrag von 4 Procent, unter solchen Verhältnissen eine schwer zu erreichende Quote, als Basis angenommen ward, suchten die Käufer, welche ihrerseits in den meisten Fällen begreiflicherweise auch nur das pecuniäre Interesse wahrnahmen, das Mögliche herauszuziehen. Daher die furchtbare Bedrückung der Unterthanen und nebenbei doch häufig schlechte Geschäfte der Feudalen. Verpfändungen der Einkünfte und Rechte, nicht selten auf den noch nicht erlegten Ankaufspreis hin, kamen so oft vor, daß bei der Kammer der Sommaria eine Verwaltungscommission sich bildete, die mit den Creditinstituten der Landschafts-Directionen neuerer Zeit Aehnlichkeit hat. Aber diese Patrimonial-Administration ruinirte meist die Familien völlig, da letztere in die Hände der Rechtsgelehrten gerichtet, die in Neapel seit Jahrhunderten einen schlimmen Namen haben, während nirgendwo die Natur der Eigenthumsverhältnisse schon vermöge der Theilung des Besitzes zu einer größeren Zahl von Processen Anlaß giebt. So brachte die Sucht nach Titeln und das Bestreben, dem neuen Range gemäß zu leben, viele der neuen Reichen an den Bettelstab.

Das Schlimmste war, daß die Communen praktisch dabei nichts gewannen und immer und auf's Neue den Herrn wechselten. Denn die Leichtigkeit, womit man im Königreich zur Aeußerlichkeit des Adels gelangte, zog jedes Mal wieder Käufer an. Eine eigenthümliche Einrichtung im Leisten der Tribute machte diesen Wechsel oft besonders nachtheilig für die Communen. Nach geschehener Vertheilung der Quote dieser Tribute war nämlich die Commune dem Fiscus gegenüber für die Entrichtung verantwortlich. Sie nahm nun die Vertheilung auf die einzelnen Gemeindeglieder vor, wobei auf den Lehnsherrn als den bedeutendsten Eigenthümer denn auch der bedeutendste Antheil kam. In vielen Fällen aber wußte sich der Lehnsherr der Zahlung zu entziehen; die Commune, welche keine Gnade fand, war genöthigt, sie für ihn zu leisten, und so bildete sich ein Schuldverhältniß, welches bei der absoluten Abhängigkeit, in der die Communen von den Baronen gehalten wurden, für erstere außerordentlich drückend war. Oder aber die Barone trieben Wucher mit Summen, welche die Communen ihnen schuldeten und sie ließen sich von ihnen Verschreibungen höherer Beiträge ausstellen, so daß dieselben nie im Stande waren, ihre ökonomischen Verhältnisse zu verbessern. Da dies am Ende auch die Nichterfüllung ihrer Verbindlichkeiten gegen den Fiscus zur Folge haben mußte, so sahen sich die Vicekönige in der zweiten Hälfte des siebzehnten Jahrhunderts zu Maßregeln genöthigt, welche die Veräußerung von Gemeindebesitz oder Einkünften verboten und eine Revision aller ähnlichen Contracte verordneten, practisch aber nur geringen Erfolg hatten.

Die unnatürlichen Geldverhältnisse, deren soeben Erwähnung geschah, bieten von selbst Anlaß, der allgemeinen pecuniären Zustände des Reichs kurz zu erwähnen. Sie waren die jammervollsten, die man sich denken kann, und das von der Regierung befolgte System mehrte diesen Jammer täglich. Die Hauptauflage, die Fiscalsteuer, die Tassa dei fuochi genannt, weil sie nach der Anzahl der Feuerstellen erhoben ward, belief sich nach der in Folge des Aufstandes von 1647 erlangten Reduction auf nahe an zwei Millionen. Sie traf meistens die ärmeren Klassen, da der Adel gewöhnlich Mittel fand, sich auch für seinen freien, außer dem Lehnsverbande liegenden Grundbesitz der Steuer zu entziehen.*) Die sämmtlichen Abgaben der Feudalare, welche unter dem Namen Adoa, Devolutionsrecht, Ablösungsrecht u. s. w. gingen, scheinen nicht mehr als etwa 225 000 Ducaten jährlich abgeworfen zu haben. Außer dieser ordentlichen Steuer gab es die sogenannten Donative, eine um so schlimmere Art der Besteuerung, als sie der Willkür Thür und Fenster offen ließen. Bei jedem Donativ ward die Bedingung gestellt, daß keine anderen Tribute auferlegt werden sollten; aber bald unter diesem, bald unter jenem Namen wurde doch wieder eine neue Steuererhöhung ersonnen. Ursprünglich eine freiwillige Beisteuer für außerordentliche Fälle, machte schon Toledo sie zu einer regelmäßigen Steuer. Vom Jahre 1566 an wurde der zweijährige Betrag auf 1 200 000 Ducaten festgestellt, was dem Princip nach bis 1642 aufrechterhalten ward. Aber das Land wurde durch diese regelmäßige Donative keineswegs von den außerordentlichen befreit, die sich immer wiederholten, bis der Aufstand 1647 wenigstens eine zeitweilige Modification des Steuerwesens zur Folge hatte. Bei Feststellung der Donative im Jahre 1564 wurde bestimmt, daß der Lehnadel ein Viertel derselben zuschießen solle, die Gesammteinwohnerschaft den Rest. Der Adel theilte sich in die ihm auferlegte Quote nach Maßgabe der Raten der alten Feudalsteuer oder Adoa, die er bis dahin gezahlt hatte und welche nichts als eine Geldablösung des ursprünglichen Kriegsdienstes war, so daß in spätern Zeiten die Benennung Adoa blos die Bezeichnung desjenigen Theils der Steuer ist, zu welchem der Lehnadel verpflichtet wurde. Noch unter Ferdinand dem Katholischen und zuletzt 1533 hatten die Barone versucht, diese Leistungen auf die Dauer von Kriegen zu beschränken, aber sie drangen damit nicht durch. Drei Viertel der Zahlungen lasteten also auf dem Volke, und die Art und Weise, wie die Einziehung bewerkstelligt wurde, trug Schuld daran, daß gerade für die ärmeren Classen die Last am größten war. Die bewilligten Summen wurden gewöhnlich durch Zölle oder indirecte Steuern eingetrieben. Selbst solche Bewilligungen, welche nur einmal stattfinden sollten, wurden verpachtet, als wäre es ein regelmäßiges Einkommen. Wenn es sich um außerordentliche Abgaben handelte, verkaufte man das Kapital, indem man dem Käufer die Mittel und Wege überließ, zu seinem Gelde zu gelangen; bei gewöhnlichen Abgaben aber, wie bei den Douanen u. s. w. verpachtete man den Ertrag für sich. Im ersten Falle bildete sich also eine Staatsschuld, wie die Monte, deren System sich in Italien im sechszehnten Jahrhundert zu solcher relativen Vollkommenheit ausbildete; im zweiten Fall war es die gewöhnliche Zollpacht, wie sie mehr denn anderswo in Frankreich System ward.

Die Zollpächter aber wie die Bankhalter waren großentheils Ausländer, namentlich Genuesen. In den Genuesen erscheint seit den früheren Zeiten des Mittelalters der eigentliche Geldhandelsgeist verkörpert.

*) Die Lehne waren von der Feuerstellensteuer ausgeschlossen, weil der Adel statt dessen die Lehnsteuer, Adoa zahlte.

weit mehr als in den übrigen handeltreibenden Bevölkerungen Italiens. Wenngleich die größte und namhafteste Credit-Anstalt des Mittelalters, die Bank von San Georgio, längst zu existiren aufgehört hat, so wird man doch heute noch durch ihren mächtigen altersgrauen Palast, durch den Riesensaal, den sie mit den Bildsäulen verdienter Männer schmückte, lebendig an diesen Staat im Staate erinnert, der wie die ostindische Compagnie auswärtige, auch außeritalische Besitzungen hatte, Flotten befrachtete und armirte, Truppen aussandte und Krieg führte — eine Anstalt, deren Geschichte von jener der Finanzen und des Staatsschuldenwesens unzertrennlich ist. Daß bei einem so vorherrschenden Streben Gewinnsucht und Verzagtheit der Ansichten nicht fehlen konnten, begreift sich leicht. Daher der Haß gegen diese Republikaner in denjenigen Theilen Italiens, wo sie sich viel zu schaffen machten. So in Neapel, wo sie seit Philipps II. Regierung den größten Theil der Geldgeschäfte im Königreich in Händen hatten; die Verzeichnisse der Privatbanken zu Anfang des siebzehnten Jahrhunderts enthalten fast lauter genuesische Namen. Sie waren es auch, welche meist in den Staatspachtungen speculirten: gaben ihnen doch die Spanier ihrer größeren Solidität wegen den Vorzug. Freilich waren sie aber auch in ihren Forderungen um so unerbittlicher, und das Volk, das mit ihren Executoren täglich in Berührung kam, verfolgte sie mit furchtbarem Hasse. Manche dieser genuesischen Familien sind in Neapel geblieben und zu den höchsten Ehren gelangt. Unter diesen sind die Ravaschieri zu nennen, die man für einen Zweig der Fieschi von Lavagna hält, welche im sechzehnten Jahrhundert eine Bank in Neapel eröffneten, unter der Verwaltung des Cardinals Granvella 1573 fallirten, aber wieder so empor kamen, daß sie zu Anfang des folgenden Jahrhunderts Herzoge von Cardinale und Girifalco, Fürsten von Satriano und Belmonte wurden und dem Maestro di campo Don Ettore Ravaschieri die höchste Auszeichnung des habsburgischen Hauses, das goldene Vließ, zu Theil ward.

VII.

Kehren wir nach dieser Betrachtung über die Geldverhältnisse unter der spanischen Herrschaft zu den inneren Zuständen des Adels zurück, so ziehen die Vorrechte der Sedilen als solche noch einmal die Aufmerksamkeit auf sich. Je höher die Vorrechte angeschlagen wurden, um so mehr stieg das Verlangen der patricischen Familien, Mitglieder derselben zu sein. Adel und Rang hingen keineswegs von dieser Mitgliedschaft ab; manche Familien von den allervornehmsten gehörten nicht zu den Sedilen; wohl aber wurde der Antheil an der städtischen Verwaltung und, wie die oben erläuterten Verhältnisse darthun, die Ingerenz in die Landesregierung dadurch bedingt. So meldeten sich denn allmälig mehr und mehr Familien zur Aufnahme in die Sedilien. Letztere wurden aber in demselben Grade schwieriger. Die bisherigen Mitglieder wollten ihre Autorität und später die in der Zeit der Vicekönige ihnen zufließenden pecuniären Vortheile nicht mit zu Vielen theilen. Sie entwarfen Statuten, die Aufnahme neuer Geschlechter an gewisse Bedingungen zu knüpfen. Der Seggio von Montagna verfügte z. B. schon im J. 1500, ein Edelmann alter Familie, nach Edelmanns Art sowohl innerhalb wie außerhalb des Reichs lebend, könne zwar, wenn er sich im Bezirk der Adelsgenossenschaft ansässig mache, mit Zustimmung ihrer Mitglieder der Ehren derselben theilhaftig werden, aber innerhalb 15 Jahren weder Eletto noch Abgeordneter zu den Parlamenten, noch auch Wahlmann bei Aufnahme neuer Mitglieder sein. Stürbe er vor Ablauf der Zeit, so gehe die Verbindlichkeit wie die Beschränkung auf die Söhne über. Ein Gleiches solle bei Bürgern stattfinden, die nach Edelmanns Weise leben.

So war die Aristokratie, die sich im Genuß der municipalen Befugnisse befand, keineswegs abgeschlossen und konnte durch Hineinziehung neuer Familien die nicht geringe Zahl der aussterbenden ersetzen. Der Sedile von Capuana zählte z. B. in der zweiten Hälfte des 17. Jahrhunderts 33 Familien, während schon 68 der seit Entwerfung der Register zu ihr gehörenden erloschen waren; der von Nido berechnete 44 der ersteren, 38 der letzteren. Wie rasch es mit dem Aussterben der aristokratischen Geschlechter geht, wenn nicht innerhalb verständiger Grenzen eine Erneuerung stattfindet, weiß Jeder, und in dieser Beziehung bietet die Geschichte der im vorigen Jahrhundert zu einer beschränkten und verhaßten Oligarchie herabgesunkenen Republik Lucca ein nur zu schlagendes Beispiel. Im J. 1768 gab es dort nicht mehr denn 280 Patricier, die zur Theilnahme an den Regierungsgeschäften befähigt waren, so daß nach Abzug der Untauglichen und Kranken nicht genug übrig blieben, die gesetzlichen Bestimmungen zu erfüllen. Zwölf Jahre darauf war diese Zahl schon auf 177 vermindert, welche 88 Familien angehörten; so gering war die Fortpflanzung. Zu den ältesten und vornehmsten Familien von Capuana und Nido gehörten, soweit der erstere dieser Sedilen in Betracht kommt: die Cantelmi, die Capece verschiedener Linien, Caracciolo beider Stämme, die vom Löwen nämlich und die Rothen, die Filomarini, Loffredi, Dellamarra, Mendoza, Orsini von Bracciano, Scondito, Seripandi, Tomacelli; zum Nido: die Acquaviva, Davalos, Brancacci, Caracciolo, Bianchi, Carafa, Simonetta, Cariani, Gesualdo, Giron, Guevara, Mastrogiudice, Orsini von Gravina, Piccolomini, Pignatelli, Sangro, Sanseverino, Spinelli. Nicht zu gedenken römischer Familien, die in jüngeren Zeiten emporgekommen und im Königreiche Lehen erworben hatten, wie in diesem Falle die Buoncompagni, Herzoge von Sora und die Barberini. Denn die den großen oder reichen Geschlechtern durch das im Neapolitanischen bestehende Lehenwesen gesicherten Vortheile zogen manche, namentlich Nepotenfamilien, hin, wie die Borgia, Fürsten von Squillaci seit den Zeiten Papst Alexanders VI., 1497; die Ludovisi Fürsten von Venosa, die Peretti-Montalto, Fürsten von Venafro 1605, die Borghese, Fürsten von Sulmona 1607, die Aldobrandini, Fürsten von Rossano 1612, die Altemps u. m. a. Auch fremde souveräne Familien besaßen Lehen und waren zum Theil in die Sedilen eingeschrieben, zu welchen auch manche spanische Geschlechter gehörten. Die Farnesen von Parma waren Fürsten von Altamura in Apulien und Herzoge von Civita di Penne in den Abruzzen, ein Titel, der einst Alessandro de Medici, erstem Herzog von Florenz, gehört hatte und durch seine Wittwe Margarethe, Carls V. natürliche Tochter, an deren Sohn Alessandro Farnese gekommen war. Die Medici waren Fürsten von Capestrano; die Gonzaga vom Hause Don Ferrante's, des Gründers der Guastalla'schen Linie, Fürsten von Molfetta und Herzoge von Ariano; die Cybo von Massa-Carrara Herzoge von Aiello. Die Communen zogen es vor, fremde Souveräne zu Lehnsherren zu haben, weil sie von ihnen bessere Behandlung hofften, und es geschah wohl, daß sie sich denselben zu Kauf anboten, wie im Jahre 1618 Reggio und im folgenden Cotro (Cotrone) in Calabrien dem Großherzoge Cosmus II. von Toscana. „Wolle oder könne der Großherzog sie nicht kaufen, erklärten die Bewohner der letztern Stadt, so würden sie selbst ihre Kinder verkaufen, um sich vom Lehnsverbande zu befreien."

Die Aufnahme neuer Familien in die Sedilen stand folglich, wie gesagt, den Sedilen selber frei. So wurden in den Jahren 1477–1507 die Orsini, del Balzo, della Leonessa, Cantelmi Ricci, Carafa, Cardona, Cavaniglia, Acquaviva, Sangro in die Genossenschaften von Capuana und Nido eingeschrieben. Unter der spanischen Herrschaft änderte sich aber die alte Praxis, der die municipalen Vorrechte genießende Adel überließ der Krone den Vorschlag und behielt sich nur das Bestätigungsrecht vor. Der Grund ist wohl in demselben Anlasse zu suchen, der zur Beschränkung der Aufnahme mittels der Kapitel führte. Die Sedilen wollten sich vor zu starkem Andrange wahren. Die Krone ihrerseits glaubte eine kleinere Anzahl Stimmen leichter beherrschen zu können. Es war beiderseits eine Interessenberechnung. Die Edelleute aber, die sich solcherart ausgeschlossen sahen, wollten sich nicht ohne Weiteres zufrieden geben. Zu verschiedenen Zeiten wurden in Madrid Versuche gemacht, die Sedilen zu erweitern oder neue zu bilden. Im Jahre 1557 wurde Giovan Donato della Marra, sodann 1558 Ettore d'Aquino als Abgeordneter des nicht sitzungsfähigen Adels zu König Philipp II. gesandt. Ihre Instructionen gingen auf Erlangung der Gleichberechtigung, wie sie gleiche Lasten trügen. Form und Praxis der Sedilen, hieß es, seien ungerechter Weise verändert worden. Was einst allen edlen Familien des betreffenden Stadtbezirks gemein, wozu auch Nichtadlige durch Heirath und Verschwägerung gelangt, sei heutzutage exclusives Vorrecht Weniger. Wolle der König die alten Sedilen nicht erweitern, so sei das Mittel zur Befriedigung gerechter Ansprüche an die Hand gegeben. Es bestehe in der Wiedereröffnung des geschlossenen Sedile von Forcella und der Bildung eines neuen an der Toledostraße oder bei San Giacomo degli Spagnuoli, wo die Stadt sich in neuern Zeiten um ein Drittel vergrößert und viele Vornehme sich angebaut haben. Die eine solche Betheiligung in Anspruch nehmenden wären sämmtlich geborne Neapolitaner, wahre und rechtmäßige Bürger, so durch Geburt wie durch gemeines Recht und Kraft der Pragmatiken König Ferrante's I., durch welche ihnen Gleichberechtigung in städtischen Dingen mit den übrigen Edelleuten zugesagt worden sei.

Die Sedilen, denen diese Ansprüche unbequem waren, bestellten Deputationen, um ihre Gegengründe geltend zu machen. Sie widersetzten sich der Zulassung neuer Familien nicht im Allgemeinen, besonders aber auf Befolgung ihrer alten Kapitel „zur Aufrechthaltung des Glanzes, durch welchen der neapolitanische Adel in der ganzen Welt berühmt sei." Es war aber gerade die in diesen Kapiteln vorgeschriebene Ballotirung, welche, nebst andern Förmlichkeiten, die um Aufnahme sich Bewerbenden anzuerkennen sich weigerten. Die Bittsteller setzten ihre Anliegen nicht durch. Die Minister eröffneten ihnen „que a tal pretension hay mucha contradicion"; der König trug dem damaligen Generalstatthalter in Neapel Don Juan Manrique de Lara Untersuchung und Berichterstattung über die Angelegenheit auf, um „proveer en ello como convenga, de manera que ninguna de las partes reciba agravio, y se haga justicia". Aber die Sache blieb beim Alten. Wiederholt im Jahre 1637 gestellte Anliegen brachten ebenso wenig ein günstigeres Resultat zuwege. Einzelne Familien wurden wohl aufgenommen, doch geschah es nur selten und unter Beobachtung der vorgeschriebenen Förmlichkeiten. Es geschah wohl, daß die Krone selbst eine solche Aufnahme nicht durchzusetzen vermochte. In der zweiten Hälfte des 17. Jahrhunderts sahen sich unter den Geschlechtern, die nicht zu den Sedilen gehörten, die Namen der Ajerbi d'Aragona, Aquino von Castiglione, Castriota, Concublet von Arena, di Capua von Conca (Erb-Groß-Admiral des Reiches), Fieramosca, Filangieri, Gambacorta, Grimaldi von Eboli, Imperiali, Medici von Ottajano, Ravaschieri, Ruffo von Scilla und andere — theilweise Geschlechter vom ältesten und normannischen Adel, von denen manche sich freilich nie um die Aufnahme in die Genossenschaften gekümmert hatten.

(Fortsetzung folgt.)

35. Jahresbericht

über die evangelische Mägde-Bildungsschule und Mägde-Herberge auf Marthashof zu Berlin, Schwedterstraße 37—40,

vom 1. October 1888 bis 1. October 1889.

Ueber den Zweck, die Bedeutung und innere Einrichtung unseres Marthashofes haben wir uns so oft ausgesprochen, daß eine Wiederholung überflüssig erscheinen möchte, zumal die am Schluß abgedruckten Bedingungen zur Aufnahme sowohl in die Mägde-Bildungsschule, wie in die Mägde-Herberge, sowie die gleichfalls abgedruckten Grundsätze und Bitten des Marthashofes bei Vermiethung von Mädchen hinreichende Auskunft geben.

Ebenso wenig bedarf die dringende Nothwendigkeit solcher Anstalten, wie unser Marthashof ist, heut zu Tage eines Beweises mehr. Die immer gewaltiger anwachsende Hauptstadt des Deutschen Reiches kann ihren Bedarf an weiblichen Dienstboten nur durch massenhaften Zuzug aus den Provinzen decken, wie denn mindestens 50000 Berliner Dienstmädchen aus den Provinzen stammen. Wer giebt allen diesen jung und unerfahren nach Berlin kommenden Mädchen helfenden Rath? Wer steht den mit den Gefahren der verführerischen Stadt unbekannten Wesen durch die That schirmend und schützend zur Seite? Nur drei Anstalten hat unseres Wissens die anderthalb Millionen-Stadt aufzuweisen, welche die Lösung dieser Aufgabe sich zur Pflicht gemacht haben: unser Marthashof, die erste und älteste Anstalt dieser Art, im Norden der Stadt, das Amalienhaus am Nollendorfplatz, also im Westen, und endlich das im Mittelpunkt am Zwirngraben, Bahnhof Börse, zum Schutz stellung suchender Mädchen errichtete Mägdehaus.

Unser Marthashof hat seit Beginn seiner Wirksamkeit schon 18961 Mädchen schützende Herberge, Fortbildung in ihrem Beruf und sittliche Bewahrung geboten.

Am 1. October 1888 befanden sich 112 Mädchen im Hause. Zu ihnen sind bis zum 1. October 1889 die hohe Zahl von 863 neu hinzugekommen, so daß im letzten Anstaltsjahre zusammen 975 Mädchen den Segen des Marthashofes genossen haben, 55 mehr als im Vorjahre.

Von diesen 975 Mädchen waren 206 Zöglinge der Bildungsschule, die übrigen 769 Gäste der Herberge. Von allen diesen Mädchen stammten nur 95 aus Berlin; alle übrigen, also 880, waren aus den verschiedenen Provinzen Preußens und aus andern Ländern des Deutschen Reiches, vier sogar aus Böhmen nach Berlin eingewandert.

Die Gesammtzahl der Pflegetage betrug 50656, gegen 41190 im Vorjahre und 34283 im Jahre 1887, eine Zunahme, welche darum von höchst erfreulicher Bedeutung ist, weil der allseitig fördernde und sittlich hebende Einfluß auf die Mädchen naturgemäß um so wirksamer sich erweisen wird, je länger sie freiwillig sich demselben hingeben.

Durchschnittlich kommen auf jedes Mädchen 52 Pflegetage. Im Einzelnen stellt sich die Dauer des Aufenthaltes folgendermaßen heraus: 130 blieben 1—2 Wochen, 365 blieben 8—14 Tage, 26 ein Vierteljahr, 92 ein halbes Jahr, 10 dreiviertel Jahr, 50 ein Jahr und länger.

Im letzten Jahre begehrten 2997 Herrschaften Mädchen aus dem Marthashof, 538 mehr als im Vorjahre. Nur 475 Mädchen konnten mit Empfehlung der Anstalt vermiethet werden, während 198 Mädchen sich selbst einen Dienst suchten oder einen solchen bei ihrem Eintritt in die Anstalt schon hatten. 138 Mädchen kehrten aus der Anstalt in ihre Heimat zurück, 26 zu ihren früheren Herrschaften, von welchen sie während der Abwesenheit der letzteren von Berlin dem Hause übergeben wurden. 10 Mädchen wurden als Kranke in Hospitälern untergebracht, 4 mußten entlassen werden und 123 blieben am 1. October 1889 als Bestand im Hause.

Sehr wichtig und von segensreichem Einfluß ist es, daß die Mädchen auch nach ihrer Vermiethung in steter freundschaftlicher Verbindung mit dem Marthashof bleiben können. Sonntag Nachmittags und Abends dürfen sie ihre Freizeit im Saal und im großen Garten des Marthashofes zubringen, dort eine Sonntagsfreude genießen, welche wirklich eine Erholung ist, und Leib und Seele für die neue Wochenarbeit erfrischt und stärkt. Die einsichtigen und besser gesinnten Mädchen benutzen trotz der weiten Entfernung diese theure geliebte Gelegenheit mit großer Freude und Dankbarkeit. — Außerdem geben die Besuche der Diakonissen bei den vermietheten Mädchen diesen mannigfache Anregung, sich in rechter Gottesfurcht zu erweisen und ihren Herrschaften durch Treue und Gehorsam Freude zu machen.

Zur Vorbildung für solche Zöglinge, welche als Kindermädchen zu arbeiten wünschen, haben wir seit Jahren eine zweiklassige Kleinkinderschule eingerichtet, welche täglich von mehr als 300 Kindern besucht und von zwei Diakonissen geleitet wird. Unter der Anleitung und Aufsicht der Schwestern lernen die betreffenden jungen Mädchen im Umgang mit den Kindern in der Behandlung, Beschäftigung und Erziehung derselben sich zweckmäßig üben.

Endlich besitzt unser Marthashof eine gehobene sechsklassige Mädchenschule mit sieben Lehrdiakonissen, welche von 370 Schülerinnen besucht wird und für die bürgerlichen und mittleren Beamten-Familien des nördlichen Berlins eine so geschätzte Segensquelle bildet, daß die Zahl der angemeldeten Mädchen eine viel größere ist, als des Raumes wegen aufgenommen werden können. Rechnen wir zu den 600 Kindern der beiden Schulen die Zöglinge der Bildungsschule, die Pfleglinge der Herberge, die Diakonissen und das Dienstpersonal, so erreicht die Gesammtzahl aller derjenigen Personen, welche Tag um Tag den wohlthuenden Einfluß des Marthashofes erfahren, die hohe Ziffer von 750.

Am 14. Februar d. Js. hatte unser Marthashof die hohe Ehre und Freude des Besuches Ihrer Majestät unserer allerverehrten Kaiserin und Königin Auguste Victoria, Allerhöchstwelche ganz unerwartet und unangemeldet erschien und auf's Eingehendste sämmtliche Räume der verschiedenen Häuser mit Einschluß der Schulen besichtigte, die Zöglinge leutseligst grüßte und jede einzelne Diakonissin durch ein freundliches Wort ermunterte, um mit der Erklärung zu scheiden: „Es hat mich recht gefreut, Alles in so musterhafter Ordnung gefunden zu haben.“

Einen tief schmerzlichen Verlust hat unser Marthashof und der Vorstand desselben durch den am 31. März erfolgten seligen Heimgang Ihrer Excellenz der Frau Ministerin Elise von Bodelschwingh, geb. von Bodelschwingh-Plettenberg, erlitten. Dieselbe war als Mitbegründerin der Anstalt vom Anfang an eine sehr warme, liebethätige Wohlthäterin derselben und ein lebendiges Glied des Vorstandes und hat unter ihren Augen die Anstalt aus den geringsten, unscheinbarsten Anfängen durch ihre unermüdliche Mithilfe bis zur jetzigen Größe und Bedeutung zu ihrer innigen Freude erblühen sehen. Mit tiefster, ehrerbietigster Dankbarkeit wird der Marthashof allezeit der Hingeschiedenen gedenken. Zu unserer Freude ist die Tochter der Heimgegangenen, Frau Oberhofprediger Dr. Kögel, an Stelle der Mutter in den Vorstand des Marthashofes getreten.

Aus den verschiedenen Einnahme-Posten, welche der Rechnungsbericht aufweist, werden unsere Freunde gern ersehen, daß wir uns ernstlich Mühe gegeben haben, durch unserer Hände Arbeit, sowie durch das Kost- und Schulgeld unsere Einnahme zu heben.

Allen Wohlthätern, welche in irgend einer Weise unsere Arbeit unterstützt haben, sprechen wir hierdurch unsern warmen und aufrichtigen Dank aus, indem wir zugleich auf's Dringendste auch für die Zukunft um ihre hilfreiche Liebe bitten. Das Deficit der Anstalt ist freilich um tausend Mark gegen das Vorjahr verringert, beträgt aber immer noch über 107000 Mark. Diese Schuld ist von dem Mutterhause des Marthashofes, der Diakonissen-Anstalt in Kaiserswerth, zwar vorschußweise gedeckt; aber da dieses selbst unter einer drückenden Schuldenlast seufzt, bittet es die Freunde und Wohlthäter in der Hauptstadt dadurch mitleidsvoll seiner zu gedenken, daß durch besondere Gaben und Schenkungen das Deficit des Marthashofes verringert werde, und das um so mehr, als auf verschiedenen Arbeitsfeldern in Berlin 47 Kaiserswerther Diakonissen thätig sind, eine als Vorsteherin des Diakonissenhauses Paul-Gerhardt-Stift.

Der Segen Gottes aber, an welchem Alles gelegen ist, ruhe auch fernerhin auf unserer Arbeit.

Berlin, im December 1889.

Der Vorstand der evangelischen Mägdebildungsschule und Mägdeherberge auf Marthashof.

Elisabeth Schöning, geb. Berg; Ernestine von Kecrn; Lina Kögel, geb. v. Bodelschwingh; Banquier Loesche; Dr. Roth, Stadtältester; Stämmler, Geh. Justizrath; Graf, Pfarrer der Zionskirche; Militär-Oberpfarrer Dr. Frommel, Hofprediger; Harder, Geheimer Ober-Regierungsrath; Diakonissin Emma Fuhrmann, Vorsteherin des Marthashofes; Dr. Disselhoff, Pastor zu Kaiserswerth a. Rh.

(„Armen- und Kranken-Freund.“)

Litteratur.

Altpreußische Monatsschrift neue Folge. 7. und 8. Heft. October bis December 1889. Königsberg i. Pr., Verlag von Ferd. Beyer's Buchhandlung 1889. —

Inhalt: I. Abhandlungen. Die Geschichte der Jesuitenmission in Danzig. Nach archivalischen Quellen, von Hermann Freytag. — Probe aus Kaspers von Nostitz Haushaltungsbuch des Fürstenthums Preußen. Mitgetheilt von Karl Lohmeyer. — Das Lindenwehrkreuz auf dem Rinauer Berge bei Waldgarten. Vortrag von Oberlehrer Dr. Gottlieb Krause. — Herzog Albrecht von Preußen und Markgraf Johann von Brandenburg Antheil am Fürstenbunde gegen Karl V. Von Dr. Hans Riemming. — Die Marienburg unter polnischer Herrschaft. Von Johannes Sembrzycki. — Nachträgliche Bemerkungen zu dem Aufsatze „Die Lycker Erzpriester Johannes und Hieronymus Maletius.“ Von Johannes Sembrzycki. — II. Mittheilungen und Anhang. Die Kant-Bibliographie des Jahres 1888 zusammengestellt von Rudolf Reicke. — Universitäts-Chronik 1889. — Altpreußische Bibliographie 1888 rc.

Der Deutsche Herold. Berlin, Februar 1890. Nr. 2.

Inhalt: Bericht über die Sitzung vom 17. December 1889. — Bericht über die Sitzung vom 7. Januar 1890. — Herzen, Linden-, See-, oder Klee-blätter? — Ueber Wappen in Italien. (Mit zwei Tafeln.) — Genealogische Räthsel. — Genealogien deutscher Adelsfamilien in Dänemark. — Gläserne Humpen aus dem Jahre 1690 mit dem von Bischofschen und von Schaumbergschen Wappen. (Mit einer Tafel.) — Zwei Siegel Martin Luthers. (Mit zwei Holzschnitten.) — Vermischtes. — Bücherschau. — Auszüge aus den Inhaltsverzeichnissen heraldischer Zeitschriften. — Anfragen. — Familien-Chronik.

Carl Heymanns Verlag in Berlin W., Mauerstraße 63–65. Gedruckt bei Julius Sittenfeld in Berlin.

Alle Zuschriften und Einsendungen in Angelegenheiten dieses Blattes wolle man an den Redacteur desselben: Geh. Hofrath Herrlich W. Potsdamer Straße Nr. 134 c. zu Berlin richten.

[illegible]

Wochenblatt der Johanniter-Ordens-Balley Brandenburg.

[illegible]

Im Auftrage der Balley Brandenburg verantwortlich redigirt von C. Herrlich in Berlin.

Jahrg. 31. Berlin, den 5. März 1890. Nr. 10.

Carl von Mellenthin, Kammerherr und Mitglied des Herrenhauses, auf Klein Wernichen bei Langenhagen in Pommern, Rechtsritter seit 1872, † zu Klein-Wernichen 25. Februar 1890.

Der neapolitanische Adel.

(Fortsetzung.)

VIII.

Den alten Kapiteln zufolge sollten außerhalb der Sedilen keine neuen Titel von der Krone verliehen werden. Daran kehrte sich aber der spanische Hof nicht und verlieh Titel auf Titel, namentlich im siebzehnten Jahrhundert, jener Zeit, welche überhaupt Italien mit dem immer leerer werdenden Gepränge der Außendinge der Aristokratie füllte. Ursprünglich hatte der süditalische Adel keine Titel, welche erst durch den Feudaladel in die Gebräuche kamen, so zwar, daß um die Mitte des fünfzehnten Jahrhunderts nicht ein einziger Graf süditalischen Adels in denselben gesessen haben soll. Die Feudaltitel mehrten sich seit König Robert's Regierung, besonders aber unter den Durazzischen Fürsten mehr und mehr, im höheren Grad aber noch unter den Aragonesen, welche in einem fort Principi und Duchi creirten, der Marchesi und Conti nicht zu gedenken. Der erste Herzog wurde durch die Königin Johanna I. (1382) ernannt; es war Jacopo Marzano Duca di Sessa, an dessen Familie König Ferrante I. so furchtbare Rache für ihre Anhänglichkeit an die Anjous übte. Während der Epoche der Vicekönige artete dies in wahren Mißbrauch aus, und der Hof verkaufte am Ende auch Titel, die nicht an Lehen gebunden waren, was früher Niemandem eingefallen wäre. Der Volkswitz geißelte dies Unwesen in Satiren und Comödien; so findet sich in Torquato Tasso's Lustspiel „Die Liebesintriguen" in der Person des Gialaise ein ergötzliches Konterfei eines Adelsprätendenten. Nach den amtlichen Verzeichnissen gab es im Königreich Neapel um das Jahr 1675: 119 Fürstentitel, 156 Herzöge, 173 Marchesen. Die Zahl der Grafen verstieg sich in viele Hunderte. 12 derselben gehörten zum höheren Adel, wie der Graf Altavilla aus dem Hause Capua, der von Conversano aus dem Hause Acquaviva, der von Celano aus dem Hause Piccolomini, der von Policastro aus dem Hause Caraffa u. s. w. Eine eigentliche Präcedenz bestand nicht, obgleich der Titel Principe in der Regel für den vornehmeren galt. Der Chef der Familie Toledo führte den spanischen Titel eines Marchese von Villafranca, während Fürsten und Herzoge in seinem Hause waren. Der Magnus Comes de Altavilla, eine Creirung König Roberts von 1335, ging vielen Fürsten und Herzogen voran.

Man gab im Mittelalter dem Adel den Titel „Messere" — würde man dies heute thun, sagt Summonte, der zur Zeit König Philipps II. schrieb, so wäre es ein Crimen laesae. Nach dem Illustrissimo kam die Excellenza, welche schon gegen das Ende des sechzehnten Jahrhunderts so gang und gebe geworden war, daß eine der Pragmatiken des Grafen von Olivares, dem Mißbrauch zu steuern, das Führen von Titeln verbieten mußte, die nicht an ein Amt gebunden waren. Was dies gefruchtet, kann Jeder ermessen, der nur 8 Tage in Neapel zubringt, wo übrigens die Excellenza den Principi nicht von Rechtswegen zukommt, wie es z. B. in Rom der Fall ist. Die großen Kronämter des Adels waren unter den Spaniern meist Erbämter geworden, hatten indeß fast alle wirkliche Bedeutung verloren seit der unter Ferdinand dem Katholischen begonnenen, während Don Pedro de Toledo's Verwaltung vollendeten Umschaffung der Verwaltung, wie sie denn auch ihrer Natur nach an das Vorhandensein eines Königs und Hofs mehr oder minder gebunden waren. Sie waren nun auch kaum viel anderes als Titel. Die Würde des Connetable war seit König Ferdinand's des Katholischen Zeiten und ist auch heute noch im Besitz der Colonna von Paliano, die des Justitiar, unter der spanischen Herrschaft erst den Piccolomini von Amalfi, dann den Gonzaga von Molfetta verliehen, kam endlich an die

Spinelli von Fuscaldo. Die Admiralswürde bekleideten Mitglieder der Häuser Cardona und Capua, dann des Gran Capitano Angehörige, die Cordova von Sessa. Kämmerer waren die d'Avalos von Pescara und Vasto, Protonotare seit 1560 die Doria von Melfi, Kanzler seit Philipp III. die Caracciolo von Avellino. Das Seneschallamt endlich gehörte seit dem Jahre 1535 den Guevara von Bovino. Wie man sieht, wurden diese großen Kronämter nicht nur Nicht-Neapolitanern, sondern auch Nicht-Italienern verliehen. Beides war auch vor den spanischen Zeiten vorgekommen und erklärt sich theils durch die ausländischen Dynastien, welche eine nach der andern, Normannen, Hohenstaufen, Anjous und Aragonesen, das Land beherrschten, theils lag es in dem Drange momentaner Umstände. So finden wir, um nur mit den Anjous zu beginnen, als Connetable Guillaume l'Estendard, Alberigo da Barbiano, Sforza Attendolo, Braccio da Montone, Gonsalvo de Cordova. Unter der ersten Johanna bekleideten nacheinander zwei der florentinischen Acciajoli das Seneschallamt. Die beiden französischen Könige vergaben diese Würde an ihre Landsleute.

Schon von den Aragonesen an hatten aber immer mehr spanische Familien sich in Neapel niedergelassen, und so ist es natürlich, daß wir in den spätern Jahrhunderten zahlreiche fremde Namen unter dem neapolitanischen Adel finden. Die ersten und berühmtesten unter ihnen waren die d'Avalos. Castilianischen oder navarresischen Ursprungs, hatte Rodrigo d'Avalos durch einen siegreichen Zweikampf mit einem englischen Ritter aus dem Heere John of Gaunt's (des „timehonoured Lancaster" in König Richard II.), als dieser seine erheiratheten Ansprüche auf Castilien verfocht, die Gunst seines Königs Heinrich III. und die Connetablewürde dieses Reiches erworben. Einer seiner Söhne, Inigo, war mit Alfons I. nach Neapel gekommen, war Großkämmerer geworden, hatte durch Heirath mit Antonia d'Aquino das Marquisat Pescara geerbt und zwei Söhne hinterlassen, deren einer, Alfonso der Einzige wahrhaft Treue bei Carl's VIII. Einfall, Vater des berühmten Ferrante ward, der bei Pavia mit Lannoi*) und Bourbon**) Franz I. schlug, der jüngere jenen Alfonso, Marchese de Vasto zeugte, der in Carl's V. Kriegen kaum weniger Ruhm erlangt hat. In ihrem Herzen blieben diese d'Avalos stets mehr Spanier als Italiener, und man weiß namentlich, wie Ferrante, der Vittoria Colonna Gemahl, nur als Spanier betrachtet sein wollte. Sie vereinigten jedoch im Königreiche Lehen über Lehen und Reichthümer über Reichthümer. Außer Pescara und Il Vasto, beide in den Abruzzen, gehörte ihnen das so malerische wie feste Montesarchio an der Straße, die aus Terra di Lavoro nach Benevent führt. Troia in Apulien, Isernia und Francavilla und die Insel Ischia. Nächst den d'Avalos sind die Cordova zu nennen, welche schon in der Person Gonsalvo's die Titel von Sessa, Sant' Agata und Terranova erlangten, die Cardona, Sanchez de Luna, Mendoza, de Leyva, Diaz Garlon, Alarcon, Enriquez und manche Geringere, die im Gefolge der Vicekönige nach Neapel kamen und welchen es dort zu gut gefiel, als daß sie das Land hätten verlassen mögen. Auch andere Zweige spanischer Geschlechter faßten so in Neapel Wurzel, wie die Afan de Rivera u. a. Natürlich blieben diese Niederlassungen von Spaniern durch ihre Verschwägerung mit den ersten einheimischen Familien nicht ohne Einwirkung auf Sitten und Lebensweise.

*) Charles de Lannoi † 1527 zu Gaëta.

**) Der bekannte Herzog v. Bourbon, der zu Carl V. überging.

Die Sitte des Tragens von Ordenszeichen wurde erst durch die Spanier allgemein unter dem neapolitanischen Adel. In den königlichen Zeiten waren die Ordenszeichen selten, wenn man die der Johanniter ausnimmt, welche eine Menge Priorate und Commenden im Königreich besaßen, wo der eigentliche Nerv der italienischen Zunge lag. Ludwig von Tarent, der zweite Gemahl der ersten Johanna, gründete den Ordine del Nodo, welcher vielleicht die Idee zu dem Ordine del Collare Amadeus VI. von Savoyen, des „Conte Verde", gegeben hat, der noch als Annunziatenorden besteht. Ausländische Orden wurden nur selten getragen, wenn nicht von königlichen Prinzen. Unter der spanischen Herrschaft aber ward dieses ganz anders. Eine Menge neapolitanischer Edelleute wurden Ritter spanischer Orden, namentlich von San Jago und Calatrava, selten von Alcantara. Das goldene Vließ wurde Manchen verliehen, welche vornehme Geburt mit wesentlichen Diensten vereinigten: die Vicekönige vertraten bei der Uebergabe die Stelle des Monarchen und die Verleihung fand mit großer Feierlichkeit statt. Schon im siebzehnten Jahrhundert aber finden wir, daß man sich's zur Erlangung des Vließes „unendliche Mühe und schweres Geld" kosten ließ.

(Fortsetzung folgt.)

Ein Klosterbruder von Lehnin am Rheine.

Auch in dem herrlichen Altenberg, dem Grabeskloster der großen Grafen von Berg im lieblichen Odenthale an der Dhün, war es um die Mitte des 15. Jahrhunderts traurig um die Klosterzucht bestellt. Ein Freiherr von Schlebusch führte den Hirtenstab von 1462 bis 1467; aber er war kein Hirt und rechtfertigte an sich das spöttische Wort:

„Quidquid agit monachus, monachus vult esse secundus"; —

„saeculo magis addictus fuit quam religioni" sagt die Klosterchronik von ihm. Endlich kamen so arge Gerüchte über das prächtige Kloster in dem nachtigallenreichen Waldthale in Umlauf, daß eine Commission zur Reformation des Stiftes Altenberg bestellt wurde. Das General-Capitel von Cistertium sandte den Abt

Heinrich Ray vom Kloster Kampen in das bergische Stift und dieser setzte den freiherrlichen Abt Johannes Schleebusch zwar ab, ernannte ihn merkwürdiger Weise aber — es war wohl eine bittere Ironie im Spiele, — zum „Beichtvater der Nonnen im Kloster Lieberäberg". Zum neuen Hirten des Stiftes Altenberg wurde aus weiter Ferne, aus der Mark Brandenburg, berufen Abt Arnold von Lehnin.

Arnold, welcher die Mitra von 1467 bis zum Jahre 1490 trug, muß ein ganz außerordentlich befähigter und hochgebildeter Geistlicher gewesen sein. Er erwarb sich in Altenberg den Zunamen „Muskendam", d. h. er war den Ausschreitungen der Mönche gegenüber ein Damm. Bald war seiner Thatkraft die Herstellung der Zucht und Sitte gelungen. Allein er begnügte sich mit diesem Erfolge keineswegs. Arnold selbst war als Kanzelredner und Schriftsteller mit Eifer thätig: — er verfaßte eine „Geschichte der Abtei" und hinterließ „Exhortationes et orationes ad fratres". Er trieb demnach die Brüder zu geistiger Beschäftigung an, ertheilte selbst den Unterricht und vermehrte die Kloster-Bibliothek. Seine so verdienstvolle Wirksamkeit blieb auch nicht lange unbemerkt; Abt Arnold erhielt die Würde eines Ordens-Commissars sämmtlicher Cisterzienser-Klöster der Provinz Deutschland und verweilte als solcher von 1179 bis 1481 bei Papst Sixtus in Rom.

Eben, als er aus der ewigen Stadt in's Rheinland zurückkehrte, hielt Herzog Wilhelm von Cleve und Berg Hochzeit mit der Markgräfin Sybille von Brandenburg. Am Sonntage nach Johannis wurde das erlauchte Paar vor dem Severinsthore zu Köln vom Erzbischof Hermann getraut; dann ging es nach dem „Altenberger Hofe" in Köln, in welchem drei Tage lang mit Banquetten und Turnieren Hochzeit gehalten wurde. Die Braut fuhr bei den Aufzügen in einem schönen, übergoldeten „Gutschen"; Abt Arnold aber kam demüthig in einem mit Leinwand verdeckten Wäglein zu dem Feste. Und doch war er als Herr im Altenberger Hofe der Wirth!

Viel Lust hatte Abt Arnold am Bauen. Er suchte die edle Kunst auch bei den Mönchen einzuführen; den Acker, meinte er, vermöchten die bäuerlichen Unterthanen des Klosters besser zu bestellen; dem Mönche zieme eine edlere Beschäftigung. Von den Werken aber, welche der Abt ausführen ließ, werden uns besonders zwei gerühmt: das große Refectorium und das Reconditorium, das Sakramentshäuschen an der nördlichen Seite des Hochaltars. In dem erstgenannten Raume, welcher 108 Fuß lang und 47 Fuß breit war, brachte er im Sommer zur Kühlung einen Springbrunnen an und errichtete Öfen für den Winter zur Heizung; — er dachte gewiß an die großen Kachelöfen der Jugend zurück, und die Fratres waren mit dieser am Rheine noch unbekannten Einrichtung sehr wohl zufrieden.

Das „Sakramentshäuschen" befindet sich noch heute in der Altenberger Abteikirche, welche König Friedrich Wilhelm IV. im Jahre 1847 in ihrem alten Glanze hat erneuern lassen. Von dem linken Flügel des geschnitzten Hochaltars fast verdeckt, befindet sich dasselbe zwischen zwei hohen Säulen, mit seiner zierlichen Krone fast bis zum Gewölbe hinaufreichend. Es ist ein Meisterstück von Steinskulptur und übertrifft an reizvoller Schönheit fast alle ähnlichen Werke des deutschen Nordens. Er war ein Freund edler Schönheit, dieser Cisterzienser aus der Mark! —

Endlich aber war sein Tagewerk vollbracht; sanft kam der Abend und die Nacht. Die Brüder von Altenberg achteten und ehrten ihren Abt aber auch noch im Tode. Die früheren Häupter des Klosters waren theils in der Markuskapelle des Stiftes, theils im Capitelhause beigesetzt worden; Arnold fand zuerst seine Ruhestätte in der Kirche selbst vor dem Altare. Konnte er doch in der That als Neubegründer des Klosters betrachtet werden! —

So bildet der gelehrte, kunstsinnige Lehniner Klosterbruder gewissermaßen ein Gegenstück zu jenem frommen, schlicht einfältigen Ritter, welcher zu Altenberg das Gewand des heiligen Robert genommen hatte, aber trotz aller Bemühungen nichts weiter zu lernen vermochte als die Worte:

„Ave Maria! Gegrüßt seist du, Maria!"

Es erfreut, grad' in jener Zeit so viel von gesegneter Thatkraft und Tüchtigkeit bei einem Cisterzienser von Lehnin zu finden.

Oskar Schwebel.

Jerusalems-Verein.

Ihr seid gekommen zu dem Berge Zion und zu der Stadt des lebendigen Gottes, zu dem himmlischen Jerusalem. (Hebr. 12, 22.)

Gerade weil wir ein Zion kennen hoch über Raum und Zeit, weil wir ein Bürgerrecht haben in jener Gottesstadt droben im Licht und weil von diesem festen Endziel aller unserer Wege in jedem Kampf und jeder Noth der Gegenwart Muth, Hoffnung und Freude fließen, darum wollen wir das irdische Jerusalem, von welchem solches Heil ausgegangen, nimmer vergessen, sondern dankbar weiter seine Mauern bauen und helfen, daß es ein Preis werde auf Erden.

Wir sind im letzten Jahre mit des Herrn Hilfe ein gut Stück vorwärts gekommen. Dank dem Anstoß, welchen Pfarrer Schneller in Bethlehem gegeben und Dank den Sammlungen, welche auf diese Anregung hin vor allem die alten Herren der Studentenverbindung Wingolf unter dem Vorsitze des Superintendenten Winkler in Mühlhausen veranstalteten, Dank endlich den Beiträgen, welche von Freunden der Sache unserem Schatzmeister zugingen, war Ende vorigen Jahres die für den Kirchbau in Bethlehem nothwendige Summe von ca. 70 000 Mk. vorhanden. Im Frühjahr war der zu Schulzwecken bestimmte

Unterbau vollendet, allein die großherrliche Erlaubniß für den Oberbau, die eigentliche Kirche, fehlte. Der ganze Sommer und Herbst verging mit vergeblichen Bitten und Verhandeln wegen des Firmans, das Werk wurde nicht gefördert. Da kam endlich im November die Reise unseres Kaisers und unserer Kaiserin nach Constantinopel, und worum wir uns voraussichtlich noch Jahre lang vergeblich bemüht, das gelang der Fürbitte unserer Kaiserin in einem Augenblicke. Die Erlaubniß zum Bau ist seitens Sr. Majestät des Sultans ertheilt. Wir hoffen über's Jahr von der Vollendung der evangelischen Kirche in Bethlehem berichten zu können.

Wie seine Gemahlin so hat auch unser allergnädigster Kaiser trotz der ungeheueren Anforderungen, die an seine Zeit und Kraft gestellt worden sind, sein lebendiges Interesse für Jerusalem thatkräftig bewiesen. Er hat zur einheitlichen Ordnung der preußischen Unternehmungen in Palästina unter dem Vorsitze des Ministerialdirectors Dr. Barkhausen ein Comité eingesetzt, welches aus dem Oberhofprediger Dr. Kögel, dem Grafen Zieten-Schwerin, dem Abt Uhlhorn in Hannover und dem Commerzienrath Goldmann in Langenberg gebildet wird. Man darf nun auf eine Lösung der großen Aufgaben, die unserer in Jerusalem warten, hoffen. Die Frage, was aus dem einst von König Friedrich Wilhelm IV. zusammen mit der englischen Krone gegründeten preußisch-englischen Bisthum werden wird, geht ihrer Entscheidung entgegen. Der Muristan, jener große Platz der heiligen Grabeskirche gegenüber, der einst dem Johanniter-Orden gehörte, dann aber im Jahre 1869 vom Sultan Abdul Aziz unserem damaligen Kronprinzen als preußischer Besitz übergeben wurde, wird nun wohl auch endlich zur Bebauung kommen, und voraussichtlich außer der evangelischen Kirche, für welche die Mittel ausreichend vorhanden sind, das deutsche Consulat, die Pfarre und das Schulhaus aufnehmen. Da der Morgenländer viel mehr Werth als wir auf die äußere Repräsentation legt, so wird auch dieser Neubau seinen missionirenden Einfluß nicht verfehlen.

Auch ein drittes großes Unternehmen ist im Laufe des letzten Jahres wenigstens begonnen. Das Diakonissen-Hospital, welches wegen der damaligen Unsicherheit im Jahre 1856 innerhalb der Stadtmauern in einem türkischen Hause eingerichtet worden, hat sich vermöge seiner ungesunden Lage und seiner engen Räume in jeder Weise als den gegenwärtigen Ansprüchen nicht mehr genügend erwiesen. Daß es trotzdem, und trotzdem es von den wohlhabenderen Patienten im Gegensatz zu anderen Hospitälern sich eine mäßige Entschädigung zahlen läßt, dennoch im letzten Jahre 538 Kranke in 11,246 Pflegetagen beherbergt und dazu 8216 Leidende poliklinisch behandelt hat, verdankt es nur den tüchtigen Leistungen des Arztes und der aufopfernden Pflege der Diakonissen. Wollen wir aber nicht hinter den griechischen, lateinischen und jüdischen Hospitälern, die gesund gelegen, sich der besten medicinischen Einrichtungen erfreuen, auf die Dauer zurückstehen, so müssen wir nothwendig ein neues Hospital bauen. Auf Anregung des gegenwärtigen Jerusalemer Pfarrers Schlicht hat sich ein aus allen früheren Jerusalemer Pastoren bestehendes Comité gebildet, welches für den genannten Zweck im letzten Jahre etwa 15000 Frcs. gesammelt hat, aber mindestens 100000 bedarf. Wir bitten alle Freunde gerade dieses Unternehmens, etwaige specielle Beiträge dafür nicht an den Schatzmeister unseres Vereins, Rechnungsrath Bollendorff (SW, Kommandantenstr. 8), sondern an den Schriftführer Lic. Weser (C, Bischofstr. 4-5) einzusenden.

Selbstverständlich dürfen aber die regelmäßigen Einnahmen unseres Vereins darunter nicht leiden. Wir haben im letzten Jahre in Beitjala eine neue Mädchenschule eingerichtet, um auch das weibliche Geschlecht zu fördern, an der Knabenschule daselbst einen zweiten Lehrer angestellt, um in unseren Leistungen die anderen Confessionen zu überbieten. Der bisherige Hilfsprediger und Rector der Jerusalemer deutschen Schule, Decker, hat nach 3½jährigem stillen, treuen und erfolgreichen Wirken das heilige Land verlassen und ein Nachfolger hat in der Person des früheren Dom-Kandidaten Böttcher hingesandt werden müssen. In Jerusalem wurde für die geistliche Pflege der aus Talitha Kumi entlassenen Zöglinge und der aus dem Hospitale heimgekehrten Kranken ein arabischer Evangelist berufen. Das alles erfordert neue Geldmittel und daneben bestehen die alten Bedürfnisse fort. Wir bitten die Freunde unseres Werkes, darum treu und fest zu bleiben und neue hinzu zu gewinnen.

Indeß das äußere Bauen, das bloße Geben reicht nicht aus. Nicht durch menschliche Klugheit und Kunst, sondern durch Gottes Geist wird eine Gemeinde erbaut. Wir bedürfen zu unserer Missionsarbeit Männer und Frauen, getrieben von der Liebe Christi, erfüllt vom heiligen Geist, getragen von der Fürbitte der Gemeinde. Der hochverdiente Vorsteher des syrischen Waisenhauses, J. Schneller sen., welcher mit Gefahr seines eigenen Lebens unter viel Mühe, Gebet und Entbehrung aus kleinen Anfängen seine Anstalt zu einer der bedeutendsten in Palästina entwickelt, ist durch seine Jahre und ihre Last gezwungen worden, die Leitung aufzugeben. Sein Sohn Ludwig, unser begabter, rühriger und erfolgreicher Missionar und Pfarrer von Bethlehem, dessen eingehende Kenntniß des Arabischen von unschätzbarem Werthe für unsere dortige Arbeit war, ist einem Ruf der evangelischen Gemeinde in Cöln a. Rh. gefolgt und hat seine Stellung in unserem Dienste aufgegeben, aus welcher wir ihn mit großem Bedauern und herzlichem Dank haben scheiden sehen. Möge der Herr der Kirche zu ihrem Ersatze uns die rechten Männer senden, und mögen Alle, denen dieser Aufruf zu Gesichte kommt, sich hier ein Anlegen sein lassen vor ihrem Gott! Hören wir mit unseren Kindern unter unserem Christbaume in fröhlicher heiliger Weihnachtszeit das Lied der Engel aus dem Zion droben: „Friede auf Erden!“ so wollen wir uns auch die Liebespflicht mit ins Herz fragen lassen, mitzuhelfen, daß das irdische Jerusalem werde, was sein Name sagt: eine Friedensstadt Gottes! Amen.

Berlin, 2. December 1889.

Der Vorstand des Jerusalems-Vereins zu Berlin.

Dr. Kögel, Vorsitzender, N. Oranienburgerstr. 76a. Bollensdorff, Schatzmeister, SW. Kommandantenstraße 9. Lic. Hoffmann, Redakteur der Neuesten Nachrichten aus dem Morgenlande, Frauendorf bei Stettin. Lic. Weser, Schriftführer, C. Bischofstr. 4.5. A. Graf v. Bernstorff. Adler. Bayer. Berner. v. Bülow. D. Frommel. Dr. Kersten. Loesche. Freiherr v. Münchhausen. Tappen. Trinius.

Die Diakonissen-Anstalt in Flensburg

hat ihre Thätigkeit im letztverflossenen Arbeitsjahre im Ganzen innerhalb derselben Grenzen wie während des Vorjahres weitergeführt und theilt in ihrem Organe „Monatsblatt für Diakonie“ aus dem 15., von Michaelis 1888—1889 reichenden Jahresberichte Einzelheiten über ihr Wirken und Schaffen während dieses Zeitraums mit.

Es sind in demselben 19 Probeschwestern neu eingetreten, die größte Zahl, welche die Anstalt bisher zu verzeichnen hatte; im Ganzen ist die Schwesternschaft von 92 auf 105 gewachsen. 59 von den Schwestern sind eingesegnet, 27 Novizen und 19 Probeschwestern. Auf auswärtigen Stationen und Filialen arbeiten zur Zeit 70 Schwestern, im Mutterhause 35. Die Arbeit in dem letzteren und auf den Stationen bietet das gleiche Bild wie in früheren Jahren. Obgleich in den Nachbarstädten immer mehr kleinere Krankenhäuser entstanden sind, ist die Krankenzahl in den Häusern der Flensburger Anstalt wesentlich die gleiche geblieben. Im Mutterhause betrug sie 962, im Siechenhause 158. Die Zahl der Pflegetage in beiden Häusern war 53061, es sind somit täglich gegen 146 Kranke und Sieche in denselben verpflegt worden. Privatpflegen wurden in 15 Fällen mit 277 Pflegetagen übernommen und öfter anderweitige Hilfe verschafft, wenn die Kräfte der Anstalt nicht ausreichten. Leider ist es, wie der Bericht hervorhebt, bei den an das Diakonissenhaus herantretenden vielfachen Ansprüchen auch im Berichtsjahre noch nicht möglich gewesen, für Privatpflegen stets mehrere Schwestern verwendbar zu halten; doch steht zu hoffen, daß dies Ziel in diesem Jahre erreicht wird, falls nur der Schwesternzuwachs der Anstalt sich so günstig wie in dem abgelaufenen Berichtsjahre gestaltet.

An neuen Stationen sind übernommen die Gemeindepflege und Kleinkinderschule in Tönning mit 2 Schwestern, das Kreis-Krankenhaus in Apenrade mit 3 Schwestern, die Kleinkinderschule zu St. Marien in Hadersleben mit einer Schwester. Auch hat die Anstalt für die verschiedenen zu St. Johannis in Flensburg eingerichtete Krippe eine Schwester gestellt.

Wie im Jahre 1888 sind auch im vorigen wieder mehrere Lehrpflegerinnen des Johanniter-Ordens, sowie einige Pensionärinnen in der Krankenpflege ausgebildet worden.

In baulicher Hinsicht ist die Anstalt erweitert worden durch die Filiale des neuen Pensionats. Mit den beiden Filialen des Siechenhauses und Pensionats ist die Zahl der Außenstationen jetzt auf 37 gestiegen.

Ueber die finanziellen Verhältnisse der Anstalt giebt die dem Berichte vorgedruckte Jahresrechnung vom Juli 1888 bis dahin 1889 den nöthigen Ausweis, wonach Ausgaben und Einnahmen im verflossenen Anstaltsjahre balancirt haben; sie belaufen sich auf je 108773 Mk. 91 Pf. Es sind aber auch außerordentliche Einnahmen gewesen, welche das Gleichgewicht herstellen, wogegen die Erträge der Sammelbücher, Hausbücher und Gaben sich gegen früher etwas vermindert haben.

In Folge dessen ist, wie der Bericht sagt, da bauliche Aufgaben, wie der Anbau des Siechenhauses, namentlich für Geistes- und Gemüthskranke, ferner der Bau einer Leichenkapelle, sowie einer guten Baracke für ansteckende Krankheiten, dauernd nicht mehr von der Hand zu weisen sind, zu befürchten, daß die Anstalt demnächst mit einem Defizit der Jahresrechnung behaftet sein wird. Eine Förderung dieser Angelegenheiten, namentlich seitens der Provinz Schleswig-Holstein, wäre deshalb im Interesse der Anstalt um so wünschenswerther, da dieselbe ihre zahlreichen Arbeitskräfte so ausschließlich in den Dienst der Provinz stellt.

Nationaldank für Veteranen.

Der 1851 gestiftete „Nationaldank“ setzt es sich zur Aufgabe, hilfsbedürftige und erwerbsunfähige Krieger, welche Feldzüge mitgemacht haben, im Alter zu unterstützen. Außer den alten Kriegern selbst sollen auch nach deren Tode die hilfsbedürftigen Angehörigen (Wittwen und erwerbsunfähigen Töchter) berücksichtigt werden. Im Jahre 1854 wurden aus der Zeit der Befreiungskriege von 1806—15 64368 Veteranen gezählt, welche Anspruch auf Unterstützung erhoben. Bis Ende 1887 hatte sich diese Zahl auf 172 vermindert. Im Ganzen hat die Stiftung von 1854—87 6984049 oder rund sieben Millionen Mark an Unterstützungen vertheilt. Die Stiftung erhielt 1854 Corporationsrechte. Die Verwaltung wurde von einem Curatorium geleitet, an dessen Spitze zuerst der verewigte General v. Malliszewski stand; seine Amtsnachfolger waren die gleichfalls schon heimgegangenen General v. Olloch und General der Infanterie v. Waldersee, Gouverneur des Invalidenhauses. Das Curatorium wurde von dem

Könige als Protector ernannt und landesherrlich bestätigt, es war aus höheren Militärs und Civilbeamten zusammengesetzt. In der Provinz wirken für die Stiftung Bezirks- und Kreis- bezw. Stadt-Commissariate. Nach dem Ableben Kaiser Friedrich's III. hat Se. Maj. der jetzige Kaiser das Protectorat über die Stiftung übernommen. Zugleich ist nach dem Willen Kaiser Friedrich's, den derselbe bei Lebzeiten kund gegeben, die Verwaltung der Stiftung auf das Kriegsministerium, Departement für das Invalidenwesen, übergegangen. Das bisherige Curatorium hat dem zu Folge seine Wirksamkeit vor Kurzem eingestellt. Nach einem neuen, von Sr. Maj. dem Kaiser unter dem 8. October 1888 genehmigten Grundgesetz führt das Departement für das Invalidenwesen im Kriegsministerium als Curatorium die Centralverwaltung, die Stiftungsorgane in der Provinz bestehen unverändert fort. (Kriegerheil.)

Unter den Aussätzigen.

Vor etwa Jahresfrist machten in England die Berichte über die selbstlose Liebesarbeit des Pater Damien unter den in furchtbarster Qual einem rettungslosen Tode verfallenen Aussätzigen auf der Insel Molokai (Hawai-Gruppe) ein ungeheures Aufsehen.

Wie zur Zeit des Herrn waren die Elendesten in einer von keinem gesunden Menschen betretenen Insel zu einer Kolonie des Todes vereinigt worden und erwarteten dort ihr gräßliches Schicksal.

Nach vieljähriger Arbeit unter den Armen starb der todesmuthige Pater auf der Insel, von der gleichen Krankheit ergriffen, und ein Nachfolger für den Helferdienst an den dem sicheren Tode Verfallenen hat sich nicht finden wollen.

Jetzt hat sich die Tochter eines staatskirchlichen Geistlichen, die ihren Namen nicht genannt wissen will, ein Mädchen von 27 Jahren, bereit gefunden, das heldenhafte Werk zu übernehmen. Von welcher religiösen Gemeinschaft sie ausgesendet wird, erhellt aus den vorliegenden Zeitungsberichten nicht. Sie scheint in Diensten der Hawaiischen Regierung zu stehen; aber ihr Entschluß hat in England das Interesse vieler Leute diesem Werke der barmherzigen Liebe zugewandt, und man hat eine Gesellschaft gegründet, welche die leibliche und geistliche Versorgung der Aussätzigen nicht nur in Molokai, sondern auch in anderen Aussatzcolonien im Orient in's Auge gefaßt hat.

Das junge Mädchen hat in der vorigen Woche Portsmouth verlassen, von Niemand begleitet. In Paris hat sie einen wissenschaftlichen Cursus durchgemacht und will, wie verlautet, versuchen, den Aussatz-Bacillus in seinem Wesen und seiner Entwicklung zu studiren und durch medicinische Mittel zu zerstören.

Durch einen protestantischen Geistlichen, Rev. H. B. Chapman in Camberwell, London, läßt Schwester Rose Gertrude denjenigen, die sie mit Gaben versorgt, ihren Dank aussprechen, bittet aber darum, daß ihr väterlicher Name in der Oeffentlichkeit nicht mehr genannt werde.

Es scheint sich ihrer in den letzten Jahren Niemand angenommen zu haben. In Paris war sie auf ihre eigenen Füße gestellt, mußte sich längere Zeit ihren Unterhalt durch Abfassung kleiner Bücher verdienen und lange Zeit fand sie, obgleich sie ihr Leben zu opfern bereit war, Niemand, der für sie die Ueberfahrt nach Australien bezahlen wollte. Ein beschämendes Beispiel, wie eine selbstlose und energische Frau alles thatenlose Gerede von christlicher Liebe, Religiosität, Erbarmen in seiner ganzen Blöße aufzeigt.

Mit Recht bemerkt Rev. Chapman in seinem Briefe, daß der Heldenmuth und die Furchtlosigkeit der Schwester Rose Gertrude, die die Aufmerksamkeit der Oeffentlichkeit von ihrem Werke ferngehalten wissen will, nicht bemerkens- und bewundernswerther als ihre Demuth sei. (Ev. Kirchl. Anz. f. Berlin.)

Literatur.

Anzeiger des germanischen Nationalmuseums. 1890. Nr. 1. — Januar und Februar.

Inhalt: Chronik des germanischen Museums. — Fundchronik, aus der wir hervorheben, daß man in der ehemaligen Johanniter-Kirche zu Mühlhausen im Elsaß, die abgebrochen werden soll, sehr interessante Wandmalereien, wahrscheinlich einen Todtentanz vom Anfange des 16. Jahrhunderts darstellend, gefunden hat.

Die dieser Nummer beigefügten Mittheilungen aus dem germanischen Nationalmuseum, Bogen 1—5 nebst Tafel I. enthalten folgende Aufsätze: Die Kaiserurkunden des germanischen Nationalmuseums. — Das Grabmal des Apothekers Nikolaus Hofmaier in der St. Moritzkirche zu Augsburg. — Zwei Buntpapiere im germanischen Nationalmuseum, mit zwei Abbildungen.

Dem Anzeiger ist außerdem der 36. Jahresbericht des germanischen Nationalmuseums, Nürnberg, 31. December 1889 beigefügt, der constatirt, daß dasselbe in erfreulichster Weise sich weiter entwickelt, aber auch, in Rücksicht darauf, daß durch die Erwerbung der Sulkowski'schen Sammlungen, das Museum wegen der in Folge dessen eingegangenen pekuniären Verpflichtungen, allseitiger materieller Beihülfe bedarf, um seine ihm zur Verfügung stehenden Mittel nicht lediglich zur Tilgung dieser Schuld sammt Zinsen verwenden zu müssen, sondern Gelder zu Ankäufen disponibel zu haben, um mit der durch die Zeitverhältnisse bedingten Beschleunigung, dem Museum die Bedeutung einer nationalen Anstalt ersten Ranges geben zu können.

Carl Heymanns Verlag in Berlin W., Mauerstraße 63. 65.

Gedruckt bei Julius Sittenfeld in Berlin.

Alle Zuschriften und Einsendungen in Angelegenheiten dieses Blattes wolle man an den Redacteur desselben: Geh. Hofrath Herrlich W. Potsdamer Straße Nr. 134 c. in Berlin richten.

Wochenblatt

der

Johanniter-Ordens-Balley Brandenburg.

Im Auftrage der Balley Brandenburg verantwortlich redigirt von C. Herrlich in Berlin.

Jahrg. 31. Berlin, den 12. März 1890. Nr. 11.

1. Adalbert Friedrich Wilhelm von Bredow, Generallieutenant à la suite des Ulanen-Regiments Hennigs von Treffenfeld (Altmärkischen) Nr. 16, Domherr zu Brandenburg und Mitglied des Herrenhauses, auf Briesen bei Friesack, Rechtsritter seit 1883, † zu Briesen 3. März 1890.
2. Carl Theodor Graf von Medem, Kaiserlich Russischer Garde-Rittmeister a. D., Ehrenritter seit 1829, † zu Mitau 26. Februar 1890.

Der neapolitanische Adel.

(Fortsetzung.)

IX.

Der neapolitanische Adel, sofern er nicht an Staatsgeschäften sich betheiligte, sah nur den Kriegsdienst oder das Hofleben vor sich. Gewöhnlich vereinigte er beide. In den Kriegen Philipp's IV., der nicht nur in den Niederlanden und Deutschland zu thun, sondern gleichzeitig sich Frankreichs in der Freigrafschaft, an den Pyrenäen und in der Lombardei zu erwehren hatte, widmete sich fast der ganze vornehme Adel des Königreichs dem Kriegsdienst und stellte großentheils auf eigene Kosten ansehnliche Mannschaft. Der Fürst von Belmonte-Pignatelli führte ein Regiment von vierzehn Compagnien, das er selbst geworben, nach der Lombardei, der Fürst von Satriano Ravaschieri eines von 22 Compagnien. Ueberall begegnen wir den Namen der Orsini, Carafa, Caracciolo, d'Avalos, Brancaccio, Toraldo, Tuttavilla, Liguoro u. A. Albrecht von Wallenstein pries vor allen die Bravour und Tüchtigkeit der neapolitanischen Truppen, Offiziere wie Soldaten, welche Philipp IV. dem Kaiser zu Hilfe gesandt hatte, und Marco Foscarini, der Doge und Geschichtschreiber von Venedig, erinnerte noch in spätern Jahren an die ehrenvolle militärische Laufbahn des hohen Adels, der Herzoge von Nocera und von Maddaloni aus dem Hause Carafa, des Fürsten von Avellino, des Grafen von Santa Severina, Carlo della Gatta's und mancher Andern aus dieser Zeit, jenes Marchese von Montenero endlich, dem Heinrich IV., der ihn bei der Belagerung von Amiens zum Gegner hatte, ein so rühmendes Zeugniß ausstellte. Und außer durch persönlichen Dienst und Werbungen kamen die Edelleute auch durch freiwillige Anleihen dem Staate in seinen Nöthen zu Hilfe. Nicht gleiche Anziehung aber hatte in diesem Lande das Hofleben. Dem neapolitanischen Adel fehlte das Centrum einer nationalen Dynastie, zweihundertdreißig Jahre wurde das Königreich von auswärts regiert — das einst so blühende Normannen- und Hohenstaufenreich war in zwei Provinzen zerschlagen, welche in Glück und Leid ihre Blicke nach Spanien, zuletzt nach Oesterreich richten mußten. Der Schwerpunkt war verrückt, die ganze Bewegung des Räderwerks dieses Staats war eine unnatürliche geworden. Seine geselligen Zustände krankten an den Uebeln, die das ganze Leben der höhern Stände im innersten Mark vergifteten. Von allen Formen war viel geblieben. Man merkte es bald, daß man einen Lehnsadel nach mittelalterlichem Zuschnitt vor sich hatte, einen wirklichen Stand mit, wenn nicht immer ruhmwürdigen, doch durch ihren Thatenreichthum immer noch anregenden Erinnerungen, mit geschlossenen Gliedern, so daß nur Wenigen der Zugang geöffnet war, mit einem Selbstbewußtsein, welches gerade dann am öftesten in schroffen Hochmuth ausartete, wenn es sich um bloße Aeußerlichkeiten, um die hohle Larve voriger Macht handelte. Es ist nicht ohne Interesse, zu erfahren, welchen Eindruck die Gesandten anderer italienischer Staaten von diesem Treiben empfingen, z. B. die berechnenden, sparsamen Florentiner, die bis tief in die Zeiten Mediceischen Verfalls hinein es nicht vergessen konnten, daß ihr eigener Adel aus dem Handelsstande hervorgegangen war, welche Lorenzo de Medici, Bernardo Rucellai, Filippo Strozzi, die Väter und Vettern von Päpsten, Königinnen und Herzogen, um nichts geringer achteten, weil sie in der Heimat, wie in Rom, in Lyon, wie in Brügge

Banken und Handelsverbindungen hatten. „Der Graf von Castro", meldet ein Agent des Herzogs von Urbino, indem er von dem Bruder des Vicekönigs Lemos redet, „sucht sich die Liebe des hiesigen Adels durch leutseliges Betragen zu erwerben. Allen titulirten Adligen giebt er den Illustrissimo, erschöpft sich in Höflichkeit und spricht mit Jedermann. Kurz, ich glaube, er paßt besser für Neapel, wo man von lauter Eitelkeit lebt, als für Rom, wo es sich zu verstellen gilt." „Die Adligen", schreibt ein Anderer an den Großherzog Ferdinand von Toscana, „leben in großem Stil und würden es für für eine Schande halten, sich mit Handelsgeschäften abzugeben. Ja sie erachten es ihrer nicht würdig, sich persönlich um ihre häuslichen Interessen zu kümmern. Die Zeit, welche sie nicht in ihren Sedilen zubringen, verwenden sie all' auf Waffenübung und Reitkunst." Unaufhörlich gab es Rangstreitigkeiten, bei geselligen Festen wie bei kirchlichen Feiern. Es geschah wohl, daß sie beim Ordnen einer Prozession in der Kirche aneinander geriethen, die Wachsfackeln auslöschten, Tumult erregten und die Priester mit dem Sanctissimum dastanden, ohne den Zug eröffnen zu können, bis die Spanier sich in's Mittel schlugen und geboten, daß man ohne Rücksicht auf Rang und Titel je nach dem Zufall zu gehen habe. Als der ältere Herzog von Ossuna*) beim Antritt seiner Verwaltung verordnete, daß nur titulirte Adelige in das Vorzimmer (anticamara) zugelassen werden, die Uebrigen aber in der Halle (sala) warten sollten, wo sie natürlich mit Leuten vom Bürgerstande vermengt standen, um auf Audienz zu warten, drohte ein Aufstand unter dem Adel auszubrechen. Als in einer Versammlung in der Casa della Nunziata ein Doctor in seiner Rede dem Fürsten Del Colle den Titel Eccellentissimo zu geben vergaß, griff dieser nach der auf dem Tisch stehenden schweren Klingel, um dem Unhöflichen eine leise sachliche Zurechtweisung zu geben, traf aber statt seiner einen armen Alten, der eine schlimme Kopfverletzung davontrug. Unter einander lagen die Barone beständig in Fehde. Die Einen schlugen sich wegen Nebenbuhlerschaft, die Andern wegen Spiels; diese wegen Grenzstreitigkeiten, jene wegen Wortwechsels. Bisweilen standen ganze Schaaren einander gegenüber, wie im October 1630, wo eines Abends ein Kampf zwischen den Acquavivas und den Caracciolos vor S. Pietro a Majella stattfand, bei dem Einer getödtet und etwa 12 verwundet wurden. Noch nach Jahren brach aufs neue Zwist zwischen denselben Familien aus, und der Herzog von Martina (Petraccone Caracciolo) tödtete im Zweikampf Cosimo Acquaviva, den ältesten Sohn des Grafen von Conversano.

Die Vicekönige schauten diesem Treiben zu, so lange sie es ihren Zwecken dienlich erachteten. Plötzlich fuhren sie dann wohl mit eiserner Hand hinein. Der Adel machte überhaupt den Eindruck eines Vogels an der Leine; unversehens empfand er den Ruck von der mächtigen Hand. Seine Willkür ward durch noch größere Willkür unterdrückt; kein Privilegium schützte, kein Familienglanz, kein Verdienst um die Krone. Don Pedro de Toledo**) ließ dem Grafen von Cajazzo, einem der vornehmsten Herren, im Jahr 1550 in einem bloßen Untersuchungsproceß die Folter geben; seit den strengen Maßregeln, welche Philibert***) von Oranien nach der Lautrec'schen Belagerung gegen den Adel französischer Partei ergriff, war so etwas nicht mehr vorgekommen. Als in einem Streit mit dem Herzog v. Alba 1626, wo es sich um städtische Administration handelte, einer der Abgeordneten der Sedilen drohte, sie würden an den König schreiben, gab der Vicekönig zur Antwort: wer das thun wolle, dem werde er den Kopf vor die Füße legen lassen. Der Graf von Lemos****) ließ im Jahr 1614 den Fürsten von Conca und den Herzog von Bovino, jener Großadmiral, dieser Großseneschall, verhaften und den Einen nach Castelnuovo, den Andern nach Sant Elmo bringen, weil sie sich geweigert hatten, bei einer Truppenschau unter der Masse des Adels zu erscheinen, indem sie als Kronbeamte auf einen besondern Platz Anspruch machten. Ein Jahr darauf ließ derselbe de Lemos den Herzog von Nocera, einen der vornehmsten Feudalen aus dem Hause Carafa, in seinem Palast verhaften, weil er dem Verbote, sich ohne des Königs Vorwissen zu verheirathen, nicht Folge geleistet habe. Ueberhaupt suchten die Spanier etwas darin, die Ranganspruche der Neapolitaner zu verletzen. Der Marchese von Mondejar (1575—79) gab nicht nur seinem Sohne und seinem Eidam den Rang vor dem höchsten Adel des Landes, sondern ließ selbst seinen Bastardbruder vor allen Marchesen, ja selbst einmal vor dem Herzog von Sant' Agata sitzen. Als der Herzog v. Alba im August 1629 seinem Nachfolger, dem Herzog von Alcala, der im Palazzo di Traietto am Posilipp abgestiegen war, den ersten Besuch machen wollte, ließ er fast den ganzen hohen Adel zu sich entbieten, um ein glänzendes Gefolge zu haben, und nachdem die Herren eine gute Stunde gewartet in der Halle, ward ihnen der Bescheid: Seine Excellenz bedürfe ihrer heute nicht und habe sich anders besonnen. Murrend gingen die Fürsten und Herzöge nach Haus; als aber am Tage darauf Alba sie von neuem rufen ließ, eilten sie Alle nach dem Palast. Beweis genug, sagt der gleichzeitige Berichterstatter, daß sie um so gefügiger sind, je schlechter man sie behandelt. Solche Dinge mußten Männer sich bieten lassen, die ihren Ursprung auf die Longobardenzeit, auf die uralten griechisch-italienischen Geschlechter der Amalfitaner-

*) D. Pedro Giron, Herzog v. Ossuna 1582—86.

**) Pedro Alvarez y Toledo Marquis v. Villafranca 1532 bis 1553. Nach ihm führt die Hauptstraße Neapels den Namen.

***) Philibert v. Chalons Prince d'Orange 1528—29.

****) D. Pedro Fernandez de Castro, Graf von Lemos 1610—16.

Küste, auf Wilhelm Eisenarm, Guiscards und Rogers tapfere Begleiter zurückführen.

Demnach lag den Vicekönigen daran, den Lehnsadel in der Hauptstadt zu vereinigen. Politische Zwecke, vor allem der Wunsch, das Band zwischen Feudalen und Vasallen aufzulockern und den Einfluß der Ersteren in den Provinzen zu schwächen, wo der Baron als unmittelbarer Gebieter weit mehr galt als der königl. Beamte, diese Zwecke und dieser Wunsch gingen hier Hand in Hand mit dem Bestreben, den Hof in Neapel so glänzend als möglich zu machen. Namentlich war der vicekönigliche Hof durch seine glänzenden Feste ein Vereinigungspunkt für die Frauen der vornehmen Familien. An Rangstreitigkeiten unter den Damen fehlte es hierbei so wenig wie bei den Männern, und die Titel Excellenza und Signoria wurden mit großem Bedacht abgewogen. Als die Infantin Donna Maria d'Austria, Braut des römischen Königs, im October 1630 auf ihrer Reise nach Wien in Neapel war, entstand wegen des Ceremoniells so viel Zwist, daß die Damen sämmtlich erklärten, sie würden nicht bei dem Fest im Palast erscheinen. Denn die spanische Etiquette wollte nur solchen, die von regierenden Häusern oder deren Männer Granden von Spanien waren, Kissen erlauben, so den Herzoginnen v. Sabioneta Gonzaga und von Mondragone Aldobrandini und den Fürstinnen Stigliano Carafa, von Butera Branciforte und von Bisignano d'Aragona; alle übrigen sollten sich auf den Teppich hinsetzen. Endlich ergriff man das Auskunftsmittel, daß die Königin nicht in publico, sondern, wie man's nannte, sotto coverta erscheinen und in einer mit Jalousien versehenen Loge sitzen sollte, so daß die Damen Stühle erhielten, von denen sie die mythologischen Vorstellungen mit ansahen. Besuche in den Klöstern gehörten zu den besondern Vergnügungen vornehmer Frauen. Die schon genannte Fürstin Stigliano mit ihrer Nichte Anna Carafa und andern erlangte die Erlaubniß, das Kloster Donna Regina zu besuchen, eine Stiftung hohenstaufischer Zeiten, wo König Carl's II. Wittwe Maria ihre letzten Lebensjahre in stiller Zurückgezogenheit und frommen Werken verbrachte. Bevor sie sich einfanden, hatten die Fürstinnen Vorrath zur Mahlzeit gesandt — 3 Wildschweine, 15 Zicklein, 12 Truthähne und ebenso viele Kapaunen, mit einer Menge Marzepan, verschiedenen Gattungen Käse und anderem Nachtisch, was alles im Refectorium der Nonnen aufgetischt wurde. Viele Frauen aber, in dieser wie in den nachfolgenden Zeiten, legten so hohen Sinn, so viel Muth und Entschlossenheit und so treue Anhänglichkeit in Noth und Gefahren an den Tag, daß man gerne bemerkt, wie es an bessern und veredelnden Elementen inmitten so vieler Verderbniß und Gedankenlosigkeit keineswegs fehlte.

(Schluß folgt.)

In den Trümmern von Eldena.

Bei allen bisher erschienenen Geschichten der Germanisirung des jetzigen Nordostens Deutschlands ist derselbe Fehler zu rügen: sie nehmen allgemein nur nationale, von Westen und Südwesten vordringende Cultureinflüsse an. Ganz übersehen wird dabei, was das damals so heldenstarke, bereits dem Christenthum gewonnene Dänemark und das sächsische Transalbingien, Holstein und Südschleswig, für die deutsche Cultur im Wendenlande geleistet haben.

Wir gedachten dieser Thatsache, als wir jüngst — es war ein wundervoller Herbstnachmittag — in sorgfältig erhaltenen, von Busch und Baum liebevoll geschützten „epheuüberzogenen Trümmern des Cistercienser-Klosters Eldena" bei Greifswald verweilten.

„Mein Eldena, wo deine grünen Trümmer
Rauscht alte Mär', dem Harfenklange gleich."

hat einst ein pommerscher Dichter gesungen. Und so ist's; Harfenklang glauben wir an dieser erinnerungsreichen Stätte zu vernehmen, — Harfenklang freilich, in welchen auch das Dröhnen des Schwertschlags auf Schildesrande hineintönt.

Die Macht Dänemarks hatte einen gewaltigen Aufschwung genommen, seitdem Waldemar I. und Knud VI. die Ueberwindung des Heidenthums im Lande der Rugianer sich zum Ziel erkoren hatten. Nach harten Kämpfen fiel im Jahre 1168 die Stanitza, die heilige Fahne Swantewit's auf Rügen; Bischof Absalon von Roeskilde warf mit eigener Hand die Fackel in die Gontinen, die mit Purpurtuch behangenen Tempelbauten, von Arkona und Carenz. Fürst Jaromar I. von Rügen nahm das Christenthum an; er ward ein Bundesgenosse Knuds VI. gegen die Pommern. Das Kloster Dargun wurde gestiftet, ging indessen unter den Stürmen des verheerenden Grenzkrieges sehr bald wieder in Flammen auf. Allein die dänischen Mönche, welche im Jahre 1172 vom Kloster Esrom auf Seeland nach Dargun gewandert waren, verzagten nicht; sie nahmen die Kreuzesfahne, die heilige Schrift und ihr Marienbild in die starken, waffengeübten Arme und siedelten aus der „terra Dannis" in die „terra Wanzlowe" über. Hier nämlich, in der Umgegend der breiten Mündung des Flusses Ryck oder Ruck, welche den Namen „Hildenfähre" trug, hatte Jaromar I., zugleich der erste Bekenner des Kreuzes unter den ritterlichen, hochbegabten Fürsten von Rügen, der Kirche neue Güter angewiesen, und hier, an der

„dänischen Wyk,"

einer Niederlassung skandinavischer Kaufleute, entstand das neue Kloster Eldena, die „Aue an der Hilda."

Als erster Abt begegnet uns ein Däne Livinus (Lebuin), der von den Slaven nach ihrer Weise „Iwanus" genannt ward. Es kam eine Zeit ersten Eifers, erster Liebe. Karst und Hacke rasteten nicht; — auch Dörfer legten die dänischen Mönche an und benannten sie — Lingua vernacula: Wampand, Ladebow, Stahor. Besonders thätig aber waren die beiden Aebte Garno I. und Garno II., welche den Hirtenstab vom Jahre 1215 bis 1254 führten.

Die malerischen Trümmer, in welchen wir uns heute befinden, können indessen in jenen Tagen noch nicht errichtet worden sein; die Bauformen derselben sind viel zu graziös, als daß sie vor 1270—1290 entstanden sein könnten; — die ältesten Klosterräumlichkeiten sind also spurlos untergegangen. Um diese Zeit aber, um's Jahr 1270, hatte die fördernde deutsche Nationalität das Dänenthum bereits aus Kloster Eldena verdrängt. Die Herzöge von Pommern und das Geschlecht der Jaczkonen von Salzwedel, der Edelherren von Gützkow, begünstigten die sächsisch-westfälischen, sowie die friesisch-holländischen Kolonisten mehr denn die dänischen Männer, welche der Landwirthschaft nicht in ebenso hohem Maße kundig waren.

Es ist allerdings Großes, was deutscher Fleiß hier auf dem Festlande der alten wendischen Ranen geleistet hat. Ueberall erheben sich auf dem gerodeten Waldboden die sogenannten „Hagendörfer"; das „Salzwerk am Ryck" wurde vergrößert und emsiger bewirthschaftet, und selbst ein Marktflecken wurde von den guten Vätern im schwarz-weißen Cisterzienserhabite angelegt. Im Jahre 1249 gab der Abt Garno II. diesen Markt dem Herzoge Wartislaw III. zu Lehen; der Pommernfürst aber schuf ihn zu einer deutschen Stadt mit dem Lübischen Rechte um und nannte ihn nach dem Schildeszeichen seines Hauses

Greifswald.

Das lebensfrohe Kind entwuchs der mütterlichen Pflege des Klosters freilich sehr bald; — was indessen die Aebte von Eldena am Ryck selbst verloren, das gewannen sie reichlich auf dem Rügischen Insellande wieder; bald nannten sie die Halbinsel „Mönchgut" ihr Eigen. Mit dem steigenden Wohlstande kam aber auch die Baulust über die Aebte von Eldena. Abt Gerhard II. und Martin erweiterten den Westen der Klosterkirche nicht unbeträchtlich und gaben ihm die malerischen Formen, welche wir heut' noch vor uns sehen: in der Mitte ein provisorisches Portal im gedrückten Bogen; — es sollte mit einem reichgehaltenen Vorbau, mit einem glänzenden Tympanum, verdeckt werden. Darüber, frei sich aufschwingend, ein hohes Bogenfenster, — die Wölbung erfüllt ein prächtiges Maßwerk. Rechts vom Beschauer ein starker, nur spärlich verzierter Strebepfeiler, die südliche Säulenreihe des dreischiffigen Gotteshauses begrenzend; — links aber ein prächtiger Treppenthurm, an welchem die Friese von gothischen Rosen und die Säulen mit den durchbrochenen Tabernakeln nicht geschont sind, um ihn festlich zu schmücken. Man behauptet mit Recht, daß diese Theile des Baues um 1320 entstanden sind.

Um diese Zeit wurde auch das Innere der Kirche durch manch' ein Kunstwerk geschmückt. Den Aebten eines Cisterzienserstiftes kam freilich nur eine schlichte Grabesplatte zu; wohl aber durften die Fürsten vom Greifenstamme sich prächtige Grabtumben errichten. Spurlos sind auch diese Herzogsgräber verschwunden. Ein sehr erfreuliches Zeichen für jenen Geist, welcher den Vätern vom Kloster Eldena einst innewohnte, aber ist, daß der Abt Dietrich im Jahre 1456 nicht allein den lebendigsten Antheil an dem Werke des großen Greifswalder Bürgermeisters Heinrich Rubenow, der Stiftung der Hochschule Greifswald, nahm, sondern der Universität auch das Patronat über die Kirchen der Stadt vereignete, welches Eldena, „die Mutter von Greifswald", bis dahin besessen hatte. Abt Dietrich erhielt für diese hochherzige That das Recht der Oberaufsicht über die theologische Fakultät des neuen „Studium universale".

Das geschah anno 1456. Zwei Menschenalter darauf machte sich die kirchliche Reformbewegung oft stürmisch genug auch im Pommernlande geltend. Den Fürsten war sie hochwillkommen; der Besitz der Kirche war ja nunmehr vogelfrei! Die „Greifen" griffen wacker zu; auch Kloster Eldena wurde unter seinem 34. Abte, dem ehrwürdigen Herrn Einwald oder Eginwald Schinkel, im Jahre 1535 in ein fürstliches Amt verwandelt. Erst ein Jahrhundert darauf, anno 1634, erfolgte eine stiftungsgemäßere Verwendung wenigstens der festländischen Güter des ehemaligen Klosters; der letzte Greif, Herzog Bogislaw XIV., schenkte sie der Hochschule Greifswald, welche von der Wolgaster Pfarrkirche auch die dorthin verschleppte Klosterbibliothek von Eldena erwarb.

In diesen Tagen war die Pracht der Klosterbaulichkeiten bereits in Trümmer gesunken. Die Kriegsstürme und nächst ihnen der ökonomische Sinn des Landmannes haben gethan, was sie konnten, um das ehrwürdige Stift zu vernichten; es ist zum Verwundern, daß uns Reste der Vorzeit hier überhaupt noch verblieben sind. Noch stehen von den Baulichkeiten der Kirche die westliche Außenmauer mit dem Treppenthurme und der südliche Theil des Querschiffes, sowie von den Räumen der Mönche das Conventshaus. Hier und da treffen wir in den moosbewachsenen Mauern auch noch einen Grabstein an.

Mehrere dieser Steingebilde haben ein antiquarisches Interesse. Wir rechnen dahin zunächst den Grabstein eines Mönches Namens Nikolaus Friese, welcher einem der reichen Stadtgeschlechter von Greifswald angehörte. Auf der geschlagenen Platte sind, unter einem Baldachin stehend, eine männliche und eine weibliche Person erkenntlich. Professor Dr. Pyl glaubt in der Scene die Verkündigung Mariä zu erkennen; allein es fehlt beiden Gestalten der Nimbus, und — der Engel Gabriel hat keine Flügel. Da beide Gestalten die erhobenen Hände klagend gegeneinander schlagen, so haben wir in ihnen trauernde Hinterbliebene oder, was dasselbe sagen will, Sym-

hoch der Mildthätigkeit des dahingeschiedenen Cisterziensers zu erinnern. Von der Inschrift sind nur die Worte erhalten:

„Hic jacet Nicolaus Friso, qui isti . . altar . . . . . . servitio condonavit“.

Merkwürdig sind die Lilien und Rosen, welche zum Schmucke der Architektur des Tabernakels verwandt sind. —

Noch viel anziehender ist indessen der Grabstein der Brüder Martin und Henning Lepel, eines „armiger“ und eines „miles“. Die beiden Edelleute stehen in Beinschienen und Kettenpanzern vor uns, über welche letzteren die zackig ausgeschnittenen „Lendner“ gezogen sind. Beide Gestalten sind vollkommen gleichartig gearbeitet; beide tragen das Cingulum militare, den Rittergürtel, haben die rechte Hand schwörend oder segnend erhoben und halten mit der zierlich geformten Linken das Schwert; — beide haben ferner dasselbe lockige Haar; nur der Bart unterscheidet Martin von Henning. Die Häupter Beider ruhen auf Kissen und sind von prächtigen Baldachinen überdeckt. Zu ihren Füßen steht mitten zwischen ihnen der Schild mit dem Lepel'schen Schrägbalken; — darüber ein Stechhelm mit Augenlöchern, Nackenschutz, feinen Decken, den Bandquasten und der „Zimier“. Letztere besteht aus dem mit „Löffeln“ besteckten Lepel'schen Schilde. In den vier Ecken die Symbole der Evangelisten. Die Inschrift aber lautet:

„Anno Domini 1366 feria secunda post dominicam, qua cantatur ‚Laetare‘, obiit Martinus Lepel armiger. Orate pro anima ejus.

Anno Domini 1388 in profesto beatorum Viti et Modesti martyrum obiit Dominus Henninghus Lepel miles, frater ejus. Orate Deum pro eo.“

Höchst interessant ist endlich noch der Grabstein des Abtes Johannes VII., † 1473. Vor uns steht ein Cisterzienser mit feingeschnittenen Zügen; die vollen Lippen geben seinem Antlitz fast etwas Frauenhaftes. Ueber ihm ein Baldachin, — hinter ihm ein Teppich. Seine Rechte hält einen langen Stab, der in eine Kugel ausläuft, den Abtsstab, — die Linke aber den Beutel mit dem Evangelienbuche, dessen Name „Beutelbädel“ sich im Lande der Mainfranken bekanntlich auf einen vortrefflichen Trunk übertragen hat. Die ihrer ganz ungewöhnlichen Abkürzungen halber sehr schwer lesbare Inschrift in leoninischen Versen hat unser verehrter Freund Pyl endlich richtig erkannt und also übersetzt:

„Im Jahre 1470 und drei,
Am elften im Monate Mai,
Ging er in die Stadt der Seligen,
Dein ewig' Reich zu finden.
Staub füllt die Grabeshöhle,
Unsterblich ist die Seele,
Johannes, der uns führte,
War uns ein guter Hirte.
Gerechtigkeit hat er zu jeder Zeit
Der Erde Land und Richtigkeit.
Gott ließ nach dessen Leiden
Ihn zu des Himmels Schaaren.
Er lebt, Marien an Treue gleich,
In der strahlenden Rosenkönigin Reich. Amen.“

Die anderen Grabsteine sind unwesentlich. Nie aber hat klösterliche Poesie so frisch, so unmittelbar zu uns gesprochen, wie aus diesem zuletzterwähnten Abts-Grabsteine in den wunderbald ausgrünten Trümmern vom Kloster Eldena.

Deutsche Zeitsagen.

73. Die Gutenberg-Sagen des Elsasses.

Es war um's Jahr 1432, als ein junger, in Folge von Parteifehden aus Mainz geflüchteter Patrizier nach Straßburg kam. Er nahm seine Herberge außerhalb der Stadt an dem Ufer der Ill, nicht fern von dem Kloster zu St. Arbogast, in dem späteren Wirthshause „zu dem grünen Berge“ vor dem Weißenthurmthore. Der Vater des jugendlichen Edelmannes hieß Friele Gensfleisch, seine Mutter Else von Gutenberg; — „der Gutenberg“ war damals ein Haus in Mainz. Der Name „Gutenberg“ selbst bezeichnet wohl das „Bergeskämmerlein“, in welchem „Gloden“ während des Winters weilt und — schläft; er bildet also eine vortreffliche Benennung eines heimlichen, traulichen Hauses. Der junge Henne d. h. Johannes Gensfleisch zum Gutenberge aber, wie er nach Vater und Mutter genannt wurde, war „ein heißblütiger und gewaltthätiger Kavalier“, wie Wilhelm Herz es nennt, und da die Mainzer arglistig ihm seine Zinsen vorenthielten, so nahm er im Jahre 1434 kurzweg den zufällig in Straßburg anwesenden Stadtschreiber von Mainz gefangen und gab ihn erst dann frei, als der Straßburger Rath vermittelnd eingeschritten war. Er vermählte sich mit einer adligen Straßburgerin, mit „Ännelin zu der Iserern Thür“, — allein erst dann „nachdem das Ännelin ihn auf Erfüllung seines Eheversprechens verklagt hatte. In seinem abgelegenen Hause trieb der rührige Junker dann allerlei geheime und anscheinend sehr müßige Künste.

Da fiel ihm um's Jahr 1436 einmal von ungefähr ein neuer Druck, das „speculum humanae salvationis“, welches mit beweglichen Holzlettern hergestellt worden war, wie sie Lorenz Koster von Harlem schon im Jahre 1426 zu schneiden begonnen hatte, in die Hände. Das Werk wurde damals allgemein wie ein Wunder angestaunt; Henne Gensfleisch aber durchschaute das Geheimniß desselben und beschloß, die neue Erfindung zu vervollkommnen und zu verallgemeinern. Er verband sich daher mit einigen Straßburger Männern zu einem geheimen Vereine, dessen Zweck es war, solche „Spiegel“ herzustellen. „So wurde die Stadt Straßburg zur Geburtsstätte des deutschen Bücherdruckes, und mit Recht heißt Gutenberg, nicht der erste Erfinder, wohl aber der hochverdiente Verbesserer und Verbreiter der Buchdruckerkunst, aus Erz gegossen in dem Herzen der „wunderschönen Stadt."

Mit Gutenberg's Gesellschaft aber trat auch ein junger Schreiber und Goldmaler, Johannes Mentelin von Schlettstadt, in Verbindung; er setzte, als Gutenberg im Jahre 1444 nach Mainz zurückkehrte, dessen Unternehmen fort. Im Jahre 1466 vollendete er seine große lateinische Bibel. Er wurde für dieses Werk vom Kaiser Friedrich III. in den Adelstand erhoben und starb reich und hochgeehrt im Jahre 1478. Sein Tod wurde der Bürgerschaft sogar auf's Feierlichste durch das Anschlagen der großen Glocke verkündigt.

Dies ist der geschichtliche und urkundlich festgestellte Sachverhalt. Anders aber weiß die Straßburger Lokalsage die Erfindung der Buchdruckerkunst zu schildern.

Der ehrsame und reiche, vom Kaiser mit einer goldenen Ehrenkette, mit Helm und Schild begnadigte Johannes Mentelin gilt ihr allein und ausschließlich als der Erfinder der großen und wichtigen Kunst. Johannes Mentelin aber, wohnhaft im „Frohnhofe zum Thiergarten", hatte, so erzählt die Straßburger Ueberlieferung, einen ungetreuen Diener; der hieß Johannes Gutenberg oder Johannes Gensfleisch. Arglistig stahl derselbe dem Meister die geheime Kunst ab, und als er endlich eine genügende Fertigkeit in ihr erlangt hatte, entfloh er in seine Heimat Mainz. Dort verrieth er die herrliche Kunst an Peter Schöffer und Johann Fust, welcher letztere dem Volke für identisch mit dem Zauberkünstler Dr. Faust gilt. So übten die drei in Mainz die hohe Kunst aus, und Gold floß ihnen reichlich zu. Johannes Mentelin aber war durch die Treulosigkeit seines Dieners in seiner Lebenskraft tödtlich getroffen worden; er härmte sich derartig ab, daß er vor Leide starb. Jetzt aber trat das Volk für ihn ein; unter allgemeiner Theilnahme wurde er im Münster bestattet. Man ließ ihm einen Grabstein setzen und eine Druckerpresse auf diesem Denkmale ausmeißeln. —

Die Straßburger Sage, welche mit einigen Veränderungen auch in dem 6. „Gesichte" Philanders von Sittewald erwähnt wird, kehrt also den geschichtlichen Sachverhalt geradezu um. Im Jahre 1760 aber wurden in dem „Pfennigthurme" zu Straßburg Urkunden aufgefunden, welche es klärlich bewiesen, daß Gutenberg schon im Jahre 1436, ehe Mentelin überhaupt erst erwähnt wird, Bücher gedruckt habe. Gleichwohl hält der Lokalpatriotismus mit zäher Kraft noch heute an der falschen Ueberlieferung fest, und zu den Unvorsichtigkeiten, Schwächen und Irrthümern, welche dem Verbreiter der Buchdruckerei so wie so schon anhaften, fügt die Sage noch den Flecken des Treubruches hinzu. Einen solchen Vorwurf aber hat der brave Mainzer Edelmann Johannes Gensfleisch nicht verdient. —

Ueber den Curort Nervi

an der italienischen Mittelmeerküste bringt die Cur- und Badezeitung „Hygiea", welche W. E. Herz in Wien herausgiebt (das Blatt erscheint das ganze Jahr hindurch alle 14 Tage und beschäftigt sich mit Balneologie, Klimatologie, Curorten, klimatischen Stationen, Gesundheitspflege u. s. w.) eine längere Mittheilung.

Daß Nervi mit manchem andern Curorte der Riviera nicht gleichen Schritt hat halten können, liegt nicht in weniger günstigen klimatischen Bedingungen, sondern in dem langjährigen Widerstande der Bevölkerung gegen die Entheiligung dieses Erdfleckes genuesischer Cultur durch fremde Art und Sitte, der aber jetzt überwunden scheint.

Ein großer Vorzug von Nervi besteht in einer reichen wintergrünen Vegetation, die für den in der That etwas stärkeren Regenfall beredtes Zeugniß ablegt. Es herrscht in Nervi eine dem Kranken wohlthuende Ruhe, und eine staubfreie Atmosphäre sichert Lunge und Kehlkopf einen größeren Schutz als anderswo zu. Es scheint als ob verschiedene Nervenleiden, namentlich Nervenschwäche, sich daselbst bessern.

Den Stolz Nervis bildet die herrliche Strandpromenade, die sich länger als eine halbe Stunde an der Küste entlang zieht. In neuerer Zeit ist auch für die Unterkunft der Fremden in hervorragender Weise gesorgt, namentlich durch das Eden-Hôtel und die alte Pension Anglaise mit ihrem schönen Neubau, beide in voller Südlage inmitten blühender Gärten befindlich.

Ein neues Seehospiz.

Auf der Nordspitze der Insel Amrum (an der Westküste von Schleswig) ist mit der Errichtung eines Seehospizes nach dem Muster von Langeroog (Ostfriesland) begonnen worden.

Das vom Landesverein für innere Mission niedergesetzte Comité hat für den ersten Anfang eine Anzahl schwedischer Holzhäuser angeschafft, so daß schon für den Sommer dieses Jahres 50 bis 60 Badegästen in dem Hospize Aufnahme gewährt werden kann. Die Hauptgebäude sollen später massiv errichtet werden.

Aufsätze und Notizen, welche sich für dies Blatt eignen, insbesondere solche von Johanniter-Rittern verfaßt, sind der Redaction stets willkommen.

Carl Heymanns Verlag in Berlin W., Mauerstraße 63—65.

Gedruckt bei Julius Sittenfeld in Berlin.

Alle Zuschriften und Einsendungen in Angelegenheiten dieses Blattes wolle man an den Redacteur desselben: Geh. Hofrath Herrlich W. Potsdamer Straße Nr. 134 c. zu Berlin richten.

[illegible]

Wochenblatt
der
Johanniter-Ordens-Balley Brandenburg.

[illegible]

Im Auftrage der Balley Brandenburg verantwortlich redigirt von C. Herrlich in Berlin.

Jahrg. 31. Berlin, den 19. März 1890. Nr. 12.

Uebersicht der in den Kranken- und Siechenhäusern des Johanniter-Ordens am 1. März 1890 befindlich gewesenen Kranken und Siechen.

Nr	Namen der Orte, wo sich die Häuser befinden.	[illegible]	Summen [illegible]	[illegible]	[illegible]
1.	[illegible]:				
	Bestand am 1. Februar 1890	54			
	Zugang pro . .	76			
		130			
	Abgang . . .	78			
	Bleibt Bestand	52	52	1 384	80
2.	[illegible]:				
	Bestand am 1. Februar 1890	41			
	Zugang pro . .	29			
		70			
	Abgang . . .	22			
	Bleibt Bestand	48	48	1 986	50
3.	Groß-Lichterfelde ([illegible]):				
	Bestand am 1. Februar 1890	68			
	Zugang pro . .	9			
		77			
	Abgang . . .	1			
	Bleibt Bestand	76	76	2 039	180
4.	[illegible]:				
	Bestand am 1. Februar 1890	40			
	Zugang pro . .	23			
		63			
	Abgang . . .	23			
	Bleibt Bestand	40	40	1 139	58
5.	[illegible]:				
	Bestand am 1. Februar 1890	48			
	Zugang pro . .	17			
		65			
	Abgang . . .	21			
	Bleibt Bestand	44	44	1 215	54
6.	[illegible]:				
	Bestand am 1. Februar 1890	22			
	Zugang pro . .	22			
		44			
	Abgang . . .	17			
	Bleibt Bestand	27	27	667	50
7.	[illegible]:				
	Bestand am 1. Februar 1890	24			
	Zugang pro . .	18			
		42			
	Abgang . . .	17			
	Bleibt Bestand	25	25	809	63
	zu übertragen		313	8 451	475
	Uebertrag		313	8 451	475
8.	[illegible]:				
	Bestand am 1. Februar 1890	17			
	Zugang pro . .	9			
		26			
	Abgang . . .	8			
	Bleibt Bestand	18	18	465	50
9.	[illegible]:				
	Bestand am 1. Februar 1890	47			
	Zugang pro . .	22			
		69			
	Abgang . . .	20			
	Bleibt Bestand	49	49	1 383	62
10.	[illegible]:				
	Bestand am 1. Februar 1890	25			
	Zugang pro . .	26			
		51			
	Abgang . . .	19			
	Bleibt Bestand	32	32	747	38
11.	Neu-Ruppin:				
	Bestand am 1. Februar 1890	38			
	Zugang pro . .	22			
		60			
	Abgang . . .	25			
	Bleibt Bestand	35	35	808	40
12.	[illegible]:				
	Bestand am 1. Februar 1890	49			
	Zugang pro . .	44			
		93			
	Abgang . . .	48			
	Bleibt Bestand	45	45	1 405	80
13.	[illegible]:				
	Bestand am 1. Februar 1890	31			
	Zugang pro . .	14			
		45			
	Abgang . . .	24			
	Bleibt Bestand	21	21	790	65
14.	[illegible] i. d. [illegible]:				
	Bestand am 1. Februar 1890	19			
	Zugang pro . .	17			
		36			
	Abgang . . .	21			
	Bleibt Bestand	15	15	471	60
	zu übertragen		528	14 487	804

Nr.	Namen der Orte, wo sich die Schulen befinden.	[illegible]	Summa: [illegible]	[illegible]	[illegible]
	Übertrag		528	14 640	804
15.	[illegible]:				
	Bestand am 1. Februar 1890	80			
	Zugang pro . .	55			
		135			
	Abgang . . .	44			
	Bleibt Bestand	89	89	1 030	96
16.	[illegible]:				
	Bestand am 1. Februar 1890	17			
	Zugang pro . .	15			
		32			
	Abgang . . .	7			
	Bleibt Bestand	25	25	640	60
17.	[illegible]:				
	Bestand am 1. Februar 1890	37			
	Zugang pro . .	18			
		55			
	Abgang . . .	21			
	Bleibt Bestand	34	34	965	60
18.	[illegible]:				
	Bestand am 1. Februar 1890	18			
	Zugang pro . .	25			
		43			
	Abgang . . .	16			
	Bleibt Bestand	27	27	650	16
19.	[illegible]:				
	Bestand am 1. Februar 1890	28			
	Zugang pro . .	17			
		45			
	Abgang . . .	16			
	Bleibt Bestand	29	29	727	60
20.	[illegible] a. d. O.:				
	Bestand am 1. Februar 1890	20			
	Zugang pro . .	9			
		29			
	Abgang . . .	10			
	Bleibt Bestand	19	19	494	41
21.	[illegible]:				
	Bestand am 1. Februar 1890	26			
	Zugang pro . .	19			
		45			
	Abgang . . .	19			
	Bleibt Bestand	26	26	725	62
22.	[illegible]:				
	Bestand am 1. Februar 1890	20			
	Zugang pro . .	16			
		36			
	Abgang . . .	18			
	Bleibt Bestand	18	18	547	56
23.	[illegible] ([illegible]):				
	Bestand am 1. Februar 1890	10			
	Zugang pro . .	—			
		10			
	Abgang . . .	—			
	Bleibt Bestand	10	10	580	13
24.	[illegible]:				
	Bestand am 1. Februar 1890	5			
	Zugang pro . .	5			
		10			
	Abgang . . .	6			
	Bleibt Bestand	4	4	165	19
	zu übertragen		809	21 879	1 977
	Übertrag		809	21 879	1 977
25.	[illegible]:				
	Bestand am 1. Februar 1890	19			
	Zugang pro . .	6			
		25			
	Abgang . . .	3			
	Bleibt Bestand	22	22	378	80
26.	[illegible]:				
	Bestand am 1. Februar 1890	19			
	Zugang pro . .	21			
		40			
	Abgang . . .	20			
	Bleibt Bestand	20	20	357	20
27.	[illegible]-[illegible]:				
	Bestand am 1. Februar 1890	3			
	Zugang pro . .	1			
		4			
	Abgang . . .	1			
	Bleibt Bestand	3	3	34	10
28.	[illegible]:				
	Bestand am 1. Februar 1890	7			
	Zugang pro . .	2			
		9			
	Abgang . . .	6			
	Bleibt Bestand	3	3	134	15
29.	[illegible] ([illegible]):				
	Bestand am 1. Februar 1890	31			
	Zugang pro . .	—			
		31			
	Abgang . . .	—			
	Bleibt Bestand	31	31	688	60
30.	[illegible]:				
	Bestand am 1. Februar 1890	22			
	Zugang pro . .	14			
		36			
	Abgang . . .	13			
	Bleibt Bestand	23	23	631	30
31.	[illegible]:				
	Bestand am 1. Februar 1890	2			
	Zugang pro . .	7			
		9			
	Abgang . . .	3			
	Bleibt Bestand	6	6	101	20
32.	[illegible]:				
	Bestand am 1. Februar 1890	19			
	Zugang pro . .	37			
		56			
	Abgang . . .	37			
	Bleibt Bestand	14	14	600	37
33.	[illegible]:				
	Bestand am 1. Februar 1890	28			
	Zugang pro . .	9			
		37			
	Abgang . . .	6			
	Bleibt Bestand	31	31	520	60
34.	[illegible]:*)				
	Bestand am 1. Februar 1890	—			
	Zugang pro . .	—			
		—			
	Abgang . . .	—			
	Bleibt Bestand	—	—	—	96
	zu übertragen		977	25 478	1 800

*) [illegible] Seite [illegible] wieder aufgehoben.

Nr.	Namen der Orte, wo sich die Häuser befinden.	[illegible]	Summe [illegible]	[illegible]	[illegible]
	Uebertrag		972	26 471	1 626
35.	[illegible] *)				
	Bestand am 1. Februar 1890	—			
	Zugang pro " "	—			
		—			
	Abgang " " "	—			
	Bleibt Bestand	—	—	—	41
36.	[illegible]dorf:				
	Bestand am 1. Februar 1890	16			
	Zugang pro " "	5			
		21			
	Abgang " " "	7			
	Bleibt Bestand	14	14	400	90
37.	[illegible] in Württemberg:				
	Bestand am 1. Februar 1890	6			
	Zugang pro " "	8			
		14			
	Abgang " " "	8			
	Bleibt Bestand	6	6	189	32
38.	[illegible] in [illegible]:				
	Bestand am 1. Februar 1890	15			
	Zugang pro " "	19			
		34			
	Abgang " " "	16			
	Bleibt Bestand	18	18	851	34
39.	[illegible]:				
	Bestand am 1. Februar 1890	18			
	Zugang pro " "	7			
		25			
	Abgang " " "	14			
	Bleibt Bestand	9	9	766	25
40.	[illegible] in Hessen:				
	Bestand am 1. Februar 1890	17			
	Zugang pro " "	7			
		24			
	Abgang " " "	8			
	Bleibt Bestand	16	16	446	30
	Zusammen		1 043	28 374	1 789

Der gesammte Abgang an Kranken pro Februar c. beträgt 597, davon sind gestorben 48
ungeheilt oder nur gebessert entlassen 42
geheilt 504
wie vor 597.

41. Das Krankenhaus zu Beirut in Syrien mit 62 Betten:
Bestand am 1. Januar 1890 . . . . 43 Kranke.
Zugang pro Januar 1890 . . . . 40 "
83 Kranke.

Davon sind
gestorben 5
ungeheilt oder nur gebessert entlassen 16
geheilt 20
41 "

Bleibt Bestand am 1. Februar 1890 . . . . . 42 Kranke.
Unter den Aufgenommenen befanden sich 7 Europäer, 19 orientalische Christen, 14 Muhamedaner und 3 Drusen.
Die Zahl der Kranken-Beratungsempfänge pro Januar 1890 beträgt 1313.
Poliklinisch wurden 565 Personen behandelt.

*) [illegible]

1. Theodor Caspar Adam Freiherr von Dierpenbroick-Grüter, Consistorialrath a. D., Ehrenritter seit 1881, † zu Münster 8. März 1890.
2. Constantin Graf zu Solms-Sonnenwalde, auf Baruth bei Bitterfeld, Ehrenritter seit 1842, † zu Sonnenwalde 10. März 1890.

Bekanntmachung.

Das Capitel der Balley Brandenburg des Johanniter-Ordens hat in seiner Sitzung vom 24. Januar d. J. beschlossen, daß der Eingang des §. 14 der Allerhöchst unter dem 8. August 1853 genehmigten Statuten der Balley Brandenburg des Johanniter-Ordens vom 24. Juni 1853, welcher wie folgt lautet:

„§. 14.

„Ein Rechtsritter muß zum deutschen Adel, „oder zum Adel der preußischen Monarchie ge-„hören, evangelischer Confession und Ehrenritter „gewesen sein." x. x.

hinfort folgende Fassung erhalten soll:

„§. 14.

„Ein Rechtsritter muß der evangeli-„schen Confession angehören und Ehren-„ritter gewesen sein." x. x.

Nachdem dieser Beschluß am 3. dieses Monats von Seiner Majestät dem Kaiser und Könige Allerhöchst genehmigt worden ist, wird derselbe hierdurch bekannt gemacht.

Berlin, den 12. März 1890.

Der Kanzler der Balley Brandenburg des Johanniter-Ordens:
von Levetzow.

Der neapolitanische Adel.

(Schluß.)

X.

Bevor wir von der Betrachtung des neapolitanischen Adels scheiden, ist es nöthig der rechtlichen Zustände in der Kürze zu gedenken. Die allgemeine Verleihung der höheren peinlichen Gerichtsbarkeit, das Jus gladii oder merum und mixtum imperium an die Barone, somit die Theilung der souveränen Gewalt zwischen ihnen und dem Landesherrn, scheint nicht über die Zeit König Alfons I. hinausgegangen. Denn indem Carl I. seinem ältesten Sohne das Fürstenthum Salerno überwies, und dabei das merum imperium innerhalb des Mauerkreises zuerkannte, sollte dies nur eine ganz specielle Vergünstigung des Thronerben sein, und bei anderen Belehnungen sprach der Herrscher es aus, daß er bei allen und jeden Landverleihungen alle Gerichtssachen seiner Curie reservire. Und bei Belehnungen durch Johanna I., durch Carl III. und seiner beiden Kinder, wo die peinliche Gerichtsbarkeit inbegriffen ist, findet man diesen Umstand jedesmal ausdrücklich angemerkt. Der Weg zu dem spätern Ukas war dadurch indeß schon angebahnt. Wie schlecht die Baronaljustiz meist verwaltet wurde, geht schon aus den vielen Verordnungen hervor, durch welche die Vicekönige den Mißbräuchen, namentlich der Käuflichkeit, Einhalt zu thun suchten. Es geschah wohl, daß Beschränkungen derselben stattfanden. So nahm der Graf von Monterey (Emanuel de Guzman 1631—37) den Baronalgerichten alle Prozesse wegen Verbrechen, die mit Feuerwaffen begangen worden, aber sein Nachfolger Herzog von Medina*) widerrief die Verordnung. Verwalteten die Barone die Justiz schlecht, so machten sie sich aus der Uebertretung der Gesetze ihrerseits kein Gewissen und die königlichen Gerichte hatten entweder nicht die Macht, oder es fehlte ihnen an Muth sie zu strafen. Wie wir gesehen, kam wohl zuweilen das Strafgericht über Mitglieder des hohen Adels; aber in solchen Fällen mischten sich meist politische Gründe mit ein, oder persönlicher Haß und Laune der Regierenden. Principiell kam in beiden Fällen die Justiz nicht um einen Schritt weiter. Es war selten, daß der öffentliche Unwille oder die Enormität irgend einer Handlung die Vicekönige veranlaßten, der Gerechtigkeit freien Lauf zu lassen.

XI.

In der vorstehenden Schilderung des Adels ist vorzugsweise der Feudaladel — die Barone — im Auge behalten worden. Der zweite Adel, welcher aus dem höhern Bürgerstande hervorging, läßt sich im Allgemeinen mit der französischen Noblesse de robe vergleichen, und es war wie dem Ursprung so der Bedeutung nach zwischen ihm und der Noblesse d'épée ein weiter Abstand. Aber dieser Abstand mußte mehr und mehr schwinden, je mehr die politische Stellung des Adels an Wichtigkeit einbüßte; je tiefer die Vermögensumstände Vieler alter Familien sanken, was namentlich Folge der Umwälzungen um die Mitte des siebzehnten Jahrhunderts war; je feindlicher die spanische Regierung sich dem Feudaladel zeigte, dessen Treue sie doch in jener bedrängten Zeit die Rettung des Königreichs verdankte. Schon in der Epoche der Aragonesen, mehr aber noch in jener der Vicekönige, kamen die Nobili empor — mehr indeß als sie emporkamen, mehrte sich ihre Zahl. Als die Lehen allerwärts und Allen feil geboten wurden, kauften sie Lehen wie die Andern. Namentlich seit des jüngeren Herzogs von Alcala Verwaltung (1629—31) finden sich eine Menge obscurer Namen unter den Betitelten. Die Titel aber waren von da ab, wie gesagt, keineswegs an Eigenthum gebunden. Staatsämter und Richterstellen waren neben dem Handel, besonders Geldgeschäften, die hauptsächlichsten Mittel sich zu heben. Die Rechtswissenschaft blühte mehr als irgend eine andere. Studium und Ausübung des Rechtes waren das Feld, auf welchem auch Viele aus den vornehmsten Familien, Capecelatro, Cavaselice, Capece, Galeota, Caracciolo u. A. Ruhm und Einfluß erlangten, während viel Zahlreichere sich einen Namen machten. Die Advocaten bahnten den Weg zu den richterlichen Aemtern und zur Verwaltung und somit zu den Präsidentschaften der Consilien und übrigen höchsten Ehrenstellen, sofern spanische Eifersucht und spanisches Mißtrauen die Neapolitaner zu denselben zuließen. So hart das Volk auch oft vom Feudaladel behandelt werden mochte, so war es demselben doch weit mehr zugethan als dem zweiten Stande der Nobili. Tradition und gemeinsame Erinnerungen trugen meist in gleichem Maße dazu bei.

Die Jahre 1647—48 bezeichnen den Beginn des unaufhaltsamen Sinkens der neapolitanischen Aristokratie. Von dem Guten in ihr ward wenig gerettet. Einzelne verbluteten auf fremden Schlachtfeldern für eine fremde Sache. Die meisten lebten sorglos und verschwenderisch in den Tag hinein, ohne politischen Einfluß noch sonstige Bedeutung. Die großen Vermögen schwanden immer mehr. Manche haben sich nicht wieder erholt von den Stößen der Revolutionszeit. Die Formen der städtischen Verwaltung blieben, aber manche neue, zum Theil spanische Familien wurden in die Sedilen eingeschrieben, und die Vicekönige erlangten stets größere Machtvollkommenheit. Keine sociale Verbesserung von Belang machte sich geltend, bis die spanische Monarchie zerfiel und Neapel wieder eigene Könige erlangte. Bevor es aber hierzu kam, machte der Adel noch einen verzweifelten Versuch sich selbst aus politischer Nichtigkeit und das Land aus dem Verhältniß einer Provinz herauszureißen. Eine Fraction des neapolitanischen Adels schloß sich an die deutschen Habsburger, weil sie unter Philipp V., der nach dem Tode des letzten Nachkommen Carl's V. im Jahre 1700 den spanischen Thron, Gegenstand so vieler Intriguen wie langwieriger Kämpfe, bestiegen hatte, in demselben Verhältniß wie unter seinen Vorgängern zu bleiben fürchteten. Carlo di Sangro aus dem viel genannten Hause der Fürsten von San Severo und Gaetano Gambacorta**) Fürst von Macchia waren die Häupter des Complottes. Andere von bekannten

*) D. Ramiro Felipe de Guzman, Herzog v. Medina las Torres 1637—44.

**) Letzterer war jener Familie Gambacorta von Pisa entstammt, die zu Ende des 14. Jahrhunderts lange Zeit als Gebieter in ihrer Heimat geschaltet, nach dem Verlust Pisa's anderweite Herrschaften in dem toscanischen Berglande des Casentino und in der Romagna, einstige [illegible] des weitverzweigten Pfalzgrafengeschlechts der Guidi erlangt und vor der Mitte des 15. Jahrhunderts wieder verloren hatten, weil sie auf Seiten des letzten Visconti und des König Alfons gegen die Republik Florenz gestanden hatten. Nachmals hatten sie sich im Königreich Neapel angesiedelt.

Familien gingen in den Plan jener Brüder ein, ein Carafa, Cesa-Grimaldi, Capece u. Am 21. September 1701 sollte der Mord des Herzogs von Medina Celi*), des letzten Vicekönigs der Habsburger des ersten der Bourbons, das Signal geben. Doch der Anschlag wurde entdeckt und die Verschworenen nach hartnäckigem Kampf überwunden. Mit genauer Noth entkam der Gambacorta; Sangro wurde gefangen und enthauptet, eine Menge Anderer starben im Kampf oder endeten im Kerker und am Galgen. Der Herzog von Ascalona ersetzte Medina Celi. Philipp V. confiscirte alle Habe des Fürsten Macchia, der 1703 in Wien starb; sein Vetter der Herzog von Limatola, der auf spanischer Seite gefochten hatte, war der letzte der Familie.

Carl III. (Bourbon) eroberte Neapel 1734. Die österreichische Verwaltung, welche schon begonnen hatte, das Land aus seinem tiefen Verfall herauszureißen, fand in ihm einen würdigen Nachfolger. Carl III. ist der Schöpfer des neuen, sicilischen Königreichs geworden. Die Thatkraft, der Unternehmungsgeist, der helle Blick, die Umsicht dieses Monarchen, der erst 18 Jahre zählte, erregten die Bewunderung derer selbst, welche mit seiner Regierungsweise nicht einverstanden waren. Die Bauten und Hast des Reformirens, ein Uebel, an welchem fast alle thatkräftigen Fürsten jener Zeit krankten, und der durchgängige Mangel an Vorsicht, welcher fast ebenso sehr wie die viel berüchtigten Mißbräuche zur Revolution beigetragen, ließen freilich auch schlimmen Samen für die Zukunft zurück. Die allmälige Schmälerung der aristokratischen, namentlich der feudalen Vorrechte und die Centralisirung der Macht lagen in dem Systeme Carl's III. und seines Ministers Tanucci, wie sie mit den Maximen der meisten Souveräne des 18. Jahrhunderts verwachsen waren, welche nicht einsahen, daß sie durch Niederreißung aller ständischen Institutionen, welche reformirt aber nicht vernichtet werden mußten, die Fundamente ihrer Throne selbst bloslegten und denen ihre Nachkommen die heutigen, unorganischen, geborgten Constitutionen zu danken haben.

Die Treue, welche der neapolitanische Adel seinem Herrscher bei allen Anlässen, namentlich im Kriege gegen Oesterreich 1741—44 bethätigte, hinderte die Regierung nicht an der Verfolgung ihrer Absichten, besonders nachdem der Aachener Frieden 1748 dem Hause Bourbon nicht allein beide Sicilien, sondern auch Parma und Piacenza gesichert hatte. Diese Herabdrückung des Adels unter Carl III. gab Anlaß, daß ein Theil des vornehmsten Adels sich 1798 an den Ereignissen betheiligte, die zur Bildung der ephemeren Parthenopeischen Republik führten. Schon bevor die königliche Familie nach Palermo flüchtete, waren gegen Mitglieder der Häuser Colonna, Serra-Cassano, Medici u. a. Untersuchungen eingeleitet worden. Nach König Ferdinands Abreise wollten die Deputirten der Sedilen die Autorität des Statthalters, Fürsten Francesco Pignatelli-Strongoli, nicht anerkennen. Sie beriefen sich auf die Constitutionen Kaiser Friedrich's von Hohenstaufen und König Ladislaus, auf Edicte Philipp's V. und Carl's III., nahmen als Repräsentanten von Reich und Stadt die oberste Gewalt in Anspruch, erließen Verordnungen, decretirten die Errichtung einer Bürgergarde. Die dadurch hervorgerufene Spaltung trug wesentlich Schuld an der im Januar 1799 ausgebrochenen Anarchie, die nach wildem regellosen, unglücklichen Kampfe der Lazzaroni wider die Franzosen mit Neapels Einnahme durch Championnet endete. Bei dieser Vertheidigung war bei und nach der Wiedereroberung der Stadt durch das Heer des Cardinals Ruffo, ereigneten sich Dinge, die nur in dem Aufstande von 1647 eine Parallele finden. Zwei Filomarino, der Herzog della Torre und sein Bruder, fanden bei jenen ersten Unruhen den Tod auf dem Scheiterhaufen. Und unter denen, die nach dem Wiedereinzug der Königlichen als Hochverräther hingerichtet wurden, waren Giuliano Colonna-Stigliano, Gennaro Serra Cassano, d'Pignatelli, ein Riario, Francesco Caracciolo, der Admiral der neapolitanischen Flotte und, vieler Andern nicht zu gedenken, jener löwenstarke Ettore Carafa Conte von Ruvo, welcher als Führer eines der mit den Franzosen vereinigten Heerhaufens die Stadt Andria, ein Lehen seiner eigenen Familie, ungeachtet der muthigen Gegenwehr der Königlichen erstürmt und angezündet hatte und dem Henkertode mit demselben wilden Muthe entgegenging, den er auf dem Schlachtfelde bewiesen hatte.

Der Municipalrath der Stadt Neapel wurde durch ein Königliches Edict vom Juli 1799 aufgelöst; die Sedilen und die ersten Reichs- und Stadtrepräsentationen blieben gänzlich abgeschafft; die Privilegien der Stadt wurden wesentlich geschmälert.

*) D. Luis della Cerda, Herzog v. Medina-Celi 1695—1701.

Die Diakonissen-Anstalt in Philadelphia.

Der Präsident des Deutschen Hospitals, J. D. Lankenau zu Philadelphia hatte vergebens mit dem Consul Chef. Meyer in Kaiserswerth bei Pastor Fliedner und in Hamburg bei C. Rinck Versuche gemacht, für die innere Verwaltung und Krankenpflege eine Anzahl von Diakonissen aus Deutschland nach Amerika herüberzuholen. Da erbot sich 1883 im Krankenhause zu Iserlohn die in Kaiserswerth ausgebildete Oberin Marie Krüger zur Auswanderung. Sie zog am 19. Juni 1884 mit einigen Schwestern in Philadelphia als Pioniere des Diakonissenwerks ein. Im Anfange hatten sie mit manchen Schwierigkeiten zu kämpfen. Die Aerzte wie der Verwaltungsrath des Deutschen Hospitals hatten für die Eigenart der Diakonissensache nicht immer ein williges Verständniß. Doch besserte sich dieses. An Stelle der bisherigen jungen Aerzte wurde ein älterer Hausarzt mit reiferer Erfahrung angestellt und ein Diakonissen-Comité gebildet, welches neue Schwestern heranziehen, Probeschwestern gewinnen und für ihre Ausbildung sorgen sollte. Zu letzterem Zwecke beschloß derselbe die Errichtung einer besonderen Diakonissenanstalt, eines besonderen Mutterhauses, welches mit der lutherischen Kirche in organischer Verbindung stehen und mit einer für altersschwache Deutsche zu bauenden Heimstätte unter dem Namen Mary J. Drexel Home ein Ganzes bilden sollte. Der Verwaltungsrath des Deutschen Hospitals sollte durch drei Mitglieder in der neuen Anstalt: The Mary J. Drexel Home and Philadelphia Motherhouse of Deaconesses", vertreten sein. Kaum war der Grundstein zum neuen Gebäude gelegt, da starb am 30. November 1887 die Oberin Marie Krüger, an deren Stelle am 26. Mai 1888 die Schwester Wanda v. Oertzen trat. Rector des Mutterhauses wurde Pastor August Cordes, welcher beim Pfarrer Rinck in Hamburg lange Zeit thätig gewesen war. Die Generalconferenz der Mutterhäuser im September 1888 zu Kaiserswerth nahm das neue Mutterhaus in Philadelphia in den Verband der deutschen Generalconferenz auf. Am 6. December 1888 konnte das Haus eingeweiht und dem Gebrauche übergeben werden. Dasselbe besteht aus einem Mittelbau von 250 Fuß und zwei rechtwinklig sich anschließenden Seitenflügeln von je 200 Fuß Länge. Ein 175 Fuß hoher Thurm ladet mit seinen Glocken Jedermann zu den Gottesdiensten in der Kapelle mit 800 Sitzplätzen ein. In dem Hause hat jede Diakonissin eine eigene Stube, die Hülfs- und Probeschwestern wohnen zu zwei oder drei in einem Zimmer, die neu eingetretenen Aspirantinnen werden in Schlafsälen untergebracht. Für confirmirte Mädchen zwischen 14 bis 18 Jahren ist eine Diakonissenschule im Hause eingerichtet. Sehr bald hatten die Diakonissen durch ihre Thätigkeit im Deutschen Hospital wie in ihrem arbeitsreichen Mutterhause die Anerkennung weiterer Kreise erregt. Die deutsch-lutherische St. Pauls-Gemeinde in Philadelphia stellte für ihre Gemeindepflege eine Schwester des genannten Mutterhauses an. Eine andere Schwester mußte nach Poughkeepsie, N.-Y., in die Gemeindepflege gehen. Andere wurden in Philadelphia für die Privatkrankenpflege begehrt. Dem Mutterhause war es unmöglich, allen Wünschen zu entsprechen. Da war es ihm recht willkommen, daß der schwedische Pastor E. A. Fogelström in Omaha mehrere Probeschwestern ausbilden ließ und dann in Omaha ein Hospital und ein lutherisches Diakonissenhaus baute. Auch außerhalb der lutherischen Kirche regt sich in Nordamerika ein lebendiges Interesse für die Diakonie, besonders in presbyterianischen und methodistischen Kreisen. Bei den bischöflichen Kirchen sind die Schwesternschaften durchweg nach dem ursprünglichen deutschen Plan organisirt. Wer sich für das Mutterhaus in Philadelphia interessirt, findet nähere Angabe in einem Berichte, welcher in Philadelphia Globe Printing House 112—116 North 12. Straße erschienen ist und den Titel führt: „The Mary J. Drexel Home and Philadelphia Motherhouse of Deaconesses." h.

(Ev. Kirchl. Anz. v. Berlin.)

Literatur.

Uebersicht der Geschichte des souveränen ritterlichen Ordens St. Johannis vom Spital zu Jerusalem und der Balley Brandenburg. Zusammengestellt von Freiherr von Finck, Königlich Sächsischer Kammerherr, Rechtsritter des Johanniter-Ordens. gr. 8. 158 S. Leipzig, Verlag von Duncker und Humblot 1890. Dies Buch gelangt gegenwärtig durch die Hofbuchhandlung von Reinhold Kühn in Berlin W. 41, Leipzigerstraße 115/118, zur Ausgabe und sind an diese die Bestellungen zu richten. Preis gebunden 4 M. 50 Pf. Der Ertrag ist für die Freibetten-Stiftung des Johanniter-Hospitals zu Riesa im Königreich Sachsen bestimmt.

Diese nach verschiedenen Seiten hin interessante Schrift kann und will, wie der Herr Verfasser im Vorworte derselben hervorhebt, „eine erschöpfende Geschichte des Johanniter-Ordens nicht geben. Als Ergebniß liebgewordener Studien zur eigenen Orientirung entstanden, soll sie in kurzer Uebersicht nur das Wichtigste von den äußeren Schicksalen des Ordens und der Balley Brandenburg, von deren inneren Einrichtungen, Besitzungen und Finanzen solchen bringen, denen die bekannten größeren Werke über den Orden nicht zur Hand sind."

Gesicherte Familienheimstätten im Deutschen Reiche. Von L. von Riepenhausen-Crangen. Leipzig, Verlag von Duncker u. Humblot. 1890. gr. 8. 78 S., Preis 1 Mark. Der Ertrag ist zur Errichtung von Heimstätten für Unbemittelte bestimmt.

Inhalt: Einleitung. — Bevölkerungsverschiebung und Auswanderung. — Erbgesetze und ihre Wirkung auf den Grund und Boden. — Streiflichter auf Agrarfragen in anderen Ländern: Oesterreich, Serbien, Rußland, Rumänien, Frankreich, Irland, Indien, Amerika, China. — Bei steigender Cultur Berechtigung des dauernden Familienbesitzes für die breiteren Schichten. — Die Heimstätte und ihre Wirkung auf die verschiedenen Berufsstände. — Folgen des Heimstättenrechts in Deutschland (Erhaltung der Nähr- und Wehrkraft der Nation). — Entwurf eines Heimstättengesetzes für das Deutsche Reich.

Carl Heymanns Verlag in Berlin W., Mauerstraße 63—65.

Gedruckt bei Julius Sittenfeld in Berlin.

Alle Zuschriften und Einsendungen in Angelegenheiten dieses Blattes wolle man an den Redacteur desselben: Geh. Hofrath Herrlich W. Potsdamer Straße Nr. 134 c. zu Berlin richten.

Wochenblatt der Johanniter-Ordens-Balley Brandenburg.

Im Auftrage der Balley Brandenburg verantwortlich redigirt von C. Herrlich in Berlin.

Jahrg. 31. Berlin, den 26. März 1880. Nr. 13.

Seine Majestät der König haben Allergnädigst geruht:

den Herzog Nicolaus von Württemberg, Königliche Hoheit,
" Generalmajor und Commandeur der 3. Garde-Cavallerie-Brigade Albert Prinzen von Sachsen-Altenburg, Durchlaucht,
" Oberpräsidenten Dr. Albrecht von Schlieckmann, zu Königsberg i. Pr.,
" Oberst und Commandeur des Füsilier-Regiments Graf Roon (Ostpreußischen) Nr. 33 Wilhelm Freiherrn von Romberg,
" Lieutenant der Reserve des Thüringischen Husaren-Regiments Nr. 12 und Fideicommißbesitzer Hans Joachim von Brederlow, auf Groß-Saalau bei Tharau in Ostpr.,
" Rittmeister à la suite des Ulanen-Regiments Graf zu Dohna (Ostpreußischen) Nr. 8 und Vorsteher der Militair-Lehrschmiede in Königsberg i. Pr. Fritz von Foerster,
" Hauptmann und Compagnie-Chef im 5. Ostpreußischen Infanterie-Regiment Nr. 41 Ludwig von Bolschwing,
" Rittmeister und Escadron-Chef im Ulanen-Regiment Graf zu Dohna (Ostpreußischen) Nr. 8 Ludwig von Boehm,
" Rittmeister und Escadron-Chef im 1. Hessischen Husaren-Regiment Nr. 13 Friedrich von Schmeling,
" Lieutenant a. D. und Majoratsbesitzer Achim von Karstedt, auf Fretzdorf bei Herzsprung, Kreis Ostpriegnitz,
" Hauptmann und Compagnie-Chef im Füsilier-Regiment Prinz Heinrich von Preußen (Brandenburgischen) Nr. 35 Albert Freiherrn von Seld,
" Rittmeister und Escadron-Chef im Garde-Kürassier-Regiment Berthold von Neumann-Cosel,
" Hauptmann und Compagnie-Chef im Garde-Jäger-Bataillon Dagobert von Renzell,

den Major a. D. und Legationsrath Dr. jur. von Winckler, zu Constantinopel,
" Hauptmann und Compagnie-Chef im Füsilier-Regiment Prinz Heinrich von Preußen (Brandenburgischen) Nr. 35 Bertram von Heydebreck,
" Rittmeister und Escadron-Chef im Leib-Garde-Husaren-Regiment Curt von Knorr,
" Major a. D. Gebhard von Alvensleben, zu Frankfurt a. d. Oder,
" außerordentlichen Gesandten und bevollmächtigten Minister Friedrich Ludwig Werner von Bergen, zu Guatemala,
" Rittmeister und Escadron-Chef im Kürassier-Regiment Kaiser Nicolaus I. von Rußland (Brandenburgischen) Nr. 6 Otto von Schwerin,
" Rittmeister aggregirt dem 1. Garde-Ulanen-Regiment, Militair-Attaché bei der Gesandtschaft in Bern Paul von Funcke,
" Hauptmann und Compagnie-Chef im Pommerschen Jäger-Bataillon Nr. 2 Kapla von Pollow,
" Regierungs-Rath und Erb-Kämmerer im Herzogthum Hinterpommern und im Fürstenthum Cammin Paul von Somnitz, zu Stettin,
" Landrath Dr. jur. Victor von Koerber, zu Bergen, auf Rügen,
" Regierungs-Assessor Hermann von Somnitz, zu Anclam,
" Lieutenant a. D. und Rittergutsbesitzer Max von Weiher, auf Groß-Boschpol, Kreis Lauenburg in Pommern,
" Premier-Lieutenant der Landwehr und Gutsbesitzer Hans von Heydebrand und der Lasa, auf Klein-[illegible] bei Wreschen,
" Rittmeister im Regiment der Gardes du Corps und Adjutanten der 10. Division Hans von Arnim,
" Landrath Günther von Blanckenburg, zu Samter,
" Lieutenant a. D. und Rittergutsbesitzer Georg von Brandis, auf Neuhaus b. Schwerin a. d. Warthe,

dem Hauptmann à la suite des Grenadier-Regiments König Wilhelm I. (2. Westpreußischen) Nr. 7 und commandirt zur Dienstleistung als Adjutant bei Sr. Königlichen Hoheit dem Prinzen Alfred von Großbritannien und Irland, Herzog von Edinburg, Herzog zu Sachsen, Leo von Radetzky-Mikulicz,

„ Kammerjunker und Rittergutsbesitzer Rudolf von Sallisch, auf Peruschen bei Stroppen in Schlesien,

„ Landrath und Kammerjunker Günther Freiherrn von Scherr-Thoß, zu Grünberg in Schlesien,

„ Rittmeister der Reserve des Dragoner-Regiments von Bredow (1. Schlesischen) Nr. 4 und Rittergutsbesitzer Hans von Jeetze, auf Pilgramshain bei Striegau,

„ Landrath Günther von Sydow, zu Falkenberg in Schlesien,

„ Landesältesten Rudolf von Oheimb, auf Wronin, Kreis Cosel,

„ Prinzen Gustav Biron von Curland, auf Polnisch-Wartenberg in Schlesien,

„ Landeshauptmann Wilhelm von Klitzing, zu Breslau,

„ Lieutenant der Reserve des 1. Garde-Regiments zu Fuß und Rittergutsbesitzer Henning von Klitzing, auf Zauche bei Waltersdorf, Reg.-Bez. Liegnitz,

„ Kammerherrn Anton von Alvensleben, auf Redekin bei Genthin,

„ Premier-Lieutenant der Landwehr und Rittergutsbesitzer Adolf Freiherrn von Bistram, auf Raschwitz bei Lauchstädt, Reg.-Bez. Merseburg,

„ Oberstlieutenant a. D. Ludwig Grafen von Norbern, zu Strehlen bei Dresden,

„ Lieutenant der Reserve des Thüringischen Ulanen-Regiments Nr. 6 und Rittergutsbesitzer Fritz Freiherrn von Seebach, auf Großfahner im Herzogthum Sachsen-Gotha,

„ Herzoglich Braunschweigischen Kammerjunker Julius Freiherrn von Wangenheim, zu Braunschweig,

„ Hauptmann und Compagnie-Chef im Anhaltischen Infanterie-Regiment Nr. 93 Helmhardt Auer von Herrenkirchen,

„ Rittmeister à la suite des Braunschweigischen Husaren-Regiments Nr. 17 und Flügel-Adjutanten Seiner Königlichen Hoheit des Prinzen Albrecht von Preußen, Regenten des Herzogthums Braunschweig, Eberhard von Krosigk,

„ Oberstlieutenant und etatsmäßigen Stabsoffizier im Braunschweigischen Infanterie-Regiment Nr. 92 Freiherrn von Funck,

„ Hauptmann und Compagnie-Chef im 2. Hanseatischen Infanterie-Regiment Nr. 76 Maximilian Grafen von Goetzen,

dem Premier-Lieutenant a. D. und Rittergutsbesitzer Wolf von Buchwaldt, auf Rögen, Kreis Eckernförde,

„ Rittmeister und Escadron-Chef im Westfälischen Ulanen-Regiment Nr. 5 Hans von Bachu,

„ Rittmeister und Escadron-Chef im Westfälischen Dragoner-Regiment Nr. 7 von Berg,

„ Hauptmann und Compagnie-Chef im Infanterie-Regiment Nr. 97 von Kropff,

„ Rittmeister und Escadron-Chef im Schleswig-Holsteinischen Ulanen-Regiment Nr. 15 von Mitzlaff,

„ Major und etatsmäßigen Stabsoffizier im Dragoner-Regiment von Bredow (1. Schlesischen) Nr. 4 Constantin von Braun,

„ Fürstlich Wiedischen Kammerdirector Franz Freiherrn von der Reck, zu Neuwied,

„ Major und etatsmäßigen Stabsoffizier im 3. Garde-Regiment z. F. von Braunschweig,

„ Königlich Württembergischen Kammerherrn Rudolf Grafen Adelmann von Adelmannsfelden, auf Adelmannsfelden bei Ellwangen a. d. Jagst,

„ Grafen Conrad von Zeppelin, zu Stuttgart,

„ Majoratsbesitzer Ulrich von Bassewitz, auf Schimm bei Bruschow in Mecklenburg,

„ Rittmeister der Reserve des Dragoner-Regiments Freiherr von Manteuffel (Rheinischen) Nr. 5 und Rittergutsbesitzer Freiherrn von Langermann und Erlencamp, auf Dambeck bei Krigen in Mecklenburg,

„ Regierungs-Rath Dr. jur. Bernd von Bonin, zu Cassel,

„ Rittmeister und Escadron-Chef im Dragoner-Regiment Freiherr von Manteuffel (Rheinischen) Nr. 5 Werner Freiherrn von Waldenfels,

„ Landrath Rudolf Freiherrn Schenck zu Schweinsberg, zu Kirchhain, Provinz Hessen-Nassau,

„ Landrath Max von Negelein, zu Melsungen, Reg.-Bez. Cassel,

„ Großherzoglich Hessischen Kammerherrn und Majoratsbesitzer Ludwig Wilich genannt von Pöllnitz, zu Darmstadt,

„ Hauptmann a. D. Wilhelm von Gerswordt genannt von Wallrabe, zu Darmstadt,

„ Landesbestallten, Mitglied der ersten Kammer der Ständeversammlung des Königreichs Sachsen Ferdinand Grafen und Edlen Herrn zur Lippe-Biesterfeld-Weißenfeld, auf Baruth im Königreich Sachsen,

„ Rittergutsbesitzer Arndt von Arnim, auf Nitzschka bei Borna,

„ Königlich Sächsischen Staatsanwalt Moritz Maximilian von Beschwitz, zu Dresden,

„ Königlich Sächsischen Hauptmann a. D. Camillo von der Mosel, zu Dresden,

den Oberst und Commandeur des Königlich Sächsischen 9. Infanterie-Regiments Nr. 133 Hans George von Mangoldt,

„ Prinzen Franz zu Sayn-Wittgenstein-Berleburg, zu Egern am Tegernsee in Oberbayern,

„ Königlich Bayerischen Kämmerer Edmund Freiherrn von Gienanth, zu Brüssel,

„ K. und K. Oesterreichischen Hauptmann im Generalstabs-Corps Hermann Freiherrn von und zu Gemmingen,

„ K. und K. Oesterreichischen Kämmerer und Rath des Königlich Ungarischen Verwaltungs-Gerichtshofes Géza Boné von Fülpösdaróz und Gárdony, zu Budapest,

nach Prüfung derselben durch das Capitel und auf Vorschlag des Durchlauchtigsten Herrenmeisters, Prinzen Albrecht von Preußen, Königlicher Hoheit, zu Ehrenrittern des Johanniter-Ordens zu ernennen.

Aus dem Protokolle über das am 24. Januar d. J. stattgehabte Capitel des Johanniter-Ordens theilen wir hier das Nachstehende mit:

1. Nachdem der Durchlauchtigste Herrenmeister das Gebet gehalten und das Capitel für eröffnet erklärt hatte, wies Höchstderselbe auf den schweren Verlust hin, welchen das Königliche Haus und das Land durch das Ableben Ihrer Majestät der Kaiserin und Königin Augusta erlitten haben. — Die hohe Verstorbene habe Großes für die Krankenpflege und für Zwecke, welche denen des Ordens verwandt seien, geschaffen.

   Allein der Vaterländische Frauen-Verein, den die Hochselige Kaiserin in das Leben gerufen und der so segensreich wirke, würde die Erinnerung an die Kaiserin Augusta für immer lebendig erhalten. —

   Der Durchlauchtigste Herrenmeister widmet dann ehrende Worte des Gedächtnisses dem am 21. December v. J. so plötzlich aus diesem Leben abberufenen Ordens-Schatzmeister von Jastrow, Unterstaatssecretair im Ministerium des Innern.

2. Der Ordens-Kanzler, der seit dem Tode des Ordens-Schatzmeisters von Jastrow, im Auftrage des Durchlauchtigsten Herrenmeisters die Geschäfte des Schatzmeisters führt, machte über die vorliegenden Jahresrechnungen für 1889, nämlich derjenigen der Balley-Kasse und der der Spott-Oschelinschen Deutschen Krankenhäuser-Stiftung, sowie aus den diesen Rechnungen beigefügten Uebersichten und Kassenabschlüssen, auf Grund eines schriftlichen Berichts, Mittheilungen und bemerkte, daß die beiden Jahresrechnungen mit Belägen demnächst eingehend geprüft und dann abgenommen werden sollen, um im nächsten Capitel zur Dechargirung vorgelegt zu werden.

3. Zur Gewährung freier Verpflegungstage in den 37 Kranken- und Siechenhäusern der Genossenschaften des Ordens — die vier direct von der Balley ressortirenden Kranken- und Siechenhäuser sind daran nicht betheiligt —, neben den bereits in diesen Anstalten bestehenden Freibetten und den sonst üblichen freien Verpflegungstagen, bewilligte das Capitel wiederum, für die Zeit vom 1. Juli 1890 bis dahin 1891: 14 700 Mark.

4. Zur Ausbildung von dienenden Schwestern des Ordens für den Fall des Krieges, sind im verflossenen Jahre aus Ordensmitteln verwendet worden 15 388 Mark (1887 und 1888 zusammen: 20 [illegible] Mark).

   Wie der Ordens-Werkmeister Graf von Zieten-Schwerin dem Capitel berichtete, stehen zur Zeit zur Verfügung des Ordens 206 Johanniterschwestern. Von den Diakonissenhäusern sind für den Kriegsfall dem Johanniter-Orden 595 Diakonissen zugesagt, so daß das weibliche freiwillige Pflegepersonal des Ordens augenblicklich 801 Personen umfaßt.

   Nach dem mit dem Vorstande der Diakonen-Anstalt zu Duisburg geschlossenen Abkommen, stellt dieselbe ihre abkömmlichen Brüder für den Fall eines Krieges und in sonstigen Nothfällen, dem Johanniter-Orden zur Verfügung und zwar mindestens 300 derselben.

   Ferner habe die besagte Anstalt die Ausbildung von Hilfsdiakonen für den Johanniter-Orden übernommen und bisher den Nachweis geführt, daß im Ganzen seit dem 1. Januar 1887 deren 62 ausgebildet sind, wofür Seitens des Ordens 2750 Mark aufgewendet wurden.

   Sonach verfüge der Johanniter-Orden jetzt über ein männliches Pflegepersonal von 362 Mann.

5. Commendator Graf zu Dohna-Schlobitten dankte mit den übrigen Commendatoren dem Durchlauchtigsten Herrenmeister für die den Ordensanstalten aus Seinen Brüchen bei Camenz unentgeltlich zur Verfügung gestellten Marmorfliesen, die sich besonders für die Flure, Küchen und Badestuben derselben, namentlich bei Neubauten, eignen.

   Graf zu Dohna bemerkt sodann noch, daß mit dem Baue eines neuen Hauses für die Ordens-Krankenanstalt zu Vandsburg, an Stelle des jetzigen unzulänglichen und alten Hauses, im nächsten Frühjahre, nach Beseitigung verschiedener Hindernisse, begonnen werden würde. Die Mittel dazu seien durch die vom Capitel bewilligten 40 000 Mark und die von der Preußischen Genossenschaft des Ordens dafür bereitgestellten 10 000 Mark, sowie derjenigen ca. 10 000 Mark betragenden Beisteuer aus dem Kreise Flatow rc., mit zusammen 60 000 Mark, vorhanden.

6. Commendator Fürst zu Hohenlohe-Langenburg theilte mit, daß das von der Württembergischen Genossenschaft des Ordens in Schwäbisch Hall erbaute Kinder-Krankenhaus mit 20 Betten, zu dessen Errichtung das Capitel im vorigen Jahre der Genossenschaft eine Beihülfe von 40000 Mark gewährt habe, bis zum 1. Mai d. J. fertig sein würde.

7. Commendator Graf von Bodelschwingh-Plettenberg brachte zur Kenntniß des Capitels, daß der am 24. Juni v. J. verstorbene Rechtsritter Freiherr von Elverfeldt auf Villigst, der Westfälischen Genossenschaft ein Legat von 6000 Mark vermacht habe.

8. Commendator Graf von Blessen meldete, daß Ihre Majestät die Kaiserin und Königin im Herbste vorigen Jahres das Ordens-Krankenhaus zu Ludwigslust eingehend besichtigt und den Kranken ernsten, wohlthuend leutseligen erhebenden Zuspruch gethan habe.

9. Das Capitel setzte, unter Aufhebung aller früheren desfallsigen Beschlüsse fest, daß active Hauptleute und Rittmeister, welche ihre Ernennung zum Ehrenritter nachsuchen, beim Vorhandensein aller übrigen Erfordernisse dieserhalb, von den Commenden nur dann als zur Berücksichtigung ihrer Bitte geeignet, begutachtet werden dürfen, wenn sie mindestens seit einem Jahre ein Patent ihrer Charge besitzen.

10. Ferner beschloß das Capitel den Eingang des § 14 der Ordens-Statuten vom 24. Juni 1853, welcher jetzt lautet:

§ 14.

„Ein Rechtsritter muß zum deutschen Adel,
„oder zum Adel der preußischen Monarchie
„gehören, evangelischer Confession und Ehren-
„ritter gewesen sein." rc.

dahin abzuändern, daß dieser Eingang hinfort wie folgt lauten soll:

§ 14.

„Ein Rechtsritter muß der evangelischen
„Confession angehören und Ehrenritter
„gewesen sein." rc.

Burg Tangermünde.

Wer von der Reichshauptstadt aus mit der Lehrter Bahn dem Westen Deutschlands zueilt, der erblickt im Süden der Strecke, schon lange, bevor der Schienenweg über das sandige, hier fast verwachsene Strombett der Elbe dahinführt, in graublauem Dufte eine Gruppe mächtiger Gebäude mit hochragenden Thürmen. Das Bild ist ein eigenthümliches, so ganz und gar nicht märkisches. In der That: jene Baulichkeiten, welche, von zarten Schleiern umwoben, am hohen Ufer der Elbe dort vor uns aufragen, haben eine Bedeutung nicht allein für die Mark Brandenburg, welcher sie einst angehörten: nicht allein für die Provinz Sachsen, mit welcher sie jetzt verbunden sind: sondern für das ganze Deutsche Reich. Es sind die Zinnen, die hohen Warten der Deutschen Kaiserstadt Tangermünde.

Es sollen indessen heut' nicht die herrlichen Kirchen- und Thorbauten von Tangermünde sein, auf welche wir die Blicke richten wollen. Nordwärts von der Stadt, durch eine tiefe Schlucht von ihr getrennt, in welcher die Straße zur Fährstelle hinabsteigt, liegt höher noch als Tangermünde selbst der Burgberg. Weit blickt er in die Lande am rechten Elbufer hinaus. Zu seinen Füßen mündet der Tangerfluß in den breiten, — hier, wo er nicht versandet ist — wahrhaft königlich dahinblickenden Strom. Das steile Ufer des Berges, welches von der Elbe fast bespült wird, hat schon den Fleiß der Alten zu gewaltiger und mühsamer Arbeit herausgefordert, um Das zu sichern und zu schützen, was droben auf dem Scheitel des Berges erbaut worden war. Eine Futtermauer von 60 Fuß Höhe stützt den Abhang und wird ihrerseits von kolossalen Strebepfeilern gehalten.

Vom Strome und von Norden, sowie von Süden her ist die Burg vollkommen unzugänglich. Nur eine Straße führt zu ihr hinauf: es ist die von der Stadt her im Westen. Wir verlassen daher das „Burgthor" von Tangermünde mit seiner hohen Wölbung und schreiten über die „Schloßbrücke" und „Schloßfreiheit" hin. All' die alten Bauten hier sind Freihäuser und gehörten einst vornehmen Geschlechtern von Tangermünde. Hier saßen einst die Staude; — einem Hieronymus Staude hat Philipp Melanchthon seine Ausgabe der Evangelien-Auslegung des D. Conrad Cordatus gewidmet; — hier die von Löcke und der Oberjägermeister von Roth (1618); — hier die Großhändler-Familie der Gruß, aus welcher auch manch' ein Rath und Seelsorger der Hohenzollern hervorgegangen ist. Noch eine kurze Strecke und wir sind am Thore der Burg, über welchem ein verwitterter märkischer Adler seine Schwingen entfaltet. Nun in den „Vorhof", einen zwingerartigen, rings ummauerten Raum, welchen ein „Kapellthurm" mit dem Schmucke von Wappenblenden und glasirten Ziegeln deckt! Von diesem Vorhofe aus führt dann endlich eine Steinbrücke in den eigentlichen, etwas höher gelegenen „Schloßhof", welcher ehedem durch einen Wall und eine Mauer noch besonders befestigt war.

Erwarte man indessen nicht, auf der Burg Tangermünde so stolzen und so zierlich-anmuthigen Resten alter Kunst zu begegnen, wie sie die Stadt in so reicher Fülle uns darbietet! Schon ein flüchtiger Blick über die Gesammtheit der Schloßanlage zeigt uns, daß, abgesehen von den Fundamenten und Ringmauern, Alles hier zerstört worden ist, was die Jahrhunderte vor Anbeginn der Hohenzollernherrschaft in der Mark errichtet hatten. Was wir von älteren Bauwerken noch erblicken, ist:

jener Zangel- oder Gefängnißthurm mit seinem schauerlichen Verließe,

die irrthümlich so genannte „Schloß-Kapelle", wahrscheinlich eine „Kanzlei", ein ganz schmuckloser Bau mit einem Dachaufsatze von Fachwerk, viereckig, hier und dort von einer unregelmäßig angebrachten Fensteröffnung durchbrochen, und

der „Kapitelsthurm", eine starke, viereckige Warte, 70 Fuß hoch und mit schlichtem Satteldache [illegible] abgeschlossen. „Kapitelsthurm" heißt das Gebäude nur deshalb, weil nunmehr jenes Getreide in ihm aufbewahrt wird, welches das Amt Tangermünde an das Berliner Domkapitel zu entrichten hat. Dieser „Belfried" mag in seinen unteren Theilen bis auf das Jahr 1420 zurückgehen; Zangelthurm und Kanzlei mögen um 1450 erbaut worden sein; das heutige Amtshaus endlich ist, wie das Kurfürstliche Wappen in einem Vorsaale bezeugt, sogar erst um 1699 aufgeführt worden. Was sonst noch da ist, haben unsere Tage gebaut. Was sich ehedem hier vorfand: Prächtiges, ja Hochherrliches ist schon lange in Trümmer gesunken. Die ganze Kuppe des Schloßberges ist mit Schutt erhöht. Ueber den Ruinen der Vorzeit grünen und blühen Gartenanlagen; „mächtige Epheuranken umranken mit dunkelbelaubten Zweigen die violetten Mauern", daß es wie grünend niederwallt und wogt von den halbgebrochenen Zinnen.

Nicht diese spärlichen Reliquien aber sind's: es ist vielmehr die Geschichte der Burg selbst, welche uns geladen hat, zu diesem Gipfel über der Elbe emporzusteigen.

Der Name Tangermünde wird urkundlich zuerst im Jahre 1009 genannt; alle Vermuthungen über die frühere Geschichte des Ortes sind demnach vollkommen hinfällig oder wenigstens müßig. Leider hebt die Chronik mit einer Bluthat an. Der damalige Graf der Nordmark, Werner von Walbeck, so heißt es, lebte in Feindschaft mit dem Grafen Dedo aus dem Hause Meißen, weil auf Dedo's Rath seine Stadt Wolmirstädt in Brand gesteckt worden war. Werner sann auf Rache. Da erfuhr er, — Mannen Dedo's hatten es ihm verrathen, — sein Gegner wolle von Tangermünde aus nach Wolmirstädt reisen. Er legte sich deshalb beim Dorfe Mose an der großen Straße in einen Hinterhalt, überfiel Dedo und tödtete ihn. Er verlor darüber seine Lehen, Land und Leute.

Die nächste Nachricht über Tangermünde stammt erst aus den Tagen Adalberts von Ballenstädt, — Albrechts des Bären. Schon damals herrschte auf der Elbe ein lebhafter Schiffsverkehr; die Magdeburger brachten viel Getreide zum Exporte nach Skandinavien gen Hamburg. Markgraf Adalbert ermäßigte ihnen im Jahre 1136 den Schiffszoll, so daß die Kähne größter Art nur 6 Schilling (nach heutigem Gelde etwa 36 Reichsmark), die kleinsten nur 4 Pfennige (etwa 2 Reichsmark) Zoll zu zahlen hatten.

Unter den späteren Ballenstädtern, 1256, wird bereits der „Schloßgarten bei der Kapelle" auf der Burg zu Tangermünde erwähnt. Man sieht: Bäume und Büsche und Blumen haben ein altes Recht hier, zu blühen und mit dem holden Schmer des Maien des Berges Hänge zu bedecken. Hier an diesem anmuthigen Orte, wo ihren Nachfolgern das Herz für ihre Lande aufgehen mußte, theilten denn auch im Juni 1260 die beiden hochverdienten, nunmehr an dem Ende ihrer Fürstenlaufbahn stehenden Brüder Johannes I. und Otto III. ihr ererbtes und neu errungenes Besitzthum. Ob- und Schiedsmänner waren dabei:

der Meister vom Deutschen Ritterorden, Herr Anno von Sangerhausen, Herr Ludolf von Eichstädt, Ritter von St. Marien, Konrad von Sternberg, Kellermeister der hohen Stiftskirche von Magdeburg, der Edle Burchard von Barby u. v. A. m.

Oft sehen wir auch die beiden glänzendsten Vertreter des um das Deutsche Reich so hochverdienten Hauses der Ballenstädter auf dieser Burg an Elbe und Tanger verweilen: manch' frohe und manch' trübe Stunde ist Otto IV., ist Woldemar dem Großen auf diesem Bergesgipfel vorübergegangen. Als Otto mit dem Pfeile im Kampfe gegen das Banner des h. Moritz unterlegen, von dem Erzbischofe Günther von Schwalenberg aber auf Treu' und Glauben aus dem Kerker zu Magdeburg entlassen worden war, begab er sich nach Tangermünde, um hier die Kräfte seines Landes und sein — Lösegeld zu sammeln. Der getreue Edle Johann von Buch, dessen Stammsitz in nächster Nähe der Burg Tangermünde belegen war, konnte ihm hier mit voller Kraft zur Seite stehen. Johann von Buch, „mirabilis" genannt, d. i. „Der Berühmte", nicht etwa „Der Wunderliche", gab seinem Herrn den Rath, das Kirchensilber der Mark nach Tangermünde einzufordern, um sich loszulösen, und willig wurde dasselbe auch dargebracht. Auf diese Weise ist die Mär' „vom Schatze zu Tangermünde" entstanden, den nur die Kritiklosigkeit einer längst überwundenen Periode der Geschichtsschreibung nach dem fernen, stets von den Pommern bedrohten Angermünde in der Uckermark versetzen konnte. —

Nach der Vermuthung des Herrn von Klöden soll Markgraf Woldemar in den Jahren 1309 und 1311 seine Verlobungs- und Hochzeitsfeier mit der Markgräfin Agnes zu Tangermünde auf dem Schlosse abgehalten haben. Es ist das allerdings wahrscheinlich, doch keinesfalls gewiß. Das aber wissen wir, daß Schloß Tangermünde im Frühjahr 1312 zwei erlauchte Fürsten in ritterlichem Gefängnisse beherbergte: es waren dies Friedrich von Meißen mit der gebissenen Wange und sein Sohn Friedrich der Ernsthafte, welche Woldemar bei Großenhain gefangen genommen hatte. Am 13. April 1312 kam hier auf der Tangermünder Burg dann jener glorreiche Friede mit den Meißnern zu Stande, durch welchen sie die

Lausitz und die Lande Senkenhain und Torgau an Brandenburg abtreten.

Oft noch treffen wir Waldemar auf der Tangermünder Burg an; — so froh aber wie in diesen jungen Jahren ward er nie wieder. In einer glänzenden Versammlung von Geistlichen vereinigte er hier am 19. April 1319 noch die Propsteien von Berlin und Kölln. Immer drückender aber lastete seine Kinderlosigkeit auf dem einst so frohgemuthen Fürsten. Vier Monate später befand er sich bereits nicht mehr unter den Lebenden; — um die Mitte des August war er zu Bärwalde verstorben, seiner Gemahlin Agnes die Altmark als Witthum hinterlassend.

Die Markgräfin war den Verhältnissen jedoch nicht gewachsen; — die Last der letzteren hätte ja wohl auch einen starken Mann zu erdrücken vermocht! Sie suchte durch eine zweite Vermählung, welche sie schon nach drei Monaten mit Herzog Otto dem Milden von Braunschweig einging, sich eine Stütze zu schaffen. Umsonst. — sie und ihr Gatte wurden von den handelnden Personen und den Ereignissen sehr bald zur Seite gedrängt. Agnes starb im Jahre 1334; Otto vereinigte darauf die Altmark mit seinen welfischen Besitzthümern, und erst das Schwert des Wittelsbachers Ludwig des Aelteren vermochte sie zurückzuerwerben. Die Burg von Tangermünde wurde in jenen Tagen eingeschlossen und berannt; die Entscheidung gegen Otto aber fiel erst im September 1343 auf der Gardelegener Heide.

Nicht aber, daß die Zeiten glücklicher sich gestaltet hätten! Wohl walteten und schalteten oberbayrische Herren jetzt auf der Burg Tangermünde; ja selbst ein Hohenzoller, der Burggraf Johannes II. von Nürnberg, verweilte auf der Höhe über dem breiten Spiegel der Elbe, als „Statthalter" das Wohl Brandenburgs nach Kräften wahrend; — heimisch im Lande aber wurde der edle Franke ebensowenig wie die stolzen Ritter aus den Bergen und Thälern des Allgäu's und Tyrols. In den schweren Tagen des Kampfes der Wittelsbacher gegen die römische Hierarchie mußte Ludwig der Aeltere auf der Veste Tangermünde nicht nur das Herzogthum Esthland, die Mitgift seiner Gemahlin Margarethe von Dänemark, für 6000 Mark an den deutschen Orden verkaufen; — nein, er mußte 1348 selbst aus Tangermünde weichen und Burg und Stadt dem „falschen Manne" überlassen, der sich für Woldemar den Großen ausgab.

Längst aber hatte der Erzbischof Otto von Magdeburg, ein geborener Landgraf zu Hessen, Stadt und Veste hier an der Elbe mit begehrlichen Blicken betrachtet. In so drangvollen Tagen ward es ihm leicht, Tangermünde für 2000 Gulden in seinen Pfandbesitz zu bringen. Da rief Ludwig der Römer, was die Wittelsbacher nie umsonst gethan haben, die Vaterlandsliebe der Märker an. „Wir müssen Tangermünde lösen", so schrieb er; „schon ist dem Lande großer Schade geschehen, weil dies zu rechter Zeit nicht hat erfolgen können." In kurzer Zeit war das Geld zusammengeschossen und die Veste wiederum märkisch; Marquard von Lauterbach, ein Tyroler, befehligte jetzt auf ihr.

Wie Ludwig der Aeltere und Ludwig der Römer, so weilte auch der nachfolgende Otto oft auf der Burg mit der herrlichen Fernsicht. Nach dem Marthal und der „Grützmühle" unterhalb von Schloß Wolfstein sich zurücksehnend, legte er jedoch den sorgfältig erwogenen Plänen des Böhmenkönigs Karl IV. auf die Mark, so lange es Zeit war, einen ernstlichen Widerstand nicht nur nicht entgegen; — nein, er kam ihnen sogar zuvor. Uebertrug er doch die Leitung der Dinge in der Altmark jenem Stendaler Patrizier Dietrich von Portitz, gewöhnlich „Kagelwit" genannt, der, zu hohen geistlichen Würden und endlich zum Erzbischofe von Magdeburg erhoben, das Vertrauen des staatsklugen Lützelburgers in höherem Maße besaß als irgend ein anderer Kirchenfürst des Reiches! Dietrich von Portitz, ein Verwandter der Bismarck, aber war ein wohlmeinender Herr und ein wahrer Freund seiner Heimat; er wußte, daß Kaiser Karl wohl der Mann war, ein Land zu heilen, zu ordnen und segensreich zu verwalten. Fern von Tangermünde, im Lager vor Fürstenwalde, geschah am Feste Mariä Himmelfahrt, am 15. August 1373 endlich der letzte Schritt: die förmliche Abtretung der Mark an die Söhne Kaiser Karls, für welche der Herrscher der Deutschen selbst die vormundliche Regierung führte.

(Schluß folgt.)

Literatur.

„Der Bär." Illustrirte Wochenschrift für die Geschichte Berlin's und der Mark. Nr. 23 vom 8. März 1890.

Inhalt: Im Banne des Talents, Roman von E. von Wald-Zedtwitz (Fortsetzung); Das Mausoleum Kaiser Friedrichs III. (mit Abbildung); Der Hohenzollern (Fortsetzung); Das Hochschloß des Deutschen Ritterordens, von Emil König (Fortsetzung); Königin Luise im Fichtelgebirge. — Kleine Mittheilungen: Das Königliche Seminar für städtische Schulen (Stadt-Schullehrer) in Berlin (mit Abbildung); Ein Briefwechsel des Prinzen Wilhelm von Preußen mit Prinzeß Charlotte; Zwei Briefe der Königin Luise; Moabit; Der Ritterorden des goldenen Armbandes. — u. s. w.

Der Deutsche Herold. Berlin, März 1890. Nr. 3.

Inhalt: Bericht über die Sitzung am 21. Januar 1890. — Bericht über die Sitzung vom 4. Februar 1890. — Die Preußische Königskrone. — Die Heraldik des Gothaischen Hofkalenders 1890. — Todtenschilde in der Marktkirche zu Hannover. — Das Landes- und die Landschafts-Wappen des Großfürstenthums Finnland. — Birkhauer von Hohenhain. — Die von der Trenck in Oesterreich. — Zusatz zum Artikel v. d. Trenck. — Büchertisch. — Vermischtes ꝛc.

Carl Heymann's Verlag in Berlin W., Mauerstraße 63–65.

Gedruckt bei Julius Sittenfeld in Berlin.

Alle Zuschriften und Einsendungen in Angelegenheiten dieses Blattes wolle man an den Redakteur desselben: Geh. Hofrath Herrlich W. Potsdamer Straße Nr. 134 c. in Berlin richten.

[illegible]

Wochenblatt der Johanniter-Ordens-Balley Brandenburg.

[illegible]

Im Auftrage der Balley Brandenburg verantwortlich redigirt von E. Herrlich in Berlin.

Jahrg. 31. Berlin, den 2. April 1890. Nr. 14.

1. Claes Freiherr von Mecklenburg, Königlich Schwedischer Kammerherr, auf Ljung bei Linköping in Schweden, Rechtsritter seit 1883, † zu Brüssel 5. März 1890.
2. Theodor von Unruh, Hauptmann a. D., auf Töschwitz bei Rauden in Schlesien, Rechtsritter seit 1872, † zu Töschwitz 17. März 1890.
3. Melchior Julius von Buggenhagen, Rittergutsbesitzer, auf Bärenkamp bei Dinslaken, Rechtsritter seit 1859, † zu Bärenkamp 21. März 1890.

Burg Tangermünde.

(Schluß.)

Nunmehr begann die Glanzzeit von Tangermünde. Karl IV. hatte beschlossen, „sein Böhmen“, d. h. die germanisirten Czechenlande Böhmen und Mähren, sammt den schlesischen Herzogthümern, der Lausitz und der Mark den zersplitterten Gebieten des deutschen Südens und Westens gegenüber zur Grundlage des Reiches umzugestalten. Er liebte die Mark und beschloß, ihr ein Helfer zu werden. Andererseits waren ihm, dem Manne, der nie etwas vergaß, grade die beiden blühendsten Städte und Handelsemporen der Mark in hohem Grade verhaßt: Berlin, weil dessen Bürgermeister Thilo von Wardenberg auf eigene Hand hanseatische Politik betrieb; — Frankfurt, weil dessen Rath in schwerster Zeit dem wittelsbachischen Hause eine über jedes Lob erhabene Treue bewiesen hatte. Karl IV. beschloß deshalb, sowohl an der Elbe wie an der Oder je einen mit den weitgehendsten Berechtigungen ausgestatteten Handelsplatz zu begründen und so den Handel und den Verkehr von Berlin wie von Frankfurt abzulenken.

Tangermünde sollte der Sitz des Handels nach der Nordsee werden: hier wollte Karl zugleich sich und seinen Nachfolgern eine prächtige Residenz erbauen. Ein reges Leben herrschte von nun ab auf dem Schloßhofe: rüstig arbeiteten zahlreiche Handwerker an dem Neubaue der Burg. Von älteren Baulichkeiten blieb nichts stehen.

Es ward ein großartiges Werk. Nicht, daß Bauleute von Prag oder gar von Köln am Rhein dasselbe ausgeführt hätten: es waren Meister aus den baltischen Küstenlanden, welche hier in der ihnen eigenen Technik des Backsteinbaues gearbeitet haben. Erhalten sind uns freilich nur die kolossalsten Theile des Baues: die Umfassungsmauern und die riesenhafte Böschung gegen die Elbe hin, vielleicht auch die Grundmauern des Kapitelthurmes; wir besitzen indessen nähere Nachrichten über zwei Theile dieser karolinischen Burgwerke; über die Kapelle und den Saalbau.

Die jetzt gänzlich verschwundene Schloßkapelle, dem Täufer und dem Apostel Johannes geweiht, war eine Nachahmung der Wenzelskapelle auf dem Prager Hradschin oder der Kapelle auf Burg Karlstein. Dieselbe Technik hier wie dort: die Wände verkleidet mit vergoldetem Gyps, in welchem farbensprühende Edelsteine eingelassen waren, die in feuriger Pracht erglühten, sobald man die Kerzen entzündete. Karl selbst nennt in einer Urkunde die Burgkapelle einmal ein „opus magnificum, preciosorum et aliorum lapidum ornamento fabricatum.“ Im 30jährigen Kriege zerstört, ist dies Gotteshaus bis auf den letzten Stein abgetragen worden; schon im Anfange des 18. Jahrhunderts stand nur noch ein Stück Mauer, an welchem man genau die Stellen der Granaten, Topase und Bergcrystalle erkennen konnte. Die Kapelle war zugleich auch der Sitz eines Kollegiat- und Domstifts, mit welchem die schöne Kirche St. Stephan zu Tangermünde verbunden worden war; sie war deshalb sehr reichlich mit Reliquien versehen. Aus dem niedersächsischen Kloster Marienrode hatte Kaiser Karl das Herz und die Lanze des h. Georg erkauft: das erstere lag in einer goldenen Monstranz. Es befanden sich ferner einst hier: ein Tropfen vom Blute Christi in einem Krystallgefäße; daran eine silberne Krone mit rothem Edelsteine; ein Stücklein Holz vom wahren Kreuze, in ein goldenes, 1/3 Ellen langes und mit Edelsteinen besetztes goldenes Kreuz gefaßt; ein Stück vom Gehirne Johannes des Täufers, in einer goldenen Büchse verschlossen, welche, das abgeschlagene Haupt des Bußpredigers darstellend, auf einer goldenen, mit Edelsteinen besetzten Schale lag; ein Stück von jenem Mantel des Apostels Johannes, welchen er trug, als er den Giftbecher leerte; ein Finger des h. Servatius u. s. w., sowie viele, viele Andere. Markgraf Jobst von Mähren trieb nachmals mit diesen Heiligthümern, diesen Kostbarkeiten einen schwunghaften Handel; nur die Lanze St. Georgs verblieb dem Domstifte noch einige Zeit, weil sie eben nur Holz und Stahl war. Unter den zwölf Domherren befanden sich nur anfangs mehrere Böhmen; später wurden die übrigens nur kärglich dotirten Pfründen Tangermünder Bürgersöhnen zu Theil. Das Stift erhielt sich bis in die Reformationszeit.

Kaiser Karl IV. hat oft und gern zu Tangermünde geweilt. Am 29. Juni 1374 verkündigte er hier in glänzender Versammlung die ewige Erb-Einung der Mark mit Böhmen. Nie hat eine Stätte im Lande Brandenburg je wieder solch' einen „Reichstag" gesehen. Es waren mit der gesammten kaiserlichen Familie in Tangermünde anwesend:

Erzbischof Ludwig von Mainz, Erzbischof Johann von Prag, Erzbischof Peter von Magdeburg mit ihren Suffraganen von Olmütz, Leitomischl, Hildesheim, Merseburg, Halberstadt, Lebus und Brandenburg,

die Herzöge Wenzel und Albrecht von Sachsen, Markgraf Friedrich von Meißen, Herzog Albrecht von Mecklenburg, die schlesischen Piasten, die pommerschen Greifen, ja selbst die littauer Jagiellonen sammt unzählbaren Grafen und Herren. Kurz, das Fest gestaltete sich zu einer imponirenden Schaustellung der Lützelburgischen Macht. Auf dem jetzt so stillen Markte von Tangermünde erhielt Erzbischof Ludwig von Mainz in jenen festlichen Tagen die Regalien.

Die Osterzeit, ja schon die Fasten und noch die Pfingstwochen des Jahres 1377 widmete Karl IV. wiederum gänzlich seinem geliebten Tangermünde. Es knüpfen mehrere Erzählungen des Volksmundes und der Magdeburger Schöppenchronik grade an diesen Aufenthalt des deutschen Kaisers an.

Karl IV. war, wenn es sein konnte, ein fröhlicher Herr! Er liebte die Hofnarren und die „jocalatores", die Gaukler; er sah gern schöne Frauen um sich; — Alles aber sollte, seiner zurückhaltenden Natur gemäß, Maß und Ziel bewahren. Die Chronisten der Mark erzählen mit Bezug hierauf, Karl habe zu Fastnacht 1377 auf dem Schlosse zu Tangermünde die sogenannten „Rehagen" gehalten, d. h. fröhliche Feste, zu welchen auch den Frauen der Zutritt gestattet war. Es haben viele Ausleger sich mit dem Worte „Reihagen" und „Rehan", wie es wohl auch geschrieben wird, beschäftigt; keiner aber hat bisher das Richtige getroffen; alle haben übersehen, daß sich das Wort als „Reihenhagen" noch am Schlusse des 16. Jahrhunderts bei Bartholomäus Ringwaldt findet. „Reihenhagen" aber ist sehr klar; es bedeutet einen Hain, in welchem getanzt wird. Da man nun um Fastnacht 1377 nicht wohl im Freien zu tanzen vermochte, so schmückte man den Saalbau der Tangermünder Burg mit Föhren und Tannen waldmäßig aus. Das ist die schlichte Lösung der gelehrten Frage.

Schwieriger ist die Erklärung des folgenden Satzes, welcher sich bei dem Chronisten Engel, — um 1540 Rektor zu Tangermünde, — findet. Es heißt hier:

„Daß Kaiser Karl ein kurzweiliger Herr gewesen, zeigen seine vielfältigen Thaten, als die mit dem „lahmen Pferde", so aber zu lang zu erzählen ist, auch „von der Speise, die nichts kostet" und Niemand schadet, item: „falsche That, — falsches Geld." Wir wissen den Inhalt dieser scherzhaften Mären, welche an Kaiser Karls Hoflager zu Tangermünde erzählt worden sind, nicht mehr zu ergründen. Nur ein Trinkreim, welcher auf diese „Facetien" hinweist, hat sich noch bis heut' erhalten; es ist das bekannte, in seiner Bedeutung aber unverständlich gewordene Lied:

„De Kaiser Karolus de harr een Pörd,
Dat was 'ne fahle Stut';
Up eenem Dage, da lach se nich recht;
Dat annere was rein ute. —
Da wischt he sik sine Snute!"

Die Kulturbestrebungen der feinen Lützelburger und die vornehmen Formen seiner Geselligkeit haben demnach nicht grade viel Verständniß in der Altmark gefunden. Als den Schauplatz dieser Feste Karls werden wir indessen den zweiten Raum der herrlichen Burg von Tangermünde zu betrachten haben, von welchem wir nähere Kunde besitzen: es ist dies der Saalbau der Burg.

Wie derselbe geschmückt gewesen ist, wissen wir genau aus einem Verzeichnisse, welches der Kanzler Lamprecht Distelmeier im Jahre 1564 aufnehmen ließ. An allen vier Innenwänden des auf die Elbe hinabblickenden Baues befanden sich Fresken: die weltlichen und geistlichen Kurfürsten mit ihren Wappen, die kaiserliche Familie und ihre Ahnen, sowie Turnierkämpfe darstellend. Denken wir uns diesen Raum mit Tannenlaub geschmückt, von feierlich-zierlichem Reigentanze durchwogt, so haben wir den „Rehagen" vor uns.

Auch die „Schöppenchronik" der Stadt Magdeburg knüpft an diesen Aufenthalt Karls zu Tangermünde an. Zwischen dem Erzbischofe Peter von Brünn, dem Nachfolger des berühmten Dietrich von Portitz, und den stolzen Bürgern waren Zwistigkeiten ausgebrochen. Die Magdeburger sandten deshalb die Bürgermeister von 1371 und 1376, Hans von Ebendorf und Bartholomäus von Kalbe, sammt dem Stadthauptmann Ludolf von Alvensleben mit einer Anzahl von Rathsherren zu Wasser nach Tangermünde. Unterdessen citirte sie der Kaiser, wovon sie selbstverständlich nichts wußten. Als nun die Rathsherren zu Tangermünde über den Markt gingen, kam ihnen der Kaiser entgegen, begleitet von einem einzigen Knechte, der seinen Zelter führte. Karl gebot ihnen, ihm nach Schloß Grimme zu folgen, welches er „gebrochen" hatte. „Gnädiger Kaiser", sprach da Herr Ludolf von Alvensleben: „wir sind zu Wasser gekommen und haben keine Rosse." — „So reitet nach ihnen und folget mir", erwiderte Karl, „das ist mir zu Danke."

Die Magdeburger sendeten auch sogleich einen reitenden Boten ab, der zu Nacht in ihrer Heimat anlangte. Sofort sattelten die jungen Knechte und Bürgerkinder; sie waren schon am nächsten Morgen mit ihren Spielleuten in Tangermünde. Sie wollten auch nach Grimme ziehen; doch die Kaiserin Elisabeth ließ sie warten und in Tangermünde den Kaiser empfangen. Die Schöppenchronik hat uns diese ganz unwesentliche Begebenheit wohl nur darum aufbewahrt, weil es dazumal etwas ganz seltenes war, in einem Tage einen reisigen Zug von Magdeburg gen Tangermünde zu entbieten. Eine Einigung mit Peter von Brünn kam nicht zu Stande; wohl aber folgten die Magdeburger dem Kaiser, um die Raubschlösser Krigen und Dannenberg einzunehmen.

Am 13. Juni 1377, vier Wochen nach Pfingsten konnte auf der Burg dann auch die kostbare St. Johanniskapelle geweiht werden. Unter den diesmal Geladenen befanden sich der Bischof Dietrich von Havelberg und die Harzgrafen von Mansfeld, von Wernigerode und Regenstein, die alten, treuen Freunde Brandenburgs.

Wie Kaiser Karl selbst, so aber ist auch seine vierte Gemahlin, die Herzogin Elisabeth von Pommern-Wolgast, auf der Burg von Tangermünde, vorzugsweise bei den Gebildeteren, noch unvergessen. Oft soll sie mit Freuden vom Saalbau des Schlosses auf den breiten, mit buntbewimpelten Schiffen bedeckten Elbstrom niedergeblickt haben, oft durch die lieblich duftenden Wiesen dort drüben am linken Elbufer nach Kloster Jerichow geritten sein. Elisabeth war übrigens eine sehr merkwürdige Dame. Mit ganz ungewöhnlicher Stärke begabt, konnte sie Messer und Schwerter, ja auch Hufeisen mit bloßen Händen zerbrechen. Der böhmische Historiker Palacky fügt gleichsam entschuldigend hinzu, „sie habe diese Kunst jedoch nur dann geübt, wenn ihr Herr und Gemahl zur Unterhaltung seiner Gäste sie darum gebeten habe." Auch die Kaiserin besuchte von Tangermünde aus die Stadt Magdeburg, war jedoch höchlichst entrüstet, als sie sah, welchen prahlerischen Luxus die Bürgerinnen gegenüber ihren schlicht gekleideten Hofdamen entfaltet hatten.

Im nächsten Jahre, am 29. November 1378, verstarb Kaiser Karl IV. zu Prag. Mit Recht sagt Dr. Ludwig Götze, der Geschichtsschreiber von Tangermünde:

„Wie ein schöner Traum war nun die ganze Herrlichkeit vorüber; es folgten böse Tage auf die bisherige Kaiserpracht."

Unter den späteren Lützelburgern hat keiner, auch Sigismund nicht, der kaiserlichen Veste an der Elbe mehr gedacht, sobald nur erst der Ruf der Huldigung, das dreimalige „Brandenburg!" auf dem Burghofe erklungen war; — auf schnellen Rossen ritten sie wieder gen Böhmen, sobald nur die dringendsten Geschäfte erledigt waren. In den verlassenen Räumen wohnten von nun ab nur vorübergehend einige hochgestellte Landesbeamte, so der „oberste Schreiber" Ortwin, später Propst zu Berlin, — seinem Wappen nach ein Bissing aus Niedersachsen, — so der Landeshauptmann Leuthold von Kramsdorf, anscheinend ein Böhme, — so endlich Graf Günther von Schwarzburg, dem die Quitzows so übel mitspielten. Im Februar 1408 begegnen wir zwar auch dem Markgrafen Jobst von Mähren auf der Burg; er nahm indessen nur die Kleinodien und Heiligthümer der St. Johanniskapelle bis auf die St. Georgslanze mit sich und setzte den Edelherrn Kaspar Hans zu Puttlitz zum Hauptmann der Altmark ein.

Wohl richtete der Edle zu Puttlitz sich anmuthig wohnlich in der alten Kaiserburg ein; frohe Tage aber kamen auch ihm zu Tangermünde nicht. Um Johannis 1410 feierte er hier jenes Kindtaufen, welches so tragisch enden sollte: als die Gäste über die Elbe heimzogen, schlug die Fähre um: Konrad von Quitzow und 23 Reisige ertranken. Zwei und ein halbes Jahr später, am 11. November 1412, aber ritt in den Burghof zu Tangermünde der gottgesandte und hochbegnadigte Fürst ein, der, obwohl „sein Sinn allein nach Frieden stand", mit starkem Arme in unverhofft schnellem Schlage einen Adel demüthigen sollte, welchem die Kriegstüchtigkeit in gleichem Maße fehlte wie der edle Sinn. Glorifikationen der Quitzows können vor der Wahrheit nicht bestehen.

Es schien, als sollte nun ein neuer Glanz aufgehen auch über der Burg von Tangermünde. Unzweifelhaft war dies Schloß auch das wohnlichste des Landes. So schlug denn auch die holde Else von Baiern, Friedrichs I. Gemahlin, hier ihren Sitz auf: — am 19. November 1413 gebar sie hier ihren zweiten Sohn Friedrich, den späteren „Eisenzahn", am 24. November 1414 aber den nachmaligen „deutschen Achilles." —

Vor der Burg von Tangermünde befand sich seit alten Tagen eine berühmte Richtstätte, — ein „Brückengericht", wie solche auch zu Brandenburg und Berlin bestanden haben; es wurde hier sowohl Land- wie Hofgericht gehalten, und man hatte sich schon zu Zeiten des alten, großen Juristen Johannes von Buch daran gewöhnt, das Gericht „vor der Brücke zum Schlosse von Tangermünde" als die oberste Instanz in der Mark Brandenburg anzusehen. „Will man ein Urtheil schelten, so schreibt der „Richtsteig" zum Landrecht es vor, „so gehe man als Märker zuerst an die „Linde" auf der Brücke zwischen Alt- und Neustadt Brandenburg, — dann an die „Krep" in der Altmark zwischen Borstel und Eichstedt auf dem linken Ufer der Ucht, — dann an die „Linde" auf dem einsamen Berge im Bierstädter Holze, dann an

„des Markgrafen Kammer zu Tangermünde.“ So blieb der Instanzenzug für das Landgericht bis in's 16. Jahrhundert, in welchem der Brandenburger Schöffenstuhl an Stelle des Tangermünder Oberlandgerichts trat. Vor dem Hofgericht zu Tangermünde, welches an derselben Stelle gehalten wurde wie das Landgericht, wurde am 8. Juni 1414 aber auch entschieden der

berühmte Felonie-Prozeß gegen Werner von Holzendorf,

der seinem für friedlos erklärten, geächteten Freunde Dietrich von Quitzow auf Burg Bötzow geholfen und den fürstlichen Boten etwas unsanft mit — Schlägen heimgewiesen hatte. Werner verlor Lehen und Heimat, bis Friedrich ihm wieder verzieh.

Oft sah in diesen Tagen Burg Tangermünde Feste und Hochzeiten. Es vermählten sich hier am 30. Juni 1420:

die Prinzessin Cäcilie mit Herzog Wilhelm dem Streitbaren, die Prinzessin Magdalena mit Herzog Friedrich dem Frommen von Lüneburg; — Otto von Rohr, Bischof zu Havelberg, segnete diese Paare ein,

und am 23. Mai 1423:

die Prinzessin Margaretha mit Herzog Albrecht von Mecklenburg; wobei Bischof Stephan Bodeker von Brandenburg des kirchlichen Amtes waltete.

Bald darauf aber, im Januar 1426, verließ Kurfürst Friedrich I. die Mark für immer. Hell hatte die Sonne hier zu Lande ihm nicht geleuchtet, — auch auf der lieblich gelegenen Tangermünder Burg nicht!

Nun hielt Johann der Alchemist hier Hof, — freudlos, ja unter vieler Noth. Ihm folgte Friedrich der Fette, sein unthätiger Bruder, welcher im Jahre 1463 als erster Hohenzoller in der Mark verstarb und in dem von ihm gegründeten Domstifte zu Arneburg seine Ruhestätte fand. Aber auch der eigentliche Landesherr, der Kurfürst Friedrich der Eisenzahn, verweilte im Anfange seiner thatenreichen Regierung noch oft zu Tangermünde; — hier verstarb ihm sein Söhnlein Erasmus, welches mit so frohen Hoffnungen einstmals begrüßt worden war. — Es lastete ein Unheil ob der alten Kaiserburg. Das Schloß zu Kölln an der Spree wurde gebaut und nach Ueberwindung vieler Schwierigkeiten 1451 auch vollendet. Wohl hatte es eigentlich nur ein „Zwing-Berlin“ sein sollen; in der That aber ward es der reichgesegnete Friedenssitz milder, ihr Land beglückender Fürsten. Oft freilich wurden noch Landtage in Tangermünde abgehalten; ersprießlich aber waren sie nicht. Als Albrecht Achilles den guten Bürgern der Mark den Biergenuß etwas vertheuerte, um den Aufgaben der Regierung gerecht werden zu können, wurden die Männer von Tangermünde sogar so böser Muthe, daß sie die Kaiserburg in Grund und Boden schießen wollten. Sie zogen ihre größte Kanone, irgend eine „Nachtigall“ oder einen „Purlepans“, auf den Thurm von St. Stephan: da riß ein Tau, und das Geschütz zerschellte auf dem Pflaster.

Noch aber war die alte Pracht erhalten, als das 16. Jahrhundert heraufstieg. Die dänische Elisabeth, des Kurfürsten Joachim I. glückverlassene Gemahlin, bevorzugte den lieblich gelegenen Ort; sie gebar am 3. August 1513 hier ihren zweiten, ihr durchaus geistesverwandten Sohn, den Markgrafen Johannes. Um an die Traditionen der Burg anzuknüpfen, bestimmte Joachim selbst, daß das neugebildete „Kammergericht“ einmal des Jahres Sitzung halten solle auch zu Tangermünde.

Langsam aber stiegen dennoch Burg und Stadt von ihrer alten Bedeutsamkeit herab. Das Schloß verfiel; der 30jährige Krieg fand keine Veste von Wichtigkeit mehr vor. Am 17. Februar 1626 besetzte der dänische Obrist von Linstow im Auftrage des Generals Johann Philipp Fuchs Burg und Stadt. Später kamen der Mansfeldische Obrist Carpzow, dann Johann Ernst von Weimar, nach ihm Herzog Georg von Lüneburg und endlich die Pappenheimer hierher. Am Abende des 30. Juni 1631 stürmten dann die Schweden das Schloß: ein Korporal legte die Petarde an das Burgthor an. Die Kaiserlichen aber wehrten sich verzweifelt; ihrer 60 wurden auf dem Schloßhofe zusammengehauen.

Hin und her wogten in dieser Weise die Schicksale der alten Kaiserburg und Stadt. Endlich, im December 1640, kam das Schlimmste. Die Burg war von 70 Musketieren und 25 Reitern von den kurbrandenburgischen Regimentern Goldacker und Lüdicke besetzt. Der schwedische Obrist Karl Ruth verlangte die Uebergabe; die Märker aber vertheidigten sich noch vom 14. bis zum 20. December; dann erst ergaben sie sich. Die Schweden legten nun Minen und Brände an das Kaiserschloß; bald stürzte dasselbe zusammen. Selbstverständlich traf die Zerstörung vor Allem das zierliche, mit graziösen Ornamenten geschmückte Mauerwerk aus den Tagen Karls IV. Die schmucklosen Bauten des 15. Jahrhunderts und der massige „Gefried“ blieben allein. Die herrliche Kapelle verschwand, wie erwähnt, gleichfalls bis auf einen kleinen, jetzt nicht mehr vorhandenen Rest. —

Nur Episodenhaftes jetzt noch aus der späteren Geschichte des Schlosses!

Im Jahre 1718 verweilte, ein holder Knabe, der Kronprinz Friedrich auf der Burg. Er wollte die Tangermünder Knaben beschenken. Flugs kaufte er eines in der Stadt in einem Bäckerladen für seine ganze Baarschaft Zwieback und Weißbrot, um dann auf dem Schloßhofe seine Schätze auszutheilen. Im Hochsommer 1803, wann es hier oben am schönsten ist, war Königin Luise zum ersten Male hier; nach der verlorenen Schlacht bei Jena, am 16. October 1806, rastete sie wiederum auf der Burg. Acht Tage darauf schlug der Marschall Soult hier sein Quartier auf. Durch Decret vom 20. Juli 1808 gelangten die Reste der Einkünfte des nun westfälisch gewordenen Amtes Tangermünde an Marschall Augereau, den

Herzog von Castiglione. Am 7. Mai 1809 kam Schill nach Tangermünde; er schätzte das Amt um 4000 Thaler und nahm 73 Mann aus der Stadt unter seine Reiter auf. Auch die Lützower haben hier oben im Schatten des Kapitelthurms auf der Tangermünder Burg gelagert; auch ihnen folgten 20 Jünglinge der Stadt. Endlich, anno 1871, erblickte die alte Warte wiederum ein kriegerisches Bild: es wurden etwa 600 Mann französischer Gefangener auf dem Schlosse untergebracht.

Heut' ist selbst das Amtshaus von Tangermünde, welches Kurfürst Friedrich III. erbaut hat, zur Ruine geworden; verödet ist der Burghof; lustig grünt nur der Schloßgarten dort und der Epheu über den dunkelbraunen Mauern. An eine Wiederherstellung ist wohl nicht zu denken; aber noch lange werden diese Trümmer dauern. —

Steigen wir nunmehr zur Schloßfreiheit nieder! Wieder schreiten wir an dem Hause mit den Steinbildern der Grafen vorüber. Dort, jetzt zur linken Hand, grüßt auch wieder das alte Burglehn der Stände! Noch eine Reminiscenz! In den Jahren 1643 bis 1649 hat hier ein großer deutscher Patriot gewohnt, — ein kriegsmüder Offizier, Bogislaw Philipp Chemnitz oder Kemnitz, der Enkel des berühmten Theologen. Der Historiograph des schwedischen Krieges hatte Margarethe Albers, die Tochter des Tangermünder Amtmanns, geheirathet. Unter dem Namen Hippolytus a Lapide (Kemnitz heißt „Steiniger Ort") hat er die lateinische Dissertation über die „Staatsraison des Deutschen Reiches" verfaßt. Er wollte durch sie die Deutschen einigen.

Die Ereignisse der Jahre 1870/71 gehen freilich weit über die Vorschläge dieser Schrift hinaus und haben uns eine straffere Einheit gebracht, als Chemnitz sie zu schaffen wagte. Das Rechte aber fand schon er. Er sagt einmal:

„Seiest Du ein Katholik, seiest Du ein Protestant: Du bist ein Deutscher! Denke daran, daß Deine Ahnen lieber den Tod als die Knechtschaft duldeten."

Das war ein helles, hohes Wort in trüber, darniederliegender Zeit. Mahnend klingt dasselbe auch um die grauen Trümmer, welche von dem Burgberge zu Tangermünde hinabgrüßen in der duftenden, sonnenbeschienenen Niederung der Elbe. O. Schwebel.

Das neue Diakonissenmutterhaus in Witten.

Mit einer an Einstimmigkeit grenzenden Majorität wurde in der am 26. Februar in Dortmund abgehaltenen außerordentlichen Generalversammlung des „Vereins für Innere Mission in der Grafschaft Mark" der Beschluß gefaßt, nunmehr sofort für letztere mit der Gründung eines neuen Diakonissenmutterhauses vorzugehen.

Der Gedanke, dessen eigentlicher Vater der hochverdiente Pastor Bröbsting in Hamm ist, ist zwar erst einige Jahre alt, hat jedoch bei allen, die ein Verständniß für die Liebesarbeit der evangelischen Kirche haben, schnell Wurzel geschlagen. In zahlreichen Commissionsberathungen, die unter dem Vorsitze des Superintendenten König in Witten zusammengetreten waren, wurde die Sache gründlich vorbereitet, und so konnte denn die sehr gut besuchte Generalversammlung zu den ihr unterbreiteten Vorschlägen mit freudigem Herzen ihr Ja und Amen sprechen.

Als Sitz des neuen Diakonissen-Mutterhauses wurde fast einmüthig Witten bestimmt. Die dortige evangelische Gemeinde hat das ihr gehörige Krankenhaus mit großer Selbstverleugnung dem Verein für innere Mission angeboten, eine That, die nicht genug anzuerkennen ist. Ein engerer Ausschuß, bestehend aus 7, und ein weiterer Ausschuß, bestehend aus 60 Herren, wurde sofort gebildet; es werden sich beide Körperschaften über die nun zu allernächst zu ergreifenden Maßnahmen binnen kürzester Frist schlüssig zu machen haben. Dem engeren Ausschuß wurde seitens der General-Versammlung eine Generalvollmacht gegeben, einen in nächster Nähe des Krankenhauses gelegenen Complex von Grundstücken sofort anzukaufen. Der Preis für diese Grundstücke beträgt etwa 40000 bis 42000 Mk., und kann derselbe als ein durchaus angemessener bezeichnet werden.

Auf diesen Grundstücken werden sich voraussichtlich noch in diesem Jahre die für die Diakonissen-Anstalt nöthigen Gebäude neben dem Krankenhause erheben, und so wird denn, will's Gott, das neue Mutterhaus vielleicht schon in diesem Herbste seine Thätigkeit beginnen.

Daß die nöthigen Gelder, welche sich zunächst auf etwa 200000 Mk. belaufen, zur rechten Zeit beschafft werden, darüber wurde auch nicht der leiseste Zweifel laut. Die Opferwilligkeit der evangelischen Märkaner hat sich zu oft bewährt, als daß eine Befürchtung nach dieser Richtung hin aufsteigen könnte. „200000 Mk., was ist das unter so viele?" so konnte man es hin und her hören. Gesegnete Mark, in der der Liebeswille auch allzeit einen Liebesweg weiß!

Es kommt nun vor allen Dingen darauf an, daß der richtige Mann gefunden wird, der die Leitung der geplanten Anstalt übernimmt. Vielleicht zeigt ihn uns Gott schon in nächster Zeit. Von diesem Manne wird es wesentlich abhängen, in welcher Weise die gefaßten Beschlüsse in die That zu überführen sind. Ein leichtes Amt bekommt er nicht, wohl aber ein köstliches Amt, an das sich die weitgehendsten Hoffnungen aller christlichen Kreise unserer Mark knüpfen.

Eine seiner zunächst liegenden Aufgaben wird darin bestehen, die Nothwendigkeit und Möglichkeit des Diakonissenhauses durch Wort und Schrift allen Märkanern bis in die entlegenste Hütte hinein zu beweisen, und zwar mit einer solchen Deutlichkeit zu beweisen, daß auch die anfangs widerwilligste Hand zum Griff in die Tasche sich gezwungen sehe. Nächst der Beschaffung der Mittel wird ihm die viel wichtigere Pflicht obliegen, evangelische Jungfrauen zum

Diakonissendienst anzuwerben. Noch stehen solcher Jungfrauen viele müßig am Markte und schlagen vor: „Es hat uns Niemand gedingt." Nun, sie werden gedungen werden, und zwar so laut und vernehmlich, daß sie keine Entschuldigung haben. Gott gebe den Dingenden offene Herzen und führe bald eine Schaar von „Dienstmägdlein Christi" unter die Kreuzesfahne. Es ist ein seliger Dienst, als Diakonisse dem Herrn sich zu weihen und im selbstvergessenen Liebesdienst an Kindern und Armen, Weinenden und Verwundeten, Hungernden und Frierenden, Kranken und Sterbenden ihm die Antwort zu geben auf seine Frage: „Was thust Du für mich?"

Im Dienste der Kaiserswerther und Bielefelder Anstalten stehen bisher nur etwa 60 Diakonissen aus der Mark, während letztere mehr denn 200 Diakonissen an 47 Orten beschäftigt. Das ist entschieden ein Mißverhältniß, und ich meine, schon unsere evangelische Ehre erfordert es, daß wir die nöthigen Diakonissen aus Töchtern unserer Mark gewinnen. Dazu kommt, daß durch jene 200 Diakonissen dem vorhandenen Bedürfnisse auch nicht annähernd genügt wird. Von allen Seiten klingt es aus Städten, Dörfern und einzelnen Häusern nach Bielefeld und Kaiserswerth hinüber: „Helft uns!" — aber beide Mutterhäuser haben das Maß ihrer Kräfte erschöpft. So müssen sich denn die 200 Schwestern wenigstens verfünffachen, wenn unsere Nothstände, zu deren Beseitigung nur die geschulte Hand der Diakonisse taugt, Abhilfe finden sollen.

Daß der Sitz des neuen Diakonissenhauses gerade nach Witten verlegt wird, erscheint uns als ein ganz besonders glücklicher Gedanke. Einmal ist das Entgegenkommen der evangelischen Gemeinde Witten ein geradezu überraschendes, sodann liegt diese Stadt so recht im Mittelpunkte unseres industriellen Bezirks, und endlich werden dort die Diakonissen jede nur denkbare Gelegenheit zur Erlernung und Ausübung ihrer Obliegenheiten finden, gar nicht davon zu reden, daß die Persönlichkeit des Superintendenten König, dessen Herz in Jesu immer ruhig und dessen Hände für Jesum nimmer ruhig sind, schon eine gewisse Garantie für das Gelingen des großen Unternehmens bietet.

Der evangelischen Gemeinde in Bochum, welche in die seiner Zeit etwas stockende Bewegung für die Diakonissenanstalt neues Leben gebracht hat, indem sie dem Verein für innere Mission ein Haus zur Verfügung stellte, soll dies unvergessen bleiben. Daß gleichwohl Witten in der Concurrenz den Sieg davon getragen hat, wird Bochum um der guten Sache willen verschmerzen und, wie wir zuversichtlich vertrauen, das Werk mit bekannter Liberalität unterstützen. An Unterstützung wird es auch von anderer Seite nicht fehlen. Männer, wie unser General-Superintendent Dr. Nebe, Pastor v. Bodelschwingh und andere werden uns mit Rath und That zur Seite stehen, und so wird das Diakonissenhaus unter Gottes Segen fröhlich emporblühen.

Der Ernst der Zeit ist groß. Auf der einen Seite wühlt die verbrecherische Hand des Unglaubens, der der Socialdemokratie täglich Hunderte von Rekruten zuführt, in den Eingeweiden unserer Kirche, auf der anderen Seite wird diese Kirche von Rom umklammert. Soll sie lebensfähig bleiben, dann muß sie ihre Kanzel mitten im Volke aufschlagen, das Evangelium in das Leben übersetzen und durch bergende Liebe den einzelnen wieder an sich binden. Der Herr stellt unserer Kirche in unseren Tagen neue Aufgaben. Zu ihrer Bewältigung bedarf sie ein ganzes Heer von Diakonissen. Gott stelle sie in Reih und Glied! Er will es, und darum wollen wir es auch. Wir müssen abnehmen, Jesus muß zunehmen. Ihm allein die Ehre!

(Kreuzzeitung.)

Die Brüderschaft des Rauhen Hauses

umfaßte am 1. Januar 1890 445 Mitglieder. Von diesen sind als Hausväter in Erziehungsanstalten 49, außerdem 52 als Gehilfen thätig; ferner als Lehrer in Gemeinden und in Anstalten 26; im ganzen also unter Kindern 127. Der Wanderbevölkerung dienen als Hausväter von Vereinshäusern und Herbergen zur Heimat 59, als Gehilfen in diesen Anstalten 3, als Hausväter und Gehilfen in Arbeiterkolonien 16. Es dienen also der Wanderbevölkerung im ganzen 78 Brüder. In der Stadtmission sind gegenwärtig 41 Brüder thätig und zwar hauptsächlich in Hamburg, Berlin, Bremen, Breslau, St. Petersburg, einzelne auch am Rhein. Die bezeichneten Arbeitsfelder dürfen als die bedeutendsten angesehen werden. Außerdem arbeiten die Brüder des Rauhen Hauses als Verwalter von Barackenlagern am Nordostseekanal, als Verwalter städtischer Armenanstalten, in der Krankenpflege, als Aufseher an Strafanstalten u. s. w.

Die Bewegung innerhalb der Brüderschaft war im Jahre 1889 eine erhebliche. Unter den bereits entsandten Brüdern wechselten 9 ihre Stellung. Frisch entsandt wurden 14 Brüder, unter diesen 4 nach Deutsch-Ostafrika in die dortigen Lazarethe. Pensionirt wurden 5 Brüder, es starben 6. Vorstände der verschiedenartigsten Anstalten erbaten auch im Jahre 1889 vorwiegend leitende Kräfte von der Brüder-Anstalt, im ganzen 63. Natürlich kann immer nur eine gewisse Anzahl solcher Gesuche Berücksichtigung finden. Die Anstalt legt Gewicht darauf, daß nur bewährte Kräfte an Vorstände abgegeben werden und daß nur an solche Stellen Ueberlassungen erfolgen, welche Bürgschaften für eine gesunde und solide Entwickelung der Anstalt bieten. Dem entspricht auch die Vorsicht, mit welcher überhaupt Aspiranten in das Brüderhaus aufgenommen und nicht geeignete Kräfte noch rechtzeitig veranlaßt werden, in den früheren Beruf wieder zurückzutreten. Die Zahl der Anmeldungen beim Brüderhause betrug im Jahre 1889 71. Von diesen wurden 17 acceptirt, während 1889 im ganzen 18 Brüder auf Rath der Direction in ihren früheren Beruf zurücktraten.

Carl Heymanns Verlag in Berlin W., Mauerstraße 63—65.

Gedruckt bei Julius Sittenfeld in Berlin.

Alle Zuschriften und Sendungen in Angelegenheiten dieses Blattes wolle man an den Redakteur desselben: Geh. Hofrath Herrlich W. Potsdamer Straße Nr. 134 c. zu Berlin richten.

[illegible]

Wochenblatt
der
Johanniter-Ordens-Balley Brandenburg.

[illegible]

Im Auftrage der Balley Brandenburg verantwortlich redigirt von C. Herrlich in Berlin.

Jahrg. 31. Berlin, den 9. April 1890. Nr. 15.

Gustav von Hochwächter, Major a. D. und Kreisdeputirter auf Haus Fürstenberg bei Xanten, Rechtsritter seit 1869, † zu Haus Fürstenberg 31. März 1890.

Das Stift Woffenheim im Elsaß.

Zwei Meilen von der alten Reichsstadt Colmar, im ehemaligen Bisthum Basel, zu dessen Sprengel der größte Theil des Oberelsasses gehörte, und eine Meile von Egisheim lag die ehemalige Abtei Heilig Kreuz, auch Woffenheim nach dem gleichnamigen Dorfe zubenannt. Als Stifter werden die Eltern des Papstes Leo IX., des Heiligen, genannt: Hugo IV., Graf des Nordgaues, und seine Gemahlin Heilwig, Tochter und Erbin Ludwigs, des Grafen von Dagsburg. Diese Gründung fällt in's Jahr 1006, wie Johann von Bayon (apud Belhomme p. 231) es ausdrücklich meldet. Wibert behauptet das Nämliche und fügt noch bei, daß dieses Kloster den beiden Eheleuten als Aufenthaltsort im Alter dienen mußte. Papst Gregor VII. schreibt zwar in einem an die Bischöfe von Basel und Straßburg gerichteten Briefe vom Jahre 1074 die Stiftung dem Papste Leo IX. selbst zu, allein letzterer konnte nur insofern für den Stifter des Klosters gelten, als er die Stiftung seiner Eltern vollendete und die Einkünfte desselben vermehrte. Es erhielt den Namen Heilig-Kreuz, da dasselbe dem Werkzeug des Leidens unseres Erlösers geweiht war und eine Reliquie des wahren Kreuzes in der Stiftskirche aufbewahrt wurde. Diese Reliquie befindet sich noch in der Pfarrkirche des Städtchens Heilig-Kreuz, woselbst unter Andern der König Stanislaus Lesczinsky von Polen, als er durch diesen Ort reiste, um seine an Ludwig XV. vermählte Tochter Marie nach Paris zu begleiten, sich dieselbe an den Wagen bringen ließ und sie zum Zeichen seiner innigen Verehrung andächtig küßte.

Leo unterwarf die Abtei Woffenheim unmittelbar dem heiligen Stuhle und weihte deren Kirche in eigener Person ein. Er befahl auch, daß die Aebtissin jedes Jahr eine zwei Unzen schwere goldene Rose nach Rom schicken solle, welche der Papst am vierten Fastensonntage weihen würde. Dies ist der Ursprung der Weihe der goldenen Rose, welche das Oberhaupt der katholischen Kirche noch jetzt jedes Jahr vollzieht und dann die geweihte Rose einem Fürsten oder einer Fürstin als Zeichen seiner Gewogenheit übersendet. Diese Thatsache ist sehr ruhmvoll für das Elsaß, welches dadurch lange Zeit in einer besonderen, immerwährenden Verbindung mit dem römischen Stuhle stand.

Bei dieser Gelegenheit sei es uns gestattet, einige Worte über die Weihe der goldenen Rose hier anzuführen. „Am Sonntage Lätare ging ehemals zu Rom eine Prozession nach der Kirche zum Heiligen Kreuze von Jerusalem. Der Papst, welchem die mit rosenfarbigen Mänteln bekleideten Cardinäle folgten, zog zu Pferde nach der genannten Kirche, die goldene Rose in der Hand haltend. Er trug dieselbe mit Balsam und Bisam bedeckt zum Altare, legte sie beim Confiteor ab und empfing dieselbe nach dem Introitus wieder, worauf er sie weihete und nach dem Evangelium die Kanzel bestieg, um die Bedeutung dieser Rose zu erklären. Nach der Messe kehrte er wieder zu Pferde nach seinem Palaste zurück, die Rose in der Hand und die Tiara auf dem Haupte. Dieser Sonntag wird darum auch „[illegible] rosata" oder „Rosensonntag" genannt. Wir besitzen noch eine Predigt, welche Papst Innocenz III. zu Anfang des dreizehnten Jahrhunderts über die Weihe der goldenen Rose hielt. (Dom Calmet histoire de la Lorraine T. I. p. 1010. Mabillon, Musaeum Ital. lib. II. p. 135, 146 et 178 und Durand, lib. VI. cap. 53 etc.) In unsern Zeiten wird die Ceremonie der Weihe der goldenen Rose mit weniger Glanz vollbracht; sie findet im Paramentensaal des Vaticans statt und der Papst vollzieht dieselbe unter dem schönen, poetischen Gebete: „Ehre sei Gott, dessen Macht Alles geschaffen hat, Alles geordnet und erhält! Allmächtiger, der du die Wonne und die Hoffnung der Gläubigen bist, würdige dich, diese glänzende, duftende Rose [illegible]

Segen und deine Heiligung zu verleihen. Die Kraft und die Gnade deines Wortes, welches durch seine Fleischwerdung der Ruhm und die Freude Israels und der König des himmlischen Jerusalems geworden ist, hat dein Volk aus der Knechtschaft von Babylon befreit, und dieses dein Volk wird die gesegnete Rose bewahren als ein Zeichen des Glücks und der Freude, als das Symbol jenes geheimnißvollen Namens von Jesse, jener Blume der Felder, jener Lilie der Thäler, welche die Propheten verkündigt und besungen, dieses Symbol, unter dessen Bilde sie verkündet und bezeichnet haben den Erlöser, die unverwelkliche Blume, die entsprossen ist deinem Schooße und die Welt mit Freude und Wohlgerüchen erfüllt hat." — Nach dieser Anrufung Gottes salbt der Papst die Rose mit Balsam, bestreut sie mit Weihrauchstaub, beräuchert sie und legt sie auf dem Altar nieder, wo sie während der Messe ausgestellt bleibt. Wenn der Papst einem anwesenden Fürsten die Rose überreicht, so spricht er die Worte: „Nimm hin die Rose, welche die Freude der beiden Jerusalem, der streitenden wie der triumphirenden Kirche bedeutet, durch welche auch allen Christgläubigen offenbart wird die schönste aller Blumen, welche die Freude und Krone aller Heiligen ist. Nimm sie hin, geliebtester Sohn, der du edel, mächtig und tugendhaft bist, auf daß du ferner in unserm Herrn Jesu Christi geadelt werdest, gleich einer Rose, die gepflanzt ist an reichen Gewässern, welche Gnade dir verleihe aus seiner übergroßen Fülle Gott, der da dreifaltig und einig ist in Ewigkeit, Amen." — In dem Buche, welches der Cardinal Centius über die Einkünfte der römischen Kirche im Jahre 1192 herausgegeben hat, findet sich folgende Stelle: „In episcopatu Basileensi, monasterium Sanctae Crucis duas uncias auri pro rosa aurea in Laetare Hierusalem." (Apud Muratori in antiqq. ital. medii aevi T. V. p. 879). Eben dasselbe finden wir auch in dem Verzeichnisse, welches 1290 der Papst Nicolaus IV. von den Kirchen anfertigen ließ, welche an den römischen Stuhl Zinsen abzutragen hatten. Es ist auffallend, daß weder Wibert noch Mabillon von dieser Thatsache etwas melden. Als Urban II. die Synode von Tours am vierten Fastensonntage 1096 schloß, überreichte er die goldene Rose dem Grafen Fulco von Anjou und Touraine.

Die erste Aebtissin von Woffenheim war Leo IX. Schwester, Odilia, ihre Nachfolgerin aber Kunenza, welcher dieser Papst selbst die Weihe ertheilte, wie dies in der Bestätigungsurkunde des Klosters ausdrücklich erwähnt wird.

Nach einer Stelle der Cedulae der Bischöfe von Toul (Dom Calmet, Histoire de Lorraine, tome Ier, Preuves. col. 176), die wie folgt lautet: „Sanctus Leo fuit de dulcis Elisatii finibus procreatus, patre Hugone, matre vero Helwyde. Pater ejus quidem natione Theutonicus, imperatoris Conradi consobrinus. In hac ergo (sicut est fama) apud Woffenheym (Woffenheim) undecimo kalendas Julii anno scilicet ab incarnato Dei verbo millesimo secundo", wäre der Papst hier geboren, da aber die Eltern des Bruno zur Zeit seiner Geburt im Jahre 1002 das Stift zu Woffenheim noch nicht gegründet, und folglich auch keinen Wohnsitz dort hatten, so ist diese Version kaum haltbar. Es hat sich über den Geburtsort des Papstes eine lebhafte Diskussion erhoben, doch scheint es nicht schwer zu sein, sich zu Gunsten von Egisheim zu entscheiden. Wibert allerdings begnügt sich zu sagen „Natus est in dulcis Elsatii finibus", er wurde an den Grenzen des lieblichen Elsaß geboren. Indessen wird dieser Stelle der cedulae in bestimmter Weise von drei urkundlichen Texten widersprochen, auf die wir jetzt zu sprechen kommen. Ein sächsischer Annalist (Pertz, Monum. Germ. hist. script. t. VI. S. 687.) sagt ausdrücklich: „Bruno qui et Leo . . . . Conradi imperatoris consobrinus, fuit Oriundus de Alsatia ex castello quod dicitur Egenesheim." Desgleichen schreibt der anonyme Verfasser einer alten Chronik, von Urstisius eingeschaltet: „Rerum Germanicarum t. duo, pars altera p. 83): Anno Domini 1002 Leo papa qui et Bruno de castro Egensheim natus est." Endlich berichtet das alte Brevier der Baseler Kirche: Leo nonus antea Bruno vocatus, natione Germanus patre Hugone, matre Hellwide, Egisheimii seu Dagsburgi, ex Alsatiae comitibus, regio sanguine illustribus . . . . , in Alsatia et dioecesi Basileensi natus est." Um jene Worte des Breviers: „Egisheimii seu Dagsburgi" zu verstehen, muß man wissen, daß eines der drei zu Egisheim gelegenen Schlösser Tagesburg oder Dagsburg hieß.

Wenn man, Colmar verlassend, sich gegen Westen wendet, so trifft man ungefähr eine Meile von der Stadt auf die ersten Vorberge der Vogesenkette; auf einem dieser Hügel hart „an den Grenzen des lieblichen Elsaß" erheben sich die majestätischen Ruinen von Egisheim. Die angrenzenden Hügel sind mit Wein bepflanzt, die einen guten Ertrag geben und der Gegend einen ungemein freundlichen Charakter verleihen. Die Ruinen der drei Schlösser bilden eine einzige imposante malerische Gruppe; sie sind von großem Umfange und bedecken vollständig den Gipfel des Berges. Eines der Schlösser heißt Tagesburg oder Dagsburg, das zweite Wahlenburg oder Mittelburg und das dritte Weckmund. Nach allgemeiner Annahme wurden sie zu Anfang des elften Jahrhunderts von Hugo IV. von Egisheim, dem Vater Leo IX., erbaut. Man kann sich leicht erklären, weshalb Hugo IV. einer seiner Burgen zu Egisheim den Namen Dagsburg gab, da er die Erbin des Grafen von Dagsburg in den Vogesen geheirathet hatte, und er wollte unzweifelhaft durch diese Benennung die Erinnerung an eine Verbindung verewigen, die seinem Hause so große Vortheile gebracht hatte. Da das Baseler Brevier ausdrücklich von einem Dagsburg im Elsaß und in der Baseler Diözese gelegen berichtet, so kann man auf keinen Fall diese Dagsburg mit dem Dabo oder Dagsburg identificiren, das in Lothringen in der alten Diöcese des Bisthums Toul liegt. Die drei Texte sprechen sich also deutlich und wahrhaft zu Gunsten des Elsasses und Egisheims aus. Auch der berühmte Benediktiner Mabillon hat nicht gezögert, sich für Egisheim zu entscheiden (Annales Benedict. t. IV. lib. 59. p. 507); Picard, der Historiker der Kirche von Toul (p. 351), Dom Calmet in seiner Geschichte Lothringens (Buch XIX. p. 1042), die Verfasser der Gallia Christiana (t. XIII. p. 975), sie alle schließen sich dieser Meinung an, desgleichen noch eine große Anzahl anderer Historiker. Die Tradition, welche Leo IX. in dem lothringischen Dagsburg in den Vogesen geboren werden läßt, stützt sich auf keinen bekannten urkundlichen Text. Kein Historiker erwähnt ihrer, erst in modernen Zeiten findet man hie und da diese Version. Sie beruht daher augenscheinlich auf einer Verwechselung. Da der Graf Hugo IV., Vater Leo's IX., einer seiner Burgen zu Egisheim den Namen Dagsburg beigelegt, wo der Papst geboren wurde, so hat man diese Burg mit dem Dabo oder Dagsburg in den Vogesen verwechselt, ein Irrthum, der um so erklärlicher ist, da Heilwide, die Mutter Leo's IX. von der Dagsburg in den Vogesen stammte.

Als das Dorf Woffenheim während der Kriege des Mittelalters zerstört worden, siedelten sich dessen Einwohner um das Kloster zum Heiligen Kreuz an und so entstand im dreizehnten Jahrhundert das Städtchen, welches den Namen dieser Abtei annahm. Bischof Konrad von Straßburg bemächtigte sich desselben im Jahre 1298 während des Zwistes, in welchen er mit dem Grafen von Pfirt verwickelt war, nachdem schon früher, im Jahre 1249, dieser Ort durch Konrad, den Sohn des Kaiser Friedrich's II., fast gänzlich zerstört worden war. Solche Drangsale lasteten auch schwer auf dem Kloster; die Güter und Besitzungen desselben wurden veräußert oder geplündert, ja die Bedrängniß wurde so groß, daß Papst Pius II. sich veranlaßt sah, dasselbe am 2. Januar 1461 in ein Stift, bestehend aus einem Dechanten und 12 Chorherren umzuwandeln. Allein auch dieses konnte sich nicht lange erhalten, denn bereits im Jahre 1502 befand sich nur noch der Dechant im Stifte. Man ernannte daher im Jahre 1524 einen Pfarrer, und zwölf Jahre darauf erkaufte die Stadt Colmar sämmtliche Güter des Stiftes vom Heilig-Kreuz für die Summe von 25 417 Gulden und vereinigte sie mit ihren schon so reichen Besitzungen. Auf diese Weise blieb im letzten Jahrhundert von der Stiftung der Eltern Leo's IX. nichts mehr übrig, als ein Thurm und eine kleine Kapelle, welche man die Einsiedelei von Woffenheim nannte.

Die Chorfenster der St. Johanniskirche zu Werben.

In dem hohen Chore der St. Johanniskirche zu Werben in der Altmark befindet sich bekanntlich eins der ausgezeichnetsten Denkmäler der Geschichte des Johanniter-Ordens in der Mark: Glasmalereien des 14. und 15. Jahrhunderts. Die Beckmann'sche „Beschreibung der Chur und Mark Brandenburg" schildert dieselben also:

„In dem Fenster zur rechten hinter dem Altar wird zum wahrzeichen angegeben das Jüngste Gerichte, in welchem in dem ersten Theil Christi Bild, wie er gerichte hält, vorgestellet wird. In dem andern die auferstehung allerhand seeligen Körper. In dem dritten der Höllenrachen und vor demselben ein Bild mit der dreifachen Krone; nächst dem ein anderes mit der Bischofsmütze, und weiter etliche Ordensleute, welche alle mit einem strick umgeben und von einem bösen geiste in die Hölle gezogen werden. Es greift auch ein besonderer böser Geist das Bild mit der dreifachen Krohne an; auch siehet hinten noch ein böser Geist, so hinten nach sichet. Das Bild ist gar alt und aus den katholischen Zeiten her, weil es noch aus den alten farben bestehet und wird, wie gedacht, heut' als ein wahrzeichen der Kirche gezeiget. Es sein auch noch sonsten hinter dem Altar drei hohe Fenster, jedes von drei Fachen. In dem einen sieht man:

1. die Erschaffung Evä,
2. Beider, Adams und Evas Fall und
3. dero verstoßung aus dem Paradies.

Hierauf folgt das Churfürstliche große wapen, wie es zu Churfürst Friedrichs II. zeiten gewesen, samt dessen nahmen, titel und der jahrzal 1467. In dem mittelsten zeigen sich nebst allerhand Figuren und Bildern drei wappen, unter welchen das mittelste ist das Statwapen; das zur Rechten der Tempelherren, ein weiß Kreuz im rothen Felde,*) zur Linken das Johanniterwapen: ein weiß Kreuz in schwarzem Felde. In dem dritten ist abermahl gar groß gemahlet unten die Dormitio Mariae, worunter stehet: „Anno Domini M.C.C.C.C.LXVII. Oben die Coronatio Mariae cum Imagine Patris et Filii.""

Soweit der alte Frankfurter Professor. Diese Glasmalereien mit ihrem theilweise sehr fantastischen Inhalt sind augenblicklich, im März 1890, restaurirt worden. Sie stellen sich jetzt anders dar. Die „Nordd. Allg. Ztg." schreibt darüber:

Das königliche Institut für Glasmalerei zu Charlottenburg, das im vergangenen Jahre mit so schönem Erfolge die Wiederherstellung mehrerer alter gemalter Glasfenster für den Dom zu Stendal und für die Heilige-Bluts-Kirche in Wilsnack ausführte, hat sich neuerdings einer gleichen Aufgabe mit gleichem Glücke unterzogen, indem es die nicht allzu umfangreichen Reste von vier derartigen Fenstern der St. Johanneskirche zu Werben einer Ergänzung und vollständigen Wiederherstellung unterzog. Das in der „Wische", nahe der Mündung der Havel in die Elbe liegende Städtchen Werben ist in der deutschen Ge-

*) Ein Irrthum Beckmann's. Werben war niemals Templergut.

schichte durch die Kämpfe bekannt, welche im 30jährigen Kriege um die dort von Gustav Adolph angelegten Befestigungen stattfanden, und seine aus dem 12. Jahrhundert stammende Johanneskirche speciell in den Kreisen der Architekten durch ihre Fassade, die als prägnantes Beispiel der Anwendung jenes der Gothik Norddeutschlands eigenen Schmuckes gilt, welcher weiß verputztes Mauerwerk mit durchbrochenem, glasirtem Gitterwerk aus gebranntem Stein überzieht. Die Kirche besaß einst, wie es den Anschein hat, nur gemalte Glasfenster. Nur einzelne derselben, und diese nur in Stücken, haben dem Sturme der Zeit Widerstand geleistet; was von ihnen zu retten war, ist in den letzten Jahrzehnten vor der völligen Vernichtung bewahrt worden. Schon in den sechziger Jahren hat Prof. Hasselberg aus den vorhandenen Resten drei Glasgemälde für die Apsis des mittleren der drei Schiffe der Kirche zusammengestellt. Es zeugt von dem pietätvollen und kunstliebenden Sinn der Kirchengemeinde von Werben, daß sie, einer Anregung ihres Oberpredigers Lüders folgend, nunmehr auch noch die letzten der vorhandenen Ueberreste mittelalterlicher Kunst wieder herstellen ließ. Sie hat dadurch für ihr Gotteshaus den herrlichen Schmuck von vier nahezu 7 Meter hohen, dreitheiligen Glasgemälden gewonnen. Zwei derselben sind für die beiden bisher noch schmucklosen Fenster der Apsis des Mittelschiffs bestimmt. Dieselben zeigen ein feingezeichnetes Teppichmuster in Grisaillemalerei, für welches ein altes Fragment die Vorlage bildete, mit eingestreuten kleinen farbigen Vierpässen, aus denen die Mittelfelder gleich Edelsteinen in feurigen Farben hervorleuchten. Die obere Hälfte der Fenster durchzieht ein Fries, der in einer Nischenarchitektur je drei durch ihre Attribute charakterisirte biblische Gestalten — bis auf einen Apostel — enthält: das eine Jakob den Aelteren als Pilger, Paul mit Buch und Schwert, Johannes den Täufer mit Kreuz und Lamm, das andere Johannes den Evangelisten mit dem Giftbecher, Petrus mit den Schlüsseln und Bartholomäus mit dem Messer, mit dem er geschunden wurde. Für die Apsiden der beiden Seitenschiffe ist je eines der anderen Fenster bestimmt. Diese sind in ihren unteren und obersten Theilen, welche mit einer in Form und Farbe wirkungsreichen gothischen Architektur ausgefüllt sind, gleich. Das für das linke Seitenschiff bestimmte Fenster dürfte einst von den Johanniterrittern gestiftet worden sein; darauf deutet der über der Predella liegende Bilderstreifen, welcher zu beiden Seiten eines Betpultes einen Johanniter im schwarzen Mantel mit dem weißen Kreuze zeigt; auf Spruchbändern sind die Worte: „Sancta dei genetrix, ora pro nobis“ zu lesen. Nun folgt das Hauptbild, welches die biblische Erzählung, Lucas 7, darstellt. Zwischen dem Pharisäer Simon und dessen in mittelalterlicher Tracht gekleideten Eheweib sitzt Christus an der gedeckten Tafel. Die Sünderin, in ein leuchtend rothes Gewand gehüllt, beugt sich nieder, um die unter dem lang herabfallenden Tischtuch hervorstehenden Füße des Heilandes zu küssen. Ein kleiner Knabe wartet als Schenk. Zu besonders farbenprächtiger Wirkung trägt hier wie auch bei dem Hauptbilde des anderen Fensters, der als Hintergrund gewählte Wandteppich von gesättigtem Blau mit einem gut durchgeführten helleren Pflanzenornament bei. Eine architektonische Gliederung, ein in Eselsrücken auslaufendes Postament, zu dessen Seite Engel Laute und Harfe spielen, leitet zu der obersten Bilderreihe über, welche Christus, wie auf den alten Miniaturen in der Glorie auf dem Regenbogen thronend, mit Schwert und Lilie hinter dem Haupte zeigt. Links vom Erlöser steht Johannes der Täufer, der Patron des ritterlichen Ordens, rechts die heilige Agatha. Das Hauptbild des anderen Fensters, das ohne Mittelglied auf der Predella aufruht, stellt das Meßopfer, die Wandlung (Consecration des Brotes), dar. Der Priester am Altar hebt die Hostie empor zu Gott dem Vater, dessen Halbfigur von einem Spruchband mit den Worten „Dies ist mein lieber Sohn, an dem ich Wohlgefallen habe“ umschlossen wird. Dem Priester assistiren weißgekleidete Gestalten, links beflügelte Engel, rechts irdische Ministranten, denen lateinische Inschriften die Worte: „Heilig, heilig, heilig ist Herr Zebaoth. Voll sind Erde und Himmel Deines Ruhmes, Hosiannah in der Höhe!“ in den Mund legen. Ueber einer architektonischen Gliederung, welche der entsprechenden auf dem ersten Fenster als Vorbild gedient hat, befinden sich sechs Standfiguren, drei weibliche und drei männliche Heilige: St. Katharina mit dem Rade, St. Elisabeth mit dem Korb, in welchem sie das in Rosen verwandelte Fleisch den Armen zugetragen, St. Ottilie, die Patronin der Augenkranken, zwei Augen (sie wurde bekanntlich geblendet) in der Schüssel tragend, und die Apostel Petrus, Paulus und Andreas, letzterer kenntlich an dem „Andreaskreuze“. Mit bewunderungswerthem Feingefühl und Verständniß hat die nach den Entwürfen und unter Leitung des Direktors des Instituts, des Malers H. Bernhard, ausgeführte Restaurirungsarbeit sich den alten, oft nur in kleinen Bruchstücken gegebenen Vorbildern angepaßt; die herbe Einfachheit der Formen und die naive Freude an herrlichen Farben, die in vollen Accorden zum Gemüth des Beschauers sprechen, hat der moderne Künstler dem alten, für uns namenlosen Meister, von dem nur sein Stil verräth, daß er dem 15. Jahrhundert angehörte, auf das Glücklichste abgelauscht, so daß uns das verjüngte Werk wie aus einem Gusse entgegentritt, so daß es kaum möglich ist, das Alte vom Neuen zu unterscheiden. — Auch sonst herrscht in den Arbeitsräumen des Instituts emsiges Schaffen; es ist erfreulich, daß frommer Sinn sich wiederum häufig in Stiftungen von Glasgemälden für Gotteshäuser bethätigt, die durch dieselben einen so herrlichen weihevollen Schmuck erhalten. So ist jetzt ein Fenster in Ausführung begriffen, welches Graf Friedrich Bismarck-Bohlen mit seiner Ge-

dern und Schwiegerkindern zum Andenken an seine verstorbene Gemahlin Pauline (geb. v. Below) für die Kirche in Carlsburg gestiftet hat. Das Hauptbild stellt in architektonischer Umrahmung die Himmelfahrt dar; in der Predella reihen sich an das Wappen des Stifters mit dem Wahlspruch „Vom Fels zum Meer", die Ehewappen seiner Söhne und Töchter bezw. seiner Schwiegersöhne (Graf Arnim, Graf Kanitz, Graf Behr-Negendank, v. Thiele-Winckler). Vier andere Bilder werden im Auftrage des Herrn von Gräfe und des Rittergutsbesitzers Gouchay für die Kirche in Zibel, fünf Fenster (Christus und die Evangelisten nach Prof. Geselschap) im Auftrage des Stadtbauraths von Kern in Breslau für die Kirche in Hundsfeld ausgeführt. Auch die englische Kapelle im Monbijou-Park wird ein Glasgemälde erhalten, das zum Andenken an Kaiser Friedrich gestiftet ist.

Deutsche Adelssagen.

74. Der Schwan auf der Burg zu Diemeringen.

Auf dem elsässischen Schlosse Diemeringen an der Eichel war einst das heut noch blühende Geschlecht der Freiherren von Brockisch angesessen. Einer der Schloßherren aus diesem Hause aber fühlte sein Ende herannahen; er theilte seine Todesahnungen gerade auch seiner Gattin mit und suchte sie dadurch zu trösten, daß er ihr verkündete, es werde nach seinem Tode ein weißer Schwan sich im Schlosse einfinden; den solle sie ja mit rechter Sorgfalt pflegen; es werde ihr dann an Glück und Segen nimmer fehlen. Wirklich nahte nach dem Abscheiden des Schloßherrn ein Schwan, ein herrliches, schneeweißes Thier, mit langsamem Fluge der Burg, freilich erst, nachdem der Ritter von Burg Diemeringen auch bestattet war. Mit wehmüthigem Gesange ließ der Schwan sich im Schloßhofe nieder. So lange er aber hier verweilte, erging es der Herrin und all' ihrem Ingesinde gut und sehr gedeihlich. Allein der Schwan fand auf der Burg kein Wasser; die Schloßfrau aber meinte es gut und ließ ihn daher zu den anderen Schwänen nach dem Weiher von Rauweiler bringen. Doch noch am selben Abende verschwand der schöne, geisterhafte Schwan; nie kehrte er zurück. Die Burgfrau aber verfiel in Schwermuth und verarmte; das Mitleid anderer Edelfrauen erhielt sie eine Zeit lang, und endlich starb sie elend und verlassen. —

Der Kern dieser Sage ist deutsch-heidnisch und von großer poetischer Tiefe. Im Schwane, dem Vogel der Schlachtenjungfrauen und der Todeswählerinnen des großen Himmelsgottes, kommt die Seele des Schloßherrn wiederum nach der Burg zurück, um der Schutzgeist der Gattin zu sein und zu bleiben. Voreilig aber entfernt diese das segenbringende und schützende Thier; da muß ja wohl ihr Glück zusammenbrechen! —

75. Die Brüder von Lichtenberg.

In jedweder Landschaft Deutschlands läßt sich „die Sage von den feindlichen Brüdern" nachweisen. Es ist nicht zu bezweifeln, daß derselben irgend ein verklungener Göttermythus zu Grunde liegt; vielleicht darf man an den Untergang Siegfrieds durch Hagen und an das Unterliegen des guten Gottes in jener schreckenvollen Zeit denken, welche dem letzten, die Weltenerneuerung durch den endlichen Sieg des Guten abschließenden Kampfe vorangeht. Auch auf der Bergveste Lichtenberg im Elsasse, so heißt es nun, wohnten einst zwei Brüder, welche sich derartig haßten, daß der eine schwur, er wolle seinen Bruder verdursten, — der andere, er wolle ihn verhungern lassen. Als nun der letztere wirklich in die Gewalt des ersteren fiel, ließ dieser ihn in ein abscheuliches Verließ werfen und ihm täglich nur ein Stücklein trockenes Brod reichen. Der Gefangene benutzte dasselbe mit der Feuchtigkeit, welche an den Wänden seines Kerkers herabtriefte und fristete auf diese Weise sein Leben. Allein der Burgkaplan verrieth es dem Schloßherrn, auf welche Weise der Verhaßte sich erhielt, und nun wurde der Unglückliche in eine hochgelegene, sonnige Kammer gebracht, in welcher er verschmachtete.

Durchforscht man die Geschichte und die Denkmäler des edlen Hauses Lichtenberg, so ergiebt sich, daß nur ein Wahrzeichen des gleichnamigen elsässischen Bergschlosses aller Wahrscheinlichkeit nach die Veranlassung zu dieser Sage gegeben hat. In einem Kreuzgewölbe der Burg Lichtenberg nämlich befanden sich auf den Schlußsteinen einst drei Fratzen. Der erste dieser Köpfe, so sagt das Volk, stellte den Gefangenen in jener blühenden Gestalt dar, in welcher er einst in den Kerker geworfen wurde; der zweite zeigte ihn mager und abgezehrt mitten in seiner Kerkernoth; der dritte endlich stellte in furchtbarer Verzerrung den Todeskampf des Unseligen dar. Der Thurm, in welchem sich das in Rede stehende Verließ befand, führte überdem den Namen „Thurm der Vergessenheit". Es mußte aus diesen Wahrzeichen des Lichtenberger Schlosses wohl eine Sage aufsprossen, zumal, da zwei Brüder von Lichtenberg einander wirklich einst befehdet hatten. Das aber geschah in dem sogenannten „Buchsweiler Weiberkriege."

Es war im Jahre 1462. Graf Jakobus von Lichtenberg mit dem Barte, der Obervogt von Straßburg, ein milder und nur schwacher Herr, lebte nach dem Tode seiner Gemahlin in seinem Schlosse zu Buchsweiler mit einem Bauernmädchen aus dem badischen Dorfe Ottenheim zusammen, welche allgemein „das schöne Bärbel" genannt wurde. Da Graf Jakobus bereits bejahrt war und einer Pflegerin allerdings bedurfte, so hätte das gemeine Volk wohl über das Aergerniß hinweggesehen, wenn schön Bärbel nur nicht so hart und herrschsüchtig gewesen wäre. So aber flohen die Männer von Buchsweiler endlich nach der Bergveste Lichtenberg und baten den

Grafen Ludwig, Jakob's Bruder, dem Unwesen zu Buchsweiler doch einmal ein Ende zu machen. Das schöne und böse Bärbel aber versuchte unterdessen, die Frauen von Buchsweiler, ihre geschworenen Feindinnen zu vertreiben, und das schlug ihr zum Verderben aus. „Denn do", so schreibt Bernhard Herzog in seiner „Edelsasser Cronik", „liessent die Weiber zusammen, und bracht' eine jede ein Gewehr mit ihr: die ein' nam einen Bratspiess, die ander' ein Heugabel, die dritt' ein' Spiess, die viert' ein' Kolben, die fünft' ein' Stecken, die sechs' ein' Axt, und was eine jede gehaben macht', — wehrten sich heftig, trieben das böse Weib mit ihren Helfern und den Burgknechten widerumb hinter sich in die Burg, und bliebent in der Stadt." — Auch Graf Ludwig nahte; er kam mit Kriegsmacht, und Graf Jakobus liess sich wirklich dazu bewegen, das Bärbel zu entlassen. Reich von ihm ausgestattet, lebte das stolze Weib nun einige Zeit in der Stadt Hagenau; als Graf Ludwig aber im Jahre 1471 verstorben war, kehrte sie wiederum nach dem Schlosse Lichtenberg zurück und verblieb auch hier, bis Graf Jakobus im Jahre 1474 das Zeitliche segnete. Kaum aber war ihr Beschützer entschlafen, als das tyrannische Weib, welchem man auch die Uebung geheimer Künste zuschrieb, als Hexe angeklagt und zu Hagenau verbrannt wurde. Die Büsten des tiefgebeugten Paares, von Nikolaus von Leyen meisterhaft gebildet, haben Jahrhunderte lang über der Treppe des alten Stadthauses zu Strassburg gestanden. —

Abgesehen von dem berechtigten Einschreiten des Grafen Ludwig, ja, trotz desselben lebten jedoch die Brüder von Lichtenberg stets in voller Eintracht; Graf Jakobus war bei'm Verscheiden Ludwigs auf der Burg Lichtenberg anwesend; er erbaute sodann zu Strassburg ein prächtiges Leichenbegängniss für seinen Bruder an. Die Sage von den feindlichen Brüdern entbehrt hier also jedes geschichtlichen Haltes, und dies wird auch wohl dann der Fall sein, wenn sie auf den elsässischen Burgen Windeck und Schöneck wiederkehrt. Wenn hier der jüngere Bruder dem älteren im Zweikampfe die Rechte abschlägt: wer gedächte dann nicht des hochpreisvollen Heldenliedes von Walther und Hildegunden, in welchem Hagen im Kampfe am Waskensteine das Gleiche an Walther von Aquitanien that? —

Treue im Kleinen.

Eine lehrreiche Geschichte.

In der ersten Hälfte des vorigen Jahrhunderts lebte zu Gross-Lasewitz in Schlesien ein frommer Schullehrer Namens Gottfried Hayn, der alldort treulich und gewissenhaft 51 Jahre sein Amt verwaltete, so dass der Ruf seiner gesegneten Wirksamkeit sich auf Enkel und Urenkel seiner einstigen Schüler fortgeerbt hat. Zugleich hat er seiner Dorfgemeinde ein sehr lang verdankenswertes Erbe zurückgelassen, das Geschenk einer zweiten Thurmglocke, womit es sich folgendermassen verhält: Der liebe Mann gewahrte zur Sommerszeit auf der Kirchhofsmauer eine Kornstaude mit 6 Aehren, welche ihr dortiges Wachsthum wahrscheinlich einem Vöglein zu verdanken hatte, das ein Korn auf diese Stelle hatte fallen lassen. Da nun zu jener Zeit das Bedürfniss einer zweiten Glocke ein sehr dringendes war, so kommt blitzschnell der Gedanke in seine Seele, ob, falls Gott den Segen dazu geben wollte, sich nicht aus den Körnern jener 6 Aehren, wenn sie gesäet und die Ernten hiervon Jahr für Jahr aufs Neue dem Ackerland übergeben würden, die Anschaffung einer zweiten Glocke würde ermöglichen lassen. Gedacht, gethan! Er säet die aus den 6 Aehren gewonnenen Körner noch in demselben Jahre in seinen Garten, wiederholt dies in den nächsten Jahren und vertheilt für die folgenden Jahre das jedesmalige Erträgniss an einige für die Sache gewonnene Bauern zur sofortigen weiteren Ackerbestellung. So vergingen 8 Jahre, und durch den Verkauf der letzten Ernte wurde eine Summe zusammengebracht, dass unter geringem Zuschuss von Seiten der Bauernschaft die längst ersehnte Glocke besorgt werden konnte. — Die Entstehungsgeschichte der Glocke vom Jahre 1729 ist auf derselben eingegossen zu lesen. Zwischen der deutschen und lateinischen Schrift ist seitwärts auf der Glocke ein Kornhalm mit 6 Aehren zu sehen. — Der Schullehrer Hayn hat uns Allen noch ein anderes Erbstück übermacht, die Kunst, unter Gottes Hülfe aus Kleinem Grosses zu Stande zu bringen. Was könnte auf dem weiten Felde der äusseren und inneren Mission ausgeführt und durchgesetzt werden, wenn der Zuruf: „Thue desgleichen!" in vieler Herzen sich recht tief einsenkte! Es ist und bleibt Gottes Weise, auf die Treue im Kleinen einen besonderen Segen zu legen.

(Blätter für das Armenwesen.)

Literatur.

Der Bär. Illustrirte Wochenschrift für die Geschichte Berlins und der Mark. XVI. Jahrgang. Nr. 26.

Inhalt: Das Geburtstagsgedicht, von W. T. — Zu dem Bericht über den Tod des Prinzen Louis Ferdinand, von Emil König. — Schloss Babelsberg (mit Abbildung). — Der Grosse Kurfürst und Holland, von Georg Galland (Fortsetzung). — Ein Erinnerungsblatt zum achtzigsten Geburtstage Adolf Glassbrenners, von Richard Schmidt-Cabanis (Fortsetzung, mit Abbildung). — Kleine Mittheilungen: Schinkel- und Borsigfeier. — Zur Familiengeschichte derer von Bredow. — Königsorte im Spreewald. — Ein wichtiger Parolebefehl aus dem Jahre 1813. x.

Carl Heymanns Verlag in Berlin W., Mauerstrasse 63–65.

Gedruckt bei Julius Sittenfeld in Berlin.

Alle Zuschriften und Einsendungen in Angelegenheiten dieses Blattes wolle man an den Redakteur desselben: Geh. Hofrath [illegible] W. Potsdamer Strasse Nr. 134 c. zu Berlin richten.

[illegible]

Wochenblatt der Johanniter-Ordens-Balley Brandenburg.

[illegible]

Im Auftrage der Balley Brandenburg verantwortlich redigirt von C. Herrlich in Berlin.

Jahrg. 31. Berlin, den 16. April 1890. Nr. 16.

Uebersicht der in den Kranken- und Siechenhäusern des Johanniter-Ordens am 1. April 1890 befindlich gewesenen Kranken und Siechen.

Nr.	Namen der Orte, wo sich die Häuser befinden.	[illegible]	Summa [illegible]	[illegible]	[illegible]
1.	[illegible]:				
	Bestand am 1. März 1890 .	32			
	Zugang pro . .	36			
		68			
	Abgang . . .	30			
	Bleibt Bestand	38	38	1 639	60
2.	[illegible]:				
	Bestand am 1. März 1890 .	49			
	Zugang pro . .	25			
		74			
	Abgang . . .	28			
	Bleibt Bestand	46	46	1 364	90
3.	[illegible] ([illegible])				
	Bestand am 1. März 1890 .	78			
	Zugang pro . .	6			
		84			
	Abgang . . .	6			
	Bleibt Bestand	14	14	1 378	197
4.	[illegible]:				
	Bestand am 1. März 1890 .	40			
	Zugang pro . .	20			
		60			
	Abgang . . .	26			
	Bleibt Bestand	34	34	1 132	50
5.	[illegible]:				
	Bestand am 1. März 1890 .	46			
	Zugang pro . .	29			
		75			
	Abgang . . .	31			
	Bleibt Bestand	42	42	1 215	56
6.	[illegible]:				
	Bestand am 1. März 1890 .	27			
	Zugang pro . .	15			
		42			
	Abgang . . .	24			
	Bleibt Bestand	18	18	768	50
7.	[illegible]:				
	Bestand am 1. März 1890 .	20			
	Zugang pro . .	23			
		43			
	Abgang . . .	30			
	Bleibt Bestand	13	13	717	63
	zu übertragen		285	9 336	475
	Uebertrag		285	9 338	475
8.	[illegible]:				
	Bestand am 1. März 1890 .	18			
	Zugang pro . .	14			
		32			
	Abgang . . .	15			
	Bleibt Bestand	17	17	560	50
9.	[illegible]:				
	Bestand am 1. März 1890 .	49			
	Zugang pro . .	17			
		66			
	Abgang . . .	21			
	Bleibt Bestand	45	45	1 533	67
10.	[illegible]:				
	Bestand am 1. März 1890 .	34			
	Zugang pro . .	16			
		50			
	Abgang . . .	29			
	Bleibt Bestand	21	21	719	31
11.	[illegible]:				
	Bestand am 1. März 1890 .	55			
	Zugang pro . .	35			
		90			
	Abgang . . .	38			
	Bleibt Bestand	47	42	1 934	60
12.	[illegible]:				
	Bestand am 1. März 1890 .	46			
	Zugang pro . .	41			
		87			
	Abgang . . .	55			
	Bleibt Bestand	32	32	1 331	60
13.	[illegible]:				
	Bestand am 1. März 1890 .	31			
	Zugang pro . .	22			
		43			
	Abgang . . .	21			
	Bleibt Bestand	22	22	737	65
14.	[illegible]:				
	Bestand am 1. März 1890 .	13			
	Zugang pro . .	23			
		36			
	Abgang . . .	23			
	Bleibt Bestand	13	13	301	80
	zu übertragen		478	16 071	804

Nr	Namen der Orte, wo sich die Häuser befinden	[illegible]	[illegible]	[illegible]	[illegible]
	Uebertrag		479	18 071	804
13.	[illegible]:				
	Bestand am 1. März 1850	96			
	Zugang pro	40			
		136			
	Abgang	60			
	Bleibt Bestand	76	76	1 670	56
14.	[illegible]:				
	Bestand am 1. März 1850	24			
	Zugang pro	14			
		38			
	Abgang	16			
	Bleibt Bestand	22	22	778	40
17.	[illegible]:				
	Bestand am 1. März 1850	44			
	Zugang pro	20			
		51			
	Abgang	15			
	Bleibt Bestand	41	41	1 275	60
18.	[illegible]:				
	Bestand am 1. März 1850	27			
	Zugang pro	11			
		38			
	Abgang	21			
	Bleibt Bestand	17	17	578	46
19.	[illegible]:				
	Bestand am 1. März 1850	24			
	Zugang pro	15			
		39			
	Abgang	18			
	Bleibt Bestand	21	21	787	60
20.	[illegible] a. d. O.:				
	Bestand am 1. März 1850	19			
	Zugang pro	7			
		26			
	Abgang	11			
	Bleibt Bestand	15	15	524	41
21.	[illegible]:				
	Bestand am 1. März 1850	26			
	Zugang pro	17			
		43			
	Abgang	22			
	Bleibt Bestand	21	21	737	42
22.	[illegible]:				
	Bestand am 1. März 1850	18			
	Zugang pro	13			
		31			
	Abgang	22			
	Bleibt Bestand	9	9	484	36
23.	[illegible] ([illegible]):				
	Bestand am 1. März 1850	10			
	Zugang pro	—			
		10			
	Abgang	1			
	Bleibt Bestand	9	9	296	18
24.	[illegible]:				
	Bestand am 1. März 1850	4			
	Zugang pro	8			
		12			
	Abgang	4			
	Bleibt Bestand	8	8	260	18
	zu übertragen		720	24 253	1 277
	Uebertrag		721	24 558	1 277
25.	[illegible]:				
	Bestand am 1. März 1850	21			
	Zugang pro	5			
		27			
	Abgang	11			
	Bleibt Bestand	16	16	578	20
26.	[illegible]:				
	Bestand am 1. März 1850	20			
	Zugang pro	17			
		37			
	Abgang	19			
	Bleibt Bestand	18	18	528	20
27.	[illegible]:				
	Bestand am 1. März 1850	5			
	Zugang pro	3			
		8			
	Abgang	2			
	Bleibt Bestand	6	6	109	10
28.	[illegible]:				
	Bestand am 1. März 1850	3			
	Zugang pro	1			
		4			
	Abgang	3			
	Bleibt Bestand	1	1	61	15
29.	[illegible] ([illegible]):				
	Bestand am 1. März 1850	31			
	Zugang pro	..			
		31			
	Abgang	—			
	Bleibt Bestand	31	31	961	32
30.	[illegible]:				
	Bestand am 1. März 1850	23			
	Zugang pro	15			
		38			
	Abgang	19			
	Bleibt Bestand	19	19	872	30
31.	[illegible]:				
	Bestand am 1. März 1850	6			
	Zugang pro	7			
		13			
	Abgang	8			
	Bleibt Bestand	5	5	196	19
32.	[illegible]:				
	Bestand am 1. März 1850	21			
	Zugang pro	25			
		46			
	Abgang	22			
	Bleibt Bestand	24	24	771	37
33.	[illegible]:				
	Bestand am 1. März 1850	31			
	Zugang pro	12			
		43			
	Abgang	13			
	Bleibt Bestand	30	30	1 002	50
34.	[illegible]:*)				
	Bestand am 1. März 1850	—			
	Zugang pro	—			
		—			
	Abgang	—			
	Bleibt Bestand	—	—		66
	zu übertragen		885	25 952	1 606

*) In Folge [illegible]

Nr.	Namen der Orte, wo sich die Häuser befinden.	[illegible]	Summe [illegible]	[illegible]	[illegible]
	Uebertrag		868	29 852	1 606
35.	[illegible].*)				
	Bestand am 1. März 1890	—			
	Zugang pro " "	—			
		—			
	Abgang " " "	—			
	Bleibt Bestand	—	—	—	61
36.	[illegible]:				
	Bestand am 1. März 1890	14			
	Zugang pro " "	11			
		25			
	Abgang " " "	11			
	Bleibt Bestand	14	14	441	80
37.	[illegible] in Württemberg:				
	Bestand am 1. März 1890	6			
	Zugang pro " "	5			
		11			
	Abgang " " "	8			
	Bleibt Bestand	3	3	17a	36
38.	[illegible] in Mecklenburg:				
	Bestand am 1. März 1890	28			
	Zugang pro " "	42			
		70			
	Abgang " " "	28			
	Bleibt Bestand	42	42	552	36
39.	[illegible]:				
	Bestand am 1. März 1890	9			
	Zugang pro " "	11			
		20			
	Abgang " " "	13			
	Bleibt Bestand	7	7	373	24
40.	[illegible] in Hessen:				
	Bestand am 1. März 1890	16			
	Zugang pro " "	11			
		27			
	Abgang " " "	11			
	Bleibt Bestand	16	16	545	90
	Zusammen		950	31 741	1 748

Der gesammte Abgang an Kranken pro März c. beträgt 726, davon sind gestorben 52
geheilt oder nur gebessert entlassen 45
geheilt 629
wie vor 726.

41. Das Krankenhaus zu [illegible] in [illegible] mit 63 Betten:
Bestand am 1. Februar 1890 . . . . 45 Kranke
Zugang pro Februar 1890 . . . . 39 "
84 Kranke.

Davon sind
gestorben . . . . —
ungeheilt oder nur gebessert entlassen 5
geheilt 32
[illegible]
Bleibt Bestand am 1. März 1890: 47 Kranke.
Unter den Aufgenommenen befanden sich 3 [illegible], 10 [illegible] [illegible], 13 [illegible], 3 Drusen und 1 Jude.
Die Zahl der Kranken-Verpflegungstage pro Februar 1890 beträgt 1348.
Poliklinisch wurden 530 Personen behandelt.

*) [illegible]

Carl Ludwig Alexander Burggraf und Graf zu Dohna-Schlobitten, Obermarschall im Königreich Preußen und Kammerherr, erbliches Mitglied des Herrenhauses, auf Schlobitten in Ostpr., Rechtsritter seit 1858, † zu Königsberg i. Pr. 3. April 1890.

Rheinische Genossenschaft.

An Stelle des am 31. März d. J. verstorbenen Rechtsritters von Hochwächter auf Fürstenberg bei Xanten hat der Rechtsritter von Bengthem auf Gut Ranzow bei Cleve die Obhut über die Lohnpflegerinnen und dienenden Schwestern der Genossenschaft in den Kreisen Cleve, Moers, Rees, Ruhrort, Mülheim a. d. Ruhr und in dem Stadtkreise Duisburg übernommen.

Merheim, 8. April 1890.

Der Commendator:
Freiherr von Wittenberg-Merheim.

Fürsorge für Genesende.*)

Erst spät hat man bei uns in Deutschland angefangen sich zu interessiren für die Genesenden, welche eine schwere Krankheit eben überstanden, aber diejenige Kraft und Leistungsfähigkeit noch nicht wieder erlangt haben, deren sie bedürfen, um an ihre Berufsarbeit zurückzukehren und ihren Lebensunterhalt sich wieder zu verdienen. Wohlhabende Patienten können die völlige Wiederherstellung ihrer Kraft in aller Ruhe abwarten und die sorgfältigste Pflege und jeden wünschenswerthen „Zusatz" sich verschaffen; aber anders ist's bei unbemittelten Leuten, die von der Hand in den Mund leben. Was soll aus ihnen werden? Entweder werden sie so lange im Krankenhause — falls sie überhaupt in ein solches eingetreten sind — zurückbehalten, bis sie nicht nur von ihrer Krankheit geheilt, sondern auch in ihrer vollen Arbeitsfähigkeit wieder hergestellt sind; oder sie werden aus dem Krankenhause entlassen und mögen dann zusehen, wo und wie sie sich vollends erholen können. Aber beide Arten von Abhülfe führen nicht durchaus zu befriedigenden Erfolgen. Was das Zurückbehalten hülfsbedürftiger Reconvalescenten im Krankenhause betrifft, so ist das gewiß eine sehr dankbar anzuerkennende Menschenfreundlichkeit, aber es ist nur dann ausführbar, wenn der Andrang von Kranken ein mäßiger, das Haus nicht voll belegt ist; solch günstige Zeiten sind aber nicht immer da; im Gegentheil wird, wenigstens in den größeren Städten, meist über Ueberfüllung der Krankenhäuser geklagt und die Nothwendigkeit möglichst rascher Entfernung aller Patienten.

*) Aus Nr. 12 der „Blätter für das Armenwesen", herausgegeben von der Centralleitung des Wohlthätigkeitsvereins in Württemberg, vom 21. März 1890.

die eigentliche ärztliche Behandlung und der Krankenhauspflege nicht mehr bedürfen, beweist. Aber selbst in dem Fall, daß der Krankenstand im Hospital ein kleinerer, das Zurückbehalten der Reconvalescenten also aus räumlichen Gründen wohl angängig wäre, hätte es doch seine Schattenseiten und zwar in mehrfacher Hinsicht: einmal schreitet nach ärztlichen Erfahrungen die Reconvalescenz beim Aufenthalt des Patienten im Krankenhause entschieden langsamer vorwärts, hält ihn also länger vom Verdienst ab und verursacht der Kranken- oder Armenkasse größere Kosten; sodann sind die Genesenden für die Aufnahme von Ansteckungsstoffen in erhöhtem Maße empfänglich; sie sind daher im Krankenhause stets in Gefahr, eine neue Krankheit zu bekommen, die sie, weil von der vorangegangenen Krankheit noch geschwächt, viel schwerer überwinden werden. Dazu kommt, daß solche Reconvalescenten, wenn sie zu lange im Krankenhause sind, oft viel sich herausnehmen und für ihre Umgebung recht lästig werden.

Werden aber die Genesenden, sobald sie der ärztlichen Hilfe entrathen können, aus dem Krankenhause entlassen, so ergeben sich oft noch viel größere Uebelstände. Geh. Rath Prof. Dr. v. Ziemssen aus München hat hierüber bei der 15. Versammlung des deutschen Vereins für öffentliche Gesundheitspflege in Straßburg im September v. J. ausgeführt: „Schlechte Wohnungen, ungenügende Erwärmung der Räume zur Winterszeit, mangelhafte Ernährung wirken ebenso nachtheilig, als die fehlende Pflege, welche die Genesenden zwingt, ihren Haushalt selbst zu besorgen und ihr bischen Essen eigenhändig zu kochen. — Erfahrungsgemäß tritt dann noch die Versuchung an die Genesenden der ärmeren Klassen heran, daß sie in ihren bedrängten Erwerbsverhältnissen die Arbeit früher wieder aufnehmen, als es ihre Körperkräfte gestatten, wodurch sie sich nur zu oft Rückfälle oder neue Erkrankungen zuziehen. — Daß die Reconvalescenten in diesem Stadium, wo sie der ärztlichen Hilfe entrathen, sich frei bewegen und nach Arbeit umsehen können, noch ein Anrecht auf die kommunale oder Vereinshilfe besitzen, ist durch die reichsgesetzlichen Bestimmungen anerkannt, welche den noch arbeitsunfähig aus den Krankenhäusern Entlassenen eine wöchentliche Unterstützung im Betrage der Hälfte ihres Tagelohns zubilligen. Nun lehrt aber die Erfahrung, daß diese an sich schon kaum ausreichende Geldunterstützung durchaus nicht immer für die Reconvalescenten oder in einer die Genesung derselben fördernden Weise verwendet wird. Bei den Verheiratheten werden die Mittel größtentheils durch die Anforderungen der Familie absorbirt, während die Ledigen, durch die Unwirthlichkeit ihrer Schlafstellen und durch ihre Beschäftigungslosigkeit verführt, die Tage im Wirthshause zubringen."

In besonders übler Lage befinden sich weibliche Dienstboten, welche in Folge ihrer Erkrankung ihre Stelle verloren haben und nun nicht wissen wohin? Sie haben vielleicht keine Angehörigen mehr, oder sind diese zu weit entfernt; eine ihrem derzeitigen Kräfte- oder besser Schwächezustand entsprechende Stelle finden sie nicht alsobald; so bleibt ihnen nichts übrig, als eben die nächste beste Stelle, vielleicht in einem Wirthshause, anzunehmen, wo sie leiblich keine Schonung und sittlich große Gefahren haben, oder in ein Fabrikgeschäft zu gehen, um unter dem ungünstigen Einfluß des Fabriklebens vielleicht bald genug Schaden zu nehmen an Leib und Seele.

Wir dürfen in diesem Zusammenhang aber auch der Kranken nicht vergessen, die trotz der ungünstigen Wohnungs- und Familienverhältnisse auch bei schweren Erkrankungen doch nicht in Spitalbehandlung sich begeben. Da sind Väter und Mütter, die sich von den Ihrigen nicht trennen, Söhne und Töchter, die eben lieber daheim krank sein wollen; in vielen, wohl den meisten Fällen mag das entscheidende Motiv das sein, daß sie das Krankengeld, das im Fall ihres Eintritts ins Krankenhaus von der Krankenkasse an dieses bezahlt würde, sich und ihrer Familie ungeschmälert zuwenden möchten. Wer aber schon Gelegenheit gehabt hat, in solche Krankenstuben, die nicht selten zugleich auch Werkstatt, Küche und Waschküche sind und Luft und Licht, Reinlichkeit und Ordnung oft sehr vermissen lassen, hineinzusehen, dem wird's außer Frage sein: in solchen Räumen ist's kein Wunder, daß die Leute krank werden, wohl aber muß man sich darüber verwundern, daß sie wieder leiblich gesund werden. Es ist doch sehr bezeichnend, daß oft kinderreiche Familien in recht ärmlichen Wohnungen, wenn einmal eine Krankheit eingekehrt ist, alle Augenblicke wieder Krankheiten unter ihren Kindern durchzumachen haben!

Aus dem bisher Ausgeführten dürfte erhellen, daß für die Reconvalescenten der ärmeren Volksklassen, mögen sie nun ihre Krankheit im Krankenhause oder in der Familie durchgemacht haben, bis zur völligen Wiederherstellung ihrer Arbeitsfähigkeit, manche Hindernisse und Gefahren vorhanden sind, welche den Fortschritt der Genesung aufhalten und stören können, und welche nur durch eine besondere Fürsorge und Pflege zu überwinden sind.

Was ist nun in dieser Richtung anderwärts schon geschehen, und was könnte etwa auch bei uns geschehen?

Frankreich und England sind in der Fürsorge für Genesende den übrigen Ländern vorangegangen. Nachdem schon im 17. und 18. Jahrhundert in Frankreich eine ganze Reihe von Asylen für Reconvalescenten entstanden, aber im Zusammenhang mit den politischen Umwälzungen am Ende des vorigen Jahrhunderts wieder verschwunden war, wandte sich um die Mitte unseres Jahrhunderts die Aufmerksamkeit diesen Wohlfahrtsbestrebungen von neuem zu. Napoleon III. rief 2 großartige Staatsanstalten dieser

Art und Lehrer: 1857 das zu Eastbourne mit 200 Betten für Männer und 1869 das im Bexley mit 400 Betten für Weiber und Kinder, wozu im Laufe der Jahre noch eine stattliche Anzahl von öffentlichen und privaten Heimstätten für Genesende kam. England (ohne Schottland und Irland) hatte schon im Jahre 1882 157 Genesungsheimstätten mit 5248 Betten (davon entfallen allein auf London 2600) aufzuweisen. Diese englischen Anstalten, unter welchen sich manche Specialanstalten für einzelne Krankheiten befinden, und von denen viele nur während des Sommers im Betrieb stehen, sind Schöpfungen der Privatwohlthätigkeit.

In Deutschland gebührt München die Ehre des Vortritts in der Fürsorge für Genesende. Dort gründete im Jahre 1861 der k. Kämmerer Ritter von Mann einen Verein zur Unterstützung hilfsbedürftiger, aus Münchener Krankenhäusern austretender Reconvalescenten, der rasch emporblühte unter dem Protectorat König Ludwigs I., der 20000 fl. als Stiftungscapital spendete. Viele und reiche Schenkungen kamen hinzu, besonders auch durch Vereinbarung mit dem Magistrat von München, welcher dem Verein die Zinsen der bedeutenden Stiftung Martin Abelmann's zuwies, der sein ganzes großes Vermögen dazu bestimmt hatte, bedürftigen Personen ohne Unterschied der Religion, des Geschlechts, des Berufs und der Heimat, welche aus einem der Krankenhäuser geheilt oder gebessert entlassen würden und noch nicht arbeitsfähig seien oder nicht sofort Arbeit oder Dienste finden können, Unterstützungen zu gewähren, welche denselben zur vollen Genesung behilflich sein oder ihnen möglich machen sollten, den Wiedereintritt ihrer Berufsthätigkeit abzuwarten; unwürdige sollten ausgeschlossen sein. Die Anstalt hat sich von kleinen Anfängen aus so entwickelt, daß gegenwärtig ein Neubau im Entstehen begriffen ist, in welchem 100 Betten und alle nothwendigen und wünschenswerthen Einrichtungen eines solchen Hauses vorgesehen sind. Vom Jahre 1861 bis 1885 sind 4380 Genesende mit 82784 Verpflegungstagen aufgenommen worden; die Dauer des Aufenthalts betrug 1—4 Wochen, selten länger. „Alle, welche der Wohlthat eines längeren Aufenthalts in der Reconvalescenten-Anstalt theilhaftig wurden, sind des Dankes und Lobes voll über die vortreffliche Verpflegung und liebevolle Behandlung, welche sie daselbst genossen haben, und nicht minder für die ihnen gewährte freie Bewegung und damit gegebene Möglichkeit, sich in aller Ruhe von der Krankheit zu erholen und inzwischen die nöthigen Schritte zur Erlangung einer passenden Stellung zu thun" (Ziemssen).

In Straßburg i. E. hat ein edler Wohlthäter, der im August 1876 starb, 850000 Mk. zur Errichtung und Unterhaltung einer Reconvalescenten-Anstalt bestimmt, welche den Namen „Hospiz Louise" führen sollte. Schon im September desselben Jahres konnte ein sehr geeignetes Landhaus im Vorort Ruprechtsau für diesen Zweck erworben und durch Erbauung zweier Pavillons (einer für Männer und der andere für Frauen) für 60 Genesende zweckentsprechend eingerichtet werden. Da die Zinsen aus dem Stiftungskapital mehr als 30000 Mk. betragen, wozu noch das Garten-Erzeugniß im Werthe von ca. 2000 Mk. kommt, so können zu unentgeltlicher Verpflegung nicht nur Kranke aus dem Hospital, sondern auch solche aus der Stadt, welch letztere nach dortiger Erfahrung meist erschöpfter ankommen, als die Spitalkranken, aufgenommen werden; daneben sind auch solche Personen zugelassen, welche entweder selbst oder für welche Angehörige, Arbeitgeber oder Krankenkassen das Verpflegungsgeld von 2 Mk. 40 Pf. bezw. 2 Mk. für den Tag bezahlen. Vom 1. Juli 1880 bis 31. März 1889 wurden 4097 Reconvalescenten in 81549 Pflegetagen unentgeltlich in dem Hospiz verpflegt.

Noch Ende der sechziger Jahre hat man in Frankfurt ein Heim für Genesende geschaffen in dem vom Heilig-Geist-Hospital erworbenen Gutshofe „Mainlust"; dort sind in prächtiger, gesunder Lage 25 Betten für Reconvalescenten aus dem Hospital und aus der Stadt vorhanden, welche den Sommer über fast ununterbrochen belegt sind; während der Wintermonate ist diese Zweiganstalt des Heilig-Geist-Hospitals geschlossen. In einem Berichte über die Anstalt heißt es: „Der Zweck, den wir bei Gründung der Anstalt im Auge hatten, war ein dreifacher. Einmal glaubten wir unseren im Hospital befindlichen Reconvalescenten eine Wohlthat zu erzeigen, wenn wir sie behufs rascher Genesung aus unserem Hause entfernen und sie während der schönen Jahreszeit in eine luftreichere Räumlichkeit versetzen, in der sie neben guter Kost einen ungezwungenen Aufenthalt in frischer Luft genießen konnten und dabei des Vortheils theilhaftig wurden, den Krankendünsten eines Hospitals auch bei Nacht entrückt zu sein; zum zweiten aber gewährte uns diese Anlage ein Auskunftsmittel zur Unterbringung solcher chronisch Leidenden, welche zu unserer städtischen Armenverpflegung zählen, und welche wegen der Eigenartigkeit ihres Zustandes in keines der Bäder während des Sommers gesendet werden können, welche uns als Heilmittel zur Verfügung stehen. Endlich ermöglichen wir einen gesunden Landaufenthalt gegen Vergütung einer billigen täglichen Taxe auch solchen Personen, die zu unseren Pfleglingen nicht zählen, auf unsere Unterstützungen keine Ansprüche haben, oder solche nicht machen wollen. Wie richtig unsere Berechnung war, bewiesen die Gesuche um Aufnahme in die Anstalt bei ihrer Eröffnung im Sommer 1869. Während sie von unseren Hospitalreconvalescenten nur verhältnißmäßig schwach besucht war, meldete sich eine große Anzahl städtischer Armenkranken und solcher der dritten Kategorie. — Die Resultate, welche erzielt worden, sind überraschend und lohnend und ermuthigen allen Ernstes, auf dem betretenen Wege weiter zu gehen."

Im Jahre 1887 ist auch Berlin in die Reihe der Städte eingetreten, welche eigene Genesungsheimstätten haben. Auf den großen Rieselgütern im Norden und Süden der Stadt standen die ehemaligen Herrschaftshäuser zur Verfügung. Die Stadtgemeinde Berlin richtete auf den Gütern Blankenburg und Heinersdorf im Norden der Stadt „Städtische Heimstätten für Genesende“ ein mit einem Aufwand von 109 000 Mk.; Blankenburg nimmt 50 Frauen, Heinersdorf 50 Männer, meistens auf Kosten der Krankenkassen, auf; die Verpflegungstaxe ist auf 1 Mk. 75 Pf. festgesetzt. Im Jahre 1888/89 wurden in Blankenburg 438 Frauen in 10 289, in Heinersdorf 430 Männer in 10 994 Verpflegungstagen verpflegt und zwar mit nachweislich gutem Erfolge.

In Lichterfelde bei Berlin entstand schon im Jahre 1880 ein Reconvalescentenhaus der Johanniter mit 25 Betten. Weitere Heimstätten sind neuerdings theils schon zur Vollendung gebracht, theils erst noch in der Ausführung begriffen in Nürnberg, Dortmund, Mühlhausen im Elsaß, Elberfeld und Leipzig, theilweise als städtische Unternehmungen, theilweise als Werke der freien Wohlthätigkeit; auch die Schweiz und Oesterreich haben einzelne solcher Asyle aufzuweisen.

Im Herbst des vorigen Jahres ist die Fürsorge für Genesende in besonderen Heimstätten Gegenstand sehr eingehender und wirkungsvoller Behandlung gewesen auf der Versammlung des „deutschen Vereins für öffentliche Gesundheitspflege“ in Straßburg; Geh. Rath Prof. Dr. v. Ziemssen aus München war Haupt-, Bürgermeister Back in Straßburg Mitberichterstatter über die wichtige Frage. Der Verein sprach einstimmig seine völlige Anerkennung des in den Vorträgen und Thesen für die Behandlung der Frage eingenommenen Standpunktes aus. Die Thesen lauteten: 1. Heimstätten für Genesende sind für größere Gemeinwesen ein dringendes Bedürfniß. 2. Für dieselben sprechen nicht bloß ärztliche, sondern auch sociale und administrative Erwägungen. 3. Die Einrichtung und Unterhaltung solcher Anstalten ist nicht Aufgabe des Staats oder der Gemeinden, sondern ist der Vereinsthätigkeit und der Privatwohlthätigkeit zu überlassen. 4. Es erscheint zweckmäßig, die Heimstätten den Krankenhäusern anzugliedern und mit einer möglichst einfachen, aber sachverständigen Verwaltung zu versehen. 5. Der familiäre Charakter der Heimstätten macht es nicht wünschenswerth, daß den einzelnen Anstalten eine zu große Ausdehnung (über 100 Betten) gegeben werde. 6. Geeignet zur Aufnahme sind in erster Linie die Reconvalescenten von acuten Krankheiten, von Verletzungen und Operationen, dann auch Wöchnerinnen, in zweiter Linie an chronischen Krankheiten Leidende, wenn dieselben acute Verschlimmerungen erfahren haben. 7. Principiell ausgeschlossen sind Geisteskrankheiten, Epilepsie, Schwerverletzte, chirurgische und Hautleiden, Lues und Alkoholismus. 8. Als nothwendige Vorbedingung für die Aufnahme ist eine gute sittliche Qualification zu fordern.

Die in den bestehenden Anstalten gemachten Erfahrungen bestätigen, daß die Einrichtung besonderer Heimstätten für Genesende für diese selbst und für die Krankenhäuser und Krankenkassen eine sehr große Erleichterung und Wohlthat ist; daß solche Heimstätten, wenn Staat oder Gemeinde unterstützend eintreten und Orts- und Genossenschaftskrankenkassen neben der freiwilligen Wohlthätigkeit energisch ins Interesse gezogen werden, recht wohl bestehen können; daß bei sorgfältiger Auswahl der Aufzunehmenden Schwierigkeiten für die Aufrechterhaltung der weitgehende Freiheit der Bewegung einräumenden Hausordnung kaum ernstlich sich ergeben.

In unserem Lande ist — wenigstens auf dem Weg besonderer Einrichtungen — für die Reconvalescenten bis jetzt nichts geschehen; und doch werden sowohl bei den in den Spitälern, als unter den in ihren Familien behandelten armen Kranken die Fälle nicht zu den seltenen Ausnahmen gehören, in welchen die Verbringung des Kranken in ein Genesungsheim mindestens sehr wünschenswerth, wenn nicht dringendes Bedürfniß wäre. Man wird sich darum der Hoffnung hingeben dürfen, daß unser an Wohlthätigkeitsanstalten aller Art so reiches Land nicht mehr allzulange diese Lücke bestehen lassen wird. Eines Versuchs wäre die Sache gewiß werth, und wenn's auch nur ein ganz kleiner und bescheidener Anfang wäre, der gemacht würde, es wäre doch einmal etwas, und die Erfahrung würde dann wohl bald weiter führen. Und wir vernehmen mit Freuden, daß in Stuttgart die Sache angeregt, und daß von Seiten der Diakonissenanstalt Eigenheim bei Zuffenhausen, welche in ihrem stattlichen, gesund und freundlich gelegenen Schlosse noch manche Räume zur Verfügung hat, das Anerbieten gemacht worden ist, für etwa 15—20 weibliche Reconvalescenten die entsprechenden Einrichtungen zu treffen, wenn sie die nöthige Unterstützung dazu findet.

Wahrlich es ist „ein großer und edler Gedanke, dem unbemittelten Kranken eine Stätte zu schaffen, welche ihm möglichst den ganzen Inbegriff dessen bietet, was der wohlhabende Reconvalescent im Kreise seiner Familie findet: eine dem Körper wie dem Gemüth gleich wohlthuende Heimstätte“ (Ziemssen).

Möchte dieser Gedanke auch in unserer Mitte in seiner Größe erkannt und seiner Verwirklichung bald entgegengeführt werden!

G. P.

Carl Heymanns Verlag in Berlin W., Mauerstraße 63–65.
Gedruckt bei Julius Sittenfeld in Berlin.
Alle Zuschriften und Einsendungen in Angelegenheiten dieses Blattes wolle man an den Redacteur [illegible] W. Potsdamer Straße Nr. 134 c. zu Berlin richten.

[illegible]

Wochenblatt

der

Johanniter-Ordens-Balley Brandenburg.

[illegible]

Im Auftrage der Balley Brandenburg verantwortlich redigirt von G. Herrlich in Berlin.

Jahrg. 31. Berlin, den 23. April 1890. Nr. 17.

1. Tuisko Hermann Adolf Kochne von Brandt-Teminski, Landschafts-Director a. D., Ehrenritter seit 1860, † zu Golow bei Neustettin 18. März 1890.
2. Louis von Wuthenau, Oberstlieutenant a. D., Ehrenritter seit 1866, † zu Dresden 12. April 1890.

Vermächtniß.

Der am 24. Juli v. J. verstorbene Rechtsritter des Johanniter-Ordens, Rittergutsbesitzer Freiherr Ludwig von Elverfeldt, auf Haus Villigst bei Schwerte, hat der Westfälischen Genossenschaft des Johanniter-Ordens letztwillig ein Legat von 5000 Mark ausgesetzt, zu dessen Annahme die Allerhöchste Genehmigung ertheilt worden ist.

Der Orden Unserer Lieben Frauen vom Schwan.

1. Der Harlunger Berg bis zum Jahre 1440.

Wir wandern in der alten, ruhm- und ehrenreichen Kur- und Hauptstadt Brandenburg und schreiten mählig dem „Rathenower Thore" zu. Dort grüßt er uns bereits, der schlanke Thorthurm mit den zierlichen Blenden, den wappenschildähnlichen Nischen und der zuckerhutförmigen Zinkspitze, auf welcher der Adler der Mark, eine vortreffliche alte Schmiedearbeit, seine Schwingen ausbreitet, einen Ring im Schnabel und eine Kette um den Hals! Das Volk sieht den edlen Vogel noch heut' für einen „Raben" an und erzählt hier just dieselbe Mär' wie von dem Domraben zu Merseburg, von Bischof Thilo von Trotha und seinem unschuldig hingerichteten, mit Unrecht des Diebstahls beziehtigten Chorknaben. Lassen wir dem Volke seine selbstgefertigte, in ernster Weise sittlich mahnende Sage! Dort oben in den unverwüstlichen Nischen aber prangen noch immer die Wappen des deutschen Kaisers und „seiner Wähler, der sieben": wohl uns, daß das Reich in neuen, heilbringenderen Formen wieder erstanden ist!

Wir schreiten an dem Thurme vorüber. Eine Brücke mit backsteinernen Wandungen führt uns zu der sogenannten „Vorstadt" hin, welche kreisförmig sich um jenen Hügel lagert, der die geweihteste Stätte bildet im ganzen Lande Brandenburg.

Es ist bekanntlich der Harlunger- oder St. Marienberg. Noch freilich hat kein Forscher zu enträthseln vermocht, wie es gekommen, daß die fern in Süddeutschland wurzelnde Sage von dem Geschlechte der Harlungen sich mit diesem Bergesgipfel über der blauen Havel zu verbinden vermocht hat. Sie ist eben da, verwachsen mit kurbrandenburgischer Erde, und die Namen „mons Harlungorum" und „Harlungeberc", „platea Harlungorum" sind durch Urkunden aus den Jahren 1193 und 1197 wohl bezeugt. Vielleicht, daß süddeutsche Krieger, welche einst ihren Arm zu Brandenburgs Eroberung geliehen, die alten Mären von den Harlungen bis hierher getragen! —

Nicht aber ist's das Gold der Sage, was wir dem Leser zu reichen gewillt sind! Die Geschichte der Harlungen und jenes Jarl Iron von Brandenburg, welcher nordischen Liedern zu Folge hier geweilt haben soll, ist oft schon wiedergegeben worden. Es ist etwas Anderes, was uns an diesen Ort fesselt.

Wie viel des Heldenblutes ist einst auf dieser Höhe geflossen! Wohl an die zehn Mal ist diese, weit in's Land schauende Kuppe, welche in slavischer Zeit einen Triglaffstempel trug, von den Deutschen erobert und wiederum an die Wenden verloren worden! Triglaff der Dreiköpfige und der hehre Dreieinige stritten um den Besitz dieses Bergeshauptes Jahrhunderte lang, — von den Tagen König Heinrichs des Sachsen bis zu der Zeit der ersten Staufer; und der Heidengott schien von dieser hochgeweihten Stätte nicht weichen zu wollen. Erst die Bekehrung des wendischen Fürstenhauses, welches dem Gaue „Havelland" gebot, machte dem Dienste Triglaffs, den Opfern und den Orakeln hier oben ein Ende.

Wir wissen nicht ganz genau, in welchem Jahre der Uebertritt der Heveller- (nicht Havellen-) Fürsten zum Christenthume zu setzen ist; allein es ergiebt sich aus den geschichtlichen Urkunden wenigstens ein ungefähres Datum mit einiger Wahrscheinlichkeit. Im Jahre 1101 eroberte nämlich Markgraf Udo III. aus dem Hause der Grafen von Stade die Brandenburg; zugleich kehrte nun auch Bischof Hartbert, bis dahin ein „episcopus in partibus infidelium“, in seinen Sprengel zurück. Rührig regte sich jetzt die Mission, — vor Allem im Gaue „Morzane“, d. h. in dem der Zaubergöttin der Slaven geweihten Lande, dessen Hauptort Leitzkau war. Ein Berg bei diesem Flecken, Morzana's blutgedüngter Opferhügel, wurde der h. Maria, der Spenderin der Gnaden, geweiht. Der Magdeburger Mönch Adalbero zerstörte, wie die Chroniken erzählen, in dieser Gegend „unzählige Götzenbilder.“ Hier, in Leitzkau, nahm Bischof Hartbert von Brandenburg dann zuerst seinen Sitz: Leitzkau war also gewissermaßen eine Etappe zwischen dem Erzbisthum Magdeburg und dem immer noch verödeten Bischofssitze Brandenburg. Es liegt uns eine Beschreibung von Leitzkau aus dem Jahre 1114 vor, in welchem die kirchbischöflichen Baulichkeiten daselbst geweiht wurden. Nach dieser Nachricht stand mitten in dem Flecken, aus Steinen erbaut, ein Heiligthum St. Peters und aller Apostel. Rings um die Siedelungen her, auf allen höheren Erhebungen des Bodens, aber lagen Kapellen, so auf dem St. Marienberge die der Himmelskönigin, — auf anderen Hügeln diejenige St. Stephans und aller Märtyrer, St. Martins und aller Bekenner, die der heiligen Cäcilie und aller Jungfrauen von heiligem Wandel, endlich auch die aller frommen Wittwen. Es waren somit die Schaaren aller und jeder Zeugen der Kirche zum Schutze der im Jahre 1114 vollendeten Baulichkeiten der Mission Leitzkau aufgerufen worden.

Ein Ereigniß wie die Weihe des provisorischen Bischofssitzes Leitzkau konnte sich selbstverständlich nur in festlichster Weise vollziehen; — die Fürsten und Edlen der Nordmark strömten zu ihm zusammen. Uns gehen von den Theilnehmern des feierlichen Actes indessen nur drei Männer des näheren an:

Heinrich, der damalige Markgraf der Nordmark,
Hartbert, der Bischof zu Brandenburg, und
Meinfried, der Herr auf der Brandenburg. —

In dem letztgenannten Edeln ist mit Gewißheit ein Fürst slavischer Abkunft, der „regulus“ der Heveller, zu erblicken, welcher dem Heidenthume entsagt und sich dem Zeichen des Kreuzes gebeugt hatte. Die Chroniken bezeichnen ihn ausdrücklich als einen „wendischen Christen“, welcher, dem Fürstenstamme auf der Brandenburg entsprossen, in der Taufe den Namen „Meinfried“ angenommen hatte.

Warum aber führte Meinfried, der Fürst der Brandenburg, den Bischof Hartbert nicht sofort nach Brandenburg, zum bischöflichen Throne hin? — Es erklärt sich dies nur dadurch, daß die Masse des Hevellervolkes dem slavischen Heidenthume noch immer treu verblieben war. Wohl hat es auch der Mark an Sendboten des Evangeliums und an Märtyrern, die freudig für ihren Heiland gestorben sind, nicht gefehlt. Unter den ersteren nennen wir hier nur den Benediktiner Günther, der früher in den Klöstern Hersfeld und Altaich gelebt hatte und dann als Eremit der strengsten Observanz zuerst in den Böhmerwald, dann aber in die Forsten und Sümpfe der Mark gezogen war. In die Zahl der letzteren, der Märtyrer aber, sollte der Wende Meinfried von der Brandenburg selbst aufgenommen werden.

Er hatte die alten Götter verleugnet, — schon im Jahre 1114. Da kam Unglück über Unglück dem Volke der Heveller! Im Mai des Jahres 1125 vernichteten Fröste die gesammte Frucht des Feldes; im Juni wütheten orkanähnliche Stürme in den Wäldern; im Herbste traten die Wasser über und drohten Land und Leute zu verschlingen. Eine Hungersnoth kam, und ein großes Sterben folgte ihr! Unheimlich war's, daß in den „Heidelhaiden“ selbst die Bienenschwärme zu Grunde gingen. Laut murrten da die heidnischen Heveller:

„Es ist die Strafe dafür, daß unser Haupt von Triglaff sich abgewandt hat, die Strafe für Meinfried Abfall!“

Der Slave Meinfried aber besaß den Eifer und den kühnen Muth aller Neophyten. Es ist nur eine Vermuthung, welche wir hier aussprechen, allein sie ist innerlich durchaus gerechtfertigt: er wird nach den schlimmen Jahren 1125 und 1126 versucht haben, den Tempel Triglaffs auf dem Harlungerberge endlich für immer zu schließen. Im Götzendienste seines Volkes erblickte er den Grund des Unheils in dem Gaue Havelland.

Da brach — das wissen wir bestimmt; — ein Aufstand aus: der Slave Meinfried, der Gebieter der Brandenburg, wurde von seinen eigenen Unterthanen erschlagen. Ein edles Opfer ihres Glaubens, wird in diesem Jahre 1127, um die „Iden“ des Juli, wahrscheinlich auch Meinfrieds Gemahlin, die Fürstin Cythava, zu Brandenburg ermordet worden sein. Noch im 15. Jahrhundert erblickte man nämlich in dem Gotteshause, welches auf der Höhe des Harlungerberges an Stelle des ehemaligen Triglafftempels errichtet worden war, d. h. in der späteren St. Marienkirche auf dem Berge vor Brandenburg, vier Grabsteine dieses alten slavischen Fürstengeschlechtes von Brandenburg. Sie deckten die Gräber Meinfrieds, seiner Brüder Hermann und Siegfried, welche das Christenthum also gleichfalls angenommen hatten, und seiner Gemahlin Cythava. Auf Cythava's schon damals stark abgetretenem Leichensteine nun will man die folgenden Worte in jenen Tagen noch gelesen haben:

„Idibus Julii . . . . obiit Cythava,

"Cythera Meinfrido . . . . . . juncta marito,
Vandalicae hanc regem . . . . ."

Danach war die Märtyrerin Cythana, Meinfrieds Gemahlin, wahrscheinlich dem Geschlechte der Mecklenburgischen Fürsten entsprossen.

Allem Anscheine nach haben wir nun in diesem Ehepaare Meinfried und Cythana das Elternpaar eines Mannes zu erblicken, welchem ein gütiges Geschick es vorbehalten hatte, der deutschen Mission im Wendenlande zu ihrem endlichen Siege zu verhelfen: jenes Wendenfürsten Pribislaw, welcher in der h. Taufe den Namen Heinrich empfing und sich nachmals mit einer Fürstin Namens Petrissa oder Petrusse vermählte, — des letzten, aus wendischem Blute entsprossenen Fürsten des Gaues Heveldun.

Pribislaw der Heveller muß noch im Jahre 1127 jenen Aufstand unterdrückt haben, welcher sich gegen sein Elternpaar erhoben hatte. Ohne deutsche Hilfe war ihm das aber keinesfalls möglich. Allein der christliche Slawenfürst fand auch sehr thatkräftige und bereitwillige Unterstützung. Wohl schweigen die zeitgenössischen Berichte über all' die Einzelheiten dieser schweren Kämpfe; aber bereits im Jahre 1128 erblicken wir das Ehepaar Pribislaw und Petrissa im gesicherten Besitze der Herrschaft auf der Brandenburg, — im gesicherten Besitze auch der Freundschaft der Deutschen, die einer Bewunderung freilich sehr ähnlich sah.

Neben der sächsischen Nordmark war nämlich schon früh eine sächsische Ostmark entstanden: die spätere Mark Lausitz. Als Pribislaw der Christ sein Erbe auf der Brandenburg sich sicherte, hielt Albrecht, Graf von Ballenstädt, die Zügel des Regimentes in der Lausitz bereits in seinen starken Händen. Die Mark Lausitz und die Gebiete der Heveller und der Sprewanen, die Gaue Zucheda, das „trockene Land", die Zauche, und Teltowe, das „Land der Viehweiden", grenzten aneinander: es mußte Albrecht dem Bären, abgesehen von weitergehenden Entwürfen, zunächst also darauf ankommen, das Christenthum und die Ruhe in diesen Landschaften zu erhalten und zu fördern. Deshalb schloß der Mann, welcher nachmals der erste Markgraf von Brandenburg werden sollte, sofort ein herzliches Bündniß mit dem letzten wendischen Fürsten der so heiß umworbenen, mit Heldenblut so reich bethauten Brandenburg ab. Gern und freudig aber schlug auch Pribislaw in jene hülfreiche Rechte ein, welche ihm dargeboten wurde; er erkannte die Heldenkraft und den unbeugsamen Muth dieses Markgrafen von der Lausitz auf der Stelle.

Ohne Zweifel hat Pribislaw-Heinrich, nachdem er den Fürstenstuhl Meinfrieds eingenommen hatte, Gericht gehalten und den Dienst Triglaffs sofort wieder unterdrückt. Der Tempel des dreiköpfigen Gottes auf dem Harlungerberge wurde gewiß nun völlig zerstört. Man liest zwar gewöhnlich, daß er sogleich in eine christliche Kirche verwandelt worden sei; — dem aber ist nicht also. Es galt vorher noch manches Andere zu verrichten. Ehe großartige Gotteshäuser gegründet werden konnten, mußte für die Predigt des Evangeliums gesorgt werden.

Pribislaw-Heinrich setzte sich deshalb zunächst mit dem derzeitigen Bischofe von Brandenburg, welcher immer noch in Leitzkau residirte, in Verbindung. Er erbot sich, einer Prämonstratenser-Colonie die Thore seiner Residenz Parduin, des slawischen Fleckens unterhalb der Brandenburg, zu eröffnen. Hier, in der späteren Altstadt Brandenburg, hatte er seinen Wohnsitz aufgeschlagen: — die Burg und der Dom von Brandenburg trauerten wohl noch in Schutt und Asche. Gern ging der Bischof Wigger, selbst ein begeisterter Prämonstratenser, auf diesen Vorschlag des Hevellerfürsten ein; mit ihren geistlichen Schätzen, welche die Habgier der Welt nicht zu reizen vermochten, mit Büchern und zinnernen Kelchen, ordnete Wigger vom St. Marienberge bei Leitzkau neun Prämonstratenser ab, welche in den Wäldern des Havellandes, des Barnim und des Teltow das Kreuz verkündigen sollten. Diese Mönche hießen Wigbert, Walter, Gerhard, Johannes, Richwin, Siger, Hildrad, Meiro und Martinus. Pribislaw-Heinrich wies den frommen Vätern das Gotteshaus des heiligen Petrus in Parduin an, welches er neu errichtet und dem Andenken des glorreichen Bischofs Godehard von Hildesheim geweiht hatte.

Auf der Höhe des Harlunger Berges herrschten auch um diese Zeit noch die Greuel der Verwüstung; in Schutt und Asche lag der Triglaffstempel, vernichtet war die „Stanitza", das Banner des dreiköpfigen Gottes; des Götzenbildes selbst aber hatte Pribislaw sich bemächtigt; er übergab dasselbe den Prämonstratensern von Brandenburg, damit sie es als Trophäe des Sieges Christi aufbewahrten. Nichts lag daher dem Geiste jener Tage näher, als über den Resten des slawischen Tempels eine christliche Kirche zu erbauen. Nach übereinstimmenden Nachrichten hat der slawische Fürst Pribislaw, — ein Scheinfürst nur noch, — dies Werk im Jahre 1138 begonnen. Er weihte das Gotteshaus in St. Mariens Ehre. Dann ließ er die Reste seiner Vorfahren, seiner Eltern Meinfried und Cythana, seiner Oheime Hermann und Siegfried, welche aller Wahrscheinlichkeit nach zuerst in St. Peter zu Parduin beigesetzt waren, auf die geweihte Höhe bringen, die nun den Namen des St. Marienberges erhielt.

Die ursprüngliche St. Marienkirche Pribislaws kann nichts anders gewesen sein als ein sehr bescheidener, aus erratischen Blöcken und eisenfestem Mörtel errichteter Bau. Sie war keine Pfarrkirche, sondern nur eine Wallfahrtskapelle: der Dienst St. Mariens sollte den Triglaffs ersetzen; — auf herrlicher Stätte im Havellande sollte aber auch der Märtyrer gedacht werden, welche dem Kreuze auch im Wendenlande gefallen waren; — vor allen anderen Meinhards und Gothanas. Selbstverständlich fand auch Pribislaw hier seine Ruhestätte. Den völligen Sieg des Deutschthums voraussehend, nachdem Albrecht der Bär seine Blicke auf die Nordmark gerichtet; — nachdem Markgraf Konrad von Plötzkau, der „Sachsen Blume“, sein junges Leben vor Monza ausgehaucht und der bärenstarke Ballenstädter auch das Fahnlehn der Mark Soltwedel erhalten hatte, führte Pribislaw-Heinrich in seinen späteren Jahren überhaupt nur noch ein Leben der Entsagung. Schon im Jahre 1128, — ein Jahr also nach seinem Regierungsantritte, — als dem Lausitzer Markgrafen Albrecht von seiner Gemahlin Sophia, vermuthlich einer Tochter des staufischen Herzogs Friedrich I. von Schwaben, ein Sohn Namens Otto geboren worden war, hatte Fürst Pribislaw, der eine Pathenstelle angenommen hatte, seine Güter in der „Terra Zucheda“, in der Zauche oder dem alten Gaue Ploni, dem Täuflinge vermacht, falls er, wie er vermuthen mochte, dereinst kinderlos sterben werde. Um 1140 legte der fromme Wendenkönig dann seine Krone zu Leitzkau auf dem Altare des h. Petrus nieder; — er dachte männlich genug, um selbst das Zeichen einer Würde abzulegen, mit welcher eine Macht nicht mehr verbunden war. Noch im 15. Jahrhunderte war diese kostbare Reliquie der alten Geschichte der Mark in Leitzkau vorhanden.

Die Vollendung der St. Marienkirche auf dem Harlunger Berge aber scheint die letzte That in Pribislaws tragischem Leben zu bezeichnen. In den letzten Monaten des Jahres 1150 starb der Fürst der Heveller. Sofort sandte seine Petrissa Botschaft an Adalbert von Ballenstädt, d. h. an Albrecht den Bären. Sie fürchtete offenbar einen Volksaufstand, einen Rückfall der Havelwenden in das Heidenthum. Drei Tage lang ward der Tod Pribislaw's seinen Unterthanen verheimlicht. Da erschien Albrecht. Er bemächtigte sich der Hinterlassenschaft des Verstorbenen; er selbst wollte nun schützen jene edle Saat, welche die letzten Fürsten der Heveller fromm und segenhoffend ausgestreut hatten.

(Fortsetzung folgt.)

Aus Jerusalem für Jerusalem*)

kommt uns schon zum zweiten Mal eine Bitte, herzlich und dringend, wie nur die Liebe und die Noth bitten kann. Sie betrifft unser Diakonissen-Hospital auf dem Berge Zion. Aber wir sind es nicht, welche die Bitte ausgesprochen oder auch nur veranlaßt haben. Unser treuer langjähriger Hospitalarzt Dr. S. Hoffmann hat uns seit Jahren immer wieder die von uns selbst erkannte Nothwendigkeit vor Augen gestellt, daß unsre Kranken aus dem schlecht gelegenen und unzweckmäßig gebauten Hause in ein neues Hospital vor den Thoren Jerusalems gebracht werden müßten. Aber die drückende Schuldenlast, welche Jahr aus Jahr ein auf der Diakonissen-Arbeit in Jerusalem und im Orient überhaupt liegt, sowie die Geldnoth des Mutterhauses in Kaiserswerth hat uns bisher den Mund geschlossen und wir wagten nicht, neben den beständigen Bitten für die laufenden Bedürfnisse noch mit der besonderen großen Bitte um die Mittel für einen Neubau zu kommen. Nun aber ist bereits im vorigen Jahre durch den gegenwärtigen Geistlichen an der deutsch-evangelischen Gemeinde zu Jerusalem, Herrn Pastor Schlicht, in Verbindung mit seinen Amtsvorgängern die ernstliche Frage in weite Kreise hinausgesandt worden:

Wer hilft zu einem Neubau des evangelischen Hospitals in Jerusalem?

Kürzlich ist ein zweiter Aufruf erfolgt, den wir hier zum Abdruck bringen. Da müssen wir offen und frei bekennen, daß die Sachlage richtig geschildert ist und haben den theuren Freunden, welche dieselbe aus eigner Anschauung kennen, nur den herzlichsten Dank dafür auszusprechen, daß sie aus freien Stücken den Schwestern und Kranken auf dem Berge Zion in dieser Weise zu Hilfe kommen wollen. Wir haben es nie verschwiegen, daß das Hospital in Jerusalem in seiner äußeren Gestalt so arm und unscheinbar ist, wie wenige Häuser der Barmherzigkeit, und müssen es bestätigen, daß die in dem folgenden Aufruf hervorgehobenen Schäden und Mängel in der That vorhanden sind. Wir könnten noch manches hinzufügen, z. B. den Uebelstand erwähnen, daß die Schwestern von ihrem Wohnzimmer und von der Küche aus kein Krankenzimmer erreichen können, ohne über den offenen Hof zu gehen, welcher im Winter oft durch Regen und schmelzenden Schnee unter Wasser steht, und in welchem die Hitze noch im Sommer 1888 bis auf 50 Grad R. stieg. Unsre Vorsteherin, welche Jerusalem im Januar d. J. besucht hat, mußte sich gleichfalls davon überzeugen, daß die Verhältnisse des Hospitals einer völligen Umgestaltung dringend bedürfen. Da nun der Plan dieser theuren Freunde Jerusalems durch die erfreulichen Erfolge des ersten Aufrufs der Verwirklichung näher gerückt ist, hat der Vorstand unseres Vereins in seiner letzten Sitzung den Ankauf eines passenden und gesund gelegenen Grundstücks nach den Vorschlägen der dortigen Freunde genehmigt, und wir vertrauen Gott und unsern bisherigen treuen Wohlthätern, daß sie uns bei der Erreichung des in's Auge gefaßten Zieles thatkräftig unterstützen. Freilich bedarf es großer Mittel, denn die Erwerbung des Grundstücks, wie die Errichtung eines neuen, zweckmäßigen Hospitals wird nach den in Jerusalem waltenden Verhältnissen sehr kostspielig werden. Aber die deutsch-evangelische Kirche, welche bisher unser Diakonissenhaus in Jerusalem als eines ihrer Lieblingskinder angesehen und unterstützt hat, wird gewiß dafür sorgen wollen, daß die dortige Arbeit weitergeführt

*) Aus dem Kaiserswerther „Armen- und Krankenfreund“.

werden könne in einer solchen Gestalt, daß sie dem Namen unsres Heilandes zur Ehre und den Elenden zum wahren Heile gereicht.

Dank und Bitte aus Jerusalem.

Von allen Sammlungen, welche im Laufe des vergangenen Jahres auch dich, lieber Christ, zu einem seligen Geber machen wollten, war dir gewiß der willkommenste eine die für den **Neubau des evangelischen Diakonissen-Hospitals in Jerusalem**. Der starke Strom, der aus vielen kleineren und größeren Quellen und Bächlein zusammengeflossen ist und sich in unsere Baukasse ergossen hat, ist des Zeuge. Im Geiste drücke ich jedem einzelnen fröhlichen Geber dankbar die Hand und besonders den Sammlern, welche die Bitte von Golgatha zu der ihrigen machten und auch andere Herzen zu erwärmen suchten, den lieben Amtsbrüdern, die mit Wort und Schrift das Interesse der Gemeinden weckten, den Kirchenvorständen, welche Collecten veranstalteten, den Leitern von Sonntagsschulen und Kindergottesdiensten, welche den Kindern die Seligkeit des Gebens lehrten, den Redacteuren christlicher Zeitschriften, welchen das ganze Unternehmen eine so wesentliche Förderung verdankt, den Vereinen, welche zur Unterstützung sich willig fanden — Allen herzlichen Dank!

Und fürwahr, eine Gabe des Dankes niederlegen zu dürfen an heiliger Stätte, am Fuße des Kreuzes, das uns zum Holz des Lebens ward, das ist in der That Christenfreude. Das stimmt zu dem, was wir singen:

„Nun ich danke dir von Herzen,
Jesu, für gesammte Noth;
Für die Wunden, für die Schmerzen,
Für den herben bittern Tod,
Für dein Zittern, für dein Zagen,
Für dein tausendfaches Plagen
Für dein Ach und tiefe Pein
Will ich ewig dankbar sein."

Eine Gabe Geldes, und sei sie auch noch so groß, kann freilich immer nur ein ganz verschwindender Theil unseres Dankes sein, welchen wir dem schulden, der uns nicht mit Gold und Silber, sondern mit seinem theuren Blut Ihm zum Eigenthum erlöst und erkauft hat. —

„Wie kann ich dir denn deine Liebesthaten im Werk erstatten?" — Das ganze Leben soll ein Dankopfer sein an welchem Ort auch immer ein Christ der Ewigkeit entgegenwallt; aber dabei bleibt es doch für jeden eine besonders liebe Pflicht und hohe Freude, auch an der Stätte der Erlösung selbst den Dank zum Ausdruck zu bringen durch ein Werk, das wieder Segen stiftet, die Liebe des Herrn preist und sein Reich baut.

An dem Vorabend eines jeden hohen Festtages strahlt das Kreuz auf der Kuppel der Grabeskirche im Lichterglanz weithin über die Stadt. Ein herrliches Symbol! Wir wollen mit Gottes Hilfe dem Volk Jerusalems und des heiligen Landes die Herrlichkeit des Kreuzes tief in das Herz hineindrücken. In Jerusalem vor Allem wollen wir evangelische Christen es durch die That verkündigen, durch die Barmherzigkeit an allen Kranken, welcher Religion und welchem Volk sie auch angehören mögen, daß hier die ewige Liebe wirklich die todkalte Welt berührt hat und eine Liebe erweckt, die das Heidenthum alter und neuer Zeit nicht kennt, eine Liebe, die der geistigen und leiblichen Noth des Nächsten von Herzen sich erbarmt. Dazu eine Handreichung thun zu dürfen, das ist Freude.

Wenn dann in der Ewigkeit vollends klar wird, wie viel geistigen Segen neben leiblicher Heilung so viele Hunderte alljährlich in unserem Hospital empfangen haben, wenn gar der Herr selbst auftreten wird und sagen: „Wahrlich, ich sage euch: Was ihr gethan habt einem unter diesen meinen geringsten Brüdern, das habt ihr mir gethan", welche Wonne wird dann die Herzen der fröhlichen Geber erfüllen!

Wenn ich denn nun jetzt wieder vor dich trete, lieber Christ, mit derselben Bitte in derselben Sache wie im vergangenen Jahre, weil uns noch große Summen fehlen zu dem dringend nothwendigen Neubau, gewiß du wirst — ich möchte fast sagen wie einst der selige Fliedner, du wirst es mir in der Ewigkeit noch danken, daß ich dir Gelegenheit zur Mithilfe gab an unserem großen Werk in Jerusalem. Vielleicht bist du selbst krank und erfreust dich einer guten Pflege, vielleicht bist du genesen von schwerer Krankheit, vielleicht bewahrt vor Siechthum in vielen Lebensjahren, wie schön könntest du dich hier deinem Herrn dankbar beweisen, indem du Anderen hülfst zu dem, was du selbst genießest!

Unser Hospital hat auch im vergangenen Jahre mit seinen 4 Kaiserswerther Diakonissen seine stille, segensreiche Arbeit weiter gethan. Unter der alten, die Kräfte lähmenden und die Wirksamkeit hemmenden Schwierigkeit ist die Zahl der Kranken doch auf 550 gestiegen (1886: 496, 1887: 493, 1888: 538), die tägliche Durchschnittszahl war 31. Es war wie immer ein buntes Gemisch von Arabern, Deutschen, Engländern, Oesterreichern, Armeniern, Abessyniern, Griechen, Rumänen, Bulgaren, Türken, Russen, eine Reihe von Völkern, die an die Schaaren des ersten Pfingstfestes erinnert. Und ihnen allen — Evangelischen, Griechisch-Orthodoxen, Römisch-Katholiken, Armeniern, Kopten, Syrern, Juden und Muhamedanern — allen ward das Evangelium nahe gebracht durch das Wort nicht nur, sondern besonders durch die allen Völkern und Religionen verständliche und alle Zeit ergreifende Sprache barmherziger Liebe. 8749 Leidende erhielten außerdem noch in der Poliklinik des Hospitals ärztlichen Rath und Hülfe.

Aber unter welchen Schwierigkeiten mußte das Alles geschafft werden! Das Haus, welches uns als Hospital dient, ist nur zugänglich durch 1—2 Meter breite

Gäßchen, in welchen nach orientalischer Sitte allerhand Aas und Unrath sich in die Herrschaft theilen; es ist gebaut auf einem Schuttberge, wie sie oft bis zu 50' hoch das Jerusalem vergangener Tage bedecken und seit langen Zeiten bei dem vollständigen Mangel einer Canalisation allen Unrath in sich aufgesogen haben; auf der Südseite stecken 2 Stockwerke des Hospitals in einem solchen Schuttberge; von Westen bekommt das Haus weder Luft noch Licht und doch bringt der von Westen kommende Meerwind die einzige gesunde Luft in dem Fieberklima Jerusalems! Es ist in dem Hospital kein heizbares Krankenzimmer, und doch muß man im Winter in Jerusalem 2—3 Monate lang regelmäßig heizen! Es ist unmöglich, einen besonderen Raum für ein Badezimmer zu gewinnen, und doch bedürfen die eingeborenen Kranken alle bei ihrer Aufnahme einer gründlichen Reinigung von ihrem unglaublichen Schmutz und Ungeziefer! Nur nothdürftig läßt sich ein Zimmer für die Aufnahme von Augenkranken herrichten, und die Zahl dieser Kranken ist doch so besonders groß im Orient! Das Hospital hat, eingeengt zwischen arabischen Häusern, kein Fleckchen Garten, wo Reconvalescenten sich ergehen könnten — auf dem flachen Dache brennt am Tage die Sonne unbarmherzig und gegen Abend weht der kühle Wind darüber hin! In diesem Hospital ist keine Möglichkeit, ein besonderes Operationszimmer zu gewinnen. Nur zwei Zimmer im Hause sind überhaupt hell genug zu diesem Zwecke, das sind aber auch die besten Krankenzimmer und bei trübem Himmel fehlt auch dort das Licht! Zu jeder der gar nicht seltenen Operationen muß ein Krankenzimmer geräumt werden. In der nächsten Nähe eine Kloake; auf der andern Seite der nothwendige Eselsstall im Hause selbst; kein Abort für die Krankenwärter und die Folge hiervon! Die Waschküche am Eingang des Hauses, besonders bemerkbar, wenn Schwerkranke im Hospital, die viel Wäsche bedürfen; der Eselsstall im Hause der einzige Platz aller Abfälle; der Keller offen, so daß während der Regenzeit das Wasser hineinfließt, was in der Sommerzeit jedenfalls wieder ausdünstet nach Oben ins Haus!

Als die Kaiserswerther Diakonissen im Jahre 1851 die Arbeit hier begannen, da hatte man eben keine andere Wahl, man mußte ein Haus in der Stadt miethen und sich darin einrichten, so gut oder schlecht es eben gehen wollte. Erst in der Jetztzeit ist es allmählich möglich geworden, vor der Stadt zu bauen. Mit der Möglichkeit ist nun die Pflicht gegeben, eine Änderung zu schaffen. So kann und darf es nicht mehr bleiben und die evangelische Christenheit will gewiß nicht, daß noch Jahre darüber hingehen, ehe es anders wird, zum Schaden der Diakonissen und der Kranken.

Die im Laufe des vergangenen Jahres gesammelte Summe von ungefähr 18 000 Frcs. hat es zwar — dem Herrn sei Dank! — möglich gemacht, die Platzfrage ernstlich ins Auge zu fassen, sie reicht jedoch nicht, um auch nur den Bauplatz zu erwerben, geschweige denn den Bau zu beginnen. Wenn aber nicht bald ein Bauplatz erworben wird, so werden uns die bestgelegenen Plätze besetzt und zudem steigen unter dem Druck der wachsenden Einwanderung und des nahe bevorstehenden Eisenbahnbaues Jaffa-Jerusalem die Landpreise in der Umgegend der Stadt. Also je rascher die Gaben kommen, desto größer ist der Werth!

Sämmtliche Mitglieder des zum Zweck dieser Sammlung von ehemaligen und den gegenwärtigen Geistlichen der deutschen evangelischen Gemeinde Jerusalems gebildeten Comités nehmen Gaben in Empfang. Die Adressen sind:

Pastor Valentiner in Preetz (Holstein);
Sup. Lic. Hoffmann in Frauendorf bei Züllchow, R.-B. Stettin;
Past. Lic. Weser in Berlin C., Bischofstraße 4—5;
Prof. Lic. Dr. Reinicke in Wittenberg;
Pastor Deckert in Bordighera (Italien), Hotel Westend;
Pastor Schlicht in Jerusalem;
Hülfsprediger Boettcher in Jerusalem.

Lasset uns Gutes thun und nicht müde werden!

Jerusalem, im Februar 1890.

C. Schlicht,
Pastor der deutschen evangelischen Gemeinde zu Jerusalem.

Litteratur.

Der Bär. Illustrirte Wochenschrift für die Geschichte Berlins und der Mark. XVI. Jahrgang. Nr. 27. 5. April 1890.

Inhalt: Aus dem Wirken einer Landesmutter, von C. Rudorff. — Drei Herren von Kracht (mit 2 Abb.) — Lindower Waisen, eine Wappensage von Dietrich Hafner. — Der Große Kurfürst und Holland, von Georg Galland (Fortsetzung). — Ein Erinnerungsblatt zum achtzigsten Geburtstage Adolf Glaßbrenner, von Richard Schmidt-Cabanis (Fortsetzung). — Kleine Mittheilungen: General Georg Leo von Caprivi de Caprara de Montecuccoli (m. Abb.). — Der Berliner Rathsherr Simonetti. — Eine Brandenburger Erinnerung aus dem Schwabenland. — Eine Verfügung Friedrich Wilhelm I. u. s. w.

Carl Heymanns Verlag in Berlin W., Mauerstraße 63—65. Gedruckt bei Julius Sittenfeld in Berlin.

Alle Zuschriften und Einsendungen in Angelegenheiten dieses Blattes wolle man an den Redacteur desselben: Geh. Hofrath Herrlich W. Potsdamer Straße Nr. 134 a. zu Berlin richten.

[illegible]

Wochenblatt
der
Johanniter-Ordens-Balley Brandenburg.

[illegible]

Im Auftrage der Balley Brandenburg verantwortlich redigirt von C. Herrlich in Berlin.

Jahrg. 31. | Berlin, den 30. April 1890. | Nr. 18.

Robert von Böhn, Major z. D., Ehrenritter seit 1858, † zu Berlin 16. April 1890.

Der Orden Unserer Lieben Frauen vom Schwan.

I. Der Harlunger Berg bis zum Jahre 1440.

(Fortsetzung.)

Nicht, daß das Heidenthum und mit ihm der unstillbare Haß der Deutschen gegen die Slaven schon erloschen gewesen, — nicht, daß dem blutigen Völkerkampfe bereits ein Ziel gekommen wäre. So fiel im Jahre 1155 der Edle Conrad von Plötzkau in einem Hinterhalt und fand mit seiner ganzen Schaar den Tod. Ein noch empfindlicherer Schlag des Slaventhums gegen das Deutschthum aber erfolgte zwei Jahre darauf, im Frühjahr 1157, während Albrecht der Bär in Süddeutschland, zu Würzburg und zu Worms verweilte. Pribislaw der Heveller hatte nämlich einen Verwandten, Namens Jaczko, hinterlassen, welcher als „dux Poloniae, avunculus regis Pribislai" bezeichnet wird und seinen Fürstensitz wahrscheinlich auf der Burg Köpnitz an der Obra bei Bomst, nicht aber zu Köpenick bei Berlin gehabt hat. Dieser Pole bemächtigte sich im Lenz des Jahres 1157, während der Abwesenheit Albrechts, der Feste Brandenburg. Künstliche, historische Sage weiß gar viel von diesem Jaczko zu berichten; — mit Sicherheit ergiebt sich nur, daß er Pole und Christ war. Die romantische Mär' vom „Schildhorn" an der Havel ist leider längst — zerstört. Nicht also dem Christenthume, sondern dem Deutschthume an der Havel und Spree drohte die größere Gefahr, wenngleich auch die Anhänglichkeit an die alten Götter hier und dort noch einmal zur That, — zur Niederbrechung des Kreuzeszeichens sich aufraffen mochte.

Die Kunde von der Eroberung Brandenburgs durch einen slavischen Fürsten traf den Markgrafen Albrecht bereits auf seiner Heimkehr aus dem Frankenlande, zu Halle, an. Ungesäumt ließ der thatenfrohe Ballenstädter jetzt im Vereine mit dem Erzbischofe Wichmann von Magdeburg den Heerruf zum Kampfe ertönen, und schnell sammelten sich die sächsischen Streiter, nicht allein die zur Heeresfolge Verpflichteten, sondern auch Freiwillige, — vornehmlich Angehörige der mit Adalbert von Ballenstädt eng verwandten edlen Geschlechter der Harzlandschaften. Die Brandenburg, Burg und Flecken, wurde auf drei Seiten mit Verschanzungen eingeschlossen; auf der vierten, der Wasserseite, erfolgte dann der Angriff — auf Kähnen. Es ward mit großer Erbitterung gestritten; furchtbar entfesselte sich der tiefgewurzelte Haß der beiden Völker bei den oft wiederholten Stürmen. Bei einem derselben fiel auch Graf Werner von Veltheim der Jüngere, ein Schwestersohn des Markgrafen Albrecht oder Adalbert. Endlich gelangte die Brandenburg am

11. Juni 1157

— und diesmal für immer — wieder in deutsche Gewalt. Eine gleichzeitige Urkunde des Bischofs Wilmar von Brandenburg spricht von „einem

großen Blutvergießen

der Edlen." Mit großem Gefolge zog dann Herr Adalbert, der bärenstarke Markgraf, in Brandenburg als Sieger ein. Auf einem hervorragenden, weithin sichtbaren Orte — es kann wohl nur die Kuppe des Harlunger Berges gemeint sein, — ließ er eine gewaltige Triumphfahne aufrichten: die Mark Brandenburg im eigentlichen Sinne des Wortes war gegründet.

Bleiben wir indessen bei der kirchlichen Geschichte des Harlunger- oder St. Marienberges stehen!

Oft mag Albrecht der Bär an dieser Stätte geweilt und gebetet haben; galt sie doch als viel höher geweiht denn der Brandenburger Dom. Nachdem Albrecht im Jahre 1160 dann von der Mark geschieden war, den weiteren Ausbau derselben seinem Sohne Otto I. überlassend, incorporirte der letztere die St. Marienkirche auf dem Harlungerberge dem Domstifte der Prämonstratenser auf der ehemaligen Burg, sodaß vom Jahre 1166 ab die Domgeistlichkeit den Gottesdienst auch auf der Höhe des Marienberges zu weichen hatte. Ein Statut regelte die Pflichten der Kleriker bei St. Marien.

Noch war damals die Wallfahrtsstätte auf dem Harlungerberge in ganz Deutschland berühmt; reichlich, sehr reichlich flossen auf der blutgedüngten Höhe die Spenden der Pilger. Merkwürdiger Weise aber wurde, wie es scheint, noch im 12. Jahrhundert auch das Triglaffsbild von St. Godehard wieder nach der Marienkirche hinaufgebracht; — wahrscheinlich wollte man durch dasselbe die Theilnahme der Wallfahrer in noch höherem Grade dieser denkwürdigen Stätte zuwenden. Es sei uns gestattet, die Geschichte dieses merkwürdigen Götzenbildes der Heveller hier sofort zu erledigen. Das dreiköpfige Schnitzwerk stand bis 1526 in einer besonderen Kapelle der — wie wir sogleich sehen werden, — erweiterten und verschönerten Bergkirche St. Mariens. Hier sah's im Jahre 1526 noch der vertriebene Dänenkönig Christian II., der Schwager des brandenburgischen Kurfürsten Joachims I.

Das Bildwerk erregte sein Interesse in so hohem Grade, daß Joachim sich veranlaßt sah, ihm diese hervorragende Reliquie wendischen Heidenthums zu überlassen. König Christian nahm den „Brandenburger Triglaff" mit sich nach Norden, als er erfolglos es versuchte, die Königskronen Skandinaviens sich wieder zu gewinnen. In der Katastrophe des Gefangenen von Sonderburg ist auch das Triglaffsbild verschollen.

Richten wir nunmehr jedoch den Blick auf die nächstfolgenden Schicksale des Baues selbst!

Die Marienkirche des Fürsten Pribislaw hat nur kurze Zeit bestanden. Als die Mark Brandenburg unter den Nachkommen Albrechts des Bären in ungeahnter Weise erblühte, — als Männer wie Johann I., Otto III. und Otto IV., der Minnesänger, Brandenburgs Silberschild mit dem leuchtenden rothen Adler am Arme und den schwarzen Aar auf ihren blitzenden Helmen trugen, — als jene herrliche Klosterkirche der h. Maria von Lehnin vollendet war, da dachte das Brandenburger Domkapitel auch daran, die durch das ganze Deutschland so berühmte Wallfahrtskirche auf dem Harlungen-Berge prächtig ausbauen zu lassen. In der zweiten Hälfte des 13. Jahrhunderts, etwa um 1260, entstand auf jener Bergeskuppe bei Brandenburg nunmehr eine ganz einzigartige bauliche Anlage, der sich im gesammten deutschen Reiche nichts an die Seite stellen läßt: die Wallfahrtskirche St. Mariens vor Brandenburg, wie sie urkundlich heißt. —

Wie wir später vernehmen werden: längst ist dies poesie- und erinnerungsreiche Gotteshaus der Mark untergegangen. Es ist uns indessen im Antiquarium des Brandenburger Domes ein aus Pappe angefertigtes Modell der St. Marienkirche auf dem Harlungen-Berge — es sind uns auch die Kupferplatten erhalten (Bibliothek des Brandenburger städtischen Gymnasiums), welche Christian Heinß, der damalige Direktor der Brandenburger Ritter-Akademie im Jahre 1722, kurz vor dem später zu behandelnden, unabwendlichen Abbruche der St. Marien-Kirche von den Baulichkeiten derselben anfertigen ließ, um eine von ihm für den Druck geplante Geschichte dieses Gotteshauses mit ihnen zu schmücken. Erschienen ist solch' ein erfreuliches Werk freilich nie.

Aus diesem Materiale läßt sich St. Marien auf dem Harlungen-Berge bei Brandenburg in voller Anschaulichkeit reconstruiren, vornehmlich, da auch ein Grundriß des Gebäudes uns zur Seite steht.

Gewiß, — die Anlage dieses Gotteshauses war für Deutschland ganz einzigartig. Der berühmte Archäologe Otte kennt auch in anderen Ländern nur eine dieser ähnliche Kirche: es ist merkwürdiger Weise die von Kallundborg auf Seeland. Auf Schloß Kallundborg aber war nach den trüben Tagen von Sonderburg er ein Gefangener, der den Götzen Triglaff von hier entfernt hat: König Christian II. von Dänemark; hier ist er am 25. Februar 1559 verschieden. Unser märkischer Chronograph Leutinger meint ferner mit Recht, das Gotteshaus auf dem Harlungen-Berge sei „ad normam Graecorum", nach byzantinischer Bauweise, errichtet worden; denn es war, wie kundige Hand geschrieben, „eine durchgehende zweigeschossige Anlage in Form eines griechischen Kreuzes mit vier Apsiden an den Armen. Das obere Geschoß wurde durch schlichte, paarweise gestellte Rundbogenfenster erhellt; von den Apsiden schlossen sich drei im Halbkreise, während die vierte, die östliche, als ein halbes Sechseck hinausgeschoben war. An die letztere schlossen sich wiederum drei kleinere, halbkreisförmige Apsiden an. In den vier Winkeln des griechischen Kreuzes aber befanden sich vier quadratische Thürme; sie erhoben sich in zwei mit Blenden verzierten Geschossen über dem Kirchenkörper und endigten auf allen vier Seiten mit abgetreppten Giebeln und säulenartigen Rundpfeilern auf den Ecken, hinter welchen sich massive, kegelförmige Spitzen, in goldenen Kugeln auslaufend, erhoben. Allüberall war selbstverständlich nur der Rundbogen angewandt. Die Kirche erscheint uns fremdartig, — gewiß; aber im Innern sowohl wie im Aeußern herrschte ein feierlicher Ernst in diesen nur spärlich mit Bogenfriesen und schlichten Lisenen ausgezierten Formen. Es war, als wenn das vierthürmige Gotteshaus in seiner einfachen Großartigkeit an die Grabeskirche der deutschen Kaiser zu Speyer erinnern, — als wenn es verkündigen wollte:

„Kein heil'ger Bau im Lande Brandenburg soll je mir gleichen! Es darf nicht sein! Denn sieh': in meinen Grüften schlafen die Märtyrer des Kreuzes; — hier wurde Blut gesäet: von hier soll Segen kommen allem deutschen Volke!" —

Und das hat sich erfüllt! — Nicht aber in stetigem Fortschritte!

Freilich, so lange die Wallfahrer das Kunsterpert führten, und selbst 1363 noch, unter den Wittelsbachern, war das Gotteshaus ein vielbesuchtes. Die Spitze des Harlungen-Berges galt, um die Worte einer Urkunde zu gebrauchen, „für eine der vorzüglichsten Stätten, welche sich die hochgelobte Himmelskönigin und Mutter Gottes zu ihrem Lobe selbst erkoren hätte.“

Da kam die arge, die herrenlose Zeit. Die Straßen wurden unsicher; — was kümmerten sich diese adligen und unadligen Freibeuter um andächtige Pilgrimme? Sie „griffen zu“, wo sie konnten. Und außerdem — das Volk wollte Greifbareres als die bloße Erinnerung an die Helden der Vorzeit: Wunder und Zeichen! Die Wallfahrtskapellen zu Heiligengrabe in der Priegnitz, zu Tremmen und zu Rykamer im Havellande vermochten reichere Schätze darzubieten als das stille, hehre Gotteshaus St. Mariens auf dem Harlungerberge mit seinen kaum mehr verstandenen Monumenten und seiner ganz vergessenen Geschichte. „Die Beter kamen nimmer“ auf den heiligen, mit Blut gedüngten Berg. Für die herrliche Aussicht, welche sich von ihm aus über das Havelland darbot, — für landschaftliche Schönheiten aber hatte dieses gewaltthätige oder in schnödem Eigennutze befangene Geschlecht überhaupt keinen Sinn.

Kein Wunder daher, wenn in diesen schlimmen Tagen das altberühmte Heiligthum St. Mariens zu einer Kapelle herabsank, mit welcher es nach den Worten einer Urkunde „nur schlecht und sehr geringe bestellet war!“ Doch endlich nahte die Hilfe auch diesem Bergesgipfel im Brandenburger Lande.

Der Stamm der hehren Hohenzollern schlug Wurzeln in der Mark, und an den Ufern der blauen Havel grade war's, wo sich der ritterliche, der fromme Sinn des neuen Fürstengeschlechtes zuerst glänzend bekundete. Die Zerstörung der Havelburgen, die Bezwingung von Plaue, Golzow und Friesack bildete die erste, siegreiche Waffenthat des Burggrafen Friedrich VI. von Nürnberg auf märkischem Boden; der Kampf auf dem Cremmener Damme war noch unentschieden geblieben. Wohl verließ der herrliche erste Hohenzoller,

„der Fürste gut“,

„dess' Sinn allzeit nach Frieden stand“, die neu erworbene Mark schon im Jahre 1426 auf immer. Allein auch auf der fernen Kadolzburg gedachte er noch am 26. September 1435 des Harlungerberges über dem schönen Strome und der verfallenen Baulichkeiten auf seinem Gipfel. Es däuchte ihm gar unbillig, daß es um St. Mariens Dienst grade an dieser Stätte so arg bestellt war, „auf welcher einst der fromme Fürst Heinricus, der Wenden König“, zu der Himmelskönigin gebetet habe. Darum gründete er an jenem Tage ein „neu Gestift“ in dem ehrwürdigen Gotteshause auf St. Mariens Berge, bestehend aus einem Propste, welcher oft auch als Dechant bezeichnet wurde, einem Prior und vier Priestern, begabte dasselbe mit einigen Einkünften und verpflichtete die letztgenannten Mitglieder, die Tageszeiten zu halten und Lobgesänge auf die Himmelskönigin abzusingen.

Zu diesem neuen Gestifte gehörten selbstverständlich auch neue Baulichkeiten. Ein Bild in St. Gotthard zu Brandenburg zeigt uns dieselben noch heute. In dieser Kirche befindet sich nämlich ein Epitaphium des Bürgermeisters Hans Trebow und seiner Gattin Ursula Düring aus dem 16. Jahrhundert, den Gekreuzigten darstellend. Der landschaftliche Hintergrund desselben enthält eine Ansicht der Stadt Brandenburg und des St. Marienberges. Obwohl die heilige Stätte damals schon verödet war, erblickt man im Norden der Kirche noch die mit starken Pfeilern gestützten Reste einer Ringmauer, welche wohl die gesammte Bauanlage umgab. Den Eingang schirmt ein kapellenartiger Bau und ein gewaltiges Thorhaus, welches zugleich als Wirthschaftsgebäude zu dienen hatte. Diese beiden Baulichkeiten sind mit Zinnen reich geschmückt. Im Süden der Kirche, gegenüber ihrem hohen Chore, aber erhoben sich drei Kurien, die des Propstes, des Priors und der Altaristen; sie tragen einfacher gestaltete Spitzgiebel. Das waren die Bauten von 1435.

So war denn dem Verfall gesteuert. Bald aber sollte glänzend aufgehen über dem Harlunger Berge die Sonne neuer Ehren. —

(Fortsetzung folgt.)

Die Sorge für kleine Wohnungen.

In den Mittheilungen des Dresdener Stadtvereins für innere Mission vom Februar d. J. lesen wir:

Wenn unser Heiland in seiner letzten Nacht seine Jünger tröstet und das erschrockene Häuflein mit den Worten beruhigt: „In meines Vaters Hause sind viele Wohnungen, und ich gehe hin, euch die Stätte zu bereiten“, so schlägt er damit einen Ton an, der sicherlich in unser aller Herzen einen Widerklang findet. Ein Vaterhaus, das Raum hat für uns alle, in das man alle Zeit heimkehren darf, — welch ein Schatz ist dies hier auf der armen Erde, und wie elend sind die daran, welche sagen müssen: wir haben keine Heimat mehr, wir sind heimatlos geworden! Wir wissen ja alle wohl, daß wir Gäste und Fremdlinge sind auf Erden und hienieden keine bleibende Stätte haben, und das eben ist unsere Freude, daß ein großes, weites Vaterhaus uns offen steht, und daß ein Freund dort lebt, der uns die Stätte bereitet hat, in der Raum ist für alle Heimatlosen dieser fremden Welt.

Um aber reif zu werden für die himmlische Heimat und Heimweh nach dem Vaterhause droben zu haben, ist es nöthig, daß man zuerst einmal ein irdisches Vaterhaus liebgewonnen hat. — Es ist wirklich so, daß diejenigen, welche nichts mehr von einem Verlangen nach dem irdischen Vaterhause wissen, auch meist für das Verlangen nach dem ewigen Vaterhause abgestorben sind. Eben hier ist aber eine ganz besondere Noth unserer Tage, daß die Heimathlosigkeit so gewaltig zunimmt; es geht rückwärts mit dem Familienleben in unseren arbeitenden Klassen, es geht vorwärts mit dem Wirthshausleben und gleichzeitig auch trotz der günstigeren Lohnverhältnisse mit der Noth der Wohnungen. Es ist merkwürdig, daß beständig gerade für die kleinen Leute die Wohnungen abnehmen, während die Paläste zunehmen; ja verhältnißmäßig sind die Wohnungen, je schlechter sie werden, immer theurer. — Durch das Princip des Gehenlassens, durch das rücksichtslose Streben, sein Geld zu den höchsten Zinsen anzulegen, sind die kleinen Leute zu kurz gekommen, und damit ist ein Zustand entstanden, der namentlich in den großen Städten immer gefahrvoller wird.

Mit diesen warmen und wahren Worten beginnt P. von Bodelschwingh seinen beim Congreß für innere Mission in Kassel gehaltenen Vortrag: „Was kann die freie christliche Liebesthätigkeit zur Abhülfe des Wohnungselendes in den großen Städten thun?“ (Kassel, Verlag von E. Röttger.) Und er spricht damit die Anschauungen und Gedanken aus, welche in unserer Zeit die Herzen zahlreicher Volksfreunde bewegen. Wie sollte es sonst zu erklären sein, daß die „Wohnungsfrage in den großen Städten“ immer wieder auf die Tagesordnung der Verhandlungen gesetzt wird, und daß, von wie verschiedenen Ausgangspunkten man auch begonnen mag, und wie verschiedene Wege zur Lösung der Frage man auch vorschlagen mag, niemand die Thatsache der Wohnungsnoth für die kleinen Leute bestreitet, und alle zusammentreffen in der Versicherung: hier liegt eine große sociale Gefahr vor, und in dem ernsten Aufrufe an alle, die irgendwie hierzu in der Lage sind, mitzuhelfen, daß der Noth begegnet werde? Lesen wir den Bodelschwingh'schen Vortrag, den wir anführten, oder die Verhandlungen des deutschen Vereins für Armenpflege und Wohlthätigkeit vom Jahre 1888: Die Wohnungsfrage vom Standpunkte der Armenpflege oder den Vortrag von P. Philipps auf dem Congresse der Sittlichkeitsvereine in Kassel vom vorigen Jahre: Schlechte Wohnungsverhältnisse, eine Quelle der Unsittlichkeit; fragen wir die städtischen Armenpfleger, die Geistlichen nach ihren Erfahrungen, überall finden wir die Thatsache der Wohnungsnoth bestätigt und als die wesentlichsten der vorhandenen Mißstände bezeugt den im Verhältniß zum Erwerb der kleinen Leute zu hohen Preis der Wohnungen und den die Gesundheit und Sittlichkeit der Bewohner gefährdenden Zustand vieler kleiner Quartiere. Auch in unserem Dresden finden sich diese Mißstände.

Es kann nicht Aufgabe dieser Mittheilungen sein, die offenkundige Thatsache dieser Noth auch bei uns eingehend zu beweisen, auch nicht von den höchst dankenswerthen Versuchen zu reden, welche zur Minderung derselben in unserer Stadt bereits gemacht sind. Die Mittheilungen sollen ja über die Arbeiten unseres Vereines unterrichten. Aber eben dies giebt uns Anlaß, von der Wohnungsnoth zu reden. Denn auch unser Verein ist in die Arbeit zur Minderung derselben eingetreten.

In der sehr zahlreich besuchten Abendversammlung am 12. November vorigen Jahres nahm der Vereinsgeistliche Gelegenheit, eingehender über den wichtigen Gegenstand zu sprechen. Er wies darauf hin, wie in erster Linie der Arbeitgeber, und vorbildlich für alle der bedeutendste Arbeitgeber, der Staat, die Aufgabe habe, für seine Arbeiter der Wohnungsnoth zu begegnen, wie aber auch der freien christlichen Liebesthätigkeit sich ein weites, gesegnetes Arbeitsfeld aufthue, und sprach am Schlusse die Ueberzeugung aus, daß auch der Stadtverein für innere Mission, wenn ihm für diesen Zweck Capitalien anvertraut werden sollten, gern in diese Arbeit eintreten werde und zwar nach dem Vorbilde einer Octavia Hill in London und eines de Liagre in Leipzig. Das gesprochene Wort fand eine gute Statt. Dem Vereinsvorstande wurden bisher Capitalien von 25 000 Mk., 10 000 Mk., 10 000 Mk., 8000 Mk., 6000 Mk. zu $3\frac{1}{2}$ pCt. für diesen Zweck angeboten, und der Vorstand beschloß, die Einrichtung kleiner, gesunder, billiger Wohnungen in die Hand zu nehmen und berief damit eine Commission, welche aus Graf Vitzthum, Finanzrath Kohlschütter, Baumeister Böttger und Pastor Klemm besteht. Zwei Mitglieder derselben besichtigten die de Liagre'schen kleinen Wohnungen in Leipzig, und auf ihren Bericht hin wurde beschlossen, nach de Liagre'schem Vorbilde in Dresden vorzugehen. Vielen unserer Mitglieder wird es von Interesse sein, die Grundsätze und Erfahrungen dieses Unternehmens kennen zu lernen.

Grundsätze.

1. Man wähle Grundstücke in sogenannter besserer Lage, die nicht den Charakter von Armenwohnungen tragen, und richte sie zu kleinen Wohnungen ein.
2. Es empfiehlt sich zunächst, die ärmsten Familien ins Auge zu fassen, die nicht mehr als zwei Räume bezahlen können.
3. Die Vermiethung der kleinen Wohnung darf durchaus nicht als Almosen gelten.
4. Man beschaffe womöglich für jede Familie einen Kellerraum, sorge für eine Waschküche und einen Kinderspielplatz. Wünschenswerth ist Trockenboden und Wäscherolle.
5. Man nehme Familien von mehr als drei Köpfen nur vorübergehend in ein zweifenstriges Zimmer.
6. Gerechtigkeit und Billigkeit im Miethsverhältniß ist Grundsatz.
7. Der Vermiether habe das Recht achttägiger Kündigung, der Miether vierteljährlicher.

8. Von diesem kurzen Kündigungsrechte wird nur dann Gebrauch gemacht, wenn grober Hausskandal, Trinken oder sonst Unziemliches vorkommt.
9. Für die Aufnahme genügt ein Unbescholtenheitszeugniß des Arbeitgebers oder bei Almosen-Empfängern der Armenbehörde.
10. Die Miethe ist wöchentlich zu zahlen und wird eingesammelt.
11. Dies geschieht durch Damen, die sich freiwillig dazu stellen.
12. Einer Dame sind nicht mehr als zwölf bis zwanzig Familien zu übergeben.
13. Die Reinhaltung der Corridore und Treppen geschieht gegen Zahlung von 50 Pf. für Woche und Stockwerk der Reihe nach, unter Uebergehung einzelner Männer und kränklicher Frauen.
14. Schlafstellen zu geben ist zu vermeiden.

Erfahrungen.

1. Die Stuben stehen nicht leer. Im Jahre 1887 waren z. B. bei 9000 Mk. Ertrag nur 18½ Mk. Ausfall.
2. Die Miethen gehen gut ein. In demselben Jahre waren nur 6 Mk. abzuschreiben.
3. Bei 240 Zimmern ist es in fünf Jahren nur einmal vorgekommen, daß der Contract nicht eingegangen wurde.
4. Hinaussetzungen sind ganz selten vorgekommen.
5. Der Grundsatz der Corridor- und Treppenreinigung hat sich sehr bewährt.
6. Schwierigkeiten machte nur hin und wieder der Zank unter den Weibern.
7. Die Grundstücke haben nicht nur das Capital mit 4 pCt. verzinst, sondern nach fünfjährigem Wirthschaften 3600 Mk. Ueberschüsse gegeben. Dabei wurden folgende Miethpreise festgehalten:

Eine einfenstrige Stube	im zweiten Stockwerk pro Woche	1 Mk.
Eine zweifenstrige Stube		2 Mk.
Eine zwei- und eine einfenstrige Stube		2 Mk. 50 Pf.

die Wohnungen im ersten Stock sind je 10 Pf. pro Woche theurer, die im dritten je 10 Pf., im vierten je 20 Pf. pro Woche billiger.

Ein Keller kostet 10 Pf. pro Woche, die einmalige Benutzung der Waschküche 10 Pf. (pro Tag).

Niemand wird sich dem Eindruck entziehen können, daß diese Grundsätze außerordentlich einleuchtend sind, daß die damit gewonnenen Erfahrungen zur Nachfolge Muth machen. Unser Verein gedenkt nun so vorzugehen: Für die ihm anvertrauten Capitalien garantirt er 3½ pCt. Jedes Risico des Unternehmens nimmt er auf sich, ebenso wie seinen Zwecken ein etwaiger höherer Ertrag über 3½ pCt. zu gute kommt. Derzeit sieht er sich nach passenden Grundstücken für das geplante Unternehmen um. Möge Gott es ihm gelingen lassen, er will ja damit nichts weiter, als auch an seinem Theile den Brüdern dienen.

Es möge auch den Beschluß dieser Mittheilung ein Abschnitt aus dem Vortrag machen, mit dem wir sie einleiteten. „Und nun frage ich zum Schlusse: Was ist denn eigentlich unsere Aufgabe? Ich antworte: Wir alle sind verpflichtet, die wir in freundlichen, gesunden Wohnungen wohnen, uns auch gerade diese Noth unserer Mitmenschen mehr als bisher ans Herz bringen zu lassen. Es ist nicht genug, daß wir von der Wohnungsnoth lesen und hören, wir müssen in die Wohnungen der Armen selbst hineingehen und deren Bewohner anhören, wir müssen uns in die Lage von Menschen versetzen, die, den ganzen Tag etwa an ein Fabrikrad angebunden, dann nach vollbrachtem heißen Tagewerk auch nicht einmal an einem freundlichen heimatlichen Herde sich erquicken können. — Wir müssen auch selbst zu Opfern bereit sein, theils mit unseren Mitteln, theils mit unserer Zeit und unseren geistigen Kräften. .... Darum, theure Freunde, frisch ans Werk auch in dieser wichtigen Sache im Aufblick auf den Freund im Himmel und im Dank gegen ihn, der uns das ewige Vaterhaus bereitet und uns sein Wort gelassen hat: „Was ihr gethan habt einem dieser meiner geringsten Brüder, das habt ihr mir gethan." („Bausteine.")

Der Verein zur Besserung der Strafgefangenen in Berlin

hielt am 14. d. Mts. im Bürgersaale des hiesigen Rathhauses seine 63. Jahresversammlung ab.

Geheimer Ober-Justizrath Starke eröffnete die Verhandlungen mit einer allgemeinen Betrachtung über die immer mehr anerkannten Bestrebungen des Vereins, die jetzt selbst für Japan maßgebend sind und die sich eng anschließen an die ernsten socialen Gedanken unserer Zeit.

Der Verein hat es sich zur Aufgabe gestellt, die Strafentlassenen so bald wie möglich wieder auf eigene Füße zu stellen und ihnen zu diesem Zweck mit materiellen Hilfen und ebenso mit Rath und Ermahnung zur Seite zu stehen.

Der Verein knüpft dabei unmittelbar an die von den Strafvollzugsbehörden entwickelte Thätigkeit an, sucht in engster Verbindung mit den staatlichen Behörden zu arbeiten und vermag so durch streng geordnete geschäftliche Thätigkeit und sorgfältige Listenführung auch den Behörden wesentliche Dienste zu leisten.

Speciell im letzten Jahre hat nach dem Berichte der z. Z. 429 Mitglieder zählende Verein eine überaus rege Thätigkeit entfaltet. Es haben sich insgesammt 3256 Strafentlassene, darunter 602 jugendliche, mit der Bitte um Hülfe an den Verein gewendet, gegen 3039 in 1888 und 2854 in 1887. Unter diesen 3256 waren 37 Frauen, 415 Kaufleute und dergl., 607 Handwerker, 297 Kutscher, Gärtner, Hausdiener. 1233 kamen aus der Stadtvogtei, 150 aus Rummelsburg und anderen Arbeitshäusern, 213 aus dem Untersuchungsgefängniß Moabit. 222 hatten außerhalb Haftstrafen verbüßt, 758 wurden aus Gefängnissen, 182 aus Zuchthäusern entlassen.

Den sich Meldenden ist zunächst in Fällen dringender Noth Unterstützung durch Gewährung von Schlafstellen und Nahrungsmitteln gewordeu. Von der Einrichtung eines besonderen Asyls hat der Verein bei der Eigenartigkeit der hiesigen Verhältnisse abgesehen und es auch im letzten Jahre vorgezogen, eine Anzahl von Schlafstellen bei zuverlässigen Wirthen zu miethen, wofür 1080 Mk. verausgabt sind. Volksküchen-Speisemarken sind 10400 für Mittagsportionen, und 1600 für Abendportionen vertheilt worden.

Die Hauptthätigkeit des Vereins erstreckte sich aber auch im letzten Jahre vorwiegend darauf, die Strafentlassenen so schnell wie möglich in Arbeit zu bringen. Erfolgreich waren die Bestrebungen des Vereins in dieser Beziehung in 2608 Fällen und zwar wurden in Arbeit gebracht 345 Erwachsene und 51 Jugendliche in Berlin, 1725 Erwachsene und 487 Jugendliche außerhalb der Stadt. 1888 gelang es, 2421, 1887 2741 mit Arbeitsstellen zu versorgen. Am erfolgreichsten war die Thätigkeit des Vereins in den Monaten October, November und September, am schwierigsten war die Unterbringung der Strafentlassenen in den Monaten Februar, Januar und December. Es erhielten Arbeit als Buchhalter, Verkäufer, Aufseher, Schreiber und dergl. 53, als Handwerker 311, als Kutscher, Hausdiener und dergl. 139, als Fabrikarbeiter 222, als Erd- und Ziegelarbeiter 1046, als Landarbeiter 837. Erforderlichen Falls sind die in Arbeitsstellen Gesandten mit nothwendigen Kleidungsstücken versehen worden und wurden hierfür und für Unterstützungen anderer Art 1416 Mk. ausgegeben. Auch Werkzeug wurde beschafft und zwar im Gesammtbetrage von 276 Mk., während 3915 Mk. für Eisenbahnbillets verausgabt sind. Die Gesammtaufwendungen des Vereins im Interesse der Pfleglinge beliefen sich auf 8525 Mk., 3086 Mk. wurden von den in Arbeit Gebrachten zurückgezahlt.

Als ein gutes Zeichen wird es sicherlich anzusehen sein, daß die Zahl der Arbeitgeber, die sich an den Verein gewendet haben, nicht unerheblich zugenommen hat; die Zahl der im Jahre 1889 von auswärtigen Arbeitgebern eingegangenen Aufträge hat nicht weniger als 1109 betragen.

Der Kassenbericht des Vereins zeigt insgesammt an Einnahmen 17314 Mk., 706 Mk. gingen von allerhöchsten und höchsten Herrschaften, 1000 Mk. von Strafanstalten, 150 Mk. von Gemeindekirchenräthen, 3464 Mk. von den Mitgliedern, 1200 von den Communalbehörden der Stadt Berlin ein, 1000 Mk. wurden aus dem Fonds der Kaiserin Friedrich-Stiftung überwiesen. Die Gesammtausgabe betrug 16129 Mk. 170 Mk. wurden der Commission für entlassene weibliche Strafgefangene überwiesen, 400 Mk. erhielt der Lokalausschuß der hiesigen katholischen Gemeinde, 200 Mk. die Direction des Plötzenseer Gefängnisses zur directen Verwendung, 84 Mk. wurden an Prämien für gebesserte Strafentlassene ausgegeben, 4649 Mk. erforderte die Verwaltung des Vereins.

Das Vermögen des Vereins beläuft sich zur Zeit auf 40933 Mk. In lichtvollem Vortrag schilderte sodann Geh. Rath Wirth, der Director des Plötzenseer Gefängnisses, die jetzige Art des Strafvollzugs, die keineswegs eine so beglückenswerthe sei, als man vielleicht hie und da glaube. Er kam bei Beurtheilung der Gefangenen selbst zu dem Schluß, daß die große Mehrzahl der Menschen, die im Gefängnisse sind, sehr wohl zu bessern seien und daher sei die Thätigkeit der Schutzvereine eine ebenso wohlthätige, wie nothwendige Krönung des Strafvollzugs. Alsdann gab noch Kaufmann Bischoff einige charakteristische Bilder aus der Thätigkeit des Arbeitsnachweisebureaus, das in 7 Jahren weit über 15000 Strafentlassene in Arbeit gebracht hat.

Litteratur.

Anzeiger des germanischen Nationalmuseums. Nr. 2. März und April 1890.

Inhalt: Chronik des germanischen Museums: Stiftungen. Neu angemeldete Jahresbeiträge. Einmalige Geldgeschenke. Zuwachs der Sammlungen. Fundchronik.

Dieser Nummer sind als Beilagen angeschlossen:

1. Mittheilungen aus dem germanischen Nationalmuseum. 1890. Bogen 4 und 5. Inhalt: Verzeichniß der Würzburger Maler, Bildhauer und Glaser vom 15.—17. Jahrhundert. — Die Kaiserurkunden des germanischen Nationalmuseums.
2. Katalog der im germanischen Museum befindlichen Originalsculpturen. 1890. Bogen 1 und 2. Mit Abbildungen.

Der Deutsche Herold. Zeitschrift für Heraldik Sphragistik und Genealogie. Organ des Vereins „Herold" in Berlin. Berlin, April 1890. Nr. 4.

Inhalt: Bericht über die Sitzung vom 18. Februar 1890. — Bericht über die Sitzung vom 4. März 1890. — Die Entwickelung des Wappens des Geschlechts von Bernewitz (Mit einer Tafel). — Mittelalterliche Ziegelstempel (Mit einer Tafel). — Bericht des Vereins für Geschichte und geschichtliche Hilfswissenschaften an der Universität Leipzig „Rother Löwe" über das Vereinsjahr von Ostern 1889 bis dahin 1890. — Bücherschau. — Eine Stuttgarter heraldische Ahnentafel. — Vermischtes. — Anfragen. — Familienchronik.

Carl Heymanns Verlag in Berlin W., Mauerstraße 63—65.

Gedruckt bei Julius Sittenfeld in Berlin.

Alle Zuschriften und Sendungen in Angelegenheiten dieses Blattes wolle man an den Redacteur desselben: Geh. Hofrath Herrlich W. Potsdamer Straße Nr. 134 c. in Berlin richten.

[illegible]

Wochenblatt der Johanniter-Ordens-Balley Brandenburg.

[illegible]

Im Auftrage der Balley Brandenburg verantwortlich redigirt von C. Herrlich in Berlin.

Jahrg. 31. Berlin, den 7. Mai 1890. Nr. 19.

Der Orden Unserer Lieben Frauen vom Schwan.

(Fortsetzung.)

II. Die Stiftung des Schwanen-Ordens.

Am 21. September entschlief der hochsinnige Kurfürst Friedrich I., welchen der Wiener Domherr Ladislaus Sundheim treffend mit den folgenden Worten geschildert hat:

„Friedrich war ein Spiegel vornehmer Sitte und höchster Rechtschaffenheit, ein Morgenstern unter den ihn umgebenden Nebelwolken. Weit verbreitete er die Strahlen seiner frommen Handlungsweise um sich her. Er schützte Wittwen und Waisen und war ein Wohlthäter der Armen."

Seine letztwilligen Anordnungen hatte er schon im Jahre 1437 getroffen: in der Mark sollte ihm Friedrich II. folgen; schon am 17. August 1437 war dieser Prinz, der spätere „Eisenzahn", auf dem „hohen Hause" in Berlin anwesend. Der jugendliche Fürst zählte erst 24 Jahre; allein schon hatten schwere Prüfungen seinem Geiste eine elegische Richtung gegeben. Er war mit der Prinzessin von Polen, einer Tochter König Wladislaw's II. verlobt gewesen; die Krone Polens hatte ihm gewinkt. Allein die junge, blühende Braut war in fast geheimnißvoll zu nennender Weise verstorben, und mit der Geliebten hatte Friedrich auch die Hoffnungen auf einen Königsthron verloren. Da hatte sein schwer getroffenes Gemüth sich einer mystischen, tief innerlichen, oft aber auch in glühender Begeisterung ausbrechenden Frömmigkeit zugewendet; mit Leib und Seele hatte er dem Dienste St. Mariens sich hingegeben! Sie ist ja auch wohl eine der idealsten Schöpfungen des menschlichen Gemüthes, diese deutsche Maria, — sie, die Begleiterin des Wanderers, — sie der Stern der Meere, — sie, die Trösterin in jedem Schmerze, sie, die Führerin der Seelen in den Tod und aus dem Tod in's ewige Leben! Ihr hatte der eiserne Friedrich sich zum Eigenthum ergeben; unter Mariens Sternenmantel suchte er Trost und Kraft; ihr zu Ehren stiftete er am Michaelistage, dem 29. September 1440, in seiner Residenz,

dem hohen Hause zu Berlin,

acht Tage nach dem Tode des Vaters,

„eine selschapp unser lieben frowen."

Noch ist die Urkunde erhalten — im Originale. In rührender Weise spricht sich Friedrichs II. Frömmigkeit und Herzensmilde in derselben aus. Trotz aller Schläge, welche ihn betroffen haben, ist seine Seele voll heißen Dankes gegen Gott und die himmlische Fürbitterin. Die köstliche Naivetät der alten Sprache ist nicht jedem leicht verständlich; in schmuckloser Weise übersetzen wir daher die herrliche Urkunde:

„Wir Friedrich, von Gottes Gnaden Markgraf zu Brandenburg, des Heiligen Römischen Reiches Erzkämmerer und Burggraf zu Nürnberg, bekennen offenbar in diesem Briefe, vor Allen, die ihn sehen oder hören lesen, daß wir mannichfaltig, unter mancherlei Bekümmerniß, betrachten die große Gnade, Hilfe und Wohlthat, die wir empfangen von der hochgelobten Königin, der Jungfrau Maria, da sie es ist, die uns die Gnade nicht versagt hat ... Sie ist auch uns eine feste Versöhnerin mit unserm Herrn ... Und obwohl um ihrer unaussprechlichen Güte und Gnade willen ihr Niemand hier auf Erden genügend danken kann, so ist doch billig, daß die, so auf der Erden sind, ihr Lob nach Kräften mehren. Da wir nun auch in dieser Welt verhegt sind, so erkennen wir wohl, daß wir auch ihr Lob und ihren Dienst nach unserm Vermögen mehren sollen. Haben darum mit rechtem, wahrem, eifrigem und freiem Willen angehoben und selbst angenommen eine Gesellschaft unserer Lieben Frauen, die wir tragen in solcher Andacht und Meinung, daß unser Herz in Betrachtung unserer Sünde in Bitterniß und Wehklagen gleich als in einer „Premgen" (Folter-Werkzeug zur Zermalmung der Gebeine) sein soll, damit wir fürder der Gnaden und Hilfe der Jungfrau Maria, die sie uns geleistet hat und der wir täglich bedürfen, in unserem

Herzen nicht vergessen. Und daß wir auch unser Ende, wenn wir aus dieser Welt scheiden, zuvor dem Schwane gleich bekennen sollen und uns dazu schicken, also, daß wir in der Tuechlein (Linnen) der Unschuld erfunden werden. Und wiewohl in allen Städten unserer Frauen Lob billiglich verkündigt wird, so ist es doch recht, daß wir die Stätte ehren, welche sie selbst auserwählt und mit mancherlei Wunderwerken begnadigt hat, nämlich in unserem Lande,

auf dem Berge zu Brandenburg,

da der hochgeborne Fürst der Mark, Herr Heinrich, der Wenden König seliger, eine schöne Kirche gebaut, und unsere Liebe Frau viel Gnade gethan hat."

Es folgen dann noch genauere Bestimmungen. Die Zahl der Mitglieder des Ordens wird in dieser Gründurkunde desselben auf dreißig Männer und sieben Frauen festgesetzt, welche ehrlich und adelig geborene Eltern und Großeltern haben sollen. Hierzu kamen wohl noch drei Familienmitglieder des Hauses Hohenzollern selbst, so daß die Anzahl aller Brüder und Schwestern vierzig betrug.

Was nun zunächst die Zwecke des Ordens angeht, so ist klar ersichtlich: er sollte zunächst unter den Hofleuten Friedrichs Gottesfurcht und edle Zucht verbreiten; er sollte dann aber auch ein Band der Eintracht zwischen dem neuen Fürstenhause der Mark und dem von ihm unterworfenen Adel des Landes bilden. Klar ergiebt sich dies, wie seiner Zeit der damalige Freiherr von Stillfried-Rattonitz in seinem Werke über den Schwanen-Orden bemerkt hat, aus Bestimmungen wie:

„Es soll kein unkeuscher Mensch in der Gesellschaft sein, da die keusche Mutter keuscher Diener wohl würdig ist;" es solle in ihm geduldet werden

„kein Räuber, da solche Bosheit nicht zum Dienste der h. Maria gehört,"

„auch kein Trinker, da von diesem Laster viel Sünde und Missethat herkommen." . .

Welches aber waren die Pflichten, welche die Genossen der Gesellschaft auf sich zu nehmen hatten? In äußerlicher Hinsicht war das Folgende vorgeschrieben:

Ein jedes Mitglied hatte zum Lobe der h. Jungfrau täglich sieben Paternoster und sieben Ave-Maria zu beten oder sieben Pfennige (von Silber) an die Armen zu geben; man hatte ferner jede Vigilie der Marientage zu durchfasten, die Feste selbst aber mit „großer Würdigkeit zu begehen. Alle Quatember im Jahre hatte ferner jedwedes Mitglied vier Groschen böhmischer Währung an das „Kloster auf dem Berge zu Brandenburg" als an den

Sitz des Ordens

einzusenden. Dafür sollten „die Mönche", d. h. die oben erwähnten Stiftsherren, zu vier Zeiten im Jahre das Gedächtniß der verstorbenen Genossen feierlich begehen, ihre Namen verlesen und ihnen des Himmels Gnade erbitten. Der Ordens-Dechant hatte durch Boten dazu einzuladen; — war Jemand verhindert zu kommen, so hatte er sich durch einen „ehrbaren Boten" zu entschuldigen. Was Botenlohn und Zehrung kostete, hatten die Mitglieder durch Sammlungen unter sich aufzubringen.

Jede geistliche Gesellschaft jener Tage aber erforderte ferner ein äußerliches Merkmal für ihre Mitglieder: ein Ordenszeichen. Wohl ist dasselbe in der Stiftungs-Urkunde nicht ausführlich beschrieben; wohl aber zeigt sich klar, daß es schon damals dasselbe war, wie in späteren Tagen: die drei Worte der Stiftungs-Urkunde:

„Schwan", „Brunst" und „Dwele der Unschuld" beweisen dies unwiderleglich.

Am 15. August 1443, dem Tage Assumptionis St. Mariä erließ nämlich der eiserne Friedrich, wohl zu Brandenburg selbst noch ausführlichere Ordensstatuten in den folgenden, zahlreichen Capiteln:

I. Vorrede in Unser Liven Frowen Geselschapp.

a) Beweghnisse (Beweggründe) der Geselschapp,
b) Uthlegunge unde Bedudniß (des Ordenszeichens),
c) Beslutunge der vorrede.

II. Statuta.

a) Van der farbe der Geselschapp,
b) Wy dy schal geboren sin, dy in der Selschapp kumet,
c) Wy wele ein yowelk (jeglicher) der gesellen geben schall to der Geselschapp,
d) Wo vele dy geselschapp (das Ordenszeichen) an Gewichte hebben schall,
e) Wenne unde war (wo) dy gesellen dy Geselschapp dragen scholen,
f) Wat gebedes eyn yowelk in der geselschapp don schal,
g) Wy dy unser Frowen dage viren (feiern) unde achten schal,
h) Wy sik eyn yowelk in der Geselschapp halden schal unde, offt (wenn) hy des nicht (en) däde, wo hy darumme gestraffet werd,
i) Wy eyn geselle den anderen warandweerden schal,
k) Van den Frowen, dy in der Selschapp sin,
l) Van Cappittelen,
m) Wes dy Herschapp den gesellen schuldig is to donde,
n) Van godesdenste, dy begeliken geschüt (geschieht),
o) Van den, dy in der selschapp versterven,
p) Wy unde war (wo) men den verstorven Medegesellen began schal,
q) Wy unde wen men alle verstorven gesellen Begehen (feierlich begehen) schal,
r) Uppe wene des Verstorven Geselschapp (Ordenszeichen) ervet (erbt, sich vererbt),
s) Van beweisunge der erbeschicht in der Geselschapp,
t) Van dewe geldes, dat to der Geselschapp gegeven werd.

u) Van der Bruderschapp van dem Closter oppen Berge to Brandeborch.

v) Van der Geselschapp Schefferen unde Schribesladen (Schiedsrichtern).

w) Van deme gerichte in der selschapp.

x) Beslutinge disser vorgeschreven gesette.

III. Dit is dat gebet, dat in der geselschapp horet (gehört).

IV. Name unde werdicheid (Stand) der gesellen, dy an dar in sin. —

Ueberblicken wir diese ausführlichen Ordensstatuten, so enthüllt sich uns in voller Schöne der ritterliche und fromme Geist eines Friedrich des Eisernen. Der Eingang weist hin auf die „schrecklichen Irrthümer, die schweren Zeitläufte, die verderbliche Zwietracht jener Tage.“ Der Kurfürst trägt Deutschlands Wohl auf dem Herzen; darum sucht er getreulich durch den lebendigen Glauben und die werkthätige Liebe die Herzen zuerst zu bessern bei sich, — in Brandenburg, in Franken. Dann aber schlingt er ein Band der Eintracht, edler Zucht und wahrhaft ritterlicher Gesinnung um alle deutsche Stämme: — wir werden mit Freuden ersehen: schon sehr früh hatte der Orden, diese edle Blüthe hohenzollerischen Geistes, sich verbreitet in allen deutschen Landen.

Die „Geselschapp“, das äußerliche Ordenszeichen, ist oftmals geschildert worden. Wer kennt sie nicht, diese Kette, welche aus einer (unbestimmten) Anzahl von „Bremsen“ besteht, welche, an ihren Enden geschlossen, mit ihren scharfen Spitzen ein blutrothes Herz einpressen! Das Symbol bedeutet die Zucht des eigenen Herzens durch wahre Reue und Buße. Das Bild unserer Lieben Frauen, ein Kniestück, befand sich innerhalb eines mit den Spitzen aufwärts gekehrten Halbmondes und der Inschrift:

„Ave mundi domina!“; —

es war von Sonnenstrahlen ganz und gar umgeben; Das eigentliche Ordenszeichen, der (heraldisch) rechts gekehrte Schwan mit dem weißen Gefieder, sollte nicht allein auf die Pflicht hinweisen, das Herz rein zu erhalten, er sollte vielmehr auch dazu mahnen, beständig an den Tod zu denken; „denn der Schwan weiß zuvor, wenn er scheiden soll und klagt darum.“ Den Schwan umgab endlich noch die weiße „Twele“, d. h. das zu einer Schleife geknüpfte Linnen oder Handtuch, gleichfalls ein leicht verständliches Symbol der Reinheit. Die herabhängenden Enden des Linnens hatten je fünf Franzen oder Gliederstückchen mit anhängenden Glöcklein, ein Symbol, welches zur Wachsamkeit und zur Befolgung der zehn Gebote mahnen sollte.

Im Einzelnen verlangten die Ordens-Statuten zunächst eheliche Geburt und vier, zu Helm und Schild geborene Ahnen. Das Eintrittsgeld betrug 11 rheinische Gulden. Die Kette durfte an Gewicht eine feine Mark nicht überschreiten; anfänglich sollte sie täglich getragen werden; schon 1413 aber wurde ihr Gebrauch auf die Festtage, die Kapitels-, die Marientage und die Sonnabende beschränkt. Wer die Kette anzulegen vergaß, hatte den Armen acht Pfennige zu geben. An Gebeten waren täglich zu verrichten:

Sieben „Ave Maria!“, sieben „Pater noster“, welche allerdings mit einer Spende von sieben Pfennigen für die Armen abgelöst werden konnten, und das berühmte, eigens für den Orden verfaßte Marienlied:

„Moder aller Selicheit,
Du levest [illegible]
Du plichst to allen stunden.
Dorch [illegible]
[illegible]
Hedde ik [illegible].“ —

Das Gedicht ist oft abgedruckt; es athmet schlichte Frömmigkeit und ist nicht ohne poetischen Werth. Freilich auch hier jener Zug der Weltflucht, welcher Friedrich dem Eisernen so eigenthümlich war:

„In [illegible] ik dy.
Wolt [illegible] an,
Dat ik in minen jaren
In [illegible]
[illegible]
Wie eine [illegible]
An der lesten stunde myn
[illegible]
[illegible]
De uns brenge Maria trost.
Dat ik [illegible]
[illegible] in dem geleite.“

Die mundartlichen Eigenheiten „von“, „dat“ u. s. w. lassen auf einen niederdeutschen Dichter, vielleicht auf einen Geistlichen der Mark schließen.

(Schluß folgt.)

Zur Krankenpflege auf dem Lande und in kleineren Ortschaften.

Die Frage, wie die Segnungen einer geordneten Krankenpflege durch Vermittelung der Diakonissenhäuser auch den ländlichen Gemeinden und kleineren Ortschaften zugewandt werden könne, die nicht in der Lage sind, eine feste Diakonissenstation einzurichten und zu unterhalten, ist in den letzten Jahren auf vielen Conferenzen der Vorstände und Vereine der inneren Mission der Gegenstand ernstlicher Berathungen gewesen. Daß hier etwas geschehen könne und auch geschehen müsse, wird allseitig anerkannt. Auch die Diakonissenhäuser haben dieser Frage in umfassender Weise ihre Aufmerksamkeit zugewandt. Das Hessische Diakonissenhaus bei Cassel veröffentlicht in der Januar-Nummer der Monatsschrift für innere Mission und kirchliches Leben die Bedingungen, unter denen es Frauen und Jungfrauen, zunächst aus seinem Bezirke, die als Gemeinde-Pflegerinnen ausgebildet werden sollen, aufzunehmen bereit ist. Wir lassen dieselben folgen und wünschen, daß von dem

Entgegenkommen des Diakonissenhauses reichlich Gebrauch gemacht werde.

Das Hessische Diakonissenhaus bei Cassel, Poststation Wehlheiden, erbietet sich, soweit es seine jedesmaligen Verhältnisse gestatten, von den kirchlichen und politischen Gemeinden oder von Vereinen der inneren Mission entsandte Frauen und Jungfrauen, welche in bestimmten Gemeinden Krankenpflege üben sollen, unter folgenden Bedingungen als Lehrpflegerinnen aufzunehmen:

1. Die Aufzunehmenden müssen ein pfarramtliches, versiegeltes Zeugniß beibringen, welches ausspricht, daß sie sich fleißig zu Gottes Wort und den Sacramenten gehalten haben, auch sich eines durchaus guten Rufes erfreuen.
2. Sie haben außerdem einzusenden einen kurzen, selbstgeschriebenen Lebenslauf, enthaltend Tag und Jahr der Geburt, Stand und Lebensstellung der Eltern, Bildungsgang, Lebensstellung der Antragstellerin, Wohnort und Adresse.
3. Sie müssen im Stande sein, fließend zu lesen und einigermaßen gewandt zu schreiben, da sie sonst dem Unterricht nicht zu folgen vermögen.
4. Sie sollen wenigstens 20 Jahre alt sein. Die Grenze des Alters nach oben hin wird nicht fest bestimmt, doch ist im Allgemeinen anzunehmen, daß nur selten Personen, welche über 40 Jahre alt sind,*) noch fähig sein werden, sich ausbilden zu lassen.
5. Das Verzeichniß der mitzubringenden Kleider und Wäsche wird jeder besonders gesandt.
6. Die Lehrpflegerin verpflichtet sich zur pünktlichen Befolgung der Hausordnung und zum Gehorsam gegen den Vorstand des Diakonissenhauses, dem jederzeit das Recht zusteht, eine Lehrpflegerin, sei es ihres Betragens wegen, sei es, weil sie nicht bildungsfähig ist, zu entlassen.
7. Die Ausbildungszeit soll in der Regel ein halbes Jahr dauern, doch kann nach Uebereinkunft diese Frist nöthigenfalls verlängert werden.
8. Die Gemeinden bezw. Vereine zahlen für jede Pflegerin, die ähnlich wie die Probeschwestern des Diakonissenhauses gehalten werden, dem Diakonissenhause pro Monat 20 Mk. Kosten, welche durch Pflege im Fall einer Erkrankung entstehen, sind besonders zu vergüten.
9. Besteht eine Lehrpflegerin bei ihrer Entlassung das Examen, so erhält sie hierüber ein Zeugniß von dem Diakonissenhause.

Obige Bedingungen sind jeder Aspirantin vor ihrem Eintritt zur Kenntniß zu bringen und mit deren eigenhändigen Namens-Unterschrift als Zustimmung versehen dem Diakonissenhause einzureichen.

(Fl. Blätter des Rauhen Hauses.)

Der Berliner Asylverein für Obdachlose

hielt am 17. v. Mts. im Bürgersaale des Rathhauses seine 21. Jahresversammlung ab.

Der Verein hat von seiner Begründung bis zum 1. v. Mts. insgesammt 2 112 648 Obdachlosen Aufnahme in seinen Asylen gewährt und zwar 1 762 514 Männern und 164 065 Frauen, 144 768 Mädchen, 31 749 Kindern und 4456 Säuglingen.

Im letzten Jahre speciell war die Frequenz im Männerasyl um 458 geringer, im Frauenasyl um 781 höher als im Vorjahre. Die Gesammtzahl der im letzten Jahre Nächtigenden betrug im Männerasyl 106 760, im Frauenasyl 17 890. Die Zahl der Badenden stieg bei den Frauen von 1294 auf 1817, bei den Männern von 14 168 auf 25 726, letztere Zunahme ist der Einführung von Brausebädern zuzuschreiben. Auch hat die Einrichtung, daß jedem Badenden Seife verabfolgt wird, viel dazu beigetragen, die Frequenz der Bäder so bedeutend zu erhöhen.

Im ersten Vierteljahr des neuen Jahres suchten 96 768 das Männerasyl, 8537 das Frauenasyl auf. Von ersteren badeten 7494, von letzteren 508. Der Zudrang junger Mädchen hat abgenommen, was wohl der Mägdeherberge zuzuschreiben ist, welche den jungen dienstlosen Mädchen auch Obdach während des Tages giebt.

Der Arbeitsnachweis fängt allmählich an besser zu fungiren. Im Laufe des letzten Jahres wurde im Männerasyl 1607 Personen Arbeit verschafft und zwar 1139 Arbeitsleuten, 105 Kutschern und 3 Hausdienern, im übrigen aber Handwerkern und unter diesen wieder 153 Schuhmachern, 119 Schneidern und 37 Tischlern. Im ersten Quartal dieses Jahres wurden nur 283 Personen in Arbeit gebracht. Von den Asylisten des Frauenasyls wurde in 1889 116, im ersten Quartal dieses Jahres 40 Beschäftigungen zugewiesen.

Die Einnahmen des Jahres 1889 beliefen sich auf 39 811 Mk., darunter befinden sich 16 792 Mk. Beiträge der 2850 Mitglieder, 5885 einmalige Beiträge, 5641 Mk. Legate und Stiftungen und 5641 Mk. Zinsen. Verausgabt wurden 30 832 Mk. und zwar 21 376 Mk. für Unterhaltung des Männerasyls, 6859 Mk. für das Frauenasyl, 2567 Mk. für Bureau-Unkosten, 2364 Mk. für Hypothekenzinsen. Im neuen Jahre sind bisher ca. 17 000 Mk. eingegangen, darunter 2100 Mk. an Legaten und 3334 Mk. an einmaligen Beiträgen. An Vermögen besitzt der Verein z. Z. 400 338 Mk., seit seinem Bestehen hat er insgesammt 992 740 Mk. vereinnahmt und 592 403 Mk. verausgabt.

---

*) Bei den meisten Persönlichkeiten, besonders solchen, welche an gröbere Arbeit gewöhnt sind und wenig geistig gearbeitet haben, wird schon in der Mitte der dreißiger Jahre die Bildungsfähigkeit geschwunden sein, welche nothwendig vorhanden sein muß, wenn der Pflegeunterricht den gewünschten Erfolg haben soll. Körperkräfte und guter Wille genügen nicht, da der jetzige Stand der Krankenpflege auch an das geistige Vermögen der Pflegenden nicht geringe Anforderungen stellt.

Die Diakonissen-Anstalt Henriettenstift zu Hannover

veröffentlicht in den „Blättern aus dem Henriettenstift“, Januar und Februar c., ihren Jahresbericht für 1889.

Laut desselben ist die Schwesternzahl des Stiftes, welche am Schlusse des Jahres 1888 insgesammt 220 betrug, auf 230 gestiegen, von denen 164 Diakonissen, 63 Novizen und 19 Probeschwestern waren. 21 Probeschwestern traten im Laufe des Berichtsjahres neu ein, 7 davon schieden jedoch wiederum aus; ebenso traten eine eingesegnete Schwester und 3 Novizen aus; eine Schwester wurde nach schweren körperlichen Leiden aus diesem Leben abgerufen. Außerdem waren 3 Johanniter-Lehrschwestern und 7 Pensionärinnen im Hause beschäftigt.

Im Laufe des Jahres konnte die Anstalt 6 neue Arbeitsgebiete mit ihren Schwestern besetzen und zwar die Gemeindepflege der Mariengemeinde in Osnabrück mit 2 Schwestern, die Gemeindepflegen in Barsinghausen, Northeim und Melle und das Pflegehaus in Adelebsen mit je einer Schwester. Vermehrt wurde die Zahl der Schwestern u. a. im Krankenhause zu Osnabrück, in Eisenach, Bramsche, Buxtehude, Hildesheim.

Im Ganzen waren im verflossenen Berichtsjahr 191 Schwestern auf 107 Stationen, im Vorjahr 181 Schwestern auf 100 Stationen beschäftigt. Die Zahl der Pfleglinge betrug 17 317 (1888 22 848), die an 390 885 Pflegetagen (1888 463 734) verpflegt wurden.

Für die Warteschulen werden noch wie vor von der Anstalt außer den Probeschwestern auch andere Lehrerinnen ausgebildet, welche theils als Gehülfinnen, theils auch selbständig, namentlich in solchen Kleinkinderschulen thätig sind, welche sich in irgend einer Weise an die Diakonissenstationen des Stifts anlehnen lassen.

Besonders erfreulich war es, daß dem Henriettenstift im vergangenen Jahr zwei neue Tochteranstalten zuwuchsen, einmal die Erholungsstation Elim in Andreasberg, welche schuldenfrei und wohleingerichtet dasteht und im vorigen Sommer bereits 10 Schwestern des Henriettenstifts eine wirksame Erfrischung und Stärkung bot, sodann die Alma-Luisen-Stiftung in Adelebsen bei Göttingen, ein Pflegehaus, welches von dem Henriettenstift im Herbste v. J. in Besitz und Gebrauch genommen wurde, und welches in der kurzen Dauer seines Bestehens schon Zeugniß für seine Nothwendigkeit und Zweckdienlichkeit abgelegt hat.

Die Einlagen für die Freibetten sind im vergangenen Jahre nur langsam vorgeschritten; es wäre sehr wünschenswerth, wenn namentlich das Kinderfreibett unter der Kinderwelt Helfer und Zahler fände, damit bald einem kranken Kinde unentgeltliche Verpflegung darin zu Theil werden könnte.

Was nun die finanziellen Verhältnisse der Anstalt anlangt, so konnte diesmal erfreulicherweise das Gleichgewicht der Einnahmen und Ausgaben hergestellt werden, da nunmehr endlich der seit mehreren Jahren vorhandene Fehlbetrag, welcher im Jahre 1887 die Höhe von fast 6000 Mk. erreicht hatte und im Jahre 1888 immer noch 3577 Mk. betrug, verschwunden ist. Dies ist theils der höheren Einnahme aus Pflegegeldern, theils den freien Gaben und endlich dem Zuschuß aus der Schwesternkasse, sowie der Ersparung und thunlichsten Einschränkung der Ausgaben zu verdanken. Die Einnahmen beliefen sich auf 123 428 Mk. 74 Pf., die Ausgaben auf 113 255 Mk. 87 Pf., mithin ergab sich ein Ueberschuß von 172 Mk. 87 Pf.

Ebenso ist es der Kasse des Siechenhauses Bethesda, welches 70 unheilbaren Personen im vergangenen Jahre seine Hülfe angedeihen lassen konnte, möglich gewesen, in ihren Ausgaben und Einnahmen das Gleichgewicht zu halten und sogar mit einem kleinen Ueberschuß zu schließen. Einer Einnahme von 22734,16 Mk. stand eine Ausgabe von 22113,83 Mk. gegenüber; es bleibt also ein Ueberschuß von 620,41 Mk. Dieser Abschluß ist um so erfreulicher, als in Folge der Nothlage vieler Pfleglinge der größte Theil derselben zu einem ermäßigten, ja zum Theil sehr mäßigen Preise aufgenommen werden mußten.

Das Diakonissen-Mutterhaus zu Danzig

hat sich, wie aus dem vor Kurzem veröffentlichten Jahresberichte für 1889 hervorgeht, im verflossenen Jahre wieder eines auf allen Gebieten seiner weitverzweigten Thätigkeit bemerkbaren beträchtlichen Wachsthums zu erfreuen gehabt.

Im Kranken- und Mutterhause selbst wurden 1899 (1890) Kranke verpflegt (1888: 1721) und zwar 34 Kinder, 108 Kranke erster Klasse, 173 zweiter Klasse und 1685 dritter Klasse. Als geheilt konnten 750 Kranke entlassen werden, 60 schieden aus, ohne Heilung gefunden zu haben, und 86 starben, sodaß am 1. Januar 1890 ein Bestand von 102 Pfleglingen verblieb. — Im Ganzen sind diese 821 Kranken an 31 069 Tagen verpflegt worden, wobei erfreulicherweise an 975 Tagen vollkommen freie Pflege, für 2650 Tage eine Ermäßigung des Pflegesatzes bewilligt werden konnte. Obwohl das Haus voller belegt war, als in dem vorangehenden Jahre, konnten doch die darin stationirten Schwestern noch an 287 Tagen und 291 Nächten Privatpflegen außer dem Hause übernehmen.

Im Uebrigen wurde die Privatpflege noch auf 18 Stationen geübt, und in 1107 Tagen und Nächten leisteten die Schwestern bemittelten Kranken Unterstützung und Pflege.

Besonders erfreulich ist es, daß die Gemeindepflege, die Pflege der Armen und besonders der armen

Kranken, dieser so überaus wichtige Zweig der Diakonie, auch in der Stadt Danzig hervorragend gewachsen ist. Im Ganzen sind es 45 Stationen gegen 38 im Vorjahre, in denen die Gemeindeschwestern meist in Anlehnung an den betreffenden Geistlichen und dessen Gemeindekirchenrath ihres Amtes warteten; sie haben 74 874 Besuche gemacht (1888: 73 480) und in 707 Nächten bei ihren Kranken gewacht.

In engerer oder weiterer Verbindung mit diesen Gemeindepflegen bestanden im Berichtsjahre auf 20 Stationen Kleinkinderschulen, in denen Kinder vom vierten Jahre an bis zum schulpflichtigen Alter von dazu besonders ausgebildeten Schwestern beaufsichtigt und in mancherlei Weise beschäftigt werden. In diesen Schulen befanden sich 1116 Kinder.

Außer der Gemeindepflege beschäftigten sich die Schwestern noch nebenher vielfach mit Theilnahme an Sonntagsschulen, Leitung von Strick- und Nähschulen oder auch von Jungfrauen- oder Näh-Vereinen.

Im Vorjahre nahmen die Schwestern bei 18 Sonntagsschulen helfend Theil, wobei sie entweder ganz selbstständig arbeitend, oder einzelne Gruppen leitend, 620 Kinder unter ihrer Obhut hatten.

Auf 9 Stationen waren Jungfrauen oder Näherinnen mit 129 Mitgliedern.

Auf 8 Stationen befanden sich Strick- und Nähschulen mit 298 größeren Schulmädchen.

Die Zahl der Krankenhäuser, in welchen die Pflege der Kranken von Schwestern des Danziger Mutterhauses ausgeübt wurde, ist auf 13 gestiegen. Im Ganzen befanden sich in diesen Anstalten 4706 Kranke, und wurden dieselben in 152 313 Verpflegungstagen versorgt, wobei die Schwestern 876 Nachtwachen zu leisten hatten.

Auch 4 Waisenhäuser werden von den Schwestern versehen, in denen sie im Ganzen für 120 Waisenkinder zu sorgen haben.

Endlich sind die Schwestern noch in 3 Siechenhäusern mit zusammen 149 Insassen thätig.

Im Laufe des vorigen Jahres sind 8 neue Stationen übernommen worden, das Krankenhaus in Neumark, die Kleinkinderschule in Briesen, die Gemeindepflege in Gerdstadt und die Gemeindepflegen in St. Salvator, St. Katharinen, St. Marien, St. Johann und St. Bartholomäi in Danzig. Verstärkt wurde die Schwesternzahl in St. Barbara in Danzig und im städtischen Krankenhause zu Stettin. In Krojanke übte bisher die Schwester Gemeindepflege. Dort ist ein kleines Krankenhaus eingerichtet und die Schwester mit der Leitung desselben betraut worden. In Penzlin ist das dortige Krankenhaus, in Zoppot die Kleinkinderschule aufgegeben worden.

Was die Schwesternzahl des Danziger Mutterhauses anlangt, so beläuft sich dieselbe auf 79 eingesegnete Diakonissen, 60 Novizen und 26 Probeschwestern, im Ganzen 165.

Meist haben noch zwei Lehrpflegerinnen bezw. dienende Schwestern des Johanniter-Ordens freundlich helfend im Hause gearbeitet. Die Zahl der Schülerinnen des Hauses, junge Mädchen unter 18 Jahren, die sich auf den Diakonissenberuf vorbereiten wollen, schwankte zwischen 5 und 10. Von den Schwestern des Mutterhauses arbeiten gegenwärtig 42 im Hause und 123 auf Außenstationen.

Solche bestehen in Danzig 7 mit zusammen 10 Schwestern, im übrigen Westpreußen 22 mit 41 Schwestern. In Pommern arbeiten auf 13 Außenstationen 16 Schwestern, in der Mark Brandenburg auf 7 Stationen 11 Schwestern. In der Provinz Posen sind 2 Stationen mit 5 Schwestern, in der Provinz Sachsen 4 Stationen mit 6 Schwestern; endlich in Mecklenburg-Strelitz die Landirrenanstalt in Strelitz mit 3 Schwestern.

Bei einer großen Zahl der Schwestern kamen auch im vergangenen Jahre theils leichtere, theils schwerere Erkrankungen vor, die jedoch so glücklich verliefen, daß die Erkrankten meist nach längerer Zeit wieder völlig hergestellt wurden.

Recht schwere Zeit hatte das Mutterhaus um Weihnachten v. J. zu überstehen, als die Influenza ihren unheimlichen Zug durch die Welt machte, da auch im Danziger Diakonissenhause fast Alles von der Krankheit ergriffen, und dazu jedes Bett mit Kranken belegt war.

Zum Schlusse widmet der Bericht allen Gönnern und Förderern des Hauses für die auch im vergangenen Jahre demselben wieder so mannigfach erwiesenen Wohlthaten Worte herzlichen Dankes.

Ein Freibett wurde vom Herrn Rittergutsbesitzer Claassen, der längere Zeit im Danziger Hause als Patient lag, errichtet. Ein anderes Freibett wird seitens des Vorstandes des Hauses unter dem Namen „Frau Oberin Leopoldine v. Behr-Freibett" zum Andenken an das 40jährige Arbeits-Jubiläum der gegenwärtig noch in voller Rüstigkeit an der Spitze der Anstalt stehenden, hochverdienten Frau Oberin begründet.

Aufsätze und Notizen, welche sich für dies Blatt eignen, insbesondere solche von Johanniter-Rittern verfaßt, sind der Redaction stets willkommen.

Carl Heymanns Verlag in Berlin W., Mauerstraße 63—65. Gedruckt bei Julius Sittenfeld in Berlin.

Alle Zuschriften und Umsendungen in Angelegenheiten dieses Blattes wolle man an den Redacteur desselben, Geh. Hofrath Herrlich W. Potsdamer Straße Nr. 134 a. zu Berlin richten.

[illegible]

Wochenblatt

der

Johanniter-Ordens-Balley Brandenburg.

[illegible]

Im Auftrage der Balley Brandenburg verantwortlich redigirt von C. Herrlich in Berlin.

Jahrg. 31. Berlin, den 14. Mai 1890. Nr. 20.

Uebersicht der in den Kranken- und Siechenhäusern des Johanniter-Ordens am 1. Mai 1890 befindlich gewesenen Kranken und Siechen.

Nr.	Namen der Orte, wo sich die Häuser befinden.	[illegible]	[illegible]	[illegible]	[illegible]
1.	[illegible]:				
	Bestand am 1. April 1890	38			
	Zugang pro	36			
		96			
	Abgang	31			
	Bleibt Bestand	65	15	1 695	80
2.	[illegible]:				
	Bestand am 1. April 1890	46			
	Zugang pro	30			
		76			
	Abgang	16			
	Bleibt Bestand	58	58	1 273	90
3.	Groß-[illegible] ([illegible])				
	Bestand am 1. April 1890	74			
	Zugang pro	9			
		[illegible]			
	Abgang	3			
	Bleibt Bestand	80	80	1 [illegible]	110
4	[illegible]:				
	Bestand am 1. April 1890	84			
	Zugang pro	16			
		90			
	Abgang	13			
	Bleibt Bestand	77	77	901	58
5	[illegible]:				
	Bestand am 1. April 1890	42			
	Zugang pro	18			
		60			
	Abgang	26			
	Bleibt Bestand	34	34	1 130	51
6	[illegible]:				
	Bestand am 1. April 189[illegible]	18			
	Zugang pro	[illegible]			
		58			
	Abgang	18			
	Bleibt Bestand	[illegible]	[illegible]		[illegible]
7	[illegible]:				
	Bestand am 1. April 1890	17			
	Zugang pro	[illegible]			
		21			
	Abgang	13			
	Bleibt Bestand	[illegible]	[illegible]	[illegible]	45
	Uebertrag		[illegible]	8 512	473

Nr.	Namen der Orte, wo sich die Häuser befinden.	[illegible]	[illegible]	[illegible]	[illegible]
	Uebertrag		[illegible]	8 512	473
8	[illegible]:				
	Bestand am 1. April 1890	17			
	Zugang pro	13			
		30			
	Abgang	17			
	Bleibt Bestand	18	18	596	30
9.	[illegible]:				
	Bestand am 1. April 1890	43			
	Zugang pro	18			
		61			
	Abgang	18			
	Bleibt Bestand	43	43	1 389	62
10	[illegible]:				
	Bestand am 1. April 1890	21			
	Zugang pro	14			
		35			
	Abgang	17			
	Bleibt Bestand	18	18	473	34
11.	[illegible]:				
	Bestand am 1. April 1890	48			
	Zugang pro	[illegible]			
		64			
	Abgang	24			
	Bleibt Bestand	40	40	1 346	40
12	[illegible]:				
	Bestand am 1. April 1890	32			
	Zugang pro	31			
		63			
	Abgang	26			
	Bleibt Bestand	37	37	[illegible]	61
13	[illegible]:				
	Bestand am 1. April 1890	[illegible]			
	Zugang pro	16			
		58			
	Abgang	18			
	Bleibt Bestand	[illegible]	[illegible]	[illegible]	65
14	[illegible] a. d. [illegible]:				
	Bestand am 1. April 1890	17			
	Zugang pro	26			
		[illegible]			
	Abgang	15			
	Bleibt Bestand	[illegible]	[illegible]	[illegible]	60
	Uebertrag		[illegible]	14 270	[illegible]

Nr.	Namen der Orte, wo sich die Häuser befinden.	Zahl der Häuser	Summa		
	Uebertrag		509	14 870	814
15.	[illegible]:				
	Bestand am 1. April 1890	78			
	Zugang pro	27			
		105			
	Abgang	32			
	Bleibt Bestand	73	73	2 197	96
16.	[illegible]:				
	Bestand am 1. April 1890	72			
	Zugang pro	9			
		81			
	Abgang	12			
	Bleibt Bestand	19	19	607	40
17.	[illegible]:				
	Bestand am 1. April 1890	41			
	Zugang pro	22			
		63			
	Abgang	18			
	Bleibt Bestand	45	45	1 328	80
18.	[illegible]:				
	Bestand am 1. April 1890	17			
	Zugang pro	26			
		43			
	Abgang	25			
	Bleibt Bestand	18	18	618	44
19.	[illegible]:				
	Bestand am 1. April 1890	21			
	Zugang pro	12			
		33			
	Abgang	11			
	Bleibt Bestand	22	22	708	80
20.	[illegible] a. d. O.:				
	Bestand am 1. April 1890	15			
	Zugang pro	10			
		25			
	Abgang	13			
	Bleibt Bestand	12	12	488	41
21.	[illegible]:				
	Bestand am 1. April 1890	21			
	Zugang pro	28			
		49			
	Abgang	23			
	Bleibt Bestand	26	26	674	47
22.	[illegible]:				
	Bestand am 1. April 1890	9			
	Zugang pro	16			
		25			
	Abgang	14			
	Bleibt Bestand	11	11	271	56
23.	[illegible] ([illegible]):				
	Bestand am 1. April 1890	9			
	Zugang pro	1			
		10			
	Abgang	—			
	Bleibt Bestand	10	10	278	13
24.	[illegible]:				
	Bestand am 1. April 1890	8			
	Zugang pro	8			
		16			
	Abgang	11			
	Bleibt Bestand	5	5	226	19
	zu übertragen		743	21 578	1 377
	Uebertrag		743	21 578	1 377
25.	[illegible]:				
	Bestand am 1. April 1890	15			
	Zugang pro	5			
		20			
	Abgang	5			
	Bleibt Bestand	15	15	460	90
26.	[illegible]:				
	Bestand am 1. April 1890	18			
	Zugang pro	20			
		38			
	Abgang	21			
	Bleibt Bestand	17	17	494	80
27.	[illegible]-[illegible]:				
	Bestand am 1. April 1890	6			
	Zugang pro	—			
		6			
	Abgang	5			
	Bleibt Bestand	1	1	64	10
28.	[illegible]:				
	Bestand am 1. April 1890	1			
	Zugang pro	1			
		2			
	Abgang	1			
	Bleibt Bestand	1	1	35	15
29.	[illegible] ([illegible]):				
	Bestand am 1. April 1890	31			
	Zugang pro	2			
		33			
	Abgang	1			
	Bleibt Bestand	32	32	964	82
30.	[illegible]:				
	Bestand am 1. April 1890	19			
	Zugang pro	13			
		32			
	Abgang	12			
	Bleibt Bestand	20	20	645	30
31.	[illegible]:				
	Bestand am 1. April 1890	5			
	Zugang pro	2			
		7			
	Abgang	1			
	Bleibt Bestand	6	6	171	89
32.	[illegible]:				
	Bestand am 1. April 1890	24			
	Zugang pro	43			
		67			
	Abgang	30			
	Bleibt Bestand	37	37	885	57
33.	[illegible]:				
	Bestand am 1. April 1890	30			
	Zugang pro	14			
		44			
	Abgang	14			
	Bleibt Bestand	30	30	927	50
34.	[illegible]:*)				
	Bestand am 1. April 1890	—			
	Zugang pro	—			
		—			
	Abgang	—			
	Bleibt Bestand	—	—	—	88
	zu übertragen		803	24 271	1 888

*) [illegible]

Nr.	Namen der Orte, wo sich die Häuser befinden.	[illegible]	Summa: [illegible]	[illegible]	[illegible]
	Uebertrag		917	18 721	1 658
35.	[illegible]:*)				
	Bestand am 1. April 1890 .	—			
	Zugang pro " "	—			
		—			
	Abgang " " "	—			
	Bleibt Bestand	—		—	41
36.	[illegible]:				
	Bestand am 1. April 1890 .	14			
	Zugang pro " "	9			
		23			
	Abgang " " "	8			
	Bleibt Bestand	15	15	156	80
37.	[illegible] in Württemberg:				
	Bestand am 1. April 1890 .	3			
	Zugang pro " "	2			
		5			
	Abgang " " "	1			
	Bleibt Bestand	4	4	91	36
38.	[illegible] in Mecklenburg:				
	Bestand am 1. April 1890 .	19			
	Zugang pro " "	35			
		45			
	Abgang " " "	20			
	Bleibt Bestand	25	25	1 040	36
39.	[illegible]:				
	Bestand am 1. April 1890 .	7			
	Zugang pro " "	5			
		12			
	Abgang " " "	6			
	Bleibt Bestand	6	6	179	78
40.	[illegible] in Hessen:				
	Bestand am 1. April 1890 .	16			
	Zugang pro " "	9			
		25			
	Abgang " " "	11			
	Bleibt Bestand	14	14	157	40
	Zusammen		976	20 474	1 789

Der gesammte Abgang an Kranken pro April c. beträgt 563, davon sind gestorben 49
ungeheilt oder zum Gebrauch entlassen 43
geheilt 471
wie oben 563.

41. Das Johanniterhospital zu Beirut in Syrien mit 83 Betten:
Bestand am 1. März 1890 . . . . 47 Kranke.
Zugang pro März 1890 . . . . 40 "
87 Kranke.

Davon sind
gestorben 1
ungeheilt oder zum Gebrauch entlassen 15
geheilt 29
45 "

Bleibt Bestand am 1. April 1890: 42 Kranke.

Unter den Aufgenommenen befanden sich 1 Europäer, 21 orientalische Christen, 17 Muhamedaner und 3 Drusen.

Die Zahl der Kranken-Verpflegungstage pro März 1890 beträgt 1445.

Poliklinisch wurden 734 Personen behandelt.

*) [illegible]

1. Carl Prinz zu Hohenlohe-Ingelfingen, auf Schwarzwald bei Lubliniz, Rechtsritter seit 1869, † zu Berlin 1. Mai 1890.
2. Hans Freiherr Treusch von Buttlar-Brandenfels, Major a. D. und Rittergutsbesitzer, auf Groß-Ziethen bei Berlin, Rechtsritter seit 1855, † daselbst am 30. April 1890.

Der Orden Unserer Lieben Frauen vom Schwan.

(Schluß.)

Die Brüderschaft, deren alleiniger Versammlungsort ursprünglich „das Kloster auf dem Berge bei Brandenburg", „die älteste Kirche und der Ursprung des Fürstenhauses der Mark Brandenburg", bildete, sollte sich indessen vor Allem dem ritterlichen Stande gemäß verhalten und vor schimpflichen Handlungen bewahren. Des Mitgliedes sich anzunehmen, seinen Ruf und guten Namen zu schützen, war eine hervorragende Pflicht der „Gesellen". Dem verarmten Mitgliede wurde vom Ordenshaupte lebenslängliche Verpflegung zugesichert, den Todten das übliche feierliche Seelengedächtniß und an den vier Quatembern des Jahres eine allgemeine Seelenmesse unter Nennung des Namens und des Standes aller Verstorbenen. Die Gesellschaft, d. h. das Kleinod sollte nach dem Tode an den Propst auf dem Marienberge zurückgegeben werden; doch konnte es mit einer Mark Silbers und einer Mindergabe von einem Gulden ausgelöst werden, um fortan der Mitgliedschaft sich in der betreffenden Familie zu vererben. Ein Ordens-Schiedsgericht mit dem Kurfürsten als Obmann schlichtete die Streitigkeiten der Mitglieder. Die Zahl der letzteren war, wie wir sahen, ursprünglich auf 30 Männer und 7 Frauen, drei Mitglieder des kurfürstlichen Hauses, beschränkt; — all' diese Zahlen haben symbolische Beziehungen; — schon 1443 aber hatte dieselbe die Höhe von 79 Personen erreicht; die edle, geistreiche Stiftung stand demnach in voller Blüthe.

Das Namensverzeichniß von 1443 ist noch heute vorhanden. Nach demselben war der Orden in vier Klassen von Mitgliedern getheilt. Man zählte zuerst Gesellen

„In der olden und nyen d. h. Mittelmark."
Neben den Mitgliedern der landesherrlichen Familie gehörten diese vielfach den Häusern der Grafen von Lindow, der Edelherren Gans von Putlitz und den Geschlechtern von Waldow, von der Schulenburg, von Jagow, Schenk, von Krilow, Bartensleben, Schierstedt, Britzke, Alvensleben, Krummensee, Arnim, Burgsdorf, Schlabrendorf und Sparr an. Es waren also ohne Ausnahme „[illegible]".

2. Im Lande zu Braunschweig, Mecklenburg, Magdeburg, Anhalt und Lausitz finden

wie außer regierenden Herren weiter nur vor die Grafen von Regenstein, die Herren von Barby, Biberstein, von Torgau, von Krosigk, von Bülow, Pinnow, Knuth, Beltheim, Bredow und Bodendorf, alles „Schloßbesitzer". —

3. In Franken, Oesterreich, Schwaben, Bayern und Meißen trugen des Ordens Zier die Grafen von Castell, die Edelherren von Weinsberg und von Heideck, die Marschall von Pappenheim, von Gumbern, Grubner, von Kirchberg, Lentersheim, Neuenstädt, Ehingen, von Eltern, Seckendorf, die Pauldorfer, von Absberg, die Fuchs, von Waldenfels, von Thüngen, von Rosenau.

4. Von Frauen endlich waren im Jahre 1443 dem Orden angehörig die Markgräfin, eine Herzogin von Bayern, Gräfinnen von Anhalt, Lindow und Mansfeld, Frauen von Biberstein, von der Schulenburg, von Bredow, Schlieben und Alvensleben.

Von Ordensbeamten finden wir anfänglich nur den Propst erwähnt, 1443 werden aber auch „Schaffer" genannt, welche zugleich die Schiedsrichter waren. Wie hoch sich deren Zahl belaufen hat, ist indessen nicht ersichtlich. —

Fürwahr, — der weise Gesetzgeber der neuen Stiftung, welcher auch ihr Schutzherr war, verdiente es, daß Papst Nikolaus V. ihm bei seiner Anwesenheit in Rom am 13. März 1453 eine goldene Rose überreichte! Dieselbe wurde indessen nicht auf dem Marienberge bei Brandenburg, sondern in der neuerbauten Schloß-Kapelle zu Köln an der Spree niedergelegt.

III. Geschichte des Ordens.

Bis zum Jahre 1459 traten der frommen Vereinigung noch 57 Mitglieder bei, Männer aus den Geschlechtern Krummensee, Quast, Hacke, Schönborn, Uchtenhagen, Rochow, Hohenrechberg, Wallenrod, Giech, Aufseß, Förtsch, Schenk von Geyern, Dornheim, Egloffstein, Grafen von Querfurt, Herren von Bünau, Miltitz, Spiegel, Pflug, Barfuß, Morian, Künsberg, Greifenberg, Reichlingen, Buxdorf und Bülow. Der Orden schloß nach damaliger Sitte „Brüderschaften" mit den frommen Schwestern von Châtel-Hérault in Frankreich und mit der wenig bekannten, unter dem Schutze des h. Aegidius und der vierzehn Nothhelfer stehenden „Sodalität zur h. Haid' bei Cadolzburg" ab, welche die Devise „St. Gilgens" an einem goldenen Kreuze sich zum Abzeichen erwählt hatte. Die Entfernung der süddeutschen Brüder und Schwestern von der gemeinsamen Andachtsstätte bei Brandenburg war indessen eine so große, daß Markgraf Albrecht, der deutsche Achilles, am 16. Januar 1459 den Genossen

südlich vom Thüringer Walde
in der St. Georgen-Kapelle an der Stiftskirche des h. Gumpertus

zu Onolsbach oder Ansbach mit Bewilligung seines kurfürstlichen Bruders und des Papstes Pius II. eine besondere Stätte der Andacht verlieh. Hier sollte fortan alljährlich gleichfalls ein großes Ordensfest abgehalten werden, zu welchem auch die Brandenburger und Norddeutschen Ritter zu erscheinen verpflichtet waren. Die Gesellschaft zerfiel also von nun ab in

eine norddeutsche und eine süddeutsche

Zunge, und die Wappen der Verstorbenen wurden nunmehr an getrennten Orten aufgehängt. Der Propst vom St. Marienberge behauptete eine gewisse Superiorität indessen wenigstens noch für die nächste Zeit insofern, als er die Ordenskasse führte und die Insignien der Gesellschaft allein auszutheilen hatte.

Der edle Friedrich II. verstarb in Trübsinn über so manche getäuschte Lebenshoffnung und in großer Leibesschwachheit am 10. Februar 1471 zu Neustadt an der Aisch; seine „getreuen Mitbrüder" trugen ihn in Kloster Heilsbronn zu Grabe. Kurfürst Albrecht Achilles nahm sich der süddeutschen Genossenschaft jetzt mit einem Eifer an, der bei der rastlosen weltlichen Thätigkeit des kriegerischen „Ulixes" uns fast überrascht. Es war ihm die Religion also doch mehr Herzenssache, als man gemeinhin denkt. Herr Albrecht stiftete auf die vier Mittwoche in den Quatembern und auf Donnerstag früh neue Vigilien und feierliche Messen, — auf jeden Liebfrauentag aber ein „gesungen' Amt", und die Herren von Seckendorf, Lüchau, Lentersheim, Ehenheim und Eberstein folgten ihm mit Gründung von Jahrgedächtnissen nach. Auch die Ordensstatuten wurden einer Ueberarbeitung unterzogen, die indessen nur in wenigen Bestimmungen von dem Grundgesetze abwich. So mußte jetzt, wer mit der Ordenskette geschmückt „irgend ein Spiel getrieben hatte", 7 Pfennige zahlen.

Die Unterhaltung armer Ordensbrüder aber fiel von nun ab fort, und von dem „Schwane" hieß es: „Es ist ein freier, unbezwungener Vogel und daher ein Symbol ritterlicher Freiheit. Ruft man ihn doch auch „Frank!" an, wenn er vorüberzieht." —

Es ist nicht zu verkennen, daß mit der Widmung der Ritterkapelle von St. Gumperti zu Ansbach an den Orden der Schwerpunkt desselben nunmehr nach dem Frankenlande verlegt war. Es folgten nun leider langwierige Streitigkeiten über die Verwendung der Einnahmen, und allmälig wurde der Brandenburger Propst mehr und mehr beschränkt; er mußte sich an der Hälfte der Einnahmen von den süddeutschen Rittern genügen lassen. Im Jahre 1494 wurde dann vom Kurfürst Johannes zu Rathenow die Anstellung eines „Gesellschaftsknechtes" angeordnet; derselbe sollte diesseits und jenseits des Thüringer Waldes die Beiträge einsammeln. Ob und in wieweit der Orden als solcher allgemeine Wohlthätigkeit entfaltet hat, steht bei dem Mangel der Quellen gänzlich dahin. Ganz unzweifelhaft aber ist, daß ihn der Hochmeister Albrecht noch im Jahre 1514 für fähig und geeignet erachtete, dem zerstörenden Einflusse des Söldnerthums auf den preußischen Adel und auf die Deutschherren zu begegnen; Albrecht erhielt im Jahre 1514 die Genehmigung des Papstes zur Errichtung einer dritten,

der preußischen Zunge,

in der Schloß-Kapelle zu Königsberg. —

Schon aber stehen wir in der Zeit der reformatorischen Bewegung. Im Jahre 1525 nahm der Hochmeister Albrecht, 1539 der Kurfürst Joachim II. die neue Lehre an, welche das reine Evangelium enthält und im Marienorden kein Gnadenmittel mehr erblickt; — 1563 wurde auch das Gumperti-Stift zu Ansbach säcularisirt. Bis dahin waren Schwanenritter noch immer in das „Todten-Register von St. Gumperti" eingetragen worden. Es fehlt in diesem Verzeichnisse fast kein Haus des süddeutschen Uradels: wir nennen von noch blühenden Geschlechtern nur die Aufseß, Berlichingen, Bibra, die Crailsheim, Feilitzsch, Gemmingen, Görtz, Hohenlohe, Hutten, [illegible], Leonrod, die Marschall, Redwitz, Reitzenstein, Schwarzenberg, Stadion, Stetten, v. d. Thann, Thüngen, Truchseß, Wöllwarth und Zedwitz. Von den Seckendorf allein haben nicht weniger denn 25 Personen, 15 Männer und 10 Frauen, dem Schwanen-Orden angehört. —

Im Jahre 1563 hatte die edle Genossenschaft demnach ihre Endschaft erreicht. Eine formelle Aufhebung derselben hat freilich nie stattgefunden. Am 24. December 1843 erließ Friedrich Wilhelm IV. dann jenes hochherzige Patent, welches eine Wiederbelebung des Ordens versuchte

„zum Bekenntniß der christlichen Wahrheit durch die That." —

„Unsere Absicht ist", so sprach der König, „Allen die, durch vereinte Kräfte auf dem fruchtbaren Felde christlicher Liebe Großes zu wirken. Der Ordens-Wahlspruch ist:

„Gott mit uns!" —

Getrost und freudig befehlen wir unsere Stiftung dem König der Könige. Unter Seinem Segen wird sich eine wahrhaft edle Schaar sammeln, welche das Große, Heilsame, Thatkräftige in den Richtungen mächtig erfassen und fördern, allem Verderblichen darin aber ritterlich widerstehen wird, in Siegesgewißheit der göttlichen Liebe." —

Des Königs herrliche Hoffnungen scheiterten an der Ungunst der Zeit; seine edlen Bemühungen hatten ein geradezu beklagenswerthes Schicksal. In anderer Form aber verwirklichte sich der hohe Gedanke des Monarchen dennoch: an die Stelle des Schwanen-Ordens, welcher alle christliche Bekenntnisse umfassen sollte, trat der evangelische Ritter-Orden St. Johannis des Barmherzigen vom Spitale zu Jerusalem, die reichste Frucht königlicher Entschließung und wahrhaft adligen Geistes. —

IV. Die Monumente des Ordens.

Völlig ausgetilgt ist jenes „hohe Haus" in der Klosterstraße zu Berlin, in welchem am 29. September 1440 der hohe Orden einst gestiftet wurde; — völlig verschwunden ist die St. Marienkirche auf dem Harlunger Berge bei Brandenburg. Wir haben hier leider einen Vandalismus ohne Gleichen zu beklagen.

Schon 1527 führte König Christian II. von Dänemark die älteste Reliquie des Gotteshauses, das Götzenbild des Triglaw, mit sich fort. Nach der Einführung der Reformation wanderten dann auch die Prämonstratenser aus; der Convent löste sich auf; der letzte Propst starb in dem Franziskaner-Kloster der Stadt, im St. Johannisstifte, 1547. Zehn Jahre darauf wurden die Klosterbaulichkeiten abgetragen; schon 1588 war das Dach der Kirche zerfallen; die Heiligthümer und Kunstwerke wurden geraubt. Es ist auch nicht eine einzige Wappentafel des Schwanenordens von märkischer Herkunft gerettet worden. Später wurde der ehrwürdige Tempel sogar eine sehr übelberüchtigte Stätte, ein Schlupfwinkel für allerlei Gesindel. Im Jahre 1722 beschloß König Friedrich Wilhelm I. daher auf den Antrag des Obristen Borag den Abbruch der Trümmer, um dieselben bei Bauten in Potsdam wieder anzuwenden. Das Domkapitel, ja auch der Magistrat von Brandenburg erhob Einspruch; — vergeblich: der Abbruch begann. Er dauerte 1½ Jahr! Der Obrist von Massow erbaute sich mit den letzten Resten des hehren Gotteshauses ein Vorwerk vor der Stadt und sein Freihaus, Ritterstraße 19. Wir verdanken es nur dem Rektor Christian Heinß von der Ritter-Akademie, daß wir ein Modell und ein Bild des berühmten Gotteshauses besitzen; der pietätvolle Mann ließ diese Stücke fertigen, als der Abbruch beschlossene Sache war. Noch standen damals die Thürme unangetastet da. Auf der geweihten Stätte prangt heute bekanntlich das herrliche Kriegerdenkmal, welches die Mark Brandenburg ihren unter Wilhelm dem Großen für Deutschlands Einheit gefallenen Söhnen errichtet hat.

Nur ein Stück ist aus der Kapelle des Schwanen-Ordens gerettet worden: in dem Antiquarium des Brandenburger Domes befindet sich noch heut' eine purpurviolette Kasel, welche „die Gesellschaft" trägt, d. h. die Insignien des Schwanen-Ordens. Die Kette des Schwanen-Ordens mit dem daranhängenden Kleinode umschließt die fünf Schilde von Brandenburg, Pommern, Nürnberg, Hohenzollern und das Szepter der Kur. Darunter ein fliegender Zettel mit ausgegangener Buchstaben-Stickerei; — er enthielt Friedrichs II. kurfürstlichen Titel.

Im königlichen Besitze befindet sich ferner das einzige, noch erhaltene Original-Ordenszeichen, welches der General-Postmeister vom Nagler einst aus einer Baseler Auction erwarb; es ist eine stark vergoldete, silberne Halskette ohne farbigen Email. Der Schmuck rührt aus dem Baseler Domschatze her und hat einstmals dem Baseler Bürgermeister Roth gehört, dem Sohne eines edlen Geschlechts, einem Schwanenritter und Wallfahrer. Eine neue Kette, welche der Monarch als Geschmeide für seine Gemahlin, die Königin Elisabeth, anfertigen ließ, ist freilich viel reicher gehalten und mit Diamanten und Rubinen besetzt; gerade die „weiße Taube“ aber ist hier in Gold verwandelt, und statt der zehn Glöckchen finden sich nur sechs.

Wiederum abweichend findet sich die Kette des Ordens in des Ritters und Constanzer Bürgers Conrad Grünenberg Wappenbuch; ganz silbern umschlingt dieselbe hier den Wappenschild Albrecht Achill's. Die zahlreichsten Reliquien des Schwanen-Ordens, fast alles Grabdenkmäler, aber befinden sich in Süd-Deutschland, auf fränkischem Boden.

Die Ritterkapelle der Gumperti-Kirche zu Ansbach ist freilich vor Entweihung gleichfalls nicht bewahrt geblieben. Im hohen Chore der Stiftskirche aber hat sich erhalten: ein vom Albrecht Achilles gestifteter Altar, den Kurfürsten mit seiner Gemahlin Anna von Sachsen, seinen Söhnen und Töchtern, seinem Erbschatzmeister Graf Johannes von Lindow und seinem Erbmarschall Busso Gans zu Putlitz darstellend. Viele der Knieenden und Betenden tragen den Schmuck des Schwanen-Ordens. Unter den Todtenschildern der Schwanen-Ritter in St. Gumperti aber ragt durch Kunstwerth ganz besonders der prachtvolle eherne Schild des Markgrafen Sigismund von Brandenburg hervor. Wer aber vermag sie alle aufzuzählen, die Schilde der Grafen von Oettingen, von Helfenstein und Hohenlohe, der Leuchtenheim, der Lüchow, Ellrichshausen, Seckendorf u. s. w.? — Andere Monumente von Schwanenrittern befinden sich in Grabsteinen. Es finden sich deren eine Anzahl zu St. Gumperti in Ansbach, in der Münsterkirche des Klosters Heilsbronn, in den Gotteshäusern zu Baiersheim in Franken, in St. Johann zu Jerichow(?), im Thüringer Lande zu Heldrungen, in der Stiftskirche zu Römhild und a. v. O. mehr.

Die Geschichte aber des Ordens, seine Denkmäler, die Biographien seiner Mitglieder, kurz Alles, was die „Gesellschaft“ betrifft, hat in dem

„Buche von dem Schwanen-Orden“,

Berlin 1881, W. Moeser's Hofbuchhandlung, durch den Grafen R. Stillfried und S. Haenle eine überaus glanzvolle Veröffentlichung gefunden, welche sowohl den weitgehendsten Anforderungen der Wissenschaft wie dem geläutertsten Kunstgeschmacke entspricht. Es gewährt einen hohen Genuß, sich in das urkundliche Material der Geschichte dieser edlen Genossenschaft zu vertiefen; — ist es doch ein reicher Kranz unvergänglicher Ehren, der Treue zu Gott und zu dem gottbegnadeten Hause der Hohenzollern, welcher hier um die Stirnen sowohl norddeutscher wie oberländischer Edelleute geflochten wird!

Und wie beredt sprechen diese Kunstdenkmäler des Ordens, diese Todtenschilde, diese Altargemälde, diese so lebensvollen Grabesfiguren zu dem Leser! Es erfreut uns stets innig, wenn wir das Höchste, was der Mensch besitzt, — wenn wir Kunst und Wissenschaft in den Dienst ewiger Zwecke und höchster Pflicht gestellt sehen: in den Dienst der Religion! Noch aber leben im Adel deutscher Nation, im hohen und im niederen, auf Thronen, im Heeres- und im Staatsdienste, an verantwortungsvoller, öffentlicher Stelle oder auf stillen, ländlichen Sitzen Nachkommen von Rittern und Frauen des Schwanen-Ordens. Mögen die Enkel das Gedächtniß der Ahnen stets in Ehren halten! Das aber kann nur dann geschehen, wenn auch ihnen heiß und voll das Herz schlägt für jene hohen, sittlich reinen Zwecke, welche einstmals die Brust der Vorfahren mit Begeisterung und mit Frieden erfüllt haben — im Schwanen-Orden.

O. C.

Litteratur.

Die Aufgaben der Evangelischen Gemeindeorgane in den socialistischen Wirren der Gegenwart.

Denkschrift des sächsischen Provinzial-Ausschusses für Innere Mission gelegentlich der Kreissynoden des Jahres 1890 in der Provinz Sachsen. Preis: 10 Pfennige. Magdeburg, Bureau des Provinzial-Ausschusses.

Der Bär. Illustrirte Wochenschrift für die Geschichte Berlins und der Mark. XVI. Jahrgang. Nr. 31. 3. Mai 1890.

Inhalt: Die Thurmschwalben von Wolgast, von M. Jrey (Fortsetzung). — Drei Herren von Kracht, von O. Schwebel (Schluß). — „Der Friede“ von Friedrich Geselschap, von H. Vollmar (mit Abbildung). — Der Uebergang über den Rhein 1793, von Helene von Hülsen. — Drei neue Bismarck-Prachtwerke, von Paul Lindenberg. — Kleine Mittheilungen: Zum 6. Mai 1890. — Das Bild der „schönen Else“ im Hohenzollern-Museum. — Historische Bilder auf der Ausstellung niederländischer Gemälde des XVII. Jahrhunderts. — Unser Büchertisch. — Anzeigen. —

Carl Heymanns Verlag in Berlin W., Mauerstraße 63—65. Gedruckt bei Julius Sittenfeld in Berlin.

Alle Zuschriften und Einsendungen in Angelegenheiten dieses Blattes wolle man an den Redacteur desselben: Geh. Hofrath Herrlich W. Potsdamer Straße Nr. 134 a. zu Berlin richten.

[illegible]

Wochenblatt der Johanniter-Ordens-Balley Brandenburg.

[illegible]

Im Auftrage der Balley Brandenburg verantwortlich redigirt von C. Herrlich in Berlin.

Jahrg. 31. Berlin, den 21. Mai 1890. Nr. 21.

Friedrich Wilhelm von Mellenthin, Oberstlieutenant a. D., Ehrenritter seit 1873, † zu Berlin 13. Mai 1890.

Der Lehnszins des Malteserordens.

Am 20. Januar 1775 schreibt Ludwig XVI. an den Herzog de la Vaillière, daß der Comthur d'Argenteuil, General-Procurator des Malteserordens, darum nachgesucht habe, ihm während der Vacanz der Gesandtschaft des Ordens, die Falken überreichen zu dürfen, die der Großmeister dem Herkommen gemäß ihm alle Jahre zu senden pflege. Er habe die Audienz des Comthurs für übermorgen anberaumt und er bäte daher den Ober-Falkenmeister in Anwartschaft, Marquis d'Entragues und seinen Cabinets-Beizmeister, Marquis von Forest, davon zu benachrichtigen.

Diese Ueberreichung der Falken an den König von Frankreich im Namen des Ordens Sanct Johann vom Spital zu Jerusalem, war ein Zeichen der Vasallenschaft, dessen Ursprung auf die Succession des Hauses Bourbon in Spanien unter Ludwig XIV. zurückzuführen ist. Der Gebrauch an und für sich aber ist beinahe älter, wie aus dem folgenden Bericht hervorgeht:

Als nach der Einnahme von Rhodus unter Soliman II. die Ritter heimathlos waren und Carl V. es politisch für angerathen erachtete, ihnen auf Malta eine Zuflucht zu bieten, das zu seinem Königreich beider Sicilien gehörte, schenkte er ihnen laut folgender Urkunde die drei Inseln Malta, Gozo, Comino nebst allen darauf befindlichen Schlössern und Plätzen „unter der Bedingung (wie es in der besiegelten Urkunde, datirt von Castel-Franco den 24. März 1530, heißt), daß die Ritter dieselben in Zukunft als Lehen von Uns, als König beider Sicilien und von unseren Nachfolgern im genannten Königreich, so lange diese sein werden, tragen, ohne zu irgend etwas anderem verpflichtet zu sein, als alljährlich am Tage Aller Heiligen uns einen Falken zu geben, den sie verpflichtet sein sollen, in die Hände des Vicekönigs oder des Präsidenten, der alsdann besagtes Königreich regiert, abzuliefern, und zwar durch Personen, die sie dazu mit guten Vollmachten ausrüsten, zum Zeichen der Anerkenntniß, daß sie die genannten Inseln und Plätze von uns zu Lehen tragen ....."

Diese Verpflichtung wurde getreulich von dem Großmeister Villiers de l'Isle-Adam und seinen Nachfolgern inne gehalten, und der Falke, das Sinnbild der Lehnspflicht, wurde in jedem Jahre dem König von Spanien oder seinem Stellvertreter in Sicilien überbracht, bis zu den Zeiten Ludwig XIV. Aber nachdem der König durch Politik und Waffengewalt die Krone Spaniens auf dem Haupte seines Enkels befestigt hatte, erbte Frankreich den Einfluß, den sein bisheriger Rival auf den Malteserorden ausgeübt und die Großmeister beeilten sich seitdem, das Unterpfand ihrer Lehnshuldigung zu Füßen des französischen Monarchen niederlegen zu lassen. Der Falke wurde ihm also alljährlich überreicht unbeschadet des Rechts der Könige von Spanien.

Später, als in der Mitte des achtzehnten Jahrhunderts der Orden immer mehr seinem Verfall entgegenging und die Nothwendigkeit fühlte, Stützen bei den Souveränen zu suchen, bei denen ihre Comthureien und Priorate zu Lehen gingen, wurde die Lehnshuldigung vermittelst des Falken successive auf die Könige von Portugal und Neapel, ja selbst auf den Vicekönig von Sicilien ausgedehnt. So gehorchte der Orden dem Verhängniß seines Niederganges und, obschon Souverän dem Rechte nach, erkannte er faktisch Oberlehnsherren an, und zum Beweise, daß die Uebersendung des Falken nicht nur eine bloße Höflichkeit sei, die ihre feudale Bedeutung durch Ausdehnung verlöre, wurde dieser Lehnszins nur an solche Fürsten gezollt, deren Unterthanen die überwiegenden Zungen des Ordens bildeten, die von Frankreich, Spanien und Italien, denn nirgends findet sich eine Spur, daß er in Ansehung der Souveräne stattgefunden hätte, deren Unterthanen die Zungen von Deutschland, England, Bayern und Polen bildeten.

Nach Boisgelin, wo er in seinem Werke „Malte ancienne et moderne Vol. II, p. 80" nach dem Generaletat der Ausgaben des Ordens, 1788 zusammengestellt auf Grundlage der Protokolle des Ordens-Secretariats, die Kosten der Darbringung und des Transportes der Falken, die auf der Insel gefangen wurden, giebt, stellt fest, daß sie nur alljährlich an die Könige von Frankreich, Spanien, Portugal und Neapel, wie auch an den Vicekönig von Sicilien gesandt wurden. Diese Ausgabe belief sich in zehn Jahren auf 10 393 Thaler; für ein Jahr auf 1039 Thaler oder 2079 Franken nach heutigem Gelde.

Getreu dem politischen Gedanken, den Ludwig XIV. in seinen Beziehungen zu den Malteserrittern geleitet hatte, suchten seine unmittelbaren Nachfolger den französischen Einfluß zu bewahren. Durch königliches Patent vom Juni 1765, eingetragen bei dem Pariser Parlament am 1. August desselben Jahres, bewilligte Ludwig XV. den Maltesern alle Rechte der Inländer in seinem Königreich. Seit dieser Zeit datirt die große Anhänglichkeit der Insulaner für Frankreich, die weder die Zeit noch der Wechsel der Herrschaft gänzlich zu verwischen vermochten. Ludwig XVI., der bekanntlich eine große Sorgfalt für alle maritimen Interessen entwickelte, überbot noch seinen Großvater in seinem Wohlwollen gegen die Insel Malta, indem er verfügte, daß von jedem Buch, das aus der königlichen Druckerei hervorginge, ein Exemplar an die öffentliche Bibliothek der Insel abgegeben werden sollte.

Danach ist es wohl zu begreifen, wie die Großmeister des Ordens erkenntlich für die Wohlthaten der französischen Könige und gleichzeitig bemüht, sich ihre Gunst zu erhalten, dem altherbrachten Symbol der Falken neue Gaben hinzufügten. Das Orangenwasser von Malta, damals wie noch jetzt berühmt, figurirte in dieser ununterbrochenen Folge von Geschenken, denen erst das unheilvolle Jahr 1789 ein Ziel setzte: — noch wenige Jahre weiter und es gab in Frankreich keine Bourbons mehr, um dieselben in Empfang zu nehmen, und in Malta keine Großmeister, um sie ihnen darzubringen!

Auch im deutschen Orden unterließen die Ordensgebietiger ihrerseits nichts, sich die Gunst der Fürsten, unter denen ihre Balleien lagen, zu erhalten oder zu gewinnen, und da waren es die unter den Fürsten so sehr beliebten Falkengeschenke, womit man von Preußen aus ihre Gunst für den Orden immer wieder aufzufrischen bemüht war. Wir hören öfter, wie empfindlich sie es aufnahmen, wenn diese Geschenke einmal eine Zeit lang verabsäumt wurden. „Vergeßet ja der Falken nicht zu vergessen", schrieb einst der Comthur von Coblenz an den Hochmeister, „denn mein Herr, der Herzog von Cleve, will Falken haben, oder er will Euch keine Zollfreiheit mehr geben. Wo Ihr ihm keine Falken sendet, so sendet ihm doch einen freundlichen Brief, denn die Zollfreiheit kommt und sehr schwerlich an von den Fürsten, schwerlicher als Ihr glaubet. Zugleichen nahm es der Herzog Ludwig, Pfalzgraf vom Rhein, sehr übel auf, daß man ihm seit einigen Jahren nicht mehr so viel und auch nicht so gute Falken wie sonst gesandt hatte, weshalb er sogar drohte, den dem Hochmeister zu sendenden Wein nicht mehr zollfrei gehen zu lassen. Der Deutschmeister ersuchte daher den letzteren, darauf Rücksicht zu nehmen, daß der Herzog des Ordens Mitbruder sei und lange Zeit dessen großer Gönner gewesen und es auch noch sei; er möge ihm also an der Zahl der Falken nichts abbrechen, zumal da er mehr als andere Fürsten diesem Weidwerk sehr geneigt sei. Wie sehr man durch solche Geschenke auch um die Gunst Friedrichs III. bemüht war, bezeugt ein Schreiben des Landcomthurs von Oesterreich an den Hochmeister. Der röm. König, meldet er ihm, habe die ihm geschenkten Falken und Habichte mit großem Wohlgefallen angenommen und zugleich gegen ihn die Bitte geäußert, ob er ihm nicht auch einige Handfalken, „die da von der Hand fangen", verschaffen könne; man werde ihm damit einen großen Gefallen erweisen. Der Landcomthur räth dem Hochmeister, für ein solches Geschenk zu sorgen, „denn ihm", fügt er hinzu, „ist mit keinem Weidwerk lieber, wie ich von seinen Räthen verstehe, als mit dem Handfalken." Der König habe auch zu verstehen gegeben, daß er gern einen Zobel und einen russischen Hut, wie man den hier im Lande zu tragen pflegt, haben möchte. Der Hochmeister werde ihm auch damit einen Gefallen thun. Auch eine Kotze über das Bett werde dem Könige sehr willkommen sein, weil man sie dort im Lande nicht machen könne. Er habe zwar eine gewöhnliche aus Welschland; das sei aber „ein gar unsauber Ding". Es müsse eine gestrickte Kotze sein, die „weit genug über und über das Bett reiche". Als späterhin solche Falkengeschenke mehrere Jahre unterlassen worden waren, brachte der Deutschmeister im Jahre 1450 beim Hochmeister wieder in Erinnerung, daß es bisher bei ihm und seinen Vorfahren Gebrauch gewesen, die Kurfürsten und andere Fürsten jedes Jahr mit Falken und Federspiel zu verehren. Man möge ihn durch Falkensendungen in den Stand setzen, dieser Sitte auch ferner nachzukommen, „auf daß ich", fügt er hinzu, „meine gnädigen Herren, die Kurfürsten, Fürsten und andere Herren dieser Lande desto baß in unseres Ordens Gunst, guten Willen und Freundschaft nach altem Herkommen behalten möge." Zugleichen rieth man auch dem Hochmeister im Jahre 1451: er möge um des Besten der Ballei Thüringen willen etliche Geschenke an Hengsten oder Schauben schicken und damit die Fürsten, besonders den jungen Herzog von Sachsen verehren, weil in dessen Fürstenthum die Noth der Ballei am größten sei.

Die hl. Wolfgangs-Brüderschaft zu Berlin.

Je mehr die römische Kirche mit dem Schluße des 14. Jahrhunderts der Veräußerlichung anheimfiel, um so lebhafter trat das Bestreben einzelner frommer Gemüther hervor, sich in kleinere Vereinigungen zusammenzuschließen, um in ihnen Gott im Geiste und in der Wahrheit zu dienen und auf dem Wege ernsthafter Askese das Himmelreich zu erringen. Auch in den Schwesterstädten Berlin und Kölln a. d. Spree entstanden mehrere solcher Vereinigungen und geistlicher Gilden; — durch die Theilnahme, welche die ältern Hohenzollern ihr entgegengebracht haben, ist eine derselben besonders denkwürdig geworden.

Nachdem das Haus der Burggrafen von Nürnberg feste Wurzeln in der Mark geschlagen hatte, kam dem deutschen Nordosten gar viel des Zuzuges aus dem Südwesten des Reiches. Es waren indessen keineswegs nur „Abenteurer", wie sie bei solchen Gelegenheiten nimmer fehlen, welche den Spuren dieser erlauchten Fürsten folgten, sondern auch Männer, deren Tüchtigkeit und Ernst, ja, oft auch ein organisatorisches Talent nicht abzustreiten sind. Fränkische Edelleute von hohem Range nicht: es ist z. B. kein Utenhofen, kein Lentersheim, kein Lichtenstein, geschweige denn ein Graf von Oettingen oder Kastel, im Lande Brandenburg seßhaft geworden. — wohl aber ursprünglich bürgerliche Hofbeamten, wie Konrad Eben und Ulrich Czeuschel, die Küchenmeister, — letzterer „von frommen Eltern in Bayreuth" geboren. Ulrich Czeuschel übertrug, um des gewohnten Gottesdienstes auch in dem rauhen Norden nicht zu entrathen, die von der Burggräfin Margarethe St. Marienbrüderschaft von Mangersreuth bei Kulmbach nach Berlin und erbaute dieser frommen Gesellschaft die schöne und geräumige Kapelle mit dem Staffelgiebel neben dem Portale von St. Nikolai, die noch heute steht.

Männer wie Ulrich Czeuschel traten dann unvermerkt in den Ritterstand über und verschwägerten sich selbst mit so mächtigen Häusern, wie dem der Herren von Schlieben auf Baruth.

Nachdem im Jahre 1451 aber das Schloß zu Kölln an der Spree vollendet und hiermit ein ständiger Hofhalt der Hohenzollern in der Mark errichtet worden war, setzte sich der Zuzug aus dem deutschen Süden aus noch ganz anderen als aus ritterlichen oder bürgerlich-höfischen Elementen zusammen: es kamen nun Handwerker aller Arten, deren schlichter Kunst im deutschen Norden in jenen Tagen noch nicht heimisch war. Und auch sie brachten „ihre Heiligen" mit; sie verpflanzten den Dienst von Heiligen, von welchen man hier vorher nie etwas vernommen hatte, nach der Mark. —

Was hatte der Brandenburger z. B. mit St. Wolfgang zu thun, dem Apostel der Baierischen Hochalp, der mit dem Worte seiner Axt der harten Brust des Felsens das lebendige Naß eines krystallhellen Quells zu entlocken wußte? — Was mit St. Leonhard, dem Schützer der Rosse des Schwaben, — dem Arzte für mancherlei Gebrechen im Haus und Hof, dessen Schmiede das Eigenthum weihte und alles Uebel fern hielt? — Der Heiligen des deutschen Nordostens giebt es ursprünglich nur drei: St. Maria die Fürbitterin, St. Petrus, den Schutzpatron der Fischer, und St. Nikolaus, den hülfreich spendenden Freund der Reisenden und Kaufleute. Wie einst aber die niederländischen Colonisten den Dienst St. Stephans, St. Katharinens und St. Amalbergens, ja auch den der h. Gertrud von Nivelles nach Brandenburg verpflanzt hatten, so richtete man jetzt Altäre auch für süddeutsche Heilige auf. Der Dienst des h. Georg war bekanntlich wie der von St. Marien Gemeingut des ganzen Abendlandes. —

Es war im Jahre 1476, als zwei solcher eingewanderter Bürger von Berlin, Jakobus Vogtel, von Dillingen im Schwabenlande gebürtig, und Balwe (Baldwin) Reinecke aus Lindberg in Baiern in Berlin und zwar bei St. Nikolai eine Brüderschaft des heiligen Wolfgang errichteten. Dieselbe stiftete im Jahre 1479 einen Altar in dem genannten Gotteshause, welchen der Bischof Arnold von Burgsdorf zu Brandenburg am Tage Franzisci des J. feierlich weihte. Die zu diesem Altare gehörigen Einkünfte wurden dem Priester Matthias Luchmann, einem „Mitbruder der Gilde", gegen die Verpflichtung überlassen, den Altar zu bedienen und, da er sein Auskommen habe, kein Nebenamt zu übernehmen.

Markgraf Johannes, der spätere Kurfürst Johannes Cicero, erwies dieser neuen religiösen Vereinigung viel Theilnahme und Gnade. Ward ihm doch grade am St. Wolfgangs-Tage, dem 31. October 1480, ein Sohn geboren, welchem er selbstverständlich den Namen dieses Heiligen beilegte. Wohl starb der Prinz schon nach kurzer Zeit; dennoch hielt Herr Johann am Dienste St. Wolfgangs fest. Am 16. December 1481 gebot er vom Schlosse zu Spandow aus allen weltlichen Richtern seiner Lande, den Meistern und Brüdern der St. Wolfgangs-Gilde zu Berlin bei der Eintreibung ausstehender Forderungen hülfreiche Hand zu leisten, ohne ihnen Mühe, Kosten und Zehrung zu verursachen, ersuchte auch alle geistlichen Richter um die gleichen Vergünstigungen. Meister der Gilde waren damals Barthel Behaim und Claus Jerichow.

Das Verhältniß des Statthalters und Kurprinzen zu dieser Brüderschaft wurde mit der Zeit ein so inniges, daß Johannes am 26. Mai 1487 mit seiner Gemahlin Margaretha selbst der Gilde beitrat. Er gab ihr bei dieser Gelegenheit noch einen zweiten Schutzpatron, den oben erwähnten Nothhelfer St. Leonhard. Zur Stätte der Gottesdienste dieser frommen Gemeinschaft wurde nunmehr eine jener

Kapellen ausgewählt, welche den hohen Chor von St. Nikolai kranzartig umziehen. Es wurden in ihr zwei Altäre, einer für St. Wolfgang und einer für St. Leonhard, errichtet. Zwei Priester sollten an ihnen die Messe lesen. Zu ihrer Besoldung brachte die Gesellschaft eine jährliche Summe von 9 Schock Groschen auf. Dafür mußten neben den vier wöchentlichen Messen aber auch noch Vigilien u. s. w. gehalten werden. Markgraf Johann als „oberster Mitbruder“ bestätigte diese Bestimmungen durch Anhängung seines Siegels. Dieser Titel:

„Oberster Mitbruder! Erlauchter, edler und hochgeborener Fürst! Guter und getreuer Mitbruder! Gestrenger Nachfolger St. Wolfgangs!“

bildet die stehende Anrede von Seiten der Brüder an den Markgrafen, und es klingt gar anheimelnd, wenn wir denselben von Handwerkern ihrem Fürsten gegenüber angewandt finden.

Aus dem Jahre 1485 liegen uns denn noch drei weitere Pergamente vor, welche ein helleres Licht über diese geistliche Gilde, ihre Mitglieder und ihre Zwecke verbreiten. Am 29. September, dem St. Michaelistage 1485 erklären die Brüder der Wolfgangs- und Leonhards-Gesellschaft zu Berlin, daß sie zur Hilfe und zum Troste aller in ihrer Gesellschaft Verstorbenen, eine Bruderschaft angefangen hätten, welcher sich

Fürsten und Fürstinnen, sowie viele Reiche und Arme des Volkes angeschlossen hätten, und daß der Markgraf Johann am Taufstage seines Sohnes, zu Pfingsten 1482, dieselbe bestätigt habe.

Hierbei sei auch festgesetzt worden, daß diejenigen Mitglieder der Brüderschaft, welche Wallfahrten nach Rom oder nach anderen heiligen Orten der Christenheit antreten würden, eine Bescheinigung empfangen sollten, daß sie der frommen Gesellschaft auch wirklich angehörten. Auf Ansuchen des Mitbruders Jakob Rondel, des Küsters der Brüderschaft, und seiner Ehefrau Margarethe, welche wahrscheinlich damals eine solche Wallfahrt antreten wollten, wurde ihnen ferner bezeugt, daß sie sich stets fromm, ehrlich und aufrichtig gehalten hätten. Darum werden in diesem offenen Briefe alle Prälaten und Kirchherren gebeten, den Vorzeigern die Sakramente der h. Kirche zu spenden und ihnen jede Freundschaft und Gunst zu erweisen, im Falle des Todes der Eheleute den Brief indessen nach Berlin zurückzusenden, damit die vorgeschriebenen Seelenmessen auch für die Rondel'schen Eheleute gehalten werden können.

Herr Matthias Tuchmann aber war im Jahre 1486 zu der einträglichen Stelle eines Propstes des Jungfern-Klosters von Spandau gelangt. Wohl trug er sich mit dem Plane, sich zu Berlin ein Haus zu erbauen, wobei ihn auch der Kurprinz mit den Materialien oder mit Geld unterstützen wollte; das Messelesen und die Seelsorge der Brüderschaft aber fielen ihm beschwerlich. Die St. Wolfgangs-Brüder entbanden ihn denn auch, wiewohl nicht gerade willig, von seinen Verpflichtungen und ließen ihn nach Spandau ziehen; er mußte der Gilde indessen zwölf Schock Groschen entrichten, damit für die beiden Altaristen zu St. Wolfgang und St. Leonhard — wohl auf dem Nikolai-Kirchhofe, ein Haus errichtet werden könnte. Als Mitglieder der Gilde lernen wir aus diesen Urkunden die folgenden Persönlichkeiten kennen:

den Markgrafen Johann und seine Gemahlin, Jakob Rondel und Frau, Balzer Reinecke, der ein Kannengießer war, den Holzschuhmacher Simon, einen gewissen Thomas Page, die Patrizier Hans Heidecke und Hans Blankenfelde, den Sattler Hans Schönrich, einen Thomas Bornemann und den Gotteshausmann Hans Krüger; — Mitglieder also der verschiedensten Stände. Es ist klar ersichtlich, daß die Hohenzollern die Kette von St. Leonhard als ein Mittel betrachteten, welches die sich feindlich gegenüberstehenden Massen der Einwohnerschaft Brandenburgs versöhnen und fester mit der Fürstenfamilie vereinigen sollte.

Es ist ferner unzweifelhaft, daß die St. Wolfgangsbrüder einst auch ein Abzeichen getragen haben; — worin dasselbe aber bestanden hat, wissen wir nicht. Die Attribute der beiden Heiligen Wolfgang und Leonhard sind Beil und Kette. Das schöne Grabmal Johann Cicero's im Berliner Dome, der berühmte Erzguß von Peter und Johannes Vischer zeigt freilich an der liegenden Statue des Fürsten nichts dergleichen.

Die weiteren Schicksale der frommen Vereinigung sind völlig der Vergessenheit anheimgefallen; auch ein Memorien-Buch von St. Wolfgang und St. Leonhard fehlt. Beliebt waren Wallfahrten der Gildebrüder nach San Jago di Compostella und zu „Unserer Lieben Frau von Aachen“, d. h. zu dem Oktogone, der „Capella imperialis“ Karls des Großen; — die Mehrzahl der Mitglieder wird sich indessen wohl mit einer Pilgerfahrt nach Wilsnack, nach dem Harlungerberge bei Brandenburg oder nach dem hohen Golme bei Garath begnügt haben.

Als dann die Reformation in Brandenburg eingeführt wurde, hatte sich der fromme Verein bereits längst aufgelöst; — es wird seiner in den Visitations-Akten von 1540/1 mit keinem Worte mehr gedacht. Gleichwohl ist er einer rühmlichen Erwähnung wohl nicht unwerth; — suchte doch auch er an seinem geringen Theile die Sitten durch die Religion zu veredeln und durch brüderliche Liebe das harte Leben hienieden zu erleichtern und zu verklären. „Lieber und getreuer Mitbruder“, — wo ein Fürst sich so von seinen Unterthanen nennen läßt, da ist ja der Grund alles Heils vorhanden: ein lebendiges Christenthum. —

D. G.

Das Diakonissenhaus Bethanien zu Breslau macht am Eingange seines diesmaligen Jahresberichtes, des vierzigsten seit dem Bestehen der Anstalt, den Lesern desselben zunächst die hocherfreuliche Mittheilung von der am 10. März d. J. durch Ihre Majestät die Kaiserin und Königin Auguste Victoria erfolgten Uebernahme des Protektorats über die Anstalt.

Der Bericht gedenkt sodann in wehmüthig dankbarer Empfindung des am 7. Januar d. J. erfolgten seligen Heimganges der bisherigen Allerhöchsten Protektorin des Hauses, Ihrer Majestät der Kaiserin und Königin Augusta, welche wie allenthalben im Reiche, wo sich ihr die Gelegenheit zum Wohlthun darbot, so auch in Bethanien in Breslau Spuren reichsten Segens hinterlassen hat. „Die schönste und fruchtbarste Erinnerung an die Hohe Entschlafene, heißt es in dem Berichte, ist aber das edle Vorbild, welches sie — „die Diakonissin im Diadem und Purpur" — durch ihre unermüdliche Pflichttreue in treuer Erfüllung des königlichen Gebotes der Liebe ganz besonders unseren Diakonissen hinterlassen hat."

Nach diesen einleitenden Mittheilungen wendet sich die Berichterstattung der Anstaltsthätigkeit Bethaniens während des vergangenen Jahres zu.

Danach betrug die Schwesternschaft, welche sich am Schlusse des Jahres 1888 auf 220 belief, Ende 1889: 238 und zwar 164 eingesegnete, 55 Bei- und 19 Probeschwestern, nachdem 11 (2 eingesegnete, 4 Bei- und 5 Probeschwestern) im Laufe des Jahres wieder ausgeschieden bezw. entlassen und 2 nach schweren Leiden in den Dienst der oberen Gemeinde abgerufen waren. — Die kirchliche Einsegnung von Schwestern zum Diakonissenamte konnte gelegentlich der Feier des Stiftungsfestes Bethaniens am 12. Mai v. J. an 16 Beischwestern vollzogen werden, während am 2. Osterfeiertage, den 22. April v. J. und bei der Feier des Kirchweihfestes am 13. November 10 Probeschwestern zu Beischwestern ernannt wurden.

Eine seltene und in reichem Maße gesegnete Feier, über die wir bereits in Nr. 40 dieses Blattes vom vorigen Jahre berichtet haben, beging am 22. September v. J. die derzeitige Hausmutter und Oberin Bethaniens, Schwester Marie Schäfer, welche an diesem Tage vor 50 Jahren durch den Erneuerer der weiblichen Diakonie in der evangelischen Christenheit, den seligen Pastor D. Theodor Fliedner zu Kaiserswerth a. Rh. die kirchliche Einsegnung für das Diakonissenamt empfangen hatte. Sie ist die erste Diakonissin der neueren Zeit, welcher die hohe Gnade zu Theil geworden ist, das „goldene" Diakonissenamts-Jubiläum zu begehen. Erhöht wurde dieses Ereigniß noch dadurch, daß auch zugleich zwei unter ihrer Leitung herangebildete Schwestern ihr fünfundzwanzigjähriges Dienst-Jubiläum feiern durften.

Eine schöne Jubelgabe, welche theils von den Schwestern, theils von verschiedenen Gönnern und Freunden Bethaniens der „goldenen" Jubilarin außer sonstigen zahlreichen Spenden und Geschenken noch besonders dargebracht wurde, ist die Stiftung eines Erholungshauses für die Schwestern der Anstalt, vermittelst einer Geldsammlung, welche bis zum Jahresschlusse 1889 den ansehnlichen Betrag von 13 343 Mk. 50 Pf. erreicht hatte. Dasselbe ist in dem kleinen lieblichen Badeorte Obernigk, Kreis Trebnitz, vier Meilen von Breslau gelegen und für den angegebenen Zweck wohl geeignet. Zugleich soll dasselbe aber auch weiteren Kreisen dienen und mit demselben eine Erholungsstätte für einzelne Damen, besonders jüngeren Alters unter der Obhut von Diakonissen in Verbindung gebracht werden. Sein gegenwärtiger Name „Louisenruh" soll zum ehrenden Andenken an die Jubilarin demnächst in „Marienruh" umgewandelt werden.

Noch nie hat Bethaniens Schwesternschaft seit dem Bestehen des Hauses so viele und so schwere Krankheitsfälle zu bestehen gehabt wie im vergangenen Jahre. Typhus, Rheumatismus, Diphteritis, Scharlach, Lungen- und Nierenleiden, Blutvergiftungen und endlich die Influenza haben Monate hindurch die Kräfte der Schwestern mitgenommen. Wochenlang mußten nicht weniger als 20 Schwestern ihrer Arbeit fern bleiben, während dieselben auf dem ganzen Arbeitsgebiete Bethaniens jetzt mehr als reichlich vorhanden war. Durch diese schwere Zeit glücklich hindurchzukommen, war nur dadurch möglich geworden, daß einige in Bethanien ausgebildete und zur Ableistung eines Wiederholungskursus wieder einberufene dienende Schwestern des Johanniter-Ordens theils im Mutterhause, theils auf mehreren auswärtigen Stationen ihre Unterstützung bereitwillig darboten. Im Ganzen sind für Rechnung des Johanniter-Ordens bis zum Ende des vergangenen Jahres in Bethanien 21 Damen als Pflegerinnen ausgebildet und von dem Durchlauchtigsten Herrenmeister des Ordens, Prinzen Albrecht von Preußen, zu „dienenden Schwestern des Johanniter-Ordens" ernannt worden, während gegenwärtig 3 sich noch im Lehrkursus befinden und 2 Damen zur Aufnahme vorgemerkt sind.

Am Schlusse dieses Abschnittes über die Schwesternschaft, richtet der Bericht wieder wie im vergangenen Jahre, da die Zahl der dem Hause zur Verfügung gewesenen Diakonissen den an die Anstalt herangetretenen Bedürfnissen bei weitem nicht entsprach, an alle evangelischen Christinnen, besonders Schlesiens, die dringende Bitte, zur Entfaltung ihrer Gaben und Kräfte sich dem edlen Diakonissenberufe zu widmen, wodurch zugleich vielen in bedrängter Lage befindlichen Jungfrauen eine sorgenfreie, auskömmliche Lebensstellung gesichert wird.

Was nun die Arbeit Bethaniens im Mutterhause anlangt, so wurden zunächst in dem Krankenhause im Laufe des vergangenen Jahres einschließlich des aus dem Jahre 1888 verbliebenen Bestandes von 118 Kranken im Ganzen 1395 Kranke (1888: 1410) in 47 384 Verpflegungstagen (1888: 46 648) verpflegt, sodaß je ein Kranker durchschnittlich 33,9 Tage (gegen das Vorjahr mehr 1,0) in Anspruch genommen hat und täglich im Durchschnitt 129,8 Kranke (gegen das Vorjahr 2,8 mehr) in der Anstalt sich befunden haben.

Die Aufnahme erfolgte wie früher ohne Unterschied des religiösen Bekenntnisses, des Standes, des Geschlechtes, des Alters und der Ortsangehörigkeit, soweit der Raum und die Statuten des Hauses es gestatten. Alle Kranken, welche sich als unbemittelt ausweisen konnten, erhielten kostenfreie Verpflegung; Mitglieder von Krankenkassen zahlten auf den Tag 1 Mk. und Bemittelte nach Maßgabe ihrer Ansprüche und Vermögensverhältnisse eine freiwillige Vergütung.

Dem Geschlecht nach theilten sich die 1395 Kranken in 237 männliche und 1158 weibliche, der Religion nach in 1067 Evangelische, 323 Römisch-Katholische, 4 Altlutherische und 1 jüdischen Glaubens; der Heimat nach in 491 aus Breslau, 885 aus der Provinz Schlesien; aus anderen Provinzen und Ländern waren 18, heimatlos war einer.

Chirurgische Eingriffe in Chloroformnarkose wurden 247 (darunter 170 große Operationen) und 238, d. i. 96,5 pCt. mit günstigem Erfolge vollzogen. Nachtwachen wurden 1440 geleistet.

Im Siechenhause Bethaniens, welches gegenwärtig 19 mit je 7500 Mk., 2 mit 1000 bezw. 12 000 Mk. vollständig und 8 unvollständig fundirte Freibetten besitzt, sind, mit einem Bestande von 46 Pfleglingen aus dem Jahre 1888, im Laufe des vergangenen Jahres im Ganzen 58 Personen (9 männl., 49 weibl.) verpflegt worden, sodaß durchschnittlich täglich 46 Pfleglinge vorhanden waren und und jeder derselben im Durchschnitt 287,4 Tage in Anspruch nahm; 11 sind gestorben, 2 gingen in andere Pflege über, 45 blieben 1890 im Bestande. Die Zahl der Nachtwachen belief sich auf 365.

Die Poliklinik des Mutterhauses wurde 1889 von 2836 Personen in Anspruch genommen.

Privatpflegen wurden 53 mit 341 Nachtwachen geübt, freilich nicht so häufig, als sie begehrt wurden, weil es an verfügbaren Schwestern gebrach.

Die Arbeit der Schwestern Bethaniens erstreckte sich im Berichtsjahre auf 32 verschiedene Orte der Provinz Schlesien mit 61 Arbeitsfeldern und nahm 160 Schwestern, d. i. 10 mehr als 1888, in Anspruch.

Als neue Stationen wurden übernommen: Das vom Herrn Rittergutsbesitzer Martin zu Rothenburg i. d. Oberl. gegründete Siechenhaus und die ebendaselbst von einem Comitee eingerichtete Gemeindepflege, mit zusammen 3 Schwestern; die vom Vereine für innere Mission in der Parochie Guhrau eingerichtete Kleinkinderschule mit einer Schwester; die Abtheilung für weibliche Kranke im städtischen Krankenhause zu Waldenburg i. Schl. mit einer Schwester; die vom evangelischen Gemeindekirchenrath zu Reichenbach i. Schl. eingerichtete Gemeindepflege zu Ernsdorf bei Reichenbach mit einer Schwester, wogegen aber die Gemeindepflege zu Reichenbach i. Schl. bis auf weiteres um eine Schwester vermindert wurde; endlich die Jänisch-Pietsch'sche Kleinkinderschule zu Ober-Waldenburg mit einer Schwester. — Verstärkung erhielten: die Gemeindepflege in Brieg, das Stadtkrankenhaus in Bunzlau, das Magdalenenstift zu Deutsch-Lissa, die Kaiserin-Augusta-Waisenstiftung zu Schweidnitz durch je eine Schwester.

Werden zu den von den Schwestern Bethaniens auf den auswärtigen Stationen gepflegten Personen noch die in den Anstalten des Mutterhauses und in den Privatpflegen gepflegten (in der Heilanstalt 1395, im Siechenhause 58, in der Poliklinik 2836, in den Privatpflegen 53) zusammen 4341 hinzugerechnet, so hat sich die Gesammtthätigkeit der Schwestern auf 18 022 (d. i. 1482 mehr als im Jahre 1888) Personen erstreckt, während die Gesammtzahl der geleisteten Nachtwachen die Höhe von 9962 (d. i. 748 mehr als 1888) erreicht hat.

Außerdem sind die „Sonntagsschulen", d. h. Kindergottesdienste nach dem Gruppensystem (die von Bethanien war durchschnittlich von 600—700 Kindern besucht), die Flick- und Strickschulen und die Dienstmädchen- und Fabrikmädchenvereine allenthalben in bisheriger Weise erfolgreich weitergeführt worden. Auch wurden manchen Hungrigen und armen Kranken in ihren Behausungen von den Bethanien-Schwestern stärkende Mahlzeiten, bestehend in Suppen und anderem Lebensbedarf, gereicht.

Der Jungfrauenverein Bethaniens, welcher fast ebensolange als das Mutterhaus besteht, zählte Ende 1889 44 Mitglieder. Sein Zweck ist, Bethanien theils durch die Anfertigung von weiblichen Handarbeiten, die seine Mitglieder gemeinsam für die kranken Pfleglinge Bethaniens in ihren Versammlungen anfertigen, zu unterstützen, theils in den Kreisen, in denen seine Mitglieder leben und verkehren, das Interesse für Bethanien zu erwecken und zu pflegen.

Was die Kassenverhältnisse Bethaniens während des abgelaufenen Jahres anlangt, so betrugen die Einnahmen 135 115 Mk. 48 Pf., die Ausgaben 138 589 Mk. 21 Pf., sodaß sich also eine Mehrausgabe von 3474 Mk. 04 Pf. ergiebt. Auf den Anstaltsgrundstücken haftet immer noch die beträchtliche Schuldenlast von 157 177 Mk. Der Bericht wendet sich deshalb am Schlusse wieder an alle Gönner und Freunde des Hauses mit der herzlichen Bitte, zur Tilgung dieser Schuld sowohl wie zur ferneren Durchführung des seit nunmehr 40 Jahren seitens Bethaniens festgehaltenen Grundsatzes, alle unbemittelten Kranken kostenfrei zu verpflegen, recht reichlich beizusteuern.

Carl Heymanns Verlag in Berlin W., Mauerstraße 63—65.

Gedruckt bei Julius Sittenfeld in Berlin.

Alle Zuschriften und Sendungen in Angelegenheiten dieses Blattes wolle man an den Redacteur desselben: Geh. Hofrath Herrlich W. Potsdamer Straße Nr. 134 c. zu Berlin richten.

[illegible]

Wochenblatt
der
Johanniter-Ordens-Balley Brandenburg.

[illegible]

Im Auftrage der Balley Brandenburg verantwortlich redigirt von C. Herrlich in Berlin.

Jahrg. 31. Berlin, den 28. Mai 1890. Nr. 22.

1. Wolfo Alexander Freiherr von Zedlitz und Neukirch, Rechtsritter seit 1869, † zu Nieder-Kauffung bei Schönau in Schlesien 15. Mai 1890.
2. August von Kleist, Generalmajor z. D., Ehrenritter seit 1873, † zu Potsdam 13. Mai 1890.

Der Durchlauchtigste Herrenmeister des Johanniter-Ordens, Prinz Albrecht von Preußen, Königliche Hoheit, wird in Sonnenburg am 23. Juni ein Capitel dieses Ordens abhalten und am folgenden Tage in der Ordens-Kirche daselbst eine Anzahl Ehrenritter, durch Ritterschlag und Investitur, als Rechtsritter aufnehmen.

Einladungen an Johanniter-Ritter, dieser Feierlichkeit als Zeugen beizuwohnen, haben, der Lokalverhältnisse wegen, nur in sehr beschränkter Weise stattfinden können.

Schlesische Genossenschaft.

Auf dem am 6. d. Mts. in Breslau stattgehabten Rittertage der Schlesischen Genossenschaft des Johanniter-Ordens ist an Stelle des verstorbenen Ehrenritters, Regierungspräsidenten a. D. Freiherrn von Zedlitz und Neukirch auf Girgwitz, der Rechtsritter, Kammerherr und Landesälteste, Mitglied des Herrenhauses Burggraf und Graf zu Dohna, auf Kotzenau, zum Mitgliede des Convents der genannten Genossenschaft gewählt worden.

Märkische Johanniterstegel.

Noch fehlt ein märkisches Siegelwerk, obwohl ein solches in seinem älteren Theile die dankenswerthesten Aufschlüsse über die Germanisirung der Wendenlande und die Abstammung der kriegerischen Colonisatoren Brandenburgs zu geben verheißt. Der verstorbene Kanzleirath F. A. Voßberg hat selbst nur noch ein Heft märkischer Siegel zu publiciren vermocht; ein zweites hat der Verein „Herold" nach dem Tode des verdienten Sphragistikers veröffentlicht. Dabei aber ist es auch geblieben. Welch' reiche geschichtliche und kulturgeschichtliche Ausbeute die Siegelkunde inskünftig zu gewähren vermag, wollen wir heute nur in einer Beziehung erörtern, indem wir die uns erhaltenen Siegel älterer märkischer Johanniter betrachten.

Die „Balley Brandenburg" als solche scheint in älterer Zeit kein besonderes Siegel geführt zu haben; wenigstens hat sich ein solches bis jetzt nicht auffinden lassen. Erst um das Jahr 1500 wurde ein schön geschnittener, spitzgothischer Stempel derselben [illegible]. Unter einem zierlichen, mit Thürmchen, Krabben und Fialen geschmückten Tabernakel zeigt derselbe den Täufer mit dem agnus Dei. Zu seinen Füßen der Schild mit dem Johanniterkreuze in achtspitziger Form. Die auf einem vielgefälteten Spruchbande befindliche Inschrift lautet:

S. capi/tel. et 'ec. or/S. J/ohns. /ba/llive/bran/deb/orgen: d. h. Sigillum capituli et ecclesiae ordinis Santi Johannis balliae brandenburgensis.

Viel weiter gehen die Siegel der einzelnen Ordenshäuser der märkischen Johanniter zurück. Als das ehrwürdigste derselben darf schon seiner parabolischen Form halber das der Comturei Werben betrachtet werden. Der innere Raum zeigt nur das Lamm Gottes mit der Kreuzesfahne; die Umschrift lautet: „Sigillum domus Werben." Die Kunstformen sind die der Mitte des 13. Jahrhunderts. Im Gebrauch befand sich dies Siegel noch im Jahre 1431.

Noch schlichter erscheint das runde Siegel des Hauses Lietzen, welches an einem Pergament von 1321 sich erhalten hat: über damascirtem Grunde ein schlichtes Balkenkreuz mit ganz geringer Ausbiegung der Schenkel am Ende. Umschrift: „Sigillum Curie de Lietzen."

Reichere Formen weist bereits das Siegel der Comthurei Quartschen auf, welches einer Urkunde von 1335 angehängt ist. Das Kreuz, welches sich hier über den inneren Kreis hinaus, zeigt schon viel stärkere Ausbiegungen an den Enden; ganz eigenthümlich aber ist der Schmuck von drei Eichenblättern, der in den vier Kreuzeswinkeln sich befindet. Aehnliches wird uns indessen noch einmal begegnen: die Ordensherren scheinen den starken, deutschen Baum des Nordens besonders geliebt zu haben.

In sehr kräftiger Form ist das gleichfalls runde Siegel der Comthurei Rörchen bei Königsberg i. d. Neumark erhalten. Aber auch hier nach das Kreuz mit nur geringen Ansätzen zu seiner achteckigen Gestalt und die Umschrift: „Sigillum curie Rorchen."

Viel interessanter sind die Siegel der märkischen Johanniter-Meister und Ritter, zumal da nach ihnen die Tafeln der Sonnenburger Kirche ergänzt und berichtigt werden können. Leider vermag der Siegelabdruck uns jedoch keine Auskunft über die Farben bisher nicht bekannter Wappen zu geben.

Das runde Siegel des Meisters Gebhard von Bortfeld trägt die Umschrift: „Sigillum fratris Gevehardi de Bortvelde" und ist an einer Urkunde von 1335 erhalten. Es zeigt unter einem schon recht ausgebildeten Johanniterkreuze den dreieckigen Schild in dieser Form, über welchem zwei Lilienstäbe im Andreas-Kreuze gelegt sind. Selbstverständlich sind diese schön ausgearbeiteten Stäbe als Hellebarden zu deuten.

Von Meister Hermann von Werberge sind zwei nur in der Größe verschiedene Siegel von 1352 und 1364 bekannt. Ihre Umschrift ist gleichlautend: „Sigillum fratris Hermanni de Werberge." — „Frater" und nicht anders nennen sich die Meister, wie wir sehen werden, auf ihren Siegeln selbst noch im 16. Jahrhundert. Sehr bedeutsam ist das Wappensymbol dieses Meisters: ein Lindenstumpf mit seinen Wurzeln. Mitten über dem abgehauenen Stamme des uralt-heiligen deutschen Baumes steht das Johanniterkreuz, und rechts und links geht aus dem Stumpfe je ein Lindenblatt hervor, das sich an seinem Stiel zum Kreuze aufrankt. Ist es nicht, als ob das Siegel für seinen Herrn die Worte sprechen wollte:

„Ich selbst, der kraftvolle Bruder, welchen die Welt einen Ritter nennt, bin nur ein abgehauener Baum, wenn mir nicht Kraft vom Kreuze wird!"

Meister Bernhard von der Schulenburg führt in einem sehr schön gearbeiteten, spätgothischen Dreipasse auf seinem Siegel nur den Schild mit den drei Adlerfängen, — einem redenden Wappen, wenn man „Schulenburg" als „Späherwarte" deutet. Auf dem Siegel Reimars von Güntersberg, welches wiederum ganz schlicht erhalten ist, findet sich ein dreieckiger Schild mit dem aufrechtstehenden Kopfe eines Ebers mit ganz gewaltigen Hauern. Die Siegel der Meister Busso von Alvensleben von 1422, Balthasar von Schlieben von 1441 und Richards von der Schulenburg von 1478 zeigen die vollständigen Familienwappen mit Helm und Schild und unterscheiden sich von gleichzeitigen Adelswappen in keiner Weise. Jede Hindeutung auf den Zusammenhang des Siegelnden mit einer geistlichen Vereinigung, jeder Hinweis auf seine Würde als Meister des Ordens fehlt. So auch bei Meister Nickel von Tierbach. Er führte, 2. 1. gestellt, drei Rochen — die bekannten Schachfiguren, — wenn man will: auch Schweinsköpfe, — in eben jener Form im Siegel wie die Herren von Rochow.

Die Quadrirung des nun fast völlig in heutiger Form ausgebildeten Ordenskreuzes mit dem Familienwappen findet sich zuerst auf einem Siegel des Meisters Georg von Schlabrendorf von 1517. Ein schmaler Renaissance-Schild: 1, 4 das Ordenskreuz, 2, 3 die Balken des Familienwappens. Diese Schlabrendorfs zu Anfang des 16. Jahrhunderts waren prachtliebende, mit Begeisterung der farbenprächtigen Cultur der Renaissance zugethane Herren. Der Havelberger Bischof Johannes von Schlabrendorf, ein Kenner und Verehrer aller Kunst, ließ einen „Fürsten" sich nennen und suchte seine geistliche Würde durch den ritterlichen Glanz seines Hofhalts noch zu erhöhen. Fortan bleibt die Quadrirung des Schildes bei den Meistern die Regel. Sehr schön ist das Siegel des Meisters Veit von Thümen, das des Thomas Runge mit zwei im Andreaskreuze über einander gelegten Wagenrungen und einer Jungfrau in fliegendem Haar auf dem Helme; — es zeigt sich in gleicher Gestalt, aus Stein gehauen, noch heut' an dem stattlichen, von diesem Meister erbauten Hause zu Cüstrin. Ganz ähnlich angeordnet ist dasjenige des Meisters Graf Martin, Grafen von Hohenstein. Merkwürdiger als diese wohlbekannten Zeichen aber ist der Ringstempel des Bruders Franz Neumann; — der ehemalige Geheimschreiber führte als Ordensmeister in dem quadrirten Wappen 2. und 3. das Kreuz, — 3. und 4. einen Balken, von links unten nach rechts oben gehend, welcher mit drei schweren, dreieckigen Vorlege-Schlössern belegt ist.

Zahlreicher und noch anziehender sind die Siegel der Comthure und schlichten Ordensritter St. Johannis in der Mark. Der Dominus Busso de Greuelhut (Greuelhut) siegelt 1315 mit einem schildförmigen Stempel, auf welchem ein Eisen- oder Sturmhut mit übereinander geschlungenen Bändern erscheint. In jeder der beiden obern Schildecken ein gleichschenkliges Kreuz. Wir bezweifeln, daß dieser Johanniter Busso mit dem gleichnamigen markgräflichen Truchseß identisch ist; Letzterer war wohl der Vater und der Johanniter der Sohn. Das Geschlecht selbst war im Norden von Berlin zu Weißensee seßhaft. Frater Hinricus Stapel, Comthur zu Lietzen, führt schon 1321 einen gespaltenen Schild, — rechts drei Balken, links eine Adlerklaue, aus welcher ein Adlerflügel sich entwickelt. Auf dem Schilde steht das Johanniterkreuz. Frater Johannes von Buch, Comthur zur Nörige, 1336, war, wie der Löwe im Schilde zeigt, kein alt-, sondern ein altermärkischer Buch. Ein sehr schönes Siegel besaß Otto von Stendal, 1366 Comthur zu Mirow. Die beiden mit den Rücken gegen einander gestellten Beile im

Schilde, über denen in der Mitte ein gleichschenkliges Johanniterkreuz sich befindet, beweisen, daß die altmärkischen Herren vom Gardel, welche schon bei der Einrichtung Prenzlau's zu einer deutschen Stadt betheiligt waren, der altmärkischen Sippe derer von Rödern angehörten. Friedrich von Lochen der Jüngere, der Sohn des gewaltigen, ritterlichen Feldhauptmanns der Wittelsbacher in der Mark, führt ein Siegel, welches schon auf den ersten Blick die kunstgewandtere Hand eines süddeutschen Stechers verräth; die Lochen waren Bayern; ihr Stammsitz hieß Lochen. Der schräg gestellte Schild ist längsgespalten; die rechte Hälfte dieser schlichten, keine Figur aufweisenden Wappens zeigt bei dem Vater keinen Schmuck, bei dem Sohne aber das Johanniterkreuz. Ueber dem Topfhelme und seinen flatternden Helmdecken bäumt sich der Hals eines Schwanen, der mit Pfauenfedern besteckt ist. (1356). „Bruder Bernhard von Kamenz" giebt seinem Siegel im Jahre 1370 als Comthur zu Nörchen bereits eine deutsche Umschrift; sein Schild zeigt einen schräggestellten Adlerflügel. Sehr interessant ist das Siegel des Bruders Paul Warbenberg an einer Urkunde von 1389. Ueber dem dreieckigen Schilde steht das Ordenskreuz in der Form des eisernen Kreuzes von heute; der Schild aber enthält drei Lilien, von welchen die beiden oberen und kleineren schiefwinklig zu der unteren und größeren gestellt sind. Es ist dies das Wappen der Berliner Patrizierfamilie Warbenberg, welches auf einem Säulenkapitäle des Blankenfelde-Hauses noch bis in die jüngste Zeit erhalten geblieben ist. Selbstverständlich waren diese Berliner Patrizier zu Helm und Schild geboren, wie die Berliner v. d. Gröben, die Dannwig und Ryche.

Schlichten Charakters, von anderen, weltlichen Siegeln nicht im mindesten sich unterscheidend, sind die Siegel der Comthure

Hasso von Wedell zu Wildenbruch, 1420,
Heinrich von Kralm zu Quartschen, 1420, und
Karl von Redern zu Werben 1448.

Es findet sich auf ihnen keine Hindeutung auf die geistliche Ritterschaft des Siegelbesitzers.

Ein älterer Karl von Redern, Comthur zu Werben schon im Jahre 1426, führt indessen über dem Helme statt seiner angeborenen „Zimier" das lockige Haupt Johannis des Täufers. Heinrich Ragenberger, Comthur zu Werben 1461, siegelt wiederum nur mit dem Schilde seines Geschlechts, welcher einen gut gearbeiteten Tischfuß enthält. Sehr persönlich und sehr religiös ist dagegen das Siegel Otto's von Blankenburg gestimmt, der anno 1478 Comthur zu Wildenbruch war. Im Schilde zeigt sich der Widder- oder wirkliche Steinbockskopf, den Helm aber schmückt nicht er, sondern ein Pelikan, der seine Brust für seine Jungen öffnet: das schöne Symbol des Erlösers. Das grüne Reisig des Nestes bildet die Krone des Helmes dieses Wildenbrucher Comthurs. Einem sonst gänzlich unbekannten Geschlechte „von Bach" endlich gehört jener Comthur Michael de Bule an, der zu Wildenbruch im Jahre 1407 ohne Hinweis auf seine Ordensangehörigkeit mit einer heraldisch stylisirten Buche siegelt.

Es seien schließlich noch drei Siegel von drei Pröpsten erwähnt, welche dem Orden angehört haben. Dietrich Wasse, Propst zu Stargardt, führt 1389 in seinem runden Siegel das Haupt des Täufers auf einer Schüssel; — rechts daneben das achtspitzige Johanniterkreuz. Nikolaus Herwerd, Propst zu Königsberg i. d. Neumark, Johanniter-Ordens, siegelt mit dem Kelche des h. Abendmahls, welchen zwei Sterne begleiten, 1420. Johann Lunenborch, Propst zu Stargardt, führt das Amtssiegel der Propstei, in welchem sich das achtspitzige Kreuz des Ordens schon 1420 vollkommen ausgebildet vorfindet. Aus den vier Mittelwinkeln des Kreuzes aber wachsen hier vier Eicheln hervor. —

Die Heraldik ist nun gewiß nichts denn eine sehr bescheidene Hilfswissenschaft der Geschichte. Dennoch vermag auch sie wichtige culturhistorische Aufklärungen zu ertheilen. Uns hat es gefreut, den Siegeln der Ordensritter und der Ordenshäupter in der Mark die Thatsache entnehmen zu dürfen, daß bis zum Schlusse des 15. Jahrhunderts die Schlichtheit eine Tugend der brandenburgischen Johanniter gewesen ist. Welch glänzenden Schmuck das weltliche Ritterthum sich auch hier zu Lande erwählte, zeigt schon ein flüchtiger Blick auf das wunderschöne Reitersiegel eines Johannes von Buchelden von 1290 und eines Ritters Dietrich von Quitzow (nicht des vielberufenen, gewaltthätigen „Landbeschädigers") von 1362. Die Ritter des ritterlichen Ordens verschmähten diesen Pomp. D. E.

Das Diakonissenhaus in Posen,

dessen 24. Jahresbericht in der März-April-Nummer der von der Anstalt herausgegebenen „Blätter aus dem Posener Diakonissenhause" vor Kurzem veröffentlicht worden ist, zählt am Schlusse des Jahres 1889 112 Schwestern (1888 : 105) und 10 Diakonissenschülerinnen (1888 : 2). Von den Schwestern selbst waren 48 eingesegnete, 44 Beischwestern und 20 Probeschwestern. Im Laufe des vergangenen Jahres wurden 18 Probeschwestern und 10 Schülerinnen aufgenommen; 8 Schwestern und 2 Schülerinnen wurden als ungeeignet zum Diakonissen-Berufe entlassen; 2 Schwestern traten aus anderen Gründen freiwillig aus. Bei der am 6. März d. J. abgehaltenen Feier des Jahresfestes wurden 5 Beischwestern durch den Anstaltsgeistlichen zum Diakonissenamte eingesegnet. Zwei Schwestern wurden dem Hause durch den Tod entrissen. Eine „dienende Schwester des Johanniter-Ordens", welche im Jahre 1858 während eines siebenmonatlichen Cursus in der Krankenpflege ausgebildet worden ist, war im vergangenen Jahre sechs Monate lang, wie der Bericht hervorhebt, in der anerkennenswerthesten Weise im Krankenhause der Mutteranstalt thätig. Lehrpflegerinnen des „Johanniter-Ordens" traten im Jahre 1889 nicht ein.

Im Hospitale des Mutterhauses wurden während des vorigen Jahres 1432 Kranke mit 45 428 Tagen verpflegt gegen 1193 Kranke mit 39 036 Verpflegungstagen im Jahre 1888, was eine Zunahme von 239 Kranken und 6392 Pflegetagen bedeutet. Der höchste Krankenstand bezifferte sich Ende 1889 auf 152; der Aufenthalt eines Kranken betrug durchschnittlich 32 Tage. Auch in den Sommermonaten befanden sich durchschnittlich 130—140 Kranke in der Anstalt, sodaß der Raummangel darin sich häufig recht empfindlich fühlbar machte. Oft waren alle Krankensäle und Krankenzimmer überfüllt, sodaß es mehrfach vorkam, daß Kranke stundenlang warten mußten, ehe sie in die durch Entlassung oder durch den Tod anderer Kranker freigewordenen Plätze einrücken konnten. — Die tägliche Arbeit, welche die Schwesternschaft im Mutterhause zu leisten hatte, war bei der beständig hohen Krankenziffer eine große, oft das Maß der vorhandenen Kräfte fast übersteigende. Trotz alles Wachsthums der Schwesternzahl, ist bei der wachsenden Arbeit der Schwesternmangel die immer wiederkehrende Klage sowohl dieses Berichtes wie der Berichte anderer Diakonissenhäuser.

Eine nothwendige Folge dieses Mangels war denn auch für das Posener Mutterhaus im Berichtsjahre, daß nur ein Theil der an dasselbe gerichteten Gesuche um Privatpflegerinnen berücksichtigt werden konnte, sodaß die Leistungen des Hauses in den Privatpflegen hinter früheren Jahren auch diesmal wieder zurückgeblieben sind. Im vergangenen Jahre sind nur 1077 Pflegetage zu verzeichnen gewesen gegen 1424 im Jahre 1888, und zwar haben 31 Schwestern in 87 Familien, von denen 62 in der Stadt, 25 in der Provinz Posen wohnten, während 1077 Pflegetagen Privatpflegedienste geleistet. Wiederholt mußten die dringendsten Gesuche, nicht selten an einem Tage drei und darüber aus Mangel an Kräften abgewiesen werden.

Dem Dienstboten-Abonnement des Hospitals haben im Berichtsjahre 449 Dienstboten angehört.

Die Zahl der auswärtigen Arbeitsfelder, welche 1888 sich auf 30 belief, hat sich im vorigen Jahre um 7 vermehrt, und zwar wurden neu übernommen: das Krankenhaus in Neutomischel, die Gemeindepflege in Pleschen, das Krankenhaus in Bentschen, die Kleinkinderschule in Gnesen, die Gemeindepflege in Adelnau, die 2. Kleinkinderschule in Schneidemühl und die Gemeindepflege in Koschmin. Eine dritte Gemeindeschwester wurde auf den Antrag der Vaterländischen Frauenvereine zu Lissa und Gnesen an den genannten Orten stationirt.

Der schon längst geplante und sich immer mehr als dringendstes Bedürfniß erweisende Erweiterungsbau des Anstaltsgebäudes wurde im Frühjahr 1889 begonnen und im Herbst v. Js. im Rohbau vollendet. Derselbe enthält unter Anderem eine größere Küche, einen größeren Speise- und Versammlungssaal, Operationszimmer, größere und kleine Krankensäle und Krankenzimmer. Der Bau eines eigenen Waschhauses soll demnächst in Angriff genommen werden. Zur Bestreitung der Kosten dieser Bauten wurde auf die Bitte des Vorstandes des Mutterhauses von dem Herrn Oberpräsidenten der Provinz Posen eine Hauskollekte in der Provinz bewilligt, deren Ertrag in der Höhe von 16 843 Mark ein neues Zeugniß von der Opferfreudigkeit der Provinz Posen und von der Werthschätzung der Diakonissensache abgelegt hat. Hierdurch und durch die vom Provinzial-Landtage gewährte einmalige Baubeihülfe von 5000 Mark wurde es möglich, ein nicht allzu großes Darlehn aufnehmen zu müssen, wenngleich dasselbe immerhin noch gegen 40—50 000 Mark betragen wird, wodurch die Schuldenlast des Hauses um mehr als das Doppelte wächst.

In den Besitz von Legaten ist das Mutterhaus im Berichtsjahre nicht gelangt, wiewohl dies recht wünschenswerth gewesen wäre, namentlich zur vollständigeren Dotirung des noch in der Entstehung begriffenen zweiten, sogenannten „Jubiläums-Freibettes", dessen Fonds bis zu dem im nächsten Winter bevorstehenden 25jährigen Anstalts-Jubiläum auf die erforderliche Höhe von 12 000 Mark gebracht werden soll. Sonstige Beiträge und Geschenke sind dem Hause wie früher reichlich zugegangen. Der Ertrag der vorjährigen am Todtensonntage in den Kirchen der Provinz für das Posener Haus gesammelten Kollekte betrug 2462 Mark.

Die Tochteranstalt des Diakonissenhauses, das Rettungshaus für verwaiste, gefährdete und verwahrloste Mädchen und das Siechenhaus für pflegebedürftige, ältere Frauen, beide in den Räumen des alten Diakonissenhauses untergebracht, haben im vergangenen Frühjahre durch das Hochwasser der Warthe, welches tagelang fußhoch in sämmtlichen Räumen des Erdgeschosses stand, wieder recht empfindlichen Schaden erlitten. Erst Ende Juni waren die Räume soweit ausgetrocknet, daß sie der Benutzung zurückgegeben werden konnten. Zur Linderung der großen Noth der durch die Ueberschwemmung betroffenen Armen waren mit anderen vom Mutterhause entsandten Schwestern die vier in dem Rettungs- und Siechenhause stationirten Schwestern unablässig thätig.

Dem Mädchen-Rettungshause gehörten am Jahresschlusse 1889 22 Kinder an; vier Mädchen schieden im Laufe des Jahres bald nach der Konfirmation aus, vier andere, die theils verwaist, theils sittlich gefährdet waren, wurden aufgenommen. Die Aufnahme geschah auch im vorigen Jahre in mehreren Fällen zunächst unentgeltlich, doch rücken diese Mädchen nach einiger Zeit in der Regel in die freiwerdenden

v. Kottwitz'schen Freistellen ein. Für die von einzelnen Wohlthätern unterhaltenen Zöglinge wurde meistens der niedrige Pflegesatz von 120 Mark jährlich entrichtet; die Landarmen-Direction zahlte für die zwangserziehungspflichtigen Mädchen ein höheres Pflegegeld. Die Anstalt besitzt 11 Freistellen, über 10 derselben, die sogenannten v. Kottwitz'schen, hat der Herr Oberpräsident von Posen das Recht der Verfügung. Gegenwärtig ist in dem Rettungshause noch Raum für zehn Mädchen vorhanden.

Die den größeren Theil des alten Diakonissenhauses einnehmende Siechenstation ist dagegen im Berichtsjahre stets bis auf den letzten Platz besetzt gewesen. Es befanden sich am Jahresschlusse 77 der Pflege bedürftige Personen weiblichen Geschlechts, zumeist alte Frauen in derselben. Zwei Frauen starben, drei Pfleglinge schieden wieder aus. Die Lücken wurden stets sogleich wieder ausgefüllt; es wurden sogar durch die äußerste Raumausnutzung in den Zimmern noch zwei neue Stellen eingerichtet. Trotzdem mußten viele dringende Aufnahmegesuche wegen Raummangels abschlägig beschieden werden. Der Durchschnittssatz der Pension beträgt jährlich 218 Mark; einige Pensionärinnen haben eine einmalige Einzahlung geleistet. Eine fundirte Freistelle besitzt das Siechenhaus leider noch nicht, wiewohl das Vorhandensein von solchen bei der großen Zahl gänzlich unbemittelter Siecher als ein immer dringenderes Bedürfniß sich herausstellt.

Das Bielefelder Arbeiterheim.

Das von der bewährten Hand des Pastors von Bodelschwingh zu Bethel bei Bielefeld gegründete „Arbeiterheim“ hat seinen Bericht über das Jahr 1888 ausgegeben. Möchten doch diese gar nicht umfänglichen Veröffentlichungen recht zahlreiche aufmerksame Leser unter Arbeitgebern und Kapitalisten finden! Dann stände zu hoffen, daß mancher von ihnen, die, solange sie das dort im Leben Gewonnene nur vom Hörensagen kannten und deshalb die Bodelschwingh'schen Anschauungen und Rathschläge für fromme Wünsche und utopistische Phantasien hielten, neue praktische, ihren örtlichen Verhältnissen angepaßte Versuche anstellen. Denn daß bei der heutigen Lage der Arbeiterwohnungsangelegenheiten positives Thun nicht von vorgefaßten Meinungen über möglich und unmöglich beherrscht und gelähmt werden, auch verschiedene Fehlschläge nicht entmuthigen dürfen, wird wohl kein diesen Dingen Näherstehender bestreiten.

Der Bauwerth der 39 von 410 Personen bewohnten Bielefelder Doppelhäuser einschl. Grund und Garten beträgt 274 000 Mk., von einzelnen dargeliehen sind 65 000 Mk. zu 3 und 3½ pCt. Das billigste Doppelhaus kostet 5600 Mk., Jahresmiethe ohne Amortisation beträgt 90 Mk. für die Familie. Das theuerste Doppelhaus mit Verkauf stellt sich auf 11 215 Mk.

Die Bielefelder Erfahrungen seien hier in Kürze zusammengefaßt: 1. Gesunde Arbeitereinzelhäuser mit Garten sind mit sicherer Kapitalanlage zu einem Preise herzustellen, bei dem der Arbeiter für Miethe und Eigenthumserwerb (Amortisation) nicht mehr ausgiebt, als sonst für viel schlechtere Miethswohnung ohne letzteren. 2. Zur Sicherstellung ist nöthig, daß man nicht auf Speculation Grund kauft und Häuser baut, sondern erst nach Feststellung der Zahl und des Bedürfnisses der reflectirenden Familien und mit Rücksicht auf die Besonderheiten des Ortes und der Leute. Auch auf die Sittlichkeit der Miether und Erwerber ist zu achten. 3. Es erleichtert den Anfang, wenn der erste Vertrag nur auf Miethe lautet und das Verkaufsversprechen erst gegeben wird, wenn der Hauspreis feststeht. 4. Auch Großstädten nahe sind ½ Morgen große Grundstücke für ein Doppelhaus zu beschaffen; man darf bis 3000 Mk. pro Morgen gehen. 5. Kostbare Straßenbauten und Canalisation sind zu vermeiden und mit Rücksicht auf Eisenbahnen angemessene Entfernungen zu wählen. Für bestimmte Zonen erleichternde Baustatuten. 6. Bildung von Genossenschaften ist zu empfehlen, diesen ist jedoch nicht von vornherein selbstständiges Bestimmungsrecht und damit zu große Verantwortung einzuräumen, nur: gemeinsame Haftpflicht für Verzinsung, Aufsicht durch einen Ausschuß. Dieser darf die Kassenführung des Vorstandes controliren. Die Kasse nimmt Spareinlagen der Genossen auf, unterstützt auch wohl Consumvereine. 7. Von Wichtigkeit ist, daß lebhafte persönliche Fühlung zwischen Patronat, Miethern und Erwerbern besteht, sehr förderlich sind Besuche, Rathschläge, Friedensvermittelungen, Theilnahme an Festen von Seite derselben und persönliche Abholung der Monatsmiethe durch den Rendanten.

Der Hauptverein stellt sich u. A. zur Aufgabe: durch seine Mitglieder und Freunde für Förderung der Wohnungsfrage zu werben und zu Vereinsgründung anzuregen, wofür er seine Erfahrungen zur Verfügung stellt. Er wendet sich an Vorstände größerer industrieller Unternehmungen, auch an Kohlenzechen und sucht sie unter Darlegung einzelner trefflicher Vorbilder, z. B. Peters-Kesnigs, Bergwerks-Direction Saarbrücken, dafür zu gewinnen, daß sie ihren Arbeitern zu einem freundlichen Daheim und Familien verhelfen. Er ersucht die Magistrate großer Städte, entweder nach dem Vorbild Bremens gemeinnützige Bauvereine zu unterstützen, oder, wie Halle und Elberfeld, die Sache selbst in die Hand zu nehmen.

Heimathlicher Herd auf eigener Scholle ist die Losung. „Die denkbar nützlichste Anlage von Grund und Boden, die leiblich und geistlich, zeitlich und ewig den größten Reinertrag liefert, findet da statt, wo man der Arbeiterfamilie soviel Garten und Feld zutheilt, als sie neben ihren übrigen Obliegenheiten bearbeiten kann.“ Verbindung von Industrie und Landwirthschaft ist eine besonders geeignete Sache, aus

Gemeinden, die hier keiner Ausführung bedürfen. Dadurch werden gewisse Mißstände der ersteren so weit als möglich ausgeglichen. Social-Correspondenz.

Literatur.

Friedrich von Criegern-Thumitz, Königl. Sächsischer Geh. Regierungsrath, Landesdelegirter der freiwilligen Krankenpflege im Königreich Sachsen u. s. w. Lehrbuch der freiwilligen Kriegs-Krankenpflege beim Heere des Deutschen Reiches. Mit einer Karte. Bearbeitet und herausgegeben im Auftrage des Centralcomités der deutschen Vereine vom Rothen Kreuz. Leipzig 1890. Veit & Comp. 8. XVI und 375 S. Preis jetzt im Wege der Subscription direct bei der Verlagshandlung 4 Mark, während später, beim buchhändlerischen Vertriebe eine Erhöhung des Preises eintritt.

Nachdem der geehrte Herr Verfasser bereits im Jahre 1883 als gekrönte Preisschrift ein Handbuch der freiwilligen Krankenpflege für die Kriegs- und vorbereitende Friedensthätigkeit unter dem Titel „Das Rothe Kreuz in Deutschland" hatte erscheinen lassen, ist er der Aufforderung des Deutschen Central-Comités, das obige Werk ähnlicher Tendenz zu schreiben, um so lieber gefolgt, als, wie er im „Vorwort" selbst angiebt, jenes Handbuch zum Theil veraltet, nicht mehr voll verwendbar sein soll und dieser Uebelstand auch durch Veranstaltung einer neuen Auflage sich nicht hätte beseitigen lassen. Gleichwohl sind beide Bücher auf der gleichen Grundlage aufgebaut. Auch das jetzt vorliegende Lehrbuch beschäftigt sich bloß mit der freiwilligen Hilfe in Deutschland; alle Beziehungen derselben zu außerdeutschen Staaten und Ländern sind ebenso unberücksichtigt geblieben, wie alle geschichtlichen Erörterungen über die Entwickelung der internationalen Hilfe und die internationale Bedeutung des Rothen Kreuzes in Kriegszeiten. Der ausgesprochene Zweck dieses Lehrbuches ist, an der Hand der geltenden staatlichen Vorschriften die Organisation der freiwilligen Krankenpflege in ihren einzelnen Dienstverrichtungen so genau kennen zu lernen, daß ein Jeder, der in den Dienst derselben zu treten, oder eine Stellung bei derselben einzunehmen beabsichtigt, sich nicht nur über deren Gesammt-Organisation ein klares Bild zu verschaffen im Stande ist, sondern sich auch über die Voraussetzungen, Arbeiten und Pflichten aller einzelnen Functionen zu unterrichten vermag. Es soll daher das Werk sowohl zum Selbststudium, wie als Hilfsbuch beim Unterricht und zum Nachschlagen in der Praxis dienen. Ein zweiter Zweck desselben ist der, einigermaßen zur Beseitigung der im großen Publikum verbreiteten, erstaunlichen Unkenntniß über Zweck und Wesen der freiwilligen Krankenpflege beizutragen, dadurch die Theilnahmlosigkeit und das mangelnde Interesse, welche den Bestrebungen des Rothen Kreuzes in weiten Kreisen der Bevölkerung während des Friedens entgegenstehen, zu verringern und demnach eine Agitation zu Gunsten seiner Arbeiten und Bemühungen herbeizuführen. Wünschen wir ihm in allen diesen Beziehungen den besten Erfolg!

Die Eintheilung des Werkes ist naturgemäß so, daß nach einer kurzen Einleitung, als I. Theil eine gedrängte Darstellung des amtlichen Sanitätsdienstes, auf Grund der Kriegs-Sanitäts-Ordnung vom Jahre 1878, der Felddienst-Ordnung und der Kriegs-Etappen-Ordnung, beide vom Jahre 1887, und der entsprechenden Ordnungen in Bayern u. s. w., unter Bezugnahme auf einige in neuester Zeit bekannt gewordene sachgemäße Einrichtungen und Verbesserungen (Baracken, Transportvorrichtungen u. s. w.) gegeben wird. Dazu gehört, als „Karte" bezeichnet, eine graphische Darstellung der Sanitätsformationen bei der Armee, einschließlich der Formationen der freiwilligen Krankenpflege.

Der II. Theil beschäftigt sich mit der freiwilligen Krankenpflege selbst, und zwar: 1. Begriff und allgemeine Stellung; 2. Wirkungskreis derselben (bei der operirenden Armee, den Etappenbehörden, im Bereich der Besatzungs-Armee, in ihren sehr verschiedenen Verrichtungen bei der eigentlichen Krankenpflege in den verschiedenen Arten von Lazarethen und Pflegeeinrichtungen, beim Kranken- oder Verwundeten-Transport, auf den Verband- und Erfrischungs-Stationen u. s. w.); 3. Friedensaufgaben derselben; 4. Leitung derselben (Militär-Inspecteur, Delegirte bei der Feld-, Besatzungs-Armee, Territorial-Delegirte; die Vereine vom Rothen Kreuz in den verschiedenen Deutschen Staaten und die Frauen-Vereine in denselben, die Ritterorden); 5. Personal der freiwilligen Krankenpflege (im Allgemeinen, die einzelnen Kategorien desselben); 6. Sanitäts-Material (Begriff, Sammlung, Verwendung, Bereitstellung während des Friedens). Schlußwort über Nachrichten-Vermittelung; fünf Anlagen (verschiedene Nachweise); Sach- und Personen-Register.

So viel über Zweck und Eintheilung des Werkes. Wenn wir uns nun fragen, wie dem Verfasser seine Arbeit gelungen ist, so müssen wir dieselbe als eine durch Einsicht, Zweckmäßigkeit und Klarheit der Darstellung ausgezeichnete, mit einem Worte vortreffliche bezeichnen, bei welcher alle der neueren Zeit angehörigen, innerhalb und außerhalb der Deutschen Vereine und sonst in der Literatur erschienenen Veränderungen, Verbesserungen, Neuerungen die eingehendste Berücksichtigung gefunden haben. Hoffentlich wird die von leitender Stelle beabsichtigte ausgedehnte Verbreitung des Werkes dazu beitragen, den Nutzen, den man von demselben zu erwarten berechtigt ist, nicht unwesentlich zu erhöhen.

(Kriegerheil.)

Carl Heymanns Verlag in Berlin W., Mauerstraße 63—65. Gedruckt bei Julius Sittenfeld in Berlin.

Alle Zuschriften und Einsendungen in Angelegenheiten dieses Blattes wolle man an den Redacteur desselben: Geh. Hofrath Herrlich W. Potsdamer Straße Nr. 134 c. zu Berlin richten.

Wochenblatt

der

Johanniter-Ordens-Balley Brandenburg.

Im Auftrage der Balley Brandenburg verantwortlich redigirt von E. Herrlich in Berlin.

Jahrg. 31. Berlin, den 4. Juni 1890. Nr. 23.

1. Moritz von Földváry, Kaiserlich und Königlich Oesterreichischer Kämmerer und Major in der Armee, Rechtsritter seit 1853, † zu Budapest 13. Januar 1890.
2. Arthur Freiherr von Langen, Rittmeister a. D., auf Groß-Lüdershagen bei Stralsund, Ehrenritter seit 1877, † zu Berlin 21. Mai 1890.
3. Carl Dietrich von Carlowitz, Königlich Sächsischer Kammerherr, auf Breitschwitz bei Cölln an der Elbe, Ehrenritter seit 1889, † zu Dresden 20. Mai 1890.

Zur Vervollständigung der Ordensliste.

Die durch Allerhöchste Cabinets-Ordre vom 10. März d. J. neu ernannten 74 Ehrenritter des Johanniter-Ordens sind wie folgt beigetreten:

I. Direct der Balley Brandenburg:

1. Nicolaus Herzog von Württemberg, Königliche Hoheit, zu Carlsruhe in Schlesien,
2. Ludwig von Bochum, Rittmeister und Escadron-Chef im Ulanen-Regiment Graf zu Dohna (Ostpreußischen) Nr. 8,
3. Berthold von Neumann-Cosel, Rittmeister und Escadron-Chef im Garde-Kürassier-Regiment,
4. Dr. jur. Egmont von Winckler, Major a. D. und Legationsrath, zu Constantinopel,
5. Paul von Funcke, Rittmeister aggr. dem 1. Garde-Ulanen-Regiment, Militair-Attaché bei der Gesandtschaft in Bern,
6. Hans von Arnim, Rittmeister im Regiment der Gardes du Corps und Adjutant der 10. Division,
7. Gustav Prinz Biron von Curland, auf Polnisch-Wartenberg in Schlesien,
8. Ludwig Graf von Rödern, Oberstlieutenant a. D., zu Strehlen bei Dresden,
9. Fritz Freiherr von Seebach, Lieutenant der Reserve des Thüringischen Ulanen-Regiments Nr. 6 und Majoratsbesitzer, auf Großfahner im Herzogthum Sachsen-Gotha,
10. Helmhart Auer von Herrenkirchen, Hauptmann und Compagnie-Chef im Anhaltischen Infanterie-Regiment Nr. 93,
11. Constantin von Braun, Major im Dragoner-Regiment von Bredow (1. Schlesischen) Nr. 4,
12. Hermann Freiherr von und zu Gemmingen, Kaiserlich und Königlich Oesterreichischer Hauptmann im Generalstabs-Corps, zu Prag,
13. Géza Bóné von Fülpösdarocz und Gardony, Kaiserlich und Königlich Oesterreichischer Kämmerer und Rath des Königlich Ungarischen Verwaltungsgerichtshofes, zu Budapest.

II. Den Genossenschaften der Balley Brandenburg:

a) Der Preußischen Provinzial-Genossenschaft:

1. Dr. Albrecht von Schlieckmann, Wirklicher Geheimer Rath und Oberpräsident, zu Königsberg i. Pr.,
2. Wilhelm Freiherr von Romberg, Oberst und Commandeur des Füsilier-Regiments Graf Roon (Ostpreußischen) Nr. 33,
3. Hans Joachim von Brederlow, Lieutenant der Reserve des Thüringischen Husaren-Regiments Nr. 12 und Fideicommißbesitzer, auf Groß-Gaulau bei Domnau in Ostpr.,
4. Fritz von Foerster, Rittmeister à la suite des Ulanen-Regiments Graf zu Dohna (Ostpreußischen) Nr. 8 und Vorsteher der Militair-Lehrschmiede zu Königsberg i. Pr.,
5. Ludwig von Wolffchwing, Hauptmann und Compagnie-Chef im Infanterie-Regiment von Boyen (5. Ostpreußischen) Nr. 41,

8. Oscar Kopka von Lossow, Hauptmann und Compagnie-Chef im Pommerschen Jäger-Bataillon Nr. 2.

b) Der Brandenburgischen Provinzial-Genossenschaft:

1. Achim von Karstedt, Lieutenant a. D. und Majoratsbesitzer, auf Fretzdorf, Kreis Ostprignitz.
2. Albert Freiherr von Seld, Hauptmann und Compagnie-Chef im Füsilier-Regiment Prinz Heinrich von Preußen (Brandenburgischen) Nr. 35.
3. Dagobert von Neuhell, Hauptmann und Compagnie-Chef im Garde-Jäger-Bataillon.
4. Curt von Knorr, Rittmeister und Escadron-Chef im Leib-Garde-Husaren-Regiment.
5. Friedrich Ludwig Werner von Bergen, Gesandter, zu Guatemala.
6. Otto von Schwerin, Rittmeister und Escadron-Chef im Kürassier-Regiment Kaiser Nicolaus I. von Rußland (Brandenburg.) Nr. 6.
7. Hugo von Kropff, Hauptmann und Compagnie-Chef im Infanterie-Regiment Nr. 97.

c) Der Pommerschen Provinzial-Genossenschaft:

1. Bertram von Heydebreck, Hauptmann und Compagnie-Chef im Füsilier-Regiment Prinz Heinrich von Preußen (Brandenburgischen) Nr. 35.
2. Paul von Somnitz, Regierungsrath und Erbkämmerer im Herzogthum Hinterpommern und im Fürstenthum Cammin, zu Stettin.
3. Dr. jur. Victor von Koerber, Landrath, zu Bergen auf Rügen.
4. Hermann von Somnitz, Landrath, zu Anklam.
5. Maximilian von Welher, Lieutenant a. D. und Rittergutsbesitzer, auf Groß-Boschpol, Kreis Lauenburg.
6. Heinrich von Berg, Rittmeister und Escadron-Chef im Westfälischen Dragoner-Regiment Nr. 7.
7. Dr. jur. Bernd von Bonin, Regierungsrath, zu Cassel.

d) Der Posenschen Provinzial-Genossenschaft:

1. Hans von Heydebrand und der Lasa, Premier-Lieutenant der Landwehr und Rittergutsbesitzer, auf Klein-Gaitowo bei Wreschen.
2. Günther von Blanckenburg, Landrath, zu Samter.
3. Georg von Brandis, Lieutenant a. D. und Rittergutsbesitzer, auf Neuhaus bei Schwerin an der Warthe.

e) Der Schlesischen Provinzial-Genossenschaft:

1. Leo von Radetzky-Mikulicz, Hauptmann à la suite des Grenadier-Regiments König Wilhelm I. (2. Westpreußischen) Nr. 7, commandirt zur Dienstleistung als Adjutant des Prinzen Alfred von Großbritannien und Irland, Herzogs von Edinburg, Herzogs zu Sachsen, Königlicher Hoheit, zu Coburg.
2. Rudolf von Salisch, Lieutenant der Reserve des Husaren-Regiments König Wilhelm I. (1. Rheinischen) Nr. 7, Kammerjunker und Majoratsbesitzer, auf Kolchendorf bei Prausnitz in Schlesien.
3. Günther Freiherr von Seherr-Thoß, Landrath, Kammerjunker und Deichhauptmann, zu Grünberg in Schlesien.
4. Hans von Zeche, Rittmeister der Reserve des Dragoner-Regiments von Bredow (1. Schlesischen) Nr. 4, auf Pilgramshain bei Striegau.
5. Günther von Sydow, Landrath, zu Falkenberg in Oberschlesien.
6. Rudolf von Oheimb, Landesältester, auf Wronin, Kreis Kosel.
7. Wilhelm von Klitzing, Landrath a. D., Landeshauptmann der Provinz Schlesien und Landesältester, zu Breslau.
8. Henning von Klitzing, Lieutenant der Reserve des 1. Garde-Regiments zu Fuß und Rittergutsbesitzer, auf Gamihe bei Wallersdorf, Regierungs-Bezirk Liegnitz.
9. Maximilian Graf von Goetzen, Hauptmann und Compagnie-Chef im 2. Hanseatischen Infanterie-Regiment Nr. 76.

f) Der Sächsischen Provinzial-Genossenschaft:

1. Albert Prinz zu Sachsen-Altenburg, Herzog zu Sachsen, Durchlaucht, Generalmajor und Commandeur der 3. Garde-Cavallerie-Brigade.
2. Gebhard von Alvensleben, Major a. D., zu Frankfurt a. d. Oder.
3. Anton von Alvensleben, Kammerherr, auf Redekin, Kreis Jerichow II.
4. Adolf Baron von Bistram, Premier-Lieutenant der Landwehr und Rittergutsbesitzer, auf Raschwitz bei Lauchstedt, Regierungsbezirk Merseburg.
5. Julius Freiherr von Wangenheim, Lieutenant der Landwehr, auch Herzoglich Braunschweigischer Kammerjunker, zu Braunschweig.
6. Eberhard von Krosigk, Rittmeister à la suite des Braunschweigischen Husaren-Regiments Nr. 17, Flügel-Adjutant Sr. Königlichen Hoheit des Prinzen Albrecht von Preußen, Regenten des Herzogthums Braunschweig.

7. Carl Freiherr von Funck, Oberstlieutenant im Braunschweigischen Infanterie-Regiment Nr. 92,
8. Franz Prinz zu Sayn-Wittgenstein-Berleburg, zu Egern am Tegernsee, in Oberbayern.

g) Der Schleswig-Holsteinischen Provinzial-Genossenschaft:

Wolf von Buchwaldt, Premier-Lieutenant a. D. und Rittergutsbesitzer, auf Rögen bei Eckernförde.

h) Der Westfälischen Provinzial-Genossenschaft:

Wilhelm von Berswordt genannt von Wallrabe, Hauptmann a. D., zu Darmstadt.

i) Der Rheinischen Provinzial-Genossenschaft:

1. Hans von Böhn, Rittmeister und Escadron-Chef im Westfälischen Ulanen-Regiment Nr. 5,
2. Max von Mitzlaff, Rittmeister und Escadron-Chef im Schleswig-Holsteinischen Ulanen-Regiment Nr. 15,
3. Franz Freiherr von der Reck, Fürstlich Wiedscher Kammerdirector, zu Neuwied,
4. Georg von Braunschweig, Oberstlieutenant im 3. Garde-Regiment zu Fuß.

k) Der Genossenschaft im Königreich Württemberg:

1. Rudolf Graf Adelmann von und zu Adelmannsfelden, Königlich Württembergischer Kammerherr, auf Schloß Adelmannsfelden bei Ellwangen an der Jagst,
2. Conrad Graf von Zeppelin, Königlich Württembergischer Kammerjunker, zu Stuttgart.

l) Der Genossenschaft in den Großherzogthümern Mecklenburg-Schwerin und Mecklenburg-Strelitz:

1. Ulrich von Bassewitz, Majoratsbesitzer, auf Schwiesel bei Bentschow in Mecklenburg-Schwerin,
2. Wilhelm Adolf Carl Freiherr von Langermann und Erlencamp, Rittmeister der Reserve des Dragoner-Regiments Freiherr von Manteuffel (Rheinischen) Nr. 5, auf Dambeck bei Leisten in Mecklenburg.

m) Der Hessischen Genossenschaft:

1. Friedrich von Schmeling, Rittmeister und Escadron-Chef im 1. Hessischen Husaren-Regiment Nr. 13,
2. Werner Freiherr von Waldenfels, Rittmeister und Escadron-Chef im Dragoner-Regiment Freiherr von Manteuffel (Rheinischen) Nr. 5,
3. Rudolf Freiherr Schenck zu Schweinsberg, Landrath, zu Kirchhain,
4. Max von Negelein, Premier-Lieutenant der Reserve des Ulanen-Regiments Kaiser Alexander III. von Rußland (Westpreußischen) Nr. 1 und Landrath, zu Melsungen,
5. Ludwig Willich genannt von Pöllnitz, Großherzoglich Hessischer Kammerherr, zu Darmstadt.

n) Der Genossenschaft im Königreich Sachsen:

1. Ferdinand Graf und Edler Herr zur Lippe-Biesterfeld-Weißenfeld, Mitglied der ersten Kammer der Ständeversammlung des Königreichs Sachsen, Landesbestallter des Markgrafthums der Oberlausitz, auf Baruth, im Königreich Sachsen,
2. Arndt von Arnim, Rittergutsbesitzer, auf Kitzscher bei Dittmannsdorf, Bezirk Leipzig,
3. Moritz Maximilian von Beschwitz, Königlich Sächsischer Staatsanwalt, zu Blasewitz bei Dresden,
4. Camillo von der Mosel, Königlich Sächsischer Hauptmann a. D., zu Dresden,
5. George von Mangoldt, Oberst und Commandeur des Königlich Sächsischen 9. Infanterie-Regiments Nr. 133.

o) Dem Vereine der Johanniter-Ritter im Königreiche Bayern:

Edmund Freiherr von Gienanth, Königlich Bayerischer Kämmerer, zu Brüssel.

Die Mythe vom Pelikan.

Als das Sinnbild selbstloser Hingabe, treuer Aufopferung, stellen Poesie und Kunst gern den Pelikan, der sich für seine Jungen opfert, dar. Der „Pelikanvater" ist so gut als sein Gegenstück „Rabenvater" als eine sehr landläufige Redensart in den Cours der Sprache gekommen. Ueber alle Besonderheiten der nationalen Bildung hinweg, herrschen diese Symbole als feststehende Typen des Gedankens, und flechten sich in die espritreiche Rede des Franzosen so gut, wie in den ruhigen Ausdruck des Deutschen ein. Man könnte sie, nach Analogie der geflügelten Worte, geflügelte Vorstellungen nennen, die nirgend und überall zu Hause sind, herrenloses Gut, das Jedem dient, der es ergreift, und die sich darum für unser Denken von selbst verstehen. Wie wir zu ihnen gekommen, diese Frage fällt uns gewöhnlich bei ihnen gar nicht ein, und wenn wir einmal auf sie gerathen, so vermögen die Wenigsten eine Antwort darauf zu geben. Auch das Citatenbuch, das die geflügelten Worte auf ihren Ursprung zurückzuführen weiß, versagt hier gänzlich, und unsere Neugierde bleibt trotz Büchmann und Brockhaus oft bei der alltäglichsten Wendung unbefriedigt. So wissen die Erwachsenen den Kindern sehr übertragend vom Storch, der die Kinder bringt, zu erzählen; der Phönix, der sich in seinem Neste selbst verbrennt, ist eine viel-genannte Vorstellung u. s. w., aber woher wir diese Wendungen haben, das weiß so leicht keiner von Allen, die so wohlgemuth davon reden.

Es wäre auch weiter nicht der Mühe werth, den Aufschluß darüber im Gedächtniß zu behalten, wenn derselbe genau gegeben, wenn ein bestimmtes Werk, ein bestimmter Autor in jedem Fall als die Quelle jener Vorstellungen namhaft gemacht werden könnte. In Wahrheit führt uns aber das Forschen nach dem Ursprung und den Wegen jener geflügelten Bilder mitten durch die Bildungs- und Gedanken-Geschichte unseres gesammten Culturkreises hindurch; sie zeigen sich mit den mannigfachsten Gedankenkreisen, dem ganzen Geschmack und Natursinn unserer Vorfahren bis hinauf in die frühesten Zeiten menschlicher Bildung verflochten, und so verlohnt es sich des also vertieften und erweiterten Interesses wegen schon eher, sich mit dem Ursprung und der Geschichte jener weit verbreiteten Vorstellungen zu beschäftigen.

Der Pelikan, der sich für seine Jungen opfert, steht also bekanntlich nicht allein; neben dieser sinnbildlich verbrauchten Naturfabel finden sich nicht wenig andere in der Tradition, welche sich zu einer ganzen mystischen Naturgeschichte zusammenschließen. Das Einhorn, das sich in den Schoß einer Mädchens flüchtet, der Löwe, der seine todten Jungen anbrüllt, die Otter, die sich die Ohren verstopft, sie sind von derselben Art und Abstammung, wie auch die Fabelwesen der sagenhaften Ornithologie, der Phönix, der aus der Asche ersteht, der Adler, der seine Jungen in die Sonne hält, oder der Rabe, der die seinen aus dem Neste wirft. Drachen und Basilisk, die alte Sündenschlange und der Salamander, der im Feuer lebt, vervollständigen diese abenteuerliche und krause Naturkunde, von der wir uns wohl in der Wissenschaft, nicht aber in Kunst und Poesie losgerungen haben. Schon hier sehen wir, welcher Art jene Vorstellungen sind, deren bekanntester der sich aufopfernde Pelikan ist: es sind fabelhafte Geschichtchen aus dem Reiche der Natur, an die man ehedem als Thatsachen glaubte. Die weite Verbreitung und Popularität, welche ihnen jetzt als sinnbildlichen Wendungen zukommt, verdanken sie nur dem Umstand, daß man an ihnen einst ein wirkliches Wissen, zuverlässige und werthvolle Nachrichten zu besitzen vermeinte.

Die traditionelle Naturgeschichte, wie sie seit wenigstens zwanzig Menschenaltern erzählt und geglaubt wird, ist von alter mit dem ganzen geistigen und religiösen Leben der Nationen auf's Innigste zusammengewachsen. Das fabelhafte Naturgeschichtliche darin, großentheils eine aus dem heidnischen Alterthum herübergekommene Erbschaft und das Mystisch-theologische ein eigenthümliches Erzeugniß altchristlicher Doctrin. Beides durchdrang Poesie und Kunst das ganze Mittelalter hindurch, lieh den Bildhauern und Steinmetzen Motive und Ornamente, wie den Predigern allegorische Bilder und Gedanken, es beschäftigte die Nonnen in religiöser wie in Minnedichtung und drang selbst in die Arbeit der schönen Stickerinnen in stiller Kemenate. Von Geistlichen zuerst beim Religionsunterricht in der Vulgärsprache mitgetheilt und erklärt, sodann in Prosa und in Versen zum erbaulichen Vergnügen oder angenehmen Zeitvertreib bearbeitet, zierlich ausgemalt, endlich durch die Schule popularisirt, wurden jene sagenhaften, symbolischen Thiergestalten allmälig, wie die heiligen Legenden, Gemeingut der christlichen Welt.

Alle jene Bearbeitungen, Thierbücher und symbolisirende Schriften, gehen aber durch eine umfangreiche Büchermasse zurück auf eine Quelle, daraus alle „Bestiarien“ und „geistlichen Thierbücher“ und wie die Ueberarbeitungen, gereimt und ungereimt, alle heißen mögen, geflossen sind, auf eines der ältesten und interessantesten Bücher, den alten „Physiologus“, das älteste Naturbuch seiner Art, von dem wir Kunde haben. Es ist der Schlüssel zu dem unermeßlichen „Schatz“ dunkler Symbolik, der in mittelalterlicher Zeit von Geschlecht zu Geschlecht unermüdlich aufgehäuft wurde. Ursprünglich nur ein naiver Auszug aus dem vielen Wunderlichen, was die Alten von den Kräften und Eigenschaften gewisser Thiere, Pflanzen und Steine fabelten — aus morgenländischen Sagen und Gerüchten, einheimischen Volksmärchen, Ahnungen, Räthseln u. dgl. m. zusammengeflossen — und vermuthlich in Alexandrien, dem Sammelplatz griechischen, ägyptischen und jüdischen Wissens zusammengestellt, wurde dieser bunte, curios zusammen gewürfelte Inhalt von irgend einem christlichen Kirchenlehrer commentirt oder „moralisirt“ zum Behufe seiner Lehrzwecke und nach den Regeln seiner Auslegungskunst. Es wird die Geschichte zum Sermon, die Erzählung zum Symbol. Das Buch ist in dieser Gestalt nur mehr anscheinend culturhistorisch, in Wahrheit ist es didaktisch, allegorisch.

Aus diesem altchristlichsten Naturbuche, dem classischen Lehrbuch der Naturgeschichte und zugleich orthodoxen Lehrbuch der Moral im Mittelalter, stammt auch unser Pelikan. Der Bericht im „Physiologus“ lautet folgendermaßen: „Ueber den Vogel, dessen Name Pelikan ist. Er liebt seine Jungen auf's zärtlichste; wenn sie nun geboren sind, so schlagen sie nach dem Gesichte ihrer Eltern; die Eltern aber schlagen den Kopf ihrer Kinder glatt ab und tödten sie. Und am dritten Tage öffnet ihre Mutter ihre Seite und läßt ihr Blut auf ihre todten Jungen träufeln und weckt sie so wiederum auf.“ Wir sehen, die Geschichte ist hier noch viel seltsamer, als in unserer Tradition, welche eben nur den schönen allegorischen Kern übrig gelassen und die wunderlichen anderen Züge abgestreift hat. Doch sieht man es deutlich als den Eltern dieser Fabel in den großen Naturgeschichten und Weltspiegeln des Mittelalters, wie man den Opfertod des Erlösers aus Mitleid mit den Jungen als den Kern der Erzählung über ihn festhielt.

Wie unsere Vorfahren nun zu dieser durch den „Physiologus" zum ersten Male literarisch gewordenen Fabel gekommen sind, läßt sich kaum mehr vermuthen; eine Möglichkeit ist, daß der semitische Name des Vogels: „chasida", der „Liebreiche", „Opferwillige" mit seiner anderen Bedeutung: „den Hals krümmend", „gegen die Brust neigend", sich allmälig zu jener Fabel condensirte, daß diese aus ihm herauswuchs, wozu andererseits die Beobachtung mithelfen konnte, daß der Pelikan nicht selten auf seiner Brust einen rothen Fleck rosig gefärbter Federn zeigt. Einer Combination dieser drei Beobachtungen, seiner großen Kinderliebe, sodann, daß er häufig den Schnabel gegen die Brust gestemmt, mit gekrümmtem Halse steht, und endlich seines rothen Fleckes auf seiner Brust, ist die Mythe wie gesagt möglicher Weise entsprungen, aber mit Zuverlässigkeit läßt sich über Vergleichendes natürlich absolut nichts sagen. Auch ist zu bedenken, daß dergleichen Sagen von der Ernährung der Jungen durch das Blut der Alten, im Alterthum von mehreren Vögeln umgingen. So wird die Pelikanmythe bei Horapollo vom Geier erzählt; auch der kinderliebende Storch soll ähnlich handeln. An keinem Vogel aber hat die Fabel fester gehaftet, als am Pelikan, wie ja die Popularität des Bildes bezeugt. Im dreizehnten Jahrhundert ist sein Bild, wie er die Brust aufreißt, eines der gewöhnlichen Motive, sogar der häuslichen Stickereien; es findet sich in Hand- und Betttüchern, häufig in Begleitung von Sprüchen oder verwandten Bildern, einem Kindlein, das in die Arme seiner Mutter läuft u. dgl. mehr eingestickt, später geschnitzt auf Kästchen von Holz oder Elfenbein, auf Weihwasserkesseln und Schenkbechern, auf Monstranzen und Goldkelchen, kurzum, die Fabel ist ungemein populär und scheint allen [illegible] [illegible] gleich [illegible]. Sogar der Simplicissimus weiß in den [illegible] Zeiten des dreißigjährigen Krieges noch von jener Fabel; er spricht von dem Pelikan, der sich — wie er es sich ausdrückt — zur Ader läßt. Aus der [illegible], im Mittelalter [illegible] Poesie ist das alte Bild zu [illegible] Liedern gekommen.

Das Symbol, in dem viele Geschlechter den Opfertod Jesu, der uns aus dem Tode mit seinem Blute zum neuen Leben gebracht, angeschaut haben, hat jedenfalls noch eine lange Reihe von Jahren der Anwendung vor sich, ehe die Gefahr eintritt, welche das Ueberwuchern gesteigerter Worte und Wendungen herbeiführt, nämlich daß es trivial wird.

Das Diakonissenhaus Elisabethenstift zu Darmstadt.

veröffentlicht in der uns soeben zugegangenen Aprilnummer der „Blätter für christliche Diakonie" seinen 31. Jahresbericht, aus welchem wir die folgende kurze Uebersicht über den gegenwärtigen Stand der Thätigkeit der Anstalt den Lesern dieses Blattes mittheilen.

Unter dem Einfluß der von Fliedner, dem genialen Begründer der Kaiserswerther Anstalten, gegebenen bedeutsamen Anregungen auf dem Gebiete christlicher Liebesthätigkeit wuchs das Elisabethenstift im Jahre 1858 aus bescheidenen Anfängen empor. Wie anders freilich steht es heute aus als damals, wo die Oberin mit 4 Schwestern einzog, wo die Beschaffung jedes Bettes eine große Frage war, wo auch die Männer kirchlicher Behörden den Kopf schüttelten über die Gründung eines so gewaltig großen Hauses und man glaubte, daß die Zahl der Schwestern über 12 nicht wachsen dürfe, weil man für sie weder Arbeit noch täglich Brod haben werde. Schon nach 5 Jahren waren es 20 Schwestern, deren Zahl dann in den folgenden beiden Jahrzehnten im beständigen Zunehmen geworden ist. Gegenwärtig beträgt die Schwesternzahl 160, die überall im Lande zerstreut arbeiten und Hilfe leisten. Von denselben sind 122 Diakonissen, 21 Novizen oder Hilfsschwestern und 17 Probeschwestern. Auch im vergangenen Jahre hat der Tod wieder mehrere von ihnen aus ihrer aufopfernden Thätigkeit hinweggerafft; ebenso sind manche von ihnen von schweren Krankheiten heimgesucht worden. Einige Schwestern liegen schon seit Jahren krank darnieder, andere sind wenigstens nicht mehr arbeitsfähig.

Das Bürgerhaus der Anstalt war während des ganzen Jahres hindurch beständig besetzt, ein gutes Zeichen dafür, wie hochgeschätzt und begehrt die Dienste der Schwestern sind. Ueberhaupt ist die Zahl der verpflegten Kranken namentlich in den großen Krankenhäusern wieder gestiegen, — im Hospital zu Darmstadt waren es im letzten Jahre 2000 (1887: 1540), in der Klinik zu Gießen gegen 3000 (1887: 2604). Im Ganzen wurden im Laufe des Jahres in Krankenhäusern von den Schwestern des Stifts gegen 10 000 Kranke gepflegt, täglich 1000, dazu einzelne Kranke in etwa 1200—1300 Familien.

Auf den auswärtigen Stationen des Mutterhauses ist die Arbeit wesentlich unverändert geblieben; es war unmöglich neue Arbeitsfelder zu übernehmen. Nur für die Gemeinde Offenbach konnte für die dortige Gemeindepflege endlich die längst bestimmte Schwester zur Verfügung gestellt werden. Um in derselben eine schon lange bestehende Gemeindepflege im Dienste der Frau Gräfin Erbach-Fürstenau nicht eingehen zu lassen, mußte einstweilen die Kleinkinderschule in Fürstenau ihre Schwester hergeben.

Zur Erfüllung der daheim an das Mutterhaus

herantretenden gesteigerten Ansprüche sah sich dasselbe sogar genöthigt, die alte Station im Deutschen Hospitale zu London aufzugeben, eine Maßregel, die in Anbetracht des reichen Segens, der dem Hause von dort erwachsen ist, nur durch die dringende Noth und den Mangel an Hilfskräften begründet war.

Im Rettungshause zu Arnsberg wurde eine dritte Kinderfamilie errichtet, während bisher nur zwei sogenannte Familien unter zwei Schwestern bestanden.

Die Einnahmen des Mutterhauses, einschließlich der Pflegegelder und insbesondere der von den Stationen gezahlten Vergütungen für Schwestern, beliefen sich in jedem der letzten Jahre auf die stattliche Summe von etwa 80 000 Mk., wodurch es ermöglicht wurde, arme Kranke an Tausenden von Pflegetagen umsonst zu erhalten.

Zum Schlusse wendet sich der Bericht an alle Freunde des Hauses mit der herzlichen Bitte, um wohlwollende Förderung des Baues der Erholungsstation Elim zu Treysa für die Schwestern des Elisabethenstifts, deren Einweihung im Anfange dieses Sommers bevorsteht.

Litteratur.

„Titulaturen, weltliche und geistliche, deutsche und fremdländische." Eine Studie von C. M. Richard. Unter diesem Titel erschien kürzlich bei Fr. Koch in Leipzig, Schützenstraße 4, ein 112 Seiten umfassendes, nur 1 Mark kostendes Werkchen, das uns sehr geeignet erscheint, eine Lücke unserer Briefsteller auszufüllen, in denen die Angaben über Titulaturen die schwache Seite zu bilden pflegen. Es giebt wohl kaum eine gebräuchliche Titulatur in deutscher, französischer, englischer, holländischer, italienischer u. s. w. Sprache, über die man sich in der Richard'schen Studie nicht ohne Weiteres zu unterrichten vermöchte. Geistliche, Lehrer und Beamte jeder Art werden nicht bereuen, das mit großem Fleiß zusammengestellte, objectiv gehaltene Werk sich angeschafft zu haben. Das Buch kann, außer durch jede Buchhandlung, auch direct von Fr. Koch gegen vorherige Einsendung des Betrags bezogen werden.

Altpreußische Monatsschrift, neue Folge. 1. und 2. Heft. Januar bis März 1890. Königsberg i. Pr. Verlag von Ferd. Beyer's Buchhandlung.

Inhalt: Abhandlungen. Samaiten und der Deutsche Orden bis zum Frieden am Melno-See. Von Dr. Robert Krumbholtz (Fortsetzung). — Piper oder Capsicum? Historisch-botanische Lösung. Von A. Treichel. — Zur Beurtheilung von Kant's Kritik der reinen Vernunft und Kant's Prolegomena. Anhang Nr. 2. Von Emil Arnoldt. — Drei Königsberger Zwischenspiele aus dem Jahre 1644. Mitgetheilt von Johannes Bolte. — Die Marienburg unter polnischer Herrschaft. Von Johannes Sembrzycki (Schluß).

Kritiken und Referate. Die Recesse und andere Akten der Hansetage von 1256—1430. Leipzig 1889. Von M. P. — „Sagensang und Schwerterklang." Lieder aus Deutscher Vorzeit von Franz Hirsch. Leipzig 1889. — Am Ur-Quell. Monatsschrift für Volkskunde. Herausgegeben von F. S. Krauß in Wien. Von J. Sembrzycki. — Aus Tilsits Vergangenheit. Tilsit 1888. 90. Von K. Lohmeyer. — Wspomnienie o zasłużonym Marcinie Kwiatkowskim z Kruge przez Dra. Zygmunta Celichowskiego. Krakau 1890. Von J. Sembrzycki. — Bezzenberger, Prof. Dr. Adalbert. Die Kurische Nehrung und ihre Bewohner. Stuttgart 1889. Von Jentsch. — Alterthums-Gesellschaft Prussia 1889.

Mittheilungen und Anhang. Der Geburtstag des Herzogs Albrecht von Preußen. Von Carl Lohmeyer. — Die Constitution des ehemaligen Königl. Commerz-Collegii zu Königsberg (Ostpr.) vom 17. August 1718. Mitgetheilt von Georg Conrad, Gerichts-Assessor. — Universitäts-Chronik 1890. — Lyceum Hosianum in Braunsberg 1890. — Altpreußische Bibliographie 1888 (Nachtrag). 1889. —

Der Deutsche Herold, „Zeitschrift für Wappen-, Siegel- und Familienkunde. 21. Jahrgang. Nr. 5. Berlin, Mai 1890.

Inhalt: Bericht über die Sitzung vom 18. März 1890. — Bericht über die Sitzung vom 1. April 1890. — Die amtliche Wappenmatrikel Frankreichs. — Die älteste Beschreibung des Hohenlohischen Wappens. — Die Familie v. Qualen †. — Bücherschau. — Vermischtes. — Zur Kunstbeilage. — Auszüge aus den Inhaltsverzeichnissen heraldischer rc. Zeitschriften. — Eingegangene Kataloge. — Anfragen. — Familien-Nachrichten.

Der Bär. Illustrirte Wochenschrift für die Geschichte Berlins und der Mark. XVI. Jahrgang. Nr. 32. 10. Mai 1890.

Inhalt: Die Thurmschwalben von Wolgast, von W. Fern (Fortsetzung). — Zum Leichentransport des Königs Gustav Adolf von Schweden durch den Barnim, von W. Serrabert. — Stanislaus Räcker, von G. Schön (mit 2 Abbild.). — Der Uebergang über den Rhein 1793, von Helene von Hülsen (Schluß). — Kleine Mittheilungen: Die Bismarckhöhe bei Agnetendorf (mit Abbildung). — Der Wahlspruch der Mark. — Der Große Kurfürst und der Italiener Leti. — Die öffentlichen Ankündigungen des Berliner Magistrats im Jahre 1848. — Ein Theaterbrand in Berlin vor 40 Jahren. — Merkwürdige Epitaphien. — Truppenbekleidungen während des dreißigjährigen Krieges. — Die Gebeine des Herzogs Ludwig Eberhard. — Anzeigen.

Carl Heymanns Verlag in Berlin W., Mauerstraße 43—44. Gedruckt bei Julius Sittenfeld in Berlin.

Alle Zuschriften und Einsendungen in Angelegenheiten dieses Blattes wolle man an den Redakteur desselben: Geh. Hofrath Herrlich W. Potsdamer Straße Nr. 134 c. zu Berlin richten.

[illegible]

Wochenblatt der Johanniter-Ordens-Balley Brandenburg.

[illegible]

Im Auftrage der Balley Brandenburg verantwortlich redigirt von G. Herrlich in Berlin.

Jahrg. 31. Berlin, den 11. Juni 1890. Nr. 24.

Hermann von Michaelis, Generallieutenant z. D., Ehrenritter seit 1885, † zu Gronau in Westfalen, 30. Mai 1890.

Der unterzeichnete Commendator der Hessischen Genossenschaft von Johanniter-Rittern erfüllt hierdurch die schmerzliche Pflicht, den am 20. Mai d. J. im 42. Lebensjahre nach kurzer Krankheit im Kronberg erfolgten Heimgang der dienenden Schwester des Johanniter-Ordens, Fräulein Emma von Schmidt aus Cassel anzuzeigen.

Sie war seit September 1885 dienende Schwester; der Orden beklagt den Verlust einer opferfreudigen Genossin.

Laubach, 4. Juni 1890.

Im Namen der Hessischen Genossenschaft von Johanniter-Rittern:

Friedrich Graf zu Solms-Laubach.

Skizze aus dem Leben einer dienenden Schwester

von

Anastasia Gräfin zu Pappenheim.*)

Erstes Kapitel.

Es ist ein schöner Sommernachmittag. Vor der Thür eines schmucklosen Gebäudes, dessen Charakter nur durch ein einfaches Kreuz am Dachgiebel als eine Heimstätte für Kranke und Elende gekennzeichnet wird, hält ein Wagen. Eine junge, schlanke Dame entsteigt demselben — zaudernd hält sie einen Augenblick inne, ehe sie sich entschließt, Eingang zu begehren; dunkle Röthe überzieht das feine Gesicht, als kämpfe sie innerlich, dann ist ihr Entschluß gefaßt: sie läutet an! Eine Gestalt in dunkler Schwesternkleidung, das ruhige Gesicht von einer tadellos weißen Haube umrahmt, thut ihr auf. „Gott grüße Sie," tönt es von den Lippen der Schwester. Der Gruß will der jungen Fremden seltsam dünken, und doch berührt er sie wohlthuend. „Mein Name ist Maria von F.," sagt sie etwas verwirrt, „ich bin vom Johanniterorden angewiesen worden, mich in Ihrer Diakonissenanstalt zu melden und werde heute erwartet." „So," entgegnet die Pförtnerin, und streift den neuen Ankömmling mit einem prüfenden Blick. Verwundert ruhen ihre Augen auf der schönen, eleganten Erscheinung, dem modern frisirten Haar und der knapp anliegenden Kleidung, es ist aber nur ein Augenblick, dann fügt sie hinzu: „Ich werde Sie bei unserer Oberin melden, bitte, treten Sie einstweilen in die Pförtnerstube ein." Maria folgt ihr langsam, und nun geht die Thüre zu, die Schwester eilt hinweg und überläßt die neue „Lehrpflegerin des Johanniterordens" ihrem Geschick. Seltsame Gedanken bewegen dieselbe. Dies also ist der Schauplatz des neuen Lebens, welches sich vor ihr aufthut! Sie hat sich den Empfang etwas anders gedacht — sie ist gewohnt, daß man sie überall mit offenen Armen empfängt, und diese Schwester scheint nicht einmal zu wissen, wer sie sei, läßt sie sogar allein hier sitzen, anstatt jemand anderen mit der Meldung zur Oberin zu senden. Das kleine Pförtnerstübchen ist übrigens recht gemüthlich, trotz der fast zu peinlichen Sauberkeit, die darin herrscht; in jener Ecke steht ein bequemes, altmodisches Sopha neben einem großen Ofen, der im Winter gewiß eine herrliche Wärme verbreitet, an den Wänden hängen hübsche Kupferstiche, Darstellungen aus dem alten Testament — auf jener Seite hängt ein großes Crucifix und darunter ein gemalter Spruch, umgeben von einem Kranz blühender Heckenrosen. Maria tritt an das Fenster — es führt hinaus auf den Hof des Diakonissenhauses. Sie ist ganz überrascht von dem Anblick der vielen, verschiedenen Baulichkeiten, die sich hier zu einem Ganzen vereinigen. Dann wird sie gefesselt durch zwei Gestalten unter jener Hausthür, zwei Diakonissen sind es — die eine hält ein Kind auf dem Arm, die andere sucht durch allerlei Neckerei die Aufmerksamkeit des kleinen Erdenbürgers zu er-

*) Aus dem Aprilheft 1890 der „Allgemeinen Conservativen Monatsschrift für das christliche Deutschland", mit Genehmigung der Redaction derselben und der Verfasserin entnommen.

regen. Auf der anderen Seite des Hofes sind mehrere Wärterinnen damit beschäftigt, einen Teppich von gewaltigen Dimensionen auszuklopfen, sie scheinen es mit einem gewissen Behagen zu thun, wenigstens halten sie zuweilen lachend inne, um neue Kraft zu schöpfen. Aber was ist das? Unter der Thür jenes großen zweistöckigen Gebäudes, dessen breite Front die Aufschrift trägt: Kommet her zu mir alle, die ihr mühselig und beladen seid! hält ein höchst eigenthümliches Gefährt, ein ganz mit Stroh ausgepolsterter Wagen, auf demselben eine unheimlich vermummte Gestalt. Wirklich, es ist ein Menschenkind, wohl ein Kranker, denn nun erscheinen auch zwei Männer mit einem Tragsessel, um ihn in das Krankenhaus zu befördern. Es ist ein Bild von eigenartigem Leben auf diesem weiten Hofraum. Maria fühlt, wie diese gänzlich fremde Umgebung sie beklemmt, — selbst diese Stube mit dem ernsten Crucifix an der Wand übt einen Bann auf sie aus, nun ist sie eingekettet in Freude und Leid dieses Hauses, von der Vergangenheit trennt sie eine Brücke, die mehr und mehr abgebrochen scheint — nein, sie kann nicht mehr zurück und weiß nicht einmal, ob sie Kraft haben wird, die Aufgabe, die sie sich gestellt, zu lösen. O, diese Zukunft!

Aus dem dumpfen Sinnen weckt sie der Klang einer Glocke, und jetzt erklingen fröhliche Schritte und lustige Stimmen auf dem Corridor draußen. Die Thüre ihres Stübchens fliegt auf und herein ruft eine vergnügte Stimme: „Schwester Magdalene, es hat zum Kaffee geschellt!" Aber statt der erwünschten Schwester sieht die Sprecherin eine Fremde vor sich und zieht sich eilends zurück. Maria hat die jugendliche Gestalt mit Erstaunen betrachtet. So jung, so lustig und doch Schwester! das kann sie nicht zusammenreimen. Für sie deckt sich der Typus einer Diakonissin mit dem Begriff der weltentsagenden Resignation — wie könnte man sonst im Stande sein, der lachenden Welt Valet zu sagen und sich in diese fast klösterliche Einsamkeit zu begraben. Alle ihre eigenen Bekannten haben sie mehr oder weniger bemitleidet und sogar gewissermaßen aufgegeben, als sie sich entschloß, dem Orden St. Johannis als dienendes Mitglied beizutreten, sie steht aber doch nur mit einem Fuß in dieser Thätigkeit, nur bestimmte Zeiträume sind ihr zur Ausübung der edlen Pflichten der Nächstenliebe zugewiesen: was ist das gegen die Darangabe eines ganzen Lebens? Ihr Phantasiebild erhält unmerklich einen kleinen Stoß.

Nun tritt endlich die Pförtnerin ein und befreit Maria aus der erwartungsvollen Haft. „Unsere Oberin möchte Sie erst nach dem Kaffee sprechen," sagt sie einfach, „wollen Sie mit herüberkommen? Oder Sie haben keine Mütze auf," fügt sie hinzu. Maria verneint es stumm. Also hier scheint sie ohne Mütze nicht einmal als vollgültig angesehen zu werden, daran hat sie natürlich nicht gedacht, sie weiß nicht einmal, wie man dieses eigenthümliche Stück Putz in eine menschenwürdige Verfassung bringt. „Heute wird es nichts machen," meint Schwester Magdalene und nimmt sie mit. Sie gehen über einen langen schmalen Gang und treten in einen geräumigen Saal. Hier sind schon alle Schwestern versammelt — es ist ein buntes Gemisch von großen und kleinen Gestalten, dort drüben scheinen auch einige ihrer speciellen Colleginnen vom Johanniterorden zu sein — schrecklicher Moment! Alle die Augen der sechzig oder achtzig Schwestern haben sich auf sie gerichtet . . . es ist recht albern, daß sie so verlegen wird, sie ist doch sonst so sprachgewandt.

„Eine neue Johanniterschwester," sagt die Stimme einer alten Diakonissin neben ihr, „Schwester Maria von F." Maria wird dunkelroth, die fremde Lage, der neue Titel, das alles ist ihr so ungewohnt, sie fühlt, daß sie die Thränen gewaltsam hinunterdrängen muß. Sie wird kaum gewahr, daß nach einem kurzen Gebet alle Schwestern Platz genommen haben — sie greift mechanisch nach einer riesigen Tasse Kaffee, die vor ihr steht und unheimlich qualmt. Aber sie irrt sich, wenn sie meint, daß sie ein fortgesetzter Gegenstand der Beobachtung ist — jeder ist viel zu sehr mit sich und seinem Vesperbrot beschäftigt, denn die Zeit drängt. Fast verstohlen blickt sie auf ihre Nachbarin, die diesen Blick erwidert — es ist wirklich der kleine blonde Eindringling von vorhin. Sie hat ein liebes Gesicht, diese kleine Diakonissin, solch große, unschuldige Kinderaugen! Wie räthselhaft erscheint es Maria, daß sie ein solch junges Geschöpf unter der Schwesternschaft antrifft. Gewiß hat sie eine unglückliche Liebe — aber dazu sieht sie doch eigentlich zu vergnügt aus — Maria kann nicht klug daraus werden.

„Schwester Editha, führen Sie Ihre liebe Nachbarin zunächst auf ihre Stube, damit sie sich umzieht, ehe sie sich vorstellen geht," sagt nach aufgehobener Tafel die alte Diakonissin zu der kleinen Blondine. Maria folgt ihrer schlanken Führerin mechanisch. Sie ersteigen mehrere Steintreppen und landen endlich vor einem winzigen Thurmstübchen. „Hier werden wir zusammen wohnen," sagt Editha und öffnet die Thür. „Zusammen" — Maria sagt es mit unwillkürlichem Schrecken, während ihr Auge die neue Behausung mißt. Sie ist fast puritanisch in ihrer Einfachheit, diese kleine Stube, nur für die durchaus nöthigsten Möbel ist gesorgt, und die Wände sind sogar ohne Tapeten! Aber ein frischer Strauß von dunkelrothen Rosen leuchtet ihr vom Tisch entgegen, zu dem Fenster nicken die Ranken der wilden Weinrebe vertraulich herein und geben der Stube etwas von dem, was man in der weichen Sprache der Süddeutschen „heimelig" nennt. Maria hat viel Gefühl für Poesie — hier findet sie ein Stück davon. Das altmodische Thurmstübchen, die frischen Rosen, die junge poetische Gestalt in der Schwesternhaube — das alles wirkt beruhigend auf ihr verwirrtes Ge-

mich. „Sie wollen lachen, gute Nachbarschaft zu halten, Schwester Editha!" Diese Worte kommen zögernd heraus. „Ja, das wollen wir! Aber nun packen Sie schnell Ihre Sachen aus, denn die liebe Mutter wartet. Die liebe Mutter ist nämlich unsere Oberin," fügt sie belehrend hinzu, als sie den erstaunten Blick Marias auffängt. Während dieser Unterredung hat sie ihrer neuen Freundin geholfen, die nöthigen Kleidungsstücke herauszunehmen und hilft ihr, sich zu bekleiden: „Wir sind nun einmal Stubengenossen, da müssen wir uns schon zur Hand gehen. So, da habe ich Ihnen die Mütze gesteckt, setzen Sie sie schnell auf, dann müssen wir noch aufräumen, denn hier ist der Tempel der Ordnung." Maria läßt es sich gefallen, daß sie ihr die hohe, steife, etwas an die Schwarzwälder Bauerntracht erinnernde Mütze aufsetzt. Wie sie in den Spiegel schaut und ihr eigenes Bild in der so fremden Fassung ihr entgegentritt, erschrickt sie fast. Sie sieht ganz verändert aus — nein, sie ist ganz entschieden nicht mehr hübsch — wenn ihre Freunde und Bekannten sie so sähen, sie würden sie nicht wiedererkennen! Editha erräth ihre Gedanken. „Sie werden sich schon an die Haube gewöhnen," sagt sie in beschwichtigendem Ton, „ich habe sie zuletzt doch auch sehr geliebt, beinah so sehr wie meine jetzige. Doch ich muß eilen, Sie hinüber zu führen, denn ich muß bei meinen Kranken Andacht halten und Arzneien austheilen."

Maria folgt ihr — nun stehen sie vor einer schmucklosen, weißen Thür, hier verläßt sie Editha — auf das schüchterne Klopfen Marias öffnet sich die Pforte und sie steht vor der Oberin.

Zweites Kapitel.

„Ach — schon ein Viertel sechs," sagt Editha am nächsten Morgen — und dreht sich halb verschlafen in dem Bett herum. Nun bemüht sie sich, Maria zu wecken; eine schwere Aufgabe für Jemand, der selbst noch beinahe des Weckens bedarf. Und diese neue Johanniterschwester ist gar nicht aus dem Schlaf zu bringen, sie schläft noch fester als ihre Vorgängerin und das will viel heißen! Maria ist freilich erst sehr spät eingeschlafen. Das Gespräch mit der Oberin, die so ernst und mütterlich zu ihr gesprochen an diesem ersten Tage ihres neuen Lebens, hat nicht verfehlt, einen tiefen Eindruck auf sie zu machen. „Ich hoffe, Sie werden daran denken, daß Sie als Johanniterin zunächst berufen sind, dienen zu lernen, zu dienen dem Herrn an seinen Kranken und Elenden. Es ist das hohe Vorrecht Ihres Ordens, daß in demselben gerade der Adel zum speciellen Dienst berufen ist — daß das achtspitzige Kreuz, welches die Brust der Johanniterritter schmückt, kein Gedenkzeichen ist an hohe Thaten tapferen Kriegsmuthes, nein, es soll ein Abzeichen sein, daß die Träger desselben zu denjenigen gehören wollen, die den Armen und Elenden hilfreiche Hand leihen. Auch Sie, als Schwester dieses Ordens, müssen es für eine Ehre halten, daß Sie dienen dürfen! Gehen Sie mit Freudigkeit an die Arbeit, in Treue und Gehorsam, der Segen Gottes wird nicht ausbleiben." Das hatte die Oberin gesagt und Maria hatte erstaunt zugehört. Zuerst glaubte sie eigentlich, die Oberin werde es wenigstens mit einigen herzlichen Worten anerkennen, daß ein Mädchen aus so vornehmem Hause es auf sich nehmen wollte, ein halbes Jahr sich dem ernsten, strengen Leben eines Diakonissenhauses zu fügen, und nun sagte sie ihr mit schlichten Worten, es sei eine Ehre für sie, den Kranken dienen zu dürfen! Wenn sie in ihrem Heimatsdorfe je daran gedacht hatte, einem leidenden Mütterchen oder kranken Greise einen Teller Suppe höchsteigenhändig zu überbringen, dann hatten die überglücklichen Leute vor Rührung geweint über die ihnen widerfahrene Ehre — und Maria hatte sich im Gefühl der eigenen Wohlthätigkeit gesonnt! Und nun war sie gar noch hierhergekommen, um die Krankenpflege zu erlernen und der leidenden Menschheit den glänzenden Beweis zu liefern, daß sie, der Liebling der Hofgesellschaft, die gefeiertste junge Dame der letzten Winter, ebenso gut als schön sei! Freilich — das gestand sie sich innerlich ein — es waren nicht lauter uneigennützige Beweggründe, die diesen interessanten Schritt veranlaßt hatten. Hinter der glänzenden Außenseite lag viel verstecktes Herzweh, sie hatte so viel gesucht im Leben und so wenig gefunden, nun wollte sie in der ernsten Schwesterntracht, die ihr für ein halbes Jahr gleichsam verliehen wurde, Schutz suchen gegen sich selbst, gegen die Kämpfe im eigenen Herzen. Hier waren ja alle Menschen gewissermaßen halbe Heilige — da würde etwas von diesem abstrahlenden Glanze auch für sie abfallen . . .

Aber diese Worte der Oberin paßten so gar nicht zu dem ganzen, selbstgeschaffenen Heiligenbild, und es überschlich sie eine unheimliche Furcht, als seien Dinge, die sie hier erwarteten, doch noch etwas anders, als sie selbst glaubte. So sah sie die Oberin fragend an — doch diese verstand den Blick nicht, sie schien sich gar nicht bewußt, etwas gesagt zu haben, was der Erklärung bedürfe. Das Gesicht der Diakonissin fesselte Maria unwillkürlich. Es lag etwas so helles in diesen gütigen und doch ernsten Augen; in den charaktervollen Zügen stand eine ganze Lebensgeschichte ausgeprägt von Leiden, Kämpfen und errungenem Frieden. „Sie sieht glücklich aus," dachte Maria, „und doch, wie viel muß sie durchgemacht haben. Sie ist so klug!"

Was hatte der Tag denn noch alles gebracht, so viele neue Bekanntschaften! mit Menschen und mit Häusern — ja, sie hatte schnell noch einen Blick geworfen in die verschiedenen Krankenstationen, die Gefilde ihrer künftigen Thätigkeit. So kam es, daß lauter Fragen sie bestürmten, als sie sich zum Schlummer niederlegte — und als die Lichter im

Diakonissenhauses längst erloschen waren und ihre Stubengefährtin ruhig schlief, da waren Marias Augen noch weit offen. Es war eine neue Welt, die vor ihr lag, nun sollte sie den ersten Schritt hineinthun, ganz allein mußte sie ihn gehen, diesen Weg, der zur Entsagung, zur Pflicht, zur Ruhe führen sollte. Halb im Traum schwebte ihr dann die Erinnerung an ein Lied, dem sie in früheren Zeiten so gerne gelauscht. „Müde genug" war es genannt. Warum verschmolzen die Töne gerade dieses Liedes süßer Vergangenheit sich heute Abend mit den trüben Bangen der Zukunft? Ach das Glück, es lag so weit, so weit, was sollte ihr dies Lied? Halb im Traume sprach sie die Worte nach: Müde genug — dann umfing sie der Schlaf, tief und fest. So merkt sie es nicht, daß es Morgen ist und erst nach den angestrengtesten Bemühungen Ediths schlägt sie die dunklen Augen auf, sehr erstaunt, sich in so fremder Umgebung zu befinden. „Sie müssen sich eilen," ruft Edith, „es wird bald zur Andacht läuten und erst müssen wir noch unsere Stube aufräumen." Maria eilt sich, so gut sie kann, es fällt ihr allerdings nicht ganz leicht, so im Handumdrehen das zu vollbringen, wozu sie sonst unbeschränkte Zeit in Anspruch nahm. „Waren Sie schon auf Ihrer neuen Station? Sie kommen nämlich zu den Kindern, ach, da wird es Ihnen schon gefallen. Die Krabben sind manchmal allerdings furchtbar ungezogen, aber man kann ihnen doch nicht böse sein — es thut so weh, kleine Kinder leiden zu sehen. Haben Sie Kinder lieb?" Maria zögert. „Ja — nein — wenn sie sehr niedlich sind und nicht zu viel Lärm machen," sagte sie. „Sind es sehr viele Kinder?" „O, über dreißig allein auf Ihrer Station, da giebt es Arbeit die Hülle und Fülle. Aber Sie verstehen sich gewiß schon darauf. Sie sehen so gewissermaßen erfahren aus." Dabei lacht Edith und schickt sich an, die Stube zu verlassen, denn nun tönt wirklich die gewohnte Glocke.

Eine Stunde später finden wir Maria schon in voller Thätigkeit. Sie folgt ebenso erstaunt als aufmerksam den kurzen, aber nicht unfreundlichen Anweisungen, die ihr eine kleine, energische Diakonissin giebt. Schwester Antonie, so heißt sie, ist eigentlich ein weiblicher Regimentscommandeur, sie führt mit bewundernder Umsicht das Commando auf ihrer Station und versteht ebenso wie ein Feldwebel seine Rekruten, so ihre untergebenen Schwestern zu drillen. Auch Maria ist sogleich angestellt worden. Sie hat zwar geglaubt, sie würde sich die Sache heute erst einmal ansehen, doch diese Meinung hat, scheint es, Niemand getheilt; sie ist eine neue Arbeitskraft und man muß suchen, sie baldmöglichst zu verwerthen, das ist der beste Weg, um die Fähigkeiten zu prüfen. Nun bemüht sie sich, im Schweiße ihres Angesichtes eine Stube auszukehren, zum ersten Mal in ihrem Leben. Aber der Besen liegt ihr immer in der Hand um — sie hält ihn gewiß nicht recht — nein — so geht es noch weniger — sie versucht es wieder auf die vorige Art. Und nun haben sich auch noch alle die impertinenten Staubflocken gegen sie verbunden, denn kaum glaubt sie sie beisammen zu haben, husch, da fliegen sie wieder in der Luft wie die Derwische — es ist eine Danaiden-Arbeit! Schwester Antonie, die des Weges daher kommt, sieht ihr eine Weile lächelnd zu, nimmt dann einen zweiten Besen und mit geschickter Hand ist bald der ganze Boden geglättet wie ein Spiegel. Maria wischt sich den Schweiß von der Stirn und stößt einen Seufzer der Erleichterung aus. „So, nun kommen Sie herüber, da sind noch einige Betten zu machen, zunächst aber besorgen Sie die Kinder." „Ja," sagt Maria kleinlaut. Diese Art Arbeit will ihr nicht recht gefallen, aber es bleibt ihr wohl nichts übrig, sie muß sich daran machen. Sie ergreift mit mehr Energie als Vergnügen einen Kamm, und beginnt einem dicken Zausekopf die Haare zu entwirren. „Tante, Du ziepst mich so sehr," sagt das dreiste kleine Ding und fügt hinzu: „die andere Tante hat mich immer erst gewaschen." „Ja Tante, ich bin auch noch nicht fertig," ruft es aus einer andern Ecke. „Und die Clara läuft ohne Strümpfe herum, und ich habe meinen Aermel entzweigerissen," schreit eine andere. Es sind neugierige Kinder, sie wollen sehen, wie sich die neue Tante anstellt. Maria weiß nicht, wo ihr der Kopf steht — ist sie denn der Spielball dieser kleinen Krabben? Da kommt auch noch Schwester Antonie. „Sie sind doch fertig, Schwester Maria? Bitte, kommen Sie so schnell wie möglich, ein neues Kind muß ins Bad." Draußen auf dem Flur steht ein armes Weib in dürftiger Kleidung, ein bleiches, abgezehrtes Kind in den Armen. Die Schwester tritt hinzu und nimmt es ihr ab. „O Gott," schluchzt die arme Mutter — „gelt, mein Kind muß noch nicht sterben — ich habe es so lieb und bin doch schuld an seinem Unglück. Nicht wahr, Schwesterle, Sie pflegen es wieder gesund, ich werde auch so viel für Sie beten!" „Wir werden thun, was möglich ist," sagt Schwester Antonie ruhig. Maria tritt an die Frau heran, um ihr einige Worte des Trostes zu sagen, sie fängt an, ihr auseinanderzusetzen, daß es Gottes Schickung sei, daß ihr Kind so leiden müsse, da rüttelt sie Schwester Antonie am Aermel. „Kommen Sie nur schnell, wir haben keine Zeit zu langen Reden, es ist höchste Zeit, daß das arme Kind zur Ruhe kommt. Geht Ihr heim, liebe Frau, am Freitag ist Besuchsstunde, da könnt Ihr wiederkommen." Maria tritt zurück — sie ist entschieden verletzt. Dazu also ist sie gut genug, um unartige Kinder zu kämmen, Stuben auszukehren und sonstige in ihren Augen niedrige Dienstleistungen zu verrichten, und wo sie glaubt, Trost und Hilfe spenden zu können, wird sie so zurückgewiesen! Indeß hat Schwester Antonie das Kind, dessen Aermchen jämmerlich verbrannt ist und welches in Folge dessen stark fiebert, langsam gebadet und in ein sauberes Bettchen gelegt. Hier liegt es, leise wimmernd, eins unter den vielen kleinen Leidensgenossen in dieser großen Krankenstube. Es ist ein Bild menschlichen Elends en miniature, das sich dem Auge des Beschauers darbietet. Da sind kleine Erdenpilger in den verschiedensten Lebensaltern und jedem ist der Stempel des Leidens unverkennbar aufgeprägt!

Aus diesen blassen kleinen Gesichtern, aus den abgezehrten kleinen Gestalten blickt eine ganze Welt des Jammers uns entgegen. Dort in der Ecke zieht die Erscheinung eines im schönsten Blüthenalter stehenden Mädchens die Blicke auf sich. Sie sieht aus, als hätte sie schon viel erlitten, die tiefen, schwarzumränderten Augen mit dem müden Blick verrathen es. „Das ist unser Lazarus," meint Schwester Antonie, „sie ist eigentlich zu groß für die Kinderstation, aber da sie seit Jahren bei uns ist, fühlt sie sich hier am wohlsten." Die Schwester schickt sich an, den Verband abzunehmen, der die jugendliche Stirn bedeckt. „Wollen Sie mir die Waschschale halten?" Die Frage gilt Maria. Nicht ohne Widerstreben thut diese, wie ihr geheißen wird. Eigentlich graut ihr vor Wunden, bis jetzt hat sie dies auf rein ästhetische Motive zurückgeführt — hier im Augenblick, wo ihr die Nothwendigkeit obliegt, handelnd einzugreifen, fühlt sie, daß es ganz einfach die Abscheu gegen das Abnorme ist, die ihr innewohnt. Wie fatal ist es ihr auch, daß sie hier so ganz ungeschickt all den neuen Thätigkeiten gegenübersteht, sie, die sonst überall durch die Wichtigkeit ihres Wissens geglänzt hat! Und hier stößt sie fast Schritt für Schritt auf Dinge, die ihr die reinen böhmischen Dörfer sind! Die Krankenpflege erscheint ihr plötzlich in einem ganz andern Licht — die Vorstellung, die sie sich bislang davon gemacht, hat sie sich zwar auch nie so genau formulirt, aber wenn sie auch nicht gerade, wie viele andere, glaubte, daß die Hauptsache darin bestehe, die Temperatur zu messen und den Kranken ab und zu ein Glas Wasser zu reichen, so hat sie doch nicht gedacht, daß so viele Arbeiten sie erwarten würden, von denen sie eigentlich nicht recht begreift, wozu sie nützen. Diese Reinlichkeit hier zum Beispiel ist doch geradezu pedantisch! Maria seufzt — was hat sie heute nicht alles angreifen müssen — da hat sie schmutzige Kinder gebadet, Betten gemacht, Böden gefegt und aufgewischt, und was sonst noch alles ihrer. Einen großen Stoß Flickwäsche hat ihr Schwester Antonie auch schon gezeigt — also Arbeit über Arbeit!

Und dann hat sie so viel gesehen, Dinge, deren Existenz sie niemals ahnte, Menschenelend in krassester Gestalt! Zum Beispiel jenen kleinen Jungen mit dem Zungenkrebs, der Tag und Nacht vor Schmerzen schreit! Hier wimmert das Kind mit der kranken, eiternden Hüfte, das bei jeder Berührung jämmerlich stöhnt, nebenan das Mädchen mit dem Veitstanz, ein anderes mit Wassersucht und drüben das Kind mit dem Gehirntyphus! Und doch, viele von den kranken Kindern sind in schmerzfreien Augenblicken das Bild vollkommener Zufriedenheit — sie gleichen den Blumen, die sorglos am Rande des Vulkans blühen, sie lachen und spielen fröhlich, während der Todesengel vielleicht schon die Sichel wetzt, um sie abzumähen vom grünen Erdengefilde! Erst heute Morgen hat ja der Doctor über einige derselben das Urtheil gesprochen: unheilbar! Maria überdenkt dies alles, während ihre zitternde Hand die Waschschale hält, vielleicht ist es ihr dadurch, daß die Gedanken so ganz von dem Erlebten hingenommen sind, allein möglich, mit scheinbarer Ruhe den Bewegungen der Schwester Antonie zu folgen, während diese die eiternde Kopfwunde auswäscht und wieder verbindet. Nun wird ein zweiter, ein dritter Patient vorgenommen, einem kleinen Schreier im Steckkissen die Flasche gereicht, Ruhe giebt es eigentlich keinen Augenblick — wirklich, es ist schon Essenszeit. Nun werden alle diese kleinen Münder gesättigt — Maria fühlt, daß eine Art von Interesse für ihre Pflegebefohlenen in ihrem Herzen erwacht. Dieser erste Morgen im Krankenhause ist allerdings so ganz anders gewesen, als sie es erwartete, aber doch war es schön, miteingreifen zu dürfen in dieses reiche Arbeitsfeld, um menschliche Noth, und sei es bei Kindern, lindern zu helfen. — Als nach beendeter Schwesternmahlzeit Editha in das Thurmstübchen kommt, um sich nach ihrer einsamen Gefährtin umzusehen, findet sie sie in Thränen. „Haben Sie Heimweh?" fragt sie sanft und fügt hinzu: „Es war wohl heute ein schwerer Tag für Sie, aber nur Muth, es wird schon gehen." „Ich weiß selbst kaum, was mir ist," sagte Maria schluchzend, „ich habe es mir so ganz, ganz anders gedacht. Es ist ja zu schwer!" Edithas Gesicht wird sehr ernst. „Der Beruf einer Schwester führt durch Dornengehege, aber es entblühen herrliche Rosen diesen Dornen. Gerade die scheinbare Prosa des täglichen Lebens bringt das Gewicht gegen die überwältigenden Eindrücke seelischen Leidens, die uns sonst unzweifelhaft zu Boden drücken möchten. Vergessen Sie aber vor allem nicht den Wahlspruch unseres Hauses, in dem der Schlüssel für die gesammte Thätigkeit der Diakonie liegt: Die Liebe Christi dringet uns also!" „Ich will suchen, ob ich ihn auch zu meinem Wahlspruch machen kann," meint Maria zögernd.

(Schluß folgt.)

Kurzer Bericht der rheinisch-westfälischen Colonie für Fallsüchtige Bethel bei Bielefeld.

In dem eben vollendeten 23. Jahre unserer Arbeit im Dienste der Epileptischen stieg die Zahl der hauptsächlich aus der Rheinprovinz und Westfalen kommenden epileptischen Kranken auf 1065 (60 mehr als im Jahre vorher). Außerdem befanden sich noch 70 Nichtepileptische (erwachsene Blöde, Gelähmte, Verkrüppelte etc.) in der Colonie, welche aufzunehmen uns Erbarmen zwang, so daß die Ge-

Gesammtzahl der Pfleglinge Bethels augenblicklich 1123 beträgt. Dabei ist zu erwähnen, daß unter den Abgehenden im vorigen Jahre 15 Procent als geheilt und 50 Procent als gebessert entlassen werden konnten. Auswärtigen Kranken helfen wir mit ärztlichem Rath und Medicin, damit dieselben nicht Curpfuschern in die Hände fallen; so erhielten im Vorjahre 2920 arme Fallsüchtige 30 855 Pulver à 20 gr unentgeltlich. Wir freuen uns, aus einer so überaus großen Zahl von Dankschreiben zu ersehen, daß dadurch denselben auch dauernde Hilfe zu Theil wird. Diese 1123 Kranke erfordern mit ihren ca. 409 900 Pflegetagen im Jahre einen Zuschuß von etwa 170 000 Mark, da nur ein ganz kleiner Theil ausreichendes Pflegegeld bezahlt. Bei den dazu nöthigen Neubauten haben wir Gottes Hilfe so erfahren dürfen, daß wir zu den aus alten Bau- und Einrichtungskosten herrührenden Schulden (250 000 Mk.) keine neuen zu machen brauchten. Ueber diese Erweiterung theilen wir unseren Freunden Folgendes mit: Unsere neue Buchbinderei und Schriftenniederlage wurde im letzten Sommer bezogen; oben befinden sich die luftigen Wohn- und Schlafräume für unsere epileptischen Buchbinder, ihre Hauseltern und Pfleger; unten rechts und links die Verkaufsräume, im Hintergebäude die Werkstätte für 25 bis 30 Gesellen und Lehrjungen. Für viele Kranke, die zu schwererer Handwerks- oder Landarbeit nicht die Kräfte haben, bietet sich hier eine besonders willkommene Beschäftigung, und die Pflege kann um so wohlthuender sein, da Werkstatt und Haushalt, Arbeit und Familienleben unter einem Dach und in einer Hand vereinigt sind, wie wir das überall anstreben.

Für unsere geistig geschwächten epileptischen Ackerbauer ist draußen im Heideboden der Senne, welche Sommer und Winter gleichmäßige beruhigende Arbeit bietet, eine Viertelstunde von dem schon früher eingerichteten Ackerhofe „Rehoboth“ noch ein zweites größeres Haus für 40—60 Epileptische erbaut. — Es ist unmöglich, dieselbe in eine der benachbarten Dorfkirchen zu führen, da sie wegen ihrer Anfälle darin nicht geduldet werden, und über zwei Stunden Wegs hierher zu gehen, dazu sind sie zu schwach. Es fehlte also unseren Kranken da draußen bei allen irdischen Gütern doch eine Hauptsache: eine geistliche Heimat. — Eine Wittwe, die die Kranken lieb hat, schenkte daher als Erstlingsgabe, um draußen eine Capelle zu bauen, 6000 Mark. Am 5. Sonntag nach Trinitatis wurde der Grundstein gelegt. Viele Gaben folgten bereits jener Erstlingsgabe, so daß wir hoffen, im kommenden Herbst schuldenfrei in das bescheidene Gotteshaus einziehen zu können; doch fehlt uns der Hand noch eine nicht kleine Summe, da die Capelle für 500 Sitzplätze Raum bieten muß, damit unsere sämmtlichen Senne-Bewohner in ihr dauernd Raum finden. Endlich ist auch der seit längerer Zeit dringend nothwendige Bau einer Leichenhalle in Angriff genommen.

In den beiden Häusern, welche durch Verlegung der Buchbinderei und Schriftenniederlage frei wurden und die nun Emmaus und Alt-Bethphage heißen, fanden 46 epileptische Mädchen Raum, trotzdem blieben noch 115, zusammen 296 unerledigte Aufnahmegesuche. Ach, was liegt allein in diesen Zahlen für ein Maß ungestillten Wehs! Wie viel Seufzer armer Kranker verklagen uns noch immer bei Gott, daß wir sie zu lange warten lassen. Was wir konnten, haben wir gethan, um Bundesgenossen für unsere Arbeit zu finden. In den preußischen Provinzen Brandenburg, Sachsen, Pommern, Schlesien, Preußen, Hannover sind gleiche Anstalten entstanden; ebenso im Königreich Sachsen, in der Schweiz, Holland, Schweden und in den russischen Ostsee-Provinzen. Wir werden uns der Aufgabe nicht entziehen können, auch in diesem Jahre für epileptische Mädchen noch weiteren Raum zu schaffen. Ebenso warten unsere Schuhmacher schon lange Jahre auf die ihnen versprochene Familienwohnung. Nächst den Gatten sind sie die letzten, denen diese Wohlthat noch nicht zu theil geworden ist.

Unsere Schwestern-Anstalt Sarepta hat für weibliche Kranke, die zeitweilig irrsinnig und tobsüchtig werden, in „Magdala“ eine sichere, mit einer Mauer umgebene Zufluchtsstätte geschaffen. Es ist eine Sache dringender Barmherzigkeit, auch für männliche Kranke gleicher Art in derselben Weise zu sorgen. Wenn wir dieselben auch in die Irrenanstalten schicken wollen, so gelingt uns dies meist gar nicht oder nicht zur rechten Stunde, und kann vorher durch solche Kranke viel Unheil angerichtet werden oder sie können selbst Schaden nehmen.

Der barmherzige Gott segne alle unsere Wohlthäter, von unserem geliebten Kaiserpaar an bis herunter zu der ärmsten Wittwe, die uns mit ihrem Scherflein erfreut haben und durch welche wir auch im vergangenen Jahre auf die Frage: Habt ihr je Mangel gehabt? antworten durften: „nie keinen“. Das ist kein Geringes, da wir ca. 170 000 Mark im Jahr für unsere Kranken mehr gebrauchen, als uns die Angehörigen und Gemeinden für dieselben zahlen können — da wegen Armuth kein Kranker abgewiesen oder entlassen wird, wenn kein böser Wille vorliegt. — Ja, es ist ein köstlich Ding, dem Herrn danken und lobsingen Deinem Namen, Du Höchster!

Bethel bei Bielefeld, im Januar 1890.

Der Vorstand der Colonie Bethel.
v. Bodelschwingh.

Carl Heymanns Verlag in Berlin W., Mauerstraße 53—63. — Gedruckt bei Julius Sittenfeld in Berlin.

Alle Zuschriften und Einsendungen in Angelegenheiten dieses Blattes wolle man an den Redacteur desselben: Geh. Hofrath Herrlich W. Potsdamer Straße Nr. 134 c. zu Berlin richten.

Wochenblatt der Johanniter-Ordens-Balley Brandenburg.

Im Auftrage der Balley Brandenburg verantwortlich redigirt von C. Herrlich in Berlin.

Jahrg. 31. Berlin, den 18. Juni 1890. Nr. 25.

1. Friedrich Wilhelm Carl Sebastian von Wedell, Ritterschaftsdirector, auf Malchow bei Rechlin, Rechtsritter seit 1872, † zu Berlin 9. Juni 1890.
2. Laurenz Peter Ludwig August von Holsten, Major a. D., Ehrenritter seit 1869, † zu Dresden 2. Juni 1890.

Rheinische Genossenschaft.

Der Rittertag der Genossenschaft hat am 31. Mai d. J. für den verstorbenen Rechtsritter von Hochwächter den Rechtsritter Edlen von Hymmen auf Unterbach bei Erkrath in den Convent und für den bei seiner Ernennung zum Minister für Handel und Gewerbe aus dem Convente und Schatzmeisteramte geschiedenen Rechtsritter Freiherrn von Berlepsch den Ehrenritter Regierungspräsidenten von Puttkamer zu Coblenz in den Convent und als Schatzmeister gewählt.

Freiherr von Plettenberg.
Commendator.

Skizze aus dem Leben einer dienenden Schwester.

(Schluß.)

Drittes Kapitel.

Es war Nacht. In den vielen Sälen der großen Krankenheilanstalt brannte nur gedämpft eine schwache Flamme; die müden Kranken suchten den Schlummer nach allen Schmerzen des Tages. Manche wälzten sich auch rastlos auf den Kissen, denn die heißersehnte Ruhe wollte nicht kommen, das Fieber kochte in den Adern, und die gequälten Glieder schmerzten unaufhörlich. Draußen auf dem schmalen Gang, der so unheimlich aussah in dem schwachen Licht, welches eine einsame Gasflamme von sich gab, schritt eine Schwester geräuschlos auf und ab. Aus dem halb offenen Thore klang dumpfes Stöhnen — hier lag eine Kranke, von unerträglichen Schmerzen gepeinigt, auf ihrem Lager und blickte mit fiebenglühenden Augen die Schwester an, die sich über sie beugte. „Wer ist das?“ frug die Kranke und dann, als sie Maria erkannte: „O Schwester, Schwester, ich sterbe vor Schmerzen, nur einen Augenblick Ruhe — o, geben Sie mir Ruhe!“ Maria schweigt. Sie streicht nur mit weicher Hand die zerwühlten Kissen glatt. „Schwester,“ flüstert die Kranke fast unhörbar, „wenn ich sterbe, wo komme ich denn hin? O, sagen Sie doch nur ein Wort, beten Sie, beten Sie!“ Die Stimme versagt ihr. Maria ergreift tiefe Seelenangst. Hier in dieser Stube, allein mit der sterbenden Frau, tritt der Ernst des Todes in wahrhaft erschütternder Weise ihr vor Augen. Ihr Herz klopft laut, sie glaubt, es muß zerspringen, und dabei soll sie beten! Was denn? Das Vaterunser — ihr ist, als könne sie sich nicht einmal auf seinen Anfang besinnen, sie hat alles vergessen in diesem Augenblick überwältigender Seelenqual, so kommt nur eine einzige der sieben Bitten über ihre zitternden Lippen: Erlöse uns vom Uebel!

Ein eigenes Gefühl, so in stiller Nacht allein, dem König der Schrecken gegenüber — Marias Herz erbebt, sie möchte fast geizen um jeden Athemzug der vor ihr liegenden Kranken, sie fragt sich mit verzehrender Angst: lebt sie noch . . . ja — sie nimmt die kalte Hand in ihre vor Erregung glühende, sie zählt den Pulsschlag — jetzt setzt er aus — o Gott! nein, er schlägt noch, aber so unregelmäßig . . . wann, o wann wird es Morgen! Und die Kranke klammert sich fest, ganz fest an sie an, die weiten Augen sind angstvoll zu ihr gerichtet — aber die Frau wird von Schwäche übermannt, der Krampf läßt nach und sie sinkt ermattet zurück. Eine Ruhepause tritt ein. Maria sitzt schweigend an ihrem Lager und wischt leise die großen Schweißtropfen von der Stirn ihrer Patientin. Im Fluge überdenkt sie die Vergangenheit. Nun sind es schon viele Monate her, daß sie ihren Fuß gesetzt hat in dieses Haus, diese Stätte des Elends und des Friedens zugleich. Denn das eine ist ihr klar geworden in diesen langen Wochen schwerer Arbeit und treuer Pflichterfüllung: wie wäre ihr Herz so stille geworden, als hier — nirgends wäre es ihr möglich gewesen, ihr eigenes Herzeleid über dem der anderen so zu vergessen, wie hier, wo jede Stunde neue Arbeit, jede Woche neue Anforderungen an ihre physischen und moralischen Kräfte stellt. Es ist wahr — sie hat manche Enttäuschung durchmachen müssen, der Nimbus, den ihre Phantasie um das Leben im Diakonissenhause geflochten, ist zum Theil geschwunden. Geschwunden — nein, das ist nicht das rechte Wort, nur in veränderter Form tritt er ihr entgegen. Nicht heilige, leidenschaftslose Wesen, erhaben über dem irdischen Leben und Treiben, sieht sie mehr in den Schwestern: sie hat gelernt, daß weder Diakonissenkleid noch Haube im Stande sind, den alten Menschen zu erneuern, aber doch ist sie getrost. Sie hat Einblicke thun dürfen in edle, große Menschenseelen, die gleich ihr ringen nach dem einen, was noth thut. Und wahrhaft beschämt steht sie da vor diesen einfachen Menschenkindern, die in strenger Pflichterfüllung und harter Arbeit ihrem Herrn dienen dürfen. Ja — dienen! Ihr ist, als lerne sie allmählich dies Wort verstehen, das erst fast beleidigend an ihr Ohr geklungen. Ihr ist zu Muth, als könne sie diese Menschen beneiden, die dieses „Dienen" auf das Panier ihres Lebens geschrieben haben. Inmitten der Schwesternschaar kommt sie sich zuweilen vor wie der Fremdling, der frierend vor den Palästen der Reichen steht und heiß den Eingang begehrt in diese Thore der Herrlichkeit! Und doch — dann kommen Augenblicke, wo alle ihre Illusionen über den Haufen geworfen werden, wo die nackte Prosa des Lebens ihr fast handgreiflich entgegentritt, aber dennoch fühlt sie, daß gerade in diesen Contrasten des Berufs seine Größe liegt, die Prosa desselben wäre zu erdrückend, die geistige Größe desselben zu erhaben; vereint aber geben sie jenes harmonische Ganze, welches es allein ermöglicht, daß eine rechte Diakonissin ebensowohl tröstend am Sterbelager stehen kann, als sie befähigt sein muß, für das leibliche Wohlbefinden der ihr anvertrauten Pfleglinge so zu sorgen, daß sie sich in ihren Händen geborgen fühlen. Diejenigen, welche das ideelle Moment des Berufes von dem realistischen Theil getrennt wissen wollen, haben die Tragweite dieser Maßregel nicht erkannt: sie vergessen, daß die Schwester dann entweder einestheils zum christlichen Dienstmädchen, anderntheils zu einer für das praktische Leben unbrauchbaren Schwärmerin würde.

Ein schriller Glockenklang weckt Maria aus ihren Gedanken. Er kommt aus der großen Krankenstube drüben. „Schwester," tönt eine schwache Stimme, „mir ist so bange, bleiben Sie einen Augenblick bei mir." Es ist ein Mädchen, dem morgen der Fuß abgenommen werden wird, und das bitterlich darüber weint. Maria spricht ihr tröstend zu. Da hört sie leise Schritte; Schwester Regine ist es, die Wächterin im oberen Stockwerk. „Können Sie mit mir kommen? Die kleine Louise ist eben gestorben, und ich möchte ihr Bett gerne herausstellen." Maria reicht noch einer armen, vom Gicht gequälten Frau den erfrischenden Labetrunk, dann folgt sie Schwester Regine. Die Steintreppe, die beide Stockwerke verbindet, ist bald erklommen. Der Morgen dämmert langsam herauf, und die ersten Strahlen des jungen Tageslichtes dringen in das kleine Hinterstübchen, wo nur drei Betten stehen. Hier liegen Schwerkranke; dort in jener Ecke eine junge, schwindsüchtige Frau, ihre Tage sind auch schon gezählt, das steht deutlich auf den eingefallenen, fast wachsgelben Zügen geschrieben; sie kämpft mühsam um Athem. Ihr gegenüber liegt ein altes Weib, ganz besinnungslos; sie hat das Delirium, und die scheinbare Ruhe ist nur die Stille vor dem Sturm. Im vorderen Bett liegt die soeben Verstorbene. Schwester Regina hat einen Schirm vor ihr Lager gestellt, den schiebt sie nun bei Seite und Maria schaut in ein stilles Todtenangesicht. Ein Sonnenstrahl küßt die Marmorstirne der Entschlafenen — es ist ein ganz junges Mädchen, das hier liegt, und doch, wie leidensvoll sind diese Züge, der letzte Kampf war augenscheinlich ein schwerer. Schweigend tragen Maria und Schwester Regina die Bettstelle mit der leichten Last hinaus, behutsam deckt die Letztere ein weißes Leintuch über den leblosen Körper. „Es war wohl eine schwere Wache?" fragt Maria. „Ach ja," erhält sie zur Antwort, „es war eine bewegte Nacht. Drüben auf der Männerstation der alte Herrmann, Sie wissen schon, der gestern mit dem gequetschten Oberschenkel gebracht wurde, machte mir viel Sorge, dann hier die kleine Louise und drüben Schwester Editha." Maria zuckt zusammen; sie hat noch keinen Augenblick gefunden, um nach Editha zu sehen, die in der Schwesternkrankenstube an Lungenentzündung schwer darnieder liegt. Die kalten Novemberstürme hatten es ihr angethan und sie auf das Schmerzenslager geworfen. Ob sie jetzt hineingeht? Doch nein, die Pflicht ruft — sie hat ja den beiden Typhuskranken unten die stündlichen Eisumschläge zu wechseln und der schwer leidenden Frau zur Seite zu stehen. Sie eilt hinab — Gottlob, sie hat noch nichts versäumt. Die Frau ist ruhiger und die übrigen Kranken scheinen zu schlafen. Nun ist es Tag geworden, allmählich wird es im Hause lebendig, die verschiedenen Stationsschwestern eilen herbei — Maria aber begiebt sich todmüde in ihr einsames Stübchen, alles Durchlebte liegt auf ihr wie ein schwerer Traum, doch bald ist alles vergessen — der süße Lethestrom des Schlafes umgiebt sie mit erquickender Ruhe nach der langen, bangen Nacht!

Viertes Kapitel.

Der vierundzwanzigste December ist angebrochen, dieser Tag der Freude für alle Menschenkinder, der wie mit einem großen Band der Einigkeit die ganze Christenheit umzieht. Auch in dem stillen Diakonissenhause schlagen ihm viele Herzen entgegen, todmüde

Augen lernen noch einmal zu lächeln beim Gedanken an den strahlenden Tannenbaum. Kleine kranke Kinder jubeln ihm entgegen — auch in den Herzen der Diakonissen regt sich die Festfreude, und viele Hände sind rege, der kostbaren Zeit einige Minuten abzuborgen, um die Vorbereitungen für das liebliche Fest abzuschließen. Auch das Diakonissenkirchlein entbehrt nicht des schönen grünen Schmuckes — zu beiden Seiten des schlichten Altars erheben sich riesige Tannenbäume, dazu bestimmt, heute Abend in der Christnacht in hellem Glanze zu erstrahlen. Noch in der Dämmerstunde des Vorabends haben die Schwestern die letzte Hand angelegt, um den Kirchenschmuck zu vollenden; nun steht der Altar mit dem ernsten Kreuzholz inmitten der grünen Bäume — beides Symbole des Christenthums, Krippe und Kreuz — Bethlehem und Golgatha!

Auf den verschiedenen Stationen herrscht an dem heutigen Morgen reges Leben, denn die Arbeit drängt und jeder hat doch noch seine besonderen Vorbereitungen. Es ist ja so süß, Geheimnisse zu haben an solchem Tage! Es sind nur einfache Gaben, die sie sich bescheren werden, diese genügsamen Menschenkinder, und doch, ihre Freude darüber wird nicht minder groß sein, als über die kostbarsten Geschenke! Die Liebe ist es, die allen Dingen hienieden, so auch diesen Gaben die Weihe giebt und sie so unendlich werthvoll erscheinen läßt. Ja, das Auge der Liebe ist eine Fundgrube irdischen Glücks! Auch Schwester Maria hat alle Hände voll zu thun. Eben trägt sie mit einer anderen Johanniterschwester, Hildegard, den großen Tannenbaum, der für die Kranken der Wundstation bestimmt ist, aus dem Keller, um ihn mit den Rosen und Lilien zu schmücken, die die fleißigen Hände der leichteren Kranken angefertigt haben. Die Arbeit in den verschiedenen Sälen haben sie heute rasch abgemacht — ist doch erst gestern das gründliche „Reinmachen", zu den natürlichen Präliminarien des Festes gehörig, beendet worden! Sie eilen mit ihrer grünen Bürde beladen den langen Gang hinab, vorbei an den Bänken, auf welchen viele Kranke der Ankunft des dirigirenden Arztes harren. Es ist eine Schar von meist elend und zerlumpt aussehenden Gestalten, die dem Tannenbaum mit sehnsüchtigen Blicken nachstarren. Daheim erwarten(?) sie vielleicht eine kalte Dachstube, frierende Kinder unter der Obhut der von Sorgen und Krankheit gemarterten Großeltern — und hier stehen sie krank an Leib und Seele, hoffnungslos und vielleicht abgestumpft. Und doch ist für sie auch der Heiland geboren, auch für sie ist die Rose Jesses entsprungen, von der die hellen Schwesternstimmen so lieblich singen. Maria und Hildegard sind schon in voller Thätigkeit, im süßen Liebeswalten für die Armen und Elenden, die ihrer Obhut anvertraut sind, da kommt die vorstehende Diakonissin der Wundstation, Lydia, und ruft: „Schwester Maria, Schwester Hildegard, kommen Sie schnell, es muß ein Luftröhrenschnitt gemacht werden, Herr Doctor ist schon im Operationssaal." Vergessen sind Tannenbaum, Rosen und Lilien gegenüber dieser drängenden Nothwendigkeit, schon sind sie in dem verhängnißvollen Raum, in dem so viele Geschicke sich entscheiden. Der Doctor schreitet in seinem langen weißen Ueberkleide gedankenvoll hin und her. Von allen Seiten kommen die Schwestern herbei, die ihre Zeit in dieser ernsten Stunde zu versehen haben, fast geräuschlos treten sie ein, hier ordnet die alte bewährte Oberkrankenpflegerin die Instrumente auf der Glasplatte, dort legt eine andere eine frische Gummidecke über den Operationstisch. Die Uebrigen bleiben vorläufig im Hintergrunde und harren des Patienten. Dieser läßt nicht lange auf sich warten. Es ist ein halbjähriges Kind, das Schwester Lydia hereinbringt. Das Auge des Arztes ruht mit Besorgniß auf dem abgemagerten(?) kleinen Geschöpf, dem ein Schnitt seines Messers Leben oder Tod bringen wird. Eine athemlose Spannung tritt ein. Das röchelnde und mit dem Tode ringende Kind wird auf den Tisch gelegt — das Chloroform wird ihm gereicht — die Narcose tritt ein und der Athem geht nun ruhiger — der Doctor naht, Schwester Lydia hält das Köpfchen fest in beiden Händen — alle Schwestern treten wie auf Commando stillschweigend an ihre Posten, das Messer blitzt: es ist nur ein Augenblick, da ändert sich das Aussehen des Kindes, das Gesicht verliert die blaue Färbung, die Augen treten in die Höhlen zurück: es ist gerettet! „Führen Sie die Canüle ein, schnell!" ruft der Doctor Maria zu. Sie gehorcht. Hoch spritzen durch dieselbe die durch den Schnitt gelösten Diphtheritis-Membranen, nun gilt es achtsam sein, denn ein Stückchen davon dem Nebenstehenden ins Auge und die Sehkraft ist vernichtet. Nach diesem qualvollen Moment der Operation sind Marias Augen fast unwillkürlich auf den Spruch gefallen, der in großen Lettern über der Thür des Saales geschrieben steht: Fürchte dich nicht, glaube nur! Die Rettung des Kindes ist ihr wie ein persönliches Geschenk. Draußen harrt die unglückliche Mutter mit brennender Sehnsucht auf den Ausgang der Operation. „Ihr Kind lebt, ist gerettet." Sie drückt einen heißen Kuß auf die Hand des Doctors und schluchzt laut auf. Gerettet! — Und heute ist Weihnachten! . . .

Einige Stunden später finden wir Maria in dem hellerleuchteten Saal unter dem brennenden Christbaum, umgeben von vielen fröhlichen Gesichtern. Der Pastor des Hauses hat eben auf Grund des Weihnachtsevangeliums herzliche Worte an die versammelte Schar gerichtet — noch klingen in aller Herzen die Klänge des Weihnachtsliedes:

Zu Bethlehem im Krippelein,
Da liegt ein liebes Kind,
Das soll unsers Herzens Freude sein,
Bis einst der Tod mich hol't.

Und nun ziehen sie in fröhlichem Gespräch, hier gruppenweise, dort zu zweien oder einzeln, unter dem Tannenbaum. Maria steht in Gedanken verloren und ihre Blicke streifen gerührt die kleinen Liebesgaben, die ihr zu Theil geworden sind, Zeichen der Freundschaft sind es, die sie mehr schätzt, als manch reiches Geschenk vergangener Weihnachtsabende. Wie viele Male hat sie schon unter dem Christbaum gestanden und wie viele Erinnerungen lasten gerade für sie auf diesem Tage. Sie denkt der fröhlichen Kinderzeit im trauten Heim, wo sie seligen Jubels voll den Tag kaum erwarten konnte — dann der Jugendtage, da sie am Sarge des geliebten Vaters Weihnacht feierte — auch eines Weihnachtsabends gedenkt sie, da zwei dunkle Augen auf sie gerichtet waren in heißer Liebe. Bei dieser Erinnerung zuckt sie wie in bitterem Weh zusammen. Sie hat jener Augen Sprache nicht verstanden, damals nicht verstehen wollen, weil sie es nicht über sich vermochte, dem Zuge ihres Herzens zu folgen und ihr Leben hinzubringen an der Seite eines leidenden Mannes! Dieser Augen Glanz ist für sie erloschen und Maria weiß erst jetzt, wie süß es ist, für Einsame und Kranke zu leben! Es sind viele Jahre darüber hingegangen, Jahre tiefen Herzeleides, fast kommt es wie Reue über sie, wenn sie daran denkt, wie wenig sie in ihrer Selbstsucht daran gedacht, anderen zu leben — wie sie es versäumt hat, der alternden Mutter eine Stütze zu sein. Dann hatten ihre Schritte sie in das Diakonissenhaus geführt. Heute, an dieser ernsten Stätte überwältigt sie Erinnerung und Reue, aber doch fühlt sie zum ersten Mal wieder bei dem Glanz der Weihnachtskerzen voll und ganz den erwärmenden Strahl des ewigen Lichtes, welches hereinleuchtet in das Dunkel des Erdenlebens. Sie hat seinen Widerschein schauen dürfen in Kinderaugen, sie hat Thränen herabfließen sehen auf den Wangen von Krüppeln, Lahmen und Blinden — tief eingegraben ist in ihr Herz die Frage jenes Mägdleins, das unter Freudenthränen ihr entgegenrief: „Tante, ist das schon der Himmel?“ — Maria fühlt, wie eine Hand sich leise auf ihren Arm legt. Es ist der treue alte Pastor, der neben ihr steht. „Schwester Maria, wir gehen jetzt hinüber, den kranken Schwestern den Weihnachtsbaum anzuzünden, wollen Sie mitkommen?“ Mehrere Schwestern stehen schon bereit, nun gehen sie über den Hof. Die Sterne funkeln so klar hernieder, wie Grüße aus einer höheren Welt an diesem eigenartigen Weihnachtsabend. Sie steigen die wohlbekannten Stufen hinauf, bis sie an dem kleinen Stübchen, dem Ziel ihrer Wanderung, angelangt sind. Sie treten ein. Maria fühlt einen stechenden Schmerz beim Anblick, der sich ihr darbietet. Hier liegen zwei Schwestern auf ihrem Schmerzenslager und eine derselben ist Editha. Sie ist sehr verändert, die jugendliche Frische der Wangen ist geschwunden, das Gesicht ist von jenem Zug des Leidens überschattet, der darauf schließen läßt, daß es wohl nicht mehr allzulange dauern wird, und die liebliche junge Schwester, dieser Sonnenstrahl aller Herzen, ist jenseits der Grenze irdischer Hoffnungen! Sie lächelt leise, als sie die Eintretenden bemerkt. Die Lichter des kleinen Tannenbaumes werden rasch angezündet, ein stillschweigender Blick der Uebereinstimmung unter der kleinen versammelten Schar und sie stimmen an: „Unter Lilien jener Freuden!“ Süß rauschen die Klänge ihres Lieblingsliedes um Editha. Sie schließt die Augen. Ihr ist als träume sie. Sie sieht einen weiten, weiten Garten, durchfluthet von einem klaren Strom, an seinen Ufern schreiten hellleuchtende Gestalten entlang, sie tragen Lilien in den Händen und singen . . . näher kommt der Gesang, ganz nah — da — ein breiter Strom thut sich vor ihr auf, sie will hinüber — die Kräfte versagen ihr. Ein leises Stöhnen entringt sich ihrem gequälten Herzen. Die Schwestern halten inne mit dem Gesang, sie ahnen, daß hier ein gewaltiger Kampf vor sich geht, die Trennung einer unsterblichen Seele von dem armen vergänglichen Leibe! Da schlägt Editha die Augen auf, sie strahlen fast in überirdischem Glanze. „Hinüber“ flüstern die erblassenden Lippen — dann zieht ein leichter Schatten über das Gesicht — es ist ganz still im Stübchen, die Kerzen sind fast niedergebrannt und dann . . . . „Sie ist daheim“ sagt Schwester Magdalena leise. Und heute ist Weihnachten!

Fünftes Kapitel.

Der letzte Tag eines bedeutungsvollen Jahres ist für Maria herangekommen, der letzte Tag zugleich, den sie in ihrer lieben zweiten Heimat, wie sie das Diakonissenhaus nennt, zubringt. Morgen schlägt die Scheidestunde — ach, es krampft sich ihr Herz bei diesem Gedanken zusammen. Sie soll fort, aus diesem Hafen des Friedens, aus dieser regen Thätigkeit, zurück in ein thatenloses Leben. Doch ist es recht von ihr, sich diesem Schmerz also hinzugeben? Warten nicht daheim offene Mutterarme auf das einzige Kind — harren nicht die Armen und Kranken ihres Heimatsdorfes darauf, endlich eine bewährte Helferin in Leibes- und Seelennöthen zu erhalten? Und sie hat so viel Versäumtes gut zu machen, so viel reiche Liebe zu vergelten — wie kommt es, daß sie nicht freudiger dieser Aufgabe entgegensieht? Es ist wahr, sie läßt viel zurück, treue Freunde, ein gesegnetes Arbeitsfeld, wie haben die Kranken alle geweint, als sie heute Abschied von ihnen genommen! Wie wird sie die Gottesdienststunden in dem geliebten Kirchlein vermissen und die gemeinsamen Andachten! Fast ist ihr, als zöge es sie wie mit einem Magnet, als müsse sie diese Johanniterstracht vertauschen gegen diejenige der Diakonissen — aber sie hat auf ihre erste, in überwallendem Gefühl nach dem Begräbniß Edithas an die Oberin gerichtete Bitte eine Antwort erhalten, die ihr Verwunderung einflößte: „Der Schritt ins Diakonissenleben darf nicht in einem Augenblick des überströmenden Gefühls gethan werden, der Dienst ist zu ernst, die Pflichten sind zu schwer — augenblickliche Begeisterung hält dabei nicht Stich! Nicht das Kleid, in dem wir dem Herrn dienen, macht uns zu seinem Dienste tüchtig, nur die Gesinnung, aus welcher der Dienst entspringt. Denken Sie daran, daß wir dem Herrn nachfolgen können, sei es im Gewande der Diakonissin oder in dem schlichten Kleide täglicher Pflichterfüllung: gehen Sie mit Gott!" Maria hat erst über diesen Ausspruch der von ihr hochverehrten Oberin geweint. Sie hat geglaubt, nun werde man sie mit offenen Armen aufnehmen, wenn sie ihr Leben und ihre Kraft in den Dienst des Diakonissenhauses stelle — und doch fühlt sie das Wahre dieses Ausspruchs. Sie fühlt auch, daß sie der Erholung bedürfe. Nicht vergebens erlebt man solche Episoden innerlicher Umwälzung, in denen das Herz gleichsam durchgepflügt worden ist — sie hat so viel erlebt in diesem halben Jahre! So muß denn geschieden sein. Den Abschied vom Editha's Grab hat sie schon heute gefeiert, es ist so schön geworden auf dem Kirchhof, sie hat sich nur schwer getrennt von dem Grabhügeln mit den einfachen Steinen, auf denen als Symbol eine Taube zu den Sternen auffliegt. Diese lange Reihe von Diakonissengräbern ist eine gewaltige Predigt, wie viel könnte jeder dieser Grabsteine erzählen von einem Leben treuer Arbeit und heißen Ringens — welche Vorbilder für die hier in tiefer Betrachtung stehende, einsame Johanniterschwester. Und doch — erst hier haben diese treuen Mägde Christi den Hafen der Ruhe gefunden, gesäet zu einem Saattorn für die Ewigkeit! Maria hat ein Sträußchen Christrosen auf Editha's Grab gepflanzt, die sollen dort blühen unter Eis und Schnee. Dann ist sie heimgekehrt und sitzt nun in ihrem Stüblein. Sie liebt es, dieses kleine Gemach, das ihr allmählich zur Heimstätte und zum Betkämmerlein geworden ist. Ihr Auge streift noch einmal darüber hin — wie viel hat sie hier durchlebt — durchkämpft! Jetzt fallen ihre Blicke auf jene Ecke, wo das eben abgelegte Arbeitskleid hängt und die dunkelblaue Schürze. Es ist wirklich eigen, daß ihr dieser Kleiderwechsel beinahe schwer wird, ihr, der zuerst das schlichte Schwesterngewand so wenig kleidsam und so unelegant vorkam: sie hatte sich dieser Tracht nur der praktischen Nothwendigkeit halber gefügt! Und jetzt ist ihr, als müsse sie von einem alten Freunde scheiden — wie ändern sich die Zeiten!

Von der Thurmuhr schlägt es dreiviertel neun. Sie weiß, nun muß sie zum letzten Mal in den trauten Kreis treten — nun werden sie ihr den Abschiedssegen mit auf den Lebensweg geben. Aber es ist nicht ein Abschied auf Lebenszeit — Gottlob, daß ihre Pfade immer wieder hierher zurückführen dürfen! Nicht eine Fessel der Pflicht, wie sie Anfangs dachte, hat sie sich als dienende Schwester angelegt: es ist nur eine festgeschmiedete Kette der Liebe geworden. Sie ist jetzt stolz darauf, daß sie dienen darf; wie die Truppen dem Könige in offener Schlacht, so dient sie dem Vaterland in dem engen und doch so weiten Rahmen ihres Krankenhauses. Das ist die Grundlage, auf der sie auch vereinigt sind, die Diakonissen und die Schwestern vom Orden St. Johannis. Die Diakonissen sind die ständige Truppe, die Johanniterschwestern die Reserve, sie alle aber verbunden durch ein Zeichen, das Kreuz, welches sie ihrem Heiland nachtragen! geeinigt durch ein Ziel, dasjenige, welches schließlich doch unter grüngoldenen Mauern und Laienin zugleich halten muß: durchzudringen als ein Streiter Christi durch Noth und Kampf des Erdenlebens, hilfebereit dem Nächsten beizustehen, treu zu bleiben bis in den Tod!

Fast unwillkürlich klingen über Marias Lippen Worte eines Liedes, das ihr in letzter Zeit besonders lieb geworden ist, als eine Antwort auf alle Fragen, die sie bewegen:

König, dem wir alle dienen!
Ob im Geiste, das weißt du!
Laß uns durch dein Versühnen
Und der ungestörten Ruh.

Mache den Gedanken bange,
Ob das Herz es redlich mein',
Ob die Seele an dir hange —
Ob wir scheinen — oder sei'n!

Das Krankenhaus der Barmherzigkeit in Königsberg i. Pr.

hat vor Kurzem seinen 40. Jahresbericht veröffentlicht, welcher dem weiten Kreise seiner Gönner und Freunde von der segensreichen Anstaltsthätigkeit im verflossenen Jahre nähere Mittheilungen giebt.

Der Bericht gedenkt zunächst im Eingange in tiefer Wehmuth des schweren Verlustes, der, wie das Vaterland, so auch ganz besonders das Königsberger Diakonissenhaus im Anfange dieses Jahres durch den Tod seiner Allerhöchsten Protectorin, der hochseligen Kaiserin Augusta, getroffen hat, welche 15 Jahre hindurch in treuester Fürsorge dem Hause ihren gnädigen Schutz hat angedeihen lassen.

Im Folgenden wendet sich sodann der Bericht an alle Freunde des Hauses und der Diakonissensache mit der dringenden Bitte, um Unterstützung für den bevorstehenden Vergrößerungsbau des Diakonissenhauses, welcher nach Lage der Verhältnisse zur unabweislichen Nothwendigkeit geworden ist, da in Folge der Verdoppelung der ursprünglich für die Anstalt berechneten Kranken- sowie der Schwesternzahl sowohl die Kochküche als die Waschküche den Bedürfnissen bei weitem nicht mehr genügt und ferner zu dem Zwecke auch ein neues Kesselhaus mit zwei Dampfmaschinen gebaut werden muß. Auch für geräumigere Wohn- und Schlafzimmer der Schwestern soll gleichzeitig durch einen Neubau Sorge getragen werden. Freilich wird durch diesen Bau die auf den Anstaltsgebäuden lastende Schuld von 220000 Mark wieder um etwa 150000–200000 Mark vermehrt werden müssen, wenn nicht die Freunde und Wohlthäter des Hauses in bewährter Opferwilligkeit auch diesmal wieder helfend eintreten.

Die Zahl der Diakonissen des Hauses hat sich im vergangenen Jahre um 12 vermehrt. Als Probeschwestern sind 33 Jungfrauen im Laufe des Jahres eingetreten. Von ihnen traten jedoch 5 wieder zurück, zum Theil weil sie sich zu dem Berufe nicht eigneten. Von älteren Probeschwestern schieden 5, von eingesegneten Schwestern 10 aus. Es gehören jetzt dem Schwestern-Verbande 192 eingesegnete und 90 Probeschwestern an. Am Schlusse des Jahres 1888 waren es 177 eingesegnete Schwestern und 93 Probeschwestern, damals also im Ganzen 270, jetzt 282 Schwestern. Am Jahresfeste des Hauses, am 18. Mai v. Js., fand die feierliche Einsegnung von 12, am 30. November v. Js., dem Geburtstage der Kaiserin Augusta, die von 13 Probeschwestern statt. Es sind somit 25 eingesegnete Schwestern zu dem Schwestern-Verbande im Berichtsjahre hinzugetreten. Eine junge Schwester ist, nachdem sie in der Ausübung ihrer Arbeit an den Kranken sich eine schwere Ansteckung zugezogen hatte, nach langem Leidenskampfe heimgegangen.

Für Rechnung des Johanniter-Ordens sind vom 1. April 1889 bis dahin 1890 im Ganzen vier Damen als Lehrpflegerinnen eingetreten und in der Krankenpflege ausgebildet worden.

Die Außenstationen, auf welchen die Schwestern außerhalb des Mutterhauses arbeiten, haben sich um 8 neue Stationen vermehrt, sodaß ihre Zahl jetzt die bedeutende Höhe von 93 erreicht hat, auf denen gegenwärtig 204 Schwestern thätig sind. Auf vielen bereits bestehenden Arbeitsfeldern haben Verstärkungen des Pflegepersonals wegen der zunehmenden Arbeit stattfinden müssen. Zwei Stationen, zu Lappienen in der Tilsiter Niederung und die für Privatpflege im Stadtkreise(?) Krankenhause zu Marienwerder sind aufgegeben worden.

Auf den Krankenstationen des Mutterhauses, sowie in der Oekonomie desselben sind mit Einschluß der anzulernenden neu eingetretenen Probeschwestern, der kranken und invaliden Schwestern, sowie derjenigen, welche in Privatpflegen sowie auch als Hilfsschwestern in die Kliniken gehen, gegenwärtig im Ganzen 78 beschäftigt.

Die Privatpflege in wohlhabenden Häusern wurde im vergangenen Jahre theils vom Mutterhause aus, theils durch 12 Schwestern derselben, welche ausschließlich für Privatpflegen in Gumbinnen, Saalfeld, Thorn, Rosenberg, Marienwerder, Marienburg, Graudenz, Straßburg, Elbing und Memel stationirt sind, in 94 Familien an 2230 Pflegetagen geübt.

Im Hospitale des Mutterhauses wurden im abgelaufenen Kalenderjahre 935 Männer, 393 Frauen und 58 Kinder, im Ganzen 1386 Personen an 43300 Verpflegungstagen verpflegt und zwar verblieb jeder Kranke durchschnittlich 31 Tage in der Anstalt. Während der Pflegesatz für die Kranken der 1. und 2. Klasse mit 4 Mk. 50 Pf. bezw. 3 M. für den Krankentag derselbe geblieben ist, hat der Pflegesatz der 3. Klasse von 1 Mk. 20 Pf. auf 1 Mk. 50 Pf. erhöht werden müssen, weil das Haus mit dem bisherigen Satze nicht mehr auszukommen vermochte. Ganz umsonst sind 127 Personen an 7892 Krankentagen verpflegt worden, 20 Personen an 1128 Tagen ist erhebliche Ermäßigung der Kurkosten zu Theil geworden. Im Ganzen sind also 147 Patienten an 9020 Krankentagen verpflegt worden, welche den verhältnißmäßigen Pflegesatz zu zahlen nicht im Stande waren. Es wurden somit an jedem Tage des Jahres durchschnittlich 25 Personen ganz oder zum größeren Theile auf Kosten des Hauses verpflegt.

Das Krankenhaus der Barmherzigkeit besitzt acht vollständig mit je 10000 Mk. fundirte Freibetten, zwei Freibetten mit einem Kapitale von nur je 7500 Mk., während vier noch in der Bildung begriffen sind.

Die Siechenstationen des Hauses sind im Berichtsjahre von 14 Männern und 32 Frauen an zusammen 15222 Verpflegungstagen in Anspruch genommen gewesen.

Die Gesammtzahl der Kranken und Siechen umfaßte 1432 Personen; die Gesammtzahl der Verpflegungstage belief sich auf 58522. Im Durchschnitt wurden täglich an Kranken und Siechen zusammen 160 Personen verpflegt. An Kur- und Verpflegungskosten sind im Ganzen 51216 Mk. 45 Pf. vereinnahmt worden, im Durchschnitt somit für jeden Tag nur 87 Pfennig, während die wirklichen Kosten der Verpflegung eines Kranken auf etwa 2 Mark pro Tag in der Stadt Königsberg amtlich berechnet werden.

Dem Dienstboten-Abonnement des Krankenhauses haben im vergangenen Jahre 1072 Dienstboten angehört.

Der alljährlich zu Gunsten des Krankenhauses stattfindende Bazar hat der Kasse desselben wieder die beträchtliche Summe von 5232 Mk. 29 Pf. zugeführt.

Der Pfennig-Sammelverein hat im vergangenen Jahre 725 Mk. 25 Pf. an Einnahmen gehabt.

Was die Kassenverhältnisse des Hauses betrifft, so erreichten die Einnahmen pro 1889 die Höhe von 166336 Mk. 23 Pf., die Ausgaben beliefen sich auf 166187 Mk. 04 Pf., so daß ein Bestand von 148 Mk. 79 Pf. verblieb.

Carl Heymanns Verlag in Berlin W., Mauerstraße 63–65. Gedruckt bei Julius Sittenfeld in Berlin.

Alle Zuschriften und Einsendungen in Angelegenheiten dieses Blattes wolle man an den Redakteur desselben: Geh. Hofrath Herrlich W. Potsdamer Straße Nr. 134 c. zu Berlin richten.

[illegible]

Wochenblatt
der
Johanniter-Ordens-Balley Brandenburg.

[illegible]

Im Auftrage der Balley Brandenburg verantwortlich redigirt von C. Herrlich in Berlin.

Jahrg. 31. Berlin, den 25. Juni 1890. Nr. 26.

Uebersicht der in den Kranken- und Siechenhäusern des Johanniter-Ordens am 1. Juni 1890 befindlich gewesenen Kranken und Siechen.

Nr.	Namen der Orte, wo sich die Häuser befinden.	[illegible]	Summa [illegible]	[illegible]	[illegible]
1.	[illegible]:				
	Bestand am 1. Mai 1890 .	63			
	Zugang pro	63			
		126			
	Abgang . . .	39			
	Bleibt Bestand	67	67	1 525	60
2.	[illegible]:				
	Bestand am 1. Mai 1890 .	58			
	Zugang pro	78			
		130			
	Abgang . . .	29			
	Bleibt Bestand	101	101	2 077	90
3.	[illegible] ([illegible]):				
	Bestand am 1. Mai 1890 .	60			
	Zugang pro	9			
		[illegible]			
	Abgang . . .	3			
	Bleibt Bestand	86	86	2 645	120
4.	[illegible]:				
	Bestand am 1. Mai 1890 .	97			
	Zugang pro	71			
		68			
	Abgang . . .	86			
	Bleibt Bestand	24	24	816	58
5.	[illegible]:				
	Bestand am 1. Mai 1890 .	34			
	Zugang pro	23			
		57			
	Abgang . . .	25			
	Bleibt Bestand	37	32	1 076	54
6.	[illegible]:				
	Bestand am 1. Mai 1890 .	20			
	Zugang pro	15			
		35			
	Abgang . . .	11			
	Bleibt Bestand	19	18	531	50
7.	[illegible]:				
	Bestand am 1. Mai 1890 .	18			
	Zugang pro	71			
		39			
	Abgang . . .	18			
	Bleibt Bestand	21	21	606	63
	zu übertragen		350	9 744	475

Nr.	Namen der Orte, wo sich die Häuser befinden.	[illegible]	Summa [illegible]	[illegible]	[illegible]
	Uebertrag		350	9 744	475
8.	[illegible]:				
	Bestand am 1. Mai 1890 .	18			
	Zugang pro	10			
		28			
	Abgang . . .	13			
	Bleibt Bestand	15	15	515	30
9.	[illegible]:				
	Bestand am 1. Mai 1890 .	43			
	Zugang pro	25			
		68			
	Abgang . . .	19			
	Bleibt Bestand	49	49	1 540	62
10.	[illegible]:				
	Bestand am 1. Mai 1890 .	16			
	Zugang pro	15			
		31			
	Abgang . . .	15			
	Bleibt Bestand	16	16	446	37
11.	[illegible]:				
	Bestand am 1. Mai 1890 .	40			
	Zugang pro	23			
		63			
	Abgang . . .	30			
	Bleibt Bestand	33	33	1 080	40
12.	[illegible]:				
	Bestand am 1. Mai 1890 .	38			
	Zugang pro	37			
		75			
	Abgang . . .	34			
	Bleibt Bestand	41	41	1 135	80
13.	[illegible]:				
	Bestand am 1. Mai 1890 .	20			
	Zugang pro	18			
		38			
	Abgang . . .	22			
	Bleibt Bestand	16	16	655	45
14.	[illegible] ([illegible]):				
	Bestand am 1. Mai 1890	24			
	Zugang pro	18			
		42			
	Abgang . . .	32			
	Bleibt Bestand	10	10	506	60
	zu übertragen		530	15 711	804

№	Namen der Orte, wo sich die Häuser befinden.	[illegible]	Summa		[illegible]
			[illegible]	[illegible]	
	Uebertrag		530	25 771	801
15.	[illegible]:				
	Bestand am 1. Mai 1890 .	73			
	Zugang pro . .	34			
		107			
	Abgang . . .	56			
	Bleibt Bestand	51	51	2 008	26
16.	[illegible]:				
	Bestand am 1. Mai 1890 .	19			
	Zugang pro . .	13			
		32			
	Abgang . . .	8			
	Bleibt Bestand	24	24	611	40
17.	[illegible]:				
	Bestand am 1. Mai 1890 .	47			
	Zugang pro . .	17			
		64			
	Abgang . . .	33			
	Bleibt Bestand	31	31	965	40
18.	[illegible]:				
	Bestand am 1. Mai 1890 .	18			
	Zugang pro . .	27			
		45			
	Abgang . . .	19			
	Bleibt Bestand	26	26	630	48
19.	[illegible]:				
	Bestand am 1. Mai 1890 .	22			
	Zugang pro . .	9			
		31			
	Abgang . . .	18			
	Bleibt Bestand	13	13	656	60
20.	[illegible] a. d. O.:				
	Bestand am 1. Mai 1890 .	12			
	Zugang pro . .	7			
		19			
	Abgang . . .	8			
	Bleibt Bestand	11	11	373	41
21.	[illegible]:				
	Bestand am 1. Mai 1890 .	38			
	Zugang pro . .	25			
		63			
	Abgang . . .	23			
	Bleibt Bestand	26	26	756	42
22.	[illegible]:				
	Bestand am 1. Mai 1890 .	11			
	Zugang pro . .	25			
		36			
	Abgang . . .	25			
	Bleibt Bestand	11	11	425	28
23.	[illegible] ([illegible]):				
	Bestand am 1. Mai 1890 .	10			
	Zugang pro . .	—			
		10			
	Abgang . . .	1			
	Bleibt Bestand	9	9	207	13
24.	[illegible]:				
	Bestand am 1. Mai 1890 .	5			
	Zugang pro . .	2			
		7			
	Abgang . . .	4			
	Bleibt Bestand	3	3	118	19
	zu übertragen		735	27 425	1 177

№	Namen der Orte, wo sich die Häuser befinden.	[illegible]	Summa		[illegible]
			[illegible]	[illegible]	
	Uebertrag		735	27 425	1 177
25.	[illegible]:				
	Bestand am 1. Mai 1890 .	15			
	Zugang pro . .	7			
		22			
	Abgang . . .	7			
	Bleibt Bestand	15	15	447	20
26.	[illegible]:				
	Bestand am 1. Mai 1890 .	17			
	Zugang pro . .	23			
		40			
	Abgang . . .	25			
	Bleibt Bestand	15	15	533	20
27.	[illegible]-[illegible]:				
	Bestand am 1. Mai 1890 .	1			
	Zugang pro . .	3			
		4			
	Abgang . . .	1			
	Bleibt Bestand	3	3	53	10
28.	[illegible]:				
	Bestand am 1. Mai 1890 .	1			
	Zugang pro . .	5			
		6			
	Abgang . . .	1			
	Bleibt Bestand	5	5	151	15
29.	[illegible] ([illegible]):				
	Bestand am 1. Mai 1890 .	32			
	Zugang pro . .	—			
		32			
	Abgang . . .	1			
	Bleibt Bestand	31	31	904	32
30.	[illegible]:				
	Bestand am 1. Mai 1890 .	20			
	Zugang pro . .	25			
		45			
	Abgang . . .	22			
	Bleibt Bestand	23	23	110	20
31.	[illegible]:				
	Bestand am 1. Mai 1890 .	6			
	Zugang pro . .	10			
		16			
	Abgang . . .	5			
	Bleibt Bestand	11	11	346	39
32.	[illegible]:				
	Bestand am 1. Mai 1890 .	37			
	Zugang pro . .	37			
		74			
	Abgang . . .	50			
	Bleibt Bestand	24	24	988	37
33.	[illegible]:				
	Bestand am 1. Mai 1890 .	30			
	Zugang pro . .	17			
		47			
	Abgang . . .	10			
	Bleibt Bestand	37	37	207	30
34.	[illegible]:				
	Bestand am 1. Mai 1890 .	—			
	Zugang pro . .	55			
		55			
	Abgang . . .	5			
	Bleibt Bestand	41	31	1 185	26
	zu übertragen		978	28 641	1 606

Nr.	Namen der Orte, wo sich die Hütten befinden.	[illegible]	Summa: [illegible]	[illegible]	[illegible]
	Uebertrag		970	29 641	1 626
35.	[illegible]:				
	Bestand am 1. Mai 1890 .	—			
	Zugang pro " "	41			
		41			
	Abgang " " "	4			
	Bleibt Bestand	37	37	452	41
36.	[illegible]:				
	Bestand am 1. Mai 1890 .	15			
	Zugang pro " "	7			
		22			
	Abgang " " "	7			
	Bleibt Bestand	15	15	370	80
37.	[illegible] in Württemberg:				
	Bestand am 1. Mai 1890 .	4			
	Zugang pro " "	2			
		6			
	Abgang " " "	0			
	Bleibt Bestand	6	6	97	35
38.	[illegible] in Mecklenburg:				
	Bestand am 1. Mai 1890 .	35			
	Zugang pro " "	22			
		57			
	Abgang " " "	23			
	Bleibt Bestand	34	34	1 088	36
39.	[illegible]:				
	Bestand am 1. Mai 1890 .	6			
	Zugang pro " "	14			
		20			
	Abgang " "	8			
	Bleibt Bestand	12	12	769	24
40.	[illegible] in Hessen:				
	Bestand am 1. Mai 1890 .	14			
	Zugang pro " "	9			
		23			
	Abgang " " "	11			
	Bleibt Bestand	12	12	643	20
	Zusammen		1092	31 674	1 785

Der gesammte Abgang an Kranken pro Mai c. beträgt 695, davon sind gestorben 55
ungeheilt oder nur gebessert entlassen 70
geheilt 570
wie vor 695.

---

41. Das Krankenhaus zu Beirut in Syrien mit 63 Betten:
Bestand am 1. April 1890 . . . . 41 Kranke
Zugang pro April 1890 . . . . 47 "
89 Kranke.

Davon sind
gestorben . . . .
ungeheilt oder nur gebessert entlassen 14
geheilt 25
39 "

Bleibt Bestand am 1. Mai 1890: . . . . . 50 Kranke.

Unter den Aufgenommenen befanden sich 3 Europäer, 24 orientalische Christen, 15 Muhammedaner und 5 Drusen.

Die Zahl der Kranken-Verpflegungstage pro April 1890 beträgt 1356.

Poliklinisch wurden 600 Personen behandelt.

Die Jahres-Versammlung des Evangelisch-Kirchlichen Hilfs-Vereins im Schloß zu Berlin.

Ihre Majestät die Kaiserin und Königin hatte die Mitglieder des Weiteren Ausschusses des Evangelisch-Kirchlichen Hilfsvereins am Sonnabend, den 31. Mai, zur Abhaltung der Jahresversammlung in den Elisabeth-Saal des Kgl. Schlosses geladen. Ueber zweihundert Männer hatten sich aus Berlin und den Provinzen dazu eingefunden. Um 9 Uhr erschien die Kaiserin, umgeben von ihrem ganzen Hofstaat. Der Vorsitzende, Landesdirector und Reichstags-Präsident von Levetzow, begrüßte Ihre Majestät Namens der Versammlung, sprach den tiefsten Dank des Vereins aus für das ihm von Allerhöchster Stelle fortdauernd bewiesene Interesse und bat, die Versammlung eröffnen zu dürfen.

Nach einem Gebet des Hofpredigers und Ober-Consistorialraths Bayer, welchem die Schriftstellen Apostelgeschichte 2, 42 u. ff. und 4, 31 zu Grunde lagen, erstattete der Ober-Consistorialrath Professor D. Weiß folgenden Bericht:

Eure Kaiserliche und Königliche Majestät! Hochverehrte Versammlung! Der Frühling ist gekommen! Mit verschwenderischer Pracht hat er alle seine Herrlichkeit ausgebreitet über Wald und Flur. Es giebt auch einen Völkerfrühling, wenn irgend ein hohes Ziel die Herzen entflammt zu einmüthiger Begeisterung; und wie gern weilt die Erinnerung auf solchen Frühlingstagen unserer deutschen Geschichte, wenn auch der Sommer nicht immer hielt, was der Frühling versprach. Aber wenn die Sonne der großen Gottesliebe selbst, wie sie uns in Christo aufgegangen, die Herzen erwärmt; wenn ein neues Liebesleben erwacht, das den Bedrängten Hilfe, den Nothleidenden Linderung, den feindselig Getrennten Versöhnung verheißt, fürwahr, das müßte ein Frühling werden ohnegleichen. Und haben wir nicht in diesen großen Tagen manchmal etwas verspürt von solchem Frühlingswehen? Von dem Throne herab, vor dem wir uns alle in Ehrfurcht neigen, verkündet unser Kaiserlicher Herr und König, daß er entschlossen sei, thatkräftig voranzugehen in der Fürsorge für die Nothleidenden und Bedrängten. Während Regierung und Volksvertretung sich rüsten, seine hochherzigen Ideen zu verwirklichen, ruft die Kirche all ihre Diener und Organe auf, sein Werk zu unterstützen. Ueberall regt sich ein neuer Eifer, mitzuhelfen durch Werke der Liebe und Barmherzigkeit, durch Sammlung um die Fahne des Evangeliums, das mit seinen Heilskräften allein das Volksleben gesund und friedvoll machen kann. Und will man uns bange machen vor den Kämpfen, mit denen jede neue Zeit im Völkerleben heraufzieht, von den finsteren Mächten, die überall am Werk sind, um das Herz des Volkes zu verbittern und das edelste Streben zu verdächtigen, so gedenken wir der Frühlingsstürme, welche das Land durchbrausen, und der

Vaterhand über den Wolken, die sie lenkt, daß zur rechten Stunde die Sonne durch die Wolken bricht, und sprechen getrost: Es muß doch Frühling werden!

Mitten in solchem „Frühlingsregen" tritt die zweite Generalversammlung des Evangelisch-Kirchlichen Hilfsvereins zusammen. Auch er hat seine Stelle in der großen Liebesarbeit für unser Volk und nicht die unwichtigste. Denn die tiefste Quelle aller Nothstände im Völkerleben ist doch die geistliche Noth, und an der Wurzel muß die Heilung beginnen, wenn die Hilfe dauernd und segenbringend sein soll. Mit Dank gegen Gott blickt der Engere Ausschuß zurück auf das verflossene Arbeitsjahr, auf die mancherlei Hilfen, die er aus den ihm anvertrauten Mitteln hat spenden dürfen. Seine Hauptfürsorge hat er, seiner Geschichte wie seinen Statuten entsprechend, der Berliner Stadtmission zugewandt. Noch immer will man in den Provinzen vielfach nicht einsehen, welch gutes Recht die Hauptstadt, in der jährlich Tausende und Abertausende aus ihnen zusammenströmen, und die kirchlichen Nothstände ins Unabsehbare steigen, auf ihre Hilfe hat. Der Engere Ausschuß hat es sich angelegen sein lassen, dort aufs neue das Bewußtsein der heiligen Verpflichtung gegen Berlin zu wecken. Aber er hat auch gezeigt, daß er gern bereit ist, nach Kräften den Bedürfnissen der Provinzen von der Centralstelle aus abzuhelfen. Das gilt vor allem von der Magdeburger Stadtmission, die dadurch in Noth gerieth, daß ihre alten Hilfsquellen sich in die neue Organisation aufgelöst hatten, und diese noch nicht vollkräftig functionirte. Aber auch die Stadtmissionen in Breslau, Halle und Hanau durften von uns unterstützt werden. Es ist uns eine Freude gewesen, den rheinisch-westfälischen Freunden, welche das Hauptgewicht auf die Vermehrung der geistlichen Kräfte in der Gemeinde legen, zu beweisen, wie gerne wir auch dafür unsere Mittel verwenden, wenn sie nur ausreichen. Hier in der Riesengemeinde von Eickel, dort in einem fabrikreichen Städtchen unserer Provinz, wo die Socialdemokraten in den kirchlich mangelhaft versorgten Arbeitermassen wühlen, und die Secten im Trüben fischen, haben wir geholfen, einen ordinirten Hilfsgeistlichen anzustellen. Aber die Regel bleibt es doch, daß der kirchliche Hilfsverein da eintritt, wo für die geordnete Versorgung großer Gemeinden die Mittel noch nicht zu beschaffen sind.

In einem unserer Vororte (Rixdorf), wo Armuth und sittliche Verkommenheit alles kirchliche Leben verwüsten, ist es uns gelungen, durch die Darbietung der Mittel für Anstellung eines Stadtmissionars und einer Diakonissin zugleich den Einfluß darauf zu gewinnen, daß diese so wichtigen Aemter auch in die rechten Hände gelegt wurden, und in Bredow bei Stettin durften wir ähnlichen Nothständen gegenüber die Anstellung eines Stadtmissionars ermöglichen.

Es ist ja freilich oft nicht leicht, die Grenzen zu ziehen, innerhalb deren es sich noch um die Bekämpfung religiös-sittlicher Nothstände handelt, wie sie der Evangelisch-Kirchliche Hilfsverein bei seiner Begründung ins Auge faßte. Oft war es uns schwer genug, so manche dringende Hilfsgesuche abweisen zu müssen. Aber es ist nicht möglich, daß wir allen Zwecken der christlichen Liebesarbeit, auch der bewahrenden und leiblichen Pflege spendenden, dienen können, wenn wir unsere Mittel nicht zersplittern wollen und unsern eigentlichen Zweck verfehlen, der uns in erster Linie überall dahin ruft, wo die geordneten Mittel der kirchlichen Versorgung versagen. Wir sind nicht engherzig gewesen in der Ziehung dieser Grenzen; der christliche Verein junger Männer wird es uns bezeugen, wie reich wir — wenn auch nicht ohne Ueberwindung schwerer Bedenken in unserer eigenen Mitte — gegeben haben, um eine Arbeit zu unterstützen, die doch auch vielen Kirchenlosen gilt; und selbst einer Zufluchtsstätte für verirrte und verlassene Mädchen haben wir eine Beihilfe gewährt, weil wir wissen, wie oft das sittliche Elend aus kirchlicher Versäumniß stammt.

Es ist doch ein Segen, daß im Laufe des Jahres über 65600 Mk. durch unsere Hände gegangen sind. Das war freilich nur möglich, weil wir noch mit einem Kassenbestande von ca. 31000 Mk. ins neue Arbeitsjahr hinübergingen. Denn außer den reichen Beiträgen Ihrer Majestäten, die diesmal noch im Laufe des Jahres um eine außerordentliche Gabe von 10000 Mk. vermehrt wurden, fließen uns nur ganz zufällig einzelne Gaben direkt zu. Wir dürfen es auch kaum wünschen, nach unserer Organisation gehören dieselben den Zweigvereinen, in deren Bezirk die Geber wohnen. Wir sind für die Zukunft gänzlich auf die Beiträge dieser Zweigvereine, d. h. auf die Quoten angewiesen, die sie uns statutengemäß von dem Ertrage ihrer Sammlungen abliefern.

Kein Wunder, daß uns darum neben unserer eigentlichen Arbeit unsere eigene Organisation in den Sitzungen am meisten beschäftigt hat. Wohl ist dieselbe im Großen und Ganzen vollendet, wenn sie auch hier und da mehr einem Nothdach gleicht als einem festen Unterbau, der unsere Arbeit dauernd sicher stellt, wenn wir auch hie und da den speciellen Wünschen der Provinzen gegenüber nicht durchzusetzen vermochten, was wir für das Gedeihen des Gesammtwerkes und eine nachhaltige Wirksamkeit der Centralstelle für unentbehrlich hielten. Immerhin bleibt noch genug zu thun übrig, um auch innerhalb der einzelnen Zweigvereine die Organisation so zu gliedern, daß eine erfolgreiche Action möglich wird; und auch die vollendetste Organisation verbürgt ja noch nicht ein Functioniren, welches imstande ist, immer neue Liebeskräfte zu erwecken und die Geldadern zu öffnen und auszubeuten, welche unserer Arbeit nun einmal unentbehrlich sind. Es ist uns durch die Munificenz unserer hohen Protectorin gelungen, eine persönliche Kraft ganz in unsern Dienst zu stellen, mittelst deren wir im steten lebendigen Verkehr mit unsern Zweig-

verbunden bleiben und immer aufs neue Anregung geben und empfangen können. Zum ersten Male haben wir am 27. Februar die auf Beschluß der vorigen Generalversammlung gewählten Delegirten der Vereine um uns versammelt gesehen und eine Reihe wichtiger Fragen der Organisation und Agitation für unsere Arbeit mit ihnen besprochen. Das wichtigste war die von dem Herrn Minister des Innern aufs bereitwilligste uns bewilligte Landescollecte für unsere Zwecke, die in der ersten Hälfte dieses Jahres gesammelt werden soll. Wir haben das Unsrige gethan, um durch eine Ansprache an die Gemeinden und durch ein Umschreiben an unsere Zweigvereine den Ertrag derselben zu sichern, der zwischen uns und ihnen getheilt werden soll. Die nähere Durchführung derselben mußten wir den Provinzen nach ihren individuellen Verhältnissen überlassen. Kirchliche und staatliche Behörden haben ihre Mithilfe gern zur Verfügung gestellt; aber schon sind an manchen Orten schwerwiegende Hindernisse diesem Unternehmen, auf das wir große Hoffnungen setzen, in den Weg getreten. Dennoch hoffen wir, daß der Liebeseifer, der uns verbündeten Vereine nicht ermüden wird, um uns ihr eine Frucht zu schaffen, wie wir sie dringend für die Fortführung unserer Arbeit bedürfen. Und doch bleibt, auch, wenn dies gelungen, immer noch die Hauptarbeit zu thun übrig. Nur wenn unsere Zweigvereine auf feste Beiträge basirt werden, welche ihnen dauernde und wachsende Mittel zuführen, kann die von ihnen uns zufließende Quote derselben uns in den Stand setzen, in planmäßiger und wirkungskräftiger Weise an die Bekämpfung der religiös-sittlichen Nothstände in unserer Mitte und an die Unterstützung befreundeter Arbeiten draußen die Hand anzulegen. Wir schließen diesmal mit einem Kassenbestande von 16000 Mk. und erwarten sehnsüchtig, daß die Beiträge unserer Zweigvereine einen festen und den wachsenden Ansprüchen, die an uns herantreten, entsprechenden Umfang annehmen. Inzwischen wollen wir Gott preisen, daß doch in unserem engeren Vaterlande im laufenden Jahre die Gesammtsumme von rund 148000 Mk. für die Zwecke des Evangelisch-Kirchlichen Hülfsvereins aufgebracht ist.

Lassen Sie uns mit dem freudigsten Erlebnisse schließen, welches das vergangene Arbeitsjahr uns gebracht hat. Sie erinnern sich, wie bei Gelegenheit der vorigen Generalversammlung die Abgeordneten der Rheinprovinz eine Sammlung von 20000 Mk. für den Bau einer neuen Kirche in die Hand unserer hohen Protectorin niederlegte, wie Allerhöchstdieselbe, von dieser Zuwendung freudig bewegt, die gleiche Summe aus eigenen Mitteln für denselben Zweck zu bestimmen die Gnade hatte. Wunderbar hat Gottes Segen auf dieser Anlage geruht. Am 4. Mai ist bereits der Grundstein zur Erlöserkirche in Rummelsburg gelegt worden, wobei Ihre Majestät Allerhöchstselbst den ersten Hammerschlag gethan hat. Der Bau zweier weiterer Kirchen ist gesichert, ihre Grundsteinlegung wird vorbereitet, darunter für die Gedächtnißkirche der hochseligen Kaiserin Augusta an schönster Stelle im Invalidenpark in der Nähe des Augustahospitals, dem die hohe Frau allezeit eine liebevolle und treue Pflegerin gewesen ist.

Und damit dem guten Anfange ein gesegneter Fortgang nicht fehle, hat sich ein Kirchenbauverein sich gebildet, der aus den Gaben der mit Gütern Gesegneten das durch seine Kirchennoth sprichwörtlich gewordene Berlin mit Gotteshäusern versorgen will. Das ist von Gott geschehen und ist wie ein Wunder in unsern Augen.

Für den Engeren Ausschuß knüpft sich an diese Segensgeschichte noch ein besonderer Huldbeweis Ihrer Majestät der Kaiserin, welcher sein Stolz und seine Freude ist. Derselbe empfing ein Allerhöchstes Handschreiben Ihrer Majestät, seiner hohen Protectorin, welches in voller Anerkenntniß, daß der Evangelisch-Kirchliche Hilfsverein seine Mittel nicht zersplittern und den begonnenen Arbeiten zur Hebung der religiös-sittlichen Nothstände nicht entziehen dürfe, die im Allerhöchstihrer Hände gelegten Gaben für Kirchenbauten ihm überwies mit dem speciellen Vertrauensauftrage, diese Kirchbauunternehmungen in Ihrem Auftrage fortzuführen und zu leiten. Und als Ihre Majestät zum Gedächtniß des Tages, an welchem Allerhöchstihre Uebernahme des Protectorats über den Evangelisch-Kirchlichen Hilfsverein die Kaiserliche Genehmigung erhielt, den Grundstein zu der Kirche in Rummelsburg legte, bezeichnete Allerhöchstdieselbe in der Stiftungsurkunde den Engeren Ausschuß als den Bauherrn der Kirche. So sei denn auch an dieser Stelle unserer Allergnädigsten Protectorin für solche Huld und Gnade unser ehrfurchtsvollster Dank dargebracht.

Wie der Engere Ausschuß sich dadurch zu neuem Eifer in der Erfüllung seiner schönen Pflichten angetrieben fühlt, so feiert der Evangelisch-Kirchliche Hilfsverein sein Jahresfest, um in all seinen Gliedern neue Liebe, neue Freudigkeit, neuen Glaubensmuth anzuregen zu dem Werk, das uns befohlen ist. Wahrlich, es bedarf dessen in dieser vereinsmüden, über die täglich wachsenden Ansprüche der christlichen Liebesthätigkeit klagenden Zeit. Aber Gottlob, daß wir ein gutes Recht haben, unsere Ansprüche neben und über jedem andern geltend zu machen. Unser Name sagt es, worauf sich dasselbe gründet. Das Evangelium mit seiner Gotteskraft ist doch zuletzt allein im Stande, in unserm Volke den Sinn der Arbeitsfreudigkeit und Zufriedenheit, der Selbstzucht und Gottesfurcht, des Friedens und der Liebe unter einander zu wecken, und das die Nothstände und Versuchungen der Gegenwart überwinden kann; und wenn die dem Evangelium entfremdeten Massen in allen Ständen nicht mehr zur Kirche kommen, so muß die Kirche eben zu ihnen kommen. Das hat die innere

Mission je und je gepredigt, das will der Evangelisch-Kirchliche Hülfsverein verwirklichen. Aber die Noth der Zeit und das Grollen in der Tiefe muß heute auch taube Ohren öffnen für den Hinweis darauf, was unserm Volke noth thut. Wohlan, gehen wir mit neuer Freudigkeit daran, in unermüdlicher, in opferbereiter, in persönlicher Arbeit den Aufruf zur Mithilfe hinauszutragen in alle Kreise. Der Appell Sr. Majestät an die christliche Liebesthätigkeit, das Vorbild unserer hohen Protectorin müssen es jedem klar machen, daß es sich hier nicht um Bestrebungen einer engkirchlichen Richtung, einer politischen Partei handelt, sondern um ein großes nationales, patriotisches Werk. Mögen die Schwierigkeiten auch noch so groß sein: treuer Arbeit und ernstem Gebet hat Gottes Hilfe sich noch nie versagt. In diesem Zeichen werden wir auch sie besiegen. Und damit Glückauf zum neuen Vereinsjahr in Gottes Namen.

* * *

Nach diesem Bericht sprach Propst D. Frhr. v. d. Goltz über die Arbeit des Berliner Local-Vereins ungefähr Folgendes:

Was geschieht in Berlin für Berlin? So begann der Redner, das ist die Frage, auf welche ich hier Antwort zu geben habe. Die Organisation der Arbeit hat hier für uns alle sehr lange, ja zu lange gedauert. Es galt der Arbeit den rechten Platz anzuweisen und dies war sehr schwierig. An Mitteln fehlte es uns nicht. Schon zu Anfang unserer Vereinsbildung gelang es einem treuen Mitgliede unseres Localvereines, die Herzen und Hände zu öffnen: Dieses Mitglied war der jetzt heimgegangene Präsident der Reichsbank, Excellenz von Dechend, dem wir auch heute unsern Dank übers Grab hinaus sagen wollen. Aus den uns zur Verfügung gestellten Mitteln haben wir Zuwendungen machen können: der Berliner Stadtmission, dem Paul-Gerhardtstift, dem Oberlinverein, dem Johannesstift und dem Magdalenenhause. Aber es war uns klar, daß unser Verein nicht eine bloße Sammelstelle sein dürfe, daß die Sorge und die Arbeit des Glaubens unzertrennlich seien. Wir faßten deshalb zwei Aufgaben ins Auge: und zwar 1. Die häusliche Krankenpflege. Zwar ist in fast allen Berliner Gemeinden eine Gemeindepflege schon früher eingerichtet, aber eine ständige Pflege können die Gemeindeschwestern nicht leisten. Ew. Majestät Aufruf an die Diakonissenhäuser, uns Schwestern zur Verfügung zu stellen, hat freudige Aufnahme gefunden, so daß sich 30 Pflegerinnen erbieten konnten, uns die für die Großstadt nöthigen und erwünschten Dienste zu leisten. Wir konnten infolgedessen derartige Stationen errichten am Arkonaplatz, in der Neuen Grünstraße, in der Wilhelmstraße, in der Königstraße. In Aussicht genommen ist eine Station in Moabit und auch der Westen soll nicht vergessen werden. Die Arbeit geschieht in engster Verbindung mit der Gemeindepflege und auch, wie sich von selbst versteht, mit dem geistlichen Amt. Die Anstalten, welche die Schwestern gestellt haben, sind: das Paul-Gerhardtstift, das Oberlinhaus, Bethanien, Kaiserswerth, Bielefeld, das Diakonissenhaus „Barmherzigkeit" in Königsberg. Das Lazarus-Krankenhaus hat die Ueberlassung von Schwestern in Aussicht gestellt. Schwer genug ist es ihnen allen geworden, aber sie haben aus eigener Erfahrung gewußt, daß diese Arbeit nothwendig sei.

Es ist zweitens im Plan, so lange nicht ausreichend für Pastoren in den organisirten Gemeinden Berlins gesorgt werden kann, den hiesigen Predigern geeignete Hilfskräfte an die Seite zu stellen. Bis die Versäumnisse der vergangenen Jahrzehnte wieder gut gemacht sind, bedarf es nach dieser Seite hin mancher Arbeit, gilt es manche Lücke auszufüllen. Auch nach der Seite dessen, was die Stadtmission thut, bedarf es der Ergänzung. Es kommt uns darauf an, Geistliche, die schon etwas Erfahrung gesammelt haben, und die Geschick zu einer solchen Arbeit haben, vorübergehend in den noch allzu großen Gemeinden vom Consistorium bestellen zu lassen und dieselben mit den Hülfsarbeiten zu betrauen, deren Umfang die Kraft der dauernd dort angestellten Geistlichen übersteigt. Wir denken uns als solche Arbeiten z. B. den Confirmandenunterricht, die Sonntagsschule, die Arbeit auf den Friedhöfen.

Ferner würden derartige Hülfspastoren namentlich auch die Seelsorge in den Häusern als ihre Aufgabe anzusehen haben, und die Haltung von sonntäglichen Predigten an dazu geeigneten Stätten, vielleicht in Gemeindehäusern, würde in Aussicht zu nehmen sein. Wir hoffen, daß dies eine gute Aushilfe sein wird, so lange bis es durch Theilung zu übersehbaren Gemeinden kommt. Wir verhehlen uns nicht, daß diese Aufgabe eine sehr schwierige ist, aber wir lassen uns auch nicht abbringen von dem Ziel, welches unser Verein sich gesetzt hat: in stiller treuer Arbeit den Einzelnen nachzugehen, und wenden uns immer wieder mit unserer Bitte zum Herrn: Er fördere das Werk unserer Hände, ja das Werk unserer Hände wolle Er fördern! Amen.

Generalsuperintendent Schuster bringt hierauf Grüße aus der Provinz Hannover. Er betont, daß man auch dort es wisse und fühle: „So ein Glied leidet, so leiden alle Glieder mit", daß man auch dort über jeden Fortschritt sich freue, der auf der betretenen Bahn gemacht werde. Als besonderen Fortschritt glaube er es ansehen zu müssen, daß der Kirchbauverein sich gebildet habe. In Hannover habe man von jeher das Dreifache ins Auge gefaßt: zunächst, daß geistliche Kräfte gewonnen, darauf, daß Parochieen gebildet, und dann, daß Kirchen gebaut werden. Unser Provinzialverein hat sein Augenmerk von Anfang auf den Kirchbau gerichtet. Derselbe ist auch bei uns nöthig, z. B. in der Hauptstadt Hannover und in Harburg. Lassen Sie uns sorgen, so schließt der Redner, daß es mit unserem Verein immer mehr in die Weite und in die Tiefe gehe! In die Weite zu den Herzen der Begüterten und in die Tiefe des eigenen Herzens. Lassen Sie uns die Vereinsarbeit täglich vor den Herrn tragen, daß der Verein Segen bringe für Zeit und Ewigkeit.

Hierauf berichtet der Graf Rothkirch-Trach über die Arbeit des schlesischen Provinzialvereins.

Zum Schlusse unterhielt sich Ihre Majestät längere Zeit mit den Mitgliedern des Vorstandes und ließ sich eine große Zahl der Herren aus Berlin und den Provinzen vorstellen.

Carl Heymanns Verlag in Berlin W., Mauerstraße 63—65.

Gedruckt bei Julius Sittenfeld in Berlin.

Alle Zuschriften und Einsendungen in Angelegenheiten dieses Blattes wolle man an den Redacteur desselben: Geh. Hofrath Herrlich W. Potsdamer Straße Nr. 134 c. zu Berlin richten.

Wochenblatt der Johanniter-Ordens-Balley Brandenburg.

Im Auftrage der Balley Brandenburg verantwortlich redigirt von C. Herrlich in Berlin.

Jahrg. 31. Berlin, den 2. Juli 1890. Nr. 27.

Der Durchlauchtigste Herrenmeister des Johanniter-Ordens, Prinz Albrecht von Preußen, Königliche Hoheit, hat den nachgenannten Ehrenrittern dieses Ordens:

dem Herzoge Wilhelm von Württemberg, Königliche Hoheit,

" regierenden Grafen Botho zu Stolberg-Roßla,

" Königlich Niederländischen Kammerherrn Wilhelm Anne Baron de Constant-Rebecque, auf Schloß Belmonte bei Wageningen i. d. Niederlanden,

" Oberst z. D. Richard von Bentivegni, zu Berlin,

" Major a. D. Alfred von Alvensleben, zu Ballenstedt,

" Major a. D. Otto von Rundstedt, auf Schönfeld bei Stendal,

" Premier-Lieutenant a. D. und Gutsbesitzer Jacob Friedrich Wilhelm von Heyden, zu Dresden,

" Rittergutsbesitzer Octavian Gustav Anton von Below, auf Reddentin bei Zitzewitz in Pommern,

" Major a. D. und Mitgliede des Herrenhauses Paul von Plötz, auf Groß Weckow,

" Rittmeister a. D. und Gestüt-Direktor Rudolf von Wedell, zu Friedrich Wilhelm Gestüt bei Neustadt a. d. Dosse,

" Oberstlieutenant a. D. Georg Grafen von Lüttichau, auf Ober-Prausnitz, Reg.-Bez. Liegnitz,

" Geheimen Legationsrath und außerordentlichen Gesandten und bevollmächtigten Minister Eduard von Derenthall, zu Weimar,

" General der Infanterie z. D. Otto von Derenthall, zu Schwerin in Mecklenburg,

" Oberstlieutenant z. D. Paul von Ekensteen, zu Berlin,

" Rittmeister a. D. und Landrath Carl von Woedtke, auf Woedtke bei Göcke in Pommern,

" Königlich Württembergischen Kammerherrn Wilhelm Freiherrn König zu Königshofen, auf Königshofen bei Biberach,

dem Königlich Niederländischen Kammerherrn und Hofmarschall Paulus Jonkheeren Gevaerts van Simonshaven, im Haag,

" Oberst und Kommandeur des Pommerschen Füsilier-Regiments Nr. 34 Fritz von Petersdorff,

" Rittmeister in der Landwehr-Cavallerie Edmund von Witzleben, auf Moys in Schlesien,

" Oberstlieutenant und Kommandeur des Pommerschen Jäger-Bataillons Nr. 2 Heinrich von Kummer,

" Premier-Lieutenant a. D. und Kreisdeputirten Wilhelm von Zitzewitz, auf Zezenow in Pommern,

" Rittmeister a. D. und Majoratsbesitzer Wilhelm von Stumpfeld-Lillienanker, auf Behrenshagen bei Damgarten in Pommern,

" Hauptmann a. D. Curt Gustav von Lettow-Vorbeck, auf Schönow bei Cartlow in Pommern,

" Herzoglich Anhaltischen Kammerherrn Erich von Krosigk, auf Rathmannsdorf bei Güsten in Anhalt,

" Major a. D. Felix von Flemming, auf Dorphagen in Pommern,

" Oberst und Kommandeur des Grenadier-Regiments König Friedrich III. (1. Ostpreußischen) Nr. 1 Ferdinand von Stülpnagel,

" Generalmajor und Kommandanten von Torgau Julius von Loewenfeld,

" Rittmeister a. D. Ernst von Wedell, auf Eszerischken bei Trempen in Ostpreußen,

" Oberst à la suite des Ulanen-Regiments von Katzler (Schlesischen) Nr. 2 und Kommandeur der 9. Cavallerie-Brigade Friedrich Freiherrn von Dincklage,

" Großgrundbesitzer Walther Grafen von Hallwyl, zu Stockholm,

" Oberst und Kommandeur des 3. Oberschlesischen Infanterie-Regiments Nr. 62 Wilhelm Freiherrn von Fircks,

dem Oberst à la suite des Grenadier-Regiments König Friedrich Wilhelm I. (2. Ostpreußischen) Nr. 3 und Abtheilungs-Chef im Nebenetat des großen Generalstabes Ernst von Usedom,
" Oberstlieutenant und Kommandeur des Magdeburgischen Dragoner-Regiments Nr. 6 Rudolf von Rabe,
" Freiherrn Georg von Wöllwarth-Lauterburg, auf Hohenroden bei Essingen in Württemberg,
" Rittmeister a. D. Bernhard von Prittwitz und Gaffron, auf Cosimir bei Oberglogau,
" Major a. D. Paul von Reden, zu Berlin,
" Major a. D. Adolf Freiherrn von Gleichen-Rußwurm, zu Rudolstadt,
" Rittergutsbesitzer Ernst Freiherrn Knigge, auf Eudorf bei Ermsleben,
" Oberstlieutenant und Kommandeur des Ulanen-Regiments Prinz August von Württemberg (Posenschen) Nr. 10 Clemens von Voigts-Rhetz,
" Legationsrath a. D. Dr. jur. Adolf Axel von Dehn, zu Hamburg,
" Generalmajor und Kommandeur der 14. Feld-Artillerie-Brigade Anton von Froben,
" Major z. D. Carl von Gerhardt, auf Bonschau bei Bischdorf in Schlesien,
" Herzoglich Sächsischen Staatsrath Edmund von Wittken, zu Gotha,
" Großherzoglich Badischen Kammerherrn und Landgerichtsrath a. D. Otto Freiherrn Stockhorner von Starein, zu Mannheim,
" Major a. D. Max von Gerhardt, auf Rabenau bei Herrnlauersitz in Schlesien,
" Rittmeister a. D., Landesältesten und Mitgliede des Herrenhauses Carl Gottlieb von Wiedebach und Nostitz-Jaenkendorf, auf Wiese bei Rengersdorf in Schlesien,
" Landesältesten und Deichhauptmann Friedrich Albrecht Ernst von Kölichen, auf Kittlitztreben in Schlesien,
" Oberst und Kommandeur des 3. Königlich Württembergischen Infanterie-Regiments Nr. 121 Eduard Anton Heinrich von Treskow,
" Oberst z. D. Julius von Walluseck, zu Charlottenburg,
" Landrath Günther von Dallwitz, zu Spremberg,
" Major a. D. und Verwaltungs-Gerichts-Director Julius Elsner von Gronow, zu Cöslin,
" Großherzoglich Badischen Kammerherrn und Oberamtsrichter Emil Freiherrn Stockhorner von Starein, zu Bruchsal,
" Major und etatsmäßigen Stabsoffizier im Garde-Cürassier-Regiment Conrad Grafen von Lüttichau,
" Major und etatsmäßigen Stabsoffizier im 1. Hessischen Husaren-Regiment Nr. 13 Curt von Borries,

dem Generalmajor z. D. Franz von Treskow, zu Freienwalde a. d. Oder,
" Major z. D., und Kreisdeputirten Gustav Rudolf Werner von Brederlow, auf Tragarth bei Merseburg,
" Landrath und Kammerherrn, stellvertretenden Polizei-Präsidenten Fedor Carl von Koseritz, zu Potsdam,
" Major und Abtheilungs-Kommandeur im 1. Badischen Feld-Artillerie-Regiment Nr. 14 Carl Freiherrn von Werthern,
" Major a. D. und Majoratsbesitzer Job Wilhelm von Witzleben, auf Witzleben bei Lodersleben,
" Rittmeister a. D., Landesältesten und Kreisdeputirten Hans von Portatius, auf Schwarzwaldau in Schlesien,
" Generalmajor a. D. Oscar von Diebitsch, zu Langenaudorf bei Buchwald, Kreis Sagan,
" Verwaltungs-Gerichts-Director Victor von Uthmann, zu Breslau,
" Premier-Lieutenant a. D., auch Herzoglich Braunschweigischen Kammerherrn Hans Ulrich Richard von Bülow, auf Groß-Brunsrode bei Lehre in Braunschweig,
" Rittmeister a. D. und Kammerherrn Adolf von Krosigk, auf Eichenbarleben, Kreis Wolmirstedt,
" Major und Bataillons-Kommandeur im 5. Badischen Infanterie-Regiment Nr. 113 Friedrich Wilhelm Horst von Kracht,
" Major a. D. Ludwig Georg Heinrich von Alvensleben, auf Rusteberg bei Arenshausen, Kreis Heiligenstadt,
" Rittmeister a. D. und Kammerherrn Carl Grafen von Schimmelmann, auf Ahrensburg in Holstein,
" Major und Bataillons-Kommandeur im 1. Badischen Leib-Grenadier-Regiment Nr. 109 Hugo Freiherrn von Eberstein,
" Legations-Rath und außerordentlichen Gesandten und bevollmächtigten Minister Max Freiherrn von Thielmann, zu Darmstadt,
" Ober-Regierungs-Rath und stellvertretenden Regierungs-Präsidenten Rudolf von Pawel, zu Cassel,
" Major a. D. Eugen Freiherrn von Seherr-Thoß, auf Ober-Röhrsdorf bei Fraustadt,
" Rittmeister der Landwehr-Cavallerie und Kammerherrn Hermann Freiherrn von Erffa, auf Schloß Wernburg bei Pößneck, Provinz Sachsen,
" Major a. D. Victor Elamor William von Heimburg, zu Hannover,
" Grafen Wilhelm von Bentinck und Waldeck-Limpurg, auf Schloß Middachten bei Doorn i. d. Niederlanden,
" Rittergutsbesitzer Curt von Bülow, auf Dieskau bei Halle a. d. Saale,

dem Kammerherrn Werner Louis Alvo von Alvensleben, auf Neugattersleben, Kreis Calbe a. d. Saale,

„ K. u. K. Österreichischen Rittmeister a. D., auch Großherzoglich Mecklenburgischen Kammerherrn Heino von Behr, auf Hinderberg bei [illegible] in Mecklenburg,

„ Königlich Bayerischen Kämmerer und Oberst z. D. Hermann Julius Freiherrn von Rotenhan, zu München,

„ Generallieutenant und Kommandanten von Thorn Paul von Lettow-Vorbeck,

„ Rittmeister a. D., Kammerherrn und Mitgliede des Herrenhauses Ernst Grafen von Steinberg-Brüggen, auf Schloß Brüggen a. d. Leine,

„ Oberst und Kommandeur der 37. Cavallerie-Brigade Otto von Rosen,

„ Rittmeister a. D., Ceremonienmeister und Kammerherrn Waldemar Freiherrn von dem Knesebeck-Milendonck, auf Tylsen bei Wallstawe, Prov. Sachsen,

„ Generallieutenant z. D. Hugo von der Lochau, zu Charlottenburg,

„ Consistorial-Präsidenten Conrad von der Groeben, zu Posen,

„ Hauptmann a. D. Georg von Bismarck, auf Uebigau bei Halle an der Saale,

„ Rittergutsbesitzer Albrecht Freiherrn von Hollen, auf Hohenwalde bei Eisenberg in Ostpreußen,

„ Rittmeister der Reserve des 2. Garde-Dragoner-Regiments Botho Stach von Goltzheim, auf Sporwitten bei Schönbruch in Ostpreußen,

„ Rittmeister à la suite der Armee, Landrath, Standesherrn und erblichen Mitgliede des Herrenhauses Heinrich Prinzen zu Schoenaich-Carolath, auf Amtitz bei Jeßnitz i. d. Niederlausitz,

„ Königlich Württembergischen Major z. D., Flügel-Adjutanten, Kammerherrn und Stallmeister Carl Freiherrn von Reitzenstein, zu Stuttgart,

„ Rittmeister der Reserve des Regiments der Gardes du Corps Otto Albrecht von Rohr, auf Dannenwalde in der Priegnitz,

„ Premier-Lieutenant der Garde-Landwehr-Cavallerie und Kreisdeputirten Werner Kurt Aschwin von Saldern, auf Klein-Mantel bei Groß-Mantel i. d. Neumark,

„ Major und etatsmäßigen Stabsoffizier im 3. Schlesischen Dragoner-Regiment Nr. 15 Bernhard von der Schulenburg,

„ Rittmeister der Reserve des 3. Garde-Ulanen-Regiments und Kammerherrn Kuno Grafen zu Rantzau-Breitenburg, auf Schloß Breitenburg bei Itzehoe,

dem Königlich Sächsischen Rittmeister z. D. Otto Freiherrn von Spörcken, auf Berbisdorf im Königreich Sachsen,

„ Rittmeister der Reserve des Leib-Garde-Husaren-Regiments Arthur Grafen zu Eulenburg, auf Gallingen, Kreis Friedland i. Ostpreußen,

„ Major a. D. Curt von Ebart, zu Jänkendorf in der Oberlausitz,

„ Großherzoglich Sächsischen Kammerherrn Carl Freiherrn Freytag von Loringhoven, zu Riga,

„ Großherzoglich Sächsischen Kammerherrn Alexander Freiherrn Freytag von Loringhoven, zu Riga,

„ Rittmeister der Reserve des Garde-Kürassier-Regiments und Kammerherrn Leonhard Grafen von Rothkirch und Trach, zu Panthenau in Schlesien,

„ Erbtruchseß im Fürstenthum Halberstadt Albrecht Grafen von Alvensleben-Schönborn, auf Erxleben, Kreis Neuhaldensleben,

„ Kammerherrn, Landrath, Landschaftsrath und Erbdrosten von Gandersheim August von Rheden, auf Rheden bei Brüggen in Hannover,

„ Königlich Sächsischen Generalmajor z. D. und General à la suite Wilhelm von Minckwitz, zu Zeitz,

„ Rittmeister a. D. Wichard von Bredow, auf Bredow bei Nauen,

„ Oberst und Chef des Generalstabes des XII. (Königlich Sächsischen) Armee-Corps Leo Heinrich von Treitschke,

„ Rittmeister a. D. und Kammerherrn Adolf Burggrafen und Grafen zu Dohna-Schlobitten, auf Schlobitten in Ostpreußen,

„ Major a. D. Adolf Rochus von Rochow, zu Frankfurt a. d. Oder,

„ Rittmeister a. D. Albrecht Grafen von Arnim, auf Mellenau bei Boitzenburg i. d. Uckermark,

„ Premier-Lieutenant der Reserve des Thüringischen Husaren-Regiments Nr. 12 und Rittergutsbesitzer Heinrich Grafen von Witzleben, auf Altdöbern, Kreis Calau,

„ Hauptmann der Landwehr und Ritterschafts-Commissarius Hans von Rochow, auf Reckahn, Kreis Zauche-Belzig,

„ Rittmeister a. D. und Kreisdeputirten Wichard von Rochow, auf Golzow, Kreis Zauche-Belzig,

„ Oberst und Kommandeur des 3. Garde-Regiments z. F. Heinrich von Gößler,

„ Generallieutenant z. D. Anton von Massow, zu Frankfurt a. d. Oder,

„ Oberst und Kommandeur des Leib-Grenadier-Regiments König Friedrich Wilhelm III. (1. Brandenburgischen) Nr. 8 Paul Baron von Collas,

„ Major und persönlichen Adjutanten Sr. Durchlaucht des Fürsten zu Schwarzburg-Sondershausen Ernst von Borcke, dem Gutsbesitzer Ernst Magnus Freiherrn von Nolcken, auf Lunia bei Dorpat in Livland,

„ Hauptmann a. D., Landschafts-Director, auch Herzoglich Braunschweigischen Kammerherrn, Erb-Administrator der Klosterschule Roßleben Arthur von Witzleben, auf Liebingswalde, Kreis Görlitz,

am 24. Juni c. in der Johanniter-Ordens-Kirche zu Sonnenburg den Ritterschlag und die Investitur ertheilt.

Zur Kenntnißnahme

für die am 24. v. Mts. neu aufgenommenen Herren Rechtsritter theilen wir hier mit, daß denjenigen von ihnen, welche ihre Wappen im Schlosse zu Sonnenburg aufhängen lassen wollen, anheimgestellt wird, sich wegen der Anfertigung derselben mit dem Maler Liewel zu Berlin, N., Elsasser-Straße 83, in directe Verbindung zu setzen, der bereit ist, ein complicirtes Wappen für 42 Mark, ein minder complicirtes für 30 Mark und ein ganz einfaches für 24 Mark herzustellen.

Dem Herrn Liewel würden zu diesem Behufe eine genaue Zeichnung des Wappens und folgende Notizen zu übersenden sein: Vor- und Zuname, Chargen und Amtsverhältnisse, Datum der Geburt, Jahr der Ernennung zum Ehrenritter und Datum der Aufnahme als Rechtsritter.

Der Ritterschlag in Sonnenburg am 24. Juni 1890.

Sonnenburg, 24. Juni.

Als die Johanniter im Juni 1888 zum Ritterschlage in Sonnenburg rüsteten, da durchzog das Vaterland von Neuem herbes Weh. Nachdem es seinen Heldenkaiser Wilhelm am 9. März verloren hatte, legte am 15. Juni Sein mit Lorbeer und Leid gekrönter Sohn, Kaiser Friedrich, einst der Stolz und die Hoffnung aller Deutschen, das Haupt zur ewigen Ruhe nieder. —

Die Feierlichkeit in Sonnenburg wurde verschoben und auf den 23. August verlegt und erlangte, als dieser Tag erschienen war, für den Johanniter-Orden unvergeßliche, hohe Bedeutung dadurch, daß Seine Majestät unser Allergnädigster Kaiser und König Wilhelm aus den Händen des Durchlauchtigsten Herrenmeisters die Insignien als Landesherr und Protector des Ordens im Schlosse daselbst huldvollst entgegennahm, sodann der Aufnahme der neuen Rechtsritter durch Ritterschlag und Investitur in der alten Ordenskirche beiwohnte und am Schlusse der Feierlichkeit dem Orden Allerhöchst Seinen Schutz verhieß.

Zwei Jahre sind seitdem im Strome der Zeit dahingegangen, nicht ohne neues Leid dem Vaterlande zu bringen, durch den am 7. Januar d. Js. erfolgten Heimgang Ihrer Majestät der Kaiserin und Königin Augusta, dieser wahren Mutter des Volkes, die, Zeit Ihres Lebens durchglüht von höchster Vaterlandsliebe und beseelt vom reinsten Barmherzigkeitsgefühl für irdisches Leid und Elend, mit Recht eine „Diakonissin im Purpur" genannt worden ist, der „das Wohl des Staates und des Volkes ihr erster Wunsch und ihre letzte Hoffnung blieb". —

Heute ist wiederum Johannistag, und zahlreiche Ritter des Ordens St. Johannis vom Spital waren versammelt, um an geweihter Stätte, uraltem Brauche gemäß, aus der Zahl der dem Orden nur affiliirten Ehrenritter zu Rechtsrittern aufgenommen zu werden. Die hier nachstehende Liste nennt die Namen derselben.

Wir wollen hier das Ceremoniel dieser so ernsten Feierlichkeit nicht wiederholen, da dasselbe ja den Lesern unseres Blattes hinlänglich bekannt ist und theilen nur die Rede, welche der Superintendent und Oberpfarrer Klingebeil dabei gehalten hat, nachfolgend mit, zumal die Tagespresse, ihrer Aufgabe gemäß, nähere Mittheilungen über den ganzen Verlauf der Feier bereits gebracht hat, gestatten uns aber den herzlichen Wunsch auszusprechen, daß die neuen Rechtsritter sich allezeit als solche bethätigen und erweisen möchten, jeder nach seinem Können und Vermögen!

Nur der Thatsache sei hier noch gedacht, daß der Durchlauchtigste Herrenmeister, Prinz Albrecht, Königliche Hoheit, Höchstwelcher der Stadt Sonnenburg stets Sein Wohlwollen entgegen gebracht und dies insbesondere durch thatkräftige Förderung der Gemeinde-Krankenpflege und der Kinderbewahranstalt bethätigt hat, kurz nach Seinem Eintreffen in Sonnenburg am 23. d. Mts. Nachmittags um 1 Uhr der Grundsteinlegung zu einem eigenen Heim der Gemeinde-Diakonissen und der Kinderbewahranstalt beiwohnte, welche sich zur Zeit noch in einem alten, völlig unzureichenden Hause befinden.

Seine Königliche Hoheit hat als Beihilfe dem Gemeinde-Kirchenrathe zu den Baukosten aus Höchsteigenen Mitteln 1000 Mark gewährt, sodaß mit Hilfe dieser Summe, sowie derjenigen, welche die Johanniter aus Veranlassung früherer Ritterschläge als kleine Stiftungen ihrerseits beiden Instituten zugewendet haben, und da die Stadt selbst die 2000 Mk. betragenden Kosten des Bauplatzes bestritten hat, die Ausführung des Baues schon in nächster Zeit wird erfolgen können. Hierdurch ist nunmehr beiden Einrichtungen, die namentlich der ärmeren Bevölkerung zum großen Segen gereichen, ein dauerndes Bestehen gesichert, zumal der Johanniter-Orden von Anfang an eine laufende jährliche Beihilfe von 700 Mk. gewährt. —

Nach der Grundsteinlegung vereinigten sich um $4^1/_2$ Uhr Nachmittags die Würdenträger des Ordens unter dem Vorsitze des Durchlauchtigsten Herrenmeisters zu dem regelmäßig halbjährig stattfindenden Capitelssitzung, in welcher mannigfache und eingehende Berathungen gepflogen und Beschlüsse gefaßt worden sind, die sich auf die Neubegründung von Ordens-Anstalten, Verwaltungsangelegenheiten und Vorschlägen zur Aufnahme neuer Ehrenritter rc. bezogen.

Rede

bei der Feier des Ritterschlags der Balley Brandenburg des ritterlichen Ordens St. Johannis vom Spital zu Jerusalem in der Ordenskirche zu Sonnenburg am 24. Juni 1890, gehalten vom Oberpfarrer und Superintendenten Klingebeil.

Ev. Joh. 6, 67–69.

Da sprach Jesus zu den Zwölfen, wollet ihr auch weggehen?

Da antwortete ihm Simon Petrus, Herr wohin sollen wir gehen? Du hast Worte des ewigen Lebens,

Und wir haben geglaubt und erkannt, daß Du bist Christus, der Sohn des lebendigen Gottes.

Was ist Euer Begehren, so lautete des Durchlauchtigsten Herrenmeisters Frage an die hier Erschienenen, und was sie begehren, Aufnahme in die Balley Brandenburg des ritterlichen Ordens St. Johannis vom Spital zu Jerusalem, ist ihnen gewährt, da sie das Gelübde des Ordens ablegten.

Warum aber hier an heiliger Stätte, unter Gesang und Gebet, als gelte es einem Gottesdienst und nicht einer weltlichen Feier? Darum, weil es im innersten Wesen des Ordens liegt und der Orden nur damit sein kann, was er soll, daß er bei Aufnahme neuer Mitglieder vor das Angesicht des Höchsten tritt und so bekennt: Wir bekennen ihn als den Herrn und geben uns von ihm als seine Diener, um in seinem Namen seine Werke zu thun. Und auf seine theils schmerzliche, theils ernst prüfende Frage, wollet ihr auch weggehen? antworten wir aus vollem Herzen: Herr wohin sollen wir gehen, Du hast Worte des ewigen Lebens. Und wir haben geglaubt und erkannt, daß Du bist Christus, der Sohn des lebendigen Gottes.

Das ist ein Bekenntniß und zugleich ein Gelübde, älter noch und umfassender als das vorher abgelegte, das ja auch nur da recht erfüllt werden kann, wo auf Christi Frage Petri Antwort gegeben wird. Und wie vor 800 Jahren bei der Stiftung des Ordens, so soll auch heute Jesus Christus der Herr sein, um dessen Fahne St. Johannis Ritter sich zu sammeln und dessen Weg sie zu gehen haben.

Nach einem bekannten Worte ist das einzige Thema der Weltgeschichte der Conflict des Unglaubens und des Glaubens, und das Weltgericht wird sich eben danach vollziehen.

So stehen damals dem bekennenden Jünger die Vielen gegenüber, die hinter sich gehen und hinfort nicht mehr mit Christo wandeln, weil er gesagt hatte „es kann Niemand zu mir kommen, es sei ihm denn von meinem Vater gegeben." Die Vorläufer und Stammväter Derer, welche das Christenthum wie alle Religion für eine menschliche Erfindung halten, die für unsere Zeit entbehrlich sei, Derer, die sich bemühen den stolzen Bau der Cultur immer höher zu thürmen, ohne zu beachten, daß die Grundpfeiler morsch werden, die das Gebäude tragen sollen, Derer, die den Gott der Bibel verschmelzen wollen mit dem Gott des Zeitgeistes, obwohl doch beide so weit von einander entfernt sind wie Himmel und Erde. Alle auf das eine Ziel hinausgehend: Inthronisation des Menschengeistes an Stelle des Gottesgeistes, Selbsterlösung anstatt der Erlösung durch Christi Blut, Weltseligkeit anstatt Gottseligkeit. Das ist das hinter sich, das von Christo weggehen, und wohin gelangen wir damit?

Die zunehmende Verweltlichung und innere Verarmung bei hoch und niedrig, auf der einen Seite unverständiger Luxus und Ueppigkeit, auf der anderen das sociale Wetterleuchten, die wachsende Begehrlichkeit, das Streben immer mehr zu haben, um nur danach den Werth des Lebens zu bemessen. Das Untergraben göttlicher und menschlicher Ordnungen, auf deren Trümmern das Luftgebäude des geträumten goldenen Zeitalters aufzurichten ist. Das ist die mächtige Strömung, die Tausende von Christo wegführt, die Gesetze und Gewalt wohl eindämmen, aber nicht aufhalten können. Das vermag allein die Umkehr zu Gott und dem, den er uns gemacht hat zur Weisheit, zur Gerechtigkeit, zur Heiligung und zur Erlösung, das ist Christus, der Sohn des lebendigen Gottes.

Darum wenn er heute fragt, wollet ihr auch weggehen, so antworten St. Johannis Ritter mit Simon Petrus, „Herr wohin sollen wir gehen, Du hast Worte des ewigen Lebens" und sammeln sich eingedenk des Ursprungs und der Aufgabe des Ordens um Christi Fahne. Außer Dir, wo sollten wir hin, Du allein hast Worte des ewigen Lebens. Möchten wir graben, wo es auch sei, wir fänden doch nur Brunnen, die kein Wasser geben, oder es wäre bitter wie das zu Mara in der Wüste. Wir fänden doch keinen Frieden, müßten doch zu Dir kommen wie Nicodemus bei der Nacht oder der Zöllner zum Tempel, würden doch erfahren, daß wir ohne Dich, ohne Dein Wort und Werk, nicht durch's Leben kommen und nicht durch's Sterben, daß alles wahre Leben nur aus Dir kommt. Ist doch der Mensch ohne Glauben der Natur gleich ohne Heil und dem Schiff ohne Ruder. Lehrt es doch die Geschichte auf mehr als einem ihrer dunkelsten Blätter, wie oft Humanität ohne Divinität zur Bestialität geworden ist.

Darum, wohin sollen wir gehen, bei Dir was kann uns fehlen, Du hast Worte des ewigen Lebens. Wir fragen nach dem Woher und Wohin, Du giebst uns Antwort als der vom Himmel gekommen und gen Himmel gefahren ist. Wir suchen was unser

Leben ausfüllen, die Seele befriedigen möge, Du läßest uns finden die kostbare Perle und machst uns reich in Gott. Wir brauchen den Führer und Beistand bei oft schweren Aufgaben und Wegen, Du stehst uns zur Seite und richtest auf, was wanken will. Wir sollen und wollen kämpfen gegen die Welt, die die Sünde, das Leid und den Tod in ihrem Schooße trägt, unser Glauben an Dich ist der Sieg, der die Welt überwindet. Wenn denn, wie das in menschlicher Schwachheit liegt, die Frage aufgeworfen wird, glaubt auch ein Vornehmer an ihn? und das Nein viele Seelen verwirren mag, — wohl dem Volke, das von höchster Stelle ein deutliches Ja vernimmt und die voran stehen, auch voran gehen sieht unter der Fahne mit der Inschrift: Du bist Christus, der Sohn des lebendigen Gottes. „Das Ordenskreuz auf der Brust als das Zeichen der Erlösung tragend und sich des Evangeliums von Christo nirgends schämend", so gewinnt der Adel der Geburt seine höchste Weihe, im Bekenntniß zu Christo dem Herrn stehend und den Weg gehend, den er weist.

Und welcher Weg ist das, wohin sollen wir gehen?

St. Paulus sagt „ihr wisset die Gnade unseres Herrn Jesu Christi, welcher ob er wohl reich war, ward er doch arm um euretwillen, daß wir durch seine Armuth reich würden." Seine Selbsthingabe ist die größte Liebesthat und den Weg, den er gegangen ist von Bethlehem nach Golgatha, hat ihn die Liebe zu der verlorenen Welt gehen lassen.

Sein Weg unser Weg und das ist sein Gebot, daß wir uns unter einander lieben gleichwie er uns liebt. Der natürliche Mensch kennt und liebt nur sich selbst oder höchstens die, die ihn lieben, Christi Jünger weiß: „hätte ich der Liebe nicht, so wäre ich nichts." Und zwar der Liebe, die wie der Demant in den verschiedensten Farben strahlt, die alle Gebiete des Lebens durchleuchtet und von dem einen Punkte ausgeht: Die Liebe, die wir erfahren haben, sollen wir weiter geben. Einer ist unser Meister, wir aber sind Brüder. Mag die Zeit noch so viel umgestalten und alte Formen zerbrechen, mag es immer mehr dahin kommen, daß nicht der Stand den Mann, sondern der Mann den Stand zu tragen hat, Eins bleibt doch das Größte und wird nimmer aufhören, das ist die vom Kreuz Christi herkommende Liebe.

Bei St. Johannis Rittern vom Spital zu Jerusalem soll sie besonders an den Kranken geübt werden. Kranke, Pilger und verwundete Krieger wurden vom Orden im heiligen Lande und wo er sich sonst niederließ gepflegt. Mit dem Erlöschen dieser Liebesthätigkeit starb sein Leben selbst dahin. Jetzt, nach seiner Wiederbelebung ist der Schauplatz verändert, das Werk dasselbe geblieben und gewachsen: auf den Schlachtfeldern, in den Lazarethen und Krankenhäusern, aber wo sonst menschliches Elend zu lindern ist. Das aber ist unter mannigfacher Gestalt da angebahnt, wo zu dem Dunkel das Kreuzlein tritt. Wo nun der Hochgeborne und Hochstehende sich niederbeugt zu dem Geringeren, mit Rath und That zu lindern und zu helfen, wo die dazu nöthigen Opfer hervorgehen aus dem alten Kreuzfahrerworte Gott will es und das Schriftwort gebet Gott, was Gottes ist auch auf das anvertraute irdische Gut bezogen wird, — da trägt die Rüstung der Ritterschaft St. Johannis den alten rechten Glanz, den allein die offene Hand werkthätiger Liebe verleihen kann, da gehen, die Christi Fahne hochhalten, den Weg, den er zeigt.

Und dann in der rechten Art, wenn die allgemeine Christenpflicht als besondere Standespflicht erkannt und aus dem Du bist das Du sollst hergenommen wird. Noblesse oblige. Das aber ist der berechtigte und edle Stolz, der weit entfernt auf Andere herabzusehen, den alten Namen darauf ansieht, wie machst Du Dich Deiner Väter werth, wie genügst Du dem Worte, welchem viel gegeben ist, von dem wird man viel fordern? Viele der hier Anwesenden dienen ihrem Fürsten unter den Waffen oder in anderer Stellung und das „ich diene" erfüllt ihr Leben. Zu einem Dienst, zur Mithülfe bei Lösung der großen Zeitaufgaben hat der hohe Protector des Ordens, Seine Majestät der Kaiser und König, hier vor zwei Jahren den Edlen der Nation das Recht und die Pflicht des Vortritts gezeigt. Wie denn auch das Ordenskreuz die einzige Decoration ist, die nicht auf erworbene Verdienste, sondern auf zu leistende Dienste hinweist. Und ein größerer Fürst, der König dem kein König gleichet, der Alles dahingab, um Andern Alles zu geben, sagt daß des Menschensohn nicht gekommen sei, daß er ihm dienen lasse, sondern daß er diene. Das ist der Weg, den er zeigt; ihn gehen wollen und können Diejenigen, denen er der Herr ist und die mit Petrus bekennen, Du hast Worte des ewigen Lebens, Du bist Christus, der Sohn des lebendigen Gottes.

Die Zeit ist ernst und größer denn je sind ihre Aufgaben. Wollet ihr auch weggehen, selbstsüchtig die Hände in den Schooß legen, bis die Geister von unten her noch mehr Verderben anrichten?

Das sei ferne, sondern um seine Fahne sich schaaren, seinen Weg gehen gilt es für Alle, die da wissen:

Ins Vaterland führt nur ein einziger Weg,
Ueber den Abgrund nur ein einziger Steg,
Ueber das Weltmeer führt ein einzig Boot,
Ein einziger Held besiegt allen Tod.
Und Leben, Held, Weg und Steg und Boot
Ist Jesus Christus, geboren aus Gott.

Knapp.

Unsere Todten aber, die unter dieser Fahne gestanden haben und diesen Weg gegangen, bis sie nun zum Ziel gekommen sind, nennen wir zum ehrenden Gedächtniß die Rechtsritter:

Burggraf und Graf zu Dohna auf Lauck, Kammerherr, Generallieutenant z. D. von Holstein, Erbjägermeister von Jagow, Graf Wesdehlen Gersdorf von Gebezierz auf Schloß Lagow, von Lüttichau, Königl. Sächs. Wirkl. Geheimer Rath, Freiherr v. Elverfeldt, Rittergutsbesitzer auf Haus Villigst, Hauptritterschaftsdirector v. Trittenborn und Wolff, General der Infant. z. D. v. Kamecke, Wirkl. Geheimer Rath v. Krosigk, Consul z. D. von Bülzingslöwen, Oberjägermeister v. Meyerinck, Major a. D. und Landrath v. Gerlach, Wirkl. Geh. Ober-Regierungsrath und Unterstaatssecretair von Zastrow, Schatzmeister des Johanniter-Ordens, Generallieutenant à la suite v. Bredow, Burggraf und Graf zu Dohna Schlobitten, Obermarschall im Königreich Preußen, S. Durchlaucht der Prinzen Carl zu Hohenlohe-Ingelfingen, Ritterschaftsdirector v. Wedell-Malchow.

Der Herr aber hat verheißen, wo ich bin, da soll mein Diener auch sein. Amen.

Das Diakonissenhaus Bethanien in Berlin

erstattet diesmal dem Kreise seiner Freunde und Wohlthäter den Verwaltungsbericht für das vergangene Jahr unter dem ernsten Eindruck des schweren Verlustes, den das Haus durch den Tod Ihrer Majestät der Kaiserin Augusta erlitten hat. Die Entschlafene war Bethanien seit dem Jahre 1874, wo sie das Protectorat übernommen hatte, eine milde Beschützerin und gütige Freundin, die in guten und bösen Tagen treu für das Haus eingetreten ist. „Unvergeßlich", sagt der Bericht, „wird ihr Gedächtniß unter uns fortleben, und fortklingen in unseren Herzen die apostolische Mahnung, die sie als ihre eigene Losung auf das von ihr gestiftete Gedenkbuch der Lebensläufe unserer Schwestern setzen ließ: Seid fröhlich in der Hoffnung, geduldig in Trübsal, haltet an am Gebet."

Mit aufopfernder Treue ist nunmehr nach dem Heimgange der geliebten Fürstin des erhabenen Enkels Durchlauchtigste Gemahlin eingetreten, das Liebeswerk der verklärten Kaiserin zu pflegen und zu fördern, und hat das erledigte Protectorat über das Haus übernommen und demselben bereits mehrfache Beweise ihrer Huld gegeben. So darf denn die ernste Theilnahme, welche Ihre Majestät die Kaiserin der Diakonissensache entgegenbringt, Bethanien wohl mit freudiger Zuversicht erfüllen, daß seinem Werke unter ihrem fördernden Schutze eine Zeit segensreicher Entwickelung bevorsteht.

Noch eines zweiten herben Verlustes gedenkt der Bericht. Am 8. December v. Js. starb das langjährige Mitglied des Curatoriums des Hauses, Gräfin Editha von Hacke. Eine treue Mitarbeiterin am Diakonissenwerke seit eingedenk des edlen Herrscherpaares, in dessen Nähe sie viele Jahre weilte, widmete die theure Entschlafene den milden Stiftungen König Friedrich Wilhelms IV. und der Königin Elisabeth hingebende Sorgfalt, welche selbst mit ihrem Tode nicht erlöschen sollte. Durch eine reiche, Bethanien zugewiesene Spende, ein Legat von 27 000 Mk., hat die hochherzige Frau dauernd zu dem Liebeswerke beigesteuert, das sie 17 Jahre hindurch treu gepflegt hatte.

Zu der Thätigkeit der Anstalt im Jahre 1889 sich wendend, theilt der Bericht mit, daß die Schwesternzahl des Hauses von 245 im Jahre 1888 sich auf 252 vermehrt habe. 195 davon waren eingesegnete Diakonissen. 23 Probepflegerinnen traten im Laufe des vorigen Jahres ein; zwei Diakonissen schieden wieder aus. Ebenso traten aus eine Novize und 7 Probepflegerinnen, meist weil sie sich den Ansprüchen des Diakonissenberufes nicht gewachsen zeigten. 5 Schwestern wurden dem Hause durch den Tod entrissen.

Neunmal beging das Mutterhaus im vorigen Jahre bei im Ganzen 9 Diakonissen Diakonissenjubiläen d. h. die Feier der 25. Wiederkehr des Tages der Einsegnung als Diakonissen. Ferner fand am 22. März v. Js. in Gegenwart Ihrer Majestät der Kaiserin Auguste Victoria die feierliche Einsegnung von 6 Schwestern, am Tage des Jahresfestes die von 10 Schwestern statt.

Vom Johanniter-Orden wurden Bethanien 13 junge Damen zur Ausbildung übergeben. 10 dienende Schwestern des Ordens halfen den Schwestern des Hauses zum Theil Monate lang und erleichterten dadurch wesentlich die ununterbrochene Fortführung der anstrengenden Diakonissen-Thätigkeit, besonders während der Erholungsreisen der Schwestern. 2 Lehrpflegerinnen des Ordens haben sich entschlossen, sich gänzlich dem Diakonissenberufe zu widmen. —

Die Krankenzahl des Hauses war im vergangenen Jahre höher als 1888. Am Schlusse des Jahres 1888 befanden sich 239 Kranke im Hause, im Laufe des Jahres 1889 wurden 2837 aufgenommen, sodaß im Ganzen 3076 Kranke an 102755 Tagen verpflegt wurden; davon fand an 12215 Tagen freie Verpflegung statt. Der tägliche Durchschnitt an Kranken betrug 281, an unentgeltlich verpflegten Kranken $33^{1}/_{2}$. Die Sterbefälle beliefen sich auf 419. Von den 424 evangelischen Verstorbenen wurden 290 unter Mitwirkung des Geistlichen begraben. Achtzig mal wurde das heilige Abendmahl ausgetheilt an im Ganzen 809 Communicanten. —

Die Zahl der Außenstationen Bethaniens ist dieselbe geblieben wie im Vorjahre, nämlich 38. An Stelle der eingegangenen Gemeindepflege in Jüterbog trat die Gemeindepflege in Magdeburg-Sudenburg, welche nunmehr die fünfte Magdeburger Station Bethaniens bildet. Die Zahl der außerhalb des Mutterhauses thätigen Schwestern desselben hat sich von 103 auf 117 Schwestern vermehrt. Im laufenden Jahre stehen für manche Stationen wieder bauliche Veränderungen und Erweiterungen, zum Theil Neubauten bevor, die fast alle auch eine Vermehrung der Arbeit und Verstärkung der Arbeitskräfte bedeuten, ferner ist die Uebernahme der unter dem Protectorat Ihrer Majestät der Kaiserin stehende Kinderkrippe zu Potsdam, sowie die der Spielschule in Sudenburg-Magdeburg in Aussicht. Endlich tritt an das Haus die Aufforderung des Evangelisch-kirchlichen Hilfsvereins zur Mitwirkung bei der Errichtung von Krankenpflege-Stationen in Berlin, wofür jedoch bei der Menge der bereits eingegangenen näheren Verpflichtungen erst für nächstes Jahr die Bereitwilligkeit des Hauses zugesagt werden konnte. Welch' eine Fülle von Aufgaben, von Arbeitsfeldern, die sich der weiblichen Diakonie öffnen, aber bei dem großen Mangel an geeigneten Arbeitskräften leider so vielfach brach liegen müssen!

Kinderheilstätte auf Sylt.

Das in der Nähe des Damenbades südlich von Westerland neuaufgeführte Gebäude ist bis auf die innere Einrichtung vollständig hergestellt und soll am 3. Juli nach feierlicher Einweihung seiner Bestimmung übergeben werden. Der mit einer Anstaltskapelle versehene architektonisch hervorragend schöne und in mustergültiger Sorgfalt ausgeführte Neubau wird von großen Garten- und Spielplatzanlagen umgeben. Das gesammte Areal der Anstalt umfaßt einen Flächeninhalt von 1 Hektar, ein Geschenk der Gemeinde Westerland. Als neugewähltes Mitglied ist der Verwaltung beigetreten der Director- und 1. Badearzt Dr. med. Wegele, der im Verein mit dem Landschafts- und Badearzt Dr. med. Nicolas die ärztliche Leitung der Anstalt innehaben wird; im Uebrigen gehören noch der Verwaltung an: der Verbandsdirector Dr. Wallascheck als Vorsitzender, Pastor Gleiß als stellv. Vorsitzender, Pastor Carstens als Schriftführer und Kaufmann Broderfen als Schatzmeister. Die Zahl der von der Diakonissenanstalt in Flensburg der Kinderheilstätte in Westerland überlassenen Schwestern ist in diesem Jahr von zwei auf drei vermehrt worden. Wiewohl die Anmeldung zur Aufnahme in die Anstalt erfreulicher Weise zahlreich einlaufen, so ist bei der durch den Neubau bewirkten erheblichen Vergrößerung aller Einrichtungen auch für eine weitere Zahl bedürftiger Kinder die Aufnahme ermöglicht. Für Kinder aus weniger bemittelten Ständen sind für die letzte Kurperiode eine größere Anzahl halber, event. auch ganzer Freistellen vorgesehen. Die Verwaltung der Kinderheilstätte hat nunmehr auch die Verleihung der Rechte einer juristischen Person an maßgebender Stelle nachgesucht.

Litteratur.

„Die Führung eines Haushaltes in bescheidenen Verhältnissen. Ein treuer Rathgeber für Arbeiterfamilien und kleinere Geschäftsleute. Zugleich ein Leitfaden für Haushaltungsschulen lohnarbeitender Mädchen". Von Adolf Menz. Verlag von Georg Weiß in Heidelberg. — Um die Verbreitung in den weitesten Volksschichten, namentlich in Arbeiterkreisen zu ermöglichen, wird, bei directem Bezug von der Verlagshandlung, der Einzelpreis von 1 Mark, von 20 Exemplaren an auf 90 Pfennig und von 50 Exemplaren an auf 80 Pfennig ermäßigt.

In dieser Verwerthung des Beirathes praktischer Arbeiterfamilien und Geschäftsleute wird durch Beispiele aus dem wirklichen Leben anschaulich dargethan, wie durch Einhaltung eines festen Sparplanes füglich jede Arbeiterfamilie mit bescheidenen Mitteln auszukommen vermag. Sodann wird der Arbeiterstand eingehend darüber belehrt, was er jetzt schon thun müsse, um der großen Vortheile der Uebergangsbestimmungen der Invaliden- und Altersrente theilhaftig zu werden. Demnächst folgt eine gediegene Beantwortung der in das Arbeiter-Familienleben tief einschneidenden Fragen: „Wie wohnt man gesund und billig?" — „Wie kleidet und nährt man sich gesund und billig?" — Zum Schluß werden sehr beachtenswerthe Winke über häusliche Gesundheitspflege, Säuglingsbehandlung, sittengerade und tüchtigmachende Erziehung der Kinder sowie über die geistige Fortbildung des Arbeiters gegeben. — In einer Zeit, da vom Kaiserthrone herab so Großes zur Hebung des Arbeiterstandes bereits angebahnt ist und alle Kräfte aufgerufen werden, um dem wirthschaftlich schwächsten Stande ein menschenwürdiges Dasein zu bereiten, muß vorliegendes Werk als eine dankenswerthe Handreichung begrüßt werden. Recht sehr wünschen wir darum auch, daß es die thatkräftigste Unterstützung edeldenkender Arbeitgeber, Dienstherrschaften, Arbeiter- und aller Menschenfreunde finden möge.

(Reichs- und Staatsanzeiger.)

Der Bär. Illustrirte Wochenschrift für die Geschichte Berlins und der Mark. XVI. Jahrgang. Nr. 37. 14. Juni 1890.

Inhalt: Gäste von der Recke und Graf Cagliostro, von Fr. von Hohenhausen (Fortsetzung). — Zur älteren Geschichte Berlins, von R. Luther (Schluß). — Die Berliner Alterthümer im Märkischen Provinzial-Museum der Stadtgemeinde Berlin, von Hans Brendicke (Schluß). — Albrecht I., Herzog von Preußen, von G. König. — Kleine Mittheilungen: Das Schloß zu Königsberg in Preußen (mit Abbildung). — General-Oberst von Pape (mit Abbildung). — Die von Caprivi. — Die Wiege der Hohenzollern. — Das Regiment der Gardes du Corps. — Denkmal Friedrichs des Großen. — Prenzlauer-Straße 41. — Unser Büchertisch. — Anzeigen.

Carl Heymanns Verlag in Berlin W., Mauerstraße 63—65.

Gedruckt bei Julius Sittenfeld in Berlin.

Alle Zuschriften und Sendungen in Angelegenheiten dieses Blattes wolle man an den Redacteur desselben: Geh. Hofrath Herrlich W. Potsdamer Straße Nr. 134 c. zu Berlin richten.

Wochenblatt der Johanniter-Ordens-Balley Brandenburg.

Im Auftrage der Balley Brandenburg verantwortlich redigirt von C. Herrlich in Berlin.

Jahrg. 31. Berlin, den 9. Juli 1890. Nr. 28.

1. Leopold Eugen Malange Graf von Kalnein, Rittergutsbesitzer, auf Domnau Kreis Friedland in Ostpreußen, Ehrenritter seit 1852, † zu Domnau 19. Juni 1890.
2. Günther Albrecht Carl August Wurmb von Zinck, Generallieutenant z. D. und Schloßhauptmann von Merseburg, Ehrenritter seit 1852, † zu Weißenfels 19. Juni 1890.
3. Hector Freiherr von Holzhausen, K. u. K. Oesterreichischer Kämmerer und Generalmajor z. D., Ehrenritter seit 1861, † zu Linz 10. Juni 1890.
4. Bechtold Graf von Bernstorff, Landrath a. D., auf Gartow bei Seehausen a. Aland, Ehrenritter seit 1866, † zu Gartow 25. Juni 1890.

Die Abtei von Remiremont.

Die berühmte Abtei von Remiremont, die jetzt ganz zerstört ist, und die Congregation der adligen Klosterfrauen nannte sich vor der Revolution von 1789 „l'église insigne, collégiale et séculaire de Remiremont" oder „Chapitre illustre des Dames de Remiremont". Die ursprüngliche Kirche war auf einem am rechten Ufer der Mosel gelegenen Berge gegründet worden, an einem Orte, wo der heilige Romaric, ein süd-lothringischer Edelmann ein Schloß Habend besaß und der noch heute der le Saint-Mont genannt wird. In dieser entlegenen Zeit bestand die Klostergemeinschaft aus sieben Abtheilungen, jede aus 12 Nonnen bestehend, die eine Aebtissin an der Spitze hatten. Ein Mönchskloster, das gleichdem den Nonnen der Regel des heiligen Benedict folgte, war nicht weit davon errichtet, und beide Klöster gehörten zur Sprengel von Luxeuil.

Vom heiligen Berge übertrugen die Klosterfrauen im Jahre 900 die Reliquien der Gebeine der heiligen Anna, des heiligen Romaric und des heiligen Adelphius nach Remiremont. Sie erbauten auf dem Platze, wo heute die kleine Stadt Remiremont steht, ein neues Kloster und eine zweite Kirche, als aber diese Abtei sammt ihrer Kirche durch eine Feuersbrunst im Jahre 1057 zerstört wurde, entsagten die Klosterfrauen der Regel des heiligen Benedict, ließen sich durch den Papst säcularisiren und erhielten unter andern Privilegien, jenes von aller gewöhnlichen Gerichtsbarkeit befreit zu sein und direct unter dem heiligen Stuhl zu stehen. Hierauf beschränkten sich indessen nicht die Vorrechte, welche die Damen von Remiremont, die unter den edelsten des Landes erwählt wurden, nach und nach bald von der römischen Curie, bald von dem höchsten Reichsoberhaupt erlangten. Sie waren von der Klausur dispensirt. Ohne an ein Gelübde gebunden zu sein, konnten sie jeder Zeit aus der Klostergemeinschaft austreten und sich verheirathen. Der Papst bewilligte ihrer Aebtissin, die sie aus ihrer Mitte erwählten, sogar einige äußere Abzeichen der bischöflichen Würde. Wenn die letztere zur Opferung ging oder an einer Procession Theil nahm, so trug ihr ihre Ehrendame die Schleppe und ihr Seneschall trug ihr das Kreuz vor. Der Kaiser erkannte sie als Reichsfürstin an, sie genoß alle Vorrechte einer solchen und speiste unter einem Thronhimmel. Sie hatte in der Stadt Remiremont in der dazu gehörigen Landschaft die hohe, mittlere und niedere Gerichtsbarkeit. Alle Donnerstag hielt sie nach der Marien-Andacht, umgeben von all ihren Damen, ihre feierliche Gerichtssitzung ab. Das Urtheil wurde von „Madame" in höchst eigener Person gefällt und bis zur Aufhebung der Abtei gab es keine andere Appellation gegen ihre Entscheidungen als an das Pariser Parlament. Die Abtei hatte vier Großoffiziere, als: le grand Prévot (Klostervogt oder Hauptmann), le grand Chancelier, le petit Chancelier und le grand Sonnier (der Großglöckner). Sie wurde in der lothringischen Ständeversammlung (états généraux de la Lorraine) durch Deputirte vertreten, die gemeinschaftlich von der Aebtissin und dem Capitel ernannt wurden und die unter den Repräsentanten des Abtes lagen. Die Aebtissin ließ die Aufforderungen und Befehle der Bürger durch ihren Seneschall abhalten, der nur von ihr Befehle empfing.

Nach der Aebtissin rangirten dem Range nach zunächst zwei Würdenträgerinnen, die Dechantin und die Secretin, dann kamen zwei Ober-Schreiberinnen, die Hauswarte (die Beichtherren?) und die Almosenierin; ferner vier Vorsängerinnen (Chantres), achtzehn sonstige Functionärinnen und endlich die übrigen Stiftsdamen, deren Zahl bis 70 gehen konnte. Die Wahl der Dechantin und der Secretin, der Aumonière und der Almoserenerin fand im versammelten Capitel und mit laut abgegebener Stimme statt; die Aebtissin wählte sich ihre Coadjutrice selbst, doch mußte die Wahl von dem Capitel und den zehn Würdenträgerinnen gutgeheißen werden. Jede Dame hatte das Recht, sich eine Coadjutrice zu wählen, die man Nichte benannte und die ihr mit allen Rechten im Fall ihrer Verheirathung oder ihres Todes folgte; daher die Benennung die Damen-Tanten und Damen-Nichten.

Die Chorrocke der Stiftsdamen bestand aus einem großen Mantel mit langer Schleppe von schwarzer Wolle, der mit einem Kragen und zu beiden Seiten mit einer Einfassung von Hermelin besetzt war. Der Mantel der Aebtissin war auch weit, also eingezogen und nochmal so breit mit Hermelin besetzt, auch das Innere desselben damit ausgeschlagen. Ludwig XV. wollte im März 1744, wie es in der betreffenden Ordonnanz heißt, dem berühmten Collegiat-Capitel von Remiremont sein Wohlwollen beweisen, und ohne Zweifel das Costüm der Stiftsdamen noch verschönern, indem er ihnen gestattete, von der rechten zur linken Seite ein breites, blaues, roth eingefaßtes Ordensband zu tragen, an dem in Gestalt eines Ritterkreuzes eine Medaille mit dem Bildniß des heiligen Romarie befestigt war.

Man kann sich leicht vorstellen, wie sehr sich die adligen Damen darum bemühten, in einem Stift Aufnahme zu finden, das mit so ausgedehnten Privilegien ausgestattet, so schöne Kleidung gewährte und einer so wenig strengen Regel unterworfen war. Aber es gab da Bedingungen zu erfüllen, die den Eintritt mehr erschwerten, als es die Regel der strictesten Observanz gethan hätte. Es mußte ohne Widerspruch vor dem versammelten Capitel das Aufschwören der Ahnenprobe von 64 Quartieren stattfinden, d. h. durch 8 Generationen in der Stufenform der makellose, stiftsfähige Adel aller Vorfahren männlicher- und weiblicherseits der aufzunehmenden Dame nachgewiesen werden. Viele fürstliche Häuser und selbst königlichen Geblüts konnten diese Probe nicht machen. Sonderbarer Weise hätten in Folge der Heirath König Heinrich IV. mit Maria von Medici, weder dieser selbst, noch Ludwig XIII. und XIV. ihre Töchter in der Abtei von Remiremont aufnehmen lassen können, erst der Dauphin, Sohn Ludwig XV., hätte darauf für seine Tochter wieder Anspruch gehabt, vorausgesetzt, daß die Quartiere seiner Mutter, der Maria Leszczinska von Polen, den Ansprüchen des Capitels genügt hätten. Ebenso verhielt es sich mit den Nebenlinien Orléans und Condé; abgesehen davon, daß dem ersteren das Gleiche, wie dem königlichen Hause gemäß der [illegible] Abstammung von Heinrich IV. entgegenstand, hatten beide Linien durch Heirathen mit legitimirten Töchtern Ludwig XIV. und der Marquise de Montespan dieses Recht verwirkt. Das illustre Capitel von Remiremont hat fast immer an seiner Spitze Prinzessinnen fürstlichen Geblüts gehabt, sei es aus dem herzoglichen Hause von Lothringen oder aus den deutschen Reichsfürstlichen Familien, oder Damen aus den vornehmsten Geschlechtern Lothringens. Durchläuft man die Listen der [illegible], so stößt man wohl auf einige große und bekannte Geschlechter, aber in der großen Mehrzahl auf wenig berühmte Namen, die von Familien geführt wurden, die sich mehr durch die Reinheit ihrer Abstammung, als durch Ruhmesglanz und Thatendrang auszeichneten. Die Damen von Remiremont haben durch die Kühnheit ihrer Ansprüche nie das Blut verleugnet, dem sie entsprossen waren: sie sind fast beständig in Streit gewesen, einmal unter sich, sodann aber vornehmlich mit ihren Schutzherren, den Herzögen von Lothringen, gegen die sie sich entschiedentlich empörten, indem sie immer nur unmittelbar bei dem Reiche zu Lehen gehen wollten und oft nur der Gewalt wichen, wenn man das Stift oder die Stadt Remiremont mit Truppen belegte oder gar, um sie einzuschüchtern, das Blutgericht kommen ließ. Es würde daher eine Geschichte voller Streit und Fehden sein, die wir von dem berühmten Collegial-Capitel der Damen von Remiremont zu berichten hätten, wir überlassen dies einer andern Feder und haben hier nur einige merkwürdige Details über eine Stiftung aufzeichnen wollen, die gegenwärtig fast der Erinnerung entschwunden ist und deren Geist so sehr in Widerspruch mit den gegenwärtigen Gebräuchen steht.

Die Kirchenbauten in Berlin.

Endlich ist durch das Vorgehen Ihrer Majestät der Kaiserin allen Kreisen Berlins die erschreckende Kirchennoth der Reichshauptstadt und damit die Verwahrlosung der großen Massen zum Bewußtsein gekommen; was aber noch wichtiger und erfreuend ist, daß sich überall die bisher in politischem Hader getrennten Parteien vereinigen, um unter dem Vorgange ihres Kaiserpaares in gemeinsamer und versöhnender Arbeit energisch zur Beseitigung der kirchlichen Nothstände Hand anzulegen. Gottes Segen wird ein solches Liebeswerk fördern und krönen.

Im Mai wurde in Rummelsburg, der äußersten Arbeiter-Vorstadt, der Anfang gemacht, im Juni folgten Grundsteinlegungen zur Himmelfahrtskirche in der Elisabeth-Gemeinde und zur Gnadenkirche, der Gedächtnißkirche für die Kaiserin Augusta in der Invaliden-Civil-Gemeinde. Zwei große Bauplätze schenkte dazu der Magistrat und die Stadtverordneten, einen das Reich. Die Kosten dieser drei Kirchen mit der inneren Einrichtung betragen, eingerechnet das Pfarrhaus und die Dotation der Pfarrstelle in Rummelsburg, ungefähr 1 450 000 Mark.

Dazu sind bestimmt:

Von Ihren Majestäten dem Kaiser und der Kaiserin und Königlichen Familie und deren Höchsten Verwandten	740 000 Mk.
Von den wohlhabenderen Gemeinden Berlins bis jetzt	260 000 „
Aus Sammlungen in Rummelsburg, Invaliden-, Dankeskirche und Nazareth-Gemeinde . ca.	25 000 „
Von 35 Bürgern Berlins . . .	225 000 „
Aus Sammlung von Freunden des Augusta-Hospitals in Berlin .	6 000 „
Von 7 Freunden in den Provinzen	65 000 „
Aus Sammlung von Freunden in Wiesbaden und einer Diözese der Uckermark . . . . . . ca.	7 000 „
Von dem Zweigverein des Evangelisch-Kirchlichen Hilfsvereins in der Rheinprovinz	30 000 „
Von einem Freunde in Belgien .	20 000 „
Kleinere Gaben von verschiedenen Freunden . . . . ca.	2 000 „
Summa:	1 400 000 Mk.

Außerdem sind schon zwei Orgeln, Glocken, gemalte Fenster, große Altarleuchter und manche andere Dinge zur inneren Ausstattung geschenkt.

Die Arbeiten zur Ausführung übertrug Ihre Majestät die Kaiserin dem Engeren Ausschusse des Evangelisch-Kirchlichen Hilfsvereins, aber mit der ausdrücklichen Bestimmung, daß keine Mittel dieses Vereins, der seine Arbeit nur auf Unterstützung der Kirche in Seelsorge und Diakonie im ganzen Lande zu richten hat, in Anspruch genommen werden dürften.

Es ist daher eine nicht begründete Sorge, welche Freunde in den Provinzen äußern, daß für den Evangelisch-Kirchlichen Hilfsverein bestimmte Gaben und Collecten auch zu Kirchenbauten in Berlin verwendet würden. Nur der Rheinische Zweig-Verein hatte eine besondere Gabe von 30 000 Mark ausdrücklich zum Bau einer Kirche in einer armen Vorstadt Berlins bestimmt.

An den Bau der drei genannten Kirchen schließt sich ferner der Bau in der Nazareth-, Zion-, Emmaus-, Moabiter- und Simeon-Gemeinde. Die Kirche des Kapellen-Vereins unter dem Protectorat der Kaiserin wird noch in diesem Herbste vollendet. Auch in den Vorstädten Berlins regt es sich. Den Bau neuer Kirchen in Friedenau und Schöneberg hat die Kaiserin unter ihren Schutz gestellt. Dazu hat sich ebenfalls unter dem Protectorat Ihrer Majestät der neue Kirchenbau-Verein begründet. Er arbeitet bereits mit Erfolg in Markus, Heiligkreuz und Bartholomäus, so daß auch hier hoffentlich noch vor Ablauf des Jahres die Grundsteine zu neuen größeren Kirchen gelegt werden können. Ueberall hilft der Magistrat und die Stadtverordneten in freigebiger Weise. Dringend wäre zu wünschen, daß bei der großen Noth auch endlich der Fiscus in die Lage versetzt würde, unentgeltlich Kirchenbauplätze hergeben zu können.

Für die Bartholomäus-Gemeinde hat St. Georgen Ihrer Majestät der Kaiserin 250 000 Mark dargebracht, die Familie Böhm hat einen großen Bauplatz für die Kirche, die Familie Diestel einen ebensolchen für das Pfarrhaus geschenkt. Ganz besonders aber verfolgt der Kirchenbau-Verein den herrlichen Gedanken der Erbauung einer Kaiser Wilhelm Gedächtniß-Kirche. Mit Freuden hat Seine Majestät der Kaiser hierzu bereits seine Zustimmung ertheilt, damit das Gedächtniß des großen Heldenkaisers, ebenso das seiner erhabenen Gemahlin, in dieser Weise zu schönem Ausdruck gelange. Für den Bau dieser Kirche ist der Wittenberg-Platz in Aussicht genommen. Eine Commission arbeitet dort mit großer Rührigkeit, für die Pläne will sie eine beschränkte freiwillige Concurrenz ausschreiben, und hofft an dem unvergeßlichen Geburtstage, den 22. März 1891, den Grundstein legen zu können.

Ein Statut für Gemeindepflege.

Herstellung lebensfähiger Gemeinden, Zertheilung der großen Parochien in kleine übersehbare Pfarreien für einen selbstständig wirkenden Seelsorger, Neubelebung des allgemeinen Priesterthums der Gläubigen und größere Heranziehung der Gemeindeglieder zur Arbeit im Reiche Gottes ist in den letzten Jahren oft in eingehenden Erörterungen verlangt worden. Sulze, Zittel, Graue, v. Soden, Schmeidler, Beyschlag, Th. Krabe, um nur an Namen zu erinnern, welche anderen Richtungen angehören, haben auf die organisatorische Thätigkeit zur Neubelebung des kirchlichen Gemeindelebens in eigenen Schriften und längeren Artikeln die allgemeine Aufmerksamkeit gelenkt. Dabei konnte auf die bahnbrechende Thätigkeit D. Sulzes in der Fortbildung protestantischen Gemeindelebens zu Dresden hingewiesen werden.

Die Jerusalemsgemeinde zu Berlin, deren Prediger Schmeidler und v. Soden sind, hat durch ihre Gemeindeorgane um die Mitte vorigen Monats ein Statut für die Gemeindepflege angenommen und damit den Boden zur praktischen Ausführung der angedeuteten Ziele bereitet. „Die Gemeindepflege in der Jerusalemsgemeinde“, so heißt es im ersten Paragraphen, „welche bisher von dem Parochialwesen mit Unterstützung der Kirchenkasse ausgeübt wurde, wird von jetzt an von den Aeltesten und Gemeindevertretern unter Mitwirkung der Damen des Parochialvereins beziehungsweise solcher aus der Gemeinde übernommen." „Ziel dieser Thätigkeit ist vornehmlich die sittliche und religiöse Hebung der Gemeindemitglieder und die Stärkung des Gemeindebewußtseins. Die kirchliche Gemeindepflege setzt die Thätigkeit der städtischen Armendirektion, der städtischen Kranken- und Waisenpflege sowie der an die städtische Armenpflege sich angliedernden Vereine gegen Verarmung voraus, vermittelt geeignetenfalls deren Hülfe und hält sich zur Vermeidung von Doppelunterstützungen in beständiger Fühlung mit ihnen. Dasselbe geschieht gegenüber der Liebesthätigkeit freier Vereine, doch ist, soweit dieselbe ihrer Natur nach ein Theil der Gemeindepflege ist, beziehungsweise mit demselben Erfolge in der Beschränkung auf die Einzelgemeinde geübt werden kann, ihr Ersatz durch die letztere zu erstreben."

„Der Gemeindepflege erwachsen im Einzelnen folgende Aufgaben: 1. Kenntniß der in der Gemeinde wohnenden Armen und Fürsorge für dieselben nach obigen Grundsätzen; 2. Veranstaltungen zu unentgeltlicher Pflege von armen Kranken; 3. Fürsorge für die heranwachsende Jugend durch Krippe, Kindergarten, Kinderhort, Nähschule, Kindergottesdienst, Hülfe bei Unterbringung Konfirmirter in Stellungen, Vereinigungen von Konfirmirten; 4. Fürsorge für Wittwen und Eheverlassene; 5. Einwirkung auf Gemeindeglieder zur Nachholung versäumter kirchlicher Pflichten hinsichtlich Taufe, Trauung und Konfirmation; 6. Veranstaltungen zur Verbreitung guter Schriften; 7. Einwirkung auf Abstellung besonderer sittlicher Nothstände; 8. Fürsorge für entlassene Strafgefangene und für Familien Inhaftirter."

Um eine solche Thätigkeit ausüben zu können, wird die Gemeinde in 25 fest abgegrenzte Bezirke getheilt. An der Spitze jedes Bezirks steht ein Mitglied der Gemeindeorgane, welches mit Damen des Parochialvereins und anderen Gemeindemitgliedern die Organisation des betreffenden Bezirks in die Hand nimmt und Mithelfer und Mithelferinnen zu gewinnen sucht. Der Vorsitzende des Gemeindekirchenraths leitet das Ganze. Die beiden Geistlichen übernehmen die geistliche Mitwirkung in zwei gesonderten Hälften der Gemeinde, ohne dadurch die Freiheit der Gemeindeglieder, den Seelsorger zu zu wählen, zu beschränken. Der Hülfsprediger hat die Leitung der Recherchen hinsichtlich der versäumten kirchlichen Pflichten. Die Gemeindeschwestern haben sich für jeden Bezirk mit den leitenden Herren und Damen in Verbindung zu setzen. Jeden Monat findet eine Conferenz der Mitglieder aller Bezirke statt, in welcher über jeden Bezirk Bericht erstattet wird und Geldunterstützungen bewilligt werden. Für dringende Fälle wird den Bezirken von der Conferenz für den Monat ein Höchstbetrag zur Verfügung gestellt, dessen Verwendung nachträglich zu genehmigen ist. Laufende Geldunterstützungen sollen, wenn die Unterstützung der städtischen Armenkommission nicht ausreicht, in der Regel nur an alte, kranke oder arbeitsunfähige Personen sowie an Wittwen und Eheverlassene mit Kindern bewilligt werden. Die Gemeindeschwestern sollen selbständig keine baaren Unterstützungen gewähren, erhalten aber gegen Zahlungsanweisung des Vorsitzenden nach Bedürfniß das Geld für Nahrungs-, Stärkungs- und Arzneimittel aus der Kasse, deren Führer von den Gemeindeorganen ernannt wird. Die Prüfung der Rechnung erfolgt durch die Etatskommission, die Decharge durch den Gemeindekirchenrath und die Gemeindevertretung.

Die Mittel für die Liebesthätigkeit werden durch freie Gaben aufgebracht. Der Gemeindekirchenrath übernimmt die Besoldung und Unterhaltung der Gemeindeschwestern sowie diejenigen einmaligen und laufenden Ausgaben, welche etwa zur organischen Erweiterung des Unternehmens nothwendig werden möchten. Damit sind die allgemeinen Grundsätze, die Organisation, Kassenführung und Aufbringung der Mittel der Gemeindepflege in der Jerusalemsgemeinde angegeben.

Wir werden uns freuen, wenn der Gemeindekirchenrath der Jerusalemsgemeinde mit diesem Versuch der Organisation der freien Vereinsthätigkeit für das Gemeindeleben gute Erfolge erzielt. Der Gemeindekirchenrath hätte damit den ersten bedeutsamen Versuch zur Mitwirkung der Gemeindeorgane am inneren Ausbau des Gemeindelebens gemacht und würde gewiß nicht ohne Nachfolge in den übrigen Berliner Gemeinden bleiben. Wir verkennen indessen die Schwierigkeiten nicht, die sich der geplanten Gemeindepflege entgegenstellen. Dieselbe rechnet auf die freiwillige Mitarbeit von 25 Mitgliedern der Gemeindeorgane, deren jedes einen Gemeindebezirk für die christliche Liebesthätigkeit zu organisiren hat. Vorausgesetzt, daß ein jedes dieser Mitglieder den guten Willen, den regen Eifer und die erforderliche Zeit hat, dieser Thätigkeit obzuliegen, wird wohl auch einem jeden die organisatorische Fähigkeit, die Sachkunde, die Geduld und überhaupt die eigenthümliche Gabe zur Verfügung stehen, welche die Leitung christlicher Liebesthätigkeit von dem Einzelnen erfordert? Wird er die geeigneten Damen finden, welche dauernd die Mühewaltung freiwillig zu übernehmen bereit sind?

Am ehesten läßt sich noch das Vertheilen der Gaben in speziellen Armuthsfällen auf diese Weise durchsetzen; aber wie außer der kirchlichen Armenpflege mit einem so großen Apparat von freiwilligen Kräften die christliche Liebesthätigkeit durch Sammlung in Vereinen und eingehende Pflege für specielle Bedürfnisse errichtet werden soll, ist, ehe irgend welche Erfahrungen vorliegen, schwer vorzustellen; jedenfalls ist die Anstellung von Gemeindeschwestern, die Einrichtung von Krippen, Kinderhorten, Nähschulen, Kindergottesdiensten und von Vereinen für Confirmirte, die Verbreitung guter Schriften und Fürsorge für entlassene Strafgefangene, wenn der Gemeindekirchenrath für alle diese Dinge Geld sammelt und geeignete Berufskräfte anstellt, ein sehr erstrebenswerthes Ziel der Gemeindepflege, welches auch schon in anderen Gemeinden wie z. B. der Petrigemeinde zur Einrichtung von Gemeindehäusern, in welchen diese Thätigkeiten ihren Mittelpunkt finden, geführt hat. Auch die Thomasgemeinde erstrebt die Einrichtung eines solchen Gemeindehauses. Man wird die erfreulichen Bestrebungen des Gemeindekirchenrathes der Jerusalemsgemeinde, der sich selbst in so anerkennenswerther Arbeitsfreudigkeit an die Spitze einer mannigfachen und mühevollen persönlichen Gemeindearbeit stellt, allenthalben mit warmem Interesse und mit dem Wunsche eines glücklichen Gelingens verfolgen.

(Evang. Kirchl. Anz. v. Berlin.)

Hilfe für die Aussätzigen.

Das entsetzliche Elend der Aussätzigen ist aus der Bibel jedem Christen als tief bejammernswerth bekannt. Bis ins Mittelalter wurden alle Länder Europas von der Lepraseuche heimgesucht; jetzt sind die Culturvölker des Westens bis auf vereinzelte Fälle davon verschont. Im Orient aber ist jene furchtbare Krankheit heute wie vor Jahrtausenden eine der schwersten Plagen, von denen die Menschen befallen werden. Während der sogenannte mosaische oder weiße Aussatz seltener geworden, sind an dessen Stelle ebenso schwere Lepraarten getreten, welche sich durch bösartige Geschwüre kennzeichnen, die Knochen und ganze Gliedmaßen zerstören.

Da die Krankheit an ihren alten Heimstätten als unheilbar und ansteckend gilt, so werden noch jetzt die davon Betroffenen oft selbst von ihren nächsten Angehörigen geflohen; sie gelten als Ausgestoßene, kaum noch als Menschen.

Nur ein geringer Bruchtheil der Kranken finden die zur Heilung so nöthige Pflege, ärztliche Behandlung wie christlichen Trost.

Erst in unseren Tagen ist die Frage ernstlich in Betracht gezogen, wie den armen Aussätzigen zu helfen, ob und wie die Krankheit wirksam bekämpft und ganz ausgerottet werden kann, welche Maßnahmen geboten erscheinen, diese Ziele zu erreichen und durch christliche, brüderliche Barmherzigkeit die Leiden unserer unglücklichsten Mitmenschen zu lindern.

In England hat sich der Prinz von Wales an die Spitze einer Bewegung gestellt, die bereits den Erfolg erreicht hat, daß Geldmittel gesammelt sind, zunächst dazu bestimmt, besonders befähigte jüngere Aerzte nach Indien und China, sowie nach Norwegen, wo die Krankheit noch häufig vorkommt, zu senden, um ihren Charakter zu studiren.

Am 14. Januar fand eine Versammlung in London zur Förderung der guten Sache statt. Der Prinz führte den Vorsitz und gab in der Eröffnungsrede zuerst statistische Nachweise über die noch immer weite Verbreitung der Lepra. Allein in Indien litten nach den letzten Ausweisen 200000 Menschen an der Krankheit, von denen nur ein Prozent = 2000 in Hospitälern Unterkunft fanden.

Aehnliche Verhältnisse herrschen in Arabien und den meisten orientalischen Ländern, sowie in Südafrika.

Sodann wies der Prinz darauf hin, daß der größte Theil der indischen Leprakranken verstoßen und freundlos als Bettler umherirren, bis sie niederfallen und an der Landstraße in Hunger und Elend umkommen, während andere Verzweifelte es vorziehen, ihrem Leben dadurch selbst ein Ende zu machen, daß sie sich — vielleicht in einem der großen öffentlichen Brunnen — ertränken.

Das ganze namenlose Elend der Aussätzigen führte der Vortragende durch Vorlesung eines Gesuchs vor Augen, welches er mit nur zu großem Rechte das denkbar tragischste und ergreifendste nannte. — Diese an den ehemaligen Vicekönig von Indien, Lord Lawrence, gerichtete Bittschrift lautet wörtlich:

„Heil dir, Tröster der Leidenden; möge es deiner erleuchteten Einsicht kund gethan sein, daß ich seit vielen Jahren Aussätziger bin. Meine Glieder sind stückweise abgefallen, mein ganzer Körper ist ein Herd der Fäulniß geworden. Ich bin des Lebens müde und sehne mich zu sterben. Mein Dasein ist eine Plage und ein Ekel für das ganze Dorf, und ich wünsche sehnsüchtig den Tod herbei. Es ist bekannt, daß den Göttern es wohlgefällig ist, wenn ein Aussätziger dem Tode sich weiht und zustimmt, daß man ihn lebendig begräbt, und daß dann niemals ein anderer Einwohner des Orts von der Krankheit befallen wird. Deshalb bitte ich, mir zu erlauben, mich lebendig begraben zu lassen. Das ganze Dorf wünscht es; ich bin glücklich und zufrieden, wenn ich sterben kann. — Du bist der Herrscher über das Land, ohne deine Genehmigung würde ich ein Verbrechen begehen. In der Hoffnung, daß mein Gebet erhört wird, bitte ich, daß die Sonne des Glücks dir immer scheinen möge.

Ram Buksh, Aussätziger."

Es ist kaum nöthig, hinzuzufügen, daß Lord Lawrence das Gesuch abschlägig beschied; aber trotzdem ward der unglückliche Bittsteller einige Tage darauf lebendig begraben. —

Die englische Regierung will die Krankheit in Indien dadurch einschränken, daß sie den Aussätzigen eng begrenzte Wohnsitze anweisen läßt, die sie nicht verlassen dürfen, wo sie aber auch die nöthigste Fürsorge finden sollen. In Norwegen war 1856 die Lepra im Zunehmen begriffen, und man zählte dort die verhältnißmäßig sehr große Zahl von 2000 Erkrankten; durch Hospitalpflege und ärztliche Behandlung erreichte man so wesentliche Besserung, daß jetzt nur noch 800 Aussätzige vorhanden sind.

Der Prinz gedachte des kürzlich in Mitte der Aussätzigen verstorbenen Pater Damien, der es sich zur Lebensaufgabe machte, jenen Unglücklichen geistlichen Trost und Hilfe zu bringen; sein Wirken war so unermüdlich hingebend, daß sein Name von einer Märtyrerkrone umstrahlt ist. Damiens Beispiel hat selbstverleugnende Christen zu ähnlichem Liebeswerke begeistert; so schiffte sich vor kurzem eine junge englische Dame, Tochter eines Geistlichen, in Liverpool ein, um in Molokai den Aussätzigen Pflege und geistlichen Trost zu bringen. Hann. L. Bl.

Die Hof- und Mitternachtsmission in Kopenhagen.*)

(Eine Reise-Erinnerung.)

Es sind zwei der dänischen Hauptstadt eigenthümliche Zweige der Missionsarbeit, auf die wir im Folgenden die Aufmerksamkeit lenken möchten, betrieben von zwei freiwilligen Arbeitern der innern Mission, einem Privatmann und einem Regierungsbeamten. Nach gethaner Tagesarbeit, wenn für den letzteren die Bureaustunden abgelaufen, beginnt um 5–6 Uhr Abends täglich die Hofmission, so genannt, weil sie in den Höfen der Vorstadthäuser ihre Arbeitsstätte hat. Durch reichliche, allerdings ganz unterschiedslose Schriftenvertheilung wird die Bevölkerung auf den Beginn der Versammlungen aufmerksam gemacht. Bald umsteht eine große Anzahl Kinder der Fabrikbevölkerung in dem Innenhofe eines größeren Häuserkomplexes die zwei wohlbekannten Männer. Zuerst wird eines der bekanntesten geistlichen Lieder gesungen. Ueberall öffnen sich die Fenster. Es folgt eine kurze Ansprache an die Kinder, deren wesentlicher Inhalt eine Erzählung vom Heiland oder eine Einladung zur Sonntagsschule ist. Mit abermaligem Gesang schließt die kurze Feier und nun geht's unter stetem Anwachsen der Kinderschaar in einen andern Hof, wo wieder eine kurze Versammlung abgehalten wird, unbekümmert um etwaigen Spott und versuchte Störung durch Erwachsene. So werden an einem Abend 6–7 Höfe besucht. Die letzten Versammlungen zwischen 7–8 Uhr, nachdem die erwachsenen Arbeiter großentheils nach Hause gekommen sind, gestalten sich jeweils zu Predigten vor großer Volksgemeinde. Dadurch, daß diese Wanderversammlungen alle paar Tage in denselben Höfen einkehren, wird eine gewisse Regelmäßigkeit dieser eigenartigen Gottesdienste bei fast gleich bleibender Zuhörerschaft erreicht.

Aber die Tagesarbeit der beiden selbstlosen Männer ist noch nicht vollendet. Um 10 Uhr geht's in die Grønne Gade. Hier liegt, ringsum von den Stätten der Unsittlichkeit umgeben, ein kleines Missionslokal. Ueber dem Eingang hängt eine Tafel, auf der in großen weißen Lettern die beiden Bibelworte stehen: „Du sollst nicht ehebrechen!“ und „Jesus nimmt die Sünder an“. Wir sind am Missionslokal der Mitternachtsmission angekommen, in welchem jeden Abend von 10–12 Uhr Versammlungen für Männer stattfinden. Jede Versammlung, die Gesang, Gebet, kurze Auslegung eines Bibelwortes umfaßt, dauert etwa eine Viertelstunde. So füllt sich der kleine Saal 4–5 mal mit verschiedenen Auditorien. Dreißig Helfer, Kaufleute, Studenten und Professoren, Juristen und Theologen, stehen den beiden Stadtmissionaren bei dieser Arbeit in regelmäßigem Wechsel zur Seite. Die Thätigkeit macht viel Aufsehen, aber die Arbeit ist gottlob auch nicht vergeblich. Mancher durch die Kraft des göttlichen Wortes aus seinem Lasterleben herausgerissene Mann verdankt seine Rettung diesen mitternächtlichen Versammlungen.

Die Arbeit der Hof- und Nachtmission trägt unverkennbar englisches Gepräge. Aber ist sie damit schon gerichtet? oder etwa deshalb, weil sie angesichts hinausgeht auf die Straßen und Gassen der Stadt? Auch in Kopenhagen, wie in der größeren Mehrzahl unserer Städte ist das Wort, das Generalsuperintendent Brückner in Berlin vor zehn und mehr Jahren gesprochen, in allzu traurige Erfüllung gegangen: „Wir gehen in unseren Vorstadtgemeinden einem Zustand entgegen, welcher dem der apostolischen Zeit vergleichbar ist und wo in einem Meer von modernem Heidenthum kleine Christenhäuflein wie Inseln sich zeigen.“ Man hat den Eindruck: die großen, kirchlich vernachlässigten Arbeitermassen in den Vororten unserer Großstädte gleichen zum großen Theil mehr heidnischen als christlichen Schaaren, die nur durch den bis jetzt noch starken Wall einer christlichen Obrigkeit nothdürftig in den sittlichen Schranken gehalten werden, nachdem sie den christlichen Glauben längst über Bord geworfen haben. Wo solch abnorme Verhältnisse eingetreten, da sind wohl auch außerordentliche Mittel zu deren Bekämpfung und Beseitigung nicht nur erlaubt, sondern mitunter auch geboten. Wenn die Leute nicht mehr zur Kirche kommen, so muß die Kirche hinaus unter die Massen treten: nach diesem Grundsatz handelt jene Kopenhagener Missionsthätigkeit, nicht in turbulenten Straßenversammlungen, sondern in den stillen, unscheinbaren Hofgottesdiensten und sie hat dabei keine andere Absicht als die, den Armen das Evangelium zu verkündigen. — Die beiden genannten Missionsarbeiter stehen unter der Leitung der Stadtmission, deren Vorsteher der bekannte P. Harald Stein, erhalten aber keine Besoldung, sondern nur einen kleinen Zuschuß zu ihrem Einkommen: ein schönes Beispiel freiwilliger Hülfsthätigkeit für die Kirche aus Laienkreisen.

*) Aus: „Monats-Blätter für innere Mission“.

Carl Heymanns Verlag in Berlin W., Mauerstraße 63–65.

Gedruckt bei Julius Sittenfeld in Berlin.

Alle Zuschriften und Sendungen in Angelegenheiten dieses Blattes wolle man an den Redakteur desselben: Geh. Hofrath Oertlich W. Potsdamer Straße Nr. 134 c. zu Berlin richten.

Wochenblatt der Johanniter-Ordens-Balley Brandenburg.

Im Auftrage der Balley Brandenburg verantwortlich redigirt von C. Herrlich in Berlin.

Jahrg. 31. Berlin, den 16. Juli 1890. Nr. 29.

Pommersche Genossenschaft.

Auf dem am 18. v. Mts. in Züllchow bei Stettin abgehaltenen Rittertage der Pommerschen Genossenschaft des Johanniter-Ordens, ist an Stelle des verstorbenen Rechtsritters von Blanckenburg auf Strippow, der Rechtsritter: Regierungspräsident von Sommerfeld, zu Stettin, zum Mitgliede des Convents gewählt worden und ihm gleichzeitig, da der Rechtsritter Geheime Justizrath von Dewitz, zu Stettin, das Amt als Schatzmeister der Genossenschaft niedergelegt hat, dasselbe übertragen worden.

Die deutschen Landsknechte.

So hebt ein frisches Liedlein an, welches derjenige „ein Bruder aller Landsknechte", wie er sich selbst nennt, Jörg Graff, gesungen hat und der auch sonst genannt wird als Dichter und Landsknecht zugleich. Im weiteren Verlauf unseres Liedes wird die edle Cumpanei der Landsknechte des Lustigsten weiter verglichen mit einer geistlichen Bruderschaft, nur daß freilich „der Kriegsleut Observanz und Regel" ein wenig anders beschaffen sind, wie die frommen Gesellschaften.

Fasten und beten lassen sie wol bleiben,
Und meinen Pfaffen und Mönch sollent treiben,
Die haben davon ihren Luft.

Wer die genauen Zeitangaben liebt, dem lasse gedient werden: 1487 ward der Landsknecht-Orden gegründet.

Der alte Heerbann des heiligen römischen Reiches deutscher Nation gründete sich auf das Gefolgschafts-, Lehns- und Feudalwesen des Mittelalters. In Maximilians Zeiten aber war derselbe arg in die Brüche gegangen, so daß kaiserliche Majestät gar übel dran und ein recht „kranker Mann" war, wie etwa der Großsultan in unserem Jahrhundert. Herzoge und Fürsten und Herren folgten nämlich sehr ungern dem Kaiserlichen Aufgebot, wenn es galt, mit bewaffneter Hand einen Theil irgend welches Reichstagsabschiedes durchzuführen. Da that Maximilian denselben Schritt, den einst im republikanischen Rom Marius gethan: er wandte sich, selbst Streitkräfte werbend, an das niedere Volk der Städte und an die Bauern. Diese folgten dem Kaiserlichen Aufgebot mit Freuden, denn neben den angeborenen Eigenschaften des deutschen Mannes, wie Kampf- und Rauflust, wirkten noch andere Gründe mit. Der gemeine Mann jener Tage war eben nicht auf Rosen gebettet. Seiner Hände Arbeit war zum größten Theil Eigen der Grundherren, wenn es sich um das Landvolk handelte; fast unfreie, hart arbeitende Menschen waren die kleinen Leute der Städte. Sie mußten aufbringen, was ihre geistlichen und weltlichen Fürsten und Herren in Saus und Braus mit Jagden, Festen und sogenannten „Wirthschaften", d. h. Maskereien und Trinkgelagen im riesigen Stil, mit tollem Schlampampen, kurz in einem unsäglich rohen Sinnenleben durchbrachten. Und wenn die Großen in Fehde lagen, so waren es wieder die kleinen Leute, welche die Zeche zahlen mußten und viel vom Kriegsvolk erdulden. Nun ist es aber zu allen Zeiten angenehmer gewesen, Hammer statt Amboß zu sein; und dazu gab der neue Orden dem niederen Volke willkommenen Anlaß.

Außerdem vollzog sich gerade damals im Kriegswesen ein Umschwung. Durch die Erfindung des Pulvers war das Hauptgewicht von der in alter Ritterweise mit Panzer, Arm- und Beinschienen, Schwert und Lanze bewaffneten Reiterei wieder auf das Fußvolk übergegangen, wie es zu Tacitus Zeiten gewesen. Vor dem „Gepölder" der Geschützstücke und Hakenbüchsen aber, das, wie Ritter Götz gesteht, „nicht jeder leiden mochte", suchte sich zwar der Ritter zu schützen, indem er den bisher üblichen Panzer aus Ringen und Drahtkettengeflecht mit stärkeren Eisenplatten-Panzern vertauschte. Aber die neue Erfindung durchschlug auch diese Schutzwehr des alten Adels und demokratisirte die Wehrhaftigkeit mehr und mehr. In offener Feldschlacht wirkte man jetzt mehr durch Massen; während sonst ein Treffen ein mannigfaltiges Bild von Einzelkämpfen darstellte, wurden nun diese, meist nur noch zwischen den Hauptführern üblich, immer mehr zur Ausnahme. Breiche in jene alte Gewohnheit war schon durch die Söldnerwerbung von schweizerischen Bauern- und Kleinbürgerhaufen geschossen worden, die namentlich in ihren siegreichen Kämpfen mit Burgund und Habsburg ihren Weltruf begründet hatten.

Schon in der Zeit, da das Ritterthum noch in großer Blüthe stand, that Rudolf von Habsburg den denkwürdigen Ausspruch, der seine volle Anerkennung des Fußvolkes und seiner Bedeutung beweist. Mit auserlesenen 4000 Helmen (Rittern) und vierzig Tausenden deutschen Fußvolkes wolle er jede Macht der Erde angreifen.

Der Hauptgewährsmann für unsere Kenntniß des Landsknechtswesens ist Leonhart Fronsperger, „Burger zu Ulm". Derselbe schrieb ein „Kriegsbuch", einen großen Folianten von der Dicke beinahe einer Viertelelle mit zahlreichen Holzschnitten von der kunstgeübten Hand Jost Amman's ausgeschmückt, welcher Alles enthält, was in der Kriegskunst und Wissenschaft bis ins XVII. Jahrhundert in Uebung war. Das Buch ist auch heute noch recht unterhaltend und möglich zu lesen!

Nach diesem Gewährsmann hauptsächlich und nach dem, was sonst von Geschichtsschreibern, Chronisten und Dichtern der Landsknechtzeit für unsern Zweck brauchbar ist, entwerfen wir unser Gemälde.

Es geht ein Butzemann im Reich herum
Dibum bidum
Bat biribum!
Der Kaiser schlägt die Trummen
Mit Händen und mit Füßen,
Mit Säbeln und mit Spießen!
Dirum, dirum, dirum!

Lange war dieses kriegerische Volkslied gesungen, welches vor unsern Augen das Bild eines bunten Drängens und Treibens erstehen läßt, eines Lebens, wie es sich entwickelte, wenn die Werbetrommel gerührt ward und zahllos die kriegstüchtigen, beutelustigen Schaaren deutscher Volkskraft sich zusammenfanden. Und nicht nur unterhaltlose Landstreicher, nicht blos gesellschaftlich verlorene Existenzen waren es, welche dem Werbenden Folge leisteten, wenn auch manch' abenteuerlicher Gesell sich darunter befand. Keck Burschen aus allen Ständen, unzufriedene Edelleute, deren Adelsitz unliebsame Beeinträchtigung erfuhr durch den von kaiserlicher Majestät gebannten Landfrieden, davongelaufene Studenten, ja auch Mönche zuweilen, denen die „strenge Lebensweise" nicht mehr recht anschlagen wollte, verdrossene Zunftangehörige und allerlei dergleichen Volk strömte in hellen Haufen zusammen. Aber Alle mußten sie immerhin noch etwas zuzusetzen haben, da sie ja ihre Ausrüstung selbst mitzubringen hatten. Wamms und Schuhe, die im Gegensatz zu den langen Schnabelschuhen der Ritter vorne bei den Zehen breit und rund waren, Blechhaube, Schwert und Hellebarde oder langer Spieß, auch wohl eine Hakenbüchse waren die nöthigsten Erfordernisse einer Landsknechts-Ausrüstung.

Die Werbung wurde in's Werk gesetzt von einem möglichst beliebten Kriegsmann, der „gute Kundschaft hatte bei den Knechten." Diesem stellte der Kaiser einen Bestallungsbrief aus als Werbevollmacht nebst einem „Artikelbrief", der feststellte, welche Rechtssatzungen und Bedingungen den Anzuwerbenden aufgestellt wurden. Mit Abschriften dieser beiden Urkunden versehen, zogen andere Unterwerber in die Provinzen des Reiches, wenn es sich um große oder schnelle Kriegsvorbereitungen handelte.

War die gewünschte Menge von Leuten beisammen, so erwies sich sofort das Landsknechtsheer als eine Art Staat im Staate, wie schon der Name „Regiment" besagt; und ausdrücklich erklärte ein Zeitgenosse, daß Kaiser Maximilian, „der Held von theuren Gedanken", mit Hilfe Jörgs von Frundsberg „den Krieg in einem ordentlichen Staat verfassete."

Man kann diese Regimenter, wie es auch geschehen ist, wohl mit Recht Soldatenrepubliken nennen, nur daß solchen staatlichen Gebilden der physische Untergrund festbegrenzten Bodens und Landbesitzes mangelt und sie schwimmenden Inseln verglichen werden mögen. Nachklänge alten Gemeinderechts, alten Volksgerichts, Rechtfindens und Rechtsprechens aller Freien wie im altgermanischen Volksstaate, finden sich in dem „Malefizgericht", namentlich in dem sogenannten „Recht mit den langen Spießen." Daß diese letzte Gerichtsform nicht stets und allgemein selbstverständlich war, sehen wir aus Artikelbriefen, in welchen sie ausdrücklich zugestanden und urkundlich zugesichert wird.

Bei diesem hochalterthümlichen Verfahren waren nämlich sämmtliche Angehörige des Regimentes die berufenen Richter; an sie wurde appelirt, sie waren auch in ihrer Gesammtheit Vollstrecker des gefällten Bluturtheils. Wenn der Profoß den Thäter schlimmer That entdeckt hatte, wurde das Fähnlein zusammenberufen, dem der „arme Mann", d. i. der todtwürdige Delinquent angehörte; man bildete den im Rechtsleben so bedeutungsvollen „Ring" oder „Umstand", in dessen Mitte der Frevler stand und der Profoß trug seine Klage vor. Kläger und Beklagter erhielten jeder einen Fürsprech. Die Fahnenträger stießen ihre Fahnen mit der Spitze in den Boden, weil das Regiment erst wieder „fahnenehrlich" war, wenn der Gerechtigkeit genug gethan war. Nun wurden zwölf Geschworene gewählt, die nach gehörten Vorträgen des Klägers und des Beklagten, sowie ihrer Helfer beiseite traten, und das Urtheil schöpften. Erkannten die Geschworenen auf schuldig, so brachten sie die Sache wieder der Gesammtheit vor.

welche nun durch allübliches Handaufheben dies Urtheil annahm oder verwarf. Die Vollziehung des Rechtes mit den langen Spießen nach geschehener Verurtheilung geschah folgendermaßen. Die Fähnriche bedankten sich für den Richterspruch, „für den guten Willen, ehrhaft Regiment zu stärken“, zogen ihre Fahnen aus der Erde, senkten sie und stellten sich an das eine offene, gegen Osten gerichtete Ende der inzwischen gebildeten Gasse oder Doppelreihe ihrer Regimentsgenossen. Dumpfer Trommelwirbel ertönte, die spalierbildenden Knechte senkten ihre Spieße, der am Eingang der Gasse stehende Profoß gab dem „armen Mann“ drei Schläge auf die Schulter und der beschritt den Todesweg. Eng schlossen sich die Mannen zusammen, daß der Delinquent nicht nach einer Seite durchbreche, denn dann mußte Derjenige für ihn weiter laufen, welcher den Durchbruch ermöglicht hatte. Von den Spießen der Kameraden fand der Schuldige nun seinen Tod. Hatte er die Seele ausgehaucht, so knieten alle zu einem Gebete nieder, dann zogen sie dreimal um den Leichnam herum, wobei die Hakenschützen eine Salve abgaben, und damit war die Handlung abgeschlossen.

Aus diesem Recht mit den langen Spießen bildete sich später das bei weitem unmenschlichere Spießruthenlaufen unseligen Andenkens.

Auf das oben geschilderte Zusammenlaufen folgte die Musterung der Kriegsknechte. Ueber dieselbe schreibt Fronsberger vor: „Der Musterherr soll sein gut Aufsehen haben und mit allem Fleiß daran sehen, daß ein Fendlein mit 400 guter Kriegsknecht besetzt (sei), die gesundt und wolgerüst seyn und der keinen mustern oder passiren lassen (soll), der krumm, lahm oder tadelhafftig sey ..... Item soll er auch einem jeglichen Fendlein mit mehr denn 50 guter, geschickter Hakenschützen und jedem ein Gulden über seine gewöhnliche Besoldung und nit mehr geben oder passiren lassen.“ Ferner soll er „fleißig Aufsehen haben, daß keiner auf eines andern Namen durchgehe“, nämlich durch das aus zwei Hellebarden und einer darüber gelegten Lanze gebildete Thor.

Nach der Musterung ward der Eid in die Hand des Regimentsschultheißen geleistet und dann im Ring die „hohen Aemter“ vorgestellt: der Obersten Lieutenant (aus dem Italienischen luogotenente, Stellvertreter, Platzhalter), der Proviantmeister, der Quartiermeister, der Profoß, d. i. der öffentliche Ankläger und oberste Richter, Leiter des Rechtsverfahrens und der Executionen. Darnach ward jedem Fähnlein sein Hauptmann und dessen Lieutenant gegeben. Die Landsknechte selbst wählten dann den Gemeinweibel unter Leitung des Feldweibel und theilten sich in Rotten zu je zehn Spießen, welche sich dann ihre Rottmeister setzten.

Wichtig ist ferner noch die glänzende hochragende Gestalt des Fähndriches: zu diesem Posten wählte man geistig und leiblich gewandte und starke Leute. Der Fähndrich und seine Fahne verkörpern die sittliche Wesenheit eines Haufens, seine Ehre. Der Fähndrich hat seine Kameraden mit treffender Rede zu ermahnen und den Ehrgeiz anzuspornen, sowie die Neunfahne über den Haufen zu schwingen. Eidlich mußte ein solcher geloben: „beim Fähnlein Leib und Leben zu lassen, und an einer und der andern Hand beschädiget, sein Fähnlein in's Maul zu nehmen, sobald er aber vom Feinde überrungen ist, sich ehender darin zu wickeln und zu sterben, als es mit Gewalt zu verlieren.“

Bunt sah der Troß aus, dem ein besonderer Weibel vorstand: nahm doch der Kriegsknecht jener Tage nach altgermanischer Sitte aus der Völkerwanderungszeit „sein ehelich Weib“ — und nach strengen Artikelbriefen nur dieses! — mit in's Feld! Von dem Troßweibel wird verlangt, daß er mit Hilfe des Rumormeisters, des Ordners der Schaaren beim Aufbruch, den Troß (also die Weiber und Kinder beinebst den Marketentern*), Kaplänen und anderem unkriegerischen Volk) so schwenken und ziehen ließ, daß er dem Heer beim Marsch nicht hinderlich würde, wohl aber „vor dem Feind ein nachdenklich Ansehen gäbe.“

Ein farbenprächtigeres Bild bot ein Landsknechtregiment noch besonders deshalb dar, weil an eine Uniformirung im heutigen Sinne nicht gedacht werden darf, sondern dem Geschmack und Belieben der Einzelnen in der Kleiderwahl alle Freiheit gelassen ward. Oft sah freilich die Gesellschaft recht abgerissen aus; wenn sie aber etwa eine Stadt geplündert und mit der „langen Elle“ ihrer Lanze, in den Kaufläden Sammt und Seide sich abgemessen hatten, da entfalteten die frommen Landsknechte einen unglaublichen, phantastischen Kleiderluxus bei dem grelle Farben, Unmassen von Stoff, Gepuffes und Gebauschtes, Geschlitztes und Getappts eine große Rolle spielten. Hier fanden die besten Meister des XVI. Jahrhunderts eine bunte Menge von malerischen Farben und Formen, daß sie nicht müde wurden, die Gestalt des Landsknechtes in Bildern zu verewigen. Eine große Menge solcher Bilder von Daniel Hopfer, Joseph Amman, Peter Flötner, Manuel Deutsch, Lucas Kranach, Albrecht Dürer, Lucas von Leyden, Beham und vielen Anderen sind uns erhalten, dem Beschauer Quellen der Freude und Belehrung dienend über jene Zeit.

Eine verhängnißvolle Schattenseite des Landsknechtswesens war es, daß die Leute nach längerer Kriegs- und Dienstzeit, ihres ehemaligen friedlichen Handwerkes vergaßen. Es suchten nicht selten verwilderte Haufen entweder bettelnd zu vagabondiren oder gar auf eigene Faust und auf eigene Rechnung ihr Kriegshandwerk einfach fortzusetzen. Kleinkrieg

*) Die sogenannten Marketenter (daraus Marketender) kamen bei Profoß im Lager einen Markt setzen und billige Preise verschaffen. Beim Geschäft des Ordnungshaltens unterstützte ihn der Stockmeister, die Steckenknechte und der — Freimann, d. i. der Henker.

führend, Plünderung und Gewalt aller Art übend. Natürlich wollten sie leben; Speise und Trank, Geld und Geldeswerth nahmen sie, wo es ihnen nicht gutwillig gereicht ward. Dieses Leben nannten sie selbst witzelnd „im Gardsegel fahren"; das Volk nannte sie „gartende Landsknechte", „Gardebrüder".

Diese „Lungerer" und „Gardebrüder" erhielten übrigens noch bis ins XVII. Jahrhundert hinein, wo sie von deutschen Fürsten dem Landvolke geradezu zur Unterstützung überwiesen wurden. Im „großen Kriege", dem dreißigjährigen, tritt uns diese Landplage entgegen unter dem Namen von „Marodeurs". Die Einen erklären den Namen so, daß damit marode, d. i. müde und entkräftete Leute bezeichnet werden sollten, die in Folge der erlittenen Anstrengungen nicht mehr Reih und Glied halten können und, sich umhertreibend, durch Diebstahl, Erpressung und Gewaltthat ihr Leben fristen. Andere dagegen führen die Bezeichnung auf einen General Merode aus der Zeit des dreißigjährigen Krieges zurück, dessen Corps sich durch Zuchtlosigkeit dergestalt auszeichnete, daß man alle plündernden Nachzügler des Heeres „Merodebrüder" nannte. Johann Jacob von Wallhausen's Kriegswerk, ein 1615 gedruckter „[illegible] erleuchteter Kriegskunst", giebt ein böses Gemälde der Heerzustände, denen ähnliche, wie auch schon früher annehmen dürfen. „Bei 3000 Mann deutschen Kriegsvolk findest Du gewöhnlich 4000 Weibsvölker und Buben und bei solchem Gesindel ein Fluchen, Placken, Stehlen und lose, böse Händel, daß ein Heide darob erstarren würde." Höherer Sold wird ertrotzt, heißt es weiter, so daß 3000 Mann auf sechs Monate mehr als noch einmal so theuer sind, als für ein ganzes Jahr nach Contract und Billigkeit. Dazu käme noch Laufgeld, Handgeld, Siegesgeld, zu geschweigen der Schindereien der Bauern durch den Troß, Entschädigung für Durchzug durch Feindesland und des Schadens auf dem Abdankeplatz. Seien nach so theuren sechs Monaten die Regimenter fern in Ungarn abgedankt, so liefen die bezahlten Soldaten in's Reich „auf die Gart" den Winter durch. In den Fürstenthümern an Oestreichs Grenze sei jedem Bauer von den Herren ausdrücklich befohlen, den Gartenden einen Heller zu reichen, weshalb sich die meisten von ihnen schon lange vorher auf die Abdankung freuten. „Brächte man das den armen Unterthanen Genommene zuhauf, so könnte man jährlich 30 000 in Ungarn besolden."

Das wechselvolle, unsichere Leben ließ in dem Kriegsvolk den Grundsatz fester und fester fassen, daß man jeden gebotenen Genuß und Vortheil nach Kräften ausnutzen müsse, eine Lebensweisheit, welche im Sprichwort folgende Fassung gefunden hat:

„Ein Landsknecht und ein [illegible]
Die sollen allzeit voll sein,
Weil sie nit wissen die Zeit [illegible],
Wenn man ihn' wird die Kehl abstechen."

Wenn freilich die Dinge schief gingen, so mußte ein Landsknecht auch viel dulden, entbehren und mit dem Schlechtesten vorlieb nehmen: „Ein Landsknecht muß Speisen von Radnägeln verdauen können", und: „Man findet selten ein alten Landsknecht", sagten die Leute.

Auf ihre Macht trotzend aber, wurden sie nicht nur dem Landvolk eine Last, sondern auch oft genug ihren Kriegsherren. Meutereien bei ausbleibendem Solde, ja sogar Arbeitseinstellung bei bevorstehender Schlacht, zum Zweck höherer Solderzwingung, sind nichts Seltenes.

Kurze Zeit währte nur die Blüthezeit dieses merkwürdigen Standes, dessen glänzendster Ruhmestitel die berühmte Schlacht bei Pavia war. Mit dem allgemeinen Sittenverfall im XVI. und folgenden Jahrhundert entwich auch den Landsknechtsheeren Zucht und Sitte. Spiel, Trunk, galante und ungalante Liebesabenteuer, Fluchen, Raufen, und allerlei Gewaltthat waren sehr bald hier an der Tagesordnung. „Der Landsknecht Stahl nehme nur vier Gulden Monatssold; denn nähm er acht, söff er sich todt." Der Mund des Volkes, welches viel von den Gartenden zu dulden hatte, trug manches Sprichwort um, welches eben kein Lobsprüchlein war für unsere Helden: Landsknecht bedürfen keiner Katzen, sie können wohl selber mausen — Landsknechte lassen nichts liegen, als Mühlsteine und glühend Eisen — Landsknechte haben zur Arbeit krumme Finger und lahme Hände, aber zu Mausereien und Beutestehlen sind alle krummen Hände gerade geworden — und endlich in Versform:

„Wo die Landsknecht sieden und braten,
Und die Geistlichen zu weltlichen Sachen rathen,
Und die Weiber führen das Regiment,
Da nimmt's selten ein gutes End."

Zwei zuverlässige Gewährsleute wollen wir noch über deutsche Landsknechte und Landsknechtskriege abhören. Macchiavelli, der scharfsinnige, rücksichtslose Politiker und Kenner der Kriegskunst, wird dem deutschen „Volk in Waffen" vollkommen gerecht, wenn er sagt: „Sie sind treffliches Volk, schön von Wuchs, den Schweizern voraus, welche von Person klein und weder gewandt noch schön sind; sie gehen aber nicht schwerer gerüstet, denn mit Spieß und Degen. Sie pflegen zu sagen, sie thäten so, weil sie keinen Feind hätten als das schwere Geschütz, gegen welches ein ganzer Harnisch oder ein Brustharnisch doch nicht schirme. Andere Waffen fürchten sie nicht, indem sie solche Ordnung halten, daß ihnen Niemand wegen der langen Spieße nahen kann. Im Felde und in offener Schlacht leisten sie überall das Beste." Für den Belagerungskrieg seien sie weniger brauchbar.

Zweitens ein anderer Sachverständiger über den Krieg, dessen Urtheil noch beredter ist, da er es beim Sterben abgab: „Da siehst Du, wie ich bin! Das sind die Früchte des Krieges! Drei Dinge sollen einen Jeden vom Kriege abschrecken: Die Verderbung und Unterdrückung der armen unschuldigen Leute, das unordentliche und sträfliche Leben der Kriegsleute und die Undankbarkeit der Fürsten, bei denen die Ungetreuen hoch kommen und reich werden und die Wohlverdienten unbelohnt bleiben." So faßte der „Vater der frommen Landsknechte, Jörg Frundsberg, dessen Lebenselement doch der Krieg war, die Summe seiner Erfahrung zusammen, als er zu sterben kam, nachdem er sich aus Empörung über eine Meuterei seiner „lieben Kinder" einen Schlagansfall geholt hatte.

Und den Schluß wollen wir machen mit einem Gutachten Luther's. Dem klagte ein in seinem Gewissen sich beschwert fühlender Kriegshauptmann seine Noth und erhielt zum Bescheid: daß Waffengewalt in gerechter Sache, nicht des Angriffs oder Raubes halber, wohl statthaft sei.

Die Landsknechte selbst aber sind nach dem Volksglauben schlecht daran. Zwei Schwänke von Hans Sachs berichten, daß sie weder im Himmel noch in der Hölle Einlaß erhalten, nachdem ihr „Form und Qualität" lediglich, aber doch zu eigenem Schaden besser gelernt ward von den Engeln und Teufeln!

Die Kaiser Wilhelmsstiftung für deutsche Invaliden.

Ueber die Wirksamkeit der Stiftung im Jahre 1889 ist Folgendes zu berichten: Mit Uebergehung der stattgehabten Personalveränderungen ist anzuführen, daß die statutenmäßige Generalversammlung am 19. Juni 1889 stattfand, und zwar unter dem Vorsitz des Generalmajors z. D. Salis. — Genehmigt wurden von den eingegangenen Unterstützungsgesuchen einschließlich der Weiterbewilligungen, 2 593, an andere Vereine abgegeben 23, abgelehnt 1 165. — Die Verwaltungskosten sind gegen 1888 wiederum um 1 108 Mk. geringer geworden, wobei indeß einmal wieder daran erinnert werden muß, daß die Effectenverkäufe ohne Verlust bewirkt worden sind, und das andere Mal darauf hinzuweisen ist, daß eine weitere ständige Verminderung, bei aller Sparsamkeit, nicht ohne Weiteres erwartet werden darf, da zur Einhaltung eines geregelten und gesicherten Geschäftsganges und Kassenverkehrs ein gewisses Maaß von Bureauarbeiten nicht allein, sondern auch eine gewisse Zahl von Personen, der Controlle wegen, unerläßlich ist. Um in den Portoausgaben eine größere Ersparniß herbeizuführen, ist für diejenigen Zweigvereine und Behörden, mit denen der Verwaltungsausschuß der Stiftung im regelmäßigen Verkehr steht, die Einrichtung getroffen, daß die Anträge auf Bewilligung von jährlichen Unterstützungen nur einmal im Jahre eingereicht und ebenso die Gelder nur einmal, bei größeren Beträgen, über 60 Mk. zweimal im Jahre abgesendet werden. Ein Minderbedarf an Unterstützungsgeldern gegen das Jahr 1888 hat sich im Betrage von 13 126 Mk. ergeben, nämlich durch Tod, Eintritt in den Genuß von Reichs-Pension oder Unterstützung irgend einer Art, Ausscheiden aus dem Unterstützungs-Alter, verminderte oder nicht mehr anerkannte Bedürftigkeit, z. B. durch Eintritt in den Genuß von Erbschaften, Wiederverheirathung und Unwürdigkeit. Durch Fortfall der für Rechnung des Kronprinzenfonds bisher gezahlten Unterstützungen ist ebenfalls eine Verringerung der Unterstützungsausgaben eingetreten. Dem stehen jedoch Neubewilligungen im Betrage von 7 001 Mk. gegenüber an 91 Personen, nämlich Offiziere, Hinterbliebene von solchen, Invaliden vom Feldwebel abwärts, Hinterbliebene von solchen. In den einzelnen größeren Curplätzen (Ems, Teplitz, Oeynhausen, Wiesbaden, Salzbrunn, Kreuznach und Lippspringe) wurden an Curbeihilfen bewilligt und direct von der Kasse des Centralfonds gezahlt an 24 Personen 1 923 Mk.; an Curbeihilfen und Zuschüssen zu Staats-Curunterstützungen wurden ferner bewilligt und durch die Herren Delegirten am Curorte ausgezahlt an 49 Personen 1 251 Mk., zusammen an 73 Personen 3 174 Mk.

Einnahmen. Im vorigen Jahresbericht war als fundirte Einnahme des Jahres 1889 die Summe von 58 420 Mk. angegeben. In Wirklichkeit betrug die Einnahme indessen 87 530 Mk., was — abgesehen von der erfolgten Rückzahlung von Darlehen — dem beim Verkauf von Effecten erzielten Cursgewinne und den dem Centralfonds zugewandten Legaten, die, einschließlich einer Erbschaft von 6000 Mk., 9 189 Mk. betragen, zu danken ist. Auch die denselben statutengemäß zufließenden Kassenbestände aufgelöster und Beiträge bestehender Zweigvereine bilden keinen unwesentlichen Theil der Einnahmen, wenngleich in Betreff der Einziehung der letztbezeichneten Beiträge von den in den früheren Verwaltungsberichten dargelegten Grundsätzen nicht abgewichen worden ist. — Ausgaben. Die Unterstützungsausgaben betragen 116683 Mk., sind also gegen 1888 nur um 11 513 Mk. zurückgegangen. — Bestände. Bestand am 31. December 1888 1 456 232 Mk., Einnahme des Jahres 1889 87 530 Mk., Summa 1 543 762 Mk., Ausgaben des Jahres 1889 262 286 Mk., demnach Bestand am 31. December 1889 1 281 476 Mk. Von diesem Bestande bilden: a) den Fonds der Kaiser Wilhelms-Stiftung 1 253 739 Mk., b) den Fonds der Göring'schen Stiftung einschließlich aufgelaufener Zinsen 3010 Mk., c) den Fonds der Marie Arnold-Stiftung 24 718 Mk. Der Bestand setzt sich zusammen aus 1 227 850 Mk. in Effecten, 42 600 Mk. in Hypotheken, 5 226 Mk. in Baarbeständen, 6 700 Mk. in Contocurrent und Darlehen. Während einerseits von der im Jahresberichte für 1888 als Bestand des Kronprinzenfonds angegebenen Summe von 102 237 Mk., zufolge der Entschließung Sr. Maj. des Kaisers 18 600 Mk. in den Stiftungsfonds übergegangen sind, mußten andererseits die vor endgiltiger Abrechnung auf die aus dem Kronprinzenfonds gewährten Darlehen geleisteten Theilzahlungen, welche vor Abführung in den Kronprinzenfonds in den Gesammtfonds mit vereinnahmt waren, dem Kronprinzenfonds wieder zugeführt werden. Diese Theilzahlungen betrugen 2013 Mk., sodaß die Bestände der Stiftung sich durch Abgabe des Kronprinzenfonds um die Summe von 85 651 Mk. vermindert haben. — Die Vermögenslage der Stiftung hat sich, auch abgesehen von der Verminderung des Gesammt-Kapitals, welche durch die Abgabe des Kronprinzenfonds entstanden ist, nur in geringem Maaße verbessert. Die Aufbesserung beträgt, nach einer speziellen Berechnung, 32 492 Mk. Die Mehreinnahmen gegen die Veranschlagung betragen 29 110 Mk., die Minderausgabe nur 3 381 Mk. Da jene Mehreinnahmen großentheils zufällige sind, die weitere Aufbesserung des Vermögensstandes der Stiftung aber unbedingt nothwendig ist, wenn dieselbe ihren Zwecken ausreichend lange genügen soll, so wird auch in diesem Jahr überall strenge Prüfung der Gesuche und Sparsamkeit walten müssen. — Die eigenen Gesammtleistungen der Einzelvereine der Kaiser Wilhelms-Stiftung im gesammten Deutschland und der Central-Kasse dieser Stiftung im Jahre 1889 beliefen sich auf 570 513 Mk., und während der ganzen Zeit des Bestehens der Stiftung bis einschließlich 1889 auf 15 015 932 Mk. — (Achtzehnter Bericht über die Wirksamkeit der Kaiser Wilhelms-Stiftung für Deutsche Invaliden für das Jahr 1889. Berlin. 1890. S. 84 SS.)

Das Gelübde der Rechtsritter des Johanniter-Ordens in seiner Beziehung zur socialen Frage,

war das Thema eines Vortrages, welchen der Commendator des Johanniter-Ordens Graf von Bismarck-Bohlen am Abende der 23. v. Mts. im Schlosse zu Sonnenburg, in Anwesenheit des Durchlauchtigsten Herrenmeisters und der zu der Feierlichkeit des Ritterschlages am folgenden Tage daselbst versammelt gewesenen Commendatoren, Rechts- und Ehrenritter gehalten hat.

Da nach demselben Se. Excellenz dem Herrn Vortragenden der Wunsch ausgesprochen worden ist, die Titel derjenigen Schriften zu erfahren, die derselbe als empfehlenswerth zur Orientirung in der Arbeiter-Schutzgesetzgebung und in der socialen Frage genannt hat, so theilen wir dieselben nachstehend hier mit:

1. Führer durch das Gesetz, betreffend die Invaliditäts- und Altersversicherung vom 22. Juni 1889 rc., von Herm. Gebhard und Paul Geibel (beide Mitglieder des Reichstages). Altenburg. Stephan Geibel's Verlag. 1890.
2. Die Arbeiterfamilie, von denselben Verfassern und derselben Verlagshandlung.
3. Das Buch des deutschen Arbeiters, von H. Jelfen, derselbe Verlag. (10. Auflage, Preis 60 Pfg.)
4. „Bist du Socialdemokrat?“. Separatabdruck aus „Der Nachbar“. Verlag von Verfirst in Hamburg. (25 Exemplare für 40 Pfennige. Flugblatt).

Litteratur.

Anzeiger des germanischen Nationalmuseums. 1890. Nr. 3. Mai und Juni.

Inhalt: Chronik des Museums: Mittheilung, Stiftungen, Geldgeschenke, Zuwachs der Sammlungen, Bauten, Personalien. Fundchronik. — Beilagen: Mittheilungen aus dem germanischen Nationalmuseum. 1890. Bogen 6 und 7: Zwei römische Inschriften des germanischen Nationalmuseums. — Eine karolingische Elfenbeintafel. — Einige Feuerwaffen des 14. und 15. Jahrhunderts. — Der Rothpfennig der Stadt Ingolstadt. — Katalog der Originalsculpturen, Bogen 3 und 4: Elfenbeinplastik des 14. Jahrhunderts. — Bronzeplastik des 14. Jahrhunderts. — Holzsculpturen der ersten Hälfte des 15. Jahrhunderts. — Terrakottaplastik vom Beginn des 15. Jahrhunderts. — Kleine plastische Kunstwerke des 15. Jahrhunderts. — Die monumentale Steinsculpturen des 15. Jahrhunderts. — Holzbildnerei aus der Zeit von 1450—1530.

Der Deutsche Herold, Zeitschrift für Wappen-, Siegel- und Familienkunde. Organ des Vereins „Herold“ in Berlin. XXI. Jahrgang. Berlin, Juni 1890. Nr. 6.

Inhalt: Berichte über die Sitzungen vom 15. April und 6. Mai 1890. — Die Armenkapitel Magaretia's v. York. — Ueber die „brasilianische Flaggenfrage“. — Birlhauer von Hohrnhan. — „Stammbüchlein Elisabeth von Schwarzhoffers in Stettin. Anno 1611—1634“. — Das Wappen der Familie v. Dassel. (Mit einer Beilage.) — Vermischtes. — Bücherschau. — Anfragen. — Familien-Nachrichten. — Briefkasten.

Der Bär. Illustrirte Wochenschrift für die Geschichte Berlins und der Mark. XVI. Jahrgang. Nr. 39. 28. Juni 1890.

Inhalt: Die schöne Else, historischer Roman, von C. Schwebel. — Königs-Wusterhausen, von A. Kuhn. — Nachklänge von den Königsberger Kaisertagen, von Robert Müller. — Zur Charakteristik des Dichters E. T. Hoffmann, von Hans Grosdicke (mit Abbildung). Kleine Mittheilungen: Das Kaiser Wilhelm-Denkmal der Rheinprovinz (mit Abbildung). — Invalidenhaus und Gnadenkirche. — Aus der ersten Zeit der Pianiere. — Das älteste Privathaus Berlins. — Was Prinz Wilhelm von Fürstenberg am Brandenburgischen Hofe sollte. — Unser Büchertisch. — Anzeigen. —

Carl Heymanns Verlag in Berlin W., Mauerstraße 63—65.

Gedruckt bei Julius Sittenfeld in Berlin.

Alle Zuschriften und Sendungen in Angelegenheiten dieses Blattes wolle man an den Redakteur desselben: Geh. Hofrath Herrlich W. Potsdamer Straße Nr. 134 c. zu Berlin richten.

[illegible]

Wochenblatt der Johanniter-Ordens-Balley Brandenburg.

[illegible]

Im Auftrage der Balley Brandenburg verantwortlich redigirt von C. Herrlich in Berlin.

Jahrg. 31. Berlin, den 23. Juli 1890. Nr. 30.

Uebersicht der in den Kranken- und Siechenhäusern des Johanniter-Ordens am 1. Juli 1890 befindlich gewesenen Kranken und Siechen.

Nr.	Namen der Orte, wo sich die Häuser befinden.	[illegible]	Summa [illegible]	[illegible]	[illegible]
1	**Sonnenburg:**				
	Bestand am 1. Juni 1890	56			
	Zugang pro	50			
		106			
	Abgang	38			
	Bleibt Bestand	68	68	1 952	70
2.	**[illegible]:**				
	Bestand am 1. Juni 1890	101			
	Zugang pro	64			
		165			
	Abgang	72			
	Bleibt Bestand	[illegible]	90	3 157	[illegible]
3.	**Groß-Lichterfelde**				
	([illegible])				
	Bestand am 1. Juni 1890	87			
	Zugang pro	42			
		129			
	Abgang	8			
	Bleibt Bestand	[illegible]	121	3 567	120
4.	**Preußisch-Holland:**				
	Bestand am 1. Juni 1890	41			
	Zugang pro	21			
		[illegible]			
	Abgang	11			
	Bleibt Bestand	51	51	871	[illegible]
5	**[illegible]:**				
	Bestand am 1. Juni 1890	32			
	Zugang pro	[illegible]			
		[illegible]			
	Abgang	[illegible]			
	Bleibt Bestand	37	37	[illegible]	[illegible]
6.	**[illegible]:**				
	Bestand am 1. Juni 189[illegible]	18			
	Zugang pro	14			
		32			
	Abgang	16			
	Bleibt Bestand	17	17	91	[illegible]
7.	**[illegible]:**				
	Bestand am 1. Juni 1890	[illegible]			
	Zugang pro	[illegible]			
		[illegible]			
	Abgang	18			
	Bleibt Bestand	[illegible]	[illegible]	[illegible]	43
	zu übertragen		385	11 204	465
	Uebertrag		385	11 204	465
8.	**[illegible]:**				
	Bestand am 1. Juni 1890	15			
	Zugang pro	18			
		33			
	Abgang	10			
	Bleibt Bestand	[illegible]	23	512	30
[illegible]	**Heiligengrabe:**				
	Bestand am 1. Juni 1890	48			
	Zugang pro	22			
		70			
	Abgang	17			
	Bleibt Bestand	53	53	1 953	[illegible]
10	**Jüterbog:**				
	Bestand am 1. Juni 1890	16			
	Zugang pro	11			
		[illegible]			
	Abgang	11			
	Bleibt Bestand	[illegible]	16	[illegible]	[illegible]
11.	**Neu-Ruppin:**				
	Bestand am 1. Juni 1890	[illegible]			
	Zugang pro	[illegible]			
		[illegible]			
	Abgang	[illegible]			
	Bleibt Bestand	40	40	[illegible]	40
12	**[illegible]:**				
	Bestand am 1. Juni 1890	41			
	Zugang pro	[illegible]			
		[illegible]			
	Abgang	[illegible]			
	Bleibt Bestand	[illegible]	[illegible]	[illegible]	[illegible]
13	**[illegible]:**				
	Bestand am 1. Juni 1890	[illegible]			
	Zugang pro	[illegible]			
		29			
	Abgang	19			
	Bleibt Bestand	10	10	[illegible]	[illegible]
14	**[illegible]**				
	Bestand am 1. Juni 1890	10			
	Zugang pro	10			
		[illegible]			
	Abgang	[illegible]			
	Bleibt Bestand	[illegible]	11	[illegible]	60
	zu übertragen		573	[illegible]	814

Nr.	Namen der Orte, wo sich die Häuser befinden.	[illegible]	Summa [illegible]	Summa [illegible]	[illegible]
	Uebertrag		573	15 886	811
15.	[illegible]:				
	Bestand am 1. Juni 1880 .	51			
	Zugang pro . .	47			
		98			
	Abgang . . .	33			
	Bleibt Bestand	65	65	1 060	98
16.	[illegible]:				
	Bestand am 1. Juni 1880 .	28			
	Zugang pro . .	19			
		47			
	Abgang . . .	18			
	Bleibt Bestand	29	29	686	60
17.	[illegible]:				
	Bestand am 1. Juni 1880 .	35			
	Zugang pro . .	19			
		54			
	Abgang . . .	16			
	Bleibt Bestand	38	38	1 120	80
18.	[illegible]:				
	Bestand am 1. Juni 1880 .	26			
	Zugang pro . .	15			
		41			
	Abgang . . .	19			
	Bleibt Bestand	22	22	705	46
19.	[illegible]:				
	Bestand am 1. Juni 1880 .	13			
	Zugang pro . .	14			
		27			
	Abgang . . .	9			
	Bleibt Bestand	18	18	507	60
20.	[illegible] a. d. O.:				
	Bestand am 1. Juni 1880 .	11			
	Zugang pro . .	15			
		26			
	Abgang . . .	14			
	Bleibt Bestand	12	12	355	41
21.	[illegible]:				
	Bestand am 1. Juni 1880 .	26			
	Zugang pro . .	26			
		52			
	Abgang . . .	27			
	Bleibt Bestand	25	25	742	57
22.	[illegible]:				
	Bestand am 1. Juni 1880 .	11			
	Zugang pro . .	10			
		21			
	Abgang . . .	11			
	Bleibt Bestand	10	10	310	36
23.	[illegible] ([illegible]):				
	Bestand am 1. Juni 1880 .	9			
	Zugang pro . .	—			
		9			
	Abgang . . .				
	Bleibt Bestand	9	9	170	15
24.	[illegible]:				
	Bestand am 1. Juni 1880 .	3			
	Zugang pro . .	3			
		6			
	Abgang . . .	4			
	Bleibt Bestand	2	2	81	19
	zu übertragen		797	23 520	1 287
	Uebertrag		797	23 520	1 287
25.	[illegible]:				
	Bestand am 1. Juni 1880 .	15			
	Zugang pro . .	16			
		31			
	Abgang . . .	10			
	Bleibt Bestand	21	21	503	50
26.	[illegible]:				
	Bestand am 1. Juni 1880 .	15			
	Zugang pro . .	21			
		36			
	Abgang . . .	23			
	Bleibt Bestand	13	13	507	50
27.	[illegible]:				
	Bestand am 1. Juni 1880 .	4			
	Zugang pro . .	—			
		4			
	Abgang . . .	1			
	Bleibt Bestand	3	3	68	10
28.	[illegible]:				
	Bestand am 1. Juni 1880 .	9			
	Zugang pro . .	5			
		14			
	Abgang . . .	5			
	Bleibt Bestand	9	9	380	15
29.	[illegible] ([illegible]):				
	Bestand am 1. Juni 1880 .	31			
	Zugang pro . .	1			
		32			
	Abgang . . .	—			
	Bleibt Bestand	32	32	936	93
30.	[illegible]:				
	Bestand am 1. Juni 1880 .	23			
	Zugang pro . .	18			
		41			
	Abgang . . .	20			
	Bleibt Bestand	21	21	664	80
31.	[illegible]:				
	Bestand am 1. Juni 1880 .	11			
	Zugang pro . .	8			
		19			
	Abgang . . .	7			
	Bleibt Bestand	12	12	414	39
32.	[illegible]:				
	Bestand am 1. Juni 1880 .	24			
	Zugang pro . .	27			
		51			
	Abgang . . .	31			
	Bleibt Bestand	20	20	608	37
33.	[illegible]:				
	Bestand am 1. Juni 1880 .	32			
	Zugang pro . .	15			
		47			
	Abgang . . .	17			
	Bleibt Bestand	30	30	976	50
34.	[illegible]:				
	Bestand am 1. Juni 1880 .	81			
	Zugang pro . .	79			
		160			
	Abgang . . .	78			
	Bleibt Bestand	82	82	3 171	86
	zu übertragen		1 060	30 949	1 616

Nr.	Namen der Orte, wo sich die Häuser befinden.	[illegible]	[illegible]	[illegible]	[illegible]
	Uebertrag		1 048	30 949	1 416
35.	[illegible]:				
	Bestand am 1. Juni 1890 .	37			
	Zugang pro " "	33			
		18			
	Abgang " " "	34			
	Bleibt Bestand	35	38	1 155	41
36.	[illegible]:				
	Bestand am 1. Juni 1890 .	15			
	Zugang pro " "	16			
		31			
	Abgang " " "	10			
	Bleibt Bestand	21	21	545	30
37.	Plochingen in Württemberg:				
	Bestand am 1. Juni 1890 .	4			
	Zugang pro " "	3			
		7			
	Abgang " " "	5			
	Bleibt Bestand	2	7	89	30
38.	Ludwigslust in Mecklenburg:				
	Bestand am 1. Juni 1890 .	34			
	Zugang pro " "	27			
		61			
	Abgang " " "	30			
	Bleibt Bestand	31	31	1 043	36
39.	Bietze.				
	Bestand am 1. Juni 1890 .	12			
	Zugang pro " "	8			
		20			
	Abgang " " "	9			
	Bleibt Bestand	11	11	309	74
40.	Niederweisel in Hessen:				
	Bestand am 1. Juni 1890 .	12			
	Zugang pro " "	15			
		27			
	Abgang " " "	11			
	Bleibt Bestand	16	16	434	20
	Zusammen		1 159	34 523	1 796

Der gesammte Abgang an Kranken pro Juni c. beträgt 778, davon sind gestorben 55

ungeheilt oder auf gebessert entlassen 74

geheilt 639

wie vor 778

---

41. Das Krankenhaus zu Beirut in Syrien mit 65 Betten:

Bestand am 1. Mai 1890 . . . . 50 Kranke

Zugang pro Mai 1890 . . . . 37 "

87 Kranke.

Davon sind

gestorben 1

ungeheilt oder nur gebessert entlassen 16

geheilt 47

64 "

Bleibt Bestand am 1. Juni 1890 . . . 43 Kranke.

Unter den Aufgenommenen befanden sich 6 Europäer, 77 orientalische Christen und 9 Muhamedaner.

Die Zahl der Kranken-Verpflegungstage pro Mai 1890 beträgt 1715.

Poliklinisch wurden 600 Personen behandelt.

---

1. Graf von Keyserlingk, Generallieutenant z. D., Rechtsritter seit 1864, † zu Lütetsburg in Ostfriesland 14. Juli 1890.
2. Oscar von Rathenow, Hauptmann a. D., auf Plaenitz bei Neustadt a. d. Dosse, Ehrenritter seit 1867, † zu Plaenitz 10. Juli 1890.

Württembergische Genossenschaft.

Auf dem am 7. dieses Monats zu Schwäbisch-Hall stattgehabten Rittertage der Württembergischen Genossenschaft des Johanniter-Ordens, sind zur Ergänzung des Convents derselben als Mitglieder gewählt worden:

1. der Rechtsritter: Königlich Württembergische Landgerichts-Präsident a. D. Moritz Schad von Mittelbiberach, zu Ulm,
2. der Ehrenritter: Oberhofmeister Ihrer Majestät der Königin von Württemberg Freiherr Richard von Reischach, zu Stuttgart,
3. der Ehrenritter: Oberstlieutenant im 9. Königlich Württembergischen Infanterie-Regiment Nr. 121 Theodor von Gräveniz, zu Ludwigsburg.

Das Johanniter-Kinderkrankenhaus zu Schwäbisch-Hall.

Der 7. Juli d. J. war ein denkwürdiger Ehrentag für unseren Orden, insbesondere für die Württembergische Genossenschaft desselben, indem an diesem Tage zu dem schon längst bestehenden Krankenhause der Genossenschaft zu Plochingen, dank einer Beihilfe des Ordens-Capitels aus der Balley-Kasse von 40000 Mk., eine zweite, der leidenden Menschheit gewidmete Ordens-Anstalt, nämlich das Kinderkrankenhaus zu Schwäbisch-Hall, trat, das sowohl vermöge seiner herrlichen Lage an einem sonnigen Hügel, als auch durch seine treffliche Einrichtung, insbesondere aber Dank seiner Verbindung mit dem vom Pfarrer Faulhaber geleiteten Diakonissenhause, eine Musteranstalt zu werden verspricht.

Zur festlichen Einweihung des Hauses versammelten sich am Nachmittage des genannten Tages, ihren Commendator, Seine Durchlaucht den Fürsten zu Hohenlohe-Langenburg, an der Spitze, etwa 25 Johanniter-Ritter aus Baiern und Württemberg, zunächst in einem geräumigen Saale der Diakonissenanstalt, wo der Herr Commendator treffend hervorhob, daß die bewährten Einrichtungen zur Gewinnung und Benutzung von Soole in der alten Salzstadt Hall für die Wahl dieses Platzes für ein Kinderkrankenhaus ausschlagend gewesen sei, und dieses in seiner Verbindung mit dem Diakonissenhause einer segensreichen Entwickelung entgegensehen dürfe.

Nachdem Pfarrer Faulhaber für das ihm von der Württembergischen Genossenschaft des Johanniter-Ordens entgegengebrachte Vertrauen, unter der Versicherung auch dieser neuen Schöpfung christlicher Liebe und Barmherzigkeit seine ganze Kraft weihen zu wollen, gedankt hatte, erfolgte der Aufstieg zu dem neuen, festlich geschmückten Hause, an dessen Schwelle die Versammlung durch einen erhebenden Choralgesang der Diakonissen empfangen wurde, an welchen sich ein Gebet des Pfarrers Faulhaber anschloß.

Der Commendator Fürst zu Hohenlohe empfahl hierauf das Unternehmen dem Wohlwollen und der Unterstützung der anwesenden königlichen und städtischen Behörden, die durch den Regierungsrath Hugel und Stadtschultheiß Helber vertreten waren, und schloß daran den Dank an alle diejenigen, welche sich um den Bau verdient gemacht haben, namentlich die Herren Baurath Ruff, Dr. Dürr jun. und Baumeister Stahl.

Wie wohlverdient dieser Dank war, davon konnten sich die Versammelten bei dem Gange durch die einzelnen Gelasse der vorläufig mit 18 Betten ausgestatteten, mit allem Nothwendigen versehenen und durchaus den Stempel der Einfachheit und Zweckmäßigkeit an sich tragenden Anstalt überzeugen. Aber immer wieder schweiften die entzückten Blicke hinaus aus den luftigen, lichtreichen Gelassen, auf den reizenden von Hügeln umsäumten Thalkessel von Hall und erfüllten alle, welche der stillen, schlichten, aber würdigen Feier anwohnen durften, mit der Zuversicht, daß hier eine Heilstätte für die leidende Kinderwelt geschaffen sei, welche sich mit Gottes Hilfe einer segensreichen Wirksamkeit werde erfreuen dürfen.

An die Einweihungsfeier schloß sich ein kurzer Rittertag, auf welchem die Ergänzung des Convents durch die Wahlen des Rechtsritters Moritz Schad von Mittelbiberach, Landgerichts-Präsidenten a. D., des Ehrenritters Freiherrn Richard von Reischach, Oberhofmeisters Ihrer Majestät der Königin von Württemberg, und des Ehrenritters, Oberstlieutenants Theodor von Gaisberg, vorgenommen wurde.

Ein einfaches Mahl im Soolbade vereinigte noch auf einige Zeit die Genossenschaft und ihre Gäste. Fürst zu Hohenlohe brachte hierbei den ersten Toast auf unseren Protector: Seine Majestät den Kaiser, auf die hohen Gönner: Seine Majestät den König von Württemberg und Seine Königliche Hoheit den Großherzog von Baden, sowie auf Seine Königliche Hoheit den Herrenmeister des Johanniter-Ordens aus, der den Bau so vielfach gefördert, auch durch Spendung von Marmorplatten zu seiner Verschönerung beigetragen hat.

Regierungsrath Hugel gab seinen Wünschen für ein segensreiches Gedeihen der Anstalt beredten Ausdruck und erregte durch die Erinnerungen an die für Viele bis jetzt unbekannte Thatsache, daß der Johanniter-Orden in Hall kein fremder Gast sei, indem er in früheren Zeiten eine Commende daselbst besessen habe, von der die schöne alte Johanniskirche noch heute zeuge, großes Interesse.

Ober-Grombach, Am 8. Juli 18[illegible].

Eine festliche Feier fand statt am vergangenen Sonntag im Süden Deutschlands, eine Feier, die wohl selten gefeiert wird. In Ober-Grombach, einem Dorfe Badens, wurde eine uralte christliche Kirche, die seit Anfang dieses Jahrhunderts ihrer wahren Bestimmung entfremdet war, wieder zum Hause des Herrn geweiht.

Burg, Schloß und Dorf Ober-Grombach werden schon im Jahre 1336 urkundlich als den Fürstbischöfen von Speyer gehörig erwähnt, und verblieben dieselben trotz aller Stürme, die im Laufe der Jahre über unser Vaterland hingezogen, denselben bis zur Säcularisation. Damals wurde auch Ober-Grombach säcularisirt und den großherzoglichen Domainen einverleibt. Im Jahre 1846 wurde Burg, Schloß und Kirche verkauft; die letztere von der israelitischen Gemeinde zu Ober-Grombach erstanden, wurde zur Synagoge eingerichtet, Burg und Schloß dagegen gingen in Privathände über, wechselten mehrmals ihren Besitzer und wurden schließlich vor einigen Jahren von dem Großh. Ober-Schloßhauptmann von Bohlen und Halbach durch Kauf an sich gebracht. Diesem gelang es im vorigen Jahre auch die alte Schloßkapelle zu erwerben und sie dem Schlosse als Hauskapelle einzuverleiben. Bei den dabei erforderlichen Arbeiten entdeckte man unter acht bis zehnfacher Tünche eine Anzahl uralter Wandgemälde, die mehrere Jahrhunderte auf diese Weise verdeckt waren und die die Leidensgeschichte unseres Herrn und Heilandes, das letzte Gericht, die Hinrichtung Johannis des Täufers &c. darstellen. Trotzdem diese Fresken aus dem Ende des XIV. oder dem Anfang des XV. Jahrhunderts herstammen, wie man aus den Trachten der abgebildeten Personen sowie aus dem Wappen des damaligen Fürstbischofs ersehen kann, sind dieselben noch auf merkwürdig gute Weise erhalten und bieten für den Alterthumsforscher und Kunsthistoriker viel Sehenswerthes.

Diese Kapelle wurde am Sonntag, den 6. d. Mts., nachdem sie von dem Besitzer wieder möglichst in Stand gesetzt worden war, feierlich eingeweiht. Reichlich war die Kapelle mit Laub und Blumen ausgeschmückt; vorne an der reichgestickten rothsammtnen Altardecke prangte das weiße achtspitzige Kreuz der Johanniter (der Schloßherr ist nämlich Ehrenritter des Johanniterordens). Außer dem Besitzer, seiner Familie und seinen Gästen hatten sich der Großh. Bezirksvorstand, der Bürgermeister und der Gemeinderath, sowie nicht nur die evangelischen Bewohner der beiden Dörfer Ober- und Unter-Grombach eingefunden, sondern auch die katholischen Mitbürger waren in großen Schaaren herbeigeströmt, und zwar in solcher Menge, daß die Kapelle nicht alle fassen konnte.

Stadtpfarrer Degen aus Bruchsal, zu dessen Parochie Ober-Grombach gehört, hatte die Einweihung der Kapelle übernommen und wies mit bewegten Worten hin auf die Wichtigkeit der Feier; wichtig sei dieselbe zunächst für die ganze Umgegend, da den zerstreut lebenden Evangelischen, die bisher kein Gotteshaus in der Nähe hatten, nun ein solches geboten werde; wichtig aber auch vor Allem für den Schloßherrn und dessen Familie, da sich für diese mit der Erinnerung an die Einweihung der Kapelle zugleich verbinde die Erinnerung an die Confirmation der ältesten Tochter des Hauses. Diese feierliche Handlung wurde nämlich sofort nach der Einweihung durch Herrn Stadtpfarrer Schmidt aus Karlsruhe vorgenommen, der im vergangenen Winter auch den Unterricht der Confirmandin geleitet hatte. Den Schluß der Doppelfeier bildete die Austheilung des heiligen Abendmahles.

Zur Erhöhung der Feierlichkeit hatte wesentlich beigetragen der Kirchengesangverein Bruchsal, der auf's Vorzüglichste mehrere Gesänge zum Vortrag brachte.

Das evangelische Johannesstift in Berlin hat vor Kurzem seinen 33. Jahresbericht veröffentlicht. Wie zahlreiche andere Wohlthätigkeitsanstalten in Berlin und in den Provinzen, hat auch das Johannesstift durch den Heimgang Ihrer Majestät der Kaiserin Augusta einen schweren Verlust erlitten. Eine treue Freundin und Gönnerin der Anstalt ist in ihr geschieden, die seit dem Bestehen derselben stets in unermüdlicher Fürsorge für deren Gedeihen thätig gewesen ist. Als nach dem Tode Wicherns das Johannesstift sich in schwieriger Lage befand, und es zweifelhaft war, ob dasselbe als Brüder- und Kinder-Anstalt aufrecht erhalten werden könnte, ermuthigte sie den Vorstand, die Brüder-Anstalt nicht eingehen zu lassen und fügte dem betreffenden Schreiben eine Gabe von 1000 Mk. bei. Außer ihren laufenden Beiträgen hat sie zehn mal durch besondere Gaben in Zeiten der Noth die Träger der Arbeit erfreut und ermuthigt. „Sie ist," sagt der Bericht, „auch uns gewesen, was sie vielen war, die Barmherzigkeit auf dem Throne."

Die Arbeit im Stift hat sich in den einzelnen Abtheilungen desselben während des vergangenen Jahres im Wesentlichen in den bisherigen Grenzen bewegt.

In der Brüderanstalt, in welcher junge Leute im Alter von 20—30 Jahren behufs Ausbildung für die mannigfachen Arbeiten der Innern Mission aufgenommen werden, befanden sich am Schlusse des vorigen Jahres 19 Hausbrüder; ebenso viele hat das Johannesstift unter großen Opfern für die Leitung und Verwaltung des eigenen Hauses im Laufe des Jahres 1889 an andern Anstalten als helfende Kräfte abgeben können. Keine Schulung auf eine bestimmte Arbeit, aber innere wie äußere Zurüstung zu der Wirksamkeit der inneren Mission ist es, was die Brüder lernend und arbeitend hier erwerben.

Im Sternenhaus, einer anderen Abtheilung des Johannesstifts, werden junge befähigte Männer, welche sich dem Predigerberuf unter den evangelischen Deutschen in Nordamerika widmen wollen, vorgebildet. Die zu diesem Zwecke gegen die mäßige Entschädigung von jährlich 300 Mk. Aufgenommenen erhalten zu diesem Zwecke Unterricht im Lateinischen, Griechischen, Hebräischen, Englischen und in der Kirchengeschichte, auch werden sie im Uebrigen in die Praxis und die mannigfaltige Arbeit des Johannesstifts mit hineingezogen. Im vergangenen Jahre wurden 6 „Sternbrüder" dem Seminar in St. Louis zugewiesen, um dort in zwei- bis dreijährigem Cursus unsern deutschen Landsleuten zu Dienern am Worte Gottes zu werden; 7 Brüder waren am Schlusse des Jahres im Sternenhause in der Ausbildung, von denen 5 im August d. Js. reif und bereit sein werden, in die neue Welt hinüberzugehen.

In der Kinder-Anstalt, in welcher für 90 Knaben und 30 Mädchen in den Häusern „Johannes-hülfe", „Düppelschanze", „Bethel", „Gnadenburg", „Marien- und Martha-Haus" Raum ist, fanden von 102 angemeldeten Kindern 39 Aufnahme. Zwei von den Kindern starben; im übrigen war jedoch der Gesundheitszustand der Kleinen, von den Krankheitserscheinungen der Influenza abgesehen, im vorigen Jahre ein guter, wozu außer der einfachen, kräftigen Kost besonders der Wechsel von Unterricht und Arbeit im Freien und die gesunde Luft der Wald- und Gartenanlagen beitragen. Für die meisten Kinder wird ein mäßiges Kostgeld gezahlt, das volle beträgt 360 Mk. Aufgenommen wurden 1880 bis 1889 1031 Kinder, etwa zur Hälfte aus Berlin, zur Hälfte aus den verschiedenen Provinzen und deutschen Ländern; die Anmeldungen in diesem Zeitraume betrugen über 3320.

Das Editha-Haus, welches seinen Namen nach einer vor Jahren heimgegangenen Wohlthäterin des Johannesstifts, Gräfin Editha von Wartensleben trägt, hat zum Ziel eine evangelische, geistlich und leiblich gesunde, ernste und doch freie Erziehung der ihm anvertrauten Knaben. Der Unterricht entspricht dem der Gymnasien und Realgymnasien; er umfaßt zur Zeit die Klassen Sexta bis Untertertia. Die dem Unterricht zu Grunde liegenden Lehrpläne schließen sich eng an die Lehrpläne des Unterrichtsministeriums für die höheren Schulen vom 31. März 1882 an. Das Editha-Haus hat seit seinem Bestehen 37 Knaben aufgenommen; zur Zeit befinden sich 19 Zöglinge im Hause. Für 24 ist zunächst Raum vorhanden und ausgestattet; über 36 soll die Zahl der Aufzunehmenden nicht ausgedehnt werden.

Die Ferienkolonie des Johannesstifts hat auch im vergangenen Jahre wieder ihren segensreichen Einfluß geübt, dadurch, daß 73 Kindern Erholung in gesunder, reiner Luft an insgesammt 1735 Tagen gewährt werden konnte. Es sind von Freunden der Anstalt, die zugleich Kinderfreunde, zu diesem Zwecke viele und reiche Gaben gespendet worden, sodaß auch manchem Kinde, dessen Eltern wenig oder nichts geben können, die Wohlthat einer Ferienerholung in frischer Gottesluft zu Theil wurde.

Die Arbeit außerhalb des Stifts ist in den letzten Jahren im beständigen Wachsen begriffen gewesen. Nicht weniger als 103 Brüder des Johannesstifts stehen in Arbeit, 66 davon im Vaterlande, 32 in Amerika, 3 in Rußland, 1 in Australien und 1 in Ostindien. Unter den 68 im Vaterlande arbeitenden Brüdern sind 47 in fester Berufsstellung; 19 hat die Anstalt als Gehülfen in den Dienst der Inneren Mission entsendet. Unter den Arbeitsgebieten der Brüderschaft nimmt die vornehmste Stelle die Stadtmission ein. Wie die ersten Stadtmissionare in Berlin Brüder des Johannesstiftes waren, so treten es auch jetzt noch seine Brüder gern in diesen Dienst. Von den 13 aus dem Johannesstift hervorgegangenen Stadtmissionaren arbeiten zur Zeit 9 in Berlin, einer unter den evangelischen Deutschen in Moskau. —

Weiter sind 14 Brüder des Stifts in evangelischen Vereinshäusern großer und kleiner Städte und Herbergen zur Heimat thätig, wo sie das schwere, aber für das Volkswohl so wichtige Amt eines Hausvaters verrichten.

Im Dienste von Erziehungs- und Rettungshäusern stehen gegenwärtig 24 Brüder des Johannesstifts, davon 20 in selbständiger Berufsstellung, 4 im Gehülfendienst, die Mehrzahl in der Provinz, einige im übrigen Deutschland von Ostpreußen bis Lothringen, einer in der Deutschen evangelischen Gemeinde in Petersburg.

Auch die Krankenpflege wird von den Brüdern an mehreren Stellen geübt. So stehen im Augusta-Hospital in Berlin zur Zeit 5 Brüder in regelmäßiger Arbeit. Schwereren Dienst noch haben diejenigen 6 Brüder auf sich genommen, welche in der Epileptischen-Anstalt zu Potsdam thätig sind. Außer ihnen arbeitet ein Bruder im Wilhelmstift zu Potsdam. Schließlich stehen noch 5 von den Brüdern des Johannesstifts im Gefängnißdienst, während zwei andere in verwandte Arbeitsgebiete eingetreten sind.

Die Kassenverhältnisse des Johannesstifts gestalteten sich am Schlusse des Jahres 1889 derartig, daß einer Einnahme von 80 261 Mk. 86 Pf. eine Ausgabe von 86 255 Mk. 93 Pf. gegenüberstand. An Bauschulden bleiben immer noch 41 00[illegible] Mk. 60 Pf. abzuzahlen. —

Evangelischer Gottesdienst in Kurorten.

Ueber die Thätigkeit des Vereins für Einrichtung deutsch-evangelischer Gottesdienste in Kurorten (Geschäftsführer General z. D. Graf Bismarck-Bohlen) laufen wieder Nachrichten ein, die eine erfreuliche Entwickelung dieses Unternehmens bekunden. Die an südlichen Kurorten begründeten Predigtstationen des Vereins begreifen jetzt Ajaccio auf Corsica, Bordighera, Ospedaletti und Nervi an der Riviera, Bellagio-Menaggio am Comer-See, Gardone am Garda-See, Arco, Gries in Süd-Tirol ein. In Ajaccio sind zwar unter den Wintergästen die Deutschen bis jetzt noch sehr in der Minderheit, sie sind aber wohl um so dankbarer, daß ihre religiösen Bedürfnisse bedacht werden. Bordighera war zum ersten Male in diesem Winter durch einen ständigen Geistlichen des Vereins besetzt. Herr Prediger Decker hielt den dort weilenden und durchreisenden Deutschen in dem Hotel „Beaurab", dessen Wirth selbst ein Deutscher, Gottesdienst, während in Ospedaletti (Hotel de la Reine) Herr Pfarrer Gruneberg wie in früheren Jahren fungirt war. In Nervi, das in Bezug auf seinen Fremdenbesuch unter allen Kurorten an der Riviera am meisten ein deutsches Gepräge trägt, predigte Herr Professor von Orelli sonntäglich in dem großen Hotel „Eden" vor einer zahlreichen Zuhörerschaft. Ebenso findet sich in Gries bei Bozen alljährlich eine beträchtliche Zahl unserer Landsleute ein. Und es beweist die starke, stetige Betheiligung an dem im großen Saale des Kurhauses von Herrn Pastor Beyer gehaltenen Gottesdienste, wie sehr die vom Verein ins Leben gerufene Veranstaltung auch dort geschätzt wird. Nach Gardone wurde der schon früher daselbst stationirte Pastor Kühling, nach Arco Pastor Schwerdtfeger entsandt. In Bellagio-Menaggio, wo zwar keine Wintergäste aber viele Fremden im Frühjahr und Herbst eintreffen, fanden die regelmäßigen Gottesdienste wieder im „Grand Hotel" Bellagio statt. Wenn man erwägt, wie unsere Landsleute bei der Trennung von der Heimat und bei angegriffener Gesundheit um so mehr das Verlangen nach dem Troste des Wortes Gottes in ihrer Muttersprache empfinden und die evangelischen Gottesdienste für sie zu willkommenen Vereinigungspunkten in der Fremde werden, so wird man diesem Werke des Vereins gern seine volle Theilnahme zuwenden. Anfragen und Wünsche, die das Werk des Vereins betreffen, sind an den stellvertretenden Vorsitzenden und Geschäftsleiter — Herrn M. Bernus, 4 Taunus-Anlage, Frankfurt a. M. —, Beiträge zur Bestreitung der stets wachsenden jährlichen Ausgaben an den Schatzmeister — Herrn Karl de Neufville, 4 Buchhausstraße, ebendaselbst — zu richten.

Literatur.

Der Bär, Illustrirte Wochenschrift für die Geschichte Berlins und der Mark. XVI. Jahrgang. Nr. 40. 5. Juli 1890.

Inhalt: Die schöne Else, von O. Schwebel (Fortsetzung). — Königs-Wusterhausen, von R. Kurs (Schluß). — Der erste Landtag in Berlin, von R. Lauer. — Zwei adelige Familien der Altmark in Braunschweig, von E. Sternmann. — Kleine Mittheilungen: Festplatz und Festhalle für das X. Deutsche Bundesschießen (mit Abbildung). — Kaisergruß, von Fr. vom Zobeltitz. — Jubiläum des Regiments der Gardes du Corps. — Erinnerungsblatt. — Unser Münster. — Ruderstrecken. — Abschlags neuester Gemälde. — Die Kriegs- und Domänenkammer. — Anzeigen.

Carl Heymanns Verlag in Berlin W., Mauerstraße 63—65.

Gedruckt bei Julius Sittenfeld in Berlin.

Alle Zuschriften und Sendungen in Angelegenheiten dieses Blattes wolle man an den Redakteur desselben: Geh. Hofrath Herrlich W. Potsdamer Straße Nr. 134c. zu Berlin richten.

Wochenblatt der Johanniter-Ordens-Balley Brandenburg.

Im Auftrage der Balley Brandenburg verantwortlich redigirt von C. Herrlich in Berlin.

Jahrg. 31. Berlin, den 30. Juli 1890. Nr. 31.

Auf dem Rittertage der Brandenburgischen Provinzial-Genossenschaft des Johanniter-Ordens zu Berlin am 22. Mai 1890, ist der einstimmige Beschluß gefaßt worden, dem Passus 7 der Statuten derselben vom 8. October 1853 folgende Fassung zu geben:

„7.

„Der bestimmte jährliche Beitrag wird auf „Sechzig Mark für jedes Mitglied des „Vereins festgesetzt."

Nachdem das Capitel der Balley Brandenburg des Johanniter-Ordens in seiner Sitzung vom 23. Juni d. J. sich mit dieser Abänderung des Passus 7 der Statuten der Brandenburgischen Provinzial-Genossenschaft einverstanden erklärt hat, wird dieselbe von Mir hierdurch genehmigt.

Camenz, den 15. Juli 1890.

Der Herrenmeister
der Balley Brandenburg des Johanniter-Ordens
(L. S.) Albrecht Prinz von Preußen.

Die Rolandssäulen Deutschlands.

Seitdem man begonnen hat, die Alterthümer des deutschen Rechtes wissenschaftlich zu betrachten, d. h. seit den Tagen der großen Juristen des 17. Jahrhunderts, hat die Frage nach der Bedeutung der Rolandssäulen Deutschlands die Geister in Bewegung erhalten. Soeben liegt eine neue Publikation über „die deutschen Rolande" vor. Dr. jur. Richard Béringuier hat im Vereine mit dem Heidelberger Professor Schröder zur Feier des 25jährigen Bestehens des „Vereins für die Geschichte Berlins" eine Festschrift über diese Bildsäulen herausgegeben. Der theoretische Theil derselben, von dem rheinischen Rechtsgelehrten verfaßt, sucht einen neuen Weg der Deutung dieser räthselhaften Steingebilde auf; wir können indessen nicht behaupten, daß uns die Resultate der Untersuchungen Schröders als einleuchtende erschienen wären.

Man hatte die Rolandssäulen bisher auf zweierlei Weise gedeutet. Man hatte einst gemeint, diese reckenhaften Statuen seien

Symbole des Blutbanns.

Längst aber war diese Ansicht zurückgewiesen worden; man fand Rolandsbilder ja auch in Städten, ja sogar in Flecken und Dörfern, welche das „judicium supremum", den Blutbann, niemals besessen haben. Eine andere Auffassung erblickte in den Rolanden daher nur ein Symbol für die Gerichtsstätte, für den Ort, auf welchem Recht gesprochen und Recht vollzogen ward. Auch das läßt Professor Schröder nicht gelten; er sieht in den Rolanden vielmehr die Um- und Ausgestaltung des Weichbildzeichens, beziehungsweise des Marktkreuzes.

Seine Darlegungen sind sehr eingehende. Er fragt zunächst nach der Zeit der ersten Erwähnung eines Rolands und legt dar, daß am frühesten des Rolands von Halle, und zwar im Jahre 1341, gedacht wird. Des Bremer Rolandes und des Berliner „Rolandes" wird 1366 und 1391 Erwähnung gethan. In Bezug auf die örtliche Verbreitung der Rolande giebt Professor Schröder neue Daten freilich nicht an; — nur, daß er den ganz für sich dastehenden „Orlando" zu Ragusa in Dalmatien anführt. So finden sich Rolande am häufigsten in den Gebieten des sächsischen und thüringischen Rechts, von Westfalen an bis zu den äußersten Grenzen sächsischer Colonisation, bis nach dem fernen Riga hin. Mit Willkür scheint uns von Schröder, nur „um ihrer Kleinheit willen" die Rolandsfigur der Siebenbürgener Sachsen in Hermannstadt ausgeschlossen zu werden; — mit Willkür eine Unterscheidung zwischen den gewaltigen steinernen Kolossen von Rolanden und den bescheideneren Figuren auf den Staupsäulen zu Posen und Breslau, — zwischen den Schwertträgern und dem ganz unansehbaren, eine Keule führenden Rolande zu Leitmeritz in Böhmen gemacht zu sein. Wie geringfügig sind solche Abweichungen doch jenen Veränderungen gegenüber, welchen z. B. das Bild St. Mariens sich unterzogen hat! —

So deckt sich der Bereich der Rolandsbilder noch

Schröder also im Allgemeinen aus der örtlichen Bedeutung des Wortes „Weichbild". Das Rolandbild, so wird dann weiter geschlossen, und wir müssen diesen Schluß sofort als einen Trugschluß bezeichnen, ist also aus dem „Weichbilde" hervorgegangen. Hier liegt ein Paralogismus vor. Wo es Korn giebt, da giebt es sowohl hellblaue Kornblumen wie röthliche „Raden"; — dennoch sind letztgenannte Blumen nicht etwa ein- und dieselbe.

Welches aber waren die Formen des Weichbildes in seiner Ursprünglichkeit? — In vortrefflicher Darstellung führt Schröder dieselben vor: es waren zunächst das Kreuz und der Handschuh. Ganz unerfindlich aber ist, wie dieses Kreuz als

ein rein weltliches

von Schröder gedeutet werden konnte. Ein weltliches Kreuz giebt es im gesammten Mittelalter überhaupt nicht: selbst das Degenkreuz wird religiös geweiht, sobald der Eid auf dasselbe abgelegt wird, und das Kreuz auf dem Markte bekundet unzweifelhaft, daß die „treuga Dei" auf ihm walten solle, wie auch das sächsische Weichbildrecht besagt:

„Do wart in sente Peters frede gewarcht [illegible] van golde hanschen mit einem kreuze."

Dieser Friede in St. Peters Namen ist eben die „treuga Dei". Jener Handschuh aber, welcher gewöhnlich von dem Kreuzesbalken herabhängt, wo sich auf Siegeln u. s. w. Darstellungen des Weichbildes noch erhalten haben, war selbstverständlich der Handschuh des Königs, von welchem letzteren jede Rechtsverleihung ausging.

Professor Schröder weist dann nach, wie an die Stelle dieser, ursprünglich nur hölzernen Kreuze allmählig Steinkreuze getreten sind. Wir begegnen denselben z. B. in Lothringen, wo die „Lex Bellimontis", das auf den Erzbischof Wilhelm von Reims zurückgehende Recht von Beaumont südlich von Sedan, herrscht. Diese „franches croix" sind oft von colossaler Größe; so jenes Kreuz von Jemand bei Namur, welches eine Höhe von 14 Metern erreicht; sie sind verbreitet selbst bis nach Friesland und Holland.

Neben dem Handschuhe des Königs erscheint an diesen friedegebietenden Marktkreuzen mitunter aber auch eine Hand selbst und hier und dort ein Schwert. Ein Weisthum von Esch an der Sauer z. B. sagt von dem Weidenfelde bei Heiderscheid:

„Auf St. Peters Tag henkt man daselbst an einem Kreuz ein hulzen Schwert und eine hulzen Hand." An anderen Orten, z. B. zu Zülpich, wurde, als das Marktkreuz aufgerichtet wurde, das Banner — hier das des Erzbischofs von Köln — aufgepflanzt, und in dem Gebiete „Erwir" hinderten in gleicher Weise ein Sandbewerfer an den Mast eines ankommenden Schiffes

„einen sanen und ein kräme",

weil die Anlangenden „Marktschatz" bei sich haben und „Markt halten" wollen. Eine Marktfahne wurde ehedem auch zu Berlin ausgesteckt, so lange es hier noch Wochenmärkte unter freiem Himmel gab; sie zeigte einigemale in vielen sächsischen, aber auch in bayerischen und österreichischen Städten; — zu Berlin aber war sie an die Stelle eines Strohwisches getreten, welcher als Zeichen für die Marktfreiheit sich ebenfalls einer sehr weiten Verbreitung erfreute. Hier und da treten auch wohl grüne Reiser an die Stelle des Strohwisches. Eine in Stein gehauene Hand aber befindet sich als Zeichen der Marktfreiheit am Kaufhause zu Mannheim; ein hölzerner Arm, welcher ein Schwert aufrecht hält, wie wir sehen werden, an dem Rathhause zu Münster in Westfalen, eine hölzerne Hand mit einem Schwerte zu Gmünd in Kärnthen. Ein Schild mit dem Wappenzeichen des Grundherrn ist als Marktzeichen bezeugt für viele Orte Frankreichs und auch für Halle an der Saale; ein Hut aber hing aus zu Aspang in Nieder-Oesterreich, zu Ebendorf in Schwaben, zu Altdorf in der Schweiz.

Ganz irrig folgert Professor Schröder nunmehr: „Dies waren die alten Marktzeichen. Sie sind im 14. Jahrhunderte monumental umgestaltet — sie sind zu Rolanden verwandelt worden."

Wie nämlich, wenn sich Marktkreuz, Weichbildzeichen und Roland zugleich auf einer Stelle finden? — Denn müssen sie doch wohl eine verschiedene Bedeutung haben?

Das aber ist nun in der That der Fall und zwar auf dem

alten Markte von Berlin,

welcher heute der „Molkenmarkt" heißt.

Wie das „Stadtbuch" bezeugt, stand hier nämlich

1. ein Roland; — vor dem Gebäude Nr. 13, dem ältesten Rathhause der Stadt; —
2. ein Bild (Weichbild), — wie der Text ergiebt, an anderer Stelle; — es wurden ferner
3. die größeren Buden mit Marktkreuzen bezeichnet; es wurden endlich noch
4. zu allem Ueberflusse Strohwische aufgesteckt, so lange Markt gehalten werden durfte.

Ein schlagenderer Beweis, daß die Ausführungen des Professors Schröder nicht zutreffend sind und daß der Roland kein monumentaler Träger der Marktzeichen ist, läßt sich wohl nicht erbringen.

Was aber war er denn?

Die Frage wird sich erst erledigen lassen, wenn wir die noch vorhandenen Rolandsäulen ihrer Gestalt und ihrem Aufstellungsplatze nach betrachtet haben werden.

Die überaus reich illustrirte, oben erwähnte Zeitschrift bringt die Abbildungen von nicht weniger als 27 Werken bildender Kunst, welche als Rolande betrachtet werden müssen.

Der noch erhaltene Roland in Brakel stand einst am Markte vor dem Hause des „Gogräfen",

woselbst Gericht gehalten wurde.

Auf einer Säule von schlichter Form befand sich

hier nur ein ritterliches Bild; die Statue aber stürzte herab und ist jetzt durch ein eisernes [illegible] ersetzt.

Der Roland zu Obermarsberg steht nunmehr im Frieden der dortigen Stiftskirche, immerhin aber noch durch ein Gitter von ihr getrennt. Man gelangt zu ihm durch ein malerisches, feierliches Friedhofsportal. Roland ist als Ritter mit umgeworfenem Mantel dargestellt; die Rechte faßt das Schwert; die Linke trägt das Modell einer Kirche. Der Sockel aber trägt die Inschrift:

„Statua Sancti Rolandi. —

Ubi visitur, signum esse, ibi Carolum Magnum fuisse et locum immunitate eminentem privilegiasse. Hanc posuit in coemiterio Sancti Petri in monte Martis cum hac inscriptione:

O Mars, du verworfener Gott,
Hier steh' ich Dir zum Hohn und Spott;
Der Zeiten ehrten Dich die Heiden an;
Jetzt rufen wir in wahrem Glauben Christum an.

Anno 1787 renovata." —

Der Roland zu Bremen, der gewaltige, Ehrfurcht gebietende Koloß auf dem Markte vor dem herrlichen Rathhause, mit dem Schwerte, dem Rittergürtel, dem Mantel und dem Schilde des Doppeladlers ist allgemein bekannt; die Umschrift auf dem Schilde desselben aber lautet:

„Vryheit do ik ju openbar
De Carl und mannig Vorst vorwahr
Desser stede gegeven hat.
Des danket Gode, is min Rat."

Errichtet wurde der Bremer Roland in dieser Gestalt sicher erst im 15. Jahrhundert, angeblich 1404.

Auch Bederkesa besitzt noch einen Roland. Derselbe steht heute vor dem — Schullehrer-Seminar: er trägt Rüstung, Schwert und Schild mit dem Doppeladler und ist von vier wappenhaltenden Löwen umringt.

Der Roland zu Bramstedt in Holstein, 1693 anstatt eines hölzernen von Stein errichtet, ist als römischer Krieger inmitten des Dorfangers auf hohem Postamente dargestellt. Die Linke desselben stützt sich auf einen Schild; die ausgestreckte Rechte aber hält ein Schwert. In der Pfingstzeit feiert die Fleckensgilde von Bramstedt beim Rolande ihr Jahresfest, von welchem es heißt:

„So lang de Wind weiht
Un de Hahn kreiht,
Schall um'n Roland danzt warr'n
Wenn de Sunn' [illegible] geiht."

Eine überaus groteske Rolandsfigur steht ferner über hohem Sockel zu Wedel in Holstein auf dem Marktplatze. Es ist eine Kaiserfigur mit übergroßem, bärtigem Haupte; sie trägt Krone, Schwert, Mantel und Reichsapfel. Eine Inschrift meldet, daß dies Kaiserbild im Jahre 1651 auf Betreiben des Pastors Rist neu gesetzt wurde; dasselbe hat eine Höhe von 10 Metern. Ueber dem Knaufe der Krone befindet sich ein auffallend großes Eisenkreuz.

Soviel von den Rolanden in den Gebieten der Engern und Transalbingier! Wenden wir uns jetzt der Altmark zu, welche zum Theil von Transalbingiern, zum Theile von Nordthüringern colonisirt worden ist. Sie besitzt nur noch zwei Rolande.

Der prächtige, schön gerüstete Roland von Stendal mit dem gewaltigen Schwerte und dem Schilde des rothen Adlers ist im Jahre 1525 neu errichtet worden. Ueberaus malerisch steht er am Markte vor der Gerichtslaube, hinter welcher das herrliche, wohlerhaltene Thurmpaar von St. Marien schlank und zierlich aufragt. Bekannt sind die humoristischen Sagen, welche den steinernen Recken mit dem 14 Fuß langen Schwerte umziehen: Bürger, welche die Grenzen der Mäßigkeit überschritten haben, will der Roland nicht gern sehen; er kehrt ihnen den Rücken zu. — Bekannt ist ferner das Eulenspiegelbild an der Rückseite der Statue. Fast drollig erscheint dieser ernsten, imposanten Rolandssäule gegenüber das Standbild im Dörflein Buch bei Tangermünde, ein ungefüger, lächelnder Steinkoloß von 1693 — gesetzt, wie eine Inschrift auf dem Oberschenkel besagt, durch den Richter Helmicke. Auch diese Bildsäule steht an bedeutsamer Stelle, vor dem Lehnschulzen-Gehöfte; zu Pfingsten aber schmücken die Bursche, die Mädchen das groteske, steinerne Haupt des Rolands gar lieblich mit einer Laub- und Blumenkrone.

Schreiten wir nunmehr weiter nach Süden vor! Ein Roland, hoch zu Rosse, begegnet uns zu Neuhaldensleben, dicht vor dem Rathhause. Sein lockiges, bärtiges Haupt wird von einem breit aufgekrämpten Barette beschattet; in seiner Rechten hält er ein eisernes Schwert hoch. Schon im Jahre 1419 wird diese Reiterstatue als Rolandsbild erwähnt. Es geht hier die Sage, daß das Standbild eigentlich Heinrich den Löwen darstelle und ursprünglich im Dorfe Hochlingen gestanden habe; — allein „der Löwe" fehlt, und für ein Dorf ist die Anlage des Bildwerkes doch wohl zu großartig. Dicht daneben aber liegt der „breite Stein"; dicht daneben stand einstmals der sogenannte „hohe Baum"; — hier aber ward gerichtet.

In Burg bei Magdeburg hat sich nur ein Rest der Rolandssäule erhalten, das ernste Haupt über dem gepanzerten Rumpfe; — dasselbe ist am Markte auf einem Mauerpfeiler am „Hotel Roland" aufgerichtet. In voller mittelalterlicher Pracht, mit dem lockigen Haupte, dem Schwerte, dem Schilde des einköpfigen Adlers, einem Schwertgehänge und dem Rittergürtel, dem „Dusing", an welchem der Dolch befestigt ist, hat sich bis Zerbst am Rathhause die vordere Seite des Rolands erhalten, ein Werk von 1445. Diese 4 Meter hohe Bildsäule stand einst frei; im Jahre 1840 aber ließ man von Heideloff in Nürnberg das prächtige Rolandsgehäuse errichten. Der Künstler fertigte das Tabernakel leider aber nicht tief genug, und so mußte der hintere Theil der

Bildsäule abgemeißelt werden. Gleichwohl bildet das Ganze einen höchst malerischen Schmuck des mit hohen Giebeln versehenen Rathhauses.

Auch zu Belgern bei Torgau steht ein gewaltiger steinerner Roland in der Waffentracht des 16. Jahrhunderts an einer Ecke des bethürmten Rathhauses. Es wurde vor diesem Rolande einst gerichtet; ihm zur Seite befand sich das Halseisen; — hier auch das Normalmaß für Tuch und Getreide. Die Bildsäule trägt eine Schwertklinge und einen emporgerichteten „Flamberg“; sie soll im Jahre 1610 an Stelle einer älteren errichtet worden sein.

Oftmals hat seinen Platz der Roland zu Halle gewechselt. Einst ein Holzbildwerk auf einem kleinen Berge, dem „Richthügel“, neben dem Rathhause befindet er sich jetzt, aus Stein gebildet, an einer Ecke des „rothen Thurmes“. Das Steinbild soll, was wir nicht glauben können, erst im Jahre 1717 verfertigt worden sein; ist dies dennoch der Fall, so hat man sich offenbar streng an das alte Muster gehalten. Der Roland von Halle im langen Gewande mit Mantel, Gürtel und Schwert, ungeharnischt und unbedeckten, lockigen Hauptes, trägt mehr als jeder andere Züge von dem Bilde eines mittelalterlichen Richters an sich.

(Schluß folgt.)

Die Berliner Arbeiter-Colonie

in der Reinickendorferstraße, deren Jahresbericht pro 1889—1890 uns vor Kurzem zugegangen ist, blickt nunmehr auf eine aus kleinen, bescheidenen Anfängen emporgewachsene, aber im ernsten Ringen und Schaffen sich beständig erweiternde, sechsjährige Thätigkeit zurück und immer mehr erweist sich diese von reinster Nächstenliebe getragene Einrichtung zumal bei dem unaufhaltsamen, rapiden Wachsen der Bevölkerung und damit des Proletariats der Reichshauptstadt als ein unentbehrliches Glied in der langen Kette großartiger socialer Maßnahmen der neueren Zeit zur Förderung des Wohles der Armen und Elenden. Und doch, wie gering ist im Verhältniß zu der gewaltigen Bevölkerungsziffer der Millionenstadt die Zahl derer, die in richtiger Würdigung des großen Einflusses der Arbeiter-Colonie auf die physisch und moralisch Herabgekommenen zu den Kosten der Unterhaltung der Anstalt beisteuern! Wieviel Geld wird andererseits alljährlich in Berlin jungen, arbeitsfähigen Bettlern geschenkt, mit welchem — es würde sicher eine stattliche Summe darstellen — ein bedeutend größerer Segen gestiftet werden könnte, wenn ein größerer Theil davon der Arbeiter-Colonie in der Reinickendorfer Straße zu Gute käme. „Freilich“, sagt der Bericht, „wir sind fest davon überzeugt, wir hätten vielmehr freundliche Hülfe von dem sehr ehrenwerthen Bürgerstande Berlins, wenn die Arbeit und die Erfolge der Colonie bekannter wären. Es giebt leider noch sehr viele Leute hier, die nie etwas von dem Dasein der Colonie gehört haben. Andere sind da, die blos soviel wissen, daß in der Reinickendorfer-Straße eine Anstalt nach dem „v. Bodelschwingh'schen Plane“ vorhanden sei. Was aber der „v. Bodelschwingh'sche Plan“ besagt, ist ihnen ein ganz unbekanntes Ding. Noch Andere, sonst sehr ehrenwerthe Leute sind da, die sich entschieden abwehrend gegen die Colonie verhalten, weil sie auf falsche Berichte hin glauben, die Leute würden hier „inhuman“ behandelt, sie seien „mehr als halbe Gefangene“, sie würden „bis auf's Blut ausgebeutet“, oder aber sie würden in ihrem „Vagabundenleben“ bestärkt. Solche Aeußerungen schmerzen zwar sehr tief, aber muthlos oder böse machen sie uns durchaus nicht, weil uns unser Gewissen und unsere Erfahrung das Gegentheil bezeugen. Wir möchten aber diese Gelegenheit wahrnehmen, einen Jeden, der noch ein Herz für die Armen und Elenden Berlins hat, herzlich zu bitten, uns doch an Ort und Stelle kennen zu lernen und dann erst sein Urtheil sich zu bilden.“

Aufgabe und Zweck der Colonie ist es immer und allein nur gewesen, der unter den Tausenden der männlichen Bewohner Berlins herrschenden Noth durch Gewährung von Arbeit und Obdach zu steuern und ihnen in religiös-sittlicher Beziehung mitberathend und helfend zur Seite zu stehen, und zwar ohne jede Tendenz der Proselytenmacherei, da bisher sowohl Juden wie Katholiken sich in der Anstalt wohlgefühlt haben.

Auch im vergangenen Jahre war die Zahl der die Anstalt um Hilfe Ansuchenden wieder sehr bedeutend, und gern hätte der Vorstand alle aufgenommen, wenn dies nicht aus Mangel an Geldmitteln und Räumlichkeiten undurchführbar gewesen wäre. Das Passanten-Register vom Mai vorigen Jahres bis zum Mai dieses Jahres weist die Namen von 2388 männlichen Personen nach, die um Aufnahme baten. Wenigstens $^7/_8$ davon hatten längere oder kürzere Zeit von der Bettelei in Berlin gelebt und ein beträchtlicher Theil war bereits in Correctionshäusern gewesen. Da nur 475 aufgenommen werden konnten, so blieben immer noch 1913 übrig, die wiederum zum Thore hinausgehen mußten, nachdem sie mit einem Butterbrod, Mittagessen oder einem Vesperbrod mit Kaffee erquickt worden waren. Eine große Anzahl der 475 aufgenommenen Colonisten kam in einem äußerst traurigen, inneren und äußeren Zustande an. Bei vielen derselben war der Trunk die Ursache davon. Wie aus der dem Berichte angehängten Statistik ersichtlich, waren unter den Aufgenommenen Gelehrte, Künstler, Kaufleute und Handwerker, auch einige frühere Militärs höheren und niederen Ranges, kurz Leute aus allen Schichten der Gesellschaft.

Jeder Colonist muß sich bei der Aufnahme verpflichten, einen Monat in der Anstalt zu verbleiben, worauf es ihm freisteht, entweder zu gehen, falls er seine Schulden gemacht hat, oder weiter zu arbeiten. Der Hausordnung gemäß hat er seinen Austritt dem Inspector 24 Stunden vorher anzumelden, damit sein Conto zu rechter Zeit geordnet werden kann. Jeder im Frieden abziehende Colonist bekommt aus den Händen des Inspectors ein gedrucktes Zeugniß mit den Prädikaten seiner Führung und Arbeitsleistung und dem Vermerk seines Guthabens. Leute, die fleißig und Monate hindurch in der Colonie gewesen, haben oft größere Summen Geldes mit hinausgenommen. Die Lohnliste der Colonie weist nach, daß fleißige und intelligente Colonisten nach Abrechnung der Unterhaltungskosten mitunter die Woche 14, 12, 10, 9, 7, 6, 4 Mark und darunter gutgeschrieben erhalten haben. Damit wird von selbst das Gerücht widerlegt, die Leute hätten „nur für die Colonie" zu arbeiten.

Wie sich das Leben der Entlassenen weiter gestaltet, läßt sich in den meisten Fällen nicht sagen. Dagegen bleibt ein kleiner Theil mit der Colonie, sei es im persönlichen Verkehr an Sonntagen, sei es auf brieflichem Wege verbunden.

Was die Arbeitsthätigkeit der Colonisten selbst betrifft, so wurden dieselben in mannigfacher Weise nützlich beschäftigt, doch war bisher der Betrieb lediglich Handbetrieb. In der Tischlerei mit 34 Hobelbänken wurden Kisten für die verschiedensten Zwecke gefertigt; im vorigen Jahr wurde auch eine Orgel in der Tischlerei von einem Colonisten gebaut, der von Beruf Orgelbauer ist, welche während des Gottesdienstes am Sonntag und bei den täglichen Andachten der Colonisten von einem derselben gespielt wird. In der Flaschenhülsen-Fabrik wurden Hülsen zu vielen Tausenden auf Bestellung angefertigt. Auch wurden im Sommer und Herbst Strohkränze für die „Große Berliner Pferde-Eisenbahn" geflochten und 65000 Meter dahin abgeliefert. Hierbei verdienten die 15 bis 20, ja mitunter bis zu 30 beschäftigten Leute ein gut Stück Geld. In der Besen- und Bürstenfabrik waren 15 bis 25 Leute thätig. Es wurden Piassava zu Straßenbesen, Roßhaar und Borsten zu Besen und Bürsten, Aloefibern, Palmenfasern und Reiswurzeln zu Handfegern und Schrubbern verschiedener Art verwandt. Die Matten- und Treppenläufer-Fabrikation aus Stuhlrohrabfall und Stroh ist auch im vorigen Jahre ziemlich bedeutend gewesen; unter andern sind die Stuhlrohrmatten zu den Wänden für das erste Deutsche Krankenhaus in Zansibar von den Colonisten angefertigt worden. Unter den vielen dem Malerberufe angehörenden Colonisten waren auch zwei Künstler, die mit Anfertigung von Oelgemälden beschäftigt wurden.

Die Arbeit in der Colonie wuchs im Laufe des letzten Jahres derartig, daß zur Hilfe des Inspectors, Missionspredigers a. D. Cnalsch eine weitere Kraft sich als nöthig erwies, die in der Person des früheren Stadtmissionars Rohrbach aus Königsberg i. Pr. gefunden wurde. Es gab der Arbeiten öfters so viele, daß mehrere Monate hindurch vier, mitunter auch fünf Leute im Comtoir beschäftigt wurden.

Der gegenwärtig 20 Damen zählende Hilfsverein der Colonie hatte im vorigen Jahre eine Einnahme von 453 Mk. 10 Pf., wovon 325 Mk. 65 Pf. verausgabt wurden und größere Posten an Bett- und Küchenwäschestücken bereits der Colonie überwiesen werden konnten. Ein zweiter Damenverein, der die Zwecke des ersteren verfolgt, bildete sich vor einigen Monaten und hat bereits rüstig zu arbeiten angefangen.

Das 4½ Morgen umfassende Gartenland der Colonie wurde im vorigen Jahre verkauft und dafür eine erhebliche Summe Geldes eingelöst, wodurch eine Erweiterung der Colonie ermöglicht wird. Gegen Ende dieses Sommers soll nämlich ein neu aufgeführtes, zweistöckiges Colonistenhaus, für 200 Betten berechnet, und ein einstöckiges Fabrikgebäude eingeweiht werden. Damit und mit der Beschaffung des nöthigen Inventars ist freilich der Geldvorrath der Colonie erschöpft und Hilfe seitens der Freunde und Gönner des Unternehmens in Folge dessen nöthiger als je zuvor, damit im kommenden Herbste die doppelte Anzahl von Leuten aufgenommen werden kann.

Einweihungsfeier der Kinderheilanstalt auf Sylt.

Westerland, 4. Juli 1890.

Gestern Nachmittag 5 Uhr fand unter allgemeiner Betheiligung seitens der Westerländer Gemeinde und der Badegesellschaft die feierliche Einweihung der neuerbauten Kinderheilstätte statt. In der überaus harmonisch wirkenden von freundlicher Hand sinnig ausgeschmückten kleinen Anstaltskapelle, an die sich zwei große, dicht von Zuhörern erfüllte Räume anschließen, sprach nach Absingung des Einleitungsliedes „Ich bleib mit deiner Gnade", zunächst der Ortsprediger Pastor Görich unter Vorausschickung des 100. Psalms „Jauchzet dem Herrn alle Welt" mit Zugrundelegung des Bibelwortes: „Hier ist nichts anderes denn Gottes Haus, hier ist die Pforte des Himmels" in liebevoller Ausführung den Segen über diese in dem Dienste der Kinder, zunächst dem Dienste Gottes geweihte Stätte.

Darnach hielt der 1. Vorsitzende der Verwaltung der Kinderheilstätte, Seebadedirector Pollacsek die Eröffnungsrede, die er mit einem an alle Anwesenden gerichteten Willkommengruß „im eigenen Hause" einleitete und sodann ausführte, wie sich aus den allerbescheidensten Anfängen, unter Gottes augenscheinlichem Segen, dieses „eigene Haus" aufbaute, dessen sicherer Grundstein auf den Bestrebungen reinster Menschenliebe ruht. — Hervorgegangen aus dem, unter Allerhöchstem Protectorat stehenden Verein der Kinderheilstätten an den deutschen Seeküsten, wurde im Jahre 1882 unter Vorsitz des Herrn Landvogt Hübbe in Keitum das erste Local-Comitee gebildet. Der nächste Vorsitzende war Herr Dr. Kahnken, jetzt in München seit 1884, aus dessen Händen Dr. Pollacsek am 6. Juli 1886 den Vorsitz übernahm, wobei zugleich eine Umbildung der hiesigen Zweigniederlassung in eine selbständige Vereinigung mit eigener Verwaltung und dem ausgesprochenen Zweck, eine Kinderheilstätte auf Sylt zu begründen erfolgte. Auf Grund einer Vereinbarung mit dem Hausvorstande der evang.-luth. Diakonissen-Anstalt in Flensburg wurde dieser Plan schon für die Kurzeit 1887, wenn auch in gemietheten Räumen, unter Leitung Flensburger Schwestern verwirklicht und war die Anstalt im Jahre 1887 von 14, 1888 von 12, 1889 von 29 Kindern besucht, die durch Gottes Gnade sammt und sonders frisch und neugestärkt, in befestigter Gesundheit zu ihren Angehörigen entlassen werden konnten. Dank warmherziger Unterstützungen war die Kinderheilstätte in den abgelaufenen drei Kurperioden in der Lage 4 ganze und 12 halbe Freistellen zu gewähren. Das sich aus Sammlungen, Kostgeldern und Erträgen von Concert-Veranstaltungen u. s. w. zusammensetzende Vermögen der Kinderheilstätte betrug Ende 1889 10032,57 Mk., wozu noch das große, von der Gemeinde Westerland geschenkte Grundstück und das schuldenfreie Inventar kommt. — Das zweckmäßig eingerichtete Gebäude ist nach den Plänen des Architekten Ernst B. Dorn in Hamburg, unter Oberaufsicht des Eisenbahnbetriebsdirectors Kahrt in Flensburg, durch die Bauunternehmer Gerg & Ketelsen in Husum ausgeführt. Die Malerarbeiten sind von Herrn Rosse in Flensburg beschafft worden.

An diesen geschichtlichen Rückblick knüpfte der Redner den Dank für Gottes gnädige Führung, die zu dem schönen Ziele des „eigenen Hauses“, als Heimstätte für erholungsbedürftige Kinder aus allen Gauen des deutschen Vaterlandes; den herzlichen Dank für das rege, unermüdliche Streben der einzelnen Mitarbeiter im Dienste der guten Sache; für die selbstlose Arbeit der Diakonissen an dem gemeinsamen Liebeswerk; den Dank an die Gemeinde Westerland für ihre großmüthige Schenkung; — den Dank an alle anwesenden und fernen Freunde und Förderer der neuerbauten Kinderheilstätte, die nun zur Ehre Gottes ihrem segensreichen Zweck übergeben sei. Zum Schlusse wies Redner noch darauf hin, daß unter dem zwingenden Einflusse der urgewaltigen Natur, aus der hier, in dem Rauschen und Fluthen der Meereswogen und dem Brausen des Sturmwindes geoffenbarten Gottesherrlichkeit, das Walten Gottes lauter und vernehmlicher in die Herzen klinge, wie sonst irgendwo, auch der Mensch zum Frieden und zur inneren Ruhe sich gedrängt fühle, was sich bei dem alljährlichen, gewaltigen Zusammenströmen so vieler verschiedener Elemente am sichtlichsten zeige. Mancherlei zweifellos hervortretenden von berufener Seite hervorgehobenen Schäden, die der ungewöhnlich rasche Aufschwung des Badeortes und Fremdenverkehres unvermeidlich über eine stille Landgemeinde bringe, stehe als kräftige Gegenwirkung gegenüber der dreifach reiche Gottessegen: die gedeihliche Entwicklung unseres Badeortes, der einer Jahr um Jahr gesteigerten Zahl geistiger und körperlicher Arbeiter Heim und Existenz gewähre, die Kräftigung und Wiederherstellung der im harten Lebenskampfe erschütterten Gesundheit an Tausenden und aber Tausenden der auf unserer Insel einkehrenden Mitmenschen, sowie endlich die Wandlung, die Erschließung der Herzen und Sinne unserer Brüder und Schwestern zu frommer Erhebung, zu geistiger Sammlung, zu innerem Frieden, — das seien die nie versiegenden Gottesgeschenke, die unerschöpflichen unserer Insel dargebotenen Segensspenden.

Hierauf erklärte Redner im Auftrag der Gesammtverwaltung den Neubau der Kinderheilstätte als eröffnet und seiner Bestimmung übergeben, zu Gottes Ehr, zu Gottes Preis. Die Anwesenden machten noch einen Rundgang durch das Haus, der Allen den befriedigendsten Eindruck gewährte. Das Haus ist mit gleich großem Verständniß für das Schöne und Praktische — so recht mit Lust und Liebe seitens der Leiter und Ausführer erbaut. Die neue Kinderheilstätte bietet Raum für 25 Gäste resp. Pfleglinge und ist musterhaft in ihrer ganzen Ausführung und Ausstattung. — Die Eröffnungsfeier endete mit einem fröhlichen, reich durch Reden gewürzten Abendessen aller Betheiligten im Hotel Royal.

Literatur.

Der Bär. Illustrirte Wochenschrift für die Geschichte Berlins und der Mark. XVI. Jahrgang. Nr. 41. 12. Juli 1890.

Inhalt: Die schöne Else, von O. Schwebel (Fortsetzung). — Der erste Landtag zu Berlin, von R. Bauer (Schluß). — Blüthe und Zerfall der [illegible] Macht im Mittelalter, von S. Günther. — Zum vierhundertfünfzigsten Gedächtnißjahre der Erfindung der Buchdruckerkunst, von E. König. — Helgoland (mit Abbildung). — Kleine Mittheilungen: Eine berühmte Schönheit (mit Abbildung). — Zur Berliner Feuerordnung. — Märkische Sühne gegen die Fehmgerichte. — Wer war Kroll. — Unser Büchertisch. — Anzeigen.

Carl Heymanns Verlag in Berlin W., Mauerstraße 63—65.

Gedruckt bei Julius Sittenfeld in Berlin.

Alle Zuschriften und Sendungen in Angelegenheiten dieses Blattes wolle man an den Redacteur desselben: Geh. Hofrath Herrlich W. Potsdamer Straße Nr. 134 c. zu Berlin richten.

Wochenblatt der Johanniter-Ordens-Balley Brandenburg.

Im Auftrage der Balley Brandenburg verantwortlich redigirt von C. Herrlich in Berlin.

Jahrg. 31. Berlin, den 6. August 1890. Nr. 32.

Carl Wolf Lothar von Warnb, Wirklicher Geheimer Ober-Regierungsrath, Regierungs-Präsident, Domherr und Mitglied des Herrenhauses, Ehrenritter seit 18[illegible], † zu Wiesbaden 28. Juli 1890.

Die Rolandssäulen Deutschlands.

(Schluß.)

In Calbe an der Saale steht das steinerne Rolandsbild heute, von Epheu umzogen und von einem ziemlich geschweiften, hölzernen Schutzdache überragt, an der Seitenwand des Schulhauses. Dieser Roland ist geharnischt; er trägt Mantel, Schild, Schwert und Helm, kann aber in dieser Gestalt frühestens am Schlusse des 17. Jahrhunderts errichtet worden sein: — das zeigt sein fein gearbeitetes, fast ideal-schönes Lockenhaupt. Wie grimmig schauen dagegen die älteren Rolande darein! Die Höhe auch dieser Statue ist eine sehr beträchtliche: sie beläuft sich auf fünf Meter. Die ältere, hölzerne Rolandssäule von Calbe aber stand mitten auf dem Markte, — wie es in einer Aufzeichnung von 16[illegible] heißt,

„als an einer öffentlichen Gerichtsstelle“;

und an ihrem Gatter, ihrer Einfriedigung, befand sich das Hals-Eisen.

Wir kommen nunmehr zu den Rolanden in dem Lande „am Harz“, dem geschichtlich so hochbedeutsamen Gaue „Nordthüringen“.

Auch an das malerisch anheimelnde Rathhaus zu Halberstadt mit seinen hohen Giebeln und gothischen Gallerien schmiegt sich eine Rolandssäule. Die Statue ist gerüstet, trägt einen Schild mit dem Doppeladler, Mantel, Schwert und Gürtel; — wie eine Inschrift auf dem Gürtelknopfe, der großen mittleren Rosette, besagt, ist sie in dieser Gestalt anno 1433 errichtet worden. Feierlich ernst schaut sie auf die Militärwache vor ihr herab. Poesievoll aber ist die Geschichte, ist auch die Statue des Rolands zu Quedlinburg. Als die Herzöge Ernst und Albrecht von Sachsen im Jahre 1477 die Stadt einnahmen, ließen sie den Roland niederwerfen und in Stücke zerhauen. Im Jahre 1860 wurden die Trümmer auf dem Hofe des Rathskellers aufgefunden, im Jahre 18[illegible] ergänzt und wieder aufgestellt und zwar an der südlichen Rathhauswand, welche wilder Wein mit üppigen Ranken bedeckt.

Auch zu Nordhausen steht ein Roland an einer Rathhausecke unter einem glockenförmigen Dache, eine gar martialische Holzfigur, noch heut'. Derselbe, 1717 errichtet, schwingt in seiner Rechten ein mächtiges Schwert, während seine Linke auf einem dreieckigen, mit dem einköpfigen Adler geschmückten Schild sich lehnt. Eine Krone bedeckt sein lang gelocktes Haupt, ein rother, mit gelben Posamenten verbrämter Rock seinen riesigen Leib. Ehedem aber stand ein geharnischtes „Bild“ hier, eine Statue freilich auch nur von Holz. Der schwedische Obristlieutenant von Ganstein ließ ihr im Februar 1647 die Beine durchsägen; es fand sich indessen, daß sich starke Eisenstäbe durch die Bildsäule hindurchzogen. Sehr wenig im Einklange mit dieser Bildsäule scheint sich die Krönung ihres Schutzdaches zu befinden; sie zeigt den Pelikan mit seinen Jungen, das bekannte Sinnbild Christi. Und dennoch, — wie tiefsinnig dieser Bezug:

„Leide Buße unter des Rolands hauendem Schwerte; so wird der Erlöser sich deiner erbarmen.“ —

Ganz ähnlich dem Nordhäuser ist der Roland zu Neustadt unter dem Hohenstein; — [illegible] Krone, lockiges Haupt, — Husarenrock. Er aber, 1730 errichtet und mit hohen Reiterstiefeln bekleidet, trägt das Schwert bereits in der Scheide; — seine Rechte aber ist zum Schwur erhoben.

Das ist sehr wesentlich, obwohl der Roland heute nur vor dem — Gasthofe zum Rathhause sich befindet.

Höchst drollig, eine eckige Holzfigur mit hauendem Schwerte, mit Krone, Schnurrbart und Husarenrock stellt sich der Roland zu Questenberg in der Grafschaft Roßla uns dar: Er steht jetzt auf dem Kirchhofe, befand sich aber einst auf dem „Rinder-, Rock- oder Herzfeld", auf welchem

das Gericht für das Amt Cuckenberg

abgehalten wurde.

Der Roland zu Erfurt zeigt die ganze Pracht des Renaissancestyles. Auf einer vierkantigen Säule mit reichem Capitäle steht die bärtige Gestalt eines römischen Helden, eine Fahne in der Rechten, die Linke auf den Schild gestützt. Fahne und Schild tragen das Rad von Mainz, welches zugleich das Wappenzeichen von Erfurt ist. Der ältere Roland — der heutige ist erst ein Werk des Jahres 1591, — stand auf dem Fischmarkte, bei St. Martini „intra muros",

woselbst bis 1585 gerichtet wurde.

Die neuere Figur wird auch „der Römer" d. h. der Richter genannt, natürlich darum, weil im Jahre 1591 das römische Recht bereits eingeführt war und den „Sachsen-Spiegel Eike's von Repgow verdrängt hatte; — sie heißt aber auch „der steinerne Mann auf dem Fischmarkte", — nicht allein wegen ihres Materials, sondern auch wegen der Erbarmungslosigkeit des Rechtes, welches vor ihr vollstreckt ward.

Schnell können wir über die märkischen Rolande auf dem rechten Elbufer hinwegsehen. Es stand ein solcher einst zu Berlin auf dem „alten Markte", auf welchem bis tief in's 17. Jahrhundert hinein eine Richtstätte sich befand; es stehen solche noch zu Perleberg, — eine Renaissance-Gestalt von 1546, über 12 Fuß hoch, mit Reif, aber ohne jedes Gebilde aus Sandstein gefertigt. In jenem Jahre 1546 wurde

das Landgericht zu Perleberg

eingesetzt.

Es steht ferner der Roland zu Brandenburg, 1402 neu errichtet, mit seiner zopfigen Krone von Hanslauch an der Ecke des Neustädtischen Rathhauses. Auf jene Sage von der Versetzung des Rolandes, welche auch hier wiederkehrt, ist nicht das mindeste zu geben. Der ernste Brandenburger Roland trägt jene alterthümliche Rüstung, welche der Zeit von 1402, nicht der von 1474 entspricht; er hält in der Rechten das Schwert und in der Linken den vom Gürtel herabhängenden Dolch. Dieser Roland ist einer der ernstesten und würdigsten, die noch vorhanden sind. Vom Rolande zu Prenzlau, welcher im Jahre 1496 auf dem Markte daselbst vor dem Rathhause durch den Magistrat errichtet worden ist, befinden sich in dem Märkischen Provinzial-Museum heute nur noch Reste, — ein lockiges Haupt, der Bruchtheil eines geharnischten Armes sowie ein Schwert mit einer Inschrift, welche zugleich das Schicksal dieses Rolandsbildes verkündet:

„Roland, der große Held,
Berühmt in aller Welt,
Hat mich geführt in seiner Hand,
Wie ihr jetzunder bekannt.
Doch im 1737ten Jahr
Ein ungeheurer Sturm-Wind war,
Da ist mein Herr mit umgekommen
Und ich bin nun hier aufgenommen."

Der Roland zu Potzlow in der Uckermark aber, welcher noch heute steht, ist vielleicht für die Entscheidung der Rolandsfrage

das allerwichtigste Denkmal.

Er besteht nämlich nur aus einem hölzernen Pfahl, welcher in rohen Umrissen die Gestalt eines Mannes zeigt; — seine Rechte ist weit weggestreckt und hält ein Schwert oder einen Spieß. Dahinter die Kirche und das Spritzenhaus, sowie der Friedhof mit seinem übermalten und zinnengekrönten Thorbogen.

Der Roland von Zehden ist als ehrwürdige Holzschnitzerei, als ein sehr verstümmelter Rumpf in römischem Panzer im Märkischen Provinzial-Museum heute gleichfalls noch vorhanden. So auch der Roland von Friesack, ein ganz roher Holzrumpf. Ungebräuchlicher Weise hat man in dem letzteren ein

slavisches Götzenbild

erkennen wollen. Dazu ist der Rumpf viel zu roh gearbeitet; die Slaven verwendeten sehr viel Kunst auf ihre Götterbilder.

Noch haben wir zum Schlusse mehrerer Kunstwerke zu gedenken, welche dem von uns durchwanderten sächsisch-thüringisch-märkischen Ländergebiet nicht eben nahe liegen. Auch an verschiedenen Rathhäusern Süddeutschlands, z. B. an dem zu Rothenburg an der Tauber, befindet sich nämlich ein Ritter mit Schwert und Fahne. Am Rathhause zu Jüterbogk steht unter einem gothischen Baldachine gerüstet, mit dem Ritterschilde und der Fahne, dem Mantel und dem Helme versehen,

der Ritter St. Moritz.

An der Console erscheint das Wappen des Erzbischofs Ernst von Sachsen zu Magdeburg. Wer aber sagt's, daß es wirklich der Ritter St. Moritz ist? — Er trägt einen Adler-, nicht den ihm sonst zukommenden Kreuzesschild und steht einem Rolande durchaus ähnlich. Warum ist er bei Schröder nicht erwähnt? Gehört er doch unzweifelhaft der „Elbgruppe" der Rolande zu! Ganz vereinzelt stehen dann noch für sich da: der Schwertarm am Rathhause zu Münster, ein bloßer, mit einem Schwerte bewaffneter, hölzerner Arm mit aufgekrempeltem Aermel. Er wurde bei den großen Märkten vermittelst einer eisernen, an einem Außenpfeiler des bedeckten Laubenganges befindlichen Stange herausgestreckt, — ein Zeichen, daß nun der „Marktfriede" gelten und jede Verletzung desselben mit bloßem Schwerte geahndet werden sollte.

Zu Bolen steht vor dem ehrwürdigen Rathhause mit seinen Loggien auf mäßig hoher achteckiger Sandsteinsäule eine geharnischte Figur mit einem Schwerte. An dieser Säule befinden sich die drei Inschriften:

„Diligite justitiam, moniti, et non temnere divos.",

„Vandalit hat" — nämlich nicht der Roland, sondern der Dieb, der einst an die Säule gebunden wurde, — „sacro patriam."

„Comitraria est haec statua ex coctricum fabrili," aus den Strafgeldern zur Rechenschaft gezogener Dienstmägde oder vielmehr Köchinnen. „Reparat. a. d. 1690. 1727. 1749. 1781. 1825. 1880."

Die Stelle dieser Fußbänke an der Ecke des Rathhauses mit den verlöschenen Fresken der alten Polenkönige ist eine echt rolandsmäßige. Durchaus aber als Roland kündigt sich auch der

geharnischte Mann

am Rathhause der mit dem Magdeburgischen Rechte bewidmeten Stadt Breslau an, wenn er uns die Worte zuruft:

„Ich bin des Raths geharnischter Mann;
Wer mich angreift, der muß ein Schwert han"

Auch er wird von Professor Schröder übergangen —

Nach all dem, was wir sonach an Thatsächlichem erfahren haben, ist die neue Weisheit: der Roland sei nichts als ein Zeichen der Marktfreiheit, auf das Entschiedenste abzuweisen. Wäre gesagt: „des Marktfriedens", so ließe sich das eher billigen. Es ist doch ein großer Unterschied, ob man einen „Strohwisch" aufrichtet oder in selbst sehr kleinen Orten mit schweren Kosten eine übermenschlich große Sandsteinstatue trotzigster Art und mit gezücktem Schwerte aufstellt.

Wir sagen daher: Mit der Marktfreiheit haben die Rolande nicht das Mindeste zu thun. Weichbildzeichen sind sie gleichfalls nicht; — es würde ihnen dann von unsern sehr verständigen Ahnen der Platz an der Grenze des Weichbildes zugewiesen worden sein. Wie aus einem Kreuze endlich sich eine Rolandsstatue entwickelt haben soll, das mag verstehen, wer's kann.

Die Bedeutung der Rolandssäulen ist thatsächlich eine viel tiefere. Ursprünglich „trunci arborum" stellen sie den „Schwert- oder Gerichtspfahl" dar. Alle örtlichen Ueberlieferungen von den Rolanden weisen auf den Zusammenhang dieser Säulen mit der Handhabung des Rechtes hin; sie stehen vorzugsweise vor den Rathhäusern und Gerichtslauben, diese Colosse. Daß hier, — wenigstens in weitaus den meisten Fällen, — sich auch der Markt befand, ist ganz nebensächlich. Das nackte Schwert gewährt nicht Freiheiten; — es warnt vielmehr mit Strafen, — mochten dieselben nun hoch oder gering bemessen, — mochten sie vom Kaiser, vom Herzog oder Markgrafen, vom Vogte der Stadt- und Dorfrichter verhängt worden sein.

Das Sachsenland ist die eigentliche Heimat der Rolandssäulen. Alle Sachsen aber erhofften in alter Zeit sich Heil und Frieden nur

von dem Schwertgotte,

dem ältesten deutschen Gotte, welchen die Schwaben Ziu oder Tiu, die Westfalen Irmin, die Ostfalen Saxnot, die Thüringer Herr genannt zu haben scheinen. Der auf der Gerichtsstätte aufgepflanzte Schwertpfahl bedeutete daher seine schlichtende, seine rächende Anwesenheit. Seine Rune war das Schwert. Was geht ihn die Marktfreiheit an; — er „handelt" nicht, er „richtet". Aus dem Schwertpfahle ist dann der Roland mit dem gezückten Schwerte entstanden, — dieses ernste Zeichen, welches der Gerichtsstätte

ihre hohe Weihe giebt.

Leicht erklärt sich so auch der Name. Vielleicht haben die Rolandsstätten ehedem die Bezeichnung

„rûl wrege-lant",

„das Land der Rüge",

geführt, — vielleicht auch

„das rote lant",

das von entsühntem Blute geröthete Land. Es kam dann schon im 9. Jahrhunderte die seltsame Auffassung auf, Karl der Große sei Quell und Schöpfer alles deutschen Rechtes. Sie war wesentlich die Frucht der fränkischen Mission. Als nun die geschichtlichen Züge des Kaisers mehr und mehr zu verblassen begannen, während dagegen der bestimmende Einfluß seines Geistes immer mächtiger hervortrat; — als dann gar die romantische Sage von Karl und seinen Paladinen den Weg fand auch zu den Sachsen und zu jenen ehemals slavischen Gebieten, welche die Sachsen colonisirend dem Reiche zurückeroberten, als man im Lande der Westfalen gar „von dem richtenden Schwerte Karoli Magni" sprach, da lag es überaus nahe, in Karls sagenhaftem Neffen Roudland, dem nur einmal geschichtlich erwähnten Markgrafen von Aremorika, dem gefeierten Helden des Kerlingischen Sagenkreises,

den Vollstrecker des Rechts

zu erblicken. —

Die Darstellung Schröders ist also eine überaus flache und rationalisirende. Die rationalistische Theologie hat viele Sünden auf dem Gewissen; sie aber wankt, — Gott Lob! — dem Grabe entgegen. Die Behauptung, daß aus einem Kreuzeszeichen, einem Handschuhe und dergl. eine Rolandsstatue entstehen könne, würde aber auch wohl von ihr als unerfindlich und ungeheuerlich zurückgewiesen worden sein.

Oskar Schwebel.

Pfälzische Adelssagen.

76. Das Fräulein von Flersheim.

Gegenüber dem wunderlieblichen Karlsthale bei Trippstadt in der Pfalz erheben sich die Trümmer der Burg Wilenstein, welche einst dem hochangesehenen Geschlechte derer von Flersheim gehörte. Diese Herren von Flersheim haben das Kloster auf der nahen „Aschbacher Höhe" gestiftet, dessen bauliche Reste sich gleichfalls noch bis in unsere Tage hinübergerettet haben. Ueber dem Portale der Klosterkirche aber erblickt man im Sandsteinbildnerei den Stab und die Flöte eines Hirten, und die Volkssage wußte diese Wahrzeichen also zu deuten.

Es kam einst in alten Tagen ein bildschöner Jüngling aus fremden Landen in dies friedlich stille Thal. Er sprach zu Niemandem von seiner Herkunft, aber er mußte arm und sehr, sehr unglücklich sein; denn deutlich prägten sich die Spuren erlittener Schmerzen in seinen Zügen aus und demüthig bat er auf der Burg Wildenstein um das Amt eines Hirten, welches er auch erhielt. Unvermerkt aber gewann des Burgherrn Töchterlein ihn lieb. Dem Hirten konnte die Zuneigung des Edelfräuleins freilich nicht lange verborgen bleiben; aber er that nichts, um sie sich zu erhalten oder sie gar vielleicht zu steigern. Der Ritter von Flersheim wünschte seine Tochter jedoch mit einem Edlen des Landes verlobt zu sehen, und endlich ließ sich dieselbe auch dazu bestimmen, einem ritterlichen Pfälzer ihr Jawort zu geben. Am andern Tage wollte sie wie sonst alltäglich von der Burgzinne herab auf den Hirten im Thale niederschauen; allein es tönte den ganzen Tag über kein Heerdengeläut zu ihr herauf, und am andern Morgen trieb ein anderer Schäfer die Heerde vorüber. Bald erfuhr sie dann auch, daß sein still getragenes Leid den armen Schäfer getödtet habe. Man hatte danach an einer Schnur, welche er unter dem groben Hemde um den Hals getragen hatte, auf seiner Brust einen goldenen Ring gefunden; — derselbe war mit einem fremdländischen Wappenzeichen geschmückt, welches Niemand zu deuten wußte. Wehklagend wollte nun das Fräulein zu einem Klausner im Walde eilen, um sich den Trost seiner milden Worte zu erbitten; allein in ihrer Betrübniß hatte sie des Weges nicht recht Acht; sie glitt auf einem Stege aus, welcher über einen Waldbach hinführte, und ertrank. Zu ihrem Andenken und zum Seelenheile des unbekannten Hirten erbauten die Herren von Flersheim dann jenes Kloster auf der Aichbacher Höhe. —

Auch diese Sage gehört zu jener großen Anzahl von poetischen Ueberlieferungen, welche durch Kunstwerke oder Wahrzeichen hervorgerufen worden sind. Eine Gestalt mit Flöte und Hirtenstab inmitten der reichen Ornamentik des gothischen Portales fiel dem Volke der Umgebung Kloster Aichbach's auf. Wohl lag es nahe genug, in derselben jenen königlichen Sänger der Psalmen zu erkennen, welcher einst auch ein Hirt gewesen; allein die dichterische Kraft des Landvolkes begnügte sich mit dieser Deutung nicht, und so entstand diese zarte Sage von dem Fräulein von Flersheim, welche in Bezug auf Gehalt und Motivirung Schillers Lied vom Ritter Toggenburg weitaus übertrifft. —

77. Todesvorzeichen im Hause der Grafen von Werdenberg.

All' die berühmten Grafengeschlechter des deutschen Südens mit der Kirchenfahne im Wappenschilde, die von Montfort, von Heiligenberg, von Feldkirch, von Tübingen und von Werdenberg, leiten sich, wenn wir der Ueberlieferung des Chronisten Thomas Lyrer von Rankwyl vertrauen dürfen, von einem sagenhaften Kaiser Curio von Rom ab, welcher aus der ewigen Stadt vertrieben und in's alemannische Land eingewandert war. Die Geschichte all' dieser hochedlen Geschlechter ist reich an anziehenden, halb historischen, halb sagenhaften Zügen; — wir erinnern beispielsweise nur an jenes „Testament" des Pfalzgrafen Götz von Tübingen, welches Uhland so köstlich frisch besungen hat.

Die Sagen und Mären der Werdenberger, welche Grafen in älterer Zeit auf dem Schlosse zu Sigmaringen residirten, sind dagegen zum Theil sehr düsterer; — fehlt es doch auch in der Geschichte dieses edlen Hauses nicht an blutigen Auftritten, wie z. B. die Ermordung des Grafen Felix von Werdenberg durch den Grafen Andreas von Sonnenberg auf dem Sigmaringer Schlosse ein solcher ist. —

Man glaubte nun einst auch im Hause der Werdenberger, daß diejenigen der Geschlechtsgenossen, welchen bestimmt war, demnächst zu sterben, durch besondere Vorzeichen auf das Nahen ihres Endes aufmerksam gemacht würden. Ueber der Gruft des Werdenberger Grafen zu Trochtelfingen lag nämlich ein schwerer Stein, welcher den Eingang zu dem Gewölbe verschloß. Es wurde sorgfältig darauf gehalten, daß dieser Stein mit Kalk und Kitt stets auf das Festeste eingefugt war. Dennoch geschah es gar oft, daß die behauene Sandsteinplatte sich bewegte und leise erzitterte. Dies geschah stets dann, wenn der Sohn des alten Grafenhauses die gemeinsame Gruft des Geschlechtes besuchte, welchem es zunächst und in kurzer Zeit bestimmt war, von der Welt abzuscheiden. —

Bei anderen Geschlechtern des Schwabenlandes waren die Todesvorzeichen andere. Sollte z. B. ein Blumeneck sterben, so stürzte im Kloster Güntersthal im Breisgaue, woselbst sich das Erbbegräbniß dieses edlen Hauses befand, der Wappenschild der Blumeneck von der Wand. Die Oettinger Grafen hatten einst im Kloster Kirchheim im Ries ein „Heilthum", ein Sacramentshäuschen, in welchem sich Reliquien befanden, gestiftet. Sollte nun wieder ein Graf von Oettingen sterben, so hörte die Aebtissin dieses Stiftes den kunstvoll ausgemeißelten Stern des gothischen Thürmchens bei nächtlicher Weile stets hell erklingen. Bei den Herren von Hohen-Klingen aber nahte der Stammburg, so oft einer dieses Geschlechtes die Welt verlassen sollte, ein geheimnißvoller Vogel, welcher im Dunkel der Nacht wie feurig erglänzte. Hatte man ihn wiederum auf der Burgzinne erblickt, so wußte man gewiß, daß ein Herr von Hohen-Klingen in diesen Tagen verscheiden werde. —

Unzählbar überhaupt sind die Vorzeichen, welche

nach deutschem Volksglauben auf das Nahen des Todes hinweisen; — gewiß ein Zeichen dafür, wie ernstlich sich das deutsche Gemüth mit den letzten Dingen stets beschäftigt hat. Die hier angeführten Beispiele sind freilich sehr düstere und unheimliche; es ist unendlich viel poetischer, wenn z. B. auf dem Sitze eines demnächst zur Ewigkeit eingehenden Domherrn die weiße Todtenrose erscheint. Das Herabstürzen eines Wappenschildes als Todesvorzeichen gehört übrigens dem Süden nicht ausschließlich an; wir hören von ähnlichen Sagen auch in Westfalen und in Mecklenburg.

Von Hofzwergen und Hofzwerginnen.

Noch bis ins achtzehnte Jahrhundert herauf liebte man es an den Höfen der Großen, Zwerge zu halten, die zu allerlei Verrichtungen, meist aber wohl zur Aufwartung bei der Tafel und bei andern Gelegenheiten verwendet wurden. Diese kleinen Leutchen wurden dann von ihrem Gebieter oder ihrer Gebieterin — denn auch mächtige Damen hatten an ihrem Hofe diese Sitte eingeführt — sehr geschätzt, wie der eigene Augapfel gehütet und genoßen manches Vorrecht. Wenn sie dann das Zeitliche segnete, so wurde ihrem sterblichen Theil viel Ehre erwiesen, sie erhielten ein feierliches Begräbniß, bei welchem sich auch stets der hohe Herr oder die hohe Dame selbst als Leidtragende einfanden. Von einer der interessantesten Bestattungen eines Mitgliedes der Zwergengilde weiß eine alte Chronik aus dem Jahre 1715 zu berichten. Am 8. Januar des genannten Jahres starb der Zwerg des Czaren — der Name des Höflings aus dem Liliputanerreiche wird in der Schrift nicht genannt — und da der Monarch das winzige Kerlchen sehr lieb gehabt hatte, so befahl er, seinem verblichenen Liebling ein pompöses Leichenbegängniß zu veranstalten. In der Beschreibung dieses Trauerzuges heißt es: „Der Sarg war mit schwarzem Sammet bedeckt und auf einem Wurst-Schlitten von sechs niedlichen Nappen gezogen worden.“ Rückwärts auf dem Schlitten saß ein Zwerg von fünfzig Jahren ein Bruder des Verstorbenen, der den Sarg mit seinen Armen umfaßt hielt. Gleich hinter der Leiche schritten vierundzwanzig Zwerge, die paarweise gingen und sich an der Hand hielten. Sie waren in schwarze Röcke gekleidet und trugen lange, bis auf den Boden reichende Mäntel und Flöre, die sie gleichfalls auf der Erde nachschleiften. Noch artiger war die Procession der Zwerginnen anzusehen. Diese gingen hinter den Zwergen in gleicher Ordnung und waren nach der Größe wie die Orgelpfeifen gestellt. Den Zug schloß der Kaiser selbst, der an der Spitze aller seiner Generale einherschritt. . . . . .“

Eine berühmte Zwergin beschreibt die Gräfin d'Aunoy in ihren Memoiren. Als sie zu Anfang des achtzehnten Jahrhunderts Spanien bereiste, waren in diesem Lande die Zwerge noch sehr in Mode. Als die Gräfin der verwitweten Königin einen Besuch abstattete, kam eine Zwergin in das Gemach, welche so dick war wie ein Faß, aber dabei so kurz als eine Schreibfeder und ganz in goldenen und silbernen Brokat gekleidet ging. Ihre Haare waren so lang, daß sie ihr fast bis zu den Füßen hinab reichten. Die Zwergin fiel vor der Königin auf die Knie und fragte, ob die Majestät zur Tafel erscheinen wolle. . . . . .

Ganz entzückt war die Gräfin aber von dem berühmten Zwerg Louisillo, den sie am regierenden Hofe von Spanien sah. „Es ist unfehlbar der artigste Zwerg, den ich jemals gesehen, ja den es wohl überhaupt geben mag; schreibt sie. „Er ist von der zierlichsten Figur, trägt einen ungemein wohlgestalteten, fein modellirten Kopf und hat ein schönes, zartes, liebliches Gesicht. Louisillo ist aber nicht nur schön am Körper, sondern auch ein überaus gescheidtes Männchen und von großer Wissenschaft, wie man sie bei dieser Art Menschen selten findet. Wenn er spazieren geht, trägt ein Stallbursche, der auf einem Pferde sitzt, ihm ein ganz kleines Zwergpferdchen nach, das der Zwerg dann, wenn es ihm beliebt, besteigt. Das Pferdchen wird deshalb getragen, weil es sich sonst müde laufen würde, da es sehr zart ist. Pferd und Zwerg sind zusammen nicht über 1½ Ellen hoch. . . . . .“

Ein Wohlthäter in Philadelphia.

Stephan Girard, 1750 in der Nähe von Bordeaux geboren, hatte sich nach einer freudlosen Kindheit, die durch den zufälligen Verlust des rechten Auges und die in Folge davon erlittene Zurücksetzung verbittert wurde, früh aus dem wohlhabenden Elternhause entfernt und, wie viele seiner Vorfahren, auf die See begeben. Mit gutem Erfolge. Schon dem 23jährigen wurde die Führung eines Handelsschiffes anvertraut, und reicher Gewinn lohnte den unternehmungslustigen, mit klarem Verstande ausgerüsteten, jungen Schiffsherrn. Auf einer seiner Fahrten kam er auch nach Philadelphia. Hier blieb er bis zu seinem Tode 1831 als hochgeachteter Handelsherr, der sich seine eigene Flotte baute und mit ihr in der ganzen Welt gewinnreichen Handel trieb.

Er lebte fast einsiedlerisch, ein Hang, den die verbitterte Kindheit vielleicht erzeugt, den ein schweres Hauskreuz mitten im wachsenden Wohlstand fort und fort nährte. Denn nach ein paar Jahren glücklichen, wenn auch kinderlosen Ehestandes, brachte sich geistige Umnachtung um die geliebte Frau, mehr wie ein Vierteljahrhundert verbrachte die Unheilbare in einer Irrenanstalt, bis der Tod sie erlöste, für den einsamen Mann ein qualvoller Zustand, als wenn er keine Lebensgefährtin besessen. Doch in seinem Herzen wohnte edle Menschenliebe. Als 1793 das gelbe Fieber mit verheerender Heftigkeit in Philadelphia wüthete, gehörte Girard zu den sehr Wenigen, welche in der verwickelten, öde gewordenen Stadt furchtlos aushielten und sich mit erneuerndem Eifer die scharenweise im Stiche gelassenen Kranken aufsuchten und pflegten. Zu den Kindern zog es den kinderlosen Mann allezeit. Was er in jahrzehntelanger, rastloser Thätigkeit mit reichstem Erfolge gesammelt, das hat er diesen seinen kleinen Lieblingen vermacht. Als Girard 1831 mehr denn 80jährig starb, erfuhr die überraschte Stadt, daß ihr reichster Mitbürger sein ganzes Vermögen zu einem Knabenwaisenhaus im größten Style bestimmt hatte. 26 Millionen Mark fanden sich für diese Stiftung in den Büchern des Handelsherrn eingetragen, dazu in einer Anlage, deren Zinsertrag im Laufe der Jahre eine ungemein günstige geworden. Ein Theil der Summe besteht in Häusern in der günstigsten Geschäftslage der Stadt, ein anderer Theil in Landgütern, auf dem gegenwärtig ergiebige Bergwerke aufgethan sind. Aus dem letzten Jahresbericht ist ersichtlich, daß das Vermögen des Girards-College mit beinahe 50 Millionen Mark gebucht ist, daß der Unterhalt der Anstalt mehr denn anderthalb Millionen Mark erfordert, für welche Summe augenblicklich 1368 elternlose Knaben vollständigen Unterhalt und sehr tüchtige Schulbildung erhalten.

Eine Heimstätte für vereinsamte und kränkliche Damen.

In Schreiberhau im Riesengebirge, Kreis Hirschberg, Schlesien, 700 Meter über See, ist in diesem Frühjahr ein christliches Kurhaus, das „Kurhaus zum Hochstein" als ein Erholungs- und Pflegehaus für Ruhe- und Erholungsbedürftige jeder Art eröffnet, welche in ländlichem Stillleben und in stärkender Gebirgsluft, unter sorgsamer ärztlicher Pflege Wiedergenesung suchen.

Schreiberhau ist seit Jahren ein vielbesuchter Luftkurort, ausgezeichneter Aufenthalt für Lungenleidende im ersten Stadium, für Nervenkranke, Bleichsüchtige und Blutarme.

Das Kurhaus bietet auch zum Ferienaufenthalt für erholungsbedürftige und kränkliche Kinder Raum, gewährt Bäder, Brunnen-, Molken-, Obstwein- und Beerenwein-Kuren, sowie den Gebrauch heilkräftiger Gebirgskräuter genau nach ärztlicher Vorschrift.

Im Hause ist zugleich eine Speiseanstalt für Fremde, insbesondere für die in den naheliegenden Villen wohnenden Kurgäste eingerichtet, und das ganze Jahr geöffnet.

Einige gesund gelegene Zimmer des Kurhauses können an vereinsamte, kränkliche Damen gegen eine einmalige Einzahlung von 600 Mk. abgegeben werden. Hierfür dürfen sie lebenslänglich miethsfrei darin wohnen; sie bringen ihre eigene Zimmereinrichtung mit. Einen kräftigen und reichlichen Mittagstisch erhalten sie zu billigsten Preise. Die Feuerung für den Winter wird zum Selbstkostenpreise gewährt, die Wäsche für billigen Tagelohn im Hause gewaschen und geplättet. Für Krankheitsfälle wird sorgfältige und liebevolle Pflege zugesagt.

Auf Wunsch können auch Einzahlungen für lebenslängliche Versorgung und Verpflegung im Kurhause geleistet werden; diese Einzahlungen werden nach dem Alter der Damen berechnet und gerichtlich sichergestellt.

Die Hausordnung der Anstalt steht auf christlichen Grundsätzen. Im großen Vereinssaale werden Andachten und Gottesdienste gehalten.

Die Vorsteherin des Kurhauses, verwittwete Frau Ober-Postcommissarius Hafen, geb. Döhling, ertheilt gern nähere Auskunft über Aufnahmebedingungen rc.; über alle sanitätlichen Angelegenheiten der leitende Arzt Dr. Anton daselbst.

Der Verein für Kinderheilstätten an den deutschen Seeküsten.

Aus dem Jahresberichte des Vereins für Kinderheilstätten an den deutschen Seeküsten hebt die „N. A. Ztg." hervor, daß das Hospiz in Norderney von 580 Pfleglingen im letzten Jahre (gegen 565 im Vorjahre) mit 29069 Verpflegungstagen besucht war. Der durchschnittliche Aufenthalt eines Pfleglings berechnet sich auf 51,3 Tage. Freistellen erhielten 77 Knaben und 106 Mädchen. Außerdem konnten acht Kindern aus dem Aufnahmefonds Beihilfen zu verschiedenen Beträgen gewährt werden. Die meisten Kinder kamen aus Berlin (123), dann aus Sachsen 74, der Rheinprovinz 74, Westfalen 50 u. s. f. Als Pflegerinnen waren im Vorjahre die Schwestern des Viktoriahauses thätig, die aber in diesem Jahre in Folge anderweiter Verpflichtungen unabkömmlich sind und durch ein ebenfalls geschultes Pflegepersonal ersetzt werden. Das Hospiz in Wyk ist von 110 Kindern gegen 80 im Vorjahre besucht worden. In Gr. Müritz wurden 150 Pfleglinge und in Zoppot 45 aufgenommen, sodaß die Gesammtzahl aller verpflegten Kinder 885 beträgt. Es sind von den verschiedenen Hospizen 50 bis 60 % Heilungen berichtet, und namentlich haben sich die Winterkuren in Norderney durch glänzende Heilresultate ausgezeichnet. Es sind nur 10 Tage während der Zeit vom October bis März gewesen, an denen die Kinder nicht ihre gewohnten Spaziergänge ausführen konnten. Der von dem Schatzmeister Hrn. Oppenheim erstattete Kassenbericht zeigt einen Kassenbestand von 16000 Mk. Das Budget pro 1890/91 ist auf 89000 Mk. Einnahme und 102000 Mk. Ausgabe veranschlagt.

Carl Heymanns Verlag in Berlin W., Mauerstraße 63—65. Gedruckt bei Julius Sittenfeld in Berlin.

Alle Zuschriften und Einsendungen in Angelegenheiten dieses Blattes wolle man an den Redacteur desselben: Geh. Hofrath Herrlich W. Potsdamer Straße Nr. 134 c. zu Berlin richten.

[illegible]

[illegible]

Wochenblatt der Johanniter-Ordens-Balley Brandenburg.

Im Auftrage der Balley Brandenburg verantwortlich redigirt von C. Herrlich in Berlin.

Jahrg. 31. Berlin, den 13. August 1890. Nr. 33.

Uebersicht der in den Kranken- und Siechenhäusern des Johanniter-Ordens am 1. August 1890 befindlich gewesenen Kranken und Siechen.

Nr.	Namen der Orte, wo sich die Häuser befinden.	[illegible]	Summa [illegible]	[illegible]	[illegible]
1.	[illegible]:				
	Bestand am 1. Juli 1890	66			
	Zugang pro	47			
		110			
	Abgang	53			
	Bleibt Bestand	57	57	1 907	70
2.	[illegible]:				
	Bestand am 1. Juli 1890	90			
	Zugang pro	[illegible]			
		149			
	Abgang	53			
	Bleibt Bestand	96	96	3 517	90
3.	[illegible] ([illegible])				
	Bestand am 1. Juli 1890	121			
	Zugang pro	83			
		204			
	Abgang	33			
	Bleibt Bestand	171	170	4 875	190
4.	[illegible]:				
	Bestand am 1. Juli 1890	31			
	Zugang pro	19			
		50			
	Abgang	26			
	Bleibt Bestand	24	24	823	50
5.	[illegible]:				
	Bestand am 1. Juli 1890	37			
	Zugang pro	17			
		54			
	Abgang	20			
	Bleibt Bestand	34	34	1 179	34
6.	[illegible]:				
	Bestand am 1. Juli 1890	17			
	Zugang pro	16			
		33			
	Abgang	18			
	Bleibt Bestand	15	15	374	30
7.	[illegible]:				
	Bestand am 1. Juli 1890	21			
	Zugang pro	22			
		43			
	Abgang	25			
	Bleibt Bestand	17	17	366	12
	zu übertragen		414	13 251	485
	Uebertrag		414	13 251	485
8.	[illegible]:				
	Bestand am 1. Juli 1890	53			
	Zugang pro	15			
		68			
	Abgang	23			
	Bleibt Bestand	45	45	704	80
9.	[illegible]:				
	Bestand am 1. Juli 1890	53			
	Zugang pro	17			
		70			
	Abgang	27			
	Bleibt Bestand	43	43	1 [illegible]	60
10.	[illegible]:				
	Bestand am 1. Juli 1890	15			
	Zugang pro	11			
		26			
	Abgang	13			
	Bleibt Bestand	13	13	446	38
11.	[illegible]:				
	Bestand am 1. Juli 1890	40			
	Zugang pro	25			
		65			
	Abgang	24			
	Bleibt Bestand	41	41	1 229	40
12.	[illegible]:				
	Bestand am 1. Juli 1890	35			
	Zugang pro	40			
		75			
	Abgang	39			
	Bleibt Bestand	36	36	1 045	60
13.	[illegible]:				
	Bestand am 1. Juli 1890	10			
	Zugang pro	24			
		34			
	Abgang	14			
	Bleibt Bestand	20	20	[illegible]	45
14.	[illegible] i. d. [illegible]:				
	Bestand am 1. Juli 1890	11			
	Zugang pro	17			
		28			
	Abgang	10			
	Bleibt Bestand	18	18	397	40
	zu übertragen		610	19 006	518

Nr.	Namen der Orte, wo sich die Häuser befinden	[illegible]	[illegible]	[illegible]	[illegible]
	Uebertrag		610	19 006	813
15.	[illegible]:				
	Bestand am 1. Juli 1890	45			
	Zugang pro . .	55			
		100			
	Abgang . . .	38			
	Bleibt Bestand	62	62	2 042	96
16.	[illegible]:				
	Bestand am 1. Juli 1890 .	19			
	Zugang pro . .	18			
		37			
	Abgang . . .	13			
	Bleibt Bestand	24	24	633	40
17.	[illegible]:				
	Bestand am 1. Juli 1890 .	29			
	Zugang pro . .	77			
		106			
	Abgang . . .	70			
	Bleibt Bestand	36	36	1 232	40
18.	[illegible]:				
	Bestand am 1. Juli 1890 .	22			
	Zugang pro . .	25			
		47			
	Abgang . . .	20			
	Bleibt Bestand	27	27	679	64
19.	[illegible]:				
	Bestand am 1. Juli 1890 .	21			
	Zugang pro . .	17			
		38			
	Abgang . . .	15			
	Bleibt Bestand	23	23	618	60
20.	[illegible] a. d. O.:				
	Bestand am 1. Juli 1890 .	12			
	Zugang pro . .	13			
		25			
	Abgang . . .	13			
	Bleibt Bestand	12	12	353	61
21.	[illegible]:				
	Bestand am 1. Juli 1890 .	25			
	Zugang pro . .	32			
		57			
	Abgang . . .	36			
	Bleibt Bestand	21	21	816	47
22.	[illegible]:				
	Bestand am 1. Juli 1890 .	10			
	Zugang pro . .	26			
		36			
	Abgang . . .	21			
	Bleibt Bestand	15	15	655	56
23.	[illegible] ([illegible]):				
	Bestand am 1. Juli 1890	9			
	Zugang pro . .	1			
		10			
	Abgang . . .				
	Bleibt Bestand	10	10	310	18
24.	[illegible]:				
	Bestand am 1. Juli 1890 .	2			
	Zugang pro . .	9			
		11			
	Abgang . . .	7			
	Bleibt Bestand	4	4	110	19
	zu übertragen		841	26 967	1 785

Nr.	Namen der Orte, wo sich die Häuser befinden	[illegible]	[illegible]	[illegible]	[illegible]
	Uebertrag		841	26 967	1 785
25.	[illegible]:				
	Bestand am 1. Juli 1890 .	21			
	Zugang pro . .	9			
		30			
	Abgang . . .	15			
	Bleibt Bestand	15	15	380	80
26.	[illegible]:				
	Bestand am 1. Juli 1890	15			
	Zugang pro . .	21			
		36			
	Abgang . . .	25			
	Bleibt Bestand	11	11	437	70
27.	[illegible]:				
	Bestand am 1. Juli 1890	3			
	Zugang pro . .	3			
		6			
	Abgang . . .	3			
	Bleibt Bestand	3	3	117	10
28.	[illegible]:				
	Bestand am 1. Juli 1890 .	9			
	Zugang pro . .	8			
		17			
	Abgang . . .	7			
	Bleibt Bestand	10	10	341	15
29.	[illegible] ([illegible]).				
	Bestand am 1. Juli 1890 .	32			
	Zugang pro . .				
		32			
	Abgang . . .	1			
	Bleibt Bestand	31	31	959	57
30.	[illegible]:				
	Bestand am 1. Juli 1890 .	21			
	Zugang pro . .	19			
		40			
	Abgang . . .	18			
	Bleibt Bestand	22	22	668	30
31.	[illegible]:				
	Bestand am 1. Juli 1890 .	12			
	Zugang pro . .	3			
		15			
	Abgang . . .	6			
	Bleibt Bestand	9	9	387	23
32.	[illegible]:				
	Bestand am 1. Juli 1890 .	20			
	Zugang pro . .	31			
		51			
	Abgang . . .	25			
	Bleibt Bestand	26	26	783	47
33.	[illegible]:				
	Bestand am 1. Juli 1890 .	30			
	Zugang pro . .	10			
		40			
	Abgang . . .	8			
	Bleibt Bestand	32	32	990	50
34.	[illegible]:				
	Bestand am 1. Juli 1890 .	82			
	Zugang pro . .	85			
		167			
	Abgang . . .	78			
	Bleibt Bestand	89	89	2 646	88
	zu übertragen		1 089	34 172	1 818

Nr.	Namen der Orte, wo sich die Häuser befinden.	[illegible]	Summa [illegible]	[illegible]	[illegible]
	Uebertrag		1 069	34 178	1 616
35.	[illegible]:				
	Bestand am 1. Juli 1890 .	38			
	Zugang pro " "	38			
		76			
	Abgang " "	31			
	Bleibt Bestand	45	45	674	41
36.	[illegible]:				
	Bestand am 1. Juli 1890 .	71			
	Zugang pro " "	7			
		78			
	Abgang " "	7			
	Bleibt Bestand	71	81	656	50
37.	[illegible] in Württemberg:				
	Bestand am 1. Juli 1890 .	2			
	Zugang pro " "	2			
		4			
	Abgang " "	2			
	Bleibt Bestand	2	2	70	28
38.	Schwäbisch Hall: (neu eröffnet)				
	Bestand am 1. Juli 1890 .	—			
	Zugang pro " "	4			
		4			
	Abgang " "	—			
	Bleibt Bestand	4	4	86	16
39.	Ludwigslust in Mecklenburg:				
	Bestand am 1. Juli 1890 .	31			
	Zugang pro " "	26			
		57			
	Abgang " "	17			
	Bleibt Bestand	40	60	1 070	56
40.	Kiel(?):				
	Bestand am 1. Juli 1890 .	11			
	Zugang pro " "	11			
		22			
	Abgang " "	13			
	Bleibt Bestand	9	9	338	28
41.	[illegible] in Hessen:				
	Bestand am 1. Juli 1890 .	16			
	Zugang pro " "	13			
		29			
	Abgang " "	14			
	Bleibt Bestand	15	15	445	20
	Zusammen		1 283	37 471	1 817

Der gesammte Abgang an Kranken pro Juli c. beträgt 829, davon sind gestorben 56
ungeheilt oder auf Verlangen entlassen 102
geheilt 671
wie oben 829.

---

42. Das Krankenhaus zu Beirut in Syrien mit 65 Betten:
Bestand am 1. Juni 1890 . . . . 45 Kranke.
Zugang pro Juni 1890 . . . . 45 "
= 90 Kranke.

Davon sind
gestorben 1
ungeheilt oder auf Verlangen entlassen 21
geheilt 23
45 "

Bleibt Bestand am 1. Juli 1890: . . . . 45 Kranke.

Unter den Aufgenommenen befanden sich 4 Europäer, 20 orientalische Christen, 14 Muhamedaner, 1 Druse und 9 Juden.

Die Zahl der Kranken-Verpflegungstage pro Juni 1890 beträgt 1766.

Poliklinisch wurden 940 Patienten behandelt.

Hannoversche Genossenschaft des Johanniter-Ordens.

Den Herren Mitgliedern der Hannoverschen Genossenschaft zeige ich hiermit ergebenst an, daß in Folge Ablebens des Schatzmeisters unserer Genossenschaft Sr. Excellenz des Herrn Generallieutenants z. D. von Krosigk der zeitige Werkmeister, Kammerherr und Major a. D. Freiherr von Rosenberg, zu Hannover, Brühlstraße 2, die Führung der Schatzmeister-Geschäfte bis zu der für den nächsten Rittertag anzuziehenden Neuwahl übernommen hat. Es wird daher gebeten, alle Geldsendungen für unsere Genossenschaftskasse an denselben richten zu wollen.

Ippenburg bei Wittlage, den 29. Juli 1890.

Graf von dem Bussche-Ippenburg
genannt von Kessell.
Commendator.

Die angeblichen Nachkommen der letzten Stuarts.

Am letzten Tage des Jahres 1880 starb am Bord eines von Bordeaux nach der Themse fahrenden Dampfbootes, im Angesicht der englischen Küste, ein über achtzig Jahr alter Mann, der sich Graf von Albany nannte. Er war hochgewachsen, von würdevollem Aussehen, obgleich leidend und verfallen, von Manieren ein Gentleman, in nicht gewöhnlichem Maße gebildet. Auch noch im hohen Alter zeigte er noch Aehnlichkeit mit König Carl I., wie Van Dyck ihn gemalt hat, eine Aehnlichkeit, welche in jüngeren Jahren frappant gewesen sein soll, und die durch falsches Haar und eine angewohnte halbmilitärische Tracht mit allerlei Ordensbändern gesteigert wurde. Seit einigen vierzig Jahren behauptete dieser Mann und sein älterer Bruder, in gerader Linie von Carl Eduard Stuart und seiner Gemahlin, der Prinzessin Luise zu Stolberg-Gedern, abzustammen. Zur Unterstützung dieses Anspruchs sollten, in Ermangelung von Documenten, literarische Werke dienen. Im Jahre 1842 erschien in Edinburg ein Prachtband unter dem Titel: Vestiarium Scoticum, über Sitten und Farben der Clans, angeblich aber fälschlich, nach einem im schottischen Collegium zu Douai aufbewahrten Manuscript (from the manuscript formerly in the library of the Scots College at Douay, with an introduction and notes). Fünf Jahre später folgten: Tales of the Century; or Sketches of the romance of history between the Years 1746 and 1846. By John Sobiesky and Charles Edward Stuart. Zweck dieser sogenannten historischen Skizzen, oder richtiger dieses historischen Romans (der Titel besagt beides!) ist, der Behauptung Credit zu verschaffen, die Gemahlin Carl Eduards habe in dem auf ihre Heirath folgenden Jahre 1773 auf einer nahe der Straße von Sarzana nach Parma gelegenen Villa einem Sohn das Leben gegeben, bei welchem Ereigniß ein junger schottischer Arzt, Namens Beaton, der sich als Tourist in der dortigen Gegend aufgehalten, die ärztliche Hülfe geleistet. Dieser Sprößling sei, um ihn vor den Nachstellungen des Hauses Hannover zu retten, dessen Späher, was nur zu wahr ist, den Prätendenten fortwährend umgaben, durch einen See-Offizier jacobitischer Familie, dessen Fahrzeug in der Nähe der Küste gekreuzt, nach Schottland gebracht worden, habe dort geheirathet und Kinder hinterlassen. Er soll hier den Hochlandsnamen Iolair Dhearg, der rothe Adler, geführt haben, und 1831 noch am Leben gewesen sein.

Eine Erzählung, welche durch das spätere Benehmen und das völlige Stillschweigen Carl Eduards und seiner Gemahlin in das Reich der Fabel verwiesen wird, während sie auch der Zeit nach so gut wie unmöglich erscheint, wenn wir sie mit den Nachrichten vergleichen, die der Britischen Regierung regelmäßig über Leben und Lebensweise des Mannes erstattet wurden, welcher dem regierenden Hause dann wieder ein Gegenstand wenn nicht der Besorgniß, doch der Aufmerksamkeit geworden zu sein schien, als die Möglichkeit einer Fortdauer der Stuart'schen Familie nochmals in den Vordergrund getreten war. Der britische Gesandte in Florenz, Sir Horace Mann, schreibt am 22. September 1772. „As I have lately observed an article in the English newspapers which asserts that Cardinal York was dead, and that his sister-in-law is with child, I think it my duty to acquaint Your Lordship that both these circumstances are false."

Eine kritische Untersuchung des Inhalts der verschiedenen Erzählungen, welche die Tales of the Century bilden, und der angenommenen Namen in denselben scheint darauf hinzuführen, daß unter dem Commodore, nachmaligen Admiral O'Halloran, welchem der Sohn des Prätendenten anvertraut worden wäre, der im Jahre 1840 verstorbene Admiral John Carter Hay Allan zu verstehen sei, welcher als Nachkomme eines Grafen Hay auf den Titel eines Earl of Errol Anspruch gemacht haben soll. Dieser Admiral Allan hatte zwei Söhne, deren jüngerer, Thomas, im Jahre 1792 zu Godalming in Surrey mit einer Miß Manning, Tochter des dortigen Vikars, verheirathet, und Lieutenant in der königlichen Marine, wegen dieser Verbindung, die vom Vater als Mißheirath betrachtet ward, in des letztern Testament mit 100 £ abgefunden wurde. Dieser Lieutenant Thomas Allan alias James Stuart wäre der angebliche Sohn des Prätendenten.

Er hinterließ drei Kinder. Die Tochter Katherine Mathilda Mary heirathete einen Grafen Ferdinand Lancaster. (?) Der ältere der beiden Söhne, der sich auf dem Titelblatt einer im Jahre 1822 in Edinburg erschienenen Sammlung Gedichte à la Walther Scott (The Bridal of Caolchairn and other poems) John Hay Allan, in spätern Jahren John Sobieski Stolberg Stuart nannte, heirathete eine Miß Kendall und starb kinderlos im Jahre 1872. Nach Papst Pius IX. Rückkehr von Gaeta machte er 1850 in Rom auf, wo er mit dem damals dort verweilenden so genannten Herzog von Mantua zusammengetroffen sein mag. Dieser ein paar Decennien und darüber vagirende Herzog von Mantua war wahrscheinlich ein Pole Namens Murzynowski.

Der jüngere am 4. Juni 1799 geborene Sohn war der so genannte Charles Edward Stuart Graf von Albany, vormals Charles Stuart Hay Allan. Letzterer heirathete englischen Blättern zufolge im Jahre 1822 Miß Anne Beresford, verwittwete Mrs. Gardner, Nichte des ersten Marquis of Waterford, von welcher er vier Kinder hatte, unter denen ein Sohn Charles Edward, vermählt mit Lady Alice Mary Hay, Tochter des Grafen von Erroll, und drei Töchter, von denen eine in Oesterreich verheirathet, eine andere Nonne, eine dritte in Frankreich unvermählt gestorben ist. Diese letztere, Clementine, hat sich in der Schriftstellerwelt unter dem Namen Madame Henri Blaze de Bury bekannt gemacht. Die Töchter lebten mehrere Jahre mit der Mutter in Prag, wo man sie als „die Prinzessinnen" kannte; der Sohn war in österreichischen Diensten, später bei Don Carlos.

Die britische Regierung scheint an den genealogischen Phantasien der beiden Brüder (denn etwas anderes kann man in ihren Ansprüchen wohl kaum erkennen) keinen Anstoß genommen zu haben. Sie haben lange in London, wie in Schottland gelebt, wo sie ihre Schriften drucken ließen. Im Lesezimmer des British Museum waren sie bekannte Besucher, die durch ihre angenommene halbmilitärische Tracht und ihre ganze Erscheinung auffielen. Bei den alten jacobitischen Familien Schottlands, deren Vorfahren für die Sache der Stuarts geblutet hatten, waren sie willkommene Gäste. Ihre Ansprüche scheinen dort Glauben gefunden zu haben, wenigstens war man bestrebt, ihre Geburt und Abstammung in eine Art Geheimniß zu hüllen, obwohl es Manchen bekannt war, daß ihr Vater längere Zeit in London dem Kaufmannsstande angehört hatte. Sie hatten im Auslande eine ausgezeichnete Erziehung erhalten und hatten manche Talente; sie waren eifrige Jagdliebhaber; sie trugen die Hochlandstracht mit dem bunten Stewart Royal Tartan, und hatten wirklich eine Stuart'sche Familienähnlichkeit, die übrigens in den Hochlanden nicht selten ist und von dem älteren durch eine Perrücke à la Charles I. erhöht ward, welche einst auf einem Ritt nach Beaufort, dem Sitz Lord Lovat's, verloren ging. Der Besitzer schützte Unwohlsein vor und blieb in seinem Zimmer, während man beim Frühstück war. Die Gäste waren noch nicht aufgestanden, als ein kleiner Bauerjunge in die

Hause erschien und „a markte bird's mot" in der Höhe hielt — das große Vergnügen war der verlorene Kopfputz! Bei Tische, wenn des Königs Gesundheit ausgebracht wurde, pflegte der jüngere sich leicht vor dem älteren zu verbeugen. Mitte der fünfziger Jahre traten sie zu der katholischen Confession über.

Der eigentliche Ursprung des seltsamen Anspruchs ist wie gesagt nie völlig aufgeklärt worden, auch trat er nur ganz allmälig zu Tage: erst auf dem Titel der Tales stehen beide Brüder mit ihren königlichen Namen, während man den Namen John Sobieski Stuart schon auf dem 1842 zu Edinburg erschienenen Prachtbande: Vestiarium Scoticum liest. Wahrscheinlich hat die große Aehnlichkeit mit Carl I., welche in der That bei dem jüngeren der Brüder auffallend gewesen sein soll, den ersten Anlaß geboten. Dieser, der so genannte Graf von Albany, über den wir viel aus dem Munde von Personen vernommen, die mit ihm durch seine Frau verwandt und in seinen letzten Jahren oft mit ihm in Berührung gekommen waren, war hiernach jedenfalls ein Mann von feiner Bildung und von literarischem Geschmack und Kenntnissen. Daß er jedoch in Gesellschaft in einer Art von Militärrock mit verschiedenen Decorationen erschien, darunter die Ehrenlegion, die er auf dem Felde von Waterloo aus Napoleons Hand (er, der sechzehnjährige angeblich legitime Erbe von Schottland, England und Irland im Kampfe gegen seine Landsleute — ein schlimmerer Fall als Jacob II. nach 1690) erhalten haben sollte und daß er gleich seinem älteren Bruder seine Stuart-Aehnlichkeit künstlich zu erhöhen bestrebt war, spricht nicht zu seinen Gunsten. Nach dem Tode seiner Frau waren in Folge eines Erbschaftsstreites seine Umstände höchst beschränkt und in seiner letzten Zeit lebte er in Biarritz an der spanischen Grenze sozusagen auf Kosten eines Verwandten. Von dort trat er, alt und schwach, die Reise an, die seine letzte sein sollte. Mit seinem Sohne war er zerfallen, eine Tochter hatte er ins Grab gelegt. Sein Mißgeschick scheint er mit Resignation und Würde getragen zu haben.

Die Nationalität der Jungfrau von Orleans.

Es ist verschiedentlich die Frage aufgeworfen worden, welcher Nationalität die Jungfrau von Domremy angehöre, ob zu Frankreich oder zu Deutschland, da ihr Geburtsort bald zu Frankreich, bald zu Lothringen gehört hat.

Domremy, der Geburtsort der Jungfrau von Orleans, war ursprünglich im Besitz der Erzbischöfe von Rheims, deren berühmtester, der heilige Remigius, auch der Gründer des Ortes ist, der ihm seinen Namen verdankt: Dominium Remigii. Auf diese Weise kam der Ort in den Besitz der französischen Könige und verblieb denselben bis zum Austausch im Jahre 1571. Als Jeanne d'Arc dort geboren ward, gehörte er ebenso wie Vaucouleurs seit Jahrhunderten zu Frankreich und war der Baillage Chaumont und der Vogtei (Bogtei) Andelot zugetheilt. Allerdings waren Domremy und Vaucouleurs damals fast ganz von lothringischem Gebiet eingeschlossen. Erst anderthalb Jahrhunderte nach dem Tode Jeanne d'Arcs im Jahre 1571 wurden Domremy und Vaucouleurs lothringisch in Folge einer neuen Grenzregulirung zwischen dem Könige Karl IX. von Frankreich und dem Herzog Karl III. von Lothringen. Zur Zeit Jeanne d'Arc's gehörte Lothringen zu den Feinden Frankreichs, was schon jeden Gedanken an eine solche patriotisch-französische Mission ausschließt, wie sie das junge Mädchen für sich in Anspruch nahm, und wofür sie sich so ungewöhnlich begeistert zeigte. Drei Tage vor der Aufhebung der Belagerung von Orleans unterzeichnete der Herzog von Lothringen einen Bündniß-Vertrag mit England zur Bekämpfung Frankreichs. Der glühende französische Patriotismus der Jungfrau von Domremy mag nicht wenig durch die feindselige Umgebung ihrer Heimat mit veranlaßt worden sein. Die Haut widersteht besser als das Fleisch, heißt es im Sprichwort: an den Grenzen steigert sich das patriotische und Nationalitätsgefühl durch die fortwährenden Kämpfe und Reibungen mit den Nachbarn.

Man könnte nun noch geltend machen, obwohl auf einem seit uralter Zeit zu Frankreich gehörigen Gebiet geboren, müßte Jeanne d'Arc dennoch in Folge der geographischen Lage lothringischen Ursprungs sein. Aber auch diese Beweisführung ist hinfällig. Der Vater der Jungfrau, Jacques d'Arc, war in Ceffonds, dem alten Stammsitze seiner Familie geboren und hatte sich erst später in Domremy niedergelassen. Ceffonds aber liegt bei Montier-en-Der in der Champagne, Departement der Aube, unfern von Troyes. Jeanne d'Arc ist demnach nicht nur ihrer Geburt nach, sondern auch zufolge des Ursprungs ihrer Familie durchaus Champagnerin (Champenoise) Französin.

Karl VII. adelte die Familie seiner Retterin und befreite den Geburtsort derselben Domremy im Jahre 1429 von allen Abgaben. Dieses Vorrecht ging den Einwohnern jedoch bei ihrer Vereinigung mit Lothringen im Jahre 1571 verloren. Aber kaum war 1771 nach dem Tode des Königs Stanislaus Leszinsky das Land wieder mit Frankreich vereinigt, als auch die Einwohner von Domremy ihr früheres Privilegium zur Geltung zu bringen suchten. Dasselbe wurde ihnen nicht wieder gewährt, obwohl Herr de la Galaizière, Intendant des Generalats Lothringen und Bar, das Gesuch also befürwortete: „da das Dorf Domremy jetzt wieder unter die Herrschaft des Königs zurückgekehrt ist, verlangen dessen Einwohner auch das Privilegium wiederum zurück, das sie seit 1429 bis zu dem Zeitpunkt genossen, wo sie von der Champagne abgetrennt wurden, um mit dem Herzogthum Bar vereinigt zu werden.

So kommt auch heute, daß das Herzogthum Bar von den Herzögen von Lothringen nur als Lehn der französischen Krone besessen wurde und nur das eigentliche Lothringen zum Deutschen Reich gehörte.

Diese Angaben beruhen auf der 1881 den Mémoires der Société historique et archéologique zu Langres veröffentlichten Beweisführung, wonach Jeanne d'Arc keine Lothringerin, sondern der Champagne angehörte.

Deutsche Adelssagen.

78. Der zwergenhafte Jägermeister des Pfalzgrafen von Tübingen.

Vielleicht hat nie wieder ein edles deutsches Haus, selbst die Burggrafen und das erlauchte Geschlecht der Hohenzollern nicht ausgenommen, die Jagd so leidenschaftlich geliebt, wie die Pfalzgrafen von Tübingen. Lohnte doch auch in alter Zeit der Wald dem Jäger so reichlich, und nicht nur an Wild! Denn die grüne, von Sonnenschein durchwogte und von Vogelgesang durchklungene Tiefe war ja aller Wunder voll. Am kühlen, der Felsenwand silberhell entströmenden Quelle weilte auf moosigem Steine wohl das wunderschöne Weib, welches den kühnen Helden lange schon liebte und ihm nun als Schutzgeist nahe blieb, sobald nur unter den rauschenden Buchen der Bund der Treue geschlossen war. Manch' ein Geheimniß war dem klugen Vogel des Waldes, dem Spechte, d. h. dem Spähraben, abgelauschen; — wußte er es doch, wo in der Erde oder in altem Gemäuer ein Schatz verborgen war! Im winterlichen Walde aber begegnete der Edelherr wohl selbst dem Zuge der hohen Ahnen, welche im Wodansheere dahinritten, und es schreckte ihn nicht, von ihnen ein Wort der Warnung oder der Mahnung, vielleicht auch der Todesverkündigung zu vernehmen. —

Einst nun jagte ein Pfalzgraf von Tübingen in dem herrlichen Walde unter Hohen-Tübingen. Da kam ihm im dichten Holze von ungefähr ein „wunderkleines Jägerlin", d. h. ein jägermäßig gekleidetes „Erdmännlein", entgegen. das führte zwei Hunde an einer Koppel. Das Männlein nannte sich „Meister Epz"; die winzigen Hündlein aber hießen „Will" und „Wall". Gern ließ sich Meister Epz bereit finden, bei dem edlen Grafen auf den Schlössern Hohen-Tübingen und Pfalzgrafenweiler zu verbleiben; er wurde des Tübingers Jägermeister, und so lange er und seine Hündlein bei dem Grafen verweilten, stand es wohl um ihn, um sein Haus und um seine Lande. Reichlich lohnte ihm jetzt die Jagd.

Da begab es sich eines Tages, daß Meister Epz mit Will und Wall einen Hirsch aufscheuchte, welcher fort und fort vor dem Grafen herfloh und ihn in ferne Gebirge verlockte. Der Graf vermochte sich, nicht von der Fährte des Wildes abzulassen; er wolle, so sprach er, den Hirsch erlegen, und koste es ihm auch sein Leben. Fort ging es also, den fernen blauen Gebirgswaldungen zu, und über den Kamm der Berge bis nach Böhmen hinein; nächtens ruhte der Graf, am Tage zog er weiter mit Meister Epz, mit Will und Wall. Plötzlich aber sahen sich die Vier vor der großen Stadt Prag, und nun befand sich der Pfalzgraf von Tübingen in drohender Gefahr; denn er hatte dem Könige von Böhmen einstmals abgesagt. Es währte auch nicht lange, so wurde er gefangen genommen und vor den König geführt, in dessen Schlosse er eben jenen Hirsch, welcher ihn verlockt hatte, erlegt und ausgeweidet wiedersah. Wollte der Pfalzgraf nun aus seinen Banden sich lösen, so mußte er in das schwere Zugeständniß einwilligen, seinen wunderseltsamen Jägermeister Epz sammt den Zwergenhündlein Will und Wall dem Könige von Böhmen zu überlassen. Von da ab wich indessen jedes Glück von ihm und seinem Hause. —

Ludwig Uhland hat in seinen „prosaischen Schriften" zuerst auf diese merkwürdige Sage aufmerksam gemacht; wir haben sie hier nach der alten Quelle; einer handschriftlichen Geschichte der Pfalzgrafen von Tübingen, welche nur in Excerpten erhalten ist, kurz wiedergegeben. Sie ist in vielfacher Beziehung sehr bemerkenswerth. In altheidnischer Weise sehen wir hier wiederum ein Mitglied des deutschen Uradels mit den Zwergen verkehren. Die letzteren symbolisiren bekanntlich die schützenden und erhaltenden Kräfte des heimischen Bodens; deshalb verbürgen sie auch mit Gewißheit das Glück des edlen Hauses, welches mit ihnen in Verbindung steht. Allein sie weichen, sobald eine Sünde geschehen ist, welche das Bestehen des Geschlechtes bedroht.

Als solche erscheint hier der Jagdeifer der Tübinger Pfalzgrafen um die Zeraden des Weidwerkes, und in der That haben sich diese edlen Herren auch durch ihre Jagdlust um Land und Leute gebracht. Der Hirsch ist ferner auch hier wie in der englischen Sage von Thomas von Ercildoune der Bote des Verderbens; er lockt zu der Unterwelt hinab; er verkündet das Welken der Blüthe des Geschlechtes, ja, wie in vielen brandenburgischen Sagen, auch den Tod. In ausgezeichnet klarer Weise legt es diese Sage dar, wie treu in den Geschlechtern des deutschen Uradels heidnische Erinnerungen noch Jahrhunderte lang aufbewahrt worden sind.

Carl Heymanns Verlag in Berlin W., Mauerstraße 63 – 65. Gedruckt bei Julius Sittenfeld in Berlin.

Alle Zuschriften und Einsendungen in Angelegenheiten dieses Blattes wolle man an den Redacteur desselben: Geh. Hofrath Herrlich W. Potsdamer Straße Nr. 134 c. zu Berlin richten.

Wochenblatt der Johanniter-Ordens-Balley Brandenburg.

Im Auftrage der Balley Brandenburg verantwortlich redigirt von C. Herrlich in Berlin.

Jahrg. 31. Berlin, den 20. August 1890. Nr. 34.

1. Edmund von Braunschweig, Major a. D., auf Lübzow, Kreis Stolp, Ehrenritter seit 1869. † zu Lübzow 5. August 1890.
2. Paul Freiherr von Rüxleben, Fürstlich Schwarzburg-Sondershausenscher Kammerherr, Ehrenritter seit 1887, † zu Sondershausen 7. August 1890.
3. Erdmann Graf von Roedern, Ehrenritter seit 1865, † zu Breslau 8. August 1890.

Die Balley Utrecht des Deutschen Ordens.

I.

Die rege Theilnahme der Niederländer an den Kreuzzügen und Schicksalen des heiligen Landes hat ohne Zweifel in ihnen zugleich ein reges Interesse für die deutschritterliche Brüderschaft, dieser wackern Kämpfer für die Sache des Heilandes erweckt und stets in ihren Gemüthern festgehalten. Sind wir auch über den ersten Anbau dieser Balley nicht genau unterrichtet und entgehen uns in den ersten Jahrzehnten des 13. Jahrhunderts über das, was in dortigen Landen für den Orden geschah, fast alle sicheren Nachrichten, so entnehmen wir doch aus einer Schenkungsurkunde vom Jahre 1218, daß der Orden damals einige Güter im Bisthum Utrecht erhielt. Der Name des Donatoren ist uns aufbewahrt worden, es war der Edelherr Sweder von Dingede aus Utrecht, der, als er im genannten Jahre auf seiner Kreuzfahrt, vielleicht im Gefolge des Grafen von Holland und Wied, mit im Belagerungsheere vor Damiette lag, Gelegenheit hatte, das segensreiche Wirken des Ordens kennen zu lernen.

„Nachdem ich in das Lager des christlichen Heeres vor Damiette gekommen bin," heißt es in jener Urkunde, „und mich überzeugt habe von den großen Ausgaben, welche die Brüder des Deutschen Hauses von Jerusalem, sowohl zur Pflege der Kranken als zum Unterhalt der Truppen, die sie den Saracenen gegenüberstellen, machen, fühle ich mich durch göttliche Eingebung dazu getrieben, ihnen den Hof zu Lanteren nebst dessen Eigenleuten und einige Hufen Landes zu Schalwik und zu Dieterhof mit allem, was dazu gehört, zum Heil meiner Seele zu schenken."

Aber schon vor diesem Zeitpunkt, bereits im Jahre 1207, soll für den Orden die Kirche zu Sanct Marien in Utrecht geweiht und damit der erste Grund zu der nachmaligen Balley Utrecht gelegt worden sein. Gewiß ist, daß erst, nachdem der bei Cleve und in der Gegend von Wesel, aber auch in der Nähe von Utrecht sehr reichbegüterte fromme Ritter Sweder von Ringenberg dem Orden an der Westseite der Stadt eine schöne Hofstätte und zugleich auch alle seine in der Umgegend liegenden Güter geschenkt hatte, im Jahre 1231 dort außerhalb der Stadt ein Ordenshaus erbaut und damit erst eine Komthurei zu Utrecht begründet wurde. Unrichtig ist es, wenn Matthaei Anal. V p. 791 gesagt wird, die Balley Utrecht habe unter dem ersten Deutschmeister Graf Bodo (? soll wohl heißen Heinrich) von Hohenlohe begonnen, oder, nach einer andern Nachricht, erst zur Zeit des Hochmeisters Konrad von Thüringen (1239—1244).

Zu den erwähnten Schenkungen mögen bald andere hinzugekommen sein, denn im Jahre 1236 reichten die Einkünfte der Komthurei schon hin, ihre Besitzungen durch Ankäufe zu vermehren. So erwarb sie auch von Hermann „dem alten Ritter" ein Stück Ackerland in der Nähe der Stadt und der Bischof Otto von Utrecht, ein Graf von Holland, zu dessen Kirche es früher gehörte, ertheilte dazu seine Genehmigung. In Anbetracht der hohen Verdienste aber, die sich die Ordensbrüder um den Frieden und den Glauben der Kirche im Kampfe gegen den Feind des heiligen Landes erworben, will er auch selbst sein Scherflein zur Hilfe des Ordens beitragen und gewährt ihm die Berechtigung, jährlich 100 Faß Wein oder andere Gegenstände von gleichem Werthe zollfrei durch sein Gebiet durchführen zu dürfen.*) In gleicher Weise glaubt auch der Ritter Beil von Lelle an des Ordens Verdiensten Theil zu nehmen, wenn

*) [illegible] Original-Urkunde im Ordens-Archiv zu Wien

er ihm gestattet, jährlich einmal mit einem Schiff an seiner Zollstätte vorbeifahren zu können, ohne weitere Abgabe, als daß dem Ordenshause zu Utrecht statt des Zolles ein Faß Wein gegeben werden solle.*) Wichtiger aber war es noch, daß der Bischof Heinrich I. von Utrecht, ein Graf von Vianden, den dortigen Ordensbrüdern sogleich beim Antritt seines Amtes 1250 auch die Kirche Sanct Nicolai mit all ihren Einkünften zueignete, denn seit einigen Jahren besaßen sie ihr Ordenshaus innerhalb der Stadt selbst.**) Einen neuen bedeutenden Zuwachs scheint die Komthurei vornehmlich noch im Jahre 1274 erhalten zu haben. Die Brüder Berthold, Walther und Bartholomäus von Nabine traten in diesem Jahre in den Orden und schenkten ihm bei ihrer Aufnahme im Convent zu Utrecht ihre ganze Habe und sämmtliche Güter zu Eigen, nur mit dem Vorbehalt, daß wenn der jüngere, damals noch unmündige Bruder Bartholomäus nach erlangter Mündigkeit aus dem Orden vielleicht wieder ausscheiden wolle, er alle Lehngüter und einen von seinen Eltern bewohnten Hof behalten, ihm auch die Hälfte der Güter eines seiner Brüder zufallen, von den mütterlichen Gütern aber nichts zu Theil werden solle.***)

Aber auch jener Graf Wilhelm II. von Holland, der nachmals die Krone Deutschlands trug und auch als deutscher König dem Orden seine Gunst bewies, stand schon jetzt mit in der Reihe seiner Wohlthäter und Gönner, indem er ihm im Jahre 1241 das Patronat der Kirchen zu Vallenburg und Maasland bei Rotterdam zum Heil seiner Seele verlieh.†)

Noch vor der Mitte des 13. Jahrhunderts befand sich auch eine Komthurei zu Schelmen (Schelluinen). Die Gründung dieses Hauses ist unbekannt. Um ihre mäßigen Einkünfte, sowie auch die des Hauses zu Utrecht durch mildthätige Spenden zu vermehren, verkündigte der Erzbischof Konrad von Köln ein Jahr und vierzig Tage Ablaß allen denen, welche die Ordenskirchen dieser Häuser an gewissen Festtagen oder auch sonst mit mildspendenden Händen besuchen würden. Wenn es in der betreffenden Urkunde (Hennes 130) heißt: Cum dilecti in Christo fratres domus Theutonice apud Trajectum et de domo Scalen propriis facultatibus commode non valeant sustentari, nisi fidelium elemosinis adiuventur, so müßten die Einkünfte damals (1248) doch nicht bedeutend gewesen sein.

Unter der Regentschaft des Grafen Florentius V. von Holland, des Enkels Königs Wilhelm, fand der Orden auch seine erste Niederlassung in Leyden; er überwies ihm 1254 das Patronat über die dortige Kirche, mit der Bedingung, daß beim Abgang des derzeitigen Rectors zwei geeignete Ordens- oder Weltpriester nach dem Privilegium der Stadt angestellt und vom Comthur dafür gesorgt werden solle, zu seines Vaters, des Königs Wilhelm, und seiner Vorfahren Seelenheil feierlichen Gottesdienst halten zu lassen, aber auch zugleich mit der ausdrücklichen Bestimmung, daß die Ordensbrüder in der dortigen Parochie keine Güter zum Nachtheil der Bürger und ohne des Grafen Einwilligung in ihren Besitz bringen sollten. Das Haus zu Leyden erhielt zwar nachmals (1278 und 1283) mehrfache Schenkungen an ländlichem Besitz und, mit Besitzungen bei Katwyk op den Rhyn meist verbunden, erwuchs es zu einer Comthurei; indeß scheint diese doch nie besonders begütert gewesen zu sein.

Vielleicht schon zur Zeit des eben genannten Grafen, der Friesland unter seine Herrschaft brachte, wurde der Orden auch in dieses Land verpflanzt. Wir finden ihn dort in zwei Ordenshäusern angesiedelt, deren eines das Haus in Rech oder Reise an der nördlichen Küste des Landes, das andere das Haus in Scholen (1270) genannt ward. Ihre Gründung liegt völlig im Dunkeln. Wir wissen nur, daß beide Häuser Comthureien und die letztere verpflichtet war, an den Landcomthur zu Utrecht jährlich eine Ableistung von 150 Schilden alter Münze von seinen Einkünften und 30 Kronen zu entrichten.*)

Im Jahre 1282 siedelte sich der Orden auch in der Landschaft Ober-Yssel an. Dort besaßen im Kirchspiele Albergele (der jetzigen Stadt Oldenzaal) der Ritter Friedrich von Gerech und ein angesehener Bürger des Orts zwei Häuser als Lehen des Bischofs von Utrecht, beide mit Ländereien, Zehnten und anderen Zubehörungen versehen. Nachdem sie darauf Verzicht geleistet, schenkte sie der Bischof den Ordensbrüdern in Utrecht. Ein gleiches Geschenk eines Hauses mit seinen Ländereien wies ihnen Ritter Heinrich von Almelae im Dorf Rotheim bei Nurrmonde zu.**)

Schon ein Jahr nachher bereitet sich die Gründung einer neuen Comthurei vor. Der Edelherr Hugo von Rhenen, Besitzer ansehnlicher Güter bei Rhenen am Rhein südöstlich von Utrecht, ohne Zweifel kinderlos, bestimmt mit seiner Gemahlin Gerbelmod: nach ihrem Tode solle das Deutsche Haus zu Utrecht der Vollstrecker ihres letzten Willens sein, die in ihrem Testamente ausgeworfenen Legate aus ihren Gütern in Jahresfrist vertheilen und das Uebrigbleibende für das heilige Land zu Gunsten des Hauses in Utrecht verwenden.***) Nach Verlauf weniger Jahre trat

*) Hennes 118.

**) Die Urkunde datirt in crastino S. Ambrosii 1250 in Miraei Opera diplom. III 156. De Wal Histoire de l'ordre Teutonique VIII 533. Der Orden war schon vorher im Besitz der St. Laurentiuskirche zu Utrecht, wo der erste Landcomthur Heinrich von [illegible] 1266 seine letzte Ruhestätte fand.

***) Matthaei Anal. V. 305.

†) Hennes 121, 116. Maasland wird auch als Comthurei genannt.

*) Urkunde darüber im Archiv zu Königsberg. Nach Matthaei Anal. V. 556 würden beide Ordenshäuser erst zwischen 1260—1318 erbaut sein. Ein Visitationsbericht von 1451 bezeichnet das Haus zu Scholen als „Ein eines Hofmeisters, der nicht [illegible]." [illegible] III. 13. 7. Nach der Comthur zu Resch mußte an den Landcomthur „eine Pacht" bezahlen.

**) Schenkungsurkunde vom Jahre 1283 im Archiv zu Königsberg.

***) Matthaei Anal. V. 562.

Hugo mit Zustimmung seiner Gemahlin in den Orden und man schenkten beide dem Hause zu Utrecht ihre sämmtlichen Güter in Rhenen und Goye, jedoch mit dem Vorbehalt, daß die Bestimmungen ihres Testaments in Jahresfrist nach ihrem Tode ausgeführt werden sollten. Die Frau behält sich auch den Nießbrauch der Güter auf Lebenszeit nach vor und damit ihr Gemahl dem Ordenshause durch seinen Unterhalt nicht etwa beschwerlich falle, bestimmt sie für ihn aus ihrem Nießbrauch eine jährliche Summe von sechs Pfund. Aus dieser Schenkung erwuchs die Comthurei zu Rhenen, die nachmals der Graf Otto von Bentheim dadurch noch mehr bereicherte, daß er ihr bei seinem Eintritt in den Orden, außer dem Patronat über die Kirche in Rhenen und eine andere, auch noch mehrere Besitzungen schenkte.*)

Nordwärts von Rhenen in der Betuwe an der Yssel und im Westen des Landes auf der Insel Walcheren standen die Komthureien zu Tiems und zu Middelburg. Ihre Gründung soll schon in der ersten Hälfte des 13. Jahrhunderts erfolgt sein. Matthaei (Anal. V. 363. 861) setzt die Gründung der drei Komthureien zu Tiems (1240 gestiftet), Middelburg (1249) und Schalunen unter den ersten Landcomthur Anton von Lederfale, der 1268 starb. Es werden uns ferner auch genannt eine Comthurei zu Thiel an der Waal in der Betuwe (1200), eine andere zu Doesburg an der Yssel (1266), eine dritte zu Schoonhoven in der Provinz Süd-Holland und eine vierte zu Bunne. An der Ober-Yssel bei Almelo gehörte auch die Comthurei zu Ootmarsen oder Otmarsheim (jetzt Ommarsum) zur Balley Utrecht, bis sie später der Balley Westphalen zugerignet wurde.

Ueber die Gründungszeit und die Schicksale dieser letzten Komthureien entgehen uns zur Zeit noch alle sicheren Nachrichten.**) Wenn wir indessen hören, daß die Balley Utrecht schon im 13. Jahrhundert für eine der bedeutenderen galt, so läßt sich wohl annehmen, daß die meisten der genannten Comthureien schon in dieser Zeit bestanden haben mögen. Wir wissen wenigstens, daß bereits in der ersten Hälfte des 14. Jahrhunderts die Balley zwölf und später fünfzehn Comthureien umfaßte.***)

Werfen wir nun, nachdem wir die Besitzungen der einzelnen Comthureien verzeichnet, einen Blick auf die Verwaltung und Organisation der Balley während des Mittelalters.

Für die auf den Ordensgütern in den Balleyen zerstreut stehenden Comthure, Ordenspfarrer und sonstigen Beamten bedurfte es eines Vorstandes, einer sie stets beaufsichtigenden und zugleich zu einer in sich abgeschlossenen Körperschaft fest zusammenhaltenden Behörde, eines obern Balley-Beamten, der im ganzen Balley-Bezirk die getrennten Einzelheiten zu einer corporativen Gesammtheit vereinte. Dies war der über den Gesammtumfang der Ordensbesitzungen in einer Balley als Oberbeamter dastehende Landcomthur. Schon dieser Name deutet auf eine vorgeordnete Amtsthätigkeit im Umkreise eines größeren Bezirks hin. Im Lateinischen heißt er Commendator provincialis mit hinzugefügtem Namen der Landschaft, oft auch bloß Commendator oder Preceptor mit Hinzufügung des Namens seiner Balley.

In ihrer Gesammtheit heißen die Landcomthure „die Großgebietiger", doch unterschieden sowohl von den obersten Gebietigern, wie häufig die beiden Meister von Deutschland und Livland genannt werden, wie auch von den Rathsgebietigern, den als Räthe den Landcomthuren beigeordneten Comthuren.

Ueber die erste Anordnung der Landcomthure in den einzelnen Balleyen fehlen sichere Nachrichten. Als der erste in der Balley Utrecht erscheint Anton von Lederfale, † 1268.

Seinen Wohnsitz hatte der Landcomthur im Ordenshause zu Utrecht, wo er zugleich das Comthuramt verwaltete.

Die Ernennung und Anstellung der Landcomthure erfolgte theils vom Hochmeister unmittelbar selbst und zwar mit Rath und Zustimmung seiner obersten Gebietiger, theils vom Deutschmeister, oder sie geschah auch durch Wahl und Vorschlag der Ordensbeamten der Balleyen; der Hochmeister ertheilte dann die Bestätigung.

Diese Wahlen gingen, zumal in späteren Zeiten, nicht immer ohne Streit vorüber. So kam es im Jahre 1443 beim Tode des Landcomthurs zu Utrecht Herrmann von Keppel unter den dortigen Ordensbrüdern zu einer förmlichen Spaltung, indem die Mehrzahl von 36, denen sich noch 14 aus zwei Häusern in Friesland anschlossen, den Ordensritter Dietrich von Enghausen, einen in der Balley sehr beliebten Herrn, zuvor auch schon zum Statthalter ernannt, zum Landcomthur erwählte, während eine kleinere Zahl ihre Stimmen dem Comthur zu Dieren, Walther Gruder, gab. Man sprach von 6000 rheinischen Gulden, die es ihm gekostet habe, um sich diese zu gewinnen. Der Streit war so arg, daß im Hause zu Utrecht, wo fast alle Conventsbrüder entwichen, der Gottesdienst gänzlich eingestellt werden mußte, bis sich die Stadtbehörde und der Statthalter in der Balley Westphalen Goswin Codding an den Hochmeister mit der dringenden Bitte wandten, dem ärgerlichen Streite dadurch ein Ende zu machen, daß er den von der Mehrzahl Gewählten entweder selbst bestätige, oder durch den Deutschmeister bestätigen lasse. „Es ist ein Jammer", schrieb damals der genannte Statthalter dem Meister, „daß es in unserm Orden dahin gekommen ist, daß man mit Geld und Gaben Befehle und Aemter kaufen mag." — Der

*) Matthaei Anal. V. 305.

**) Thiel war [illegible] unter dem [illegible] Landcomthur [illegible] von der Goude † 1319, nach 1356 und [illegible] erst zwischen 1308—1318 erbaut sein, also unter dem früheren Landcomthur Dirck von Hollant, der in kleine Zeit[illegible] regierte. Matthaei Anal. l. c.

***) Miraei Opera diplom. II 999 III 597. Eichhorn, [illegible] III S. 2. Manche geben auch nur 10 Comthureien an

Antrag beim Hochmeister endigte aber den Streit noch nicht; er zog sich bis ins Jahr 1444 hinein, wo, wie es scheint, durch des Deutschmeisters Vermittelung das Landcomthuramt von Utrecht in einem General-Kapitel dem Dietrich von Enghausen übertragen ward.

Nach erlangter Bestätigung ward der neue Landcomthur von dem Deutschmeister in sein Amt eingewiesen. Die Verpflichtungen, die er zu übernehmen hatte, lauteten in der Regel dahin: Er müsse vor Allem sich die genaueste Kenntniß verschaffen von allen Einkünften und Nutzungen sowohl der Balley im Ganzen als jegliches ihrer Häuser, sodann von allen jährlich im Landcomthuramte seiner Kammer zufallenden Gefällen. Er solle jährlich dem Deutschmeister oder dessen Bevollmächtigten zu bestimmter Frist redliche Rechnung legen von seiner Verwaltung, sowie von allen Schulden sowohl der Balley im Allgemeinen als jedes Hauses besonders; dabei müsse er anmerken, wem, wo und auf welche Zeitfrist man Leibgedinge, Wiederkäufe, nöthige Schuld oder wie sie sonst heißen möge, jährlich zu entrichten verpflichtet sei. Es liege ihm ob, in allen convententen Häusern, Aemtern und Pflegen ein geordnetes, religiöses Leben und redliches Regiment aufrecht zu halten, auch stets darauf zu achten, daß des Ordens Regeln, Gesetzen und Gewohnheiten allgemal gewissenhaft nachgelebt werde. Er solle Güter, Nutzungen, Renten oder Gefälle in seiner Balley und von seinen Häusern weder verkaufen, vertauschen oder verpfänden, noch in irgend einer Weise verändern oder mit Erbkäufen, Leibgedingen, Wiederkäufen oder Schulden beschweren ohne des Deutschmeisters und dessen Gebietiger Rath und Mitwissen. Es sei ihm nicht gestattet, eine weltliche Provende, d. h. eine Pfründe in einem Hause zu verkaufen außer mit Beirath der Gebietiger und des Convents. Alles was einem Convent zugehöret, solle von ihm „unverspliffert und unangetastet bleiben." Den Befehlen, Verboten, Anordnungen und Weisungen des Deutschmeisters solle er nach Ausweis der Ordensgesetze jeder Zeit Gehorsam leisten. Sofern ihn dieser oder das Kapitel nach der Gebietiger Rath seines Amtes entlasse, solle er sich ohne Widerrede gehorsam zeigen und vom Amte ausscheiden.

Die Aufnahme dieser Verpflichtungen verbürgte darauf der neue Landcomthur durch eine urkundliche Versicherung mit dem Versprechen: „Ich soll und will mich auch wider unsere Meister, seine Nachfolger und meines Ordens Brüder in keinem Wege behelfen mit Papst, Kaisern, Königen, meinen Freunden, Magen oder anderen Personen, welche sie auch wären, noch sonst mit keiner anderen Gewalt geistlichen oder weltlichen Standes, sondern von demselben unserm Meister, seinen Nachkommen und den Gebietigern Recht geben und nehmen."

Man ersieht schon hieraus, daß die Landcomthure in den dem Deutschmeister unmittelbar untergebenen Balleyen auch von ihm weit mehr als vom Hochmeister abhängig waren. Wenigstens gilt dies vom 15. Jahrhundert. Daher dankten nicht diesem, sondern dem Deutschmeister die Comthure der Balley Utrecht im Jahre 1444, daß er ihnen Dietrich'n von Enghausen zum Landcomthur gegeben habe. In seine Hand legt auch später der Landcomthur Heinrich von Haffert sein Amt nieder und empfängt von ihm ruhige Behausung und Unterhalt im Ordenshause Schalnaren.

Wurde ein Landcomthur seines Amtes entlassen, so fand an den Nachfolger eine Uebergabe aller Bestände jedes Hauses statt. Der Abgehende mußte ihm zuvor in der Comthure und aller Beamten Gegenwart über Alles genaue Rechnung legen. Dabei wurden über die Bestände der Häuser Verzeichnisse für den antretenden Landcomthur, wie für den Hoch- und Deutschmeister angefertigt, worin diese zugleich eine specielle Kenntniß des ganzen Zustandes der Balley und der Bestände der Häuser an Geld, Getreide, Wein, Vieh, Waffen und Rüstungen, silbernen Geräthen und Gefäßen in Kirchen, Küchen und Kellern erhielten. Für diese Bestände war der Landcomthur während seiner Amtsverwaltung verantwortlich und mußte über Zu- und Abgang, so oft es verlangt ward, namentlich bei den Ordensvisitationen von Seiten des Hochmeisters und Deutschmeisters, Rechenschaft geben.

(Fortsetzung folgt.)

Deutsche Adelssagen.

70. Der Stein der Helfensteiner.

„Als die Grafen von Helfenstein einst noch das Städtlein Blaubeuren inne hatten, da sind einmal zwei Brüder dieses Geschlechtes zu dem Ursprunge und Brunnen der Blau spazieren gegangen, und hat der Eine unter ihnen allernächst dem Quelle einen Stein von mancherlei Farben ersehen. Den hat er aufgehoben und besehen. Sobald dies geschehen, ist er dem andern Bruder aus den Augen gekommen; derhalben er ihm dann gerufen hat, und hat der andere Bruder auch geantwortet, was er denn wolle, er sei ja allernächst bei ihm. Als nun der erste gesagt, er höre ihn wohl, könne ihn aber nicht sehen, hat der andere ihm den Stein in die Hand gegeben, und ist nun der erste in gleicher Gestalt nit gesehen worden. Wie sie nun beide gemerket, daß die Kraft von dem Steine ausgegangen, da haben sie nach langer Berathschlagung und Erwägung, was sie mit diesem Steine als mit einem köstlichen Erbkleinode wohl anfahen sollten, sich demnach letzlich dahin entschlossen und bedacht, was Nachtheils und Uebels ihre Nachkommen und Erben hiermit anstiften möchten, dadurch auch ihr Geschlecht in Spott, Unehr' und Verderben geführt werden könnt'. Darum sie des Steins und seiner Kraft sich wollten verzichten, und so warfen sie endlich den Stein in den Ursprung der Blau, welcher sehr tief, und hat Niemand wieder das Kleinod heraufzuholen vermocht." —

Noch fehlt in den württembergischen Sagensammlungen von Meier und Birlinger diese bezeichnende Mär', welche es versinnbildlicht, wie hartnäckig einst das Christenthum und das Heidenthum die Herrschaft über die Gemüther unserer Ahnen sich streitig gemacht haben. Nicht immer aber gewann das Christenthum einen so entschiedenen Sieg wie hier; sonst besäße der deutsche Adel nicht so zahlreiche Talismansagen, welche sämmtlich heidnischen Ursprungs sind. Daß diese alemannischen Edlen, die Helfensteiner, ihrem Schloßberg und die auf ihm sich erhebende Burg nach dem „Elephanten" benannten und einen solchen auch in ihren Wappenschild aufnahmen, darf gleichfalls als ein Zeichen dafür gelten, daß dies Geschlecht sich schon frühe dem Christenthume mittelalterlicher Cultur zugewendet hat. Denn wie das Einhorn, so ist auch der Elephant ein altklösterliches Symbol der Sittenreinheit, welcher sich überdies noch die Weisheit eint.

80. Der Klopfer von Sachsenheim.

„Von Sachsenheim zwei Ritter, der Vater und der Sohn,
Sie liegen hier beisammen in Eisen und in Stein;
Auf ihrer Sturmesburg hauset von Alters her ein Geist,
Der längst mit tiefer Klage auf schweres Unheil weist." —

Also hat der schwäbische Arion einst gesungen. Nach den älteren Quellen aber hat es mit dem Hausgeiste der Sachsenheimer, dem „Klopferle", die folgende Bewandtniß:

„Es ist einst ein Geist gen Sachsenheim zu den Edelleuten gekommen; der hat sich genennet „Entenwig"; hat auch geredet, aber nicht anders, denn mit einer Vogelstimme'. Er hat auch verkündet, er sei einer der Verstoßenen aus dem Himmel und müsse büßen, hoffe aber, dereinst noch zu Gnaden angenommen zu werden. Mehr denn tausend Jahre habe er schon in einem kleinen Kästlein in einem Moose gelegen und seiner Gelegenheit gewartet, wie er herauskommen könnte. Da sei Bernhard's von Sachsenheim reisiger Diener von Köln gekommen; hinter dem habe er sich auf's Roß geschwungen und sei also nach Sachsenheim gelangt. D'rum sei das Roß unterwegs auch so schwerlich gegangen, gleichwie als wenn es eine schwere Last trug'. Alle Dienstbarkeiten aber und, was im Schlosse sonst zu thun gewest, das hat der Geist ganz williglich verrichtet. Er hat den Leuten auch vorgeleuchtet und, was ihm befohlen worden, gebracht. Solches hat man in der Luft sehen daherkommen und keinen Träger erblickt. Keiner jedoch hat ihn greifen können. Alle Gebet' hat er nachgesagt, auch den „Glauben" und das „Vater Unser"; nur von der Bitte an: „Führe uns nicht in Versuchung!" hat er geschwiegen. Bernhard von Sachsenheim aber hat ihm beständig mit der Bitte angelegen, er möchte sich doch einmal in seiner wahren Gestalt ihm sehen lassen. Das hat der „Entenwig" lange nicht gewollt gewähren; endlich aber hat er gesagt: „Ich werde dich nur meinen Arm sehen lassen; — du wirst dann wohl nicht mehr begehren!" Hat also seinen Arm gezeigt. Der aber war mit langen Spitzen am Ellenbogen und überhaupt versehen, die Finger waren auch spitzig, und war die Farb blau, bläulich und gelb vermischt. Da ist der von Sachsenheim gar sehr erschrocken. Es hat aber benebenter „Entenwig" sich vernehmen lassen, so lange er zu Sachsenheim verweilen werde, solle das Geschlecht an Gut und Ehren nimmer zerrinnen. Ist auch also geschehen.

Es haben aber seine Freunde und Verwandten Bernharden von Sachsenheim gedränget, er solle solch' unchristlich Geisterwerk verbannen lassen, und hat der Edelmann endlich, wiewohl traurig, solches gegen seinen guten Geist den Entenwig gethan. Bei seinem Abschiede aber hat der Entenwig den Abgang des Geschlechts und Hauses Sachsenheim wehklagend verkündet. Bald darauf ist auch wirklich Schloß Sachsenheim ganz und gar ausgebrannt. War einst ein hochedles und löbliches Haus, die von Sachsenheim, wie auch das Gedicht „Die Mohrin" zeigt, welches Herr Hermann von Sachsenheim gedichtet, und welches also höflich, daß in ihm kein Wort vergebens, sondern ein jedes seinen Sinn und Verstand hat. Vermag man wohl, Hoffitt' und Weltgebräuch' aus ihm zu erlernen! Nachdem aber der Entenwig verbannet worden, ist das Geschlecht derer von Sachsenheim in wenig Jahren abgestorben." —

Nach diesen authentischen Berichte enthalten die Uhland'schen Verse also keine treue Wiedergabe der Geschlechtssage des Hauses Sachsenheim, und das „Klopferle" ist kein unheilverkündender, sondern vielmehr ein schützender Geist. Die Sage ist indessen besonders in so fern sehr wichtig, als sie zeigt, mit welcher rührenden Treue die Ahnen einst an ihren heidnischen Glaubensschätzen gehangen haben. Grade diese Treue des germanischen Gemüthes war es, in Folge deren das Christenthum so köstliche Blüthen der Glaubensinnigkeit auf deutschem Boden zu entfalten vermocht hat. —

Doch nun zu einer Erläuterung der Sage! Die Sachsenheimer, — es ist hier gleichviel, ob sie sächsischen oder alemannischen Stammes waren, — hatten in heidnischer Zeit an einen besonderen Schutzgeist ihres Geschlechtes geglaubt, einen mit der Tarnkappe verhüllten Zwerg, dessen Rath sie in jedweder wichtigen Stunde in geheimnißvoller Weise zu vernehmen glaubten. Die Sachsenheimer wurden dann Christen; sie gründeten sich in Schwaben einen Thurm und eine Burg; aber sie setzten im guten Glauben den Verkehr mit dem alten Schutzgeiste ihres Geschlechtes weiter fort. Da schritt der Burgpfaff endlich ein und sprach: „Das sind nur heidnische Greuel! Es ist der Altfeind, der üble Teufel, der hier haust!" — Nun freilich ging es an ein Abschiednehmen; — Weihwasser und Weihrauch aber können weder die Zwerge noch die Schwanenjungfrauen, die Schutzgeister der alten Heldengeschlechter, erzogen. So auch „Eutewig“ nicht, der zwischen Zwergen und Schwanen mitten inne steht. Er verläßt also das Schloß. Nun aber ist es ein alter Glaube unseres Volkes:

Nur wenn sie scheiden, werden die Schutzgeister sichtbar, — Eutewig hier nach den Worten des Priesters als Teufel. Dann aber ist auch der Untergang der bis dahin Beschützten besiegelt und unvermeidlich. Dies der Grund der Sage vom Klösterle zu Sachsenheim.

Gesellschaft zur Verhütung von Grausamkeiten gegen Kinder in London.

Eines der neuesten, erfolgreichen und leider höchst nöthigen Werke der Barmherzigkeit ist das der „Gesellschaft zur Verhütung von Grausamkeiten gegen Kinder in London.“ Ein Bild der Zustände und der Hilfe ist die nachfolgende Begebenheit, die aber ganz alltäglich ist in der Riesenstadt.

Drei Kinder von 4—8 Jahren werden von der Polizei auf der Straße aufgegriffen wegen Bettels, und der Richter verurtheilt sie zu acht Tagen, aber nicht zuzubringen in einem Gefängniß, sondern in dem Hause und in der Pflege der obigen Gesellschaft, wie das jetzt in allen solchen Fällen geschieht. Dadurch findet man bald heraus, wer eigentlich der schuldige Theil ist; denn diese Kinder betreiben natürlich den Bettel nicht von selbst, sondern weil Jemand sie dazu anhält. Das Kleinste von den drei Kindern ist ein niedliches, kleines Mädchen, sie sagte zu allen Vorübergehenden: „Bitte, schenken Sie mir ein paar Pfennige, meine Mutter ist am Hungertod.“ Die Leute sagten: „Welch herziges Geschöpfchen!“ und gaben ihr. Die beiden andern Kinder sind ihre Schwestern, und die drei brachten jeden Tag acht bis zehn Mark zusammen. Die Kinder selber waren allerdings auf dem Wege zum Hungersterben, denn das Weib, das sie von irgend welchen schlechten Leuten gemiethet hatte, ließ sie hungern, um durch ihr jammervolles Aussehen das Mitleid zu erregen, sie selber stand in einiger Entfernung und paßte auf, was die Kinder bekamen, und lief damit in eine Schenke zu gleichartiger Gesellschaft.

Nach den acht Tagen kamen die nun reinlich und nett aussehenden Kinder wieder vor den Richter, der zwei derselben der Gesellschaft in ihr Asyl übergab, das schlimme Weib dagegen in's Gefängniß sandte. Das dritte Kind wurde der herzlosen Mutter zurückgegeben, und diese kam mit einer Verwarnung davon.

Wir wollen nun in ein Kinderzimmer der Gesellschaft eintreten und finden in dem ersten Zimmer vier kleine Kinder, welche man zusammen mit noch drei anderen einer Kostfrau, einer sogenannten „Engelmacherin“, abgenommen hatte. Die sieben Kinder waren bei diesem Weib in einem Kämmerlein von zwölf Fuß Bodenfläche gewesen, fast gänzlich nackt, blau vor Kälte, hungrig zum Sterben und in unsäglichem Schmutz. Für Alle war zwar Kostgeld gezahlt worden für Alles in Allem, aber Niemand erkundigte sich nach ihnen, denn sie hätten gar nie sollen geboren werden, ihr Tod wäre Denen angenehm gewesen, denen sie angehörten, und darum ließ man sie in jener Höhle verkommen. Durch das Eingreifen der Gesellschaft kam die „Engelmacherin“ zwei Jahre in's Zuchthaus und ihr Mann ein Jahr; als man in ihr Zimmer kam, hingen die Beinchen der armen Kinder herunter wie die Füße an einer Zugpuppe; eines hatte einen verkrümmten Rücken, eines Schwindsucht, alle waren nur Haut und Bein. Eines der sieben starb, die anderen haben sich ziemlich erholt unter der vorzüglichen Pflege in einem Hause der Gesellschaft, sie wurden nachher bei ordentlichen Leuten untergebracht. Die Gesellschaft schreitet ein gegen alle Frevel, an hilflosen Kindern verübt, die zu ihrer Kenntniß kommen, sie hat gegen 200 solcher Verbrechen überwiesene Bösewichter vor den Richter und zu Strafen von einem Monat bis zu fünfzehn Jahren Gefängniß gebracht; ihre jährlichen Ausgaben zur Rettung mißhandelter Kinder belaufen sich auf 200 000 Mk.

Welch ein Abgrund blickt uns entgegen aus dem Jammer solcher armen Kinder, die doch auch ihre Engel um sich haben, welche alle Tage das Angesicht Gottes sehen! Wie hängen solche Thaten meist zusammen mit den Sünden gegen das sechste Gebot! Solch ein Kind als ein lebendiges Zeugniß wider die Sünde seiner Eltern, steht überall im Wege, und so hängt sich oft an eine Sünde eine ganze Kette anderer, sie wird ein Abgrund von Verderben.

Die Blätter für das Armenwesen, denen wir diese Mittheilung entnehmen, fügen hinzu: Leider ist nicht nur London der Schauplatz solch' greulicher Unthaten, sondern es werden je und je auch bei uns in Stadt und Land Fälle empörender Mißhandlung von Kindern an's Licht gezogen, die vielleicht weniger raffinirt, aber nicht minder betrübend sind, als jene von London berichteten. Und doch bieten die Bestimmungen des deutschen Strafgesetzbuchs (z. B. § 361, 4 und 9; § 221; die §§ 223 ff.; § 235) ausreichende Handhaben zum Einschreiten, und unsere Rettungsvereine und Anstalten bieten gerne die Hand, verwahrlosten und mißhandelten Kindern eine Heimat zu bereiten. Aber theils eine bequeme Gleichgültigkeit, theils eine unmännliche Furchtsamkeit, wohl auch der Gedanke an die möglicherweise entstehenden Kosten, hält uns oft zurück, solchen Ausbrüchen unmenschlicher Roheit gegen Kinder nachzugehen und die Aufmerksamkeit der Behörden darauf zu lenken. Und doch wäre das eine heilige Pflicht und Aufgabe der ganzen bürgerlichen Gesellschaft, deren Versäumniß sich an ihr selbst auf's Bitterste rächen muß.

Carl Heymanns Verlag in Berlin W., Mauerstraße 63—65. Gedruckt bei Julius Sittenfeld in Berlin.

Alle Zuschriften und Sendungen in Angelegenheiten dieses Blattes wolle man an den Redacteur desselben: Geh. Hofrath Herrlich W. Potsdamer Straße Nr. 134 c. zu Berlin richten.

Wochenblatt der Johanniter-Ordens-Balley Brandenburg.

Im Auftrage der Balley Brandenburg verantwortlich redigirt vom C. Herrlich in Berlin.

Jahrg. 31. Berlin, den 27. August 1890. Nr. 35.

Seine Majestät der König haben Allergnädigst geruht:

den Premier-Lieutenant a. D. Otto Burggrafen und Grafen zu Dohna, zu Dresden,
„ Hauptmann a. D. und Rittergutsbesitzer Franz von Parpart, auf Jacobsdorf bei Fitschau in Westpreußen,
„ Lieutenant der Reserve des 2. Leib-Husaren-Regiments Kaiserin Nr. 2 und Rittergutsbesitzer Bernhard von Brellentin genannt von Rantzer, auf Graben bei Schrombehnen in Ostpreußen,
„ Hauptmann und Compagnie-Chef im Kaiser Alexander Garde-Grenadier-Regiment Nr. 1 von Kamele,
„ Rittmeister und Escadron-Chef im 2. Garde-Ulanen-Regiment Kurt von Wirdebach und Roßitz-Jänkendorf,
„ Rittmeister und Escadron-Chef im 2. Garde-Ulanen-Regiment Wilhelm von Pollard-Bockelberg,
„ Hauptmann und Compagnie-Chef im Kaiser Franz Garde-Grenadier-Regiment Nr. 2 Curt von Herzberg,
„ Rittmeister und Escadron-Chef im Leib-Garde-Husaren-Regiment Victor von Dewitz,
„ Kapitain-Lieutenant, kommandirt zur Botschaft in Rom Fritz Freiherrn von Malapert-Neufville,
„ Rittergutsbesitzer Ludwig von Arnim, auf Willmine bei Arnth, Kreis Templin,
„ Premier-Lieutenant der Landwehr-Cavallerie und Rittergutsbesitzer Hans Georg von Werder, auf Raakow bei Drebkau in der Mark,
„ Premier-Lieutenant der Reserve des Infanterie-Regiments von Borcke (4. Pommerschen) Nr. 21, Arthur von Trotta genannt Treyden, zu Freiburg i. B.,
„ Rittmeister und Landrath a. D. Otto von Kalckreuth, auf Nadoris, Kreis Birnbaum,

den Premier-Lieutenant der Reserve des Garde-Kürassier-Regiments und Rittergutsbesitzer Hans Freiherrn von Reibnitz, auf Mistitz bei Slawikau in Oberschlesien,
„ Rittergutsbesitzer Hans Grafen von Praschma, auf Bangel bei Nimptsch,
„ Rittergutsbesitzer Hugo Freiherrn von Eickstedt, auf Gieraltowitz bei Cosel,
„ Premier-Lieutenant der Reserve des Königlich Sächsischen 1. Ulanen-Regiments Nr. 17 und Rittergutsbesitzer Max Freiherrn von Boyneburgk, auf Lauchröden bei Eisenach,
„ Regierungsrath Ernst Freiherrn von Mayl, zu Magdeburg,
„ Major a. D. Rudolf von Byern, auf Parchen bei Genthin,
„ Oberstlieutenant und etatsmäßigen Stabsoffizier im Thüringischen Feld-Artillerie-Regiment Nr. 19 von Salbern-Ahlimb,
„ Major à la suite des Magdeburgischen Dragoner-Regiments Nr. 6 und Director der Cavallerie-Unteroffizierschule des Militair-Reit-Instituts Eugen von Hemeyer,
„ Rittmeister und Escadron-Chef im Oldenburgischen Dragoner-Regiment Nr. 19 Carl von Alten,
„ Hauptmann in der 10. Gendarmerie-Brigade Freiherrn von Rechenberg,
„ Hauptmann und Compagnie-Chef im Infanterie-Regiment von Voigts-Rhetz (3. Hannoverschen) Nr. 79 von dem Knesebeck,
„ Rittmeister und Escadron-Chef im 2. Hannoverschen Dragoner-Regiment Nr. 16 von Bodecker,
„ Großherzoglich Oldenburgischen Jagdjunker Ernst von Witzleben, auf Hude in Oldenburg,
„ Major im Generalstabe der 18. Division Moritz Freiherrn von Lyncker,
„ Major z. D. und Landwehr-Bezirks-Commandeur Theodor von Keckwitz, zu Schleswig,
„ Hauptmann und Compagnie-Chef im Infanterie-Regiment Graf Bülow von Dennewitz (6. Westfälischen) Nr. 55 Theodor von Alten,

den Hauptmann und Compagnie-Chef im Infanterie-Regiment Nr. 137 von Westernhagen,

" Rittmeister und Escadron-Chef im 2. Brandenburgischen Ulanen-Regiment Nr. 11 Eduard Freiherrn Grote,

" Rittmeister und Escadron-Chef im 2. Württembergischen Dragoner-Regiment Nr. 26 von Baler,

" Rittmeister und Escadron-Chef im Ulanen-Regiment König Carl (1. Württembergischen) Nr. 19 Gustav Freiherrn von Starkloff,

" Rittmeister und Escadron-Chef im Dragoner-Regiment Königin Olga (1. Württembergischen) Nr. 25 Hermann Freiherrn von Roeder,

" Rittergutsbesitzer Carl von Oertzen, auf Roggendorf bei Schönbeck in Mecklenburg-Strelitz,

" Rittmeister und Escadron-Chef im 1. Großherzoglich Mecklenburgischen Dragoner-Regiment Nr. 17 Leo von Bernuth,

" Rittergutsbesitzer Waldemar Freiherrn von Günderrode, auf Erlenbach bei Kirdorf in Oberhessen,

" Rittmeister der Reserve des Husaren-Regiments König Wilhelm I. (1. Rheinischen) Nr. 7 Carl von Scharfenberg, auf Kalkhof bei Wanfried an der Werra,

" Präsidenten des Königlich Bayerischen Landgerichts München I. Theodor Edlen von Braun, zu München,

" Königlich Bayerischen Regierungs-Rath Friedrich Edlen von Braun, zu München,

" Kaiserlich und Königlich Oesterreichischen Kämmerer und Rittmeister im 5. Husaren-Regiment Stefan von Preznau,

" Kaiserlich Russischen Hofrath Alexander Peter Eduard Freiherrn von Buxhoewden, auf Kuiwast, Insel Moon, Gouvernement Livland,

" Rittergutsbesitzer Woldemar Freiherrn von Mandell auf Marjen bei Sackmannshof in Livland,

" Königlich Norwegischen Kammerherrn, Erbherrn auf Jarlsberg Herman Grafen von Wedell-Jarlsberg, zu Christiania,

nach Prüfung derselben durch das Capitel und auf Vorschlag des Durchlauchtigsten Herrenmeisters Prinzen Albrecht von Preußen, Königlicher Hoheit, zu Ehrenrittern des Johanniter-Ordens zu ernennen.

Die Balley Utrecht des Deutschen Ordens.

(Fortsetzung.)

Mit der Ueberweisung der Balley an den Landcomthur war zugleich die Befugniß verbunden, die Comthure, Hauscomthure, Pfleger, Pfarrer, Kellner und alle andern Ordensbrüder ein- und abzusetzen, zu gebieten, zu verbieten, zu strafen nach des Ordens Regel und Gesetz, neue Brüder in den Orden aufzunehmen, sie in das Land zu schicken mit geistlichen und weltlichen Sachen, die Güter einzunehmen und Alles zu thun und zu ordnen, was der Balley nütze und gut ist nach Rath der ältesten Brüder, die er dazu tüchtig erkennt. Obgleich hier nach den Landcomthuren die Befugniß zustand, in ihren Balleyen neue Brüder in den Orden aufzunehmen, so beschränkte doch die Ordnung der Ballen Westphalen von 1426 dieselbe dahin, daß der Aufnahme eines Ordensbruders in den Convent wie desgleichen die Ein- und Absetzung der Komthure nur mit Beirath des Convents geschehen könne.*) Diese Bestimmung galt ohne Zweifel auch anderwärts und wurde später noch dahin verschärft, als die Landcomthure von Utrecht und Alten-Biesen 1447 vom Hochmeister den Befehl erhielten, ohne seine oder des Deutschmeisters Erlaubniß keine Ordensbrüder aus andern Balleyen in die ihrigen aufzunehmen. Stand die Wahl der neuen Ordensbrüder in der Gewalt der Landcomthure, so zogen sie dabei zunächst die ihnen am meisten bekannten adligen Eingebornen aus der Landschaft ihrer Ballen vor und hielten mitunter streng an diesem alten Brauche fest, um fremdländische oder auch solche von hohem Adel und zu hohen Ansprüchen von ihren Häusern fernzuhalten.**)

Zur Bestreitung seiner Haushaltung standen dem Landcomthur zunächst der Ertrag und die Einkünfte

*) Am Sonntage vor Bartholomäi oder acht bis vierzehn Tage früher oder später ward alljährlich ein Kapitel gehalten, wo die Besetzung der Aemter, die Rechnungsablage der Comthure und die Aufnahme und Einkleidung junger Ritterbrüder stattfand. Doch fanden solche Kapitel bei wichtigen Veranlassungen auch außerhalb dieser Zeit statt, namentlich bei dem Regierungsantritt des Landcomthurs.

**) Aufgenommen wurden nach den Gesetzen nur Jünglinge von deutscher, ehelicher Geburt, gesund und ungebrechlich, rittermäßig und von vier Ahnen oder aus vier Ahnen Wappengenosse, frei im Wandel, unbefleckt in Sitten, unverschuldet an ihrem Namen. Wer in den Orden eintreten wollte, mußte seinen adligen Herrstand, die bestimmte Ahnenaufschwörung und zwei bis drei adlige Zeugen beibringen. Der Eintritt sollte sonst mit keinen weiteren Kosten verbunden sein, doch hatte der Orden nach alter päpstlicher Verordnung Anspruch auf alle Erbgüter des Ritters, die er in sich aufnahm. Der Orden machte aber bei weitem nicht immer Gebrauch von diesem Rechte und wie finden vielmehr oft, daß Eltern oder Verwandte des neu eintretenden Ordensritters gegen dessen Verzicht auf sein Erbtheil einer dem Orden zukommende Ertgülte oder Leibgeding verschrieben. Sehr häufig wurde der Eintritt in den Orden mit Schenkungen an Landbesitz oder Vermächtnissen zu milden Stiftungen verbunden. Ritter Gerhard von Daile schenkte 1392 bei seiner Aufnahme dem Hause zu Utrecht eine Summe von 160 Pfund holländischer Denare zu Ankauf für Brot und Kranke.

Ein alten geistlichen Ordenskleide, zu welchem Mantel, schwarzes jedem Ritterbruder mit ein schwarzes Kreuz am Mantel an der Kappe und am Wappenrock war das Zeichen seiner Mitgliedschaft des Ordens. Nur die sogenannte geistliche Farbe oder braunes Gewand waren am äußeren Kleide erlaubt. Die Aufnahme in den Orden war stets mit gewissen feierlichen Gebräuchen verbunden. Der Eid, den der junge Ritter zu leisten hatte, lautete: „Ich verheiße und gelobe Keuschheit meines Leibes und ohne Eigenthum zu sein und Gehorsam Gott und Sanct Marien und Euch dem Meister des Ordens des deutschen Hauses und Euern Nachkommen nach der Regel und Gewohnheit des Ordens, daß ich Euch gehorsam sein will, bis an meinen Tod“.

aus einem ihm besonders angewiesenen Hofe zu. Sie reichten gemeinhin zu seinen Bedürfnissen aus, denn in seiner Hofhaltung war er manchen Beschränkungen unterworfen, die etwaigen unnöthigen Aufwand verhindern sollten. Die Zahl seiner Pferde und Diener war genau vorgeschrieben und oft sehr gering, zumal in späterer Zeit. Bedurfte er der Pferde nicht, so benutzten sie auch der Hauscomthur und der Schaffner. Er sollte bei seinen Reisen in der Ballei kein Haus mit Einlager länger als zwei Tage oder drei Nächte beschweren, auch des Jahres nicht öfter als zweimal, es sei denn, daß ein Comthur seiner besonders bedurfte. Ward er vom Hochmeister nach Preußen, oder vom Deutschmeister zum General-Capitel berufen, so bestritt der Balleien-Tressel die aufgewandten Kosten; man nannte es das Capitel-Geld. Er mußte darüber gewissenhaft Rechnung legen, desgleichen wenn er als Rath des Deutschmeisters oder als Bevollmächtigter des Hochmeisters auf einem Reichstage erschien. Die Diener seines Hauses mußte der Landcomthur mit Kleidung und Lohn versorgen. Ihm fiel auch ein Theil des Nachlasses der in seiner Ballei verstorbenen Ordensbrüder zu, als Gold, Silber und anderes, was nicht zum Eigenthum eines Hauses gehörte. So bestimmte es eine Ordnung von 1426. Dagegen waren die Landcomthure aus ihren Balleien-Einkünften zur Entrichtung eines jährlichen „Kammerzinses" in die Kassen ihrer Meister verpflichtet und zwar betrug derselbe für die Ballei Utrecht im Jahre 1382: 150 Gulden. Von dieser Verpflichtung „von Altersher" spricht der Landcomthur von Utrecht Johann von Haeften auch noch im Jahre 1458. Er hatte die Zahlung mehrere Jahre bis zum Betrage von 500 Gulden verabsäumt, mußte aber seit 1467 eine jährliche Nachzahlung des Rückstandes leisten. Dem Deutschmeister fielen überdies auch die sogenannten Mortuarien zu; es waren dies wie im Johanniter-Orden die durch eines Landcomthurs Tod erledigten Einkünfte bis auf eine gewisse Zeit. Man nannte sie auch Todtenfälle. Früherhin hatte sie der Deutschmeister nur von den Kammergebietigern in der Ballei Franken bezogen; in der Mitte des 15. Jahrhunderts forderte er sie aber, sowie die nachgelassene Baarschaft von allen ihm untergeordneten Landcomthuren, ein Mißbrauch, gegen den man Abhülfe beim Hochmeister suchte.

Ward ein Landcomthur wegen hohen Alters oder schwächlicher Gesundheit auf seine Bitte des Amts entlassen, so vertraute man ihm entweder ein ruhigeres als Comthur eines kleineren Ordenshauses, überwies ihm dann zur Anerkennung seiner langen, treuen Amtsführung einen Theil der Hauseinkünfte zu seiner besseren Pflege und befreite ihn auch wohl von den Auflagen und Leistungen, die der Deutschmeister von seinen Balleien zu fordern hatte, oder auch man räumte ihm ein bequemes Gemach in einer Firmarie ein, nebst einem Deputate, einer sogenannten Leibzucht, meist von 100 Gulden, zu seinem Unterhalte mit der nöthigen Bedienung. Auch in der Ballei Utrecht kam es wiederholt vor, daß Landcomthure aus beweglichen Gründen ihr Amt selbst niederlegten, ein Gemach in einer Firmarie und zu ihrem Unterhalte 70 oder 80 französische Schild als „Trinkgeld" erhielten.*)

Starb ein Landcomthur, so erwählten alsbald die zu einem Capitel berufenen Comthure, Pfarrer und gemeinen Brüder der Ballei aus ihrer Mitte einen Statthalter, der sofort alle Pflichten der Verwaltung übernahm. Mit der Meldung der Wahl an den Meister ward zugleich ein Bericht über die bisherige Amtsverwaltung und den Zustand der Ballei und gewöhnlich auch die Bitte verbunden, den gewählten Statthalter mit Rücksicht seiner löblichen Eigenschaften, seiner Landes- und Geschäftskenntniß und seiner bisherigen verdienstlichen Amtsthätigkeit als Landcomthur zu bestätigen.

(Fortsetzung folgt.)

Die Titel der russischen Herrscher.

Es ist wohl von einigem Interesse den Titel der Herrscher des russischen Reichs geschichtlich klarzustellen. Die Schreibweise des alten Titels Czar, womit man in neuerer Zeit mit Vorliebe wieder den russischen Kaiser bezeichnet, ist zunächst unrichtig; das russische Wort heißt „Zar". Es war von den Franzosen, welche das fremde Wort vielleicht nach der Analogie der polnischen Schreibweise „Czar" oder „Tsar" schrieben, und seit Voltaire's berühmter aber vielfach incorrecter Geschichte Karl's XII. hat sich die erstere Schreibweise Czar überall eingebürgert und ist dann auch in Deutschland angenommen worden. Der Titel selbst ist aber als solcher thatsächlich unrichtig, vor Allem im internationalen Verkehr. Das alte russische Wort „Zar" ist der slavische Herrschertitel, welcher zuerst bei den Serben und Bulgaren üblich war. Wladimir II., Monomach von Rußland, war der Erste, welcher im Jahre 1113 den Titel „Zar" annahm; derselbe verschwand nach ihm wieder und erst Iwan II. nahm ihn bei seiner Krönung im Jahre 1547 für die russischen Herrscher aufs Neue an, indem er demselben den Beisatz „der große" Zar hinzufügte, um dadurch anzudeuten, daß er die oberste Herrschaft über alle die einzelnen Theile bedeuten sollte, aus denen das russische Reich allmählich hervorwuchs, denn die Herrscher aller dieser einzelnen Theile hatten für sich ebenfalls den Titel „Zar" geführt, und dieser Titel ging im Betreff der einzelnen Herrschaftsgebiete dann auf den obersten Herrscher des ganzen Reichs über. So führen die russischen Kaiser noch jetzt den Zarentitel von einzelnen früher selbstständigen Reichs-

*) Alte und für andere altersschwache und kranke Ordensbrüder bestanden in den Comthureihäusern sogenannte Firmarien, Pflegeanstalten, in welchen sie Verpflegung fanden oder ihre letzten Tage in Ruhe verlebten. Das Ordensgesetz schrieb für sie eine ganz besonders sorgsame Pflege und ärztliche Behandlung vor, auch waren sie von dem strengen Fasten und dem Besuch des öffentlichen Gottesdienstes befreit.

gebieten, wie z. B. „Zar von Serbien", „Zar von Taurien und dem Chersones," „Zar von Astrachan und von Kasan" und Alexander I. nahm 1815 den Titel eines „Zaren von Polen" an. Im russischen Herrscherhause selbst findet sich der Anklang an den alten Titel nur noch in der Bezeichnung für den Thronfolger, doch heißt diese Bezeichnung nicht „Zarewitsch", sondern „Cesarewitsch". Peter der Große nahm den Titel „Cäsar" (Kaiser) an und gebrauchte denselben auch in allen fremden Sprachen für die Herrscher von Rußland; er beanspruchte den Vorrang über alle Könige von Europa und führte auch in seinem Titel die merkwürdige Bezeichnung: „Souverain dominateur du Nord et de tous les pays adjacentes."

Dieser Titel mit den darauf begründeten Ansprüchen wurde natürlich nicht anerkannt, und wenn man ihm auch von kleineren Staaten aus Höflichkeit den Kaisertitel gab, so erhielt er ihn doch von den damaligen Großmächten nicht; er that auch weiter keine Schritte, eine ausdrückliche Anerkennung dieses neuen Titels herbeizuführen und begnügte sich damit, denselben seinerseits zu gebrauchen, ohne sich darum zu kümmern, ob man ihn anerkenne oder nicht. Die Titelfrage blieb staatsrechtlich unentschieden bis zum Regierungsantritt der Kaiserin Elisabeth, welche Werth darauf legte, den kaiserlichen Titel für sich und die russischen Herrscher besonders anerkannt zu sehen. Bei den darüber mit den europäischen Mächten eingeleiteten Verhandlungen zeigte sich besonders der französische Hof schwierig; der römisch-deutsche Kaiser hatte ja ohnehin den obersten Rang unter allen Souveränen, und gab selbst Ludwig XIV. anfangs noch nicht den Titel Majestät; da der König von Frankreich (der erstgeborene Sohn der Kirche) aber nach dem römischen Kaiser den ersten Rang in Europa beanspruchte, so wollte er sich dagegen schützen, daß die russischen Herrscher aus dem Kaisertitel irgend ein Recht herleiteten. Der französische Hof verlangte daher von der Kaiserin Elisabeth einen ausdrücklichen Revers, daß der von ihr angenommene Titel einer Kaiserin aller Reußen, „Impératrice de toutes les Russies" nichts in den bisher bestandenen Rangverhältnissen und in dem von beiden Höfen festgestellten Ceremoniell ändern sollte, nach welchem der König von Frankreich den Vorrang und seine Gesandten an den europäischen Höfen den Vortritt vor den russischen in Anspruch nehmen konnten. Die Kaiserin Elisabeth stellte diesen Revers aus und gestand zu, daß ein jeder ihrer Nachfolger bei seinem Regierungsantritt durch einen gleichen Revers sich verpflichten sollte; dies geschah auch bei dem Regierungsantritt Peter's III. England scheint ohne Weiteres die Anerkennung gewährt und Rangstreitigkeiten niemals erhoben zu haben. Katharina II. verweigerte bei ihrem Regierungsantritt die Ausstellung eines Reverses wie ihn ihre beiden Vorgänger ausgestellt hatten, und Ludwig XV. versagte daher die Anerkennung des Kaisertitels, so daß sein Gesandter, der Graf von Breteuil in Petersburg, in nicht geringe Verlegenheit gerieth und längere Zeit sehr gereizte Verhandlungen über die Titelfrage stattfanden. Endlich entschloß sich Katharina auf den Vorrang, welchen Peter der Große mit dem Kaisertitel über alle königlichen Höfe Europas hatte verbinden wollen, zu verzichten; sie verweigerte jedoch fortgesetzt auf das Entschiedenste die Ausstellung des Reverses, wie er von der Kaiserin Elisabeth und Peter III. war gegeben worden, und erklärte mit denjenigen Höfen, welche die Anerkennung von diesem Reverse abhängig machen wollten, jede Beziehung abzubrechen. Sie ließ daher von ihren Ministern eine Erklärung an alle ihre Gesandten schicken, welche diese den Höfen, an welchen sie beglaubigt waren, mitzutheilen hatten.

Dieses merkwürdige Aktenstück, welches ganz genau die Auffassung Katharinas über die Frage des Kaisertitels präcisirt, lautet in deutscher Uebersetzung:

„Der kaiserliche Titel, welchen Peter der Große ruhmreichen Andenkens angenommen, oder vielmehr für sich und seine Nachfolger erneuert hat, gehört seit längeren Zeiten, sowohl den Souveränen als der Krone und der Monarchie aller Reußen. Ihre Kaiserliche Majestät betrachtet es als unvereinbar mit der Unerschütterlichkeit dieses Grundsatzes, die Reversalien zu erneuern, welche man früher nacheinander einer jeden einzelnen Macht gegeben hatte, sobald sie jenen Titel anerkannte. Infolgedessen hat Ihre Majestät ihren Ministern befohlen, eine allgemeine Erklärung abzugeben, daß, da der kaiserliche Titel seiner Natur nach ein für allemal der Krone und der Monarchie von Rußland gebührt und durch mehrere Jahre und mehrere Erbfolgen befestigt ist, weder Allerhöchst sie selbst, noch ihre Nachfolger jemals wieder jene Reversalien erneuern werden, und daß sie noch weniger irgend welchen diplomatischen Verkehr mit denjenigen Mächten unterhalten, welche es verweigern sollten, den kaiserlichen Titel für die Personen der Souveräne aller Reußen, sowie für ihre Krone und ihre Monarchie anzuerkennen. Damit diese Erklärung ein für allemal alle Schwierigkeiten in einer Sache beseitige, in welcher es solche Schwierigkeiten garnicht geben sollte, erklärt Ihre Majestät, daß der kaiserliche Titel keine Aenderung in dem zwischen den Höfen hergebrachten Ceremoniell zur Folge haben soll, und daß dieses Ceremoniell immer auf demselben Fuß bleiben wird.

Gegeben zu Moskau, den 21. November 1762.

Gez.: Woronzow. A. M. Galizin.

Ebenso merkwürdig und vollkommen bezeichnend für die damalige Auffassung der Titelfrage ist die Antwort, welche der Herzog von Choiseul dem französischen Botschafter Grafen Breteuil zur Uebermittelung an die Minister der Kaiserin Katharina ertheilte. Dieselbe lautet in der Uebersetzung:

„Die Titel sind nichts durch sich selbst, sie haben eine reelle Bedeutung nur insoweit sie anerkannt sind und ihr Werth hängt von der Idee ab, welche man mit ihnen verbindet, und von der Ausdehnung, welche ihm diejenigen geben, welche das Recht haben, sie zuzulassen, zurückzuweisen oder sie zu beschränken. Die Souveräne selbst können sich nicht Titel nach ihrer Wahl beilegen; die Zustimmung ihrer Unterthanen genügt nicht, es ist vielmehr diejenige der anderen Mächte nöthig, und jede Krone, in der völligen Freiheit, einen neuen Titel anzuerkennen oder zurückzuweisen, hat auch das Recht, ihn mit den Modificationen und unter Bedingungen, welche sie für angemessen hält, anzunehmen. Die Befolger dieses Princips sind — sowohl Peter I., als seine Nachfolger bis zur Kaiserin Elisabeth — in Frankreich niemals anders genannt worden, als unter der Benennung „Czar". Diese letztere Fürstin ist die Erste von allen Souveränen Rußlands gewesen, welcher der König den kaiserlichen Titel zugestanden hat, aber es geschah dies unter der ausdrücklichen Bedingung, daß dieser Titel kein Präjudiz für das zwischen beiden Höfen übliche Ceremoniell schaffen durfte. Die Kaiserin Elisabeth unterzeichnete ohne Bedenken diese Bedingungen und hat sich darüber auf die bestimmteste Weise in den Reversalien ausgesprochen, welche auf ihren Befehl aufgesetzt und von den Grafen Bestuschew und Woronzow im März 1745 unterzeichnet worden sind. Die Tochter Peter's I. drückte in jenem Documente ihre volle Befriedigung aus; sie erkannte an, daß Se. Majestät nur aus Freundschaft und in einer ganz besonderen Aufmerksamkeit des Königs für sie, sich zur Anerkennung des kaiserlichen Titels herbeigelassen habe, den die andern Mächte ihr bereits zugestanden hatten, und sie sprach es aus, daß diese Gefälligkeit des Königs von Frankreich ihr eine große Freude bereitet habe.

Der König von denselben Gesinnungen für die Kaiserin Katharina II. erfüllt, macht keine Schwierigkeiten, auch ihr den kaiserlichen Titel zuzugestehen und diesen Titel für sie als mit dem russischen Throne verbunden anzusehen; aber Seine Majestät setzt voraus, daß diese Anerkennung nur unter denselben Bedingungen geschieht, wie unter den beiden vorhergehenden Regierungen und erklärt, daß — wenn in der Folge irgend einer der Nachfolger der Kaiserin Katharina diese feierliche und gegenseitige Verpflichtung vergessen und irgend welche Ansprüche erheben sollte, welche den bestehenden, im Verkehr der beiden Höfe üblichen Gebräuchen in Betreff des Ranges und des Vortritts entgegenständen — von einem solchen Augenblick an die Krone von Frankreich in einer gerechten Reciprocität ihren alten Styl wieder aufnehmen und aufhören werde, der russischen Krone den kaiserlichen Titel zu geben. Diese Erklärung, welche von der Absicht eingegeben ist, jede Schwierigkeit für die Zukunft zu beseitigen, ist ein Beweis der Freundschaft des Königs für die Kaiserin und seines aufrichtigen Wunsches, zwischen beiden Höfen ein festes und unerschütterliches Bündniß herzustellen.

Gegeben zu Versailles, den 18. Januar 1763.

gez.: Praslin.

Durch diese gegenseitigen Erklärungen war die Sache formell und staatsrechtlich abgemacht. Die übrigen Mächte registrirten stillschweigend und ohne eine so scharfe und präcise Gegenantwort die Erklärung, die der Kanzler Woronzow in Katharinens Namen abgegeben hatte. Es steht also vom Jahre 1763 an in Europa staatsrechtlich fest, daß den Souveränen der Krone und dem Reiche Rußland der kaiserliche Titel unbezweifelt und ohne Widerspruch zusteht und daß dieser Titel den russischen Herrschern in allen fremden Sprachen gegeben werden muß, während das Wort Zar nur noch in der großen Titulatur für die einzelnen in dem jetzigen Reich vereinigten, früher selbständigen Herrschergebiete vorkommt. Aus der Erklärung der Kaiserin Katharina geht aber auch auf das Bestimmteste hervor, daß der kaiserliche Titel, welchen bis dahin nur der römische Kaiser führte, die Kaiser von Rußland diesem nicht gleichstellte und ihnen keinen Vorrang vor den Königen Europas gewährte. Uebrigens war die Beschränkung in Bezug auf den Rang und das Ceremoniell, welche sich die Kaiserin in ihrer Erklärung selbst auferlegte, nicht so rückhaltlos gemeint, als dies ausgesprochen war; denn jene ehrgeizige Fürstin, welche von der Aufrichtung des byzantinischen Reiches träumte und sich selbst als Vertreterin des alten oströmischen Kaiserthums betrachtete, wollte sich in der That als solche auch dem römisch-deutschen Kaiser im Rang völlig gleichgestellt wissen und gab allen ihren Gesandten geheime Ordres, daß sie jede Gelegenheit brauchen sollten, den Vortritt vor den Gesandten Frankreichs zu gewinnen. Dieser Befehl der Kaiserin wurde Veranlassung zu einer sehr heftigen Scene, welche am Hofe zu St. James vorfiel. Der Graf Tschernitschew nahm hier bei einer großen Cour im Augenblick als die Diplomaten vor dem König von England erscheinen sollten, schnell vorantretend, den Platz vor dem Herzog von Chatelet ein, der Herzog aber gab seinen Rang trotz dieser Ueberraschung nicht auf; er drängte unmittelbar vor dem König den russischen Gesandten wieder zurück und trat ihm dabei so scharf auf den Fuß, daß dieser nur hinkend bei der Cour vorüberschreiten konnte. Die Folge war ein Duell, bei welchem der Franzose dem Russen einen tüchtigen Degenstich versetzte. Dieser Streit um den Vorrang, welcher bald durch List, bald durch Ueberraschung geführt wurde, dauerte zwischen den Gesandten Rußlands und Frankreichs bis zur französischen Revolution fort. Napoleon I., welcher sich selbst als Kaiser über alle Könige stellte, gab seinerseits den Kaisern von Oesterreich und Rußland den gleichen Vorrang, und als er das berühmte Parterre von Königen um sich versammelte, saß er mit dem Kaiser Alexander I. den anderen Fürsten voran in Armstühlen, während diese nur Sessel ohne Seitenlehnen erhielten; auch führte nur vor ihm und dem Kaiser von Rußland die Wache das Spiel. Der Wiener Congreß löste diese Frage des Vorranges durch die kategorisch gegebene Entscheidung, daß zwischen allen gekrönten Häuptern Kaiser und Königen, ohne Rücksicht auf die Größe ihrer Reiche und ihre politische Bedeutung, kein Rangunterschied bestehe, und daß die Vertreter der kaiserlichen und königlichen Mächte an den verschiedenen Höfen innerhalb des gleichen diplomatischen Ranges unter einander nach dem Datum ihrer Accreditive folgen sollten, so daß also der an einem Hofe zuerst accreditirte Botschafter als Doyen des diplomatischen Corps den Vortritt vor den Uebrigen hat. Nur an den katholischen Höfen wurde in dieser Art mit dem päpstlichen Nuntius eine Ausnahme gemacht, welcher als solcher an und für sich den Rang als Doyen einnahm. Diese von dem Wiener Congreß festgesetzte Regel besteht auch heute noch in Kraft. Alle Kaiser und Könige erweisen sich unter einander die gleichen Ehren und ihre Vertreter rangiren an fremden Höfen nach dem Datum ihres Accreditivs, wobei natürlich der diplomatische Rang vorbehalten bleibt, so daß der Botschafter dem Gesandten, und der Gesandte dem Ministerresidenten vorgeht.

Litteratur.

Der Deutsche Herold, Zeitschrift für Wappen-, Siegel- und Familienkunde, herausgegeben vom Verein „Herold“ in Berlin. XXI. Jahrgang. Berlin, Juli und August 1890. Nr. 7 und 8.

Inhalt: Berichte über die Sitzungen vom 20. Mai und 3. Juni 1890. — Vereinsnachrichten. — Das wahre Stammwappen der Grafen York v. Wartenburg. — Alte Kirchenfunde. — Die ältesten Juden-Nobilitirungen in Litauen. — Genealogien deutscher Adelsfamilien in Dänemark. — Noch ein Wort über den Artikel „Schlotheim.“ — Kirchensiegel mit den Wappen der Patrone. — Zur Kunstbeilage. — Vermischtes. — Auszüge aus den Inhaltsverzeichnissen heraldischer zc. Zeitschriften. — Anfragen. — Bitte. — Veränderungen im Mitgliederverzeichniß. — Familien-Verzeichniß.

Altpreußische Monatsschrift. 3. und 4. Heft. April bis Juni. Königsberg i. Pr. Verlag von Ferd. Beyer's Buchhandlung. 1890.

Inhalt: Abhandlungen. Samaiten und der Deutsche Orden bis zum Frieden am Melno-See. Von Dr. Robert Krumbholz (Schluß). — Zur Beurtheilung von Kant's Kritik der reinen Vernunft und Kant's Prolegomena. Anhang Nr. 3. Von Emil Arnoldt. — Der Ritterorden von Calatrava in Tymau bei Mewe. Von Dr. phil. Romuald Frydrychowicz. — Sprachliche Bemerkungen zu den drei Königsberger Zwischenspielen von 1644. Von Johannes Sembrzycki. — Dialectische Räthsel, Reime und Märchen aus dem Ermlande. Von A. Treichel. — Ostpreußische Sagen. Mitgetheilt von H. Frischbier. — Zu den Königsberger Zwischenspielen von 1644. Von Johannes Bolte. — Kritiken und Referate: Paul Nerrlich, Jean Paul. Sein Leben und seine Werke. Von Dr. Arth. Jung. — Dr. Jan Bystron, Katechizm Lutera w przekładzie wschodnio-litewskim. Von Sembrzycki. — Romuald Frydrychowicz, W sprawie granicy materyalow do dziejów Biskupstwa Chełmińskiego. Von Sembrzycki. — Karl Lohmeyer, Herzog Albrecht von Preußen. Eine biographische Skizze. Von Fischer. — Alterthums-Gesellschaft Prussia 1889. — Mittheilungen und Anhang: Universitäts-Chronik 1890. — Altpreußische Bibliographie 1889.

Anzeiger des germanischen Nationalmuseums. Nr. 4. Juli und August 1890.

Inhalt: Chronik des germanischen Museums. Dieselbe bringt die interessante Mittheilung, daß dem Museum, welches sich in so hohem Maße der Fürsorge der unvergeßlichen Kaiser Wilhelm und Friedrich zu erfreuen hatte, von Sr. Majestät dem Kaiser Wilhelm II. ebenfalls ein Zeichen hocherfreulichen Interesses zugekommen ist. Der hohe Herr hat gleich der Mehrzahl der regierenden deutschen Fürsten zu dem Kosten des Ankaufs der Fürstlich Sulkowskischen Sammlung, durch welche bekanntlich die Waffensammlung des Germanischen Museums zu einer solchen allerersten Ranges erhoben wurde, einen außerordentlichen Beitrag von 10000 Mark gespendet. — Neu angemeldete Jahresbeiträge. — Geldgeschenke. — Zuwachs der Sammlungen. — Fundchronik. —

Dem Anzeiger sind beigegeben: 1. Mittheilungen aus dem germanischen Nationalmuseum. 1890. VIII. und IX. — Mit Holzschnitten beschlagene Schachteln und Kästchen im germanischen Museum. — Ueber einige römische Gläser im germanischen Museum. — Nürnberger Büchsenmeister, Büchsenschmiede und Feuerschloßmacher des 16. Jahrhunderts. — Albrecht Dürer als Nachbar. — 2. Katalog der Originalskulpturen. Bogen 5 und 6 mit 8 Tafeln Abbildungen.

Der Bär. Illustrirte Wochenschrift für die Geschichte Berlins und der Mark. XVI. Jahrgang. Nr. 43. 26. Juli 1890.

Inhalt: Die schöne Else, von O. Schwebel (Fortsetzung). — Blüthe und Verfall der askanischen Macht im Mittelalter, von R. Giesecke (Schluß). — Arkadien, von Hermann Jahnke (Fortsetzung). — Rückblicke auf das X. Deutsche Bundesschießen, von Dr. Hans Brendicke. — Kleine Mittheilungen: Der Gabentempel für das X. Deutsche Bundesschießen (mit Abbildung). — Fanny Lewald (mit Abbildung). — Berlins Thore und Straßen im Jahre 1448. — Die Königseiche. — Unser Büchertisch. — Anzeigen. —

Carl Heymanns Verlag in Berlin W., Mauerstraße 63—65. Gedruckt bei Julius Sittenfeld in Berlin.

Alle Zuschriften und Einsendungen in Angelegenheiten dieses Blattes wolle man an den Redacteur desselben: Geh. Hofrath Herrlich W. Potsdamer Straße Nr. 184 c. zu Berlin richten.

Wochenblatt
der
Johanniter-Ordens-Balley Brandenburg.

Im Auftrage der Balley Brandenburg verantwortlich redigirt von C. Herrlich in Berlin.

Jahrg. 31. Berlin, den 3. September 1890. Nr. 36.

1. Gottlieb von Brandt, Kaiserlich Russischer Generallieutenant und Mitglied des Ober-Militair-Gerichts, Ehrenritter seit 1875, † zu Hattula in Finnland 22. Juni 1890.
2. Ernst Friedrich Görtz von Heithausen, Hauptmann a. D., auf Kalten Briesnitz, Kreis Sprottau, Ehrenritter seit 1885, † zu Kalten Briesnitz 20. August 1890.

Die Balley Utrecht des Deutschen Ordens.

(Fortsetzung.)

Die Oberaufsicht über die Wirthschaftsführung in einer Balley war, wie sich von selbst versteht, Amtspflicht des Landcomthurs, und ebenso die Bewirthschaftung der zu einem Ordenshause gehörigen Güter die Hauptobliegenheit des darauf sitzenden Comthurs. In den in näherem Bereiche des Ordenshauses liegenden Besitzungen, die von dort aus leicht bewirthschaftet werden konnten, leitete der Comthur die Bewirthschaftung immer selbst. Die entfernter liegenden Höfe oder Vorwerke der Comthurei wurden meistens von einem darauf sitzenden Ordensritter bewirthschaftet, der die sämmtlichen Geschäfte, die Ackerbestellung, die Viehzucht u. s. w. zu beaufsichtigen hatte. Es gab aber auch Ordenshäuser, bei denen bald ein Amtmann bald ein Edelknecht oder Kämmerer, der jedoch meist von Adel war, unter Aufsicht des Comthurs die Verwaltung eines Hofes führte. Der Ertrag der Höfe fiel dem Comthurhause zu; deshalb ließ sich der Comthur von Zeit zu Zeit Wirthschaftsberichte und Rechnungen über die Hofverwaltung vorlegen.

War der Besitz eines Ordenshauses zu umfangreich, als daß er von dem Comthur und seinen Rittern hätte bewirthschaftet werden können, so verlieh man einen Theil desselben bald auf Zeit, bald auf Erbpacht gegen einen bestimmten Pachtzins oder Lieferungen in Naturalien. Es lag im Amtsbereiche des Deutschmeisters, Güter und Höfe, die ein Ordenshaus nicht selbst bewirthschaften konnte an weltliche Ritter als Lehen auszugeben, mit der Verpflichtung, daß der Lehensträger die Lehensübertragung bei jedem neuen Deutschmeister wieder nachsuchen mußte. Aber auch dem Landcomthur oder dem Comthur eines Hauses stand gleiche Befugniß zu.

In jedem Ordenshause mit einem Convent stand neben dem Comthur ein Hauscomthur, auch jenem der nächste im Range und in seiner Abwesenheit der Stellvertreter, der in solcher Zeit auch für Alles verantwortlich war.*) Seine Ernennung geschah meistens durch den Deutschmeister, zuweilen auch durch die Landcomthure. Er gehörte stets zu den sogenannten „ältesten Conventsbrüdern", ohne deren Beirath und Zustimmung der Comthur keine irgend wichtige, das Interesse des ganzen Conventes betreffende Handlung unternehmen durfte. Dem Hauscomthur war die Leitung des ganzen Hauswesens übertragen, besonders die Aufsicht über die Hausbestände an Getreide, Nahrungsbedürfnissen aller Art, Pferden, Vieh und dergleichen. „Ein Hauscomthur, dem das Haus befohlen ist, bestellt alle Nothdurft des Hauses und der Brüder, hebt auch alle Renten, Zinsen und Pächte, Korn und Wein und was dem Hause gefällt und bezahlt auch Alles, was man von des Hauses wegen wieder ausgiebt und thut alle Jahr Rechnung dem Comthur und den Brüdern". Ihm waren daher auch die Verwalter der übrigen Hausämter untergeordnet und zur Rechnungsablage verpflichtet. Diese Hausbeamten waren ebenfalls Ritterbrüder, die mit ihren Aemtern vom Comthur und Convent betraut wurden. Obgleich eine Rangordnung unter ihnen nicht stattfand, so hatte doch der 1. Treßler oder Hausschatzmeister die wichtigste Stellung. Als verantwortlicher Verwalter aller Geldangelegenheiten führte er Buch über alle Einnahmen und Ausgaben. In Rücksicht der letzteren jedoch war er in allen Fällen an die Zustimmung des Komthurs gebunden, ohne dessen Genehmigung er keine Zahlung von Belang leisten durfte. Zur Einforderung der Zinsen,

*) Daher deutet auch seine lateinische Benennung Vice-Commendator.

Renten und Gefälle standen ihm zwei oder drei Ueberreiter zu Gebote, doch durfte der Treßler oder der Ueberreiter keinen Unterthanen des Hauses ohne Wissen des Comthurs wegen versäumter Zahlung irgendwie strafen. Seine amtliche Stellung und Verantwortlichkeit brachte den Treßler mit allen andern Hausbeamten in stete Berechnung. Die Wichtigkeit des Amtes brachte es mit sich, daß nur ältere, bewährte Ordensbrüder, zuweilen auch Priesterbrüder damit betraut wurden. Aber es findet sich auch, daß in manchen Häusern, namentlich in späterer Zeit, der Comthur oder Hauscomthur das Treßler-Amt mit verwaltete.

2. u. 3. Die Aemter des Küchenmeisters und des Kellermeisters erklären sich hinreichend aus ihrem Titel und sei deshalb in Ansehung des letztern nur bemerkt, daß er außer der ihm vorgeschriebenen Ordnung keinen Wein aus dem Keller geben durfte, es sei denn, daß Jemand einen Gast bekam.

Wir finden in der Ballei Coblenz folgende Speiseordnung, die bei der Gleichförmigkeit der Lebensordnung im Orden ohne Zweifel auch in den meisten Ordenshäusern galt. Zwischen 9 und 10 Uhr gehen alle Brüder zu Tische; wenn man fastet, essen sie bis 11 Uhr an einer langen Tafel, obenan der Comthur, dann der Hauscomthur zur Rechten, hierauf der Küster, alsdann die ältesten Priesterbrüder. Auf der andern Seite die Ritterbrüder. Dem Comthur und in seiner Abwesenheit dem ihn vertretenden Hauscomthur giebt man doppelte Portionen. Je 2 Brüder essen aus einer Schüssel; Gebratenes an Fleisch, Fisch, und Gemüse jeder besonders. Mit einem Pfund richtet man zwei Herren und 3 Diener an. Alles was übrig bleibt, wird an arme Leute vertheilt. An Fasttagen giebt man den Brüdern 3 Gerichte, wenn man nicht fastet, 2. Jedem Ordensbruder setzt man eine Conventskanne mit 3 Pinten Wein vor nebst einem silbernen Stutz oder Becher, wie es alte Gewohnheit ist. Nach der Speisung liest man Gratias mit 2 Paternoster. Um 11 Uhr hält man Nona, nach ihr wird den Brüdern im Convent einmal eingeschenkt, wohl zuweilen auch zweimal. Zu Abend essen sie zwischen 4 und 5 Uhr. Alsdann hält man die Abendcollation zwischen 6 und 7 Uhr; da schenkt man den Brüdern viermal, den Dienern zweimal; wenn man fastet, den Herren fünfmal, den Dienern dreimal. Die Halbbrüder sitzen am Sonntag und an heiligen Tagen an einem Tische und essen gleich den Herren. In der Arbeit soll man sie halten gleich den Knechten, wie es von Alters her Gewohnheit ist. Gewöhnlich speiste man an 3 Tafeln, an der ersten der Landcomthur oder der Comthur nebst dem Hauscomthur, den Hausbeamten und Conventsbrüdern, an der zweiten die Diener des Hauses, an der dritten die Knechte. Die Speisung der Diener geschah erst nach der der Herren. Ein Schüler liest alle Zeit zu Tische bis zum zweiten Gericht. So war die Ordnung zu Coblenz. An der besseren Firmarien Tafel, an welcher die Siechen, Gebrechliche und alte Brüder speisten, waren die Speisen genau vorgeschrieben.

4. Der Trappier, der Verwalter der Trapperie (Trapperei) führte die Aufsicht über die Anfertigung der Kleider für die Conventsbrüder, Hausdiener, sowie über die dazu erforderlichen Vorräthe an Tuch und Leinwand.

5. Der Kornmeister war Aufseher über sämmtliche Getreidevorräthe, die ihm von den Höfen geliefert wurden. Ein besonderer Backmeister Magister domus pistrie beaufsichtigte das Backhaus.

6. Der Baumeister, ein für jedes Ordenshaus unentbehrlicher Beamter, hatte, wie schon seine Amtsbenennung andeutet, das Bauwesen unter sich. Er vertrat zugleich, wie es scheint, die Stelle des Beamten, der in Preußen der Karwansherr genannt wurde und die Pferde unter sich hatte.

7. Der Küster war in der Regel ebenfalls ein Ordensbruder und zwar ein Priesterbruder. „Der Küster", heißt es in der Hausordnung, „regiert die Kirche mit Gesängen und verwahrt alle Kleinodien der Kirche."

8. Der Spittelmeister, zuweilen auch Siechenmeister genannt war in allen größeren Häusern, wo nach alter Ordenspflicht Hospitäler bestanden, mit der Aufsicht über die Pflege und ärztliche Behandlung der darin aufgenommenen Kranken, sowie auch mit der dem Orden obliegenden Armenpflege betraut. Ihm standen dabei die dem Orden affiliirten Halbschwestern zur Hilfe. Er hatte nicht nur darauf zu sehen, daß die im Ordensbuche sehr genau gegebenen Vorschriften in Beziehung auf die Spitale pünktlich befolgt wurden, sondern die Hausordnung gebot ihm ausdrücklich, „die Kranken in den Spitalen sollen nach Nothdurft ehrlich gehalten werden, wie des Ordens alte Gewohnheit ist.

9. Der Mühlmeister hatte die Aufsicht über die dem Orden zugehörigen Mühlen, die in finanzieller Hinsicht von bedeutender Wichtigkeit waren und daher einer besonderen Bewachung bedurften.

10. Der Pietanzmeister, dessen wir häufig erwähnt finden, hatte die Obhut über gewisse fromme Stiftungen und die Pflicht, diejenigen Bedingungen und Anordnungen, die darüber in den Stiftungsurkunden festgestellt waren, pünktlich in Ausführung zu bringen. Eine derartige Stiftung „Pietanz" war es, wenn im Jahre 1430 Heinrich v. Wime und seine Schwester bei einer Schenkung an das Haus Utrecht bestimmten, es solle jährlich zu ihrem und ihrer Eltern Gedächtniß im Convent „eine Collatie" gehalten und den Brüdern dabei „een poot cruyts von Drogen und rosen und daer toe drye taken goete Ryns wyns" dargereicht werden.

11. Der Ueberreiter oder Zinsmeister zog, wie erwähnt, die Zinsen und Abgaben ein, der Rentmeister oder Schaffner hatte gleiche Geschäfte und nur die Amtsbenennung war verschieden.

12. Der Schulmeister gehörte mit zu den Hausbeamten, ob er aber Ordensbruder war, ist ungewiß. Wahrscheinlich wurde dieses Amt einem Priesterbruder anvertraut, da wir es immer nur in Verbindung mit den Ordenskirchen und dem Gottesdienst erwähnt finden. Sein Hauptgeschäft war der Unterricht und die Einübung der Chorschüler im gottesdienstlichen Gesange. In jedem Convente befand sich endlich außer den Rittern eine gewisse Anzahl geistlicher Personen, Priesterbrüder genannt, und verschieden von den Ordenspfarrern, welche letzteren, ebenfalls Priesterbrüder, die dem Orden verliehenen Patronatspfarren bekleideten. Die erste Anordnung dieser Kleriker fällt wohl ohne Zweifel in die ersten Stiftungsjahre des Ordens. Sie bestanden schon unter Innocenz III. und wurden von Honorius III. bestätigt. Das wesentliche Amtsgeschäft dieser geistlichen Conventsbrüder bestand in pünktlicher Abhaltung der gottesdienstlichen Zeiten. Dieser Gottesdienst wurde in des Ordens frühster Zeit nach dem Ritus der Kirche des heiligen Grabes, seit der Mitte des 13. Jahrhunderts aber nach dem Officium des Predigerordens abgehalten. Zur Aufnahme der Priesterbrüder in den Orden war nicht adelige Geburt erforderlich, zuweilen aber traten auch höhere Geistliche in den Orden, so gegen Ende des 14. Jahrhunderts der Domdechant Meister Hubert Bol zu Utrecht. Die höchste Zahl der Priesterbrüder in einem Convent soll 6 gewesen sein, doch hören wir auch von Häusern, deren Convente allein aus Priesterbrüdern bestanden.

Demnach bekleideten in jedem größeren Ordenshause, zumal im Wohnsitz des Landcomthurs in der Regel 6—9 Ordensritter solche Geschäftsämter, welche die ihnen von den gottesdienstlichen Zeiten noch übrigen Stunden zumeist in Anspruch nahmen. In minder großen Ordenshäusern, wo nur ein Comthur und ein kleiner Convent bestand, häuften sich die Geschäfte auf eine kleinere Zahl von Conventsbrüdern noch mehr zusammen. Nimmt man hinzu, daß die Zahl aller Ordensbrüder sich in der Balley Utrecht im Jahre 1379 nur auf 47 belief, so geht aus Allem hervor, daß die meisten Ritterbrüder fast ausschließlich nur mit Erfüllung ihrer Amtspflichten beschäftigt sein mußten.

Einen bedeutenden Theil des Tages verbrachte der Ordensbruder mit der Abhaltung der „Zeiten“, denn so oder auch „geistliche Gezeiten“ nannte man die im Ordensgesetz angeordneten geistlichen Stunden. Es waren ihrer sieben. Mit der Messe begann der Tag des stillen Conventslebens; dann folgten die Prime, die Tertie, die Sexte, die None, die Vesper und die Complete. In gleicher Weise war die Nacht in gottesdienstliche Stunden getheilt. Es zerfiel somit der Gottesdienst in die Zeiten des Tags oder „das Tag-Amt“ und in die Zeiten der Nacht oder „das Nacht-Amt“.

Zu diesen täglichen Zeiten kamen nun noch die zahlreichen Fast- und Feiertage, denn außer den allgemein kirchlichen Festen feierte man in den Conventshäusern mit Vigilien, Messen, Gebeten und Psalmen die Todestage und Anniversarien der Hochmeister, der Deutschmeister und an gewissen Tagen allgemeine Todtenfeste der Brüder und Schwestern und Wohlthäter des Ordens. Für jeden im Convent gestorbenen Ordensbruder ward ein besonderes Todtenamt gehalten. Ueberdies sollte jeder Ordensbruder täglich fünfzehn Paternoster für die dahingeschiedenen Ordensbrüder beten, und siebenmal im Jahre empfingen alle Ordensbrüder an bestimmten Tagen das Abendmahl. Um die Ordnung der gottesdienstlichen Zeiten stets in Kraft zu halten, sollten die Visitirer genau erforschen, ob dieselben in den Conventen nach Regel und Vorschrift gehalten würden. Nur für die beamteten Ordensbrüder wurde bei dringenden Geschäften ein Nachlaß von diesen Pflichten gewährt, denn es heißt im Gesetz: „Die Amtsbrüder sollen so hart nicht verbunden sein, jedoch sich darin mäßigen, damit davon die gemeinen Brüder kein böses Exempel nehmen“. Die Vorschriften für den Gottesdienst galten auch nur für solche Häuser, in denen ein geordneter Convent bestand, in den kleinen Ordenshäusern, wo nur wenige Ritter und Priester lebten, konnten sie keine Geltung gewinnen.

Im Jahre 1298 gründeten die Ordensbrüder der Balley Utrecht mit Hilfe mehrerer Geschenke einen solchen Priester-Convent zu Rech in Friesland, wo sich außer den Priesterbrüdern nur noch einige dienende Brüder befanden und einer von jenen Comthur, ein anderer des Hauses Prior war. Ebenso bestand der Convent des Hauses Schoten in Friesland ausschließlich nur aus Priesterbrüdern. Unter der Aufsicht der Priesterbrüder standen die zu ihrer Beihilfe fast in jedem Convente größerer Häuser gehaltenen Kaplane. Es waren dies Weltgeistliche, keine Ordensbrüder und auf Kost und Lohn angenommen. Der Landcomthur von Utrecht ließ im Jahre 1303 auf Bitten des Grafen Wilhelm III. v. Holland in der Ordenskirche 2 Kaplane zu.

Von einer wissenschaftlichen Bildung der Ordenspriester möchte wenig zu sagen sein, doch finden wir in den Ordenshäusern eine Art von Bücherei, die aber fast ausschließlich Bücher theologischen Inhalts und solche zum liturgischen Gebrauch enthielt. Der Landcomthur Johann vom Sande, der 1419—1427 die Balley Utrecht regierte, erwarb sich großes Lob damit, daß er die meisten Bücher zum Chor aufs Neue „löblich“ schreiben ließ.

So nahmen der Gottesdienst und das Amt fast alle Stunden des Tages hin. Es war ein Leben ohne Lust und Freude, welches der Ordensbruder bis an sein Grab mit dem Ordensmantel auf sich nahm. Es bot nichts von zerstreuenden Vergnügungen und heiteren Festen dar, die das einförmige Tagewerk unterbrochen hätten. In den Mußestunden fand men die Brüder im Conventsremter versammelt, theils zur Unterhaltung, theils zum Spiel; aber auch hier war wenig Wechsel. Das Gesetz verbot alle Spiele um Geld, es erlaubte nur das Schachspiel, das Schallmeyspiel und einige andere; jedes aber mußte endigen, sobald die Glocke das Zeichen zu den gottesdienstlichen Zeiten oder zum Speisen gab. Selbst eine Vergnügungsreise oder ein Spazierritt wurde dem Ordensbruder nur selten erlaubt, denn nach dem Gesetz durfte Keiner ohne Urlaub des Comthurs irgend wohin gehen und der Comthur sollte die Erlaubniß nie „ohne redliche Ursache" geben.

War das Leben des Ordensbruders dergestalt ohne weltlichen Reiz und Genuß und nur der Pflichterfüllung, emsiger Thätigkeit und der gewissenhaften Beachtung der Gelübde gewidmet, so wurde es andererseits auch zur Zeit seiner Blüthe von dem erhebenden Gedanken getragen, ein dem Lobe Gottes und der Ehre der hochgelobten Jungfrau geweihtes Leben zu sein: ein Leben, dem jeder, der in die hoch gepriesene brüderliche Gemeinschaft trat, mit ganzer Hingebung, stets eingedenk der heiligen Gelübde, die er bei seinem Eintritt in den Orden auf seine Seele genommen, zum Heil der Menschheit und zur Verherrlichung der Kirche seine volle Kraft weihte. Das waren die Zeiten, als man die Ritter des deutschen Ordens „die edlen Reben am Weinstock des Herrn nannte, die im Dienste des Gekreuzigten dienenden Ritter Gottes, die starken Kämpen des christlichen Namens und der katholischen Kirche, die im glorreichen Märtyrerblut männlich streitenden und ihr Wappenkleid mit ihrem eigenen Blute färbenden Ritter Jesu Christi, die neuen zur Zeit des Heils erschienenen Maccabäer", die ihren Gelübden und dem Glauben treu, weltlichen Lüsten entsagt, ihr Eigenthum verlassen, das Kreuz auf sich genommen, um dem Herrn nachzufolgen und ihr Leben Gott und den Brüdern zu widmen.

Dieser Ruhm gilt jedoch zumeist nur für des Ordens Blüthezeit. Sein hehrer Glanz erlosch seit der Mitte des 14. Jahrhunderts ja mehr und mehr und es entschwand gemach aus vielen Gemüthern der alte, großartige Ordensgeist. — Wir hören fortan nicht selten von entlaufenen, abtrünnigen Ordensbrüdern, die ins Weltleben zurückkehrend, zu Verwandten ihre Zuflucht nahmen, um der Strafe des Abfalls zu entfliehen. Aber auch Unsitte, Zuchtlosigkeit, Arbeitsscheu, Untreue, Ungehorsam und Widerspänstigkeit gegen Ordnung und Gesetz begannen in der zweiten Hälfte des 14. Jahrhunderts mehr und mehr herrschend zu werden. Verfuhr ein Landcomthur einmal mit Strenge gegen einen widerspänstigen Ordensbruder, so kam es vor, daß er aus dem Convent entwich und sich dann zuchtlos umhertrieb. War es doch ein Comthur der Balley Utrecht, über dessen freche Widerspänstigkeit und gewissenlose Amtsverwaltung sowohl bei dem Hochmeister als auch beim Deutschmeister die bittersten Klagen einliefen, und der, als ihn der Letztere drohend aufforderte, Alles was er seinem Hause in ungerechter Weise und aus Eigennutz entzogen, zurückzugeben, antworten ließ: die beiden Meister möchten ihm immerhin Briefe senden, wie sie wollten, er werde sie gar nicht weiter brauchen. Aus einem Schreiben des Deutschmeisters an den Hochmeister vom Jahre 1440 erfahren wir ferner, wie der erstere einen Comthur der Balley Utrecht, von Dünland, in eine harte Strafe nehmen ließ, weil er einen bedeutenden Theil des Eigenthums seines Hauses, um seinen Lüsten zu fröhnen, verschwendete und ungehorsam keine Gebote mehr achtete.

(Fortsetzung folgt.)

Eine Riesengemeinde Berlin's.

Wir freuen uns herzlich — so schreiben die in Berlin erscheinenden „Blätter aus der Stadtmission" — daß in der nächsten Zeit für neue Kirchen in Berlin ein Grundstein nach dem andern gelegt wird, und wir danken es herzlichst unserem theuren Kaiserpaar, daß es alle Zeit und allen Ernst den Kirchbau in der kirchenarmen Residenz durch Wort und That zu fördern bereit ist. Wir wollen uns aber nicht verhehlen, daß auch mit Anspannung aller Kräfte mindestens noch Jahrzehnte vergehen müssen, bevor man auch nur einigermaßen übersichtliche Gemeinden wird geschaffen haben. Wie mancher Theilung der übergroßen Gemeinden bedarf es, um Versäumnisse vergangener Zeiten wieder gut machen, wie mancher Theilung andererseits, um mit dem Wachsen der Gemeinden die kirchliche Versorgung derselben Schritt halten zu lassen.

Zu denjenigen Gemeinden, welche ganz außerordentlich schnell gewachsen sind, gehört die Gemeinde zum heiligen Kreuz. Im Südwesten von Berlin gelegen, umfaßt sie das weite Gebiet der Hasenheide, welches noch reichlich Bauterrain bietet, und wo eine Straße nach der anderen entsteht. Die Gemeinde zum heiligen Kreuz mußte bis zum Oktober 1888 ihre Gottesdienste in einer in Fachwerk gebauten Kapelle abhalten, welche vielleicht 800 Personen Raum bot. Im genannten Jahre wurde im Beisein beider Majestäten das neue, schöne Gotteshaus eingeweiht. Zweitausend Menschen mögen Raum in demselben finden. Aber was ist das bei der geradezu riesig wachsenden Seelenzahl der Gemeinde? Im Jahre 1875 zählte die Gemeinde 45 601 Seelen, von je 1000 Menschen konnten also kaum 18 Platz im Hauptgottesdienst finden; im Jahre 1880 zählte die Gemeinde 69 800 Seelen; im Jahre 1885 100 696 und im Jahre 1889 119 627 Seelen; es finden also z. B. kaum 17 Personen von je 1000 Gemeindeangehörigen Platz im neuen Gotteshause. Was hilft es, daß in der großen Gemeinde ein neues, schönes Gotteshaus gebaut ist, wenn die auf's tiefste beklagenswerthe Thatsache besehen bleibt, daß diese neue Kirche gerade wie vor 15 Jahren die alte Kapelle kaum 2 pCt. der Gemeindemitglieder im Hauptgottesdienst aufnehmen kann? In den letzten 6 Jahren sind in der Gemeinde zwei Plätze und 22 Straßen entstanden; 6 Polizei-Reviere haben hier ihre Heimstätten und ihre große Zahl von Schutzleuten zur Aufrechterhaltung bürgerlicher Ordnung. Wer sorgt dafür, daß kirchliche Zucht und Ordnung in das wilde Treiben der Hasenheide hineingetragen werden? 16 450 Schulkinder zählte im letzten Herbst die Gemeinde allein in ihren Communalschulen; ein Prachtgebäude nach dem andern ist als Schulhaus geweiht. Aber wir fragen alle, die noch ein Herz für die Kirche Christi haben, ist es nicht an der Zeit, daß auch ein Gotteshaus nach dem andern in dieser Gegend erstehe? Ist es nicht an der Zeit, daß hier eine große Anzahl von Männern angestellt werde, welche die unsterblichen Menschenseelen hinweise auf das eine, was noth ist? Oder sollte daran zu denken sein, daß die beiden Pastoren und der Hülfsprediger Zeit gewinnen für die Seelsorge? Im Jahre 1888 wurden in der Gemeinde zum heiligen Kreuz getauft 2630 Kinder, confirmirt 1241, getraut wurden 512 Paare, zum heiligen Abendmahl kamen 5231 Personen, bei 612 Begräbnissen wurde die Begleitung eines Geistlichen in Anspruch genommen. Nun wird zwar demnächst an dieser Kirche die Zahl der geistlichen Kräfte um eine vermehrt, aber es bleiben auch dann noch für jeden Prediger 30 000 Seelen.

Wenn die Prediger auch nicht im entferntesten im Stande sind, ihre Gemeinde zu übersehen, wenn seitens der Kirche die einzelne Seele nicht mehr gesucht werden kann, was wollen wir uns wundern, wenn sie im Getriebe des großstädtischen Lebens verloren geht? „Hier in Berlin muß man gottlos werden, man mag wollen oder nicht“, sagte eine Frau, die mit ihren Kindern vom Lande hierher gezogen war, zu einem Stadtmissionar der Gemeinde zum heiligen Kreuz. Ja, wer einen Gang durch die Hasenheide macht, der muß es sehen, daß hier reichlich Gelegenheit geboten wird, Gott los zu werden und leichtfertig dahin zu leben. Mehr als 350 Destillationen, Restaurationen und Vergnügungslokale liegen in der Gemeinde zum heiligen Kreuze, darunter eine ganze Reihe von Bierlokalen und Biergärten, die nicht bloß Raum für Hunderte, sondern auch Raum für Tausende haben. Welch ein Menschenstrom zieht nicht bloß am Sonntagnachmittag, sondern schon am frühen Sonntagmorgen und bei gutem Wetter am Werktage hinaus in die Vergnügungslokale der Hasenheide! Kein Glockenklang kann diese ungezählten Schaaren erreichen, kein Kirchthurm steht als Wegweiser zum Himmel an ihrem Wege. Wie viel Elternliebe wird in der Hasenheide zertreten, wie viel Familienglück vernichtet! An einem Sonnabendabend, als in den Fabriken der Wochenlohn ausgezahlt war, gingen innerhalb einer halben Stunde 34 Personen in eine Destillation, Jünglinge, die eben der Schule entwachsen waren, und Greise, die schon mit einem Fuß im Grabe standen, Familienväter, deren Frauen draußen versuchten, in's Fenster hineinzuschauen, und warteten, ob nicht der Mann bald wieder herauskäme, ob er nicht den sauer verdienten Wochenlohn heimbringe für Weib und Kind. Was an einem Sonnabend beobachtet wurde, das wiederholt sich alle Sonnabend.

Am Sonnabend werden in der Winterzeit auch die Maskenbälle abgehalten. In wie manche Familien bringen dieselben Jammer und Herzeleid! Der Anzug muß beschafft werden, mag er kosten, was er wolle. Ein einziger Anzug kostet an Miethe oft 10 Mk. Wir können Zeugen dafür beibringen, daß eine Familie das Bett versetzt hat, um den Maskenball mitzumachen. Das mag ein vereinzelter Fall sein, aber häufig kommt es vor, daß die kleinen Kinder eingeschlossen werden und sich völlig selbst überlassen bleiben, während Vater und Mutter auf dem Maskenball tanzen; häufig kommt es auch vor, daß die Kinder in sehr jugendlichem Alter von den Eltern auf die Maskerade mitgenommen werden, und daß man am Sonntagmorgen zwischen 6 und 7 Uhr nicht selten Eltern und Kinder müde und mit bleichen Gesichtern heimkehren sieht, und nicht selten wird in der Sonntagsschule als Entschuldigungsgrund für das Fehlen eines Kindes der Besuch der Maskerade angegeben. Daß bei solchen Zuständen eine böse Frucht reifen muß, daß das Familienleben zerrüttet werden, daß die Jugend verwildern muß, ist selbstverständlich. Es würde schon ein wesentlicher Gewinn für die Gemeinde sein, wenn in der Hasenheide wenigstens ein gottesdienstliches Lokal, ein Sammelpunkt für die Zerstreuten eingerichtet würde. Auch das würde schon ein wesentlicher Gewinn sein, wenn baldigst zu den zwei Missionaren und dem einen Gemeindehelfer, die für diese Gemeinde arbeiten, mindestens noch zwei neue angestellt würden. Denn bis zur Fertigstellung einer neuen Kirche, bis zur Anstellung weiterer geistlicher Kräfte, bis zur Theilung der Gemeinde wird voraussichtlich noch viel Wasser vom Berge fließen. Man darf auch nicht hinweisen auf die Arbeit der Diakonissen, die freilich auch eine gesegnete ist, doch mit derjenigen der Stadtmissionare durchaus nicht auf einer Linie liegt. Man bedenke, daß in fünf Jahren in einer solchen Gemeinde mindestens 10 000 Menschen sterben! Sollen sie dahingehen, ohne daß die Kirche den Versuch macht, sich ihrer Seelen anzunehmen? Wer will das verantworten? Wer will es mit verantworten? Da ist es doch etwas, daß unsere beiden in dieser Gemeinde angestellten Stadtmissionare monatlich reichlich 500 — also jährlich reichlich 6000 Hausbesuche machen.

Sie tragen von Haus zu Haus das Wort, das die Verheißung hat: es soll nicht leer zurückkommen. Sollten nicht solche Thatsachen manchen unserer Leser mahnen und ermuntern, mit zu helfen, daß der Evangelisch-Kirchliche Hülfsverein in den Stand gesetzt werde, uns Mittel zur Erweiterung unseres Werkes darzureichen? Seit drei Jahren haben wir leider unseren Personalbestand nicht vermehren können, ja, wir haben sogar einen Stadtmissionar weniger als im Jahre 1888. Gott gebe es in Gnaden, daß bald nicht bloß diese eine, sondern manche Kirchengemeinde Berlins es merke, daß uns und ihr geholfen werde!

Ein Rettungshaus in London.

Wenn man als Fremder an einem Abend nach Schluß der Fabriken die gewaltigste Verkehrsader des „Ostendes von London", die „commercial Road", durchwandert und inmitten des Getümmels von Personen- und Lastfuhrwerken die begegnenden Fußgänger betrachtet, die vielfach in Lumpen gehüllten Gestalten beiderlei Geschlechts, insbesondere am Sonnabend häufig das widerliche Schauspiel der Trunkenheit darbietend, dazwischen die johlende Straßenjugend, Zeitungen, Apfelsinen, Streichhölzer u. s. w. zum Verkauf ausbietend, oder mit kläglicher Stimme bettelnd, dann wird man sich leicht der von den Bewohnern anderer Stadttheile Londons gern ertheilten Warnung erinnern, daß man sich nicht in eine der schmutzigen Seitengassen verirren möge. Wenn man aber trotz dieser Warnung in ein kleines Seitengäßchen, Stepney, Causeway, einbiegt, dann wird man bald durch den Anblick eines großen Hauses gefesselt werden, welches ein Schild mit der Aufschrift trägt

No destitute boy or girl ever refused admission.
(Keinem verwahrlosten Knaben oder Mädchen wird Aufnahme versagt).

Das ist inmitten des uns umgebenden Straßenlebens doch fürwahr ein großes Wort! Großartiger aber noch sind die Eindrücke, die wir empfangen, wenn wir durch einen Haufen von Weibern uns drängen, welche die abgezehrten Kinder auf ihrem Arm der unentgeltlichen Krankenpflege überliefern wollen, in die weiten Geschäftsräume eintreten, in welchen ein Dutzend fleißiger Correspondenten und Buchhalter beschäftigt sind, und alsdann unter sachverständiger Führung einen Einblick thun dürfen in den weitverzweigten Organismus, durch welchen gegenwärtig etwa 3200 Kinder in den verschiedensten Lebensaltern, zeitweise kranke und auch unheilbar verkrüppelte, die meisten aber bald nach ihrer Aufnahme fröhlich in die Welt blickend, den versäumten Schulunterricht und Gottesdienst nachholend, oder in den verschiedenen Werkstätten für einen bürgerlichen Beruf sich vorbereitend, eine Behandlung wie im Elternhause erfahren. Das ist das seit 23 Jahren bestehende „Home" des Dr. T. J. Barnardo. Das Home enthält 31 Einzelinstitute, von denen viele den so verschiedenen Zwecken für Aufziehung und Verpflegung verwaister und verwahrloster Kinder entsprechend außerhalb Londons sich befinden. Zwei davon sind in Toronto und Peterboro im südlichen Canada und dienen als Sammelstellen für diejenigen erwachsenen Zöglinge des Home, welche nach erhaltener Ausbildung sich freiwillig zur Auswanderung melden. Es sind unter Anderem bisher 4050 junge Burschen und Mädchen im Alter von 16—20 Jahren nach Canada befördert, um nach kurzem Aufenthalt in den dortigen Homes je nach der Nachfrage und anderen Umständen als Handwerker u. s. w. in den Städten oder als landwirthschaftliche Dienstleute auf dem Lande untergebracht zu werden.

Literatur.

Der Bär. Illustrirte Wochenschrift für die Geschichte Berlins und der Mark. XVI. Jahrgang. Nr. 44. 2. August 1890.

Inhalt: Die schöne Else. Historischer Roman von O. Schwebel (Fortsetzung). — Schloß und Park Tegel, von Richard George (mit 2 Abbildungen). — Reckahn, von Hermann Jahnke (Fortsetzung). — Fürstliche Minnesänger, von O. Schwebel. — Kleine Mittheilungen: Die Sammlung der Glas- und Tafelgeräthe aus dem Besitze der verschiedenen Herrscher des Hohenzollern-Hauses im Hohenzollern-Museum zu Berlin. — Märkische Städte nach dem „Städte-Buch" des Abrahamus Saurius. — Eine der winzigsten Baulichkeiten Berlins. Kopernikus als Münzreformer. — Ein Rechenexempel. — Was im 17. Jahrhundert die Ausrüstung eines Cavalleristen kostete. — Statistisches. — Unser Büchertisch. — Anzeigen.

Der Bär. Illustrirte Wochenschrift für die Geschichte Berlins und der Mark. XVI. Jahrgang. Nr. 46. 9. August 1890.

Inhalt: Die schöne Else. Historischer Roman von O. Schwebel (Fortsetzung). — Schloß und Park Tegel, von Richard George (mit 3 Abbildungen) (Schluß). — Reckahn, von Hermann Jahnke (Schluß). — Fürstliche Minnesänger, von O. Schwebel (mit Abbildung) (Fortsetzung). — Kleine Mittheilungen: Der Meilenstein vor dem Schlosse in Charlottenburg. — Freiherr von Plotho und die Reichsacht-Erklärung gegen Friedrich den Großen im Jahre 1757. — Märkische Städte nach dem „Städte-Buch" des Abrahamus Saurius. — Anekdote von Friedrich dem Großen. — Unser Büchertisch. — Anzeigen.

Carl Heymanns Verlag in Berlin W., Mauerstraße 63—65.

Gedruckt bei Julius Sittenfeld in Berlin.

Alle Zuschriften und Einsendungen in Angelegenheiten dieses Blattes wolle man an den Redakteur desselben: Geh. Hofrath Herrlich W. Potsdamer Straße Nr. 134 a. zu Berlin richten.

Wochenblatt der Johanniter-Ordens-Balley Brandenburg.

Im Auftrage der Balley Brandenburg verantwortlich redigirt von C. Herrlich in Berlin.

Jahrg. 31. Berlin, den 10. September 1890. Nr. 37.

Die Balley Utrecht des Deutschen Ordens.

(Fortsetzung.)

Um aller der hohen Segensspendungen und geistigen Gnadenwirkungen, welche der Himmel der so hochgefeierten Ordensbrüderschaft verliehen, sowie der von der Kirche derselben verheißenen Indulgenzen theilhaftig zu werden, entschlugen sich gar viele Menschen des Weltlebens und traten in den Verband des Ordens ein, die zwar keineswegs an sämmtliche Verpflichtungen, Regeln und Gesetze des Ordens gebunden, aber auch nur gehalten waren, in den Ordenshäusern zu leben, die aber dennoch durch gewisse Verpflichtungen gebunden waren, des Ordens Bestes in jeder Weise wahrzunehmen und zu fördern. Schon in des Ordens frühster Zeit, in den ersten Jahrzehnten des 13. Jahrhunderts, nahm diese Halbbrüderschaft ihren Anfang, denn bereits eine Bulle des Papstes Honorius III. hebt das Verfahren der Aufnahme in die Mitbrüderschaft des Ordens besonders hervor. Aus jedem Stande konnten Männer von ehelicher Geburt, rechtlichem Wandel und unbescholtenem Namen in diesen brüderlichen Verband des Ordens eintreten, denn Ritterbürtigkeit ward dabei nicht gefordert. Sie lebten meistens in ihren weltlichen Verhältnissen fort, unterschieden sich jedoch von anderen durch ein Ordenskleid von geistlicher Farbe und durch das Zeichen eines halben Kreuzes, als Zeugniß ihrer Mitbrüderschaft. Der Halbbruder mußte die 3 Gelübde Armuth, Keuschheit und des Gehorsams ablegen; das Probejahr erließ man ihm. Er verpflichtete sich urkundlich, dem Orden entweder jährlich seinem Vermögen gemäß einen Beitrag zu zahlen und gewisse Dienste zu übernehmen, oder ihm auch das Ganze oder die Hälfte seiner Habe zu verschreiben, wofür ihm leiblicher Unterhalt auf Lebenszeit zugesichert ward, wofern er nicht das zu seinem Leben Benöthigte zurückbehielt. Nach seinem Tode fiel auch dieses dem Orden zu; ebenso was er als die Hälfte seines Besitzes bei seinem Ableben der Frau hinterließ, sobald diese starb, denn der Mitbruder konnte verehelicht sein und bleiben.

Mit dem Gelübde der Armuth wurde es demnach nicht so genau genommen und da das Ordensgesetz selbst dem Landcomthur anheim stellte, Mitbrüder auch unter anderen Bedingungen über das Vermögen in den Orden aufzunehmen, so begegnen wir darin auch den mannigfachsten Verschiedenheiten. Zwei solcher Stiftungen, die in diese Kategorie fallen, habe ich zu Anfang dieser Abhandlung namhaft gemacht.

Es ist wohl kein Zweifel, daß ein gewisser Unterschied zwischen einem Halbbruder und einem Mitbruder des Ordens bestand. Wir wissen, daß die Mitbrüder höherer Ordnung, wozu auch deutsche und ausländische Fürsten zählten, im Allgemeinen geloben mußten: „dem Orden stets treu und hold zu sein, vor dessen Schaden und Argstem überall zu wahren und für ihn das Beste zu thun nach all ihrem Vermögen"; daß sich dagegen die Halbbrüder niederer Ordnung zu gewissen Diensten und Leistungen verpflichteten, auch wohl gleich nach ihrer Aufnahme in ein Ordenshaus eintraten und dann den Anordnungen und Befehlen des Comthurs untergeben waren.

Allein für einzelne Fälle ist nicht immer zu ermitteln, ob der Aufgenommene als Halbbruder oder als Mitbruder gelten und ob er der höheren oder niederen Ordnung zugehören solle; denn aus den Bezeichnungen Halb- und Mitbruder läßt sich nichts über die besondere Stellung des Betreffenden zum Orden ermitteln.

Daß auch das weibliche Geschlecht in eine gewisse Gemeinschaft mit dem Orden treten konnte, steht außer allem Zweifel. Die Ordensregel bestimmte hierüber: „es sollen keine Weibspersonen in des Ordens volle Gesellschaft aufgenommen werden, weil es oft geschehe, daß männlicher Muth von weiblicher Heimlichkeit schädlich werde erweicht; es solle jedoch erlaubt sein, zu manchen Diensten, die das Weib besser verrichtet als der Mann, als zur Pflege der Kranken in den Spitalen und zur Wartung des Viehes, Frauen als „Halbschwestern" zu des Ordens Gemeinschaft zuzulassen; doch solle dies stets nur mit Zustimmung des Landcomthurs geschehen. Sie sollten auch beständig außer der Ordensburg ihre Wohnung haben, die ihnen der Comthur eines Hauses anwies, damit jegliches Aergerniß vermieden werde. Sie legten die drei Ordensgelübde ab, mußten bei der Aufnahme geloben, ihre Männer zu verlassen und trugen eine graue geweihte Ordenskleidung. Man hat die Schwestern des Ordens in zwei Klassen getheilt und die eine die der „Conventualinnen", die andere die der „Religiösen" genannt. Die Bezeichnung der letzteren kommt daher, weil sie in besonderen in der Nähe der Ordensburgen liegenden Häusern wohnten; während der Name „Conventualin" solche bezeichnen soll, welche in geschlossenen Conventen zusammen lebten, die nur von ihnen bewohnt waren. Der Orden zählte vier solcher Schwester-Convente, von denen zwei auf die Ballei Utrecht kommen. Der eine im Dorfe Bonne oder Bun in der Landschaft Drenthe entstand im Jahre 1271 durch Schenkungen einiger in der Nähe liegender Güter, wo man für Ordensschwestern ein besonderes Haus erbaute; es kam nachher eine Zeitlang unter die Gerichtsbarkeit des Landcomthurs von Westphalen und gehörte zu dessen Ballei, ward aber später, wahrscheinlich vom Landcomthur Goswin von Gärner zwischen 1340—1357 mit 1500 Pfund zu seiner Ballei Utrecht zurückgelöst. Die weiteren Schicksale dieser Stiftung sind zur Zeit noch unbekannt. Ein anderes Schwesternhaus, gleichfalls zur Ballei Utrecht gehörig, befand sich zu Schoten oder Schooten in Friesland, ebenfalls durch Schenkungen einiger edler Friesen im Jahre 1290 entstanden und lange Zeit von Ordensschwestern, nachmals aber, man weiß nicht durch welche Umwandlung, von Priestern und dienenden Brüdern des Ordens bewohnt. Erst in späterer Zeit erscheinen dort wieder Ritterbrüder.

Wie wir im Verlauf unserer Betrachtung gesehen, hatte die Begeisterung für das abgeschlossene, Gott geweihte Ordensleben mit seinen Wirkungen in milder Wohlthätigkeit seit der Mitte des 14. Jahrhunderts sehr nachgelassen und einem immer mehr um sich greifenden innern sittlichen Verderben Platz gemacht. Die Folge davon war zunächst die Erkaltung der Theilnahme der Laien und das Ausbleiben ihrer frommen Spenden, wodurch dann weiterhin bei der zunehmenden Genußsucht der Ordensmitglieder ein immer tieferer Verfall des Vermögens herbeigeführt ward. Die Ballei Utrecht war schon in den Jahren 1373—1379 durch die Verschwendung und den großen Aufwand des Landcomthurs Heinrich v. Hohenhorst sehr in Verfall und in drückende Schulden gerathen, so daß er das Haus zu Utrecht dem Deutschmeister überließ, sich mit einem Gemach in der Firmarie begnügend, wo er ein Jahrgeld genoß. Um die Schulden zu tilgen, sah sich sein Nachfolger Gerhard Splinter von der Eegen schon damals genöthigt, mehrere Ordensgüter an das Domcapitel zu Utrecht zu verkaufen. Die Ballei sah auch nachmals keine glücklichen Zeiten wieder, so wenig wie die benachbarte von Alten-Biesen, deren Landcomthur 1411 erklärte: Nachdem er in den Lüttischer Kriegen einen Verlust von 13000 franz. Kronen erlitten und die Kriegsfahrt nach Preußen ihm 3000 Rhein. Gulden gekostet, müsse er Gott danken, daß er mit seinen Brüdern sich wenigstens noch ernähren könne. Schlösser und Güter zu verpfänden, wie man verlange, stehe nicht in seiner Macht.*) Die Schulden der beiden Balleien, die späterhin unter einem Landcomthur eine Zeitlang vereinigt waren, hatten sich nun aber von Jahr zu Jahr so bedeutend vermehrt und die Ausgaben standen zu den Einkünften in einem so ungleichmäßigen Verhältniß, daß man nothwendig auf Beschränkungen und vorbeugende Maßregeln denken mußte. Dazu kam noch der Streit mit der Ballei Westphalen wegen des Ordenshauses Otmarsheim, welches die letztere im Jahre 1452 sich zueignen wollte. Die Ballei Westphalen war stets die ärmste unter allen Balleien gewesen und hatte bis zu Anfang des 15. Jahrhunderts noch keinen vollständigen Convent gehabt, daher verordnete der Deutschmeister Conrad von Egloffstein auf einen ihm abgestatteten Bericht über den Zustand dieser Ballei, nach Rath seiner Gebietiger, daß fortan das in Ober-Yssel nordwärts von Münster gelegene, bisher der Ballei Utrecht gehörige Ordenshaus Otmarsheim der Ballei Westphalen zu ihrer Aushülfe zufallen solle, theils weil es hart an der Grenze für diese besser gelegen sei, theils weil es von da aus auch leichter beschützt und vertheidigt werden könne. Der nachfolgende Deutschmeister Dietrich von Wittershausen bestätigte diese Anordnung sofort beim Antritt seines Amtes 1417. Nachdem alsdann der damalige Landcomthur Zweder Gobbing im Hause zu Münster einen vollständigen Convent eingerichtet, in welchem nach Ordnung und Gesetz die gottesdienstlichen Zeiten gehalten werden sollten, ward bestimmt, daß dieser Convent forthin auf die Beihülfe des Hauses Otmarsheim gegründet sein soll. Versäume es aber je ein Landcomthur, den Gottesdienst nach der dem Convent vorgeschriebenen Regel halten zu lassen, so solle es dem Deutschmeister überlassen sein, das Haus an die Ballei Utrecht zurückzugeben. Der Hochmeister sollte entscheiden. Allein die Stadt Utrecht trat dagegen auf, erklärend: ihr liege ob, dafür zu sorgen, daß zu fernerer Abhaltung des Gottesdienstes die Ballei Utrecht in ihren Häusern und Gütern nicht geschmälert werde. Das Haus Otmarsheim sei von einem ihrer Bürger, einem stiftischen Unterthan, gestiftet; es dürfe also vom Stifte und dem Hause Utrecht nicht getrennt werden. Durch dieses energische Eintreten der Stadt Utrecht für die Rechte der Ballei wurde der Anspruch gegen ihre Besitzungen indessen nicht abgewendet. Der

*) Schreiben des Landcomthurs von Biesen Iwan von Cortenbach dat. Frankfurt 17. Nov. 1411.

Hochmeister entschied im Einverständniß mit dem Deutschmeister 1453 schließlich dahin, daß das Haus Otmarsheim auch fortan zur Balley Westphalen, das zu Thiel, das auch mit in den Streit gezogen war, der von Utrecht verbleiben sollte. Seit 1530 wurde das Haus Otmarsheim Sitz des Landcomthurs von Westphalen. In einem im Jahre 1466 versammelten Provinzial-Capitel wurde beschlossen: Kein der Balley zugehöriges Gut solle fortan mehr verpfändet oder verkauft werden, ohne des Capitels Einwilligung. Amtssiegel solle man aufs Sorgsamste in Verwahrung halten. Jeder solle, wo er nur könne, sich der möglichsten Sparsamkeit befleißigen, der Landcomthur sich mit 6 bis 7 Pferden und 5 bis 6 Knechten, ein Comthur und Amtmann mit 2 Pferden und einem Knecht begnügen. Mit Kost und Gastereien solle man sich so redlich und gebührlich als nur möglich halten. Zugleich ward auch ein Plan entworfen, wie durch Theilbeiträge der einzelnen Aemter die Schuldenlast der Balley in kurzer Zeit abgetragen werden solle.

So wohl berathen indeß dies Alles auch war, so hatte es doch keinen Erfolg, denn als im Jahre 1478 der Landcomthur Johann von Drongelen in der Balley Utrecht sein Amt antrat, fand er im Hause zu Utrecht weder ein Spint Korn, noch irgend Vorrath für den Winter, wohl aber wieder eine Schuld von 3700 Rhein. Gulden. Zwar ward es rühmlich anerkannt, daß viele Prälaten und Herren in Utrecht, Holland und Seeland ihm mit Hülfe und Geldanleihen beigestanden; allein dieses mehr nur persönliche Wohlwollen konnte für die Balley keinen dauernden Wohlstand begründen.

(Fortsetzung folgt.)

Die Herzogin von Choiseul.

Ueber die letzten Tage der Herzogin von Choiseul, Gemahlin des bekannten Ministers Ludwig's XV.*) finden wir in einem vor kurzem veröffentlichten Buche von Gaston Maugras: La Duchesse de Choiseul et le patriarche de Ferney (Paris 1889 Calmann Lévy) bis dahin unveröffentlichte Mittheilungen.

Nach dem einstimmigen Urtheil aller Zeitgenossen war die Herzogin von Choiseul eine in jeder Beziehung bewunderungswürdige Frau, vor allen Dingen völlig tadellos in ihrer Lebensführung, ein Umstand, der für die sittenlose Gesellschaft, in der sie lebte, besonders hervorgehoben zu werden verdient. Auch erkaltete niemals ihre Zuneigung zu ihrem um viele Jahre älteren Gemahl, obwohl dieser sich die ärgsten Verstöße gegen die eheliche Treue zu Schulden kommen ließ. Madame du Deffand schrieb von ihr: „Es ist schade, daß sie kein Engel ist; ich möchte lieber, daß sie eine Frau wäre, aber sie hat nur Tugenden; keine Schwächen, keine Fehler!" Horace Walpole*) nennt sie das vollkommenste Vorbild ihres Geschlechts und fügt hinzu: „In der That, sie ist das hübscheste, liebenswürdigste und anmuthigste Geschöpf, das je aus einem Zauberei hervorgekommen ist."

Louise Honorine Crozat du Châtel war die Enkelin des Finanzmannes Crozat, der sich von einem simplen Commis und späteren Cassirer des Clerus durch seine glücklichen überseeischen Speculationen zu einem der reichsten Leute von Paris emporgeschwungen hatte. Nach einer in der Bretagne angekauften Herrschaft du Châtel hatte die Familie dann den Namen derselben dem ihrigen hinzugefügt. Der älteste Sohn dieses Mannes, der Generallieutenant und Marquis du Châtel hatte aus seiner Ehe mit einem Fräulein von Gouffier zwei Töchter, von denen die eine den Herzog von Choiseul**) (damals noch Graf Stainville), die andere den Herzog von Gontaut heirathete. Die Herzogin hatte ihrem Gemahl ein Vermögen mit in die Ehe gebracht, das jährlich ca. eine Million Livres Rente abwarf, aber als er im Jahre 1785 starb hinterließ er ungeheure Schulden. Damals faßte sie den Entschluß, um seine Gläubiger befriedigen und auch ferner ihrer Neigung zur Wohlthätigkeit genügen zu können, sich gänzlich aus der vornehmen Welt zurückzuziehen und ihren Haushalt auf den bescheidensten Fuß einzurichten. Die fürstliche Lebensweise ihres Gatten, der sowohl in Paris als in Chanteloup täglich offene Tafel für 45 Personen hielt, mußte selbst ein Vermögen wie das ihrige erschöpft haben. Bis zur Revolution bewohnte die Herzogin eines jener Klöster, die im vorigen Jahrhundert so vielen Damen als Wohnung dienten, ohne daß sie den Schleier nahmen. Sie bewohnte seitdem ein kleines Appartement in der Straße Saint Dominique, wo sie kaum einen anderen Besuch als den ihres treuen Freundes, des Abbé de Barthélemy***) empfing. Wahrscheinlich würde sie in ihrer völligen Abgeschiedenheit den Revolutionsschächern entgangen sein, wenn der Abbé sich am 2. September 1793 bei seiner Verhaftung nicht in ihrer Wohnung befunden hätte. Dieser Umstand und daß sie noch selbigen Tages zum

---

*) Marie de Vichy-Chamrond 1697—1780 Marquise du Deffand, bekannt durch ihren Salon und durch ihre Briefe.

*) Der dritte Sohn des bekannten englischen Ministers Robert Walpole Grafen von Orford, bekannt als Memoirenschriftsteller und durch seine mustergültigen Briefe. Auf seinem ländlichen Strawberry-Hill hatte er eine Sammlung von Raritäten aller Art zusammengebracht. 1718—1797.

**) Die Pairie Choiseul wurde 1758 für den Grafen von Choiseul Stainville erneuert. Die früheren Herzöge von Choiseul, die der Linie Plessis Praslin angehörten, starben mit Cesar Auguste 1705 aus. Die jetzigen Herzöge von Choiseul-Praslin stammen von Cesar Gabriel, aus der Linie Chevigny, für den 1762 das Herzogthum Praslin erneuert ward.

***) Barthélemy, Jean Jacques, der Verfasser der Reise des jungen Anacharsis nach Griechenland, die Frucht 30jähriger Vorarbeiten. Geboren 1716, lebte er seit 1758 im Hause Choiseul, dem er auch dann treu blieb, als der Herzog 1770 gestürzt ward. Er gab sofort seine Entlassung als Generalsecretär der Schweizergarde und folgte seinem Freunde in die Verbannung. Er starb 1795.

Sicherheitsausschuß eilte, um den achtzigjährigen Greis zu vertheidigen, zog wieder die öffentliche Aufmerksamkeit auf sie. Sie erreichte zwar ihren Zweck, daß er freigesprochen wurde und noch am selbigen Abend ihr wieder zugeführt ward, allein sie selbst war durch den Eifer, mit dem sie sich der Unschuld ihres Freundes angenommen, verdächtig geworden und wurde bald darauf verhaftet. Mit der größten Standhaftigkeit ertrug sie, obwohl an Körper völlig gebrochen die Widerwärtigkeiten und Entbehrungen des Gefängnißlebens; auch hatte der Gedanke an das Schaffot nichts Schreckliches für sie, und wenn sie sich trotzdem mit der Bitte um Freilassung an den revolutionären Sicherheitsausschuß wandte, so geschah es hauptsächlich im Interesse der Gläubiger ihres Gemahls, da ihr vorzeitiges Ende ihr die Möglichkeit genommen haben würde, diese vollauf zu befriedigen. Als denn auch der Vorstand des Bezirks, in dem sie gewohnt hatte, Fürsprache für sie einlegte, und zahlreiche Arme, denen sie eine Wohlthäterin gewesen war, Bittschriften zu demselben Zwecke an den Ausschuß richteten, ließ dieser sich gegen seine Gewohnheit erweichen und gab ihr die Freiheit wieder.

Im Jahre 1801 erhielt der erste Consul von einem Unbekannten einen Brief, indem dieser ihn ersuchte, der Herzogin von Choiseul, die damals im größten Elend lebte, eine Unterstützung zukommen zu lassen, aber der Tod, der sie am 3. December desselben Jahres für immer von allem Erdenleid befreite, machte solche Hilfe unnöthig. Der Verfasser des vorliegenden Buches schreibt dazu: „Sie, die so bewundert, so angebetet, so beneidet gewesen war, die so viele Leidenschaften eingeflößt und im Ueberfluß alle Güter, welche Reichthum und Macht verleihen können, genossen hatte, sah sich in ihren letzten Augenblicken von aller Welt verlassen. Nicht einmal die Hand einer Freundin konnte ihr die Augen schließen. Niemand begleitete sie zu ihrer letzten Ruhestätte. — So starb diese edle Frau, die ihr ganzes Leben hindurch niemals aufgehört hatte, das Vorbild aller Tugenden zu sein! ohne Fehler, ohne Abweichungen vom rechten Wege. Das Glück konnte sie nicht hochmüthig machen, das Unglück sie nicht niederschlagen. Ihr bewunderungswürdiger Charakter, der sich auf Religion und gesunde Lebensphilosophie stützte, verleugnete sich niemals und stets zeigte sie sich den Ereignissen überlegen. Sie wird der bezaubernde Typus der Frauen des achtzehnten Jahrhunderts, das deren so viele von hinreißender Anmuth hervorbrachte, bleiben, indem sie das besaß, was den meisten von ihnen fehlte: den Reiz der Ehrbarkeit und eines tadellosen Lebens."

Das Diakonissenhaus in Kaiserswerth.

Mit dem 1. März d. Js. hat das größte aller deutschen wie ausländischen Diakonissenhäuser wiederum ein Jahr seiner vielseitigen Wirksamkeit beschlossen und das Resultat derselben in dem im Mai erschienenen 53. Jahresberichte niedergelegt, aus welchem den Lesern unseres Blattes nachstehende Einzelheiten über die Thätigkeit der Kaiserswerther Schwestern innerhalb Deutschlands, — von den ausländischen und besonders den Orientstationen abgesehen — mitgetheilt werden mögen.

Der Bericht weist auch diesmal wieder gleich im Eingang auf die großen Schwierigkeiten hin, mit welchen die Anstalt bei dem steigenden Verlangen der evangelischen Kirche nach Diakonissen fort und fort in Folge der verhältnißmäßig geringen Zahl geeigneter Hilfskräfte zu kämpfen hat. Demgegenüber wird jedoch die erfreuliche Thatsache hervorgehoben, daß in immer weiteren Kreisen, nicht nur unter Pfarrern, sondern auch unter den Gemeindegliedern die Frage in ernste Erwägung gezogen wird, was menschlicherseits zu einer dem Bedürfniß entsprechenden Vermehrung der Diakonissenzahl geschehen könne. Die von Ihrer Majestät der Kaiserin und Königin, welche gleichfalls diese Angelegenheit thatkräftig erwogen, veranlaßte und am 4. und 5. December v. Js. in Berlin stattgehabte Conferenz von Freunden der Diakonissensache aus allen Ständen wird hoffentlich für die Diakonissenarbeit neue Früchte bringen.

Seit dem 1. März 1889 bis 1. März 1890 ist die Schwesternzahl des Kaiserswerther Diakonissenhauses von 763 auf 784 gestiegen, also um 21 gewachsen; die Zahl der Diakonissen betrug Ende Mai 506, unter ihnen 94 Lehrdiakonissen und 188 Probeschwestern, unter diesen 30 Lehrprobeschwestern, zusammen 784, wozu noch 14 Diakonissenschülerinnen kommen. Vom 1. März bis Mitte April sind 10 neue Probeschwestern eingetreten, sodaß mit Einschluß der Diakonissenschülerinnen das Mutterhaus nunmehr über 800 Töchter zählt.

Durch den Tod sind im Berichtsjahre 6 Diakonissen und 2 Probeschwestern abberufen worden. 9 Diakonissen haben ihren Beruf aufgegeben, 5 um in den Stand der Ehe zu treten, 3 um den Ihrigen zu dienen, die übrigen 3 aus anderen Gründen. 89 Probeschwestern sind eingetreten, jedoch sind aus der Gesammtzahl der Probeschwestern 21 als für den Diakonissenberuf innerlich und äußerlich ungeeignet, wieder ausgeschieden.

Mehrere Lehrpflegerinnen des Johanniter-Ordens, sowie andere christliche Jungfrauen, sind auch im letzten Jahre in der Krankenpflege der Kaiserswerther Anstalt ausgebildet worden. Von den früher Ausgebildeten haben einige in Kriegszeiten in dankenswerther Weise freundlichst Hilfe geleistet.

In einer tabellarischen Uebersicht führt der Bericht sodann die sämmtlichen Arbeitsfelder der Kaiserswerther Schwestern auf. Außerhalb des Mutterhauses arbeiten:

In	11 Töchteranstalten in Kaiserswerth	87	Schwestern,
„	12 „ „ Deutschland (außerhalb Kaiserswerth)	56	„
„	12 außerdeutschen Töchteranstalten	62	„
Auf	119 Arbeitsfeldern in der Rheinprovinz (außerhalb Kaiserswerths)	276	„
„	41 Arbeitsfeldern in Westfalen	104	„
„	14 „ im übrigen Deutschland	62	„
„	9 außerdeutschen Arbeitsfeldern	36	„

zusammen 218 Arbeitsfelder mit 681 Schwestern.

Aufgegeben wurde im vorigen Jahre von den auswärtigen Stationen die zu Jöllenbeck bei Bielefeld; neu übernommen wurden fünf Arbeitsfelder: Die Kleinkinderschule in Siegen-Hammerhütte, das oberrheinische Diakonissenhaus in Soderneheim, das städtische Krankenhaus in Neuscheid, die Gemeindepflege in Alexandrien, namentlich in der deutsch-evangelischen Gemeinde daselbst, die Abtheilung für verwahrloste Kinder in dem Ottohause zu Neuwied.

Auf 13 Arbeitsfeldern wurde die Zahl der Schwestern um zusammen 15 vermehrt werden und zwar in den Gemeinden zu Essen, Köln und Allendorf, in den Krankenhäusern zu Witten, Mülheim a. d. R., Solingen, Münster, Moers, Elberfeld, Soest, Düsseldorf und in dem Mädchen-Erziehungshause zu Hilden.

Erbeten wurden Diakonissen für 18 Gemeinden, 4 Krankenhäuser, 3 Erziehungshäuser, 2 Mägdeanstalten u. s. w. Für die durch Vermittelung des evangelischen kirchlichen Vereins von Ihrer Majestät der Kaiserin und Königin geplante Errichtung von Diakonissen-Stationen in Berlin, von welchen aus in den verschiedenen Arbeitervierteln unentgeltliche Krankenpflege in den Familien der Armen und Unbemittelten geübt werden soll, hat die Kaiserswerther Anstalt fünf Diakonissen in Aussicht gestellt.

Privatpflege übten einige 20 Schwestern.

Nachdem der Bericht sodann der Thätigkeit von 9 inländischen sowie der ausländischen, insbesondere der morgenländischen Töchterhäuser und Arbeitsfelder, über welche letztere im Herbste d. J. ein ausführlicher Bericht erscheinen wird, in Kürze Erwähnung gethan hat, wendet er sich nach Mittheilung einzelner ergreifender Züge aus der Arbeit der Diakonissen der Thätigkeit im eigentlichen Diakonissen-Krankenhause zu Kaiserswerth und den übrigen dort befindlichen Anstalten zu.

In den neuen Krankenhäusern auf dem Fronberge wurden während des Jahres 1889 verpflegt: 689 männliche Kranke einschließlich Knaben in 31 079 Pflegetagen, 239 weibliche Kranke einschließlich Mädchen in 18 801 Pflegetagen, zusammen also 928 Kranke in 49 880 Pflegetagen, die höchste bis jetzt erreichte Zahl, und zwar betrug die Zunahme im Berichtsjahr 162 Kranke. Unter denselben befanden sich 705 Evangelische, 220 Katholiken, 1 Altkatholik und 2 Israeliten. Auch im vergangenen Jahre ist wiederum ein beträchtlicher Theil der Kranken unentgeltlich verpflegt worden und zwar in 5337 Pflegetagen, was mithin mehr als den 9. Theil sämmtlicher Pflegetage beträgt. Für die übrigen Kranken ist zum allergrößten Theile nur der Armenpflegesatz (75 Pfg. für Erwachsene und 50 Pfg. für Kinder pro Tag) entrichtet worden, wodurch kaum die Hälfte der wirklichen Pflegekosten gedeckt wird. Für bemittelte Kranke, welche auf den gemeinschaftlichen Sälen verpflegt werden, wird 1,25 Mark täglich berechnet. Auffallend gering war die Zahl der Todesfälle im vergangenen Jahre, nur 5,064 Procent, 47, darunter 12 Kinder unter und bis zu einem Jahre, die, in elendester Verfassung in's Haus gebracht, trotz bester Pflege zu Grunde gingen. Verhältnißmäßig am meisten erlagen Lungenschwindsüchtige (21). Ungeheilt sind 5,71 Procent entlassen worden. Geheilt, oder doch erheblich gebessert wurden 74,5 Procent, sodaß am 31. December 1889 14,55 Procent Bestand blieb.

Größere operative Eingriffe sind etwa 110—120 nothwendig gewesen, alle mit gutem Erfolge.

Der Bericht giebt hiernach eine kurze Schilderung der in Kaiserswerth befindlichen Töchteranstalten des Diakonissen-Mutterhauses.

Das Lehrerinnen-Seminar für Kleinkinder-, Volks-, mittlere und höhere Mädchenschulen nebst Vorschule ist auch in diesem Jahre stets bis auf den letzten Platz gefüllt gewesen. Die Aufnahme in das Seminar geschieht nur zwischen dem vollendeten 17. und 24. Lebensjahre. Bewerberinnen unter 17 Jahren werden niemals aufgenommen, solche über 24 Jahre nur ausnahmsweise unter besonderen Umständen. In die Vorschule, welche zugleich höhere Mädchenschule ist, kann die Aufnahme schon vor dem 17. Lebensjahre erfolgen. Diejenigen Zöglinge derselben, welche später das 17. Lebensjahr vollendet und nach dem Urtheil des Lehrer-Collegiums diejenigen Kenntnisse sich angeeignet haben, welche zur Aufnahme in das Seminar selbst gefordert werden, gehen mit Beginn des Sommer-Semesters ohne besondere Aufnahme-Prüfung in das Seminar über. Für jedes Semester, mit Ausschluß der Ferien, zahlen die Aspirantinnen für Volksschulen und Kleinkinderschulen, sowie die Vorschülerinnen 180 Mark, die für höhere Mädchenschulen 225 Mark und erhalten dafür Unterricht und freie Station, nicht aber freie Wäsche und Arznei.

Die Vorschule, seit Ostern 1886 bestehend, dient zugleich denjenigen Seminaristinnen, welche später an mittleren und höheren Mädchenschulen zu unterrichten gedenken, als Uebungsschule.

Die Kleinkinderschule, welche zugleich als Uebungsfeld für die künftigen Kleinkinderlehrerinnen dient, wurde im vergangenen Jahre von 112 Kindern aller Confessionen besucht. Dieselbe wird von einer Kleinkinder-Lehrschwester geleitet und zerfällt in zwei Abtheilungen, deren untere die 2- und 3jährigen Kinder umfaßt. An letzteren sollen die Seminaristinnen die ihnen später unerläßliche Behandlung von Kindern im zarten Lebensalter sich aneignen, während die obere Abtheilung denselben reichlich Gelegenheit bietet, Schule halten zu lernen.

In das Waisenstift, welches am 3. April 1842 eröffnet worden ist, sind bis zum Schluß des vorigen Jahres 273 evangelische Waisenmädchen aus dem Mittelstande aufgenommen worden, um durch familienmäßige Erziehung zu einem fleißigen und christlichen Leben herangebildet zu werden. Im letzten Jahre sind 5 Kinder neu aufgenommen und 7 entlassen worden, sodaß der Bestand, welcher jahrelang 38 betrug, am 1. März 1890 auf 36 heruntergegangen ist, d. h. auf die Zahl, für welche das neue, von einer Freundin des Hauses erbaute Waisenhaus eigentlich berechnet ist. Der Gesundheitszustand unter den Kindern war im Laufe des Berichtsjahres durchweg ein erfreulich günstiger. Das Erziehungsgeld beträgt für bemittelte Waisen 360, für unbemittelte 180 Mark für's Jahr. Nur gesunde Mädchen unter 12 Jahren können aufgenommen werden. Wie bisher wird auch ferner alljährlich eine Lehrerstochter aus Rheinland und eine aus Westfalen unentgeltlich aufgenommen und eine unbemittelte Pfarrerswaise zu dem halben Satze.

Das evangelische Asyl und Magdalenenstift ist das älteste der Kaiserswerther Anstalten. Seit dem 17. September 1833, wo die erste entlassene Gefangene vom seligen Fliedner in dem kleinen Gartenhause bei der Pfarre zu Kaiserswerth aufgenommen wurde, sind bis zum 30. Juni 1889 963 gefallene und verkommene Mädchen und Frauen in dem Asyle aufgenommen worden, im letzten Jahre 24. „Freilich“, sagt der Bericht, „wenn man auf die Erfolge sieht, soweit sie vor Augen liegen, so könnte man verzagt und müde werden. Von den 22 Mädchen, welche wir im Laufe des Anstaltsjahres entlassen haben, konnten wir es nur bei 7 wagen, sie in einen Dienst zu vermiethen. Davon haben sich 4 bis heute ordentlich gehalten, 2 haben sich zweifelhaft, eine entschieden schlecht geführt. Von den übrigen Entlassenen mußten wir 2 als bildungsunfähig den Ortsbehörden, welche sie uns übergeben hatten, zurückschicken, die übrigen 13 wegen grober und andauernder Widersetzlichkeit entlassen. Mehrere derselben haben aber, wie wir mit Freuden bekennen, unsere Erwartungen übertroffen und ihr täglich Brod bis heute durch redliche Arbeit verdient.“

Der Heilanstalt für evangelische weibliche Gemüths- und Nervenkranke auf dem Johannisberge bei Kaiserswerth ist im letzten Jahre eine größere Zahl von Kranken übergeben worden, als in irgend einem früheren Jahre, auch die Summe aller verpflegten Kranken ist nur einmal, im Jahre 1884 um eine Ziffer höher gewesen als in diesem Berichtsjahre. Durchschnittlich befanden sich täglich 51 bis 52 Kranke in Behandlung, mehrmals stieg aber ihre Zahl bis auf 58. Auch die Summe der Abgegangenen ist größer denn je, zum Theil aus sehr erfreulichen Gründen. Völlig genesen konnten 19 Patienten entlassen werden, d. h. mehr als 42 % aller Abgegangenen, die beiden Todesfälle eingerechnet. 12 Entlassene waren mehr oder weniger gebessert; bei diesen war die Anstalt leider in den meisten Fällen genöthigt, die Verwandten um anderweitige Unterbringung ihrer Kranken zu bitten, weil die Verhältnisse des Hauses, welches Heil-Anstalt ist, das längere Bleiben verboten.

Das Paul Gerhardt-Stift bildet eine Heimstätte für alleinstehende kränkliche und sieche Frauen und Jungfrauen evangelischer Confession und wurde am 7. Juni 1876, als dem 200jährigen Gedächtnißtage des Todes Paul Gerhardts gegründet. Die von Jahr zu Jahr stetig gewachsene Zahl der Pfleglinge betrug am 1. März d. J. 67, die der pflegenden Schwestern 12. Es sind 3 Verpflegungsklassen vorhanden. Die Pensionssätze für dieselben betragen jährlich 300, 600 und 1000 bezw. 1500 Mark. Für alle drei Klassen ist auch eine Einkaufung auf Lebenszeit möglich und zwar nach einer in den Aufnahmebedingungen verzeichneten bestimmten Scala. Die drei Freibetten des Hauses, von welchen zwei zum Jubelfest der Anstalt im Herbste 1886 gestiftet wurden, sind stets belegt.

Die neueste Zweiganstalt des Mutterhauses ist die Heimstätte für siechkranke Männer und Frauen in Kaiserswerth, durch welche einem längst hervorgetretenen dringenden Bedürfniß Abhülfe geschaffen worden ist, und zwar ist die Heimstätte in dem oberen Stockhaus des Mutterhauses, nach Uebersiedelung der Kranken aus demselben im November 1888 auf den Frohnberg, im November v. Js. eröffnet worden. Für männliche Sieche bestehen drei Verpflegungsklassen, für weibliche nur die dritte, da für solche erster und zweiter Klasse das Paul Gerhardt-Stift Raum bietet. Für sämmtliche drei Klassen ist eine Einkaufung auf Lebenszeit möglich.

Die Kassenverhältnisse Kaiserswerths haben sich am Ende des Berichtsjahres derartig gestaltet, daß einer Gesammteinnahme von 341 626 Mark 93 Pf. eine Gesammtausgabe von 383 515 Mark 61 Pf. gegenübersteht, woraus sich eine Mehrausgabe von 41 888 Mark 68 Pf. ergiebt, welche hauptsächlich auf die Neubauten auf dem Frohnberg und deren innere Einrichtung zurückzuführen ist. Die durch die gesammten Neubauten der letzten Jahre verursachte Bauschuldenlast hat nunmehr die gewaltige Höhe von rund 300 000 Mark erreicht, deren allmähliche Tilgung der Bericht allen Freunden der Anstalt und der Diakonissensache recht dringend an's Herz legt.

Carl Heymanns Verlag in Berlin W., Mauerstraße 63—65. Gedruckt bei Julius Sittenfeld in Berlin.

Alle Zuschriften und Sendungen in Angelegenheiten dieses Blattes wolle man an den Redacteur desselben: Geh. Hofrath Herrlich W. Potsdamer Straße Nr. 134 c. zu Berlin richten.

Das Blatt erscheint jeden Mittwoch. — Das Abonnement beträgt 1 Mark für das Vierteljahr in allen Postanstalten des Deutschen Reichs.

Wochenblatt

der

Johanniter-Ordens-Balley Brandenburg.

Im Auftrage der Balley Brandenburg verantwortlich redigirt von C. Herrlich in Berlin.

Jahrg. 31. Berlin, den 17. September 1890. Nr. 38.

Uebersicht der in den Kranken- und Siechenhäusern des Johanniter-Ordens am 1. September 1890 befindlich gewesenen Kranken und Siechen.

Nr.	Namen der Orte, wo sich die Häuser befinden.	Zahl der Kranken und Siechen	Summa		
1.	**Sonnenburg:** Bestand am 1. August 1890	57			
	Zugang bis	30			
		[illegible]			
	Abgang	25			
	Bleibt Bestand	[illegible]	58	[illegible]	[illegible]
2.	**[illegible]:** Bestand am 1. August 1890	[illegible]			
	Zugang bis	77			
		[illegible]			
	Abgang	61			
	Bleibt Bestand	[illegible]	88	2 833	90
3.	**Groß-Lichterfelde** (Kinder- ... [illegible]): Bestand am 1. August 1890	171			
	Zugang bis	35			
		[illegible]			
	Abgang	93			
	Bleibt Bestand	113	[illegible]	[illegible]	150
4.	**[illegible]:** Bestand am 1. August 1890	34			
	Zugang bis	[illegible]			
		[illegible]			
	Abgang	15			
	Bleibt Bestand	[illegible]	[illegible]	[illegible]	58
5.	**[illegible]:** Bestand am 1. August 1890	24			
	Zugang bis	13			
		[illegible]			
	Abgang	[illegible]			
	Bleibt Bestand	[illegible]	34	[illegible]	58
6.	**[illegible]:** Bestand am 1. August 1890	15			
	Zugang bis	21			
		[illegible]			
	Abgang	11			
	Bleibt Bestand	[illegible]	[illegible]	548	50
7.	**[illegible]:** Bestand am 1. August 1890	19			
	Zugang bis	[illegible]			
		[illegible]			
	Abgang	16			
	Bleibt Bestand	[illegible]	[illegible]	[illegible]	[illegible]
	zu übertragen		367	11 745	495
	Uebertrag		[illegible]	[illegible]	[illegible]
8.	**[illegible]:** Bestand am 1. August 1890	25			
	Zugang bis	15			
		40			
	Abgang	19			
	Bleibt Bestand	21	31	646	30
9.	**Heiligengrabe:** Bestand am 1. August 1890	45			
	Zugang bis	20			
		[illegible]			
	Abgang	19			
	Bleibt Bestand	[illegible]	44	1 371	62
10.	**Jüterbog:** Bestand am 1. August 1890	13			
	Zugang bis	10			
		[illegible]			
	Abgang	8			
	Bleibt Bestand	[illegible]	15	460	[illegible]
11.	**[illegible]-Ruppin:** Bestand am 1. August 1890	41			
	Zugang bis	23			
		[illegible]			
	Abgang	[illegible]			
	Bleibt Bestand	[illegible]	[illegible]	1 379	60
12.	**[illegible]:** Bestand am 1. August 1890	[illegible]			
	Zugang bis	31			
		67			
	Abgang	[illegible]			
	Bleibt Bestand	[illegible]	[illegible]	1 017	[illegible]
13.	**[illegible]:** Bestand am 1. August 1890	[illegible]			
	Zugang bis	[illegible]			
		[illegible]			
	Abgang	17			
	Bleibt Bestand	[illegible]	16	[illegible]	65
14.	**[illegible]:** Bestand am 1. August 1890	18			
	Zugang bis	17			
		[illegible]			
	Abgang	[illegible]			
	Bleibt Bestand	[illegible]	[illegible]	[illegible]	40
	zu übertragen		[illegible]	[illegible]	[illegible]

Nr.	Namen der Orte, wo sich die [illegible] befinden.	[illegible]	Summa [illegible]	Summa [illegible]	[illegible]
	Uebertrag		549	17 635	884
15.	[illegible]:				
	Bestand am 1. August 1880 .	67			
	Zugang pro . .	91			
		58			
	Abgang . . .	65			
	Bleibt Bestand	51	51	1 045	94
16.	[illegible]:				
	Bestand am 1. August 1880 .	22			
	Zugang pro . .	17			
		39			
	Abgang . . .	19			
	Bleibt Bestand	20	20	711	60
17.	[illegible]:				
	Bestand am 1. August 1880 .	37			
	Zugang pro . .	15			
		52			
	Abgang . . .	23			
	Bleibt Bestand	29	29	1 014	80
18.	[illegible]:				
	Bestand am 1. August 1880 .	32			
	Zugang pro . .	26			
		58			
	Abgang . . .	41			
	Bleibt Bestand	17	17	508	46
19.	[illegible]:				
	Bestand am 1. August 1880 .	20			
	Zugang pro . .	15			
		35			
	Abgang . . .	12			
	Bleibt Bestand	23	23	591	60
20.	[illegible] a. d. O.:				
	Bestand am 1. August 1880 .	12			
	Zugang pro . .	4			
		16			
	Abgang . . .	9			
	Bleibt Bestand	7	7	327	61
21.	[illegible]:				
	Bestand am 1. August 1880 .	21			
	Zugang pro . .	17			
		38			
	Abgang . . .	23			
	Bleibt Bestand	15	15	731	67
22.	[illegible]:				
	Bestand am 1. August 1880 .	15			
	Zugang pro . .	18			
		33			
	Abgang . . .	16			
	Bleibt Bestand	17	17	565	36
23.	[illegible] ([illegible]):				
	Bestand am 1. August 1880 .	10			
	Zugang pro . .	—			
		10			
	Abgang . . .				
	Bleibt Bestand	10	10	330	13
24.	[illegible]:				
	Bestand am 1. August 1880 .	4			
	Zugang pro . .	5			
		9			
	Abgang . . .	7			
	Bleibt Bestand	2	2	179	13
	zu übertragen		743	24 346	1 297
	Uebertrag		743	24 346	1 297
25.	[illegible]:				
	Bestand am 1. August 1880 .	15			
	Zugang pro . .	12			
		27			
	Abgang . . .	10			
	Bleibt Bestand	17	17	449	80
26.	[illegible]:				
	Bestand am 1. August 1880 .	11			
	Zugang pro . .	22			
		33			
	Abgang . . .	21			
	Bleibt Bestand	12	12	571	20
27.	[illegible]:				
	Bestand am 1. August 1880 .	5			
	Zugang pro . .	1			
		6			
	Abgang . . .	[illegible]			
	Bleibt Bestand	6	6	95	10
28.	[illegible]:				
	Bestand am 1. August 1880 .	10			
	Zugang pro . .	3			
		13			
	Abgang . . .	12			
	Bleibt Bestand	1	1	185	15
29.	[illegible] ([illegible]):				
	Bestand am 1. August 1880 .	31			
	Zugang pro . .	—			
		31			
	Abgang . . .	—			
	Bleibt Bestand	31	31	961	30
30.	[illegible]:				
	Bestand am 1. August 1880 .	22			
	Zugang pro . .	12			
		34			
	Abgang . . .	18			
	Bleibt Bestand	16	16	505	30
31.	[illegible]:				
	Bestand am 1. August 1880 .	10			
	Zugang pro . .	4			
		14			
	Abgang . . .	4			
	Bleibt Bestand	10	10	284	79
32.	[illegible]:				
	Bestand am 1. August 1880 .	26			
	Zugang pro . .	33			
		59			
	Abgang . . .	35			
	Bleibt Bestand	24	24	800	87
33.	[illegible]:				
	Bestand am 1. August 1880 .	32			
	Zugang pro . .	9			
		41			
	Abgang . . .	14			
	Bleibt Bestand	27	27	918	56
34.	[illegible]:				
	Bestand am 1. August 1880 .	90			
	Zugang pro . .	71			
		161			
	Abgang . . .	79			
	Bleibt Bestand	82	82	2 857	58
	zu übertragen		969	31 493	1 826

Nr.	Namen der Orte, wo sich die Häuser befinden.	[illegible]	Summa [illegible]	[illegible]	[illegible]
	Uebertrag		984	31 485	1 639
55.	[illegible]:				
	Bestand am 1. August 1879 .	45			
	Zugang pro . .	32			
		77			
	Abgang . . .	44			
	Bleibt Bestand	33	82	1 763	41
56.	[illegible]:				
	Bestand am 1. August 1880 .	31			
	Zugang pro . .	8			
		39			
	Abgang . . .	11			
	Bleibt Bestand	18	18	685	30
57.	[illegible] in Württemberg:				
	Bestand am 1. August 1880 .	2			
	Zugang pro . .	5			
		7			
	Abgang . . .	6			
	Bleibt Bestand	1	1	87	88
58.	[illegible]:				
	Bestand am 1. August 1880 .	4			
	Zugang pro . .	7			
		11			
	Abgang . . .	3			
	Bleibt Bestand	8	6	197	16
59.	[illegible] in Mecklenburg:				
	Bestand am 1. August 1880 .	40			
	Zugang pro . .	22			
		42			
	Abgang . . .	29			
	Bleibt Bestand	13	53	1 045	36
60.	[illegible]:				
	Bestand am 1. August 1880 .	9			
	Zugang pro . .	18			
		27			
	Abgang . . .	13			
	Bleibt Bestand	14	14	834	39
61.	[illegible] in Sachsen:				
	Bestand am 1. August 1880 .	15			
	Zugang pro . .	14			
		29			
	Abgang . . .	16			
	Bleibt Bestand	13	15	516	20
	Zusammen		1 087	33 847	1 879

Der gesammte Abgang an Kranken pro August u. beträgt 925, davon sind gestorben 45

ungeheilt oder nur gebessert entlassen 94

geheilt 786

wie vor 925.

42. Das Krankenhaus zu [illegible] in Syrien mit 63 Betten;

Bestand am 1. Juli 1880 . . . . 48 Kranke.

Zugang pro Juli 1880 . . . . 29 „

77 Kranke.

Davon sind

gestorben . . . . —

ungeheilt oder nur gebessert entlassen 18

geheilt 24

42 „

Bleibt Bestand am 1. August 1880: . . . . . 35 Kranke.

Unter den Aufgenommenen befanden sich 1 Europäer, 18 orientalische Christen, 19 Muhamedaner und 4 Drusen.

Die Zahl der Kranken-Verpflegungstage pro Juli 1880 beträgt 1001.

Poliklinisch wurden 540 Personen behandelt.

Die Ballei Utrecht des Deutschen Ordens.

(Fortsetzung und Schluß.)

Männer von Einsicht hatten bereits auch längst erkannt, daß eine tief in alle Verhältnisse des Ordens eingreifende Umwandlung desselben, eine seinem Geiste und zugleich den Anforderungen der Zeit entsprechende Umgestaltung seiner Ordnungen und Satzungen dringend nothwendig sei. Wiederholt waren Versuche dazu angeregt, Entwürfe in Vorschlag gebracht worden — stets ohne Erfolg. Der Krebsschaden, der in seinen Gliedern fraß, die schweren Gebrechen, an denen er schon seit langen Zeiten erkrankte, erforderten eine zu schmerzliche Heilung, als daß man sich ihr allseitig mit Aufopferung dessen, was das Leben noch an Lust und Genuß darbot, bereitwillig hätte unterwerfen wollen.

So kam es, daß, als die Stürme der Reformation und des Bauernkrieges über Deutschland hereinbrachen, man im Orden ohne Rath und thatlos dastand. Weder den Abfall des Hochmeisters Albrecht von Brandenburg und die Säcularisation des Ordenslandes, die sich bei der Abhängigkeit desselben von Polen und der immer mehr schwindenden Obergewalt des Hochmeisters über die deutschen Balleyen mit einer Art von Naturnothwendigkeit vollzog, noch die Anfang des 17. Jahrhunderts erfolgende Abtrennung der Ballei Utrecht vermochte der Orden zu hindern. Die Utrechter Union, so benannt, weil sie in dieser Stadt am 20. Januar 1579 zwischen der Herrlichkeit Utrecht, Holland, Seeland, Geldern und Gröningen unterzeichnet ward, zeigte dem deutschen Orden nur zu deutlich, daß die Ballei dieses Namens im Begriff stand, ihm zu entschlüpfen; und in der That dauerte es nicht mehr lange, bis sie ihm gänzlich verloren ging. Zur Zeit der Unterzeichnung jener berühmten Urkunde, die die Grundlage und die Magna Charta für die vereinigten Provinzen bildete, bekleidete Franz von Loe die Würde des Großcomthurs der Ballei Utrecht. Allem Anscheine nach neigte dieser Ritter schon zur neuen Lehre, da er im selben Jahre auf das Großcomthuramt Verzicht leistete und sich nur die Comthurei Dieren reservirte, die er in der Folge ebenfalls aufgab, um sich zu verheirathen. Loe wurde in der Würde des Großcomthurs durch Jacob Taets von Amerongen ersetzt. Wie er im Punkte der Religion gesinnt war, ist nicht genau bekannt, aber er scheint auf den Gehorsam gegen den Großmeister und auf den Zusammenhang mit dem Orden verzichtet zu haben, oder daß die Generalstaaten von Utrecht ihn verhinderten, den Befehlen desselben nachzukommen, denn er erschien weder in Person noch in Vertretung auf dem Capitel von Mergentheim 1606, wo die wichtigsten Angelegenheiten zur Verhandlung kamen. Thieri de Blois de Treslong folgte auf Amerongen im Jahre 1612; drei Jahre darauf erklärten die Generalstaaten von Utrecht, die bis dahin die geistlichen Stiftungen respectirt hatten, daß die Präbenden, Beneficien rc. in Zukunft nur an Personen verliehen werden sollten, die sich zu der reformirten Lehre bekannten. Der deutsche Orden war in diese Bestimmung mit eingeschlossen, wie man aus einem an den Großcomthur gerichteten Schreiben vom selben Tage, an dem das Edict erlassen ward, ersehen kann. „Die versammelten Staaten der Provinz Utrecht gestatten dem Großcomthur und den Comthuren der Deutschordens-Balley zu Utrecht, in der Wahl eines Coadjutors reformirter Religion vorzugehen, der aber verpflichtet sein soll, vor der Besitzergreifung, die Bewilligung der Staaten einzuholen, sowie die von den Staaten erlassene Ordonnanz zu unterzeichnen und zu befolgen. Geschehen zu Amersfort den 8. Juni 1616."

Die Deutsch-Ordens-Ritter pflichteten dem Edict nicht bei; und beim Tode des Groß-Comthurs 1619 wählten sie an seiner Statt gegen Ende Mai oder Anfang Juni Caspar von Lynden, von der Linie Reydenberg, einen Comthur katholischer Religion, ohne daß die Staaten sich dem widersetzt hätten. Für den Orden war dies aber kein großer Gewinn, denn Caspar von Lynden hatte nicht die Genugthuung seine Würde einem Katholiken zu hinterlassen. Am folgenden 9. Juli ersuchte Ernst Casimir, Graf von Nassau, Feldmarschall der Vereinigten Provinzen, die Herren von Renesse und von Zuylen de Nyeveld an das Capitel der Balley, um in üblicher Weise um die Aufnahme seines Sohnes unter die Zahl der Deutsch-Ordensritter dieser Balley zu bitten; es war dies Heinrich, Graf von Nassau-Katzenellenbogen Vianden, Diez rc., damals acht Jahre alt. Wie sehr dies auch dem Ordensbrauch zuwider ging, so mußte man doch Heinrich unter die Zahl der Ritter aufnehmen, aber man machte zur Bedingung, daß er erst mit 18 Jahren seinen Sitz in der Balley einnehmen dürfe. Dieselben Herren, welche das Ansuchen im Namen des Marschalls von Nassau gestellt hatten, verlangten in der Folge, daß man den jungen Grafen zum Coadjutor des Großcomthurs erwähle. Der Orden erbat sich Bedenkzeit aus, um über diesen noch nicht vorgekommenen Fall zu berathen und willigte nach Ablauf derselben darin, ihn in dieser Eigenschaft anzuerkennen, unter der Bedingung, daß wenn der Großcomthur stürbe, bevor Graf Heinrich das achtzehnte Lebensjahr erreicht, das Capitel einen Administrator ernennen solle, um die Regierung der Balley zu führen. Alles war sowohl in dieser Aufnahme als in der darauf folgenden Ernennung unregelmäßig zugegangen und durchaus den Statuten des Ordens zuwiderlaufend. Man darf indessen daraus nicht schließen, daß schon damals die Mehrzahl der Ritter die neue Lehre angenommen hätten, da sie noch vor kurzem einen Katholiken zum Großcomthur erwählt hatten, und man kann ebenso wenig vermuthen, daß letzteres unter Einwirkung der Staaten geschehen sei. Wenn die Staaten trotz ihres erlassenen Edicts die Wahl Caspars von Lynden geduldet hatten, so geschah es, weil dieser Ritter mit den meisten Edelleuten, die darin tagten, verwandt war, und daß er namentlich ein naher Verwandter der Herren von Renesse und von Zuylen war, die das Ansuchen im Namen des Grafen von Nassau gestellt; aber nachdem die Staaten die Wahl Caspars von Lynden zugelassen, durfte man nicht daran zweifeln, daß sie nunmehr ihre Autorität geltend machen würden, um die Aufnahme des jungen Grafen von Nassau durchzusetzen, der in der reformirten Religion aufgewachsen war; denn man kann nicht vermuthen, daß die Ritter ihre Denkungsart innerhalb fünf oder sechs Wochen gänzlich geändert haben sollten. Caspar von Lynden überlebte die Wahl seines Coadjutors nur kurze Zeit und regierte die Balley überhaupt nur zehn Monate, da er bereits am 27. März 1620 im Alter von fünfundvierzig Jahren zu seinen Vätern versammelt ward. Da er der letzte katholische Großcomthur war, so können wir von dem Zeitpunkt seines Todes an die Trennung der Balley Utrecht datiren.

Der damalige Großmeister Erzherzog Karl von Oesterreich, der eifersüchtig stets die Interessen seines Bekenntnisses und die des Ordens überwachte, bezeichnete sofort Johann Wilhelm von Wael von Vronestein, Ritter der Balley Utrecht, zum Nachfolger Caspars von Lynden; aber seine Eigenschaft als Katholik schloß ihn von dieser Würde aus und das Großcomthuramt blieb somit dem Grafen Heinrich von Nassau. Obgleich die Ritter der Balley Utrecht von dieser Zeit an fast ausschließlich der neuen Lehre angehörten, indem keine katholischen Edelleute mehr Aufnahme fanden und die noch aus früherer Zeit vorhandenen Ritter katholischer Religion nach und nach ausstarben, so hatte die Ordensregierung zu Mergentheim noch immer die Hoffnung nicht aufgegeben, daß die Balley Utrecht wieder den Gehorsam des Großmeisters zurückkehren würde, aber diese Genossenschaft setzte gar bald eine unüberwindliche Schranke zwischen sich und dem deutschen Orden. Durch einen Beschluß des Capitels von 1637 wurde den Rittern die Verehelichung gestattet, indem man als Grund angab, daß die Staaten von Utrecht es ungern sähen, daß die Comthure und Ritter im Cölibat lebten. Dergestalt erlosch dem deutschen Orden die letzte Hoffnung auf Wiedergewinnung der Balley Utrecht, die obgleich sie von nun an nichts Gemeinsames mit demselben hatte, doch den Namen einer deutschen Ordensballey sowie die äußere Form desselben bewahrte.

Die Geschichte der Balley Utrecht gehört seitdem nicht mehr der des deutschen Ordens an, von dem sie nicht allein wegen des religiösen Bekenntnisses, sondern auch deshalb geschieden ist, weil sie zu einer reinen Versorgungsanstalt des protestantischen Adels geworden ist und keinerlei Pflichten der ursprünglichen Stiftung mehr nachkommt. Da diese Genossenschaft aber noch immer den Namen einer deutschen Ordensballey führt und sich aus den besten Häusern des deutschen Adels ergänzt, so dürften einige Nachrichten über ihre weiteren Schicksale zumal für den protestantischen Adel von Interesse sein.

Die Balley Utrecht, seit ihrer im Jahre 1637 erfolgten Trennung von dem Verbande mit den Schwester-Balleyen in Deutschland völlig selbständig und von dem Hoch- und Deutschmeister unabhängig, bestand damals noch aus der Landcomthurei Utrecht, deren Verwaltung bis zum Jahre 1640 Graf Heinrich von Nassau führte und aus neun Comthureien, nämlich 1) Maasland, 2) zu Thiel an der Waal, 3) zu Rhenen am Rhein, südöstlich von Utrecht, 4) zu Leyden und Katwyk, 5) zu Schooten in Friesland, 6) zu Doesburg an der Yssel, 7) zu Schelunen, 8) zu Middelburg und Dieren auf der Insel Walcheren und 9) zu Schoonhoven.

Der Verwaltung dieser Comthureien standen damals auch Comthure vor, die von ihnen ihre Namen führten. Ihr nächster oberster Vorstand war der jedenzeitige Landcomthur. Ihm leisteten die Ritter bei ihrer Aufnahme in den Orden den Eid. Zur Seite stand ihm als Amtsgehilfe der Coadjutor, mit der der Anwartschaft, im Falle seines Todes in seine Stelle zu treten.

Die Verwaltung der Balleygüter durch Comthure, wobei jeder die Einkünfte aus den zu seiner Comthurei gehörigen Liegenschaften selbst einzog, verwendete und berechnete, dauerte noch fort bis zum Jahre 1697, und bis dahin war es herkömmlich, daß beim Tode eines Comthurs der ihm nächststehende aufgenommene Ritter als Nachfolger in seine Stelle eintrat, die ihm dann ebenfalls auf Lebenszeit verblieb. Mancherlei Nachtheile dieses lebenslänglichen Besitzes in der Hand des Comthurs veranlaßten jedoch in dem genannten Jahre die zweckmäßigere Anordnung einer General-Administration sämmtlicher Ordensgüter, wobei die Einkünfte derselben in eine gemeinschaftliche Kasse flossen.

Aus dieser General-Balleykasse erhielten von jetzt an die Comthure, welche nun ebenso, wie es in der Balley Franken geschah, nur noch die Titel ihrer Comthureien führten, die sie ausgegeben, nach dem Zustande der Comthurei, die den Titel gab, verschieden zugemessenen Deputate jedes Jahr ausgezahlt. Da schon öfter in dieser Balley ebenfalls Ordensgüter zu andern Zwecken eingezogen oder sonst für den Orden verloren gegangen waren, so hatten sich auch die Einkünfte der Comthureien im Verlauf der Zeit merklich verringert; es waren daher die Deputate der Comthure auch nicht sonderlich bedeutend. Wir finden sie in folgender Weise bestimmt. Der Landcomthur erhält 5500 Gulden, der Coadjutor, zugleich auch Comthur von Dieren 4000, der von Maasland 1600, der von Thiel 1300, der von Rhenen 1000, der von Leyden und Katwyk 800, der von Schooten 800, der von Doesburg 600, der von Schelunen 400, der von Middelburg 300, der von Schoonhoven 200 und der erste und zweite Ritter (sie heißen Jungherren — Jonkheeren — draysers, haben das Recht der Devocation und Sitz im Capitel aber keine Stimme) jeder 100 Gulden. Beim Tode eines Vorgängers rückt der zunächst folgende Comthur stets an dessen Stelle und in dessen Deputat ein. Der Mehrbetrag an Einkünften wird jeder Zeit unter sämmtliche Comthure vertheilt, jedoch so, daß der Landcomthur und Coadjutor bei jeder Vertheilung je hundert holländische Gulden voraus bekommen müssen.

Beim Tode des Landcomthurs folgt regelmäßig der Coadjutor in dessen Amt und Würde. Diesen aber wählt das Capitel. Die Wahl fällt jedoch fast immer auf den ältesten Comthur. Die im Capitel neu ernannten Comthure bedürfen stets erst der landesherrlichen Bestätigung, desgleichen die Kapitelschlüsse zu ihrer Geltung der landesherrlichen Genehmigung.

Wer in den Orden aufgenommen zu werden wünscht, läßt sich durch einen Comthur auf die Liste der Expectanten bringen, wobei 100 Ducaten zu entrichten sind. Es findet dabei noch keine Ahnenprobe statt und Niemand wird bei der Anmeldung zurückgewiesen. Sie geschieht selbst auch für Kinder in der Wiege oder im Knabenalter. Tritt alsdann in der Zahl der Ritter eine Vacanz ein, so wird der Aelteste aus der Expectantenliste aufgefordert, sich nach dem Gesetz über seine Persönlichkeit näher auszuweisen. Die im Jahre 1740 modificirten alten Statuten erfordern nämlich hauptsächlich zweierlei: einmal das Glaubensbekenntniß der reformirten Kirche; es durften demnach nur Bekenner dieser Confession zur Aufnahme in den Orden gelangen*) und dann die Ausweisung von wenigstens vier Ahnen, zwei von Vater und zwei von Mutter-Seite, deren Adel zweihundert Jahre zurückreichen muß. Ist die Ahnenprobe richtig befunden und hat der König (früher der Erbstatthalter) die Aufnahme des Candidaten genehmigt, so wird dieser als Ritter aufgenommen, entrichtet zum Eintritt in den Orden 700 Gulden und erwirbt sonach das Recht, in die Reihe der Comthure einzutreten.

Der eingeschriebene Expectant trägt zuerst, nach erhaltener landesherrlicher Genehmigung, das kleine Ordenskreuz; es ist auch erforderlich, wenn er in die Zahl der Ritter aufgenommen, das goldene Kreuz mit schwarzer Emaille, wie die Ordensritter im Deutsch-

*) Der Kapitän von [illegible] in seinen Beiträgen zur Kunde [illegible]: Daß nur geborene Holländer aufgenommen werden könnten, scheint nicht richtig. Im Jahre 1850 † Karl Wilh. Georg Johann Theodor Baron von [illegible] als Landcomthur der Balley Utrecht und es lassen sich noch viele Beispiele anführen, daß deutsche Edelleute Aufnahme fanden; selbst das reformirte Bekenntniß scheint nicht immer ausschließlich gefordert zu sein.

land, tragen darf. Das schwarze mit Silberschnur eingefaßte Kreuz, wie es die deutschen Ordensritter auf ihren Kleidern tragen, war bei den Rittern der Balley Utrecht seit ihrer Trennung außer Gebrauch gekommen; die Comthure haben es jedoch nachmals wieder angenommen. Ordensgelübde legen die dortigen Ordensritter nicht mehr ab; sie verpflichten sich nur, auf die Erhaltung der Privilegien und die Förderung des gemeinen Besten der Balley zu wachen.

Zur Zeit der Gewaltherrschaft Napoleons ward im Jahre 1811 auch diese Balley mit allen ihren Gütern und Einkünften eingezogen und dem Staate zugeeignet. Als indeß die Niederlande im Jahre 1813 ihre Unabhängigkeit wieder erlangten, verwandten sich der damalige Landcomthur Wolter Rudolph Baron Brelinck von Schoonheten und das aufgehobene Capitel im Jahre 1814 bei dem neuen souveränen Fürsten Wilhelm Friedrich mit allem Eifer um die Wiederherstellung des Ordens; und sie erfreuten sich des Glücks, die Balley durch ein Gesetz vom 8. August 1815 ebenso wieder ins Leben treten zu sehen, wie sie bei ihrer Aufhebung im Jahre 1811 dagestanden hatte. Jedoch behielt sich der Fürst, der nun als Wilhelm I. den königlichen Thron der Niederlande bestiegen, gewisse Rechte und namentlich auch die Befugniß vor, der Balley von Zeit zu Zeit noch anderweitige, zweckmäßigere Einrichtungen zu geben, wie er sie für gut finden werde. Er verordnete zugleich, daß die wieder zurückgegebenen, ihr vormals zugehörenden Güter und Besitzungen, so fern sie in natura noch vorhanden waren, nunmehr durch die Domainen-Administration mit verwaltet werden sollten.

Man hatte zwar damals schon dem König auch einen Entwurf zur Abänderung der Statuten durch das Capitel überreichen lassen; man ist jedoch höheren Orts darauf nicht eingegangen und somit Alles noch auf dem alten Fuß geblieben. Ueber die Art der Finanzverwaltung ist des Königs Genehmigung erforderlich und jährlich wird darüber Bericht erstattet, desgleichen über alle Capitel-Verhandlungen und die entworfenen Veränderungen in den gesetzlichen Anordnungen.

So ist der Zustand der Dinge in der Balley Utrecht, so viel uns bekannt, noch bis diesen Tag. Noch jetzt steht ihr ein Landcomthur als Oberster der dortigen Ordensritter vor.*)

Zur Geschichte des deutschen Ritterrechts.

In den meisten Landschaften Deutschlands war der Erwerb eines adligen Landguts abhängig von dem Ritterrecht in derselben Landschaft; allerdings war diese Bestimmung nicht gemeinem Rechte gemäß Gesetz, aber fast überall bildeten die adligen Gutsbesitzer der Landschaft eine mächtige Corporation, welche den Nichtadligen wenigstens von dem Vollgenuß der Domanialrechte, der Standschaft und ihrer Versammlungen ausschloß. Auch wo Nichtadlige lehnsfähig waren, wie in Thüringen und Meißen, waren sie es nur unter Beschränkungen. Sonst hatten nur die Bürger einzelner privilegirter Städte das Recht, adlige Güter zu erwerben, es erlosch auch für diese Bevorzugten, sobald sie aus dem Verband der begünstigten Stadt heraustraten. Auch bei bürgerlichen Räthen der Landesregierung und Mitgliedern der Universitäten wurden zuweilen Ausnahmen gemacht. In der Regel aber durfte der Nichtadelige das Gut nur pfandweise, aber nicht mit Herrenrecht als Eigenthum besitzen. Selbst dem Briefadeligen stand noch nicht frei, ein Rittergut als Eigenthum zu erwerben, er bedurfte dazu der besonderen Bewilligung des Landesherrn oder der adligen Landschaft. In den kaiserlichen Erblanden erhielten dies Recht nur solche Edelleute, welche in den Herren- oder Ritterstand erhoben waren, und auch dann sollte in jedem einzelnen Fall dies Recht vom obersten Landesherrn erlaubt und durch ein Diplom gesichert werden. Selbst von den alten Familien suchte der Kaiser dadurch Geld zu erhalten, daß er ihnen auferlegte, durch ein Generaldiplom für alle Mitglieder dies Recht von Neuem zu erkaufen. Aber auch andere Beschränkungen legte der kaiserliche Hof auf, der bis in die neueste Zeit den letzten Schild seines Adels noch in Edle, Herren und Ritter getheilt hat. Wer aus dem Bürgerthum in den Adel- oder Ritterstand versetzt wurde, durfte nicht turniermäßig mit Trauerpferden und Schildern begraben werden, wenn er noch nebenbei eine bürgerliche Nahrung betrieb. Und soweit die kaiserliche Verwaltung reichte, wurde sogar der adligen Frau noch 1716 verboten, einen lutherischen Geistlichen zu heirathen, weil das dem Adel unanständig sei.

Litteratur.

Der Deutsche Herold. Zeitschrift für Wappen-, Siegel- und Familienkunde. Organ des Vereins Herold in Berlin. XXI. Jahrgang. Nr. 9. — September 1890.

Inhalt: Bericht über die Sitzung vom 17. Juni 1890. — Mittheilungen über die Gedächtniß- oder Todtenschildsammlung in der St. Elisabethkirche in Marburg. — Ein merkwürdiger Grabstein. — Das neue Stadtwappen von Linz. — Auszug aus den Kirchenbüchern der evangelischen Kirche in Ohlau. — Bücherschau. — Zur Kunstbeilage. — Vermischtes. — Anfragen. — Familien-Nachrichten.

*) Quellen: [illegible] Mémoire de l'ordre Teutonique. Paris und [illegible] 1784—1790. Derselbe: Recherches sur l'ancienne constitution de l'ordre Teutonique. Mergentheim, 1807. Voigt: Geschichte des deutschen Ritterordens in seinen 12 Balleien. Berlin [illegible].

Carl Heymanns Verlag in Berlin W., Mauerstraße 63—65.
Gedruckt bei Julius Sittenfeld in Berlin.
Alle Zuschriften und Einsendungen in Angelegenheiten dieses Blattes wolle man an den Redacteur desselben: Geh. Hofrath Herrlich W. Potsdamer Straße Nr. 134c. zu Berlin richten.

Wochenblatt

der

Johanniter-Ordens-Balley Brandenburg.

Im Auftrage der Balley Brandenburg verantwortlich redigirt von C. Herrlich in Berlin.

Jahrg. 31. Berlin, den 24. September 1890. Nr. 39.

1. Carl Otto Friedrich Tortilowicz von Batocki-Friebe, Kammerherr und Majoratsbesitzer, auf Bledau bei Cranz in Ostpreußen, Rechtsritter seit 1876, † zu Königsberg i. Pr. 11. September 1890.
2. Koloman von Dessewffy, K. u. K. Oesterreichischer Kämmerer, auf Cserneck in Ungarn, Ehrenritter seit 1878, † zu Bad Lucsivna 29. August 1890.

Schleswig-Holsteinische Genossenschaft.

Auf dem am 7. August d. J. zu Plön abgehaltenen Rittertage der Schleswig-Holsteinischen Genossenschaft des Johanniter-Ordens ist an Stelle des aus dem Convente derselben ausgeschiedenen Ehrenritters: Capitains zur See von Raven, zu Kiel, der Ehrenritter: Oberst a. D. von Stockhausen, zu Preetz, gewählt worden.

Das Hospital und die Kapelle zu St. Gertrud vor Cölln a. d. Spree.

Wer war und wann lebte jene heilige Gertrud, welcher eine so bedeutende Anzahl von mildthätigen, friedengewährenden Anstalten in allen deutschen Landen geweiht ist? — Die kirchliche Ueberlieferung giebt uns keine bestimmte Antwort darauf. Denn zunächst hat sie mehrere fromme Jungfrauen dieses Namens in ihre Heiligen-Verzeichnisse aufgenommen; sodann aber ist auch das, was sie von der hervorragendsten dieser gottgeweihten Frauen, der heiligen Gertrud von Nivelle, zu berichten weiß, beweisermaßen nichts als fromme Sage.

Gertrud von Nivelle, so lehrt allerdings das approbirte Heiligen-Verzeichniß vom Jahre 1719, war die Tochter Pippins von Landen, des mächtig waltenden Hausmeiers der austrasischen Merowinger. Im Jahre 631 oder 632 geboren, bewies sie echt fromme, herzinnige Frömmigkeit von Jugend auf. Um sich ausschließlich dem Dienste Gottes weihen zu können, schlug sie, zur Jungfrau herangewachsen, die Hand eines ritterlichen Frankenkönigs aus Neustrien — nach anderen Berichten eines Herzogs oder Grafen aus, welchen der „gute" König Dagobert selbst als Bräutigam ihr zuführen wollte. Um's Jahr 646 oder 650 soll Gertrud danach in dem Brabanter Kloster Nivelle den Schleier einer gottbegebenen Jungfrau genommen haben. Hier erlangte sie nachmals die Würde einer Aebtissin. Eine glühende Verehrerin des Kreuzes, eine nimmer ermüdende Helferin der Armen, aber vor Allem eine treffliche Aebtissin, den Ernst in der Leitung des Klosters mit holdseligster Güte verbindend, wurde die Prinzessin, nunmehr die demüthige Gottesmagd Gertrud sehr bald ein Gegenstand allgemeiner Bewunderung. Gegen den Schluß ihres stillen und doch so reichen, liebeverbreitenden Lebens wurde sie nach der Legende noch besonderer Offenbarungen gewürdigt. So z. B. konnte sie Tag und Stunde voraussagen, da sie der Bürde ihres Leibes enthoben werden würde. Sie wußte, daß ihre Seele am 17. März des Jahres 664 zu Gott zurückkehren werde. Deshalb setzte sie ihre Base Wulftrud zu ihrer Nachfolgerin ein und starb dann sanft und selig, um ihrem Kloster Nivelle auch in Zukunft Stern und höchster Ruhm zu sein.

So die Acta Sanctorum. So schlicht dieser älteste Bericht aber auch lautet: die Aebtissin Gertrud von Nivelle, die Tochter Pippins von Landen, ist geschichtlich wenigstens nicht nachzuweisen. Ganz in das Reich holder Sage gehört ferner, was spätere Mären von den Wundern melden, welche sich auf der harten Lagerstätte, dem „Bette St. Gertrudens", und an ihrem Grabe ereignet haben sollen.

Es ist von einigen Forschern daher bestritten worden, daß eine heilige Gertrud von Nivelle überhaupt gelebt hat. Das dünkt uns doch zu weit gegangen. Wir möchten bei der rauhen, tyrannischen Art des Karolingischen Geschlechtes diese holde Blume Gertrud ungern hergeben, und wir gestehen es darum gern zu:

Es mag im 7. Jahrhundert eine Aebtissin Gertrud, eine Tochter Pippins von Landen, als Vorsteherin des Frauenstiftes zu Nivelle gelebt und überaus segensreich gewirkt haben.

Sie aber ist nicht die Gertrud des späteren Mittelalters, — nicht jene Gertrud, welche ihren weit Sternen besäten Mantel über die Verschmachtenden, die Sterbenden breitet und die Verschiedenen in ihm zu lichter Höhe hinaufträgt. Diese Gertrud ist vielmehr aus einer keltischen oder germanischen Göttinnengestalt hervorgegangen.

Die Stadt Nivelle scheint nämlich in heidnischer Zeit der Kultusort der Göttin Nehalennia gewesen zu sein. Die hohe Frau Nehalennia ist allerdings eine etwas dunkle Gestalt; wir wissen nur das bestimmt, daß ihr Attribut ein Schiff war, und daß man aus schiffsförmigen Gläsern ihre Minne trank. Daraus aber läßt sich zweierlei schließen:

Nehalennia wurde als Statue in einem Schiffe vermittelst feierlicher Umzüge durch die Lande der Belger und Sigambrer geführt; — sie ist also wohl jene „Isis", von welcher Tacitus spricht, d. h. eine Göttin des Segens.

Nehalennia aber war auch eine Göttin des Todes; denn das „Schiff" hat die allerbestimmtesten Beziehungen auf den Leichenkult, auf Tod und Begräbniß.

Nehalennia besaß einen hochgeweihten Tempel aber auch der Stadt Köln gegenüber am Ufer des Rheines. Im Lande der Ubier, die später mit den Uferfranken verschmolzen, war indessen der Dienst der Schwanenjungfrauen, der Walkyrien, der wolkenhafen Töchter Wodans, besonders verbreitet. Man hat in Nehalennia daher auch eine deutsche Walkyrie gesucht. Und das stimmt im Grunde mit der keltischen Deutung überein. Denn die Walkyrie, deren Roß aus den Mähnen Thau auf die Erde träufeln läßt und die mit ihren schwerrigen Schwanenfittigen den ruhmvoll gefallenen Krieger zu Wodans strahlendem Himmelssaal aufträgt, ist wiederum Beides: eine segnende und eine zur ewigen Seligkeit heimführende Gottheit.

Schon im 6. Jahrhundert aber stürzten Nehalennias Tempel; im 7., so nehmen wir an, lebte eine heilige Gertrud. Gertrud aber ist ein echter Walkyrienname: er bedeutet die Jungfrau mit dem Speere. Unwillkürlich, unabsichtlich verschmolzen nun im Volksglauben die Vorstellungen und die Personen. Das Endergebniß war der mittelalterliche Dienst der heiligen Gertrud.

Derselbe war poesievoll schön. St. Gertrud galt unseren Vorfahren als Friedebringerin, und — ist das nicht der edelste Name, welchen man einer segenverbreitenden Frauengestalt, — welchen man aber auch einer Todesbotin beizulegen vermag? Ein alter Scholastikus Andreas besingt deshalb St. Gertrud mit folgenden leoninischen Versen:

„O pia Gertrudis, quae pacis commoda cudis
Bellaque concludis, nos coeli merge in ludis:"

„Gertrud, heilige Frau, die holden Frieden befördert
Und dem Kampfe gebeut, o führ' uns zu himmlischer Freude."

In tiefer Bewegung tranken einst Kriegsleute und wandernde Männer St. Gertrudens Minne; — wußten sie doch nicht, ob es nicht schon die letzte Fahrt war, welche sie antraten. Jakob Grimm erzählt uns von einem frommen Schreiber, der tagtäglich zu St. Gertrud gebetet habe, um die ewige Seligkeit zu erlangen. Am Ende seines Lebens erschien ihm die Heilige und führte ihn heim. St. Gertrud also die Friedebringerin! Es war darum ein schöner Brauch der Kirche, daß sie in den weiten, für Deutschland zurückeroberten, baltischen Landen der heiligen Gertrud jene Hospitale weihte, welche den müden, nach Frieden sich sehnenden Greisen und Greisinnen errichtet wurden. Abgebildet aber wurde St. Gertrud in der darstellenden Kunst des Mittelalters gewöhnlich mit einem Speere, der sich jedoch allgemach in einen Krummstab verwandelte, mit einem weiten Mantel — es ist die Wolke der alten Walkyrie, — und mit einem Gefolge von „Mäusen" d. h. Seelen. Deutscher Aberglauben sagte ja einst:

„Wenn die Seele von dem Leibe scheidet, so hat sie drei Tage und drei Nächte zu wandern, bis sie den Ort ihrer Bestimmung erreicht. Den ersten Nachtaufenthalt macht sie bei St. Gertrud, den zweiten bei St. Michael; nach der dritten Nacht langt sie an."

Eine Capelle und ein Hospital St. Gertruds mit einem Friedhofe befand sich nun einstmals auch vor der Stadt Kölln an der Spree und zwar vor dem Teltower Thore an der Heerstraße nach Tempelhof. Ueber die Stiftung des nun verschwundenen Kirchleins, zu St. Gertrud, um welches sich nachmals der „Spittelmarkt" bildete, gab ehedem eine Tafel Aufschluß, die in dem stillen Heiligthume hing. Ihre Aufschrift lautete:

„Na Christi unsers lieben Herrn gebort virzehenhundert und in dem fünften jahr ist dise Capelle und Hospital zu bawen angefangen und hernach in die Ehre St. Matthäi, St. Bartholomäi, St. Elisabeth und St. Gertrudis,
die dieses Hospitales eine Haupt-Jung-Fraw ist, in dem elften Jahre am tage Trinitatis geweihet worden."

Anno 1405 und 1411 also! Wer aber hat die frommen Stiftungen begründet? — Da kein Name genannt wird, dürfen wir wohl annehmen: die Stadt Kölln, die noch kein Hospital besaß, während Berlin deren drei: zu St. Georg, zum heiligen Geiste und im Elenden-Hause besaß. Es geht dies auch aus einer Weihstiftung hervor, welche der Rath von Kölln am Tage nach der Reinigung Mariä 1474 in Gemeinschaft mit den Gotteshausleuten (Vorstehern) des Hospitals zu machen sich bewogen fand: er gründete noch eine zweite neben der ersten Kommende (Pfründe) an St. Gertrud. So lange „Herr Thomas Kunß" lebe, solle er beide Kommenden inne haben; später sollten sie jedoch an den Stadtschreiber und den Schulmeister von Kölln übergehen.

St. Gertrud vor Kölln aber blieb arm bis auf die Tage der Reformation. Erst nach der Kirchenerneuerung regte sich ein lebendiges Interesse auch für St. Gertrud: Im Jahre 1545 schenkte Jorés Czymaker ein Stück Acker im Stadtfelde „Teplitz“ bei Kölln, im Jahre 1517 Kurfürst Joachim II. die Güter der Wittwe eines gewissen Hans Marstaller. In eben demselben Jahre legirte Elisabeth, Hans Baderwassers Wittwe, 50 Thaler, — im Jahre 1559 Hans Schrapstorf seinen Hof und seine Bude in der Grünstraße, — anno 1561 Hans Wille 15 Gulden. Um dieselbe Zeit schenkte der edle und fromme Matthias von Saldern 1000 Gulden, die aber der Rath von Kölln dem Hospitale zum Zinsfuße von 5 pCt. wieder entlieh.

Ganz falsch ist, was man häufig in Berliner Geschichtswerken angegeben findet: „St. Gertrud sei ursprünglich für 12 adelige Jungfern gestiftet worden;“ — nein, das Hospital war von Anfang an für 24 Bürgerfrauen bestimmt. Nichts lag dem Köllnischen Rathe im Jahre 1405 so fern wie eine Fürsorge für ledige Töchter des Adels, mit welchem die Stadt beständig in Fehde lag. Der mildthätige Matthias von Saldern aber vergalt nicht Gleiches mit Gleichem. Doch fahren wir fort in der Geschichte von St. Gertrud!

„Anno 1573“, so meldete eine zweite Tafel in dem abgebrochenen Kirchlein, „bei Herrschung Herrn Maximiliani Secundi u. s. w. und Herrn Johannsen Georgen u. s. w., ist dieser Kirchhof durch George Herrbrunnen und George Bartholden, Vorstehern des Hospitals, um einen guten Theil erweitert, erhöhet, mit einer Mauer umhegert und umgeben, auch der neue Wendelstein an der Kirchen gebauet worden.“ Neben den genannten Männern waren damals noch Bartholomäus Wettigen und Thomas Krüger Hospitalvorsteher und Er Thomas Heinz, Prediger. Lieblich stellt sich das alte, gothische Kirchlein mit dem runden „Wendelstein“ einem Treppenthurme mit schiefen Fenstern, — und seine grünende Umgebung uns dar, wenn wir daran gedenken, daß zur Sommerzeit auf dem Friedhofe Gottesdienst gehalten wurde. Oft saßen die Zuhörer dabei in den blühenden Linden.

Vom Hospitale aber erfahren wir lange Zeit nichts. Als Obrist Dietrich von Kracht 1641 jedoch die Vorstädte Berlins anzünden ließ, um die Stadt selbst zu behaupten, da ging auch das milde Stift St. Gertrud bis auf das Kirchlein in Flammen auf. Das Pfarramt bei St. Gertrud hörte damit auf. Im Jahre 1640 aber fand sich wieder eine edle Wohlthäterin; — es war jene Frau, in deren stillem Hause, Poststraße 4, verbittert und hoffnungslos, aber treu gepflegt, der Kurfürst Johannes Sigismund wenige Tage nach seiner Thronentsagung am 23. December 1619 verstorben war. Sie ließ das Hospital wieder aufbauen. Davon zeugte einst über dem Portale die folgende Inschrift:

„Die Edle und Viel-Tugendreiche Frau Anna Steinfelderin, des weyland Edlen und Ehrenvesten Herrn Guiseli Freytags, Churf. Brandenb. Wohlbestellten Amtsraths und Oberförsters, auf Stansdorf Erbsassen, nunmehr sel., hinterbliebene Wittbe, hat Gott zu Ehren und zur Erbauung der Armen dieses Hospital erbauen im Jahre Christi 1646.

Gott, der vergelten will, was g'schieht in dieser Zeit,
Der gebe ihr den Lohn dort in der Ewigkeit.“

Ein Geistlicher, ein „Vesperprediger“ oder Postillenarius konnte indessen erst im Jahre 1676 wieder berufen werden; bis dahin halfen die Kapläne von St. Peter zu Kölln aus. Als Herr Martin Schulze indessen zu einem solchen Amte berufen ward: was war sein Gehalt? — Ganze 50 Reichsthaler!

Es haben nachmals hochbegabte Geistliche an der 1711 von Neuem wieder hergestellten „St. Gertrauden-Kirche“ gestanden, wie der Berliner Volksmund sie ehedem nannte. So Gottlieb August Aßmann, welcher den König Friedrich Wilhelm I. im Jahre 1739 zu einem Baugeschenke von 6000 Thalern zu bewegen wußte, und welchem der große Friedrich noch 1000 Thaler mehr, sowie eine Schenkung von 400 Stück Friedrichsd'or für die Insassen des Hospitales überwies. Der Unsterbliche hat in aller Stille viel mehr für die Kirchen und die Armen gethan, als man gemeinhin annimmt. Hohen Ansehens erfreuten sich auch die Pastoren Johann Lukas Wollersdorf, † 1771, und Johann Baptiste Ambroß, ein ungarischer Flüchtling aus Selnitz, † 1786. Unter dem letzteren lebten in dem Hospitale zu St. Gertrud, welches sich südlich von der Kirche befand, 9 Männer und 14 Frauen; — die alten Satzungen waren durch den Hinzutritt männlicher Pfleglinge also erheblich verändert worden. An Bezügen hatten dieselben im Jahre 1766 außer freier Wohnung, Heizung und Erleuchtung alle Quartal, auch Fastnacht und Pfingsten eine Tonne Bier, jährlich 6 Schweine, 4½ Wispel Roggen und 400 Thaler baaren Geldes.

St. Gertrud, wie das Kirchlein älteren Berlinern noch vor Augen steht, hatte nach oftmaligen Erneuerungen die letzte Gestalt im Jahre 1833 durch einen Umbau Schinkels erhalten. An Alterthümern besaß die kleine Kirche mit dem thurmlosen, von einem Kreuze überragten Giebel nichts als ein altes, geschnitztes Altarwerk mit einigen Malereien auf den Flügeln, — eine nicht unverdienstliche Arbeit des 15. Jahrhunderts, sowie die Bilder einiger Geistlichen. Der Geheime Ober-Finanz-Rath Rosenstiel schenkte im Jahre 1834 Schadow's schöne Luther- und Melanchthon-Büste. Ueber dem Altar befand sich eine — wohl Rode'sche „Brodbrechung in Emmaus“, — ein vortrefflich gewählter Vorwurf für den Tisch des heiligen Sakramentes. In dieser schlichten Ausstattung halben Kirchlein und Hospital auf ihrer alten Stätte, auf dem „Spittelmarkte“ dann bis auf unsere Tage bestanden, bis 1871 endlich der Abbruch erfolgte. Von 1871—1873 wurde darauf die neue St. Gertrauden-Stiftung an der Ecke der Wartenburg- und Großbeeren-Straße errichtet. —

Ueber die Stätte des stillen Asyls, über den Boden der Kirche und des Friedhofes zu St. Gertrud braust heute der lebendigste Verkehr der Millionenstadt. Die Gestalt der holden und milden Seelengeleiterin ist unserem Volke verblaßt. „Wer war St. Gertrud?“ — Die Menge weiß es nicht mehr. Wenn es uns aber mit Wehmuth erfüllt, daß auch diese Ideal-gestalt des deutschen Gemüthes geschwunden ist: denken wir an die Verheißung, daß die Liebe bleiben soll und bleiben wird bis zum Kommen des Herrn.

O. G.

„Marienruh“

zu Nieder-Obernigk, Kr. Trebnitz i. Schl., innerhalb des Saumes des prächtigen „Sittenwaldes“ in unmittelbarster Nähe des „Sittenbades“ gelegen — (Station Obernigk der Breslau-Posen-Berliner Eisenbahn) — in 44 Minuten von Breslau mit der Bahn zu erreichen, umgeben von den ausgedehnten, über die Höhen des Katzengebirges sich hinstreckenden Nadel- und Laubwaldungen, ist ein von der ev.-luth. Diakonissenanstalt Bethanien zu Breslau eingerichtetes Erholungshaus, welches zunächst den erholungsbedürftigen Schwestern der genannten Anstalt, sodann aber auch, soweit der Raum reicht, erholungsbedürftigen Damen, die jedoch nicht bettlägerig sein dürfen, zu jeder Jahreszeit einen einfachen aber freundlichen Aufenthalt unter der Verwaltung von Diakonissen gewährt.

---

§ 1.
Aufnahme.

Damen, welche in „Marienruh“ aufgenommen zu werden wünschen, haben einen schriftlichen oder mündlichen Antrag entweder an den Vorstand der evangelisch-lutherischen Diakonissenanstalt Bethanien zu Breslau, Kloſterſtr. 46—50, oder an die vorstehende Diakonissin von „Marienruh“ zu Nieder-Obernigk zu richten, in welchem sie sich über die Gründe zu äußern haben, durch welche sie sich veranlaßt sehen, die Aufnahme zu wünschen, sowie auch anzugeben, auf welches Zimmer sie nach § 2 reflectiren.

§ 2.
Zimmer, auf die von den Pensionairinnen reflectirt werden kann.

Diejenigen Zimmer, welche den Pensionairinnen zur Benutzung gestellt werden können, führen die Nummern 4, 5, 7, 8, 10, 11, 12, 13, 14, 15, 16, 17, 18.

A. Zimmer zu ebener Erde.

Zimmer Nr. 4 u. 5 nach der Mitternachtseite, einfenstrig, Miethe auf die Woche je 3 Mk.

Zimmer Nr. 7 nach der Mittagseite, zweifenstrig, Miethe auf die Woche 6,50 Mk.

B. Zimmer im ersten Stock.

Zimmer Nr. 8 nach der Mittagseite, zweifenstrig, Miethe auf die Woche 7,50 Mk.

Zimmer Nr. 10 u. 11 nach der Mitternachtseite, einfenstrig, Miethe auf die Woche je 4 Mk.

Zimmer Nr. 12 nach der Mitternacht- und Morgenseite, zweifenstrig, Miethe auf die Woche 5 Mk.

Zimmer Nr. 13 nach der Mittagseite (ohne besonderen Eingang), einfenstrig, Miethe auf die Woche 3 Mk.

Zimmer Nr. 8 u. 13 zusammen, Miethe auf die Woche 10,50 Mk.

Zimmer Nr. 12 u. 13 zusammen, Miethe auf die Woche 8 Mk.

Zimmer Nr. 14 nach der Mittagseite, zweifenstrig, Miethe auf die Woche 8 Mk.

Zimmer Nr. 15 nach der Mittagseite (ohne besonderen Eingang), einfenstrig, Miethe auf die Woche 3,50 Mk.

Zimmer Nr. 14 u. 15 zusammen, Miethe auf die Woche 12 Mk.

Zimmer Nr. 16 nach der Abend- und Mitternachtseite, dreifenstrig, Miethe auf die Woche 11,50 Mk.

Zimmer Nr. 15 u. 16 zusammen, Miethe auf die Woche 12 Mk.

Zimmer Nr. 17 nach der Mitternachtseite, zweifenstrig, Miethe auf die Woche 5 Mk.

C. Zimmer zwei Treppen hoch.

Nr. 18 Giebelstube, nach der Abendseite, zweifenstrig, Miethe auf die Woche 3 Mk.

§ 3.
Hausordnung.

Das erste Frühstück, welches wie das zweite und Vesper auf dem Zimmer oder im Garten eingenommen wird, findet um 7½ Uhr statt. Nach demselben gemeinsame Hausandacht unter Leitung der vorstehenden Diakonissin. Die Abendandacht nach dem Abendbrot, welches um 7½ Uhr stattfindet. Die Theilnahme an den Andachten steht jedem frei. Zweites Frühstück von 10—10½ Uhr. Das Mittagbrot erfolgt von sämmtlichen Hausgenossen, mit Ausschluß des Dienstpersonals, um 1 Uhr gemeinsam. Die Ordnung bei Tisch richtet sich nach dem Anmeldetage der Pensionairinnen und wird von der Vorsteherin bestimmt.

§ 4.
Verpflegung.

Die Kosten für Verpflegung mit Ausschluß von Beheizung, Beleuchtung, Verreinigung der Wäsche, Wein, Bier, Mineralwässern und Bädern, belaufen sich pro Tag auf 2 Mk., für Kinder unter zwölf Jahren auf 1 Mk. Für einmalige Heizung sind 30 Pf., für tägliche pro Woche 3 Mk. zu entrichten. Zur Beleuchtung wird für jede Kerze 15 Pf., für eine Lampe pro Tag 10 Pf., pro Woche 60 Pf. berechnet. Mineralwasser, Wein, Bier u.s.w. können gegen Baarzahlung aus der Küche bezogen werden. Die Reinigung der Wäsche wird bei längerem Aufenthalt auf Wunsch außerhalb des Hauses für Rechnung der Pensionärinnen besorgt, bei kürzerem Aufenthalt haben dieselben selbst für die Wäsche zu sorgen.

Die Verpflegung besteht in:

a. erstem Frühstück (Kaffee mit Gebäck oder gestrichenem Butterbrot, auf besondere Bestellung Thee oder Kakao, letzteren gegen eine Zuzahlung von 10 Pf. pro Portion),
b. zweitem Frühstück (belegtes Butterbrot mit einer Tasse Suppe oder Milch, oder einem Glase Bier),
c. Mittagessen (Suppe, Fleisch mit Gemüse oder Braten mit Compot; Sonntags und Festtags noch eine Nachspeise),
d. Vesper (Kaffee, Milch),
e. Abendbrot (Suppe, Milch, Thee, kalter Aufschnitt).

Für Gäste wird eine Portion Kaffee mit 20 Pf., ein Mittagbrot für 75 Pf., ein Abendbrot mit 30 Pf. berechnet; ein belegtes Butterbrot kostet 25 Pf., ein Glas Milch 10 Pf. Alle außerordentlich bezogenen Speisen und Getränke sind alsbald baar zu bezahlen.

Wünschen Pensionärinnen allein oder mit Gästen zusammen auf ihrem Zimmer eine Mahlzeit einzunehmen, so ist dies in der Küche vorher rechtzeitig zu bestellen.

Für Benutzung eines Bettes vom Hause ist auf die Woche 1,50 Mk. zu entrichten, für eine Nacht 50 Pf.

Handtücher und Tischwäsche werden kostenfrei geliefert. Dem Dienstpersonal selbst Trinkgelder zu verabreichen ist untersagt. Als Vergütung für dasselbe wird eine Gebühr von 50 Pf. auf die Woche in Rechnung gestellt. Nur dem Hausdiener kann für außerordentliche Dienstleistungen ein Trinkgeld eingehändigt werden; zu fordern hat er keines.

Das Ordnen der Betten und Aufräumen der Zimmer wird unter Aufsicht der Stationsdiakonissin kostenfrei besorgt.

§ 5.

Besorgung von Gepäck und von Briefen.

Das Besorgen von Gepäck von dem Bahnhof und nach demselben geschieht vom Hausdiener kostenfrei.

Abzusendende Briefe sind, sofern sie nicht von den Pensionärinnen selbst nach dem in der Nähe befindlichen Briefkasten getragen werden, in den im Hause angebrachten Briefkasten einzulegen.

§ 6.

Bäder.

Bäder, die im Hause genommen werden, werden je nach der Beschaffenheit zu billigsten Sätzen berechnet und sind bei der Vorsteherin rechtzeitig zu bestellen. Ein Warmwasserbad kostet 60 Pf. Kiefernadelbäder sind in dem nahen Badehause des „Zittenbades" zu haben und an die Badeverwaltung desselben zu bezahlen.

§ 7.

Hausbibliothek.

Die Benutzung der Hausbibliothek und der gehaltenen Tageszeitungen ist unentgeltlich.

§ 8.

Preisermäßigung.

Preisermäßigungen sind von weniger bemittelten Pensionärinnen bei dem Vorstande von Bethanien in Breslau vor Eintritt in das Erholungshaus unter Darlegung der Gründe nachzusuchen.

§ 9.

Aufrechterhaltung der Hausordnung.

Die Aufrechterhaltung der Hausordnung liegt der vorstehenden Diakonissin ob, bei der auch etwaige Beschwerden anzubringen sind. Beschwerden über diese selbst sind an den Vorstand von Bethanien in Breslau zu richten. Alle Hausgenossen sind verpflichtet, die Hausordnung pünktlich inne zu halten und haben alles zu vermeiden, was den Frieden des Hauses und der Gemeinschaft stören kann. Wer aus der Pension zu scheiden wünscht, hat dies der Vorsteherin mindestens 24 Stunden vorher anzuzeigen, es sei denn, daß besondere Umstände ein plötzliches Scheiden erforderlich machen.

Die Miethe und das Bedienungsgeld ist für die volle Woche zu entrichten und zwar auch dann, wenn das Scheiden aus der Pension innerhalb der Woche erfolgt. Der Preis für die Beköstigung wird pro Tag berechnet. Sämmtliche Zahlungen sind vor dem Scheiden aus der Pension in Richtigkeit zu bringen; sonst erfolgt wöchentliche Abrechnung.

Allen aber, welche „Marienruh" besuchen, wolle Gott der Herr den Aufenthalt in demselben an Leib und Seele gesegnet sein lassen! (Matth. 11, 28. 29.)

Breslau, im Mai 1898.

Der Vorstand der evangelisch-lutherischen Diakonissenanstalt Bethanien.

Telegrammadresse: „Marienruh, Obernigk."

Das Arbeitsnachweisebureau des Vereins zur Besserung entlassener Strafgefangener in Berlin hat nach dem in der Ausschußsitzung vom 16. d. Mts. erstatteten Berichte während der Sommermonate eine sehr erfreuliche Thätigkeit entfalten können. In der Zeit vom 11. Juni bis 15. September sind 819 Strafentlassene durch das Bureau in Arbeit gebracht, gegen 747 in einem gleichem Zeitraum des Vorjahres. Vor allem ist es gelungen, viele Arbeitskräfte — 358 — der Landwirthschaft zuzuführen, die zu keiner Zeit unter allen Berufsständen am meisten an Arbeitermangel leidet. Mecklenburg, das Oderbruch und die Priegnitz waren die Gebiete, in die am meisten ländliche Arbeiter verschickt wurden. Die Strafentlassenen erhalten als Pferdeknechte etwa 50 Thaler bei freier Station. 345 wurden als Ziegel- und Erdarbeiter untergebracht. Hier war es namentlich der Erweiterungsbau der Potsdamer Bahnstrecke, welcher vielen Strafentlassenen lohnende Beschäftigung gab. Auch die Stettiner Bahn bediente sich der Pflegebefohlenen des Vereins bei den Erdarbeiten, die in Buch, Blankenburg und an anderen Stellen ausgeführt waren. In den Ziegeleien verdienen die Strafentlassenen wöchentlich 8 Mark bei freier Station. Im Fabrikbetriebe kamen nur 30, im Handwerksbetrieb 41 Arbeit finden. In Kutscher- oder Hausdienerstellen gingen 31, als Schreiber fanden 5 vorübergehende Beschäftigung. Seit Beginn des Jahres sind durch das Bureau schon 1092 in Arbeit gebracht gegen 1672 im Vorjahre. Für Eisenbahnfahrkarten wurden 4846 Mark verausgabt, wovon allerdings bereits 3682 Mark schon wieder zurückgezahlt sind.

Literatur.

Die Krankenpflege im Frieden und im Kriege. Zum Gebrauch für Jedermann, insbesondere für Pflegerinnen, Pfleger und Aerzte. Von Dr. Paul Rupprecht, K. S. Hofrath und chirurgischem Oberarzt am Diakonissenkrankenhause in Dresden. Mit 442 Abbildungen im Text. 8. 460 S. 1890. gebunden Preis: 5 Mark. Leipzig, Verlag von F. C. W. Vogel.

Eine der schönsten Bethätigungen der Nächstenliebe ist die Pflege der Kranken. Wer jemals selbst einen Unfall erlitt oder an schwerer Krankheit darniederlag, der schätzt jene oft kleinen und niedrigen Dienste, die ihm freundlich pflegende Hände erwiesen haben, unendlich hoch. Doppelt hoch aber wird er diese Pflegerdienste schätzen, wenn sie von Händen geleistet werden, die nicht nur willig und freundlich, sondern auch geübt und geschult und von ärztlicher Einsicht geleitet sind.

Immer lauter erschallt heutzutage der Ruf nach Krankenpflegern und vor allem nach Krankenpflegerinnen von „Beruf".

In dem kürzlich erschienenen „Lehrbuch der freiwilligen Kriegskrankenpflege beim Deutschen Heere" vom Geh.-Rath v. Criegern, welches im Auftrage des Deutschen Centralcomités der Vereine vom Rothen Kreuz für die leitenden Organe dieser Vereine verfaßt wurde, wird das Rupprecht'sche Buch für die Ausbildung der Pflegerinnen als das einzige überhaupt, für die Ausbildung der freiwilligen Pfleger als das einzige neben dem officiellen Unterrichtsbuch für freiwillige Krankenpfleger empfohlen:

„Für die technische Ausbildung der Pflegerinnen „wird die Rupprecht'sche Krankenpflege als „hervorragendes Lehrbuch eine ganz besondere „Bedeutung gewinnen. Dasselbe behandelt vorzugsweise das Technische beim Pflegedienste im „Krieg und Frieden unter besonderer Hervorhebung des chirurgischen Standpunkts. Besonderes Gewicht legt der Verfasser auf die Hervorhebung der kleinen Hilfen bei der Pflege Verletzter und Operirter. Das Verständniß des „Textes wird durch 442 Abbildungen ganz wesentlich erleichtert."

Das Buch enthält: 1. Hilfe bei unblutigen Verletzungen. 2. Hilfe bei blutigen Verletzungen. 3. Hilfe bei Operationen. 4. Gesundheit, Tod, Krankheit, Gesundheitspflege. 5. Heilmittel. 6. Hilfe bei plötzlichen Unfällen. 7. Wartung der bettlägerigen Kranken. 8. Pflege einzelner besonders wichtiger Klassen von Kranken. 9. Krankenpflege im Kriege. 10. Entwickelung und heutiger Stand der öffentlichen Krankenpflege.

Der Bär. Illustrirte Wochenschrift für die Geschichte Berlins und der Mark. XVI. Jahrgang. Nr. 48. 30. August 1890.

Inhalt: Die schöne Else. Historischer Roman von O. Schwebel (Fortsetzung). — Erinnerungen eines Berliner Jungen an die Märztage des Jahres 1848, von W. K. Krieger (Fortsetzung). — Eine wendische Hochzeit, von M. Müschner (mit 2 Abbildungen). — Das Unternehmen der Gesellschaft Urania zu Berlin, von Dr. Albano Brand. — Kleine Mittheilungen: Das Deutsche Panzerschiff Kaiser in der Nacht vom 3. zum 4. Februar 1890 (mit Abbildung). — Das Wirken der Kaiserin Augusta. — Märkische Städte nach dem „Städte-Buch" des Abrahamus Saurius. — Anzeigen.

—

Der Bär. Illustrirte Wochenschrift für die Geschichte Berlins und der Mark. XVI. Jahrgang. Nr. 50. 13. September 1890.

Inhalt: Die schöne Else, von O. Schwebel (Fortsetzung). — Eine wendische Hochzeit, von M. Müschner (Fortsetzung). — Das Unternehmen der Gesellschaft Urania zu Berlin, von Dr. Albano Brand (mit 1 Abbildung). — Zur Platz-Frage für das Bismarck-National-Denkmal (mit 3 Abbildungen), von Reg.-Baumeister Dathe. — Kleine Mittheilungen: Der Brand von Neu-Ruppin 1787. — Der Zeichenlehrer des Prinzen August Wilhelm von Preußen. — Ein sehr gehässiges und anfechtbares Urtheil über die Berliner Studentenschaft der 30er Jahre. — Unser Büchertisch. — Anzeigen.

Carl Heymanns Verlag in Berlin W., Mauerstraße 63–65.

Gedruckt bei Julius Sittenfeld in Berlin.

Alle Zuschriften und Sendungen in Angelegenheiten dieses Blattes wolle man an den Redakteur desselben: Geh. Hofrath Herrlich W. Potsdamer Straße Nr. 134c. zu Berlin richten

Wochenblatt der Johanniter-Ordens-Balley Brandenburg.

Im Auftrage der Balley Brandenburg verantwortlich redigirt von C. Herrlich in Berlin.

Jahrg. 31. Berlin, den 1. October 1890. Nr. 40.

Rudolf Freiherr von Marschall, Landrath, Kammerherr, Erbmarschall in Thüringen und Mitglied des Herrenhauses, auf Altengottern bei Langensalza, Rechtsritter seit 1867, † zu Altengottern 16. September 1890.

Zur Geschichte von Helgoland.

Die ersten bestimmten Nachrichten über Helgoland sind uns durch die denkwürdigen Bestrebungen der Sachsen in England, ihren in der Heimath verbliebenen Stammesgenossen die Segnungen des Christenthums mitzutheilen, kund geworden. Vom grünen Erin aus, dessen Bewohner nach Strabo als die rohesten Völker, welche Europa je beherbergte, schildert und die den entartetsten Negerstämmen an Verwilderung glichen, wohin sogar Rom seine Waffen zu wenden verschmähte, haben nach wenigen Jahrtausenden das Christenthum und höhere Bildung über einen großen Theil des nördlichen und mittleren Europas sich verbreitet. Von dem heutigen Irland waren im Jahre 677 Wilfrid, der ehemalige Erzbischof von York, und auf Veranlassung Egberts, den Stürme und Traumgesichte von eigener Theilnahme auf den Hebriden zurückhielten, Wigbert und hernach Willibrord nebst zwölf Gefährten, sämmtlich aus dem Königreich Northumberland, vom heiligen Bekehrungseifer erfüllt, zu den Friesen gegangen. Willibrord landete zu Wiltaburg, jetzt Utrecht genannt, im Jahre 690 und demnach wieder später, als der Frankenherzog Pipin von Heristal den Beherrscher der Friesen, Radbod, besiegt und aus jener Burg vertrieben hatte, noch in einer fabelhaften Residenz des letzteren auf Helgoland. Die neue Lehre fand jedoch bei den Friesen keinen Eingang und Willibrord ging zu Pipin, welcher nach der später erfolgten Besiegung Radbods und Vertreibung desselben aus dem südlichen Friesland, zur Befestigung seiner Eroberungen durch Einführung des Christenthums, mit dem Papste Sergius ihm, unter dem Namen Clemens, das Erzbisthum Utrecht im Jahre 696 verlieh. Die Quellenschriftsteller berichten nicht, daß Willibrord den Radbod früher sah. Später, als jener von einer Missionsreise nach Nordfriesland in Schleswig zurückkehrte, wurde er durch Stürme an eine gewisse Insel auf der Grenze zwischen Dänen und Friesen verschlagen, welche die Bewohner von dem daselbst verehrten Götzen Fosete, Foitesland benannten*). Dieser Ort war von den Heiden so sehr verehrt, daß sie keines der dort weidenden Thiere noch sonst irgend etwas anzutasten wagten; aus der dort hervorsprudelnden Quelle ward das Wasser nicht anders als stillschweigend geschöpft. Willibrord taufte die Friesen in jener Quelle unter Anrufung der heiligen Dreieinigkeit und gebot den Seinigen, mehrere der dort weidenden Thiere zu schlachten. Die erbitterten Heiden schleppten die Missionare vor den König Radbod, welcher nach der zweiten Besiegung durch Pipin im Jahre 697 in der durch die Wogen und die Heiligthümer geschützten Insel einen Zufluchtsort gesucht haben mag. Radbod sandte jedoch den Erzbischof zu den Franken zurück. Dieses ist Alles, was sich aus den Nachrichten seiner Zeitgenossen, des ehrwürdigen Beda und des trefflichen Freundes Kaiser Karls des Großen, Alcuins Lebens-

*) Die wunderliche Benennung Fosetesland, richtiger Saxonum insula und später [illegible], beruht auf einer durch die erste Erwähnung der Sachsen merkwürdige Stelle des Geographen Ptolemäus, welcher berichtet, daß über der Mündung der Elbe drei Inseln der Sachsen liegen, woraus man geschlossen hat, daß Helgoland eine derselben und jenes bekannteren Namens würdig gewesen sein könne. Gerade gewagt erscheint die Behauptung, daß sie die Bernstein-Insel, Basilia genannt, gewesen, da auch auf vielen anderen Inseln der Nordsee jenes Erzeugniß derselben gefunden wird. Ungegründet ist die Muthmaßung, daß der durch Tacitus berühmte Hain — castum nemus — der Hertha auf einer Insel des Oceans, in Helgoland zu suchen sei. Aber die ersten Völker, welche jenes Heiligthum verehrten, scheinen alle an der [illegible] gewohnt zu haben, und weder ein Hain, noch der vom Tacitus neben demselben belegene See ist auf Helgoland, weder jetzt noch in den älteren Nachrichten über dasselbe zu entdecken.

beschreibung des heil. Willibrord über seinen Aufenthalt auf jener Insel entnehmen läßt. Weder die Nachrichten von Pipins Briefe an Radbod, noch die Zerstörung der Tempel des Jupiter und der Vesta auf Fositesland, noch der heilige Hain, noch die ausführlichen Nachrichten über die Getauften und über den Märtyrer Wigbert, dem zu Ehren hier eine Kirche erbaut gewesen sein soll, findet sich begründet; manche derselben beruhen jedoch auf einer Verwechselung des heil. Willibrord mit dem heil. Liudger; andere auf der schon von Leibnitz und lange vor ihm als untergeschoben anerkannten Lebensbeschreibung des heil. Swibert, durch dessen angeblichen Jünger Marcellinus. Die später erfolgte Taufe des Königs Radbod durch den heil. Wolfram geschah zu Medemblik. Diese Stadt liegt bekanntlich in Friesland; die Helgolandsromanen verlegen sie und die Taufe des Königs nach ihrer Insel!

Die nächste ebenso glaubwürdige als wichtige Nachricht über Fositesland giebt uns Altfrid, der zweite Bischof von Münster († 849) in der Lebensbeschreibung seines Vorgängers, des heil. Liudger. Dieser erkannte die Nothwendigkeit, den wichtigen Sitz des Heidenthums, welcher in jener Insel sich erhielt, gänzlich zu zerstören. Er schiffte im Jahre 785 auf den Rath des Kaisers Karl nach Fositesland, dessen Lage uns hier ebenso wie von Alcuin geschehen, angegeben und welches ausdrücklich als dieselbe Insel bezeichnet wird. Mit dem Kreuze in der Hand, unter lauten Gebeten nahte er auf seinem Schiffe der Insel; in dem sich vertheilenden Nebel erblickten die Seinigen mit ihm getrost die weichenden Heidengötter. Sie fanden wenig Widerstand, zerstörten alle dem Fosite errichteten heiligen Gebäude und erbauten Kirchen statt derselben. Er taufte die Einwohner, wie einst Willibrord, in jener heiligen Quelle, unter andern den Sohn ihres Häuptlings (principis) Landrich, welcher später Presbyter und ein wirksamer Verbreiter des Christenthums wurde.

Daß jene Insel Fositesland das heutige Helgoland sei, ist hier unbedenklich angenommen worden. Schon der bekannte bremische Scholasticus in seinem für die nordische Geschichte und Geographie des Mittelalters höchst schätzbaren Werke behauptet die Identität derselben: die gegebene Beschreibung der Lage an der Grenze der Dänen und Friesen, sowie auch die übrigen hervorgehobenen Züge, die einzige Quelle, der Name der heiligen Insel, die Verehrung, welche derselben Jahrhunderte lang verblieb, und mit anderen Beweisen, selbst die Nichterwähnung eines Hafens, zeugen sämmtlich dafür.

Mit der Vernichtung des Heiligthums des Fosite verschwand der frühere Glanz der Insel, und ihre Lage wie ihr Dasein war selbst bei den Sachsen vergessen. Einzelnen Schaaren von Normannen auf den Zügen unter ihren Seekönigen mag dieses Eiland bisweilen als ein vorübergehender Wohnsitz gedient haben. Unter Erzbischof Adalbert wurde sie von Gilbert, dem Bischof von Fühnen, wieder entdeckt, welcher an jene Insel verschlagen wurde. Adam von Bremen beschreibt in der vorzüglichsten, von Pertz zu Wien aufgefundenen Handschrift seines Werkes, welches hier einen bedeutenden, in den früheren Ausgaben mangelnden Zusatz enthält, die Insel also: „Die Insel, welche an der Mündung der Elbe in weiter Entfernung liegt, soll Gilbert wieder entdeckt und durch Erbauung eines Klosters bewohnbar gemacht haben. Diese Insel liegt dem Lande Hadeln gegenüber. Ihre Länge beträgt 8, ihre Breite 4 Meilen. Die Einwohner bedienen sich des Strohes und der Schiffstrümmer zur Feuerung. Es heißt, daß Seeräuber, wenn sie auch nur die geringste Beute dort machen, entweder bald durch den Schiffbruch untergegangen seyen oder getödtet worden; keiner sei unverletzt nach Hause gekehrt. Deshalb pflegten Seeräuber den dort verweilenden Einsiedlern den Zehnten der Beute mit großer Verehrung darzubringen. Sie ist sehr fruchtbar an Feldfrüchten, reich an Vögeln und nährt Schafe. Sie hat einen Hügel, keinen Baum. Von schroffen Felsen eingeschlossen, besitzt sie nur einen Zugang, wo auch süßes Wasser hervorquillt. Der Ort ist allen Schiffern, besonders aber den Seeräubern ehrwürdig, woher sie den Namen Heiligeland erhalten hat. Aus des heil. Willibrord Leben erfahren wir, daß sie Fositesland heiße, und an der Grenzscheide der Dänen und Friesen liegt. Es giebt noch andere Inseln Friesland und Dänemark gegenüber, aber keine derselben ist gleich merkwürdig“.

Daß unter jenen Meilen keine deutsche, sondern römische, also etwa $1\frac{1}{2}$ deutsche Quadratmeilen zu verstehen sind, wird selbst von den Berichtern der helgolandischen Größe zugegeben. Eine Insel vom Umfange von 32 deutschen Quadratmeilen, selbst wenn aller Abbruch westwärts geschehen und sie also wie jetzt 6 Meilen von der Elbmündung und den holsteinischen Küsten entfernt gewesen wäre, hätte zu einer Zeit, wo schon mancher Handelsverkehr zwischen England und Deutschland betrieben wurde, wo so viele geistliche Stifter in der Umgegend vorhanden waren und also eine vielfach enge Verbindung der dortigen Völker eingetreten war, nicht erst von Gilbert entdeckt werden können, wie viel weniger, wenn, wie auch eine alte Karte es giebt, jenes verschwundene Land großentheils ostwärts gegen die erweislich damals viel weiter in das Meer sich erstreckenden Länder Nordstrand, Eiderstede und Dithmarschen hin gelegen gewesen sein sollte. Anstatt willkürlich durch römische Meile zu erklären, was bei dem Bremer Domherren oder dessen Scholiasten befremdlich erscheint, könnte man auch, wie Lappenberg will, unter jener Bezeichnung das Maß von 1000 Fuß verstehen, welches der übrigen Darstellung sehr angemessen und wonach die damalige Insel noch immer viel größer als jetzt, nämlich in einem Umfange von ⁸/₅ deutschen Quadratmeilen erscheint. Es darf hier nicht unerwähnt bleiben, daß jene Stelle Adams von Bremen mit den Worten beginnt: Ordinavit Eilbertum, quem tradunt conversum a piratis, Farriam insulam reperisse etc. Wäre diese Lesart richtig, so ist Eilbert aus einem heidnischen Seeräuber ein Christ und hernach Bischof geworden, Helgoland hätte aber eigentlich Farria geheißen. Dieser Name findet sich aber in keiner alten Geschichtsquelle über Helgoland, sondern wird daselbst stets für die Faröer-Inseln genommen, und würde also auch hier auf dieselben zu beziehen sein, wenn man nicht mit Lappenberg dafür die Insel Föhr annimmt, die allerdings mit Eilbert's Bisthum Fühnen eher verbunden gedacht werden könnte, als die entlegenen, später ganz anderen geistlichen Bezirken zugehörigen Faröer-Inseln.

Wer den geschichtlichen Werth jenes von Adam von Bremen um's Jahr 1072 gegebenen Zeugnisses über das von einzelnen Eremiten bewohnten und von Eilbert nicht lange vorher in Erzbischof Adalberts Zeiten (1043—1072) wieder entdeckte Felsenland erkannt hat, wird keine fernere Beweisführung darüber verlangen, daß es im Jahre 1010 nicht zwei Klöster und — was vergegenwärtige sich den großen Umfang der alten Kirchspiele — deren nicht weniger als 9 gezählt habe. Diese Nachricht scheint lediglich auf einem Irrthum des nordfriesischen Chronisten Heimreich zu beruhen. Dieser sagt, daß Johannes Meyer berichte, Helgoland habe 1010 einen Umfang von 2 Meilen lang und einer Meile breit und darin 9 Kirchspielskirchen gehabt. In der betreffenden Karte jenes J. Meyer findet sich aber durchaus keine solche Angabe, welche sich auf die hier angegebene Zeit bezieht*).

Mehrere Jahrhunderte hindurch fehlt nunmehr jede authentische Nachricht über Helgoland, obgleich es nicht an urkundlichen und anderen glaubwürdigen Nachrichten über die benachbarten dithmarsischen und hadelnschen Küsten gebricht. Es ist sogar unbekannt, wann diese Insel unter dänische Herrschaft gelangt ist, und die Nachricht eines neueren Schriftstellers, daß bereits im Jahre 1072 der König der Dänen Swen Estrithsen diese Insel dem schleswigschen Bischof Siward ertheilt habe, bedarf ebenso sehr der Bestätigung oder der Berichtigung, als die damit verknüpfte, daß jener ihr den Namen des heiligen Landes gegeben habe. Wenn wir jedoch in Eilbert nur den Bischof von Fühnen, nicht von Nordfriesland erkennen, so folgt daraus nicht, daß Helgoland ungeachtet des von ihm darauf errichteten Klosters zu seiner Diöcese gerechnet sei, noch weniger aber, daß der König von Dänemark die dortige Oberherrlichkeit nicht aufzuweben und gewisse weltliche Rechte dem Kapitel zu Schleswig habe verleihen können. Nur das Patronat und andere Rechte über das Kloster konnten dem Bischof von Fühnen nicht genommen werden. In dem Erdbuche der Könige Waldemar II. und Christoph I. ist der Name Helgoland unter den ihnen gehörigen Inseln aufgeführt. Aus späteren kirchlichen Nachrichten ersehen wir, daß es in geistlicher Beziehung mit Nordfriesland zum Bisthum Schleswig gerechnet wurde und den Namen der Insel der heil. Ursula und 11 000 Jungfrauen führte, vielleicht von dem dortigen von Eilbert denselben geweihten Kloster. Im Zinsbuche der Bischöfe von Schleswig vom Jahre 1436 ist verzeichnet, daß Helgoland für seine einzige Kirche nur ein sehr geringes Cathedraticum von 10 Schillingen und eine ähnliche zehntenartige Abgabe, terragium genannt, an das Domcapitel zu Schleswig entrichtete.

Eine Nachricht über Helgoland ist hier anzuführen, welche, wenngleich nicht erwiesen echt, dennoch Manchem nicht unbedingt verwerflich scheinen könnte. In einem Register der Harden und Kirchen in Nordfriesland, angeblich vom Jahre 1240, welches aber nur in einer Handschrift des 16. Jahrhunderts bekannt ist, wird angeführt: Insula S. Ursulae, vulgo Helgerlandt. Hier werden ihr drei Kirchen zugeschrieben: Westerkirch, Süderkirch und Osterkirch, außer einem Kloster. Nach dieser Angabe hätten wir nur anzunehmen, wenn wir in Osterkirch die noch vorhandene St. Nicolaus-Kirche suchen, daß zwei Kirchen nebst dem Kloster später zerstört seien, eine Annahme, die, wenn wir eine sehr starke Bevölkerung auf dem bei Adam angegebenen Flächenraume voraussetzen wollen, vielleicht glaubwürdig erscheinen könnte. Doch wird der Glaube an die Authenticität jenes Documents gar sehr geschwächt, wenn neben jenen Kirchen, außer den Trümmern des Tempels des Fosite, noch diejenigen der Vesta und des Jeus angeführt werden. Auch ist nicht zu übersehen, daß jene drei von den Himmelsgegenden entlehnten Namen der Kirchspiele einigen Verdacht erregen müssen, da sie sowohl den Mangel früherer dortiger Ortsnamen, als auch eine gleichzeitige Anlage vorauszusetzen scheinen. War

*) Jene Karte ist von Joh. Meyer im Jahre 1649 entworfen und in der, unter seines Mitherausgebers Dankwerth, Namen bekannte Landesbeschreibung der Herzogthümer Schleswig und Holstein 1652 erschienen. Auf jener Karte finden wir nun außer dem Tempel des Fosite einen der Vesta vom Jahre 800, des Jupiter von demselben Jahre, einen anderen des Mars, Klöster des heil. Eilbert und der heil. Ursula, verschiedene Burgen: Wittenburg, Wolkenburg, Germansburg, Wotansdiß, Wittenburg, Mariamburg, Radbodsburg, viele Kirchen, zahlreiche Dörfer, zwei Städte und unzählige Häuser. Dieselbe Karte ist unter Zurückführung auf das 7. Jahrhundert, mit Weglassung und Entstellung einiger Namen in den Reisen des Dr. Clarke verewigt worden. Man hat auch Möglichkeit dartun wollen, daß Meyer alte Karten der Insel vor sich gehabt hätte; Doch sein Mitarbeiter Dankwerth selbst sagt, dass sie „ex traditionibus, und hermanie" zusammengestellt, bemüht zweifelt er sehr „ob auf den Wege zu erweisen, daß dergleichen Schlösser als Wotansdiß, Germansburg, Wittenburg, jemals auf Helgoland belegen gewesen. Läßt und wohl sagen, daß an der Witten- und Wirtenburg etwas Wahres sei".

Helgoland aber geistlich vor der Gründung der christlichen Kirchen, so konnten Ortsnamen nicht fehlen und würden nach der gewöhnlichen, an das Vorhandene möglichst anschließenden Verfahrungsweise jener Zeiten erhalten worden sein; verdankt es aber, wie auch Adam v. Bremen berichtet, seine Cultur erst dem Christenthume, so ist nicht zu ersehen, zu welchem Zwecke so sehr viele Colonisten, als die Anlage dreier Kirchspiele erfordert, auf jene Felsklippen geführt sein möchten.

(Schluß folgt.)

Was können unsere Frauen thun zur Lösung der socialen Frage?

Es ist schon oft mit Recht darauf hingewiesen worden, daß den Frauen in unserer Zeit eine ganz besondere Aufgabe zugefallen sei, ja daß sie mit in erster Linie berufen seien, an der friedlichen Lösung der sogenannten socialen Frage sich zu betheiligen. So viel steht von vornherein fest, daß jede Frau ein lebhaftes Interesse an dieser Frage haben sollte. Wäre es doch wahrlich eine Unnatur, wenn das, was den Mann bewegt, die Frau vollständig gleichgültig ließe! Es wäre das um so weniger zu begreifen, als ja auch die Frau durch alles, was im öffentlichen Leben vorgeht, wenn auch nicht so unmittelbar wie der Mann, so doch mittelbar und fühlbar berührt wird. Das Geschick der Frau ist mit dem des Mannes so eng verkettet, daß, wenn dieser leidet, sie unbedingt mitleiden muß, wenn dieser zu Grunde geht, sie mit ins Unglück gestürzt wird. Wie oft geschieht es doch, daß ein Mann dadurch, daß er auf verkehrte politische Wege geräth, seinen eigentlichen Lebensberuf vernachlässigt, wohl gar zuletzt ins Gefängniß wandern muß, seine Frau und seine Familie in die traurigste Lage bringt!

Ob es freilich je soweit gekommen wäre, wenn die Frau bei Zeiten ihre besondere Aufgabe erkannt und ihrem Manne gegenüber voll und ganz ihre Pflicht gethan hätte, das ist eine große Frage. In den weitaus meisten Fällen der bezeichneten Art haben die Frauen ebenso viel, wenn nicht noch mehr Schuld als die Männer. Sie haben eben vielfach ihre Männer nur als ihre Ernährer und Versorger angesehen, welche dazu da seien, ihnen, den Frauen und ihren Kindern den nöthigen Lebensunterhalt zu verdienen, und ihnen ein möglichst angenehmes und schönes Leben zu bereiten. Der Mann mag sich quälen und arbeiten vom frühen Morgen bis zum späten Abend, das muß so sein, wenn nur die Frau dafür sich pflegen und ihren Lieblingsneigungen nachgehen kann; sie ist ja auch die schwächere Hälfte, welche der größern Schonung bedarf! Kommt dann der Mann müde und abgespannt nach Hause, so findet er vielleicht noch nicht einmal ein gutes und kräftiges Essen, eine wohlbereitete und angenehme Häuslichkeit, einen freundlichen und liebevollen Empfang, er muß wohl noch selbst für seine Bedürfnisse sorgen und dann froh sein, wenn seine Frau ihm nicht die Ohren voll klagt. Ist es denn da zu verwundern, wenn der Mann, der auch noch nicht christlich und sittlich fest steht, überdrüssig und unzufrieden wird, wenn er die Lust an solchem Familienleben verliert, seine eigenen Wege geht und einer Partei sich anschließt, die ihm unter Anderem auch das verlockende Bild der freien Ehe vorspiegelt, durch dessen Verwirklichung er von den lästigen Fesseln des Familienlebens sich losmachen und je nach Neigung zu jeder Zeit sich eine andere Frau nehmen kann? O daß denn doch namentlich alle Arbeiterfrauen dies bedenken und beherzigen möchten! Denn wenn es auch unter ihnen, Gott sei Dank, noch viele giebt, auf welche die gegebene Beschreibung nicht paßt, welche vielmehr im besten Sinne des Wortes „Gehilfinnen" ihrer Männer sind, welch' letztere denn auch meist für die Verführer und Agitatoren kein Ohr haben, so scheint doch die Zahl derselben in unserer Zeit leider immer mehr abzunehmen.

Wie schön sagt doch Petrus, daß auch die Männer, so nicht glauben an das Wort, durch der Weiber Wandel ohne Wort gewonnen werden, wenn sie ansehen ihren keuschen Wandel in der Furcht! — Daß es freilich auch in anderen Ständen eine Frauenfrage giebt, welche hier wie dort von der größten Bedeutung für das sociale Leben ist, wer möchte das leugnen? Pflegen doch die Frauen der unteren Stände nach denen der höheren sich zu richten! Wenn man daher sieht, wie in unserer Zeit auch in höheren Ständen das Leben der Frauen vielfach ein solches ist, wie es der von Gott ihnen gegebenen Bestimmung nicht entspricht, wenn man sieht, wie das Gesellschaftswesen zu einem wahren Unwesen sich ausgebildet hat, wie es vieler Orten Sitte geworden ist, daß einige Mal in der Woche die Damen ihre Thee- und Kaffeegesellschaften, ihr Kränzchen haben, ihr Hauswesen und ihre Familie darüber vernachlässigen, und daher auch der Mann in dieser Zeit nichts Besseres zu thun weiß, als auszugehen, während er doch ebenso gern zu Hause bei seiner Frau und seinen Kindern bliebe; wenn man sieht, wie manche Frauen es „unter ihrer Würde" halten, noch selbst mit eigener Hand im eigenen Hause zu wirken und zu schaffen, noch selbst zu kochen und zu backen, zu nähen und zu stricken, noch selbst ihre Kinder zu beaufsichtigen und zu erziehen, dagegen nur mit Musik und Lectüre, mit Besuchen und Spazierengehen die Zeit hinbringen, ja wie kann man sich wundern, daß dieses Beispiel von den unteren Ständen in ihrer Weise nachgeahmt wird!

Wenn je, so gilt es darum heute, insonderheit auch für die höheren Stände angesichts der drohenden socialen Frage den Grundsatz wieder geltend zu machen: Die Frau gehört ins Haus zu Mann und Kind und Gesinde, sie soll die Seele des Hauses sein, welche nicht bloß selbst im Hause ihr ganzes Glück und ihre Befriedigung findet, sondern auch ihren Hausgenossen das Leben im Hause zu einem möglichst angenehmen zu machen sucht. Als hell leuchtendes Vorbild steht hier unsere erlauchte Kaiserin da, wie denn überhaupt das Familienleben unseres Kaiserhauses dem ganzen Volke zur Nachahmung dienen sollte. Wie schön, wenn doch alle Frauen in allen Ständen nach diesem Beispiel sich richten wollten! Die sociale Frage würde bald ihrer Lösung ein gut Theil näher rücken. In den Städten und größeren Orten wird wohl von Frauenvereinen, die für die Armen kochen und nähen, sie besuchen, sich der jungen Mädchen annehmen u. s. w., viel gewirkt zur Hebung der socialen Noth; und es ist bewundernswerth, wenn namentlich unverheirathete Damen ihre Zeit dafür opfern. Aber mit dieser segensreichen Arbeit muß die stille häusliche Thätigkeit derselben Hand in Hand gehen, ja es muß auf diese gerade das Schwergewicht ihres Handelns gelegt werden. Es heißt auch hier nach des Herrn Wort: das eine thun und das andere nicht lassen.

Möge denn auch dieses offene, aber gewiß zeitgemäße Wort eine freundliche und gute Aufnahme finden, und so die deutsche Frau ihren alten guten Ruf bewähren, ihre von Gott ihr zugewiesene Aufgabe bei der Lösung der socialen Frage erfüllen!

(Braunschw. Volksblatt.)

Die Volksheime in Dresden.

Mancherlei Mißstände, die mit dem privaten, naturgemäß auf möglichst hohen Gewinn zielenden Betriebe des Wirthshaus- und Herbergswesens verbunden sind, haben in Deutschland und im Auslande dahin geführt, daß von Vereinen und anderen Körperschaften Gasthäuser geschaffen sind, deren Bewirthschaftung nach gemeinnützigen Absichten geregelt ist. In den skandinavischen Ländern hat man nach dem Vorgange Gothenburgs in zahlreichen Gemeinden alle Wirthschaften der Verwaltung aufrichtiger Volks- und Mäßigkeitsfreunde unterstellt, in Deutschland begnügt man sich damit, neben die privaten Wirthschaften Vereinswirthschaften zu stellen. Die evangelischen Herbergen zur Heimath und die katholischen Gesellen- und Vereinshäuser bestehen seit Jahrzehnten, sie sind jedoch in der Hauptsache für reisende und seßhafte Handwerksgehilfen bestimmt und erfüllen nicht das ganze Bedürfniß nach besseren Stätten der Geselligkeit. In die Lücke sind seit langem die „Volksheime“ eingetreten, wie sie in Dresden begründet sind und in vielen Städten geplant werden. Solche Veranstaltungen sind für unser sociales Leben überaus wichtig, und wir wollen daher aus den eben erschienenen Jahresberichten des Dresdner Vereins „Volkswohl“ die Stellen herausheben, welche die Volksheime betreffen.

Das erste derselben ist am 14. Februar 1889 eröffnet; es heißt Materniheim, wo die Wirthschaft, welche sich früher in denselben Räumen befand. Es liegt inmitten des bevölkertsten Theiles der Dresdner Altstadt, von vielen Fabriken aus leicht erreichbar. In seiner Ausstattung ist es von einem guten Gasthause nicht verschieden. Wohl aber merkt man den Unterschied, wenn man auf den Tischen Wasserflaschen sieht, wenn man auf Aushängetafeln deutliche Inschriften liest, welche besagen, daß Niemand zum Verzehren gezwungen sei und daß Trinkgelder von den Bedienern nicht angenommen werden dürfen. Auch hört man kein Kartenspiel mit seinem Auftrumpfen, schallenden Lachen und Fluchen, keinen Streit; viele Gäste sind in Zeitungen und Bücher, in Schach- oder Damenspiel vertieft, und die übrigen nehmen darauf Rücksicht. Täglich verkehren in dem Heim durchschnittlich 200 Personen, 100—140 essen dort für 25 Pfg. zu Mittag; Bier (leichtes) trinkt etwa ein Drittel der Einkehrenden. Es kommen wohlhabende, höher gebildete Leute, besonders aber junge und bildungsuchende Burschen und Männer, Handwerker und Fabrikarbeiter. Der einfache Mann, der zum ersten Mal das Heim betritt, staunt wohl über die feine Ausstattung, er wundert sich, daß kein dienstbeflissener Kellner sofort an ihn herantritt; bald aber fühlt er, daß er hier willkommen ist, daß er sich keinen Zwang aufzuerlegen braucht, insofern er sich anständig benimmt. Die Stammgäste ziehen ihn bald in die Geselligkeit des Heimes hinein, es behagt ihm, daß er es hier sich wohl sein lassen kann, ohne die sauer verdienten Groschen draufgehen zu lassen, und so gewöhnt er sich gern die Kneipe ab.

Die Volksheime sollen übrigens keine Wärmestuben für Arbeitslose, sondern Vereinshäuser für Mitglieder sein. Wenn auch Nichtmitglieder als Gäste in der Regel gern zugelassen werden, so haben doch nur Mitglieder das Recht, dort zu verweilen und eine Erwägung ihrer etwaigen Wünsche und Beschwerden zu verlangen. Wenn in den Heimen keine Weine, keine schweren Biere und Schnäpse vorhanden sind, so bedeutet das hauptsächlich, daß diese Anstalten keine Schankwirthschaften sein sollen. An solchen ist in Dresden, wie überall, kein Mangel; für diejenigen, welche sich im Wirthshausleben wohl fühlen, brauchen von gemeinnütziger Seite keine Stätten mehr geschaffen werden. Wohl aber war und ist in geringerem Grade jetzt noch ein fühlbarer Mangel an Stätten, wo man fern von der vielen verhaßten Kneipenatmosphäre, ohne den Zwang, fortwährend Getränke vor sich zu haben und bei jedem Besuche Geld auszugeben, eine edlere Geselligkeit genießen kann.

Die Dresdner Volksheime sind also keine wohlthätigen, sondern gemeinnützige, zu gemeinsamem Nutzen der Mitglieder geschaffene Anstalten. Die Mehrkosten, welche ihr Betrieb im ersten Jahre noch veranlaßte, werden durch die Jahresbeiträge der Mitglieder, die dort verkehren, gedeckt. Im Uebrigen besteht die gegründete Hoffnung, daß in den nächsten Jahren die Ausgaben der Heime von den Einnahmen vollständig gedeckt werden.

Viel großartiger als der Maternihof ist das am 10. April d. Js. eröffnete Volksheim „Paulinengarten". Es trägt seinen Namen nach der Prinzessin Pauline von Schleswig-Holstein, welche Haus und Garten bis zu ihrem Tode (am 12. December 1887) besaß. Der Garten ist einer der schönsten in Dresden, große Rasenflächen und schöne alte Bäume zieren ihn, besonders ist eine Platanengruppe berühmt, die ihre breiten Zweige über die Straße ausbreitet.

In dem hinteren Theile des Gartens sind drei große Spielplätze eingerichtet, und viele hundert von kleinen Füßchen tummeln sich in den Sommermonaten darauf. Zwei Stunden an jedem Nachmittag wird unter Aufsicht gearbeitet und gespielt; da kommen Lehrerinnen, Kindergärtnerinnen und andere Damen, die „kinderlieb" sind. Die Knaben vermehren ihre Kraft und Gewandtheit in Turnübungen an den Geräthen und in Turnspielen, oder sie wetteifern miteinander im Kugelwerfen und anderen Künsten, wo es auf ein gutes Auge und eine ruhige Hand ankommt. Den kleineren Mädchen gönnt man, daß sie die ganze Zeit sich herumtummeln, die größeren Schulmädchen müssen erst eine Stunde lang stricken oder sonstige Handarbeiten machen, ehe sie zum Spiel antreten dürfen. Dann werden Gruppen gebildet: die einen spielen „die fleißigen Waschweiber", die anderen „das Erntefest", die dritten fahren auf dem Schifflein durch das Meer, die vierten führen das Märchen vom Dornröschen auf. Auf einem besonderen Platze treiben die ganz Kleinen, die noch nicht an den Gesellschaftsspielen theilnehmen können, ihr munteres Wesen. Sie backen im hohen Sande, graben Löcher, bauen Dämme, backen Kuchen oder schauen sehnsuchtsvoll zur Schaukel empor, die so unermüdlich vor- und rückwärts schwingt. Und mitten in diesem Kinderparadiese sitzen die Mütter auf den Bänken und stricken und flicken und freuen sich an der Kleinen Jauchzen. Und wenn Abends die Arbeit vorbei ist, kommen auch die Väter und setzen sich oft mit Frauen und Kindern zusammen zu einem einfachen Abendessen unter den Bäumen. Die meisten Erwachsenen sitzen im vorderen Theile des Gartens und genießen von da die herrliche Aussicht auf die belebte Elbe, welche nur durch eine fruchtbare Wiese von ihnen getrennt ist, und auf die ersten Hügel der sächsischen Schweiz, die an deren Eingangspforten Loschwitz und Blasewitz freundlichen Gruß bieten. Hier unter den Platanen essen die Arbeiter einer nahen Fabrik und wer sonst zu einer gut zubereiteten Kost für 25 Pf. Lust hat, zu Mittag. In den frühen Morgenstunden findet mancher Gewerbliche oder Geschäftsmann hierher seinen Weg und trinkt vielleicht ein Glas frischer Milch in der erquickenden Luft; Nachmittags sind die Frauen hier, Abends und Sonntags alle Stände und Lebensalter gleichvertreten.

Treten wir über den freundlichen Altan, an dessen Säulen sich wilder Wein zum Balkon emporrankt, in das Haus ein! Da sind zuerst zwei Zimmer für gesellige Unterhaltung, dann ein mit werthvollen Tapetenbildern versehenes Zimmer, welches den leselustigen Gästen zahlreiche Zeitschriften und Bücher bietet. Durch einen vierten Raum gehen wir hinauf in den Oberstock; dort ist die Geschäftsstelle des Vereins, ferner ein Zimmer für Vereins- und Unterrichtszwecke, das in den Wintermonaten fast jeden Abend besetzt ist und ein großer Saal, in dem Vorträge, Unterhaltungsabende, Versammlungen abgehalten werden.

Ein drittes Volksheim ist in der Dresdner Ostvorstadt, welche von vielen unbemittelten Leuten bewohnt wird, vom „Dresdner Bezirksverein gegen den Mißbrauch geistiger Getränke" eingerichtet worden zu einer Zeit, als der Verein „Volkswohl" durch seine begonnenen Veranstaltungen zu sehr in Anspruch genommen war, um etwas Neues zu unternehmen. Dieses Volksheim ist dem Maternihofe ähnlich und erfreut sich seit seiner Eröffnung am 21. November 1889 eines überaus regen Verkehrs.

An der inneren Vervollkommnung dieser Heime wird von ihren Vorständen unermüdlich gearbeitet; man wünscht sie immer mehr zu wirksamen Vorbildern für andere Stadttheile und andere Städte zu gestalten.
(Daheim.)

Literatur.

Der Bär. Illustrirte Wochenschrift für die Geschichte Berlins und der Mark. XVI. Jahrgang. Nr. 51. 20. September 1890.

Inhalt: Die schöne Else. Historischer Roman von O. Schwebel (Fortsetzung). — Eine wendische Hochzeit, von W. Müschner (Fortsetzung) (mit 3 Abbildungen). — Das Unternehmen der Gesellschaft Urania zu Berlin, von Dr. Albano Brand. — Kleine Mittheilungen: Die fehlende Säbelquaste an dem Blücher-Denkmal in Berlin. — Zwei Briefe Friedrich Wilhelms III. — Deutscher Hugenottenbund.

Aufsätze und Notizen, welche sich für dies Blatt eignen, insbesondere solche von Johanniter-Rittern verfaßt, sind der Redaktion stets willkommen.

Carl Heymanns Verlag in Berlin W., Mauerstraße 63—65.
Gedruckt bei Julius Sittenfeld in Berlin.
Alle Zuschriften und Sendungen in Angelegenheiten dieses Blattes wolle man an den Redakteur desselben: Geh. Hofrath Herrlich W. Potsdamer Straße Nr. 134 c. zu Berlin richten.

Wochenblatt
der
Johanniter-Ordens-Balley Brandenburg.

Im Auftrage der Balley Brandenburg verantwortlich redigirt von C. Herrlich in Berlin.

Jahrg. 31. | Berlin, den 8. October 1890. | Nr. 41.

1. Otto von Raudstedt, Major a. D., auf Schönfeld bei Stendal, Rechtsritter seit 1890, † zu Schönfeld 20. September 1890.
2. Adolf Detlof Hans von Winterfeld, Rittergutsbesitzer, auf Carwe bei Karstedt, Ehrenritter seit 1861, † zu Carwe 24. September 1890.
3. Ludwig Fürst zu Bentheim-Bentheim, Ehrenritter seit 1856, † zu Burgsteinfurt 28. September 1890.

Zur Geschichte von Helgoland.

(Schluß.)

Mit dem Jahre 1300 wenn sich die Sage vom Helgolander Felsen, um ihn dem freilich sparsamen aber helleren Lichte der Geschichte zu überlassen. In diesem Jahre nämlich sollen sieben Kirchspiele mit den beiden Klöstern durch eine starke Meeresfluth von der Insel abgerissen sein. Diese Angabe, zu deren Unterstützung die Schrift des Advokaten Lemß in Husum aus dem 18. Jahrhundert angeführt wird, beruht schwerlich auf einem sichereren Grunde, als die Meyer'sche Karte vom Jahre 1649 und ermangelt so sehr eines unterstützenden Beweises, daß uns nicht einmal ein Stoff zur Widerlegung dargeboten wird.

Vom Jahre 1072 bis zum 15. Jahrhundert besitzen wir bis in die neuere Zeit keine erhebliche authentische Nachricht über Helgoland. Ende der zwanziger Jahre ist jedoch ein Schreiben aufgefunden worden, welches der Rath zu Hamburg im Jahre 1356 an den König Waldemar IV. von Dänemark gerichtet hat. Diesem Könige, welcher um diese Zeit die Nordfriesen sich unterwarf und dessen Ritter, namentlich Waldemar Zappe, sich nunmehr der dort belegenen Inseln bemächtigten, wird geschrieben: „Die hamburgischen Rathmannen hätten kürzlich in Erfahrung gebracht, daß er auf dem Lande, genannt Hilgheland, von dem man sage, daß ihre und andere hansische Kaufleute den dortigen Nothhafen in Stürmen zuweilen besuchten, kürzlich eine kleine Burg (fortalitium) angelegt habe; der König wird deshalb ersucht, seinen dortigen Vögten, Beamten und Dienstmannen (advocati, officiati et familiares) anzubefehlen, den Ihrigen und dem gemeinen Kaufmanne von dort aus keine Belästigung zuzufügen“. Daß wirklich bereits Grund zu Beschwerden vorhanden war, ergiebt sich aus einer gleichfalls auf dem hamburgischen Archive noch jetzt vorhandenen Berechnung, worin unter andern angeführt wird, daß die Dienstmannen jenes Waldemar Zappe für 157 Schilling hamburgische Kaufmannsgüter aus dem Schiffe des Helgolanders Jacob Gangelen (oder Galen) geraubt haben. Wir finden hier also den Zeitpunkt, in dem Dänemark auch Helgoland fester an sein Gebiet schloß und die erste Anlage einer dänischen Burg; vielleicht auch den Ursprung des in den Schriften über Helgoland oft erwähnten und gebrauchten Namens der Tapskuhle.

Die dänische Herrschaft über Helgoland ist nach Sitte jener Zeit nur durch Einziehung eines Burgvogts und die Erhebung leichter Gefälle geübt worden, während den Einwohnern die altherkömmliche freie Verwaltung ihrer eigenen Angelegenheiten überlassen blieb. Vielleicht haben die Vitalianer oder Likedeler, Seeräuber, welche besonders zu Ende des 14. Jahrhunderts die Nordsee zu einem fortwährenden Tummelplatze ihrer Räubereien und Seefehden machten, sich der Insel zuweilen bemächtigt, in deren Nähe namentlich die Flotte der hamburgischen Englandsfahrer im Jahre 1402 über die Führer Wichmann und Claus Störtebecker einen Sieg erfocht, dessen Gedächtniß in norddeutschen und friesischen Liedern im Munde des Volkes noch fortlebt. Daß die Schutzherrschaft der Insel damals und in der nächstfolgenden Zeit von dem Herzoge von Schleswig der Stadt Hamburg überlassen gewesen sei, ist glaubwürdig behauptet und erscheint nicht unwahrscheinlich, wenn wir uns vergegenwärtigen, wie diese Stadt in dem durch ihre Lage, ihre merkantilische Bedeutung und durch kaiserliche Anerkennung ihr gewordenen Amte der Vertheidigung des Elbstroms und seiner Mündung, zu diesem Zwecke und zum Schutze des gesammten deutschen Elbhandels in den Besitz vieler Burgen an diesem Strome, worunter Moorburg, Ritzebüttel, Bergedorf, ferner des größten Theiles des Landes Hadeln, der Städte Emden und Norden mit dem übrigen Ostfriesland sich gesetzt, und mit anderen kleineren und größeren Staaten an der Nordsee, Dithmarschen, Wursten, Nordfriesen zahlreiche Bündnisse und Verträge abgeschlossen hatte. Welcher Ort war aber im Besitze der Seeräuber gefährlicher, dagegen für die Vertilgung derselben wichtiger, als jene Felsenwarte, die in den Händen tapferer Seeleute die Nordsee und ihre Küstenländer beherrschen konnte? Auch ist in der That eine Urkunde vom Jahre 1439 vorhanden, woraus erhellt, daß die Herzöge von Schleswig die Einkünfte der Insel und mehrere nordfriesische Lande seit längerer Zeit einem hamburgischen Bürger, Heine Brand, übertragen hatten. Im Jahre 1470 war die Insel wieder eingelöst und wurde damals mit dem gegenüber gelegenen, untergegangenen Vorlande der Wittkils-harde am Strande, wo seine Kirche, Pfarre und Kirchspiel waren, vom Könige Christian I. von Dänemark dem Domkapitel zu Schleswig übertragen.

Helgoland hatte im Laufe dieses Jahrhunderts eine neue Bekanntschaft erhalten, vielleicht die erste, wenn es nicht Fosetesland gewesen sein sollte, gewiß aber diejenige, welcher es seit jener längst verschollenen Zeit eine größere Bevölkerung und lebhaften Verkehr und ein noch heute in geschichtlichen Bruchstücken und wohlgerundeten Sagen widerhallendes Interesse verdankt. Es hatte im Jahre 1425 der Hering, welcher seit dem 12. Jahrhundert von den Deutschen auf Rügen, noch mehr bei der bald erfolgten Ausbreitung ihrer Schifffahrt bei Schonen vor dem Eintritt seiner Züge in die Ostsee gefangen war, die gewohnte Richtung aus uns unbekannter Ursache verändert, und erschien seit dem Herbste des gedachten Jahres theils in Flandern, theils bei Helgoland und an anderen benachbarten Küsten der Nordsee oder, wie man sie damals nannte, der Westsee. Der große Werth des Heringfanges zu den Zeiten des Katholicismus ist bekannt; nicht unbekannt ist die Wichtigkeit der hansischen Niederlassung in Schonen, welche jene Fischerei sicherten und welche die Hansen zu erhalten, kein Opfer gescheut haben. Ein bedeutender Antheil dieses wichtigen Betriebes wandte sich nunmehr zu den Helgolander Küsten, wo namentlich die Hamburger, Bremer und Stader Factoreyen anlegten. Ueber den gemeinsamen Gewinn scheinen die Herzöge von Schleswig sich anfänglich mit den Hansestädten leicht vereinigt zu haben. Gegen Ende des 15. Jahrhunderts brachen jedoch Streitigkeiten zwischen ihnen aus, als die Herzöge Heinrich und Friedrich von Holstein die hansischen Bürger, welche ihre dortigen Rechte und diejenigen dieser im freien Meere gelegenen freien Insel beschützten, zu beeinträchtigen versuchten. Die Sachwalter der Herzöge stützten deren Rechte unter anderen Gründen auf denjenigen, der freilich sagenhafter als alle übrigen Helgolander Sagen erscheint, daß die jetzige Insel seit vielen Jahren mit dem übrigen Nordfriesland, von dem es erst durch eine starke Meeresfluth abgerissen sei, unter den Herzögen von Schleswig gestanden habe. Es verbrannten die Dänen im Jahre 1490 das Haus der Bremer; im folgenden Jahre diese mit den Hamburgern, Stadern und Dithmarschen dasjenige des Herzogs, worin Hering und Fischereigeräthe aufbewahrt wurden. Die Insel wurde jetzt der Schauplatz der Kämpfe zwischen den hingesandten Kriegsvölkern beider Parteien. Erst im Jahre 1500 vereinigte sich Hamburg mit dem Herzoge Friedrich und entließ seine Gefangenen. Aber schon 6 Jahre darauf finden wir in einem Beschwerdeschreiben der Stadt Bremen an den Fürsten neue Klagen über den Helgolander Vogt, welcher den dortigen Betrieb der Städte störe. Im Jahre 1611 entbot der Herzog bewaffnete Mannschaft dahin, um seine Ansprüche durchzusetzen. Wie unsicher seine Rechte waren, zeigt sich deutlich in der Ungewißheit, welche 1544 bei der Theilung der Herzogthümer Schleswig und Holstein zwischen dem Könige Christian III. und den Herzögen jener Lande, Johann und Adolf, über das Recht auf das Ländchen Hilligeland entstand, weshalb dasselbe nebst einem blauen Saphir zu fernerer gütlicher Vergleichung ausgesetzt blieb, welche jedoch im 18. Jahrhundert noch nicht erfolgt war, wo Dänemark im Jahre 1714 sich der Insel durch Blokade und Bombardement am 7. August bemächtigte. Die Zwistigkeiten der Hansestädte in Betreff dieser Insel mit den dänischen Fürsten währten noch lange nach der früh daselbst eingeführten Kirchenreformation fort, und griffen durch die Verbindung mit den dithmarsischen Händeln in viele größere Verhältnisse ein. Wir müssen uns darauf beschränken, einen für den Hauptzweck dieser Abhandlung nicht unwesentlichen Punkt hervorzuheben, welcher in den Akten und Nachrichten über die Ermordung des in ihrer Geschichte sehr bedeutsamen Wibe Peters in der Helgolander Kirche durch die Dithmarschen sich findet. Diese Kirche — vermuthlich wie jetzt dem Schutzheiligen der Schiffer, St. Nicolaus, geweiht — besaß ein doppeltes Sparrwerk; dessen nördliche Hälfte hatten die Helgolander, die südliche die Bremer bauen lassen, welcher Theil der Kirche auch die Bremer Kirche genannt wurde. Wir finden also wieder eine neue Bestätigung, daß die ganze Insel nur ein Kirchspiel bildete und zugleich eine Erklärung der Angabe, daß zwei Kirchen daselbst vorhanden gewesen. Wann die Bremer an diesem Kirchbau Theil genommen, ist unbekannt; vermuthlich nach Anlage der gedachten Fischerei-Factoreien. Dieser Umstand kann auch Veranlassung gegeben haben, daß der Bremer Domherr H. Wolter in der

Mitte des 15. Jahrhunderts Helgoland, welches er vielleicht zurück die Insel der heil. Ursula und ihrer Gefährtinnen nennt, als zum bischöflich bremischen Sprengel gehörig betrachten will, eine Angabe, welche jedoch durch die urkundlichen Nachrichten über den Umfang dieses Bisthums sich nicht rechtfertigen läßt.

Aus der ferneren Geschichte Helgolands bleibt uns nur wenig hervorzuheben. Wahrscheinlich ward schon in sehr alter Zeit auf der Insel oft ein nächtliches Feuersignal für die Schiffer unterhalten, wie auch Danckwerth im Jahre 1652 berichtet, daß auf dem dortigen Brederberge vor Zeiten ein Pharos oder Feuerbecken unterhalten worden sei. Im Jahre 1673 erbauten die Hamburger, welche schon in der ersten Hälfte des 13. Jahrhunderts auch diese Fürsorge an der Elbemündung übernommen hatten, nach getroffener Uebereinkunft mit dem Herzoge von Schleswig, Christian Albert, daselbst einen Thurm zu einer sogenannten Feuerblase, welcher seitdem beständig unterhalten, doch sehr verbessert ist, von den Hamburgern bis zu der Elbblokade im Jahre 1806, seitdem von den neuen Herren der Insel. Die Bedeutsamkeit, welche derselben in der Weltgeschichte mehrere Male zugefallen ist, erhielt sie in neuer Gewalt durch jene Blokade der Elbe, wo England sie in seinen, beim Kieler Friedensschlusse rechtlich anerkannten Besitz nahm. Während der Dauer der Elbsperre wurde sie der Stapelplatz der englischen Colonial und Manufactur-Waaren, welche für das nördliche Deutschland, Holland und Dänemark bestimmt waren. Schwerere und reichere Last hat kein Felsen je getragen! Waarenlager und Häuser entstanden plötzlich unter Mercurs Zauberstabe; waghalsige, kühne Handelsleute aller Zungen drängten sich auf dieser neuen Weltbörse; die große Felsentreppe war von Helgoländerinnen besetzt, welche die Waaren hinauf und herab trugen; die eingebornen Männer alle schwebten auf den Meereswogen und suchten auf ihren Ewern und Kähnen die kostbaren und willkommenen Frachtgüter, dem Schnellblicke der Küstenwächter entzogen, dem harrenden Kaufmanne des Festlandes entgegenzubringen.

Wir haben in vorstehender Abhandlung versucht, eine historische Schilderung Helgolands zu geben, wobei wir gelegentlich des früheren Umfangs der Insel, wie er sich aus den Urkunden und Chroniken ergiebt, erwähnten und die vielfach verbreiteten Irrthümer über deren einstige Größe zu widerlegen trachteten, namentlich aber auf das Problematische der Meyer'schen Karte von 1640 hindeuteten. Man kann sehr wohl die wirkliche Gewalt der Wogen über viele derselben ausgesetzte Landstrecken anerkennen, ohne darum jenen phantastischen Uebertreibungen zu huldigen. Erwiesen ist nur, daß die Insel, welche jetzt ⅕ Meile lang ist, ¹⁄₁₀ Meile in der größten Breite, 13 800 Fuß im Umkreise hat, einen etwas größeren Umfang einst besaß, die Sage also, soweit Adam von Bremen sie bestätigt, einer geschichtlichen Grundlage nicht ganz ermangelt. Die jetzige Sandinsel war noch bis zum Jahre 1720 ein zusammenhängender Theil von Helgoland, sowie gleichfalls die alte Witte-Klipp, und erst damals wurde das beide jetzige Inseln verbindende Vorland durch einen heftigen Sturm durchbrochen.

Die Sage, welche oft die besten Gefühle des Menschen anregt und daher ihm fast unentbehrlich erscheint, ist aus volkreichen Städten und von dem flachen Lande bald vertrieben. Ein von den wilden Wogen der Nordsee geschützter Zufluchtsort bietet sich ihr als ein gar willkommenes Asyl dar und jener Fels wird noch heute als die Ruine einer bedeutenden Insel, vor Jahrhunderten elf Mal größer als jetzt, als der Boden germanischer und römischer Tempel, vieler Kirchen und Klöster, stolzer Burgen und reicher Dörfer unserer Phantasie vorgeführt. Vor unsern Augen erheben sich dann die vielen versunkenen Kirchen im Meere, deren Glockengeläute durch das stille Reich der Fluth noch oft zu den Ohren des Fischers heraufdringt.

Die historische Kritik aber in ihrer Unerbittlichkeit erweist sich solchen Mythen und Sagen gegenüber gleich dem Zauberstab Prospero's —

Wie dieses Scheines lockrer Bau, so werden
Viel wolkenhohe Thürme, viel Paläste,
Viel hehre Tempel, selbst manch' Inselreich,
Ja, was daran nur Theil hat, untergehen,
Und wie ein leeres Schaugepränge erbleicht,
Spurlos verschwinden.*)

Aus der Tudor-Ausstellung.

Gleich wie die Engländer im vorigen Jahre ihre Stuart-Exhibition hatten, so ließen sie in dem gegenwärtigen derselben eine Tudor-Ausstellung folgen. Die Königin und ihr Sohn, der Prinz von Wales, übernahmen das Patronat, und das ist an und für sich schon genug für die loyalen Herzen der Engländer die Ausstellung zu besuchen und zu bewundern, doch bot dieselbe auch abgesehen davon eine Fülle der Gegenstände von künstlerischem und historischem Werth, daß es sich wohl lohnte, ihr einige Stunden zu widmen.

Die Ausstellung beschränkte sich diesmal nicht darauf, wie dies bei der Stuart-Exhibition der Fall war, nur wirklich alles das zur Ansicht zu bringen, was sich auf das königliche Haus bezieht, dessen Namen sie trug, denn sonst wäre sie eine zu wenig umfangreiche geworden, während sie vielmehr an dem entgegengesetzten Fehler litt. Bilder und Reliquien der königlichen Familie der Stuarts existiren in solcher Menge, daß die Galerie im Vorjahre ganz damit angefüllt war, Erinnerungszeichen an die Tudors

*) Shakespeare's Sturm, Act IV, Scen. 1.

jedoch sind in weit geringerem Maße vorhanden, erstens weil ein Jahrhundert mehr seit ihrem Aussterben dahin gegangen, hauptsächlich aber, weil die sentimentalen Gefühle des Volkes in der Geschichte der Stuarts mehr Nahrung finden und während die Nation mit Stolz von Elisabeth spricht, umkleidet sie ihre Rivalin, die unglückliche Königin von Schottland mit einem romantischen Zauber, der auch Allem anhaftet, was mit ihr oder ihren Nachfolgern je in Beziehung gestanden. Die Tudor-Ausstellung hat jedoch dadurch, daß sie ein weiteres Gebiet umfaßte, für alle Diejenigen, welche es nicht mit Wehmuth, ja mit einer Art Andacht erfüllt, das Gebetbuch, welches Karl I. zuletzt in der Hand gehabt, oder ein Stück von dem schottischen Gewande des Prätendenten oder dergleichen zu betrachten, entschieden an Interesse gewonnen. Sie versuchte durch Bilder, Waffensammlungen, Bücher, Manuscripte, alle möglichen Kunstwerke und Reliquien, aus der ganzen Periode, während welcher die Tudors auf dem englischen Thron gesessen zu veranschaulichen und man muß gestehen, daß das Resultat dem Programm und den gehegten Erwartungen entsprach. Da waren Gemälde, Zeichnungen, Schnitzereien in Holz, Elfenbein und Stein, Stoffe, Kleider, Juwelen, musikalische Instrumente, historische Manuscripte und gedruckte Bücher, von denen der Bibliophile nur mit Mühe sich losreißen kann, Siegel, Münzen, Medaillen, der berühmte Ring, den Essex von Elisabeth erhielt, und der, wie es heißt, ihm das Leben gerettet hätte, wäre er der Monarchie übergeben worden, und was für uns Deutsche am interessantesten ist, eine ganze Sammlung von Büsten, Portraits und Angedenken an Shakespeare, sowie eine fast vollzählige Collection aller in England vorhandenen Bilder Hans Holbein's, der ja bekanntlich der Hofmaler Heinrich's VIII. gewesen ist und von diesem Monarchen außerordentlich geschätzt wurde. Mehr als 60 Oelgemälde und über 80 Handzeichnungen von Holbein's Meisterhand waren in der Ausstellung vorhanden, verschiedene Darstellungen seines königlichen Gönners selbst, Portraits mehrerer Gemahlinnen desselben, die beweisen, daß Anna Boleyn, die Mutter Elisabeths, die schönste der vielen Königinnen war, deren sich England in schneller Abwechslung während der Regierung Heinrich's VIII. erfreute. Es ist nicht zu verwundern, daß man ihr Bild mit dem der Katharina von Aragonien vergleicht, daß sie dem Herrscher besser gefiel als seine erste Gemahlin, doch mußte ja auch sie bald einer Andern Platz machen und ihr hübsches Haupt durch Henkershand verlieren. Mit eines der besten und anziehendsten unter Holbein's Gemälden war jedoch ein lebensgroßes Portrait von „Christina, Herzogin von Mailand“, der schönen Dame, die es kluger Weise ablehnte, Heinrich's VIII. vierte Gemahlin zu werden.

Interessant ist auch eine ganze Kinderausstattung, die von der Hand der nachmaligen Königin Elisabeth herrührt, als noch ihre Schwester die blutige Maria auf dem Throne saß, und die eigentlich einen Beweis bildet, daß die Feindschaft zwischen den beiden Schwestern nicht so arg gewesen sein kann, denn die zierlichen kleinen Gewänder waren für den Erben bestimmt, den Königin Mary erwartete. Merkwürdiger Weise trat aber das interessante Ereigniß, nachdem es schon allen Höfen verkündet und Vorbereitungen abgehalten und Proklamationen erlassen worden waren, in denen der Raum für den Namen des Prinzen offen geblieben u. s. w. nicht ein, und die kleinen Bekleidungsstücke, welche nie ihrem Zwecke gedient haben, erregen noch jetzt nach 325 Jahren die Neugierde und Bewunderung.

Auch der Marquis von Salisbury, der in directer Linie von dem jüngsten Sohn des großen Lord Burghley abstammt*), hatte die Ausstellung durch werthvolle von seiner Besitzung Hatfield stammenden Gaben bereichert. Es befanden sich unter ihnen das bekannte Portrait der „Königin Elisabeth mit dem Regenbogen“ von Zuchero und das merkwürdige Bild „Horsely down Jahrmarkt“ unter dessen Figuren auch der Dichter Shakespeare dargestellt sein soll. Auch Hut und Strümpfe der Königin Elisabeth hatte der Marquis gesandt. Den Hut soll die Königin getragen haben, als sie die Nachricht von ihrer Thronfolge erhielt. Die Strümpfe besitzen noch größeres historisches Interesse. Die gute „Queen Bess“ war nämlich die erste im Lande, welche seidene Strümpfe trug und sie scheint in der That großes Wohlgefallen daran gehabt zu haben. Das erste Paar erhielt sie zum Neujahrsgeschenk. Damals war die Sitte, Neujahrsgeschenke zu geben eine allgemeine in England. Es wird erzählt, daß Mrs. Montague, die „Seidenfrau“, ihr zum Beginn des Jahres 1561 ein Paar schwarz seidene gestrickte Strümpfe schenkte. Die Königin ließ bei der Mrs. Montague nachfragen, woher sie sie hätte und erhielt zur Antwort, daß sie eigens für ihre Majestät angefertigt worden wären. Und die höfische Dame fügte hinzu: „Da ich sehe, daß sie Ew. Gnaden so gut gefallen, will ich sofort für mehr sorgen.“ „Thue es“ sprach die Königin, „denn in der That mag ich seidene Strümpfe so gern, weil sie sich so angenehm tragen und sie so fein und

---

*) Als der große Lord Burleigh 1598, 78 Jahre alt, fünf Jahre vor seiner großen Gebieterin starb, folgte ihm dieser jüngste Sohn Sir Robert Cecil, als Staatssekretär und ward unter Jacob I. Lord-Siegelbewahrer, 1603 Baron, 1604 Viscount und 1605 Earl. Das Marquisat erhielt die Familie erst 1789 unter Georg III. in der Person des damaligen Oberkammerherrn James, der 1823 starb.

Von dem ältesten Sohne William Cecil stammen die Marquis von Exeter, sie erhielten das Earldom 1605 unter Jacob I. und [illegible] Earls, bis das Marquisat 1801 unter Georg III. folgte. In ihrem großen alten Familiensitze Burghley bei Stamford, auch erbaut von dem berühmten Minister im Tudorstyl, besitzen sie eine Menge von Kostbarkeiten, darunter als größte Rarität das Prachtbett Elisabeths, ganz so erhalten, wie sie es verlassen hat.

gut sind, daß ich hinfort keine Taschenrampe mehr tragen will." Und wie es heißt, hat die Königin ihr Wort gehalten.

Die Grabstätte eines deutschen Fürstenhauses in Italien.

Hundertsechszehn Jahre nachdem die Letzte des großherzoglichen Zweiges der Medici, Maria Anna Luise, Witwe jenes pfälzischen Churfürsten, dessen stattliches Reiterbild den Marktplatz seiner Residenz Düsseldorf schmückt, welche einst seine kostbare Gemäldesammlung bewahrte, in der Gruft der prächtigen Kapelle von San Lorenzo zu Florenz beigesetzt worden war, deren Vollendung ihr sehr am Herzen lag, bot diese Gruft, ein niedriges unterirdisch gebautes Gewölbe, einen ergreifenden Anblick dar. Großherzog Leopold II. ließ im Herbste 1857 die Särge der Medici öffnen, welche im Jahre 1791 in einer der Gewölbhallen aufgeschichtet und verschlossen worden waren. Es handelte sich darum, den Zustand der Särge zu erkunden, die, wie die Sage ging, zu verschiedenen Zeiten von leichenräuberischen Händen geöffnet und beraubt worden waren, was sich bei manchen derselben als wahr erwiesen hat. Es ist keine leichte noch ungefährliche Arbeit gewesen, inmitten von Moder und aufgehäuftem Staub, welche Inneres wie Aeußeres dieser verwahrlosten, großentheils zerkommenen Todtenladen füllten. Die Absicht des Großherzogs, welchem es selber nicht beschieden war, in dieser Grabkirche neben seinen Vorgängern und seinen Angehörigen zu ruhen (zuletzt, wenige Wochen vor dem Ende seiner Herrschaft, wurde hier seine jugendliche Nichte und Schwiegertochter beigesetzt, König Johanns von Sachsen Tochter), hat sich hier ein Denkmal gesetzt — die leiblichen Reste der Medici liegen nun in neuen, gleichmäßigen Särgen, mit Inschriften versehen, mit dem, was grabschänderischer Raub ihnen gelassen, an würdigem, der Zeit zugänglichem Orte. Alfred v. Reumont hat um die Mitte Novembers gedachten Jahres diese Fürstengruft besucht und darüber in der Allgemeinen Augsburger Zeitung einen kurzen Bericht gegeben: „Neunundvierzig Särge hat man vor mir geöffnet da, beginnend mit Giovanni delle Bande nere und Maria Salviati, er in einfacher Landsknechtkleidung, sie im Franziscanerinnenhabit, bis auf Johann Gaston und seine Schwester, mit den Resten goldbestickten Mittelkleids und zerfallener Kleiderpracht. Es ist einer der denkwürdigsten Tage meines Lebens gewesen. Bald darauf wurden die Laden geschlossen."

Die Dynastie Habsburg-Lothringen, welche so viel an ihr lag, die Grabkirche ihrer prachtliebenden Vorgänger vollendete, besaß keine eigene Gruft. Die Särge derer, die in Toscana ihre Tage beschlossen, waren einstweilen in den verschiedenen Räumen der Kirche San Lorenzo beigesetzt. Diese Gruft ist Mitte der fünfziger Jahre eingerichtet worden. Sie befindet sich in den mächtigen Gewölben Brunelleschi's, unter dem Chor der Basilika, von dem die Mitte vor dem Hochaltar einnehmenden Grabe Cosimo's des Alten, des Pater patriae, bis zu der, deinen Chor angebauten mediceischen Capelle. Der Architekt Cav. de Fabris, von dem der mit dem meisten Beifall aufgenommene Entwurf zu dem Ausbau der Florentiner Domfacade herrührt, hat dieses Werk geleitet, der vieljährige Geheimschreiber Leopolds II., M. Bittheuser, hat es beaufsichtigt. Das Gewölbe, in welches man aus dem schönen Säulenhof der Canonica hinabsteigt, wo unten an der Treppe sich das Grab Donatello's befindet, der hier in der Nähe seines lieben Gönners Cosimo ruht, ist mit jenem der mediceischen Capelle in Verbindung gesetzt worden. Länglich viereckige, durch einen Luftcanal vollkommen vor Feuchtigkeit gesicherte Räume im Boden haben die Särge aufgenommen; ein Marmorpaviment ist darüber gelegt. Große marmorne Inschrifttafeln zieren die Wände. Die eine der Inschriften besagt, daß die Habsburg-Lothringer hundertzweiundzwanzig Jahre lang — wenn man die fünfzehn Jahre bourbonischen und französischen Regiments abzieht — über Toscana herrschten; die übrigen sind den einzelnen Mitgliedern der Familie gewidmet, Ehren-Inschriften für jene, welche außerhalb Toscanas der Tod abrief, Grabinschriften für die, welche hier beigesetzt sind. Mit dem römisch-deutschen Kaiser und Großherzog Franz I. und Maria Theresia beginnt die Reihe; sie endet mit Leopold II. Jene ruhen in der Kapuziner-Gruft in der Kaiserstadt an der Donau, dieser ist einstweilen, seiner letztwilligen Verfügung gemäß, zu Rom in der Apostelkirche beigesetzt worden, in deren Pfarrbezirk er seine Tage beschloß. Ferdinand III. ist somit der einzige Herrscher des Hauses der hier der Auferstehung entgegenharrt. Mit jung verstorbenen Kindern Leopold's I., des nachmaligen Kaisers, beginnt die Reihe der Todten, sie endet mit der anmuthigen Erbgroßherzogin Marie Anne von Sachsen, deren früher Tod wie eine Vorbedeutung des wenige Wochen später über die Familie hereinbrechenden Sturmes war. Derselbe, welcher damals die schönen Inschriften für die Leichenfeier der Jungverstorbenen lieferte, der Cav. Luigi Venturi, hat auch hierzu die Epitaphien angegeben, welche Professor Michele Ferrucci zu Pisa, ein Meister im Lapidarstyl, lateinisch ausgeschrieben hat. Es ist kein Wortgepränge, dem wir hier begegnen; gleich den Sprößlingen des uralten fremden Fürstengeschlechtes, das durch seltsame Verkettung der Geschicke das Erbe einer Florentiner Kaufmannsfamilie anzutreten berufen ward, sind auch die Erinnerungen an ihr Wirken einfach.

Nicht ohne Bewegung kann man diese Gruft betreten. Wir stehen hier in gewissem Sinne am Grabstein der gleichfalls uralten Unabhängigkeit Toscanas, die einer neuen, viel umfassenderen Unabhängigkeit geopfert worden ist. Die seit ihrem Aufhören verflossenen dreißig Jahre mit manchen bitteren Erfahrungen haben die Leidenschaften abgekühlt, und ein Rückblick auf die Vergangenheit, in der Betrachtung der Gegenwart einem Urtheil Raum verschafft, welches mehr und mehr Wohl und Wehe abwägt. Neben ihren Tugenden, von denen das ganze Land Zeugniß ablegt, haben die lothringischen Herrscher Toscanas ihre Schwächen und Fehler gehabt, persönliche, wie solche, die sich aus allgemeinen Verhältnissen, namentlich aus dem zu Oesterreich, herschrieben, welche sie nicht zu meistern vermochten. Aber sie können getrost dem Urtheil der Nachwelt entgegenschauen; die Zeit historischer Gerechtigkeit hat für sie schon begonnen. Niemand wird mit bitteren Gefühlen vor ihr und der Ihrigen Denkmal treten, und hier ist kein Feld für Betrachtungen, wie ein deutscher Poet der Sturm- und Drangperiode sie in nur zu berühmt gewordenen Versen der Gruft seiner Fürsten ausgesprochen hat.

Königlich Sächsisches Pflegerhaus in Hubertusburg.

Der Umfang der sächsischen Staatsfürsorge für die Blinden, Schwachsinnigen, Blöden, Epileptischen, Verwahrlosten, Geisteskranken ist im eigenen Vaterlande wenig bekannt. Auf diese verborgene großartige Liebesthätigkeit des Staates wird unser Blick gelenkt durch den ersten Jahresbericht des Königlich sächsischen Pflegerhauses in Hubertusburg. Dieses Pflegerhaus ist am 1. October 1888 vom Königlichen Ministerium des Innern begründet und mit der Ausbildung von Pflegerinnen für die Landesanstalten mit ihren etwa 5000 Pflegebefohlenen beauftragt worden. Die Pflegerinnen sollen allmählich an die Stelle der bisherigen ungeschulten Wärterinnen treten, denen zumeist jede höhere Auffassung ihres Berufes fehlt.

„Am nächsten hätte es zwar gelegen" — so heißt es in dem Berichte — „zu diesem Behufe an die Entlehnung von Pflegern (bezw. Pflegerinnen) aus den Bildungsanstalten der inneren Mission zu denken. Es mußte aber davon abgesehen werden, da keine Aussicht vorhanden war, auf diesem Wege eine so bedeutende Zahl von männlichen und weiblichen Pflegekräften, wie die Landesanstalten sie erfordern — nach dem neuesten Etat 660 — zu erlangen." Deshalb wurden die beiden Pflegerhäuser in Hochweitzschen und Hubertusburg zur Ausbildung von Pflegern und Pflegerinnen unter der Oberleitung des Anstaltsdirectors Pastor Keßler in Bräunsdorf errichtet.

„Dies war ein in zweifacher Hinsicht bedeutsamer Schritt. Der Staat, welcher so viele Unterrichtsanstalten unterhält, um seine Bürger für die verschiedensten Zweige wissenschaftlicher und gewerblicher Thätigkeit heranzubilden, hat zum ersten Male staatliche Anstalten eröffnet, in welche auch die Pflege Kranker und die persönliche Fürsorge für andere Hilfsbedürftige als wirklicher Beruf erlernt wird. Er hat aber durch die ganze Einrichtung zugleich bekundet, daß die Eigenschaften, welche zur rechten Erfüllung dieses Berufes nöthig sind, der Hauptsache nach sittlicher Natur sind, und hat um deswillen dem Pflegerhause eine ausgesprochen christliche Grundlage gegeben, in der Ueberzeugung, daß ein lebendiger christlicher Glaube allein im Stande ist, den Sinn opferfreudiger Nächstenliebe zu wecken und zu stärken."

Das Pflegerhaus steht unter der Leitung eines Geistlichen (P. Naumann), dem ein Arzt (Oberarzt Dr. Krell) beigegeben ist.

Die Ausbildungszeit dauert in der Regel 1 bis 2 Jahre. Zuerst überwiegt der Unterricht, dann die praktische Ausbildung. Der Unterricht liegt theils in der Hand des Pflegerhausleiters (biblischer Unterricht, insbesondere Leben Jesu, Geschichte der Krankenpflege, Uebersicht über die verschiedenen Werke und Anstalten der Barmherzigkeit), theils in der Hand des Arztes, welcher in einem Anhange des Jahresberichtes seinen Unterricht ganz ausführlich dargelegt hat. Aus dieser Darlegung ersehen wir, daß außer den allgemeinen Anweisungen über Krankenpflege besonders das rechte Verständniß für liebevolle Behandlung der Geisteskranken erstrebt wird. Eine kirchliche Einsegnung beschließt die Ausbildungszeit.

Die Zahl der dem Pflegerhause zugehörigen Schwestern beträgt 138, von denen 18 bei den schwachsinnigen, blöden und epileptischen Mädchen in Nossen (149), 3 in der Erziehungsanstalt in Bräunsdorf, 2 in der Königlichen Blindenanstalt in Dresden, 2 in der Anstalt Hochweitzschen (Epileptische und Irrensieche), die übrigen im Landeskrankenhause oder in den Versorghäusern für geisteskranke Frauen und Mädchen (zur Zeit 1680) in Hubertusburg verwendet werden.

Nach einigen Mittheilungen über das häusliche Leben des Krankenpflegerhauses, das den Pflegerinnen, soweit es möglich ist, eine dauernde Heimath zu bieten sucht, wendet sich der Bericht an alle Geistlichen und Aerzte, sowie an alle die, welchen das Wohl unserer Pflegebefohlenen in den Landesanstalten am Herzen liegt, mit der Bitte um Zuweisung geeigneter unbescholtener Jungfrauen und Wittwen an das Pflegerhaus.

Diese Einrichtung ist ein Zeugniß dafür, daß christliche Gedanken in unserem Staatsleben wirksam sind. Möge der neue Zweig an dem Stamme unserer Barmherzigkeitsanstalten reiche Frucht tragen.

(Daheim.)

Carl Heymanns Verlag in Berlin W., Mauerstraße 63—65.

Gedruckt bei Julius Sittenfeld in Berlin.

Alle Zuschriften und Einsendungen in Angelegenheiten dieses Blattes wolle man an den Redakteur desselben: Geh. Hofrath Herrlich W. Potsdamer Straße Nr. 134c. zu Berlin richten.

Wochenblatt

der

Johanniter-Ordens-Balley Brandenburg.

Im Auftrage der Balley Brandenburg verantwortlich redigirt von C. Herrlich in Berlin.

Jahrg. 31. | Berlin, den 15. October 1890. | Nr. 42.

Uebersicht der in den Kranken- und Siechenhäusern des Johanniter-Ordens am 1. October 1890 befindlich gewesenen Kranken und Siechen.

Nr.	Namen der Orte, wo sich die Häuser befinden.	[illegible]	Summa [illegible]	[illegible]	[illegible]
1.	Sonnenburg:				
	Bestand am 1. September 1890	55			
	Zugang pro	[illegible]			
		[illegible]			
	Abgang	[illegible]			
	Bleibt Bestand	[illegible]	[illegible]	[illegible]	[illegible]
2.	[illegible]:				
	Bestand am 1. September 1890	[illegible]			
	Zugang pro	[illegible]			
		114			
	Abgang	76			
	Bleibt Bestand	[illegible]	[illegible]	[illegible]	[illegible]
3.	[illegible]				
	Bestand am 1. September 1890	[illegible]			
	Zugang pro	[illegible]			
		[illegible]			
	Abgang	[illegible]			
	Bleibt Bestand	[illegible]	[illegible]	[illegible]	[illegible]
4.	[illegible]:				
	Bestand am 1. September 1890	[illegible]			
	Zugang pro	11			
		[illegible]			
	Abgang	[illegible]			
	Bleibt Bestand	16	[illegible]	[illegible]	[illegible]
5.	[illegible]:				
	Bestand am 1. September 1890	[illegible]			
	Zugang pro	[illegible]			
		[illegible]			
	Abgang	[illegible]			
	Bleibt Bestand	[illegible]	[illegible]		[illegible]
6.	[illegible]:				
	Bestand am 1. September 1890	[illegible]			
	Zugang pro	[illegible]			
		[illegible]			
	Abgang	[illegible]			
	Bleibt Bestand	[illegible]	[illegible]	[illegible]	[illegible]
7.	[illegible]:				
	Bestand am 1. September 1890	[illegible]			
	Zugang pro	[illegible]			
		[illegible]			
	Abgang	[illegible]			
	Bleibt Bestand	[illegible]	[illegible]	[illegible]	[illegible]
	zu übertragen		[illegible]	[illegible]	485
	Uebertrag		[illegible]	[illegible]	485
8.	[illegible]:				
	Bestand am 1. September 1890	[illegible]			
	Zugang pro	[illegible]			
		[illegible]			
	Abgang	[illegible]			
	Bleibt Bestand	[illegible]	[illegible]	[illegible]	[illegible]
9.	[illegible]:				
	Bestand am 1. September 1890	43			
	Zugang pro	[illegible]			
		[illegible]			
	Abgang	[illegible]			
	Bleibt Bestand	[illegible]	[illegible]	[illegible]	[illegible]
10.	Jüterbog:				
	Bestand am 1. September 1890	[illegible]			
	Zugang pro	[illegible]			
		[illegible]			
	Abgang	[illegible]			
	Bleibt Bestand	[illegible]	[illegible]	[illegible]	[illegible]
11.	Neu-Ruppin:				
	Bestand am 1. September 1890	[illegible]			
	Zugang pro	[illegible]			
		[illegible]			
	Abgang	[illegible]			
	Bleibt Bestand	[illegible]	[illegible]	[illegible]	40
12.	[illegible]:				
	Bestand am 1. September 1890	[illegible]			
	Zugang pro	[illegible]			
		[illegible]			
	Abgang	[illegible]			
	Bleibt Bestand	[illegible]		[illegible]	[illegible]
13.	[illegible]:				
	Bestand am 1. September 1890	[illegible]			
	Zugang pro	[illegible]			
		[illegible]			
	Abgang	[illegible]			
	Bleibt Bestand	[illegible]	[illegible]	[illegible]	[illegible]
14.	[illegible]:				
	Bestand am 1. September 1890	[illegible]			
	Zugang pro	[illegible]			
		[illegible]			
	Abgang	[illegible]			
	Bleibt Bestand	[illegible]	[illegible]	[illegible]	[illegible]
	zu übertragen		[illegible]	[illegible]	[illegible]

№	Namen der Orte, wo sich die Häuser befinden.	[illegible]	Summen [illegible]	[illegible]	[illegible]
	Uebertrag		452	14 789	814
15.	[illegible]:				
	Bestand am 1. September 1890	51			
	Zugang pro " "	34			
		85			
	Abgang " " "	29			
	Bleibt Bestand	56	56	1 651	98
16.	[illegible]:				
	Bestand am 1. September 1890	21			
	Zugang pro " "	19			
		40			
	Abgang " " "	16			
	Bleibt Bestand	24	24	756	40
17.	[illegible]:				
	Bestand am 1. September 1890	29			
	Zugang pro " "	11			
		40			
	Abgang " " "	14			
	Bleibt Bestand	26	26	1 017	80
18.	[illegible]:				
	Bestand am 1. September 1890	17			
	Zugang pro " "	16			
		33			
	Abgang " " "	14			
	Bleibt Bestand	19	19	561	46
19.	[illegible]:				
	Bestand am 1. September 1890	23			
	Zugang pro " "	12			
		35			
	Abgang " " "	16			
	Bleibt Bestand	19	19	597	60
20.	[illegible] a. d. O.:				
	Bestand am 1. September 1890	7			
	Zugang pro " "	9			
		16			
	Abgang " " "	8			
	Bleibt Bestand	8	8	756	41
21.	[illegible]:				
	Bestand am 1. September 1890	18			
	Zugang pro " "	19			
		37			
	Abgang " " "	17			
	Bleibt Bestand	20	20	561	47
22.	[illegible]:				
	Bestand am 1. September 1890	17			
	Zugang pro " "	12			
		29			
	Abgang " " "	15			
	Bleibt Bestand	14	14	404	36
23.	[illegible] ([illegible]):				
	Bestand am 1. September 1890	10			
	Zugang pro " "	—			
		10			
	Abgang " " "	1			
	Bleibt Bestand	9	9	771	18
24.	[illegible]:				
	Bestand am 1. September 1890	2			
	Zugang pro " "	4			
		6			
	Abgang " " "	1			
	Bleibt Bestand	5	5	91	19
	zu übertragen		652	20 946	1 797

№	Namen der Orte, wo sich die Häuser befinden.	[illegible]	Summen [illegible]	[illegible]	[illegible]
	Uebertrag		652	20 946	1 797
25.	[illegible]:				
	Bestand am 1. September 1890	17			
	Zugang pro " "	10			
		27			
	Abgang " " "	7			
	Bleibt Bestand	20	20	558	80
26.	[illegible]:				
	Bestand am 1. September 1890	12			
	Zugang pro " "	14			
		26			
	Abgang " " "	15			
	Bleibt Bestand	11	11	789	20
27.	[illegible]-[illegible]:				
	Bestand am 1. September 1890	5			
	Zugang pro " "	1			
		6			
	Abgang " " "	1			
	Bleibt Bestand	5	5	71	10
28.	[illegible]:				
	Bestand am 1. September 1890	1			
	Zugang pro " "				
		1			
	Abgang " " "	1			
	Bleibt Bestand	—	—	30	15
29.	[illegible] ([illegible]):				
	Bestand am 1. September 1890	31			
	Zugang pro " "	1			
		37			
	Abgang " " "	—			
	Bleibt Bestand	37	37	989	37
30.	[illegible]:				
	Bestand am 1. September 1890	16			
	Zugang pro " "	12			
		28			
	Abgang " " "	10			
	Bleibt Bestand	18	18	556	30
31.	[illegible]:				
	Bestand am 1. September 1890	10			
	Zugang pro " "	5			
		15			
	Abgang " " "	10			
	Bleibt Bestand	5	8	150	29
32.	[illegible]:				
	Bestand am 1. September 1890	24			
	Zugang pro " "	30			
		54			
	Abgang " " "	25			
	Bleibt Bestand	29	29	985	31
33.	[illegible]:				
	Bestand am 1. September 1890	27			
	Zugang pro " "	4			
		31			
	Abgang " " "	3			
	Bleibt Bestand	28	28	838	50
34.	[illegible]:				
	Bestand am 1. September 1890	82			
	Zugang pro " "	28			
		110			
	Abgang " " "	110			
	Bleibt Bestand			2 009	56
	zu übertragen		780	27 279	1 616

Nr.	Namen der Orte, wo sich die Häuser befinden.	Zahl der Kranken	Summe: Zahl der Kranken	Summe: Zahl der Verpflegungstage	Zahl der [illegible]
	Uebertrag		796	67 779	1 416
35.	[illegible]:				
	Bestand am 1. September 1880	33			
	Zugang pro " "	10			
		43			
	Abgang " " "	33			
	Bleibt Bestand	10	10	676	41
36.	[illegible]:				
	Bestand am 1. September 1880	18			
	Zugang pro " "	9			
		27			
	Abgang " " "	11			
	Bleibt Bestand	16	16	563	70
37.	[illegible] in Württemberg:				
	Bestand am 1. September 1880	1			
	Zugang pro " "	4			
		5			
	Abgang " " "	3			
	Bleibt Bestand	2	7	38	58
38.	Schwäbisch-Hall:				
	Bestand am 1. September 1880	8			
	Zugang pro " "	1			
		9			
	Abgang " " "	4			
	Bleibt Bestand	5	5	167	18
39.	Ludwigslust in Mecklenburg:				
	Bestand am 1. September 1880	33			
	Zugang pro " "	23			
		56			
	Abgang " " "	22			
	Bleibt Bestand	34	34	976	36
40.	[illegible]:				
	Bestand am 1. September 1880	14			
	Zugang pro " "	11			
		25			
	Abgang " " "	11			
	Bleibt Bestand	14	14	478	26
41.	[illegible] in Hessen:				
	Bestand am 1. September 1880	19			
	Zugang pro " "	10			
		29			
	Abgang " " "	17			
	Bleibt Bestand	12	12	449	30
	Zusammen		887	30 806	1 815

Der gesammte Abgang an Kranken pro September c. beträgt 762, davon sind gestorben 18
ungeheilt oder mit gebessert entlassen 93
geheilt 651
wie vor 762.

42. Das Krankenhaus zu Beirut in Syrien mit 62 Betten:
Bestand am 1. August 1880 . . . . 29 Kranke.
Zugang pro August 1880 . . . . 42 "
71 Kranke.

Davon sind
gestorben 1
ungeheilt oder mit gebessert entlassen 10
geheilt 24
35 "

Bleibt Bestand am 1. September 1880: . . . 37 Kranke.

Unter den Aufgenommenen befanden sich 1 Europäer, 19 orientalische Christen, 14 Muhammedaner, 3 Drusen und 3 Juden.

Die Zahl der Kranken-Verpflegungstage pro August 1880 beträgt 1125.

Poliklinisch wurden 181 Personen behandelt.

Friedrich Franz Freiherr von Langen, Kammerherr, auf Parow bei Stralsund, Ehrenritter seit 1847, † zu Parow 2. October 1880.

Greve Gert de Grote von Holstein.

Zu den Lieblingen des Volkes von Schleswig-Holstein gehört auch heute, nachdem mehr als ein halbes Jahrtausend drangvoller und vielbewegter Geschichte seit seinem Tode verrauscht ist, Graf Gerhard III., der Große, ein Sproß der Rendsburger Linie des Schauenburger Hauses. Schon Müllenhoff hat auf die eigenthümliche Stellung hingewiesen, welche Gerhard der Große in der Geschichte der beiden Herzogthümer einnimmt; er sagt einmal:

„Keiner war je geliebter als Greve Gert, der große Held mit treuer, frommer Seele — der milde Herr, der gleiche Furcht fand an Edelleuten wie an Bauern. An ihm zeigt sich, wie dem Gemüthe des Volkes seine Helden, poetisch umkleidet, sich darstellen."

Es ist uns stets eine holde Arbeit gewesen, dergleichen sagenhaften Zügen nachzugehen. Man gewinnt auf diesem Wege eine ideale Gestalt, welche nachhaltige Begeisterung erweckt und welche es festigt, das edelste von allen Banden,

„den starken Trieb zum Vaterlande."

Suchen wir dieser Aufgabe auch an dem Grafen Gerhard dem Großen gerecht zu werden!

Von der Jugend des Helden erzählt uns der Presbyter Bremensis das Folgende:

„Als Grave Gerd jung war, ging er in die lateinische Schule, um dereinst ein Bischof zu werden; er gedachte an ritterliche Werke nicht. Er war sehr arm und besaß keine einzige Burg im Lande; er wohnte daher unter den Bürgern von Rendsburg auf dem „Hahnenspieker über dem Wasser"; er hatte nichts als ein paar graue Windhunde, edel zur Jagd, wie die Jäger damals sagten. Da nahm Hartwig Reventlow sich seiner an und gab ihm Rosse und Harnische. Und alsobald wuchs ihm der Muth und der junge Fürst wurde ein Held, so daß man ihn mit Recht „den Großen" genannt hat."

Die Gestalt Hartwig Reventlow's aber ist eine düstere, mit Blut befleckte; der starke kühne Freiherr wurde der Mörder des Grafen Alf oder Adolf von der Segeberger Linie der Schauenburger Grafen. Am ausführlichsten spricht sich Heinrich von Ranzau über die furchtbare That Reventlow's in seiner Chronik aus:

„Graf Alf auf Segeberg hatte Hartwig Reventlow's Tochter verunehrt. Hartwig erzählte diese

Schmach des Geschlechtes seinem Bruder, und dieser, dessen Namen man nicht mehr kennt, stieß ohne Scheu die schlimmsten Drohungen gegen den Grafen Adolf aus. Das wurde diesem hinterbracht; er ließ daher sofort den Bruder Hartwig's nach Schloß Segeberg entbieten, ließ ihn ergreifen und enthaupten; den Kopf des Gemordeten aber sandte er Herrn Hartwig auf einer Schüssel durch einen Diener zu. Da setzte sich dieser auf sein Roß, nahm das Haupt des geliebten Bruders in die Hand und sprach, einige Tropfen Blutes trinkend, voll finsterer Entschlossenheit:

„Sagt dem Grafen: So gewiß ich meines Bruders Blut trank, so gewiß werde ich dessen Tod und den Schimpf meines Geschlechtes zu rächen wissen."

Darauf ritt er spornstreichs von dannen. Er wußte aber, daß Graf Adolf die Jagd in hohem Maße liebte und baute hierauf seinen Plan. In einer Sommernacht, als das Korn auf dem Felde zu reifen begann, des Morgens um drei Uhr, lauerte er einem der gräflichen Jäger auf, der schon früh ausgegangen war, Wild aufzuspüren, und zwang ihn, sich zu entkleiden. Darauf band er ihn an einen Baum, zog sein Gewand sich an und ritt mit des Jägers Roß und Hunden auf Segeberg zu. Der Thorwart aber wähnte, es sei der Jäger, und ließ ihn ein. Im Hofe stieg er ab; — grad'wegs, wie die Jäger zu thun pflegten, ging er zu des Grafen Schlafkammer und klopfte an die Thür. Ein Knabe öffnete ihm. Da rief er dem Grafen Adolf zornig zu:

„Du siehst wohl, wer ich bin. Befiehl Dich Gott, denn Du mußt sterben!"

Und so durchstach er ihn und entkam ungefährdet. Die Schmach war gerächt; Hartwig hatte nur gehandelt, wie er nach seinen hohen Begriffen von Pflicht und Ehre zu handeln gezwungen war. Später aber lernte auch er das Wort der heiligen Schrift verstehen:

„Rächet euch nicht selbst: „Die Rache ist mein!", spricht der Herr."

Da that er Buße, pilgerte nach Rom und stiftete nach seiner Rückkehr das Kloster zu Itzehoe, sowie eine Kapelle bei Segeberg, in welcher am stillen Freitage den Armen Speise und Trank gereicht wurde.

Ein furchtbares Bild also aus schleswig-holsteinischer Vorzeit — voll psychologischer Wahrheit aber in jedem einzelnen seiner Züge! Kehren wir indessen von dem Schützer zu seinem Schützlinge zurück!

Graf Gert also ward ein starker und ein frommer Herr. Noch lange Zeit nach seinem Tode bewahrte man in dem vorerwähnten Kloster Itzehoe ein wunderthätiges Marienbild; — das pflegte er am Halse zu tragen, so oft es zur Schlacht ging. Er pflegte dann wohl vor den Reihen seiner Krieger niederzuknieen und den Marienleich zu singen:

„Nun laus die tibi congregatae
turma, virgo, psallite!"

So auch, als er im Jahre 1319 gegen die Ditmarschen zog. Er schlug sie zweimal. Die aber, so entronnen, flüchteten in die Kirche zu Oldenwörden und befestigten dieselbe, wie sie es eben zu thun vermochten. Als sich die Holsten nun vor den Thurm legten und Feuer heranbrachten, baten die Ditmarschen um Gnade; sie wollten fortan gern des Grafen getreue Unterthanen sein. Der aber versagte ihnen die Bitte und befahl, das Feuer noch näher heranzurücken. Da aber verließ ihn um seiner Hartherzigkeit willen die Jungfrau Maria. Bald fing das Blei, mit welchem die Kirche gedeckt war, zu schmelzen an; — als es nun herabträufelte, und die Ditmarschen keine Rettung mehr sahen, faßten sie Todesmuth und wollten das Aeußerste wagen. Gott aber war mit ihnen; es gelang ihnen wirklich, sich durchzuschlagen. Es fielen viele Männer von Graf Gerhards Heer.

Gert aber sah nun seine Sünde ein; da gab die Jungfrau ihm auch wieder Gnade. Die Ditmarschen, nachdem sie raubend und plündernd durch Holstein gezogen waren, kamen nach Kiel. Bald indessen wurden den Bürgern die ungebetenen Gäste lästig; die Männer von Kiel bedachten darum einen „behenden" Anschlag. Sie stellten einen Tanz mit Gesang, mit Trommeln und Pfeifen an, geleiteten die Ditmarschen hinaus nach dem Kuhberge, kehrten selbst aber in der Nacht nach dem Feste in die Stadt zurück und schlossen die Thore. Die Ditmarschen wollten nunmehr nach Hause ziehen, trieben unterwegs aber ihren alten Muthwillen mit Sengen und mit Brennen. So badeten sie z. B., als sie nach Bornhöved kamen, aus lauter Uebermuth in vollen Kufen frischen Bieres, welche sie dort vorfanden. Dann machten sie ein Lager auf der Haide. Graf Gert aber kam heran mit seinem Volke. Weil er die Ditmarschen überfallen wollte, befahl er, daß jeder Mann einen grünen Zweig mit Blättern vor sich her tragen solle, so daß die Streiter einem Walde glichen.

Die Sage von Macbeth und dem Walde von Dunsinan also auch hier! —

Wirklich gelang der Ueberfall: ein Theil der Ditmarschen wurde erschlagen; ein anderer ertrank in der Bünzener Aue.

Im Jahre 1325 erlangte der tapfere Graf Gert dann auch die Vormundschaft über seinen Schwestersohn, den Herzog Woldemar V. von Schleswig. König Christopher II. von Dänemark aber hätte den Schleswiger Herzog und sein Land gern unter dänische Gewalt gebracht; er sammelte darum ein großes Heer und legte sich auf den Hesterberg (Buchenberg), um Schloß Gottorp zu gewinnen. „Da das aber Graf Gert erfuhr," so berichtet der Priester von Bremen, „versammelte er sein Volk und zog dem jungen Herzoge Woldemar zu Hilfe. Alle Holsten aber hatten, weil sie gebeichtet und das heilige Sakrament empfangen hatten, weiße Kleider über die Ketten-panzer gezogen. Da nun ihr Nahen von den Dänen bemerkt wurde, spotteten die letzteren der tapferen Wigande (Kämpfer) und riefen:

„Seht, da kommt ein Haufe Weiber!" —

„Nein, Schafe sind's!" höhnte ein Anderer. Es diente aber ein Holste im dänischen Heere, der sprach:

„Wartet nur, — ihr werdet noch heute sehen, daß es Männer sind und keine Weiber!" —

Als es nun an's Treffen ging, da rief derselbe Holste ingrimmig:

„De Dänen lopen! De Dänen lopen!" Dadurch aber entstand im Dänenheere eine so große Verwirrung, daß Graf Gert den Sieg mit leichter Mühe errang.

Im Jahre 1326 setzte Graf Gerhard dann den Sonnenwähnlein, seinen noch unmündigen Neffen Waldemar V. von Schleswig, im Einverständnisse mit einer Anzahl dänischer Machthaber zum Könige von Dänemark ein. Kein Zweifel: es war dies nur eine That des Ehrgeizes! Denn bald bewog Graf Gert den König Waldemar, zum Lohne seiner Dienste ihm sein Herzogthum Schleswig als ein erbliches Lehen aufzutragen, welches nun

„Up ewig ungedeelt!",

mit Holstein verbunden bleiben sollte. Zugleich aber behielt er die Zügel der Gewalt auch in Dänemark in seinen Händen, da er für den noch nicht zu seinen Jahren gekommenen König Waldemar

„als Vormund des Reiches"

regierte. Der Gegenkönig Christoph, Erich Glipping's Sohn, aber verzichtete gleichwohl nicht auf sein älteres Recht, und es gelang ihm bei der Getheiltheit der Interessen der Großen Dänemarks auch sehr bald, sich eine Partei zu gewinnen, welche ihn auf den dänischen Thron zurückrief.

So mußten die Waffen entscheiden, und im Jahre 1331 fielen auf der Lohhaide die Würfel.

Sagenumkränzt, gleich der Schlacht von Bornhöveden, ist auch dieser Kampf. „Es war ein Werk voll großer Mühe; Gott aber gab dem Grafen Gert den Sieg, obwohl die Dänen um vieles zahlreicher waren als die Holsten."

In dem Gewühl dieses Kampfes geschah es, daß der Graf Gert vom Rosse herabsank. Allein ein Bauer aus der Wilstermarsch, aus Büttel bei Brockdorf, half ihm wieder auf und sprach:

„Bewahre nun die alte Kraft!"

Wegen der Dienste dieses Mannes befreite Graf Gert das Dorf Büttel von der allgemeinen Schatzung, der „Bede".

Es verbluteten der Dänen und Holsten aber so viele, daß die ganze Heide mit Leichen sich bedeckte. Unter den Holsten, welche erschlagen wurden, befand sich auch ein Edelmann, Wedeke vom Osten; — den hatte Graf Gert so lieb, daß er um seinetwillen heiße Thränen vergoß. Es war in der Stadt Rendsburg aber eine Schaar von Holsteinkriegern zurückgeblieben, weil die Bürger Rendsburgs Graf Gerts Truppe nicht ziehen lassen wollten, ehe denn die Zeche und die Zehrung bezahlt wären, und hatte es ihnen auch nichts genutzt, daß Graf Gert selbst für sie Bürgschaft leistete. Als diese Männer nun den Lärm der Schlacht hörten, da ließen sie sich nicht länger halten; — unter der Führung des Ritters Burkhard von Itzehoe brachen sie aus. Und da die Nacht bereits hereinbrach und sie nach Dersfeld oder Königsförde kamen, vernahmen sie den Hufschlag von Rossen. Bald aber wurden sie kunde, daß es Dänen waren; da griffen sie das Häuflein an. Einige erschlugen sie; andere aber fingen sie. Unter diesen, den letzteren, befand sich der König Christopher von Dänemark selbst, — sammt seinem Gefinde. Herr Burkhard ritt mit diesen seinen Gefangenen nunmehr auf Gottorp zu; er pochte mit großem Schalle an die Pforte, rief den Wächter und verlangte, den Grafen Gert zu sprechen. „Als dieser den „Lerman" (à l'arme) hörte, stand er sogleich vom Lager auf; er ging, obwohl er schwer verwundet war, hinab und fragte, was es gäbe. Da antwortete ihm der Ritter Burkhard:

„Herre, da ich Euch zuziehen wollt', ward ich verwundet und noch dazu gefangen. Weß' soll ich mich nun trösten? — Wollet Ihr mich lösen?"

Graf Gerhard aber erkannte sofort die Stimme des Edelmannes, der einst sein Marschall gewesen war, und sprach:

„Hab' nur ein wenig Geduld! Ich habe der Dänen gar viele gefangen; bald sollst ledig werden!"

„Getreuer Herr, — getreuer Knecht",

rief da Herr Burkhard, der Ritter von Itzehoe; — dann aber fuhr er fort:

„Nein, Herr, ich bringe bessere Kunde! Fröhliche Botschaft: gefangen bring' ich Euch den König der Dänen! Stehet nur auf und öffnet das Thor, daß wir Herrn Christopher in sicheren Gewahrsam bringen." Von da ab ward es in Schleswig-Holstein ein gemeines Sprüchwort:

„Getreuer Herr, getreuer Knecht!"

König Christoph aber mußte sich mit vielem Golde lösen.

Es ist eine epische Scene, ein Kleinod deutscher Volksdichtung, wenig nur gekannt, wenig beachtet, was uns hier vorliegt. Um dessentwillen haben wir an diese alten, edlen Sagen Schleswig-Holsteins erinnert.

Graf Gert aber errang nachmals noch einen zweiten, großen Sieg über die Dänen. Das geschah auf der Taphaide bei Viborg im Jahre 1331. Dennoch kam dem tapferen und frommen, von seinem Volke heißgeliebten Helden gar bald ein blutiges Ende: im Jahre 1340 wurde er von einem jütländischen Ritter, Namens Niels Ebbesen, zu Randers überfallen und erschlagen.

Es vererben sich indessen, so Gott Gnade giebt, sowohl der Adel der Seele wie die Kraft des Körpers. Das zeigte sich auch an den Söhnen des großen Grafen Gert, an dem „eisernen Hinrik" und an Graf Klaus. Vielleicht ist es uns gestattet, später einmal darzustellen, wie auch ihre Stirnen von der Poesie eines dankbaren Volkes mit reichem Lorbeer umwunden worden sind.

O. S.

Evangelischer Gottesdienst in Kurorten.

Ueber die Thätigkeit des Vereins für Einrichtung deutsch-evangelischer Gottesdienste in Kurorten (Vorsitzender: General z. D. Graf Bismarck-Bohlen) laufen wieder Nachrichten ein, die eine ersprießliche Entwicklung dieses Unternehmens bekunden. Die an südlichen Kurorten begründeten Predigtstationen des Vereins begreifen jetzt Ajaccio auf Corsica, Bordighera, Ospedaletti und Nervi an der Riviera, Bellaggio-Menaggio am Comer-See, Gardone am Garda-See, Arco, Gries in Süd-Tirol ein. In Ajaccio sind zwar unter den Wintergästen die Deutschen bis jetzt noch sehr in der Minderheit, sie sind aber wohl um so dankbarer, daß ihre religiösen Bedürfnisse bedacht werden. Bordighera war zum ersten Male in diesem Winter durch einen ständigen Kurgeistlichen des Vereins besetzt. Herr Prediger Deckert hielt den dort weilenden und durchreisenden Deutschen in dem Hotel „Westend", dessen Wirth selbst ein Deutscher, Gottesdienst, während in Ospedaletti (Hotel de la Reine) Herr Pfarrer Beyerhaus wie in früheren Jahren stationirt war. In Nervi, das in Bezug auf seinen Fremdenbesuch unter allen Kurorten an der Riviera am meisten ein deutsches Gepräge trägt, predigte Herr Professor von Orelli sonntäglich in dem großen Hotel „Eden" vor einer zahlreichen Zuhörerschaft. Ebenso findet sich in Gries bei Bozen alljährlich eine beträchtliche Zahl unserer Landsleute ein. Und es bewies die starke, stetige Betheiligung an dem im großen Saale des Kurhauses von Herrn Pastor Beyer gehaltenen Gottesdienste, wie sehr die vom Vereine ins Leben gerufene Veranstaltung auch dort geschätzt wird. Nach Gardone wurde der schon früher daselbst stationirte Pastor Kühling, nach Arco Pastor Schmiedicke entsandt. In Bellagio-Menaggio, wo zwar keine Wintergäste, aber viele Fremde im Frühjahr und Herbst eintreffen, fanden die regelmäßigen Gottesdienste wieder im „Grand Hotel" Bellaggio statt. Wenn man erwägt, wie unsere Landsleute bei der Trennung von der Heimath und bei angegriffener Gesundheit um so mehr das Verlangen nach dem Trost des Wortes Gottes in ihrer Muttersprache empfinden und die evangelischen Gottesdienste für sie zu willkommenen Vereinigungspunkten in der Fremde werden, so wird man diesem Werke des Vereins gerne seine volle Theilnahme zuwenden. Anfragen und Wünsche, die das Werk des Vereins betreffen, sind an den stellvertr. Vorsitzenden und Geschäftsleiter — Herrn W. Bernus, 1 Taunus-Anlage, Frankfurt a. M. —, Beiträge zur Bestreitung der stets wachsenden jährlichen Ausgaben an den Schatzmeister Herrn Karl de Neufville, 4 Barckhausstr., ebendaselbst zu richten.

Literatur.

Die Marienburg. Eine deutsche Kulturstätte im Osten. Von J. Pederzani-Weber. 3. völlig umgearbeitete und mit Abbildungen ausgestattete Auflage. Königsberg in Pr. J. H. Bon's Verlag 1890. Ladenpreis gebunden 4 Mark, geheftet 3 Mark.

Es ist ein zeitgemäßes Unternehmen was uns hier vorliegt. Die Marienburg ist, wie der Verfasser im Vorworte seines Buches mit Recht hervorhebt, das prächtigste Schloß, das Preußen zwischen Memel und dem Rheine besitzt und erregt heute in doppelter Beziehung das öffentliche Interesse. Einmal, weil die Marienburg in allen Theilen wiederhergestellt werden wird. Dadurch soll ein Bau aus den Trümmern auferstehen, der das Beste zur Schau stellt, was die weltliche und kirchliche Kunst des Mittelalters geschaffen hat, und der zugleich werthvolle Aufschlüsse über das Geistesleben während dreier Jahrhunderte des Mittelalters bringt.

Das zweite Interesse, das die Marienburg unserer Zeit und der Nachwelt bieten wird, ist ein geschichtliches; denn sie ist eine steinerne Urkunde, die von dem Staate an der Ostsee erzählt, welchen die Ritter vom Deutschen Orden vor sechs Jahrhunderten gegründet haben. Von ihm aus sind deutsches Leben und deutsche Gesittung im Osten und Norden Europas verbreitet worden. —

In zehn Kapiteln giebt uns das Buch Kunde über das Land Preußen, die Ritter vom Deutschen Orden, die Marienburg, den Staat an der Ostsee, die Hochmeister. Das sechste Kapitel bringt, unter der Ueberschrift: „Eine deutsche Kulturstätte", Mittheilungen über das was der Deutsche Orden in Preußen geschaffen, Kapitel 7 berichtet über den Kampf mit den Litauern, Kapitel 8 den Untergang des Ordens, Kapitel 9 den Sieg und das Ende der Polenwirthschaft. Das 10. Kapitel ist ein Führer durch die Marienburg, insbesondere den Conventsremter, das Meisterhaus und das Hochschloß.

24 gute Abbildungen dienen zur Erläuterung des nach so vielen Seiten hin interessanten, gediegenen Textes dieses Buches, das einen bleibenden Werth besitzt und sich auch durch gute Ausstattung bestens empfiehlt.

Der Bär. Illustrirte Wochenschrift für die Geschichte Berlins und der Mark. XVI. Jahrgang. Nr. 52. 27. September 1890.

Inhalt: Die schöne Else. Historischer Roman, von O. Schwebel (Schluß). — Eine wendische Hochzeit, von M. Müchner (Schluß). — Das Unternehmen der Gesellschaft Urania zu Berlin, von Dr. Albano Brand (mit Abbild.). — Kleine Mittheilungen: Schloß Rohrstock (mit Abbild.). — Zur fehlenden Säbelquaste am Blücher-Denkmal. — Ueber die Grausamkeit der alten Wenden. — Aus der Spandauer Pulverfabrik.

Carl Heymanns Verlag in Berlin W., Mauerstraße 63—65.

Gedruckt bei Julius Sittenfeld in Berlin.

Für Zuschriften und Einsendungen in Angelegenheiten dieses Blattes wolle man an den Redacteur desselben: Geh. Hofrath Herrlich W. Potsdamer Straße Nr. 134c. zu Berlin richten.

Wochenblatt
der
Johanniter-Ordens-Balley Brandenburg.

Im Auftrage der Balley Brandenburg verantwortlich redigirt von C. Herrlich in Berlin.

Jahrg. 31. | Berlin, den 22. October 1890. | Nr. 43.

Preußische Genossenschaft.

Unter dem Vorsitz des Commendators: Landhofmeisters Burggrafen und Grafen zu Dohna-Schlobitten, hat am 10. dieses Monats zu Königsberg in Preußen ein Rittertag der Preußischen Provinzial-Genossenschaft des Johanniter-Ordens stattgefunden. Der Einladung des Commendators waren 58 Johanniter-Ritter der Provinzen Ost- und Westpreußen gefolgt.

In Erledigung der Tagesordnung erstattete unter Anderen zunächst der Schatzmeister Freiherr von Tettau-Tolks seinen Verwaltungsbericht; es berichteten alsdann die Curatoren über die unter ihrer Leitung stehenden Johanniter-Krankenhäuser und zwar:

über das Krankenhaus in Gerdauen der Graf von Klinkowström-Korklack,

über das Krankenhaus zu Bartenstein der Graf zu Eulenburg-Wallingen,

über das Krankenhaus zu Neidenburg der Freiherr von Brandt-Tannenberg,

über das Krankenhaus zu Heiligenbeil Herr von Restorff-Lindenau.

Ueber die Krankenhäuser zu Preußisch-Holland und zu Landsberg wurden die schriftlichen Berichte der am Erscheinen verhinderten Curatoren Freiherren von Minnigerode und von Müllern verlesen.

Bei den schließlich vorgenommenen Ergänzungswahlen zweier Conventsmitglieder wurden gewählt die Rechtsritter:

Graf von Dönhoff, Kammerherr, Legationsrath und Majoratsbesitzer, erbliches Mitglied des Herrenhauses, auf Friedrichstein bei Löwenhagen und Graf von Lehndorff, General der Cavallerie z. D., General-Adjutant weiland Sr. Majestät des Kaisers und Königs Wilhelm I., Ober-Burggraf im Königreich Preußen und Mitglied des Herrenhauses, auf Steinort.

Aus Curland.

Es ist nicht mehr als billig, wenn sich die Blicke des deutschen Volkes jetzt mit besonderer Theilnahme den drei russischen Ostseeprovinzen zuwenden, wo eine stattliche Anzahl deutscher Geschlechter die von ihren Vorfahren dorthin verpflanzte deutsche Cultur mannhaft gegen die russificirenden Bestrebungen der Regierung vertheidigt. Denn wenn wir auch die Gründung Riga's und die ersten Anfänge einer Staatsbildung in Livland lediglich als Verdienst deutscher Geistlichen und Bürger anerkennen und ebenso zugeben müssen, daß die Hansa, der größte Aufschwung deutschen Unternehmungs-Geistes, ja wir möchten sagen, die größte reindeutsche Erscheinung des Mittelalters, zuerst den Segen des Handels über die baltischen Häfen nach Wisby-Nowgorod, und dadurch jenen Gestaden die ersten Keime der Civilisation und eines geordneten Städtewesens gebracht hat, so wird man doch auch der glühendste Verehrer deutschen Bürgerthums zugeben, daß die Ausbildung dieser Keime zu lebensfähigen Staatenbildungen in jenen rauhen Zeiten nur dem starken Arm deutschen Ritterthums gelingen konnte. Diesen Arm der neuen Pflanzung zu erkaufen, welche Bremische Geistliche und Lübecker Kaufleute mit Anfang des 13. Jahrhunderts an der Küste Livlands geschaffen, war allerdings wieder deren Verdienst; daß aber die Geschichte dieser Länder, welche nicht, wie die unseres Vaterlandes, einen dreißigjährigen Krieg, sondern in fünf Jahrhunderten nur eine fünfzigjährige Friedenszeit, von 1503—1553, und sonst nur immerwährende blutige Kriege und Fehden aufzuweisen hat, dem Ritterthum die Hauptrolle zuweisen mußte, liegt auf der Hand. Und wenn auch die Reformation zuerst bei den Bürgern von Riga und Dorpat Eingang fand, so wurde sie im Lande allgemein doch erst verbreitet, als während jener 50jährigen Friedensperiode die Ritter sie nach und nach Alle annahmen.

Hierdurch erklärt sich die gewaltige politische Macht,

welche dem aus dem deutschen Orden hervorgegangenen Landadel durch die Gewalt der Thatsachen zufiel. Und noch Eines kam hinzu, sein Ansehen dort zu heben: der Stegreif, dieser Fluch abendländischen Ritterthums, blieb da unbekannt, wo die Ritter Nichts besitzen durften, Alles dem Orden gehörte. Und als dessen Herrschaft im Jahre 1562 aufhörte, der letzte Ordensmeister Gotthart von Kettler als Erbherzog von Curland unter polnische Oberhoheit und Livland durch unter polnische Herrschaft kam, (Esthland befand sich schon unter schwedischer) da wurden die nunmehr evangelischen und verheiratheten Ritter mit den Ländereien belehnt, die der Orden seinen Feinden in ehrlichem Kampfe abgewonnen hatte. Diese waren allerdings bedeutend und machten sie zu thatsächlichen Herren des Landes. In Livland wußten sie erst den Katholisirungsversuchen und der ganzen Unordnung der polnischen, später den Nivellirungsversuchen der schwedischen Regierung erfolgreich die Spitze zu bieten, und in Curland die Herzöge aus dem Hause Kettler sowohl als aus dem Hause Biron in einer dem Dogen von Venedig ähnlichen Stellung zu halten; wie dort, galt der Herzog nicht viel, die Ritterschaft Alles.

Als das „heilige Rußland“ nach dem nordischen Kriege Liv- und Esthland, nach der zweiten Theilung Polens auch Curland unter seine unmittelbare Herrschaft brachte, fand es daselbst in den Städten ein nach deutschen Begriffen geordnetes Regiment, auf dem platten Lande eine patriarchale Herrschaft der deutschen Grundherren über die kurischen, lettischen, livischen und esthnischen Ureinwohner vor. Wie schon angedeutet, konnten fünf Jahrhunderte fortwährender Kriege die Entwickelung der Städte nicht begünstigen; die Russen fanden daher, auch in dem noch am weitesten vorgeschrittenen Curland, verhältnißmäßig wenig Städte, und den Schwerpunkt der Verwaltung in dem Adelsregiment des platten Landes. Während ihnen der erstere Umstand bei der geringen Anzahl der Städte im übrigen Czarenreiche nicht weiter auffiel, konnten sie dem letzteren ihre Anerkennung nicht versagen: sie fanden hier eine ihnen sonst unbekannte Ordnung, die jeden Czar bis auf den jetzigen veranlaßte, bei seiner Thronbesteigung dem Adel der drei Provinzen die Privilegien zu erneuern, auf welchen seine Herrschaft beruhte.

So gedieh die Letztere, und wahrlich nicht zum Nachtheil des Landes. Allein durch die Ritterschaft wurden Kirchen und Schulen, Krankenhäuser und Apotheken in hinreichender Anzahl gegründet und erhalten, Geistliche, Lehrer und Aerzte angestellt und besoldet, das Land mit Fahrstraßen durchzogen, der Ackerbau auf gleicher Stufe mit Deutschland gehalten, die Universität Dorpat nach dem Muster deutscher Hochschulen eingerichtet und unterstützt. Da holten sich, mit deutscher Gründlichkeit, die Bürgersöhne aus Riga, Mitau, Reval und Dorpat die wissenschaftliche Ausbildung zum geistlichen, ärztlichen und Lehrer-Berufe, die Söhne des Adels die Rechtskenntnisse zur Verwaltung der Aemter, welche die Ritterschaft besetzte. Wehe da dem Gerichts- oder Verwaltungsbeamten, dem ein Unrecht nachzuweisen war. Mit ebenso hohem Corpsgeist als ernster Strenge verfuhr man gegen den Schuldigen, er wurde, war das Unrecht nur irgendwie erheblich, nicht allein abgesetzt, sondern in der Adels-Matrikel gelöscht. — Als nach den Freiheitskriegen Kaiser Alexander I sich zuerst mit dem Gedanken an die Aufhebung der Leibeigenschaft trug, da sah er wohl ein, daß sich derselbe zunächst nur in den baltischen Provinzen verwirklichen ließ, und in der That ward schon im Jahre 1817, durch bereitwilliges Entgegenkommen des Adels, dort erreicht, was für das ganze übrige Rußland damals noch ein unerfüllbarer, frommer Wunsch blieb. Die leibeigenen Bauern wurden zu Erbpächtern von Ländereien gemacht, welche ihnen die Grundherren gegen Frohnleistungen überließen. Als dann unter Alexander II. die Leibeigenschaft im ganzen Reiche abgeschafft wurde, da hörten auch diese Frohnleistungen auf, die Erbpachtungen wurden in Rentengüter umgewandelt, und der lettische und esthnische Bauer sitzt jetzt auf eigenem Grund neben dem alten Herrn, von welchem er den rationellen Ackerbau gelernt hat und an dem er immer noch in pietätvoller Treue hängt. Und während der Dekabristen-Aufstand gegen die Thronbesteigung Kaiser Nicolaus's unzählige kleine und größere Verschwörungen im eigentlichen Rußland zur Folge hatte, während das Leben des edelsten Monarchen, der Rußlands Thron geschmückt, von Attentaten bedroht wurde, bis es dem letzten, schandervollsten endlich zum Opfer fallen mußte, in den drei Ostseeländern zeigte sich von derartigen Regungen keine Spur, Conspiration und Nihilismus blieben hier unbekannte Begriffe.

Aber wie auf dieser Erde Nichts vollkommen ist, vielmehr auch das schönste System seine Kehrseite hat, so auch hier. Die Balten hätten keine Menschen sein dürfen, wenn die Bevorzugung durch die Ritterschaft nicht einigen Nepotismus hervorgerufen hätte. Auch begingen die Herren manchen politischen Fehler, und en fait de politique, une faute vaut pis qu'un crime, sagt schon Talleyrand. Sie verschmähten es, die Landbevölkerung zu germanisiren, was sie früher sehr leicht gekonnt hätten — hatten doch während des ancien regime die Letten keinen sehnlicheren Wunsch, als Deutsche zu werden — eine Unterlassung die sich jetzt bitter bestraft. Dann ließen sie den Russen ihre Ueberlegenheit oft nur zu deutlich fühlen. Der Russe kann das aber gar nicht vertragen; er gleicht im Allgemeinen einem nicht unbegabten, aber trägen, indolenten, trotzigen Schüler, welcher auf den ihm stets als Muster hingestellten strebsamen und fleißigen Kameraden einen Haß wirft, anstatt sich dieses Beispiel als Sporn dienen zu lassen. Und der Deutsche war dem Russen von Peter dem Großen bis auf Alexander II. stets als Muster von

Schloss [illegible] den 26 Juli / 7 August 1890. [illegible]

Lieber Freund,

Es ist eigentlich [illegible]

[illegible] Johann V. [illegible] 1569 [illegible]

[illegible]

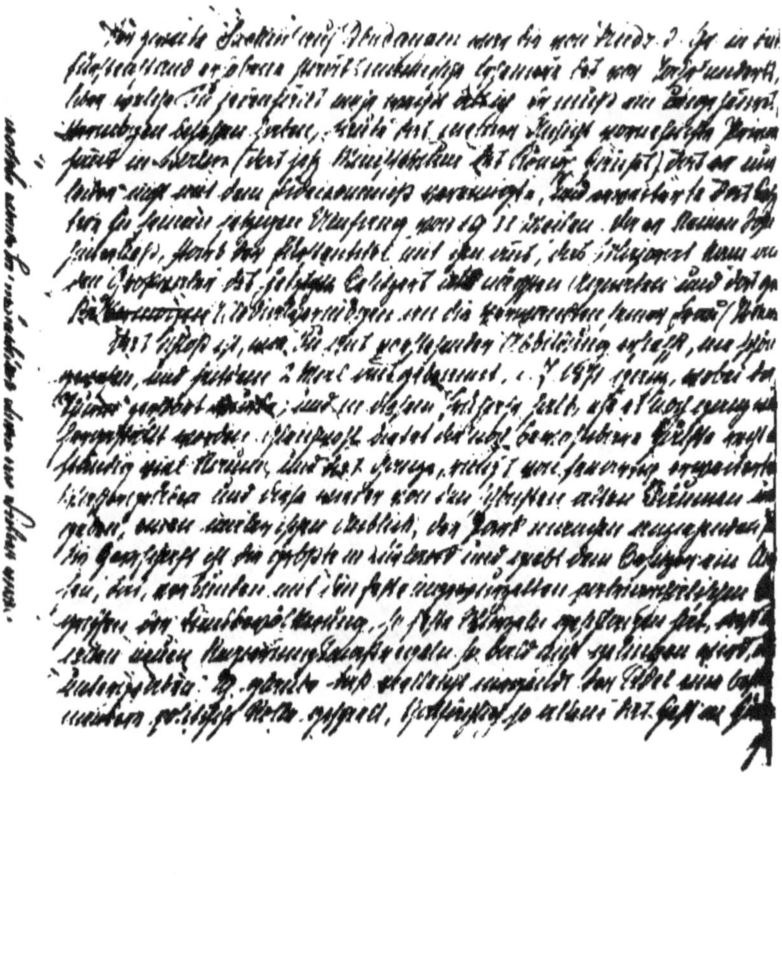

[illegible], als hier, [illegible] in den letzten 100 Jahren. [illegible]
[illegible] Jahrhundert hat er [illegible] Rolle in Polen, und bis 1848 [illegible]
in Ungarn [illegible]. [illegible] die Herren, und immer [illegible]
[illegible]. Man [illegible] zu sehen, wie das
[illegible], unter welcher Bezeichnung
[illegible]
[illegible]
[illegible]
[illegible]
[illegible]
[illegible]
[illegible]
[illegible]
[illegible]
[illegible]
[illegible]
[illegible]
[illegible]
[illegible]

[illegible] Am 12. [illegible] 13. [illegible] d. M. [illegible] mit
[illegible] über Riga und Kowno nach [illegible]
[illegible], wo am 20. die silberne Hochzeit der Eltern stattfindet
[illegible] meiner Frau und Brüder
[illegible]
[illegible]
für den Fall, [illegible], sondern
[illegible]
[illegible] folgende Adresse zu [illegible]

Gielgudischki bei Schmalleningken (Rußland)

[illegible]

[illegible]

[illegible] hoffe ich, mich [illegible] [illegible] [illegible] zu [illegible] von [illegible] zu [illegible]; [illegible] [illegible] [illegible] die [illegible] [illegible] [illegible] [illegible] mit dem [illegible] [illegible], [illegible] [illegible] in der [illegible] [illegible] zu [illegible] [illegible] [illegible] [illegible]

Meine Frau [illegible] [illegible] [illegible] ihre besten Grüße, ich bitte, [illegible] [illegible] zu [illegible] zu sagen u. bleibe in alter Freundschaft

Ihr

Th. Mann

P.S.! Meine Frau [illegible] mir, daß ich [illegible] nicht [illegible], [illegible] [illegible] [illegible] [illegible] [illegible] [illegible] [illegible] v. [illegible] zu [illegible] [illegible]. [illegible] [illegible] [illegible] [illegible] [illegible] der [illegible] [illegible], daß der [illegible] [illegible], meine Frau [illegible] [illegible] [illegible] [illegible] [illegible] [illegible] [illegible] [illegible] v. M. [illegible]. — [illegible] [illegible] [illegible] [illegible], daß ich [illegible] [illegible] [illegible] [illegible] der [illegible] [illegible] [illegible] [illegible], der [illegible] [illegible] [illegible] [illegible] [illegible]. [illegible] [illegible] [illegible] [illegible] [illegible] [illegible] [illegible], [illegible] [illegible], [illegible] [illegible] [illegible] [illegible], [illegible] [illegible] [illegible] [illegible] [illegible] [illegible] zu

Wahrhaftigkeit, Zuverlässigkeit, Fleiß, Nüchternheit, kurz alles der Tugenden hingestellt worden, die letzteren fehlen; ja Alexander I. mag in seiner Vorliebe für unser Volk zu weit gegangen sein. Kam es doch unter ihm so weit, daß ein verdienter russischer General auf die Aufforderung des Kaisers, sich eine Gnade zu erbitten, erwiederte „Dann bitte ich, mich zum Deutschen avanciren zu wollen".

Diese kleinen Fehler und ihre Folgen wurden zu großen Sünden-Registern aufgebauscht, als mit Alexander III. ein Fürst den russischen Thron bestieg, der nicht für denselben, dagegen von dem engherzigsten Fanatiker für den griechisch-orthodoxen Ritus erzogen war. Er verweigerte zunächst die Bestätigung der alten Privilegien, dann schickte er den Senator Manassein in das Land, um „die bestehenden Mißbräuche zu untersuchen." Unzufriedene Gemüther, denen es auch die beste Regierung nicht zu Dank machen kann, giebt es überall; ebenso Menschen, die nur darauf sehen, woher oben der Wind weht; solche Elemente schaarten sich um den untersuchenden Senator, und wußten die wenigen, wirklich begangenen politischen Fehler zu dem langen Sündenregister aufzubauschen, auf welche sich die neuerdings von St. Petersburg aus ergangenen Maßregeln gründen. Und diese Maßregeln werden nicht verfehlen, die schönen Ostseeländer allmählich in den finstern Abgrund des „heiligen Rußlands" hinabzuschieben, aus welchem allein die Schwefelflämmchen des Nihilismus herausleuchten.

Die Maßregeln der russischen Regierung sind dem gütigen Leser bekannt genug, und statt ihn in diesen Abgrund zu führen, laden wir ihn vielmehr ein, uns an einen Punkt des jetzigen „Gouvernements" Kurland zu begleiten, welcher dem Freunde vaterländischer Geschichte und Familiensage manches Interessante bietet, und wo noch eines jener alten, einst dort herrschenden Geschlechter würdig die Begriffe vertritt, die unser deutsches Vaterland sowohl, wie die russischen Ostseeprovinzen groß gemacht haben. Wir sagen absichtlich des jetzigen Gouvernements, und nicht des früheren Herzogthums Kurland. Denn von diesem hielt sich von jeher der nördliche Theil der Halbinsel unabhängig, welche den Rigaschen Meerbusen von der offenen Ostsee trennt. Hier wurde im Jahre 1238 von dem Riga'schen Domcapitel das Stift Pilten abgezweigt, welches später den Namen „Bisthum von Kurland" annahm. Bald nach der Gründung des Stiftes, im Jahre 1249, erbaute zu seinem Schutz vor den Ueberfällen der feindlichen Litthauer der zweite Herrenmeister des deutschen Ordens in Livland, Dietrich von Groningen, zwei Meilen südlich von der Nordspitze der Halbinsel, das feste Schloß Dondangen (Schiligergeme). Wie überall, wo keine Höhe vorhanden ist, einer Burg Sicherheit und Festigkeit zu geben, mußte diesem Zweck das Wasser dienen; das Schloß wurde auf einer von theilweise künstlich erweiterten Gräben gebildeten Insel nach der Regel der deutschen Ordensburgen gebaut. Diese Regel weicht sehr erheblich von der Bauart der Ritterburgen in Deutschland ab. Während wir hier die größte Mannigfaltigkeit der Anlage beobachten können, höchstens den Bergfried in der Mitte öfter wiederkehren, aber immer von den unregelmäßigsten Gebäuden umgeben sehen, Ringmauern, Thor und Eckthürme in der verschiedensten Weise angebracht finden, baute der deutsche Orden seine Burgen regelmäßig nach dem Muster des Hochschlosses der Marienburg, vier mehr oder weniger gleich lange und hohe Flügel umgeben einen rechteckigen Hof; über dem Hauptthor erhebt sich ein Thurm, in der Gestalt eher einem Kirchthurm als einer Warte ähnlich; Eck- und Bastionsthürme fehlen. Um das Schloß läuft ein Graben, über den eine Zugbrücke führt. So wurde auch Dondangen angelegt.

Wie überhaupt Kurland unter den fortwährenden Kämpfen um die Ostseeländer am wenigsten zu leiden hatte, so besonders das Stift Pilten. Es war, als läge die Nordspitze der Halbinsel allen Kriegs- und Raubzügen der Litthauer, Polen und Russen aus dem Wege, und so erhielt sich auch Schloß Dondangen durch die blutigen Zeiten des Mittelalters hindurch unversehrt. Die Bischöfe machten es zum Amtssitz eines Vogts, welcher von da aus die dazu gehörigen Ländereien zu verwalten hatte, die das ganze Vorgebirge einnahmen; auch bewohnten sie es oft selbst. Als die Ordensherrschaft in Livland sich ihrem Ende zuneigte, sah sich der letzte Bischof von Kurland und Oesel, Johann v. Münchhausen, durch die Gewalt der Ereignisse genöthigt, das Bisthum an den König Friedrich II. von Dänemark abzutreten, welcher seinen Bruder, den Herzog Magnus von Holstein, damit belehnte (im Jahre 1559).

Herzog Magnus trat den Besitz auch an und residirte abwechselnd in Pilten und Dondangen. Aber obwohl er, um seine Stellung zu befestigen, sich mit einer Nichte Iwan's des Schrecklichen vermählt hatte, konnte er doch, zwischen den stets um die Herrschaft kämpfenden Mächten Polen, Schweden und Rußland, nicht in Ruhe seines Besitzes froh werden, führte, zumal der gütige Oheim an der Moskwa ihn mit seiner Hilfe im Stich ließ, meistens das traurige Leben eines Fürsten ohne Land und starb endlich im Jahre 1583, Schloß Dondangen seiner Gemahlin als Witwensitz hinterlassend.

Nach seinem Tode wurde das Stift Pilten — die Bezeichnung „Bisthum Kurland verliert sich schon mit der Abtretung an Dänemark aus der Geschichte — von der Krone Polen direct als erledigtes Lehn eingezogen und nicht dem neuen Lehnsherzogthum Kurland eingefügt. Diese Unabhängigkeit wußte es auch den mehrfach von den Herzögen a. d. H. Kettler darauf geltend gemachten Ansprüchen gegenüber zu behaupten, und unterwarf sich auch im Jahre 1795 bei der zweiten Theilung Polens, zwar gleichzeitig mit Kurland aber doch selbstständig durch eigene Abgeordnete, der Kaiserin Katharina II.

(Schluß folgt.)

Die Flucht nach Varennes.

Bekanntlich war es der Freiherr Ernst von Stockmar, dem wir aus dem Nachlaß seines Vaters die „Denkwürdigkeiten des Freiherrn Christian von Stockmar" verdanken, die als ein werthvoller Beitrag zur Geschichte unseres Jahrhunderts angesehen werden können. Durch ein stetig fortschreitendes Lähmungsleiden seit 1864 jeder öffentlichen Thätigkeit entrückt, benutzte der Freiherr diese unfreiwillige Muße zu eingehenden Studien über Staats- und Völkerrecht, deren Resultate zum guten Theil uneigennützig in den Werken Anderer, ohne sich zu nennen, niedergelegt sind.

Unter diesen Studien zog den Freiherrn die Entwickelung der französischen Revolution von jeher mächtig an, und er hoffte mit einem umfassenden Werth über die gewaltige Umwälzung nach gründlicher Untersuchung der Quellen dereinst hervorzutreten, aber der Tod, dem er im Jahre 1886 erlag, traf den Unermüdlichen auch fern vom Ziel inmitten unverdrossenen Strebens.

Aus den Früchten, die diese Forschung gezeitigt hat, wählte Emil Daniels auf Wunsch der Wittwe des Verewigten den Bericht von der Flucht des unglücklichen französischen Herrscherpaares, und hat denselben unlängst publicirt.

Aus dem Umstande, daß auf Veranlassung der Pariser Akademiker diese Schrift ins Französische übersetzt werden soll, läßt sich schon auf den Werth derselben schließen. Es ist zwar viel über die Flucht von Varennes geschrieben worden und zum Theil von den unmittelbar daran Betheiligten, aber es fehlte bislang an einer auf authentischen Documenten gefußten, alle Thatsachen, die das Feuer der Kritik bestanden, zusammenfassende Darstellung. Hierin beruht der Werth dieser Schrift. Für den mit der französischen Revolutionsliteratur bekannten Forscher bringt sie nichts eigentlich Neues, stützt sie sich doch vorzugsweise auf die in den Jahren 1864 — 1869 erschienene Brief- und Documentensammlung Feuillet de Conches' und den 1878 von dem Baron Klinckowström edirten Papieren des Grafen v. Fersen. Die letztere Publikation, die unter dem Titel „Le Comte de Fersen et la Cour de France" erschien, ist bereits seiner Zeit in diesen Blättern besprochen worden, und wir verweisen daher unsere Leser auf den betreffenden Jahrgang dieses Blattes. Was aber das erstere Werk betrifft, so ist demselben, um einiger im ersten Bande enthaltenen apokryphen, man weiß nicht wie, entstandenen Briefe der Königin willen (vergl. Sybel im 13., 14. und 16. Band seiner historischen Zeitschrift) in Deutschland kaum die gebührende Beachtung zu Theil geworden, obschon es eine Menge wichtiger, meist die Beziehungen des schwedischen Königs Gustav's III. zu Frankreich und zu den französischen Angelegenheiten in der Revolutionszeit erläuternden, dem schwedischen Reichsarchiv entnommene Briefe und Documente enthält. Es ist ein ferneres nicht zu unterschätzendes Verdienst Stockmars die Richtigstellung des von Feuillet de Conches gegebenen Materials bewirkt zu haben, indem der kaiserlich österreichische Archivar, Herr von Arneth, auf seine Bitten eine Anzahl der von Feuillet gegebenen Briefe der Königin revidirt hat, das sich als echt und correct bewiesen.

Was die archivalischen Aufschlüsse über Marie Antoinette anlangt, so haben wir hier noch einer ganz besonderen Annahme zu gedenken. Man behauptet nämlich, es werde noch manches liebe Jahrzehnt ins Land gehen, bevor das Hof- und Staatsarchiv von Wien sich veranlaßt sähe, über Marie Antoinette das letzte Wort sagen zu lassen. Was jetzt gegenüber der Documentensammlung Feuillet de Conches' an Richtigstellungen in Wien vorgenommen sei, bleibe an sich nicht unbedeutend, denn Verbesserungen des Textes lägen zweifellos vor, nur wäre auch immer nicht das eigentlich Abschließende gegeben. Die französischen Zeugnisse und Urkunden, soweit sie alle übrigen Theilnehmer an dem furchtbaren Trauerspiel in das klare Licht zu stellen geeignet sind, bleiben übrigens in der ganzen Sache das gewichtigste Material: Dies hat auch Stockmar anerkannt und daraus als Resultat seine Darstellung gegeben.

Das Reiterstandbild des Großen Kurfürsten.

Unlängst ist die an dem Berliner Reiterstandbild des Großen Kurfürsten befindliche Inschrift näher erörtert, und namentlich sind die so lange unerklärten Buchstaben L M Q P als Libertas Merito Quo Paruit entziffert worden, so daß für jetzt nur die Frage noch offen bleibt, was die vier paarweise gefesselten Riesengestalten am Fuße des Denkmals zu bedeuten haben. Die Meinungen darüber gehen sehr auseinander, und während manche Erklärer darin Anspielungen auf bezähmte Leidenschaften erblicken, denken andere dabei an unterjochte Sklaven oder überwundene Volksstämme. Indessen findet sich eine bemerkenswerthe Antwort auf jene Frage in einem Werke, in welchem man sie schwerlich vermuthen und suchen möchte, in Voltaire's Siècle de Louis XIV., Paris 1772. Hier heißt es chap. 28 p. 378: „Es ist ein alter Gebrauch der Bildhauer, Sklavengestalten zu Füßen der Denkmale der Könige anzubringen; es würde besser sein, an ihrer Statt freie und glückliche Bürger darzustellen. Aber so erblickt man sie zu Füßen der Bildsäule Heinrich's IV. und Ludwig's XIII. in Paris, in Livorno an dem Denkmal Ferdinand's von Medici und in Berlin an dem Reiterbilde des Großen Kurfürsten, der die Schweden aus seinem Lande vertrieb, ohne jedoch selbst Eroberungen zu machen." Demnach wäre den geschliffenen Gläsern keine andere besondere Bedeutung beizumessen, als eine dem fürstlichen Urbilde dargebrachte künstlerische Huldigung, die in der damaligen Gewohnheit und Mode ihren einfachen, eigenthümlichen Ausdruck fände. Und dieser würde dem Inhalte der Inschrift gar wohl entsprechen.

Das Reconvalescentenheim in London.

Am vergangenen Neujahrstage ist in London von einem Ungenannten eine großartige Stiftung zu Gunsten eines „Reconvalescentenheims" begründet worden. Der Gründer hat 100 000 £ Sterling dem Chef-Chirurgen am St. Bartholomäus-Hospital, Mr. Savory, eingehändigt und an denselben einen Brief gerichtet, in welchem es heißt: „Sie wissen, daß es seit zwei bis drei Jahren mein Bestreben ist, mit Anderen an der Gründung eines Sanatoriums theil zu nehmen, in welchem Kranke, die zur vollen Herstellung ihrer Gesundheit fortgesetzter Pflege bedürfen, und diese von den Londoner allgemeinen Spitälern nicht erhalten, Aufnahme finden sollen, damit sie voller Kräftigung theilhaftig werden, bevor sie ihre gewöhnliche Beschäftigung wieder aufnehmen. Kranke, welche das Hospital verlassen, müssen gar oft in ungesunde Wohnungen und Umgebungen zurückkehren und den schweren Kampf um's Dasein aufnehmen, bevor sie körperlich hierzu irgend wie geeignet sind. Nach kurzem Kampf brechen sie zusammen und kehren in hoffnungsloserem Zustande als zuvor in's Spital zurück. Es ist gar nicht zu berechnen, wie vortheilhaft es wäre, wenn sie gerade in der Zeit der Genesung in frischer Luft, bei guter Nahrung und freundlicher Pflege einige Wochen zubringen könnten. . . .
3 bis 400 000 £ wären zu einer solchen Anstalt erforderlich, und ich habe geglaubt, daß sich so ein Halbdutzend reicherer Capitalisten mit mir vereinigen und jeder etwa fünfzigtausend Pfund Sterling beisteuern werde, so daß ohne große Anstrengung der Zweck erreicht werden könnte. Allein, da dieser Plan nicht zu Stande gekommen ist, habe ich mich entschlossen, aus eigenen Mitteln freilich in viel bescheidenerem Maße, diese Anstalt zu gründen, und zu diesem Zwecke händige ich Ihnen 100 000 £ in besten Papieren ein. Für 20 000 £ kann ein gut gelegener Baugrund erworben und das Haus gebaut werden, in welchem das Jahr hindurch 800—1000 Personen, jede etwa drei Wochen lang, Aufnahme und Pflege finden können. Mit Hilfe anderer Wohlthäter wird eine Vergrößerung wohl bald erzielt werden. Dies Reconvalescentenheim soll ganz auf der Grundlage der Selbsterhaltung geführt werden. Es bestehen schon zu viele Anstalten die auf ganz entgegengesetztem Princip beruhen. Gegenwärtig verlange ich auch gar keinen Aufruf zur Mithilfe und Beisteuer. Zum Schluß bitte ich meinen Namen nicht zu veröffentlichen."

Ein Freund der armen Kinder.

In einem einsamen Dörfchen der Schweizer Alpen, wohin er sich zur Erholung zurückgezogen hatte, ist jüngst ein Amerikaner heimgegangen, dessen Andenken von vielen Tausenden der New-Yorker Armen gesegnet wird, weil er ein wahrer, hilfreicher Freund und Wohlthäter war, der seine Kraft und Zeit in der Fürsorge für die Armen verzehrte. Wir meinen Charles L. Brace, den Begründer und die Seele der in so großem Segen wirkenden Kinder-Unterstützungsgesellschaft (Children's aid society) von New-York. Wenn von Helden der Menschenliebe die Rede ist, darf man ihn getrost unter denselben nennen, denn er war ein solcher Held im vollen Sinne des Wortes.

Zu Litchfield in Connecticut im Jahre 1826 geboren, studierte er 1846 Theologie. 1851 machte er eine Reise nach Europa namentlich mit der Absicht, in den Ländern der alten Welt zu sehen, was dorten zur Linderung der Leiden der Armen und Elenden gethan werde. Brace besuchte daher in England, Frankreich, in der Schweiz die Gefängnisse, Waisenhäuser, Besserungsanstalten aller Art und sammelte sich mancherlei Kenntnisse, um dieselben dann in seinem Vaterlande zu verwerthen. In Hamburg lernte er den Kindergarten, in London die Lumpenschulen Ragged Schools kennen. Kaum war Brace zurückgekehrt, so suchte er in New-York gleichgesinnte Freunde und gründete mit ihnen 1853 die Kinder-Unterstützungsgesellschaft, deren Seele er bisher geblieben ist. Im folgenden Jahre schon, also 1854, gründete er das Logierhaus für Zeitungsjungen, das den armen Newsboys Obdach und auch Nahrung gewährt und sie von den Wegen des Verderbens fernhält.

Der armen, tausend Gefahren ausgesetzten, oft wild und wüst aufwachsenden Jugend der Riesenstadt am Hudson, den vernachlässigten und verkommenen Knaben und Mädchen, den Straßenarabern, Zeitungs- und Laufjungen besonders widmete Brace seine Aufmerksamkeit. Die Lage dieser armen, oft elternlosen und verlassenen Kinder zu verbessern, ihre Leiden zu lindern, sie zu ordentlichen Menschen, zu Christen heranziehen zu helfen, das war sein Streben. Er war ein Kinderfreund und Kinderretter, wie unsere deutschen Helden der Liebe Johannes Falk, Heinrich Wichern und Christian Heinrich Zeller es gewesen sind. Brace befolgte dabei die beste Methode: er suchte die Kinder zur Selbstthätigkeit zu erziehen. In New-York gründete er eine Anzahl Logierhäuser für arme Knaben und Mädchen, wo sie für wenige Cents eine freundliche und reine Schlafstätte, Gelegenheit zum Waschen und Baden und gute, gesunde Kost erhalten. In kurzer Zeit sind da 200 000 Kinder beherbergt worden. Andere Kinder, die ohne allen Schutz im Leben dastehen, werden in Farmersfamilien untergebracht, damit sie in der Familie auferzogen werden.

Der Gedanke der Familienerziehung, den der edle Pastor Brüm zu Neukirchen im Rheinland so schön verwirklicht hat, ward von Brace hier ins Leben übersetzt und — auch hier zu großem Segen für die Kinder. Wie viele Hunderte, ja Tausende mögen wohl durch die Kinder-Unterstützungsgesellschaft im eigentlichen Sinne gerettet worden sein! Der Herr weiß es. Sein Wort: „Wer ein solches Kind aufnimmt in meinem Namen, der nimmt mich auf!" war Mr. Brace's Losung. (Ev. Kirchl. Anzeiger.)

Die Rheinische evangelische Arbeiterkolonie Lühlerheim

hat ihren 3ten Jahresbericht ausgegeben, der über das Gedeihen derselben im Berichtsjahr 1889/90 erfreuliche Kunde bringt. Als das Curatorium der Kolonie am 21. Juni v. J. in Wesel die 3te ordentliche Generalversammlung abhielt, wurde von ihr ein Ausflug nach der Kolonie zu deren eingehender Besichtigung unternommen. „Mit lebhafter Befriedigung," — so sagt der Bericht — „werden alle Theilnehmer an diesen Ausflug zurückdenken. Wie hatte sich doch die Kolonie in den 3 Jahren seit ihrer Einweihung in so hoch erfreulicher Weise entwickelt! Durch den Fleiß unserer Kolonisten war der Sandweg von Bedbruderg zur Lühlerhaide zu einer breiten, vortrefflich gebauten Chaussée, und die öde, braune Haide zu einem üppigen Fruchtgefilde geworden: hochstehender Roggen wogte auf den tadellos eingeebneten Ackerbeeten, und in schönster Blüthenpracht prangende Kartoffelfelder erfreuten das Auge, während der Gemüsegarten durch seine reiche Fruchtbarkeit in Erstaunen setzte. Die Wirthschaftsgebäude, durch ein großes neues Stallgebäude vermehrt, machten von außen und innen durch Ordnung und Sauberkeit den besten Eindruck." Bei einer Mahlzeit trug der Sängerchor der Kolonisten zur Freude der Besucher vierstimmige Lieder vor. Ein Rundgang durch die Häuser und Stallungen überzeugte von der Tüchtigkeit des Betriebes und seiner Leitung durch den Hausvater. Der Chausséebau ist im letzten Jahr 400 Meter gefördert, und wiederum 30 Morgen ertragsfähig gemacht, so daß von dem ca. 430 Morgen betragenden Grundbesitz der Kolonie bereits 118 Morgen schönes Ackerland geworden sind. Alles läßt auf eine gute Zukunft der Kolonie hoffen. Die vom Curatorium beantragte Gewährung von Corporationsrechten für dieselbe stellt nach Ueberwindung mancher Schwierigkeiten einen baldigen günstigen Erfolg in Aussicht. Der Brutto-Ertrag der durch die Provinz verbreiteten Sammelbücher ist leider, nachdem der erste Eifer verraucht ist, von 30,283 ℳ im Vorjahre auf 25,607 ℳ zurückgegangen. Immerhin hat die Kasse des Curatoriums bei dem Anwachsen der eigenen Produktion mit einem Defizit von nur 712 ℳ abgeschlossen. — Während eines 4jährigen Bestehens (bis 1. März d. J.) ist die Kolonie 1407 arbeits- und obdachlosen, zum Theil aus Gefängnissen und Arbeitshäusern entlassenen Leuten eine Zufluchts-, in nicht wenigen Fällen auch eine Rettungsstätte geworden. Im letzten Jahre, das mit einem Bestand von 84 Kolonisten begann, wurden 308 aufgenommen; 48 mußten wegen Mangel an freien Plätzen abgewiesen werden. Die eigentlichen Faullenzer verlassen die Kolonie bald wieder, oft mit dem freimüthigen Bekenntniß, daß sie es im Gefängniß oder im Arbeitshause weit besser haben. Von jenen 387 waren 298 evangelisch, 89 katholisch. Die Jüngsten waren noch nicht 20, die Aeltesten über 60 Jahre alt. Neben Arbeitern und Handwerkern der verschiedensten Art befanden sich unter ihnen 5 Schreiber, 1 Geometer und 18 Kaufleute. Von den neu aufgenommenen 303 waren 198 bestraft. 216 der Aufgenommenen waren aus der Rheinprovinz, 27 aus Westfalen, die übrigen aus andern preußischen Provinzen. — Die sittliche Haltung der Kolonisten innerhalb der Kolonie war fast durchgehends tadellos; nur 8 mußten wegen schlechten Betragens entlassen werden, und 13 entliefen. Bei den Meisten fand jede religiöse Einwirkung, auch die gottesdienstliche, williges und offenes Entgegenkommen. Von den 310 im letzten Jahr Abgegangenen traten 95 sofort in Arbeit, und eine Anzahl von ihnen hat sich nachweislich in bester Weise bewährt. Ueberaus willkommen sind der Verwaltung Forderungen von Arbeitern, und es ist dringend zu wünschen, daß solche aus immer weiteren Kreisen eingehen. Zur Errichtung eines Arbeitsnachweisebureaus auf der Kolonie überwies der vor 1 Jahr zur Auflösung gelangte Rheinische Verein wider die Vagabondennoth dem Curatorium ⅓ seiner Bestände, ca. 844 ℳ. Die Gewinnung einer größeren Zahl von Vertrauensmännern in der Provinz, die zur Ermittelung von Arbeit für die Kolonisten helfen und sie unter ihre Obhut zu nehmen bereit sind, ist ein dringendes, von allen Arbeiterkolonien empfundenes Bedürfniß.

(Bl. Blätter d. Rauhen Hauses.)

Litteratur.

Der Bär. Illustrirte Wochenschrift für die Geschichte Berlins und der Mark. XVII. Jahrgang. Nr. 1. 4. October 1890.

Inhalt: Ein neues Geschlecht, Roman von H. v. Dedenroth. — Vom Wappenthier der Stadt Berlin, von O. Schwebel. — Anklageschrift aus einem Hexenprozesse des 17. Jahrhunderts, von Dr. Otto Kurth. — Kleine Mittheilungen: Die Huldigung Berlins und Cölns an Kurfürst Friedrich I. (mit Abbild.). — Die Roseninsel (mit Abbild.). — Leutseligkeit Friedrich Wilhelms IV. — Das Gespenst zu Coffenblatt. — Ein Mittel gegen die Sommersprossen vor 250 Jahren. — Wendisch.

Carl Heymanns Verlag in Berlin W., Mauerstraße 44. Gedruckt bei Julius Sittenfeld in Berlin.

Alle Zuschriften und Einsendungen in Angelegenheiten dieses Blattes wolle man an den Redacteur befördern: Geh. Hofrath Herrlich W. Potsdamer Straße Nr. 134 c. zu Berlin richten.

Wochenblatt der Johanniter-Ordens-Balley Brandenburg.

Im Auftrage der Balley Brandenburg verantwortlich redigirt von C. Herrlich in Berlin.

Jahrg. 31. Berlin, den 29. October 1890. Nr. 44.

1. Carl von La Chevallerie, Hauptmann, aggregirt dem Infanterie-Regiment Herzog von Holstein (Holsteinisches) Nr. 85, auf Zohlen, Ehrenritter seit 1882, † zu Zohlen 15. October 1890.
2. Günther Carl Adolf von Krieger, Oberst z. D., Ehrenritter seit 1865, † zu Homburg v. d. H. 18. October 1890.

Zur Vervollständigung der Ordensliste.

Die durch Allerhöchste Cabinets-Ordre vom 20. Juli d. J. neu ernannten 44 Ehrenritter des Johanniter-Ordens sind wie folgt beigetreten:

I. Direct der Balley Brandenburg:

1. Leopold von Kameke, Hauptmann und Compagnie-Chef im Kaiser Alexander Garde-Grenadier-Regiment Nr. 1.
2. Kurt von Wiedebach und Nostitz-Jänkendorf, Rittmeister und Escadron-Chef im 2. Garde-Ulanen-Regiment.
3. Fritz Freiherr von Malapert-Neufville, Capitain-Lieutenant in der Marine und Attaché bei der Botschaft in Rom.
4. Ernst von Witzleben, Großherzoglich-Oldenburgischer Hofjagdjunker, auf Hude im Großherzogthum Oldenburg.
5. Moritz Freiherr von Lyncker, Major im Generalstabe der 18. Division.
6. Eduard Freiherr Grote, Rittmeister und Escadron-Chef im 2. Brandenburgischen Ulanen-Regiment Nr. 11.
7. Stefan Prónay von Tót-Próna und Blatnicza, K. u. K. Oesterreichischer Kämmerer und Rittmeister im Husaren-Regiment Graf Radetzky Nr. 5.
8. Alexander Freiherr von Buxhoewden, Kaiserlich Russischer Hofrath, auf Kuiwast, Insel Moon, Gouvernement Livland.
9. Woldemar Freiherr von Maydell, Kaiserlich Russischer Collegienrath, auf Martzen bei Stockmannshof, Gouvernement Livland.
10. Herman Graf von Wedel-Jarlsberg, Königlich Norwegischer Kammerherr, zu Christiania.

II. Den Genossenschaften der Balley Brandenburg:

a) Der Preußischen Provinzial-Genossenschaft:

1. Otto Burggraf und Graf zu Dohna, Premier-Lieutenant a. D., zu Dresden.
2. Franz von Parpart, Hauptmann a. D., auf Jakobsdorf bei Pirchau in Westpreußen.
3. Bernhard von Bodewils, Lieutenant der Reserve des 2. Leib-Husaren-Regiments Kaiserin Nr. 2 und Rittergutsbesitzer, auf Beyden bei Schwenkitten in Ostpreußen.*)

b) Der Brandenburgischen Provinzial-Genossenschaft:

1. Wilhelm von Bollard-Bockelberg, Rittmeister und Escadron-Chef im 2. Garde-Ulanen-Regiment.
2. Curt von Hertzberg, Hauptmann und Compagniechef im Kaiser Franz Garde-Grenadier-Regiment Nr. 2.
3. Ludwig von Arnim, Second-Lieutenant der Landwehr I. Aufgebots und Rittergutsbesitzer, auf Willmine bei Flieth, Kreis Templin.
4. Hans Georg von Werder, Premier-Lieutenant der Landwehr-Cavallerie u. Rittergutsbesitzer, auf Sulach b. Drebkau, Kreis Kalau.
5. Otto von Saldern-Ahlimb, Oberstlieutenant und etatsmäßiger Stabsoffizier im Thüringischen Feld-Artillerie-Regiment Nr. 19.

c) Der Pommerschen Provinzial-Genossenschaft:

Victor von Dewitz, Rittmeister und Escadron-Chef im Leib-Garde-Husaren-Regiment.

---

*) Führt jetzt mit Allerhöchster Genehmigung Sr. Majestät des Kaisers und Königs, an Stelle seines bisherigen Namens von Verstein genannt von Kessler, den Namen von Bodewils.

d) Der Posenschen Provinzial-Genossenschaft:
Otto von Kalckreuth, Rittmeister und Landrath a. D., auf Muchocin bei Birnbaum.

e) Der Schlesischen Provinzial-Genossenschaft:
1. Hans Freiherr von Reibnitz, Premier-Lieutenant der Reserve des Garde-Kürassier-Regiments und Rittergutsbesitzer, auf Mistitz bei Slawitzau in Oberschlesien.
2. Hans Graf von Berßt, Rittergutsbesitzer auf Bangel bei Nimptsch.
3. Hugo Freiherr von Eickstedt, Rittergutsbesitzer, auf Gieraltowitz bei Cosel.

f) Der Sächsischen Provinzial-Genossenschaft:
1. Maximilian Freiherr von Boyneburgk, Premier-Lieutenant der Reserve des Königlich Sächsischen 1. Ulanen-Regiments Nr. 17, und Rittergutsbesitzer, auf Stedtfeld bei Eisenach.
2. Ernst Freiherr von Gayl, Regierungs-Rath, zu Magdeburg.
3. Rudolf von Byern, Major a. D., auf Parchen, Kreis Jerichow II.

g) Der Schleswig-Holsteinschen Provinzial-Genossenschaft:
Theodor von Kretzmitz, Major z. D. und Landwehr-Bezirks-Kommandeur, zu Schleswig.

h) Der Hannoverschen Provinzial-Genossenschaft:
1. Arthur von Trotha genannt Treyden, Premier-Lieutenant der Reserve des Infanterie-Regiments von Borcke (4. Pommerschen) Nr. 21, zu Freiburg in Baden.
2. Eugen von Hommeyer, Major à la suite des Magdeburgischen Dragoner-Regiments Nr. 6 und Director der Kavallerie-Unteroffizier-Schule des Militär-Reit-Instituts.
3. Carl von Alten, Rittmeister und Escadron-Chef im Oldenburgischen Dragoner-Regiment Nr. 19.
4. Georg Freiherr von Rechenberg, Hauptmann in der 10. Gendarmerie-Brigade.
5. Gerlach von dem Knesebeck, Hauptmann und Compagnie-Chef im Infanterie-Regiment von Voigts-Rhetz (3. Hannoverschen) Nr. 79.
6. Georg von Bodecker, Rittmeister und Escadron-Chef im 2. Hannoverschen Dragoner-Regiment Nr. 16.
7. Theodor von Alten, Hauptmann und Compagnie-Chef im Infanterie-Regiment Graf Bülow von Dennewitz (6. Westfälischen) Nr. 55.

i) Der Rheinischen Provinzial-Genossenschaft:
Eduard von Westernhagen, Hauptmann und Compagnie-Chef im Infanterie-Regiment Nr. 137.

k) Der Genossenschaft im Königreich Württemberg:
1. Carl Friedrich Julius Hugo von Poser, Rittmeister und Escadron-Chef im 2. Württembergischen Dragoner-Regiment Nr. 26.
2. Gustav Freiherr von Starkloff, Rittmeister und Escadron-Chef im Ulanen-Regiment König Carl (1. Württembergischen) Nr. 19.
3. Hermann Freiherr von Roeder, Rittmeister im Dragoner-Regiment Königin Olga (1. Württembergischen) Nr. 25.

l) Der Genossenschaft in den Großherzogthümern Mecklenburg-Schwerin und Mecklenburg-Strelitz:
1. Carl von Oertzen, Rittergutsbesitzer, auf Rattey bei Schönbeck in Mecklenburg-Strelitz.
2. Leo von Bernuth, Rittmeister und Escadron-Chef im 1. Großherzoglich Mecklenburgischen Dragoner-Regiment Nr. 17.

m) Der Hessischen Genossenschaft:
1. Waldemar Freiherr von Günderrode, Rittergutsbesitzer, auf Lehrbach bei Kirtorf in Oberhessen.
2. Carl von Scharfenberg, Rittmeister der Reserve des Husaren-Regiments König Wilhelm I. (1. Rheinischen) Nr. 7, auf Kalkhof bei Wanfried a. d. Werra.

n) Dem Vereine von Johanniter-Rittern im Königreiche Bayern:
1. Theodor Edler von Braun, Königlich Bayerischer Landgerichts-Präsident, zu München.
2. Friedrich Edler von Braun, Königlich Bayerischer Regierungs-Rath, zu München.

Aus Curland.

(Schluß.)

Doch interessirt uns hier weniger die allgemeine Geschichte Curlands, als die besondere von Dondangen. Mit dieser Herrschaft belehnte Polen seinen Kanzler Bezerwitz, welcher sie jedoch schon im Jahre 1588 für 60 000 Mark Rigaisch Silber an den Geheimen Rath Levin v. Bülow aus Mecklenburg verkaufte. Doch nur ein Bülow sollte sie nach diesem noch besitzen, der Landrath Friedrich; seine beiden Ehen mit Anna v. Maydell und Anna Sibylle v. d. Osten-Sacken blieben kinderlos, und an diese beiden Familien kam sie nun nach einander. Friedrich v. Bülow's zweite Frau heirathete nach seinem Tode den Präsidenten Otto Ernst v. Maydell und brachte ihm die Herrschaft zu. Aber auch aus dieser Familie sollte nur noch Einer sich des schönen Besitzes freuen; auch die Ehe des zweiten Maydell's auf Dondangen, des Kammerherrn Dietrich, mit einer jüngeren Anna Sibylla v. d. Osten-Sacken blieb kinderlos und Dondangen fiel nach seinem Tode, zu Anfang vorigen Jahrhunderts seinem Schwager, dem Landrath Ewald v. d. Osten-Sacken, zu.

Seitdem ist die Herrschaft im Besitze dieser Familie*) geblieben. Aber auch nicht in regelmäßiger Erbfolge. Schon der zweite Sacken auf Dondangen, Johann Ulrich, war kein Sohn, sondern ein Seitenverwandter des Landraths Ewald: Johann Ulrich's Sohn Carl war also nicht als Erbe von Dondangen geboren, wenn auch die Herrschaft nach seines Vaters Tode an ihn überging. Er sollte durch außerordentliche Geistesgaben die Familie zu hohem Glanze emporheben.

Geboren im Jahre 1724, ging Carl v. Sacken in sächsische Staatsdienste, wo er in noch jungen Jahren mit den wichtigsten diplomatischen Posten und dann mit dem auswärtigen Ministerium betraut wurde. Seine hervorragenden Gaben machten Friedrich den Großen auf ihn aufmerksam, der ihn, als er einer Dresdener Hofintrigue zum Opfer fiel, nach Berlin berief, zum Oberkammerherrn und Staatsminister ernannte und in den preußischen Fürstenstand erhob. Seine hohe Begabung zeigte sich auch in einer ausgezeichneten Verwaltung seines an sich schon sehr bedeutenden Vermögens, das er durch weise Maßregeln noch erheblich vermehrte: er brachte das Areal der Dondanger Herrschaft auf ihren jetzigen Umfang von 17 □Meilen und stiftete daraus ein Fideicommiß. In Berlin baute er das unstreitig vornehmste Haus, was freilich bei unserer an aristokratischen Palästen so armen Hauptstadt nicht viel sagen will, und leider ereilte ihn der Tod, ehe er es mit in das Majorat aufnehmen konnte. Und auch er starb unbeerbt; aus zwei Ehen hatte er nur ein Töchterchen, welches er überlebte. Das Haus in Berlin wurde für 30 000 Thaler an den Buchhändler Reimer verkauft; er soll aus den venetianischen Spiegeln, die es enthielt, allein den Kaufpreis gedeckt haben. Jetzt ist es Ministerium des Königlichen Hauses. Den Nachfolger im Fideicommiß sollte seine Wittwe ernennen; sie bestimmte dazu den nächsten Vetter ihres Gemahls, den Freiherrn Ferdinand Christoph v. d. Osten-Sacken, auf welchen jedoch schon wenige Jahre später sein Sohn Carl Christian folgte. Auch dieser hatte seine drei Söhne zu begraben, sodaß das Majorat bei seinem im Jahre 1845 erfolgten Tode auf seinen Bruder Theodor überging. Von ihm erbte es dann dessen ältester Sohn Carl, der jetzige Besitzer.

Diese unregelmäßige Erbfolge in Dondangen gab Anlaß zu der Sage von der grünen Jungfer, deren verschiedene Lesarten auf folgendes hinauslaufen. Einem der früheren Besitzer — auch hier wird einmal ein Manteuffel, einmal ein Sacken genannt — soll eines Tages der Elfenkönig erschienen sein und die Bitte vorgetragen haben, ihm zur Feier seines Hochzeitsfestes den großen Rittersaal des Dondanger Schlosses für die kommende Nacht zu überlassen. Er würde ihn dafür mit einem reichen Schatze belohnen; dagegen müßte sich der Schloßherr zum strengsten Geheimniß darüber verpflichten, denn wenn ein Menschenauge das Fest gewahr würde, so müßte das größte Unheil daraus entstehen. Nun hätte aber die Schloßfrau eine Zofe gehabt, wegen ihrer Tracht im Schlosse gemeinhin die grüne Jungfer genannt und bekannt durch ihre unbezähmbare Neugier. Dieser Fehler hätte die Zofe nun auch dazu verleitet, zuerst das Gespräch zwischen ihrem Herrn und dem Elfenkönig, und dann das Fest der letzteren selbst zu belauschen. Kaum sei aber ihr erster Blick durch das Schlüsselloch in den Rittersaal gefallen, in welchem eben die Elfen ihren Reigen tanzten, so habe eine furchtbare Explosion das Schloß in seinen Grundfesten erbeben lassen; die grüne Jungfer sei ohnmächtig zu Boden gestürzt, der Elfenkönig aber in demselben Augenblick vor dem Lager des Schloßherrn erschienen und habe ihm verkündigt, daß der Dondanger Herrschaft im Schlosse so lange kein Erbe erwachsen werde, bis aus der auf dem Kragstein des alten Muttergottesbildes wachsenden Birke eine Wiege für denselben gefertigt werden könne. Und ebensolange solle die grüne Jungfer im Schlosse umgehen.

Auch der Kragstein, auf welchem jene Birke wuchs, hatte seine eigene Sage. Er ist noch über dem kleinen Ausfallpförtchen im östlichen Flügel des Schlosses zu sehen und trug früher ein steinernes Marienbild, eine bei den Burgen des deutschen Ordens regelmäßige Erscheinung. Berühmt ist das kolossale Mosaikbild der heil. Jungfrau am Hochschloß der Marienburg; in Dondangen war es eine einfache steinerne Bildsäule, die auf dem gedachten Kragstein stand. Nun wäre der unmittelbare Vorgänger des Ritters, welcher das Abenteuer mit dem Elfenkönig hatte, mit einem Nachbar in Fehde gerathen, und dieser hätte ihn unmittelbar vor dem Ausfallpförtchen seines eigenen Schlosses vom Pferde gestochen. Da sei das Marienbild von dem Kragstein herab grade auf den Gegner des Schloßherrn gestürzt und habe ihn auf der Stelle erschlagen. Aus dem Platze, wo es gestanden, sei nun die Birke entsprossen, die jedoch, wegen mangelnder Nahrung nicht über wenige Fuß erreichte, und deren Stämmchen nie stärker als fingerdick wurde.

Die späteren Besitzer, erschreckt durch diese Erscheinung, welche mit der unheilvollen Verkündigung

*) Die Familie Sacken scheint, worauf auch die allgemein übliche schärfere Aussprache des Anfangsbuchstaben spricht, wendischen Ursprungs zu sein, außer den Lieven's die einzige Familie des baltischen Landes. Schon zu nicht mehr festzustellender Zeit ist sie jedoch im Mannesstamme erloschen, und der Name ging, wahrscheinlich durch Heirath, an einen mit dem deutschen Orden nach Curland gekommenen Ritter v. d. Osten über, der die drei Sterne des Sacken'schen mit dem Schlüssel des Osten'schen Wappens vereinigte. So ist die Familie Osten-Sacken nach ihrer Abstammung im Mannesstamme, wie der ganze übrige baltische Adel, rein deutschen Ursprungs.

des Elfenkönigs in Beziehung zu stehen schien, hätten nun Gartenerde auf den Kragstein bringen lassen, um der Birke Nahrung zuzuführen. Aber umsonst! Die Erde wollte nicht haften, das Bäumchen nicht wachsen; die grüne Jungfer aber hätte sich, zum Schrecken der Bewohner, häufig im Schlosse sehen lassen, namentlich vor jedem Todesfall in der Familie.

Soweit die Sage. Thatsache aber ist, daß keiner der nachherigen Besitzer als Erbe von Dondangen geboren wurde, auch diejenigen nicht, welche direct auf ihre Väter folgten; denn sie lebten bereits, als die Letzteren durch das Aussterben der zunächst Berechtigten zur Erbfolge berufen wurden. Hierzu gehörten der Fürst und der jetzige Majoratsherr, der nach dem großen Vorfahren benannt wurde; Freiherr Carl v. d. Osten-Sacken zählte bereits 12 Jahre, als das Majorat nach dem Tode seines Oheims Carl Christian auf seinen Vater überging. Als er sich im Jahre 1857 mit Clara v. Krudeß a. d. H. Gielgudiszki vermählt und mit der jungen Frau seinen frohen Einzug in Dondangen gehalten hatte, trat ihm der Vater bald darauf die Verwaltung der Herrschaft ab, um seinen Lebens-Abend in Ruhe zu verbringen. Seine Mutter aber hatte das Birkenstämmchen, welches wirklich in den angegebenen Maßen, aus dem Kragstein über der kleinen Pforte sproßte, abnehmen und sein Holz als Fournier in das einer Wiege einfügen lassen, welche sie dem jungen Paare hinterließ, als sie bald nach dessen Einzug mit dem Tode abging. Und wirklich kehrte nunmehr Gottes reichster Segen ein in dem alten Schlosse: zahlreiche Kinder wurden da geboren, Töchter und Söhne, die stattlich heranwuchsen und von denen der Aelteste auch bereits wieder Nachkommenschaft hat. Und alle diese Kinder haben in jener Wiege gelegen.

Wie nun der Schloßherr von Dondangen den Mannesstamm seines Hauses vor dem sagenhaften Fluche bewahrt und festbegründet sieht, so blickt er auch festen Auges auf die Bestrebungen der Landesregierung, das alte patriarchale Adelsregiment durch die Segnungen des Panslavismus zu ersetzen. Aber wie in früheren Jahrhunderten die Nordspitze der Halbinsel von den verheerenden Raubzügen zahlreicher Feinde nicht so schwer heimgesucht wurde, als die übrigen Ostseeländer, wenn sie auch nicht ganz davon verschont blieb, so scheinen auch jetzt die russificirenden Maßregeln der Regierung nicht so leicht in jenen entlegenen Winkel vorzudringen. Zwar hat sie, in geringer Entfernung vom Schlosse, eine ihrer staatlichen „Kirchspielschulen" errichtet, welche die lettische Bevölkerung mit den 33 Conjugationen der russischen Sprache bekannt machen soll; zwar durchstreift der russische Wanderprediger das Land, um sie mit den Segnungen der griechischen Kirche zu beglücken, von der ein altes deutsches Lied so treffend sagt:

Wo man den Popen durchschaut, wenn er stahl,
Und dann die Hand ihm küßt mit einem Mal!

Zwar ist der Maßregel des vorigen Jahres, alle von der Ritterschaft eingesetzten Beamten einfach zu entlassen, auch der zweite Sohn des Hauses zum Opfer gefallen, welcher schon Assessor am nächsten Kreisgerichte war; zwar hat sich gegen den würdigen Vater selbst die Mörderhand einer durch die Manaseinsche Untersuchung in Anregung gebrachten revolutionären Existenz erhoben: aber wie Gott der Herr der mörderischen Kugel einen andern Weg anwies, welche vor wenig Jahren auf ihn abgefeuert wurde als er sich gerade zur Hochzeit seines ältesten Sohnes begab, so haben auch noch jene Maßregeln in keiner Weise vermocht, die Stellung des „Dondangschen Barons" zu erschüttern, unter welcher Bezeichnung er im ganzen Lande bekannt ist. Noch wendet sich die eingeborene Bevölkerung in allen ihren Angelegenheiten an ihn, wie man täglich an den zahlreichen Bittstellern, Rath- und Hülfesuchenden beobachten kann, die sein Vorzimmer füllen; er besoldet die Geistlichen der vier Kirchspiele, einen Arzt und erhält ein Krankenhaus in Dondangen. Der daselbst stationirte russische Gensd'arme lebt auf seine Kosten und befolgt seine Weisungen wie die eines Vorgesetzten; die die Herrschaft bereisenden russischen Beamten sind auf seine Gastfreundschaft angewiesen, die auch Jedem in der vornehmsten Weise, aber doch mit Unterschied, zu Theil wird: nur der deutschredende russische Beamte wird zur Familientafel gezogen; der nur der russischen mächtige erhält seine immer sehr reichlichen und im großen Style des altvornehmen Hauses angerichteten Mahlzeiten auf dem Zimmer servirt.

Die durch die oben geschilderten Ereignisse allmählig frei gewordenen und jetzt auf eigenem Grund und Boden sitzenden lettischen Bauern, deren freundliche, mit russischen Dörfern nicht zu vergleichende Höfe überall zwischen den Grundstücken der ausgedehnten Herrschaft liegen, fahren allsonntäglich in ihren Leiterwagen mit den kleinen litthauischen Pferden davor, je nach der Lage ihres Hofes, in eine der vier Kirchen. Das hübsche Dondanger Gotteshaus liegt noch im Schloßpark, seine Vorderseite stößt aber an die Landstraße. Da sieht man an den Sonntagen fünfzig, ja hundert dieser kleinen Wagen halten, deren Insassen in der Kirche der lettischen Predigt des lutherischen Pastors lauschen. Jeden dritten Sonntag findet nach dem lettischen noch deutscher Gottesdienst statt, der nicht allein von der Herrschaft mit ihren Beamten und die fehlenden Gästen, sondern von dem ganzen deutsch redenden Theil der Bevölkerung besucht wird. Das geräumige Innere der Kirche zeigt die reichverzierten Grabmäler des Fürsten Sacken und seiner beiden Gemahlinnen, sowie anderer Vorfahren, während sich die jetzige Generation zur letzten Ruhestätte ein schönes Wäldchen erkoren hat.

Nach beendigtem Gottesdienste fährt der Schloßprediger von Dondangen nach seiner meilenweit entlegenen Filialkirche, um den religiösen Bedürfnissen der entfernt im Süden der Herrschaft belegenen Bauerschaften zu genügen. Für die Fischerdörfer am Strande und die im Norden belegenen Höfe bestehen noch zwei Bethäuser, von welchen die freundliche Strandkirche zu Gipken vor wenig Jahren erst von dem Majoratsherrn gebaut worden ist. Dort hält ein zweiter lutherischer Prediger allsonntäglich lettischen Gottesdienst und findet in beiden Kirchen ebenso zahlreichen Zuspruch als sein Amtsbruder in Dondangen. Nur vereinzelte schlechte Elemente gelingt es den russischen Emissären durch die Vorspiegelung, alles Land werde bald den „Junkers“ abgenommen und unter die „rechtgläubig“ gewordenen Bauern vertheilt werden, der griechischen Kirche zu gewinnen, die Meisten sind klug genug sich zu sagen: Wir wissen, was wir an unserm Baron, aber nicht, was wir von der griechischen Kirche zu erwarten haben. Und denen, welche nicht so klug sind, werden die Augen durch die schon an manchen Orten erfolgte thatsächliche Widerlegung jener Vorspiegelungen geöffnet. Und auch die neueste Maßregel der russischen Regierung, den evangelischen Geistlichen die Verwaltung der Pfarrgüter zu nehmen, ist da gegenstandslos, wo die Pastoren kein eigenes Gut haben, sondern ihre Inhaber vom Grundherrn besoldet werden.

Werfen wir nun zum Schluß noch einen Blick auf das alte Schloß selbst. Nachdem es über 600 Jahre jeden Wechsel überdauert, erst bischöfliche, dann herzogliche, dann nach vielfachem Besitzwechsel im vorigen Jahrhundert wieder zeitweilig kirchliche Residenz gewesen, hat es sich bis zum Jahr 1872 vollkommen in seiner ursprünglichen Gestalt erhalten. Da brach bei starkem Winde im Wirthschaftshofe Feuer aus, von dem leichten Flugfeuer entzündete sich das Schindeldach des Schloßthurmes, und das ehrwürdige Gebäude brannte bis auf die starken Mauern nieder. Der kostbare alte Hausrath, die an Schutz- und Trutzwaffen, an Merkwürdigkeiten aller Zeiten reiche Rüstkammer wurde ein Raub der Flammen und gerettet ward nur*) das an alten Urkunden reiche Archiv, wo für den Geschichtsforscher der Ostseelande noch manche werthvolle Quelle sprudelt. Und noch war die bei mangelnder Versicherung äußerst kostbare Wiederherstellung des großen Gebäudes nicht beendet, da brach im März d. J., durch Unvorsichtigkeit bei den Arbeiten, von Neuem Feuer aus und zerstörte wieder die Hälfte des unvollendeten Baus. Aber wie sich das edle Geschlecht früher der Ungunst der Zeiten nicht gebeugt hat, wie sein jetziger Vertreter den Widerwärtigkeiten der Gegenwart fest die Stirn bietet, so vermochte ihn auch dieser zweite Schlag nicht zu erschüttern; flugs machte er sich an den dritten Bau der alten, stolzen Ordensburg. Und sie ist auf dem Berge wieder zu erstehen auf der alten Stätte und zu altem Glanze, wie sie dereinst gegründet worden zum Schutze des Evangeliums gegen andersgläubende Feinde, so wird sie nun auch wieder einen festen Hort bieten, wo ein edler Mann einen guten Kampf kämpft, deutsches Recht, deutsche Sitte und den Segen der deutschen Reformation zu vertheidigen gegen die Wogen des hereinbrechenden Panslavismus und Byzantinismus.

Lambert Freih. v. Münchhausen.

*) Auch die Wiege, von der oben erzählt worden ist, wurde durch eine muthige Bäuerin gerettet, welche aus freien Stücken in das brennende Schloß drang, sie heraus zu holen.

Die Aebte von St. Denis.

Da die Aebte von Saint-Denis außer der Oriflamme auch die Krönungs-Insignien der Könige und ihre Festgewänder, nebst einem überaus reichen Kirchenschatze, der sich aus dem Nachlasse und durch die Seelenmessen für die seit Dagobert in ihren Kirchengewölben beerdigten Könige fortwährend vermehrte, in Verwahrung hatten, so steigerte sich ihr Ansehen und ihre Ansprüche wechselseitig. Sie betrachteten sich gleichsam als Schutzpatrone des Königs, der ihnen gegenüber nur ein simpler Graf von Vexin war, bis sie ihm Krone und Scepter herausgegeben. Bei Beerdigungen der Könige, die natürlich mit großem Pomp stattfanden, behielten sie sich, wie sie aus freier Wahl der Abteimitglieder hervorgingen, das ausschließliche Recht der Cultushandlungen vor. Dem Sarge des heiligen Ludwig verweigerten sie solange den Eintritt in die Kirche, bis der Erzbischof von Sens und der Bischof von Paris ihre bischöflichen Kleider und die Insignien ihrer Würde abgelegt hatten, die innerhalb des Territoriums der Abtei keine Geltung hätten. Selbst nach der Aufhebung der Abtei blieb die Anmaßung der Priester dieser Kirche dieselbe, und Carl X., als er sich über den langsamen Gang der Beisetzungsfeierlichkeiten Ludwig's XVIII. beschwerte, soll die spitzfindige Antwort erhalten haben, „das nächste Mal, Majestät, wollen wir es besser machen“. Bekanntlich fand der vertriebene Carl X. in der Klostergruft von Castagnavizza seine letzte Ruhestätte und die würdigen Priester von Saint-Denis wurden der Mühe überhoben, seine Leiche bei sich aufzunehmen: Ludwig XVIII. erwartet dem alten Brauche gemäß noch immer quer am Eingange der Gruft seinen Nachfolger. Die Kirche gleicht jetzt einem Museum oder Campo santo, da die Grabmäler der Fürsten alle aus den Grüften in die Seitenschiffe emporgeschafft worden sind, soweit sie noch vorhanden waren, indem alle bronzene Statuen auf Befehl des Convents zu Kanonenmetall eingeschmolzen wurden. Die Denkmäler für Ludwig XIII. und XIV. sind aus anderen Abteien hierher gebracht, indem seit Heinrich IV. die Könige keine Monumente in Saint-Denis hatten, sondern nur einfach beigesetzt wurden. Das berühmte von Jean Juste gearbeitete Grabmal, welches die lebensgroßen nackten Marmorbilder Ludwig's XII. und seiner Gemahlin Anna von

Verlagen zeigt, eröffnet an dem jetzigen Haupteingange (Nordportal) den Reigen dieses sehenswerthen fürstlichen Todtentanzes. Die Fürstengrüfte sind bekanntlich seit der Revolution, in welcher der Pöbel ein schmachvolles Todtengericht über seine Könige hielt und selbst Heinrich IV. seinen sogenannten Heroicenster entriß, größtentheils leer. Außer Ludwig XVIII. haben nur die beiden Tanten dieses Monarchen, Mesdames Adelaide und Victoire de France, Töchter Ludwig XV., die Anfang des Jahrhunderts zu Triest verstorben und deren Leichen nach der Restauration hierher geschafft wurden, sowie der 1820 ermordete Herzog von Berry und einige jung verstorbene Kinder desselben hier ihre letzte Ruhestätte gefunden. Von den Seitenlinien der Bourbons ruhen hier die beiden letzten Prinzen v. Condé und von den Valois nur die Königin Louise aus dem Hause Lothringen-Vaudemont, die Gemahlin Heinrich III., sowie Ludwig VII. von den Capetingern. Daß die sterblichen Ueberreste der beiden Letzteren der allgemeinen Gräberentweihung entgingen, kam einzig daher, daß sie an entlegenen wenig bekannten Orten beigesetzt waren. Die Königin ruhte ursprünglich bei den Capuzinerinnen der Straße Saint-Honoré, die 1689 nach der Rue Neuve des Capucines versetzt wurden, der König aber in der Abtei Barbeau bei Melun, von wo sie erst 1817 nach Saint-Denis überführt wurden. Als Königsgruft macht daher Saint-Denis nur einen sehr getheilten Eindruck, da nichts mehr intact und an seiner ursprünglichen Stelle ist, dagegen ist die von Viollet le Duc hergestellte Kirche von größter Wirkung.

Litteratur.

Die evangelischen Arbeitervereine in Rheinland und Westfalen, von Pastor Dentzmann zu Gelsenkirchen in Westfalen, zweite vermehrte Auflage mit 2 Anlagen: 1. Statut des evangelischen Arbeitervereins zu Gelsenkirchen; 2. Verzeichniß der evangelischen Arbeitervereine in Rheinland und Westfalen und Uebersicht über den Verband derselben, herausgegeben vom Sächsischen Provinzialausschuß für Innere Mission zu Magdeburg und zu beziehen durch dessen Bureau, sowie durch Emil Baensch, Königl. Hofbuchhändler, Nachf. E. C. Moß, 1890, 64 Seiten. 20 Pf.

„In erster Auflage", so äußert sich das Vorwort des Provinzialausschusses für Innere Mission zu Magdeburg vom 6. v. Mts. zur zweiten Auflage dieser Schrift, „war der nachfolgende Vortrag nahezu vergriffen. Die fortgesetzte Nachfrage wies darauf hin, daß auch nach der sich nunmehr anbahnenden Verbreitung der evangelischen Arbeitervereine über ihr Ursprungsgebiet hinaus, z. B. auch in unserer Provinz (nach Magdeburg, Halle, Erfurt), das Bedürfniß nach einer an der Quelle, aus eigenster Erfahrung geschöpften kurzen Darlegung der bisherigen Geschichte, sowie der treibenden Grundgedanken der ersten Vereine dieser Art nicht erloschen sei, sondern wohl bleiben und weiße Saat, noch wachsen werde. Der Herr Verfasser des Vortrags ließ auf unsere Bitte sich freundlichst bereit finden, denselben innerhalb des ursprünglichen Rahmens bis in die Gegenwart herein zu ergänzen, wofür wir ihm auch an dieser Stelle herzlich Dank sagen. Am Schlusse findet sich als zweite Beilage eine vom Herrn Verbandsagenten L. Fischer zu Gelsenkirchen aus gelieferte statistische Uebersicht über die in Rheinland und Westfalen bestehenden 96 evangelischen Arbeitervereine und den Verband, welchen 73 unter ihnen bilden.

Der HErr begleite das aus Liebe zu unserem evangelischen Volke und aus der Sorge um die Erhaltung seiner theuersten Güter geborene Wort des Vortrags auch ferner mit Seinem Segen."

Christlicher Volks-Kalender für 1891. Herausgegeben von der Diakonissen-Anstalt zu Kaiserswerth am Rhein. 50. Jahrgang. Jubel-Ausgabe. Verlag der Diakonissen-Anstalt zu Kaiserswerth am Rhein und zum Besten derselben. 128 S.

Das „Jubilate!" über dem schönen, diesjährigen Titelbilde zeigt schon, daß der Kaiserswerther Kalender sein goldenes Jubelfest feiert. Für das Jahr 1842 nämlich ließ Pastor Fliedner, gleich groß im Glauben wie im Lieben, „den freundlichen Erzähler und Rathgeber für die liebe Christenheit" zum ersten Male in die Welt hinausgehen. Mit dem Jahre 1891 also tritt der Kaiserswerther Kalender seine fünfzigste Wanderung an, nachdem seine erste Auflage von 1000 Exemplaren jetzt auf 110000 gestiegen ist; ein Zeichen, daß sich das Büchlein je länger je mehr Freunde in der evangelischen Christenheit durch Güte und Gediegenheit, sowie Reichhaltigkeit und practische Brauchbarkeit des Inhalts erworben hat. Es sei auch den Lesern dieses Blattes bestens empfohlen.

Der Bär. Illustrirte Wochenschrift für die Geschichte Berlins und der Mark. XVII. Jahrgang. Nr. 2. 11. October 1890.

Inhalt: Ein neues Geschlecht, Roman von H. v. Osterroth (Fortsetzung). — Anklageschrift aus einem Hexenprozesse des 17. Jahrhunderts, von Dr. Otto Kurth (Schluß). — Fritz Werners „Enthüllung des Königin Luise-Denkmals", von H. Vollmar. — Eine vergessene Strafe unserer deutschen Vorfahren, von Emil Fischel. — Zur Umgestaltung des Schloßplatzes (mit Abbild.). — Kleine Mittheilungen: Die Aula des „Berlinischen Gymnasiums zum Grauen Kloster" (mit Abbild.). — Der erste Schuß im siebenjährigen Kriege. — Das Rosenkranzbild in der Marienkirche zu Frankfurt a. O. — Der große Kurfürst und die Nachtigall. —

Carl Heymanns Verlag in Berlin W., Mauerstraße 14.

Gedruckt bei Julius Sittenfeld in Berlin.

Alle Zuschriften und Einsendungen in Angelegenheiten dieses Blattes wolle man an den Redacteur desselben: Geh. Hofrath Herrlich W. Potsdamer Straße Nr. 134c. zu Berlin richten.

[illegible]

Wochenblatt

der

Johanniter-Ordens-Balley Brandenburg.

[illegible]

Im Auftrage der Balley Brandenburg verantwortlich redigirt von C. Herrlich in Berlin.

Jahrg. 31. Berlin, den 5. November 1890. Nr. 45.

1. Johann Rudolf Hermann von Witzleben, Kammerherr, Rechtsritter seit 1864, † zu Wiesbaden 24. October 1890.
2. Otto von Gruenewaldt, Kaiserlich Russischer Staatsrath a. D. und Kammerherr, auf Koik in Ehstland, Ehrenritter seit 1843, † zu Reval 18. October 1890.

Die Gnadenkleider am Hofe Ludwigs XIV.

Die sogenannten habits à brevet sind die höchste Auszeichnung während der Regierung Ludwigs XIV. gewesen und es verlohnt daher wohl, in der Kürze auf dieselben hinzuweisen, um so mehr, als man in unseren Tagen in ähnlicher Weise wieder auf diese Institution zurückgekommen ist.

Am 2. October 1661 erklärte der König, daß er vom Anbeginn des folgenden Jahres an ungefähr dreißig Herren seines Hofes den blauen gestickten Leibrock (juste-au-corps bleue en broderie) verleihen würde, woran sich das Verbot für alle Andern knüpfen sollte, gleiche Röcke zu tragen. Die Liste der Herren, welche der König mit solcher Ehre ausgezeichnete, umfaßt 31 Namen, die Blüthe des damaligen Hofadels.

Es finden sich vier Prinzen von Geblüt darunter, Monsieur*), der einzige Bruder des Königs an der Spitze. Ohne diese Ernennung wäre selbst dieser davon ausgeschlossen gewesen. Es folgen der Prinz von Condé, damals erster Prinz von Geblüt, dessen Sohn, der Herzog von Enghien und der Herzog von Beaufort, welcher letzterer ein Enkel König Heinrichs IV. aus dessen Verbindung mit Gabriele d'Estrées stammte. Mehrere andere Prinzen von Geblüt, als der Prinz von Conti, aus der Nebenlinie der Condé, der Herzog von Longueville*), der Herzog von Vendome, Bruder des Herzogs von Beaufort, fehlen in dieser Liste und waren also von dieser Gunst ausgeschlossen.

Von den Vertretern fremder Mächte war nur der englische Botschafter, Milord Crofts darunter; es war als sollte damit gezeigt werden, daß das diplomatische Corps Theil an dieser Gunst des Monarchen haben solle, aber die Weglassung aller übrigen Gesandten wurde durch diesen einen Einzigen unter ihnen gewährten Vorzug um so fühlbarer.**)

Es waren mit der Verleihung dieser habits à brevet eine Menge von Prärogativen verknüpft, die sie als einen Beweis außerordentlicher Gunst erscheinen ließen. So hatten die damit Begnadeten zu jeder Zeit und an allen Orten freien Zutritt zum Könige; das Recht, ihn auf allen Reisen und zu allen Jagden begleiten zu können, während sonst zu dem Aufenthalt des Hofes in Marly und Fontainebleau rc. besonders eingeladen wurde.

Die Zahl der habits à brevet wurde in der Folge auf vier und vierzig erhöht.

Es gab bekanntlich 100 Ritter der königlichen Orden, d. h. 100 Ritter des heiligen Geist-Ordens, die aber Ritter der königlichen Orden hießen, weil sie

*) Philippe Herzog von Orleans, der Stammvater des gegenwärtigen Hauses, 1640 1701. Aus seiner ersten Ehe mit Henriette Stuart hatte er nur Töchter, aus der zweiten Ehe mit Elisabeth Charlotte von der Pfalz einen Sohn Philipp II. Regent von Frankreich 1674 1723, und Elisabeth Charlotte, die letzte Herzogin von Lothringen, Mutter Kaiser Franz I. Monsieur als fils de France und sein Sohn als petit fils de France gehörten noch zur engern Königlichen Familie, sein Enkel aber Louis, der dritte Herzog von Orleans, war nur erster Prinz von Geblüt.

*) Die Herzöge von Longueville stammten von Jean, Comte de Dunois, Bastard Louis de France, Herzog von Orleans zweiter Sohn König Carl's V. ab. Er war eine Zeit lang der Waffengefährte der Jungfrau von Orleans.

**) Außer den genannten finden sich: den Grafen v. Armagnac aus dem Hause Lothringen, den Herzog v. Bouillon (la Tour d'Auvergne), Marschall v. [illegible], Graf v. [illegible], Graf v. [illegible] ([illegible]), Herzog v. St. Aignan, Graf v. [illegible], Graf v. [illegible], Marquis v. [illegible], Graf v. [illegible], Marquis v. [illegible], Marquis v. [illegible] ([illegible]), Herzog v. [illegible], Marquis v. [illegible], Graf v. [illegible], Graf v. [illegible], Herzog v. [illegible], Graf v. la [illegible], Marquis v. [illegible], Marquis v. [illegible], Marquis v. [illegible], Prince de Marsillac, Graf v. Grammont, Marquis v. [illegible] ([illegible]), Marquis v. [illegible].

gleichzeitig zu Rittern des St. Michael-Ordens ernannt wurden. Alle Herren, die das habit à brevet hatten, waren auch Inhaber desselben, mit Ausnahme des Marschalls von Turenne, der ihn wegen seines religiösen Bekenntnisses nicht haben konnte. Als er sieben Jahre später sich convertirte und zur katholischen Kirche übertrat, nahm er weder das Amt des Kronfeldherrn (connétable), das man für ihn erneuern wollte, noch das blaue Band an, indem er seine Bekehrung von allen weltlichen Interessen frei halten wollte. Dieser große Mann, einer der größten Feldherren seiner Zeit, fiel bei Sasbach den 27. Juli 1675 und wurde in der Königsgruft zu Saint-Denis beigesetzt. Als man im October 1793 die Königsgrüfte zerstörte, ließ man sein Grab unbeschädigt, und erst im April 1796 wurde sein Monument nach dem Kloster der kleinen Augustiner im Faubourg Saint Germain verlegt, wo man damals alle historisch wichtigen Monumente vereinigte; später wurde es von dort nach dem Invalidendom gebracht, wo man es noch heute bewundern kann.

Die Abtei Saint Wandrille.

Das Kloster von Saint Wandrille liegt im Departement Seine-Inférieure (Normandie) und gehört zu den ältesten, durch den künstlerischen Werth ihrer Ueberreste berühmten Abteien Frankreichs und soll demnächst versteigert werden. Es ist nicht das erste Mal, daß ihr dieses Schicksal widerfährt. Im Jahre 1792 kam sie bereits als eingezogenes Nationalgut unter den Hammer und wurde von einem Industriellen erstanden, welcher darin eine Stecknadelfabrik einrichtete. Später wurde sie in eine Baumwollenspinnerei, dann in eine Militärbäckerei umgewandelt und erst seit dem Jahre 1863, wo sie von dem englischen Herzoge von Stackpoole (?) angekauft und einigermaßen restaurirt und gereinigt wurde, dient sie keinem praktischen Zwecke mehr. In das Kloster Saint Wandrille verlegt die Sage einige Abenteuer Roberts des Teufels, und als es seiner Zeit galt, für die Friedhofsscene der Meyerbeer'schen Oper einen decorativen Hintergrund zu schaffen, ließ der Componist einfach den Kreuzgang dieser Abtei aufnehmen. Diese Decoration diente auch den anderen Bühnen zum Muster, und darum kennt heute so ziemlich alle Welt diese alte Architectur mit ihren hochstrebenden, von massiven Pfeilern getragenen Spitzbogen, durch welche der Mond sein phantastisches Licht auf die Gräber wirft. Dieser Kreuzgang, der zwar beschädigt, aber im ganzen Umfange erhalten ist, soll nun verkauft werden; ebenso das berühmte, von Jacques Hommet im 16. Jahrhundert erbaute „Lavabo", der Saal, in dem die Brüder ihre Waschungen vornahmen; ferner die Ruinen der Basilica, das Refectorium und jene später zu einer Capelle umgestaltete Einsiedelei des heiligen Saturnin, in welcher der letzte Merovinger Thierry, der Sohn Childeric III.*) nach dem Sturze seiner Dynastie im 8. Jahrhundert sein Leben beschloß. So berichtet wenigstens die Chronik dieser Abtei, die damals Fontenelles hieß, aber mit der späteren von Saint Wandrille in der Diöcese von Rouen identisch ist. Es ist zu wünschen, daß dieses von den ehrwürdigsten, geschichtlichen Erinnerungen geradezu erdrückte Bauwerk, an welchem drei Stilepochen, die romanische, die gothische und die der Renaissance, ihre Kunst bethätigt haben, nicht wieder eine seinem Charakter entgegengesetzte Bestimmung erhalte und als ein würdiges Denkzeichen der Vergangenheit bewahrt werde.

Das Diakonissen-Mutter- und Krankenhaus in Danzig

hat seinen Bericht, das Jahr 1889 umfassend, veröffentlicht, aus dem hervorgeht, daß dasselbe sich einer fortgesetzt segensreichen Weiterentwickelung zu erfreuen gehabt hat.

Es wurden im letzten Jahre in der Anstalt, die im Ganzen für 130 Kranke Raum hat, 1000 Kranke an 31 669 Pflegetagen behandelt. Von denselben wurden 750 als geheilt, 50 als ungeheilt entlassen, 98 starben, sodaß am Jahresschlusse noch ein Bestand von 102 Kranken verblieb. Am 15. Februar 1890 erreichte die Zahl der Kranken ihre größte Höhe, nämlich 115.

Trotz der geringen Höhe der Pflegesätze, welche für einen Kranken 1. Klasse 4 Mk., für einen Kranken 2. Klasse 2 Mk. und für einen 3. Klasse sogar nur 75 Pf. beträgt, wurde doch noch außerdem für 6756 Verpflegungstage völlige Kostenfreiheit und auf den bei der Frau Oberin gestellten Antrag für 2850 Tage bedeutende Ermäßigung gewährt.

Trotz der reichlichen Arbeit, welche den Schwestern des Hauses in der Anstalt selbst erwuchs, wurde es doch ermöglicht, daß einige derselben bei Familien in und außerhalb der Stadt in 297 Tagen und 291 Nächten Privatpflege übten.

Aber nicht nur im Krankenhause der Mutteranstalt entfalteten die Danziger Diakonissen eine rastlose, aufopfernde Thätigkeit, auch sonst in der Stadt Danzig auf 7 Stationen, ferner auf 33 Stationen in Westpreußen, 13 in Pommern, 2 in Posen, 7 in Brandenburg, 4 in Sachsen und 2 in Mecklenburg, also in allem auf 61 Außenstationen widmen sie ihre Kräfte dem Wohle ihrer leidenden Mitmenschen, wie auch der Erziehung und Ueberwachung armer Kinder in Kleinkinderschulen und Waisenhäusern. Von den 124 auf Außenstationen thätigen Diakonissen stehen 23 Kleinkinderschulen vor, 11 sind in Waisenhäusern und Asylen und 90 fast ausschließlich mit Armen- und Krankenpflege beschäftigt.

*) Childeric III. lebte nach seiner Entsetzung im Kloster Sithiu in der Diöcese Therouanne, der späteren Abtei St. Bertin in St. Omer; er starb daselbst im Jahre 754 vor dem 27. Juli. (Vergl. [illegible], Bd. I, p. 14.)

In der Stadt Danzig und außerhalb derselben wurde von den Schwestern auf insgesammt 45 Stationen Gemeindepflege geübt. Im Laufe des Jahres 1889 machten sie 74 874 Besuche und wachten 707 Nächte bei ihren Kranken.

Privatpflege übten die Schwestern auf 18 Stationen meist in engem Zusammenhange mit der Gemeindepflege und leisteten in 1167 Tagen und Nächten bemittelten Kranken Pflege und Unterstützung.

In engerer oder weiterer Verbindung mit der Gemeindepflege, bisweilen ganz selbstständig, unterhielt das Danziger Mutterhaus auf 20 Stationen Kleinkinderschulen, in denen Kinder vom 4. Jahre an bis zum schulpflichtigen Alter von dazu besonders ausgebildeten Schwestern beaufsichtigt und in mancherlei Weise beschäftigt wurden. In diesen Schulen befanden sich 116 Kinder.

Ferner nahmen die Schwestern im Vorjahre an 18 Sonntagsschulen helfend theil, wobei sie 620 Kinder unter ihrer Obhut hatten.

Auf 9 Stationen waren Jungfrauen- oder Nähvereine mit insgesammt 129 Mitgliedern.

Auf 9 Stationen befanden sich Strick- und Nähschulen mit 296 größeren Schulmädchen.

Auch andere Anstalten versorgt das Danziger Haus mit Schwestern, so namentlich 13 Krankenhäuser. Unter diesen sind besonders die großen städtischen Krankenhäuser in Stettin und Stralsund, sowie die Land-Irrenanstalt in Görlitz zu nennen, in welcher über 100 Kranke sich befinden und ganz oder theilweise der Pflege der Schwestern überwiesen sind. In diesen Krankenhäusern verpflegten die Schwestern im Vorjahre 4706 Kranke in 152 313 Verpflegungstagen mit 876 Nachtwachen.

Auch 4 Waisenhäuser mit 120 Kindern wurden von den Schwestern versehen; endlich 3 Siechenhäuser mit im Ganzen 40 Pflegebefohlenen.

Aufgegeben wurde im Vorjahre von den Außenstationen die Kleinkinderschule in Zoppot und das Krankenhaus in Penzlin. Dagegen wurden neu übernommen: das Krankenhaus in Neumark in Westpreußen, die Kleinkinderschule in Briesen, die Gemeindepflege in Gerbstädt, in St. Katharinen-Danzig, in St. Marien-Danzig, in St. Johann-Danzig und in St. Bartholomäi-Danzig.

Verstärkt wurde die Schwesternzahl in St. Barbara in Danzig und im städtischen Krankenhause in Stettin um je eine Schwester. In Krojanke hat die dort stationirte, bisher Gemeindepflege übende Schwester die Leitung des daselbst eingerichteten kleinen Krankenhauses übernommen.

Die Einnahme, die dem Danziger Hause aus der Außenarbeit der Schwestern erwuchs, betrug für das Kalenderjahr 1889 22 258 Mk. 75 Pf.

All diese Arbeit zu übernehmen war jedoch nur dadurch möglich geworden, daß in den letzten beiden Jahren eine größere Reihe von christlichen Jungfrauen sich meldeten, um ihre Kräfte in den Dienst christlicher Barmherzigkeit und dem Danziger Mutterhause zur Verfügung zu stellen.

Die Schwesternzahl hat sich gegen die Angabe des letzten, vor 2 Jahren veröffentlichten Berichts um 12 vermehrt. 5 Schwestern schieden im Laufe des Vorjahres aus dem Verbande aus. Im Ganzen betrug am 17. März 1890, dem Jahresfeste des Hauses, die Zahl der Diakonissen 79. Außerdem zählte die Anstalt 60 Novizen und 26 Probeschwestern, sodaß im Ganzen 165 Schwestern vorhanden waren, von denen 41 im Hause, 124 auf den Außenstationen arbeiteten. (Am 17. März 1888 betrug die Gesammtzahl 140 Schwestern.)

Auch eine Zahl von Schülerinnen, jungen Mädchen unter 18 Jahren, hatte die Anstalt bisweilen zur Ausbildung für den Diakonissenberuf; ihre Zahl schwankte zwischen 6 und 10.

Hilfreiche Hand in der Arbeit leisteten dem Diakonissenhause meist noch zwei Johanniterdamen, die entweder als Lehrpflegerinnen oder auch als dienende Schwestern des Ordens im Hause weilten.

Ein ganz besonderes Fest beging das Danziger Diakonissenhaus am Anfang dieses Jahres; es galt der Wiederkehr des Tages, an welchem vor 40 Jahren die hochverdiente Frau Oberin Leopoldine von Zehr in den Dienst der weiblichen Diakonie eingetreten war. Der Vorstand des Hauses stiftete ihr zu Ehren ein Freibett unter dem Namen „Leopoldine von Zehr Freibettstiftung".

Die Kassenverhältnisse der Anstalt würden günstige zu nennen sein, wenn nicht in Folge der Ausführung der Neubauten so beträchtliche Kosten entstanden wären, von denen noch ein großer Theil, 66 600 Mk., ungedeckt ist. Die Ausgaben und Einnahmen balancirten am Schlusse des Rechnungsjahres mit 78 631 Mk. 21 Pf.

Annales de l'Ordre de Malte ou des Hospitaliers de Saint Jean de Jérusalem, *Chevaliers de Rhodes et de Malte, depuis son origine jusqu'à nos jours. Du Grand-Prieuré de Bohême-Autriche et du service de santé volontaire, avec les listes officielles des chevaliers-profès et de justice, des chevaliers d'honneur, etc.,* par Fritz de Salles. Vienne, Imprimerie St. Norbert, éditeur. 1889. (494 S. gr. 8vo).

So lautet der etwas lange Titel eines Werkes, das in diesen Blättern zu besprechen, wir nicht unterlassen können, da dasselbe bei vielen Irrthümern und Unklarheiten, die es enthält, doch auch manches bisher Unbekannte bringt, und über die gegenwärtige Organisation des katholischen Zweiges des Johanniter-Ordens Mittheilungen macht, die in solcher Vollständigkeit bisher noch nicht bekannt geworden sind. —

Auf ein, auf Grund von Forschungen beruhendes Geschichtswerk kann das vorliegende Buch nach seiner

Seite zum Anspruch machen, es liegt vielmehr, so weit es die Vergangenheit des Ordens betrifft, einfach eine völlig oberflächliche Compilation aus Ordensmerken vor, wie der Verfasser dies auch selbst in ehrlicher Weise auf Seite 239 u. 240 ausdrücklich vermerkt. — Es ist diese Art der Entstehung des Buches um so erklärlicher, als dasselbe der Suite einer Anzahl von Büchern angehört, die der Verfasser über religiöse Ritter-Orden herauszugeben die Absicht hat und von denen er bereits eine Geschichte des „Deutschen Ordens“ — gleichfalls merkwürdiger Weise in französischer Sprache — 1887 veröffentlichte. —

Wie wenig der Verfasser mit der Geschichte des Johanniter-Ordens bekannt ist, geht recht auffällig aus seinen Ausführungen über das Großpriorat von Böhmen hervor, hier nennt er Seite 250 als zweiten „précepteur général“ den „frère Clémens“ (1252 bis 1255) und bezeichnet ihn „en même temps grand-prieur d'Allemagne, et, comme tel, ayant le titre et le rang de prince du Saint-Empire romain“, während es ihm bei einiger Kenntniß mit der Ordensgeschichte hätte bekannt sein müssen, daß die Würde als deutscher Reichsfürst erst dem Großprior von Deutschland Schilling von Cannstatt im Jahre 1548 — also fast 300 Jahre später — vom Kaiser Karl V. für sich und seine Nachfolger im deutschen Großpriorate verliehen worden ist! —

Doch betrachten wir uns das in Rede stehende Buch etwas näher, so sehen wir, daß dasselbe Ihrer Majestät der Königin-Regentin von Spanien Maria Christine gewidmet ist. Die 16 Druckseiten umfassende Dedication enthält, neben einer Menge historischer Details, die insbesondere die spanische Zunge des Ordens betreffen, auch die nicht uninteressante Angabe, daß durch das Decret des Königs Alphons XII. d. d. Madrid den 4. September 1885 der Johanniter-Orden spanischer Zunge wieder aufgerichtet und durch die Königin-Regentin bestätigt und ausgeführt worden sei. Weitere Mittheilungen diesbezüglich sind im Buche selbst darüber nicht vorhanden, wohl aber befindet sich im Anhange desselben, auf den wir später zurückzukommen gedenken, Seite 478—486 unter Nr. VIII und IX eine namentliche Liste der Mitglieder der Zungen von Kastilien und Aragon vom 4. September 1885.

Der Dedication folgt die Einleitung, 11 Seiten umfassend. Sie giebt einen Abriß der Geschichte des Ordens bis zur Gegenwart und enthält in einer Anmerkung folgende Mittheilung:

„Es giebt eine Kaiserliche Ordre vom 20. März „1813, welche die allmälige Auflösung des Jo„hanniter-Ordens in Oesterreich aussprach; aber „die Ausführung dieses Decrets ist bis heute „suspendirt worden, ohne daß es jemals aufge„hoben wäre. (Die Güter sollten dem militairischen „Maria Theresien-Orden zufallen. — Es giebt ein „analoges und ebenso in suspenso gebliebenes „Decret hinsichtlich des Deutschen „Ordens.)“

Nachdem der Verfasser kurz angegeben, daß nach dem Tode des letzten Großmeisters des Ordens Johann Tommasi, die Wahl eines neuen Großmeisters nicht mehr stattgefunden, sondern von der römischen Curie dem Ordenscapitel nur das Recht der Wahl eines Statthalters des Meisterthums, dessen Bestätigung dem Papste vorbehalten blieb, zugestanden wurde, kommt er zu dem letzten Statthalter des Ordens, den Grafen Johann Baptist Ceschi de Santa-Croce, der 1872 erwählt und bestätigt worden ist, und berichtet, daß demselben vom Papste Leo XIII. durch ein Breve vom 28. März 1879 die Würde als Großmeister des Ordens, unter Beilegung des Titels und Ranges eines Cardinals verliehen worden sei. Durch ein Breve von demselben Tage hat Papst Leo die Vorrechte und Statuten des Ordens bestätigt und den „souverainen“ Orden St. Johannis von Jerusalem wieder hergestellt. In einer Anmerkung ergeht sich Monsieur de Salles über die Souveränität des Ordens wie folgt: „Man muß die Souveränität nicht „in absolutem Sinne verstehen, denn der Orden streift „seinen Mitgliedern die Nationalität nicht ab, um „ihnen einen besonderen Charakter aufzuprägen, und „er entbindet sie nicht von den Verpflichtungen, die für „einen Jeden von ihnen aus seiner Nationalität ent„springen. Sein Grundbesitz ist der Besteuerung und „den allgemeinen Gesetzen unterworfen, welche das „Eigenthum in den Staaten regeln, wo es liegt. „Das einzige Merkmal dieser Souveränität ist das „Gesandtschaftsrecht, aber auch seine Gesandten sind „Unterthanen einer Macht, derjenigen, deren Sprache „sie sprechen. Aus allen diesen Gründen haben wir „das Wort: „souverän“ selbst im Titel dieses Werkes „fortgelassen. Wenn wir es hier erwähnt haben, so „war es deshalb, um zu konstatiren, daß der Orden „ein Recht auf diese Bezeichnung hat, nicht um eine „thatsächliche Souveränität hervorzuheben, die er nicht „besitzt seit dem Tage, wo er den Besitz Maltas und die wirkliche Herrschaft, welche er dort ausübte, verloren hat.“

Kaiser Franz Josef von Oesterreich hat die Wiederherstellung der Würde des Großmeisters dadurch sanctionirt, daß er dem neuen Großmeister und seinen Nachfolgern durch Erlaß vom 27. December 1880 die einem Cardinale gebührenden Ehren, sowie den Rang eines österreichischen Fürsten innerhalb der Staaten seiner Krone zugestand. — Durch Erlaß vom 7. April 1881 verlieh der Kaiser dann dem Großprior von Böhmen-Oesterreich und seinen Nachfolgern österreichischen Fürstenrang, in Anerkennung der dem Staate, der Kirche, dem Orden und den leidenden Mitmenschen geleisteten Dienste, und endlich, um seinem erhabenen Wohlwollen die Krone aufzusetzen, geruhte er die Insignien des Großkreuzes des Ordens anzunehmen, dem Ihre Majestät die Kaiserin Elisabeth seit dem 11. Mai 1873 als Großkreuz-Dame angehört, *c. *c.

Demnächst folgen die Annalen des Ordens, der

mit Gérard (1099—1118) beginnen und mit dem gegenwärtigen Großmeister „Frère Jean Baptiste Ceschi de Santa Croce“ endigen. —

Ueber die Reformation des Malteser-Ordens in Spanien, wo im Jahre 1802 vom Könige Carl IV. mittelst zweier Decrete vom 20. Januar und 17. April 1802 die Zungen des Ordens von Castilien und Aragon sammt ihren Ahambleas aufgelöst und die Besitzungen derselben mit den Krongütern vereinigt wurden, der König aber den Orden fortbestehen ließ und sich selbst zum Großmeister desselben erklärte, — berichtet Monsieur de Salles unter Abdruck des Königlichen Decrets vom 4. September 1885. Danach bilden die Mitglieder des Malteser-Ordens eine corporative Vereinigung, ähnlich derjenigen der schlesischen, rheinisch-westfälischen und britischen Malteser-Ritter, mit dem Hauptsitze in Madrid.

Das betreffende Königliche Decret lautet in der Uebersetzung wie folgt:

„In Erwägung der durch Meinen Staatsminister in Uebereinstimmung mit dem Ministerrathe Mir vorgetragenen Gründe, will ich bestimmen was folgt:

Artikel 1. Die Verleihungen des Ordenskleides des berühmten und ehrwürdigen Ordens St. Johannis zu Jerusalem, in dem auf die Zungen von Castilien und Aragon bezüglichen Theile, welche in Zukunft durch den von Seiner Heiligkeit ernannten Großmeister des Ordens ertheilt werden sollen, entsprechend den durch die Statuten des Ordens auferlegten Bedingungen und mit Genehmigung des spanischen Capitels, werden in Spanien anerkannt und die damit Beliehenen ermächtigt, die Ordensabzeichen zu tragen.

Artikel 2. Die gegenwärtig bestehenden Capitel der Zungen von Castilien und Aragon sollen in Zukunft zu einem Capitel vereinigt werden und Meine Regierung wird, im Einverständnisse mit dem Großmeister des Ordens, die ferneren Befugnisse desselben bestimmen.

Artikel 3. Die gegenwärtigen Ordensritter sollen in der neuen Organisation dieselben Insignien und dieselbe Uniform behalten, welche sie jetzt haben, ebenso die damit verbundenen Privilegien, welche der Ordens-Großmeister im Namen Seiner Heiligkeit anerkannt hat.

Artikel 4. Kein spanischer Unterthan soll in Spanien die Insignien des Ordens St. Johannis tragen dürfen, ohne zuvor die erforderliche Genehmigung erhalten zu haben, die er durch Vermittelung des Staatsministeriums nachsuchen soll.

Artikel 5. Die Archive der Zungen von Aragon und Castilien werden mit dem des genannten Ministeriums vereinigt.

Artikel 6. Die Königlichen Decrete vom 20. Januar 1802, 26. Juli 1847 und 28. October 1851 werden bezüglich aller von diesem Decret abweichenden Bestimmungen aufgehoben.

Gegeben Schloß St. Ildephonso, den 4. September 1885. gez. Alphonso.

gegengez.: Der Staatsminister: J. Elduayen.“

Den Mittheilungen über den spanischen Zweig des Ordens folgen solche über das vom Malteser-Orden im Jahre 1876 dem Gebrauche übergebene, ungefähr 4 englische Meilen von Jerusalem und 2 englische Meilen von Bethlehem gelegene Hospiz und Krankenhaus „Tantur“, nach dem Hügel auf dem es liegt so genannt, der Terris Jacob der Tradition. Dies Besitzthum umfaßt gegen 16 Hectare, ist nach und nach angekauft und in seiner größeren Hälfte urbar gemacht und bepflanzt worden. Am oberen, ziemlich großen Plateau steht das Hauptgebäude von schloßartiger Bauart, mit einer großen schönen Kapelle St. Johannis, sowie dem ca. 25 Schritte abstehenden Spitalgebäude, als rechten Flügel, mit festen Umfassungsmauern, Stallungen und anderen Nebengebäuden.

Nähere Mittheilungen über diese Schöpfung des Malteser-Ordens, die ihr Entstehen zumeist der Gnade Sr. Majestät des Kaisers Franz Josef I. verdankt, haben wir bereits in Nr. 2 dieses Blattes vom 10. Januar 1877 S. 9 u. f. gebracht. —

Der zweite Abschnitt unter der Ueberschrift: „Annales du Grand-Prieuré de Bohême-Autriche dürfte, soweit er sich auf die ältere Geschichte derselben bezieht, wohl der schwächste Theil des Buches sein.*)

Im Anhange — S. 307—494 — sind Urkunden, Listen rc. enthalten. Den Schluß dieses Anhanges bilden die namentlichen Listen der jetzt vorhandenen Mitglieder der Zungen des Malteser-Ordens, die vom 15. Februar 1889 datiren und dem Verfasser durch das Großmeisterthum in Rom zugegangen sind.

Danach steht zur Zeit an der Spitze des Ordens der „Cardinal-Großmeister Jean-Baptiste Prinz Ceschi de Santa-Croce (Altesse eminentissime), unter ihm:

4 Mitglieder des Conseils, als Repräsentanten

*) Die vom Verfasser auf Seite 232 und 23 seines Buches, Abschnitt III. „Die Archive des Ordens“ gemachten Mittheilungen, dürften die gewünschten Erläuterungen dafür geben, weshalb wir sie wörtlich hier folgen lassen: . . . . Quant à d'autres archives et quant à celles sortant du grand-prieuré à Prague, elles sont à peu près inabordables, par suite du désordre qui y règne, et, disons-le, du parti-pris de dignitaires provinciaux qui jouent au mystère ... ainsi que rien puisse justifier leur opinion que le silence est la meilleure sauvegarde d'Ordre. Il est heureux qu'il ne dépende pas de ces hauts personnages, dont l'un fit répondre un jour à l'auteur de ces Annales, propriis verbis, „qu'il ne voulait pas qu'on écrivît sur son Ordre“, que le passé de l'Ordre de Malte ne soit encore et toujours un glorieux champ d'exploration pour l'histoire, et que l'Ordre ne s'accorde pas assez de leurs personnages pour qu'il soit condamné à l'obscurité dans le présent. Ils sont les serviteurs de l'Ordre, mais l'historien qui en dépeint le présent, le passé et l'avenir, à la lumière de la foi et de la vérité, n'est pas astreint à subir leur loi, et les leçons de l'histoire ne peuvent qu'être utiles à l'Ordre. Ces façons mystérieuses n'ont pas profité aux Templiers. Nous avons donc passé outre, en nous abstenant de tous les renseignements et documents que nous avons pu nous procurer par une autre voie . . . .

der Großpriorate Rom, Böhmen, Lombardei-Venetien und Beider Sizilien,
1 Canzler, als Secretair des Consils,
1 Stellvertreter des Canzlers,
1 Secretär des Schatzes,
1 Conservator (vacant),
1 Secretair des Großmeisters (vacant),
1 Secretair der Canzlei des Großmeisterthums,
1 Ceremonienmeister,
1 Protector beim heiligen Stuhle,
121 Rechtsrittern (Chevaliers de justice). —

Die italienische Zunge, die sich theilt in die Großpriorate Rom, Lombardei-Venetien und Beider Sizilien, umfaßt:

a) im Großpriorate von Rom:
1 Großprior, 1 Receveur (Schatzmeister), 8 Commendatoren, 3 Geistliche, 6 Ballis Ehren- und Devotions-Großkreuze, 58 Ehrenritter und 2 Gnaden-Ritter (Chevaliers de grâce Magistrale).

b) im Großpriorate Lombardei-Venetien:
1 Großprior, 1 Schatzmeister, 7 Commendatoren, 2 Ballis Ehren- und Devotions-Großkreuze, 110 Ehrenritter und 8 Gnaden-Ritter.

c) im Großpriorate Beider Sizilien:
1 Großprior, 1 Schatzmeister, 8 Commendatoren, 1 Geistlicher, 2 Ehren- und Devotions-Großkreuze, 93 Ehrenritter und 0 Gnaden-Ritter.

Die deutsche Zunge umfaßt:

Das Großpriorat Böhmen-Oesterreich, mit:
1 Prinz-Groß-Prior, 1 Balli, 10 Commendatoren, 1 Geistlicher, 1 Schatzmeister, 1 Commendatore du service de santé, 1 außerordentlichen Gesandten und bevollmächtigten Minister, 1 Chef des Hospizes Tantur bei Jerusalem, 1 Canzler, 1 Syndikus, 19 Ballis Ehren- und Devotions-Großkreuze, unter ihnen Seine Majestät der Kaiser Franz Josef I. seit 1879, Seine Majestät der König von Belgien Leopold II. seit 1870, Seine Majestät der König Albert von Sachsen seit 1877, Seine Majestät der König Carl I. von Württemberg seit 1859, 6 Damen Ehren- und Devotions-Großkreuze, 170 Ehrenritter und 8 Gnaden-Ritter.

Ferner sind aufzuführen:

a) die Association der Ritter in Rheinland und Westfalen, bestehend aus:
1 Präsidenten und 56 Ehrenrittern.

b) die Association der Ritter in Schlesien, bestehend aus:
1 Präsidenten und 66 Ehrenrittern, sowie 1 Gnaden-Ritter.

Die Association der Ritter in Großbritannien, bestehend aus:
1 Präsidenten, 5 Rechtsrittern, 11 Ehrenrittern und 3 Gnaden-Rittern.

Die Zungen von Castilien und Aragonien, jetzt Zunge: Castilien-Aragonien, umfaßt:
1 Präsidenten, 1 Vice-Präsidenten, 1 Schatzmeister, 7 Ordensräthe, 1 Secretär, 1 Großkreuzballi, 1 Großkreuz-Dame (Ihre Majestät die Königin-Regentin von Spanien), 2 Ehrenritter und 206 Ritter in der Zeit von 1840—1867 von der Krone Spanien ernannt. Die Ernennung der letzteren zu Ordensrittern ist in der Sitzung des Ordensraths vom 14. Januar 1884 anerkannt worden.

Außerdem giebt es Mitglieder des Ordens, die außerhalb der Zungen und der Associationen derselben stehen, es sind dies:
1 Rechtsritter, 11 Ballis Großkreuze, darunter Seine Majestät der Kaiser Don Pedro II. von Brasilien seit 1846, Seine Majestät der Kaiser Alexander III. von Rußland seit 1875 und Seine Königliche Hoheit der Prinz Albert Edward von Wales seit 1881, 3 Damen-Großkreuze, 292 Ehrenritter.

Der Johanniter-Malteser-Orden zählt somit, nach dem Stande vom 15. Februar 1889, im Ganzen 1425 Mitglieder. S. H.

Litteratur.

Anzeiger des germanischen Nationalmuseums. 1890. Nr. 5. September und October.

Inhalt: I. Chronik des germanischen Museums. — Stiftungen. — Neu angemeldete Jahresbeiträge. — Einmalige Geldgeschenke. — Zuwachs der Sammlungen. — II. Mittheilungen aus dem germanischen Nationalmuseum. Bogen 10 – 12. — Die Kaiserurkunden des germanischen Nationalmuseums. — III. Vom Interregnum bis zum Tode Ruprechts. 1256 – 1410. Von Dr. Heinrich Wendt. — III. Katalog der Originalskulpturen. Bogen 7 und 8 nebst Tafel IX—XII.

Der Bär. Illustrirte Wochenschrift für die Geschichte Berlins und der Mark. XVII. Jahrgang. Nr. 4. 25. October 1890.

Inhalt: Der Kaiserin und Königin Auguste Victoria. Zum 22. October, von E. M. Witte. — Ein neues Geschlecht, Roman von H. v. Dedenroth (Fortsetzung). — Zum neunzigjährigen Geburtstag Moltke's, von D. theol. Bernhard Rogge (mit 4 Abbildungen). — Generalversammlung des Gesammtvereins der deutschen Geschichts- und Alterthumsvereine zu Schwerin i. M. (Schluß). — Kleine Mittheilungen: Zu Feldmarschall Graf Moltke's neunzigjährigem Geburtstage, Gedicht von C. G. — Die Begrüßung Moltke's durch fremde Offiziere bei einem Manöver. — Ueber das fehlende Portepée am Denkmal Blüchers. — Was hat die Stadtbahn geleistet. — Die 200 jährige Jubelfeier des Königl. Französischen Gymnasiums zu Berlin. — Die Molkenwelt.

Carl Heymanns Verlag in Berlin W., Mauerstraße 14. Gedruckt bei Julius Sittenfeld in Berlin.

Alle Zuschriften und Sendungen in Angelegenheiten dieses Blattes wolle man an den Redacteur desselben, Geh. Hofrath Herrich W. Potsdamer Straße Nr. 134 c. zu Berlin richten.

[illegible]

Wochenblatt
der
Johanniter-Ordens-Balley Brandenburg.

[illegible]

Im Auftrage der Balley Brandenburg verantwortlich redigirt von G. Herrlich in Berlin.

Jahrg. 31. Berlin, den 12. November 1890. Nr. 46.

Die geistlichen Orden in Straßburg.

Bei der Kirche zum alten St. Peter in Straßburg führt die Brücke über den Kanal zum Faubourg national hinüber. Diese Vorstadt hieß ehemals „zu den unteren Wagnern", später die weiße Vorstadt, nach dem weißen Thurme, der im sechzehnten Jahrhundert hier erbaut wurde und der noch existirt. Wie alle die Vorstädte der Nordwestseite wurde auch diese erst gegen Ende des vierzehnten Jahrhunderts in den Stadtbering gezogen. Vorher war die eigentliche Stadt durch eine hohe Mauer abgeschlossen, an der sich achtzehn Thürme bis zur Ursulankirche hinzogen. Drei hohe Thürme mit Zugbrücken bezeichneten an dieser Seite die Thore zu den Vorstädten. Das Zollthor vor dem Faubourg national, das Speirerthor vor der Kronenburger Vorstadt Faubourg de Saverne und das Burgthor vor der Steinstraße.

In dieser Vorstadt befand sich einst der Johanniterhof mit seinen weitläufigen Häuser- und Gartenanlagen, an den noch jetzt die Johannisstraße erinnert. Die Johanniter besaßen bereits zahlreiche Comthureien im Elsaß, ehe sie noch in der Hauptstadt desselben einen Sitz hatten. Da war es jener bekannte Mystiker und Zeitgenosse Taulers, Rulmann Merswin, der, angetrieben von jenem geheimnißvollen Gottesmann im Oberlande, welcher die ganze mystische Bewegung jener Zeit beherrschte, im Jahre 1371 die grüne Insel der Ill und eine Stiftung des Bischofs Werner von Hüneburg ankaufte, eine Kirche erbaute, sie mit Wohnhäusern und Gartenanlagen umgab und Alles dann an die Johanniterritter schenkte. Der Großprior des Ordens für Deutschland, Conrad von Brunsberg, erwählte die neue Stiftung zu seiner Residenz und nahm Rulmann in den Orden auf. 1382 endigte hier Rulmann Merswin sein beschauliches Leben.

Die großartigen Räume des Johanniterhofes, die eine weite Fläche zwischen der Ill und der St. Johannesstraße einnahmen, beherbergten nicht selten hohe Gäste. Der Kaiser Maximilian I, der sich so gerne in Straßburg aufhielt, nahm hier oft sein Absteigequartier. Der Eckthurm der Befestigungen des Johanniterhofes, der sogenannte Teufelsthurm, der dicht an der Ill stand, war sein Lieblingsaufenthalt. Von hier sah der Kaiser mit jener beschaulichen Ruhe, die er so liebte, auf die vorüberströmenden Wasser der Ill, oder hinüber nach den blauen Bergrücken, die im Osten und Westen die Landschaft einfassen. Hier unterhielt er sich mit dem weisen Geiler von Kaysersberg über die Heilswahrheiten des Christenthums, nachdem er am Vormittag die Predigt desselben im Münster gehört hatte. Hier bestieg er oft das Boot, um sich auf der Ill auf und ab rudern zu lassen oder sich zu seiner Tochter Margarethe*) zu begeben, zu der Herzogin-Wittwe von Savoyen, die im Gasthof zum Geist wohnte. Nach dem Tode ihres Gatten 1511, hatte sich diese Fürstin wegen der Differenzen, die sie mit dessen Nachfolger, dem Herzog Carl, in Betreff ihres Witthums hatte, zu ihrem Vater zurückgezogen.

Ein solcher Aufenthalt des hohen Gastes kostete die geistlichen Herren nicht wenig. „Sie beklagten sich," erzählt der Chronist, „deshalb bei Doctor Kaisersberger und begehrten seinen Rath wie der Sach' abzuhelfen, mit Erweitern, sie als Brüder würdens in die Länge nicht erschwingen mögen, darauf er sagte: hättet ihr gebaut wie arme Brüder, so hättet ihr diese Gäste nicht, weil ihr aber gebaut wie Fürsten, ist's auch billig, daß ihr solche beherbergt."

Obgleich der Rath der Stadt im sechzehnten

*) Margarethe von Oesterreich, einzige Tochter Max I. und der Maria von Burgund 1480–1530. Sie war erst mit dem Dauphin Karl, später Karl VIII verlobt, dann nachdem dieser sie ihrem Vater zurückgeschickt mit Juan Thronerben von Spanien 1497 vermählt, endlich nach dessen frühzeitigem Tode 1501 mit Philibert dem Schönen, Herzog von Savoyen. Sie wurde in der Folge Statthalterin der Niederlande und erwarb sich als solche große Verdienste und Ruhm. Bekannt ist die Grabschrift, die sie sich selbst machte, als bei der Ueberfahrt nach Spanien ein heftiger Sturm ihr Schiff zu verschlingen drohte:

Ci gît Margot, la gente Demoiselle,
Qu'eut deux maris, et si mourut pucelle

Jahrhundert den Johannitern die öffentliche Ausübung des Gottesdienstes verbot, blieben sie doch im Besitz ihrer Räumlichkeiten bis zum dreißigjährigen Kriege. Um diese Zeit wies ihnen die Stadt als Aufenthalt die Propstei von St. Peter dem Jungen zu, und ließ auf dem Flächenraum des Johanniter-Klosters Befestigungen anlegen, die zum Theil noch bestehen. 1781 baute man auf dem Platze der alten Comthurei das Correctionshaus.

Der Comthurei gegenüber befand sich das Augustiner-Kloster, von dem keine Spur mehr geblieben ist, da die alles verwandelnde Zeit auf den Platz desselben ein Gasthaus „zur Stadt Nancy" gestellt hat. Die Augustiner, deren Orden dem großen deutschen Reformator angehört hatte, waren hier in Straßburg die heftigsten Bekämpfer seiner Kirchenverbesserung. Treger, der Provinzial derselben, veröffentlichte 1524 seine Paradoxen gegen die kirchliche Neuerung und forderte die Anhänger derselben zum Kampfe heraus. Die reformatorischen Geister nahmen den Fehdehandschuh auf und im Augustinerkloster sollte es zu einer öffentlichen Disputation kommen, für die der Rath drei Schiedsrichter ernannte. Aber der Bischof verbot Treger an der Disputation Theil zu nehmen, und der Streit wogte nun hin und her in Schrift und Gegenschrift. „Das Evangelium fing an zu gebären in den Köpfen der guten Bürger, wenn sie Abends in den Weinstuben saßen." Auch die Weiber waren erregt; sie richteten eine Adresse an die Reformatoren und erboten sich, die papistischen Prediger mit ihren Spinnrocken aus der Kirche zu jagen. Der Rath steuerte der Streitlust der Weiber, aber das Augustinerkloster wurde bald in eine Herberge für arme Pilger (Elenden Herberge) umgewandelt.

Auch die Deutschritter hatten ihren Sitz in diesem Stadttheil bis zum Jahre 1633, in welchem die Stadt auch ihre Räumlichkeiten in Beschlag nahm. Wegen ihres weltlichen Treibens waren diese geistlichen Herren wenig angesehen, wie das Volkswort bezeugt:

Kleid aus, Kleid an,
Essen, trinken, schlafen gan,
Ist die Arbeit, so die deutschen Herren han.

Der einst so stille Sitz der geistlichen Orden ist jetzt einer der lebhaftesten Stadttheile Straßburgs. Diese Vorstadt ist von alten Zeiten her der Hauptsitz der Straßburger Gärtnerzunft gewesen. Die Zunft der Gärtner war die einzige, die in drei Zunftstuben vertheilt war, von denen jede ein besonderes Zunftgericht hatte. Die erstere dieser Zunftstuben, die der Gärtner-Untermagner, befand sich eben hier in der Weißthurmstraße (rue nationale No. 8) während die zweite sich in der Steinstraße, die dritte in der Krautenau befand. Derb und bieder, fleißig und sparsam, die Sitten der Väter treu bewahrend, wie das alte Hausgeräth, so hat sich diese reiche Zunft der Gärtner bis in die neueste Zeit erhalten. Ob sie auch den rauflustigen Charakter bewahrt hat, den man ihren Ahnen nachsagte und der schon 1507 den Kaiser Maximilian veranlaßte, sich bei dem Rath zu beschweren, weil die Gärtner den Troß seiner Knechte durchgeprügelt hatten? Von ihrem aufbrausenden Trotz legt auch folgende Anekdote Zeugniß ab: Die Gärtner hatten von dem Ertrag ihrer Felder bei Königshofen den Zehnten an das Capitel von St. Thomas abzugeben, wofür dieses ihre Zinspflichtigen mit einem Gastmahl zu regaliren pflegte. Im Jahre 1418 war die Ernte recht reichlich ausgefallen, aber trotzdem unterließen die Kanoniker von St. Thomas die übliche Einladung, weil sie einen Mißbrauch abschaffen wollten, der Küche und Keller des Capitels so sehr in Anspruch nahm. Die Gärtner erbittert über das knauserige Benehmen, steckten die Garbenhaufen, die noch auf dem Feld standen, in Brand, und machten ihrer Erbitterung in folgendem Verse Luft, der in einen Stein eingegraben wurde:

Großes Zehntbegehren,
Der Pfaffen Geitigkeit,
Der Bauern Bosheit
[illegible] Brannt den zehnten Ao. 1418.

1480 fand man diesen Stein bei Befestigungsarbeiten und fügte ihn bei dem Bau des weißen Thurmes den Mauern desselben ein.

Während die bis jetzt beschriebenen geistlichen Stifte sämmtlich fern von dem geschäftigen Treiben der alten Reichsstadt friedlich geborgen in der Vorstadt „zu den untern Wagnern" lagen, hatten die Dominicaner ihren Sitz mitten im Centrum der Stadt unfern des Barfüßer-, jetzigen Kleberplatzes. Biegt man, ihn verlassend, in das Schulgäßchen ein, so kommen wir zu der neuen Kirche, früher die Kirche der Dominicaner. Diese waren im Jahre 1210 nach Straßburg gekommen, um, wie Specklin sagt, „wider die Ketzer zu reformieren"; „denn dieweil der Papst die Kaiser bannte, derweil rissen sich die Ketzer ein in allen Landen." Die Früchte ihrer Thätigkeit zeigten sich bald genug; der Name der Ketzergrub zwischen der Weißthurm-Vorstadt und der Kronenburger Vorstadt (jetzt Kageneckerbruch genannt) erzählt uns von den achtzig Waldensern, die im Jahre 1212 verbrannt wurden. Kleinlawel in seiner gereimten Chronik:

1212. In dieser Zeit waren im Land
Viel Leut', die man Waldenser nannt.
Die sagten, daß der Papst in Lehren
Die ganze heil'ge Schrift thät' verkehren.
Drum wurden sie alle verbannet
Und wo man sie befand, verbrannet.
Und in diesem zwölften Jahr hat
Man auch in Straßburg vor der Stadt
Achtzig auf einen Tag verbrannt;
Wird noch die Ketzergrub genannt.

Der Rath sah sich veranlaßt, ihrem Eifer zu steuern; er verbot ihnen, ohne ausdrückliche höhere Genehmigung mit Nachspüren und Verhören der sogenannten Irrgläubigen sich ferner abzugeben. Im Volke ge-

genossen jedoch die Dominicaner großes Ansehen. Die heilige Elisabeth stiftete ihnen bei ihrem Besuche Straßburgs ein Kloster, dessen Räumlichkeiten dem immer mehr anwachsenden Orden jedoch bald nicht mehr genügten. Reiche Stiftungen einiger Chorherren des hohen Stiftes und der adligen Geschlechter Burggraf*) und Rebstock**) ermöglichten den Bau eines größeren Klosters und einer stattlichen Kirche, die im Jahre 1260 eingeweiht wurde. Der große Thurm der Kirche wurde erst ein halbes Jahrhundert später erbaut.

Zu der Zeit, als das päpstliche Interdict auf allen Ländern und Städten lag, die den Kaiser Ludwig den Bayer anerkannten, hörten auch die Dominicaner auf, Messe zu lesen und zu predigen. Der Rath ließ ihnen hierauf sagen: „Da sie hätten zuvor gesungen, so sollen sie auch fürder singen, oder aber aus der Stadt springen." Hierauf zogen die Dominicaner aus der Stadt und ließen ihr Kloster über drei Jahre leerstehen. Zehn Jahre später lebte ein Mann im Predigerkloster, der unter seinen Zeitgenossen das höchste Ansehen genoß, Johannes Tauler. Sein Grabstein in der Kirche zeigt der Nachwelt sein Bild, in Lebensgröße eingehauen; in der linken Hand hält er ein agnus dei, auf das er mit der rechten hindeutet. Ueber dem Haupte stehen die Worte abgekürzt: In Jesu Christo, auf der Brust unter einem Wappen J. H. S. (Johannes Tauler). Ein unvergänglicheres Denkmal aber hat er sich selbst gesetzt in seinen Predigten und Erbauungsschriften, unter denen die „Nachfolge des armen Lebens Jesu (Köln 1548)" den ersten Rang einnimmt.

In der Reformationszeit wurde das Kloster bald von den Mönchen verlassen. Nach dem Interim wurde die Kirche definitiv dem evangelischen Gottesdienst übergeben, und nach der Capitulation Straßburgs, die das Münster den Katholischen zurückgab, wurde sie die Hauptkirche der Evangelischen.

Aus dem verlassenen Klostergebäude aber wuchs jenes Straßburger Gymnasium hervor, das in der Geschichte der Pädagogik eine so bedeutende Stelle einnimmt. Eine neue Schule mit der neuen Kirche zu verbinden — das war die Absicht der Reformatoren auch in Straßburg, und der Rath der Stadt war einsichtsvoll genug, ihre Pläne zu fördern. Nachdem der gelehrte Wimpfeling seine Ansichten über ein neues Unterrichtsinstitut zur Verbreitung der classischen Studien dem Rathe eingereicht hatte, beschloß man, an die Spitze dieses Instituts einen erfahrenen Pädagogen und tüchtigen Mann der Wissenschaft zu berufen. Der Stättmeister Sturm von Sturmeck war es, der die Wahl auf Johannes Sturm von Schleiden lenkte; dieser eröffnete am 22. März 1538 die neue Schule, die unter seiner Leitung bald rasch emporblühen sollte.

*) Die Straßburger Burggrafen waren bischöfliche Beamte, die die Aufsicht über die Zünfte, Straßen, Mauern und Gräben der Stadt führten. In älteren Urkunden kommen die Titel burgravius und urbis praefectus als gleichbedeutend vor und würde dann [illegible] 1096 urbis praefectum der älteste bekannte Burggraf sein. Das Amt wurde erblich und die Nachfolger des Anshelmus nahmen davon den Familiennamen an. Gottfried [illegible] burgravius 1156, war der letzte der alten Burggrafen; nachher hörte das Amt auf erblich zu sein und kam an verschiedene Geschlechter.

**) Die Rebstock gehören zu den ausgestorbenen Adelsgeschlechtern in Straßburg. Ulrich R. soll 1299 mit Graf Rudolf von Habsburg nach Jerusalem gezogen sein. In späteren Jahren erscheint Konrad R. zuerst im Rath, wo die R. bis 1494 vertreten waren. Johann Gabriel R. † 1. April 1619 als der letzte seines Geschlechts. Wappen: roth [illegible] quer getheilt, oben 3 [illegible].

Das Diakonissen-Mutterhaus in Philadelphia.
(Mary J. Drexel Home.)

Wiederholt haben wir in den letzten Jahren von den Fortschritten der Diakonissensache in Nord-Amerika berichtet und besonders von dem neuen Diakonissenhause in Philadelphia erzählt, welches sich bei der letzten General-Conferenz in Kaiserswerth dem Bunde unserer Diakonissenhäuser angeschlossen hat. Heute dürfen wir von dieser jungen Anstalt fröhliche Nachricht weiter geben, wie sie „der Diakonissen-Freund", eine von Pastor A. Cordes, dem Rector des Hauses, herausgegebene Monatsschrift über das Meer bringt. Am 3. October des vorigen Jahres ist das erste Jahresfest der Anstalt gefeiert worden und zugleich die Einsegnung von drei Diakonissen, ganz in dem Geiste und in der Weise, wie sie Gemeingut der deutschen Mutterhäuser geworden ist. Wohl zum ersten Male ist jenseits des Oceans bei dieser Gelegenheit das köstliche Gebet zur Geltung gebracht worden, welches schon in der alten Kirche bei der Einsegnung von Diakonissen gebraucht wurde: „Ewiger und barmherziger Gott, Vater unseres Herrn Jesu Christi, der Du Mann und Weib zu Deinem Dienste geschaffen, eine Mirjam und Debora, Hanna und Hulda mit dem Heiligen Geist erfüllt, in der Stiftshütte und im Tempel Hüterinnen Deiner heiligen Pforte eingesetzt und ein Weib der Geburt Deines eingeborenen Sohnes gewürdigt hast: siehe Du Selbst auch jetzt gnädig herab auf diese Deine Mägde, welche zu Deinem Dienste verordnet sind, gieb ihnen den Heiligen Geist und reinige sie von aller Befleckung des Fleisches und des Geistes, damit sie das ihnen befohlene Werk würdig vollbringen zu Deiner Ehre und zu Lobe Deines Christus, mit welchem sei Dir und dem Heiligen Geiste Preis und Anbetung in Ewigkeit Amen." —

Durch diese Einsegnung ist die Zahl der Diakonissen in Philadelphia auf 12 gestiegen. Außerdem waren „14 Hülfsschwestern" und 5 Probeschwestern vorhanden und eine war in die Vorprobe aufgenommen. Unter diesen 32 Schwestern befanden sich nur zwei, welche in Nord-Amerika geboren sind, auch drei von deutscher Abstammung, die übrigen alle sind aus Deutschland oder Schweden in Amerika eingewandert. Dieser Umstand weist auf die größte Schwierigkeit hin, mit welcher die Ausbreitung des Diakonissenwerks in den vereinigten Staaten bisher zu kämpfen hatte und noch zu kämpfen hat. Die geborenen Amerikanerinnen scheinen sich noch schwerer als die europäischen Jungfrauen entschließen zu können, sich dem festen Verband einer Schwesternschaft anzuschließen und auch die Liebe Christi, von der doch auch jenseit des Oceans viele Herzen gedrungen werden, ist bisher nicht stark genug gewesen, diesen Widerwillen gegen die theilweise Aufgabe der persönlichen Freiheit zu überwinden. Das muß anders werden, wenn die Diakonissensache in den evangelischen Kirchen Nord-Amerikas feste Wurzeln schlagen soll, aber es wird viel Geduld und Arbeit kosten, bis dieses Ziel erreicht wird; hat doch der theure Pastor Passavant in Pittsburg, welcher vor mehr als 40 Jahren den seligen Fliedner mit seinen Diakonissen über das Meer rief, bis heute vergeblich auf die Erfüllung seiner Hoffnung warten müssen. Das neue Diakonissenhaus in Philadelphia hat gewiß den rechten Weg eingeschlagen, um die Vorurtheile gegen das Diakonissenamt in der dortigen weiblichen Jugend zu überwinden, indem es in diesen Tagen eine Mädchenschule eröffnet, in welcher die Ausbildung sich bis in das Jungfrauenalter hinein erstrecken soll. Zugleich dient dieses deutsche Diakonissenhaus, welches der gemäßigt lutherischen Richtung angehört, den eng verbundenen Kirchengemeinschaften der Schweden und Norweger die Bruderhand, um Schwestern auch für ihre in der Gründung begriffenen Diakonissenhäuser auszubilden. Kürzlich hatten wir hier in Kaiserswerth die Freude, eine in Philadelphia geschulte Schwedin zu begrüßen, welche die Vorsteherin des schwedischen Hauses in Omaha (Staat Nebraska) werden soll, und auch an das norwegische Diakonissenhaus in Minneapolis (Staat Minnesota) sollen zwei Diakonissen aus Philadelphia abgegeben werden.

Das Köstlichste an dem jungen nord-amerikanischen Diakonissenwerk ist dieses, daß sich überall die Kirchengemeinschaften als solche desselben annehmen und es nicht als eine Sache freier christlicher Vereine, sondern als ihre eigene Angelegenheit ansehen. So durfte der Rector des Diakonissenhauses in Philadelphia auf der diesjährigen Jahresversammlung des ev.-luther. Ministeriums von Pennsylvanien und der benachbarten Staaten den Bericht über den gegenwärtigen Stand seines Hauses vorlegen; demselben entnehmen wir noch das Folgende:

Unsere Schwesternschaft besteht gegenwärtig aus 12 Diakonissen, 8 Hilfsschwestern und 11 Probeschwestern. In Summa 31. Dazu kommen: 1 in Vorprobe Stehende und 6 Pensionärinnen, d. h. solche Jungfrauen, die nur vorübergehend in unserer Anstalt weilen, ohne in die Schwesternschaft eingegliedert zu sein, doch mit den Schwestern arbeiten, theils um uns zu helfen, theils um sich selbst auszubilden. Scheint auf den ersten Blick die Zahl unserer Schwestern gegen das Vorjahr abgenommen zu haben, so wird dieser Schein doch lediglich durch eine veränderte Zählung hervorgerufen. Wir rechnen nämlich in Vorprobe Stehende und Pensionärinnen, auch wenn letztere Tracht tragen, (z. B. die für Omaha bestimmten schwedischen Schwestern) nicht mehr mit. Da seit vorjährigem Berichtstermin 10 Schwestern eingetreten, 6 dagegen ausgetreten, beziehentlich entlassen sind, so hat sich die Zahl der Schwestern thatsächlich um 4 vermehrt. 8 Schwestern wurden am Jahresfeste zu Diakonissen eingesegnet.

Sehr erfreuliche Fortschritte haben wir in der Ausbildung der Schwestern thun dürfen. Der theoretische Lehrcursus für die Probeschwestern, der jedesmal im Winterhalbjahr zu absolviren ist und nicht nur Gegenstände des Berufs sondern auch der allgemeinen Bildung umfaßt, konnte während des letzten Winters zum ersten Male in vollem Umfange durchgeführt werden. Die zu unterrichtenden Probeschwestern wurden fast ganz aus der übrigen Arbeit genommen, und mit dem Arzt und dem Rector theilten sich noch zwei Lehrschwestern in den Unterricht. Die eine derselben übt zugleich das Amt der Probemeisterin, d. h. sie widmet ihre Zeit und Kraft in erster Linie den Neueintretenden als ihre besondere mütterliche Freundin, an die sie sich mit allen Anliegen vertrauensvoll wenden können. Es liegt auf der Hand, daß dadurch den Neulingen der erste Anfang und das Einleben in die Anstaltsordnung bedeutend erleichtert wird. Wir haben denn auch die glücklichsten Resultate mit dem Cursus und der Thätigkeit der Probemeisterin erzielt, indem die jungen Schwestern viel rascher und tiefer in ihren Beruf eingeführt worden sind, als es früher möglich war.

In dem vor etwas mehr als einem Jahr eröffneten Kinderhospital, der ersten eigenen Station des Mutterhauses, wurden bisher in runder Summe 150 Patienten durch unsere Schwestern verpflegt, von denen 10 starben, die übrigen aber fast sämmtlich geheilt oder doch wesentlich gebessert wurden. Kürzlich ist das Kinderhospital durch eine Klinik für Kinder erweitert worden, die sehr eifrig benutzt wird. Als zweite Station ist seit dem November vorigen Jahres das Altenheim hinzugekommen, und damit hat denn auch der Plan, der die erste Anregung zur Gründung unserer ganzen Anstalt gegeben hat, seine Verwirklichung gefunden. Das Heim bietet Raum für 36 Insassen, soll aber nur ganz allmählich besetzt werden. Augenblicklich wohnen 24 Personen in demselben.

Die Arbeit unserer Schwestern im deutschen Hospital wie in der Gemeindepflege hat ihren regelmäßigen Verlauf genommen. Für die Gemeindepflege aber steht im kommenden Jahre eine erfreuliche Erweiterung in Aussicht, indem die deutsch-lutherische Zions-Gemeinde in Philadelphia um Ueberlassung einer Gemeindeschwester nachgesucht hat und wir im Herbst diesem Gesuch entsprechen zu können hoffen. —

Wer über den Fortgang des Diakonissenwerks in Nord-Amerika mehr erfahren will, dem sei die oben genannte Zeitschrift „Der Diakonissen-Freund“ bestens empfohlen. Sie ist von dem Herausgeber, Rektor A. Cordes, Mary J. Drexel Home, Philadelphia, Pa., zu beziehen zu dem Preise von 65 Cent.

(„Armen- und Krankenfreund“.)

An den christlichen Adel Deutscher Nation, sonderlich an seine Jugend.

„Jetzt ist die Jugend Englands ganz in Gluth“, so sang einst Shakespeare von jener Zeit, als König Heinrich V. seine junge Mannschaft zum Krieg gegen Frankreich in die Waffen rief. — „Jetzt ist die Jugend Deutschlands ganz in Gluth“, so war es in der That und Wahrheit in jenen großen Tagen des Jahres 1870, als Preußen an Deutschlands Spitze Deutsche Jünglinge zum Kampf gegen den Erbfeind aufrief. — Es war ergreifend anzusehen, wie nach den blutigen Schlachttagen vor Metz am 14., 16. und 18. August große Schaaren Freiwilliger, darunter viele Studenten der Theologie, bei der Feldarmee erschienen, um die breiten Lücken auszufüllen, welche die französischen Kugeln gerissen hatten. — „Wir waren unserer 230 Freiwillige allein bei meinem Regiment, welches am Tage von Vionville-Mars-la-Tour mit am meisten geblutet“, sagte mir heute noch ein hannöverscher Pastor, und sein Auge glänzte in hoher Begeisterung, als er der Tage gedachte, in welchen seine im heißesten Streit in Blut und Feuer bewährte Brigade mitten in das Herz von Frankreich hineinmarschirte, um bei Beaune-la-Rolande und Orléans neue Lorbeeren zu pflücken. „Aber“, so fuhr er etwa fort, „sollte sich nicht Deutschlands Jugend mit ungleich heißerer Liebesglut zu den Waffen drängen, wenn ein größerer König zu einem viel gewaltigeren und edleren Kriege aufruft?“ Er meinte hiermit den schönen Kampf gegen die Mächte der Finsterniß, daheim und draußen, und er dachte dabei wohl in erster Linie an die jungen Theologen Deutschlands, von denen jetzt ja nicht wenig müßig am Markte stehen und warten, ob sie Jemand dingt. — Oh ja, wohl ist eine große Zeit für Deutschlands christliche Jugend und in erster Linie für die theologische Jugend angebrochen! Auf der ganzen Linie des geistlichen Kampfes, sowohl hier in der Heimat wie in der Heidenwelt draußen, ist eine entscheidungsvolle Stunde gekommen.

Mit nie geahnter Einigkeit, entschlossenem Willen und täglich wachsenden Streitkräften rücken hier in der Heimat die Mächte des sozialen Umsturzes mit der Devise „es ist kein Gott“ ins Feld. — Auf diesem Kampfplatze bedarf unser deutsches Volk, wenn es nicht tiefer und tiefer sinken soll, großer und treuer Schaaren entschlossener Kämpfer, die die Brüder lieb haben, auch die versinkenden, und die für Gott, König und Vaterland zu jedem Opfer bereit sind. Und zu einem gleich opferwilligen Leben fordert unser jetzt erweitertes Vaterland auf. — Gebiete, viermal so groß wie Deutschland selbst, theilweise dicht bevölkert, sind unter den Schutz des Deutschen Reiches und seiner guten, irdischen Waffen gestellt. Todesmuthige Naturforscher, Offiziere, Soldaten, Kaufleute, Beamte, stellen sich freiwillig in großen Schaaren ein, diese Gebiete deutscher Kultur zu unterwerfen, und dem deutschen Vaterland nutzbar zu machen; theils freilich um eigenen Vortheils willen, theils aber doch auch im Dienst der Wissenschaft, oder mit dem Wunsch, unsern schwarzen Brüdern wirklich Vortheil zu bringen, und vor allem auch im Gehorsam gegen ihre Obrigkeit. Alle sind bereit, ihr Leben an diese Aufgabe zu setzen, und eine nicht kleine Zahl hat es schon zum Opfer gebracht.

Aber wie steht es in diesen Gebieten in Bezug auf die Geistlichen Kämpfer aus und auf die Eroberung derselben für das Reich unseres himmlischen Königs? Mit fanatischem Eifer drängen auf der einen Seite die Diener des falschen Propheten unablässig vorwärts; desgleichen ist die römische Kirche bereits mit einer täglich wachsenden Schaar heldenmüthiger Streiter und Streiterinnen auf diesem Arbeitsfeld erschienen, um womöglich diese weiten Länderstrecken mit ihren Völkern unter den päpstlichen Stuhl zu bringen. Wir haben keine Ursache sie darüber zu schelten, sie thut nur, was sie vor Gott für recht hält. Soll nun die Kirche des lauteren Worts und Sakraments im Rückstand bleiben? Wohl hat eine Schaar opferwilliger Jünglinge, die vorzüglich der englischen Universitäten-Mission angehören, auch evangelischerseits die Arbeit in Ostafrika begonnen, und sie sind todesmuthig bis in das Seengebiet vorgedrungen. Eine nicht kleine Zahl, unter ihnen auch ein Bischof, hat ja so das Leben auf dem Kampfplatz gelassen. Aber das ganze, ungeheure Gebiet zwischen der Küste und den Seen ist noch unbesetzt, und die Nachricht, daß nun die Deutsch-evangelische Mission sich aufmachen will, von der Küste aus ihnen zu Hilfe zu kommen, hat, wie wir hören, die englischen Brüder mit großer Freude erfüllt. Werden sie auf unsere Hilfe nicht vergeblich oder nicht zu lange warten müssen?

Das westfälische Diakonenhaus Nazareth bei Bielefeld (in seiner jetzigen Gestalt ins Leben gerufen durch eine hochherzige Gabe des in Gott ruhenden Herrenmeisters des Johanniter-Ordens, Prinzen Carl v. Preußen, dem dann viele der Ritter mit ihren reichen Gaben folgten), in erster Linie nicht wie z. B. das Rauhe Haus für den Unterricht, sondern für die Krankenpflege bestimmt, hat nun zunächst contractlich die Verpflichtung übernommen, für die Ostafrikanische evangelische Missionsgesellschaft alle männlichen Kräfte der dienenden Liebe zu stellen, welche den Dienern am Wort zur Seite stehen sollen, um ihnen die Arbeit zu erleichtern. Gerade bei den unmündigen Völkern Afrikas reicht die Predigt des Evangeliums allein nicht aus, um sie für das Reich Gottes zu gewinnen, es müssen hier Thaten der Liebe hinzukommen, und zu diesen Liebesthaten gehört ja vor allem die Pflege der Kranken und Elenden. Sodann aber auch die Erziehung zu nützlichen Arbeiten aller Art. So haben es die Apostel schon gehalten (Ap. 20,35), so hat es auch unser Herr und Heiland verordnet Marc. (16, 18).

Damit wir nun aber unsern Verpflichtungen nachkommen können, muß uns Gott auch die nöthigen lebendigen Kräfte schenken. Unser Brüderhaus hat ja wohl eine schöne Streitschaar von Mitgliedern*), ist aber trotzdem durch Arbeit in der Heimat so erdrückt, daß es ihm schwer fällt ohne Zugang frischer Rekruten die nöthigen Streitkräfte in das große Feld der Heidenmission hinauszusenden. —

Für diesen Dienst sollte sich Niemand zu schade achten. Im Ganzen dürfen wir sagen, daß christliche Jungfrauen, auch aus den ersten Ständen des Vaterlandes, freiwillig gewesen sind, ihr Leben in den vordern Reihen zu lassen, und sind einige derselben auch bereits nach Ostafrika hinausgezogen. Sollte sich durch solches Beispiel nicht auch eine Anzahl junger Männer derselben äußeren Lebensstellung zur Nachfolge reizen lassen? — Wir haben schon einmal an dieser Stelle daran erinnert, daß die Glieder des Johanniter-Ordens in seinen ersten, schönen Tagen doch vor allen Dingen persönlich in den Dienst der Liebe traten und nach Römer 12, 1 ihre eigenen Leiber zu einem Opfer brachten, das da lebendigen heilig und Gott wohlgefällig war. — Sie gaben nicht nur Geld oder führten die Oberaufsicht in der Krankenpflege, sondern sie banden die Schürze selbst um, und hielten es für die höchste Ehre, wenn sie in den Kranken und Elenden ihren Herrn und Heiland pflegen durften. — Wir haben in den letzten Jahren die Freude gehabt, daß eine größere Anzahl von Kandidaten der Theologie als freie Mitglieder unserer Bruderschaft für solchen persönlichen Dienst der Liebe sich nicht nur technisch in der Krankenpflege auszubilden befleißigten, sondern nach allen Richtungen hin in gleicher Linie mit den Brüdern arbeiteten, und der erste aus unserer Brüderschaft, welcher als pflegender Bruder in die Heidenwelt hinausgezogen, ist selbst ein ordinirter Geistlicher, der den Dienst am Wort mit dem Dienst der pflegenden Liebe mit ganzer Freude verbindet. —

Es wäre dringend zu wünschen, und wir bitten Gott darum, daß eine größere Anzahl Jünglinge auch aus den höheren Ständen, die nicht gerade Theologen sind, sich zu solcher fröhlichen und seligen Arbeit gewinnen ließen. —

Wir bedürfen gerade auch für die Arbeit draußen auf dem Kampfplatz der Barmherzigkeit nicht blos gemeine Soldaten, sondern auch Offiziere und Unteroffiziere, die, wie es im irdischen Kampf der Fall ist, in allen Stücken jenen vorangehen. —

Wir möchten daher noch einmal die Thore des Bruderhauses Nazareth, sowie überhaupt unsere großen hiesigen Krankenanstalten für alle diejenigen evangelischen Jünglinge aller Stände weit aufgethan haben, welche sich in dieser Rüstkammer der Barmherzigkeit, für den schönen Dienst der dienenden Liebe die Waffen schärfen wollen, und willig sind, ihr Leben dem zu opfern, der sein Leben für uns gelassen hat. —

Bielefeld am 29. Oktober 1890.

F. v. Bodelschwingh, Pastor.
Vorsteher des westfälischen
Diakonen- und Diakonissenhauses.

---

*) Wir haben jetzt c. 145 Diakonen auf über 67 Arbeitsfeldern in Thätigkeit.

Litteratur.

Der Bär. Illustrirte Wochenschrift für die Geschichte Berlins und der Mark. XVII. Jahrgang. Nr. 5. 1. November 1890.

Inhalt: Ein neues Geschlecht. Roman von H. v. Osterroth (Fortsetzung). — Moltke in Ueterſen, von Ernst Friedel. — Kreuzpersdedich von dem Borne, Familiensage, von Ottilie Freiin v. Reichenstein. — Albrechts von Brandenburg mißlungene Gewaltstreiche auf Ochsenfurt und Salzfeld in Bayern, von Ernst Krowski. — Kleine Mittheilungen: Das Lessing-Denkmal in Berlin (mit Abbildung). — Der 100jährige Geburtstag Adolf Diesterwegs (mit Abbild.). — Die Schweizer und der Rhein. — Dies. — Eine Berliner Schulbaurkunde aus dem Jahre 1821.

Aufsätze und Notizen, welche sich für dies Blatt eignen, insbesondere solche von Johanniter-Rittern verfaßt, sind der Redaction stets willkommen.

Carl Heymanns Verlag in Berlin W., Mauerstraße 44.

Gedruckt bei Julius Sittenfeld in Berlin.

Alle Zuschriften und Einsendungen in Angelegenheiten dieses Blattes wolle man an den Redakteur desselben: Geh. Hofrath Herrlich W. Potsdamer Straße Nr. 134 c. zu Berlin richten.

[illegible]

Wochenblatt der Johanniter-Ordens-Balley Brandenburg.

[illegible]

Im Auftrage der Balley Brandenburg verantwortlich redigirt von C. Herrlich in Berlin.

Jahrg. 31. Berlin, den 19. November 1890. Nr. 47.

Uebersicht der in den Kranken- und Siechenhäusern des Johanniter-Ordens am 1. November 1890 befindlich gewesenen Kranken und Siechen.

Nr.	Namen der Orte, wo sich die Häuser befinden	[illegible]	Summa [illegible]	[illegible]	[illegible]
1.	Sonnenburg:				
	Bestand am 1. October 1890	54			
	Zugang pro	18			
		[illegible]			
	Abgang	28			
	Bleibt Bestand	44	44	1 491	70
2.	[illegible]:				
	Bestand am 1. October 1890	[illegible]			
	Zugang pro	37			
		65			
	Abgang	49			
	Bleibt Bestand	17	45	1 275	90
3.	Groß-Lichterfelde:				
	([illegible])				
	Bestand am 1. October 1890	67			
	Zugang pro	42			
		109			
	Abgang	20			
	Bleibt Bestand	[illegible]	[illegible]	[illegible]	1[illegible]0
4.	[illegible]:				
	Bestand am 1. October 1890	16			
	Zugang pro	84			
		100			
	Abgang	10			
	Bleibt Bestand	90	90	668	[illegible]
5.	[illegible]:				
	Bestand am 1. October 1890	52			
	Zugang pro	16			
		68			
	Abgang	14			
	Bleibt Bestand	54	54	1 [illegible]	56
6.	[illegible]:				
	Bestand am 1. October 1890	15			
	Zugang pro	10			
		25			
	Abgang	12			
	Bleibt Bestand	13	15	1 [illegible]	50
7.	[illegible]:				
	Bestand am 1. October 1890	30			
	Zugang pro	16			
		46			
	Abgang	18			
	Bleibt Bestand	[illegible]	[illegible]	[illegible]	15
	zu übertragen		290	5 [illegible]	495
	Übertrag		290	5 [illegible]	495
8.	[illegible]:				
	Bestand am 1. October 1890	15			
	Zugang pro	7			
		[illegible]			
	Abgang	11			
	Bleibt Bestand	13	13	457	30
9.	Heiligengrabe:				
	Bestand am 1. October 1890	44			
	Zugang pro	11			
		55			
	Abgang	9			
	Bleibt Bestand	46	46	1 837	47
10.	Jüterbog:				
	Bestand am 1. October 1890	20			
	Zugang pro	14			
		34			
	Abgang	16			
	Bleibt Bestand	18	18	606	33
11.	[illegible]:				
	Bestand am 1. October 1890	74			
	Zugang pro	16			
		90			
	Abgang	30			
	Bleibt Bestand	60	60	1 155	60
12.	Templin:				
	Bestand am 1. October 1890	86			
	Zugang pro	3			
		[illegible]			
	Abgang	36			
	Bleibt Bestand	[illegible]	[illegible]	1 [illegible]	[illegible]
13.	[illegible]:				
	Bestand am 1. October 1890	15			
	Zugang pro	21			
		36			
	Abgang	10			
	Bleibt Bestand	26	26	[illegible]76	65
14.	[illegible]:				
	Bestand am 1. October 1890	11			
	Zugang pro	20			
		31			
	Abgang	16			
	Bleibt Bestand	15	15	[illegible]	40
	zu übertragen		473	14 501	874

№	Namen der Orte, wo sich die Häuser befinden.	[illegible]	Summa [illegible]	Summa [illegible]	[illegible]
	Uebertrag		473	14 541	876
15.	[illegible]:				
	Bestand am 1. October 1890	56			
	Zugang pro . .	44			
		100			
	Abgang . . .	33			
	Bleibt Bestand	67	67	1 804	94
16.	[illegible]:				
	Bestand am 1. October 1890	23			
	Zugang pro . .	21			
		44			
	Abgang . . .	19			
	Bleibt Bestand	25	25	729	61
17.	[illegible]:				
	Bestand am 1. October 1890	26			
	Zugang pro . .	9			
		35			
	Abgang . . .	12			
	Bleibt Bestand	23	23	737	60
18.	Reichenbach:				
	Bestand am 1. October 1890	19			
	Zugang pro . .	22			
		41			
	Abgang . . .	17			
	Bleibt Bestand	24	24	665	16
19.	[illegible]:				
	Bestand am 1. October 1890	20			
	Zugang pro . .	15			
		35			
	Abgang . . .	9			
	Bleibt Bestand	26	26	614	60
20.	[illegible] a. d. O.:				
	Bestand am 1. October 1890	8			
	Zugang pro . .	10			
		18			
	Abgang . . .	6			
	Bleibt Bestand	12	12	314	41
21.	[illegible]:				
	Bestand am 1. October 1890	[illegible]			
	Zugang pro . .	17			
		31			
	Abgang . . .	[illegible]			
	Bleibt Bestand	17	17	537	42
22.	[illegible]:				
	Bestand am 1. October 1890	14			
	Zugang pro . .	15			
		29			
	Abgang . . .	17			
	Bleibt Bestand	12	12	335	56
23.	[illegible] (Siechenhaus):				
	Bestand am 1. October 1890	9			
	Zugang pro . .	1			
		10			
	Abgang . . .	—			
	Bleibt Bestand	10	10	310	18
24.	Tirschtiegel:				
	Bestand am 1. October 1890	5			
	Zugang pro . .	10			
		15			
	Abgang . . .	6			
	Bleibt Bestand	9	9	183	18
	zu übertragen		623	20 951	1 177

№	Namen der Orte, wo sich die Häuser befinden.	[illegible]	Summa [illegible]	Summa [illegible]	[illegible]
	Uebertrag		623	20 951	1 177
25.	[illegible]:				
	Bestand am 1. October 1890	20			
	Zugang pro . .	13			
		33			
	Abgang . . .	14			
	Bleibt Bestand	19	19	363	20
26.	[illegible]:				
	Bestand am 1. October 1890	11			
	Zugang pro . .	21			
		32			
	Abgang . . .	13			
	Bleibt Bestand	19	19	414	20
27.	[illegible]-[illegible]:				
	Bestand am 1. October 1890	8			
	Zugang pro . .	—			
		8			
	Abgang . . .	[illegible]			
	Bleibt Bestand	8	8	64	10
28.	[illegible]: (vorläufig geschlossen)				
	Bestand am 1. October 1890	—			
	Zugang pro . .	—			
		—			
	Abgang . . .	—			
	Bleibt Bestand		—	—	15
29.	[illegible] (Siechenhaus):				
	Bestand am 1. October 1890	33			
	Zugang pro . .	—			
		33			
	Abgang . . .	—			
	Bleibt Bestand	33	32	992	88
30.	[illegible]:				
	Bestand am 1. October 1890	15			
	Zugang pro . .	12			
		27			
	Abgang . . .	17			
	Bleibt Bestand	[illegible]	12	484	20
31.	[illegible]:				
	Bestand am 1. October 1890	4			
	Zugang pro . .	4			
		8			
	Abgang . . .	4			
	Bleibt Bestand	4	4	187	20
32.	[illegible]:				
	Bestand am 1. October 1890	[illegible]			
	Zugang pro . .	24			
		68			
	Abgang . . .	[illegible]			
	Bleibt Bestand	[illegible]	[illegible]	918	27
33.	Altona:				
	Bestand am 1. October 1890	28			
	Zugang pro . .	18			
		46			
	Abgang . . .	8			
	Bleibt Bestand	38	38	1 030	30
34.	[illegible]:*)				
	Bestand am 1. October 1890	—			
	Zugang pro . .	—			
		—			
	Abgang . . .	—			
	Bleibt Bestand			—	[illegible]
	zu übertragen		[illegible]	23 554	1 [illegible]

*) [illegible]

Nr.	Namen der Orte, wo sich die Häuser befinden.	[illegible]	Summa [illegible]	[illegible]	[illegible]
	Uebertrag		882	25 654	1 876
55.	[illegible]: *)				
	Bestand am 1. October 1890	10			
	Zugang pro " "	—			
		10			
	Abgang " " "	10			
	Bleibt Bestand	—	—	63	41
56.	[illegible]:				
	Bestand am 1. October 1890	15			
	Zugang pro " "	9			
		24			
	Abgang " " "	9			
	Bleibt Bestand	15	15	865	30
57.	[illegible] in Württemberg:				
	Bestand am 1. October 1890	5			
	Zugang pro " "	2			
		7			
	Abgang " " "	3			
	Bleibt Bestand	4	7	47	28
58.	Schwäbisch-Hall:				
	Bestand am 1. October 1890	5			
	Zugang pro " "	3			
		8			
	Abgang " " "	1			
	Bleibt Bestand	7	7	179	15
59.	[illegible] in Mecklenburg:				
	Bestand am 1. October 1890	54			
	Zugang pro " "	14			
		68			
	Abgang " " "	19			
	Bleibt Bestand	49	20	963	34
60.	[illegible]:				
	Bestand am 1. October 1890	14			
	Zugang pro " "	8			
		22			
	Abgang " " "	12			
	Bleibt Bestand	10	10	517	28
61.	[illegible] in Hessen:				
	Bestand am 1. October 1890	12			
	Zugang pro " "	9			
		21			
	Abgang " " "	8			
	Bleibt Bestand	13	13	365	70
	Zusammen		831	28 044	1 923

Der gesammte Abgang an Kranken pro October c. beträgt 535, davon sind gestorben 30
ungeheilt oder nur gebessert entlassen 58
geheilt 474
wie ad 535.

---

42. Das Krankenhaus zu Beirut in Syrien mit 53 Betten:
Bestand am 1. September 1890 . . . . . . 37 Kranke.
Zugang pro September 1890 . . . . 37 "
74 Kranke.

Davon sind
gestorben 4
ungeheilt oder nur gebessert entlassen 18
geheilt 19
41 "

Bleibt Bestand am 1. October 1890: . . . 33 Kranke.

*) [illegible]

Unter den Aufgenommenen befanden sich 2 Europäer, 13 orientalische Christen, 14 Muhamedaner, 1 Druse und 1 Jude.

Die Zahl der Kranken-Verpflegungstage pro September 1890 beträgt 1218.

Poliklinisch wurden 856 Personen behandelt.

---

1. **Gustav Georg Friedrich von Bohlen und Halbach**, Großherzoglich Badischer Ober-Schloßhauptmann, Kammerherr, Legations-Rath und Minister-Resident a. D., Ehrenritter seit 1873, † zu Karlsruhe 9. November 1890.
2. **Gustav von Langenn**, Oberst a. D. und Mitglied des Herrenhauses, auf Zinnitz bei Lübbenau, Ehrenritter seit 1862, † zu Zinnitz 11. November 1890.
3. **Wilhelm von Roon**, Major und Bataillons-Kommandeur im Infanterie-Regiment von Lützow (1. Rheinischen) Nr. 25, Ehrenritter seit 1881, † zu Rastatt 11. November 1890.

In der Poliklinik.

Von Anastasia Gräfin Pappenheim.

Weit draußen in einer der Vorstädte von B. liegt ein kleines, einstöckiges Gebäude. Sehr unscheinbar steht es da unter den vielen, modernen Häusern mit den hohen Stockwerken und steinernen Altanen, fast so unscheinbar wie eine arme Bettlerin neben einer vornehm gekleideten Stadtdame. Und doch ist es keine gewöhnliche Wohnstätte für Arme, dies schmale gelbe Häuschen, mit der weit vorstehenden Dachrinne und den kleinen Fensterscheiben, mit dem davor befindlichen bescheidenen Gärtchen mit seinen süßduftenden, altmodischen Reseden und Heliotrop, Blumen die man kaum mehr auf den steifen Teppichbeeten moderner Gartenkunst antreffen wird. Das Haus könnte viel erzählen von Menschenleid und Elend; über seine abgenutzte Steinschwelle sind so viele getreten, ärmliche Gestalten mit blassen Gesichtern und dürftiger, oft zerrissener Kleidung: Kinder, Greise, Jünglinge und Jungfrauen . . . . Siehst Du jenes Plakat an der schmalen Vorderwand, die das Häuschen von der bunt bewegten Straße scheidet? Da steht in einfachen Worten von vielsagender Bedeutung: „Poliklinik des evangelischen Krankenhauses." — Draußen hört man das lärmende, bewegte Treiben der Großstadt, vorüber rollen die Wagen in raschem Gedränge, dort ertönt der schrille Pfiff der Lokomotive herüber von dem nahe gelegenen Bahnhof. Fußgänger eilen vorbei, alle, alle Kinder des Augenblicks, zumeist nur darauf bedacht, ihrem Vergnügen nachzugehen, oder aber den täglichen Kampf um Reichthum, Ehre, Ruhm, aufzunehmen. — Kaum einer wirft einen Blick hinüber auf das ärmliche Häuschen mit der düsteren schwarzen

Tafel — man hat so wenig Zeit an den Jammer Anderer zu denken, warum das Leben mit so unheimlichen Bildern verdunkelt! Und doch: wieviel Hunderte, ja Tausende suchen hier Jahr aus, Jahr ein Trost und Hilfe, und unter ihnen sind auch wohl Manche, die mit bebenden Lippen ihren Dank stammeln — es ist eine große Schaar von Leidträgern, die hier ein- und ausgeht. Wer am Morgen jeden Wochentages von neun Uhr an einen Blick hinter die geheimnißvolle Bretterwand thun will, der kann zugleich hineinschauen in ein Stück Volkselend, hier könnte man viele Studien über sociale Dinge machen, bei denen einem bang um's Herz würde, denn nirgends ließen sich oft schlagendere Beweise dafür finden, daß die Sünde der Leute Verderben ist. Kinder, denen der Tod schon auf der Stirn geschrieben steht, Jünglinge und Jungfrauen, in deren Lebensblüthe der Keil gefallen ist, Greise und alte Frauen, in deren stumpfen, gleichgültigen Mienen man deutlich lesen kann, daß sie von diesem Leben nichts mehr hoffen und kaum mehr etwas fürchten, sie Alle, Alle sind je und dann hier anzutreffen. — Die Sprechstunde soll eben beginnen. Vor der Thür und im Warteraum dieser eigenartigen Klinik sind schon viele Gäste versammelt. In ihren Blicken liegt zuweilen Neugier, meist aber die stumme Frage: Was wird der Doktor sagen? Es klingelt. Immer neue Schaaren eilen herbei, bald scheint der Raum nicht mehr zuzureichen. Geschäftig waltet zwischen den Ankömmlingen eine junge Diakonissin. Sie scheint viele von den Kranken zu kennen, wenigstens leuchtet es hier und da auf in den Augen derer, denen sie freundlich zum Willkommengruß die Hand reicht und sie nach ihrem Wünschen und Nöthen fragt. „Ach, Schwester“, heißt es da wohl, „es will halt gar nicht besser werden, der Husten quält mich bei Tag und Nacht, wann werde ich nur wieder gesund?“ Die Schwester schweigt, ein leichter Schatten zieht über ihr Gesicht. Sie weiß, auf den Lebenspfad dieses jungen Mädchens fallen schon die ersten Todesschatten — schon sind deutlich die Anfänge der Schwindsucht bei ihr zu bemerken, — wie mühsam geht ihr Athem heute wieder — und sie möchte doch so gern, so gern noch leben! Neben ihr sitzt ein alter müder Mann, er holt für seine kranke Frau, die daheim auf ärmlichem Strohlager gebettet ist, die Medizin, welche der Arzt der Poliklinik ihm unentgeltlich verschaffen kann. Schon viele Monate liegt die Kranke nun auf ihrem Schmerzenslager, und der Besuch der Diakonissin ist oft der einzige Sonnenstrahl in den langen Wochen heißen Kampfes und schweren Ringens. Leise berührt die Schwester den Arm des Alten: „Ich werde ihre Frau heut Nachmittag noch besuchen“ sagt sie leise. Nun kommt raschen Schrittes der Arzt, und die harrende Menge wird wie mit einem Schlage lebendig. Jeder möchte so gerne bald Einlaß erhalten in das kleine Gemach, wo so viele schon die Antwort auf ihre bangen Schicksalsfragen erhalten haben. Doch auch hier heißt es warten. Die Diakonissin hat mit umsichtigem Blick erkannt, wer zumeist der Abhilfe bedürftig sei: so winkt sie, begleitet von einem freundlichen „Bitte, treten Sie ein“, einer armen Frau, die ein kleines Kind in den Armen hält. Aber es ist ganz verhüllt, und als die Schwester die schützenden Tücher entfernt, liegt eine kleine Leiche in den Armen der leise weinenden Mutter. Sie erhält rasch die gewünschte Todesbescheinigung und geht langsam hinaus, gefolgt von theilnehmenden Blicken. Es ist ja ihr letztes Kind, das der Tod ihr vom Herzen genommen hat, und trotz des bittern Kampfes um das tägliche Brot fühlt sie erst jetzt, daß sie arm ist. Aber schon wieder öffnet sich die Thür und herein kommt — nein, stürzt eine aufgeregte Frau mit einem laut weinenden Knaben an der Hand. Sie hat die Reihen der Wartenden durchbrochen, und stürzt auf den ahnungslosen Doktor los, indem sie ihm mit von Thränen erstickter Stimme mittheilt, ihr Junge habe sich eine Stahlfederspitze in den Finger gebohrt. Die sachgemäße Untersuchung ergiebt indeß nur einen unbedeutenden Hautriß, und nachdem der Finger von der Schwester sorgfältig ausgewaschen ist, ziehen Mutter und Sohn schnell getröstet wieder ab. Nun tritt ein strammer Feuerwehrmann herein. Er hat bei dem großen Brand in der benachbarten Straße eine tüchtige Wunde davon getragen, und läßt sich der Schnelligkeit halber hier verbinden, ehe er seinen weiteren Pflichten nachgeht. Eine junge Frau kommt mit einem etwa sechsjährigen Mädchen herein. Das Kind hat große, glänzende Augen, und die Röthe seiner Wangen ist eine ganz unnatürliche. „Diphteritis“ entscheidet der Doktor, „vielleicht Scharlach im Anzug“. Die Diakonissin sucht dem nur noch mühsam athmenden, von so schwerer Gefahr bedrohten Kinde Aufnahme in der gegenüber liegenden Isolirbaracke zu verschaffen. Sie weiß wohl, es wird schwer sein, denn das Haus ist beinah immer besetzt von Leidenden dieser Gattung. Die arme Mutter folgt ihr klopfenden Herzens, es ist vielleicht ihr letzter Gang mit dem Liebling. Aber daheim kann sie das Kind nicht pflegen, sie hat ja nur eine Stube mit ihren drei Kindern, und wer soll das tägliche Brod verdienen, wenn sie feiert? Ja, wenn ihr Mann sich noch um sie kümmern wollte, dann möchte es angehen, . . . doch der wohnt am andern Ende der Stadt und sorgt längst nicht mehr für sie. Und bei der Nachbarsfrau, die ihr manchmal einen Handgriff thut, liegt das Kind auch krank! Inzwischen hat der Doktor einem Mädchen, welches den Wunsch ausdrückt, Schwester zu werden, ein Gesundheitszeugniß ausgestellt. Er fragt sie, wie sie zu dem Entschluß gekommen sei, doch sein Interesse wird sehr durch die Antwort gedämpft „zu Hause könne sie nicht bleiben, da die Eltern zu arm seien, und zu was Anderem, habe die Mutter gemeint, sei sie nicht klug genug.“ Der Doktor entläßt die angehende

Schwester mit etwas zweifelhaften Gefühlen über ihre Zukunft. Nun ist ein junges Mädchen an der Reihe, welches mühsam an dem Arm einer älteren, sehr auffallend gekleideten Frau hereinkommt. Es ist ein ganz jugendliches Geschöpf, und doch, in ihren schönen braunen Augen mit den langen beschattenden Wimpern brennt ein unheimliches Feuer, ein scharfer Zug liegt um den feingeschnittenen Mund, und die blonden Haare hängen so wirr um die Schläfen. Das junge Mädchen hat Gift genommen, aber die Dosis hat nicht hingereicht, um ihr Leben ernstlich zu gefährden. Nun muß sie es geschehen lassen, daß der Arzt ihr ein Gegengift verschreibt und ihr in das Gewissen redet. Aber einen Blick tiefen Herzeleides fängt die Diakonissin auf — dabei thut ihr das Herz weh für das arme Kind. Einst war es ihr Zögling in der Sonntagschule — ein frommes, gutes Gemüth hatte sie besessen, welche wilde Sturzwelle hat sie nun im Strom des Lebens ergriffen, daß sie so tief gesunken ist! Ob sie noch umkehren wird von dem glatten Pfad des Verderbens? Oder ist dieser erste Schritt eines falschen Ehrgefühls nur das Anfangsglied an der Kette eines fluchbeladenen Leben's? Die Schwester beschließt, ihr wieder nachzugehen, um Fühlung mit ihr zu behalten, doch das Mädchen verweigert jede Auskunft über ihren jetzigen Wohnort. So muß sie sie ziehen lassen. Aber zu Betrachtungen ist nicht lange Zeit, denn nun kommen zwei kleine Kinder herein. Sie bleiben ängstlich an der Thüre stehen, als sie den Arzt erblicken, und nur mit großer Mühe bringt die Schwester es zuwege, daß der kleine Junge seine, von einem schmutzigen Lumpen umhüllte Kopfwunde untersuchen läßt. Die beiden Kleinen sind Waisenkinder, und bei einer fremden Frau in Kost gegeben, deren Mann dem Familienzuwachs sehr abhold ist. So kommt es, daß er den schwächlichen Knaben betrunken gemacht und die Treppe heruntergeworfen hat, um ihn auf gute Art in ein Krankenhaus zu bringen. Er hat aber seinen Wunsch nicht erreicht — die Wunde ist unbedeutend, obgleich sie noch genug thut, um dem kleinen Patienten bittere Thränen zu erpressen. Nun ist er sorgsam verbunden, und muß mit dem Schwesterchen wieder heimgehen in das dunkle Hinterhaus, wo ihrer nur Scheltworte warten. Die Schwester spricht ihnen freundlich zu, und schenkt jedem ein kleines Bild, und der Schatten eines Lächelns zieht über die kleinen abgehärmten Gesichter. — Ein Mann wird nun verbunden, dessen Hand in eine Maschine gerathen ist. Es ist ein fleißiger Arbeiter, und die unfreiwillige Unterbrechung seiner Thätigkeit ist ihm beinah ein größerer Kummer als die gequetschte Hand. Er möchte gern in drei Tagen gesund sein: ob das möglich sei? Der Doktor verneint es und schickt den ahnungslosen Patienten, dem vielleicht die Amputation der Hand droht, hinüber in die große Heilanstalt, wo er gründlich untersucht werden kann. Hier drängt sich alles zusammen, schon macht die Schwester drüben auf dem Tisch einen Gypsverband für einen Knaben, der eben den Arm gebrochen hat, zurecht, und draußen warten noch so viele! Einige werden wohl erst morgen vorgenommen werden können, denn die vorgeschriebene Zeit ist bald abgelaufen und neue Pflichten harren des Arztes. Es sind kaleidoskopartige Bilder, die sich täglich in der Poliklinik abspielen, fast keine Krankheit giebt es, die in diesem Gemach ihren Beglaubigungsschein nicht vorgezeigt hätte, alle sind sie mehr oder weniger Botschafter von dem mächtigen König Tod! Ernst und ergreifend sind sie, diese Schattenbilder des Lebens, welches so viele Andere geneigt sind, für einen süßen Traum zu halten, in den sie sich so lange einwiegen, bis sie auch eines Tages erwachen und der bittere Ernst ihnen schonungslos in's Angesicht blickt. Wenn die Diakonissin an stillen Nachmittagen, wo nur hin und wieder einige Hilfsbedürftige ihren Rath in Anspruch nehmen, in dem kleinen Stübchen sitzt, dann ziehen die Erinnerungen mit fast überwältigender Kraft durch ihre Seele. Manchmal wohl seufzt sie auch leise, wenn die Bürde ihres Amtes ihr auf das Herz fällt, wenn die große Noth und das Elend ihr tief in die Seele schneiden. Und sie kann so wenig lindern helfen, so viele bleiben ungepflegt, ungeheilt! Und unter denen, die Hilfe für ihren kranken Leib suchen, sind so wenige darauf bedacht, Trost und Rettung für die kranke Seele zu begehren! Wie viele Blicke muß sie immer wieder thun in Sündenelend und Herzensnoth — fast will ihr gar zu bange dabei werden! In diesen Augenblicken tiefer Seelenangst giebt es nur Eines was sie trösten kann. Das ist ein Bild, welches zuweilen in ihrem Innern auftaucht, wenn die Wogen des Herzens hoch gehen. Da sieht sie eine hohe, glanzumflossene Gestalt, umgeben von Lahmen, Krüppeln und Blinden. Aus dem Antlitz dieser göttlichen Erscheinung bricht ein Strahl ewiger, warmer Liebe wie ein Morgenglanz der Ewigkeit, und aus dem Munde tönen die Worte: „Kommet her zu mir alle, die ihr mühselig und beladen seid, ich will euch erquicken.“ In diesen Stunden der Andacht wird sie es sich wieder ganz und voll bewußt, daß auch ihre armen, an den Mitmenschen geübten Dienste nicht vergeblich sind, daß der Pfad, den sie als Diakonissin wandelt, zwar ein Kreuzweg ist, daß aber die Passionsblumen, die auf ihm blühen, ihr unendlich mehr werth sind als alle Rosen, die das Leben bietet. Am Kreuze Christi holt sie sich auch täglich neue Kraft für alle großen und kleinen Pflichten des Lebens, und schreitet muthig vorwärts mit dem einen, großen Ziel vor Augen, ihren Mitmenschen Trost und Hilfe zu bringen in dem Kampf des Lebens, aus Liebe zu dem Herrn, der für die Sündennoth der ganzen Welt am Kreuz gestorben ist.

Geistliche und Armenpflege.

Ueber diesen Gegenstand hat unlängst Pastor Horace Meyer in Clifton eine vortreffliche Rede gehalten, und es scheint uns, als ob manche seiner Bemerkungen, obwohl er als Engländer für Engländer sprach, auch für Deutsche recht beherzigenswerth seien.

„Als ich Oberpfarrer in Trowbridge wurde, einer Fabrikstadt von 12000 Einwohnern, die zur Hälfte zu meiner Seelsorge gehörten, strömten gleich nach meiner Ankunft von allen Seiten Unterstützungsgesuche auf mich ein. Eine Masernepidemie brach aus, mehrere hundert Kinder erkrankten und recht viele starben. Eines Morgens kamen nicht weniger als zwanzig weinende Frauen zu mir, und jede von ihnen erklärte, sie habe während der Nacht ihr Kind verloren. Meine Frau und meine Dienstboten waren auf's Höchste gerührt und bedrängten mich, ich solle helfen. Aber ich habe meinen Entschluß vorher gefaßt und blieb dabei: keine Unterstützung ohne wohlwollende, aber sorgfältige Untersuchung! Und wollen Sie es glauben? Viele von diesen Frauen gaben falsche Namen und Adressen an und in keinem einzigen Falle hatten sie die volle Wahrheit gesprochen! Sie hatten mich nur überrumpeln wollen, sie wußten, wie man's in einem Pfarrhause anfangen muß! Diese Erfahrung veranlaßte mich, für mich und die Meinigen bestimmte armenpflegerische Gesetze zu machen. Keinerlei Gaben oder sonstige Unterstützung durfte in unserem Hause gegeben werden, aber die Namen und Adressen aller Bittsteller wurden aufgeschrieben. Mit Hilfe eines gebildeten Laien in meinem Dienste und einer Bibelfrau untersuchte ich die Fälle, ob die Bittsteller der Polizei bekannt seien, ob sie schon sonst Unterstützung erhielten und welche, zu welcher Gemeinde sie gehörten u. s. w. Diese Gewohnheit brachte mich in beständige Verbindung mit anderen Geistlichen, mit den städtischen Armenvorstehern und der Polizei. Das hatte eine sehr nützliche Wirkung. Im Laufe der Zeit blieben die unwürdigen Bittsteller allmählich weg.

Eines Tages nach sehr anstrengender Arbeit bat mich eine arme Frau um Hilfe. Sie sagte, sie gehöre nach Trowbridge, sei aber eben erst wieder zurückgekehrt. Ihr Mann sei krank, er und ihre beiden Kinder seien hungrig, ohne etwas zu essen zu haben. Es war sieben Uhr und ich im Begriff, mich zu einem vortrefflichen Abendessen niederzusetzen. Ich hatte Niemanden, den ich sofort zur Untersuchung des Falles ausschicken konnte. So gab ich ihr Brot- und Speisemarken, zusammen für 1½ Sh. Kaum hatte ich meine Mahlzeit beendet, als mich ein Polizist zu sprechen wünschte. Es war mein Freund Priest, der meine Gewohnheit sehr wohl kannte. Er beschrieb die Frau, die mich eben um Unterstützung gebeten, und fragte dann: „Haben Sie ihr die Brotmarken gegeben?“ Ich bejahte. „Haben Sie ihr einen Schilling in Marken für die Kaffeeschenke gegeben?“ „Ja.“ Seine Antwort war: „Das konnte ich mir nicht denken, Herr Pastor.“ Ich verdiente den Vorwurf, und freute mich nur, daß er nicht hinzufügte: „daß Sie ein solcher Esel sein könnten.“

Meyer berichtet nun, daß er auch in Clifton seinen Grundsätzen treu geblieben sei. „Ich bin stets bereit, in Noth und Verlegenheit mit Rath und That beizustehen, aber ich halte es dem Seelsorgeramt für schädlich, Almosen auszuzahlen. Es stellt einen auf den Standpunkt des Armenaufsehers, es ist dem höheren Zwecke der Seelsorge im Wege; alle Almosen, die mit Kirchen- und Abendmahlsbesuch verbunden sind, sind zu verwerfen. Ich war einst Pfarrer einer Landgemeinde, in welcher eine gute Person ein Legat ausgesetzt hatte, wonach bedürftige Abendmahlsbesucher Brotspenden erhielten. Ein gewisserer Weg, Heuchler in die Welt zu setzen und ordentliche arme Leute vom Tisch des Herrn abzuschrecken, kann nicht erdacht werden.“

Der Redner wandte sich dann zu Erörterungen, wie nothwendig in Clifton, wo sehr viele wohlwollende Reiche wohnen, eine Zentralstelle oder Zentralverein zur Auskunftsertheilung in Wohlthätigkeitssachen sei. Er schloß mit folgender Geschichte: „Ein junger Mann in schäbig-feinem Anzuge suchte mich auf und erzählte mir, er habe eine gute Stellung verloren, weil er sich zu einer Unverschämtheit gegen seine Vorgesetzten habe hinreißen lassen, er habe seitdem keine Stelle wieder finden können und sein schlechtes Betragen habe seine „theure Mama“ unter die Erde gebracht. Er endete mit einem pathetischen Bittgesuche, das mit einer Anerkennung meiner theologischen Richtung und pastoralen Wirksamkeit verziert war. Letzteres offenbarte ihn mir und ich sandte ihn ohne Hilfe fort. Nach einer Woche bekam ich einen Brief, in welchem er mich um seiner theuren Mama willen herzlichst um Hilfe ersuchte. Ich schickte diesen Brief zur Geschäftsstelle des Vereins für Regelung der Wohlthätigkeit und erfuhr nun bald, daß mein Freund mit den schlechtesten Charakteren der Stadt verkehrte, daß er gerade wegen Einbruchs angeklagt werden sollte, und daß seine „theure Mama“ achtundzwanzig Male vor dem Strafrichter gewesen war, auch glaubte sie, er bewürbe sich um einen Posten bei der Londoner Stadtmission. Ein Verwandter von mir ist im Vorstande derselben, ich warnte ihn vor diesem Betrüger, und erhielt die Antwort: „Er hat sich unserer Commission vorgestellt und erzählte eine erschütternde Geschichte seiner „Bekehrung“, aber er wußte von der Bibel so wenig Bescheid, daß wir ihn nicht brauchen konnten.“ (Volkswohl.)

Carl Heymanns Verlag in Berlin W., Mauerstraße 44. Gedruckt bei Julius Sittenfeld in Berlin.

Alle Zuschriften und Einsendungen in Angelegenheiten dieses Blattes wolle man an den Redacteur desselben, Geh. Hofrath Herrlich W. Potsdamer Straße Nr. 134 c. zu Berlin richten.

[illegible]

Wochenblatt der Johanniter-Ordens-Balley Brandenburg.

[illegible]

Im Auftrage der Balley Brandenburg verantwortlich redigirt von C. Herrlich in Berlin.

Jahrg. 31. Berlin, den 26. November 1890. Nr. 48.

1. Ernst von Borcke, Major und persönlicher Adjutant Sr. Durchlaucht des Fürsten zu Schwarzburg-Sondershausen, Rechtsritter seit 1880, † zu Sondershausen 13. November 1890.
2. Gustav Erwin Nehrhoff von Holderberg, Königlich Sächsischer General der Infanterie z. D., Ehrenritter seit 1868, † zu Laubegast 13. November 1890.

Die Johanniter-Commende Värne in Norwegen.

(domus hospitalis sancti Johannis in Varna)

nach Chr. C. A. Lange, kgl. norw. Reichsarchivar.

An dem östlichen Ufer des Christianiafjords, unweit des Städtchens Moß, lag schon vor König Harald Haarfagre ums Jahr 930 ein Königssitz, Namens Värne. Als solcher erhielt er sich viele Jahrhunderte hindurch, bis er eine Johanniter-Commende wurde; dieser Zeitpunkt wird jedoch verschieden angegeben, und kann nicht mit Bestimmtheit festgestellt werden. Kraft berichtet, daß Värne schon im 12. Jahrhundert als Kloster existirte, doch Munthe und Lange finden dasselbe erst in der letzten Hälfte des 13. Jahrhunderts genannt. —

Uebrigens kann man nicht leugnen, daß es wahrscheinlich erscheint, daß Värne schon vor der genannten Zeit Johanniter-Commende gewesen, da dieser Orden bereits um's Jahr 1170 in Dänemark ansässig geworden, und Mönche sich fast ziemlich gleichzeitig in den drei nordischen Reichen ausbreiteten. Daß dieses Kloster eine Johanniter-Commende gewesen, so wie auch, daß es dem Prior in Antvorskov in Seeland untergeordnet war, unterliegt keinem Zweifel. Der Stifter ist natürlich noch schwieriger anzugeben als das Alter desselben, da aber Värne früher ein Königssitz war, muß ein König der Stifter gewesen sein. Unter Magnus Lagaboeter wird derselben im „Mannen-Gesetz" ausdrückliche Erwähnung gethan, und dieser König bestimmte dieselbe zu einer Art Invalidenspital für sein Hofgesinde, das aus diesem Grunde einen jährlichen Zehnten an Värne zahlen mußte. Der nächste König, Hakon V. hob jedoch diese Bestimmung wieder auf. Nach dem „Mannen-Gesetz" finden wir die erste zuverlässige Nachricht über Värne im Testamente des König Magnus vom Jahre 1277, in welchem derselbe dem Kloster 20 Mark schenkt, eine Gabe, deren verhältnißmäßige Geringfügigkeit vermuthen läßt, daß er schon früher genugsam diese Stiftung dotirt habe. Eine Registratur von 1622 zeigt, daß das ganze Archiv aus Värne um diese Zeit in der Festung Akershus aufgehoben gewesen, wohin dasselbe wahrscheinlich zur Zeit der Reformation übergeführt worden war. Es ist unbekannt, wohin diese reiche und wichtige Briefsammlung gerathen ist. Die meisten folgenden Mittheilungen sind obengenannter unsicherer Registratur entnommen. Hier wird eines Briefes aus 1322 erwähnt, vom Abt Peter in Esrom (in Seeland) an Peter in Husaby, Domherrn in Skara, in welchem er erzählt, daß der König von Norwegen die Brüder vom Sct. Hans Hospital vertrieben habe, und daß dieselben deshalb eine Klageschrift an den Papst gerichtet hätten, auch erwähnt die Registratur eines Briefes von König Magnus, in welchem er Värne Kloster dasjenige zurückgiebt, was sein Großvater demselben entzogen.

Im Jahre 1327 hielten die Johanniter im Priorate Dacia ein Provinzialkapitel im Kloster Antvorskov, wo unter andern Gottfried, Commendator aus Schweden, und Jakob, Commendator aus Norwegen, zugegen waren. Bei dieser Gelegenheit wird zum ersten Mal eines norwegischen Johannitercomthurs Erwähnung gethan, und nimmt man an, daß dieselbe Jakob der erste und letzte seines Ranges gewesen, da er bei der hervorragenden Stellung, die er einnahm, sonst dann und wann hätte genannt werden müssen in der großen Anzahl Briefe, die uns aus dem 14. Jahrhundert aufbewahrt worden, in welchen das Hospital und seine Vorstände öfters genannt werden. Wahrscheinlich hat die angebahnte Restitution des Ordens in Norwegen durch König Magnus Hoffmungen erwecht, ihn wieder ausbreiten zu können, in dieser Hoffnung ist wohl ein Comtur ernannt worden, doch da dies nicht der Fall war, hat man einen geistlichen Vorstand (Prior) genügend gefunden, um so mehr, als es von nun an darauf ankam, Geld von den Ordensbesitzungen nach Rhodos zu geben, weshalb stets eine Einschränkung der Zahl der Brüder empfohlen wird. Ein Comtur war deshalb ein viel zu kostspieliger Vorstand.

Im Testamente des Königs Magnus und der Königin vom 15. Juli 1347 werden der Commende auf Värne und den andern begüterten Klöstern 300 Mark geschenkt. Aus demselben Jahre hat man einen Brief vom 28. August vom Großmeister auf Rhodos an die Prioren in den drei nordischen Reichen, in welchem er ihre Verwaltung lobt, sich aber wundert, daß der Orden, seitdem er das heilige Land verlassen (1291), nichts von ihnen gehört, keine Antwort und keine Unterstützung erhalten habe. Obschon am Ende der Welt wohnend, zweifelt er nicht daran, daß sie um den Kampf des Ordens gegen die Türken wissen, und trägt ihnen auf die Abgaben für das laufende Jahr an den Bevollmächtigten des Ordens in Flandern zu zahlen. Im Jahre 1380 ward Olaf Prior am Hause in Värne; er nahm mehrere Laien in die Bruderschaft des Ordens auf, schenkte ihnen Ablaß und machte sie der guten Thaten des Ordens theilhaftig, „wegen des Wohlwollens, das sie dem Orden bezeigten und auch künftighin erweisen wollten“, sie durften die Messe innerhalb geschlossener Thüren hören, sogar wenn Interdict über dem Lande ruhen sollte, und versprach er Vigilien über sie lesen zu lassen, wenn ihr Tod ihm gemeldet würde. Von solchen Ablaßbriefen sind verhältnißmäßig eine große Anzahl aufbewahrt. Sie lauten beinahe alle gleich, sind in lateinischer Sprache auf kleinen ledernen Lappen geschrieben, mit sehr schlechter Handschrift und häufigen Verkürzungen. Da überall Raum gelassen ist für die Namen der Personen, die in die Brüderschaft aufgenommen werden sollten, welcher Raum theils noch leer steht, theils von noch schlechterer Hand ausgefüllt ist, die einen Schreiber verräth, der ganz unwissend in den einfachsten Regeln des Buchstabirens gewesen sein muß, darf man annehmen, daß der Prior in Värne jährlich eine Anzahl einfacherer Brüder ausgeschickt hat, die unter den Bauern dergleichen Ablaßbriefe verkauft haben.

Ein gewisser Jon Martinsson schenkte dem Hospital Värne um's Jahr 1400 einen übergoldeten Kelch von 1½ Mark Gewicht. Um diese Zeit ist wahrscheinlich die Kirche der Commende einer größeren Restauration bedürftig gewesen; denn zufolge der Registratur gab Papst Bonifacius IX. am 4. Mai den Brüdern in Värne dasselbe Vorrecht, das der Kirche Sta. Maria in Venedig zugestanden war, nämlich allen Bußfertigen, die am St. Johannistage und Charfreitage ihre Kirche besuchten und zum Bau derselben beitrugen, vollen Ablaß zu ertheilen. Aus derselben Registratur ersieht man, daß Värne um diese Zeit und späterhin, immer wieder Güter erworben hat durch Ankauf, Tausch und Gaben. Im Jahre 1488 muß der Prior Olaf nach langer, und wenigstens in materieller Beziehung tüchtiger Verwaltung, durch den Tod abgegangen sein. — Der Prior Johannes Hermundsson um 1492 herum nahm gleichfalls verschiedene Laien in die Brüderschaft auf. Mehrere Prioren werden uns genannt, als: Laurits Nielsson 1500—1508; Peter Nielsson um das Jahr 1515; dieser wurde aber schon 1514 von Peter Janson abgelöst. — Christian des II. Zug nach Norwegen 1531 hatte die Säcularisation Värnes, so wie vieler anderer Klöster zur Folge. Der Prior Peter nahm nämlich Partei für den zurückgekehrten König, schickte am 16. December 1531 mit seinem Diener Jasp. Skriver 4½ Loth Silber an Christians Kanzler Paul Krampe, um dem Könige zu helfen, mit der Bitte diesen kleinen Beitrag nicht zu verschmähen. „Diese Hilfe ist nicht groß, aber der Wille ist gut“ meinte der Prior. Mit demselben Briefe schickt er Mag. Paul zwei ungarische Gulden und einen kleinen silbernen Becher, und bittet um seine Hilfe, damit er das ersehnte Lehn Romsdal erhalten möge, von wegen der großen Verluste, die er und sein Kloster erlitten, seitdem der König aus dem Reiche gezogen. Als Strafe für solchen Abfall büßte der Prior sein Kloster ein, indem Friedrich I. am 2. August 1532 seinem Kämmerer Peder Brockenhuus mit Värne belehnte, „was geschähe, weil der Prior sich nicht passend und ehrlich gegen König und Krone betragen, sondern König Christian geholfen habe“, doch sollte Peder B. die Brüder unterhalten. Der Bischof Hans Reff beklagte sich, vom Prior im Andwordskov dazu aufgefordert, beim Reichsrath am 2. August 1533 über das vorhergehende so wie über andere Eingriffe in geistlichen Sachen, und erklärte, daß Värne immer unabhängig von der Krone gewesen sei, und unter dem Bischof von Oslo so wie dem Prior des Ordens in Andwordskov gestanden hätte, „bis zum vorigen Jahr“, da Hr. Brockenhuus den Brief des Königs Friedrich erhalten, wozu jener nicht berechtigt war. Der Prior und seine Mönche halten sich um im Stifte auf, und im Kloster ist blos ein Mönch zurück, der dem Vogt als Schreiber dient. Die Klage des Bischofs half nichts. Värne blieb lange Zeit im Besitz der Familie Brockenhuus und das Gut war ein weltliches Lehn bis in die Mitte des 17. Jahrhunderts.

Von den Klostergebäuden sind nur einige gewölbte Keller übrig in dem sogenannten Mönchsgarten, dicht neben dem jetzigen Hauptgebäude. Das „Erdbuch“ aus der Klosterzeit ist, soviel wir wissen, verloren gegangen, doch muß dies Kloster bedeutende Güter im südöstlichen Norwegen besessen haben.

———

s. N. J.

Die Artusbrüderschaft in Danzig.

Der Artushof in Danzig gehört nachweislich zu den ältesten Gebäuden dieser Stadt. In dem 1356 angelegten Grundzinsbuche, das wiederum die Abschrift eines noch älteren Buches war, das 1330 begann, wird die „Curia Regis Arthus" in der Langgasse mit der Rückseite nach der Bäckergasse, dem jetzigen Schnüffelmarkte hin, ganz an derselben Stelle bezeichnet, wo das Gebäude noch jetzt steht. Damals, 1356 wenigstens, war der Platz auch schon bebaut; denn bereits 1350 hatte Herr Johann Walrave*) auf das Haus 5 Mark jährlichen Zins verschreiben lassen. In die älteste der noch vorhandenen Artushofordnungen, die sich, wiewohl in sehr verstümmelter Form, erhalten hat, führt uns in die ältesten Zustände des Danziger Gemeindewesens zurück, in eine Zeit, wo noch vom deutschen Ordenshause, vom Komthur und seinem Hauskomthur die städtischen Einrichtungen geleitet wurden, und wo neben den Rathmannen auch die Gemeinde an der Stadtregierung Theil hatte; Zustände, die jedenfalls nur vor 1343 stattgefunden haben. Zwar sagt obige Ordnung am Schlusse, daß sie bereits im Jahre 1300 ertheilt sei, allein diese Bemerkung ist jedenfalls falsch und durch mangelhaftes Copiren hineingekommen, indem es 1300 noch gar keinen Danziger Komthur geben konnte. Wenn nun glaubhafte alte Erinnerungen die Stiftung des Artushofes in Thorn auf das Jahr 1310 zurückführen und der Artushof in Elbing gleichfalls bis in diese Zeit zurückreicht, so dürfte auch der Danziger Hof derselben Zeit angehören und somit zu den ältesten Anlagen der Stadt zu rechnen sein. Der Name war im Mittelalter für die Versammlungsplätze der Junker in den baltischen Ländern sehr gebräuchlich und kommt wohl daher, daß die Mitglieder der hiernach benannten Brüderschaft nach Art der Tafelrunde jenes sagenhaften Königs ihre Gelage hielten. In alten Elbinger Kämmereirechnungen wird schon 1319 und 1320 der Curia Regis Arthus und 1327 einer Societas regis Arthus gedacht.**) Die so benannte Localität zu Danzig, noch jetzt als Börse dienend und zu den vornehmsten Zierden der Stadt gehörend, war schon 1379 ein gemauertes Gebäude, da nach dem Ausweis der Kämmereibücher in diesem Jahre Maurer einen Reparaturbau in demselben ausführten. Wenn das Gebäude im 15. Jahrhundert mit dem Danziger Dominikanerkloster in Verbindung gebracht wird, so ist dies wohl nur so zu verstehen, daß der Grund und Boden ursprünglich Eigenthum jenes Klosters war, 1344 aber von demselben nebst allem andern Grundbesitze auf dem Gebiete der Stadt an diese abgetreten wurde. Doch bestand allerdings auch später eine nähere Beziehung zwischen beiden Instituten, insofern zwei Bänke des Artushofes, die holländische und die Schifferbank, ihre Kapellen in der Kirche jenes Klosters hatten.

Dieser Ort ist nun seit seiner Gründung das Gesellschafts-(„Kompanie-")haus der die Kaufmannschaft selbstständig betreibenden Bürger. Es sind von demselben außer den Leuten, auf welchen ein sittlicher Makel ruht, ausdrücklich ausgeschlossen: die Handwerker, ferner solche, die „zu Pfennigwerthe" verkaufen, alle, welche Bier und Meth zu Stofen oder halben Stofen schenken; alle, die binnen Jahresfrist im Dienste Anderer um Lohn arbeiteten und die weniger als 20 Mark besitzen; als Mitglieder des Artushofes betrachteten sich demgemäß die Kaufleute, d. h. die Großhändler, die Gewandschneider (Tuchhändler), Krämer, Seeschiffer und Brauer. Jedes Mitglied hatte überdies das Recht, Fremde („Gäste"), nachdem er sie bei den Aldermännern des Hofes hatte einschreiben lassen und sich für sie verbürgt hatte, einzuführen; doch beschränkte sich dies zunächst nur auf die fremden Kaufleute aus den Hansestädten, wozu man die Holländer, auch nachdem sie sich vom Hansabunde losgesagt hatten, rechnete, mißbräuchlich wurde der Eintritt zeitweise auch den Engländern zugestanden, doch ist nie ein Recht daraus geworden. Als die Engländer 1491 auf dem Congreß zu Antwerpen den Besuch des Danziger Artushofes als ein Recht geltend machten, in dessen Gebrauche sie schon seit länger als 60 Jahren gewesen seien, wurde diesem Anspruch von Seiten Danzigs widerstritten.

Unter dieser Brüderschaft bestehen nun aber mehrere abgesonderte Kreise: zunächst sondert sie sich in den kleinen und großen Hof, jeder von beiden wiederum in Bänke. Diese Sonderung der beiden Höfe, welche in der Hofordnung von 1421 an verschiedenen Stellen deutlich ausgesprochen wird, wird auch schon in dem alten Privilegium als bestehend vorausgesetzt. Sogleich der erste Artikel: die 4 Männer, die gekoren werden, nach der alten Gewohnheit dem Hofe vorzustehen, die sollen „zu ihnen kiesen 4 der Aeltesten, die auf den Hof gehen. Diese Zwölf sollen rathen für den Hof" u. s. w. wäre ganz unverständlich, wenn man nicht voraussetzt, daß jeder Hof 4 Aelterleute wählt, welche mit den vier ältesten Mitgliedern ein Zwölferkollegium bilden.

Der kleine Hof, ein Nebengemach des großen Versammlungssaales, welches nach der Krämergasse hinausging, war den Zusammenkünften der Schöppen und der Junker, oder, was gleichbedeutend ist, der Sanct Georgen-Brüderschaft vorbehalten. Letztere erscheint 1414, wo sie ihr Siegel erneuerte, als eine schon seit langer Zeit in Danzig bestehende Genossenschaft, an deren Spitze damals 4 Rathmannen,

*) Die Walrave (auch Walrode) gehören zu den ältesten Rathsgeschlechtern Danzigs. Georg W. war 1345 Bürgermeister, Johann W. der ältere bekleidete gleiche Würde 1372 und nach ihm Johann W. der jüngere 1386. Hinrik W. Schöppe 1397. Joh. W. Schöppe 1407; ein Philipp W. 1370–75 Rathsschreiber.

**) Fuchs, Beschreibung von Elbing I. 212.

4 Schöppen und 4 Bürger, welche gleichfalls den regierenden Familien angehören und von denen später nachweislich drei zu Rathsämtern gelangten, leihen; in ihrem Statut ist besonders ein Artikel bemerkenswerth, nach welchem als Gäste nur solche eingeführt werden dürfen, welche „bei Schildesamt geboren oder dazu erwählt sind“. Man muß daraus schließen, daß die St. Georgenbrüderschaft ursprünglich aus den Altbürgern oder Vollbürgern, d. h. in die Stadt gezogenen gemeinfreien, schöffenbarfreien Männern, hervorgegangen war, sie gehörten als solche zum siebenten Heerschild und dies will sicher der Ausdruck, bei Schildesamt geboren, besagen, nicht aber, daß wir es, wie Hirsch in seinem Buche: „Danzigs Handels- und Gewerbsgeschichte“ meint, mit ritterbürtigen Geschlechtern zu thun haben. Die Grundlage des Patriziats war hier wie im ganzen nördlichen Deutschland der Stand der Gemeinfreien (liberi), der ursprünglich allerdings besserer Herkunft, als der zum Theil aus der unfreien Dienstmannschaft hervorgegangene Ritterstand war, de facto denselben aber während des ganzen Mittelalters nachgestanden hat, indem er nicht zu den Wappengenossen gerechnet und als für turnierfähig erachtet wurde und selbst dann nicht an solchen Ritterspielen theilnahm, wenn dieselben innerhalb der betreffenden Stadtmauern stattfanden. Die außer der St. Georgen- oder Junkerbank im kleinen Hofe befindliche Schöppenbank vereinigte die zur Zeit fungirenden Schöppen und bildete somit nur eine besondere Abtheilung der Junker. An der Spitze des kleinen Hofes stehen vier Aelterleute, von denen einer oder zwei als Gartenmeister, den der St. Georgsbrüderschaft zugehörigen Junkergarten beaufsichtigten. Zur besonderen Beaufsichtigung des kleinen Hofes sind ein Junker- und ein Schöppenknecht angestellt. Diese Sonderung bezieht jedoch nur für die gewöhnlichen geselligen Zusammenkünfte, bei allen größeren Festlichkeiten und ohne Zweifel auch, wo das kaufmännische Geschäft es erforderte, erscheinen die Junker auch im großen Hofe.

Der große Hof versammelte alltäglich, „an Sonn- und Feiertagen nach Essens, an Werkeltagen zur Vesper“, sobald das Zeichen mit der Bierglocke gegeben war, die übrige Kaufmannschaft, die hier geselligen Verkehr beim Trunke Biers pflegte. An der Spitze desselben stehen vier von den Mitgliedern erwählte Aelterleute, unter denen einer der Gartenmeister ist und von denen jährlich zwei ausscheiden; doch sind sie nebst den Aelterleuten des kleinen Hofes, den vier alljährlich aus der Mitte des Raths ernannten „Hofherren“ untergeordnet, welche letztere zu allen wichtigeren Entscheidungen, selbst zu allen baulichen Veränderungen am Hofe ihre Zustimmung geben müssen und die Streitigkeiten im Hofe dem Rathscollegium zur Erkenntniß vorlegen. Auch auf diesem großen Hofe haben sich schon in der Ordenszeit einige Genossenschaften gebildet, die auf besonderen Bänken Platz nehmen und darnach den Namen führen. Solche war z. B. die holländische Bank, aus holländischen Gästen und deren Danziger Geschäftsfreunden zusammengesetzt, die schon 1412 in der Dominikanerkirche eine Begräbnißkapelle gründeten und für eine ihren Brüdern täglich zu lesende Seelenmesse zur Zahlung einer jährlichen Rente von 6 Mark an das Kloster sich verstand. Ebenso wird die Schifferbank wohl gleichen Alters mit der Seeschifferzunft sein, welche letztere schon 1386 in derselben Kirche eine Vicarie unterhielt. Die Stiftung der Marienburger Bank scheint sich, nach den Bildern zu urtheilen, welche ihre Brüder neben derselben aufrichteten, an eine bei Gelegenheit der Vertheidigung der Marienburg 1410 oder der Belagerung derselben 1454—56 gebildete Waffenbrüderschaft von Danzigern zu knüpfen. Auch die Christoffer-, die Reinholds- und die Dreikönigsbank dürften schon der Ordenszeit ihren Ursprung verdanken, wenn sie auch erst um 1490 zuerst erwähnt werden. Die erstere unter diesen Banken finden wir zum ersten Male in Bornbach's Genealogie der Familie Proite erwähnt, nach welcher 1482 Nicolaus Proite die Brüderschaft der Bank genommen; das Bruderbuch von St. Reinhold beginnt 1481 und das der Dreikönigsbank mit 1483. Die schriftlichen Aufzeichnungen setzen aber keineswegs das gleichzeitige Entstehen voraus, da sie damals bereits als vorhandene, erwähnt werden.

Die gewöhnlichen Zusammenkünfte wurden allabendlich durch das Spiel der für den Hof angestellten Pfeifer und Trompeter belebt, welche jedoch ebenso wie die Hofgenossen selbst um 10 Uhr den Saal verlassen mußten. Besondere Festlichkeiten fanden statt: zunächst einmal im Jahre, wenn der Rath von den Aelterleuten des Hofes in den Hofkeller geladen ward, wo dann jenem zu Ehren eine Collation und Nachcollation stattfand, an welchen Festen nach der Hofordnung große Frugalität herrschen sollte, indem bei der Collation einerlei Wein, einerlei Krude (gewürztes Zuckerwerk) Bier, Brod, Heringe und Rettig, bei der Nach-Collation nur Heringe, Brod und Bier vorgesetzt wurden. Andere Feste wurden zur besonderen Ehre fremder Gäste gegeben, deren Anordnung vom Rathe ausging, andere ferner zur Zeit der großen kirchlichen Feiertage, zum Weihnachtsfeste oder zu Pfingsten, wo der Maitritt stattfand. An allen diesen Festen nahmen in der Regel auch die Frauen theil; es wurden Reigentänze aufgeführt oder die wilden Sprünge der Zeltläufer angeschaut. Noch glänzendere Feier fand zur Fastnacht statt, wo vor dem Hofe Stechspiele gegeben wurden, in denen „nach der Tafelrunde“ geritten ward, auf welche Spiele Vertheilung von Preisen aus den Händen der Frauen und Tanz im Hofe folgte.*) Endlich ver-

*) Aehnliche Kampfspiele der Junker finden wir auch in anderen Städten, so in Marburg, wo am Fest des Frohnleichnams ein jeder in der Stadt aufgenommene Schützenbruder unter Trom-

einzige die Brüder auch das Frohnleichnamsfest, wo sie mit großen Wachskerzen der allgemeinen Procession sich anschlossen. Für die Bedienung auf dem Hofe war eine zahlreiche Dienerschaft angestellt; schon in der ältesten Zeit werden 7 Knechte genannt, seit 1421 waren hier thätig: ein Kellermeister mit seinem Knechte, ein Baumeister, zwei Knechte, vier Jungen, ein Kalkknecht und ein Thorwächter, die in gleicher Weise wie die Hof-Musikanten einen mäßigen Lohn nebst einigen Nebeneinkünften bezogen. So wurde ihnen namentlich an jedem Sonnabende ein „Badegeld" ausgekehrt. Die Besoldung der Aldermänner bestand in der Erlaubniß, sich jährlich eine Tonne guten Bieres auf Kosten der Hofkasse kaufen zu dürfen. (Schluß folgt.)

Die Heil- und Pflegeanstalt für Schwachsinnige und Epileptische zu Stetten in Würtemberg hat vor Kurzem ihren 42., das Jahr vom 1. October 1889 bis 1. October 1890 umfassenden Bericht veröffentlicht, dem wir nachstehende Einzelheiten entnehmen:

Innerhalb der genannten Zeit sind 83 Kranke, und zwar 35 Schwachsinnige und 48 Epileptische, in die Heilanstalt zu Schloß Stetten und die damit verbundene Pflegeanstalt in dem benachbarten Rommelshausen aufgenommen worden. Ihrer Herkunft nach stammten 73 davon aus Würtemberg, 10 aus anderen Theilen Deutschlands; 50 waren Kinder, im mittleren Alter standen 16, erwachsen waren 17. Die Schule besuchten davon 39, arbeitsfähig waren 31, reine Pfleglinge, d. h. solche, die keine Aussicht auf Heilung oder wenigstens Besserung bieten, 13. — Im Ganzen befanden sich im Berichtsjahre in der Pflegeanstalt zu Rommelshausen 27 männliche und 26 weibliche Kranke; ihnen stehen in der Stettener Heilanstalt 66 Knaben und 33 Mädchen gegenüber, welche die Schule besuchen, und 190 Kranke, 113 männliche und 27 weibliche, welche unter die Klasse der Arbeiter gerechnet werden. Die Gesammtzahl der Kranken zur Zeit der Berichterstattung betrug 342, unter ihnen allein aus Würtemberg 255, während die Zahl der in die Anstalt aufgenommenen Nichtwürtemberger seit etwa 6 Jahren einen stetigen, wenn auch kleinen Rückgang zeigt. Dies ist leicht begreiflich, wenn man in Betracht zieht, daß im Jahre 1885 in Deutschland 32 Anstalten für Schwachsinnige bestanden, im Jahre 1889 dagegen schon 42. Aehnlich verhält es sich mit den Anstalten für Epileptische, welche in Deutschland jetzt auf 9 angewachsen sind. Fast kein Jahr vergeht, ohne daß ein neues, segensreiches Werk dieser Art ersteht. So ist jetzt für Baden, Hessen und die Pfalz eine Epileptiker-Anstalt geplant, und mit dem gleichen Gedanken trägt man sich in Bayern. Daß solche Neuschöpfungen auf die Abnahme der Zahl der von außerhalb Würtembergs her in der Stettener Anstalt Aufnahme Suchenden von bedeutendem Einfluß ist, liegt auf der Hand. Auch bezüglich der Schweiz ist diese Beobachtung zu machen, welche früher, ehe sie eigene Anstalten dieser Art besaß, immer ein großes Contingent zu den Zöglingen der Stettener Anstalt stellte.

Abgesehen von der ständigen Behandlung der aufgenommenen epileptischen Personen trat im Berichtsjahre noch eine andere Art der Fürsorge, freilich nur als Nothbehelf, in Geltung, nämlich die ambulante Behandlung von Epileptikern, von welcher 40 Personen Gebrauch machten. Bedingung dafür ist wenigstens einmalige Vorstellung des Kranken beim Anstaltsarzt. Für notorisch Arme fand unentgeltliche Abgabe der Arzneimittel statt.

Die Beschäftigung der bildungsfähigen Zöglinge in der Schule wurde im Laufe des Jahres derart betrieben, daß, von einigen kleinen Abtheilungen, welche in einzelnen Fächern Nebenklassen bilden, abgesehen, 99 Kinder in 6 Schulklassen, von welchen zwei zur Vorschule gehören, von 4 Lehrern und 2 Lehrerinnen unterrichtet werden. Die im April d. J. vorgenommene Schulvisitation fiel zur vollen Zufriedenheit des Comite's aus.

Confirmirt wurden in diesem Jahre 19 Kinder, nämlich 9 Schwachsinnige und 3 epileptische Knaben und 4 schwachsinnige und 3 epileptische Mädchen. Von den Confirmanden kehrten 6 Mädchen und 2 Knaben nach Hause zurück, 1 Mädchen und 10 Knaben blieben in der Anstalt. Die letzteren traten in Werkstätten über.

Neben der Confirmationsfähigkeit ist die Erwerbsfähigkeit das Ziel, welches sich die Anstalt für ihre Zöglinge steckt. Die Thätigkeit in den Arbeitsstätten, in welchen 48 Knaben beschäftigt sind, nahm im Berichtsjahre ihren gewünschten Fortgang, obgleich manchmal die Beschaffung tüchtiger, solider und ruhiger Arbeitsmeister, welche mit den Schwachheiten der Zöglinge Geduld haben und sich in die Anstaltsordnung schicken, schwer fiel. Die Korbflechterei konnte nicht genug Waare liefern; ebenso waren die Drechslerei und besonders die Schuhmacher- und Schneiderwerkstatt vollauf beschäftigt. In der Tischlerei, in welcher gegenwärtig 4 Zöglinge arbeiten, war mit Fertigung von Möbeln sowie mit allen möglichen

---

[illegible] mit Steinen gefüllten, mit mächtigen Reifen beschlagenen Faß (die Kope d. h. die Kufe) im schwierigen Galopp durch die Straßen der Stadt schleifen mußte. Der Sage nach soll Herzog Johann diese Lustbarkeit 1373 eingerichtet haben; ferner in Lübeck, wo auch ein Ringstechen stattfand. Auf dem Markte wurde eine hölzerne Figur des Roland mit ausgestreckten Armen aufgestellt. Sie hielt in der einen Hand einen Ring, in der anderen einen Beutel mit Asche. Es kam darauf an, in schnellem Vorbeireiten mit der Lanze den Ring herauszustechen. Wurde die Figur an der Hand getroffen, so drehte sie sich und gab mit dem Aschenbeutel einen Schlag auf den Rücken. Fraglich ist es, wenn Stöver in seinen Genealogien der Hamburger Patrizier aus diesen Festspielen einen Beweis der Ritterwürdigkeit ableiten will. Wahrscheinlich wollten ebenso auch die Augsburger Zünfte, welche sich an gewissen Festen vergnügten, lebenden Gänsen im Laufe die Kragen abzureißen, dadurch sich in der Ritterlichkeit üben.

Reparaturen Arbeit im Ueberfluß. Die Buchbinderei zählte 5 Insassen, welche vermöge des Zerstörungstriebes so mancher Kinder, der sich mit Vorliebe auf Bücher richtet, stets genügende Beschäftigung hatten. In der Gärtnerei arbeiteten 18 Zöglinge, welche die Gärten der Anstalt in Stand zu halten und den Vorrath in die Küche zu liefern hatten. Die Felder, Park und Anlagen, denen durch Verbesserung immer neuer Schmuck beigefügt wird, und so manche Veränderung, welche man im Interesse der Schönheit und Zweckmäßigkeit vornimmt, geben Stoff genug zu neuer Arbeit auch für die Zöglinge, welche nicht in die Werkstätten eingewiesen sind.

Die Mädchen haben Handarbeitsunterricht im Stricken und Nähen; manche verstehen sich auch auf feine und zierliche Flechtarbeiten; wieder andere werden im Speisesaal verwendet oder in der Küche oder beim Waschen.

Reine Pfleglinge, welche gar nichts arbeiten können und zufrieden sind, wenn sie Nahrung und Kleidung erhalten, beherbergt die Anstalt gegenwärtig 53. „Einzelne unter ihnen", sagt der Bericht, „sind still wie das Grab, andere unruhig wie das sturmbewegte Meer; einzelne harmlos, andere gefährlich, die einen heiter, die anderen trübsinnig; einige mit jedermann gut Freund, andere beharrliche Störenfriede; die einen säuberlich, einzelne noch nicht aus dem Gröbsten heraus; alles zusammen angeschaut, ist es eine Summe von Elend und Schwachheit, wo man oft denkt: „Ach Gott im Himmel sieh darein und laß dich deß erbarmen".

Mit Tode abgegangen sind im Berichtsjahre 6 Zöglinge. Im Uebrigen haben im Ganzen 55, nämlich 14 männliche und 9 weibliche Schwachsinnige, 20 männliche und 12 weibliche Epileptiker die Anstalt verlassen. Von ihnen mußten 2 in eine Irrenanstalt gebracht und 2 wegen ihres Betragens entlassen werden. In die Lehre sind 10, in einen Dienst 5 eingetreten. Von den Schwachsinnigen konnten 8 als sehr gebessert, 12 als gebessert entlassen werden, 3 Ausscheidende blieben ungebessert. Von den Epileptikern erhielten das Zeugniß geheilt 6, sehr gebessert 4, gebessert 0, ungebessert 11. Unter den Geheilten sind fast die Hälfte Hysteriker, welche, ähnlich wie die mit Veitstanz Behafteten, wenn sie zur rechten Zeit in die Anstalt gebracht werden, die günstigsten Aussichten auf Heilung haben. Obige Zahlen aber zeugen von erfreulichen Erfolgen, welche den Leitern der Anstalt die Gewißheit geben, daß nicht umsonst gearbeitet worden ist, und die zu erneuter, fleißiger Arbeit anspornen.

Der Gesundheitszustand der Zöglinge war, von der Influenza abgesehen, im Allgemeinen ein günstiger zu nennen, sodaß die Krankenzimmer selten so wenig wie in diesem Jahre benutzt worden sind.

Was die Geldverhältnisse der Anstalt betrifft, so ergiebt der Rechnungsabschluß vom 1. April d. J. in baar eine Gesammteinnahme von 106 030 Mk. 73 Pf. und eine Gesammtausgabe von 106 134 Mk. 68 Pf., sodaß eine Mehrausgabe von 94 Mk. 95 Pf. bestehen bleibt; immerhin beträgt, namentlich in Folge von 40 200 Mk. verzinslicher und 106 600 Mk. Stiftungsschulden die Unzulänglichkeit des Geldvermögens der Anstalt noch 161 711 Mk. 73 Pf., für deren allmähliche Beseitigung der Bericht alle Freunde und Gönner der Anstalt bittet, auch fernerhin ein warmes Herz und eine offene Hand zu bewahren.

Literatur.

Der Bär. Illustrirte Wochenschrift für die Geschichte Berlins und der Mark. XVII. Jahrgang. Nr. 6. 8. November 1890.

Inhalt: Ein neues Geschlecht, Roman von H. v. Tiedenroth (Fortsetzung). — Ein Maler für's deutsche Haus: Prof. Viktor Paul Mohn, von H. Vollmar (mit Abbild.). Bildnisse der Königin Luise, von Georg Voß. — Kreuzpeterdeich von dem Berner, Familiensage, von Editha Freiin v. Reitzenstein (II.). — Gustav Gans, Edler und Herr zu Putlitz (mit Abbild.). — Die Familiengeschichte der Herren von und zu Aufseß, von Dietrich Hafner. — Kleine Mittheilungen: Die Familie von dem Berne. — Nochmals die fehlende Säbelquaste am Blücher-Denkmal. — Ein Geschichtsverein für die Neumark. — Aufruf betr. Gründung des Geschichtsvereins für die Neumark.

Unter Friedrich dem Großen.

Aus den Memoiren des Aeltervaters 1752—1773. Herausgegeben von Helene von Hülsen. Verlag von Gebrüder Paetel. Berlin 1890. Kl. 8°. 207 S. Preis 4 Mk.

Mit der Veröffentlichung der Memoiren des Großvaters ihres Gatten, Karl Wilhelms von Hülsen, nach dessen Tagebuche, denen zum Schlusse eine Anzahl interessanter, für den Schreiber und seine Zeit charakteristischer Briefe desselben angereiht sind, hat die Herausgeberin eine frische, lebendig geschriebene Selbstbiographie eines Helden aus jener Zeit des Großen Friedrich dem Publikum zugänglich gemacht, die zugleich als ein schätzbarer Beitrag für die Geschichte jener ruhmreichen Kriege des gewaltigen Preußenkönigs gelten darf und daher als von allgemeinem Interesse allen Freunden vaterländischer Geschichte warm empfohlen werden kann.

Carl Heymanns Verlag in Berlin W., Mauerstraße 44. — Gedruckt bei Julius Sittenfeld in Berlin.

Alle Zuschriften und Einsendungen in Angelegenheiten dieses Blattes wolle man an den Redacteur desselben: Geh. Hofrath Herrlich W. Potsdamer Straße Nr. 134 c. zu Berlin richten.

Wochenblatt

der

Johanniter-Ordens-Balley Brandenburg.

Im Auftrage der Balley Brandenburg verantwortlich redigirt von C. Herrlich in Berlin.

Jahrg. 31. Berlin, den 3. December 1890. Nr. 49.

Die Artusbrüderschaft in Danzig.

(Schluß.)

Wenn wir in allen diesen in den Artushof-Ordnungen erwähnten Einrichtungen nur die geselligen Freuden der Hofgenossen berücksichtigt finden, so unterliegt es doch keinem Zweifel, daß auch der Geschäftsverkehr hier mannigfache Förderung fand. Denn wenngleich in den geselligen Zusammenkünften nach einer etwas dunklen Stelle der Hofordnung von 1421 zu urtheilen, das „Kaufschlagen" bei Strafe verboten und jedes hier abgeschlossene Geschäft für ungültig angesehen ward, so gewähren sie doch dem fremden Kaufmann die Gelegenheit, seine Geschäftsgenossen kennen zu lernen. Ueberdies aber waren augenscheinlich zu gewissen Tageszeiten die Versammlungen im Artushofe schon damals ausschließlich dem Geschäftsverkehr gewidmet. Als im Jahre 1448 die Holländer längere Zeit, bis der Friede zwischen dem Herzoge von Burgund und dem Hochmeister abgeschlossen wurde, als „gelrilete" Männer von dem Besuche der Abendversammlungen des Hofes ausgeschlossen waren, erhielten sie die besondere Erlaubniß, zum Abschluß von Geschäften in den Hof kommen zu dürfen. In diesen Geschäftsstunden wurden den Kaufleuten ohne Zweifel auch die amtlichen Mittheilungen in Betreff des Handels gemacht, von denen öfters die Rede ist. So meldet z. B. 1391 die Stadt Stralsund dem Danziger Rathe den Verlauf der Ereignisse, die sie zur Vertreibung ihres Bürgermeisters Bertram Wulflams, seines Sohnes und des Rathsmannes Albert Gildehusen genöthigt habe, und bittet, den Brief den Aldersleuten des Artushofes mitzutheilen, damit er von den Kaufleuten auf dem Hofe gelesen werde. 1436 wird im Artushofe eine Aufforderung des Rathes vorgelesen, daß die von den Holländern beraubten Kaufleute ihren Schaden berechnen sollten; in demselben Jahre läßt der Komthur von Danzig ein gerichtliches Zeugniß über den Raub eines Schiffes bei den Kaufleuten der Stadt aufnehmen, welche der Notar für diesen Zweck auf dem Artushofe beisammen findet. 1436 wird auf Verlangen des Brüggeschen Kontors auf dem Artushofe ein Straf-Erkenntniß desselben gegen einen Danziger Kaufmann zur Warnung mitgetheilt. Es finden sich auch Beispiele, daß die Kaufleute auf dem Hofe von Fremden als eine politische Corporation betrachtet und zu selbstständigen Willenserklärungen aufgefordert wurden. In solchem Sinne klagt 1436 Graf Gerhard von Cleve über die Beeinträchtigung seiner Unterthanen in Danzig, dem dortigen Rathe und dem „gemeinen Kaufmanne auf König-Artushofe" und verlangt von den letzteren, indem er sie mit der Beschlagnahme ihrer in seinem Gebiete befindlichen Güter bedroht, daß sie seine Forderungen beim Rathe unterstützen. Im Jahre 1440 den 22. Juli verlangt ein Westfale, Hennele von Werde, daß gewisse Danziger Kaufleute gefordert und zu einem Schwure gezwungen, ihre Aussagen aber unter dem Siegel des Rathes und dem Siegel der Kaufmannschaft ausgefertigt würden. Um 1450 endlich fordert Curt Massow in Pommern die Aldersleute und den Kaufmann auf dem Artushofe auf, ihm gegen den Komthur und den Rath von Danzig Rechtshülfe zu verschaffen. Nur in einem einzigen Falle, als Antwort auf das Schreiben des Grafen von Cleve, erfolgt eine von den „Aldersleuten und der gemeinen Kaufmannschaft auf dem Artushof" abgefaßte Erklärung, deren Inhalt ihnen vom Rathe vorgeschrieben wurde. Der Rath nennt in seinem Antwortschreiben vom 8. August 1436 die Mitglieder des Artushofes (wovon die Georgenbrüderschaft doch ein integrirender Theil war) „gemene aldsessen, Burger und inwoner desir Stad". Man sieht daraus, daß wenigstens zu jener Zeit von Anspruch auf Ritterbürtigkeit seitens der Patricier noch keine Rede war.

Außerhalb des Artushofes wurden die Mitglieder durch die Verschiedenartigkeit ihrer Handelsgeschäfte von einander gesondert und bildeten mit Rücksicht auf diese die Corporationen der Großhändler, der Gewandschneider (Tuchhändler) Brauer und Krämer. Von diesen haben die Großhändler (Kaufleute) als die herrschende Klasse, da sie in der städtischen Regierung selbst ihre Vertreter hatten, eine selbstständigere Organisation nie bedurft oder erstrebt.*) Nicht einmal das religiöse Interesse für gemeinsame Begräbnißstätte und Begräbnißfeier bildete für sie ein Bindemittel, da jede einigermaßen bedeutende Familie ihre besondere Capelle oder Begräbnißstätte in einer Kirche hatte. So zieht sich um die innere Mauer der Marienkirche ein Kranz von 30 Capellen, die theils von reichen Familien, theils von Zünften und Innungen gestiftet sind und unter ihrem erhöhten Fußboden Grabgewölbe enthalten; so die St. Trinitatis-Kapelle der Ferber**), die Jungfrauenkapelle der Berend. Von den Gewandschneidern findet sich nur, daß sie geschworene Aelterleute hatten, welche über die Güte der Waaren Aufsicht führten und die Rechte ihrer Gewerbsgenossen gegen die Beeinträchtigung fremder Gewandhändler wahrnahmen. Im Jahre 1446 werden sie vom Rathe aufgefordert, ein von Wilna als verfälschtes Gut zurückgeschicktes Stück Tuch zu untersuchen. In demselben Jahre verlangen sie im Namen ihrer „Kumpanie“ daß der Rath die Freiheiten, welche er den Alt- und Jungstädtern, sowie den Engländern und Schotten in Betreff des Leinwandhandels ertheilt hat, zurücknehme. In der alten Willkür heißt es überdies: „Wer gewand snyden will, der sol unser burger syn unde der gewantsnyder gilde gerne gewynnen“; doch findet sich nicht, daß sie jemals in Danzig eine Capelle oder einen Altar besessen hätten. Die Brauer und Krämer hatten durchaus zünftige Einrichtungen, doch war die Zunft der ersteren unzweifelhaft wegen der großen Zahl ihrer Mitglieder, wegen ihres Reichthums und wegen ihres steten aufrührerischen Geistes die bedeutendste unter allen Zünften und mag wohl schon in der Ordenszeit, wo jedenfalls einzelne Brauer***) am auswärtigen Verkehr Theil nahmen, zur Kaufmannschaft gerechnet worden sein. Schon 1342 werden sie in den Stadtbüchern genannt und 1378, wo ihrer zünftigen Einrichtung gedacht wird, haben sie um das Verbot der Einführung des Wismarischen Biers zu erzwingen, einen Aufstand in Danzig erregt. Bei Gelegenheit einer zweiten 1416 von ihnen geleiteten Empörung erhalten wir über ihre Zahl, ihren Reichthum und die verschiedenen Zweige ihres Geschäfts einige nähere Angaben. Damals wohnten allein 73 namentlich genannte Brauer in der Hundegasse, von denen einer eine Buße von 200 Mark und viel andere zu einer Buße von 100 Mark verurtheilt werden. In den übrigen Gassen wohnten nicht weniger als 276 Brauer, von denen einer in der Wollwebergasse 600 Mark Strafe zahlt. Unter diesen werden unterschieden: Mälzer, Schupenbrauer, Methbrauer und Bierbrauer. In Betreff der Mälzer bemerkt die Stadtwillkür „Unsere Bürger sullen keynem manne meltzen, her sei denne unser mitebörger bey 3 guten marken.“ Die Schupen- oder Schoppenbrauer fabricirten das Schiffsbier (cerevisia navigalis), welches sie ins Ausland führten, sie werden 1379 zuerst genannt. Ihren Namen führten sie unzweifelhaft von dem eigentlichen Schöpftroge, dessen sie sich zum Uebergießen des heißen Wassers über das Malz bedienten und welches Schippe oder Schuppe (Schaffe) genannt wurde. Ihr Fabrikat hieß Schoppen oder Jopenbier und wird noch jetzt in Danzig gebraut. Mit diesen Schaffen waren sie auch verpflichtet, bei jeder Feuersbrunst zur Hülfeleistung sich einzufinden. Aber auch das gewöhnliche Danziger Bier stand in großem Rufe; die benachbarten Ordensburgen versahen sich mit demselben und der Rathmann Hermann von Halle erbittet sich als Befehlshaber in Stockholm 1395 von Danzig her das Bier, das in dem „martio gebrauen“ ist. Auf den Antrag Danzigs verbot der Hochmeister 1435 die Einführung der fremden Biere aus Hamburg und Wismar zum Verkauf. Privatleute sollten für ihren Bedarf welches in ihrem Hause halten dürfen. Aehnliche Verbote kommen noch öfter vor. Die Schopenbrauer errichteten schon 1367 in St. Marien zu ihrem „Seelengeräthe“ den Altar der 10000 Märtyrer. Wahrscheinlich nicht viel jünger, nach dem alterthümlichen Bilde auf demselben zu urtheilen, ist der von der gesammten Brauerzunft gestiftete St. Nicolaus-Altar in derselben Kirche.

Die Krämer (institores), welche sowohl die aus der Fremde kommenden Gewürze und andere Nahrungsmittel, als auch wollene und seidene Waaren und ähnliche Bekleidungsgegenstände in kleinen Quantitäten feil hatten, sind seit 1340, wo sie zuerst genannt werden, sehr zahlreich auf der Rechtstadt gewesen. Im Jahre 1416 werden 52 derselben, von denen 17 in der großen und 11 in der kleinen Krämergasse wohnen, wegen des Aufstandes in Strafe genommen. Einer derselben zahlt 600, vier 200, und zwei 100 Mark. Zwanzig Jahre später erhält die

*) Der Rath und die obersten städtischen Behörden bestanden mit Ausnahme der äußerst seltenen Fälle, wo diese durch Einschreiten des Ordens oder durch Aufstände der Handwerker Mitglieder aus den niederen Ständen aufgenöthigt wurden, nur aus Kaufleuten, bei deren Wahl in der früheren Zeit, zwar wie es scheint, es auf die Abstammung von schöffenbaren freien Männern einige Rücksicht genommen wurde, später jedoch vorherrschend ihre kaufmännische Bedeutung in Betracht kam.

**) Schon 1348 kommt Tidemann Ferber im Rathe vor, doch ist es nicht nachweisbar, daß er der späteren Patricierfamilie dieses Namens angehört. Der Stammvater der letzteren ist Joh. F., der zu Calcar im Clevischen wohnte. Zwei seiner Söhne, Eberhard und Gerhard, zogen nach Danzig um 1420. Der letztere hatte nur eine Tochter. Eberhard aber hatte 10 Kinder, worunter der Bürgermeister Johann der Stammhalter der Familie wurde. Sie erlosch 1788 mit dem Rathsherrn Johann Ernest Ferber.

***) So überläßt z. B. 1430 ein Danziger Brauer, Johann Tredow, einem Kaufmann in Wisby auf Gotland, der ihm 168 Mark für Bier schuldig ist, den Verkauf von 8 Last Weizen.

Zunft auf der Rechtstadt und 1447 die auf der Altstadt eine Rolle. In der Rechtstädtischen findet sich das Besondere, daß von den zwei Elterleuten, die ein Jahr lang der Zunft vorstehen, der eine vom Gewerke, der andere vom Rathe erwählt wird. Außer den Elterleuten werden ferner sogenannte „Hanberre" ernannt, welche die Bußen einfordern. Die Statuten beider Rollen beschäftigen sich hauptsächlich mit den fremden Kaufleuten, denen man das Recht, ihre Waaren außerhalb der Jahrmarktszeit feil zu bieten, sehr beschränkt. In St. Marien besaß die rechtstädtische Zunft schon 1437 die St. Marien-Magdalenen-Capelle.

Ueber die Organisation der Gerschiffer, die ebenfalls zum Artushofe gehörten, stehen uns nur wenige Notizen zu Gebote. Die Stiftungsurkunde des St. Jakobs-Hospitals datirt von Schwetz den 24. Juni 1432 im Königsberger Geheim-Archiv (Handfesten Nr. 6. f. 199) enthält interessante Andeutungen über das Verhältniß der Gerschiffer zum Hochmeister Ulrich v. Jungingen, berührt aber die genossenschaftlichen Interessen nicht.

Im Kloster Unterlinden zu Colmar.

Eine der geweihtesten Stätten auf dem ruhmvoll wiedererrungenen Boden des Reichslandes Elsaß bildet das Kloster Unterlinden zu Colmar, nicht fern von der „Kornhalle" zwischen dem Theater und dem „Marché de bric-à-brac" (Gerümpel-Markt). Der „Logelbach" fließt hinter den Mauern des ehemaligen Dominikanerinnenstiftes vorüber; nach dem Marktplatze zu aber erhebt sich vor dem Kloster Gottlieb Konrad Pfeffels ansprechendes, von dem Elsässer Bildhauer Friedrich geschmackvoll gefertigtes Denkmal. Noch ist am Eingange des Stiftes das alte Symbol der „Domini canes" — wie die Mönche des Prediger-Ordens vom Volke spöttisch genannt wurden, erkennbar: ein Hund, welcher eine Fackel im Maule trägt, um den Erdkreis mit ihr in Brand zu versetzen. Mitten in der verkehrsreichen Stadt bildet diese stille Stätte einen Ort, über welchem es schwebt wie elegischer, weltferner Gottesfrieden. Ehe wir indessen einen Rundgang durch dies ehrwürdige, heute der Kunst und Wissenschaft geweihte Kloster antreten, wollen wir seine „Annalen" vor uns aufrollen.

„Es waren einst", so heißt es in denselben, „zwei edle, fromme Wittfrauen zu Colmar, als Agnes von Mittelheim und Agnes von Herenkheim, denen Gott eingabe, ein Kloster zu bauen nach dem Rathe Bruder Walthers, des Lesemeisters und Priors des Prediger-Ordens zu Straßburg. Sie offenbarten ihren guten Gedanken anderen Wittwen, welche alsbald einen Wohlgefallen an selbigem erzeigten. Gingen also in die Vorstadt, woselbst die eine Haus und Hof besaß, an dem Platze „Unter den Linden" genannt. Blieben aber allda nit lang; sondern gingen auf Rath zweier Edelfrauen an den Ort „Uffmühlen" geheißen, zu der Capell' St. Johannis Baptistae, legten da in dieses Heiligen Vigil' anno 1232 die geistlichen Kleider an, bauten Häuser und ein langes Dormitorium von Steinen, empfingen auch eine Bull' vom Papste Innocentio. Anno 1252 aber begaben sich die Schwestern, dieweil sie täglich von den streifenden Rittern beunruhigt wurden, in die Stadt Colmar, wiederumb nach Unterlinden zurück. Sie vernahmen aber eine Stimm', so da sprach.

„Nehmet euch mit!"

Als sie nun forschten, woher solche Stimm' wohl käm', da fanden sie St. Johannis Bild, des Täufers, von wo sie kommen. War der praecursor domini überdieß schon in der Nacht vorher einer der frommen Frauen erschienen; hatt' sie ermahnet, auf Unterlinden zu gehen; er würde dort ihr Helfer sein. Nahmen also den Täufer Johannem für einen Patron und stellten dessen, nachdem aus der Erde gegrabenes Bildniß zu Unterlinden auf, von welchem täglich große Hülf' und viel Wunder geschehen. Kam dann das Wort auf:

„Glückselig z' Unterlinden
Sind, die sich dort befinden;
Die lebend stets in Heiligkeit,
Selig zu sein in Ewigkeit."

Erste Priorin aber ist gewesen die Frau Agnes von Mittelheim, ein Spiegel der Andacht und Frömmigkeit. —

Bald ward das junge Stift der Schauplatz seltsamer Erscheinungen. Draußen in der Welt herrschte Streit und Noth; die deutsche Zucht zerfiel von Tag zu Tage mehr; — hier waltete der Friede Gottes. Inmitten des Aufruhrs der Welt wurden die Klöster namentlich der Dominikanerinnen Stätten einer ekstatischen Frömmigkeit und asketisch-mystischer Erdenflucht.

Noch sind diese Dinge wenig beachtet; gehen wir daher ein wenig näher auf sie ein. Besonderer Offenbarung vermochte sich die Schwester Hedwig von Gundolsheim zu rühmen. Sie hatte allerdings furchtbar Schweres hinter sich: an sich selbst hatte sie die Härte jener Zeit erfahren. Ihre Verwandten hatten ihr einen Bräutigam erkoren, ohne die schöne und geistvolle Jungfrau auch nur mit einem Worte nach ihrer Neigung zu befragen. Nach der Landessitte sollte sie nunmehr zum Zeichen der Verlobung zugleich mit dem ihr bestimmten Junker die Hand auf das gezückte Schwert legen; sie aber weigerte sich dessen mit aller Beharrlichkeit. Man mißhandelte sie mit Schlägen; man warf sie in Dornengestrüpp; man schleifte sie an den Zöpfen; sie blieb ihrem Worte getreu:

„Ich liebe nur den Heiland!"

Ihr Ohm band sie endlich vor sich auf das Roß; er jagte mit ihr durch den Wald, durch die Felsenwildniß; — das Blut stürzte ihr aus dem Munde; aber:

„Ich liebe nur den Heiland!“

sprach sie, sobald sie wieder sprechen konnte. Man verstieß sie endlich in einen Stall, ja in den schmutzigsten von allen Ställen; man hing sie an den Händen auf, sodaß ihr das Blut aus den Nägeln hervortrat; — sie aber flehte Gott an, daß er die Herzen ihrer Dränger rühren möchte. Endlich geschah dies auch; sie durfte in's Kloster Unterlinden eintreten und wurde nachmals dessen Priorin. Noch in der Revolutionszeit erblickte man hier ihren Grabstein mit jenen lateinischen Versen, welche ihr der Bruder Burchard von Eschbach einst gewidmet hatte:

„Moribus ornata jacet hic soror intemerata nie.“

Unterlinden wurde durch sie eine Stätte strengster Askese. Selbst Fische und Eier erschienen nur sehr selten auf dem Tische der Nonnen; — eine der Schwestern rechnete es sich schon zur Sünde an, daß sie in früher Jugend den Wunsch gehegt hatte, sich auch einsmals als Braut „mit Gold geschmückt“ zu sehen. Eine andere Insassin des Stiftes, Katharina von Gebweiler, erzählt, daß es oft von oben her wie eine Flamme in die Seelen der Dominikanerinnen geflossen sei. In solchem Zustande erblickte Schwester Herburg von Herlenheim zur Betzeit im Klostergarten einst ihre eigene Seele, wie sie, der Bande des Körpers ledig, sich adler- oder phönixgleich gen Himmel schwang. Es heißt von ihr, einst sei ein Aussätziger zu ihr gekommen; sie habe ihm mit Wein und Wasser getränkt; da sei der Erlöser in seiner vollen Herrlichkeit ihr einen Augenblick erschienen; der Aussätzige aber war verschwunden. Gertrud von Colmar sah himmlisches Feuer auf den dunklen, hohen Chor des Klosters niederfallen, in welchem die Nonnen versammelt waren; Adelheid von Rheinfelden und Agnes von Blotzheim erblickten den Herrn in seiner Passion; Gertrud von Brack hörte die Hammerschläge, welche den Erlöser an das Kreuz hefteten. Anderen Schwestern erschien Jesus als ein liebliches Kind. Oft leuchtete es über den Häuptern Einzelner wie ein milddunkelnder Stern. Wollte es dann zu Ende gehen, so versammelte sich der ganze Convent am Lager der Sterbenden. „Noch einmal und zum letzten Male, wie wenn die Alpengipfel in der untergehenden Sonne sich wieder und wiederum röthen, ruhte ein Abglanz höheren Lichtes auf den bleichen Zügen der Kranken; sie erblickte den Himmel offen und starb nicht selten unter Klängen einer begeisterten Harfe.“ Die Wissenschaft ist nicht berechtigt, die subjective Realität solcher Vorgänge in Zweifel zu ziehen.

Gefestet in sich und frei von übler Nachrede, überdauerte Kloster Unterlinden auch die Stürme der Reformationszeit. Noch am Anfange des 18. Jahrhunderts wiederholten sich, wenn auch nur vereinzelt, jene ekstatischen Vorgänge. So hören wir von einer Chorfräulein, welches den Schleier genommen hatte und in enthusiastischer Strenge zu Unterlinden lebte. Dennoch lieferte das Gericht die Lauterkeit ihrer Ueberzeugung an. Der Provinzial des Ordens erschien in Colmar; er war sehr betrübt und befahl der Schwester, sich vor einem Christusbilde im Kapitelsaale niederzuwerfen und den leidenden Heiland anzuschauen. Die Nonne gehorchte ohne Widerspruch, weinte aber, obwohl sie schuldlos war, so heftig, daß sie unter dem Kreuze verschied. Man las auf ihrem Grabsteine ehedem die feierlichen Worte:

„Hanc extinxit amor.
Fortis ut mors dilectio.“ —

So kam die Revolutionszeit. Am 2. März 1792 machte man zunächst die kupferne Bedachung des Glockenthürmchens von Unterlinden, obwohl die Bürger Colmars sich zur Vertheidigung des Stiftes um die grauen Mauern geschaart hatten, von welchen ihnen soviel Gutes gekommen war. Die Klosterräumlichkeiten wurden — Kaserne und fielen erst 1842 an die Stadt Colmar zurück. Man darf wohl sagen, daß der Magistrat von dieser Erbschaft den edelsten Gebrauch gemacht hat; er hat die Klosterräume, nachdem sie den verschiedensten Zwecken gedient hatten, endlich der „Gesellschaft Schongauer“ überlassen, deren nicht hoch genug anzuerkennender Zweck es ist, die Denkmäler der Geschichte und Cultur des oberen Elsasses zu schützen, zu sammeln und zu erhalten.

Museum und Bibliothek: Kloster Unterlinden ist heute beides! Treten wir jetzt über seine Schwelle! Unser Führer geleitet uns zunächst nach dem alten Klosterkirchhofe. Auf drei Seiten ein zierlicher Kreuzgang, — auf der vierten die Mauer der Kirche. In der Mitte aber, dort, wo die moderschwarze Erde den Staub der alten Dominikanerinnen deckt, erhebt sich über einem Brunnen von gothischer Form höchst malerisch die Statue des großen Malers Martin Schongauer, des edelsten Sohnes der nicht so kriegerischen Stadt Colmar, — ein vorzügliches Werk des elsässischen Bildhauers Bartholdi, der Weihe des Ortes vollkommen entsprechend.

In der ehemaligen Klosterkirche aber lenken vorzüglich die Gemälde altdeutscher Meister, der Vorgänger von Dürer und Holbein, die Aufmerksamkeit auf sich. Von Schongauer selbst, dem „hübschen Martin“, — „so genannt von wegen seiner Kunst“, wie eine urkundliche Nachricht besagt, am 2. Februar 1499 verstorben und in der Pfarrkirche zu St. Martin bestattet, befinden sich angeblich nicht weniger als sechszehn Gemälde in der Galerie von Unterlinden. Sie sind indessen keineswegs sämmtlich von der Hand des großen Meisters gefertigt; — sie stammen vielmehr aus verschiedener Zeit und waren ehedem ein Besitzthum der Dominikanermönche von Colmar. Viel höheren Werth besitzen dagegen einzelne der hier aufbewahrten Stiche, welche mit Bestimmtheit auf den „hübschen Martin“ zurückzuführen sind, dessen ernste Züge uns dort draußen auf dem Friedhofe soeben gegrüßt haben.

Dichtgedrängt sind der Kreuzgang und die ehemaligen Klosterzellen ferner mit Werken der Skulptur des Ober-Elsasses, mit Grabsteinen und bauliche n Resten, mit Waffen, Möbeln und Geräthen, mit Denkmälern der Römerzeit und der so reich bewegten Geschichte dieses schönen Landes belegt. Gedenken wir hier nur zweier, sehr hervorragender Kunstwerke! Das eine derselben ist ein dem Elsässer Kloster Isenheim entstammender Altar des h. Antonius. In ernster Hoheit thront der berühmte Heilige der strengsten Observanz des Dominikaner-Ordens, St. Antonius von Padua, mit den Insignien seiner Congregation geschmückt, vor uns auf dem Mittelblatt des Altarwerkes; St. Augustinus und St. Hieronymus stehen ihm zur Seite. Unter dieser lebensvollen Gruppe erblicken wir Christus mit der Schaar der Apostel; in der Predelle endlich schließt eine Pietà dies herrliche Denkmal der Mal- und Schnitzkunst ab.

Ein zweites, prächtiges Kunstwerk von weltlicher Art ist der jetzt zu Unterlinden befindliche Kamin des „Wagkellers", d. h. des ehemaligen Rathskellers von Colmar, über dessen Eingang sich einst eine Statue der „Justitia" mit der Waage befand. Er trägt einen überaus reichen Schmuck von Fürstenbildern, Wappen und symbolischen Gestalten. Um diesen Kamin herum hat der unermüdliche Kunstsammler Fleischhauer, der augenblickliche Präsident der Gesellschaft Schongauer, eine große Anzahl von Gegenständen gruppirt, welche in näherer Verbindung zu der wechselvollen Geschichte von Colmar stehen. Ueberall grüßt uns der „Streitkolben", das Wappenzeichen der Stadt. Die örtliche Sage behauptet, in Beziehung auf ihn, bei seinen Wanderungen sei auch Held Hercules einst hierher gelangt. Dort, wo Stadt Colmar heute steht, habe er mit Elsässer Rebensaft sich erquickt, bis sicherer Schlaf die Glieder ihm löste. Bei sinkender Sonne erwachte er; — frohgemuth wanderte er weiter; allein er hatte seine Keule, seinen Streitkolben, vergessen. Den aber nahmen die Bürger von Colmar zum Gedächtniß nachmals in ihren Wappenschild auf.

Die Bibliothek von Kloster Unterlinden bewahrt Schätze vom höchsten Werthe. So eine Bibelhandschrift des 10. Jahrhunderts mit irischen Malereien, einen prächtigen Codex der Weltchronik von Rudolph von Hohenemsbe u. s. w. Auch die Erwerbung naturwissenschaftlicher Seltenheiten ist dem Museum Unterlinden gelungen; die Architecturen von Alt-Colmar sind nicht minder in trefflichen Aufnahmen für die Zukunft hier gesichert worden. So jenes „Johanniterhaus" mit seinen zierlichen Galerien im spätgothischem Stile; — so jenes „Kaufhaus", in welchem Friedrich Wilhelm von Brandenburg, der große Kurfürst, im November 1674 gewohnt hat, als sein Hauptquartier zu Colmar sich befand. Nur Schongauers schönstes Werk „die Jungfrau Maria im Rosenhaag", dieses anmuthigste aller Gemälde der altdeutschen Schule, befindet sich nicht hier in Unterlinden, sondern in der Sacristei der Colmarer Münsterkirche zu St. Martin.

Für die deutsche Zukunft des Elsasses ist es gewiß ein überaus erfreuliches Zeichen, wenn an einem Orte mit solcher Vergangenheit das Erbe der Ahnen so gern, so liebevoll gehütet wird. Es kann dies ja nicht geschehen, ohne daß es auch dem Wiedererbenden zu klarem Bewußtsein gelange:

„Das Elsaß war deutsch: es wird auch deutsch bleiben. Sein Glück aber ist nur dann verbürgt, wenn es zugleich von Herzen wiederum deutsch wird." — C. G.

Die Heimstätten für Genesende der Stadt Berlin.

Wie sehr die städtischen Heimstätten für Genesende einem dringenden Bedürfnisse entsprechen, zeigt wieder der jetzt vorliegende Verwaltungsbericht über diesen neuen Zweig der städtischen Fürsorge. Der Andrang zu den Heimstätten war während des Sommers ein so starker, daß die zur Verfügung stehende Bettenzahl nicht ausreichte. Die Zahl ist daher in Blankenburg auf 64, in Heinersdorf auf 60 Betten vermehrt worden, ohne daß damit der Nachfrage genügt werden kann. Durch den von einem ungenannten Wohlthäter zur Verfügung gestellten Fonds war es der Verwaltung möglich, in Blankenburg noch eine transportable Sommerbaracke aufzustellen, wodurch daselbst die Zahl der Betten um 16 erhöht wurde. Während des letzten Jahres wurden in der Heimstätte zu Blankenburg 603 Frauen, in Heinersdorf 589 Männer verpflegt. — Durch die hochherzige Gabe des Commerzienrathes Albert Kranz, in Höhe von 20 000 Mark, ist die Möglichkeit gegeben, etwa 20 Personen im Laufe des Jahres der Wohlthaten einer kostenfreien Reconvalescenten-Pflege theilhaftig werden zu lassen.

Zur Stiftung

der am 24. Juni d. J. in Sonnenburg neu aufgenommenen Rechtsritter des Johanniter-Ordens für die dortige Gemeinde-Krankenpflege haben folgende derselben dem Unterzeichneten Beiträge eingesandt.

Seine Königliche Hoheit der Herzog Wilhelm von Württemberg 100 M., Oberst und Commandeur des 3. Garde-Regiments zu Fuß von Goßler 20, Prinz Heinrich zu Schönaich-Carolath, auf Amtitz 20, Rittmeister der Reserve von Rohr, auf Dannenwalde 10, Major a. D. von Heimburg, zu Hannover 10, Major a. D. Freiherr von Seherr-Thoß, auf Ober-Röhrsdorf 10, Oberst z. D. von Gentivegni, zu Berlin 15, Rittmeister a. D. von Stumpfeld-Lilliensanker, auf Behrenshagen 25, Graf von Bentinck und Waldeck-Limpurg, auf Schloß Weldam in den Niederlanden 300, Rittmeister z. D. von Spörcken, auf Berbisdorf 20, Oberst und Abtheilungs-Chef im Generalstab des großen Generalstabes von Usedom

20, Rittmeister a. D. von Wiedebach und Nostitz-Jänkendorf, auf Wiese 15, Oberst und Commandeur des Leib-Grenadier-Regiments Baron von Collas 10, Rittmeister a. D. von Prittwitz und Gaffron, auf Casimir 10, Rittergutsbesitzer von Zitzewitz, auf Zezenow 20, Kammerherr von Alvensleben, auf Neu-Gattersleben 20, Landesältester von Kölichen, auf Kittlitztreben 15, Verwaltungsgerichts-Director von Uthmann, zu Breslau 20, Major a. D. von Blücher, auf Groß-Wedow 20, Ober-Regierungsrath von Pawel, zu Cassel 10, Landrath von Saldern, auf Klein-Mantel 20, Major a. D. von Alvensleben, zu Ballenstedt 10, Generalmajor und Commandant von Torgau von Löwenfeld 10, Major und Flügel-Adjutant Sr. Durchlaucht des Fürsten zu Schwarzburg-Sondershausen von Borcke 15, Major a. D. von Ebart zu Jänkendorf 20, Rittmeister der Reserve Stach von Goltzheim, auf Sporwitten 20, Großgrundbesitzer Graf von Hallwyl, zu Stockholm 20, Kammerherr Freiherr Carl Freytag von Loringhoven, zu Riga 20, Kammerherr Freiherr Alexander Freytag von Loringhoven, zu Riga 20, regierender Graf Botho zu Stolberg-Roßla 20, Hauptmann a. D. von Rochow, auf Reckahn 20, Rittmeister a. D. von Versen, auf Schwarzwalden 10, Major im 1. Hessischen Husaren-Regiment No. 13 von Byern 10, Kammerherr von Bülow, auf Groß-Brausrode 20, Ceremonienmeister Freiherr von dem Knesebeck-Milendonck, auf Tylsen 20, Kammerherr Graf zu Dohna-Schlodien, auf Schlodien 20, Kammerherr Graf von Rothkirch und Trach, zu Panthenau 15, Kammerherr von Witzleben, auf Kerstlingerode 10, Kammerherr Freiherr von Erffa, auf Wernburg 10, Königlich Niederländischer Kammerherr Baron de Constant-Rebecque 20, Oberst und Commandeur des 7. Rheinischen Infanterie-Regiments No. 69 von Kummer 20, Gesandter Freiherr von Thielmann, zu Hamburg 20, Major a. D. von Reden, zu Berlin 15, Rittmeister a. D. von Rochow, auf Stülpe 15, Oberstlieutenant a. D. Graf von Lüttichau, auf Pranssig 20, Rittmeister a. D. und Landrath von Woedtke, auf Woedtke 20, Kammerherr Graf von Stirnberg-Brüggen, auf Schloß Brüggen 15, Major im 1. Badischen Leib-Grenadier-Regiment No. 109 Freiherr von Ebrenstein 15, Major a. D. von Flemming, auf Dorphagen 15, Oberst und Commandeur des 3. Oberschlesischen Infanterie-Regiments No. 62 von Fircks 10, Oberst und Commandeur des Pommerschen Füsilier-Regiments No. 34 von Petersdorff 10, Major im 5. Badischen Infanterie-Regiment No. 113 von Kracht 10, Major im Garde-Cürassier-Regiment Graf von Lüttichau 20, Erbtruchseß im Fürstenthum Halberstadt Graf von Alvensleben-Schönborn, auf Erxleben 20, Oberst und Commandeur des Grenadier-Regiments König Friedrich III. (1. Ostpreußischen) No. 1 von Stülpnagel 10, Verwaltungsgerichts-Director Elsner von Gronow zu Cöslin 10, Rittergutsbesitzer Freiherr von Rolcken auf Penzin 20, Rittergutsbesitzer Freiherr Knigge, auf Endorf 20, Generalmajor und Commandeur der 14. Feld-Artillerie-Brigade von Froben 20, Oberst z. D. von Ballusek zu Charlottenburg 10, Generallieutenant z. D. von Massow zu Frankfurt a. O. 20, General der Infanterie z. D. von Derenthall zu Schwerin 20, Rittmeister a. D. und Gerichts-Director von Wedell, zu Friedrich-Wilhelm-Gestüt 10, Oberstlieutenant und Commandeur des Magdeburgischen Dragoner-Regiments No. 6 von Rabe 20, Kammerherr Freiherr König von Königshofen auf Königshofen 12, Legationsrath a. D. von Dehn zu Hamburg 20, Consistorial-Präsident von der Gröben zu Posen 10, Rittergutsbesitzer von Bülow, auf Dieskau 10, Generalmajor z. D. von Dieblitsch, auf Gurgendorf 15, Kammerherr Graf zu Ranzau-Breitenburg auf Schloß Breitenburg 20, Generallieutenant und Commandant von Thorn von Lettow-Vorbeck 20, Major im 1. Badischen Feld-Artillerie-Regiment No. 14 Freiherr von Wertheru 10, Königlich Sächsischer Generalmajor z. D. von Minckwitz zu Zeitz 15, Kammerherr von Rheden, auf Rheden 20, Kammerherr und Landgerichtsrath a. D. Freiherr Stockhorner von Starein zu Freiburg i. B. 10, Gesandter von Derenthall zu Weimar 10, Königlich Württembergischer Major z. D. und Flügel-Adjutant Freiherr von Reitzenstein 20, Königlich Sächsischer Oberst und Chef des Generalstabes 12. Armee-Corps von Treitschke 15, Rittmeister der Reserve Graf zu Eulenburg-Wallingen, auf Wallingen 10, Kammerherr und Hofmarschall Jonkheer Gevaerts von Simonshaven im Haag 10, Premier-Lieutenant der Reserve und Rittergutsbesitzer Graf von Witzleben, auf Altdöbern 20, Kammerherr und Polizeidirector Dr. von Koserítz zu Potsdam 10, Rittmeister der Landwehr-Cavallerie von Witzleben, auf Mags 10, Major a. D. von Witzleben, auf Witzleben 20, Major a. D. von Alvensleben, auf Rosseberg 10, Premier-Lieutenant a. D. und Gutsbesitzer von Heyden, zu Dresden 20, Rittmeister a. D. von Bredow, auf Naumn 15 M. Zusammen 1737 Mark.

Berlin, den 1. December 1890.

Herrlich.

Carl Heymanns Verlag in Berlin W., Mauerstraße 44. — Gedruckt bei Julius Sittenfeld in Berlin.

Alle Zuschriften und Einsendungen in Angelegenheiten dieses Blattes wolle man an den Redacteur desselben: Geh. Hofrath Herrlich W. Potsdamer Straße Nr. 134 c. zu Berlin richten.

Wochenblatt der Johanniter-Ordens-Balley Brandenburg.

Im Auftrage der Balley Brandenburg verantwortlich redigirt von E. Herrlich in Berlin.

Jahrg. 31. Berlin, den 10. December 1890. Nr. 50.

Julius Freiherr von Ponickau, Königlich Bayerischer Kämmerer und erblicher Reichsrath der Krone Bayern, Ehrenritter seit 1873, † zu Osterberg 28. November 1890.

Wizlaw III. von Rügen.

Ein Fürst, Krieger und Dichter.

Es war im Jahre 1302, als der betagte Fürst Wizlaw II. von Rügen auf einer Galeere mit hohem Kastelle sich nach dem nordischen Königsschloß Opslo einschiffte. Opslo, — Asloga d. h. der Götterhain, — war im Jahre 1050 von König Harald Gillichrist von Norwegen als Veste begründet worden, um das Land gegen die Einfälle der dänischen Seeräuber zu schützen; die alte Pfalz und der Flecken bei ihr aber brannten im Jahre 1624 vollständig ab, worauf der König Christian IV. von Dänemark unweit von den rauchgeschwärzten Trümmern die Stadt Christiania anlegte. In jenem Jahre 1302 hielt König Hakon von Norwegen auf der Pfalz Opslo Hof, der Gatte der Fürstin Euphemia von Rügen, einer Tochter Wizlaws II. Der letztgenannte Herr trug wohl ein großes Verlangen, seine geliebte und feingebildete Tochter noch einmal wiederzusehen; denn er fühlte es, daß sein Ende herannahte; — er war, wie er am 27. December 1302 in seinem Testamente bezeugte, „corpore quidem languens, mente tamen sanus." Dies Testament des Fürsten Wizlaws II. von Rügen ist in sittengeschichtlicher Beziehung überaus merkwürdig; Barthold äußert in seiner „Pommerschen Geschichte" darüber das Folgende:

„Als Haupterben setzte der alte Herr den Fürsten Wizlaw III., den Jungen, und den Junker Sambor, seine Söhne, ein; er vermachte seiner geliebten Gemahlin Agnes, geborenen Herzogin zu Braunschweig-Lüneburg, auch noch die andere Hälfte des Dorfes Prohn, welche sie noch nicht besaß, — jene ländliche Hofburg, eine Meile nördlich von Stralsund, deren stattliche Kirche mit halbtausendjährigen Grabdenkmälern fürstlicher Hofbeamten und Ritter nebst der anmuthig belegenen Hofstätte noch jetzt ein Zeugniß ehemaliger Bedeutung ablegt. Wizlaws Forst am Fuße des Klosters Bergen auf Rügen, welcher jetzt längst verschwunden ist, sowie die Kapelle auf der Höhe des Rugard erhielten die Nonnen von Bergen. Den Klöstern und befreundeten Stiftungen der guten Stadt Opslo aber, zumal der dortigen Marienkirche, in welcher der alte Fürst sich seine Grabstätte erwählt hatte, bestimmte er bedeutende Vermächtnisse in baarem Gelde, — dem Siechenhause zu St. Lorenz aber 5 Mark Silber und sein „Bett." Seiner geliebten Tochter Euphemia, nach dem Maaßstabe jener Zeit einer gelehrten Frau, welche die nordische Welt mit der romanischen Muse bekannt gemacht hatte, schenkte Wizlaw zwei große silberne Kannen, eine Ehrengabe des Königs von Schweden, — der Frau Margaretha, seiner anderen Tochter, der Gattin des Herrn Bogislaw von Pommern, aber seine zwei silbernen Mundbecher, einer dritten Tochter, der Gräfin von Bernburg, ferner sechs kleinere Kannen, eine Gabe der Königin von Norwegen. Seinem Blutsverwandten, Herrn Heinrich von Mecklenburg, dem Löwen, geziemte wohl das silberne, vergoldete Wehrgehänge, welches sein nordischer Eidam Hakon dem Fürsten einst verehrt hatte. Ritter Teslaw von Putbus, sein Blutsfreund, erhielt zwei kleinere Kannen von Silber und ein Roß; Lambert von Jllenburg, welcher es übernommen hatte, für das Seelenheil des Verstorbenen nach Rom zu wallen, wurde mit 25 Mark „kein Kölnisch" bedacht, und dessen Tochter Sophia, eine Frau der Königin Euphemia von Norwegen, mit 200 Mark Newisch. Bethildis, die Amme Euphemiens, trug die scharlachenen Kleider des Fürsten davon. Von dem Hofgesinde erhielt der Falkenmeister 2, der Kämmerer 4 Hufen; außerdem wurden ihnen, sowie allen Hofbedienten deutschen, slawischen oder nordischen Ursprungs Geldvermächtnisse ausgesetzt. Die Reihe der Bewidmungen an Wizlaw's Diener beschlossen endlich die Gaben an die beiden deutschen Knappen Lambert von Aredorf und Lambert von

Wichmannsdorf, welche den Fürsten nach Norwegen begleitet hatten. Aber auch seiner Gläubiger, „soweit er sich ihrer erinnern konnte", vergaß Herr Wizlaw II. nicht. Er war seinem Eidame Bernhard, Grafen von Bernburg, zweien Bürgern in Rostock und Lübeck und seinem Wirthe in Rostock zur Zahlung nicht unbeträchtlicher Summen verpflichtet; er legte zur Tilgung dieser seiner Schulden daher sein Kammergut, die Insel Darß, und einige Hebungen aus Stralsund ein und empfahl seinen Erben gewissenhafte Zahlung, „falls sie seine Seele und die ihrige lieben und die göttliche Strafe des Treubruches vermeiden wollen". Zu Vollstreckern seines Willens ernannte Herr Wizlaw II. den Herrn Abt von Neuenkamp, dann seine Vettern, die Herren von Putbus und von Gristow, seinen Marschall, Herrn Heinrich von der Osten, Herrn Arnold von Diwitz, seinen Vasallen, und die Bürgermeister von Stralsund, — zu Aufsichtsmännern und höchsten Vollziehern aber den König Hakon von Norwegen, die Herzöge Erich und Waldemar von Schweden, sowie den Herrn Erich von Langeland. Diese seine letzte Verfügung wurde in Gegenwart dieser Fürsten, seines Eidams und seiner Tochter Euphemia, vieler vornehmer Hofbeamten und Geistlicher, zumal seines Kaplans und Schreibers Lambert Wenberg vollzogen." — Der Tod aber raffte den wackern Herrn von Rügen erst am Ende des folgenden Jahres, am St. Thomastage des Jahres 1303, hinweg. Wie er bestimmt hatte, fand der edle Wizlaw seine Ruhestätte zu St. Marien in Opsloe, — im „Norwegerheim."

Zwei Söhne also überlebten den ehrwürdigen slavischen Fürsten, Wizlaw der Junge, der Dritte, und Samber oder Sambor. Beide hatten die übliche höfische Bildung erhalten; Beide schrieben und sprachen Deutsch, des Ursprungs aus edlem Slavenblute kaum mehr eingedenk. Merkwürdiger Weise aber zeigen beide Brüder, so tüchtige Männer und Fürsten sie auch waren, nur die Zeichen eines absterbenden Geschlechtes. Wohl verbanden sie sich am 6. Mai 1304 zu einer Erb-Einigung, in welcher sie sich verpflichteten, sich gegenseitig keinen Mann, kein Schloß und keine Stadt zu entfremden; zu gleicher Zeit aber setzten sie die Mannen und Städte ihrer Lande zu Schiedsrichtern ein, falls dennoch ein Zwist zwischen ihnen ausbrechen sollte. Das thun aber nur Fürsten, die sich selbst nicht trauen. In der That verstarb Fürst Samber schon im Herbste 1304. Da schien es, als wollte grade in dem Letzten des Geschlechtes, in Fürst Wizlaw III. von Rügen, der Genius des edlen slavischen Hauses, der unverständigen Herren von Rügen, der Hüter der Heiligthümer von Arkona und Garz, noch einmal mächtig sich entflammen.

Er wollte ein Fürst sein, — in Wahrheit ein Gebieter! Welche unendliche Fülle von Befugnissen, Rechten und thatsächlicher Macht aber besitzt der beschränkteste aller konstitutionellen Fürsten von heute gegenüber dem erlauchtesten Herren des deutschen Mittelalters, — selbst einen Kaiser Heinrich III. und IV. nicht ausgenommen! Und nun ein kleiner Herr von Rügen! Die Städte brauchten ihn nicht; — jede kleine Hansastadt war gesicherter als er; — jede bürgerliche Gemeinde hatte schneidigere Waffen und vor Allem — mehr des Geldes als er. Fürst Wizlaw III. aber versuchte nicht allein die Städte zu bewältigen; nein, er wollte auch dem selbstmächtigen Adel, der allerdings in den damaligen Lebens- und Verkehrsformen ein Recht der Existenz überhaupt nicht besaß, den Zaum anlegen. So versperrte er einerseits der übermächtigen Stadt Demmin die Schiffahrt auf der Peene durch ein neu angelegtes Bollwerk; — so vertrieb er andererseits die kühnen und gewiß nicht allzu bescheidenen Junker von der Osten aus dem ganzen rügianischen Gebiete, wie der Reimchronist Ernst von Kirchberg es beschreibt:

„Der Zeit es fügte sich alzo,
Daß von Rügen Fürst Wytzla
Vertrieb mit großer Mächte
Von Osten das Geschlechte
Aus seinen Landen rechte."

Allein beide, durch das dringendste Bedürfniß und den fürstlichen Sinn Wizlaws III. gebotene Unternehmungen aber geriethen ihm übel. Wizlaw unterlag sowohl in der Fehde gegen die wilden Herren von der Osten, welche in dem Herren Nikolaus von Werle einen kraftvollen Vertheidiger gefunden hatten, wie in dem Zwiste gegen die Demminer.

„Bei Sommersdorf so das kam:
Den Sieg der Herr von Werle nahm.
Das Haupt ließ Herrn Wizlaw hangen:
Viel seiner Mannen, die war'n gefangen;" —

wie derselbe Ernst von Kirchberg singt. Noch demüthigender aber war es, daß Fürst Wizlaw selbst „den Pfeffersäcken von Demmin" den ihnen zugefügten Schaden mit 626 Mark Silbers zu vergelten hatte.

Unterdessen arbeitete der junge König Erich Menved von Dänemark unverdrossen und ohne Unterlaß an der Verwirklichung seines großen Planes, die Küstenländer des baltischen Meeres allzumal mit der Krone von Dänemark zu verbinden. Fürst Wizlaw mußte sich ihm beugen; er überließ dem Dänenherrscher nicht allein die Insel Moen, welche die Mitgift seiner — ersten — Gemahlin, der Gräfin Margarethe von Holstein, bildete; er trug ihm sogar die Erbfolge in Rügen zu Lehn auf. Noch demüthigender war der Verzicht auf das eigentliche Pommern, auf Hinterpommern, zu Gunsten des deutschen Ordens, zu welchem Wizlaw sich gleichfalls verstehen mußte.

Im Juni 1311 begegnen wir Herrn Wizlaw von Rügen dann in dem berühmten Hoflager vor Rostock, in welchem Seitens der Fürsten ein gemeinsamer Anschlag auf die freiheitsstolzen baltischen Städte vereinbart werden sollte. Zwanzig gekrönte Häupter fanden sich hier zusammen; unter ihnen die Markgrafen Johannes und Waldemar von Brandenburg, die Herzöge von Pommern, von Sachsen und Braunschweig, die Herren von Mecklenburg, die Grafen von Holstein und Schwerin, die Erzbischöfe von Magdeburg, Bremen und Lund sammt unzähligen Edlen und schönen Frauen.

Natürlich erschienen auch „fahrende Sänger", angelockt durch die Freigebigkeit der tafelnden, schenkenden, rennenden und stechenden Fürsten. Damals sang Heinrich von Meißen, genannt „der Frauen Lob", jenen Vers, welcher uns heute freilich mehr Werth für die Kulturhistorie als für die Geschichte der Deutschen Dichtkunst zu haben scheint:

„Gegrüßet sei der hochgepriesen' Wallbrunn,
Der also gar
Durch Preis und Ritterschäfte
Bezeuget seine Kräfte.
Sein' Würd' und auch sein hoher Nam'
Gewannen Siegesfülle!
So muß es immer sein, all' Zeit und Stund'.
Die Ehr ist bei den Braven! — — —
Als man vom Schreib eilf Jahr' und dreizehn hundert Jahr',
Gar offenbar,
Da sah des Herrn man walten,
Von Rostock in so hoher Macht,
Herrlich und ungespalten.
Der Markgraf da von Brandenburg
Doch wohl sein Herz erfahren,
Er ließ da nichts an Ehren spar'n,
Gleich, als wollt' er zu Felde fahr'n
In Gottes Schaar'n
Und selig seinen Geist bewahr'n.
Darum er führt den Adler,
Den Vogelkönig, hoch und hehr,
In Ritterschaften groß und breit,
Wie ich Euch will verkünden." —

Wizlaw von Rügen war damals, als er im „Rosengarten" vor Rostock lag, gewißlich kein reicher Herr, der einen stets nach Geld dürstenden Schwätzer wie den talentlosen Reimer Frauenlob leicht zu befriedigen vermocht hätte; — ein Weniges für den „Gehrenden" muß er aber doch erübrigt haben; denn Meister Frauenlob sang ihn auf die folgende Weise an:

„Wohlauf, mein Herz, bereite dich, ein Lob zu sagen:
Hold mag sie klingen,
Des Sängers Sprache! —
Wem ich mein Lob zuwende,
Der nennt es; — hochverdient ist ihm die Spende!
O, daß sie als ein lauterer Strom
Den rothen Lippen quelle!
In Wizlaw's Preis sang ich in's Land.
Das sei der Menge wohlbekannt:
Herr Wizlaw stand
In allem Land
Von je in höchster Ehre Band!
Ruhm und mein Wort als Unterpfand; —
Dem jungen Wizlaw, Rügens Herrn,
Erschall's vom Herzens Grunde." —

Weit über dieser schmeichelnden Reimerei des mehr als aufdringlichen Frauenlob aber steht der Spruch des „Goldener", eines, wie es scheint, oberdeutschen Dichters, auf Wizlaw. Derselbe lautet also:

„Im Ehrengarten ward ein Kranz, —
Ein Kranz gewunden, licht im Glanz,
Es wurden Treu', Adel, milde Huld
Als holde Blüthen eingewebt dem Kranze.
Noch Ruch und Zucht und liebende Geduld
Erschienen Blätter nur von seinem Glanze. —
Dann fragte ich die Frau'n, die Reine:
„Wer ist wohl würdig, ihn zu tragen?"
Da sprachen sie:
„Das liegt wohl hell zu Tag!
Herr Wizlaw ihn in Ehren tragen mag,
Wizlaw,
Der junge Held,
Der Fürst vom Rügenlande!"" —

Wie voll aber auch die Dichterharfe ertönen mochte: den Fürsten wurde nicht wohl vor Rostock und vor Warnemünde; es gelang ihnen nicht, die hansischen Bürger zu bewältigen. Aus allen seinen Fehden zog Wizlaw III. auch nicht den mindesten Vortheil; sie kosteten ihm vielmehr den Rest seiner Habe. Tief verschuldet, sollte er es endlich noch erleben, daß seine Unterthanen allzumal sich gegen ihn auflehnten. Der Adel Rügens zahlte keine Bede mehr, weil er bei den Kriegszügen seines Lehnsherrn Schulden, Kosten und Schaden auf sich genommen habe, und Stralsund, seine Stadt, erwarb ein Recht nach dem andern, — die Bannmeile, die Exemtion vom Vogtei-Gerichte u. s. w. Es war ein Leben, welches vielverheißend begonnen hatte und düster zur Rüste ging. —

Folgen wir dem letzten der Rügischen Fürsten in seinen endlosen Fehden, welche jedes ritterlichen Glanzes entbehren, nicht! Sie wanden bei der Beschränktheit seiner Mittel keinen Siegeslorbeer um seine Stirn. Nur nothgedrungen nahm er noch Antheil an dem Treiben dieser argen Welt. Für die Befriedigung seines Herzens hatte er ein Höheres sich erkoren: das Gebiet der Kunst.

Denn Fürst Wizlaw, der letzte der Herren von Rügen, war ein Dichter. Wer ihn in dieser Kunst unterwiesen, wird uns nirgends angegeben. Wohl bezieht sich der fürstliche Herr einmal auf die lehrenden Weisen des „Ungelehrten", eines uns unbekannten Minnesängers; — allein es bleibt doch sehr zweifelhaft, ob dieser „Ungelehrte" wirklich sein Meister gewesen. Es ist viel wahrscheinlicher, daß die Ereignisse seines Lebens allein, sein Liebesglück, die Enttäuschungen seiner Fürstenlaufbahn, sein Wandeln in dem goldigen Glanze der blühenden Welt, endlich seine Verödung und Vereinsamung es gewesen sind, welche ihm die Harfe in die Hand gedrückt und sein Herz begeistert haben. Wizlaw war zweimal verheirathet: in erster Ehe mit der Gräfin Margarethe von Holstein, vermuthlich der Schwester des Grafen Gerd, und in zweiter Ehe mit Agnes, Gräfin von Lindow, Herrin zu Ruppin. In beiden Grafenhäusern wurde der Dichtkunst eine liebevolle Pflege gewidmet. Ein Lindower Herr, — es war Burchard I., † 1311, — besang seine Gemahlin, die Gräfin Elisabeth von Holstein, in einem lateinischen Liede, von welchem uns jedoch nur die Verse erhalten geblieben sind:

„Fulget [illegible] et alias inter earum.
Quae Ruppinum tenet,
Clarissima inter ceteras,
[illegible]
Per omnem . . . . . .“

Einer anderen Schauenburgerin, der Gräfin Hedwig von Holstein, aber zu Dienst und Lob war das Lied des frohgemuthen Markgrafen Otto IV. mit dem Pfeile erklungen:

„Nimmt den Weg der Schönsten aller Frauen;
Lasset mich die Minnigliche schauen;
Meines Herzens Königin zu leben,
Würd' auch wohl ein Kaiser drüb erstreben!“ —

An Anregungen zu dichterischer Thätigkeit fehlte es also nicht; führen wir indessen das Leben des Fürsten zunächst zu Ende, ehe wir auf den Werth und den Inhalt seiner Poesien näher eingehen! —

Im Jahre 1322 sehen wir Wizlaw jenem Fürstenbunde beigesellt, welcher Heinrich den Löwen von Mecklenburg bekämpfte. Er war in dieser Fehde nicht glücklicher als in seinen früheren Kämpfen. Dann aber zog er sich in die Einsamkeit seiner rügianischen Wälder zurück. Man sagt, er habe sich zumeist auf der Herteburg (Hirschburg) bei Bard aufgehalten; hier habe er versucht, sein verwüstetes Land durch landwirthschaftliche Fürsorge und hausväterliche Aufsicht wieder zu heben. Es ward also ein friedlicher Lebensabend nach viel Mühe und Sorge. Seine Gemahlin Agnes von Lindow hatte ihm mehrere Kinder geboren; so eine Tochter Agnes, welche dem Fürsten Albrecht von Anhalt vermählt wurde; so auch mehrere Söhne, deren ältester Jarimar hieß. Dem Letzteren war als Braut Beatrix von Mecklenburg, die Tochter Heinrichs des Löwen, des ehemaligen Feindes Wizlaws, zugesichert. Noch aber waren die Prüfungen dieses Fürstenlebens nicht erschöpft: es starben alle Söhne Wizlaws im Verlaufe weniger Jahre, — im Sommer 1325 auch der Prinz Jarimar. Das war ein Schlag, von welchem sich der hartgeprüfte Herr nicht mehr erholte: am den Martinstag 1325 verschied auch er. Ueber seiner Gruft im Kloster Neuen-Kamp wurde der Helm und Schild der alten eingeborenen Herren von Rügen zerbrochen.

In Nebenlinien bestand das Geschlecht der Fürsten von Rügen freilich noch fort; auch die Herren von Putbus und von Gristow waren dem Stamme der Beherrscher des schönen Eilandes Swiatowits entsprossen. Am 27. December 1321 aber war mit Herzog Wartislaw IV. von Pommern bereits ein Vergleich abgeschlossen worden, welcher eine Erbeinung in sich begriff. Sofort erschien jetzt nach dem Tode Wizlaws der Pommernherzog in dem rügischen Lande; er versprach allen rügischen Einwohnern auf beiden Seiten des Wassers, sie bei ihrem alten Rechte zu behalten,

„widrigenfalls es ihnen freistehen solle,
sich einen andern Herren zu suchen.“

So huldigte ihm am 4. December zuerst die Stadt Stralsund und danach das gesammte rügische Land. Frau Agnes von Lindow erhielt Triebsees als Wittwensitz. Wohl schien der König Christoph von Dänemark, auf der Lehnsauftragung fußend, nicht übel Lust zu haben, die rügische Erbschaft mit seiner Krone zu vereinigen; am 24. Mai 1326 aber kam ein Vergleich zu Stande: König Christoph belehnte an diesem Tage auf dem Kirchhofe zu Bard den Herzog Wartislaw mit den sieben Fahnen von Rügen. —

Die poetische Hinterlassenschaft unseres Sängerfürsten besteht aus Liedern und aus Sprüchen. Wizlaws Minnelieder sind von großer Zartheit und Innigkeit, besitzen jedoch eben so wenig Eigenartiges wie die jedwedes anderen Dichters dieser Zeit. Auch die „Maienreigen“ verlaufen völlig in den herkömmlichen Formen:

„Die Blumen sind gebunden,
Die Kränze sind gewunden;
Als Schmuck sind sie erfunden
Zum Reigen holder Frau'n.“

Oft schlägt der Fürst — wir citiren nach Professor Kyl's vortrefflicher Uebersetzung, — einen spielenden Ton an; so z. B.:

„Hört, — Wort, — Schmört, —
Lob und Dank dich grüße:
Würze,
Spruche,
Liebeswort! Höher doch zu preisen
Diesen Tag
Wizlaw nicht vermag!“

Neben den „Maienliedern“ aber hat Herr Wizlaw auch Herbst- und Winterlieder gesungen. In einem derselben schlägt er sogar den Ton altpommerscher Behaglichkeit an; hier heißt es:

„Bier und Meth und guter Wein,
Rinder, Gänse, feiste Schwein'
Müssen unser Herz erfreu'n;
Hoden trinkt man im Stalle.“

Viel höher gestimmt aber sind Wizlaws Sprüche, ein „Ave Maria!“, ein Gebet zum Heilande, vor Allem ein Bußlied und ein Spruch vom rechten Hausbau auf dem Grunde der Gottesfurcht:

„Ich wollte zu bauen auf fester Statt;
Der Boden sich mir senken that,
Denn grundlos war mein Fundament;
Mein Haus begann zu fallen.“

„Nebuchodonosars Traum“ giebt auch ihm Veranlassung, es zu beklagen, daß nun das eiserne Zeitalter gekommen sei, und nur Streit die Welt erfülle. Fast immer erklingen sie in feierlichem Ernste, diese Lieder an seine Zeitgenossen; so jenes:

„Ich mahne dich, von Jugendglück umfangen,
Zu edlem Brauch;
Erwerb' es nur: du wirst das Heil erlangen,
Bist du nur gut!“ —

Mit dieser ernsten Würde der Lebensauffassung hängt es zusammen, daß Wizlaws Lied nur einmal einen Zeitgenossen preist. Nur der Graf Gerd von Holstein ist's, welchem Wizlaw es nachrühmt,

er habe nie einen Fehltritt gethan.

Wohl aber feiert er einen Ritter des Alterthums: jener Marcus Curtius ist es, der in vollem Waffenschmucke in den feurigen Spalt der Erde hineinsprengte, um die zürnende Gottheit zu versöhnen. —

Ein Dichter von so edler Art verdient es gewiß, daß man seiner selbst heut' noch in Verehrung gedenkt. Wizlaw tritt uns auch sonst menschlich sehr nahe; wir besitzen nämlich Rechnungen über seinen Haushalt auf der Herthaburg. — Rechnungen, welche aus dem Jahre 1314 stammen. Wenn wir aus denselben erfahren, daß der Hofhalt vom 14. bis 19. Juli allein 5 Kühe und 23 Schaafe verzehrte, und daß selbst an einem Gelage 40 Thaler damaligen Geldes — etwa 1200 Mark unserer Währung aufgebraucht wurden, so sehen wir, daß auch die schöne Tugend der Gastlichkeit den Fürsten Wizlaw geschmückt hat. Vielleicht ist er sogar zu weit in ihr gegangen.

Ein Grabmal Wizlaws hat sich nicht erhalten, ebensowenig ein Bild in der Pariser Liederhandschrift, dem sogenannten „Manessischen Codex.“ Nur die Jenenser Handschrift der Minnesänger hat seine Poesien auf uns gebracht. Es sind ihnen zum Theile die Noten beigegeben. Längst ist auch die „Herthaburg“ bei Garz verschwunden; wer aber zur Maienzeit durch den rügischen Wald zieht, der möge des edlen, unglücklichen Fürsten gedenken, welcher in diesen herrlichen Forsten einst sein hellstimmig' Lied gesungen:

„Die Erde ist erschlossen,
Die Blumen bald entsprossen:
Reich lieben wie genossen
Der Maienblühte Lust.“

T. G.

Das Feldzeichen Montezumas.

Von den zahlreichen Kronen, die das Haus Oesterreich durch Heirat und Eroberung an sich zu bringen gewußt hat, ist die Krone der Azteken wahrlich kaum der geringsten eine, vermochte doch der romantische Schimmer, der an ihrem einstigen Erbe haftet, noch nach 340 Jahren nach dem Tode ihres letzten Trägers einen Sprossen des erhabenen Hauses Habsburg-Lothringen über das weite Weltmeer zu locken, um dort nach kurzer kummervoller Regierung ein nur zu tragisches Ende zu finden. Ein Ueberbleibsel aber aus den Tagen der Azteken-Herrschaft ist bis auf uns gekommen, es ist das Feldzeichen ihres letzten Kaisers Montezuma, der, in gänzliche Abhängigkeit von den Spaniern gerathen, 1520 bei einem Aufstande seines Volkes gegen die Fremdherrschaft ums Leben kam.*)

Diese altmexikanische Reliquie, die zu den interessantesten Nummern im neuen Wiener naturhistorischen Museum gehört, ist eine fächerartige Standarte aus goldig grün schillernden blauen und rothen Federn, die einen Kreisausschnitt von 120 Graden, 170 cm in der größten Breite bildet. Das Stück lag über drei Jahrhunderte hindurch in der berühmten Ambraser Sammlung*) begraben; die Kataloge bezeichneten es anfangs als einen „mörischen Hut von langen, schweren, gleißenden, grienlichten und gulden Federn“; ein neuerer Forscher hielt es für einen indianischen „Hut“, ein noch neuerer für eine indianische Schürze; in den zwanziger Jahren dieses Jahrhunderts figurirte es, der Wahrheit schon etwas näher kommend, als „hoher mexikanischer Hauptschmuck“; erst Hochstetter, als er nach der Standarte Montezumas suchte, erkannte in ihm das Palladium des von Ferdinand Cortez in den Staub geworfenen mexikanischen Reiches. Wie aber war die interessante Reliquie nach Wien gekommen? Erbeutet wurde sie in der Schlacht von Otumba in jenem Verzweiflungskampfe, den die Spanier am 7. Juli 1520 gegen eine dreißigfache Uebermacht zu bestehen hatten, als sie nach dem Tode Montezumas aus der Hauptstadt Mexiko abzogen und den Rückzug zu den ihnen befreundeten Eingeborenen, den Tlascalanern, antraten. Im See, der Mexiko umgiebt, lagen zwei Drittel der Spanier, ihre Geschütze, das Pulver für ihre Gewehre und ihre Pferde bis auf fünf begraben, nur 468 Mann, krank oder verwundet waren noch übrig, und 20000 Mexikaner verlegten diesem Häuflein den Weg. Alles schien verloren, da erspähte Cortez den feindlichen Heerführer Cihuacoatzin mit dem kaiserlichen Feldzeichen in einer Sänfte. Und von wenigen Tapferen begleitet, sprengte er, alles vor sich niederwerfend, auf die Sänfte los, Cihuacoatzin sank, von seinem Degen durchbohrt zu Boden und mit ihm das Reichspanier; die Mexikaner stürzten sich in wilder Flucht und Cortez konnte seinen Rückzug fortsetzen und mit neuen Streitkräften verstärkt, die Unterjochung Mexiko's vollenden. Cortez schickte nun die Standarte sammt der Garderobe Montezuma's und 80000 Castellanos in Goldbarren an den Kaiser Karl V. nach Spanien, dieser schenkte die Trophäen an den Papst Clemens VII. und dieser wieder überließ sie dem Erzherzog Ferdinand von Tirol für die von ihm begründete, nach seinem Schlosse Ambras benannte Sammlung. Ihre Echtheit ist von Hochstetter in einem an die Wiener Akademie der Wissenschaften erstatteten Berichte nachgewiesen. Hochstetter hat den theilweise schon von den Motten zerfressenen Fund auch restaurirt. Die Federn der Standarte sind die Schwanzfedern des Quezal (Calurus paradiseus), die einst Geschmeide den mexikanischen Herrschern als

*) Die hinterlassenen Kinder Montezumas nahmen die christliche Religion an. Sein ältester Sohn erhielt von Karl V. den Titel eines Grafen v. Montezuma. Der letzte Nachkomme dieser Dynastie, Don Marsilio de Teruel, Graf von Montezuma, spanischer Grande erster Klasse, g. 1786, wurde als Anhänger der liberalen Partei von Ferdinand VII. aus Spanien vertrieben, ging darauf nach Mexiko, wurde aber auch hier verbannt und † zu Neworleans 22. October 1836.

*) So genannt von dem Schlosse Ambras bei Innsbruck, wo der Erzherzog Ferdinand, Sohn Kaiser Ferdinand's I. und Gemahl der Philippine Welser, diese Sammlung gründete, welche erst 1806, bei der Abtretung Tyrols an Bayern nach Wien gebracht und im unteren Belvedere aufgestellt wurde.

Tribut darbrachten; von den 500 Federn, die einen Werth von 5000 fl. repräsentiren, waren 459 noch erhalten, die fehlenden 41 wurden neu angeschafft. Die blauen Bandschleifen rührten vom Cotinga Mayana her; da aber für die Restaurirung die erforderliche Zahl von Cotinga-Bälgen nicht aufzutreiben war, mußte man 24 Bälge des Häher-Eisvogels zu Hilfe nehmen. Jedenfalls aber ist die Standarte in ihrer ursprünglichen Schönheit wiederhergestellt und jetzt eine Glanznummer des naturhistorischen Hofmuseums.

Das deutsche Erzieherinnenheim in Wien.

Am 20. Mai d. J. wurde das „Deutsche Erzieherinnenheim," Klosterstraße Nr. 3, durch Ihre Hoheit, die Frau Prinzessin Reuß VII, Gemahlin des Kaiserlich Deutschen Botschafters, eröffnet. Dieses Heim ist ausschließlich für Frauen und Mädchen aus dem Deutschen Reiche bestimmt, welche sich der Kinder-Erziehung und -Pflege als Erzieherinnen, Lehrerinnen, Bonnen und Kindergärtnerinnen widmen, ohne Unterschied der Confession. Es soll während der Zeit der Stellenlosigkeit ihnen eine Zufluchtsstätte sein. Deshalb sind seine Bedingungen so eingerichtet, daß dieselben wohl auch den Unbemittelten zugänglich sind.

Der Pensionspreis pro Tag, inkl. 4 Mahlzeiten, Beleuchtung und Heizung ist 1 Gulden ö. W. Für Vereinsmitglieder — man wird dies, wenn man jährlich 5 fl. einzahlt — reduzirt sich der tägliche Pensionspreis auf 70 kr. Jedoch darf nur je ein Drittel der 12 Betten, welche das Heim bis jetzt bietet, von solchen 70 Kreuzer Zahlenden auf einmal belegt sein. Außerdem sind zwei gesonderte Zimmer zu vermiethen, wovon für das kleinere 2 Gulden, für das größere 2 Gulden 50 Kreuzer, pro Tag verlangt wird, selbstverständlich inkl. der 4 Mahlzeiten etc.

Die Vorsteherin ist Frau Katharina Raab. Sie bestimmt über die Aufnahme. Ihr müssen die Legitimationspapiere der Betreffenden vorgelegt werden. Sie steht unter einem leitenden Comité. Die Hausordnung wird in christlichem Geiste geführt. Alles ist darauf eingerichtet, daß die Aufgenommenen im Hause ein freundliches Heim finden, in dem sie sich wohl fühlen. Gute Tagesblätter und eine ausgewählte Bibliothek stehen ihnen zur Verfügung.

Die Zahl der Berliner Krankenhäuser soll nach Angabe der „Voss. Ztg." um ein neues, eigenartiges vermehrt werden, nämlich um ein „Unfallhospital."

Dasselbe soll Kranke aufnehmen, welche bei Betriebsunfällen Schaden erlitten haben und nach der Unfallgesetzgebung von den Berufsgenossenschaften, so lange der Schaden noch nicht geheilt ist, gänzlich zu erhalten und später mit einer Rente abzufinden sind. Die Kosten für das Krankenhaus sollen von den Berufsgenossenschaften gemeinsam aufgebracht werden.

Schon auf dem diesjährigen Berufsgenossenschaftstage in Straßburg i. E. ist darauf hingewiesen worden, daß in den allgemeinen Krankenhäusern dem „Individualleiden" der Verletzung nicht diejenige besondere Berücksichtigung zu Theil wird, wie es der Fall wäre, wenn die Krankenhäuser lediglich für solchen Zweck bestünden. Vor allem aber wurde die Errichtung solcher Anstalten dadurch angeregt, daß die Krankenhäuser, besonders in den großen Städten, meistens sehr überfüllt sind. Das Bestreben der Krankenhäuser geht deshalb dahin, so frühzeitig wie möglich eine Abschiebung der Kranken zu Wege zu bringen. Dies führt dazu, daß diese häufig zu einem Zeitpunkte nach Hause zurückkehren, in welchem sie noch dringend der Pflege bedürfen.

Mit der Unterbringung in eigenen Krankenhäusern und damit verbundenen Anstalten für Genesende würde ein großer Theil der hieraus entspringenden Unzuträglichkeiten beseitigt werden. In zweiter Reihe hat der Umstand, daß den Simulationen besser vorgebeugt werden könne, die Berufsgenossenschaften zu den Schritten geführt, die den Bau solcher Anstalten in die Wege leiten sollen. Ferner wird beabsichtigt, mit diesen Anstalten auch medico-mechanische Institute zu verbinden, da derartige Privatanstalten besonders für verletzte Arbeiter aus den Kreisen der Berufsgenossenschaften sich als sehr segensreich erwiesen haben.

Literatur.

Der Deutsche Herold. Zeitschrift für Wappen-, Siegel- und Familienkunde. Organ des Vereins „Herold". XXI. Jahrgang. Berlin, November 1890. Nr. 11.

Inhalt: Berichte über die Sitzungen vom 23. September und 7. October 1890. — Winke für Abfassung von Familiennachrichten. — Nochmals Ritter Konrad Grimmenberg. — Zur Kunstbeilage. — Handbuch des Preußischen Adels. — Vermischtes. — Anfragen. — Familien-Nachrichten.

Der Bär. Illustrirte Wochenschrift für die Geschichte Berlins und der Mark. XVII. Jahrgang. Nr. 9. 29. November 1890.

Inhalt: Ein neues Geschlecht, Roman von H. v. Dewenroth (Fortsetzung). — Ein neues Werk über preußische Geschichte, von Richard George (mit 2 Abb.). — Norkwola, Ein romantischer Sang vom Spreewald, von Ewald Müller (II. Gesang). — Berlin und sein Hof im Jahre 1696, von Paul Seidel (Fortsetzung). — Kleine Mittheilungen: Professor Robert Koch (mit Abbild.). —

Carl Heymanns Verlag in Berlin W., Mauerstraße 44. — Gedruckt bei Julius Sittenfeld in Berlin.

Alle Zuschriften und Sendungen in Angelegenheiten dieses Blattes wolle man an den Redacteur Geh. Hofrath Herrlich W. Potsdamer Straße Nr. 134 c. zu Berlin richten.

[illegible]

Wochenblatt der Johanniter-Ordens-Balley Brandenburg.

[illegible]

Im Auftrage der Balley Brandenburg verantwortlich redigiert von G. [illegible] in Berlin.

Jahrg. 31. Berlin, den 17. December 1890. Nr. 51.

Uebersicht der in den Kranken- und Siechenhäusern des Johanniter-Ordens am 1. December 1890 befindlich gewesenen Kranken und Siechen.

№	Namen der Orte, wo sich die Häuser befinden.	[illegible]	Summa [illegible]	[illegible]	[illegible]
1.	[illegible]:				
	Bestand am 1. November 1890	44			
	Zugang pro	22			
		66			
	Abgang	20			
	Bleibt Bestand	46	46	1 351	70
2.	[illegible]:				
	Bestand am 1. November 1890	43			
	Zugang pro	23			
		66			
	Abgang	35			
	Bleibt Bestand	[illegible]	45	1 5[illegible]	90
3.	Groß-Lichterfelde ([illegible]).				
	Bestand am 1. November 1890	89			
	Zugang pro	8			
		97			
	Abgang	18			
	Bleibt Bestand	79	79	2 460	150
4.	Preußisch-Holland:				
	Bestand am 1. November 1890	30			
	Zugang pro	22			
		52			
	Abgang	19			
	Bleibt Bestand	33	33	813	56
5.	[illegible]:				
	Bestand am 1. November 1890	34			
	Zugang pro	19			
		53			
	Abgang	16			
	Bleibt Bestand	37	37	1 060	54
6.	[illegible]:				
	Bestand am 1. November 1890	13			
	Zugang pro	12			
		25			
	Abgang	9			
	Bleibt Bestand	16	16	126	50
7.	[illegible]:				
	Bestand am 1. November 1890	37			
	Zugang pro	13			
		50			
	Abgang	16			
	Bleibt Bestand	34	37	[illegible]	48
	zu übertragen		295	8 339	495
	Uebertrag		295	8 939	495
8.	[illegible]:				
	Bestand am 1. November 1890	13			
	Zugang pro	9			
		22			
	Abgang	9			
	Bleibt Bestand	13	13	880	51
9.	[illegible]:				
	Bestand am 1. November 1890	46			
	Zugang pro	15			
		61			
	Abgang	14			
	Bleibt Bestand	47	47	1 855	61
10.	Jüterbog:				
	Bestand am 1. November 1890	18			
	Zugang pro	9			
		27			
	Abgang	10			
	Bleibt Bestand	17	17	564	34
11.	Neu-Ruppin:				
	Bestand am 1. November 1890	40			
	Zugang pro	25			
		65			
	Abgang	28			
	Bleibt Bestand	37	37	1 187	40
12.	[illegible]:				
	Bestand am 1. November 1890	37			
	Zugang pro	26			
		63			
	Abgang	26			
	Bleibt Bestand	37	37	1 176	60
13.	[illegible]:				
	Bestand am 1. November 1890	20			
	Zugang pro	17			
		38			
	Abgang	19			
	Bleibt Bestand	19	19	666	65
14.	[illegible] i. d. [illegible]:				
	Bestand am 1. November 1890	15			
	Zugang pro	10			
		25			
	Abgang	12			
	Bleibt Bestand	13	13	610	60
	zu übertragen		465	13 817	864

Nr.	Namen der Orte, wo sich die Schüler befinden.	[illegible]	[illegible]	[illegible]	[illegible]
	Uebertrag		465	13 627	874
15.	[illegible]:				
	Bestand am 1. November 1890	67			
	Zugang pro	44			
		111			
	Abgang	38			
	Bleibt Bestand	73	73	2 195	96
16.	[illegible]:				
	Bestand am 1. November 1890	25			
	Zugang pro	14			
		39			
	Abgang	21			
	Bleibt Bestand	18	18	851	60
17.	[illegible]:				
	Bestand am 1. November 1890	23			
	Zugang pro	11			
		34			
	Abgang	7			
	Bleibt Bestand	27	27	727	80
18.	[illegible]:				
	Bestand am 1. November 1890	24			
	Zugang pro	19			
		43			
	Abgang	13			
	Bleibt Bestand	30	30	868	66
19.	[illegible]:				
	Bestand am 1. November 1890	26			
	Zugang pro	20			
		46			
	Abgang	11			
	Bleibt Bestand	35	35	655	60
20.	[illegible] a. d. O.:				
	Bestand am 1. November 1890	12			
	Zugang pro	14			
		26			
	Abgang	10			
	Bleibt Bestand	16	16	507	61
21.	[illegible]:				
	Bestand am 1. November 1890	12			
	Zugang pro	22			
		34			
	Abgang	18			
	Bleibt Bestand	16	16	646	62
22.	[illegible]:				
	Bestand am 1. November 1890	12			
	Zugang pro	22			
		34			
	Abgang	8			
	Bleibt Bestand	26	26	417	56
23.	[illegible] ([illegible]):				
	Bestand am 1. November 1890	10			
	Zugang pro	—			
		10			
	Abgang	2			
	Bleibt Bestand	8	8	256	18
24.	[illegible]:				
	Bestand am 1. November 1890	9			
	Zugang pro	3			
		12			
	Abgang	4			
	Bleibt Bestand	8	8	262	19
	zu übertragen		185	20 420	1 371
	Uebertrag		785	20 449	1 371
25.	[illegible]:				
	Bestand am 1. November 1890	19			
	Zugang pro	6			
		25			
	Abgang	11			
	Bleibt Bestand	14	14	440	20
26.	[illegible]:				
	Bestand am 1. November 1890	39			
	Zugang pro	26			
		65			
	Abgang	31			
	Bleibt Bestand	24	24	571	60
27.	[illegible]:				
	Bestand am 1. November 1890	6			
	Zugang pro	8			
		5			
	Abgang	1			
	Bleibt Bestand	4	4	80	10
28.	[illegible] ([illegible]):				
	Bestand am 1. November 1890				
	Zugang pro				
		—			
	Abgang	—			
	Bleibt Bestand	—	—	—	15
29.	[illegible] ([illegible]):				
	Bestand am 1. November 1890	32			
	Zugang pro	—			
		32			
	Abgang	—			
	Bleibt Bestand	32	32	980	30
30.	[illegible]:				
	Bestand am 1. November 1890	12			
	Zugang pro	13			
		25			
	Abgang	9			
	Bleibt Bestand	16	16	434	30
31.	[illegible]:				
	Bestand am 1. November 1890	4			
	Zugang pro	5			
		9			
	Abgang	4			
	Bleibt Bestand	5	5	198	20
32.	[illegible]:				
	Bestand am 1. November 1890	31			
	Zugang pro	17			
		48			
	Abgang	25			
	Bleibt Bestand	23	23	791	57
33.	[illegible]:				
	Bestand am 1. November 1890	38			
	Zugang pro	16			
		54			
	Abgang	13			
	Bleibt Bestand	41	41	1 229	36
34.	[illegible]:*)				
	Bestand am 1. November 1890	—			
	Zugang pro	—			
		—			
	Abgang	—			
	Bleibt Bestand			—	65
	zu übertragen		865	25 425	1 686

*) [illegible]

№	Namen der Orte, wo sich die Häuser befinden.	[illegible]	Es wurden: [illegible]	[illegible]	[illegible]
	Uebertrag		886	25 485	1 626
55.	[illegible]:*)				
	Bestand am 1. November 1890	—			
	Zugang pro " "	—			
		—			
	Abgang " "	—			
	Bleibt Bestand	—	—	—	41
56.	[illegible]:				
	Bestand am 1. November 1890	16			
	Zugang pro " "	18			
		31			
	Abgang " "	13			
	Bleibt Bestand	18	18	531	70
57.	[illegible] in Württemberg:				
	Bestand am 1. November 1890	2			
	Zugang pro " "	5			
		7			
	Abgang " "	2			
	Bleibt Bestand	5	5	109	38
58.	[illegible]:				
	Bestand am 1. November 1890	7			
	Zugang pro " "	2			
		9			
	Abgang " "	4			
	Bleibt Bestand	5	5	153	18
59.	[illegible] in Mecklenburg:				
	Bestand am 1. November 1890	37			
	Zugang pro " "	20			
		57			
	Abgang " "	20			
	Bleibt Bestand	39	39	1 018	36
60.	[illegible]:				
	Bestand am 1. November 1890	10			
	Zugang pro " "	4			
		14			
	Abgang " "	5			
	Bleibt Bestand	9	9	219	26
61.	[illegible] in Hessen:				
	Bestand am 1. November 1890	13			
	Zugang pro " "	7			
		20			
	Abgang " "	5			
	Bleibt Bestand	15	15	434	80
	Zusammen		978	27 914	1 825

Der gesammte Abgang an Kranken pro November 1890 beträgt 303, davon sind gestorben 46
ungeheilt oder nur gebessert entlassen 37
geheilt 220
wie oben 303.

---

67. Das Krankenhaus zu [illegible] in Syrien mit 63 Betten:
Bestand am 1. October 1890 . . . . . . 43 Kranke.
Zugang pro October 1890 . . . . 36 "
Davon sind 79 Kranke.
gestorben 5
ungeheilt oder nur gebessert entlassen 4
geheilt 31
40 "
Bleibt Bestand am 1. November 1890: . . . . 39 Kranke.

*) [illegible]

Unter den Aufgenommenen befanden sich 4 Europäer, 35 eingeborene Christen, 9 Muhamedaner, 2 Drusen und 2 Juden.

Die Zahl der Kranken-Verpflegungstage pro October 1890 beträgt 1263.

Poliklinisch wurden 321 Personen behandelt.

---

1. Hermann von Loeser, Major a. D., Ehrenritter seit 1889, † zu Hannover 8. December 1890.
2. Rudolf Freiherr von Eseberk, Oberst a. D., Ehrenritter seit 1858, † zu Wiesbaden 10. December 1890.

Das Fürstenthum Orange.

Es mag wunderbar erscheinen, wie der Zweig des Hauses Nassau, dessen letzter männlicher Sprosse in der Person des Königs Wilhelm III. der Niederlande am 23. v. Mts. aus diesem Leben geschieden, zu dem Namen Oranien (Orange) gekommen ist; damit hatte es nun folgende Bewandtniß:

Das Fürstenthum Orange wird von der ehemals päpstlichen Grafschaft Venaissin und der Rhone, die es von Languedoc trennt, umschlossen. Ihr erster nachweisbarer Souverän war Guillaume au court nez (Wilhelm der Kurznasige), der zur Zeit Karl's des Großen lebte, und diesen Beinamen daher erhielt, daß ihm die Nasenspitze durch einen Hieb mit dem Schwerte abgetrennt worden war. Seine Nachkommen regierten bis 1173, zu welcher Zeit Rambaud IV. seine Güter an seine Schwester Tiburga, der zweiten Frau Bertrand de Baux's vermachte, wodurch das Fürstenthum an das Haus de Baux kam.

Das Haus de Baux, dessen Stammbaum sich bis 1040 zurückverfolgen läßt, war lange Zeit souverän und hatte durch die Heirath Raimond's de Baux mit Stephanie, Schwester oder Tochter des Grafen Gilbert von Provence um 1100 Anrecht auf diese Grafschaft erworben. Um 1140 ergriff der Baron de Baux mit seinen vier Söhnen zu den Waffen gegen Raimond-Berengar, Grafen von Provence, um ihre Ansprüche auf die Provence geltend zu machen. Es entspann sich nun ein langwieriger Streit, der erst nach zehn Jahren damit beglichen wurde, daß die Barone auf all' ihre Anrechte an die Provence Verzicht leisteten, wogegen ihnen die Baronie de Baux mit ihren 79 Städten, Burgen und Dörfern unter der Oberlehnsherrlichkeit der Grafen von Provence verblieb. Man sagt, die Barone hätten eine mysteriöse Vorliebe für die Zahl 79 gehabt, weil sie aus den heiligen Zahlen 7 und 9 zusammen gesetzt ist. Von den vier Söhnen Raimond's starb der älteste, Hugo, 1170, nur einen Sohn, Raimond, hinterlassend, der ohne Nachkommen starb, der zweite, Guillaume, ging ins Kloster und über den vierten, Gilbert, fehlen weitere Nachrichten. Der dritte, Bertrand I., setzte den Stamm fort und erwarb durch seine Heirath mit Tiburga das Fürstenthum Orange. Bertrand, der am Dienstage 1181 auf Befehl Raimund's V., Grafen von Toulouse, ermordert ward, hinterließ unter anderen Söhnen seinen Nachfolger Guillaume II., der vom Kaiser Friedrich II. den Titel eines Königs von Arelat verliehen erhielt. Seine Nachkommen blieben bis 1393 im Besitz von Orange, dann kam dieses Fürstenthum durch Heirath der ältesten Tochter des letzten Inhabers, Raymund's V.: Marie de Baux mit Jean de Châlon Sire d'Arlay aus dem Hause der Grafen v. Burgund, an den also letztlich Nebenzweig dieses Hauses, das seinerseits das alte Haus Châlon beerbt hatte. Er hielt zu der Partei des Herzogs Johann v. Burgund, der ihn zum Generallieutenant des Herzogthums und der Grafschaft Burgund ernannte und ihm den Oberbefehl über das Heer verlieh, das er 1408 dem Bischof von Lüttich, Johann von Bayern, gegen seine rebellischen Unterthanen zu Hilfe sandte. Durch die Partei des Herzogs von Burgund wurde er auch 1416 zum Chambrier (Kämmerer) von Frankreich erhoben und zwei Jahre hernach 1417 zum Gouverneur der Languedoc. Er starb im folgenden Jahre 1418, den 4. December. Von seinen Söhnen folgte ihm der älteste Louis als Fürst von Orange, während der zweite Stifter der Linie der Barone von Viteaux wurde.

Louis von Châlon, Fürst von Orange, genannt der Gute, hielt wie sein Vater zur burgundischen Partei und befand sich 1420 im Heere Philipp des Guten bei der Belagerung von Melun, aber sein Patriotismus gestattete ihm nicht, Heinrich V., König von England, als Beherrscher Frankreichs die Huldigung zu leisten und er zog sich daher lieber in's Privatleben zurück. Später hat er sich noch bei verschiedenen Gelegenheiten ausgezeichnet und als er 1430, den 11. Juni, am Trinitatis-Tage unterlag, durchschwamm er auf seinem Pferde die Rhone mit der Lanze in der Hand. Er starb 30. December 1463, 75 Jahre alt. Zweimal vermählt, zuerst mit Johanna von Mömpelgard, dann mit Eleonore von Armagnac hatte er von beiden Frauen zusammen 3 Söhne und 3 Töchter. Von den ersteren erwähnen wir außer seinem Nachfolger Wilhelm nur noch Louis, der als Ritter des goldenen Vließes erwähnt und 1465 im Dienste Karl's des Kühnen von Burgund starb.

Guillaume VIII., Fürst von Orange, machte im Jahre 1464 eine Pilgerfahrt nach dem heiligen Lande, stand Karl dem Kühnen, Herzog von Burgund, 1468 bei der Einnahme von Lüttich zur Seite und hatte viele Mißhelligkeiten mit seinen Verwandten zu bestehen, die sich seiner Güter bemächtigen wollten. Als er 1473 incognito französisches Gebiet passirte, wurde er von dem Gouverneur der Dauphiné, einem Sgr. de Lude gefangen genommen und einige Zeit nachher gezwungen, sein Fürstenthum Orange gegen die Summe von 400 000 Thaler an Ludwig XI. von Frankreich zu übertragen, welcher Betrag sein Lösegeld repräsentirte. Von Gram und Kummer überwältigt, starb er am 27. September 1475 auf seinem Schlosse Orange und wurde vor dem Hochaltar der Franciscanerkirche beerdigt. Von seiner Gemahlin Catherine von Bretagne hinterließ er nur einen Sohn Jean, der ihm im Fürstenthum folgte.

Jean II., Fürst von Orange, theilte anfangs das Mißgeschick seines Vaters und wurde als des Hochverraths schuldig 1477 (7. September) für immer aus dem Königreich verbannt. Er schlug darauf im selben Jahre die Franzosen bei der Brücke von Magny in der Freigrafschaft, brachte fast ganz Burgund in Aufruhr und verlor 1479 die Schlacht bei Montagnon. Nachdem er sich in der Folge mit dem Hofe verglichen hatte, wohnte er 1484 (30. Mai) der Krönung Karl's VIII. in Rheims bei. Einige Zeit nachher, als sich neue Zerwürfnisse mit dem Hofe erhoben, war er der Anstifter des Bürgerkrieges, der mit seiner Gefangennahme in der Schlacht bei St. Aubin de Cormier 28. Juli 1488 endete. Erst nach einer feierlichen Loyalitätserklärung wurde er in Freiheit gesetzt und leistete nun 1489 der Krone Frankreich den Lehnseid für das Fürstenthum Orange. In der Folge war er einer der eifrigsten Beförderer der Heirath des Königs mit seiner Cousine Anna von Bretagne und erhielt als Belohnung das Gouvernement dieser Provinz. Der König Ludwig XII. giebt ihm in einer Urkunde, datirt von Etampes, den 4. Mai 1498 den Titel Vetter.*) Er erfreute sich eines großen Ansehens am Hofe dieses Fürsten, der durch Urkunde vom 10. Juli 1499 ihm den vollen Genuß seines Fürstenthums Orange wiedergab, sowie seine Vorfahren dasselbe besessen, indem die Kaufsumme von 400 000 Thaler an seinen Vater niemals ausbezahlt worden war. Er starb den 9. April 1502 und wurde in der Franciscanerkirche de Lons le Saulnier neben seiner ersten Gemahlin Jeanne de Bourbon beigesetzt. Von seiner zweiten Frau Philiberta von Luxemburg hatte er einen Sohn Philibert und eine Tochter Claudia.**)

Philibert, Fürst von Orange n. 1502, ergriff die Partei Kaiser Karl's V. gegen Frankreich und wurde 1520 von den Franzosen aufgehoben, als er im Begriff stand sich nach Spanien zu begeben. Erst durch den Vertrag von Madrid 1526 erhielt er seine Freiheit zurück, auch sollte er nach einem Artikel desselben sein widerrechtlich eingezogenes Fürstenthum zurückerhalten, was aber erst vier Jahre später durch den Vertrag von Cambray (1529) perfect wurde. Zwei

*) Bis zu Franz I. wurde der Titel „Cousin du roi" nur wirklichen Verwandten des Königs gegeben, später allen Großwürdenträgern der Krone ohne Unterschied.

**) Sein Siegel, das sich an einer Quittung vom 18. Juli 1493 befindet, zeigt im 1. und 4. Felde das Wappen von Châlon, in Gold einen rothen Schrägbalken, im 2. und 3. Felde das Wappen von Orange, in Gold ein blaues und geländertes Hifthorn, im Herzschilde das Wappen von Genève von Gold, blau geschacht zu 9 Plätzen Schildhalter, 2 Löwen, Helmkleinod, ein Hirschgeweih.

Jahre früher hatte ihn der Kaiser zum Generallieutenant seiner Armee in Italien ernannt, mit der er den 6. Mai 1527 Rom einnahm, auch wurde er in der Folge zum Vicekönig von Neapel und zum Herzog von Gravina ernannt. Er fiel bei der Belagerung von Florenz, den 3. August 1530. Seine irdischen Ueberreste wurden nach Lons le Saulnier gebracht und dort mit großem Pomp beigesetzt. Da er unvermählt geblieben, so starb mit ihm das Haus Chalon aus. Ihm folgte in dem Fürstenthum Orange der Sohn seiner Schwester Claudia, die 1515 den Grafen Heinrich v. Nassau geheirathet hatte, René, dem er dasselbe unter der Bedingung vermacht hatte, daß er den Namen und das Wappen von Chalon annehme und seiner Mutter Philiberta den lebenslänglichen Nießbrauch überließe.

Als dieser Fürst 1544 ohne Kinder starb, setzte er seinen Vetter Wilhelm den Schweigsamen zum Erben ein, der als erster Statthalter der vereinigten Niederlande in dem Unabhängigkeitskriege dieser Provinzen gegen Spanien eine so große Rolle spielte.*) Seine Söhne Philipp Wilhelm gestorben 1618, Moritz gestorben 1625 und Heinrich Friedrich gestorben 1647 folgten ihm nach einander im Besitze des Fürstenthums, die beiden letzten auch in der Statthalterschaft. Friedrich Heinrich hatte von seiner Gemahlin Amalie Gräfin Solms einen Sohn Wilhelm II., der dem Vater im Fürstenthum Oranien und in der Statthalterschaft folgte und mit Maria, Tochter Karl's I. von England, vermählt war. Der einzige Sohn dieser Ehe, Wilhelm Heinrich (g. 1650), folgte nicht allein dem Vater in dem Fürstenthum Orange und in der Erbstatthalterschaft, sondern erlangte auch 1688 nach der Vertreibung seines Schwiegervaters König Jacob II. von England die britische Krone. Da seine Ehe mit der Prinzessin Maria Stuart ohne Erben geblieben war, so erlosch mit seinem Tode 1702 die eigentliche Linie der Prinzen von Oranien. Nun entstand, namentlich über den Besitz des Fürstenthums Oranien, der langwierige oranische Erbfolgestreit. Hauptbewerber waren der König Friedrich I. von Preußen, gemäß des Testaments seines mütterlichen Großvaters Heinrich Friedrich, Prinzen von Oranien, gestorben 1647, und der Fürst Johann Wilhelm Friso von Nassau-Dietz, Erbstatthalter in Friesland, dessen Großmutter Albertine Agnes (1634—97) ebenfalls eine Tochter Heinrich Friedrichs und jüngere Schwester der Kurfürstin Louise Henriette von Brandenburg gewesen war und den Fürsten Wilhelm von Nassau-Dietz geheirathet hatte.

König Wilhelm III. von England hatte nun unter Nichtachtung des Testaments seines Großvaters diesen letzteren zu seinem Erben eingesetzt. Auch die Fürsten von Nassau-Siegen*) machten Ansprüche darauf, und sämmtliche Bewerber nahmen einstweilen den Titel des Fürstenthums an. Das Ende davon war, daß der König von Preußen, des Widerspruchs der schwächeren nassauischen Häuser ungeachtet, das Land im Utrechter Frieden 1713 gegen anderweitige Vergünstigungen an Frankreich abtrat, welches seitdem im ungestörten Besitz desselben geblieben ist. Der Fürst Wilhelm von Nassau-Dietz, Sohn des oben genannten Fürsten Johann Wilhelm Friso, gestorben 1711, als Erbstatthalter der Niederlande Wilhelm IV., erhielt für sich und seine Nachkommen den Titel „Prinz von Oranien“ nebst allen übrigen Besitzungen der oranischen Linie des Hauses Nassau. Seitdem sein Enkel als Wilhelm I. 1815 die Königswürde annahm, ist der Titel eines Prinzen von Oranien nach dem Staatsgrundgesetz auf den Kronprinzen übergegangen.

Mit dem König Wilhelm III. der Niederlande erlosch die ottonische Linie des Hauses Nassau, dessen Leib nun in der Gruft in der Kirche zu Delft ruht, die alle Oranier seit Wilhelm dem großen Schweiger in ihren Särgen vereinigt; jetzt Tod, einst Leben; jetzt Asche, einst Glut! Drei Jahrhunderte liegen dort unter dem Steine verschlossen, von dem aber, was die Todten draußen in ihrem Schaffen, von ihrem Ringen und Kämpfen spricht die riesenhafte Gestalt einer in die Posaune des Ruhmes stoßende Fama, die das Grab beschützt. Eine unvergleichliche Familiengeschichte ist mit König Wilhelm III. erloschen. Nicht mit Unrecht vergleicht sie Arthur Kleinschmidt in seinem Aufsatz über Moritz von Oranien**) mit den Barkiden in Karthago. Beide Dynastien stellten in nicht ermattender Kraft mehrere Generationen hindurch Männer allerersten Ranges; in Karthago Hamilkar, Hasdrubal, Hannibal, in Holland Wilhelm den Schweiger, Moritz, Friedrich Heinrich und Wilhelm III. von England; beide Dynastien hatten gleichsam als Familiensache einen Weltkrieg zu führen, die Barkiden mit Rom, die Oranier mit Spanien; beide standen als monarchische Führer an der Spitze einer kriegerischen Bevölkerung, einer kaufmännischen Aristokratie gegenüber, welche selbst ehrlosen Frieden dem Kriege vorzog; während aber Hannibal, der Größte seines großen Geschlechts, unterging, errangen Wilhelm der Schweiger und sein

*) Es erhellt hieraus, daß die Erbstatthalter der Niederlande aus dem Hause Nassau, die den Namen Oranien so weltberühmt machen sollten, weder agnatisch noch cognatisch mit dem Hause Chalon zusammenhängen und das Fürstenthum Orange nur durch Vermächtniß eines Vetters erhielten, dessen Mutter allerdings die letzte Erbin von Chalon gewesen war. Begründet auf diesen Umstand haben die Marquis von Mailly le Nesle Anspruch auf das Fürstenthum und den Titel von Oranien gemacht, die weiblicherseits durch die Häuser Ste. Marie, [illegible], aus Chalon, de Montcho-Montrevel allerdings von der jüngeren Linie des Hauses Chalon, den oben genannten Herren v. [illegible] abstammen, wenn auch durch eine [illegible] Vererbung durch Frauen.

*) Der jüngere Bruder Wilhelm I. von Oranien Johann der Ältere von Nassau-Dillenburg hatte 4 Söhne, welche die Stifter der Linien Siegen, Dillenburg, Diez und Hadamar wurden. Nassau-Siegen war somit [illegible] am nächsten berechtigt. Nassau-Diez erhielt aber durch Testament des Königs Wilhelm III. von England den Vorzug.

**) Vergl. Nord u. Süd. Vol. LIII. Nr. 58

Haus den Sieg. Es war ein Volkskrieg, wie ihn einst die Griechen gegen die einbrechenden Perser geführt, ein kleines Völkchen gegen hundertfache Uebermacht; zwar zerrissen die Kugeln Spaniens ihre Glieder selbst, doch erstritten die Oranier die Freiheit der Niederlande vom Joche Spaniens und die Freiheit des Gewissens ihres Volkes von Rom, gaben ihren Mitbürgern ein unabhängiges Vaterland und eine freie Religion, freien Leib und freie Seele — in Sturm und Drang lernte das Volk diese Geschichte des Geschlechts, die allen Sprossen gemeinsam war, begreifen und würdigen; es lohnte sie mit unveränderter inniger Liebe, und durch seine ganze Geschichte klingt der Ruf wieder, den die Fama an der Gracht zu Delft erschallen läßt: „Oranje boven!"

Das Arbeiterheim in Stuttgart.

Am 23. November d. Js. wurde der reiche Kranz von gemeinnützigen Unternehmungen und Anstalten unserer Stadt um ein werthvolles Glied vermehrt; das neu erbaute Arbeiterheim wurde feierlich dem Betriebe übergeben. In verhältnißmäßig kurzer Zeit ist das ausgedehnte umfängliche Anwesen in der Heusteigstraße erstellt worden; die durch zweckmäßige architektonische Gliederung belebte Vorderseite bildet den eindrucksvollen Abschluß der Sophienstraße.

Das stattliche Gebäude, Eigenthum der Stiftung „Arbeiterheim", zu welcher neben Privaten der Verein für das Wohl der arbeitenden Klassen und der Arbeiterbildungsverein sich vereinigt haben, dient einem doppelten Zweck: ein Logirhaus für unverheirathete Arbeiter zu sein und dem Arbeiterbildungsverein die entsprechenden Räumlichkeiten zu bieten. Letzterem Zwecke dient in den beiden ersten Stockwerken des Gebäudes der untere Flügel mit dem nach hinten sich anlehnenden großen Saalbau, ersterem der ganze obere Flügel mit sammt den oberen Stockwerken des unteren Flügels. Demgemäß führt das untere Portal zu den Räumen des Arbeiterbildungsvereins, das obere zu denen des Arbeiterheims. Dem Arbeiterbildungsverein stehen im Erdgeschoß große, sehr zweckmäßig angeordnete Saalräumlichkeiten zur Verfügung, die bis zu 1800 Personen zu fassen vermögen. Der helle und luftige Hauptsaal soll zu Vorträgen, sowie geselligen Vereinigungen benutzt werden. Im ersten Stock sodann hat die reichhaltige Bibliothek genügende Räume gefunden; ebenso ist dort ein Lesezimmer, in welchem alle hier erscheinenden Zeitungen aufgelegt sind, sowie ein Unterrichtszimmer eingerichtet, in welchem verschiedene Unterrichtskurse stattfinden. Zu diesen Räumen allen, sowie zu der im Erdgeschoß des oberen Flügels untergebrachten Wirthschaft haben außer den Mitgliedern des Arbeiterbildungsvereins auch die Bewohner des Arbeiterheims Zutritt, und es wird dies nicht wenig dazu beitragen, den letzteren den Aufenthalt im Hause wirklich „heimathlich" zu gestalten. Als ein äußerst glückliches und dankenswerthes Unternehmen muß es begrüßt werden, daß man versucht hat, den ledigen Leuten des Arbeiterstandes gesunde, freundliche und billige Wohnräume zu verschaffen, und man kann sich nicht genug darüber freuen, daß der Versuch so wohl gelungen ist. Ein besseres Mittel, dem Schlafgängerwesen mit seinen vielseitigen, besonders sittlichen Nachtheilen entgegenzuwirken, kann man sich nicht denken. Wer sich das Loos eines Arbeiters vergegenwärtigt, der kein anderes „Heim" hat als eine düstere, kalte Dachkammer, die er überdies häufig mit einer Anzahl Schlafgenossen zu theilen hat, die ihm vielleicht noch völlig fremd, theilweise auch unsympathisch sind, eine Dachkammer, in der es unmöglich ist, einen Abend oder gar einen Sonntag zuzubringen, weil's im Sommer zu heiß, im Winter zu kalt und nie wohnlich drin ist, der wird's den Glücklichen gönnen, die im Arbeiterheim so schöne Zimmerchen (128), theils (20) allein, theils (108) zu zweien zu bewohnen, gefunden haben, darin sie sich behaglich fühlen müssen; denn von irgend welchem Luxus ist darin nichts zu entdecken; die Ausstattung ist eine einfache, aber gediegene. Jeder Bewohner hat außer einem guten Bett einen verschließbaren Schrank, einen Waschtisch, Stuhl und Tisch; in einigen wenigen besser ausgestatteten Zimmern treffen wir auch ein Sopha, ferner hat jedes Zimmer seinen eigenen kleinen Ofen; kurz, alles ist darauf angelegt, den Leuten um dasselbe Geld, für das sie sonst eine ärmliche Schlafstelle in einer Dachkammer bekommen, ein bescheidenes, aber freundliches Daheim zu bieten. „Klein, aber mein" — dessen wird gewiß mancher Arbeiter sich jedesmal mit wirklicher Freude erinnern, so oft er nach Feierabend in sein Zimmer tritt. Nun ist er wenigstens nicht mehr genöthigt, seine arbeitsfreie Zeit im Wirthshaus zuzubringen, und vor manchen Gefahren des Wirthshauslebens, vor manchen ungesunden Weltauffassungen bleibt er bewahrt, und manche Ursache der Verbitterung, manche Regung der Unzufriedenheit fällt für ihn weg. Und wenn der Geist, der schon in alter Zeit des deutschen Hauses Zierde und Stärke war, der Geist der Ordnung und Zucht, der Treue und der guten Sitte, das Haus durchwaltet, so wird gewiß in sozialer, wie in sittlicher Hinsicht ein großer Segen vom Arbeiterheim ausgehen. Möchte es allezeit gelingen, diesen Geist darin zu pflanzen und zu pflegen. („Blätter für das Armenwesen.")

Carl Heymanns Verlag in Berlin W., Mauerstraße 44. Gedruckt bei Julius Sittenfeld in Berlin.

Alle Zuschriften und Einsendungen in Angelegenheiten dieses Blattes wolle man an den Redakteur desselben Geh. Hofrath Herrlich W. Potsdamer Straße Nr. 184 c. zu Berlin richten.

Wochenblatt der Johanniter-Ordens-Balley Brandenburg.

Im Auftrage der Balley Brandenburg verantwortlich redigirt von C. Herrlich in Berlin.

Jahrg. 21. Berlin, den 24. December 1880. Nr. 52.

Der Legendenschatz des deutschen Ordens.

Es ist in hohem Maße anziehend, es zu verfolgen, welche eigenthümliche Formen die Geschichtsschreibung des deutschen Ordens auf dem mit Heldenblut so überreich gedüngten Boden Preußens angenommen hat. Von einer pragmatischen Folge der Ereignisse, von einem Blicke auf das große Werk der Colonisation und sein allmähliches Werden ist keine Rede, weder bei Peter von Duisburg, noch bei Simon Grunau oder Lucas David und Kaspar Schütz. Dagegen finden sich eine Fülle der reizvollsten Einzelzüge, so daß es einem Dichter nicht schwer fallen könnte, die Eroberung Preußens durch die Ritter St. Mariens zu einem Epos zu gestalten, welchem in Hoheit des Stoffes und Schönheit der Episoden wohl aus „der Nibelunge Nôt" den Vorrang streitig machen könnte.

Die Seelen der Kämpfer hüben und drüben zeigen sich von einer Begeisterung erfüllt, wie sie einerseits nur die glühende Inbrunst des Marien-Kultus, andererseits allein eine tiefgetreue Liebe zu dem Glauben der Väter hervorbringen konnte. Und wie einst auf den catalaunischen Gefilden, so wogt hier im Preußenlande nicht allein auf der Haide und im Moore der Kampf; — nein, auch oben in den Lüften blitzen die Schilde die Schwerter: die Himmlischen treten für ihre Ritter ein. Allüberall erblüht die rothe oder die weiße Rose des Wunders: wir wissen zuletzt fast nicht mehr, wie wir alle diese Blumen in einen Kranz vereinigen wollen. Ein Heldenepos dieser Art besitzt kein anderer Gau Deutschlands, so blutig in manchem von ihnen auch der Völkerkampf einst getobt hat. Nichts weiß man mehr in Oesterreich und Bayern von der Hunnennoth; nichts in der Mark Brandenburg vom Wenden kampfe, — wenigstens im Volke nicht: — wohl aber berichtet noch lebende preußische Sage von diesem verzweifelten Ringen des Preußenvolkes mit den eisernen „Brüdern vom Deutschen Hause." —

Im Jahre 1229 erhob sich auf dem linken Weichselufer, Thorn gegenüber, die erste Burg der Deutschherren, „Vogelsang" genannt. Sofort begann der Kampf. Schrecken ergriff die Verehrer des Perkunos und Pikullos vor den ritterlich-mönchischen Söhnen Deutschlands, und preußische Priester, welche die Götter den Blick in die Zukunft verstattet hatten, verkündeten es selbst:

„Die deutschen Ritter werden uns vernichten. Denn eifriger als wir verehren sie ihre Götter; ja sie stehen sogar des Nachts auf, ihnen zu dienen. Schon Gras genügt ihnen zur Nahrung. Wer könnte ihnen widerstehen, die selbst in der Wildniß ohne Mühe Speise finden?" ·

Oft wird erzählt, daß die Heiden unabsehbare Schaaren von Kämpfern dort stehen sahen, wo in der That nur ein verlorener Posten der Ordensritter sich befand: es waren die Geister der zuvor ruhmvoll gefallenen Brüder, die, nur den Feinden sichtbar, in höchster Noth den Bedrohten zu Hilfe kamen. So beabsichtigten die Preußen einstmals auch die Burg zu Rheden. „Da nun aber", erzählt Lucas David, „die Brüder und Knechte, welche sich auf der Burg befanden, sämmtlich in der Kirche waren und das „Salve, Sancta parens" zu Ehren der Gebenedeiten sangen, so nahmen sie von den Feinden nichts wahr. Statt ihrer erschienen jedoch auf den Wehren himmlische Männer, welche die Preußen mit feurigen Pfeilen beschossen und auf diese Weise das Schloß schirmten, bis der Gottesdienst beendigt war und die Brüder selbst in den Kampf eintreten konnten."

Oft wird solche Hilfe einzelnen Heiligen, vornehmlich der Himmelskönigin, zugeschrieben. Einst wurde Dietrich von Rhode, Komthur zu Christburg, von einer unzählbaren Schaar Pogesanier verfolgt. Er entschloß sich endlich zum Widerstande, sowie er aber angriff, entflohen die Feinde. Die Gefangenen sagten nachmals aus, es sei ihnen in der Luft eine Jungfrau von wunderbarer Schönheit erschienen, die in der Hand das weiße Banner der Kreuzritter getragen. Das habe sie dermaßen erschreckt, daß sie den Kampf überhaupt nicht aufgenommen hätten. War es hier die Jungfrau, so war es 1280 bei der Belagerung Elbing's der heilige Anselmus, welcher den deutschen Rittern zu Hilfe kam: noch vor der Schlacht flohen die sonst so tapferen Heiden: sie hatten einen leuchtenden Heiligen vom Himmel herabsteigen sehen, — hinter ihm aber eine Schaar von Männern mit weißen Mänteln und schwarzen Kreuzen, flammende Schwerter in der Rechten.

In ähnlicher Weise half die heilige Barbara um 1245 dem Ordensmarschall Dietrich von Bernheim. Sie erschien ihm im Traume und gebot ihm: „Nimm zu Dir vier Brüder und 24 Knechte; dann ziehe vor Schloß Sartowitz und befreie mein Haupt, die theure Reliquie, welche Herzog Swantipol von Pommern in einem Gewölbe seiner Burg aufbewahrt.“ Gläubig gehorchte der Marschall der Heiligen, so gefährlich das Wagniß auch war. Wirklich gelang ihm die Eroberung des Schlosses und die Auffindung der Reliquie, welche anfangs zu Kulm, dann auf der Marienburg und endlich zu Danzig mit hoher Andacht verehrt ward.

Swantipol war allerdings ein furchtbarer Gegner. Noch lange klagte es der Orden, wie er am See Rondsen die Brüder so furchtbar geschlagen, daß ihrer nur zehn entrannen. Als nun die Bürger von Kulm zu der Wahlstatt eilten, um den Todten die letzte Ehre zu erweisen, da fand ein Weib auch seinen Gatten; der lebte noch und hätte in sorgsamer Pflege wohl genesen können. Allein er wollte sich nicht in die Stadt bringen lassen. Auf die Fragen seiner verwunderten Mitbürger aber erzählte er Folgendes:

Wie er im Wundfieber gelegen, sei die Jungfrau Maria gekommen, — vor ihr zwei Jungfrauen mit brennenden Kerzen, — sie selbst ein Rauchfaß in der Hand. Das habe sie über jeden der Gefallenen geschwenkt. Ihm aber habe sie gesagt: „Freue Dich; am dritten Tage wirst Du sterben und mit den Brüdern zur ewigen Seligkeit eingehen.“ — Trotz seines Widerspruches wurde der wunde Mann nach Kulm geführt; aber, wie ihm die Jungfrau verkündigt hatte, so geschah es. Die brennenden Kerzen in den Händen der himmlischen Jungfrauen sind ein Zeichen des ewigen Lebens. Darum auch die folgende Sage:

Auf jener Stelle, wo im Jahre 1263 die gewaltige Schlacht bei Löbau geschlagen worden, in welcher der Landmeister Heinrich von Rechenberg mit fast allen Großgebietigern des Ordens das Leben gelassen, erblickte der Einsiedler, welcher sich auf der Wahlstatt ein Häuslein erbaut hatte, des Nachts oft brennende Kerzen. Die verkündeten, daß den Erschlagenen die Märtyrerkrone zu Theil geworden sei.

Trotz aller dieser Wunder aber gab es Zweifler selbst in des Ordens Mitte. Zu ihnen gehörte Bruder Kunibert von Dagien, ein Ritter auf dem Schlosse Rheden. Dem wollte es nicht aus der Seele weichen: „Die Brüder vergießen Blut so gern; — wie können sie zur ewigen Seligkeit gelangen?“

Da erschien ihm einst die Jungfrau Maria und führte ihn im Geiste auf ein großes Feld, auf welchem viele, viele Heldenleichen vom Deutschherren lagen. Sie ging zu jedem Einzelnen, lüftete den Mantel und zeigte auf die Todeswunde, sprechend:

„Das hat er um Christi willen erlitten!“

Am nächsten Morgen beichtete Bruder Kunibert unter Thränen dem Kapitel seine Zweifel; die nächste Schlacht aber brachte auch ihm die tödtliche Wunde und die Krone des ewigen Lebens.

Furchtbar düster lautet dagegen die Mär von einem Bruder aus späterer Zeit. Auch ein Graf von Nassau, der in den Orden getreten war, „was ein twifelaire“, ein Zweifler. Im Jahre 1374 am Gründonnerstage, als auf dem Ordenshause zu Brandenburg das heilige Nachtmahl ausgetheilt wurde, erfaßte der böse Geist den Grafen so ingrimmig, daß er den Priester vom Altare stieß, das Allerheiligste ergriff, zu Boden warf und mit Füßen trat. Der unglückliche Graf wurde in den Thurm gebracht und verstarb unter furchtbaren Qualen. Wohl hatten die Brüder Mitleid mit dem Wahnsinnigen; — für ihn zu beten aber wagte Niemand mehr.

Doch wir sind bereits auf das Gebiet des Persönlichen gelangt und haben von Ereignissen gesprochen, welche einzelne Ordensritter betroffen haben. Die Anzahl derartiger Ueberlieferungen ist sehr, sehr groß; nur besonders Charakteristisches oder Gehaltvolles soll daher erwähnt werden.

Rührend ist die Mär von Heinrich Stange, dem Komthur zu Christburg, — einem Märker aus dem Lande Lebus. Er war sehr fromm und fürchtete doch für sein Heil. „O Herr, ich bin Deiner nicht würdig!“, rief er in tiefem Schmerze einst vor dem Crucifixe aus. Da breitete vor den Augen des Priesters die geschnitzte Figur des Heilandes die Arme aus und segnete den Ritter mit dem Zeichen des heiligen Kreuzes.

Dasselbe geschah auch einem Bruder des Geschlechtes von Ortisberg. Ein gewaltiger Held aber war Hermann, genannt der Sarazene, ein Ritter aus Schwaben. Glanzvoll führte er die Lanze im Tourniere, aber keiner irdischen Schönen zu Ehren, sondern für Maria, die reine Magd. Oft zeigte sich ihm die Jungfrau. Zuletzt geschah dies vor dem kurischen Kriege, welchen der Meister Poppe von Osterna zu führen hatte. Da sprach die Heilige zu ihm:

„Ich lade Dich, Hermann, zu dem Mahle meines Sohnes!“

Fröhlich zog der Ritter aus; er wußte jetzt ja: ein glorreicher Tod war ihm gewiß.

Anno von Sangerhausen ward nachmals Meister; — als aber die große Tartarenschlacht bei Liegnitz geschlagen wurde, war er noch ein schlichter Ordensknecht. Ein Tatarenschwert traf ihn; es schien um ihn geschehen. „Jesus! Maria!“, rief er. Da trat eine Lichtgestalt an seine Seite und breitete über ihn einen schimmernden Schild, der ihn wundersam deckte.

Als Anno dann Meister war, lebte im Schlosse Brandenburg ein Bruder Hermann von Lichtenburg hochgefreiten Geschlechtes. Ihm war die Ordensregel nicht streng genug; d'rum trug er stets ein Stahlhemd auf dem bloßen Leibe. Davon ward endlich ihm die ganze Haut zerfleischt. Selbst sein Beichtiger mahnte ihn, das Stahlhemd abzulegen. „O nein," erwiderte der Edle; „ich weiß wohl, wer mich heilen wird!" Und wie er geglaubt hatte, so geschah es: in der Nacht erschien ihm die Jungfrau und rührte ihn mit ihrer linken Hand an: da schlossen sich die Wunden allzumal.

Ergreifend und oft behandelt ist die Sage von Herkus Monte, dem Preußen, und Bruder Hirzhals, dem Patriziersohne von Magdeburg. Der gefangene Preußenfürst ward in dem Hause des Hirzhals ein Christ; aber er fiel vom Glauben wieder ab und ward der muthigste, der glücklichste Kämpfer seines Volkes. Da gerieth der Kreuzherr Hirzhals in seine Gefangenschaft. Das Loos bestimmt, daß grade er den Göttern geopfert werde; doch Herkus Monte will ihn retten. Er läßt zweimal, dreimal loosen: „Hirzhals!" — „Hirzhals!", rufen die Priester, die Krieger. Da spricht der jugendliche Ritter:

„So will ich denn mit Freuden für die Brüder sterben!"

Angethan mit seinem Waffenschmucke wird er auf sein Roß gesetzt und verbrannt.

Ein edler Magdeburger war auch Ritter Ulrich, der bärenstarke Mann, der im Kampfe zur See auf dem Königsberger Tief in höchster Bedrängniß den Mastbaum seines Schiffes aus dem Gefäß riß und fünfzig Preußen mit ihm erschlug. Wie Hirzhals, so wurden ferner im Jahre 1279 zwei gefangene Brüder von den Preußen verbrannt. Aber verklärt stiegen ihre Seelen zum Himmel auf; die des einen in Gestalt einer Taube, — die des anderen, den man in einen gespaltenen und dann ausgezündeten Baum gesteckt hatte, als ein weißes Vöglein.

Wunder über Wunder! Unter dem Hochmeister Burkard von Schwenden liegt der fromme Komthur Albert von Königsberg, ein Meister im Felde. Er sehnt sich inbrünstig nach der heiligen Communion: da schwebt die geweihte Hostie durch die Luft ihm zu. Unter Konrad, — nicht Siegfried von Feuchtwangen, — lebt der Karwanshern Michael Kimpitz, der niemals eine Bitte abschlägt, wenn sie um St. Mariens willen gethan wird. Er bringt eines Abends einen Aussätzigen auf sein Bett; aber am nächsten Morgen ist der Sieche verschwunden, und vom Lager strahlt auch ihm, wie einst der h. Elisabeth ein wunderprächtiges Crucifix entgegen. Offenbarungen über Offenbarungen, welche den Orden verherrlichen, vollziehen sich auch in weiter Ferne. Ein Markgraf von Brandenburg hat einen kunstreichen Mann, Namens Gerhard, der ihm gewaltige Kriegsmaschinen, Katapulte, Ballisten, Schildkröten u. s. w. verfertigt: — in Thüringen lebt Ritter Heinrich von Kungen, — lebt Wittigen von Kornburg vom Sieggreif und der Heidenmeierei: sie alle empfangen die Weisung, nach Preußen zu ziehen und im Orden Profeß zu thun, wenn sie nicht ewiglich verloren sein wollen. Da giebt es kein Widerstreben, auch wenn eine jugendliche Gattin daheim zurückbleibt! Lieblich ist die Erzählung vom Bruder Guntram dem Kurzen; ein littauischer Speer durchbohrt ihn; er haucht seine Heldenseele aus. Seine Diener bringen seine Reste nach Christburg zurück; zwei weiße Tauben aber geleiten den Sarg, — zwei weiße Tauben fliegen girrend um den Grabstein.

Der furchtbare Haß der deutschen und der polnischen Nationalität gegeneinander aber spricht aus den düsteren Sagen vom „Polenwürger." Die Einen meinen, so habe man den Komthur Siegfried von Grandenz genannt; Die Andern behaupten, Siegfried von Feuchtwangen, der des Ordens herrliches Haupthaus, die Marienburg, erbaut, sei der eigentliche „Polenwürger" gewesen. Nie sei der Meister zu Rosse gestiegen, ohne eine große Anzahl von Stricken an seinen Sattelbogen gebunden zu haben, schwörend, er wolle des Tages keine Speise zu sich nehmen, er hätte denn der Polen so viele, als der Stricke wären, zuvor hängen lassen. Noch düsterer lautet die Sage bei Simon Grunau. Hier heißt es:

„Im Jahre 1410 lebte im Orden Siegfried von Weißenfels, ein sehr tapferer, aber auch sehr grausamer Bruder. Im Polenkriege ließ er einst an einem Morgen seinem Rosse sechs Schock Stränge aufladen und verschwor sich, nicht eher zu essen, als bis er an jedem Strange einen Polen an den Jöchern aufgehangen hätte. Und so that er. Dann setzte er beim Wachtfeuer sich zum Mahle. Aber ein finsterer Geist war über ihn gekommen. „Wo mögen wohl die Polen hingefahren sein?" fragte er plötzlich. „In den Himmel oder in die Hölle?" — Die kampfesmüden Brüder zuckten mit den Achseln. Da rief er: „Hollah, so will ich's selbst erfahren! Aus diesem Feuer in jenes Feuer, auf daß ich meine Polen sehe!" — Und damit sprang er in die Flammen, an welchen das Mahl bereitet ward, vom Herrn der Gnade mit Wahnsinn für seine Grausamkeit gestraft.

Von frohen Ereignissen weiß die Ordenssage nur selten zu berichten; Erfreuliches aber kündet sie von Herrn Erasmus von Reitzenstein, dem Landmeister in Preußen, der zu den Zeiten Heinrich Reffle's von Richtenberg, des dreißigsten Hochmeisters, lebte. Dem ward vom Feinde mit einem Pfeil in den Hirnschädel geschossen; der Pfeil drang ganz in das Haupt und blieb volle vierzehn Jahre in demselben haften. Erst als der Ritter dem Kirchlein St. Adalberts an der See einen neuen Altar gelobt hatte, fiel das Geschoß zum Gaumen heraus. Ein Gegenstück also zu der Ueberlieferung von Otto dem Minnesänger von Brandenburg! Zum Gedächtniß daran wird auf der Schloßbibliothek zu Königsberg ein silberner Pfeil mit silbernem Kettlein aufbewahrt; auch er ist ein Weihgeschenk des Ritters von Reitzenstein an St. Adalbert am Meeresstrande.

Am Schlusse des 14. Jahrhunderts, unter den Meistern Konrad von Wallenrodt und Konrad von Jungingen, hatte der Orden den Gipfelpunkt seiner Macht und Blüthe erreicht. Noch hat die Ueberlieferung jenen „Ehrentisch" nicht vergessen, der unter dem erstgenannten dieser beiden Hochmeister um's Jahr 1390 gehalten ward. Engelbert Rabe, der Ordensmarschall, hatte ihn auf St. Mariens Werder angerichtet. Gar prächtiges Gezelt war hier aufgeschlagen. Der Ehrentisch aber, für zwölf Personen gedeckt, stand offen vor Aller Augen. Alles, was auf dem Tische war, das war von Gold oder silbern und vergoldet. Man trug zehn Gerichte auf; an ihnen speiste man fünf Stunden lang, von 9 Uhr Morgens bis um 2 Uhr Nachmittags. Zu jedem Gerichte aber hatte man neue silberne Teller und Löffel, auch goldene und silberne Geschirre, und wer aus dem einen einen Trunk köstlichen Weines gethan, der erhielt ein anderes. Unter dem Essen wurde einem Jeden ein großer breiter Hut von goldenem Stoffe über dem Haupte gehalten, der Sonne zu wehren; Herolde aber priesen die Thaten der Ordenshelden.

An diesem Ehrentische hatte die erste Stelle Eudius von Richardsdorf, ein Ritter aus Oesterreich; denn er hatte in einem Türkenkampfe an die 60 Mann erlegt. Die zweite Stelle hatte Markgraf Friedrich von Meißen, dieweil sein edles Haus den Orden nimmer in seiner Noth verlassen hatte; die dritte Hildermandus, ein Graf aus Schottland, dessen Vater sich für seinen König hatte tödten lassen. Die vierte Rupertus, ein Graf von Würtemberg, der zum Kaiser erwählt worden war, aber aus Demuth das Kaiserthum einem Andern überlassen hatte. Die fünfte Stelle hatte der Hochmeister selbst, Herr Konrad von Wallenrodt; denn obwohl er sehr reich gewesen und eine holde Gräfin von Habsburg ihm zur Ehe vorgeschlagen worden war, hatte er um St. Mariens willen dennoch den Orden angenommen. Die sechste Stelle hatte Degenhart, ein Bannerherr von der rothen Erde Westfalens; er hatte den Mördern seines Vaters vergeben, da sie ihn bei der Gnade St. Mariens anflehten. Siebenter war Friedrich von Buchwaldt, der Niemandem in seinem Leben etwas versagte wenn er ihn im Namen St. George's bat. Und also fort saßen auch die fünf Andern. Dieser Ehrentisch kostete 500 000 Mark Preußisch.

In die glanzvollen Tage Konrads von Jungingen fällt endlich die Sage von dem reichen Bauer zu Nickelswalde, welcher den Hochmeister und elf Herren zu Gaste bat und sie auf zwölf Tonnen voll Goldes sitzen hieß, als es zum Mahle ging. Das waren sonnige Tage! Schon aber erschienen auch düstere Zeichen. Zwei Brüder, Philipp von Zweifeln und Wigand von Eulenburg, hatten innige Freundschaft mit einander geschlossen; der eine war Komthur zu Labiau, der andere Mühlenmeister zu Osterode. Der letztere blieb auf der Wahlstatt. Er erschien dem Freunde. Klagend sprach er: „Philipp, binnen Kurzem wird es geschehen, daß die Herren Knechte werden. Unser Fürstenthum werden Fremde besitzen."

In Christburg füllten sich die Schüsseln auf geheimnißvolle Weise mit Blut. Nicht gar lange währte es, und die Tannenberger Schlacht wurde geschlagen. Wohl flammte der Heldengeist des Ordens noch einmal leuchtend auf; aber seine herrliche Sage erlosch. Nur Vorzeichen noch, — gespenstig-düstere Vorzeichen mahnten an das Ende, — lange, bevor es kam. —

O. S.

Das Weihnachtsfest in Spanien.

Die spanischen Weihnachtsfreuden resumiren sich so zu sagen in drei Begriffe: im Essen, im Trinken und im Spectakelmachen. Tagelang vor der Christnacht beginnt das Kochen und Braten; die Familie, die keinen Truthahn auf dem Tisch hat, und sei er auch noch so mager und trocken, hält sich für tief unglücklich und, was noch schlimmer ist, sie glaubt sich in den Augen der Nachbarn entehrt. Pasteten-, Marzipan- und Zuckerbäcker erfreuen in ihren Schaufenstern oder in ihren ambulanten Buden das Auge der Passanten mit wahren Kunstwerken, die freilich leider, wenn sie nicht in Oel gebacken sind, bedenkliche Quantitäten ranziger Butter enthalten. Zu einem solch' nationalen spanischen Weihnachtsschmause gehören dann noch Mandelmilch, geröstete Kastanien und Turrones, eine Art Nougat, ein steinhartes Gebäck aus Milch, Mandeln, Nüssen, Zucker und Honig. — Tagelang vor der Christnacht beginnt aber auch der Lärm auf den Straßen und unharmonisch wie er begonnen, klingt er erst gegen Neujahr hin aus, wenn Magen und Trommelfell von Jung und Alt, von Groß und Klein anfangen beinahe der Ruhe bedürftig zu werden.

Die Weihnacht selber ist keine stille, keine heilige Nacht, sie ist keine Weihnacht; sie heißt schon viel prosaischer la noche buena, die gute Nacht, der Nacht, in der Jeder auf seine Art es sich gut sein läßt; ja die Kirche nimmt hier in dem katholischsten aller Länder von dem großen Fest kaum sichtlich Notiz. Ueber dem alles überwuchernden Marien- und Heiligencultus ist die göttliche Dreieinigkeit entschieden in den Hintergrund getreten, obwohl ihr, auch nach der Lehre der katholischen Kirche, allein Anbetung (adoration) gebührt, während der Maria und den Heiligen nur Verehrung (veneration) zukommt. Zwar erreichen die lauten Lustbarkeiten zur Zeit der Mitternachtsmesse vom 24. zum 25. December ihren Höhepunkt, aber weder diese Mitternachtsmesse noch der Gottesdienst am ersten Feiertag haben irgend etwas Erhebendes. Als originell sei nur erwähnt, daß in verschiedenen Kirchen sich die schon während der ganzen Adventszeit Nachts in den Straßen umherziehenden Musikbanden, die Rota dianlima, um die Weihnachtsmitternacht versammeln und mit ihren Instrumenten die Messe begleiten, welche deshalb auch die Misa de Panderetas heißt. Ein Fest der Kinder und ein

Fest der Erinnerung an die Kindheit ist in Spanien Weihnachten nicht; wohl sieht man hier und da an irgend einem der Feiertage Väter oder Mütter mit ihren Sprößlingen zum nächsten Laden ziehen, um Kleinen dort einige Spielsachen zu kaufen, aber auch das ist nur die Ausnahme. Begreiflich ist es, daß unter solchen Umständen der Christbaum hier fremd geblieben. Auf dem Madrider Weihnachtsmarkt sind weder Tanne noch Fichte für Geld oder gute Worte zu haben, und während wir den nordischen Weihnachtsbaum als unser unveräußerlichstes Gepäckstück überallhin mitzunehmen pflegen, während wir ihn unter den Indianern Brasiliens und Mexikos, unter den Negern, Türken, Japanern und Chinesen allmälich eingebürgert haben, ist er in Spanien absolut unbekannt geblieben, ja selbst die dort lebenden Deutschen haben angesichts der schroff ablehnenden Haltung, welche die Spanier wie allem Fremden, so auch dem Weihnachtsbaum entgegen bringen, auf ihre heimathliche Sitte verzichten müssen.

Zum Heimstätten-Recht.

Das Interesse für die Heimstättenfrage, welche demnächst im Reichstag zur Verhandlung kommt, ist seit Einbringung des Gesetzentwurfes in allen Kreisen bedeutend gewachsen. Die Ansicht des Herrn Pastors von Bodelschwingh-Bielefeld in einem Schreiben an den Kammerherrn von Riepenhausen-Crangen bringen wir bemerkenswerther zur Kenntnißnahme.

Bielefeld, den 20. November 1890.

Euer Hochwohlgeboren

kann ich nicht umhin, auf das Innigste zu danken für Ihr entschlossenes Vorgehen für die Seßhaftmachung unseres deutschen Volkes. — Nicht am grünen Tisch, sondern aus langjähriger Erfahrung ist es mir längst zur Gewißheit geworden, daß es für die Gesundheit unseres Volkslebens unter allen irdischen Mitteln kein kräftigeres giebt als eine gesicherte eigene Scholle, und daß keine gesetzgeberische That in dieser entscheidungsvollen Stunde wichtiger und nöthiger ist, als die von Ihnen vorgeschlagene.

Ich möchte mich nicht auf eine Kritik der Einzelheiten einlassen. Es ist möglich, daß die Praxis einzelne Abänderungen verlangt, wie Sie ja auch für die verschiedenen Landestheile Deutschlands nach ihren Eigenthümlichkeiten Spielraum gewähren wollen — allein der Grundgedanke Ihres Gesetzentwurfes ist echt und gut. — Ich habe denselben gestern Abend einer großen Versammlung von Familienvätern aller Volksschichten — es waren wohl 800 beisammen — zur Prüfung vorgelegt und nach allen Seiten zur Kritik aufgefordert. Mit Ausnahme der sozialdemokratischen Partei sind Ihre Gedanken von allen Seiten gründlich und freudig begrüßt worden.

Nach meinen Erfahrungen liegt eine der größten Schwierigkeiten, welche sich bisher der Ausbreitung gemeinnütziger Baugenossenschaften, namentlich für den Arbeiterstand, entgegengestellt haben, in der Haltungslosigkeit des Unternehmens. — Ohne Schutz der Gesetzgebung fallen solche Häuser bald wieder der Spekulation anheim, gesicherte Familienheimstätten werden so nicht gewonnen. — Was aber besonders in die Wagschale fällt zu Gunsten Ihres Planes ist die auch für den kleinen Mann durchaus nothwendige gesicherte eigene Scholle zur Erzielung des nöthigen Gemüses (und zur Unterhaltung einer Ziege). — Die Scholle ist nach allen Richtungen hin viel wichtiger, als das eigene Haus.

Ich glaube freilich, daß zur Erreichung Ihres köstlichen Zieles noch einige ergänzende Gesetze nothwendig werden:

1. ein Expropriationsgesetz, welches für gewisse Umkreise der Großstädte direkt um weite Flächen, die jetzt zur Erzielung schwindelhafter Kaufpreise Jahrzehnte lang dem öffentlichen Wohl entzogen werden, sofort nutzbar zu machen;
2. ein Gesetz, welches in Zukunft alle diejenigen Fabrikanlagen, die ihrem Charakter nach nicht an die Großstadt gebunden sind, zu ihrem eigenen Vortheil zwingt, ländliche Bezirke aufzusuchen, indem ihnen bei der Concession aufgegeben wird, ihren Arbeitern die Erwerbung von Heimstätten zu ermöglichen; endlich
3. wünschte ich noch ein Gesetz in Bezug auf die öffentlichen Sparkassen, welche ja vorzugsweise von den kleinen Leuten benutzt werden. Diese müßten, wenn volle Sicherheit gewährt wird, mit keinem höheren Zinsaufschlag, als die Verwaltungskosten es möglich machen, auch wiederum dem kleinen Manne zur Verfügung gestellt werden.

Doch dies Alles kann ja der späteren Zukunft überlassen bleiben.

Es kommt mir darauf an, daß Ihre Hauptgedanken schnell zur That werden. Unser theures Vaterland geht dem sicheren Verderben entgegen, wenn nicht jetzt noch mit aller Entschlossenheit alle gesetzgeberischen Gewalten sich die Hand reichen, unseren heimathlichen Grund und Boden der Spekulation, dem Wucher, dem Leichtsinn, aber auch den Wechselfällen von Krankheit und Armuth zu entziehen und ihn nicht länger den übrigen käuflichen und verkäuflichen Waaren gleichzustellen. — Es giebt kein Kapital, das so sichere, so nach allen Richtungen hin hohe Zinsen trägt, als der heimathliche Boden, wenn ihm die Liebe des deutschen Mannes zugewendet wird, und wenn die wirthschaftliche Möglichkeit vorliegt, seine Schätze zu heben. — Auf der gesicherten heimathlichen Scholle wächst nicht nur am sichersten die leibliche Gesundheit, die Kraft und das irdische Wohlsein unseres Volkes, sondern auch die idealen Güter: Liebe und Treue zu König und Vaterland, zu Kaiser und Reich, ein glückliches Familienleben und auch ein gesundes Christenthum! — Alle aber

thut Noth, wenn man dem rollenden Rade des Verderbens noch in die Speichen greifen will.

Gott schenke Ihnen viele und treue Bundesgenossen, daß der von Ihnen begonnene Kampf zum Siege geführt werde und zum rechten, edeln Frieden für unser armes liebes deutsches Vaterland!

In ewiger Verehrung
Ihr
[illegible]

Für diejenigen unserer Leser, welche sich über den Riepenhausen'schen Gesetzentwurf, der im Reichstage vorliegt, eingehender orientiren wollen, bemerken wir, daß die dritte Auflage der Broschüre: „Gesicherte Heimstätten für alle Stände im deutschen Reich vom Kammerherrn von Riepenhausen-Crangen" bei Duncker & Humblot, Leipzig, Preis 1 Mark, soeben erschienen ist. Der Ertrag ist zur Errichtung von Heimstätten für Unbemittelte bestimmt.

Das Diakonissenhaus-Stift Bethlehem zu Ludwigslust in Mecklenburg.

Das Stift Bethlehem, welches den Tod seiner am 17. November d. J. aus diesem Leben abberufenen Oberin Helene von Bülow betrauert, die zugleich die Stifterin desselben gewesen ist und 43 Jahre hindurch in reich gesegneter Arbeit im Dienste der erbarmenden Liebe gestanden hat, — zählte im Juli d. J., wie wir dem „Bethlehems-Kalender" für 1891 entnehmen, 190 Schwestern (129 Diakonissen und 61 Probeschwestern) und 16 Diakonissenschülerinnen; dasselbe besitzt drei Tochteranstalten: die Marthaschule, eine Anstalt zur Vorbildung von Diakonissen, das Feierabendhaus, in dem kranke und alte Schwestern ihren Lebensabend zubringen können, außerdem dient es solchen Schwestern, die zeitweise einer Erholung bedürfen, zum Aufenthalt, sowie die Heleneschule: eine Kleinkinderschule. Alle drei Anstalten befinden sich in Ludwigslust.

Die Ludwigsluster Schwestern arbeiten außerhalb des Mutterhauses in:

1. 14 Krankenhäusern, nämlich zu Rostock 8, Plau 2, Neustrelitz 7, Lübeck 5, Jever 5, Oldenburg 8, Friedland 2, Waren 1, Gnoien 1, Dobbertin 2, Brake 3, Wildeshausen 2, Penzlin 2, Sülze 1;
2. 8 Kinderhospitälern: zu Schwerin 3, Lübeck 4, Oldenburg 4, Rothenfelde 5, in Bethesda zu Sülze 5, Wangeroog 3;
3. 1 Rettungshause, nämlich in Gehlsdorf 2;
4. in 3 Strafanstalten: Dreibergen 5, Güstrow 2, Bützow 3;
5. 3 Siechenhäusern, nämlich im Augustenstift in Schwerin 1, Neu-Strelitz 1 und Bützow im Hospital zum heiligen Geist 1;
6. 1 Blindenanstalt: Neukloster 2;
7. 2 Anstalten für schwachsinnige Kinder in Schwerin 2, Obotrite 2;
8. in 22 Gemeinden: Oldenburg 5, in Rostock St. Jacobi 3, St. Petri 1, St. Nicolai 1, St. Marien 1, Lübeck 12, Lübeck St. Lorenz-Gemeinde 3, Güstrow 2, Jever 1, Doberan 1, Gnoien 1, Bützow 1, Friedland 1, Hagenow 1, Laage 1, Neubrandenburg 1, Waren 1, Wittenburg 1, Penzlin 1, Oldenburg 1, Sternberg 1, Sülze 1;
9. 7 Kleinkinderschulen: Leppin 1, Heleneschule zu Ludwigslust 3, Waren 1, Malchin 1, Neubrandenburg 1, Teterow 1, Lübeck St. Lorenz-Gemeinde 2.

Dieses große Arbeitsgebiet erfordert viele Arbeitskräfte, denn zu demselben kommt das eigene Krankenhaus und das Johanniter-Krankenhaus in Ludwigslust hinzu, in welchen im Jahre 1889 im Ganzen 659 Kranke in 27,961 Verpflegungstage behandelt wurden.

Alle Kranken werden im Diakonissenhause aufgenommen, mit Ausnahme von Geisteskranken und Epileptischen.

Die Mecklenburgische Genossenschaft des Johanniter-Ordens unterhält in ihrem Krankenhause 11 Freibetten, 8 für Männer und 3 für Knaben. Im Stift selbst sind 4 Freibetten für Frauen und 11 für Kinder.

„Mit großer Freude", so lauten die betreffenden Mittheilungen weiter, „werden die Leser des Bethlehems-Kalenders hören, daß in unserem Lande bereits 15 Gemeindepflegen bestehen, nämlich in der St. Jacobi-, Petri-, Nicolai- und Marien-Gemeinde in Rostock, in Güstrow, Gnoien, Doberan, Bützow, Hagenow, Laage, Waren, Wittenburg, Penzlin, Sternberg und Sülze. Der Segen, den die Gemeindepflege stiftet, tritt auch in den von unseren Schwestern ausgeübten Gemeindepflegen recht sichtbar zu Tage, so daß der Wunsch gerechtfertigt erscheint, daß die Gemeindepflege in unserem Lande sich immer weiter Bahn brechen möge."

„Einen Hauptwunsch hat jedes Diakonissenhaus, auch das unsrige, nämlich den, daß sich mehr Arbeiterinnen finden möchten. Es ergeht daher an jedes junge Mädchen, dem diese Worte zu Gesicht kommen, die dringende Aufforderung, sich ernstlich zu prüfen, ob es nicht willig sei, dem HErrn an seinen Kranken und Elenden zu dienen." — — —

Zur Stiftung

der am 24. Juni d. J. in Sonnenburg neu aufgenommenen Rechtsritter des Johanniter-Ordens für die dortige Gemeinde-Krankenpflege sind dem Unterzeichneten ferner zugegangen:

Vom General-Lieutenant z. D. von der Lochau zu Charlottenburg 20 Mark, vom Major im 3. Schlesischen Dragoner-Regiment Nr. 15 von der Schulenburg 20 Mark. Unter Hinzurechnung der in der Nr. 49 quittirten 1737 Mark, zusammen 1777 Mark.

Berlin, den 20. December 1890. Herrlich.

Carl Heymanns Verlag in Berlin W., Mauerstraße 44.

Gedruckt bei Julius Sittenfeld in Berlin.

Alle Zuschriften und Einsendungen in Angelegenheiten dieses Blattes wolle man an den Redacteur desselben: Geh. Hofrath Herrlich W. Potsdamer Straße Nr. 134 c. zu Berlin richten.

Wochenblatt der Johanniter-Ordens-Balley Brandenburg.

Im Auftrage der Balley Brandenburg verantwortlich redigirt von C. Herrlich in Berlin.

Jahrg. 31. Berlin, den 31. December 1890. Nr. 53.

Auf der Kaiserpfalz zu Gelnhausen.

Es war im Jahre 1819, als Bernhard Hundeshagen in dem auf seine Kosten veröffentlichten Kupferwerke:

„Des großen Kaisers Friedrich Barbarossa Palast in der Burg zu Gelnhausen, eine architektonische Urkunde vom Adel der von Hohenstaufen und von der schönen Bildung ihrer Zeit"

auf die prangenden Ruinen der Gelnhausener Kaiserpfalz aufmerksam machte. Es ist seitdem unendlich viel geschehen, um die monumentalen Zeugnisse der alten Herrlichkeit Deutschlands entweder zu erhalten oder sogar noch glänzender wiederherzustellen. In neuer Pracht strahlt Goslars Kaiserhaus; — in Trümmern aber liegt, wenngleich geschützt, noch immer Kaiser Friedrichs Reichs- und Kaiserpalast an der Kinzig.

Gelnhausen selbst hat sein altes Wahrzeichen, den „schiefen Thurm", in jüngster Zeit verloren; aber noch immer bildet die alte Stadt mit ihren Mauerthürmen, ihren übereinander sich aufbauenden Giebeln und der höchst unregelmäßigen Architektur ihrer Straßen ein charakteristisches, wenngleich etwas bizarres Bild unserer Vorzeit.

Man begreift, wie hier ein Dichter wie Hans Jakob Christoffel von Grimmelshausen, der Verfasser des „Simplicius Simplicissimus", erstehen konnte. Er ist Gelnhausens größter Sohn. Oft mag er auf jenem Werder der Kinzig gespielt und geträumt haben, welchem wir jetzt rüstig zuschreiten.

Hier liegt der Amtsbezirk „Dorf Burg-Gelnhausen" und in ihm, umgeben von einer starken Ringmauer, die einst so hoch berühmte Pfalz. Ärmliche Häuschen haben an der alten Umfriedigung des Reichspalastes Stütze und Halt gesucht und gefunden. Jetzt eine Biegung der Straße von Westen nach Süden, und wir stehen in der Thorhalle der Pfalz.

Sie ist einer Kaiserburg würdig. Rechts ein quadratischer Thurm, links die Halle, welche er schützen sollte. Letztere bildet einen ernstartigen Raum mit einer Mittelreihe von Säulen, auf welchen die Gewölbe ruhen, also eine Doppelhalle. In ihrer nördlichen Abtheilung ist jenes merkwürdige Bildniß eingemauert, von welchem Max von Schenkendorf gesungen hat:

„Zu Gelnhausen an der Mauer
Sieht hervor ein altes Haupt,
Einsam am Hause der Trauer,
Das der Epheu grün umlaubt.

Und das Haupt, es scheint zu grüßen,
Freundlich, halb streng, halb mild:
Laßt's uns in Demuth küssen:
'S ist Kaiser Friedrichs Bild."

Die letzte Behauptung des Dichters trifft indessen nicht zu; es ist nur die launige Spielerei eines alten Steinmetzen. Ein bärtiger, lockiger Krieger blickt uns gutmüthig an; er hat die beiden, recht ungeschickt gearbeiteten Arme erhoben; aber sie endigen nicht in Händen, sondern in einem Löwen- und einem Hundekopf. Eine Mahnung also für die Burgmannschaft: „Sei't tapfer und getreu!" —

Wie diese Doppelhalle, — vordem das „Meßthor" genannt, — noch heute zu rechter Hand von einem Thurme gedeckt wird, so stand ein solcher einst auch links von derselben. Der letztere war schon im Jahre 1431 baufällig, so daß Meister und Werkleute den Burggrafen Reinhard, Grafen zu Hanau, darauf aufmerksam machten, daß der Thurm abgerissen werden müsse, falls er nicht einstürzen und eine Wand des Saales sowie die Burgkapelle mit sich reißen solle. Diese Burgkapelle lag unzweifelhaft über dem Doppelthore; — daher der Name „Meßthor"; — noch heute sind in den Säulenkapitälen dieses oberen Thorbaues romanische Architekturreste von höchster Schönheit vorhanden. Ja, Hundeshagen hat Recht: diese Säule hier mit den vier, das Deckblatt tragenden Kaiseradlern, — diese andere dort mit dem herrlichen Akanthosschmucke sind klassische Zeugen für „den Adel staufischer Kultur."

An den zerfallenen Thurm, der die Kapellentreppe barg, schließt sich in schräger, östlicher Richtung die noch erhaltene berühmte Front des Kaiserpalastes an. Sie ist bekannt genug, diese herrliche Façade mit ihren, zu Arkaden angeordneten Fenstern, ihrem köstlichen Portalbaue über der rampenartigen Doppelstiege und dem Balkone darüber, in dessen Tympanon sich das zweite, vielbesprochene „Bild von Gelnhausen“ befindet. Es ist uns jedoch räthselhaft, wie man dessen Deutung nicht sofort hat finden können. Der in der Mitte aufrecht stehende Jüngling mit Kreuz und Schwert ist der Heiland; er reicht das Schwert mit dem Gürtel dem zu seiner Rechten knieenden bärtigen Kaiser, der durch die Krone auf seinem Schooße ausdrücklich als solcher bezeichnet wird, — das Kreuz des Glaubens aber der langlockigen Kaiserin. Daß beide Majestäten mit bloßen Füßen dargestellt sind, darf nicht befremden, da sie ja Christo gegenüberstehen. —

Wohl ist es eine Fülle edelschönster Skulpturen, welche noch heute diesen zerfallenen „Saalbau“ der Kaiserpfalz schmückt. Von allgemeinem Interesse aber sind nur zwei Bildwerke: zunächst jener Thürsturz mit dem Löwen, der einem jungen Hunde oder Fuchse die Pranke auf die Brust legt. Erinnern wir uns, daß die Hohenstaufen als Herzöge von Schwaben drei Löwen im Banner führten, und daß ein junger Hund ein „Welf“ heißt, so bedarf es auch hier nur eines unbefangenen Blickes auf das Relief, um es sofort zu verstehen.

Die herrlichste aller Bildwerke indessen, welche den alten Kaiserbau schmückt, ist die Rückwand der Thronsessel des Kaisers und der Kaiserin in dem Audienzsaale, dem östlichen Theile des Palastes. Ein System romanischer Bogen steht vor uns. Der mittelste, der sich höher aufschwingt als die beiden andern rechts und links, war einst offen; — nur durch ihn kam Luft und Licht in den großen Raum, in dessen feierlicher Dämmerung bei festlichen Gelegenheiten wohl auch Kerzen strahlten. Unter den niedrigeren Bögen rechts und links standen die beiden Thronsessel. Der Steinmetz hat deshalb die Füllungen der Bögen mit einem Ornament bekleidet, dessen Muster den schönsten Webereien des Orients entnommen zu sein scheint.

In einer Büste, die sich auf einem Gesims über einer Säule befindet, will man endlich noch das Bildniß jenes Meisters erkennen, der ein solches Werk wie diesen Palast für Kaiser und Reich geschaffen hat. Von anderen Baulichkeiten des weitliegenden Burghauses sind an seinem östlichen Ende nur noch die Burgsitzhäuser der Edlen von Boineburg und der Schelme von Bergen zu bemerken. Wie der Augenschein zeigt, sind dieselben erst im 16. Jahrhundert aus Trümmern der alten Kaiserburg errichtet worden. Auch hier zeigt man einen angeblichen „Barbarossakopf.“

Doch nun zu der Geschichte dieser schönen, epheuumsponnenen Trümmer! Wie kamen die Staufer hierher in's Kinzigthal? — Die Geschichte, welche den Namen der Stadt sprachlich richtig als „Heim Gisels“ oder „Heim Giselas“ deutet, weiß zunächst von einem Geschlechte der Gisonen zu erzählen, welche, aus altem Salierfürstenblute stammend, Grafen in Selbold und Herren auch dieses grünen Werders waren. Gisela, die Tochter des letzten dieser Gisonen, Namens Dietmar, war die Stifterin der Kirche zu Haingründau und einer Giselakapelle bei Gelnhausen. Von ihr vererbten sich auch die Allodien der Gisonen an die Staufer, nachdem deren Reichslehen schon beim Tode Dietmars dem Kaiser heimgefallen waren.

Friedrich Rothbart weilte gern auf diesen Stätten. Alte, oft nach romantischem Geschmacke überarbeitete Sagen erzählen, wie er Gisela, die vaterlose Gräfin, aus dem Rachen eines Wolfes errettet, und wie die Holde ihm eine innige Liebe entgegengetragen habe. Im nahen Büdinger Forste befanden sich einst eine „Königseiche“ und ein „Königsquell“, bei welchem der junge Staufer oft gerastet haben soll. Höchst merkwürdig aber ist die „Lehnwaare“, welche die Forstmeister des großen Reichswaldes dem Kaiser darzubringen hatten. Der von Gelnhausen gab einen Hund „mit hangenden Ohren, auf einem seidenen Kissen liegend“, mit seidenem Leitseil und silbernem, vergoldetem Halsbande; so auch der von Büdingen und der von Wächtersbach. Es mußte ferner dem Kaiser gereicht werden eine Armbrust mit einem „Eibenbogen“, seidener Sehne und seidenem Hängebande, elfenbeinerner „Nuß“ und silbernem Pfeil. Derselbe mußte mit Pfauenfedern besetzt sein. Es war also nur ein Prunkgeräth, welches in der Armbrust dargeboten ward.

Wie die Architekturformen zeigen, ist der in Trümmern liegende Palast um's Jahr 1150 errichtet worden. Von einer Reichsversammlung hierselbst hören wir zuerst im Jahre 1170, — die Stadt Gelnhausen erhielt auf derselben ihren Freiheitsbrief; — dann 1180, — Heinrich der Löwe ward durch sie auf's Neue geächtet; — ferner 1186, — Konrad von Mainz, der ehrfurchtgebietendste unter Deutschlands Bischöfen, versuchte auf ihr wohlmeinend eine Einigung von Papst und Kaiser, — und 1180 zur österlichen Zeit: Friedrich versammelte seine Krieger damals um sich, um seinen Kreuzzug zu beginnen. Auch die späteren Kaiser treffen wir oft in dem Reichspalaste an. In üblicher Weise wurde zu dessen Vertheidigung eine Burgmannschaft gebildet: es gehörten zu ihr die Geschlechter Forstmeister, von Rothenbuch, Dieburg, Heusenstamm, von Homburg, von Schwalbach, von Carben, von Kleeberg, von Praunheim, von Dorfelden, die Krempen von Freudenstein, die Schelme von Bergen u. s. w., — wohl ihrer sechzig. Die Burggrafschaft aber führten die Hanauer Grafen; es entwickelte sich, wie so oft, dann eine Pfandschaft, ein Pfandbesitz, aus ihr. Man kann nicht gerade sagen, daß diese Hanauer die edelschöne Kaiserpfalz sonderlich geachtet hätten: wie wir sahen, war der Palast, in einzelnen Theilen wenigstens, schon um 1430 verfallen.

Einige Bilder noch aus späteren Tagen! Der große Krieg hatte auch das Land an der Kinzig verheert; in dem Kaiserschlosse, welches nur noch als Steinbruch benutzt wird, hausen jetzt die Marodeure.

Da leuchten die wallenden, blauen und gelben Banner der Schweden eingezogen und, zu Ende Januars 1632, der große Gustav Adolph selbst mit ihnen! Auch seine Gemahlin Maria Eleonora, die Schwester des Kurfürsten Georg Wilhelm von Brandenburg, ist von liebender Sehnsucht beflügelt, dem Helden nachgeeilt; sie schließt ihn in Gelnhausen in ihre Arme. „So ist er endlich gefangen, der große Gustav Adolph!“, ruft sie aus. Der König besucht auch die Trümmer der Kaiserpfalz, und es ist, als ob die Erinnerung an die untergegangene Herrlichkeit Barbarossas ihn mahnte, daß Alles hier auf Erden vergänglich sei. In tiefem Sinnen kehrt er von dem Reichspalaste zurück. Im Dorfe Rückingen, woselbst die einzige lutherische Gemeinde dieser Gegend sich befindet, nimmt er das heilige Abendmahl; dann zieht er fort, — dem Siege, dem Tode entgegen. —

Zwei und ein halbes Jahrhundert rauschen über die Kaiserpfalz dahin: Das Reich ist nach heißem Kampfe in neuer Herrlichkeit erstanden. Da zieht am 25. Mai 1884 sein Kronprinz die landschaftlich so fesselnde Straße, welche an den epheuumzogenen Trümmern vorüber nach Rumpenheim führt. In Gelnhausen macht er Rast; — dann besucht er die Pfalz, die in sonntäglicher Stille vor ihm liegt. Eigenhändig macht er sich eine Skizze des Kaiserbaues; — will er ihn in neuer Pracht erstehen lassen? — Danach reicht man ihm vom Weine, welcher dort drüben an des Dietrichsberges Hängen wächst. „Schlicht, aber schön“ nennt ihn der hohe Herr. —

Das sind die letzten historischen Bilder aus Gelnhausen's Kaiserpfalz. Wird ihr vielleicht beschieden sein, in auferstand'ner Pracht des jungen Kaisers hehres Haupt zu grüßen, das über alle deutschen Lande leuchtet? — C. E.

Eine Gedächtnißfeier für Kaiser Friedrich.

Am 18. October, dem Geburtstage des Kaiser Friedrich, beging die St. Reinholdsbrüderschaft des Artushofes zu Danzig eine besondere Gedächtnißfeier für den geliebten heimgegangenen Monarchen, in ihrer, in der Sanct Marienkirche belegenen Kapelle, die 1457 gegründet, seit 1485 das Eigenthum der nach ihr sich nennenden, noch bestehenden St. Reinholds-Brüderschaft wurde.

Diese St. Reinholdsbrüderschaft gehört zu den 6 Banken oder Korporationen der Kaufmanns- und Seefahrerbrüderschaften, die außer der eigentlichen Artusbrüderschaft (der St. Georgsgilde der Patrizier) in dem Artushofe ihre Zusammenkünfte hielten. Sie hatte sich wahrscheinlich schon im dreizehnten Jahrhundert gebildet, wenn auch das Bruderbuch von St. Reinhold erst 1481 beginnt; die schriftlichen Aufzeichnungen setzen aber keineswegs das gleichzeitige Entstehen voraus. Der Zweck ihrer Vereinigung war wie bei allen Brüderschaften des Mittelalters freundschaftliche Zusammenkünfte, gegenseitige Hilfe und die Sorge für das Seelenheil der abgeschiedenen Brüder, für die täglich Seelenmessen in der St. Reinholdskapelle abgehalten wurden. Die Hauptfesttage der Brüderschaft waren: Der St. Johannistag am 27. December, wo ein bitterer Wermuthswein als Johannistrunk geweiht und getrunken ward, der Tag des Heiligen und vor allem aber der Aller-Seelentag am 2. November, zu dessen Vorfeier schon einige Tage vorher Spenden an Fleisch und Brod an Hilfsbedürftige, theils in der Kapelle, theils im Krankenhause verabreicht wurden „vor de leven seelen to beden, de ut unser broderschop verstorffen sin.“; am Tage selbst ward in Gegenwart aller Brüder ein Todtenamt für die während des letzten Jahres verstorbenen Genossen abgehalten. Auch die Reformation hat in diesen kirchlichen Festen nur so viel geändert, daß die Brüder durch Abschaffung der Priester und der Messen größere Mittel zur Unterstützung Nothleidender gewonnen haben. Die Verbindung mit dem Schutzheiligen erstreckte sich aber nicht allein auf Kirche und Kultus, sondern ward auch im weltlichen Bereiche fortgesetzt und gestaltete sich hier zum Verhältniß naiver Vertraulichkeit. Bei der St. Reinholdsbank im Artushofe schmückt die geschnitzte Holzstatue des Heiligen, wie er das Haupt des von ihm getödteten Kerimann am Spieße trägt, in gleicher Weise das Gesims der Wand, an der die Brüder ihr Trinkgelage halten als den Altar, vor dem sie beten; das Bildniß des Heiligen, wie er mit den andern 3 Haimonskindern auf dem Rosse Beyart dahinreitet, ist dem Trinkgeschirre wie dem Kapellengeräthe aufgeprägt; die Kasse der Brüder heißt St. Reinhold's Schatzspind, der Trinkpokal: St. Reinhold's Willkomm; ja im Geschäftsverkehr der Brüder wird der Heilige als Vermittler des Geschäftes und als Bürge für redliche Erfüllung der geschehenen Zusage herbeigezogen und erhält dafür seinen Lohn. „So das geschieht,“ heißt's dann im Vertrage“ soll St. Reinhold erhalten 2 Pfund Wachs und einen ungarischen Gulden zur Vergoldung seines Kelches und in entsprechendem Scherze wird einmal das schriftliche Gelöbniß gethan: Wenn Otto Angermünde ein echtes Weib nimmt, so will Andreas Klepper St. Reinhold 6 Pfund Wachs geben; oder es machen 4 Junggesellen unter einander aus, wer von ihnen zuerst heirathe, soll jedem der andern ein Hosenlaken und einen ungarischen Gulden geben, St. Reinhold aber ein Pfund Wachs. So mischte sich bei unsern Vorfahren auf naive Weise Weltliches und Kirchliches mit einander und durchdrang sich wechselseitig zum innigsten Verbande.

Was nun den Schutzpatron dieser Brüderschaft selbst anlangt so berichtet die romantische Sage des Mittelalters, Reinhold sei der älteste unter den vier Söhnen Haimons, Herzogs von Dordone, gewesen, habe einen Neffen Karl's d. Gr. mit dem Schachbrette erschlagen, und sei deshalb von dem ergrimmten

Kaiser 16 Jahre lang mit seinen Brüdern verfolgt, jedoch zuletzt, nach vielen abenteuerlichen Ritterthaten (bei denen auch das Roß dieser „Haimons Kinder" Beyart genannt, eine wichtige Rolle spielt) zu Gnaden wieder aufgenommen. — Eine andere Sage läßt diese Haimonskinder auf ihrem Rosse Beyart, zu Zeiten Caroli Magni ritterliche Thaten gegen die Heiden üben.

Die der seinen Namen führenden Brüderschaft gehörige Kapelle ist aber nicht allein ihm, sondern auch dem Evangelisten St. Johannis geweiht.

Der hier befindliche Altar, der 1516 in Nürnberg vollendet wurde, zeigt die Bilder Johannes des Täufers und des heiligen Reinhold auf der Außenseite, und 8 Darstellungen aus dem Leben Christi auf der innern Seite der Flügel in Dürerscher Manier, im Innern 10 Haupt- und 4 Neben-Darstellungen aus dem Leben der Maria in vergoldetem Schnitzwerk.

Ueber dem Altar steht die beinahe lebensgroße bemalte Statue des heiligen Reinhold auf einem Postamente, unter einem Thronhimmel von zierlichem Schnitzwerk. Er ist geharnischt, trägt in der Linken die Lanze, in der Rechten das Schwert mit dem Haupte des Königs Karlmann. Nebenbei ist das in der Nische befindliche lebensgroße Bild des Heiligen, im Jahre 1760 von dem Danziger Bildhauer Meißner aus Lindenholz geschnitzt. Unter der Kapelle liegt die Reinholdsgruft, vor derselben das Grabgewölbe der schwedisch-dänischen Familie Gyllenstjerna, deren Monument sich oberhalb der Kapellenthür befindet. Ueber dem Eingang der Kapelle sieht man in weißem Marmor, en haut relief gearbeitet, die 4 Haimonskinder auf dem Beyart.

Die Kapelle hat neuerdings in dem am 18. Oktober feierlichst enthüllten Gedächtnißmonument für Kaiser Friedrich einen neuen Schmuck erhalten. Dasselbe trägt unter mit Kaiserkrone und Waffentrophäen geschmückten Baldachin den Porträtkopf des heimgegangenen Kaisers in Medaillon, darunter die Inschrift:

„Zum Gedächtniß Seiner in Gott ruhenden Majestät des Kaisers und Königs Friedrich III. Durch Seine Huld seit dem 21. Juni 1855 Mitglied der Reinholds-Brüderschaft."

Der das Ganze umschließende Rahmen zeigt unter dieser Inschrift Kaiserschwert und Scepter gekreuzt.

Die Reconvalescenten-Anstalten der Stadt Berlin in Blankenburg und Heinersdorf bei Berlin.

Die Vossische Zeitung vom 29. und 30. November cr. enthält die nachstehenden Mittheilungen über die Reconvalescentenhäuser der Stadt Berlin, die wir bei dem Interesse, was diese Angelegenheit auch für weitere Kreise hat, nachstehend mittheilen:

„Die Absicht der Stadt Berlin, in den Gutshäusern der städtischen Rieselfelder noch weitere Heimstätten für Genesende zu errichten, wird im „Gesundheits-Ingenieur" einer sehr beachtenswerthen Kritik unterzogen.

Unter Hinweis auf den Modergeruch, welchen die Rieselfelder entwickeln und welcher ganz besonders an ruhigen Sommertagen nach Sonnenuntergang bemerkbar ist, wird in der Hauptsache die Errichtung solcher Sanatorien als nicht besonders geeignet bemängelt. Von guter Luft könne an jenen Stätten nicht die Rede sein, und jeder Genesende, welcher in der Lage sei, einen anderen Erholungsort aufzusuchen, werde sicherlich nicht die Rieselgüter wählen.

Allerdings wird anerkannt, daß bei der Ueberfüllung unserer Krankenhäuser solche Heimstätten für Genesende immer besser seien wie gar keine, zumal sonst die in Betracht kommenden Siechen bei dem Mangel solcher Heimstätten nach der Entlassung aus dem Krankenhause sofort in das mit Mühe, Noth und Sorge verbundene Alltagsleben hineintreten müßten. Aber der Verfasser, Herr Direktor und Ingenieur R. Hausding, betont mit Recht, daß man nicht in die übertriebene Werthschätzung der Rieselfelder verfallen und die dort vorhandene Atmosphäre als die reine Alpenluft darstellen solle.

So sehr die Rieselwirthschaft für Berlin ihre unbestreitbaren Vorzüge habe, so solle man doch deren Nachtheile nicht beschönigen und nicht den Glauben erwecken, als gäbe es nichts mehr dabei zu verbessern, als wären nicht erhebliche Uebelstände noch zu beseitigen. Vielmehr gelte es, bei Neuanlagen allen jetzt zu Tage getretenen Uebelständen nach Möglichkeit abzuhelfen — eine Mahnung, die sicherlich Beachtung verdient."

Auf diese Notiz ist der genannten Zeitung folgende Erwiderung zugegangen und von ihr abgedruckt worden:

„In unserer Freitags-Morgennummer hatte sich Herr Direktor und Ingenieur R. Hausding dagegen ausgesprochen, daß für weitere Zwecke der Reconvalescentenpflege die städtischen Rieselgüter Verwendung finden. Von guter Luft könne an jenen Stätten nicht die Rede sein und jeder Genesende, welcher in der Lage sei, einen andern Erholungsort aufzusuchen, werde sicherlich nicht die Rieselgüter wählen.

Letzteres, so wird uns von ärztlicher Seite erwidert, ist unzweifelhaft richtig. Aber, so fährt unser Gewährsmann fort, von den nach unseren neuen großen Sozialgesetzen versicherungspflichtigen Personen, rund 400 000 in Berlin, ist vielleicht nicht einer in der Lage, die Kosten einer nothwendigen Erholungsreise nach überstandener schwerer Krankheit aufzubringen.

Reconvalescentenpflege gehört aber bislang weder zu den gesetzlich vorgeschriebenen noch zu den gesetzlich zugelassenen Leistungen irgend einer Krankenkasse. Erst die Novelle zum Krankenkassengesetz wird dafür sorgen.

Haben also die städtischen Behörden, unter Aufwendung sehr erheblicher Geldmittel, mit dem Gewerkskrankenverein zusammenwirkend, jene Heimstätten für Genesende geschaffen, so ist die Wohlthat, welche für die arbeitenden Klassen dadurch entsteht, ungemein groß. Und daß die Luft auf den städtischen Rieselgütern den sich erholenden Kranken nicht nur nicht schädlich, sondern unter Hinzunahme guter Verpflegung überaus zuträglich ist, beweisen zwei durch nun vierjährige Erfahrung festgestellte Thatsachen. Einmal nämlich verzeichnen alle seit den vier Jahren des Bestehens der Heimstätten erstatteten amtlichen ärztlichen Berichte bei fast allen Kranken mit ganz verschwindenden Ausnahmen sehr erhebliche Besserungen ihres Gesundheitszustandes augenfällige gute Folgen des Landaufenthaltes, die sich in zum Theil ganz bedeutenden Zunahmen des Körpergewichts äußern. Zum Anderen ist der Andrang zu den Genesungsstationen so groß, daß die jetzt 120 Lagerstätten, über welche verfügt werden kann, in der guten Jahreszeit stets bis auf den letzten Platz belegt sind, Aufnahmesuchende oft Wochen lang auf eine freie Stelle warten müssen, einmal Aufgenommene endlich fast stets um Verlängerung des der Regel nach, um Anderen Platz zu machen, auf 21 Tage bemessenen Aufenthaltes bitten.

Alle diese Thatsachen widerlegen die gegen die Unterbringung Genesender auf den städtischen Rieselgütern erhobenen Ausstellungen. Zudem ist durch Prof. Virchow als Mitglied des Heimstättencuratoriums für Genesende, auf Grund sorgfältiger Untersuchungen festgestellt worden, daß schwere Infectionskrankheiten (Typhus etc.) auf den Rieselfeldern seltener, mindestens aber durchgehend nicht häufiger vorkommen, als in den Ortschaften, wo keine Berieselung stattfindet.

Die Mittel der Stadt Berlin — namentlich für wohlthätige Veranstaltungen — sind keineswegs unerschöpflich. Sie müssen sammt und sonders von den Bürgern als Steuern aufgebracht werden. Wenn mit äußeren Gütern reich gesegnete Menschenfreunde sich der zehntausende und aber zehntausende Erholungsbedürftigen annehmen, ihnen zur Erholung Heimstätten in schöner Wald- und Feldluft bereiten wollen: hier ist ein überreiches Feld unendlich heilsamer Bethätigung eröffnet. Viele Mitglieder der englischen Aristokratie bringen diesem menschenfreundlichen Zweck jährlich bedeutende Opfer, nehmen Erholungsbedürftige auf ihren Landsitzen auf. Vielleicht findet dies auch bei uns zu Lande Nachahmung. Reichthum verpflichtet."

Zu dem vorstehenden Schlußsatz bemerken wir, daß das Bedürfniß an Reconvalescentenhäusern für Berlin nicht in dem Umfange bestehen dürfte, den der Verfasser annimmt, denn in dem mit einer ansehnlichen Reconvalescenten-Station versehenen Siechenhause des „Johanniter-Ordens zu Groß-Lichterfelde bei Berlin, gesund und schön gelegen und aus zwei gut eingerichteten Häusern mit zusammen 50 Betten bestehend, ist die Zahl der in dieselbe eintretenden Reconvalescenten nur eine geringe, nachdem die städtischen Anstalten in Blankenburg und Heinersdorf eröffnet worden sind, obgleich völlig Unbemittelte und solche Personen, für welche die Krankenkassen keine Vergütigung leisten, wenn irgend möglich, unentgeltlich darin aufgenommen und verpflegt werden und das Curatorium des Siechenhauses sich wiederholt, sowohl mit den Berliner Diakonissen-Krankenanstalten wie mit den gewerblichen Krankenkassen wegen Ueberweisung der Kräftigung bedürftiger Genesener in Verbindung gesetzt hat.

Auf laßt uns Zion bauen!

Die Noth unseres Hospitals in Jerusalem, welche uns diese Bitte in den Mund legt, ist unseren theuren Lesern bekannt. Aber wir müssen wiederum bitten und immer dringender bitten, denn die Hilfe, die uns bisher geworden, ist erst ein geringer, wenn auch sehr dankenswerther Anfang, und die Nothstände in Jerusalem werden immer unerträglicher. Wir müssen es ehrlich bekennen, daß wir seit Jahren die Augen gegen die offenbaren Uebelstände absichtlich verschlossen und die Ohren gegen die berechtigten Klagen unseres Arztes und unserer Schwestern verstopft haben, weil wir keinen Ausweg sahen und nicht wagten, an das schwierige Unternehmen eines Neubaues heranzutreten. Wir wußten, daß dazu sehr viel Geld erforderlich sein würde und dachten wohl, daß die Freunde Zions aller Orten von zahlreichen und scheinbar näher liegenden Nothständen in Anspruch genommen werden. Nun aber haben, wie bekannt, die gegenwärtigen und früheren Geistlichen der deutsch-evangelischen Gemeinde zu Jerusalem den Gedanken des Neubaues angeregt und seine Nothwendigkeit in ein erschreckend helles Licht gestellt. Da konnten und durften auch wir nicht länger schweigen, mußten einsehen und bekennen, daß es so nicht weiter fortgehen dürfe, und haben zugleich im Glauben an den reichen Gott und die oft erfahrene reiche Liebe seiner Kinder die Hand ans Werk gelegt. Das große, günstig gelegene Grundstück vor dem Jaffathor, nahe bei unserem lieben Talitha kumi ist nach Beschluß unseres Vorstandes gekauft und bezahlt, aber mit Schulden bezahlt. Unterhandlungen über den Verkauf des alten Hauses sind bereits eingeleitet, können aber natürlich nach Jahren erst abgeschlossen werden, wenn das neue Hospital errichtet und zur Aufnahme der Kranken bereitet ist. Nun muß es heißen: „Auf laßt uns Zion bauen mit aller Kraft und reicher Liebe!"

Die Bitten, welche wir in diesen Heften und in den letzten Mittheilungen für die Mitglieder unseres Pfennig-Vereins veröffentlicht haben, sind gottlob nicht ungehört geblieben. In den letzten vier Monaten sind hier in Kaiserswerth, wie das nachfolgende Gabenverzeichniß ausweist, 817,92 M. eingegangen, aber das ist nur ein Tröpflein am Eimer dem großen Bedürfnisse gegenüber. Ueber die Höhe dieses Bedürfnisses wollen wir, ehe die Pläne festgestellt sind, nicht ungefähre Angaben machen. Jeder Leser kann es sich denken, daß sehr viel Geld zum Bau eines Hospitals gehört, welches bei aller Einfachheit und Sparsamkeit doch in würdiger Weise die Barmherzigkeit der evangelischen Kirche in der heiligen Stadt vertreten soll — den gewaltigen Bauten gegenüber, welche die griechische und die römische Kirche überall in Jerusalem aufgeführt haben. Für den Platz allein sind 87 000 Fres bezahlt worden, und unsre Ueberzeugung, daß dieser scheinbar hohe Preis für die eigenthümlichen Verhältnisse Jerusalems billig sei, ist durch die letzte Nachricht aus Jerusalem vollauf bestätigt worden. Unmittelbar nachdem der Kauf abgeschlossen, wurde dem Verkäufer 6 Fres. für die Quadratelle geboten, während wir nur 5 Fres. bezahlt haben. Aber nicht einmal diese Kaufsumme haben wir bei einander. Da haben wir die Verpflichtung gefühlt, nicht allein durch das geschriebene und gedruckte Wort der evangelischen Christenheit die Noth des Hospitals auf dem Berge Zion zu klagen, und der Herausgeber hat sich aufgemacht, die Freunde Zions zunächst in den benachbarten Niederlanden persönlich aufzusuchen und sie um Hilfe zu bitten; er ging nicht ungerufen.

Im letzten Frühjahr wurde in einem holländischen Blatt die Bitte der oben genannten Geistlichen Jerusalems veröffentlicht. Die Schilderung der schreienden Nothstände in dem ungesunden, alten Hospital schien einer theuren Freundin unsres Mutterhauses ganz unglaublich; sie sandte mir jenes Blatt mit dem Wunsche, daß der Ruf der Kaiserswerther Diakonissenarbeit gerettet und die Unrichtigkeit jener Darstellung nachgewiesen werden möge. Ich mußte der theuren Freundin antworten, daß leider alles vollkommen der Wahrheit entspreche. Da gedachte sie der alten Geschichte, wie der selige Diakonissenvater als junger Pfarrer die Niederlande durchzogen und für die arme Gemeinde in Kaiserswerth reiche Hilfe gefunden habe; wie dabei ein reicher Holländer, wohlthätig aber sparsam zugleich, ein Säckchen voll Gulden geopfert, aber das Säckchen selbst zurückverlangt habe mit den Worten: Maar, Dominee, vergeet het Zackje niet! Darum sandte sie mir zu meinem letzten Geburtstag ein geräumiges Säcklein mit dem Rath, es von holländischen Freunden wieder und wieder füllen zu lassen. So bin ich denn denselben Weg gezogen, den mein seliger Vater vor 63 Jahren gepilgert und habe mit einer holländischen Collectenreise einen gesegneten Anfang gemacht, welchem, wills Gott, ein gesegneter Fortgang bald folgen soll. Ich ging nicht ohne Sorgen, denn ich wußte wohl, daß seit jener Zeit vieles anders geworden, daß die Liebe des verhältnißmäßig kleinen Christenhäufleins in Holland für viele Werke im In- und Auslande reichlich in Anspruch genommen werde. Müssen doch allein für die Erhaltung der christlichen Schule, den religionslosen Staatsschulen gegenüber, jährlich $1\frac{1}{2}$ Million Gulden aufgebracht werden. Aber ich wollte ja für Jerusalem bitten; das stärkte mir den Muth. Der 122. Psalm war mein Wanderstab, dessen Verheißungen für Jerusalem und seine Freunde mir tief ins Herz geschrieben waren; und wunderbar, als ich zum ersten Mal mit zagendem Herzen vor einer holländischen Versammlung in deutscher Sprache reden sollte, da ward, ohne daß ich es gewußt hatte, von dem theuren holländischen Amtsbruder dieser Psalm als Einleitung vorgelesen; und die letzte Gabe, welche mir in Holland in einem Brief übersandt wurde, war begleitet von dem Wort: „Wünschet Jerusalem Glück, es müsse wohl gehen denen, die dich lieben.“ Ps. 122, 6. Ja, Jerusalem ist eine Stadt, da man zusammen kommen soll. Wie einst die Stämme Israel sich dort als ein Volk fühlten, so begegnen sich heute noch die Gedanken aller Kinder Gottes aus allen Ländern und Sprachen und Zungen in dem einen Wunsche, daß Zion gebaut werde, nicht nur das geistliche, sondern auch das irdische Jerusalem, und daß der Glaube, welcher durch die Liebe thätig ist, an dem Orte seine Kraft beweise, wo Gottes Liebe die größten Liebeswunder vollbracht hat.

Aller Anfang ist schwer, das muß ein Jeder, vor allem ein Kollektant erfahren; trotz sorgfältiger Vorbereitung durch treue Freunde wollte es mir zuerst nicht glücken. Wie viel Geld für Jerusalem Gott in meine Hand legen wollte, das hatte ich ihm überlassen; als aber erst nach dreistündigen Bittgängen ein einziger Gulden in mein Buch eingeschrieben war, als ich mich gegen Abend des ersten Kollektirtages im Besitz von nur 10 Gulden sah, da fiel mir doch doch das Herz in die Schuhe und ich dachte: Was ist das unter so viele? — „Um den Abend wird es Licht sein.“ Ehe die Nacht hereinbrach, war das Säckchen mit mehr als 100 Gulden gefüllt, und fast jeder von den acht Tagen meiner kurzen Reise brachte reicheren Ertrag. Große Gaben, eine von 200 Gulden, haben mich tief beschämt und erfreut zugleich; aber noch mehr erquickt haben mich die Scherflein der Armen. Wie hat sogar den lieben jungen Lehrling, der mir mit schamrothen Wangen einen halben Gulden, in Papier gewickelt, darreichte, und das unbekannte Mädchen, welches einen silbernen Ring, kaum 40 Pf. werth, wohl als ihren besten Schatz opferte! Das „Gott behüte dich“, welches darauf eingegraben war, ist mir ein verheißungsvoller Gruß gewesen. Ich habe diesen Ring gegen meine Gewohnheit am Finger getragen an dem Tage, der mir die reichste Ernte brachte. Auch der liebe Führer sei unvergessen, ein junger, armer Mensch, der mir von seinem sauer erworbenen Botenlohn, aus wenigen Gulden bestehend, einen Gulden zurücksandte; und der Sohn meines freundlichen Wirthes, welcher die glänzenden kleinen Silbermünzen seines Sparkastens einwechselte, um gleichfalls einen Gulden darzureichen. An ihnen allen, den Gebern kleiner und großer Gaben, erfülle sich die Verheißung: „Es müsse wohl gehen denen, die Jerusalem lieben.“

Wer dieses lieset, der merke darauf! — Gehe hin und thue desgleichen.

(„Kaiserswerther Armen- und Krankenfreund.“)

Dieser Nummer ist das Titelblatt und Inhalts-Verzeichniß des Wochenblattes vom [illegible] beigefügt.

---

www.ingramcontent.com/pod-product-compliance
Lightning Source LLC
Chambersburg PA
CBHW030733230426
43667CB00007B/695
* 9 7 8 3 7 4 2 8 0 9 0 2 5 *